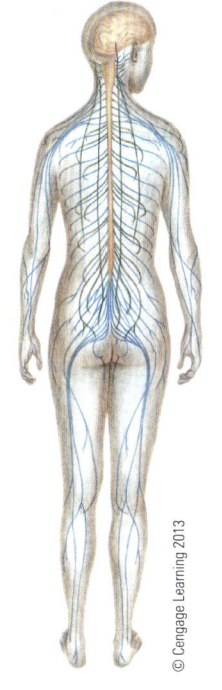

图 3-7　中枢神经系统和外周神经系统

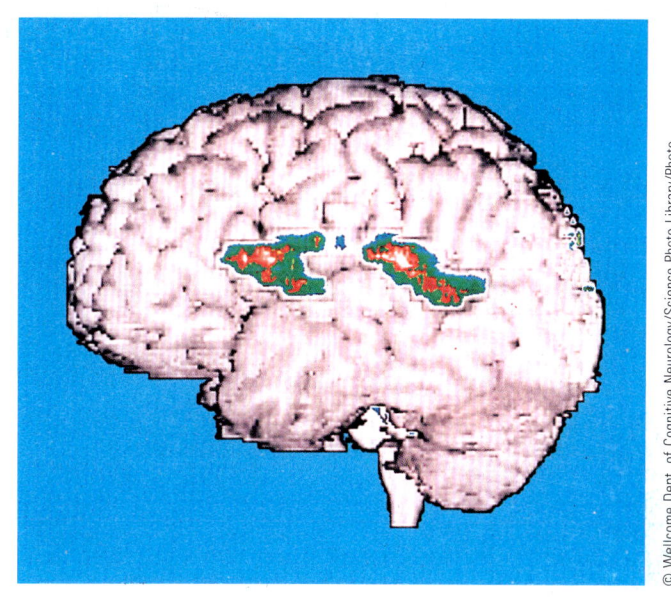

图 3-14　PET 扫描

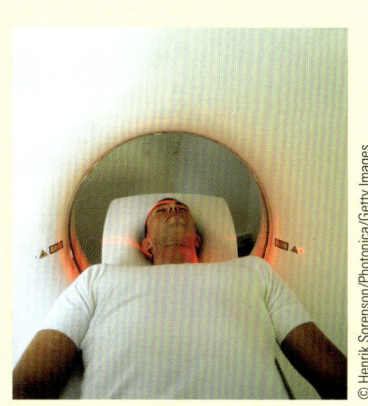

a）病人的头部被定位在一个巨大的圆柱体内。

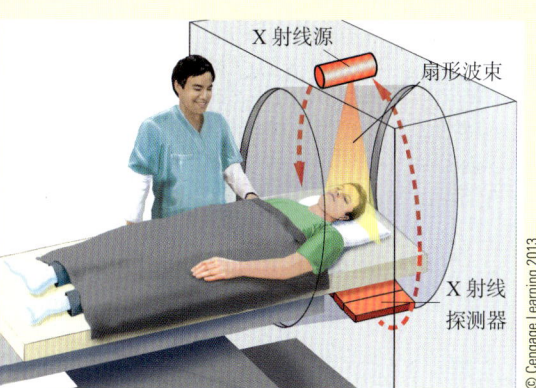

b）X 射线光束和探测器在病人的头部外旋转围绕，利用多重 X 射线扫描病人的脑水平切面。

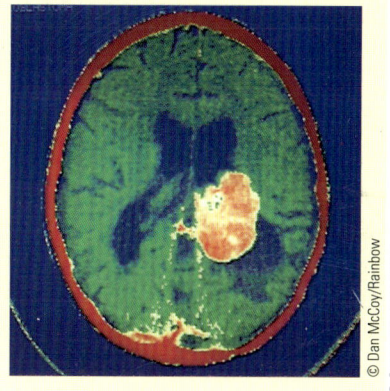

c）电脑组合 X 射线生成大脑水平切面的图像。这种扫描显示出了一个在右侧的肿瘤（红色部分）。

图 3-13　CT 技术

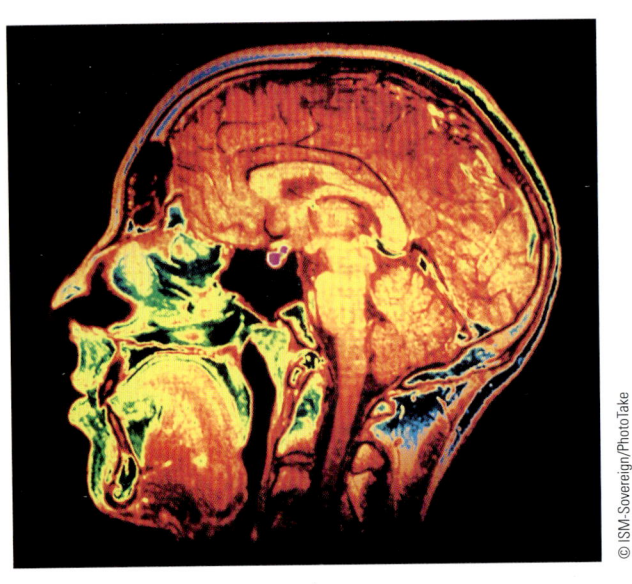
a)
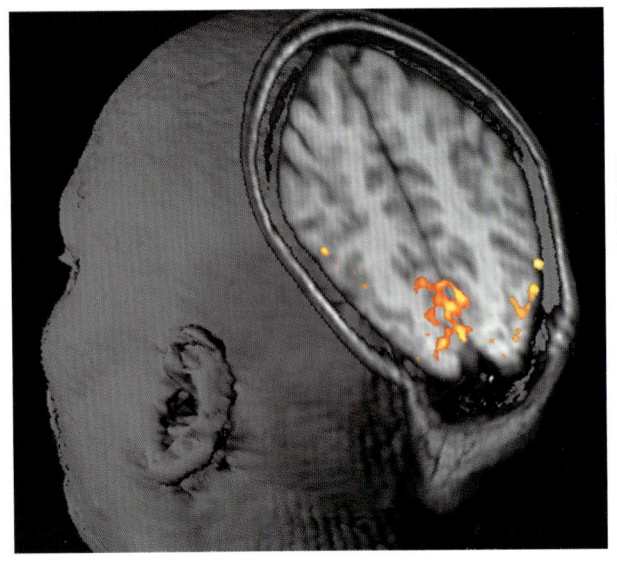
b)

图 3-15 MRI 和 fMRI 扫描

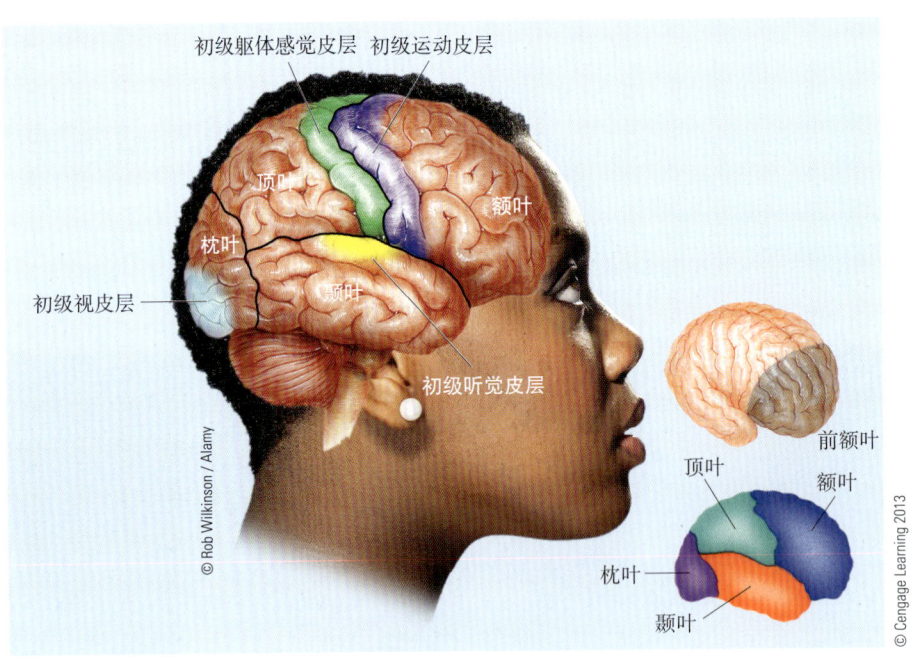

图 3-19 人的大脑皮层

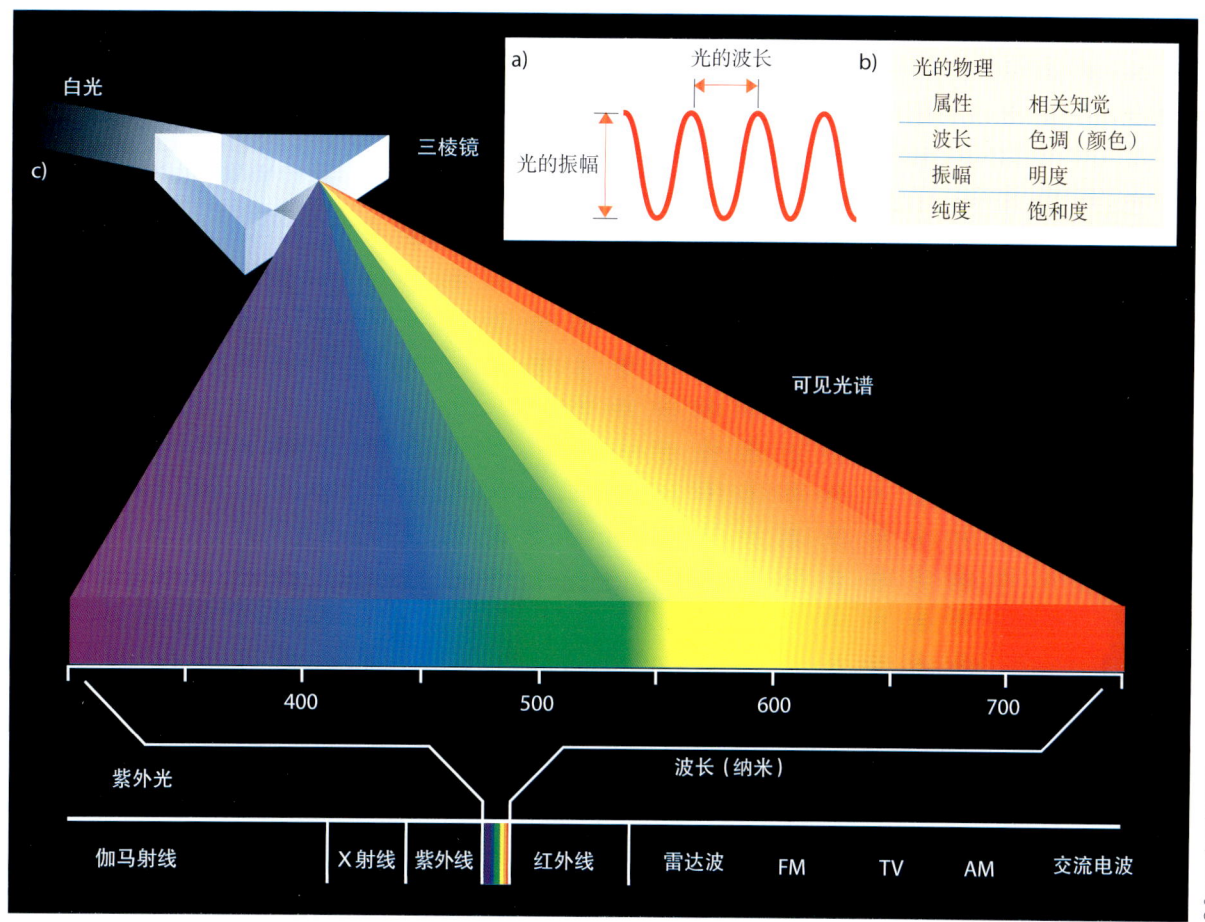

图 4-5　光、视觉的物理刺激

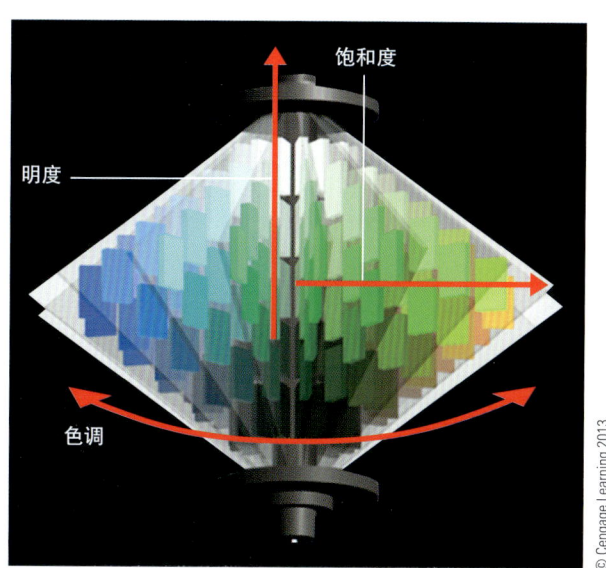
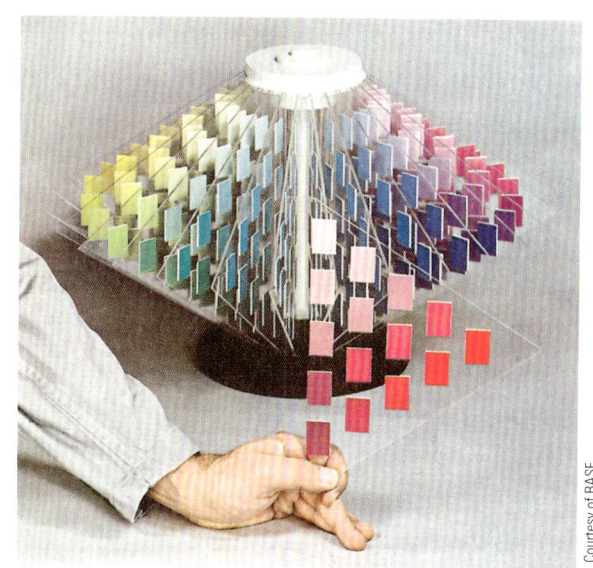

图 4-16　色立体图

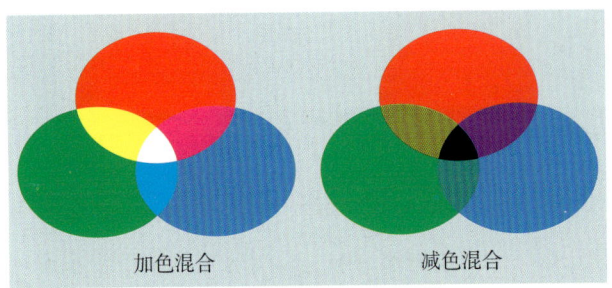

图 4-17 加色混合与减色混合

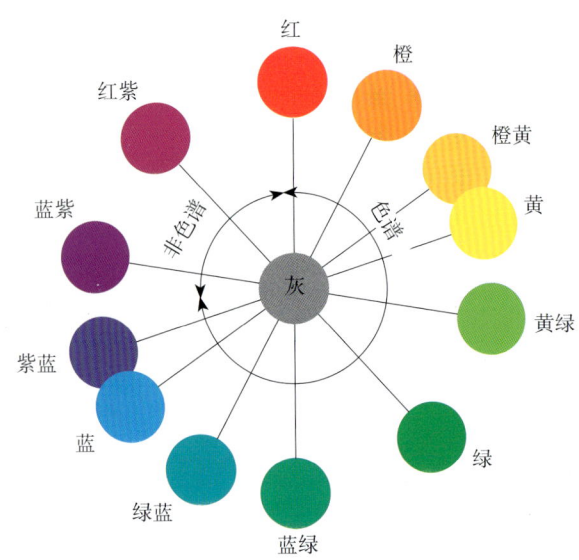

图 4-18 色环和补色

图 4-61 颜色知觉中的对比效应

美国名校学生喜爱的心理学教材

心理学导论

PSYCHOLOGY THEMES AND VARIATIONS

原书第 9 版

[美] 韦恩·韦登（Wayne Weiten） 著　高定国 等译

机械工业出版社
CHINA MACHINE PRESS

图书在版编目（CIP）数据

心理学导论（原书第 9 版）/（美）韦恩·韦登（Wayne Weiten）著；高定国等译 . —北京：机械工业出版社，2016.12（2026.1 重印）

（美国名校学生喜爱的心理学教材）

书名原文：Psychology: Themes and Variations

ISBN 978-7-111-55415-8

I. 心… II. ①韦… ②高… III. 心理学 – 教材 IV. B84

中国版本图书馆 CIP 数据核字（2016）第 273436 号

北京市版权局著作权合同登记　图字：01-2014-0616 号。

Wayne Weiten. Psychology: Themes and Variations, International Edition, 9th Edition.

Copyright © 2013 by Cengage Learning.

Original edition published by Cengage Learning. CMP Press is authorized by Cengage Learning to publish and distribute exclusively this simplified Chinese edition. This edition is authorized for sale in the Chinese mainland (excluding Hong Kong SAR, Macao SAR and Taiwan). Unauthorized export of this edition is a violation of the Copyright Act. No part of this publication may be reproduced or distributed by any means, or stored in a database or retrieval system, without the prior written permission of the publisher.

All rights reserved.

本书原版由圣智学习出版公司出版。本书中文简体字翻译版由圣智学习出版公司授权机械工业出版社独家出版发行。此版本仅限在中国大陆地区（不包括香港、澳门特别行政区及台湾地区）销售。未经授权的本书出口将被视为违反版权法的行为。未经出版者预先书面许可，不得以任何方式复制或发行本书的任何部分。

ISBN: 978-7-111-55415-8

Cengage Learning Asia Pte. Ltd.

151 Lorong Chuan, #02-08 New Tech Park, Singapore 556741

本书封底贴有 Cengage Learning 防伪标签，无标签者不得销售。

本书是美国一流高校中使用量最大的心理学教材之一，由美国心理学会颁发的卓越教学奖得主韦登教授撰写。本书从整体性和多样性方面展现了心理学的研究主题，阐述了研究过程及其与应用之间的密切联系，不仅强调了心理学家知道（或不知道）什么，而且强调了他们如何试图解决问题。它鼓励读者去思考开放性的问题，检验他们关于行为的假设，把心理学的概念应用到生活中去。

本书适合普通高等院校心理学类相关专业本科生及研究生使用，也可作为对心理学感兴趣的读者的入门书。

出版发行：机械工业出版社（北京市西城区百万庄大街 22 号　邮政编码：100037）

责任编辑：赵艳君　方　琳　　　　　　　责任校对：董纪丽

印　　刷：保定市中画美凯印刷有限公司　版　次：2026 年 1 月第 1 版第 15 次印刷

开　　本：214mm×275mm　1/16　　　　印　张：38.25　　插　页：2

书　　号：ISBN 978-7-111-55415-8　　　定　价：125.00 元

客服电话：(010) 88361066　68326294

版权所有·侵权必究
封底无防伪标签均为盗版

Foreword 1　｜　推荐序一

摆在我面前的是一部国际知名的普通心理学教材《心理学导论》（*Psychology: Themes and Variations*）。由于它将科学性和实用性完美地结合在一起，因而在已经出版的众多心理学入门教材中脱颖而出，成为美国一流高校中使用量最大的心理学入门教材之一，并在全球得到广泛采用。国内一些心理学院系也开始使用它作为心理学专业的教材或重要教学参考书。

心理学作为一门独立的学科，至今已有100多年的历史。在其发展进程中，心理学的研究和应用领域日益扩大。从探索生物有机体的脑功能，到研究群体的社会行为；从前沿的基础研究到日益广泛的社会应用；从研究宏观的社会心理现象和行为，到研究微观的基因对心理和行为的调控，心理学家们在现代科学大家庭中和当今社会的大舞台上显示出越来越重要的作用。心理学作为一门实证科学，有一些永恒的主题，如探索影响人类心理与行为的多种因素，揭示遗传和环境在人类行为发展中的作用，坚信人的心理是社会文化塑造的结果等。而随着社会和学科自身的发展，各种新兴的研究领域、方向和研究范式不断涌现，研究兴趣、职业方向和应用的多样化，又构成了心理学研究的多样性。心理学的永恒主题和多样性的结合，成为心理学发展的重要特色，并将为我们演奏出探索人类心智、造福人类健康、促进社会发展的华丽乐章。

韦恩·韦登教授曾荣获美国心理学会（APA）的最佳教学奖，担任美国心理学教学委员会主席，并主持全美心理学本科教学质量工作会议。他立足于学科发展的前沿，注意不断接受和吸取最新的研究成果和教学反馈意见。在这本教材的新版（第9版）中，他对全书各章都做了精心修订，给我们介绍了许多新的研究成果与观念。韦登教授深厚的学术根底、广博的专业知识和丰富的教学经验是铸就这部优秀教材的基础，而他独具匠心的撰写方式也给教材锦上添花，值得我们在教材建设中学习和借鉴。

全书共16章，包括：心理学发展简史、心理学的研究方法、行为的生物学基础、感觉和知觉、意识、学习、记忆、语言和思维、智力与测量、动机与情绪、发展心理学：终生发展的视角、人格、社会心理学、健康心理学、常见的心理障碍、心理障碍的治疗。其内容涵盖了普通心理学或基础心理学课程的所有主题，每章的内容都以"理论—研究—应用—思考"的模式进行编排。

翻开教材，我们可以见到许多著名心理学家的肖像，他们独到的见解常常被"原声回放"

出来。在每章的原理阐述中，作者总是引经据典，从经典的实证研究中引发、推导出被普遍接受的定义和结果，这让学生能直接领略科学发展历程的来龙去脉，在不知不觉中接受高层次的学术熏陶和训练。在介绍心理学发展历程和心理学研究方法等问题时，作者别出心裁，精心设计了一些教学图解，将概念、图片、案例、分类等所有相关信息整合在一起。这些图表直观生动、化繁为简、一目了然。在各章的理论原理阐述后，作者安排了专题研究，其内容有的是历史上的经典实验，有的是当前热点问题的研究，其表述则采用了国际期刊所通用的"目的—方法—结果—讨论"的形式，让学生在最初接触心理学时，就"先入为主"地熟悉心理学的一些基本的、比较规范的研究思路和步骤。专题研究后，让学生能举一反三、触类旁通、学以致用。随后，作者还带领大家进入应用领域，让心理学的研究能够解决实际问题，真切地感受到心理学和日常生活的联系。要特别提及的是，教材在传授心理学科学原理的同时，还注重塑造学生科学理性的思维方式，在每章结束时都对学生进行批判性思维训练，鼓励学生直面复杂且有些模棱两可的心理学知识，促进学生学识的增长。

总之，韦登教授编著的新版教材是一本展现了心理学的整体性和多样性相结合的优秀教材，是一本能激发学生思考、增强逻辑辨别力和实证研究兴趣的优秀教材。相信通过本书的学习，一定能引导学生更顺利地走进心理学殿堂，对心理学有更多、更深、更新的了解。

彭聃龄

北京师范大学认知神经科学与学习国家重点实验室教授

彭聃龄 北京师范大学认知神经科学与学习国家重点实验室教授，博士生导师。曾任北京师范大学心理系主任和中国心理学会常务理事。长期从事汉语认知研究，包括汉字识别的计算机模拟和汉语的认知神经机制研究。发表论文200多篇，培养了近100名博士和硕士研究生。主编过《普通心理学》《认知心理学》《语言心理学》等国内有影响的教材。曾获教育部颁发的全国优秀教师奖，北京市优秀教师奖，教育部自然科学一等奖，国家级教学成果二等奖，北京市优秀教学成果（高等教育）一、二等奖，北京市哲学社会科学优秀成果一等奖，享受国务院特殊津贴。

Foreword 2 | 推荐序二

这可能是一次改变人生的机会

在我家一直贴着一张海报，海报大意是说："如果你想改变世界，但你发现世界不好改变，那就先尝试改变自己。"

我人生第一个"改变自己"的时刻，发生在18岁那一年，入读中山大学心理学系。"在一座面朝大海的大学，学心理学"，这实现了我小时候的一个梦想。因此，当拿到那本厚得像砖头一样的英文原版课本时，我摩挲着厚重的封面，暗暗发誓要好好学。这本带我进入心理学大门的书就是这本《心理学导论》，如今已经出到第9版了。当年一拿到就爱不释手，我带着它去图书馆，去上其他课，有时候困了，就枕着它睡觉。

12年后，我为业余心理爱好者创办了一个心理学科普教育平台——友心人，并开设了一门叫作"自我探索"的课程，课程的必读书就是这本书。在翻译和撰写过心理科普文章、策划过大大小小不下百场心理学科普活动，组织了超过500个心理学人的心理社区，并尝试把心理学应用到生活中的方方面面后，我有了这样的觉悟：老老实实读完这本我们简称为"心导"的大部头，也许会是探索自我的一个有趣的开始呢。

一般来说教材都会非常的枯燥无聊，但是《心理学导论》却意外地有趣。相比国内的心理学课本，它有许多让人怦然心动的不同之处。

一、重视培养批判性思维

在心理学的学习中，最重要的事情之一就是要培养批判性思维，学会用怀疑和科学实证的眼光去观察和研究日常生活中的人类行为与思维。在这个资讯极度爆炸、信息良莠不齐的时代，"批判性思维"尤其重要。

类似"为什么广告能在短短十几秒就能说服你'买买买'？""在一张黑白图片中看到耶稣显灵真的是因为最近'压力太大'？"全书中充满这种有趣的提问，带领读者仿佛置身悬疑侦探小说中，一步步跟随作者去深入探索人类的智力、动机、情绪等问题。

每一章后面的"批判性思维应用"更是一场很好的思维训练，帮助你去换个角度思考生活。这种严谨的、基于科学的思维能力在学习时可能只是感觉"读起来挺有趣、引发思考"，但当回到真实的生活、工作和科研中，就会发现它会不时蹦出来，"润物细无声"地改变你看问题的角度和思维方式。

二、七个心理学的核心主题贯穿全书

心理学经常被诟病的原因，是没有一个统一的范式，理论和方法论很多元，而且心理学本身有点"四不像"，既是文科，又是理科，应用性很强，同时也有大量基础研究。真正的心理学作为一门行为科学，要让初入门者理解这些复杂的构想绝非易事。

还好本书作者有他的独门内功：高度提炼成七大心理学主题。强烈建议大家看书前熟读"致教师"中的这七大主题，深入搞懂主题背后的含义，后面阅读时可以反复回到这个主题，这有助于更加深入地巩固教材内容。

三、清晰的定义和有趣的例子

教科书总是让人打瞌睡的原因，就是里面有太多艰涩难懂的学术概念。但本书有趣的地方在于，先对概念进行了清晰的界定，然后配合图表、漫画加以解释，这对于要复习考试的学生来说真是贴心的设计。同时，引用大量源于生活的例子和经典实验案例，深入浅出，更方便理解和记忆。案例时常别出心裁，令人感叹心理学家怎么如此有想法、有创意！我一直以来都是抱着发现新大陆的心态把整本书读完的。

四、不妨当成一本人生百科全书来读

人的一生，在不同的阶段都是一段自我探索的旅程，探索的主题可以不断变换，但绝对不变的事情就是一直"在路上"。越是长大，越是深刻感受到我们对自身的认知非常有限。时常遇到许多人"卡"在各种各样的人生问题上，有些人"卡"在了家庭或情感关系上，有些人"卡"在职业发展上，也有些人"卡"在了自己的情绪或性格的纠结中。

每当"卡"住的时候，我会跟自己说，你学心理学应该尝试回到心理学的方法去解决问题。于是在遇到情绪问题的时候，试着去重读关于情绪的章节；感觉自己动机不够的时候，重读关于自我实现和动机的各部分理论；团队管理出问题的时候回到人际互动和文化心理学的部分去重新审视。渐渐才发现，原来自己经历的许多人事变故，心理学家早已总结出一系列的规律，教会我们如何去分析，如何去改变。

当我们意识到人生出现问题时，总是希望去寻求改变。改变，应从自己开始。而改变自己，就要从认识自己开始。

当初创办友心人这个心理学科普教育社区，就是希望能帮助那些心理和情感存在困扰的非专业人士找到问题的出口。经过两年探索，经历过很多次迷失和气馁，我们仍然深信，心理学教会我们的批判性思维、对行为和心理的认知以及100多年来积累的关于"自我认知和自我成长"的数据库，可以让更多的人寻找到更适合自己的答案。于是我们大胆地第一次在微信课上，使用了这本非常专业的教材（而且用的是英文原版），开设了这门叫作"自我探索"的课程。

但是也有同学觉得英文非常难懂，我想试试看能否翻译这本书，却惊喜地发现已经由机械工业出版社筹备出版了，由中山大学心理系主任高定国老师组织翻译。感谢他们，让更多的人可以通过使用这本书，获得一次可能改变人生的机会！

梁嘉歆
友心人心理社区创办人

Preface | 译者序

2001年中山大学心理学系复办时，摆在我面前的一个问题是，用什么样的教材呢？我与杨中芳老师商量后，我们决定全部专业课使用与欧美大学心理学系同步的英文教材。当时，我们还提出一个口号，"虽然没有提供哈佛大学的教育，但我们至少提供了哈佛大学的教材"。心理学本科生入校的第一门专业课就是"心理学导论"。我之前读过欧内斯特·西尔格德（Ernest Hilgard）和理查德·阿特金森（Richard Atkinson）的那本《心理学导论》，在香港大学做助教时也用过那本书。不过，我在咨询时，港大的一位老师反映，那本书对于外国学生可能有点难了。港大心理系当时也还在用另一本教材，就是韦恩·韦登的这本《心理学导论》。我手头也有一本，于是我仔细看了一些内容，觉得很不错。我在2001年上半年与Thomson公司联系，购买了这本书的原版（第5版）作为2001级本科生的"心理学导论"教材。出版社方面相当支持这项工作。在当时还没有国际版的情况下，精装版（hard cover）也只售230元一本。直到2012年（第9版），我们一直都保持同步更新，用其做"心理学导论"教材。我的整体评价是，这本书非常好。2013年起，非常遗憾，出于Thomson公司价格政策变化的原因，我们不得不更换了别的原版教材。

那么，韦登的这本书究竟好在哪里呢？美国教材市场上，"心理学导论"特别多，大多是大同小异。这里面一个重要的原因就是"心理学导论"尽管也介绍最新进展，但还是以经典的东西为主。这就造成了差异不可能太大。各教材间的差别主要是教材内容的侧重点和组织结构、实例以及一些辅助内容。首先，韦登在书的第1章就给出了与心理学相关的7个主题，并且贯穿全书，使得导论课本来就有些松散的主题有了主线。其次，在每一章的后面，他都给出了一个"批判性思维"和一个"个人应用"栏目。这两个栏目都非常有用。我个人认为，批判性思维正是我们的学生最欠缺的。一开始就有这种训练，可以让大学生很快适应大学生活。学生刚入学时一般会把批判性思维简单地看成批评一个人的研究。学习之后，他们就会逐渐明白，目的不是批评，而是探讨事物的规律，不但要批评，更重要的是要让人能（最好是乐意）接受你的批评。在这里，沟通（communication）和表达（presentation）就很重要。在中山大学心理学系，从一年级到四年级，都非常注重表达能力的培养。学生需要在每一门课中书面和口头报告他们的作业、研究等。口头报告时，我们会要求报告者穿戴正规，掌握节奏和时间，就像在那些国际学术会议上做报告一样。在"个人应用"部分，韦登给的一些例子也都是非常好的。例如，在第1章，他给的是学生在犹豫时怎样答多项选择题。调查发现，老师和学生都认为，在对选项犹豫时，应该凭第一感觉答题，也就是选择最先想到的那个选项。但是，经过研究发现，学生在答题时推翻第一感觉更有可能获得正确答案。学生在看到这样的例子后，会认为心理学很实用，从而提升对心理学的兴趣和忠诚感。

中山大学的"心理学导论"课还有一个特点，就是我们把国内许多心理学系在"实验心理学"中重复的一些经典实验放在导论课中完成，以加深学生对相关知识的理解，而在"实验心理学"中重点教怎样完成一个研究，包括学习"实验心理学"编程软件等。心理学既然是一门科学，而科学又是以实验为主的，因此，在心理学的教学实践中，我们坚持一个理念，"心理学不是念出来的，而是练出来的"。而且，这种练从"心理学导论"就开始了。

最后，我还想说一点美国大学教材的特点。首先，一般来说，一本版本高的教材，其影响也大一些，但这还不是最令人惊讶的。一个令我们内地学生可能有些惊讶的事实是，美国的很多心理学主流教材都不是由这个领域的著名学者完成的（当然在导论教材中，也有理查德·阿特金森和菲利普·津巴多（Philip Zimbardo）这样的著名学者）。至少从学术角度来讲，韦恩·韦登就不是一位著名学者。戴维·迈尔斯（David Myers）的《社会心理学》在业界很有名，销量很大，但他也不能算一位著名的社会心理学家。这其中的原因是，这些作者大多活跃在教学一线，同时又接受过系统心理学科研训练，他们虽然不怎么从事科学研究，但他们随时都能掌握有关进展，并且，更为重要的是，他们有时间来写好教材（一般2～4年就会更新一版教材），也知道学生需要什么。其次，美国大学的教材一般都比较贵（与专著相比）。这样也能保证这些没有什么科研经费的学者的权益。像这本导论教材，新的一般都在150美元以上。

本书由中山大学心理学系"心理学导论"课主讲教师及部分相关专业教师翻译完成，名单如下：高定国（第1章和第8章）、黄敏儿（第10章和第14章）、周国梅（第2章和第4章）、易莉（第7章、第9章、附录A）、何子静（第11和第12章、附录B）、穆岩（第3章、第5章和第6章）、王雨吟（第13章、第15章、第16章和附录C）。高定国和博士生何伟最后统稿。

高定国
2014年10月20日于中山大学心理学系

To Teachers 致教师

　　如果可以用一句话来概括本书的特点，我想应该是我在教与学的矛盾中开辟了一条新路。这里我要解释一下。"心理学导论"教材必须满足两个独立的读者群：教师与学生。鉴于这两类读者的需求与喜好有着天壤之别，教材作者通常都试图在理论与实践、综合性与理解性、研究方向与实际应用、严肃谨慎与通俗易懂等方面尽量折中。但是，我认为这种二分法的策略通常是错的。正如库尔特·勒温（Kurt Lewin）曾经说过："还有什么比一个好的理论更实用？"类似地，严肃谨慎与通俗易懂真的是反义词吗？在我的字典里并不是这样的。我认为，我们追求的诸多迥然不同的目标在这本教材中只是貌似矛盾，并不像我们通常所认为的那样需要去折中。

　　在我看来，一本好的"心理学导论"教材就像把字词串在一起的字典索引。我将这一点谨记于心，并在编写本书时努力调和三对矛盾：第一，心理学的研究内容浩如烟海，因此我用多样化与整体性来凸显其有趣的一面；第二，我对研究与应用一视同仁并将两者尽量融合在一起；第三，我希望写出来的书既能发人深省又易于学习。请看以下详解。

目标

　　1. 从整体性和多样性方面展现心理学的研究主题。刚进入"心理学导论"课堂的学生通常对心理学家五花八门的研究主题缺乏了解，而我认为这种五花八门恰好是心理学的魅力所在，因此我在全书中常常强调心理学所涵盖内容之广泛。当然，心理学的这种广泛性可能会让一些对生理学、动机、认知、异常行为之间的关系了解不多的学生颇感困惑，事实上，在这个十分讲究专业细化的年代，即使是一些心理学家也觉得这些领域是支离破碎的。

　　但是，我相信心理学的各个分支多数还是互相交叉重叠的，我们有理由借助它们之间的关联与相似来凸显其共性，因此，我认为心理学并不是七零八碎的，而是有机联系的整体。这本教材的原则就是：强调心理学知识遗产的整体性（主题）和研究兴趣与应用的多样性（变式）。

　　2. 阐明了研究过程与应用之间的密切联系。于我而言，一本研究取向的书，不应该是充斥着许多研究综述的书，而是可以增强学生的逻辑鉴别力和实证研究兴趣的书。我想让学生领悟实证研究方法的长处，并将科学心理学视为创造性的工作，可以解决有趣的行为难题。出于这个目的，本书不仅把重点放在心理学家知道（或不知道）什么上，而且致力于介绍他们如何尝试解决问题。教材中对一些方法的细节做了检验，并鼓励学生继承科学家在对行为做出论断时应该持有的怀疑态度和批判性思维。

专注掌握科学研究的长处，并不代表忽略学生对与日常生活有关的具体的、个别的需求。多数研究者都相信心理学有责任为本领域之外的人提供信息，并推广研究工作的实际应用价值。这本书将技巧与方法小心地加以量化，并与数据紧密相连，所以学生可以看到研究和应用是如何相互依赖的。我相信，当看到严谨的研究与完善的理论在实际应用中所产生的价值时，学生会更加清楚心理学是一门科学。

3.可以激发思考并易于学习。可能最重要的是，我所追求的是一本能激发思考的书，而非一本学习提纲。我一贯主张概念和理论是以事实为基础的，并对横跨心理学诸多分支的主要争议和棘手问题（例如，行为在多大程度上受先天和后天以及它们交互作用的影响）保持专注，对狭隘的争论（例如，用平均值与总和中的哪个值来代表印象形成更有优势）持否定态度。激发学生去思考还意味着鼓励学生直面复杂且有些模棱两可的心理学知识，因此，本书不会绕过灰色地带、尚未解决的问题或者仍存在争议的理论，相反，本书鼓励读者去思考开放性的问题，去检验他们对行为的假设，把心理学的概念应用到他们的生活中。我的目的不是简单地对心理学加以描述，而是能够促进学生学识的增长。

但是，学生在刚刚掌握心理学的一些基本概念和原理的时候，理论上可以只掌握"大问题和难问题"，这样能尽量减轻学习负担。教材是教学的工具这一点我是时刻铭记于心的，因此我花费了大量精力力求书的内容、结构、写作风格、插图和教法能够和谐一致，使教与学能够互相促进。

必须承认，这些目标颇具抱负，作为读者你完全有权表示怀疑，因此有必要说明一下我为实现这些目标所做的尝试。

特点

大量与众不同的元素造就了本书的独特气质，这些元素包括：统一的主题、专题研究、个人应用、批判性思维应用、真相核查、图解纵览、术语表、概念检查、主要学习目标及回顾等。

统一的主题

第1章介绍了贯穿全书的7个统一的主题。这些主题有以下几个作用：第一，它们将整章内容串在了一起，有助于学生厘清心理学各个研究领域之间的联系。第二，随着这些主题在书中一一展开，心理学中一些久盛不衰的问题得到了充分的讨论，从而有助于实现本书的"理念"。第三，它们将焦点汇聚于心理学的基础观点和研究主题之上，应该可以给学生留下深刻的印象。

在选择主题时，我不断叩问自己（以及他人）："从现在开始的5年里，我真正想让学生学到的是什么？"这些主题因此分成了两类。

与心理学学科有关的主题

主题1：心理学是实证科学。这个主题主要用来增强学生对心理学科学性的理解，使其认识到实证研究方法与不加鉴别的常识和猜测相比所具有的优点。同时我还利用这个主题鼓励读者培养科学的怀疑精神，并对各种现象进行批判性思考。

主题2：心理学理论的多样化。学生们经常会被心理学中多元的理论体系所困扰，并把理论的多样化当成心理学的缺点。我不会回避这个问题或者为此心怀愧疚，恰恰相反，我打心底里觉得理论的多样化是心理学的一项巨大优势。在这本书中，我将用具体的例子来说明激烈冲突的理论是如何激发新的研究的，怎样把多个视角汇聚到同一问题上以使理解加深以及相互冲突的理论最后是怎样融合的。

主题3：心理学在社会历史中演进。这个主题强调心理学与我们的日常生活是紧密联系在一起的。教材中会展示时代精神如何影响心理学的发展，以及心理学的进步是如何在我们的社会中留下印记的。

与心理学研究对象有关的主题

主题4：行为是由多种因素决定的。在书中，我反复强调和说明：行为的过程是很复杂的，是多种因素导致的。这个主题主要是为了防止简单化、单一原因思考，鼓励批判性思维。

主题5：行为是文化塑造的结果。这个主题试图让学生理解文化因素是如何影响心理过程的，以及一个持有自己文化观点的人是如何扭曲解释其他文化中人的行为的。这个主题的讨论不止简单赞颂了文化的多样性，还避免走极端，准确反映了该领域的研究——文化的差异性和相似性对行为而言同等重要。

主题6：遗传与环境对行为的共同影响。对这个问题的反复讨论让我厘清了先天与后天之争的复杂性。通过不断学习，学生会逐渐掌握先天的生物因素和后天的经验是如何塑造行为的，以及科学家通过什么方法对两者的重要性进行评估。随着时间的推移，学生将逐步深入地理解我们所说的遗传与环境的交互作用。

主题7：人类经验的主观性。我们通常会忘记人们在一定程度上是通过自己的角度看问题的。这个主题主要用来解释人类经验背后的主观性原则，阐明其意义，并不断提醒读者，不是只有他们对世界的看法是合理的。

在第1章介绍了全部7个主题之后，后面的章节只对与本章内容相关的主题进行了讨论。本章内容与主题之间的联系作为最重要的部分，放在了每章的最后一节，其中还总结了"本章必学内容"。对统一主题的讨论也仅限于这一节，叫作"本章主题反思"。我并没有故意限制每章主题的数量，每个主题都是自然而然产生的，每章有2～5个主题。下图展示了每章重点讨论的主题，每个"本章主题反思"前的图标代表出现在本章中的具体主题是哪个。

每章主题的标记							
章	主题						
	1 实证	2 理论的多元化	3 社会历史背景	4 原因的多元化	5 文化遗产	6 遗传与环境	7 主观经验
1. 心理学发展简史	 ●	 ●	 ●	 ●	 ●	 ●	 ●
2. 心理学的研究方法	 ●						 ●
3. 行为的生物学基础	 ●			 ●		 ●	
4. 感觉和知觉		 ●			 ●		 ●
5. 意识		 ●	 ●	 ●	 ●		 ●
6. 学习			 ●			 ●	
7. 记忆		 ●		 ●			 ●

每章主题的标记							
章	主题						
	1 实证	2 理论的多元化	3 社会历史背景	4 原因的多元化	5 文化遗产	6 遗传与环境	7 主观经验
8. 语言和思维	●				●	●	●
9. 智力与测量			●		●	●	
10. 动机与情绪		●	●	●	●	●	
11. 发展心理学：终生发展的视角		●	●		●	●	
12. 人格		●	●		●		
13. 社会心理学	●				●		●
14. 健康心理学				●			●
15. 常见的心理障碍			●	●	●	●	
16. 心理障碍的治疗		●			●		

专题研究

除了第 1 章之外，其他章都有一个比较详细、简明的专题研究。每一个精选出来的研究都是按照传统的目的—方法—结果—讨论的正式格式在学术期刊上发表过的，后面我还对这个研究做了评论，用以说明这个研究的特别之处（为了阐述一种特别的研究方法或关于伦理的问题等）。通过演示研究方法，我希望学生可以领会进行科学研究的基本过程，同时也给他们介绍一下有关期刊论文的基本格式。除此之外，专题研究还可以表明科学研究是多么复杂，学生也可以借此理解科学家们为什么会对同一问题有不同观点。专题研究是教材的正式组成部分，并非选学内容。

在确定专题研究时，我将经典和最近的研究都收录进来了，用以说明研究方法的广泛性。而且为了引人入胜，我一般先考虑这个研究能否引起学生的兴趣，因此，读者在本书中会邂逅的研究有：睡眠剥夺的影响、性兴奋的神经机制，以及米尔格拉姆有关服从的传奇研究等。

个人应用

加强理论和研究的应用是本书强调的重点，每章结尾会有一个个人应用的部分来推广心理学实用的一面。每个个人应用的部分大概有 2～5 页的篇幅针对一个问题进行详细讨论，相信它会引起学生们的兴趣。虽然大多数个人应用都突出强调了"如何做"，但仍会跟本书的主体部分一样，继续对研究和数据进行总结，在这个部分，研究和应用不是相反的两极，而是一个硬币的两面。许多个人应用涵盖了一些"心理学导论"教材不太常写的主题，如查找和阅读学术期刊、理解艺术与错觉的关系、提高压力管理能力等。

批判性思维应用

另一个特别的内容是跟在个人应用后面的批判性思维应用栏目。批判性思维专家黛安娜·哈尔彭（Diane Halpern）认为，批判性思维的技巧是值得传授的。与一般"心理学导论"教材只是简单回顾研究不同，本书介绍了大量批判性思维的具体技巧，例如寻找反证或者替代性解释，认识逸事证据、循环论证、事后偏见、具体化、弱类比、假二分法、系统评价论点以及累积和联合概率法是如何起作用的。

下面的表格列出了批判性思维应用中提到的具体技巧，并根据哈尔彭（1994）提出的分类方法分成了5类，具体到每章，这些技巧都与本章讨论的主题紧密相连。例如，在第5章有关药物滥用的内容中，酒精成瘾这一概念被用来强调定义的重要性以及说明为什么循环论证看起来更引人注目。特别重要的批判性思维技巧会出现在多个章节中，因此学生可以见识到它们在不同背景下的应用。例如，从第7章中学生可以了解事后偏见对记忆的影响，从第12章中可以了解事后聪明是如何扭曲对人格的分析的。通过在每章反复练习应该可以培养学生在遇到类似问题时自发地使用批判性思维技巧的习惯。

语言推理技巧	
理解定义如何影响人们思考问题	第5章
识别定义的来源	第5章
避免在使用定义与标签时的名称谬误	第5章
理解语言如何影响思维	第8章
辨别语义偏向	第8章
辨别侮辱性绰号与预期的侮辱性绰号	第8章
辨别与避免观念与现象混淆	第9章
论据/说服分析技巧	
理解论据的要素	第10章
辨别并避免常见谬误，例如无关前提、循环推理、滑坡推理、不当类比以及错误二分法	第10章和第11章
系统地评价论据	第10章
辨别并避免诉诸无知论证	第9章
理解巴甫洛夫条件反射如何用于操控情绪	第6章
训练觉察媒体中使用条件反射的能力	第6章
识别社会影响策略	第16章
判断信息来源的可信度	第16章
假设检验的思维技巧	
寻找关于结果与事件的备选解释	第1章、第9章和第11章
寻找矛盾证据	第1章、第3章和第9章
认识逸事证据的局限性	第2章和第15章
理解寻找驳斥证据的需要	第7章
理解相关性证据的局限性	第11章和第13章
理解统计显著性的局限性	第13章
识别安慰剂效应可能出现的情境	第15章
处理可能性与不确定性的技巧	
在做出预测与评估概率时利用基础比率	第13章
理解累积概率	第14章
理解结合概率	第14章
理解代表性启发法的局限性	第14章
理解可得性启发法的局限性	第14章
识别趋中现象可能出现的情境	第15章
理解外推法的局限性	第3章

(续)

决策与问题解决的技巧	
使用基于证据的决策	第2章
辨别事后聪明偏差	第7章和第12章
寻找能够减少不确定性的信息	第13章
做出风险—收益的评估	第13章
形成并评估备选的行动过程	第13章
识别人类认知中的过度自信	第7章
理解人类记忆的局限性与不可靠性	第7章
理解对比效应如何影响判断与决策	第4章
识别何时会使用极端比较法	第4章

真相核查

每一章有3～4个真相核查，从一些常见的对心理学的误解入手，直接对错误的信息进行反驳。真相核查出现的位置比较自由，不过一般还是紧挨着有关资料。这部分的例子包括斯金纳把自己的女儿装入箱子，从而导致她严重的心理疾病（第1章）；人们只使用了大脑的10%（第3章）；色盲的人可以看到黑白世界（第4章）；叫醒梦游的人是十分危险的（第5章）。在以前的版本中，多数错误的观点在真相核查中都有提及，但是并没有对其进行直接反驳，也就是说，以前的版本中提供了关于问题的准确信息，但是没有明确说明和解释。当我在修订新版本时，碰巧在《教育心理学》上读到了一篇精彩的文章（Patricia Kowalski and Annette Taylor，2009），这篇文章列举了一些证据，表明学生们通常是带着各种错误的观点来到课堂上的，而且他们倾向于把自己持有的错误观点与课堂上学到的内容联系在一起。为了了解这个问题是否可以改善，研究者测试了直接反驳对学生错误观点的影响，结果表明，明确反驳错误观点比简单提供正确信息能够有效降低学生错误观点的比例，据此，在这个新版本中，我决定对错误观点直接加以驳斥。另外，鉴于真相核查是对教材内容的补充，因此保留了其简洁的风格。

图解纵览

在第一次列出本书的写作计划时，我设想着这个部分应该具有真正的导读功能，并且我希望自己可以全身心地投入这部分的创作。现在回想起来虽然初衷已经忘记，但是它确实给了我宝贵的学习经历。无论如何，我都没有放过其中的任何一个细节，尽全力构建每一个图、表、照片，以期待能够清晰展现教材中的要点。

这个图解纵览最醒目的地方是，用7个图解纵览结合表格、照片很好地总结了心理学领域涉及的发展历史、研究方法、感觉和知觉、学习、人格理论、精神病理学以及心理治疗等的主要观点。另外还请注意图解的副标题，一些重要的概念会在相关的章节反复提及，借此强调各研究领域之间的联系，并提高学生对概念的掌握。大量简洁易懂的图、表、照片会互相支持，并使用了不同的颜色作为分类的标记，书中所涉及的大脑以及其他生理结构，都尽可能提高其真实性和教学价值。所有这些努力只有一个目标：希望这本书既好懂又好学。

术语表

一本导论性的教材应该着重训练学生对心理学专业语言的掌握，这样做的目的倒不是为了让学生能够言必称专业，而是因为许多专业术语都是基础概念（如自变量、信度、认知失调等），本书把专业术语穿插在正文中，使用特殊字体标记，既保留了行文的流畅性，又方便识别。

概念检查

为了帮助学生评估他们对概念的掌握情况,在每章的一些角落位置会出现 3～5 个概念检查[⊖]。为了与我创作一本有思想性的书的目标保持一致,这些概念检查还是颇具挑战性的,不是一般的死记硬背的测试。例如,在第 6 章中,读者需要分析条件反射的一些实例,识别条件刺激和反应、强化以及强化建立的过程。许多概念检查还要求读者能够把本章中不同模块的内容迁移过来,如在第 2 章,要求学生找出假设研究中存在的各种缺点;在第 4 章中,要求学生找出视觉和听觉的相似之处。这一版本中,概念检查每章结尾处重点列出了在理论和研究上有杰出贡献的人。

主要学习目标及回顾

为了帮助学生组织、吸收并掌握书中的要点,每章的重点内容会以一个简洁的主要学习目标开始,以一个详细的学习任务回顾结束。主要学习目标紧挨着一级标题,一般都具有启发性,应该可以帮助学生洞悉每个部分要讲的关键问题。学习任务回顾是对开始部分提出的学习目标的阶段性总结,让学生可以在完成一部分的学习后,及时检查所学到的知识,这种方法的好处是可以减轻学生的学习负担,不必等到一章学习结束后再集中复习。

⊖ 本书中的概念检查已从每章中抽出集中放在正文之后,并会上传至网上,请读者登录 course.cmpreading.com 查询。

目录 | Contents

推荐序一
推荐序二
译者序
致教师

第1章 心理学发展简史 ················ 1

心理学早期发展史 ················ 3
一门新科学的诞生：冯特和霍尔的贡献 ······ 3
流派之争：构造主义与机能主义 ·········· 5
弗洛伊德将潜意识纳入研究范畴 ·········· 6
华生改变心理学的发展进程：
行为主义首登历史舞台 ················ 7
斯金纳质疑自由意志，行为主义蓬勃发展 ··· 8
人本主义异军突起 ···················· 10

心理学现代发展史 ················ 10
心理学的职业化发展时期 ·············· 11
心理学回归本源：重生对认知和生理学的兴趣 ··· 11
心理学视野拓宽：增加对文化多样性的兴趣 ··· 13
心理学适应：进化心理学出现 ·········· 13
积极心理学的发展 ···················· 14

当代心理学：充满活力与百花齐放 ···· 15
心理学的研究领域 ···················· 15
心理学的职业领域 ···················· 18

7个统一主题 ······················ 20
把心理学作为研究领域的相关主题 ········ 20
与心理学研究内容相关的主题 ·········· 21
- 个人应用　提高学业成绩 ············ 24
- 批判性思维应用　培养批判性思维技能 ··· 28

第2章 心理学的研究方法 ············ 30

寻找规律：研究行为的科学方法 ······ 31
科学事业的目标 ······················ 31
科学研究的步骤 ······················ 32
科学方法的优势 ······················ 34

寻找原因：实验研究法 ·············· 35
自变量和因变量 ······················ 36
实验组和控制组 ······················ 36
额外变量 ···························· 36
实验设计的变式 ······················ 37
实验研究的优点和缺点 ················ 39

寻找关联：描述 / 相关研究 ········· 40
自然观察 ···························· 40
个案研究 ···························· 40
调查 ································ 42
描述 / 相关研究的优点和缺点 ········· 42

寻找结论：统计和研究 ·············· 43
描述统计 ···························· 43
推论统计 ···························· 46

寻找缺陷：评估研究 ················ 47
取样偏差 ···························· 47

安慰剂效应 …… 48
　　自我报告数据的歪曲 …… 48
　　实验者偏差 …… 49
关注伦理：只要目的正当，就可以不择手段吗 …… 49
　　欺骗的问题 …… 52
　　动物研究的问题 …… 52
　　研究中的伦理原则 …… 53
• 本章主题回顾 …… 54
• 个人应用　查找和阅读期刊文献 …… 54
• 批判性思维应用　逸事类证据的危险：
　　"我有一个朋友，他……" …… 57

第3章　行为的生物学基础 …… 60

神经系统中的信息交流 …… 61
　　神经组织：基本的硬件 …… 61
　　神经冲动：消耗能量以传送信息 …… 63
　　突触：神经元联结处 …… 64
　　神经递质和行为 …… 65
神经系统的架构 …… 68
　　外周神经系统 …… 69
　　中枢神经系统 …… 70
窥探脑的内部：研究方法 …… 71
　　电活动记录 …… 71
　　脑损伤 …… 71
　　脑部电刺激 …… 72
　　经颅磁刺激 …… 73
　　脑成像过程 …… 73
脑和行为 …… 77
　　后脑 …… 77
　　中脑 …… 77
　　前脑 …… 77
　　脑的可塑性 …… 80

左脑/右脑：大脑的单侧性 …… 81
　　切开脑部：裂脑研究 …… 82
　　完整大脑的半脑功能特化 …… 83
内分泌系统：信息交流的另一种方式 …… 84
遗传和行为：一切都由基因决定吗 …… 85
　　遗传的基本原理 …… 85
　　探究遗传的影响：研究方法 …… 86
　　科技前沿：基因定位 …… 89
　　遗传和环境的相互作用 …… 90
行为的进化基础 …… 90
　　达尔文的见解 …… 90
　　进化理论的后续改良 …… 91
　　作为适应性特征的行为 …… 91
• 本章主题回顾 …… 92
• 个人应用　评价"三心二意"的概念 …… 93
• 批判性思维应用　构建更好的脑：外推的风险 …… 95

第4章　感觉和知觉 …… 98

心理物理学：基本概念与问题 …… 100
　　阈限：寻找极限 …… 100
　　信号检测论 …… 101
　　无意识知觉 …… 101
　　感觉适应 …… 102
视觉系统：视觉的主体 …… 103
　　刺激物：光 …… 103
　　眼睛：一台有生命的光学仪器 …… 104
　　视网膜：大脑在眼睛上的"大使" …… 105
　　视觉和脑 …… 107
　　彩色世界 …… 109
视觉系统：知觉过程 …… 113
　　知觉形状、模式和物体 …… 113
　　知觉深度或距离 …… 118

视觉的知觉恒常性 ……………………… 119	夜晚的问题：睡眠障碍 …………………… 152
线索误导的影响：视错觉 ……………… 119	**梦的世界** …………………………………… 155
听觉系统：听的过程 …………………… 122	梦的内容 …………………………………… 156
刺激：声音 ……………………………… 122	梦和梦醒人生的联系 ……………………… 156
人的听力 ………………………………… 123	文化和梦 …………………………………… 156
耳朵中的感觉加工 ……………………… 124	梦的理论 …………………………………… 157
听知觉：听觉理论 ……………………… 124	**催眠：意识改变还是角色扮演** ………… 158
化学感觉：味觉和嗅觉 ………………… 125	催眠诱导和敏感性 ………………………… 159
味觉系统：味觉 ………………………… 125	催眠现象 …………………………………… 160
嗅觉系统：嗅觉 ………………………… 127	催眠理论 …………………………………… 160
触觉 ……………………………………… 128	**冥想：寻求更高的觉察** ………………… 161
感受压力 ………………………………… 128	生理相关 …………………………………… 161
感受疼痛 ………………………………… 129	长期益处 …………………………………… 161
• 本章主题回顾 …………………………… 133	**药物改变意识** …………………………… 162
• 个人应用 艺术与错觉欣赏 …………… 133	主要的滥用药物及其效应 ………………… 163
• 批判性思维应用 认识对比效应：都是相对的 … 137	影响药物效用的因素 ……………………… 164
	药物活动的机制 …………………………… 164
第5章 意识 ……………………………… 140	药物依赖 …………………………………… 165
意识的本质 ……………………………… 141	药物和健康 ………………………………… 166
觉知水平的变化 ………………………… 142	• 本章主题回顾 …………………………… 168
意识发展的根源 ………………………… 142	• 个人应用 寻找关于睡眠和梦境的实用问题 … 168
意识和大脑活动 ………………………… 142	• 批判性思维应用 酗酒是病吗？定义的重要性 … 171
生物节律和睡眠 ………………………… 143	
昼夜节律的角色 ………………………… 143	**第6章 学习** ……………………………… 173
忽视生理节律 …………………………… 144	**经典条件反射** …………………………… 174
重置昼夜节律 …………………………… 144	巴甫洛夫的研究："灵魂的反射" ………… 175
睡眠觉醒周期 …………………………… 145	术语和步骤 ………………………………… 176
睡眠阶段循环 …………………………… 145	日常生活中的经典条件反射 ……………… 177
睡眠的年龄趋势 ………………………… 147	经典条件反射的基本步骤 ………………… 178
文化和睡眠 ……………………………… 147	**操作性条件反射** ………………………… 182
睡眠的神经与进化基础 ………………… 148	斯金纳的研究：一切都是结果的作用 …… 182
避免：睡眠剥夺 ………………………… 149	研究术语和过程 …………………………… 183

操作性条件反射的基本过程 …………… 184
强化物的形式 …………………………… 186
正强化和负强化 ………………………… 188
惩罚：减弱反应的结果 ………………… 189

条件反射学习中的方向转变 …………… 191
条件反射的生理限制 …………………… 191
条件反射的认知过程 …………………… 192

观察学习 ………………………………… 194
基本过程 ………………………………… 195
观察学习和媒体暴力 …………………… 195

- 本章主题回顾 ………………………… 197
- 个人应用 通过行为矫正达到自我控制 …… 198
- 批判性思维应用 情绪控制：
  巴甫洛夫和说服力 …………………… 203

第7章 记忆 ………………………… 205

编码：将信息录入记忆 ………………… 207
注意对编码的作用 ……………………… 207
加工水平 ………………………………… 208
丰富编码的方式 ………………………… 209

存储：将信息保存在记忆中 …………… 210
感觉记忆 ………………………………… 211
短时记忆 ………………………………… 212
长时记忆 ………………………………… 214
知识是如何被记忆表征和组织的 ……… 215

提取：将信息从记忆中取出 …………… 217
利用线索帮助提取 ……………………… 217
再现事件发生的情境 …………………… 217
重构记忆与错误信息效应 ……………… 218
现实监控、来源监控和目标记忆 ……… 219

遗忘：当记忆出现衰退 ………………… 221
我们遗忘得有多快：艾宾浩斯遗忘曲线 … 221

遗忘的测量方法 ………………………… 222
我们为何遗忘 …………………………… 223
恢复的记忆之争 ………………………… 225

追寻记忆的痕迹：记忆的生理基础 …… 227
记忆的神经回路 ………………………… 228
记忆的解剖 ……………………………… 229

记忆的系统和类型 ……………………… 230
陈述性记忆与程序性记忆 ……………… 231
语义对情节记忆 ………………………… 231
前瞻对回溯记忆 ………………………… 232

- 本章主题回顾 ………………………… 232
- 个人应用 改善日常记忆 …………… 233
- 批判性思维应用 理解目击证词的易谬性 …… 236

第8章 语言和思维 ………………… 239

语言：把思想变成词汇 ………………… 241
语言结构 ………………………………… 241
语言发展中的标志性事件 ……………… 242
学习多种语言：双语 …………………… 244
动物能发展出语言吗 …………………… 245
语言的进化学背景 ……………………… 246
语言习得理论 …………………………… 247
文化、语言和思维 ……………………… 248

问题解决：寻求解决方案 ……………… 249
问题类型 ………………………………… 249
有效解决问题的障碍 …………………… 249
问题解决的方法 ………………………… 252
文化、认知模式与问题解决 …………… 255

决策：选择与机会 ……………………… 256
做出选择：基本策略 …………………… 256
做出选择：不可思议与复杂 …………… 257
抓住机遇：在风险决策中权衡各种因素 … 259

概率判断中的启发式策略 ………………… 260
忽视基础比率倾向 ………………………… 260
合取谬误 …………………………………… 261
人类决策错误的进化分析 ………………… 261
快速节俭启发式 …………………………… 262
• 本章主题回顾 ………………………………… 262
• 个人应用　了解决策中的推理陷阱 ………… 263
• 批判性思维应用　语言塑造思维：
　"只有傻瓜才相信" ………………………… 265

第9章　智力与测量 …………………… 267

心理测验的主要概念 …………………………… 268
　测验的主要类型 …………………………… 268
　标准化和常模 ……………………………… 269
　信度 ………………………………………… 269
　效度 ………………………………………… 270
智力测验的演化 ………………………………… 271
　高尔顿关于遗传型天才的研究 …………… 272
　比奈的突破 ………………………………… 272
　推孟和斯坦福 – 比奈量表 ………………… 272
　韦克斯勒的创新 …………………………… 273
　关于智力结构的争论 ……………………… 273
智力测验的基本问题 …………………………… 274
　现代智商分数的意义 ……………………… 274
　智力测验是否具有足够的信度 …………… 275
　智力测验是否具有足够的效度 …………… 275
　一个人的智商分数是否长时间稳定 ……… 276
　智力测验是否可以预测事业的成功 ……… 277
　智力测验在其他文化中是否被广泛应用 … 278
智力的极端情况 ………………………………… 278
　智力障碍 …………………………………… 278
　天才 ………………………………………… 280

智力的决定因素 ………………………………… 281
　遗传影响智力的证据 ……………………… 282
　环境影响智力的证据 ……………………… 283
　遗传和环境的交互作用 …………………… 284
　智商分数的文化差异 ……………………… 285
心理测量的新方向和智力的研究 ……………… 289
　探索智力的生物基础 ……………………… 289
　考察智力行为的认知过程 ………………… 290
　扩展智力的概念 …………………………… 291
• 本章主题回顾 ………………………………… 292
• 个人应用　理解创造力 ……………………… 292
• 批判性思维应用　智力争论、诉诸无知与
　实体化谬误 …………………………………… 295

第10章　动机与情绪 …………………… 297

动机理论与概念 ………………………………… 298
　驱力理论 …………………………………… 298
　刺激理论 …………………………………… 299
　进化理论 …………………………………… 299
　人类动机的范围及多样性 ………………… 300
饥饿与饮食动机 ………………………………… 300
　调节饥饿的生物因素 ……………………… 300
　调节饥饿的环境因素 ……………………… 302
　饮食与体重：肥胖症的根源 ……………… 303
性动机与行为 …………………………………… 306
　人类的性反应 ……………………………… 306
　人类性行为的进化论分析 ………………… 307
　色情：一个有争议的话题 ………………… 311
　性取向的奥秘 ……………………………… 312
成就动机：追求卓越 …………………………… 315
　成功需求的个体差异 ……………………… 315
　影响成功行为的情境因素 ………………… 316

情绪体验的组成要素 ····· 316
　认知成分：主观体验 ····· 316
　生理成分：分散而多面 ····· 318
　行为成分：非言语的表达 ····· 320
　文化与情绪构成成分 ····· 321

情绪理论 ····· 322
　詹姆斯-兰格理论 ····· 322
　坎农-巴德理论 ····· 322
　沙赫特的两因素理论 ····· 323
　情绪的进化理论 ····· 323

- 本章主题回顾 ····· 324
- 个人应用　探索幸福的构成要素 ····· 324
- 批判性思维应用　分析论证、了解争议 ····· 328

第11章　发展心理学：终生发展的视角 ····· 330

产前发展：孕期发展 ····· 332
　孕期发展的阶段 ····· 332
　环境因素和孕期发展 ····· 334

儿童期的情绪与运动发展 ····· 335
　探索世界：运动发展 ····· 335
　易养和难养儿童：气质差异 ····· 337
　早期情绪发展：依恋 ····· 338

儿童期的人格与认知发展 ····· 340
　变得独特：人格发展 ····· 340
　思想成长：认知发展 ····· 342
　道德推理的发展 ····· 346

青春期的过渡 ····· 348
　生理变化 ····· 348
　神经变化 ····· 349
　寻求认同感 ····· 351
　成人初显期——一个新的个体发展阶段 ····· 352

成人期的扩展 ····· 353
　人格发展 ····· 353
　家庭生活的转变 ····· 354
　老年化和生理变化 ····· 355
　老年化和神经变化 ····· 356
　老年化和认知变化 ····· 356

- 本章主题回顾 ····· 358
- 个人应用　理解性别差异 ····· 358
- 批判性思维应用　父亲是儿童健康发展的必要条件吗 ····· 362

第12章　人格 ····· 365

人格的内在本质 ····· 366
　人格特质：性情和维度 ····· 367
　人格特质的五因素模型 ····· 367

心理动力学角度 ····· 369
　弗洛伊德的精神分析理论 ····· 369
　荣格的分析心理学 ····· 373
　阿德勒的个体心理学 ····· 373
　评价精神动力学观点 ····· 374

行为主义的角度 ····· 375
　斯金纳应用到人格上的观点 ····· 375
　班杜拉的社会认知理论 ····· 376
　米歇尔和个体-情境之争 ····· 377
　评价行为主义观点 ····· 378

人本主义视角 ····· 378
　罗杰斯的个人中心理论 ····· 378
　马斯洛的自我实现理论 ····· 380
　评价人本主义观点 ····· 381

生物学视角 ····· 381
　艾森克的理论 ····· 382
　行为遗传学和人格 ····· 382
　人格的神经科学理论 ····· 383

人格的进化角度 ·········· 383
评价生物学观点 ·········· 384
当代的人格实证研究 ·········· 384
对自恋研究的新兴趣 ·········· 384
恐惧管理理论 ·········· 385
文化和人格 ·········· 388
- 本章主题回顾 ·········· 390
- 个人应用　学习人格测量 ·········· 390
- 批判性思维应用　日常人格分析中的后视之见 ·········· 393

第13章　社会心理学 ·········· 395

人际知觉：形成对他人的印象 ·········· 397
外表的影响 ·········· 397
刻板印象 ·········· 397
人际知觉的主观性 ·········· 398
关于人际知觉偏差的进化观点 ·········· 398
归因过程：对行为的解释 ·········· 399
内归因与外归因 ·········· 399
对成功与失败的归因 ·········· 399
归因偏差 ·········· 399
文化与归因倾向 ·········· 401
亲密关系：喜欢与爱 ·········· 402
人际吸引的关键因素 ·········· 402
透析爱情的秘密 ·········· 403
文化与亲密关系 ·········· 404
网络与亲密关系 ·········· 405
关于吸引力的进化观点 ·········· 405
态度：做出社会化判断 ·········· 406
态度的成分与维度 ·········· 407
态度与行为 ·········· 407
内隐态度：探索外表之下的态度 ·········· 408

尝试改变态度：说服所包含的因素 ·········· 409
有关态度形成及转变的理论 ·········· 411
从众与服从：对他人的屈服 ·········· 414
从众 ·········· 414
服从 ·········· 415
从众与服从的文化差异 ·········· 418
情境的力量：斯坦福监狱实验 ·········· 419
群体行为：加入他人 ·········· 420
单独行动和群体行动：旁观者效应的实例 ·········· 420
群体生产和社会惰化 ·········· 421
群体决策 ·········· 422
- 本章主题回顾 ·········· 423
- 个人应用　理解偏见 ·········· 424
- 批判性思维应用　你能相信谁？可信度与影响策略分析 ·········· 427

第14章　健康心理学 ·········· 429

应激的性质 ·········· 430
日常事件中的应激 ·········· 431
应激取决于个人的认知评估 ·········· 431
应激的主要类型 ·········· 431
对应激的反应 ·········· 435
情绪反应 ·········· 435
生理反应 ·········· 436
行为反应 ·········· 438
应激对心理功能的影响 ·········· 441
损害任务绩效 ·········· 441
倦怠 ·········· 441
心理问题与心理障碍 ·········· 442
积极作用 ·········· 442
应激对身体健康的影响 ·········· 443
人格、敌意与心脏病 ·········· 443

情绪反应、抑郁与心脏病	444
应激、疾病与免疫功能	446
考量应激与疾病的关联	446

应激影响的调节因素 447
    社会支持 447
    乐观与尽责性 447

损害健康的行为 448
    吸烟 448
    缺乏运动 449
    酒精与药物滥用 449
    行为方式与艾滋病 449
    损害健康的行为是如何养成的 450

对疾病的反应 450
    寻求治疗 451
    与医疗人员沟通 451
    遵循医嘱 451

• 本章主题回顾 452
• 个人应用 增强应对与应激管理 452

第15章 常见的心理障碍 458

异常行为：概念 459
    异常行为的医学模型 459
    异常行为的标准 460
    心理诊断：疾病分类 461
    心理障碍的患病率 463

焦虑障碍 463
    广泛性焦虑障碍 464
    恐怖症 464
    惊恐障碍和广场恐怖 464
    强迫症 465
    创伤后应激障碍 466
    焦虑障碍的病因 466

解离障碍 468
    解离性遗忘和漫游 468
    解离性身份障碍 468
    解离障碍的病因 469

心境障碍 469
    抑郁症 469
    双相障碍 471
    心境障碍与自杀 472
    心境障碍的病因 472

精神分裂症 475
    一般症状 476
    亚型、病程以及结果 477
    精神分裂症的病因 478

人格障碍 481
    诊断问题 481
    反社会型人格障碍 484

心理障碍和法律 485
    精神失常 485
    强行就医 485

文化和病理学 486
    是不是心理障碍在世界各地都一样 487
    症状类型是不是文化共通的 487

• 本章主题回顾 487
• 个人应用 了解进食障碍 488
• 批判性思维应用 从可能性角度思考
    精神疾病 491

第16章 心理障碍的治疗 493

治疗过程的基本要素 495
    治疗：有多少种 495
    来访者：谁会寻求治疗 496
    治疗师：谁来提供专业治疗 497

领悟疗法 ·········· 498
精神分析 ·········· 498
当事人中心疗法 ·········· 500
积极心理学激发的疗法 ·········· 502
团体治疗 ·········· 503
夫妻和家庭治疗 ·········· 504
领悟疗法有多有效 ·········· 504

行为治疗 ·········· 505
系统脱敏和暴露疗法 ·········· 506
厌恶疗法 ·········· 507
社交技能训练 ·········· 507

认知行为疗法 ·········· 508
行为治疗有多有效 ·········· 508
生物医学疗法 ·········· 508
药物治疗 ·········· 509
电休克疗法 ·········· 513
新的脑刺激技术 ·········· 513

当前治疗的趋势和问题 ·········· 516
整合多种方法开展治疗 ·········· 516
在治疗中提高对多元文化的敏感性 ·········· 518

转型期的机构治疗 ·········· 519
对精神病院不抱幻想 ·········· 519
去机构化 ·········· 519
精神疾病、人员频繁流动以及无家可归的人 ·········· 520

- 本章主题回顾 ·········· 521
- 个人应用　寻找治疗师 ·········· 521
- 批判性思维应用　从危机到健康——是治疗的作用吗 ·········· 523

概念检测 ·········· 525

附录A　心理学与统计 ·········· 546

附录B　心理学：工业/组织 ·········· 554

附录C　心理学与可持续性 ·········· 569

参考文献㊀

㊀ 请见 course.cmpreading.com。请登录下载。

第1章

心理学发展简史

什么是心理学？为什么它值得你花时间去学习？我想用两个故事来加以说明。

2005年，一个名叫格雷格·霍根的大学二年级学生，因犯罪被捕而恶名远扬。格雷格并不符合人们对一个潜在罪犯的印象。他的父亲是浸礼会牧师，他是班长，还是校管弦乐队的大提琴手。他甚至还在牧师办公室兼职。因此，当人们得知格雷格因抢银行而在他的社团活动室被警察逮捕时，都感到十分震惊。

那天早些时候，格雷格假装持有枪支，从当地银行抢走了2800多美元。他为什么要这样做？在过去的几个月里，他在网上玩扑克游戏输掉了5000美元。他的律师说，格雷格的这种赌博习惯已经"成瘾"（Dissell, 2005; McLoughlin & Paquet, 2005）。

格雷格最终接受了针对他赌博问题的治疗。在某种意义上他是幸运的——至少他得到了帮助，而纽约长岛一个19岁的社区大学生摩西·佩加门特就没这么幸运了。摩西因持枪指向一名警察而被击毙，而那把所谓的枪其实是塑料的。在他车的前座上有张字条写道："警官，一切都是我计划的。抱歉将你牵扯进来。我只是想死。"摩西刚刚输掉了6000美元世界职业棒球大赛的赌注。他的死亡在法律上被称作"警察协助的自杀"（suicide by cop）（Lindsay & Lester, 2004）。

这两则故事都有官员和心理健康专家极端关切的一个趋势：赌博（从彩票到体育赌博，再到线上扑克）尤其是在年轻人当中盛行（Jacobs, 2004）。大学生似乎成了这种趋势的主导力量。某些观察家认为，赌博在大学生中已成为一种"流行病"。一些校园里的学生赌注者利用体育赌博，每年从其他学生那里赚取成千上万美元。像"世界扑克大赛"这样的电视节目直接向大学生观众进行宣传。线上扑克网站也邀请学生通过在线赌博来赢取学费。

虽然赌博有时会耗费大量金钱，但对大多数人而言它是种相对无害的娱乐活动。然而，约有5%～6%的青少年存在严重的赌博问题。这个比例是成年人的2～4倍（Jacobs, 2004; Petry, 2005; Winters et al., 2004）。年轻人中越来越多的病态赌博行为向我们提出了诸多问题：赌博危险吗？它真的会上瘾吗？究竟什么是上瘾呢？如果一个赌瘾成疾者同时吸毒或犯罪，那么赌博行为是引发这些问题的原因，还是它们只是一个更深层问题的表现而已？也许最关键的是，为什么有些人变得赌瘾成疾而其余大部分人则没有问题？每天有数百万美国人购买彩票，在体育比赛上下注，或者光临赌场，却并未出现明显的问题。但另一些则沉迷赌博不能自拔，直到输光一切，包括他们的积蓄、工作、家庭和自尊。为什么？是什么导致了如此复杂的、自我毁灭式的行为？

心理学涉及了类似上述这些问题。总的来说，心理学是关于理解我们所做**一切**的学科。我们都会时不时想搞清楚，是什么原因决定了人类的行为：为什么节食是如此之难，为什么会在学习上拖延，为什么我们会爱上某个人而不是另一个。我们想知道为什么有些人外向而另一些人害羞。我们想知道为什么我们有时会做一些明知将给自己带来痛苦和烦恼的事，如身陷不伦恋，或者把学费钱输给得克萨斯扑克游戏。心理学研究就要涉及所有这些问题，且远不仅限于此。

许多心理学涉及的问题对我们的日常生活都有启发意义。对我而言，这是它的主要吸引力之一：**心理学具有实用性**。以赌博为例，赌瘾成疾者承受着各种痛苦，却就是停不下来。听听一名叫斯蒂夫的赌徒的困境："在过去的两年中，我已经实实在在输掉了几千美元……我曾一次又一次试图戒赌，但每回都以失败告终……我深陷的债务正在毁掉我和家人的生活……我多希望前方出现大片光明，给我个信息，'斯蒂夫，这条是重归过去生活的路'。"（SJB, 2006）。

用什么方法能更好地帮助像斯蒂夫这样的人呢？他是否应该加入像戒赌会这样的团体？接受专业咨询有用吗？有没有管用的药物？心理学通过探究人类行为的原因和方式，可以帮助我们找到答案，以解决这些沉重的问题，以及每天都在影响着我们每个人的问题。你将会看到心理学实用性的一面贯穿全书。请特别关注每章末的"个人应用"。这些应用部分关注日常生活问题，如更有效应对压力、增强自我控制以及解决睡眠障碍。

心理学值得我们学习的原因除了它的实用价值，还在于它提供了一种有力的**思考方式**。我们每天都会对他人行为的原因做评判。例如，我们可能会认为赌瘾成疾者是意志薄弱、不理智的，或仅仅是愚钝到不明白赌局的设计在概率上对他们是不利的。我们还可能会以为这些赌徒仅仅是被成瘾的力量控制和驱使。该如何决定这些评判中哪个是正确的呢（如果存在正确选项的话）？

心理学家致力于用科学的方法研究有关人类行为的问题。这意味着他们先试图提出关于行为的精确描述，然后通过系统观察去检验可能的答案。这种对想法的检验意味着，心理学提供了一种相对准确可靠的求知方法。同时，心理学也为我们评价每天从朋友、家人及流行媒体听到的关于行为的言论提供了根据。多数人可能并未意识到，在报纸、杂志、电视、广播及互联网出现的各种新闻中，无时无刻不蕴含着心理学的内容。不幸的是，这些报道经常是对事实的曲解或过分简化。因此，误导是常常发生的。于是，许多关于行为的"常理"被广泛接受，但其实它们根本就是错误观念或只是传说。表1-1列举了一小部分有关心理学的流行说法。这些例子来自一本精彩的书，名为《流行心理学的50大传说》（*50 Great Myths of Popular Psychology*, Lilienfeld et al., 2010）。在本书之后的内容中，我们将涉及多个有关心理学的错误观念，并就这些内容提出更准确的、建立在科学基础上的信息。例如，在第3章中你将了解到，所谓人们只使用了10%的脑力这一说法纯属胡言。最近的研究显示，要消除学生的错误观念，最好的方式是对其直接予以驳斥（Kowalski & Taylor, 2009）。因此，纵观整本书你将会看到一个叫"真相核查"的特别版块，其中会关注一些常见误解，并以更准确、更真实的信息来纠正它们。"真相核查"版块中所涉及的均与对应正文内容相关。

在学习这门课的过程中，我希望你能和我一样，对心理学这门令人着迷且又非常实用的学科满怀热情。作为探索之旅的开始，让我们先来了解心理学是如何从早期有关行为的猜想，发展成为一门现代科学的。通过这个发展历程，你能更好地理解今天的心理学是一种延伸范围广、涉及面多的科学和职业。我们将总结七个统一主题作为本章的结束。这七个主题作为线索将接下来的章节串联起来。本章的"个人应用"部分将回顾对如何成为高效率学生有所启示的研究。最后，"批判性思维应用"部分将讨论如何提高批判性思维技能。

表1-1 有关心理学的一些流行传说

传说	对应章节
大多数人只使用了10%的脑力	第3章
给婴儿播放莫扎特的音乐能增进他们的智力	第3章
阈下信息能促进购买行为	第4章
催眠是种特殊的出神状态，与清醒状态截然不同	第5章
催眠对恢复遗忘事件的记忆有帮助	第7章
多导仪（测谎仪）能准确检测出欺骗行为	第10章
互补相吸：我们在感情上容易被与自己相异的人吸引	第13章
精神分裂症患者具有多重人格	第15章
相当一部分罪犯成功利用了精神失常做辩护	第15章

资料来源：Based on Lilienfeld, S. O., Lynn, S. J., Ruscio, J., & Beyerstein, B. L. (2010). *50 great myths of popular psychology: Shattering widespread misconceptions about human behavior.* Malden, MA: Wiley-Blackwell.

心理学早期发展史

心理学自身的故事实际上是一个人类试图更好地理解自己的探索过程。随着心理学的发展，它的关注内容、研究方法以及解释模型都发生了改变。这一节我们将回顾心理学诞生的早期历史，看这门学科是如何从对精神世界的哲学思辨，发展成为一门以研究为基础的科学的。

心理学（psychology）之名源自两个希腊语单词：psyche，有灵魂之意；以及logos，指对事物的研究。16世纪，这两个希腊语词根首次被放在一起来定义一门新学科的名称，其中psyche用来表示灵魂、精神，或心智，以区别于肉体（Boring, 1966）。直到18世纪早期，"心理学"这个词才从偶尔在学术上出现变得被更多学者使用。此时，这一名词实现了它的字面意义："对心理的研究"。

当然，一直以来人们都对神秘的精神世界感到好奇。从这个角度来说，心理学有着悠久的过去。在一定意义上，心理学和人类这个物种一样古老。但它的发展史却相对短暂。这是因为心理学作为一门科学，仅在约140年前才出现。

一门新科学的诞生：冯特和霍尔的贡献

心理学诞生于哲学（philosophy）和生理学（physiology）这两个学科的结合。到19世纪70年代，这两个领域的一小部分学者开始对有关心理世界的问题进行积极探索。身体的感觉如何转化成头脑中对外部世界的感受？人们对世界的认识是对现实的准确反映吗？心理和身体之间如何相互作用？对心理世界感兴趣的哲学家和生理学家都将这些问题看作**各自领域内**引人入胜的课题。最终，德国教授冯特（Wilhelm Wundt, 1832—1920）改变了这一局面。冯特发起了一场革命，让心理学成为一门独立的学科，而不再是哲学或生理学的继子。

冯特（右一）建立的第一个心理学研究实验室标志着心理学作为一门现代科学的诞生。

时间和空间条件都有利于冯特的诉求。当时德国的大学正处于健康的扩张期，而且新学科有可利用的资源。此外，冯特提倡的科学方法也受到知识界的青睐。因此，他的提议很好被学术界接受。1879年，冯特在莱比锡大学成功建立了第一个正式用于心理学研究的实验室。为了表示对这一里程碑式事件的尊重，史学家将1879年定为心理学的诞生年。在那之后不久，冯特于1881年创办了第一份用于发表心理学研究的期刊。总之，冯特发起的这场革命十分成功，以至于今天他被广泛认为是心理学的创始人。

冯特对心理学的定义影响了数十年。结合他所受到的生理学训练，冯特（1874）指出心理学应该像物理或化学等学科一样，是一门科学。这门新科学的研究对象是什么？冯特认为心理学的主要关注对象是**意识**（consciousness）——对即刻体验的觉知。这样，心理学重点关注的是对意识经验的科学研究。这一取向将心理学的关注范围集中于人的心理和心理过程。但心理学家用于研究心理的方法，需要和其他化学家或物理学家使用的方法一样具有科学性。

冯特是一位不知疲倦、一心一意的学者，他在职业生涯中共创作了约54 000页的论著（Bringmann & Balk, 1992）。在他实验室里进行的研究关注人的注意、记忆、感觉过程，和对各种心理过程持续时间进行估计的反应时实验（Fuchs & Milar, 2003）。包括许多美国人在内的杰出年轻学者，纷纷来到莱比锡跟随冯特学习。他的很多学生后来遍布德国和美国，建立的研究实验室为新的、独立的心理学科提供了基础。的确，冯特创建的这门新学科正是在北美取得了跨越式发展。1883～1893年，美国和加拿大涌现出23个新的心理学研究实验室，学校的分布如图1-1所示（Benjamin, 2000）。其中很多实验室都是由冯特的学生或其学生的学生创办的。

霍尔（G. Stanley Hall, 1846—1924）曾短暂地跟随

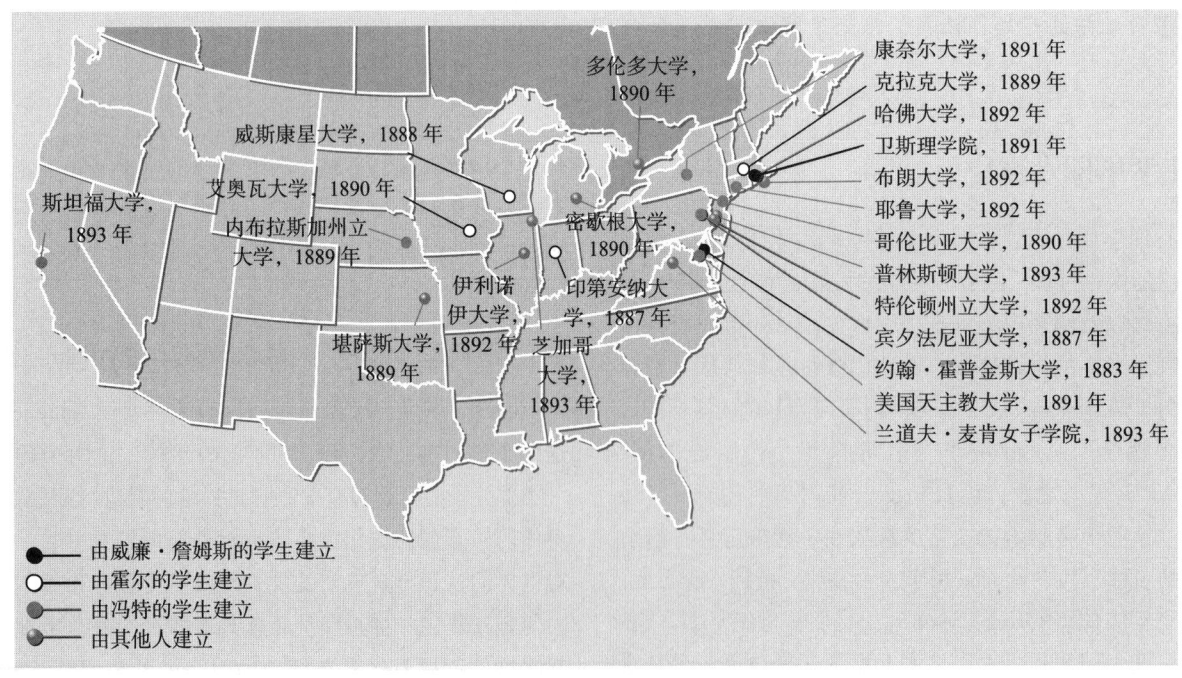

图1-1 早期研究实验室在北美的分布

这幅地图标注了在北美大学院校建立最早的23个心理学研究实验室的地点和创办年份。如各颜色标记所示，其中很多实验室由冯特、霍尔及威廉·詹姆斯的学生建立。

资料来源：Benjamin, 2000.

冯特学习。他是心理学在美国迅速发展的一位格外重要的贡献者。19世纪末，霍尔连续创造了心理学在美国的许多个"第一"。1883年，他在约翰·霍普金斯大学创建了美国第一个心理学研究实验室。4年后他创办了美国第一份心理学杂志。此外，他还是1892年美国心理学会（American Psychological Association，APA）成立背后的推动力量，并被选举为第一任主席。今天，APA是世界上最大的致力于推动心理学发展的组织。它有超过150 000名会员和多个分支机构。当霍尔和其他26人建立这个新组织时，绝不会料到如今它有如此庞大的会员规模。

流派之争：构造主义与机能主义

在了解心理学是如何成为一门科学的过程中，你也许会想象心理学家联合起来，忙着将各种新发现增加到一个不存在争议的"事实"集合中。而实际上，没有哪门科学是这样的。大多数科学领域中都存在流派之争。有时，学者间的这种争执还很激烈。这种观点的多样化是很自然的，并且经常能激发有意义的辩论。心理学中两种最初的流派：构造主义和机能主义，就经历了这个领域内的首次学术大战。

构造主义是在1892年移民到美国的英国人铁钦纳（Edward Titchener）领导下出现的。他曾任教于康奈尔大学数十年。铁钦纳在冯特的实验室获得了学位，并且对他的工作十分钦佩。然而，他将冯特的心理学经过自己的演绎后带到了美国（Hilgard，1987；Thorne & Henley，1997）。**构造主义**（structuralism）的基本观点是：心理学的任务是将意识分解为基本要素进行分析，并研究各要素间是如何关联的。正如物理学家研究基本粒子如何组成物质一样，构造主义者试图识别和检验包括感觉、情绪和表象在内的这些意识经验的基本组成部分。

尽管构造主义者探究了很多问题，但他们大部分的工作只涉及视觉、听觉和触觉上的感觉和知觉。构造主义者检验意识的组成部分所使用的方法是**内省法**（introspection），即对自身意识经验进行仔细和系统自我观察的方法。在实践中，内省法要求被试（subject），即被研究的对象，接受训练以变得更客观，觉察力更强。训练完成后，被试通常要接触声音、视觉幻象，以及谨慎控制下的视觉刺激和经过系统性划分的不同情境，进而对所体验到的内容进行分析。

机能主义者对心理学的任务有着不同看法。**机能主义**（functionalism）的基本观点是心理学应该研究意识的功能或目的，而不是它的结构。机能主义出现的主要推动力来自威廉·詹姆斯（William James，1842—1910），他是一位才华横溢的美国学者（也是著名小说家Henry James的哥哥）。詹姆斯原本的专业是医学，然而他认为医学不具智力上的挑战性，并且他也觉得自己过于体弱多病，不适合从医（Ross，1991）。于是，1872年，他抓住机会加入了哈佛大学，开始了相对较轻松的学术生涯。詹姆斯很快成为这一领域的卓越人物，医学的损失成就了心理学的成功。詹姆斯影响深远的著作《心理学原理》（Principles of Psychology，1890）成为后代心理学家的标准读物。它可能是心理史上最具影响力的教科书（Weiten & Wight，1992）。

詹姆斯的思想说明了心理学和其他学科一样，深受不同文化和知识间相互交织的影响。詹姆斯对达尔文（Charles Darwin, 1859, 1871）的自然选择印象深刻。**自然选择**（natural selection）的主要思想是，能够提供生存或繁殖优势的遗传特征，比其他特征更可能被传递给后代，进而在时间进程中"被选择"。这是达尔文进化论的一个基础论点，它表明物种的典型特征一定都是具有某种用途的。将这一观点应用到人类上，詹姆斯（1890）指出意识显然是我们这个物种的一个重要特征。从而，他主张心理学应该研究意识的**功能**而非**结构**。

詹姆斯还认为构造主义者的研究方法忽视了意识经验的真正本质。他指出意识是由持续流动的思想组成的。构造主义者分析意识的**要素**，就相当于在观察流动中固定的一点。而詹姆斯想要了解流动本身，也即他所称的**意识流**（stream of consciousness）。今天，人们觉得这个对精神生活的比喻是理所当然的，而在当时，这却是一个革命性的观点。正如Leary（2003）所言："意识不再被刻画成某种装满着诸如感觉、表象、观念、思想、情绪等这些'内容'的心理容器，而是被描绘为一个持续进行的、整体的经验过程。"（p.25）詹姆斯之后又为许多心理学领域涌现出的重要问题提供了大量有影响力的分析。其中他对于人们如何养成**习惯**的论述为有关学习的研究奠定了基础。另外他的**自我**（self）概念也为之后的人格理论提供了基础（Leary，2003）。

构造主义者自然是致身于研究实验室中，而机能主义者则对人们如何依据周围真实世界的要求来调整自身的行为更感兴趣。这种更现实的倾向致使他们为心理学引进了新的研究课题。机能主义者不关注感觉和知觉，他们中诸如卡特尔（James McKeen Cattell）和杜威（John Dewey）开始研究心理测验、儿童的成长模式、有效的教学实践以及两性间的行为差异。这些新课题也许对吸引第一批女性进入心理学领域起了一定作用（见图1-2）。

弗洛伊德将潜意识纳入研究范畴

弗洛伊德（Sigmund Freud, 1856—1939）是一位奥地利医生。他在事业的早期曾梦想通过某项重要的发现而成名。怀着这样的决心，他在医学院时期收集了400条公鳗鱼，第一次证明了它们是有睾丸的。对鳗鱼的研究没能使他成名，而后来与人类有关的工作却成就了他的名声。确实，他的理论让他成为现代知识界最具争议的人物之一。

弗洛伊德（1900，1924，1933）研究心理学的方式源于他对精神疾病的治疗工作。在行医过程中，对被诸如非理性恐惧、强迫和焦虑此类心理问题所困扰的人，弗洛伊德采用了一种创新的治疗程序。他称之为精神分析（psychoanalysis；详见第16章）。长年对病人生活的观察为弗洛伊德在理论上的探索提供了许多启发。同时，他也通过内观（looking inward）以及检查自身的焦虑、冲突和渴望来收集素材。

对病人的治疗和他的自我观察使弗洛伊德确信潜意识的存在。根据弗洛伊德的观点，**潜意识**（unconsciousness）包括潜藏在意识之下却会对行为产生很大影响的想法、记忆和渴望。弗洛伊德的潜意识概念建立在大量观察之上。例如，他注意到看似不重要的口误（如"我打算参加学校的暑期诅咒"）常常反映了一个人的真实想法。他还发现，病人的梦境经常是自己重要却未被觉察到的感受的表达。将这些和其他观察结果整合在一起，弗洛伊德最终得出结论，心理疾病多是由存在于潜意识层面的个人冲突所导致的。概括起来，**精神分析理论**（psychoanalytic theory）试图通过关注行为的潜意识决定因素来解释人格、动机与心理疾病。

弗洛伊德的潜意识概念并非全新的，却是他使这一

玛丽·卡尔金斯（Mary Calkins, 1863—1930）	玛格丽特·沃什伯恩（Margaret Washburn, 1871—1939）	丽塔·霍林沃斯（Leta Hollingworth, 1886—1939）

玛丽·卡尔金斯曾师从詹姆斯，于1891年在卫斯理学院（Wellesley College）建立了美国最早的心理学实验室之一，还创造了一种被广泛使用的记忆研究方法，并于1905年成为美国心理学会首位女性主席。然而讽刺的是，她从未获得过心理学博士学位。由于她的女性身份，因此哈佛大学只勉强允许她以"客座学生"的身份参加研究生课程。当她达到博士学位的要求时，哈佛只给她提供本科姊妹院校Radcliffe学院的学位。卡尔金斯认为这一决定是由来已久的对性别的不平等对待，因此她拒绝了Radcliffe的学位。	玛格丽特·沃什伯恩是第一位被授予心理学博士学位的女性。她的著作《动物心理》（The Animal Mind, 1908）推动了随后行为主义的产生，是几代心理学家的标准读物。1921年，她成为美国心理学会第二位女性主席。沃什伯恩在哥伦比亚大学跟随卡特尔学习。然而同玛丽·卡尔金斯一样，她只被允许以"旁听者"身份非正式地参加研究生课程。因此，她后来转学到对女性更为接纳的康奈尔大学，并于1894年获得了博士学位。沃什伯恩与卡尔金斯一样，大部分职业生涯都在女子学院度过。	丽塔·霍林沃斯在青少年成长、智力缺陷和天才儿童方面做出了首创性的贡献。她首次使用"天才"（gifted）一词形容在智力测验中得分异常高的少年。那时一些流行的理论声称能解释为什么女性相对于男性是"劣等的"，霍林沃斯驳斥了这些理论。例如，她进行的一项研究反驳了关于女性月经周期的节律与工作表现二者相关联的传言。她严谨地收集了有关性别差异的客观数据，从而迫使其他科学家对有关性别差异的流行但未经检验的观点进行实证探究。

图1-2 心理学历史上的女性先驱

一直以来女性都为心理学的发展做出了重大贡献（Milar, 2000；Russo & Denmark, 1987），而今天有近半数的心理学家都是女性。然而同其他领域一样，女性在心理学历史中经常被忽视（Furumoto & Scarborough, 1986）。图中列出的三位心理学家表明，女性几乎自心理学诞生起，就不畏阻挡她们追求学术生涯的障碍，做出了杰出贡献。

资料来源：Photos courtesy of the Archives of the History of American Psychology, University of Akron, Akron, Ohio.

概念为普通大众所接受，并在其上大做文章，这是史无前例的（Lothane，2006）。需要强调的是，潜意识这一概念与当时流行的人能够完全觉察到影响自己行为的各种力量这一信念背道而驰。因为弗洛伊德主张行为被潜意识的力量所控制，所以这也就相当于提出了人不能主宰自己的精神世界这样一种令人不快的观点。弗洛伊德理论的其他一些方面同样激起了争论。例如，他提出行为在很大程度上受人们如何处理自身性冲动的影响。在当时，公众远不及今天这样可以很自然地讨论性话题。即便是科学家也因弗洛伊德对性的强调而感到受冒犯和受羞辱。因此，弗洛伊德很快便被卷入论战之中就不足为奇了。

由于弗洛伊德理论本身具有争议性，因此它最初并不具有太大影响力。然而，弗洛伊德作为一位杰出且多产的作家，发起了一场蓬勃的运动来推动精神分析理论（Messer & McWilliams，2003）。最终他的研究逐渐为医学界所接受，吸引了包括卡尔·荣格（Carl Jung）和阿尔弗莱德·阿德勒（Alfred Adler）在内的众多知名追随者。1909年，当霍尔邀请弗洛伊德到马萨诸塞州的克拉克大学进行了一系列讲学时，他的理论终于在心理学界获得了重要的公开认同。

至1920年，精神分析理论已在世界范围内广泛传播。然而，它仍然受到心理学界相当程度的抵制（Fancher，2000）。多数心理学家不以为然地认为精神分析理论是一种非科学的猜想，迟早会销声匿迹（Hornstein，1992）。事实证明他们错了。精神分析观点稳步获得文化上的普遍认同，对医学、艺术和文学的思想都产生了影响（Rieber，1998）。如 Hornstein（1972）所言，到了20世纪40年代，"精神分析风光无限，以至于整个心理学相较之都显得黯然失色"（p.258）。这样一来，精神分析理论的流行和被广泛接受迫使心理学家把他们的科学方法用在弗洛伊德所研究的主题上：人格、动机和异常行为。在转而对这些内容的研究中，他们中的许多人都发现了弗洛伊德理论中存在的某些优点（Rosenzweig，1985）。精神分析理论继续引发着激烈辩论，但它经受住了争议，成为一种有影响力的理论视角。今天，许多精神分析的概念已经融入了心理学的主流（Luborsky & Barrett，2006；Pincus，2006；Westen，Gabbard，& Ortigo，2008）。

华生改变心理学的发展进程：行为主义首登历史舞台

精神分析学派在被心理学界接受的道路上举步维艰。原因之一就在于它在很多基本观点上与行为主义相冲突。后者是一个新生学派，于1913年至1920年年末在心理学界逐渐占据了主导地位。**行为主义**（behaviorism）由华生（John B. Watson，1878—1958）创建，它是建立在科学心理学应该只研究可观察行为这一前提之上的一种理论取向。理解这个定义所代表的是何等激进的变革是很重要的。华生（1913，1919）提出心理学家应该摒弃所有对意识的研究，将注意力只集中在可直接观察到的行为上。实质上，他这是在试图重新定义什么是科学的心理学。

华生为何会要求这种根本方向上的改变呢？因为对他而言，科学方法的力量源自它的可验证性。即原则上，所有科学命题都可以被任何有能力和意愿进行符合要求的观察证实（或证伪）。然而，这种力量要发挥作用需要所研究的内容必须能被客观观察。否则，使用科学方法的优势（用可靠和完整知识取代含糊猜想和个人看法）就不复存在了。华生认为心理过程不是一个可用来进行科学研究的合适对象，因为它们终究是私人化的事情。毕竟，没人能看见或触摸到别人的想法。因此，心理学若要以科学自居，就必须放弃将意识作为研究对象，取而代之变成研究**行为科学**（science of behavior）。

行为（behavior）是指生物体做出的任何外显（可观察的）反应或活动。华生认为心理学家可以研究人的任何所做或所言：购物、下

1909年9月，拍摄于克拉克大学心理学会议的一张照片。图中是弗洛伊德、霍尔及四名弗洛伊德的学生和同事。前排左起：弗洛伊德、霍尔、荣格；后排左起：亚伯拉罕·布里、欧内斯特·琼斯、桑多尔·费伦齐。

棋、进食、恭维朋友；而对可能与这些可观察的行为同时出现的想法、愿望和情绪，却不能进行科学研究。很明显，心理学放弃研究意识这一转变是与精神分析理论互不相容的。到了20世纪20年代，华生已成为弗洛伊德理论的公开抨击者（Rilling，2000）。接下来的数十年中，行为主义和精神分析两派的拥护者之间进行了很多激烈的理论争辩。

华生对心理学激进的重新定位并不仅限于他对研究对象的重新定义。他还在**先天与后天**（nature versus nurture）这一心理学最古老、最根本的问题之一上表明了颇为极端的立场。这一古老的争论是关于行为主要由遗传基因（"先天"）所决定，还是由环境与经历（"后天"）所决定。简单来说，这个问题就是：一个出色的钢琴家或犯罪高手是天生的还是后天造就的？华生认为二者都是后天造就而非天生的。换句话说，他淡化了遗传的重要性，坚持行为主要受到环境的支配。事实上，他曾大胆地说道：

> 给我一打健全的婴儿和我可以培养他们的特殊世界。我可以保证，挑其中任意一个，无论他的天资、爱好、性情、能力、祖先的职业和种族如何，都能训练成我所选的任何一类专家：医生、律师、艺术家或商业主管，甚至乞丐和小偷。我承认这样说脱离了事实，但对立派的支持者也一样，并且他们几千年都是这样了（1924，p.82）。

华生玩笑式的挑战当然从未真正实施。不可否认的是，这段被广为引用的话过分简化了华生在先天-后天问题上的观点（Todd & Morris，1992）。然而，他的著作还是为与行为主义相联系的强环境观做出了很大贡献（Horowitz，1992）。

受巴甫洛夫（Ivan Pavlov）发现的条件反射（见第6章）影响，行为主义者最终认为心理学的任务是试图将外显行为（"反应"）与环境中可观察的事件（"刺激"）联系起来。由于行为主义者研究刺激–反应关系，因此行为主义就常被称作刺激–反应心理学（stimulus-response psychology）。

行为主义的刺激–反应模式推动了心理学中的动物研究。既然意识已从考虑范围中被去除，那么行为主义者就无须再使用能报告心理过程的人类作为实验被试。许多心理学家认为用动物做研究被试反倒更好。一个关键原因是，在实验研究中，实验者若能对被试施加一定的**控制**，则实验结果会更具效力。否则会有太多复杂的因素掺杂进来污染了实验。显然，相对于人类被试，研究者在实验室对老鼠或鸽子能够施加更多控制。这样一来，在仅数十年前诞生时还是要研究心理活动的这门学科，现在却在很大程度上涉及对实验室动物简单反应的研究。

尽管华生的观点改变了心理学数十年的发展进程，但他最终却成为这个领域发展的局外人。由于1920年一场沸沸扬扬的婚外情丑闻，他被迫从约翰·霍普金斯大学离职（Buckley，1994）。带着痛苦与失望，他于42岁离开了学术界并再也没有回来。心理学界的损失成了商界的收获，华生后来成为一位成功的、有创新精神的广告经理（Brewer，1991；Coon，1994）。20世纪20年代，广告行业作为一种举国势力刚刚出现，华生很快成为智威汤逊广告公司最杰出的实践者之一。他最先提出，恐惧诉求，证言式广告，以"口碑"作为产品的卖点，以及强调推广产品的格调大于实物。所有这些仍是当代市场营销的基本原理（Buckley，1982）。此外，"他还通过出书、为杂志写文章和参加广播节目，将自己塑造为职业心理学的公共代言人，及一名精通从育儿到经济多领域的专家。实际上，华生成了第一位'流行心理学家'"（Buckley，1982，p.217）。所以，讽刺的是，被心理学主流所抛弃的华生反倒成为这个学科面向公众的代表。

斯金纳质疑自由意志，行为主义蓬勃发展

行为主义和精神分析两个学派的拥护者在20世纪20~40年代经常发生争论。随着精神分析的观点逐渐在心理学界占得一席之地，许多心理学家在能否接受研究内部心理事件这个问题上的立场开始变得松动。然而这种转向考虑内部心理状态的努力受到了来自斯金纳（B. F. Skinner，1904—1990），一位受巴甫洛夫和华生影响的美国心理学家的强烈抵抗（Dinsmoor，2004；Moore，2005）。

斯金纳（1953）提倡向华生只关注可观察行为的严格限制回归。斯金纳并不否认内部心理事件的存在，但他坚持这些心理事件不能被科学地研究。更进一步，它们没有被研究的必要。按斯金纳的看法，如果食物刺激对应着随后的进食反应，那么我们无须进行任何有关动物是否经历了饥饿感的推测，就能完全说清楚发生了什么。与华生一样，斯金纳也强调环境因素对行为的塑造。

斯金纳对行为的基本原理表述得看似很简单：生物体倾向于重复那些能导致积极后果的反应，而不倾向于重复那些导致中性或消极后果的反应。虽然这一原理貌

似简单,但却被证明是强有力的。斯金纳的研究主要使用在后来被称为斯金纳箱(Skinner Box)的操作条件装置中训练过的实验室老鼠和鸽子。他表明,可以通过对动物反应的结果进行操纵,从而非常好地实现对行为的控制。他甚至能训练动物完成有违天性的行为。例如,他曾训练一些鸽子完成了可算作打乒乓球的动作。斯金纳的追随者后来证明,在动物研究中发现的原理同样适用于复杂的人类行为。这些行为原理现在被广泛运用于工厂、学校、监狱、精神病院及许多其他场所(见第6章)。

斯金纳的观点所带来的冲击远不止心理学家之间关于应该研究什么的争论。斯金纳将他的实验发现所蕴含的意义在《超越自由和尊严》(*Beyond Freedom and Dignity*, 1971)一书中做了完整阐述。他声称,所有的行为都是完全受外部刺激支配的。换言之,你的行为以可预测的形式,受一些规则性原理的控制,就像箭在空中的飞行受到物理定律的控制一样。这样,如果你还以为你的动作是有意识决定的结果,那就错了。按斯金纳的看法,人是被环境而不是他们自己控制的。斯金纳总结道:自由意志(free will)只是个错觉。

👆 真相核查

误解

斯金纳在斯金纳箱中抚养自己的女儿黛博拉,造成她之后出现了严重的心理失常,最终导致她自杀。

事实

斯金纳确实为黛博拉设计过一个创新的小儿床,名叫"宝贝天地",被刊登在《女性之家杂志》上(Skinner, 1945)。但这和斯金纳箱全无相似之处,并非用来做实验,也显然相当舒适。黛博拉正常地成长,与她的父亲关系亲密,成年后并未受心理疾病困扰,健康地活着,职业是一名艺术家(Buzan, 2004)。

不难想象,一个关于人类本性如此不堪的观点是不会得到广泛赞同的。和弗洛伊德一样,斯金纳成了严厉抨击的对象。这些批评中许多缘于流行媒体对他观点的错误解读(Rutherford, 2000)。例如,他对自由意志的分析常被曲解为对自由社会这一概念的攻击,实则并非如此。他经常被错误地谴责,指责他在宣扬一个非民主化的"科学集权国家"(Dinsmoor, 1992)。另一个传言也莫名出现,说斯金纳在一种斯金纳箱中抚养自己的女儿,并且这种经历导致她之后出现了严重的心理失常。然而,即使存在着这些误传和争论,

图中是斯金纳的女儿黛博拉在一个气温受到控制的婴儿床中。这是斯金纳发明的,用来替代普通婴儿床和护栏。

行为主义在20世纪五六十年代还是蓬勃发展成为心理学的主流学派(Gilgen, 1982)。时至今日,如果要业内人士提名心理学最重要的贡献者,那么斯金纳的名字总是出现在名单的首位(见图1-3)。

两项关于心理学史上有影响力的贡献者排名			
Estes 等人(1990)		Haggbloom 等人(2002)	
排序	姓名	排序	姓名
1	B. F. 斯金纳	1	B. F. 斯金纳
2	西格蒙德·弗洛伊德	2	让·皮亚杰
3	威廉·詹姆斯	3	西格蒙德·弗洛伊德
4	让·皮亚杰	4	约翰·华生
5	斯坦利·霍尔	5	阿尔伯特·班杜拉
6	威廉·冯特	6	威廉·詹姆斯
7	卡尔·罗杰斯	6	伊万·巴甫洛夫
8	约翰·华生	8	库尔特·勒温
9	伊万·巴甫洛夫	9	卡尔·罗杰斯
10	E. L. 桑代克	9	E. L. 桑代克

图 1-3 心理学史上有影响力的贡献者

这里展示的是两项关于心理学史上最重要人物的调查结果。在1990年的调查中,93位心理学系主任列举了心理学最具影响力的贡献者(Estes, Coston, & Fournet, 1990, as cited in Korn et al., 1991)。在2002年的调查中,要求美国心理科学学会(APS)会员指出20世纪最伟大的心理学家(Haggbloom et al., 2002)。我们可以看到,斯金纳在两项调查中都获得了最高票数。尽管对学术成就的这些排名可能存在争议,但对于本章讨论到的众多人物,这些数据应该能让你对他们的相对影响力有一定的了解。

资料来源:List on left adapted from Korn, J. H., Davis, R., & Davis, S. F. (1991). Historians' and chairpersons' judgments of eminence among psychologists. *American Psychologist, 46*, 789–792. Copyright © 1991 by the American Psychological Association. List on right adapted from Haggbloom, S. J., et al. (2002). The 100 most eminent psychologists of the 20th century. *Review of General Psychology, 6*, 139–152. Copyright © 2002 by the Educational Publishing Foundation.

人本主义异军突起

到了20世纪50年代,行为主义和精神分析理论已成为心理学最具影响力的两个学派。然而,许多心理学家认为这两种理论取向都难以服众。两派都被诟病的点是它们是"去人性化的"。精神分析理论因认为行为被原始的性冲动控制而被抨击,行为主义因将注意力全集中在对简单动物行为的研究上而被批评。这两种理论都因主张人不是自身命运的主宰而受到批判。很多人指出,这两种学派都没能认识到**人类**行为的独有特质。

自20世纪50年代起,行为主义和精神分析理论的各种反对意见混合起来形成一个松散的联盟,最终变成一个新学派,叫"人本主义"(Bühler & Allen, 1972)。在心理学中,**人本主义**(humanism)是一种强调人类独有特质的理论取向,尤其强调个人有成长的自由和潜能。人本主义、精神分析和行为主义观点之间的主要区别见表1-2。表1-2比较了6种有影响的当代心理学理论观点。

人本主义者对人类的本性持乐观的看法。他们主张,人不是自身动物性遗传信息或周围环境的傀儡。更进一步,人本主义者认为,由于人类和动物存在根本上的不同,因此对动物进行研究与理解人类行为之间是无关的(Davidson, 2000)。这场人本主义运动最突出的领导者是罗杰斯(Carl Rogers, 1902—1987)和马斯洛(Abraham Maslow, 1908—1970)。罗杰斯(1951)指出,人类行为主要由每个人对自我的感知,即"自我概念"(self-concept)所决定,而这也正应该是动物缺少的。他和马斯洛(1954)都认为,要完全理解人的行为,心理学家必须将人类追求自我成长的动力考虑进来。他们指出,人有一种作为人类不断发展和实现自身潜能的基本需要。事实上,人本主义者认为,许多心理困扰都是这些人类特有的需要没能得到满足的结果。

近几十年来,内部的分裂与不和降低了人本主义的影响力。然而,仍有些拥护者预测人本主义运动会再次兴起(Taylor, 1999)。至今,人本主义者对心理学最大的贡献可能是他们对心理问题和疾病的创新治疗方法。例如,罗杰斯首创了一种新的心理治疗方法,称为"个人中心疗法"(person-centered therapy),在今天仍极具影响力(Kirschenbaum & Jourdan, 2005)。

心理学现代发展史

心理学的早期历史表明它逐渐成长为一门以研究为基础的科学。冯特、霍尔、詹姆斯、华生、斯金纳及其他先驱们开创性的工作使得心理学成为学术殿堂中一门深受重视的科学。如你接下来将要学习的,在心理学现

表1-2 6种当代心理学理论观点总览

观点及其影响时期	主要贡献者	主题	基本前提
行为主义 (1913年至今)	华生 巴甫洛夫 斯金纳	环境对人和动物外显行为的影响	只有可观察事件(刺激-反应关联)才能被科学地研究
精神分析 (1900年至今)	弗洛伊德 荣格 阿德勒	决定行为的潜意识因素	潜意识动机和幼年经历决定了人格和心理疾病的产生
人本主义 (20世纪50年代至今)	罗杰斯 马斯洛	人类经验的独特性	人类是自由、理性的物种,拥有个人成长的潜能,且从根本上不同于动物
认知心理学 (20世纪50年代至今)	皮亚杰 乔姆斯基 司马贺	思维、心理过程	不研究人如何获取、存储和处理信息,就不能对人类行为有完整的理解
生物/神经科学 (20世纪50年代至今)	詹姆斯·欧得斯 罗杰·斯佩里 大卫·休伯尔 托斯坦·维厄瑟尔	人类和动物行为的生理学基础	身体构造和生化过程构成行为的基础,它们可以用来解释生物体的机能
进化心理学 (20世纪80年代至今)	戴维·巴斯 马丁·达利 马戈·威尔逊 勒达·科斯米德斯 约翰·托比	人类和动物行为的进化基础	行为方式是经进化而来的,以解决适应性的问题;自然选择偏好那些对繁殖后代更有利的行为

代历史中，最主要的内容是它经过重大发展，成为一门分支众多的科学，以及一个专业化的职业领域。在距今更近的几十年间，心理学发展的突出特点是研究界限的不断拓宽和研究兴趣越来越广泛。

心理学的职业化发展时期

也许你知道，心理学不只有科学的一面，它还有相当实用的一面。有许多心理学研究者在为公众提供各式各样专业化的服务。他们所做的工作归属于**应用心理学**（applied psychology）范畴，即心理学在涉及日常实际问题上的分支。这一心理学分支在今天格外重要，而事实上它的发展却相当缓慢。应用心理学的许多领域在早期曾被小部分心理学家涉足，直至第二次世界大战时期，它仍然处于主流心理学的边缘（Benjamin et al., 2003）。一直到20世纪50年代心理学才真正开始进入职业化时期。

第一个获得突出成就的心理学应用分支是临床心理学。从今天它开展的业务中可以看到，**临床心理学**（clinical psychology）这一分支涉及心理问题和心理疾病的诊断与治疗。然而在早期，它的重点仅限于心理测试和调教问题学童。虽然首个心理诊所早在1896年就已建立，但直至1937年，仍只有约1/5的美国心理学会成员表示对临床心理学感兴趣（Goldenberg, 1983）。在主要致力于研究活动的这一领域中，临床医生是个很小的群体。

这种局面后来发生了异常迅速的改变。在第二次世界大战期间（1939—1945），许多学术界的心理学研究者被迫充当了临床医生的角色。在部队征募新兵及治疗经历创伤军人的工作中，都需要他们发挥作用。这些心理学者中有很多（多是出乎了他们自己的预料）发现临床工作具有挑战性和价值，有相当一部在战后继续从事临床工作。更重要的是，战后约有40 000名美国退伍军人，在美国退伍军人管理局（Veterans Administration, VA）的医院寻求战后心理创伤的治疗。由于临床医生严重供不应求，因此VA投入财力，支持了许多新的临床心理学训练项目。这些项目训练的重点是心理障碍的治疗和心理测试，很具吸引力。短短几年之内，新的心理学博士中就约有半数以临床心理学为专业。他们中大部分后来都继续在为公众提供着专业的服务（Goldenberg, 1983）。Routh和Reisman（2003）在评价第二次世界大战的影响时认为它是"临床心理学历史上的一个分水岭。在此之后，临床心理学受到了从未有过的待遇：大量公共机构的支持"（p.345）。这样，在20世纪四五十年代，在战前还像个孤儿的应用/职业心理学，已开始成长为一个稳健的成年人。

心理学的职业化引起了学术界内许多从事传统研究心理学家的警觉。他们声称过去用来进行研究的精力和资源被稀释了。因为研究和职业这两个心理学分支领域各自的重点互相冲突，二者之间的紧张关系不断升温。美国心理学会做出了不懈努力，想要同时成为科学和职业这两个心理学分支的代表。然而许多研究者抱怨美国心理学会（APA）已经被临床医生所控制。1988年，这种不和激发了部分从事研究的心理学家成立了一个新组织，现在被称为心理科学学会（Association for Psychological Science, APS）⊖。APS只致力于提倡作为科学的心理学。

尽管存在着冲突，心理学的职业化仍然稳步进行。事实上，这股潮流已遍及心理学的一些新增领域。今天，应用心理学旗下覆盖了众多职业学科，包括学校心理学、工业与组织心理学、咨询心理学以及一些新生领域如司法心理学（Benjamin & Baker, 2004）。曾经，心理学家全部都是学者，而如今绝大多数心理学家都会将一些时间用于提供专业服务。

> **真相核查**
>
> **误解**
> 心理学家一直都参与精神疾病治疗。
>
> **事实**
> 在成为独立学科后的前60年中，心理学并不在精神疾病的诊断治疗中占一席之地，这个职能完全是由精神病医生承担的。心理学家大部分是学者或研究者。直到第二次世界大战期间及之后，心理学才进入心理健康这一领域。

心理学回归本源：重生对认知和生理学的兴趣

当应用心理学在20世纪50年代开始蓬勃发展时，心理学中进行的研究也在继续演化。讽刺的是，产生于

⊖ APS开始的名称为American Psychological Society（美国心理科学学会），2006年改为Association for Psychological Science（心理科学学会）。——译者注

20世纪50年代，在60年代开始兴盛的两种思潮，代表了一种向19世纪心理学本源的回归，彼时心理学家的主要研究兴趣是认知和生理学。自20世纪五六十年代起，心理学家的兴趣重新转向了意识（consciousness；现称为认知）和行为的生理学基础。

认知（cognition）是指获取知识中所涉及的心理过程。换言之，认知是思考或意识体验。行为主义的盛行曾经抑制了对"不可观察"心理过程的研究达数十年之久（Mandler, 2002）。然而20世纪五六十年代开始缓慢涌现出针对认知的研究（Miller, 2003）。瑞士心理学家皮亚杰（Jean Piaget, 1954）的研究增加了对儿童认知发展的关注。同时乔姆斯基（Noam Chomsky, 1957）的研究引发了人们对语言的心理学基础的新兴趣。在同一时期，司马贺（Herbert Simon, 1916—2001）及其同事（Newell, Shaw, & Simon, 1958）开始了有影响力的、开创性的关于问题解决的研究。这些研究最终为他赢得了1978年诺贝尔经济学奖。这些进展激起了一波关注认知过程的浪潮。

自此，认知理论家提出，心理学必须包含对内部心理事件的研究，才能完全理解行为（Gardner, 1985；Neisser, 1967）。认知视角的拥护者指出，人们对事件的思考过程必然会影响他们的行为。因此，若只将注意集中在外显行为上，那么对个体所作所为的原因理解就不全面。同样重要的是，心理学家对决策、推理及问题解决的研究表明，能够设计出科学研究认知过程的方法，这些方法与心理学早期使用的那些不同。因此，关注内部认知过程的现代研究将"心理"重新带回到心理学中。事实上，许多观察家称认知视角已成为当代心理学的主流。图1-4中是支持这个论点的一些有趣数据，以图的形式展现了对自1950年起4种理论视角各自研究数量的估计。如你所见，自1975年起，认知视角相比其他视角发表了更多文献（Spear，2007）。

20世纪五六十年代还见证了许多以心理、身体和行为之间相互关系为重点的研究发现（Thompson & Zola, 2003）。例如，James Olds（1956）的研究表明，对动物脑部的电刺激能激起诸如愉悦和愤怒的情绪反应。另一项为罗杰·斯佩里（Roger Sperry）赢得（1981年）诺贝尔生理学或医学奖的研究表明，大脑左半球和右半球在处理不同类型心理任务上的分工是不同的（Gazzaniga, Bogen, & Sperry, 1965）。为大卫·休伯尔（David Hubel）和托斯坦·维厄瑟尔（Torsten Wiesel）赢得诺贝尔生理学或医学奖（1981年）的关于视觉信号在脑中如何被处理的研究，也是在20世纪60年代（1962, 1963）发表的㊀。

这些及其他很多研究发现刺激了对行为的生物基础，尤其是神经生物基础研究的发展。生物或神经科学视角的支持者主张，人类和动物的很多行为，都能从脑部构造及生物体行为背后的生化过程的角度进行解释。如你在图1-4中所见，神经科学视角的地位自20世纪50年代起一直在稳步上升（Spear, 2007）。19世纪，年

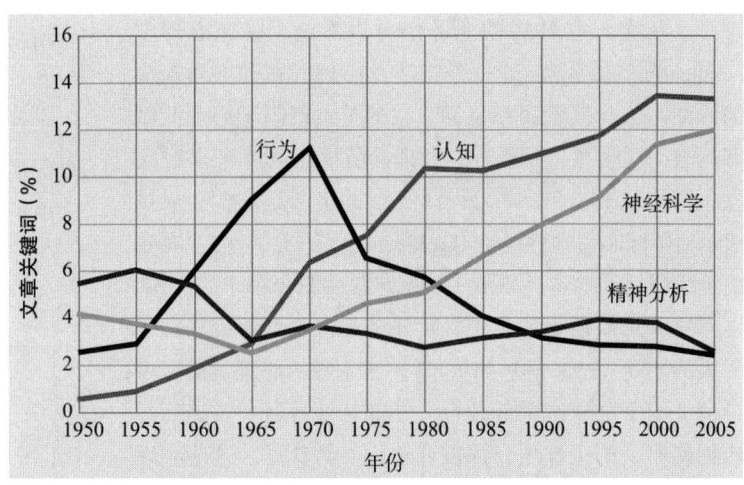

图1-4　4种主要心理学流派的相对地位

为了对近几十年来众多理论流派的相对产量和影响力进行估计，Joseph Spear（2007）对被PsycINFO索引的心理学研究文献做了一个关键字搜索，以估算出与每种流派相关文献的比例。很明显，有很多途径可以用来评估心理学众多流派的地位，他的方法只是其中之一。尽管如此，这些数据依然发人深省。他的发现表明，1975年前后，认知视角在对研究的影响力上超越了行为主义视角，且此后一直是最主要的一种。如你所见，他的数据还表明，神经科学视角自20世纪50年代起一直在稳步发展。

资料来源：Adapted from Spear, J. H. (2007). Prominent schools or other active specialties? A fresh look as some trends in psychology. *Review of General Psychology, 11*, 363–380. Copyright © 2007 by the American Psychological Association.

㊀ 1981年，诺贝尔生理学或医学奖为三人共享，其中罗杰·斯佩里获得一半奖金，大卫·休伯尔和托斯坦·维厄瑟尔获得另一半。——译者注

轻的心理学很强调生理学。因此，对行为的生物基础兴趣的增加代表了另一个向心理学本源的回归。表1-2将认知和神经科学视角，与其他一些当代理论视角进行了比较。

心理学视野拓宽：增加对文化多样性的兴趣

纵观心理学的历史，多数研究者都工作在一个默认假设下，即他们试图找出的行为的普遍原理，能够适用于整个人类（Smith, Spillane, & Annus, 2006）。而事实上，心理学在很大程度上是一项西方世界（北美和欧洲）的事业（Gergen et al., 1996；Norenzayan & Herne, 2005）。绝大部分研究在美国进行，由中上阶层的白人心理学家主持，并使用中上阶层的白人男性做参与者（Hall, 1997；Norenzayan & Herne, 2005）。西方心理学家的理论和研究能在多大程度上适用于非西方文化，西方社会中的少数族裔，甚至是作为男性对立面的女性，他们对此关注甚少已成传统。

然而近几十年间，西方心理学家已经开始认识到，对文化因素的忽视降低了他们工作成果的价值。现在他们对作为行为的一个决定因素的文化投入更多的关注。是什么带来的这种转变呢？这种对文化的新生兴趣，缘于两个最近出现的趋势：①通信、交通及国际贸易的发展把世界"缩小"了，以及全球关系的日益紧密，使得越来越多的美国人和欧洲人接触到来自非西方文化的人；②西方世界的种族构成像是一幅多文化组成的马赛克图案，变得越来越丰富多彩（Brislin, 2000；Hermans & Kempen, 1998；Mays et al., 1996）。

这些趋势促使越来越多的西方心理学家拓宽视野，将文化因素纳入他们的理论和研究（Lonner, 2009；Markus & Hamedani, 2007；Matsumoto & Yoo, 2006）。这些心理学家力求研究那些之前没有涉及的人群，以检测过去所得研究结果的普适性，并记录文化群体之间的异同点。他们的工作致力于获得更多关于文化如何通过社会化实践传播，以及文化如何给一个人看世界的眼光戴上有色眼镜这些方面的知识。他们试图获知，人们如何应对文化改变，并找到方法以减少存在于文化互动中的误解和冲突。此外，他们还尝试更好地理解文化群体是如何受偏见、歧视及种族主义影响的。在所有这些工作中，对于来自各式各样文化的人群，研究者都力争从这些人的角度研究他们特有的经历。这些提出新问题、研究新人群以及使用新视角的尝试，有望使心理学这门学科更加充实。

心理学适应：进化心理学出现

心理学另一个最近的发展是，进化心理学作为一种有影响力的理论视角出现。进化心理学家认为，物种的行为方式与其解剖特征一样，都是进化的产物。**进化心理学**（evolutionary psychology）对行为过程进行考量，选取的角度是它们在一个物种世代传承的过程中，对其中成员的适应性价值。进化心理学的基本前提是，自然选择偏好那些能提高繁殖概率的行为，即能将基因成功传递给下一代的行为。因而，如果某物种具有很强的侵略性，那么进化心理学家就会称这是因为侵略性代表了一种该物种成员的生存或繁殖优势。所以，助长侵略性的基因就更有可能被传递给下一代。进化心理学家自然对动物行为感兴趣，却也不拘泥于此。他们同时也对人类行为的进化基础进行分析。如 La Cerra 和 Kurzban（1995）所述，"自然选择塑造了人类的心理活动，这个进化出的官能正是心理学的研究对象"（p.63）。

从进化意义的角度考量行为方式，也并非一个全新的观点（Graziano, 1995）。如前所述，早在一个多世纪以前，詹姆斯及其他机能主义者就曾受达尔文自然选择概念的影响。然而直至20世纪90年代以前，进化概念在心理过程上的应用都是不成气候且缺乏热情的，也并未被很好地接受。20世纪六七十年代，进化生物学领域取得了重大发展（Hamilton, 1964；Trivers, 1971, 1972；Williams, 1966）。然而，这些进步对心理学的直接影响甚微，直到20世纪80年代情况才开始有所改观。由 David Buss（1985, 1988, 1989）、Martin Daly 和 Margo Wilson（1985, 1988）以及 Leda Cosmides 和 John Tooby（Cosmides & Tooby, 1989；Tooby & Cosmides, 1989）领导的一批不断壮大的进化心理学家发表了主题范围很宽的研究，并被广泛引用。这些主题包括交配偏好、嫉妒、攻击、性行为、语言、决策、人格和发展。到了20世纪90年代中期，心理学清楚地见证了它自20世纪五六十年代认知革命起第一个主要新理论视角的诞生。

和所有心理学的主要理论视角一样，进化理论也受到了批评（Buller, 2009；Lickliter & Honeycutt, 2003；Plotkin, 2004；Richardson, 2007；Rose & Rose, 2000）。批评者称，许多进化观点的假设是无法验证的，并且进化角度的解释方法是对明显行为现象原因的事后猜想（见本章的批判性思维应用）。然而，进化心理学家对这些以及其他批评进行了有说服力的反驳（Buss & Reeve, 2003；Confer et al., 2010；Conway & Schaller, 2002；Hagen, 2005）。这样，进化视角的影响力逐渐增强。

螳螂有一种惊人的本领，能够与周围环境融为一体。此外，它还有相当准确的听觉与视觉使得它能够侦察到60步以外的猎物，有力的下颌方便它把猎物吞掉。它们会相互吃对方，这使性成了一个相当大的挑战，但雄性螳螂进化出一个应对机制，能使它们在被吃掉的过程中成功交配（甚至在头被咬掉之后）！这些身体特征明显代表了在数百万代的进程中，被自然选择塑造出的适应性。进化心理学家主张，存在于众多物种中的许多行为方式，都是自然选择塑造的。

积极心理学的发展

在马丁·塞利格曼（Martin Seligman）1997年当选美国心理学会主席之后不久，他经历了一次意义深远的顿悟。他称之为"真谛的领悟"。这一顿悟有个非同寻常的来源，即塞利格曼5岁的女儿尼基。她指责能力过人、一心工作的父亲经常太过"脾气暴躁"。塞利格曼受女儿批评的启发，突然意识到他过去的生活方式过于消极，且没有必要。更重要的是，他认识到这个评价同样适用于心理学领域。也就是说，心理学的研究方式也没有必要过于消极（Seligman, 2003）。这个启发激励塞利格曼在心理学界发起了一场新的倡议，被称为积极心理学运动（positive psychology movement）。

塞利格曼继而令人信服地指出，心理学投入了过多的注意在病理、癖好、损伤以及如何治疗病痛上。他承认，以这样的方式确实取得了宝贵的思想和发展。但他提出，这同样不幸地导致了对那些使生命更有价值的力量的忽视。塞利格曼与一些有影响力的心理学家召开了一系列非正式会议，及之后更多正式会议，最终描绘出了积极心理学的思路和目标。积极心理学运动的另一些主要发起者包括Mihaly Csikszentmihalyi（2000）、Christopher Peterson（2000, 2006）和Barbara Fredrickson（2002, 2005）。与此前的人本主义类似，积极心理学试图将这个领域内对消极经验的关注转移开来。如塞利格曼和Csikszentmihalyi（2000）指出，"积极心理学的目标在于开始催生一个改变，将心理学关注的焦点从只专注于修复生命中最糟的事情，转向同时培养积极的品质"（p.5）。所以，**积极心理学**（positive psychology）通过理论和研究来更好地理解人类生存中积极的、适应性的、有创造力的以及愉悦的一面。

正在出现的积极心理学领域包括三方面的研究兴趣（Seligman, 2003）。第一个关注点是积极的主观体验，或是积极的情绪如幸福、爱、感恩、满足和友善。第二个关注点是积极的个人特点，即个人的力量和长处。学者致力于确定、分类及分析诸如勇气、毅力、有教养、忍耐力、创造力、正直和善良这些积极特点的根源。第三个关注点是积极的制度和团体。这里的关注点是，在社会中如何培养文明的言论、强大的家庭、健康的工作环境以及互助的社区邻里关系。

尽管远少于进化心理学，但对积极心理学也存在批评的声音（La Torre, 2007；Richardson & Guignon, 2008；Sugarman, 2007）。例如，Richard Lazarus（2003）曾指出，将人的经验划分为积极和消极两类过于简化了，而且二者之间的界限并非像多数人以为的那样清晰或明显。Lazarus担忧，积极心理学可能只是"出没于我们这个领域内很多时尚风潮中的一个"（p.93）。积极心理学尚处于幼年期，只有时间知道答案。在接下来的时间中，这项新的运动能否重塑以及如何重塑心理学的研究重点和理论兴趣，是我们所乐见的。

我们对心理学历史的回顾展现了这个领域的发展过程（见心理学发展史里程碑图览）。我们看到了心理学从哲学思辨发展成为一门从事研究的严谨科学。我们看到了涉及心理健康服务的心理学分支如何从这门科学中发展起来。我们看到了心理学对生理学的关注是如何植根于19世纪心理学的诞生之中的。我们看到了心理学家如何以及为何开始对低等动物进行研究。我们看到了心理学如何从对心理和身体的研究演化为对行为的研究。我们也看到了对心理和身体的研究如何又重新被现代心理学的主流接受。我们看到了多种理论流派如何以不同的方式定义心理学的范围及任务。我们看到了心理学的界限如何被延伸，以及它的研究兴趣如何变得更加多样化。除了所有这些，我们还看到了心理学是一项不断发展、进化的知识事业。

心理学的历史非常丰富，但它的故事才刚刚开始。自冯特将心理学建立在科学基础上至今，过去的一个多世纪，在人类历史长河中只是一眨眼的工夫。这些年中有哪些发现，以及哪些仍然未知，是本书余下部分的主题。

当代心理学：充满活力与百花齐放

在本章开始时，我对心理学是什么有个非正式表述。现在你对心理学的发展有了了解，因此你就能更好地理解一个体现了现代心理学多样性的定义：**心理学**(psychology) 是一门研究行为以及其背后的生理和认知过程的科学，同时它也是一种将这门科学积累的知识应用于实际问题的职业。

当代心理学是一门兴盛的科学和职业。它经历了引人注目的成长。这种成长的一个简单体现是美国心理学会会员数量激增。图1-5显示，美国心理学会会员数量自1950年起增长了8倍。在美国，心理学是第二受欢迎的大学本科主修专业，它在科学和人文学科授予的博士学位数中占了近10%。而在1945年，这一数字只有4%（Howard et al., 1986）。当然，心理学还是一项国际化的事业。今天，全世界有超过2100种期刊公开发表关于心理学研究的文章。所以，不管用什么衡量标准：覆盖人群数量、授予学位数量或发行期刊数量，心理学都是一个正在健康成长的领域。

心理学在当代社会百花齐放的现状同时还体现在心理学家各式各样的工作场所。他们曾经一度只出现在学术界。而今天，有不到30%的美国心理学家主要的工作场所是大专院校，而其余70%工作在医院、诊所、警察部门、研究机构、政府机构、工商业、中小学校、疗养院和咨询中心，以及私人开业。图1-6显示了受聘于各类工作场所的心理学家分布情况。

显然，当代心理学是一个拥有众多分支的领域。当我们同时考虑心理学作为科学与职业两方面的专业领域时，这一点尤其明显。

心理学的研究领域

多数心理学家接受的训练范围很广，提供了心理学众多领域的知识。然而，在进行研究时他们往往有所专攻。这种专业化是必要的，因为这些年来，心理学的研究对象已经变得相当多样化。今天，一个人要跟上所有专业内最新研究的脚步是不可能的。专业化是必要的还因为，某些领域内的研究需要特殊的技能和训练。

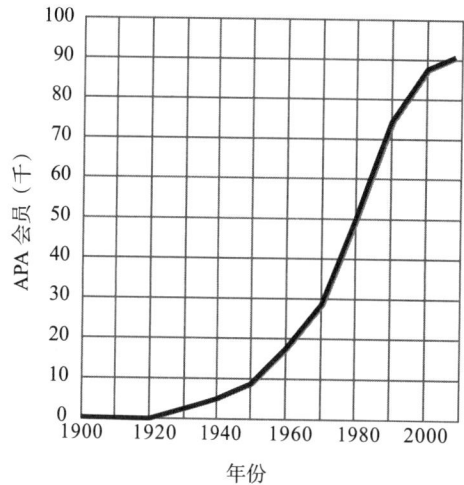

图1-5 美国心理学会会员数（1900～2007）

APA心理学家数自1950年起的陡增证明了心理学作为一种科学及职业引人注目的成长。若将研究生会员计算在内，APA约有15万名成员。

资料来源：Based on data published by the American Psychological Association.

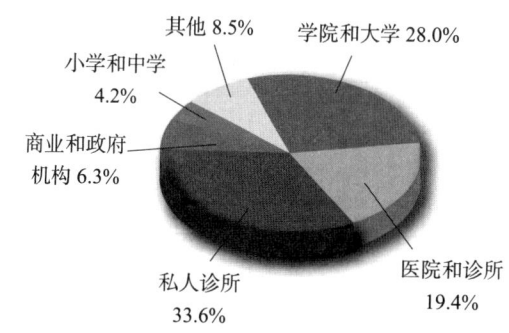

图1-6 受聘于各类场所的心理学家

心理学家受聘的工作场所相当分散。关于APA会员主要执业场所的调查数据显示，有1/3私人开业（1976年为12%），而只有28%就任于大学（1976年为47%）。鉴于APA和APS之间在代表从事研究的心理学家方面的竞争，这些数据可能对学术类心理学家的比重略有低估。

资料来源：Based on data published by the American Psychological Association.

当代心理学的9个主要研究领域有：①发展心理学（developmental psychology）；②社会心理学（social

心理学发展史里程碑图览

1875

1875年：詹姆斯在哈佛大学和冯特在莱比锡大学分别建立了第一个演示实验室。

1888
1888年：高尔顿爵士提出了"相关"这一概念，使得科学家能够对变量间的关系进行量化。

1905
1905年：阿尔弗雷德·比奈在法国成功开发了第一个智力测验。

1914～1918

1914～1918年：第一次世界大战期间，智力测验开始被军方广泛使用。

1879

1879年：冯特在德国莱比锡建立了第一个心理学研究实验室。

1908
1908年：玛格丽特·沃什博恩出版了《动物心理》一书，推动了行为主义的产生。

1916
1916年：推孟发表了斯坦福－比奈智力量表，成为世界上最重要的智力测验。

20世纪20年代
20世纪20年代：格式塔心理学的影响力接近顶峰。

1933
1933年：随着弗洛伊德出版《新精神分析引论》，其影响力进一步扩大。

1881

1881年：冯特创办了第一份用于发表心理学研究的期刊《哲学研究》（*Philosophical Studies*）。

1909

1909年：弗洛伊德受霍尔的邀请到克拉克大学讲学，从此他不断增加的影响力得到了正式承认。

1890
1890年：詹姆斯影响深远的著作《心理学原理》出版。

1913

1913年：华生写下了行为主义的经典宣言，称心理学应该只研究可观察的行为。

1936
1936年：汉斯·薛利开创了对心理应激的研究。

1883
1883年：霍尔在约翰·霍普金斯大学建立了美国第一个心理学研究实验室。

1892
1892年：霍尔创办了美国心理学会。

1904

1904年：巴甫洛夫发现了条件反射的产生机制，为刺激—反应心理学奠定了基础。

1914

1914年：利塔·霍林沃斯发表了心理学中有关女性的首创性研究。

1940　　　1950　　　1960　　　1970　　　1980　　　1990　　　2000

1941～1945
1941～1945年：临床心理学开始快速成长，以应对由第二次世界大战及战后催生的对临床服务的巨大需求。

1953
1953年：斯金纳出版了有影响力的著作《科学与人类行为》，提倡与华生相似的激进行为主义。

1954
1954年：马斯洛的著作《动机与人格》助推了人本主义运动。

20世纪80年代
20世纪80年代：全球关系的日益紧密和西方社会文化多样性的增加，激发了对文化因素如何塑造行为的关注浪潮。

20世纪90年代初
20世纪90年代初：进化心理学作为一种新的重要理论范式出现。

1981
1981年：罗杰·斯佩里因割裂脑实验获得诺贝尔生理学或医学奖。

1947
1947年：肯尼斯和玛玫·克拉克发表了有关偏见的研究。美国高等法院1954年所发表关于取缔种族隔离的里程碑式决议引用了有关研究。

1956
1956年：认知革命由一次分水岭式的会议发起，会上司马贺、乔治·米勒和乔姆斯基在同一天内报告了三个重大进展。

1963
1963年：斯坦利·米尔格拉姆进行了有关服从权威的争议性实验，这可能是心理学史上最有名的单个研究。

1974
1974年：Eleanor Maccoby和Carol Jacklin发表了对性别差异里程碑式的综述，推动了对这一领域的研究。

20世纪90年代
20世纪90年代：关于被压抑记忆的争论促使伊丽莎白·罗芙托斯等进行了对人类记忆可塑性和不可靠性的研究。

20世纪90年代末
20世纪90年代末：马丁·塞利格曼发起了积极心理学运动。

1950
1950年：艾里克·艾里克森撰写了《童年与社会》一书，将弗洛伊德有关个人发展的理论扩展到整个生命历程。

1971
1971年：斯金纳出版其争议之作《超越自由和尊严》，引起大众对激进行为主义的愤怒。

1973年：康拉德·劳伦兹因对个体和社会行为模式（特别是印刻行为）的组织和发生方面的贡献而获得诺贝尔生理学或医学奖。㊀

2000
2000年：埃里克·坎德尔因其对记忆的生物化学研究获得诺贝尔生理学或医学奖。

20世纪50年代初
20世纪50年代初：约翰·鲍比开始进行对母婴之间依恋特点的研究。

1958
1958年：约瑟夫·沃尔普开创了行为疗法，对恐惧症的系统脱敏疗法进行介绍。

1978
1978年：司马贺因有关认知的研究获得诺贝尔经济学奖。㊁

1988
1988年：从事基础研究的心理学家成立了美国心理科学学会，致力于提倡作为科学的心理学。

1951
1951年：罗杰斯提出了当事人中心疗法，助推了人本主义运动。

1963
1963年：班杜拉发表了他对媒体暴力和攻击行为的代表性研究，他的社会学习理论给行为主义加入了一种认知倾向。

1961～1964
1961～1964年：罗杰·斯佩里的割裂脑研究，及大卫·休伯尔和托斯坦·维尼瑟尔有关大脑皮质细胞对光反应的研究，促进了心理学生物视角的复兴。

2002
2002年：丹尼尔·卡尼曼因其有关决策的研究获得诺贝尔经济学奖。

㊀ 这一条是译者加的，原文没有。——译者注
㊁ 司马贺还与艾伦·纽厄尔因对人工智能、人类认知心理学和链表加工（list processing）的贡献而获得1975年图灵奖。——译者注

psychology）；③实验心理学（experimental psychology）；④生理心理学（physiological psychology）；⑤认知心理学（cognitive psychology）；⑥人格（personality）；⑦心理测量（psychometrics）；⑧教育心理学（educational psychology）；⑨健康心理学（health psychology）。图1-7简要描述了这些领域，并给出了APA中的心理学研究者以每个领域为首要兴趣的比例。如你所见，社会心理学和发展心理学是特别活跃的研究领域。

心理学的职业领域

应用心理学由4个成熟的职业领域，和一些正在萌芽的新专业组成。4个成熟的职业领域是①临床心理学（clinical psychology），②咨询心理学（counseling psychology），③学校心理学（school psychology），④工业与组织心理学（industrial/organizational psychology）。两个正处于发展期的领域是临床神经心理学（clinical neuropsychology）和司法心理学（forensic psychology）。对这6个职业领域的介绍，以及APA中的心理学执业者以每个领域为主要兴趣的比例见图1-8。如图所示，临床心理学是最主要、实践范围最广的职业领域。

图1-7和图1-8的数据是根据APA成员报告自己首要职业领域而统计的。然而，有很多心理学家同时从事研究和应用。一些学术型心理学家兼任咨询师、心理治疗师或顾问。类似地，一些应用心理学家也对有关自己专业的问题进行基础研究。例如，许多临床心理学家进行异常行为特点和原因的研究。

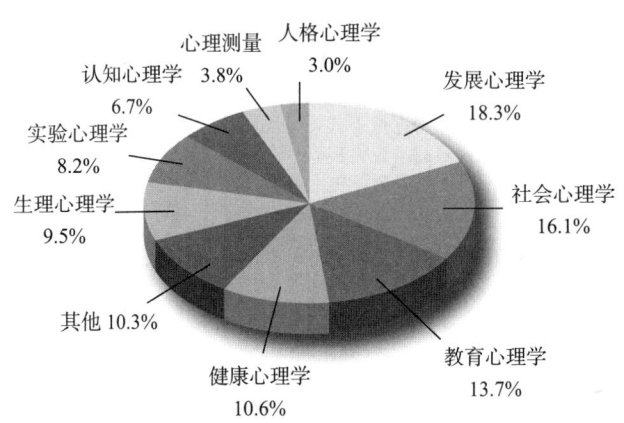

领域	研究关注点
发展心理学	关注人一生的发展。发展心理学曾主要关注儿童的发展，但今天对青少年、成人和老年人也投入大量研究
社会心理学	关注人际间的行为，以及社会力量在影响行为方面的作用。代表性主题包括态度形成、态度改变、偏见、从众、吸引力、攻击、亲密关系及群体行为
教育心理学	研究人们如何学习，及教学的最佳方式，研究课程设计、教师培训、成就测验、学生激励、课堂多样化及教育过程的其他方面
健康心理学	关注心理因素与促进、保持身体健康之间的关系，以及疾病的原因、预防及治疗
生理心理学	研究遗传因素对行为的影响，以及脑、神经系统、内分泌系统和体内化学物质对行为的调节作用
实验心理学	包括了心理学在诞生之初的半个世纪中作为科学所关注内容的传统核心：感觉、知觉、学习、条件作用、动机和情绪。"实验心理学"这个名称存在一定的误导性，因为这并非唯一做实验的心理学领域。这里所列的所有领域内的心理学家都会开展实验
认知心理学	关注"高级"心理过程，如记忆、推理、信息处理、语言、问题解决、决策及创造力
心理测量	通常通过开发心理测验，关注对行为和能力的测量。心理测量涉及评价人格、智力及多种能力的测验设计，同时也涉及用于统计分析的新方法开发
人格	描述和理解个体的行为一致性，这代表了他们的人格。此领域还关注塑造人格的因素，以及人格测评

图1-7 当代心理学的主要研究领域。

多数心理学研究者以这里表述的9种宽泛领域之一为自己的专业。饼图中的数字反映了APA中心理学学术研究者以每个领域为首要兴趣的比例。

资料来源：Based on data published by the American Psychological Association.

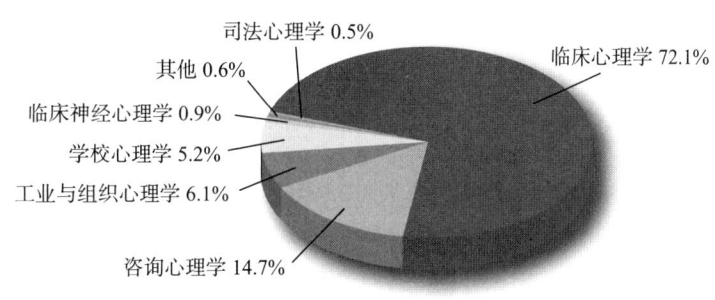

专业	关注点
临床心理学	临床心理学家评价、诊断及治疗存在心理障碍的个体，以及治疗不严重行为或情绪问题；主要活动包括访谈病人、心理测试、提供团体或个体心理治疗
咨询心理学	咨询心理学与临床心理学存在交叉之处，两个领域的专家从事相似的活动：访谈、测试和提供治疗。然而，咨询心理学家通常接触存在某些不同之处的顾客群，帮助这些被相对温和的日常困扰折磨着的人群。因而，他们常擅长家庭、婚姻和生涯发展咨询
工业与组织心理学	这个领域的心理学家要完成商业和工业中的众多任务。这些任务包括人力资源管理、改善员工士气和态度、提高工作满意度和效率、检查组织结构和过程，以及提出改进意见
学校心理学	学校心理学家力求推动学童的认知、情绪及社交发展。他们通常在中小学工作，在那里对问题儿童进行检测及劝导，并协助父母和老师解决校园相关的问题
临床神经心理学	临床神经心理学家的工作涉及对由脑部创伤、痴呆、中风、癫痫发作等引发中枢神经系统功能障碍的病人进行评估和治疗
司法心理学	司法心理学家将心理学原理应用于法律体系内的问题，如儿童监护权判决、出庭能力听证、暴力威胁评估、强制心理治疗等

图1-8　当代心理学的主要职业领域

多数心理学家向公众提供这里所描述的6种领域之一的专业服务。饼图中的数字反映了APA会员在各个领域以其为主要专业向公众提供服务的比例。

资料来源：Based on data published by the American Psychological Association.

有些人分不清临床心理学和精神病学的区别。这种混淆是可以理解的，因为临床心理学和精神病学都涉及对心理疾病的分析和治疗。尽管这两个专业之间存在交叉，但它们所要求接受的训练和教育是非常不同的。临床心理学家进入研究生院学习，获得下述博士学位之一：哲学博士（PhD）、教育学博士（EdD）或心理学博士（PsyD），以获得完全从业资格。精神病医生在医学院进行研究生学习，他们接受医学的一般训练，获得医学博士学位（MD）。其后，他们通过在医院完成精神病治疗的住院医生训练。临床心理学家和精神病医生的区别还在于，他们倾向于使用不同的方式治疗心理疾病，如我们即将在第16章中见到的。总而言之，**精神病学**（psychiatry）是一个与诊断和治疗心理问题和障碍有关的医学分支。相对地，临床心理学家以非医学的方式处理这些问题。

真相核查

误解

心理学和精神病学大体相同。

真相

精神病学是一个几乎只专注于心理疾病治疗的医学分支。心理学是一个学术领域，有着十分宽泛的视野。尽管心理学确实存在一个涉及心理疾病的临床分支，但它关注学习、知觉、人类发展、记忆、智力及社会行为。心理学家和精神病医生接受非常不同的训练，获得不同的学位，并且倾向于以不同的方式处理心理疾病（见第16章）。

7个统一主题

心理学极强的广泛性和多样性，使其成为一个对入门学生而言有挑战性的学科。接下来的篇幅将会介绍许多研究领域，以及大量观点、概念和原理。幸运的是，这些观点并非完全平等。有些要远重要于另一些。这一节我将重点突出7个基本主题，随着我们进入本书一个又一个心理学领域，它们还会变换成不同形式反复出现。在我对心理学历史和现状的回顾中，你已经看到了部分观点。现在我将把它们单列出来以强调其重要性。在本书余下部分，这些观点将作为连贯性线索的主题，将各章组织起来。它们还会帮助你看到心理学众多研究领域之间的联系。

在学习心理学时，你是既要学习行为，又要学习研究行为的科学原则准则。相应地，7个主题可以分为两类：第一类突出了心理学作为一种思考方式和研究领域的重要一面；第二类包括对诸如行为、认知及其背后的心理过程这些心理学研究内容的一般性归纳。

把心理学作为研究领域的相关主题

心理学作为一个研究领域，有三个核心观点：①心理学是实证的；②心理学在理论上是多样化的；③心理学在一定社会历史背景下演进。让我来对每一主题进行更详细的讨论。

主题1：心理学是实证的

每个人都想要理解行为。对诸如为什么有些人是工作狂，为什么有些人过度肥胖，以及为什么另一些人会身陷自卑这些问题，我们大多会有自己的个人见解。如果说我们都是业余心理学家，那么科学心理学又有什么特别之处呢？最重要的区别在于，心理学是实证的（empirical）。这是心理学最根本的一面，本书的每一页都体现了这一点。

我们说实证，指的是什么呢？**实证主义**（empiricism）是知识应该通过观察而获取的前提条件。这一前提条件对心理学在19世纪后期信奉的科学方法而言是至关重要的。说心理学是实证的，是指它的结论建立在直接观察而非推理、猜想、传统信念或常识的基础上。心理学家不满足于某种观点仅仅是**听上去**合理。他们设计研究以**检验**这些观点。某些社会阶层的智力平均来说要比其他阶层高吗？男性比女性更具攻击性吗？心理学家通过直接、客观、精确观察来回答这些问题。

实证范式要求一种态度，即一种健康的怀疑态度。实证主义像一个难缠的工头。它要求数据和文献。心理学家忠于实证主义意味着他们必须学会批判性思考关于行为的普遍性结论。如果有人声称，人们倾向于在圣诞节前后抑郁，那么一名心理学家可能会问："有多少人抑郁？相对于多大的群体而言？相比于何种基线抑郁水平？抑郁采用何种界定？"他们这种怀疑的态度意味着，心理学家被训练成爱提问："证据在哪里？你如何知道？"如果心理学的实证取向能够对你产生影响（但愿如此），那么当学完本书后，你也会提出类似的问题。

主题2：心理学在理论上是多样化的

虽然心理学建立在观察的基础上，但一系列无关的观察也不会特别具有启发意义。心理学家并不是仅仅收集各种孤立的事实，而是力求解释和理解所观察到的一切。要达到这些目标，他们需要建立理论。**理论**（theory）是指用来解释一系列观察结果的、相关联的系统化观点。换言之，理论将表面上不相关的观察结果联系起来，并试图解释它们。以弗洛伊德对有关口误、梦和心理困扰的观察为例。表面上，这些观察看似是无关的，但通过构想出**潜意识**这一概念，弗洛伊德创造了一个理论，将行为的这些看似无关的方面联系起来并予以解释。

我们对心理学史的回顾应该使你清楚：心理学以理论上的多样化为标志。为什么我们有如此多互相竞争的观点呢？一个原因是，没有哪个单独的理论足以解释有关行为所知的一切。有时，不同的理论关注行为的不同方面，即不同的观察结果集合。有时，仅仅是因为看事物的方法不止一种。杯子是半空还是半满的？很明显两个都对。举个另一门科学中的例子，物理学家就光的本质争论了许多年。光是波还是粒子？最后，科学家发现，最好有时将其考虑为波而有时考虑为粒子。类似地，若一名职业经理人以刻薄的批评对她的下属进行抨击，那么她这是在释放被抑制的攻击冲动吗（精神分析观）？她是在面对不能胜任工作这一刺激时，进行习惯性反应吗（行为主义观）？又或者她是在通过"心理游戏"的方法，企图激励她的下属（认知观点）？在某些情况下，所有这三种解释都可能存在正确之处。简而言之，我们不能过分简单地期望一种观点是对的，而其余都是错的。生活从来就没么简单。

学生们常常烦恼于心理学许多相冲突的理论，他们将这看作一个缺点。然而，很多心理学家却认为理论多样化实际是一个长处（Hilgard，1987）。随着这门课程的学习，你将看到，不同的理论观点是如何比单独任何一种观点更能提供对行为的完整理解。

主题3：心理学在一定社会历史背景下演进

科学常被看成一项"象牙塔"式的事业，与日常生活的起起落落相隔绝。实际上，心理学和其他科学并非存在于文化的真空中。在心理学的发展和社会所发生的一切之间，很大程度上存在紧密的相互联系（Altman, 1990; Danziger, 1990; Runyan, 2006）。一个社会的潮流、事件、问题和价值观影响心理学的发展。同样，心理学的发展也影响着一个社会的潮流、事件、问题和价值观。简而言之，心理学在一个**社会历史的**（社会的和历史的）背景下发展。

在我们对心理学历史的回顾中充满了社会趋势如何影响心理学发展的例子。19世纪末，心理学以一门实验室科学迅速成长起来，部分是因为它对物理学作为一门科学典范的尊崇。因而，那个时代的风气培养了一种科学的，而非哲学的研究心理的方法。类似地，弗洛伊德的开创性观点也产生于一个特殊的社会历史背景。在弗洛伊德的时代，文化价值观鼓励对性的压抑。结果，人们倾向于对自己的性冲动产生罪恶感，而且其程度要远大于今天。这种情况很明显就了弗洛伊德对潜意识性冲突的强调。另一个例子是，第二次世界大战对心理学职业化发展的影响。职业心理学的快速成长，很大程度归功于与战争相关的对临床服务的需求浪潮。由此，第二次世界大战在一段相当短的时期内改变了心理学的图景。最后，近年来我们看到，全球关系日益紧密和文化多样性增加促使心理学家对决定行为的文化因素给予新的关注。

将视角反转，我们可以看到，心理学反过来在社会中留下了它的印记。我们以当代社会中心理测验的普及为例。你事业的成功也许部分取决于你怎样解决一个由心理学家开发的复杂智力迷宫游戏和成就测验。我这里再给一个心理学对社会影响的例子。各种理论家对父母教养方式的影响。儿童教育实践就曾经受到过华生、弗洛伊德、斯金纳和罗杰斯的影响，更不用提更多暂未讨论到的心理学家了。总之，社会和心理学以复杂的方式互相影响。在接下来的章节中，我们将会经常注意到这种互动关系。

与心理学研究内容相关的主题

关于心理学的研究内容，有另外四个核心观点：④行为由多种原因决定；⑤行为由文化传统塑造；⑥遗传与环境共同影响行为；⑦人们对世界的经验是高度主观的。

主题4：行为由多种原因决定

随着心理学的成熟，它提供了越来越多关于主导行为力量的信息。这些增长的知识使一个简单却重要的事实被更加重视：行为是极其复杂的，并且行为的大多数方面都由多种原因决定。

行为的复杂性似乎是不证自明的，但人们通常只从单个因素的角度考虑。于是，他们对事情的解释有诸如"安德莉亚退学是因为她很懒"，又或者声称"早孕增加归咎于媒体充斥性爱内容"。单因素的解释有时是准确的，但通常它们是不完整的。一般说来，心理学家发现行为是由一群复杂的相互作用因素决定。这个观点被称为**行为的多因素决定作用**。

作为一个简单的例子，我们考虑可能会影响你心理学导论课程成绩的多种原因。相关的个人因素可能包括你的总体智力、阅读能力、记忆技能、动机以及学习技巧。另外，你的成绩还可能受其他众多情境因素影响，包括你是否喜欢你的心理学教授，你是否喜欢分配给你的教材，上这门课的时间对你来说是否合适，你的课业是否繁重以及你是否存在其他个人问题。

随着对本书的继续学习，你将明白复杂的决定作用是个普遍规则，而非特例。若想要理解行为，我们通常必须将多种决定因素考虑进来。

主题5：行为由文化传统塑造

在人类行为的多重决定因素中，文化因素是特别重要的。正如心理学在一定社会历史的背景下发展，个体也同样如此。人的文化背景会对其行为产生相当程度的影响。正如Markus和Hamedani（2007）所言："以去社会的（asocial）或去文化的（acultural）方式存在（即作为一个中立的物种生活，不受制于特定的惯例，或由社会文化建构成型的行为方式）的道路是行不通的。人们吃饭、睡觉、工作以及彼此间产生关系，都是以特定文化中的方式进行"（p.5）。文化是什么？理论家已经就如何定义文化这一问题争论了超过一个世纪。目前对这一概念的精神界限仍有些模糊（Matsumoto & Yoo, 2006）。广义而言，**文化**（culture）是指被广泛共享的习俗、信仰、价值观、规范、制度以及被世代传承的社会团体的其他东西。文化是一个涉及面很广的概念，包括了从一个社会的法律系统到对家庭角色的界定，从饮食习惯到政治典范，从科技到时间观念，从着装风格到精神信仰，以及从艺术和音乐到有关性出轨的不成文惯例。我们倾向于认为文化是属于整个社会，或属于社会中占多数种族群体的。然而，事实并非如此。这一概念同样可以用于少数群体（如澳大利亚一个叫 Aboriginal 的小部落），以及用于非种族性群体（如同性恋文化）。

Triandis（2007）强调文化具有双重特性，同时存在于人的外部和内部。文化存在于人的外部，因为一个人可以认同多种塑造行为的习俗、惯例或制度。文化也存在于人的内部，因为人们透过挥之不去的文化有色眼镜（也是一种思维方式）去看待所发生的一切。另外，由于广泛共享文化背景，因此成员们觉得他们之间无须谈论它，并经常当它是理所当然的。例如，你大概不会花很多时间考虑住在直角构成的房间里的重要性；尽量减少自己的体味；使自己同一时间只有一位伴侣；或者使用信用卡购买物品和服务。

尽管我们一般意识不到文化传统的作用，但它对我们的想法、感觉和行为有着普遍影响（Matsumoto & Juang, 2008；Triandis, 2007）。例如，在北美，当人们被邀请去某人家里用餐时，他们一般会通过吃光所有招待他们的食物，以表示对主人辛苦准备食物的感激。而在印度，这种行为可能会冒犯主人，因为客人应该留些食物在盘子中，所剩食物代表了主人的慷慨，意味着他（她）提供了太多食物，以至于客人不能全部吃完（Moghaddam, Taylor & Wright, 1993）。

文化背景对人的行为有很大影响，塑造了从着装风格到性价值观及规范的所有方面。全球关系的日益紧密使得越来越多的人接触到自身以外的文化。这种与不同文化接触的增加进一步凸显了文化因素的重要性。

文化的影响无处不在。然而，有关文化群体特性的推广必须是适度的，我们要意识到即便任何社会或种族群体内部，仍存在很大的多样性（Markus & Hamedani, 2007）。例如，研究者也许能够就埃塞俄比亚人、韩裔美国人或乌克兰人文化得出有价值的见地，但若以为所有埃塞俄比亚人、韩裔美国人或乌克兰人都表现出完全相同的行为，那就是愚蠢了。另外，认识到跨文化之间同时存在着行为上的相同和不同之处，也是重要的。正如我们将要反复看到的，心理过程的特点是，同时存在文化间的多样性和同一性。请注意，如果你希望很好地理解人类行为，我们需要考虑文化的决定因素。

主题6：遗传与环境共同影响行为

人们之所以成为他们现在的样子，如运动员或艺术家、急躁或冷静、害羞或外向、热情或内敛，是因为基因的遗传还是由于他们接受的养育方式？这个关于先天与后天，或遗传与环境重要性的问题，自远古时代就已经以各种形式被问及。历史上，先天与后天的问题被表述为一个全或无的命题。换句话说，理论家争辩个人特点和能力要么完全由遗传，要么完全由环境所决定。例如，华生认为人格和能力几乎全部取决于个人环境。相反，一位19世纪的心理测验先驱（见第9章）高尔顿爵士主张人格和能力几乎全部由基因的遗传决定。

今天，多数心理学家同意遗传和环境都是重要的。一个世纪的研究表明，基因和环境共同影响个体的智力、性情、人格以及对多种心理疾病的易感程度（Grigerenko & Sternberg, 2003；Plomin, 2004；Rutter, 2006）。若问人是天生的还是被造就的，心理学上的回答是"都是"。这并不意味着先天与后天是个无解的问题。关于基因和环境**相对影响力**的激烈辩论仍在继续，并未减退。另外，心理学家也在积极探索遗传基因和环境是以怎样复杂的相互作用方式改变行为的。

主题7：人们对世界的经验是高度主观的

即使如视觉与听觉这样的知觉也都不是一个被动的过程。人们主动对输入刺激进行处理，有选择性地关注这些刺激的某些方面，而忽略其他方面。而且，人们还对这些选择注意的刺激进行组织。这些倾向使知觉变得个人化和主观性。

知觉的主观性可以用 Hastorf 和 Cantril（1954）的一个经典研究来演示。他们给普林斯顿大学和达特茅斯学院学生播放一段两所学校最近进行的一场足球比赛的录像,要求这些学生观看其中的犯规情况。两组学生观看的录像是相同的,但普林斯顿学生"看到"达特茅斯队员犯规的次数是达特茅斯学生"看到"的两倍。研究者总结道,这一场比赛"实际上是多场不同的比赛,而且对于某个人来说,一个事件的某个版本是真实的,而另一版本对另一个人也同样是真实的"(Hastorf & Cantril, 1954)。在这个研究中,被试的动机歪曲了他们的知觉。这说明了人们有时只是看到他们**愿意**看到的东西。

先天还是后天?作为一名年轻女演员,摆在林赛·罗韩面前的,似乎是一个极佳的职业生涯。但这种前景开始坍塌,因为她沾染了酗酒和毒品的恶习,以致行为出现失常,并被卷入一系列法律纠纷。是什么可能导致这种堕落?遗传、环境,或二者的某种结合?你可能会认为是由于经历,因为她出身于一个父母冲突不断的破碎家庭。但你也同样有理由猜测遗传的作用,因为她的父亲本身就酗酒,并且他曾表示自己的父亲也是个酒鬼。要将遗传与环境错综复杂的影响作用分离开来,通常是非常困难的。无论如何,在努力理解行为的过程中,先天与后天的问题还将一直持续下去。

还有一些研究揭示了人们倾向于看到他们**预期**看到的东西。例如,哈罗德·凯利(Harold Kelley, 1950)发现人的知觉受到他们声望的影响。凯利告诉学生将有一名新老师来代课,并要求他们稍后对这名新老师进行评价。上课前,两组学生听了一段对这位即将到来的老师

的简短描述,但其中存在着一个重要的不同。一半学生被引导预期见到一个"温和"的人,而另一半则被引导预期将见到一个"冷酷"的人(见图1-9)。所有被试都上了20分钟的相同课程,并与新老师互动。然而,与预期见到一个冷酷老师的被试相比,那组预期见到一个温和老师的被试认为这名老师更体贴、更易相处、更幽默、更好脾气、更随和以及更人性化。

布兰科先生是麻省理工学院经济与社会科学系研究生。他有在另一所大学教授三个学期心理学的经验。这是他首次教授 Ec.70 课程。他今年26岁,是一名已婚退伍军人。认识他的人认为他是个非常温和的人,勤恳、挑剔、实际且坚决。

图 1-9 操纵个人知觉

请仔细阅读对布兰科先生的介绍。假设你将要听他做一个讲座,那么这个介绍会使你对他的知觉产生偏差吗?你可能认为不会,但当凯利(1950)更改了这段介绍中的一个形容词时(将"温和"替换为"冷酷"),这一改变戏剧性地影响了被试对这位老师的评价。

资料来源: Description from Kelley, H. H. (1950). The warm-cold variable in first impressions of persons. *Journal of Personality, 8*, 431–439. Copyright © 1950, John Wiley and Sons.

因此,很明显,动机和期望会渲染人们的体验。在某种程度上,个体所看到的,是他们愿意看到或预期看到的。这种知觉上的主观偏差事实上解释了许多原本使人费解的行为倾向(Pronin, Gilovich, & Ross, 2004; Pronin, Lin, & Ross, 2002)。

人类的主观性,恰恰正是科学方法试图去除的东西。通过科学方法,心理学家力求他们的观察结果客观。从某些方面而言,克服主观性就是科学的全部。如果全赖于自身的主观体验,那么人们也许依旧相信地球是平的,且太阳绕之转动。心理学家追求科学方法,因为他们相信这是获取真知的最可靠路径。

我们已向你介绍了本书的统一主题,接下来让我们转向一个例子,看看如何将心理学研究应用于日常生活的挑战上。在首个"个人应用"部分,我们将关注一个可能与你高度相关的话题:怎样做一名成功的学生。在之后的"批判性思维应用"部分,我们将讨论批判性思维技巧的特点及其重要性。

个人应用

提高学业成绩

请用"对"或"错"回答下列问题：

____ 1. 如果你的教授讲课含混不清，晦涩难懂，那么上这门课几乎没什么意义。

____ 2. 考试前一晚死记硬背是一种有效的学习方法。

____ 3. 在做课堂笔记时，你应该尽力做个"人体录音机"（即将教授说的一切内容写下来）。

____ 4. 永远不要更改多项选择题的答案，因为第一感是最准的。

上述所有论点都是错误的。如果你都答对了，那么有可能你已经掌握了一些能使学业更成功的技巧和习惯。虽然你是如此，但你并不是一个典型代表。今天，很多刚入学的大学生缺乏良好的学习技巧和习惯。当然，这不全是他们的错。美国的教育系统基本上极少开设有关学好课程的学习技能。在这第一个应用环节中，我们将就如何提升学业成绩回顾一些心理学研究，从而试图对这种情况进行一定程度的补救。我们将讨论怎样促成更好的学习习惯，怎样提升阅读能力，怎样在听课过程中学到更多，以及怎样改进应试策略。你也许想要跳到第7章的个人应用部分，阅读有关如何改进日常记忆的内容。

养成良好的学习习惯

人们倾向于以为，大学里的学业表现很大程度取决于学生的智力，或一般心理能力。支持这种观点的一个证据是大学入学考试（SAT 及 ACT）（基本评价学生的总体认知能力）对大学成绩是个不错的预测指标（Berry & Sackett, 2009; Kobrin et al., 2008）。然而，鲜为人知的是，学习技能、习惯和态度也能很好地预测大学成绩。Crede 和 Kuncel（2008）对由 72 000 多名学生组成的 344 个独立样本做了一个大型研究。他们发现，学习技能和习惯的总体指标对大学成绩的预测效果几乎和入学考试一样好，并且这些总体指标能够解释入学考试成绩无法解释的大学成绩变化。换句话说，这一大型研究发现，在决定大学成绩方面，学习习惯与能力大致具有同等影响力。这一发现的实际意义在于，大部分学生有可能低估了学习技能的重要性。请记住，尽管多数成年人或许不能将自己的心理能力提高多少，但他们通常能够改进学习习惯。

无论如何，迈向有效学习习惯的第一步是，请直面学习通常是个辛苦活这一事实。你无须为自己不想学习而感到自责。大多数学生都这样。一旦你接受了学习不会自动进行这个前提条件，那么很明显你需要建立一套有组织的计划以提升学习效果。Siebert 和 Karr（2003）认为，这样一个计划应该考虑到如下几点。

（1）**设定一个学习日程表**。如果你总是等着学习任务来催你，那么有可能你会一直等到考试过去。因此，分配明确的学习时间是很重要的。回想有时间要求的各种任务（工作、杂务等），提前搞清楚哪些时间可以用来学习。在给学习分配确定的时间时，记住你需要保持清醒和敏锐。对于你一次能学习多长时间而不至于精疲力尽，要考虑得现实一些。要有时间做学习间休息。休息能够重振注意力。

把你的学习日程写下来是很重要的。一个写下来的日程表能起到提醒你的作用，并增加你按计划执行的意志。作为开始，你该为一个季度或学期设立一个如图 1-10 所示的总体日程表。这样，在每周开始时，对你打算在接下来每个学习单元内进行的特定任务做个计划。这种安排方法能够帮助你避免在考前的最后一刻才死记硬背。填鸭式的学习对大多数学生来说都不是一个有效的学习方法（Underwood, 1961; Wong, 2006; Zechmeister & Nyberg, 1982）。它会使你的记忆能力超负荷，透支你的能量，并且可能引发考试焦虑。

在计划你的每周日程时，对于把诸如学期论文和报告这样的主要任务拖延处理的倾向，要尽量避免。时间管理专家如 Alan Lakein（1996）指出许多人倾向于先处理简单、例行的任务，而将较大的任务拖延处理，以为那时会有更多时间。这种普遍倾向致使很多人将主要任务一再拖延处理，直至为时已晚而不能很好地完成。避免这种陷阱的一个好方法是，将主要任务分解成较小的任务，以便分别对它们制订计划。

（2）**找一个你能集中注意的地方学习**。你在哪里学习同样很重要。关键在于要找一个能使注意力分散降到最小的地方。大多数人都不能在有电视或音乐播放，或周围有人谈话的地方有效地学习。不要指望意志力能帮你克服这些干扰源。事先做好计划并避免所有干扰，这样会容易得多。事实上，明智的是，选定一两个特定的地方专门用来学习（Hettich, 1998）。

（3）**奖励你的学习**。主动有规律地学习之所以很难的一个原因是，通常努力的回报存在于遥远的未来。终极回报学位，也许还有几年之遥。即使短期回报，比一个课程成绩"A",可能也在几周或几月之后。要处理这个问题,可以给自己即刻的、触手可及的学习奖励,如吃一些零食、看一个电视剧,或给朋友打个电话,这些都是有帮助的。所以,你应该为自己设定现实的学习目标,然后在你完成时奖励自己。对奖励的系统性操纵涉及对斯金纳和其他行为心理学家描述的**行为矫正**原理的运用。这些原理将在第6章"个人应用"部分涉及。

改进你的阅读技能

你的很多学习时间都是用来阅读和吸收信息的。改进阅读理解的关键在于,对阅读材料逐个章节进行预览,努力主动地处理信息的含义,力求把握每一段的核心内容,并在每一章之后仔细回顾这些核心内容。如今的课本常包含各式各样的学习辅助工具,你可以用这些来改进你的阅读。如果书中提供了每章概要、每章总结或学习目标,不要忽略它们。它们能帮你认识到章节的要点。整理图表也能增进你对课文内容的理解(Nist & Holschuh, 2000)。在本书及其他课本中设计的学习辅助工具里,都付诸了大量的努力和思考。

另一个关于课文阅读的重要问题是,是否应该并且应该怎样在阅读材料上做标记。很多学生都会在一些位于课文各处的句子下画线,以此欺骗自己确实在学习。如果他们不经思考地这样做,那么他们就仅仅是在将课本涂色。这种情况有可能解释了为什么有些教授怀疑在课本中标注强调内容的价值。虽然如此,有研究显示如果学生能合理有效地抓住材料的主要内容,并能随后对所标注的内容进行复习的话,则标注课本内容是个有用的方法(Caverly, Orlando & Mullen, 2000)。当标注强调被确实执行时,它能促进有效阅读,增进阅读理解,并减少之后不得不再次复习的材料内容量(Van Blerkom, 2006)。有效地进行课文标注关键在于只找出(并标注)主要内容、关键的论证细节,以及专业术语(Daiek & Anter, 2004)。多数教材在内容上都是精心雕琢的,因此每一段都有其存在的目的。试着找出能最好把握每段意图的一两句话。课文标注是一个需要细心权衡的工作。如果你标出的内容过少,那你就没有找到足够的关键内

每周日程表							
	星期一	星期二	星期三	星期四	星期五	星期六	星期天
上午8点						工作	
上午9点	历史	学习	历史	学习	历史	↓	
上午10点	心理学	法语	心理学	法语	心理学		
上午11点	学习	↓	学习	↓	学习		
中午	数学	学习	数学	学习	数学		学习
下午1点							
下午2点	学习	英语	学习	英语	学习		
下午3点	↓	↓	↓	↓	↓		
下午4点							
下午5点							
下午6点	工作	学习	学习	工作			学习
下午7点							
下午8点							
下午9点							
下午10点	↓	↓	↓	↓			↓

图1-10 一名学生的学期总体活动计划

每周,这名学生利用某个学习时段完成特定任务。

容。但如果你标出的内容过多,那你随后将无法把需要复习的内容量压缩到一个可行的范围。

从课堂学到更多

上课有时是乏味和冗长的事。但一个简单的事实是,低的课堂出勤率与低成绩呈正相关。例如,Lindgren(1969)发现课堂缺勤在"不成功"学生(平均成绩在C-或以下)中,比在"成功"学生(平均成绩在B或以上)中更常出现(图1-11)。即使你老师的课晦涩难懂,去上课仍然很重要。最起码你能对老师在想什么有所体会。这能帮你预测考试的内容,并按照教授所期望的方式作答。

幸运的是,大部分课程还是相当有条理的。研究显示,积极、正确的笔记记录是与更好的大学学习成绩相关的(Titsworth & Kiewra, 2004;Williams & Eggert, 2002)。然而,研究还显示许多学生的课堂笔记出乎意料地不完整,学生通常只能平均记录到的课程关键内容还不到40%(Armbruster, 2000)。因此,要从课堂学到更多,关键在于保持主动、积极,并下功夫使你记的笔记尽量完整。有关学习技巧的书籍(Longman & Atkinson, 2005;McWhorter, 2007)提供了很多关于如何记录高质量课堂笔记的建议,其中一些总结如下:

- 从课堂提取信息需要**积极聆听**。全神贯注在讲课者身上。试着预测接下来的内容并寻找更深的含义。
- 你不该做一部人体录音机。试着尽可能**用自己的语言**

写下讲课者的观点。这促使你以一种自己能理解的方式对内容进行整理。

- 在记笔记时，留心能暗示这是最重要内容的线索。这些线索可能包括隐晦的暗示，如老师重复的一点，或者没那么隐晦的提示，如老师说"你将会再次遇到这个问题"。
- 大部分教授在讲课时都遵循一个有组织的框架。他们可能，也可能不，与学生共享有关材料（如 PowerPoint）。只要你能解读出课程的框架，那么就试着按照它来组织你的笔记。
- 课堂提问可以对你有所帮助。这样做使你保持积极融入课堂内容中，并使你能搞清楚可能存在误解的地方。许多学生过分羞于提问。他们不明白大多数教授都对问题持欢迎态度。

改进应试策略

不得不承认，有些学生就是比别人更擅长考试。**应试技巧** (testwiseness) 是一种通过利用认知测验的特点和模式，将得分最大化的能力。不同学生的应试技巧存在差别，并反映在考试成绩上（Geiger, 1997; Rogers & Yang, 1996）。应试技巧不能作为课程知识的替代。然而，考试的技巧却能帮助你在万不得已的关键时刻，展示出你知道的内容（Flippo, Becker & Wark, 2000）。

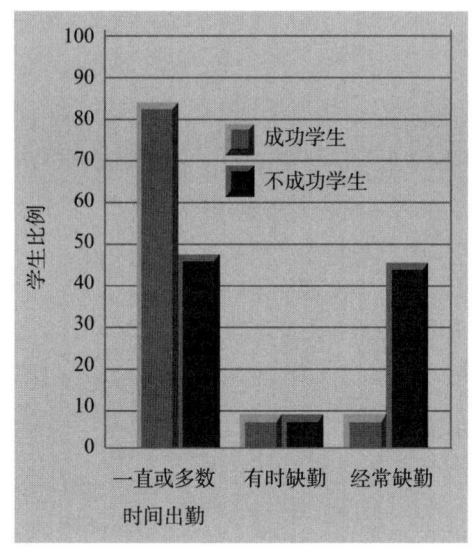

图 1-11　出勤率与成绩

Lindgren（1969）对成功学生（平均 B 或以上）和不成功学生（平均 C- 或以下）的课堂出勤率进行比较后发现，低出勤率和低成绩之间存在明显相关。

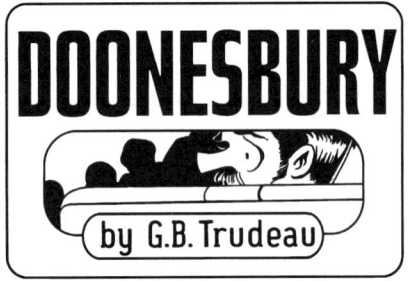

关于考试的最佳方法，存在着许多秘密。例如，很多学生都相信，不应该回过头更改选择题的答案。Benjamin、Cavell 和 Shallenberger（1984）发现这是存在于大学教师和学生中的主流信条（见图 1-12）。然而，老话"你的第一感是最准的"用在考试上已经被证明是错的。有关实证研究清楚地表明，长期来看，变更答案是有好处的。Benjamin 及其同事回顾了关于这个问题的 20 项研究。他们的结果见图 1-13。如你所见，把错的改对的数量大幅超过了把对的改错的数量。变更答案是不利的这一流行信条可能缘于那些由对改错的痛苦记忆。不管怎样，你可以看到，了解正确的考试技巧多么有益。

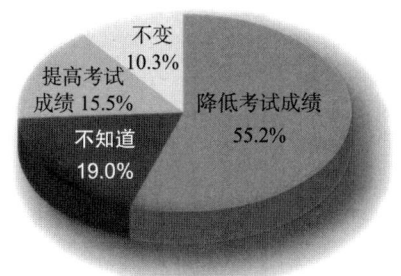

图 1-12　人们关于考试中变更答案所带来影响的观念

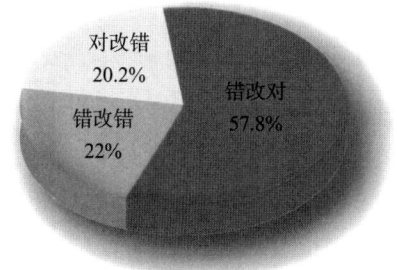

图 1-13　多项选择题中变更答案的实际作用

Ludy Benjamin 及其同事（1984）询问 58 名大学教师在考试中变更答案是不是个好主意。和大部分学生一样，多数教师觉得变更答案通常有损学生的考试成绩，然而研究结果却与这种观念相反。

当 Benjamin 等（1984）整合了所有相关研究的数据时，结果显示考试中变更答案总体上提高了而不是降低了学生的考试得分。有趣的是，你可以注意到有关变更答案的观念和其实际结果二者之间的对比。

一般技巧

应试技巧的原则最初由 Millman、Bishop 和 Ebel（1965）予以阐述。这里是他们的一些主要观点。

- 若有效的时间利用很关键，那就在头脑中设定一个完成通篇试题的计划。在脑中做个记号，提醒自己在考试时间过去 1/3 时，检查是否完成了 1/3 的试题。
- 不要将时间过度浪费在思考那些难以解答的问题上。如果你思路全无，那就猜测，然后继续。如果题目需要你投入大量时间，那就跳过它，并做个标记，以便随后若时间允许再处理。
- 合适地把握考试的难度水平。不要总以为题目中含有引申意义。有时学生会把事情变得过于复杂。通常，看似简单的题目实际也确实和看上去的一样。
- 如果你已完成了所有题目而仍余有时间，检查一下试卷。确保正确地写下了你的答案。如果你对某些答案仍不确定，返回去重新考虑它们。

选择题应答技巧

良好的应试策略对于选择题（和判断题）来说尤其重要。这些类型的题目通常隐含线索，能帮助你选出正确答案（Mentzer，1982；Weiten，1984）。你或许能够通过考虑如下几点来提高在这些题目上的表现（Flippo，2000；Millman et al.,1965；Smith，2005；Van Blerkom，2006）。

- 要将每个题目全部读完。即使你已在选项中发现了预想的答案，也要接着读下去。也许后面还存在一个更完整的选项。
- 学会如何快速排除明显不合理的选项。很多题目只有两个看似合理的选项，另加两个"可排除"的选项以充数。你应该学着认出这些明显不合理的选项，从而能够很快地排除它们，将任务范围缩小。
- 要注意一个事实，与一道题目有关的信息有时会在另一道题中透露出来。
- 对含有"以上全部"选项的题目，你只要知道了有两个选项符合题目要求，那就该选"以上全部"这一项。如果你能肯定有选项之一不符合，那就该排除该项和"以上全部"一项，在剩余选项中选择。
- 那些代表了宽泛、笼统的一般化表述的选项，通常是不正确的。你应该对诸如总是、从不、必然、唯一、必须、完全、全部等这些构成不恰当表述的词保持警惕。
- 相反，那些代表了谨慎限定式表述的选项通常是正确的。诸如经常、有时、也许、可能，和一般这些词，通常会出现在能很好符合要求的表述中。

短文写作技巧

关于将应试技巧应用在作文中的研究很少。这是因为在写作这种形式中，存在相对很少能利用的线索。虽然如此，很多书籍（Flippo，2000；Pauk，1990；Wong，

2006）还是根据专家建议提供了一些技巧。提高作文成绩可以通过①先浏览题目，合理分配好时间；②完成上一步后，花些时间对你的答案内容进行组织，而不是不经计划就埋头作答；③多使用你在这门课程中学到的专业术语。

总之，良好的学习技巧和习惯对学业成功是至关重要的，单凭智力无法做到（尽管肯定会有所帮助）。好的学习技巧不是一夜养成的，需要循序渐进，因此对自己要有耐心。幸运的是，诸如阅读课文，撰写论文和参加考试这些任务经过练习会变得更容易。我相信最终你会发现，回报（知识、成就感、获得学位过程中的进步）都值得你为之付出努力。

批判性思维应用

培养批判性思维技能

如果你随意问教授、父母、雇主或政客："教育最重要的是什么？"得到最多的回答可能会是"批判性思维能力的培养"。批判性思维是一种有目的的、推理的和目标导向的思维方式，包括解决问题、构思推论、计算可能性以及做出经过慎重考虑的结论。批判性思维是指采用认知技能与策略来提高满意结果的概率。这些结果包括好的职业选择、职场有效决策以及明智的投资等。长期来看，善于批判性思维者会比那些不善于者得到更多满意的结果（Halpern，1998，2003）。这里是一些批判性思维者展现出的技能：

- 他们理解并运用科学原理。（惩罚作为一种纪律性手段，是什么决定了其使用效果？）
- 他们应用形式和非形式逻辑规则。（如果大部分人都反对线上性网站，那为何这些网站如此流行？）
- 他们谨慎评价信息质量。（我能相信这个政客的言论吗？）
- 他们对用以支持某结论的论据进行分析。（毒品使用量上升意味着需要起用限毒政策吗？）

思维这一主题在心理学中有着悠久的历史，可追溯至19世纪冯特的时代。现代认知心理学家已经发现一个有用的批判性思维模型，它包含至少两个部分：①有关批判性思维技能的知识——这是认知部分；②批判性思维者的态度或性格——这是情绪或情感部分。有效的批判性思维需要同时具有这两部分。

对批判性思维的介绍基于两个假设：①存在一系列技能或策略，而且学生能学会认识它们并将其应用于适当的情境中；②如果恰当应用这些技能，则学生将成为更有效的思考者（Halpern，2007）。在任何情境中都有用的批判性思维技能可能包括：理解原因和证据是怎样支持或驳斥结论的；区分事实、观点和推理判断；当考虑概率事件时，使用可能性和不确定性的原理；创造问题的多种解决办法，朝向理想目标有组织地前进；以及明白原因是如何确定的。对于批判性思维技能这一术语是指什么意思这个问题，上述所列恰好提供了一些典型实例。因为这些技能在很多情境中都是有用的，所以它们有时被称为跨情境技能。

如果你不愿意为使用批判性思维技能付出辛苦的脑力劳动，或你对于思考有着懒散或不在意的态度，那么即便你了解了批判性思维的技巧也毫无用处。一名批判性思维者乐于计划、思想灵活、坚持己见、敢于承认错误并改正以及关注思考过程。使用批判（critical）一词，代表了对思维过程和结果的批评或评价。它并非消极之意[像在"爱挑剔的人"（critical person）中那样]，而是在表达批判性思维者对他们的思维保持警醒（Riggio & Halpern，2006）。

教授批判性思维的必要性

几十年来对批判性思维教学的研究表明，教授批判性思维的技能和态度，需要精心和有意识地进行，因为它们通常不会经过标准化传授就自发养成，达到满意的程度（Nisbett，1993）。有鉴于此，本书的每一章都以批判性思维应用作为结束。每个批判性思维应用中展现的内容都与章节的主题有关。但关注的内容却是如何考量一个特别的问题、一组研究或一场论战。由于重点在于思维过程，因此你可能会被要求考虑对互相冲突的数据做解释，判断信息源的可信度，或自己提出一个可验证性假设。每节强调的特定批判性思维技能被总结在一个表中，以便你查阅。有些技能会在多个章节中出现。目的是帮助你在遇到新问题时自发地选择合适的批判性思维技能。对各章所挑选的技能反复练习，应该能帮你养成这种能力。

一个例子

如本章主体部分所阐述的，进化心理学正成为一个有影响力的学派。为了向你展示如何将批判性思维技能应用于心理学问题，我们来考查进化理论对空间能力上两性差异的解释，然后使用一些批判性思维策略来评价这些解释。

对于大部分视觉－空间任务，尤其是涉及图像的心理旋转及空间方位的任务，平均而言男性的表现要稍好于女性（Halpern，2000；Silverman & Choi，2005；见图1-14）。Irwin Silverman及其同事认为这些性别差异源于人类的进化过程，是古代狩猎和采集社会中根据性别进行劳动分工的结果（Silverman & Phillips，1998；Silverman et al., 2000）。按照这样的分析，男性发展出心理旋转和方位感上的优势是因为，在人类的历史进程中狩猎的工作大多被分给了男性。这些技能应该为狩猎过程提供了便利（帮助男性长途跋涉，用武器瞄准猎物等），因此受到了自然选择的偏好。相反，女性在远古社会中一般负责采集而非猎取食物。这是一种有效的劳动分工，因为女性的成年生命大多是在怀孕、哺育或抚养后代。她们因此无法长途远行。Silverman和Eals（1992）猜想，在对采集活动有所帮助的空间技能上，如对地点的记忆，女性应该比男性更为擅长。这也正是他们在一组研究中所发现的结果。这样，进化心理学家对空间能力上性别差异的解释，与对人类行为的其他方面解释一样，采用的方式都是这些能力在我们祖先所面对的适应性压力下是如何进化的。

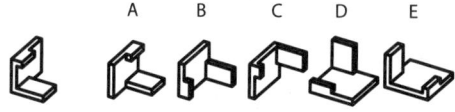

图1-14 涉及心理旋转的空间任务

空间推理任务可分为许多子类型。研究显示，男性在大部分但并非全部空间任务上的表现要略好于女性。男性更擅长的任务通常涉及物体的心理旋转，如这里所示的问题。在这个问题中，你需要指出右边的哪个物体（从A到E）可以从左边的物体经过旋转而得。答案是B。

资料来源：Based on Stafford, R. E., & Gullikson, H. (1962). *Identical Blocks*, Form AA.

你能怎样批判性评价这些论点呢？如果你的第一念头是需要更多信息，那很好，因为你已经表现出了批判性思维所需的资质。本书第11章将介绍一些关于认知能力上性别差异的更多信息。你还需要养成习惯提出好的问题，如"对这些结果有其他的解释吗"，"有没有相反的数据"。接下来我们简要讨论这两个问题。

有对空间技能上性别差异的其他解释吗？ 对男性在大部分空间任务上的优势，当然存在其他解释。例如，可以把这个结果归因于男性比女性从事得更多的性别典型活动，诸如玩积木、乐高拼装玩具、林肯积木和各类拼装建造模型，以及多种空间定位的视频游戏。这些性别典型活动看上去能让男孩比女孩在大部分类型的空间任务上进行更多的练习（Voyer, Nolan & Voyer, 2000），并且能让男孩体验更多的空间活动，从而提升空间技能（Lizarraga & Ganuza, 2003）。例如，一个研究发现，只玩10个小时的动作视频游戏就能大幅提高空间能力（Feng, Spence & Pratt, 2007）。如果我们能以现代男性和女性日常活动存在差别来解释空间技能上的性别差异，那就没有必要牵涉自然选择了。

有没有数据与空间技能上现代性别差异的进化理论解释相抵触？ 答案是有。一些研究了狩猎和采集社会的学者表示，女性经常长途跋涉地采集食物，而且也经常从事狩猎活动（Adler, 1993）。另外，女性会编织篮子和衣物，并从事其他需要空间思维的工作（Halpern, 1997）。此外，想想吧，长途狩猎的男人明显需要一个对地点的好记忆，否则他们可能永远也回不了家。因此，古代狩猎和采集社会中男性和女性到底面临何种适应性压力，对此仍有辩论的空间。

由此你能看到，考虑其他解释和相反证据是如何削弱了空间能力上性别差异的进化论解释。关于其他解释和相反数据提出的问题，是两个通用的批判性思维问题，可以在很多情境中提出来。对这些问题的回答并不能证明进化心理学家在对视觉—空间技能上性别差异的解释是错的，但确实削弱了进化论的解释力。通过对心理学问题进行批判性思维，你将看到，讨论一个论点的适用范围而不讨论这个论点是对或错，会更有意义，因为我们将遇到的很多复杂问题都无法用正确或不正确界定。

表1-3 本应用中讨论的批判性思维技能

技能	描述
寻找对结果和事件的其他解释	在对解释进行评价时，批判性思考者会探究是否存在其他方法也能解释所考察的结果或事件
寻找相反证据	在对一个问题所给证据进行评价时，批判性思考者试图寻找可能被遗忘在讨论之外的相反证据

第2章
心理学的研究方法

每天睡眠少于7个小时会缩短你的寿命吗?
暴力电子游戏会让人变得更有攻击性吗?
如果不深思熟虑你会做出更好的决策吗?
女人可以只瞟一眼就判断出一个男人睾酮的水平吗?
智商分数可以预测一个人的寿命吗?

疑问,疑问,疑问——每个人都有关于行为的疑问。心理学就是要探究这些疑问。

其中的一些疑问在日常生活中比较常见。例如,许多父母都想知道暴力电子游戏是否会对他们孩子的行为产生有害影响。其他心理学家探究的问题可能并不是大多数人所能想到的。例如你可能从来没有想过你的智商或者睡眠习惯对你的预期寿命产生什么影响,抑或是女人是否可以判断男人的睾酮水平。当然,既然你已经接触这些问题了,你就可能对答案产生好奇。

在阅读本书的过程中,你将会获悉心理学家了解到关于上述5个问题的哪些信息。现在我想提醒你注意所有问题中最基本的问题,也就是,我们应该如何着手研究像这样的问题?我们怎样找到关于行为疑问的正确而可靠的答案?

正如第1章所说,心理学是实证性的。心理学家致力于通过规范、系统的观察探究有关行为的疑问。实证方法的使用使得心理学成为一门科学。许多人可能基于个人见解对玩暴力电子游戏的后果有自己的态度。这些个人见解可以是对暴力的反感,对儿童游戏普遍宽容的态度,来自父母或者其他来源的逸事报告。但是,作为科学家,心理学家会保留对这些问题的判断直到他们获得了基于有效、可重复研究的客观证据。即使在那儿之后,他们也有可能对判断做谨慎的限定以使判断不超出证据实际所说明的范畴。

收集和评估那样的实证证据就是练习创造性地解决问题。作为科学家,心理学家必须思考如何观察才能既解开他们想解决的谜题又经受住同行批判性的审查。要努力做到这点,心理学家依赖一个研究方法大工具箱。因为不同类型的问题需要不同的研究策略。在本章中,你将会学习到心理学家在他们的研究中使用的一些主要方法。

为什么你应该要关心心理学家的研究方法?至少有两个原因。首先,深入了解这些方法会增强你对将阅读到的本书剩余内容的理解能力,因为这些内容都是建立在研究基础之上的。其次,熟悉了实证方法的逻辑可以提高你对有关行为的言论的批判性思考能力。这项能力很重要,因为你几乎每天都要接触到这样的言论,如在和朋友的谈话中、在广告中、在新闻媒体中。学习如何评价这些言论的依据可以使你更加娴熟地消化心理学信息。

我们将通过审视行为研究的科学方法来开始我们对心理学的研究过程的介绍。从那里我们会过渡到心理学家最常用的具体研究方法。我们也将会看到心理学家怎样以及为什么在研究中使用统计。

科学方法可以经受时间的检验,但是科学家也是人也会犯错。为此我们将列举一些研究中常见的错误来结束我们的讨论。单单这一部分就可以使你成为一个对那些据称来源于心理学研究的言论更有经验的评价者。然后,在个人应用部分,你将学习如何查找和阅读报告研究的期刊论文。最后,在批判性思维应用中,我们将会探讨一种人们时刻接触到的证据(逸事证据)所带来的危险。

寻找规律:研究行为的科学方法

无论研究的对象是万有引力还是人们压力下的行为,科学方法都假定事件由一些规律所控制。作为科学家,心理学家假定行为是由可以辨别的规律或原则控制的,正如地球绕着太阳转是由引力法则所控制的一样。生物的行为似乎并不像行星的"行为"一样那么有规律并且可预测。然而,科学事业是建立于"事物背后都有可以被发现的一致性或规律"信念之上的。幸运的是,把这个基本假设应用到心理学的可行性已得到支持,行为中存在大量这样的一致性,其中一些就是本书的主题。

科学事业的目标

心理学家和其他科学家都有三组相互联系的目标:测量和描述,理解和预测,应用和控制。

(1)**测量和描述**。诉诸观察的科学要求研究者找到一种可以测量被研究现象的方法。例如,一个心理学家在没有预先开发一些测量交际性的方法之前是不能研究男性是否比女性好交际的。因此,心理学的首要目标是开发可以使清晰和准确描述行为成为可能的测量技术。

(2)**理解和预测**。科学一个较高层次的目标是理解。科学家相信当他们可以解释事件发生的原因时他们就理解了事件。为了评估他们的理解是否正确,心理学家做预测并且对预测进行检验。预测也叫假设。**假设**（hypothesis）是关于两个或者更多变量之间关系的一种暂时性描述。**变量**（variables）是指在研究中控制的或者被观察的任何可以测量的条件、事件、特质或者行为。例如，如果我们假设把人们置于时间压力的情境下会降低他们时间知觉的准确性，则我们研究中的变量为时间压力和时间知觉的准确性。

（3）应用和控制。最终，许多科学家都希望他们获得的信息在帮助人们解决日常问题上有一些应用价值。人们一旦理解了一个现象，他们就常常能对它施加更多控制。如今，心理学专业人士尝试把研究发现应用到学校、企业、工厂和精神病院的实际问题中。例如，一个学校心理学家可能利用关于数学焦虑起因的发现来设计一个方案，用于帮助学生控制他们的数学恐怖症。

理论是如何帮助科学家实现他们的目标？正如第1章所说，心理学家不仅仅着手于搜集关于变量关系的孤立事实。为了建立对行为更为深刻的理解，他们进行理论构建。**理论**（theory）是指用于解释一组观察结果的具有内在联系的概念系统。例如，心理学中的进化论理论家使用少量的概念，诸如自然选择和生殖适合度，来尝试解释关于择偶偏好、嫉妒、攻击性、性行为等形形色色的已知事实（见第1章）。因此，通过把表面看上去没有关联的事实和原理融合成一个整体，理论允许心理学家从对行为的描述跨越到对行为的理解。此外，理论提供的更为深刻的理解可以通过产生新的预测和建议新的研究方向来指导未来的研究（Fiske，2004；Higgins，2004）。

一个科学的理论必须是可以检验的。科学的基石就在于它保证把想法付诸实证检验。大多数理论太过复杂而不能被一次性完全检验。例如，不可能设计一个研究就能检验进化论的方方面面。恰恰相反，在一个典型的研究中，研究者检验来源于理论的一个或两个特定假设。如果他们的研究结果支持这些假设，则对派生这些假设的理论的信心增加。如果他们的研究结果不支持这些假设，则对该理论的信心减少。然后这个理论可能会被修改或者被舍弃（见图2-1）。因此，理论构建是一个要被不断修改的逐步、反复的过程。

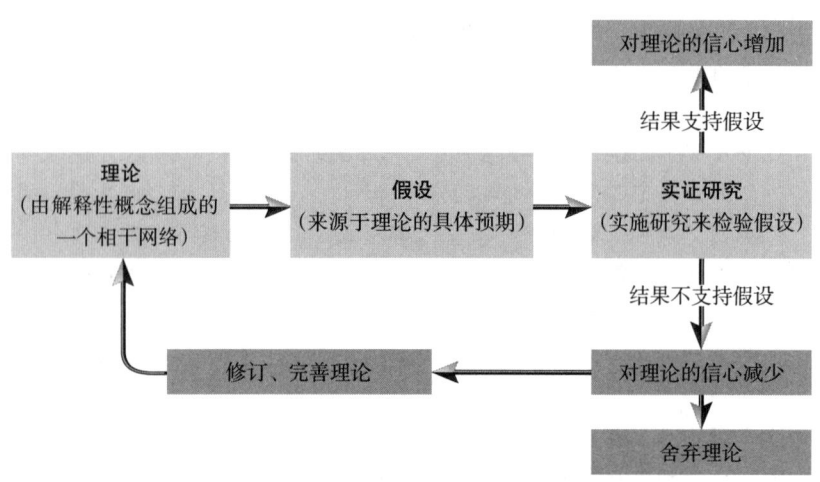

图 2-1　理论构建

一个好的理论会产生大量可检验的假设。在一个典型的研究中，只有这些假设中的一个或者少量的假设能得以评估。如果有证据支持假设，则对它们所源自的理论的信心程度增加。如果假设不被支持，则对理论的信心降低，并且可能会对理论进行修正以解释新的发现。如果理论所产生的假设始终不能获得实证支持，那么该理论可能会被全部舍弃。因此，理论构建和检验是一个循序渐进的过程。

科学研究的步骤

无论是科学还是其他，任何一种研究的出发点都来自对问题的好奇心。然而，科学研究是系统性的。它们遵从一个在图2-2中描绘的有序模式。让我们看一下这些标准的一系列步骤是如何在David Sherman、Leif Nelson、Lee Ross（2003）三人的朴素现实主义的研究中展开的。Sherman和他的团队想要研究进行政治辩论的敌对方是否会夸大他们之间的分歧。

步骤1：形成一个可检验的假设

科学研究的第1步是把一个理论或者一个直观的想法转换成一个可检验的假设。Sherman等人（2003）注意到，在激烈争论中人们似乎都假定他们看到的就是事物本身的样子，也就是假定他们所知觉的是客观的和正确的。同时，他们也假定对方的观点肯定是被其个人私利、思想体系或者一些其他的偏差来源所扭曲的。研究者把这种相信自己客观、对手主观的信念称为"朴素的现实主义"。Sherman及其同事推测，在政治辩论中，双方都倾向于把对手描绘成极端主义者并且高估他们相互间的分歧。为了探讨这个想法，他们选择检验个人对于平权法案的有争议性的问题的看法。因此，他们假设，平权法案的支持者将会高估对手的保守主义且平权法案的反对者将会高估支持者的自由主义。

步骤 1 形成假设	平权法案的支持者会高估反对者的保守主义，平权法案的反对者会高估支持者的自由主义。
步骤 2 设计研究	采用大学生被试，使用调查法。设计假设的平权法案项目和合适的量表。
步骤 3 收集数据	给斯坦福大学的 78 名学生实施测验，并赠送给他们小礼物作为回报。
步骤 4 分析数据和得出结论	与被试对对手评级的估计相比，计算支持者和反对者的平均评级。数据与预期一致，双方高估了他们观点的分歧。
步骤 5 报告结果	在期刊《基础和应用社会心理学》2003 年的一期上发表该研究（以及两篇有关研究）的报告。

图 2-2　科学研究步骤的流程图

正如在 Sherman、Nelson 和 Ross（2003）的研究中所示，一项科学研究包含一系列精心计划的步骤，以形成可检验的假设开始，以研究发表结束，如果结果值得其他研究者审阅的话。

资料来源：© Cengage Learning 2013.

要被可检验，科学假设必须要精确表达。研究的变量必须要定义清楚。研究者通过提供有关变量的操作性定义，来达到这些清晰表达的目标。**操作性定义**（operational definition）描述的是被用于测量或控制某变量的行动或者操作。操作性定义精确地确定了每个变量在某研究情境中的意思是什么。

不朽固然是好事儿，但可能需要用永久来验证。

要举例说明，让我们看看 Sherman 及其同事是如何操作他们的变量的。他们认为平权法案的问题太过复杂和多面，因此不能询问被试对平权法案总的观点是什么。每个人基于他对平权法案倡议的十分不同的接触程度，对事情做出不同的判断。为避免这个问题，他们让学生对某一具体的应该已经在他们学校推广的平权法案项目做判断。为了准确地测量参与者的观点，他们让学生在一个从绝对赞同到绝对拒绝的 9 点量表上（5 表示中立）表明他们支持该项目的程度。

步骤 2：选择研究方法和设计实验

科学研究的第 2 步是想出怎样把假设置于实证检验。选择的研究方法在很大程度上依赖于研究问题的本质。多种研究方法（实验、个案研究、调查、自然观察等），每种都有优点和缺点。研究者必须仔细考虑这些优劣，然后选出看上去最合适和实际的策略。在本例中，Sherman 及其同事决定用调查法来研究他们的问题。该方法包括编制问卷或者对人访谈。

一旦研究者选择了一种总的方法，他们必须制订实施研究的具体计划。因此，Sherman 及其伙伴必须决定他们需要调查多少人，从哪里获得这些被试。**被试**（participants），或者**受试者**（subjects），是指那些行为在研究中要被系统观察的人或者动物。在第一个研究中，他们选取了 78 名斯坦福大学的本科生（45 名女生和 29 名男生）作为被试。他们也必须设计一个学生能够评价的听上去可行的平权法案项目。并且，他们必须巧妙设计评级量表，来评价被试的政治观点和他们知觉到的对手的政治观点。

步骤 3：收集数据

一个研究项目的第 3 步是收集数据。研究者使用各种数据收集技术，就是各种实证观察和测量的程序。常用的技术包括直接观察、问卷、访谈、心理测试、生理记录，以及查阅档案记录（见表 2-1）。一个研究采用什么样的数据收集技术在很大程度上依赖于研究的问题是什么。例如，问卷很适合研究态度，心理测试适于研究个性，生理记录研究行为的生理基础。基于研究的内容和复杂性，数据收集工作常能持续数个月，有时甚至数年。然而，调查法的一个优势是数据常采集得既快又容易。本例中就是如此。Sherman 及其同事简单地让他们的被试完成一个精心设计的问卷，作为交换送给他们一个小礼物。

表 2-1　心理学中主要的数据收集技术

技术	描述
直接观察	观察者被训练得尽可能客观准确地观察和记录行为。他们可以使用一些工具，如计时表、摄像机
问卷	给被试一系列书面问题。这些问题被设计用于获得关于态度、观念和他们行为特定方面的信息

(续)

技术	描述
访谈	实施一种面对面的对话，以获得关于被试行为特定方面的信息
心理测试	给被试实施一个标准化测试，以获取他们的行为样本。测试通常用于评价心理能力或人格特质
生理记录	用某工具监测和记录被试某个特定的生理过程。例子包括血压、心率、肌肉张力和脑活动
查阅档案记录	研究者分析现存的制度记录（档案），例如，人口普查的、经济的、医疗的、法律的、教育的和商业的记录

步骤 4：分析数据和得出结论

研究中做的观察通常要转换为数字，这构成了研究的原始数据。研究者使用统计来分析他们的数据并且判断他们的假设是否得到了支持。因此，统计在科学事业中扮演着重要的角色。基于他们的统计分析，Sherman 及其同事得出结论，他们的数据支持他们的假设。正如所预期的，他们发现平权法案项目的支持者大大地高估了平权法案拒绝者的保守主义；平权法案项目的拒绝者大大高估了支持者的自由主义（见图2-3）。数据表明两组被试实际的（平均）态度并没有那样大的差异，但是每组被试都假定他们的对手持十分不同的观点。显然，这个发现在政治辩论的范围内大体上是真实的，它解释了①为什么常常很难让对立面消除（知觉到的）代沟，且②为什么人们常常对敌手持有这样普遍的否定观点。

步骤 5：报告研究结果

研究结果的发表是科学工作的一个基础部分（Roberts，Brown，& Smith-Boydston，2003）。研究人员只有把他们的研究结果分享给彼此以及公众，科学才能进步。所以，科学研究的最后一步是写一个关于研究和结果的简明总结。一般情况下，研究人员准备一份报告投递给一个学术会议并提交给一个期刊发表。**期刊**（journal）是指出版科学和技术文章通常是在某狭窄的探索领域里的杂志。Sherman 和他团队的这个研究与两个相关研究一起，发表于《基础和应用社会心理学》（*Basic and Applied Social Psychology*）期刊上。

发表科学研究的过程可以让其他专家评价和评论这些新的研究成果。当文章投递到科学期刊时，要经历一个如图 2-4 总结的严格的同行评审过程。专家对每一篇提交的文章做彻头彻尾的审阅。他们仔细评阅每个研究的方法、统计分析和结论，以及它对知识和理论的贡献。同行评审过程非常严格，许多顶级期刊要拒绝超过 90%的投递文章。同行评审过程的目的是保证期刊发表基于高质量研究的可靠研究成果。同行评审过程是科学方法的一个主要优势，因为它可以极大降低发表错误结果的可能性。

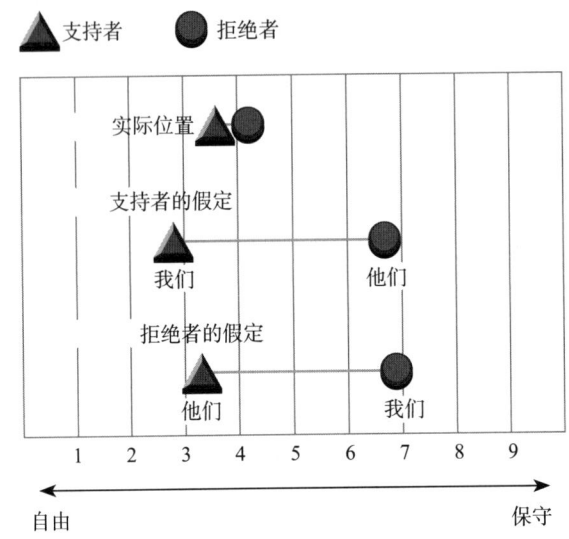

图 2-3　Sherman 等人（2003）的研究结果

如你所见，平权法案项目的支持者和拒绝者的实际的自由－保守的位置并不是离得那么远（顶行）。然而，当让项目的支持者估计其他支持者以及那些拒绝项目的人给出的平均评级时，他们假定两组间存在很大的鸿沟（中行）。相似地，当让项目的反对者做同样的估计时，他们也高估两组间的不一致（底行）。

资料来源：Sherman, D. K., Nelson, L. D., & Ross, L. D. (2003). Naive realism and affirmative action: Adversaries are more similar than they think. *Basic and Applied Social Psychology, 25,* 275–289. Copyright © 2003; used with permission of Taylor & Francis; permission conveyed by Copyright Clearance Center, Inc.

科学方法的优势

科学当然不是对行为下结论的唯一方法。每个人都使用逻辑推理、无意观察，以及传统的常识下结论。因为科学方法常常需花费心血，所以问一下什么好处值得这样麻烦似乎也是合乎情理的。

基本上，科学方法有两个主要优点。第一个优点是它的清晰性和准确性。关于行为的常识性观念往往是含糊不清、模棱两可的。以"孩子不打不成器"的古训为例。这种教育孩子的笼统结论有没有精确地统计？如果父母不溺爱孩子的话那么孩子应该受到多重的惩罚？我们如何评定一个孩子是否被宠坏？一个基本的问题是这种说法会根据个人情况而有不同的含义。当人们不同意这种言论时，可能是因为他们在谈论完全不同的事情。与此相反，科学方法要求研究者使用操作定义来准确地具体化他们形成假设时所谈的是什么。这种清晰性和准确性增进了重要想法的交流。

科学方法的第二个也可能是最大的一个优点是它对错误的较低容忍度。科学家被训练得对事物抱怀疑态度。他们把想法付诸实证检验。他们也用批判的眼光来看待彼此的研究发现。他们在接受观点之前要求有客观的数据和一丝不苟的文献资料。当两个研究的结果相互冲突时，科学家通常通过开展另外的研究来找出其中的原因。相比之下，常识和随意观察经常容许一些矛盾的说法，诸如"异性相吸"以及"物以类聚，人以群分"。此外，常识性的分析很少花费精力去验证观点或者检查错误。因此，大家普遍相信的许多关于行为的"老生常谈"仅仅是神话。

所有这些并不是说科学是通往真理的唯一途径。然而，相比随意分析和凭空猜测，科学方法往往能提供更准确和可靠的信息。因此，对科学数据的了解能作为一个判断来源于其他渠道的言论和信息的有用标准。

既然我们已经对科学事业如何运转有了一个概述，我们可以专注于介绍如何使用具体的研究方法。研究方法包括在实证研究中观察、测量、操纵和变量控制的各种方法。换句话说，它们是开展研究的通用策略。没有单一的研究方法适用于所有的目的和情境。大多数研究的独创性都涉及选择和修改方法来解决眼前的问题。本章接下来的两节将讨论心理学中采用的两种基本方法：实验研究法和描述/相关研究法。

寻找原因：实验研究法

一个痛苦的人喜欢别人陪伴吗？这个问题引起了社

科研文章的同行评审

研究者或者研究团队作者完成了一个稿件，描述了一个实证研究或者一系列有关研究的方法、发现和应用。

稿件被提交给适合该研究主题的专业期刊（比如 *Journal of Abnormal Psychology* 或者 *Psychological Science*）的编辑。一篇手稿一次只能被投递到一家期刊。

期刊编辑把稿件发给被邀请作为审稿人的相关研究领域的 2～4 位专家。这些审稿人提供匿名评论，他们的工作是没有报酬的。

评审者仔细地评判该研究的亮点、弱点和理论意义，并且对于它是否值得发表在那个期刊上给出建议。如果研究有价值，评审者通常提供许多改进稿件的建议。

编辑阅读稿件和专家评审意见，并且决定投交的稿件是否值得发表。大部分杂志会拒绝绝大多数的投稿。把编辑的决策、决策背后的原因，以及专家审稿意见发送给作者。

如果稿件被接受，作者可以整合审稿意见中的改进建议，做最后的修改，并且将文章重新投交给杂志编辑。

如果稿件被拒绝，作者可能会①放弃发表，或者②听取评审的建议做出修改，然后再把文章投交给另外一个期刊。

通常在最终接收 3～6 个月后文章会发表在专业期刊上。

在被拒绝后，研究者有时会放弃某个方向的研究，但更常见的是他们会返回工作台尝试设计一个更好的研究。

图 2-4 投交期刊文稿的同行评审过程

科学家采用精心的同行评审过程来决定研究是否值得在某科技期刊上发表。这个过程的目的是最大化发表的科学发现的质量和可信度。

会心理学家 Stanley Schachter 的兴趣。他想知道，当人们感到焦虑时，他们是想独处，还是喜欢有其他人在身边？Schachter 对相关理论的回顾表明人们在焦虑时想要其他人在身边帮他们整理心情。因此他的假设是焦虑程度的增加会导致想和别人在一起的意愿（心理学家称之为从属需求）增加。为了检验这个假设，Schachter设计了一个巧妙的实验。

实验（experiment）是指一种研究者在严格控制的条件下，操纵一个变量来观察第二个变量作为结果是否有变化的研究方法。实验是一个允许研究人员检测因果关系的相对有力的方法。相比其他研究方法心理学家最为依赖实验研究。

尽管它的基本原则简单易懂，但实际上实验是一种相当复杂的技术。一个精心设计的实验必须考虑大量可以影响结果明确性的因素。我们用Schachter的实验作为例子来看一下实验是如何被设计的。

自变量和因变量

实验的目的是发现一个变量的变化（让我们称它为X）是否会引起另一个变量（让我们称它为Y）的变化。简单来说，我们想要查明X是如何影响Y的。在这个表述中，我们称X为自变量，Y为因变量。

自变量（independent variable）是指实验者为了观察其对另一个变量的影响而改变的条件或事件。自变量是实验者控制或操纵的变量。假设自变量会对因变量产生一些影响，然后做实验来验证这种影响。**因变量**（dependent variable）是指被认为受自变量操纵影响的变量。在心理学研究中，因变量通常是对被试行为某些方面的测量。自变量被称为自变，是由于它可以自由地被实验者改变。因变量被称为因变，是由于它被认为因为（至少部分）自变量的操纵而改变。

在Schachter的实验中，自变量是被试的焦虑水平。他用一种巧妙的方式操纵焦虑水平。聚集在实验室的被试被一个"Zilstein博士"告知他们将会参与一个关于电击的生理反应的研究。他们被进一步告知实验过程中他们会受到一系列电击，同时会监测他们的脉搏和血压。一半被试被警告说电击非常痛，他们组成了高焦虑组。另一半被试（低焦虑组）被告知电击是轻微的、无痛的。事实上，任何时候也没有要对任何人电击的打算。这些引导程序不过是为了唤起不同的焦虑水平。在指导过以后，实验员称由于他要准备一会儿用的电击仪器，所以任务将延迟一会儿。参与者被询问他们更愿意独处还是和他人待在一起。被试想和他人在一起的意愿是因变量。

实验组和控制组

在一个实验中，研究者通常安排两组被试，他们在自变量上接受不同的处理。这些组被称为实验组和控制组。在自变量上接受某种特别处理的被试组成**实验组**（experiment group）。**控制组**（control group）由相似的被试组成，他们没有接受给予实验组的特别处理。

在Schachter的研究中，高焦虑条件下的被试构成了实验组。他们接受一个用于产生异常高水平焦虑的特殊处理。低焦虑水平的被试作为控制组，他们没有接触到这个特殊的焦虑唤醒程序。

一个研究中的实验组和控制组除了在自变量上接受不同的处理之外其他都应该相同，这一点是非常重要的。这个规定给我们展示了实验方法的基础逻辑。如果两个组除了操纵自变量产生的变异之外其他方面都相同，那么两组之间在因变量上的任何变化必定是由于对自变量的操纵所导致的。这样研究者就把自变量对因变量的影响独立出来了。例如，Schachter把焦虑对从属需求的影响独立了出来。正如所预测的，他发现焦虑增加导致从属增强。正如图2-5所示，高焦虑组中想和别人待在一起的被试的百分比几乎是低焦虑组的2倍。

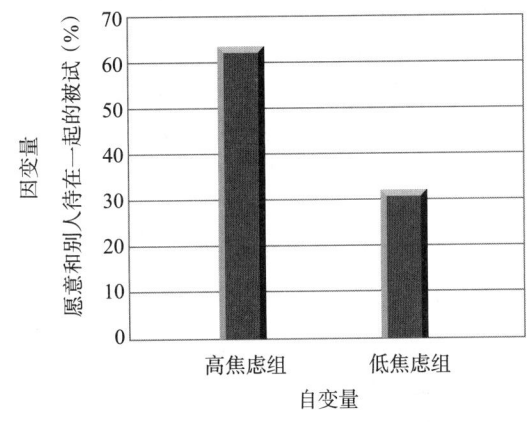

图2-5　Schachter从属研究的结果

想和其他人待在一起的比例在高焦虑组（实验组）中要高于低焦虑组（控制组），这和Schachter（1959）的焦虑会增加从属愿望的假设一致。这些结果的图示使得我们能一眼看出实验操控对因变量的影响。

额外变量

正如我们所看到的，实验方法的逻辑依赖于假定实验组和控制组除自变量的处理之外都相似。两组间的任何其他差异都能混淆情境从而不可能得出自变量如何影响因变量的结论。

当然，实际上，确保两组被试在每一方面都完全相似是不可能的。事实上，实验组和控制组只需在与因变量相关的维度上保持一致。因此，Schachter 不必担心他的两个组是否在发色、身高或者对芭蕾舞的爱好上相似。这些变量不可能影响从属行为的因变量。

相反，实验者致力于确保实验组和控制组在一些有限的会对实验结果有影响的变量上相似。这些变量被称为额外的、次要的或者多余的变量。**额外变量**（extraneous variables）是指在一个研究中除了自变量之外的任何有可能影响因变量的变量。

在 Schachter 的研究中，一个额外变量是被试喜欢交际的倾向。为什么？因为参与者的社交性可以影响他们有多想与别人待在一起（因变量）。如果一组被试恰好比另一组被试更擅长交际（平均来说），那么焦虑和社交性这两个变量就被混淆了。当两个变量相联系使得很难区分出他们特定的效果时，**混淆变量**（confounding of variables）发生了。当一个额外变量与一个自变量混淆时，研究人员很难辨别哪一个变量对因变量有什么影响。

预想不到的变量的混淆已经破坏了数不胜数的实验。这就是为什么在设计实验时必须投入大量的考虑、计划和预想。区分天才实验者和二流实验者的其中一个关键品质就是预先看到会惹麻烦的额外变量并且能控制这些变量、避免混淆的能力。

实验者使用大量的保障措施来控制额外变量。例如，被试通常被随机安排到实验组和控制组中。**随机分配**（random assignment）指所有的被试有同等机会被分配到研究中的任何一个组或者条件。当实验者通过一些随机程序把被试随机分到组中的时候，他们有理由相信这些组在大部分维度上相似。图 2-6 以 Schachter 的研究为例对实验中的元素进行了概述。

实验设计的变式

我们已经讨论了只有一个自变量和一个因变量这种最简单形式的实验。事实上，实施实验中可能会有很多变式。因为你将会学习到设计更为复杂的实验，所以这些变式值得简单提一下。

第一，只采用一组被试作为其自身的控制组有时是有优势的。通过给予这一组被试两个不同的条件（一个

真相核查

误解

心理学研究依赖于随机抽样。

真相

随机分配（在实验中）是心理学研究的一个例行程序。随机抽样相对不常用。一个随机样本仅仅是随机抽到的。随机数字拨号可被用于分发简短的调查问卷，但是绝大多数心理学研究采用方便抽样。在有限资源的情况下，科学家力求获得代表性样本，但是随机抽样并不现实（想象一下在托皮卡市的研究者必须把 200 名从全美国随机选取的被试带到他们的实验室的花费）。

实验条件和一个控制条件）来评估自变量的影响。例如，假设你想研究喧闹的音乐对打字成绩的影响，你可以让一组被试在播放喧闹的音乐时（实验条件）和在没有音乐的情况下（控制条件）进行一项打字任务。这种方法会确保被试在实验和控制条件下的所有涉及个人特征的额外变量都相同，比如动机或者打字技巧。毕竟，在两个条件下研究的是相同的人。当被试自身作为控制组时，这种实验可以说采用了被试内设计，因为比较是在同一组被试中进行的。与此相反，当两组或者更多独立组的被试

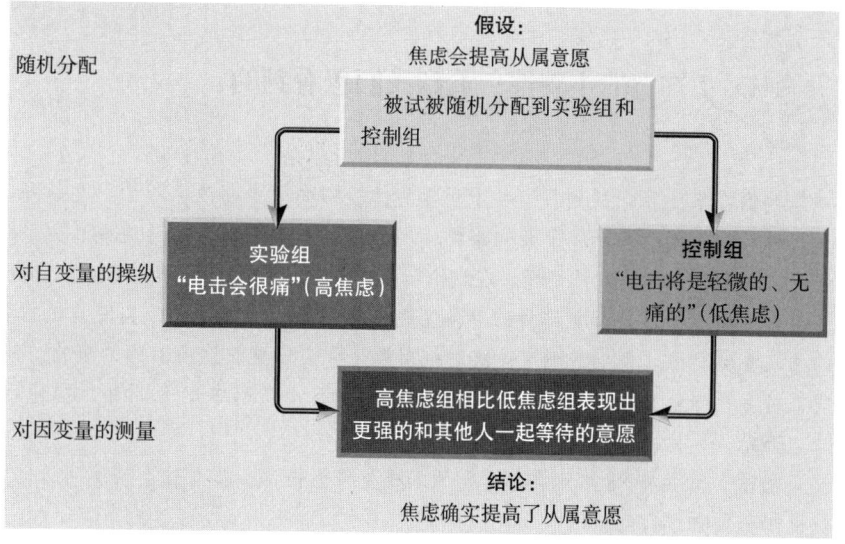

图 2-6　实验的基本元素

正如 Schachter（1959）的研究所说，实验设计的逻辑在于除了对自变量的操纵以外完全相同地对待实验组和控制组（控制额外变量）。实验者用这种方法试图把自变量对因变量的影响独立出来。

试在自变量上接受不同的处理时，这种实验可以说采用了被试间设计，因为比较是在两组不同的被试间进行的。尽管被试内设计并不像被试间设计那样常被使用，但是对于某些类型的研究来说它们是有优势的。被试内设计需要较少的被试，而且它们可以确保实验组和控制组是相等的（Davis & Bremner，2006）。

第二，在一个实验中操纵一个以上的自变量也是有可能的。研究者经常操纵两个或三个自变量来检验它们对因变量的联合影响。例如，在另外一个打字成绩的研究中，你可以既改变室内温度又改变分心音乐的呈现（见图2-7）。这种方法的主要优势在于它允许实验者观察两个变量之间是否有交互作用。交互作用的意思是一个变量的效应依赖于另一个变量的效应。例如，如果我们发现分心音乐只在室内温度高的时候损害打字成绩，那么我们将检测到一个交互作用。

第三，在一个研究中也有可能使用一个以上的因变量。研究人员经常使用多个因变量来对实验操作如何影响被试行为获得一个更为全面的了解。例如，在你的打字成绩研究中，你可能测量两个因变量：速度（每分钟的单词数）和准确性（错误的个数）。

既然你已经熟悉了实验的逻辑，让我们转向第2章的专题研究。从现在开始你将会在每章都能找到一个专题研究。本书提供这些研究是要给你一些有关心理学家如何展开实证研究的深入例子。每篇都以类似期刊论文的形式进行描述，从而使你了解到科学报告的格式（关于格式的更多信息见本章末的个人应用）。本章的专题研究给了你另外一个真实实验的例子。

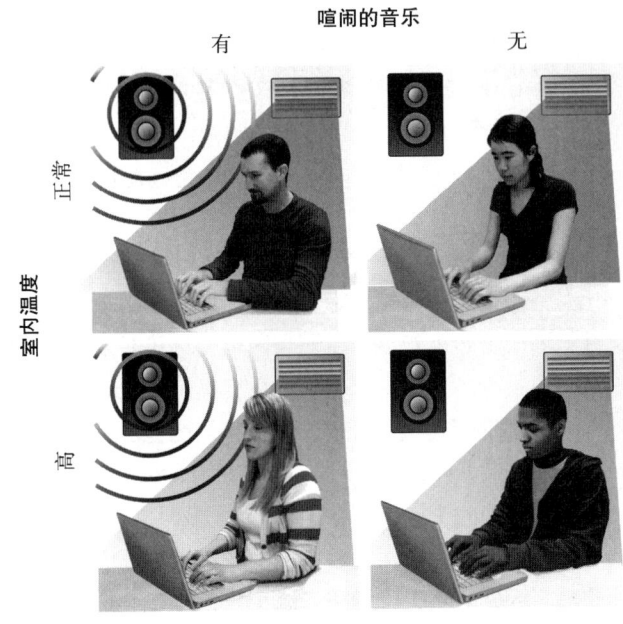

图2-7 在一个实验中操纵两个自变量

正如这个例子所示，当研究者在一个实验中操纵两个自变量时，研究者必须比较4组被试（或者条件），而不是通常的两组。这种程序的主要优点是允许实验者观察两个变量是否存在交互作用。

知觉的主观性：看到我们想看到的

我们在第1章中提到我们关于世界的体验倾向于是高度主观的。在解释事件时，我们倾向于看到我们期望看到的和想看到的东西。当然，复杂的事件，例如一个充满激情的政治演说、一个艰难的谈判，或者是对几个工作候选人的评价，都需要一定程度的解释。在这个研究中，Emily Balcetis和David Dunning着手于研究这种看到所想看到的倾向是否甚至适用于基本视知觉这样的简单实例。在一系列实验中，他们使被试短暂地接触到能对他们产生积极或消极影响的两歧视觉刺激。他们想确定这些动机因素是否会影响被试所看到的事物。他们假设被试的动机影响他们的知觉经验。我们将会详细地看他们的第一个实验（在连续的5个实验中），然后稍加描述后续的实验。

方法

被试。总共有88名康奈尔大学的本科生作为被试。参与这个研究可以使他们在心理学课程获得额外的学分。每个被试都是独自进行实验的。

程序。本着以参加味觉测验研究为目的的被试来到实验室后被告知他们将会被分到两个任务中的一个。一个任务听起来不错（喝鲜橙汁），另一个任务听起来可能令人很不愉快（品尝一种难闻的、看起来很糟糕的健康食品饮料）。被试被要求坐在一台电脑前，然后电脑可以通过呈现数字或者字母的方式随机分配给他们一种任务（饮料）。一半被试被告知字母意味着他们被分派到还不错的任务中，并且另一半人被引导期望得到数字。所有被试都被给予一个呈现时间很短（400ms）的相同歧义性刺激。这个刺激可以被解释为数字 13 或者字母 B（见图 2-8）。然后电脑看上去死机了。当听说死机时，实验者表现得很惊讶并且询问每个被试电脑在死机前是否呈现过什么。在被试做出反应后，实验者要求每个被试填写一份简短的问卷（用来调查对研究目的是否产生怀疑），然后离开房间真的去准备饮料。

结果

意识到刺激是有歧义的或者猜到实验目的的被试被排除在分析之外。剩余被试的数据的总结见图 2-9。在期望得到字母的人中，72% 的人看到了字母 B 并且没人看到数字。在期望得到数字的人中，60.5% 的人报告看到了数字 13 并且 23.7% 的人看到了字母 B（在两种条件下，都有一些人什么也没看到）。把两种条件的数据合在一起并且只分析那些报告看到事物的被试，发现有 82% 的人表示他们看到了被诱导去看的刺激。显然，这些结果为动机影响人们知觉的假设提供了初步的证据。不过，作者承认被试可能会对他们所看到的事物撒谎来避免喝令人不愉快的饮料。于是，他们开展了一些其他研究来排除这种解释。

附加实验

为了了解被试是否在撒谎，研究者使用无歧义的字母 B 和数字 13 重复了上述实验。所有被给予将导致饮用糟糕饮料的非满意刺激的被试都做出了正确的报告，这表明在原始研究中不太可能存在被试的欺骗问题。其他两个采用了复杂的、不显眼的测量方式的研究，得到的结果表明被试对他们认为他们所看到的事物做了诚实的报告，并且用不同类的两歧刺激重复了这个结果。

讨论

作者总结道，"我们的结果表明人们想获得某一特定结果的意愿能影响他们的知觉定势，因此他们更准备看到他们所希望的而不是他们所害怕的"（p.622）。并且他们声称这种有趣的痴心妄想似乎发生于人的意识觉察之外。

评论

该研究被特别报道是因为它用相当直接的实验设计探索一个有趣的问题。它也生动地说明了本书的其中一个统一主题——人们对世界的体验是高度主观的。

图 2-8　Balcetis 和 Dunning（2006）使用的歧义性刺激

被试观看短暂呈现的这个刺激，这个刺激可以被看成字母（B）或者是数字（13）。这个研究考察了动机因素是否会影响人们所倾向看到的事物。

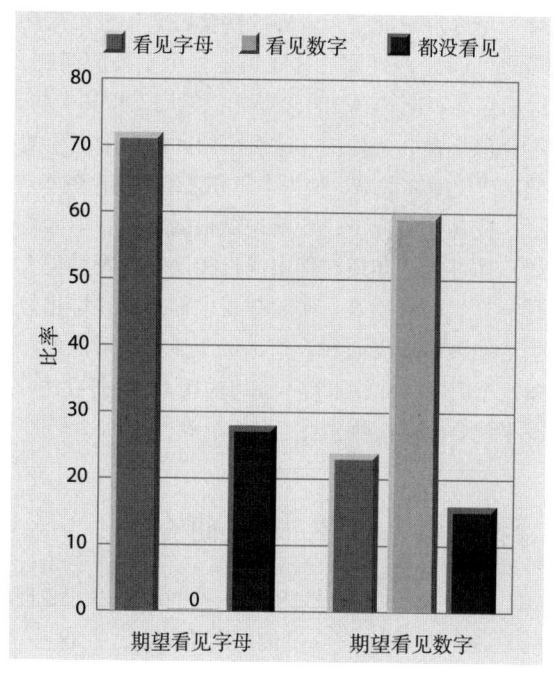

图 2-9　动机对视知觉的影响

Balcetis 和 Dunning（2006）在他们的实验中，操纵了被试希望看到数字或者字母闪现在电脑屏幕上的动机。正如你所看到的，期望是字母的被试要么看到字母要么什么也没看到，并且期望看到数字的被试也更可能看到数字而不是字母。

实验研究的优点和缺点

实验是一种强大的研究方法。它的主要优点在于它允许做出变量间因果关系的结论。研究者可以做出因果关系的结论，是因为实验中精确的控制允许他们在消除无关变量影响的同时，把自变量和因变量间的关系独立出来。其他的研究方法都没有实验的这个优点。这也是为什么心理学家不管何时只要有可能通常更喜欢用实验法的原因。

虽然实验优势明显，但是它也有局限性。一个问题是实验往往是人为的。因为实验需要对程序大量地控制，研究者必须经常构建简单的、设计的情景实验性地检验他们的假设。例如，为了研究陪审团的决策，心理学家开展了许多实验，在实验中被试阅读一份简短的审讯报告，然后记录下他们对无罪或有罪的"判定"。这种方法允许实验者操纵一个变量，例如被告的种族，来看它是否影响被试的判定。然而，评论家已指出，让被试阅读一个简短的案例概要并做出个人判定，并不能真的与审讯的复杂性相提并论。在实际的法庭判例中，陪审团成员可能会花数个星期来听取混乱的证词，同时对证人的可信度做微妙的判断。他们接着会休庭进行数小时的辩论以得出一个团体裁决，这与做个人判定是十分不同的。许多研究者不能在他们的实验室实验中模拟这一复杂过程。当实验具有高度人为性时，关于研究结果是否适用于实验室之外日常行为的疑问就提出来了。

另外一个缺点是实验法不能用来探索某些研究问题。心理学家常常会对那些因道德考虑或实际现实而不能被作为自变量控制的因素的影响感兴趣。例如，你可能会对一个母亲孕期缺乏营养的饮食习惯是否会提高出生缺陷的可能性感兴趣。这显然是一个重要的问题。但是，很明显你不能选择100个孕妇，然后安排其中的50个到不合理饮食的条件中。这对孕妇和她们未出生的孩子的健康产生潜在危险，使得本研究策略有违伦理。

在其他情况下，变量操纵很困难或者不太可能。例如，你可能想知道在都市成长相比于在农村长大是否会影响人们的价值观。实验会要求你随机安排相似的家庭生活在城市或者农村，这么做明显是不可能的。为了探索这个问题，你将不得不使用描述/相关研究法，我们接下来就要探讨这种方法。

寻找关联：描述/相关研究

正如我们刚才提到的，在一些情景中，心理学家不能对他们想研究的变量施加实验控制。在这些情况下，研究者必须依赖包括自然观察、个案研究和调查法在内的描述/相关研究法。把这些方法区分开来的是研究者不能在研究中操纵这些变量。缺乏控制意味着这些方法不能用来证明变量之间的因果关系。描述/相关方法仅仅允许研究者描述行为模式和发现变量之间的关系或者联系。这并不是说关系就是不重要的。你将会在这一部分看到变量间关系的信息对于努力理解人的行为来说极具价值。

自然观察

什么决定了司机看到黄灯时是停下还是继续行驶？交际性是否具有种族差异？这些不过是在最近的研究中通过自然观察探索的一类问题中的几个例子而已。在自然观察中，研究者专注于仔细观察行为而不直接干预被试。这种类型的研究被称为自然的，因为行为被允许自然展现（没有干涉）在它自然的环境中，即它正常发生的环境。当然，研究者必须制订详细的计划以确保系统、一致的观察（Angrosino，2007）。让我们来看两个例子。一个最近的关于事故预防的研究使用一个三摄像机系统来记录司机在十字路口对黄灯的反应（Elmitiny et al.，2010）。摄像机和其他设备允许研究者采集每辆车在交通流中的位置、速度和离红绿灯的距离。然后他们可以把这些数据和司机在交通灯由绿变黄时快速做出的决策联系在一起。这个研究对导致人们无意闯红灯的因素提供了一些有用的见解。

另外一个最近的研究（Ramirez-Esparza et al.，2007）使用一个被称为电子激活录音器（EAR）的新型装置检验了社交性的种族差异。EAR是一个由被试携带的不显眼的便携式录音机，可以在被试进行日常活动时定期记录被试的谈话和环境中的其他声音（Mehl，2007）。使用这种巧妙的装置，研究者考察了一个有趣的悖论：尽管刻板印象认为墨西哥人是外向的而且善交际的，但是当被询问时他们认为自己不如美国人爱交际。这个研究支持这个悖论，发现墨西哥被试评价自己不如美国人评价自己那么外向。但是在实际日常活动中的EAR数据却显示墨西哥人比美国人对照组更善于交际。

自然观察的主要优势在于它允许研究者在相比实验更少人为性的条件下研究行为。另外一点是：当对所研究的行为知之甚少时从事自然观察是一个很好的出发点。而且，不像个案研究和调查，自然观察可被用于研究动物行为。许多里程碑式的对动物行为的研究，诸如Jane Goodall（1986，1990）对黑猩猩的社会和家庭生活的研究，就是依靠自然观察法。更近的对动物进行自然观察的例子包括对澳大利亚海狮间的交流（Charrier, Pitcher, & Harcourt, 2009）、东部蓝知更鸟的交配偏好（Liu et al., 2009），以及野生蜘蛛猴的工具使用（Lindshield & Rodrigues, 2009）的研究。

这个方法的主要问题是研究者往往很难悄悄地观察以便不影响他们被试的行为。当被试的行为由于观察者的出现而改变时，**反应性**（reactivity）发生了。如果观察是显而易见的，即便是动物也有可能表现出反应性（Iredale, Nevill, & Lutz, 2010）。另外一个缺点是把自然观察的结果转换成可做精确统计分析的数据往往很困难。

个案研究

自杀者中有多大比例的人患有心理障碍呢？哪一种

障碍在自杀者中是最常见的？在他们生命最后一个月中看病时，自杀者会告诉医生他们的自杀意图吗？一个芬兰的研究团队想要研究自杀人群的心理特征（Henriksson et al., 1993；Isometsa et al., 1995）。其他研究者已经探索过这些问题，但是芬兰团队计划进行一个前所未有的全面的全国性研究。他们的原始样本包含芬兰整整一年所有的已知自杀案件。

这个研究团队认为解决这个问题需要个案研究法。个案研究是对个体被试的深入研究。当这种方法被用到自杀者身上时，**个案研究**（case study）被称为心理解剖（psychological autopsies）。大量的数据收集技术可以在个案研究中使用。在正常情况下当被试还在世时，典型的技术包括访谈被试本人，访谈被试周围的人，直接观察被试，查阅档案和心理测验。在这个研究中，研究者深度访谈了自杀者家属和治疗过他们的健康专家。研究者也查阅了自杀者的医药、精神病史和社会机构记录以及相关的警方调查和法医鉴定。然后整理出每个自杀者的全面的案例报告。

这些个案研究显示93%的自杀者都患有明显的心理障碍（Henriksson et al., 1993）。最为常见的诊断为抑郁和酒精依赖。在571个案例中，受害人在他们生命的最后4周有健康服务的预约，但是只有22%的人在他们最后一次来访中谈论了自杀的可能性。更令人惊讶的是，其中有100个人在见健康专家当天结束了自己的生命，而其中只有21%的人提起过自杀的问题。研究者总结心理疾病在几乎所有的自杀死亡中是一个促成因素，并且绝大多数自杀者并不会自发地向健康专家表明他们的意图。

临床心理学家，他们对心理问题进行诊断和治疗，常规地对他们的客户做个案研究（见图2-10）。当临床医生把个案研究用作诊断目的时，他们通常并不是在进行实证研究。个案研究通常要求研究者对一群或一系列个案进行分析来寻找能得出一般性结论的模式。例如，最近一个研究（Angelus et al., 2009）评估了一种针对暴食症（失控的过度饮食，之后有自发呕吐、禁食和过量运动的一种进食障碍）患者的被称为人际心理治疗（IPT）疗法的效果。对59个暴食症患者做了16个阶段的IPT疗法，之前、之中、之后都进行了细致的个案评估。结果表明人际治疗是一种对暴食症有效治疗方法。

个案研究特别适于研究某些现象，尤其是心理障碍的根源以及选择的治疗措施的疗效（Fishman, 2007）。它们也能提供一些令人信服的真实生活的示例来支持一个假设或者理论。然而，个案研究的主要问题是它们具有高度主观性。必须把不同来源的信息编织在一起来获得对被试的一个印象。在这个过程中，临床医生和研究者往往选择性地关注符合他们预期的信息，这通常反映了他们的理论偏向。因此，在个案研究中研究者可以相对容易地观察到他们所预期见到的。另外一个令人担心的问题是个案研究中所使用的临床样本常不能代表普通群体。

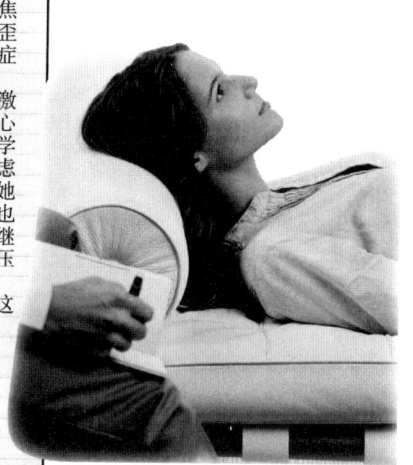

个案研究　　　　　　　第2页

珍妮是一个21岁没有精神病史的单身大学生。她在医院急诊室主诉"我想我心理有精神病"，然后被送往一个短期的精神病房。在她被精神病房接收的前几个月里，她报告过一系列"奇怪的经历"。这些包括宗教体验、增加的焦虑、坚信其他学生在一起密谋反对她、视觉歪曲、幻听和自大妄想。在接收前一周，这些症状日趋严重，最终她变得焦虑和混乱。

在她心理平衡失调之前发生过大量的应激事件。她姨妈，一个在她家庭中有分量的核心人物，在4个月前去世了。作为一个毕业季学生，她纠结于毕业后的事业选择。她正在考虑申请读研究生却不能确定她喜欢哪个学科。她和她同是毕业季学生的男友交往很密切。他也在为毕业焦虑所困扰。他们的关系是否还会继续也不明朗。这个病人自己也报告说感到了压力和负担过重。

这个病人的姐姐曾罹患两种精神疾病。这个姐姐的病在慢慢恶化，特别是在……

图2-10　一个个案研究报告的例子

这个例子说明，个案研究特别适用于尝试诊断和治疗心理问题的临床情境中。通常，一个个案研究不能提供很多获得行为一般规律的基础。然而，如果你剖析一系列有相似问题的个案研究，你就可以寻找它们间的一致性而可能得出一般的结论。

资料来源：Greenfeld, D. (1985). *The psychotic patient: Medication and psychotherapy*. New York: The Free Press. Copyright © 1985 by David Greenfeld. Reprinted by permission of the author.

调查

人们看电视的时间能预测他们的身体健康状态吗？社会地位和人们看电视的习惯有关吗？这些是一个英国的研究团队探讨的有趣问题。他们对久坐行为的健康隐患感兴趣。他们的研究依赖于调查数据。**调查**（survey）是指研究者采用问卷或者访谈来搜集被试的背景、态度、信念或者行为的特定方面的信息。在这个例子中，Stamatakis 及其同事（2009）入户访谈了苏格兰成人总体的一个有代表性的样本。大约 8000 个被试就他们每天投入多少小时看电视或者其他基于屏幕的娱乐活动（包括电子游戏和电脑上的内容）接受了访谈。被试也被问及他们的体育活动、总体健康和心血管健康，还有人口统计学特征（收入、教育以及其他社会阶层指标）。最后，测量了被试的身高和体重来计算他们的身体质量指数（BMI），这是一个被广泛应用的肥胖指标。

调查数据揭示了什么？它们显示，分配给基于屏幕的娱乐活动的时间和受损的健康之间有一个明确的关系。人们观看电视时间越久，他们就越有可能肥胖或者报告确诊的糖尿病或者心血管疾病，并且越不可能报告良好的总体健康（见图 2-11）。这些数据也发现了在社会阶层和投入到基于屏幕的娱乐的时间之间有相当强的关系。

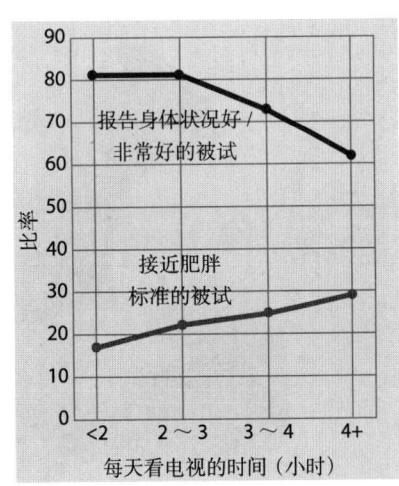

图 2-11 看电视和健康指标的关系

在 Stamatakis 及其团队的一项调查中（2009），被试提供了关于他们日常收看电视的习惯的信息，回答了关于他们身体健康的问题，然后测量身高和体重来计算作为肥胖标准的身体质量指数（BMI）。深灰色的数据线表示报告处于良好或非常好的健康状况的人数的百分比和看电视时间的关系。浅灰色的数据线表示达到肥胖标准的人数百分比和看电视时间的关系。很明显，随着看电视时间的增加，整体健康倾向下降，且肥胖倾向增加。

来自较低社会经济阶层的人花在电视机和其他屏幕前的时间更多（见图 2-12）。该研究的这些结果强调了久坐行为的隐患。并且它表明较低的社会阶层是一个增加久坐行为的关键危险因素。

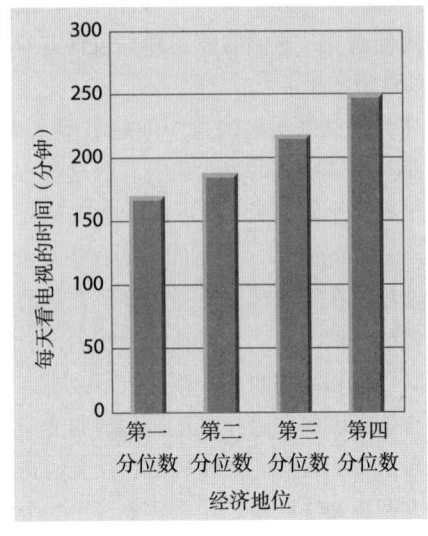

图 2-12 社会经济阶层和看电视的时间

在 Stamatakis 等人（2009）的调查研究中，采集了被试的收入、教育和职业信息，来调查社会阶层和看电视习惯之间的关系。把收入和看电视联系在一起的数据如图所示。数据表明，收入和看电视时间之间有高相关。随着收入减少，在电视和其他屏幕前的久坐活动明显增加。另外两个社会经济阶层的指标（教育和职业）的数据发现社会阶层和看电视间有一个类似的关系。

对于那些很难直接观察的行为的信息，常用调查法来获得。调查也使得收集大样本被试的态度和观点的数据相对容易。正如 Fife-Schaw（2006b）所提到的，"简单的问卷可能是社会科学中唯一最常用的研究工具"（p122）。然而，潜在被试配合调查的意愿在最近几十年明显下降（Tourangeau, 2004）。逐渐增加的对侵扰性电话的不满，以及对隐私和身份盗用担忧的加剧，似乎是调查研究的回应率减少的罪魁祸首。新技术的发展在一定程度上减少了这个问题，因为调查研究逐渐在互联网上实施了（Skitka & Sargis, 2006）。调查的主要缺点是它们依赖于自我报告的数据。正如我们稍后要谈论的，有意欺骗、一厢情愿、记忆差错，以及措辞不当的问题都能影响被试对行为的口头报告（Krosnick, 1999）。

描述 / 相关研究的优点和缺点

描述 / 相关研究方法有优点和缺点。在 62-63 页心理学研究方法的图解纵览中，把它们和实验方法的优势和弱势做了比较。总的来说，这些方法最重要的优势是，它们提供给研究者一种探索不能用实验程序来检验的问题的方式。例如，事后分析是唯一一种合乎道德的研究人类孕期营养不良和出生缺陷的可能关系的方式。与此类似，如果研究者希望了解城市和乡村成长是如何与人的价值观相联系的，他们必须依靠描述法，因为他们不能控制被试在哪里成长。因此，描述/相关研究拓宽了心理学家可以研究的现象的范围。

不幸的是，描述法有一个明显的缺点：研究者不能控制事件以分离出因果关系。因此，相关研究不能下结论说两个变量之间存在因果关系。比如，Stamatakis及其同事发现的看电视时间和身体健康不佳之间的相关。他们的数据不允许我们下结论说久坐行为对健康有因果影响。其他因素也可能在这个关系中发挥作用。例如，久坐行为可以和其他因素协同变化，比如社会阶层（它确实有协同影响）可能是形成健康差异的原因。

与主流观点相反，我们的研究表明，是现实世界助长了电视暴力。

寻找结论：统计和研究

无论研究者使用实验法还是相关法，他们都需要一些方法来使他们的数据有意义。**统计**（statistics）是指利用数学来整理、总结和解释数值数据。统计分析允许研究者基于他们的观察得出结论。许多学生都觉得统计令人望而生畏。但是统计是现代生活不可或缺的一部分。尽管你可能没有意识到，你几乎每天都处于统计的狂轰滥炸之下。当你阅读有关经济学家对通货膨胀的预测时，当你查阅一个棒球运动员的击球平均分时，当你查看电视节目的受欢迎评级分数时，你都在和统计打交道。在本节中，我们将介绍几种基本统计概念来帮助你理解整本书中讨论到的研究。

在大多数情况下，我们不会关心统计的运算细节。我们只讨论两种基本统计（描述统计和推论统计）的目的、逻辑和意义。

描述统计

描述统计（descriptive statistics）被用来整理和总结数据。它们提供对数值数据的概括总结。主要的描述统计包括集中趋势的测量、变异性的测量，以及相关系数。让我们简单地介绍一下每一种方法。

1. 集中趋势

在总结数值数据时，研究者常常想知道一个代表性的数或者平均数是什么。为了回答这个问题，他们使用三种集中趋势的测量方法：中位数、平均数和众数。**中位数**（median）是恰好位于一个数列分布的中心位置的数值。一半的数值高于中位数，一半的数值低于中位数。**平均数**（mean）是一个分布中所有分数的算数平均值。它通过把所有的数值相加求和然后再除以数值的总个数获得。最后，**众数**（mode）是指分布中出现次数最多的数值。

一般来说，平均数是最有用的对集中趋势的测量，因为它可以进行后续的统计处理，而中位数和众数则不能。但是，平均数对分布中的极端数据特别敏感，这有时候使得平均数具有欺骗性。为了说明这点，设想你正在一家公司面试一个销售职位。你并不知道这家公司的5个销售人员在过去一年里挣得的收入分别是：20 000美元、20 000美元、25 000美元、35 000美元和200 000美元。你询问一般销售人员一年挣多少。销售总监自豪地宣称她的5个销售人员去年的平均年薪是60 000美元（见图2-13）。但是，在你计划用薪水买新的跑车之前，你最好打听一下销售人员收入的中位数和众数。在这个例子中，一个极端数值（200 000美元）夸大了平均数，使得它不能代表销售人员的收入。在这里，中位数（25 000美元）和众数（20 000美元）都能为你提供你可能挣到的钱的更好估计。

2. 变异性

在描述一组数据时，对数值的变异性有一些估计常常很有用。**变异性**（variability）是指一组数据中的数值相互之间以及和平均数相比有多大的不同。**标准差**

（standard deviation）是一组数据中变异性大小的指标。当变异性大时，标准差也相应会大。当变异性小时，标准差也会变小。检验一下图2-14中的两组数据，这种关系就显而易见了。两组数值的平均值是相同的，但是很明显B组的变异性要比A组大。较大变异性使得B组相对于A组产生了一个更大的标准差。当研究者利用统计来判定他们的研究结果是否支持他们的假设时，对变异性的估计起着至关重要的作用。

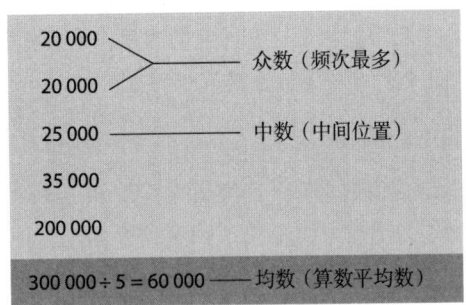

图2-13　集中趋势的测量

　　三种集中趋势的测量方法通常是趋于一致的，但是正如这些数据所说明的，情况并不总是这样。哪种测量最为有用依据数据的性质而定。一般而言，平均数是集中趋势的最好指标，但是在这个例子里中位数更能提供有用的信息。

速度（英里/每小时）		
A组 完美大道		B组 狂野之路
35		21
34		37
33		50
37		28
38		42
40		37
36		39
33		25
34		23
30		48
35	均数	35
2.87	标准差	10.39

图2-14　变异性和标准差

　　尽管这两组数据产生相同的平均数或者均值，然而，在狂野之路上的观察者比在完美大道上的观察者会观察到更大变异的车速。你可以看到，B组的标准差要比A组的标准差更大，因为B组有更大的变异性。

3. 相关

　　当两个变量彼此有关系时则说存在**相关性**（correlation）。研究者往往想量化两个变量之间的关系强度，比如课堂出勤率和课程成绩，或者吸烟和身体疾病。做这样的事情时，他们广泛依赖于一个有用的描述统计：相关系数。**相关系数**（correlation coefficient）是两个变量间关系程度的数值指标。一个相关系数可以表明①关系的方向（正或负）②两个变量间关联的强度。

　　（1）正相关与负相关。正相关表示两个变量在相同的方向上共同变化。这意味着变量X中的高分值对应变量Y中的高分值，同时，变量X中的低分值对应着变量Y中的低分值。例如，高中的成绩平均绩点（GPA）和他们随后在大学中的GPA之间存在正相关。也就是说，在高中成绩好的人倾向于在大学也成绩好。同样地，在高中表现差的人倾向于在大学也表现差（见图2-15）。

　　相反，负相关表示两个变量在相反的方向上共同变化。这意味着在变量X上得分高的人倾向于在Y变量上得分低，反之在变量X上得分低的人倾向于在Y变量上得分高。例如，在大多数大学课程中，学生缺勤的次数和他们在考试中的表现存在负相关。缺勤次数多的学生倾向于得到低的考试成绩，与此同时，缺勤次数少的学生倾向于得到高的考试成绩（见图2-15）。

　　如果一个相关是负的，相关系数前面就总有一个负号（−）；如果相关是正的，相关系数前面可能会有一个正号（+），或者系数前面没有符号。因此，如果没有符号，相关就是正的。

　　（2）相关的强度。无论是正号还是负号都表示关系的方向，系数的大小则表示两个变量之间关系的强度。系数可以在0～+1（如果是正的）或者在−1～0（如果是负的）变化。接近0的系数表示变量之间没有关系，也就是说，变量X中的高分或低分与变量Y中的高分或低分没有一致的关系。一个+1或者−1的系数意味着两个变量之间有一个完美的一一对应的关系。大多数相关都介于这些极值之间。

　　相关越接近于−1或者+1，关系就越强（见图2-16）。因此，一个0.90的相关表示比一个0.40的相关有更强的相关倾向。同样，一个−0.75的相关表示比一个−0.45的相关的关系更强。要记住，相关的强度只取决于系数的大小。正号或者负号仅表示关系的方向。因此，一个−0.60的相关反映了比一个+0.30的相关更强的关系。相关系数的计算允许研究者精确量化变量间的关系强度。

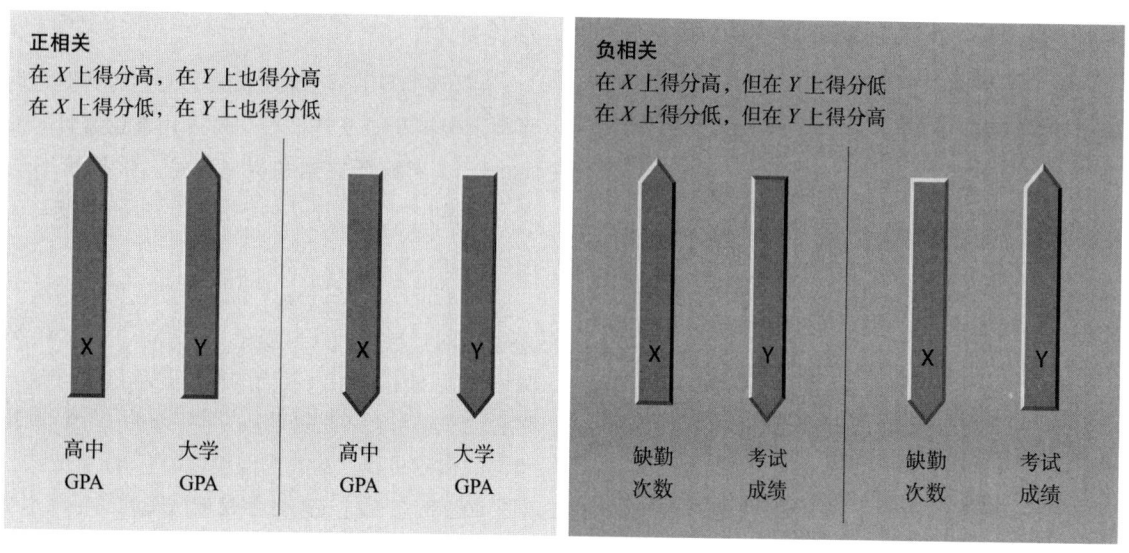

图 2-15　正相关和负相关

注意术语正和负指的是两个变量间关系的方向,而不是强度。如果两个变量倾向于一致增加和减少,则变量为正相关;如果一个变量减小时另一个倾向于增加,则它们为负相关。

（3）相关和预测。你可能回想到科学研究的一个主要目标是精确预测。相关的大小和给予科学家预测的能力之间存在密切的联系。当相关的强度增加（接近于 −1.00 或者 +1.00），基于一个变量对另一个变量进行预测的能力增加。

为了说明这点,考虑一下大学入学考试（比如 SAT 或者 ACT）是如何被用来预测大学表现的。当把学生的入学测验分数和第一年大学的 GPA 做相关时,研究者通常会发现存在 0.40～0.50 的中度正相关（Kobrin et al., 2008）。因为这种关系,大学招生委员会可以较为准确地预测未来的学生在大学里的表现。不可否认,这些入学测验的预测能力远称不上完美。但是它实实在在足以证明有理由把使用测验作为决定录取的一个因素。但是,如果相关更高的话,比如 0.90,入学测验就可以很准确地预测学生的表现。相反,如果相关更低的话,比如 0.20,则测验对大学表现的预测率较差以至于在录取决定上考虑测验分数是不合理的。

（4）相关和因果。尽管一个高相关允许我们从一个变量预测另外一个变量,但是它却没有告诉我们这两个变量间是否存在因果关系。问题在于即使变量间没有因果关系它们也可以高度相关。例如,幼儿脚的尺寸和他们的词汇量有高度正相关。也就是说,较大的脚与较大的词汇量相联系。很明显,脚的尺寸的增大不能引起词汇量的增加。而词汇量的增加也不会引起脚尺寸的增大。相反,它们都是由第三个变量引起的：儿童年龄的增加。

当我们发现变量 X 和 Y 相关时,我们仅可以有把握

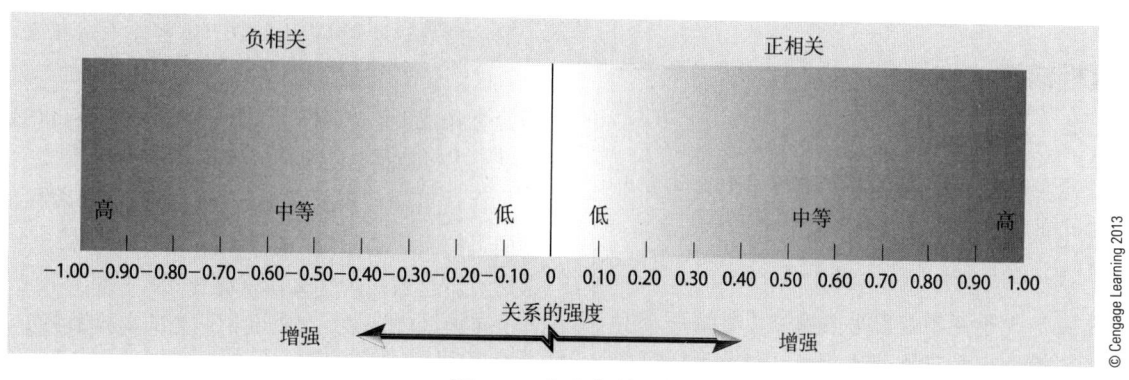

图 2-16　解释相关系数

相关系数的大小表示两个变量之间关系的强度。符号（正或负）表示相关是正相关还是负相关。系数越接近于 +1.00 或 −1.00,变量间的关联越强。

地断定 X 和 Y 有关系。我们不知道 X 和 Y 的关系是怎样体现的。我们不知道是不是 X 引起了 Y 或者是 Y 引起了 X，还是它们都由第三个变量引起。例如，调查研究已经发现吸烟和患主要抑郁症的风险之间存在正相关（Johnson & Breslau，2006；Kinnunen et al.，2006）。很明显吸烟和抑郁之间存在联系。但是很难说清哪一个引起了哪一个。研究者承认他们不知道是吸烟使人更容易抑郁还是抑郁提高了吸烟倾向。而且，他们指出不能排除这两者共同被第三个变量（Z）引起的可能。有可能焦虑和神经质同时增加了吸烟和变得抑郁的可能性。这个例子中可能存在的因果关系如图 2-17 的图解所示。这个图说明了解释相关时的"第三个变量的问题"。这是研究中的一个常见问题。在我们讨论其他相关时，你将会再次看到这种类型的图解。因此，记得相关不等于因果很重要。

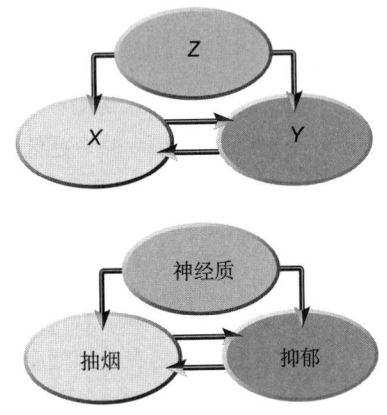

图 2-17　相关变量之间可能存在的三种因果关系

如果变量 X 和 Y 是相关的，那么是 X 引起了 Y，Y 引起了 X，还是潜藏的第三个变量 Z，引起了 X 和 Y 的共同变化？正如吸烟和抑郁之间的关系所显示的那样，仅仅知道相关不能给出答案。我们将会在我们对行为研究的讨论中经常性地遇到解释相关意义的问题。

资料来源：© Cengage Learning 2013.

真相核查

误解

变量间的强相关表明变量中的一个变化会引起另一个的变化。

真相

相关的大小并不是因果关系可能性的一个有用指标。两个变量可能是高相关，但是两者可能都由第三个变量引起。相反，一个相对较低的相关可能反映了有一个真实的但较弱的因果关系。

推论统计

在研究者用描述统计总结了他们的数据之后，还需要判定数据是否支持假设。可以用**推论统计**（inferential statistics）来解释数据和得出结论。根据概率论，研究者利用推论统计来评估他们的结果由随机波动造成的可能性。

为了说明这个过程，设想一个假想的实验。一个计算机化的辅导项目（自变量）被用于提高 6 年级学生的阅读成绩（因变量）。我们的假设是项目参与者（实验组）将会比非参与者（控制组）在学年末的一个标准化阅读测验上的得分更高。让我们假设每组有 60 名被试。我们得到了如下的结果，这些数字是被试阅读的年级水平分数。

控制组		实验组
6.3	平均数	6.8
1.4	标准差	2.4

我们假设培训项目将会使实验组的阅读分数比控制组的更高。不出所料，的确是这样。然而，我们必须问自己一个关键问题：观察到的两组之间的差异足够大到支持我们的假设吗？也就是说，实验组中更高的分数反映了培训项目的效果吗？或者这样大小的差异是随机发生的吗？如果我们的结果可以轻易随机产生，那么它们就不能为我们的假设提供有意义的支持。

当统计计算表明研究结果不可能归因于随机时，这些结果就被称为统计上显著。你可能会听到你的心理学教授常用这个短语。在讨论研究时，通常要注意这样的字眼"发现了统计上的显著差异"。在统计学中，显著一词有一个精确而特殊的含义。当观察结果归因于随机的概率很低时可以说具有**统计显著性**（statistical significance）。"很低"通常被定义为 100 次中小于 5 次机会。这被称为 0.05 的显著水平。

注意在这个特殊用法中，显著并不意味着"重要"或者甚至是"令人感兴趣的"。统计上显著的结果也许有理论意义或者现实意义，也许没有。它们仅仅表示研究结果不太可能是由随机造成的。

在这里你不需要考虑如何计算统计显著性的细节。然而，值得注意的是，数据的变异性大小是一个关键的考虑点。这就是为什么用来测量变异性的标准差是一个如此重要的统计量。当对我们假想的实验做必要计算时，结果没有发现两组间的差异在统计上显著，因此，我们的结果不足以表明我们的辅导项目会导致阅读成绩提高。心理学家在每一个实质研究中都要做这种统计分析。因此推论统计是研究工作中必不可少的一个元素。

真相核查

误解

统计显著的结果可以确保得出正确的结论。

真相

统计显著的结果可能得出正确的结论，但是这从不是一个确定的事情。尽管统计显著意味着站不住脚的结果的概率很低，但是它永远不会为0。当结果在0.05水平上显著时，有5%的可能关于这个假设的结论是错误的。

寻找缺陷：评估研究

与随意观察和民间信仰相比，科学研究是一种更可靠的信息来源。然而，下结论说所有发表的研究没有任何错误是不对的。我们需要认识到科学家也是会犯错误的，不可能实施没有缺陷的实验。他们在设计实验和解释结果时的个人偏见有时会歪曲研究结果。

正因为这些原因，研究者不愿意基于单单一个实证研究就说解决了科学问题。相反，重要的问题常常引发一系列的研究来看主要结果是否经受得住重复性的检验。**重复性**（replication）是指重复一个研究来看早期结果是否可以重复得到。重复过程可以帮助科学发现和清除错误的研究结果。当然，有时候重复过程会产生矛盾的结果。你将会在后面的章节中看到一些这样的例子。关于某个研究问题的不一致结果对于学生来说是令人沮丧和困惑的。然而，鉴于科学对可重复性的要求，结果中有一些不一致是在预料之内的。

幸运的是，实证方法的一个优势是科学家的工作就是去协调或者解释有冲突的结果。致力于解释不一致的研究结果，心理学家逐渐依赖一种称为元分析的技术。它是在20世纪80年代开始流行的（Cooper，1990，2010）。**元分析**（meta-analysis）是把同一问题的很多研究的统计结果整合起来，来估计变量效应的大小和一致性。例如，Gentile 和同事（2009）整合了115个研究自尊的某些方面的性别差异的研究结果。除了别的以外，他们发现男性倾向于在外貌和运动能力上有较高的自尊；女性倾向于在有关道德伦理层面的自尊上得分更高；而学业自尊上的性别差异很小。元分析允许研究者以一种相对精确和客观的方式，跨越人群、地点、时间、实验流程的变化，来检验研究结果的普遍性和变量效应的强度（Durlak，2003；O'Sullivan，2006）。

在接下来的章节中你将看到，科学进展往往来自努力反复检验令人疑惑的研究结果或者努力解释相互矛盾的研究结果。因此，跟所有的信息来源一样，科学研究需要用批判的眼光来审视。本节描述了大量常把研究搞砸的方法问题。意识到这些陷阱会使你更有技巧地对研究进行评价。

取样偏差

样本（sample）是在一个实证研究中用于观察而选择的被试的集合。相反，总体是指研究者想推广到的动物或人的更大的集合（样本从其中抽取）（见图 2-18）。例如，当政治民意测验专家尝试预测选举结果时，在管辖区域内所有的投票者代表总体，实际被调查的那些选民构成了样本。如果研究者对6岁孩子形成概念的能力感兴趣，那些实际被研究的6岁孩子就是样本，而所有相似的6岁孩子（也许是那些在现代西方文化中的孩子）就是总体。

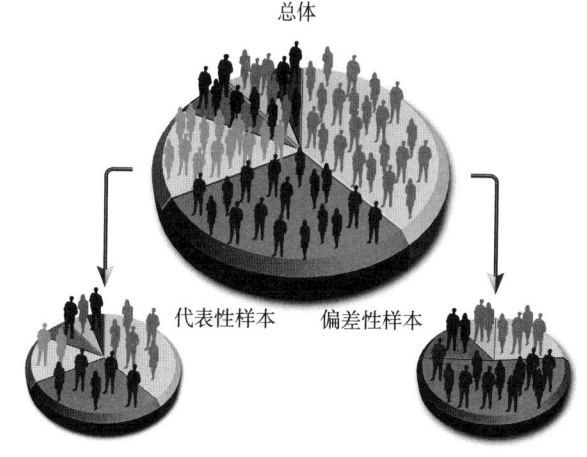

图 2-18 总体和样本的关系

只有当样本能够合理地代表总体时，基于样本对总体做推论的过程才起作用。如果样本的人口学组成与总体相似，那么这个样本就具有代表性，如左边所示。如果总体中的一些群体在样本中被过高代表或过低代表，如右边所示，对总体的推论就可能是歪曲的或者不正确的。

资料来源：© Cengage Learning 2013.

实证研究总是需要基于一个样本来对总体做统计推

论（Sturgis，2006）。为了把结果推广到更大的总体，观察一个有限样本的策略就在于假定样本可以合理地代表总体。如果一个样本的构成类似于总体的构成，则这个样本就是有代表性的。当一个样本不能代表它所来自的总体时，就存在**取样偏差**（sampling bias）。当样本不具有代表性时，把样本结果推广到总体就可能是不正确的。比如，如果一个政治民意调查组织仅调查在富人经常光顾的繁华购物区的人的话，那么调查组织把这个投票群体的结果推广到总体将会很离谱。

正如我们在第1章提到的，美国心理学家历来很少把少数民族和来自非西方文化的人作为样本。在最近的对这个问题的分析中，Jeffrey Arnett（2008）回顾了近些年发表于美国心理协会旗下6家主要期刊的研究的样本构成。他发现68%的样本来自美国，另外27%来自欧洲或者说英语的国家，只有5%来自世界上其他国家。他声称，鉴于美国人口只占不到世界人口的5%，只关注美国被试是极其不合比例的。此外，尽管美国已经变得更具文化多样性，Arnett指出绝大多数美国样本，以欧裔美国人占主导地位，并且过度依赖中上层的白人大学生。他认为过度依赖美国样本和大学生可能会歪曲许多研究领域的研究结果。那么，总体而言，当你对一个研究的结果有所顾虑或疑惑时，首先要检查的是样本的构成。

安慰剂效应

在药理学中，安慰剂是一种类似药物但没有实际药理作用的物质。在评定药物效果的研究中，会让一些被试服用安慰剂来控制一个危险的额外变量的效应：被试的预期。使用安慰剂是因为研究者知道被试的预期可以影响他们的感觉、反应和行为（Stewart-Williams，2004）。因此，即使他们接受的是空的、假的或者无效的治疗，但当被试的预期导致他们感受到一些变化时，**安慰剂效应**（placebo effects）就发生了。在医学中，对安慰剂效应有大量记录（Benedetti，2009）。许多医生都谈及病人被糖丸处方所"治愈"。安慰剂效应也见于有关酒精作用的实验室实验中。在这些研究中，引导一些被试相信他们在喝含酒精的饮料，事实上这些饮料仅仅看起来含有酒精。许多被试都表现出醉酒效应，即使他们没有真正饮入任何酒精（Assefi & Garry，2003）。如果你知道一些人一开始喝，在酒精能够在生理上产生反应之前，就显示出醉酒迹象，你看到的就是安慰剂效应在起作用。安慰剂效应被归结为人们的预期（Colagiuri & Boakes，2010；Oken，2008）。但是，最近的研究表明，仅仅预期就会产生重要的生理效应。例如，让被试服用安慰剂以减轻疼痛的研究表明，安慰剂确实改变了已知的抑制疼痛的大脑回路的活动（Wager, Scott, & Zubieta，2007；Zubieta et al.，2005）。

在研究领域，如果在实证研究中密切研究被试的期望，会发现它们可以在很大程度上决定被试的知觉和行为。例如，大量的研究发现冥想可以提高人们的活力、精神和身体健康，以及愉悦感（Alexander et al.，1990；Reibel et al.，2001；Walton et al.，2004）。然而，在很多早期的冥想研究中，研究者安排渴望学习冥想的志愿者被试到实验组。这些被试大多数想要或者期望冥想有好的效果。他们积极的期望可能夸张了他们随后对活力、愉悦感等的评定。设计得更好的研究已经证明冥想是有益的（见第5章）。但是，安慰剂效应可能在一些研究中夸大了这些益处（Canter，2003；Caspi & Burleson，2005；Shapiro，1987）。

每当被试可能预期一个处理将会以某种方式影响他们的时候，研究者都应当预防安慰剂效应。可以通过在研究中包含一个假的实验处理（一个安慰剂条件）来估计安慰剂效应的可能作用。

真相核查

误解

安慰剂效应倾向于是弱效应。

真相

不是必然的。最近几年，研究者开始重视安慰剂的效力。安慰剂效应的强度可以有很大变化，取决于处理的条件、安慰剂的可行性，以及其他因素。然而，对证据的详尽回顾总结出，安慰剂效应常常是强有力的效应，常常达到跟它们做对比的处理效应的强度（Wampold et al.，2005；Wampold, Imel, & Minami，2007）。

自我报告数据的歪曲

心理学研究者经常要和自我报告数据打交道。自我报告数据由被试对他们行为的口头报告所组成。这种情况就是用问卷、访谈或者性格量表来测量变量的时候了。自我报告法可以非常有用。它们利用了人们具有独特的全天观察自己的机会这样一个事实（Baldwin，2000）。然而，自我报告会被几种类型的歪曲所困扰。

其中最有问题的一个是**社会称许性偏差**（social desirability bias），指对关于自己的问题倾向于给出社会所赞许的答案。受这种偏差所影响的被试努力尝试营造一个他人喜欢的印象，特别是当他们被问及敏感问题时（Tourangeau & Yan，2007）。例如，许多调查对象都会报告他们在选举中投过票，有过慈善募捐，或者定期去教堂。而事实上这些声称有可能是不真实的（Granberg & Holmberg，1991；Hadaway, Marler, & Chaves，1993）。受社会称许性偏差影响的回答者也倾向于报告他们比其他证据所表明的更健康、更快乐、更少偏见。以社会赞许的方式回答问题的人们回应问题的时间稍微更长一些。这表明他们在精心"编辑"他们的反应（Holtgraves，2004）。

其他问题也能造成自我报告数据的扭曲（Krosnick，1999；Schuman & Kalton，1985）。回答者会相当频繁地误解问卷题目，并且问题的措辞方式也可以影响被试的反应（Schwarz，1999）。记忆错误会损害口头报告的精确性。另一个问题是反应定势。**反应定势**（response set）是指以特定的方式对问题反应的倾向，这种方式与问题内容无关。例如，一些人倾向于赞同问卷中几乎所有的问题（Krosnick & Fabrigar，1998）。还有一个令人担忧的问题是**晕轮效应**（halo effect），指人们对人、物或者机构的整体评价扩散影响到更具体的评价。例如，一个主管对某员工业绩的整体评价可能会影响他对该员工的独立性、主动性、沟通能力、知识等的具体评价。这个问题的核心在于评定者不能对具体的评价维度进行独立的判断。显然，类似这些的歪曲都能产生不准确的结果。尽管研究者已经想出消除这些问题影响的方法，比如对调查工具进行仔细地预测试，但是我们在从自我报告数据中得结论时应该谨慎（Schaeffer，2000）。

实验者偏差

作为科学家，心理学家尝试以一种客观、无偏差的方式来开展他们的研究以便他们自己的观点不会影响结果。但是科学家也是凡人，他们的偏见、偏好和期望可能会偶尔影响他们的工作。那么，把实验者偏差作为研究中的一种可能的误差来源就可以理解了。

当一个研究者对一个研究结果的预期或者偏好影响获得的结果时，**实验者偏差**（experimenter bias）就发生了。实验者偏差可以以很多微妙的方式悄无声息地影响研究。一个问题是研究者像其他人一样，有时看到他们想看的结果。例如，当研究者在记录被试的反应时犯一些显然无意的错误时，这些错误倾向于严重偏向有利于支持假设的一面。

罗伯特·罗森塔尔（Robert Rosenthal，1976）的研究表明实验者偏差可能导致研究者无意中影响他们被试的行为。在一个经典研究中，罗森塔尔和Fode（1963）招募心理学本科生作为"主试"。告诉这些学生他们要收集一个研究的数据，这个研究是关于被试如何对图片中所描绘的人物的成功进行评级的。在一个预实验中，首先挑选出在一个从−10（极其失败）延续至+10（极其成功）的量表上得到中性评价（平均来说）的图片。随后罗森塔尔和Fode操纵了主试的预期。告诉一半主试，根据预实验的数据，他们有可能得到−5的平均评分。引导另一半主试预期+5的平均评分。除了阅读标准化的指导语之外，主试被禁止与被试交谈。即使两组的图片完全相同，预期正性评价的主试获得的评分比预期负性评价的主试明显更高。

实验者是如何影响被试的评分的？根据罗森塔尔的看法，实验者有可能在实验过程中传递了微妙的非言语信号从而无意影响了被试。他们没有意识到，当被试做出符合实验者预期的评分时，他们可能微笑了、点头了，或者发出其他积极线索。因此，实验者偏差可能同时影响实验者的观察和被试的行为（Rosenthal，1994，2002）。

与实验者偏差有关的问题可以通过双盲程序来解决。**双盲程序**（double-blind procedure）是被试自己和实验者都不知道被试是在实验组还是控制组的一种研究策略。对于被试来说不知道处理条件并不特别罕见。然而，双盲程序把实验者也蒙在鼓里。当然研究团队中一个不直接接触被试的成员记录谁在哪一组。

关注伦理：只要目的正当，就可以不择手段吗

回想一下Stanley Schachter（1959）对焦虑和从属的研究。想象一下如果你是Schachter高焦虑组的一个被试，你感觉如何。你出现在一个研究实验室中，预想着会参加一个无害的实验。你所到的房间里面被一个不常见的电子设备占满了。一个穿着实验服看起来像工作人员的人告诉你说，这个设备会被用来对你产生一系列令

心理学研究方法的图解纵览

研究方法	描述	应用于攻击研究的实例
 实验	在严格控制的条件下操纵一个自变量来观察一个因变量是否有变化。例子：Schachter（1959）的焦虑增加是否会增加与他人联结的研究。 假设：焦虑会增加联结 随机分配：被试被随机分配到实验组和控制组 自变量的操纵： 　实验组"电击会很痛苦"（高焦虑） 　控制组"电击将是温和的、无痛的"（低焦虑） 因变量的测量：高焦虑组比低焦虑组表现出更强的和其他人一起等待的意愿	青少年被随机安排观看一个暴力电影或者非暴力电影（自变量的操纵），然后在实验情境中测量攻击性的某些方面（因变量）。
 自然观察	在不直接干预的情况下，在自然情境中对行为进行仔细的、通常持续的观察。例子：Ramirez-Esparza 等人（2007）的比较墨西哥人和美国人样本的社交性的研究中，使用电子激活录音器（EAR）。	青少年在操场上休闲活动中自发的攻击行为，被一组受过严格训练的观察者悄悄记录下来。
 个案研究	采用直接访谈、直接观察、评估记录、访谈那些和该个体关系密切的人，以及其他数据来源，来对单个个体作深入的调查。 例子：Isometsa 等人（1995）对芬兰全年所有已知自杀案件的研究。	由于青少年在学校过多的攻击行为，其详细的个人经历被用来对其咨询参考。 这些孩子，以及他们的父母和老师要接受访谈。
 调查	使用问卷或者访谈来搜集被调查者行为、态度、观念等具体方面的信息。 例子：Stamatakis 等人（2009）对久坐行为的研究，这个研究把每天投入到观看电视的时间和社会阶层及身体健康联系在一起。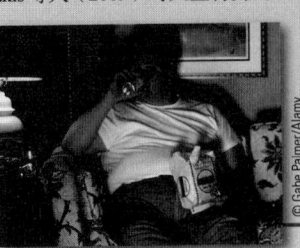	给大样本的青少年一份描述了预期可能会引发攻击行为的假设情景的问卷，并且询问他们认为自己将在这些情境中如何反应。

优点		缺点
对变量的精确控制可以消除对结果的其他解释。 研究者可以做出变量间的因果关系的结论。		必须要避免变量的混淆。 人为的实验情景往往是人工的，所以把结果推广到现实世界有风险。 道德考虑和实际现实阻碍了对很多重要问题的实验。
可以把在实验室研究中存在的人为性问题降到最小。 当对所研究现象了解得很少时，它是一个很好的突破口。 不像其他描述／相关法，它不仅可被用于研究人类行为，而且可被用于研究动物行为。		很难保持观察的无干扰性，甚至动物行为也有可能被观察过程改变。 研究者不能得出因果关系的结论。 观察到的数据往往很难量化以进行统计分析。
个案研究非常适合研究心理障碍和治疗实践。 个案可以提供强有力的示例来支持或者否定一个理论。	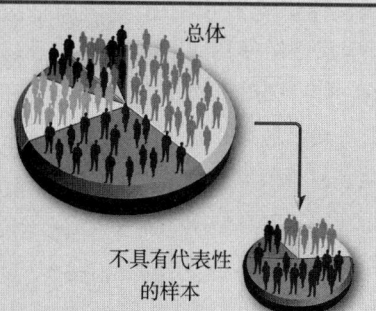	主观性很容易使研究者基于个人的理论倾向看到自己期望看到的。 研究者不能得出因果关系的结论。 临床样本往往不具有代表性，有取样偏差问题。
数据收集相对容易，节省时间和金钱。 研究者可以收集难以观察到的行为数据。 问卷非常适合收集大样本的态度、价值和信念方面的数据。	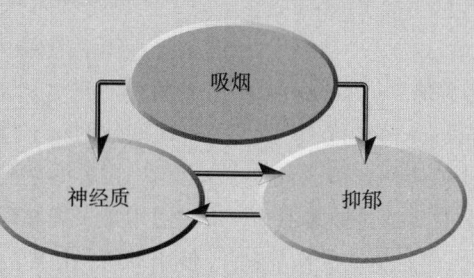	自我报告的数据往往是不可靠的，因为有有意欺骗、社会称许性偏差、反应定势、记忆错误，以及问题的措辞不当。 研究者不能做出因果关系的结论。

人痛苦的电击。他所谓的电击"不会造成组织的永久性损伤"的说法很难让人消除顾虑。当然，你会想这一定是弄错了。你心中的焦虑在滋生。研究员解释说因为他要调试设备所以会耽误一会儿时间。他让你填一份简短的问卷，问你是愿意自己一个人等还是和其他人待在一起等。你在对将要被电击的惊恐中填完了这份问卷。他拿走了问卷然后宣布你根本不会受到电击。这完全就是一个骗局！放松的感觉顿时席卷全身，但也夹杂着愤怒。你觉得好像实验员刚刚把你当成了一个傻瓜。你感到既尴尬又不满。

应该允许研究者以这种方式玩弄你的感情吗？应该允许他们以这种方式欺骗被试吗？这是推进科学知识所必须付出的代价吗？正如这些问题所示，研究事业有时候会给科学家带来一些棘手的道德困境。这些困境反映了对被试可能造成伤害的担忧。在心理学研究中，主要的道德困境集中于使用欺骗和使用动物。

欺骗的问题

精心设计的骗局，例如我们在 Schachter 的研究中所看到的，自从 20 世纪 60 年代以后在心理学研究中已经相当普遍了，尤其是在社会心理学领域（Epley & Huff, 1998；Korn, 1997）。这些年来，心理学家已经使用了假装的打架、盗窃、抢劫、昏倒、癫痫发作、强奸和汽车故障来探讨一系列的问题。被试被引导相信他们正在用电击伤害别人，相信他们有同性恋倾向，相信他们偷听到了关于自己的负面评价。为什么心理学家要在研究中使用这么多欺骗？原因很简单，他们试图解决之前讨论过的方法论问题。他们经常向被试提供某研究的目的错误信息，以减少源于安慰剂效应、自我报告的不可靠性，以及削弱科学价值和研究效度的类似事物的问题（Berghmans, 2007）。

批评者反对使用欺骗有以下几个理由（Baumrind, 1985；Kelman, 1982；Ortmann & Hertwig, 1997）：第一，他们强调欺骗不过是等同撒谎的一个好听的词语，而撒谎在本质上是不道德的；第二，他们认为通过欺骗不知情的参与者，心理学家可能会损害人们对他人的信任；第三，他们指出许多欺骗性的研究会使没有被预先告知可能会有不适的被试产生痛苦。确切地说，被试可能会在研究中感受到巨大的压力或者在实验的真实目的被解释后感到被捉弄了。

为在研究中使用欺骗进行辩护的人认为，如果研究者不被允许误导被试的话，许多重要的问题将无法被研究（Bröder, 1998）。他们认为大多数研究欺骗都采用了不太可能对被试产生伤害的"善意的谎言"。此外，他们指出评论家仅仅是假设欺骗性研究会对被试造成伤害，并没有证明这些不利影响的实际数据。事实上，相关的研究表明欺骗研究对被试没有伤害（Christensen, 1988）。实际上，大多数参与采用欺骗的实验的被试报告说他们这次经历很愉快并且不介意被误导。而且，实证证据也不支持欺骗性研究会损害被试对他人的信任或者他们对心理学或者科学研究的尊重（Kimmel, 1996；Sharpe, Adair, & Roese, 1992）。

令人好奇的是，充分的证据表明研究者比被试自己更加担心欺骗被试的负面影响（Fisher & Fyrberg, 1994；Korn, 1987）。最后，为欺骗辩解的研究者认为这种好处（知识的进步往往能提高人类的福祉）是值得付出代价的。

欺骗的问题给科学家带来了一个进退两难的境地，这是诚实与获得知识的欲望之间的较量。如今，开展研究的机构设有专门的委员会，在研究被允许进行之前对研究方案的伦理进行评估。

这些委员会经常限制一些需要严重欺骗的研究。许多心理学家相信这种保守的做法阻碍了重要的研究方向并且放慢了在该领域的进展。尽管这种看法有可能是真的，但要抹杀欺骗的批评者提出的观点也不容易。Warwick（1975）有力地陈述了这个问题："如果用欺骗的方法来增进知识很正当的话，那么为什么不能以国家安全、维护总统地位或者保护自己的隐私为理由呢"（p.105）。这个关于两难困境的棘手问题很可能会在未来很长一段时间内产生激烈的争论。

动物研究的问题

心理学的另一个主要的伦理争议涉及研究中动物的使用。心理学家因为几个原因要以动物作为研究被试。有时候他们只不过想了解更多关于某种特定类型动物的行为。在其他情况下，他们想了解某些行为法则是否同时适用于人类和动物。最后，在某些情况下心理学家要使用动物，是因为他们可以对它们进行显然不能在人身上实施的处理。例如，大多数关于孕期母体营养和出生缺陷关系的研究都是在动物身上实施的。

使用动物的第三个原因引起了大多数争议。一些人认为，为了研究目的而使动物遭受伤害或痛苦是不对的。实质上，他们认为动物享有与人类同等的权利（Regan,

1997；Ryder，2006）。他们指责研究者侵犯了动物的这些权利，因为他们在许多"无关紧要"的研究中使动物遭受了不必要的虐待（Bowd & Shapiro, 1993；Hollands, 1989）。他们还断言大多数动物研究都在浪费时间，因为结果可能不能适用于人类（Millstone, 1989；Norton, 2005）。例如，Ulrich（1991）认为"体重为以前体重80%的鸽子被关在笼子里，不能张开翅膀、洗澡或者与其他同伴交流，对于人来说也有这种类似的模式。"

一些动物权益保护者仅仅主张对于研究的动物要多一些人性化对待。然而，一个对华盛顿地区的集会上402名保护者的调查显示，85%的人想要终止所有的动物研究（Polus, 1991）。一些更为激进的动物权益保护者甚至闯进实验室，损坏科学家的仪器和研究记录并且偷走实验动物。动物权利运动已经取得了相当大的成就。比如，善待动物组织（PETA）的成员从1984年的8000人增加到2003年的750 000人（Herzog, 2005）。David Johnson（1990）指出"公民写给国会议员和总统最多的问题不是无家可归，不是毒品问题，也不是犯罪问题，而是动物福利"（p.214）。

尽管用动物做实验会引发热议，但是所有心理学研究中只有7%～8%涉及动物（大部分是啮齿动物和鸟类）。这些研究中相对很少的一部分需要对动物进行痛苦或者有伤害的操作（American Psychological Association, 1984）。为动物研究做辩护的心理学家指出，心理学的主要进展来源于对动物的研究，这一点许多人都没有意识到（Baldwin, 1993；Compton, Dietrich, & Smith, 1995；Paul & Paul, 2001）。其中有对精神障碍、神经肌肉疾病、中风、脑损伤、视觉缺陷、头痛、记忆缺陷、高血压和疼痛问题的治疗的进展（Carroll & Overmier, 2001；Domjan & Purdy, 1995）。为了从整体上看待这个问题，一个著名的心理学家Neal Miller（1985），曾在几个领域做了开创性的研究，提出如下的观点：

在美国每年至少有2000万只猫狗被遗弃，其中一半被杀死在动物收容所里，其余的要么被车撞要么死于无人照料。相比之下少于万分之一的猫狗被用在心理学实验室中……难道为了阻止对少量的小白鼠、老鼠、狗、猫无伤害的大多数研究而牺牲我们孩子的健康生活是值得的吗？（p.427）

比Miller的言论更有说服力的是近年来已经加入到反对动物维权运动论战中的残疾人权利维护者。例如，Dennis Feeney（1987），作为一个截瘫残疾人心理学家，引用了一条来自一个被叫作动物研究的不治之症的组织的短信：

没有人停下脚步考虑一下我们这些患了不治之症却又迫切等待只能用动物实验来获得新研究结果的人。我们已经看到通过动物研究促进了对其他疾病的成功进展，比如小儿麻痹症、白喉、腮腺炎、麻疹、肝炎等。我们想要获得相同的治愈机会，但是动物权利组织将会拒绝给我们这个机会（p.595）。

正如你所看到的，我们以何种方式将动物用于研究从道德上可以接受，存在着很大的争议。心理学家正在对这个问题变得越来越敏感。尽管动物仍被继续用于研究，但是已经实施了严格的规定来监督实验动物用于研究的几乎每一个细节（Ator, 2005；Garnett, 2005）。

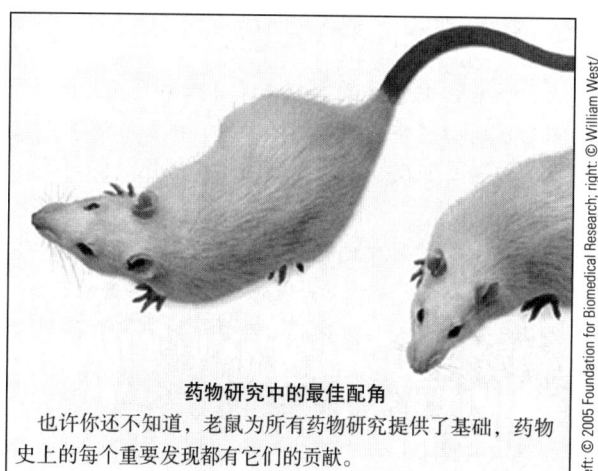

药物研究中的最佳配角
也许你还不知道，老鼠为所有药物研究提供了基础，药物史上的每个重要发现都有它们的贡献。

研究中的伦理原则

我们在本节已讨论过的伦理问题致使APA制定出一套研究的伦理标准（American Psychological Association, 2002；见图2-19）。尽管大多数心理学研究都相当无害，但是这些道德原则是为了保证人类和动物被试都能受到有尊严的对待。以人为被试的研究中一些最重要的原则包括以下几点：①参与研究应该总是自愿的，并且被试应该被允许在任何时候退出实验；②被试不应该受到有害或者危险的对待；③如果一个研究需要欺骗，被试应该被尽早告知（告知研究的真正的本质和目的）；④被试的隐私权永远不应受到损害。动物研究的重要指导策略包括①对动物造成伤害或痛苦的程序是不正当的，除非研究的潜在效益巨大；②研究中的动物要有像样的生活环境。

APA 研究道德准则

1. 被试参与研究应该是自愿的，并且是在知情同意的前提下。被试永远不能被强迫参与研究。他们应该被提前告知研究中任何有可能会影响他们合作意愿的因素。此外，如果他们想退出，他们应该被允许在任何时候退出研究。
2. 被试不应被给予一个有害或者危险的研究程序。这条标准想要保护被试免受心理和身体伤害。因此，即使是可能引起情绪不适的压力程序也是在很大程度上被禁止的。但是，有适度风险会导致中等心理不适的研究程序可能是可接受的。
3. 如果一个研究需要给被试一些欺骗（关于那些没有风险的事情），研究者需要尽可能快地解释它并且纠正任何误解。必须在"事后说明"环节向被试揭露欺骗，要尽可能快地在不影响研究目的的前提下、可行的情况下实施。
4. 被试的隐私权永远不能被侵犯。在研究中可能得到的关于被试的信息必须被视为高度机密，并且在没有被试同意的情况下绝不能提供给其他人。
5. 强加给动物的有害或者痛苦的程序必须有可以从研究中获得知识的充分理由。此外，实验室动物有权拥有良好的生活条件，这些条件在关于它们的住处、清洁、喂养等细则中都有说明。
6. 在开展研究之前，研究者应该获得主办机构和他们的研究评审委员会的批准。研究结果应该被详尽和准确地报告，而且原始数据要及时与想验证重要结论的其他专家分享。如果在论文发表后发现了它的重大错误，那么这篇论文将被撤回。

图 2-19　研究中的伦理

美国心理协会（2002）规定的心理学研究中的主要伦理原则总结如上。这些原则是为了确保人类和动物被试的福利。

本章主题回顾

七个统一主题中有两个在本章中表现明显。首先，全章都在证明心理学是实证的。其次，我们看到了人们对世界的体验是高度主观的大量的例子。让我们来更详细地审视这其中的每一个观点。

正如第 1 章所解释过的，实证方法需要检验的想法、基于系统观察做结论，以及依赖于健康的怀疑态度。实证方法的所有这些特点在对心理学研究事业的回顾中表现得很明显。

正如你所看到的，心理学家通过形成对变量间关系预测的明确假设来检验他们的想法。然后他们使用大量的研究方法来收集数据，这样就可以观察他们的预测是否得到支持。数据收集方法的设计是为了使研究者的观察系统和精确。怀疑态度贯彻在整个研究过程中。心理学家只对不大可能由于偶然而发生的结果有印象。在规划和执行他们的研究时，他们在不断地寻找方法上的缺陷。然后他们将论文提交进行严格的同行评审程序以便其他的专家可以对他们的方法和结论进行严格的审查。总的来说，这些程序代表了实证方法的本质。

个人体验的主观性显然存在于我们对对立双方是如何高估与对手之间观点差异的讨论中。它也出现在我们的专题研究中，该研究发现经历相同事件的两个人因为期望不同所以有不同的感受。在我们谈到的方法性问题中主观知觉也很突出，尤其是安慰剂效应和实验者偏差。当被试报告从假的治疗（安慰剂）中获得有益的效果时，这是因为他们期望看到这些效果。正如第 1 章指出的，心理学家和其他科学家也会受到主观经验的影响。尽管他们接受了保持客观性的训练，但即使是科学家也有可能看到他们期望看到或者看到他们想看到的。这就是实证方法强调精确测量和怀疑态度的一个原因。经验的高度主观性正是实证方法所试图克服的问题。

实证研究的发表允许我们用挑剔的眼光来看待研究工作。可是，除非你知道文献在哪以及如何找到它们，否则你就不能批判性地分析研究。在后面的个人应用中，我们将讨论研究发表在哪里，如何找到特定主题的研究，以及如何阅读研究报告。在随后的批判性思维应用中，我们将分析逸事类证据的不足，这将会帮助你理解实证证据的价值。

个人应用

查找和阅读期刊文献

对以下问题回答"是"或"否"。

____1. 我阅读过报纸和杂志上的科学研究，有时会好奇："他们是怎么得出这些结论的？"

____2. 当我去图书馆时，我很难搞清楚如何找到基

____3. 我曾尝试阅读科学报告，却发现它们专业性太强并且很难理解。

如果你对上述每一个陈述都回答"是"的话，你还在为科学的信息大爆炸所困扰。我们生活在一个以研究为导向的社会中。大多数科学领域中开展的研究数量正在以令人目眩的速度增长。这种扩张在心理学中尤为壮观。而且，心理学研究越来越引起大众媒体的关注，因为它往往与人们个人关心的问题有关。

个人应用是为了帮助你应对心理学中的信息爆炸。它假定也许有一天你需要查阅原始的心理学研究。可能这会出现在你作为一个学生的角色中（比如，你正在着手准备学期论文），也可能出现在其他角色中（父母、老师、护士、管理人员），或者仅仅出于好奇。在任何情况下，这个应用解释了科技期刊的性质，并且讨论了如何在其中查找和阅读文献。你可以从一本题为《图书馆的利用：心理学工作者的手册》(*Library use: A Handbook for Psychology*)的很棒的小书中了解到更多关于如何利用心理学的馆藏资源的知识（Reed & Baxter，2003）。

科技期刊的性质

正如你会回忆起本章的开始部分所写到的，期刊通常是在较小的探究领域里刊登技术和学术文章的杂志。大多数领域的学者（无论是经济、化学、教育还是心理学）都把他们的大部分研究发表到这些期刊上。期刊文章代表了任何学科的智能活动中心。尽管它们是期刊，但是你一般不能在你当地的报摊找到科技期刊。即使是公共图书馆也只有少量的专业期刊。学术图书馆和教授占订阅科技期刊用户的绝大多数。一个教授通常订阅5～10种刊登其专业领域文章的期刊，而大的大学图书馆要订阅成千上万种专业期刊。

一般来说，期刊文章是为该领域其他专业人士写的。因此，作者假定他们的读者都是其他感兴趣的经济学家、化学家或者心理学家。因为期刊文章都是用某一学科特有的专业语言来写的，所以它们对于外行来说往往很难理解。你将在这门课中学到大量的心理学专业语言，这会提高你理解心理学期刊文章的能力。

在心理学中，大多数期刊文章都是描述原始实证研究的报告。这些报告允许研究者向科学界宣传他们的发现。文章的另一种常见类型是评论文章。评论文章总结和协调在某个特定问题上的大量研究成果。一些心理学期刊也刊登对之前发表的研究的评论或批评、书评、理论论述和方法创新的描述。

查找期刊文献

心理学研究的报告经常在报纸和通俗杂志上被提及。这些总结对读者很有用，但是它们常常包括一些可能从研究中得出的最耸人听闻的结论。它们也往往包括许多过度简化的结论和事实错误。因此，如果你对一个在媒体中被提到的研究感兴趣，你可能想要查找原文来确保你得到准确的信息。

在大众媒体上，大多数对研究的讨论并没有提到你从哪里可以找到原始的技术论文。不过，有一种方法可以查清楚。一个被称为 PsycINFO 的电子数据库通过特定的研究者或者特定主题的学术研究使得定位期刊文章成为可能。这个会时常更新的巨大在线数据库，包含期刊论文、著作，以及编辑的书的章节小结或者摘要，报告、评论或者理论化有关心理学研究。超过2400种期刊被定期检查来选择收录的项目。摘要很简洁——75～150字。它简洁地描述了研究的假设、方法、结果和结论。每个摘要应该能使你确定这篇文献是不是你感兴趣的。如果是的话，因为它有完整的书目参考所以你应该能在图书馆中找到这篇论文（或者订购它）。

尽管报道研究的新闻很少提到研究是在哪里发表的，但是他们经常提到研究者的名字。如果你有这方面的信息，那么查找特定文章的最简单方式是搜索 PsycINFO 来寻找这个研究者发表的材料。例如，比方说你阅读了一则新闻报道，它总结了在本章前面部分所描述的动机影响知觉的研究（主题研究）。让我们假定这则新闻报道提到康奈尔大学的 David Dunning 是其中的一个作者，并且这篇论文发表于2006年。为了追踪到原文，你需要搜索 David Dunning 在2006年发表的论文。如果你进行了搜索，你将会找到一个含有5个项目的列表（4篇期刊论文和某本书中的一个章节）。这些发表作品的信息如图2-20所示。列表中的第一项似乎是你感兴趣的文章。图2-21显示你点击获取这篇文章的摘要和引文所看到的内容。正如你所看到的，摘要显示原始报告发表于2006年10月的《人格与社会心理学杂志》(*Journal of Personality and Social Psychology*)上。有了这些信息，你可以很容易地获得这篇文章。

你也可以搜索 PsycINFO 寻找特定主题的研究文献，比如成就动机、攻击行为、酗酒、食欲障碍、艺术才能等。这些计算机化的文献检索比在图书馆中传统的人工检索更加强大、精确和彻底。PsycINFO 可以在几秒内筛选几百万篇文章来识别出某一主题比如酗酒的所有论文。很明显，你在图书馆的书架周围徘徊永远不可能达到这样的效率，而且，计算机允许你将主题配对，从而把搜索范围刚好缩小到你感兴趣的问题上。比如，图2-22表示一个PsycINFO搜索挑选出的所有有关大麻和记忆的论文。如果你在准备一篇吸食大麻是否会影响记忆的学期论文，这种精确性将有很大用处。

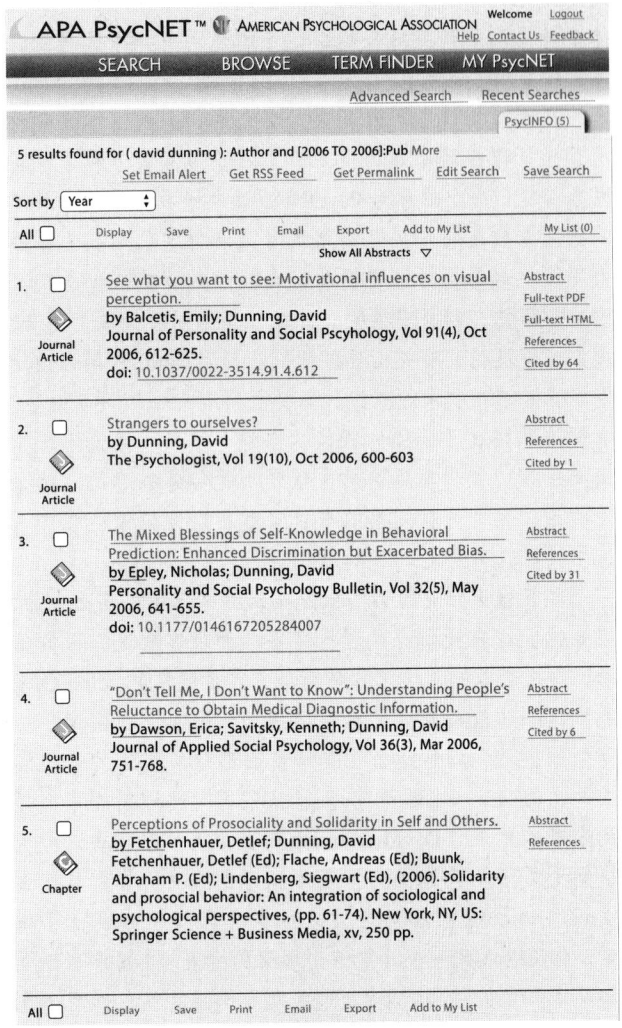

图2-20　搜索PsycINFO

如果你搜索PsycINFO上David Dunning 2006年发表的文章，数据库将会返回5个项目，如这里所示。前4个是期刊论文，最后一个是一本书中的一章。这个列表中的第一项似乎是我们所感兴趣的文章。对于每一项，你可以选择看它的摘要或者它全部的PsycINFO记录（摘要加上主题描述和其他细节）。在一些情况下（依赖于你的图书馆所订阅的PsycINFO版本），你可以点击查看全部的PsycINFO记录加上参考文献，或者是一些文章的全文。

资料来源：The PsycINFO® Database screenshot is reproduced with permission. Copyright © 2011 by the American Psychological Association, all rights reserved. No further reproduction or distribution is permitted without written permission from the American Psychological Association.

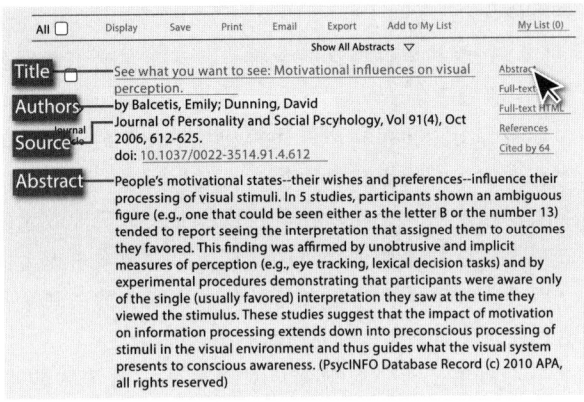

图2-21　一个PsyINFO摘要的例子

如果你选择浏览图2-20所示列表第一个项目的摘要，你将会看到这些信息。它是一个来自在线PsycINFO数据库的典型摘要。PsycINFO中的每一个摘要都提供了对某个期刊的论文、图书或者编辑的书籍中章节的总结，以及完整的书目信息。

资料来源：The PsycINFO® Database screenshot is reproduced with permission. Copyright © 2011 by the American Psychological Association, all rights reserved. No further reproduction or distribution is permitted without written permission from the American Psychological Association.

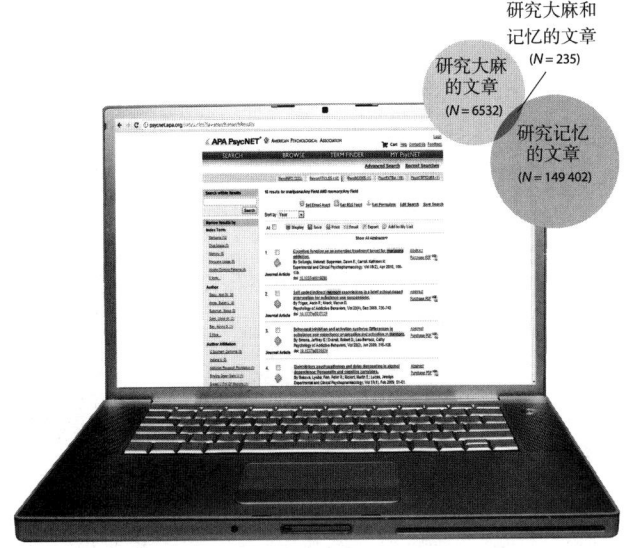

图2-22　PsycINFO搜索中的联合主题

计算机化的文献检索可以高效地定位你需要的具体研究。例如，如果你在2010年6月用PsycINFO查找所有关于大麻和记忆的心理学文献，你将会得到如图所总结的结果。在那个时间点，数据库包含149 402篇关于记忆的文章和6532篇关于大麻的文章。这次检索产生了与大麻和记忆都有关的235篇摘要。因此，在一瞬间，计算机可以筛选超过200万篇摘要来找到和一个特定问题最密切的内容，比如：吸食大麻会影响记忆吗？

资料来源：The PsycINFO® Database screenshot is reproduced with permission. Copyright © 2011 by the American Psychological Association, all rights reserved. No further reproduction or distribution is permitted without written permission from the American Psychological Association.

PsycINFO数据库可以通过很多图书馆在线访问或者直接通过网络访问美国心理协会获得。之前包含在PsycINFO中的摘要也能在一个被称为《心理学摘要》（*Psychological Abstracts*）的月刊中找到。然而，这本杂志在推行了80年后于2006年停刊了，因为与PsycINFO数据库相比它成了一个过时的信息来源（Benjamin & VandenBos, 2006）。

阅读期刊文献

一旦你找到了你想要查看的论文，你需要知道如何来解读它们。如果你理解它们是如何组织的话，你可以更为有效地处理这类文章的信息。根据你的需要和目的，你可能想简单地浏览一部分。期刊论文遵循一个相当规范的结构，它包括以下几个部分和特征。

摘要

大多数期刊都在每篇论文的开头刊载一个简洁的总结。这个摘要允许读者浏览期刊以快速地判断这些论文是否和他们感兴趣的话题有关。

引言

引言介绍了在研究中所探究问题的大概情况。它提到了相关的理论，并快速评论了与这个问题有关的先前研究，通常引出以往研究的不足来证明当前研究的必要性。对该主题知识当前状态的评论，通常引申出一个具体和明确的对研究假设的陈述。

方法

方法部分提供了在研究中使用的研究方法的一个详尽描述。要提供有关所采用的被试、遵循的流程、使用的数据收集方法的信息。这个描述要详细到足以允许另外一个研究者尝试着重复这个实验。

结果

研究中获得的数据被报告在结果部分。这一部分对于新手阅读者来说常常会有问题，因为结果包含了复杂的统计分析、数字和图表。这一部分不包括任何基于数据的推论。这些结论应该出现在下一部分。相反，它只包括对原始数据的简洁总结和统计分析。

讨论

在讨论部分你将会找到作者所做出的结论。相比于结果部分只有对经验观察的直白总结，讨论部分允许对数据做出解释和评价。本部分也会对学科中的理论应用和实践知识进行讨论。下结论往往要小心地做一些限定。也可能要承认本研究的任何局限。这一部分也可以包括对问题进一步研究的建议。

参考文献

在每篇论文结尾你都能找到一列含有被引用到的所有研究的参考文献。这个清单允许你查阅文章中提到的其他相关研究的一手资料。参考文献清单往往是与你调查的主题有密切关系的其他文章的丰富来源。

批判性思维应用

逸事类证据的危险："我有一个朋友，他……"

这里有一个棘手的问题。假设你是一个家庭法庭的法官。今天当你浏览呈现在你面前的案例时，你看到一对离婚的夫妻已经以最小的冲突解决了大多数重要的决定，比如房子的所有权归谁，车和狗归谁，以及谁来支付账单等。但是，有一个关键问题没有被解决：每个家长都想要孩子的监护权。因为他们自己不能达成一致，所以要你在法庭上受理这个案件。你该如何决定怎么做才对孩子最有益呢？

对孩子监护权的判决会对所有的相关各方产生重大影响。当你浏览案例记录时，你会看到父母都很慈爱、胜任父母工作。没有明显的理由选择其中一方作为孩子的第一监护人。在考虑各种替代方案时，你仔细考虑了授予父母双方共同监护权的可能性。这是一种孩子和父母各有一半相处时间的协议，而不是父母一方拥有首要监护权而另一方拥有探视权的常见协议。共同监护似乎有一些明显的好处。但是你不确定这个协议的实际效果怎么样。如果父母拥有同等监护权的话,孩子会感到与父母更为亲近吗?或者孩子会觉得总是来回奔波麻烦吗?可能在父母一方的家中花费半周时间而另一半时间待在另一方家里。一直在争夺孩子抚养权问题的父母会让这个复杂协议顺利进行吗?或者共同抚养只是会极大地破坏每个人的生活?你真的无法知道这些棘手问题的答案。

这个案例中的一个律师知道你正在考虑共同抚养的可能性。她也明白在你做出决定之前你想要更多关于共同抚养的效果如何的信息。为了帮助你下决心,她告诉你有一对离异的夫妇,他们已经达成共同抚养的协议多年了。她可以让他们出庭来亲身描述他们的经历。他们和他们的孩子可以回答你可能对共同抚养的利弊产生的任何问题。他们应该是知道共同抚养效果怎样的最佳人选,因为他们过的就是这样的生活。这听起来像是一个可行的计划。你认为怎么样?

我希望你说:"不、不、不!"问一下有经验的人共同抚养的效果如何有什么问题吗?问题的症结在于单个家庭给共同监护权带来的证据是逸事类证据,它由关于特定事件和经历的个人故事所构成。逸事类证据具有诱导性。例如,一个研究发现心理学专业学生对未来要上课程的选择,更多地被几个学生的简短传闻所影响,而不是基于上学期许多其他学生对课程的评定(Borgida & Nisbett, 1977)。在一个更近的研究中我们也可以看到逸事的影响力。这个研究探讨如何说服人们更认真地对待个人健康隐患(针对乙肝病毒感染)。研究者发现逸事报道比可靠的事实和统计证据更有说服力(de Wit, Das, & Vet, 2008)。逸事很容易影响人们因为它们往往是具体、生动和难忘的。许多政治家都非常清楚逸事的影响力,经常依靠单个生动的故事而不是可靠的数据来影响选民的观点。但是,逸事类证据存在根本上的缺陷(Ruscio, 2006; Stanovich, 2004)。

究竟逸事类证据哪里出错了?让我们用本章主体所介绍的一些概念来分析它的缺点。首先,用研究设计的语言来说,一个家庭的传闻经历类似一个个案研究。他们所讲述的关于他们共同抚养经历的故事可能会很有趣,但是他们的经历(或好或坏)都不能用来推广到其他夫妇身上。为什么不能?因为他们只不过是一个家庭。他们可能在某些方面是不同寻常的,这些方面会影响他们如何管理共同监护权。要基于个案研究法得出一般结论,你需要一个系统的一系列个案研究。然后你可以寻找一致的线索。单个家庭是样本量为1的样本,很显然还不足够大到从中获得适用于其他家庭的宽泛原则。

第二,逸事类证据类似于自我报告数据,能被各种原因所影响,比如人们给出有关自己的社会称许信息的倾向(社会称许性偏差)。当研究者使用测验和调查来收集自我报告的数据时,他们会采取措施来减少或者评估歪曲对于他们数据的影响。但是对逸事类证据没有类似的保护措施。因此,出现在你法庭上的家庭可能会想留下一个好印象,而不知不觉中相应地使他们的故事有了倾向性。

大量的逸事报告表明满月和稀奇古怪的行为之间存在联系。这些报告往往听起来令人信服,但是正如本文所解释的,逸事证据漏洞百出。当研究者系统地检验这个问题时,他们都一致地发现月相和精神病急症、家庭暴力、自杀等的发生没有关系。

资料来源:Biermann et al., 2005; Chudler, 2007; Dowling, 2005; Kung & Mrazek, 2005; Lilienfeld & Arkowitz, 2009; McLay, Daylo, & Hammer, 2006.

逸事往往不准确而且布满装饰。我们将在第7章中看到,对个人经历的记忆比一般认为的更具可塑性和更不可靠(Loftus, 2004; Schacter, 2001)。而且,虽然它在这个案例中没有问题,但是在其他情况下逸事类证据往往由人们所听到的关于他人经历的故事所组成。传闻证据有充分的理由不被法庭接受。因为故事被人们口口相传,它们往往变得越来越歪曲和不准确。

你能想出其他警惕逸事类证据的原因吗？读完本章后，你可能会想到取样偏差的可能性。你认为律师会从所有被授予共同监护权的夫妇中随机挑选一对夫妻吗？这似乎很不可能。如果她想要你授予他们共同监护权，她就会找一对这个协议对他们来说效果不错的夫妇。如果她想要你把唯一监护权授予她的客户，她就会找一对因共同监护效果不佳而给他们的孩子带来恶劣影响的夫妻。人们喜欢利用逸事类证据的一个原因是它容易被操纵。他们通常可以找到一两件逸事来支持他们的观点，而不管这些逸事是否能代表大多数人的体验。

如果一个家庭证词不能用来做出关键的抚养权决策，那么你应该寻找什么样的证据？有效批判性思维的一个目标是基于确凿的证据作决策。这个过程被称为基于证据的决策。在这个案例中，你需要考虑采取共同监护协议的所有家庭的全部经历。一般而言，在许多不同家庭中，在父母共同监护下的孩子可以健康成长吗？对于一些孩子或者父母来说，有高比例的情绪问题或者其他压力迹象吗？在达成共同监护协议的家庭中，稍后几天返回法庭修改协议的比例要比采取其他监护协议的家庭大吗？你可能可以想起你想要收集的关于不同监护协议效果的其他信息。

在检查研究报告时，许多人意识到需要通过寻找本章主体中描述的那些类型的缺陷（取样偏差、实验者偏差等）来评估证据。尽管如此，令人好奇的是，这些人中的很多人不能把好证据的同样原则应用到他们日常生活中的个人决策中。依赖于少数人逸事经验的倾向有时候被称为"我有一个朋友，他……"综合征，因为不管话题是什么，似乎都会有人提供一个关于朋友的个人经历作为支持某个观点的证据。简而言之，当你听到有人用个人经历来支持他们的论断时，就应该有点怀疑了（见表2-2）。

表2-2　这个应用中讨论的批判性思维技巧

技巧	描述
意识到逸事证据的不足	批判性思考者警惕逸事证据。逸事证据是由用来支持其论断的个人故事构成的。逸事证据倾向于不具有代表性、不准确和不可靠
采用基于证据的决策	批判性思考者理解有必要在日常生活中寻求合理的证据来指导决策

第3章
行为的生物学基础

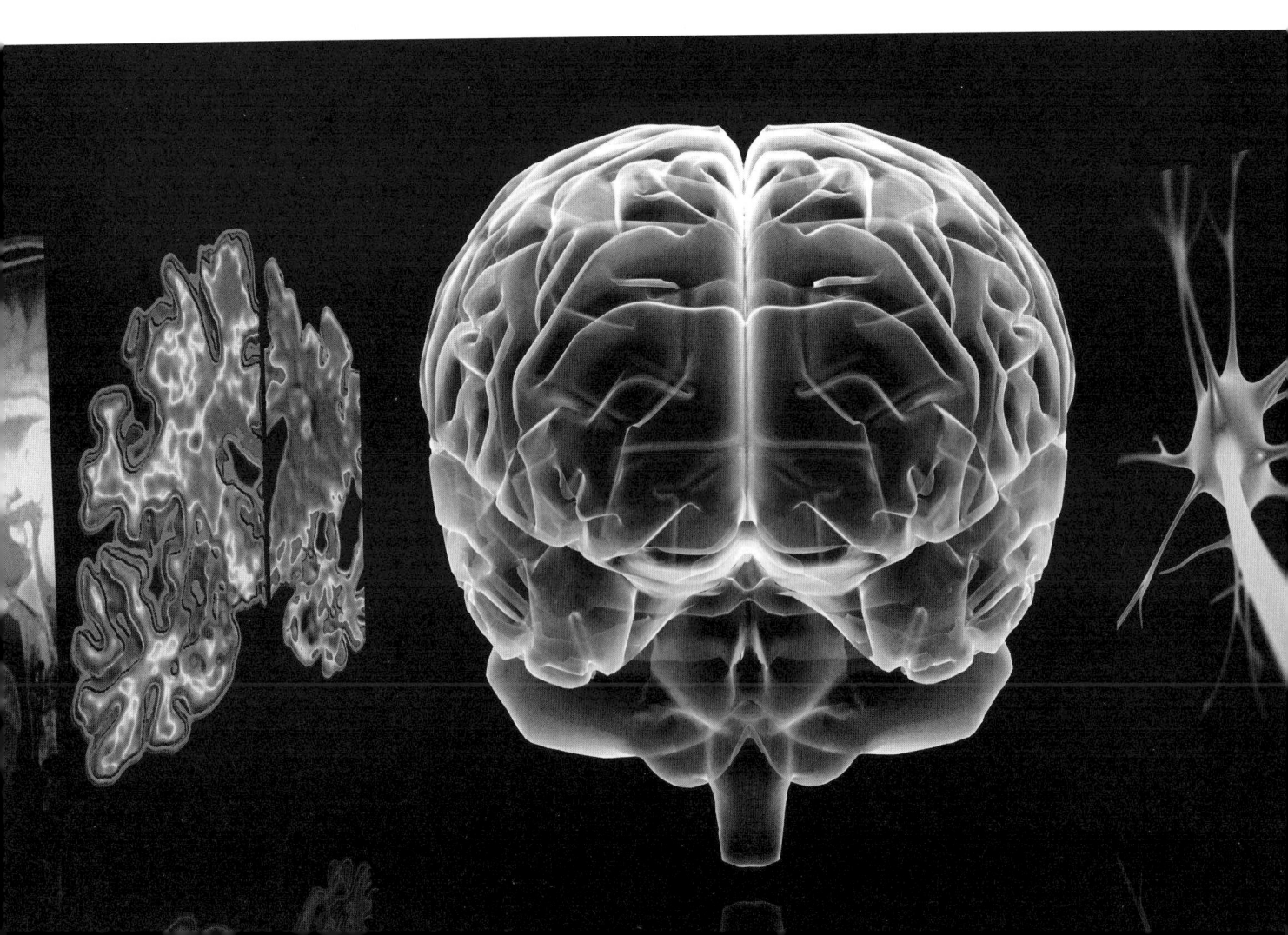

晚上10点，一位相貌普通，有着3个孩子的女士正走在一个破破烂烂的社区大街上。就在这时，一个吸毒男子突然出现，用刀抵着她的喉咙并威胁要杀死她。不同寻常的是，这位女士没有一丝恐惧的迹象。她的心跳没有加快，呼吸没有发生改变，也没有变得紧张不安。她彻底的镇定和波澜不惊的反应反而吓坏了攻击者，他居然放她走了。让我们来认识一下这位无惧的女士。

故事中的女士，化名为SM。科学家被她明显的感受不到恐惧的能力激起了兴趣。在最近一项专门调查她的无惧的研究中，研究者让她处在各种各样的，对大多数人而言很容易诱发恐惧的场景中，当然，出于道德的原因，这些场景几乎不会产生任何实际伤害。例如，他们把她带到了一家卖奇异宠物的商店中，让她接近众多的蛇与蜘蛛。她的反应是什么？她非但一点都没有受惊，反而非常有兴趣并且不断提出要摸一下某些不那么安全的宠物，比如毒蛇和塔兰杜拉毒蛛。接下来，研究者带她到一家有名的"鬼屋"。当其他顾客都惊恐地尖叫时，她却咯咯地笑着，用手戳"怪物"的头，又一次反而把它给吓着了。研究者又换了一种方法，给她看一些恐怖片的片段，比如《午夜凶铃》。她觉得这些片段很有娱乐性，但就是没有感受到一点恐惧。最终，研究中又用了各种方法去确定她是否能感受到其他情绪。结果显示，她能表现出其他常见的情绪，比如愤怒、悲伤、厌恶、高兴、惊讶，与常人无异。其他的测试也显示，她的智力、语言和记忆能力也很正常。

为什么SM女士完全感受不到恐惧，却能正常感受其他情绪呢？是什么造成了这种奇怪的高度特异化的情绪缺陷？原来，SM女士在儿童时期曾经患上一种极其罕见的疾病，使得她的脑左右半球一个名为杏仁核的微小结构受到了损伤。很多研究（大部分基于动物）表明，杏仁核是负责控制恐惧体验最重要的中心。SM女士的案例为杏仁核在恐惧调节中的独特角色提供了全新的来自人类的证据。顺便提一句，如果你认为感受不到恐惧听上去很有吸引力，请三思。针对SM研究说明，她根本无法有效地判断自己是否处在危险之中，这也是她为什么长期以来将自己陷入危险的情况中。

SM不同寻常的案例戏剧性地展示了人类行为功能是被脑最终控制的。她能感受除了恐惧之外其他所有情绪的事实，说明人类行为的生物基础可以如此精确。人类的大脑是如此复杂，以致没有一台电脑可以稍微接近地复制它的功能。在你的神经系统中，数目多如银河系恒星的细胞一直在繁忙地整合、传递信息。不管你是在挠鼻子还是写一篇文章，那些细胞的活动构成了你行为的基础。因此，令人毫不惊奇地，众多心理学家都致力于探索行为的生物基础。

心境调节的药物是怎么起作用的呢？大脑的两半是否各自负责特定的功能？是不是大脑内化学物质的不平衡会导致某些心理疾病的出现？生物角度的遗传在多大程度上决定我们的智力？正如你将会在这一章节中看到的那样，这些问题仅仅是无数种把生物因素作为行为研究基础的视角中的一些罢了。

神经系统中的信息交流

想象一下你正在看一部令人激动的电影。随着紧张加剧，你的手掌开始冒汗并且你的心脏跳动得更快。你开始胡乱地往嘴里塞爆米花，不小心把一些撒在你的大腿上。这时如果有人问你正在干什么，你很可能会说："没事，就是在看电影而已。"然而尽管你没有意识到，一些高度复杂的过程却正发生在你身上。刺激（屏幕上的光）正不断照射你的眼睛，几乎与此同时，你的大脑正把这些光刺激和信号解读成它们正投向你身体的其他部分，于是你为之一振。你的汗腺在分泌汗液，你的心跳在加速，你的肌肉活动使你的手拿到爆米花再几乎无误地送入口中。

即使在这个小小的例子当中，你也可以看到，行为依赖于信息的快速处理。信息从你的眼睛被立即传到脑部，又从脑部传到你的胳膊和手掌，再从你的手掌传回你的脑部。从本质上来说，你的神经系统是一个复杂的信息交流网络，信号在不断地被传递、接收和整合。神经系统处理信息，恰如循环系统输送血液。在这个部分中，我们来看看神经系统中的信息交流是如何发生的。

神经组织：基本的硬件

你的神经系统是由细胞组成的活体组织。这些细胞可以分成两个主要的大类：神经元和神经胶质。

1. 神经元

神经元（neurons）是神经系统中接收、整合以及传递信息的单个细胞。它们是神经系统内信息交流的基本联结。绝大多数神经元只和其他神经元交流，然而一小部分也会从神经系统外接收信息（从感觉器官）或者把神经系统中接收到的信息再传递到肌肉，使身体运动。

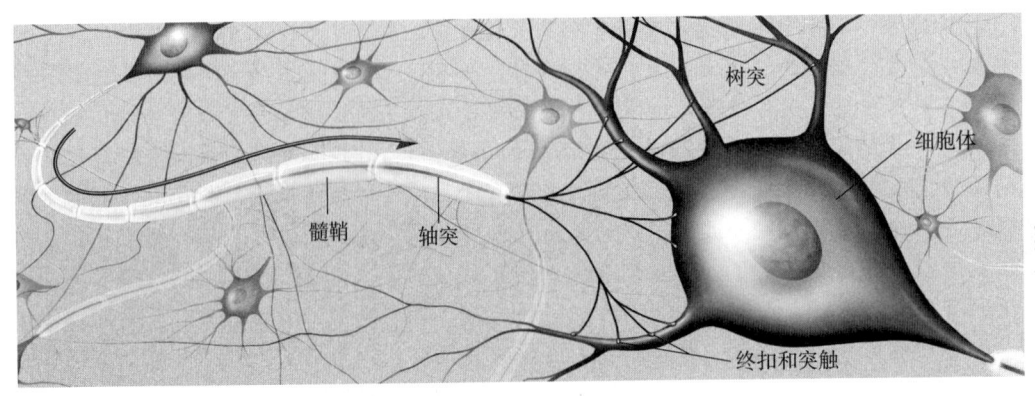

图 3-1 神经元的结构

神经元是神经系统的交流链。这幅图凸显了一个神经元的主要部分，包括特异化的接收器区域（树突）、细胞体（胞体）、神经冲动沿之发出的轴纤维和释放化学信息把信号传给其他神经元的终端。神经元在大小和形状上差异很大，并且通常是密集地相互联结的。

图 3-1 是一个"典型"神经元的高度简化图。**细胞体**（soma）包括细胞核以及其他细胞中常见的大部分细胞器（soma 即为希腊语中的"身体"）。神经元的其他部分都是专门负责处理信息的。图 3-1 的神经元中有很多分支的、像触手那样的结构，叫作树突树（dendrite 即希腊语中的"树"）。每一个单独的枝状结构就是一个树突。**树突**（dendrite）是神经元中专门负责接收信息的部分。大部分神经元都要接收来自众多（有时可以达到数千个）其他神经元的信息，因此拥有延伸极广的树突树。

信息从众多树突中被接收，传到细胞体然后从胞体中传出，沿着轴突（希腊语中的"轴"）离开。**轴突**（axon）是一条又长又细的神经纤维，从细胞体中传递信息到其他神经元、肌肉组织或者腺体。

在人类体内，很多轴突都被一种细胞包裹，这些细胞富含一种白色的脂质物质髓磷脂。髓鞘是一种绝缘的物质，包裹着轴突使信息在轴突上传递的速度加快（Zorumski, Isenberg & Mennerick, 2009）。如果一条轴突上的髓鞘退化，轴突传递信息的有效性就可能下降。多发性硬化疾病的常见症状是肌肉控制的丧失，就是髓鞘的退化造成的（Joffe, 2009）。

轴突结束于一簇**终端突触小体**（terminal buttons），这是一些小小的球状突起，分泌被称为神经递质的化学物质。这些化学物质充当激活附近神经元的信使。神经元之间互相联系之处被称为突触。**突触**（synapse）（希腊语中的"联结处"）是信息从一个神经元传到另一个神经元过程中的联结处。总的来说，信息是在树突处被接收，通过胞体沿着轴突传递，到达神经元之间的联结处突触，被传递到下一个神经元的树突的。

真相核查

误解

神经元负责神经系统中所有的信息处理。

真相

人们过去认为发射和整合信息信号是神经元独一无二的功能，但是，最新的研究表明胶质细胞也可以起到重要的信息处理功能。

2. 神经胶质细胞

神经胶质细胞（glia）是遍布于神经系统内，为神经元提供各种支持的细胞。神经胶质细胞（意为"胶水"）一般比神经元小但数量多达神经元的 10 倍。它们几乎占据了大脑体积的一半。神经胶质细胞拥有多种功能。例如，为神经元提供营养，帮助清除神经元的代谢废物以及为轴突提供绝缘层。包裹轴突的髓鞘便是由一些特殊的神经胶质细胞转化而来。神经胶质细胞也在人类胚胎时期神经系统的发育中有着复杂的作用。

这些已经被发现了很多年的功能使得神经胶质细胞成为神经系统的无名英雄。然而，最近的研究表明，神经胶质细胞也能传送和接收化学信号（Deitmer & Rose, 2010; Fields, 2004）。一些种类的神经胶质细胞可以探测到神经冲动并把信号传递给其他神经胶质细胞。神经科学的科学家正在尝试弄清楚这种信号传递系统是如何与神经元的信息交流系统一起运作的。早期的一些发现以及理论相当有趣。例如，最近的研究表明神经胶质细胞对记忆的形成有着重要的作用（Brains & Oliet,

2007），并且神经胶质组织的退化可能会导致阿尔茨海默症（Streit，2005）。其他研究则显示，神经胶质细胞对长期疼痛的感受至关重要（Milligan & Watkins，2009）。神经元与神经胶质细胞之间信息交流的受损也可能会导致一些心理疾病，比如精神分裂症（Hashimoto, Shimizu, & Iyo，2005）和心境障碍。

虽然神经胶质细胞能促进神经系统的信息处理过程，但是大部分最关键的工作仍然是由神经元来负责的。因此我们需要对神经元激活的过程进行更为详细深入的探究。

神经冲动：消耗能量以传送信息

当一个神经元接收到刺激时会发生什么？神经冲动在神经元内传递的信号的本质究竟是什么？这些都是 Alan Hodgkin 和 Andrew Huxley 在他们对取自乌贼神经元轴突进行的开拓性的实验中想要回答的问题。两位科学家选择乌贼的原因是它们拥有一对是人类的 100 倍粗的"巨大"轴突（但仍然只有人类头发那样粗）。这样巨大的尺寸使得 Alan Hodgkin 和 Andrew Huxley 可以把金属线做成的微电极插进这些轴突。通过用微电极来记录单个神经元的电活动，他们成功地揭开了神经冲动的神秘面纱。

1. 静息状态的神经元：一个小小的电池

Alan Hodgkin 和 Andrew Huxley（1952）发现神经冲动是一种复杂的电化学反应。神经元的内外两面都是液体，里面含有带电的原子和分子，统称为离子。带正电的钠离子、钾离子和带负电的氯离子不断地透过细胞膜进出，但它们进出的速率并不相同。这种进出速率上的差异使得负离子稍微更加集中于细胞内。最终导致的电势差表明静息状态下的神经元是一个小小的电池，储存着电能。神经元的**静息电位**（resting potential）是指神经元没有被激活的时候处在一种稳定的带负电状态。正如图3-2a所示，神经元内外电势差约为−70mV，大约是灯泡用电池电压的1/20。

2. 动作电位

只要神经元内外电势差保持稳定，神经元细胞就是安静的，不会传递信息。当神经元受到刺激时，它细胞膜上的通道就会打开，短暂允许带正电的钠离子涌入。瞬间内，神经元内外电势差会变得没那么负，甚至变为正，这就产生了**动作电位**（McCormick，2008）。动作电位（action potential）就是沿着轴突发生的神经元内外短暂的电势差的迅速改变。在图3-2b中可以看到动作电位产生时突增的电压。就像火药沿着枪支的推力轨迹运动一样，电势差的变化也沿着轴突快速运动。

动作电位激活后，细胞膜上让钠离子流进的通道会关闭。通道需要关闭一段时间才能重新打开，在这之前神经元都不能被激活。**绝对不应期**（absolute refractory）就是神经元动作电位后无法再产生动作电位的最短时间。这个"休息时间"不长，只有1～2毫秒。紧接着是短暂的相对不应期，在这个时期神经元可以被激活，但是激活的阈值会被提高，所以刺激强度必须更强才能产生动作电位。

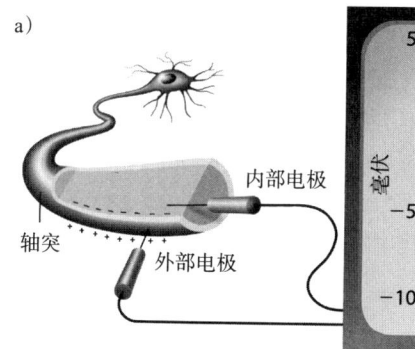
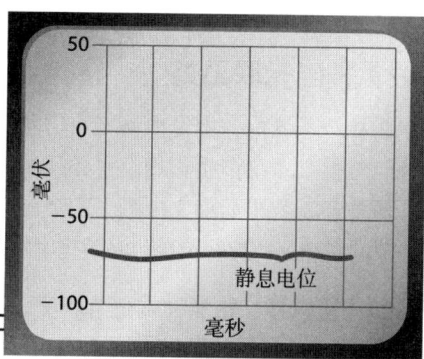

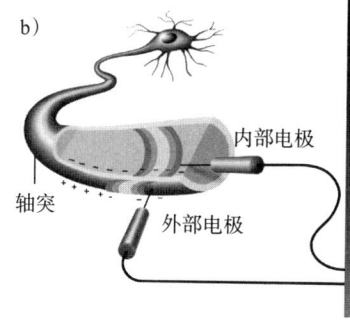
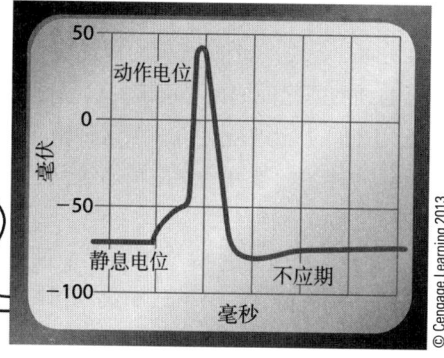

图3-2 神经冲动

神经元的电化学性质允许它来传递信号。一个神经元的电压可以被一对连接示波器的电极来测量得到，就像 Hodgkin 和 Huxley 对墨鱼轴突使用的那样。因为它独特而厚实的轴突，墨鱼频繁地被科学家用来研究神经冲动。①当静息时，神经元的电压停在约−70毫伏；②当一个神经元被刺激时，一个短暂的跳跃出现在它的电压中，导致在示波器上出现了一个峰值，记录下神经元的电活动。这种电压的变化，被叫作动作电位，如同一个沿着火药枪管泵出的火花一样沿着轴突传播。

3. 全或无律

神经冲动是一个全或无的命题,就像开枪一样,你不能开枪开一半,动作电位的产生也是一样。不管神经元是否被激活,它的动作电位的幅度都是一样的(Kandel,2000)。换言之,一个弱的刺激不会产生弱的动作电位。

即使动作电位是一个全或无的事件,神经元可以传达刺激的强度信息。它们改变产生动作电位的频率来达到这个效果。一般来说,一个强的刺激会比弱的刺激在神经元上产生神经冲动频率更高的激活。例如,一个微弱的光刺激可能引发视觉感受细胞每秒产生5个动作电位,一个强的光刺激却可能引发每秒100~200个冲动(Burkhardt,2010)。

不同的神经元传递神经冲动的速度不同。例如,厚一点的轴突比薄的传递得更快。神经冲突传递速度非常快,最高达100米每秒,相当于时速200英里[⊖]。整个复杂的神经冲动传递过程仅仅耗时几千分之一秒。在你阅读这段对神经冲动描述的时间里,数以十亿计的神经冲动已经在你的神经系统内被传递了!

突触:神经元联结处

在神经系统内,神经冲动充当信号的功能。为了使信号能对整个系统产生作用,它必须从所在神经元传递到其他神经元。正如前文所提,这个传递过程发生在一个特殊的联结处,称为**突触**,并用**化学物质**充当信使。

1. 传递信号:化学物质充当信使

图3-3展示了一个"典型的"突触。你需要注意的第一件事就是两个神经元实际上并不接触。它们被**突触间隙**分隔,这是一个神经元的终端突触小体和另一个神经元的细胞膜之间的微小间隔。信号必须跳过这个间隙,神经元之间才能进行交流。在这种情况下,传递信息穿过间隔的神经元被称为**突触前神经元**。接收信号的神经元被称为**突触后神经元**。

信息是怎么穿过两个神经元之间间隔的呢?轴突传递的动作电位到达其终端突触小体时会促使**神经递质**(neurotransmitters)的释放,它是神经元之间传递信息的化学物质。在终端突触小体内,这些化学物质大部分都被储存在被称为**突触小泡**的小囊中。神经递质的释放是突触小泡和突触前神经元的细胞膜融合而后突触小泡内的物质扩散到突触间隙中(Schwarz,2008),然后神经递质就会穿过突触间隙到达接收信号的细胞。在那里,它们可能会与

⊖ 1英里=1609.344米。

突触后神经元细胞膜上**受体结合位点**的某些特殊分子结合。这些位点经过特异性"修饰",只能分辨出某些神经递质并对它们反应,而对其余的神经递质不会反应。

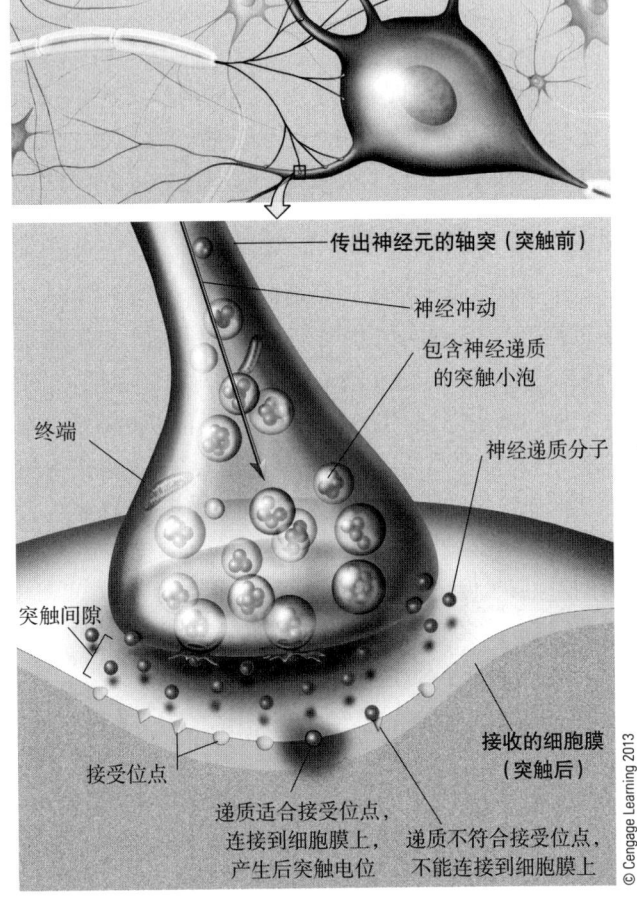

图3-3 突触

当一个神经冲动抵达轴突的终端,它引发化学信息-神经递质的释放。神经递质扩散跨过突触间隙,并附着于突触后膜的受体位点。一个特定的神经递质只能和一个与自身分子结构相符的受体位点结合,就像一把钥匙开一把锁。

2. 接收信号:突触后电位

当神经递质和受体分子结合时,细胞膜上的反应产生了**突触后电位**(postsynaptic potential,PSP),突触后神经元细胞膜上的受体结合位点的电势差变化。突触后电位并不像动作电位那样遵循全或无律,相反,突触后电位的幅度(电势差改变的量)可以变化。不仅如此,它还能用这种电势差改变的量来增加或者降低突触后神经元产生神经冲动的可能性。

两种类型的信息能在细胞和细胞之间传递:兴奋性的和抑制性的。兴奋性突触后电位是电势差正向增加使

得突触后神经元产生动作电位的概率增大；抑制性突触后电位是电势差负向增加导致突触后神经元产生动作电位的概率减少。电势差改变的方向，即突触后动作电位的性质（兴奋性或抑制性），取决于突触后神经元上被激活的受体结合位点是哪一种（Kandel，2000）。

突触处产生的兴奋性或者抑制性的效应仅仅持续不到一秒。之后神经递质就会脱离受体结合位点或者与酶发生代谢反应（转化）而失活。大部分神经递质都会被突触前神经元**重吸收**（reuptake），在这个过程中，神经递质在突触间隙内被突触前神经元细胞膜像海绵一样吸收，重吸收过程使得突触可以循环利用它们的化学物质。图 3-4 总结了突触传递信息过程中发生的重吸收以及其他关键过程。

3. 整合信号：神经网络

一个神经元可能从数千个其他神经元那里接收到纷杂的信号，同样这个神经元也可能会把信息传递到数以千计的其他神经元。因此，一个神经元要做的远不是简单地接收和传递信息，它必须在"决定"是否产生神经冲动之前整合从众多突触中接收到的信息。如果一个神经元产生了足够多的兴奋性突触后电位，这些电流可以累积，使得它的内外电势差达到产生动作电位的阈值。然后，如果神经元上也产生了很多抑制性突触后电位，便会抵消对应的兴奋性突触后电位的效应。因此，神经元的状态是兴奋性和抑制性效应的平衡（Byrne，2008）。

正如 Rita Carter（1998）在 *Mapping the Mind* 中指出，"单个神经元的激活并不足以使得我们睡觉时的眼皮抽动，更不用说清醒的印象……数百万的神经元必须统一激活才能产生最微不足道的想法"（p.15）。大部分的神经元互相联结，形成链、通路、回路以及网络。我们的知觉、思维和行动都取决于这种精细的网络中神经元活动的模式。这些网络由互相联结的神经元组成，它们频繁地同时激活或者按次序激活来行使特定的功能（Song et al.，2005）。这些网络内的联结是可变的，新突触产生的同时也会有旧突触去除（Hua & Smith，2004）。

有点反常理的是，旧突触的去除似乎比新突触的产生在塑造神经网络的过程中起到更大的作用。正常的神经系统往往先产生了超出需要数量的突触，然后逐渐地除去那些不常被激活的突触。例如，人类视觉皮层的突触数量在 1 岁的时候达到峰值，然后逐渐减少，正如图 3-5 所示（Huttenlocher，1994）。旧的或者不常被激活突触的去除过程被称为突触修剪，这是形成神经系统信息交流最关键的神经网络所不可或缺的过程（Tapia & Lichtman，2008）。

神经递质和行为

正如我们已经看到的那样，神经系统依赖一种称为神经递质的化学物质来进行信息交流。这些神经递质对行为有着根本影响，在包括肌肉运动、心境以及心理健康等几乎各个方面都起着关键作用。

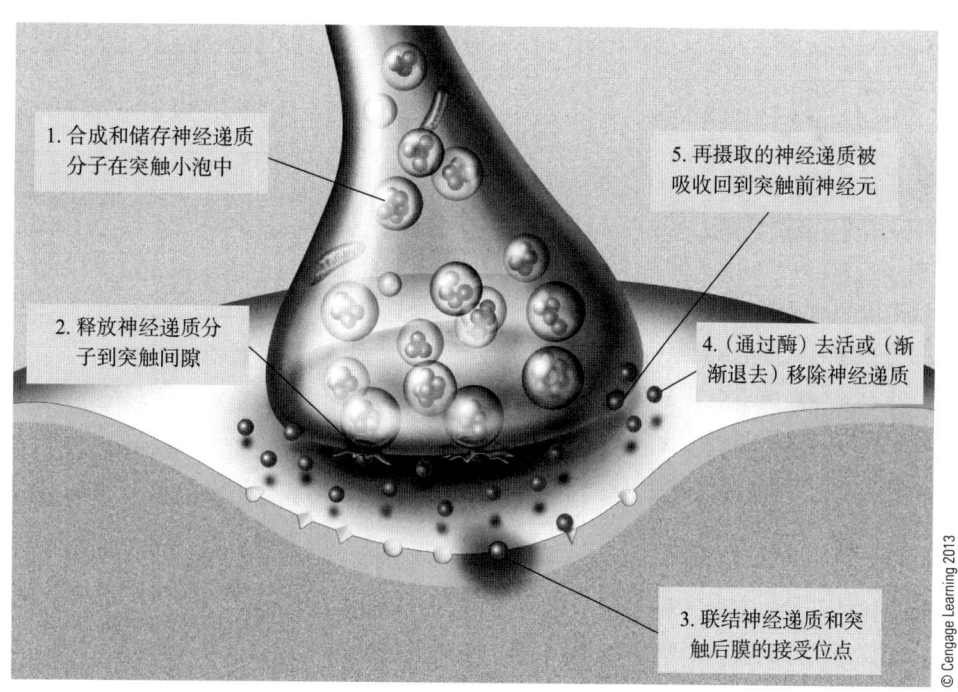

图 3-4　突触传递的概览

突触传递过程的主要元素都在这里总结了，重叠部分的放大图见图 3-3。这五个涉及突触上交流的关键过程是：①合成和储存；②释放；③结合；④去活或移除；⑤神经递质的再摄取。你会看到本章和本书的余下部分中，许多现象，比如疼痛、药物使用和一些疾病的解释中会用到这些术语，包括它们如何发生了一种或多种过程的变化（通常突触释放一种特定的神经递质）。

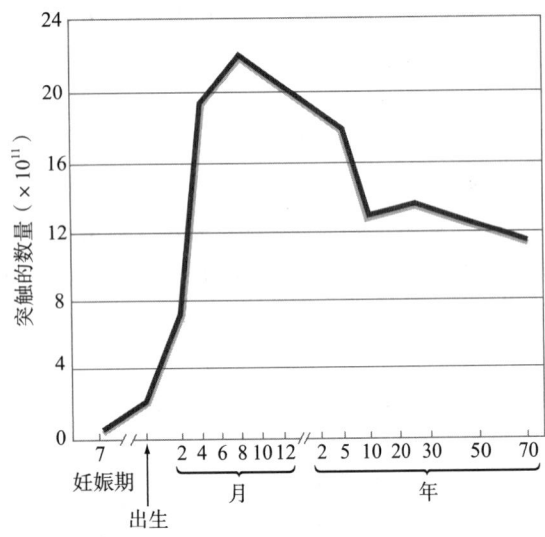

图 3-5 突触剪除

本图总结了视觉皮层突触的数量随着年龄的变化（Huttenlocher，1994）。从图中可以看到，这个区域突触的数量在约 1 周岁时达到峰值，之后的生命中会大幅降低，这反映了突触剪除的过程，这个过程中，较少活动的突触逐渐消失。

资料来源：Data based on Huttenlocher, P. R. (1994). Synaptogenesis in human cerebral cortex. In G. Dawson & K. W. Fischer (Eds.), *Human behavior and the developing brain*. New York: Guilford Press. Graphic adapted from Kolb, B. & Whishaw, I. Q. (2001). *An introduction to brain and behavior*. New York: Worth Publishers.

到目前为止，我们已经讨论了两类神经递质：一种是产生兴奋性电位的，另一种是产生抑制性电位的。但是神经递质种类非常多，有 9 种已经确定的、经典的（小分子）神经递质，另有大约 40 种起码部分时间起到神经递质作用的神经肽，而最近又有发现的"新"神经递质（Snyder，2002；Zorumski et al., 2009）。

特定的神经递质在特定类型的突触中起作用。你可能还记得神经递质通过结合突触后膜上的受体结合位点来传递信息。然而，一种神经递质不可能会跟任意一个结合位点结合。如图 3-3 所示，结合的过程就像钥匙插进锁一样，钥匙要和锁配对才能打开锁，因此神经递质也要和受体结合位点配对才能结合，因此，特定的神经递质只能传递信号到突触后膜上的特定位置。这种专门化减少了密集聚集的神经元之间的互相干扰，使得神经系统的信息交流更加准确。

让我们简单地综述一些特定的神经递质如何调控行为的有趣发现，见表 3-1 的总结。

表 3-1 常见神经递质与行为的关系

神经递质	特点和与行为的关系	失调相关的障碍
乙酰胆碱（ACh）	被运动神经元释放，控制骨骼肌；帮助调节注意力、唤起、记忆；一些乙酰胆碱受体会被尼古丁刺激	阿尔茨海默症
多巴胺（DA）	帮助控制随意运动 可卡因和安非他命提高多巴胺突触兴奋性 多巴胺回路在前脑内侧束中被称为奖赏通路	帕金森氏症 精神分裂样障碍 成瘾障碍
去甲肾上腺素（NE）	帮助调节情绪和唤起 可卡因和安非他命提高去甲肾上腺素突触的兴奋性	抑郁障碍
血清素	参与调节睡眠和觉醒，攻击性 百忧解（Prozac）和类似的抗抑郁药物影响血清素回路	抑郁障碍 强迫症 进食障碍
γ-氨基丁酸（GABA）	广泛分布的抑制性神经递质，帮助调节焦虑和睡眠觉醒状态 安定（Valium）和类似的抗焦虑药物作用于 GABA 突触	焦虑障碍
谷氨酸	广泛分布的兴奋性神经递质 参与学习和记忆功能	精神分裂症
内啡肽	类似阿片类药物的结构和功能 对疼痛缓解和应激反应有作用 帮助调节进食行为	

1. 乙酰胆碱

神经元之间通过化学物质传递信号的发现最初与神经递质乙酰胆碱（ACH）有关。整个神经系统内都可以找到乙酰胆碱。它是运动神经元和随意肌之间信息传递的唯一神经递质。你所做出的每一个动作，如打字、走路、说话、呼吸都依赖于运动神经元释放乙酰胆碱到你的肌肉（Kandel & Siegelbaum, 2005）。乙酰胆碱似乎也对注意、觉醒和记忆有作用。大脑特定区域乙酰胆碱含量的不足和阿尔茨海默症的记忆丧失有关（Bourgeois, Seaman, & Servis, 2003）。虽然乙酰胆碱的不足似乎并不是造成阿尔茨海默症的最终决定性原因，但现有的可以（稍微）延缓此病病程的药物治疗原理，即增强乙酰胆碱的活动（Neugroschl et al., 2005）。

乙酰胆碱（以及其他神经递质）的活动可能会被脑部的其他化学物质影响。虽然突触受体结合位点只对特定的神经递质敏感，偶尔它们也会被其他化学物质所"愚弄"。例如，如果你抽烟，你的一些乙酰胆碱突触会被到达你脑部的尼古丁刺激。在这些突触，尼古丁起到了类似乙酰胆碱的效果。它会与乙酰胆碱的结合位点结合，产生突触后电位（PSP）。用专业术语来说，尼古丁是乙酰胆碱的激动剂。**激动剂**（agonist）就是可以模仿一种神经递质激活作用的化学物质。

并非所有愚弄突触受体的化学物质都是激动剂。一些化学物质能结合到受体上却并不能产生突触后电位（恰如钥匙可以插进锁孔，但是不能打开锁）。实际上，它们占据了某些神经递质的受体结合位点，从而暂时性地阻断这些受体结合位点的激活效果，使得它们失去作用。**抑制剂**（antagonist）是可以拮抗神经递质激活作用的化学物质。例如，有毒物质箭毒是一种乙酰胆碱的抑制剂，它可以像尼古丁一样阻断乙酰胆碱突触。结果肌肉就不能运动了。一些南美土著人会在箭头上涂上一种箭毒，然后击伤一头猎物，箭毒会阻断神经和肌肉间的突触，导致猎物瘫痪。

2. 单胺

单胺包括3种神经递质：多巴胺、去甲肾上腺素和5-羟色胺。神经元用这些神经递质调控日常行为的很多方面。例如，多巴胺（DA）被神经元用来控制随意运动。在特定区域这种神经元的退化会导致帕金森氏症，它是一种具有颤抖、肌肉僵化和随意运动的控制能力减弱症状的疾病（Delong, 2000）。治疗帕金森氏症的药（L-dopa）可以在脑部转化为多巴胺，来弥补一部分多巴胺活动的减弱。

释放5-羟色胺的神经元似乎对睡觉与觉醒（Monti, Jantos, & Monti, 2008）以及进食行为（Klump & Culbert, 2007; Steiger et al., 2005）的调控有主导作用。也有比较客观的证据表明动物中神经回路以5-羟色胺调控攻击性行为，并且一些初步证据显示5-羟色胺和人类的攻击性行为有关（Carrillo et al., 2009; Wallner & Machatschke, 2009）。

脑部单胺水平异常和某些心理疾病的发展相关。例如，抑郁症患者去甲肾上腺素（NE）和5-羟色胺突触的活动水平较低。由于大部分抗抑郁药的主要效果都是在

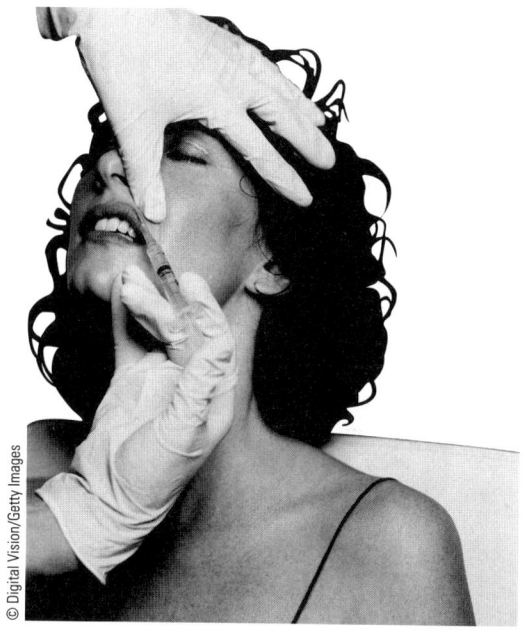

肉毒素美容疗法可以暂时性地减少皱纹，因为通过在临近区域的注射，阻断了运动神经元和自主运动肌肉的乙酰胆碱突触受体。这种注射活动基本上麻痹了肌肉，从而阻止了组织皱纹的形成。但是美容效果只能维持3～5个月，因为突触的适应性和新的乙酰胆碱受体会逐渐生成。

这些突触起作用的，去甲肾上腺素和5-羟色胺突触应对这些异常负责（Johnson et al., 2009; Thase, 2009）。进食障碍（Halmi, 2008）和强迫症（Hollander & Simeon, 2008）的研究也表明5-羟色胺神经回路异常是致病原因之一。

类似地，多巴胺假说断言，多巴胺突触的异常活动对精神分裂症的发展有关键的作用。这种严重的精神疾病主要症状为非理性的想法、幻觉、与现实脱离和正常的行为方式的退化。大约1%的人患有精神分裂症，通常比其他心理疾病都更需要住院看护病人（见第15章）。研究表明，多巴胺回路的过度活动是精神分裂症的一部分神经基础（Javitt & Laruelle, 2006）。这是为什么？主要是因为已知的减轻精神分裂症症状的药物都是DA的抑制剂，可以减少这种神经递质的活动（Minzenberg, Yoon, & Carter, 2008）。

单胺突触的暂时性变化也可以解释安非他命和可卡因的强力效用。这些兴奋剂似乎通过在多巴胺和去甲肾上腺素的突触处产生强烈的活动来达到主要效果（King & Ellinwood, 2005; Repetto & Gold, 2005）。一些理论家相信大部分被滥用的药品的奖赏效果取决于一个特定多

巴胺通路活动的增强（Kobb，Everitt，& Robbins，2008；见第5章）。不仅如此，这个多巴胺通道的失调也是造成渴求药物和成瘾的主要因素（Nestler & Malenka，2004）。

穆罕默德·阿里是一位世界知名的帕金森综合征患者。大约100万美国人受到这种疾病的困扰，它由突触的神经递质多巴胺含量减少引起。这种减少的出现与中脑的一个结构的衰弱有关。

3. γ-氨基丁酸和谷氨酸

另一类的神经递质由氨基酸组成。对它们中的一种，γ-氨基丁酸（GABA）值得一提是它似乎只能产生抑制性突触后电位。一些神经递质，比如乙酰胆碱和去甲肾上腺素，其作用都是多样的。它们既可以产生兴奋性突触后电位又可以产生抑制性突触后电位，取决于它们结合的突触后受体。然而，γ-氨基丁酸看上去只能在它所在的突触中起抑制效果。人脑分布有大量γ-氨基丁酸的受体，在全部突触的40%中都存在。它似乎负责中枢神经系统相当程度的抑制功能。研究表明γ-氨基丁酸参与人类焦虑的调节，并且γ-氨基丁酸神经回路受到干扰时可能导致几种焦虑障碍（Garakani et al.，2009）。

谷氨酸是另一种在脑部遍布的氨基酸类神经递质。γ-氨基丁酸只有抑制性效果，而谷氨酸总是有着兴奋性的效果。谷氨酸以它对学习和记忆的贡献而闻名（Baudry & Lynch，2001；Lovinger，2010）。最近数十年，谷氨酸神经回路的受损一直被认为可能导致精神分裂症的特定症状（Javitt & Laruelle，2006）。

4. 内啡肽

1970年，在一场骑马事故后，一名神经科学的研究生Candace Pert躺在医院的病床上，不断地接受吗啡注射，这是一种从鸦片类植物中提取的止痛药。这个经历使她有了强烈的好奇心，想知道吗啡的作用是怎么产生的。几年后，她和Solomon Snyder发现吗啡通过和脑部某些特殊受体结合来产生效果，震惊了整个科学界（Pert & Snyder，1973）。

这个发现引发了一个令人困惑的问题：为什么脑部会有吗啡的受体，吗啡是否是一种强烈的成瘾性鸦片类药物，正常情况下不会在人体内存在？Snyder、Pert和其他人都想到，神经系统内肯定有它自己的、内生的（体内产生）的类似吗啡的物质。研究者给这种尚未被发现的物质命名为内啡肽——体内产生的结构上和效果上类似鸦片的物质。紧接着，一场对这种身体产生的天然鸦片的搜寻开始了。很多内生鸦片类物质很快就被确认了（Hughes et al.，1975）。接下来的研究透露，内啡肽和它们的受体在人类体内大量分布并且显然参与了对痛觉的调控（Apkarian et al.，2005；Basbaum & Jessell，2000）。后续研究也表明这些内生的鸦片类物质也参与调控进食行为以及身体的应激反应（Adam & Epel，2007）。

内啡肽的发现为痛苦和快感的神经基础带来了新的理论和发现。除了镇痛作用，鸦片类药物如吗啡和海洛因能产生一种欣快的强烈快感。这种欣快效应可以解释海洛因为何被广泛滥用。研究者猜测身体内产生的天然内啡肽也可能会产生快感。这种能力可解释为什么慢跑者有时会感受到一种"奔跑的愉悦"。长跑产生的疼痛可能会引发内啡肽的释放，抵消了某些疼痛并产生一种愉悦的感觉（Harte，Eifert，& Smith，1995）。这种长期存在的猜想最近受到研究发现的支持，这个研究用脑成像技术来监测脑部内啡肽的释放（Boecker et al.，2008）。10名慢跑者在两小时的持续慢跑之前和之后都被施予脑部扫描。正如所假设的那样，慢跑之后的脑部扫描显示在参与者脑部选定的位置内啡肽的产生激增。

在这一部分我们已经详细阐述了神经递质和行为之间的一些有趣联系。但是神经系统内的生物化学过程难以置信地复杂，虽然科学家已经获取了很多关于神经递质和行为的知识，但是依然有很多有待发现。

神经系统的架构

显然，神经系统内的信息交流是行为的根本。到目前为止，我们已经看过了单个细胞是如何与其他细胞交流的。在这个部分，我们将会探讨整个神经系统的架构。

专家相信，人脑共有约1000亿个神经元（Kandel，2000）。如果你不停地以每秒一个的速率来数它们，你将会数上超过3000年！并且，请记住，大部分神经元都和其他神经元有着突触联系，因此人类脑部可能有10万亿个突触！

神经元和突触是如此多以至于难以计算，可能使人们以为人类"仅仅用到了10%的大脑"。但是这种民间智慧的小趣闻是完全不合理的（McBurney，1996）。如果人类大脑90%都是由用不到的"超额包裹"构成，脑部局部损伤大部分情况下应该不成问题。实际上，即使是脑部的微小损伤通常都会带来严重的、毁灭性的影响（Zillmer, Spiers & Culbertson，2008）。不仅如此，脑部成像研究显示，即使是简单的心理活动都依赖于神经活动扩散到几个甚至更多的脑部区域。即使在睡眠中，脑部仍然高度活跃。

在任何一个事件中，你神经系统内的大批神经元都要一起运作来使得信息交流高效进行。为了看清神经系统是如何组织完成这种任务的，我们会把它分为两个主要部分：外周神经系统和中枢神经系统。图3-6给我们呈现了神经系统的架构图以及神经系统两个部分的关系。

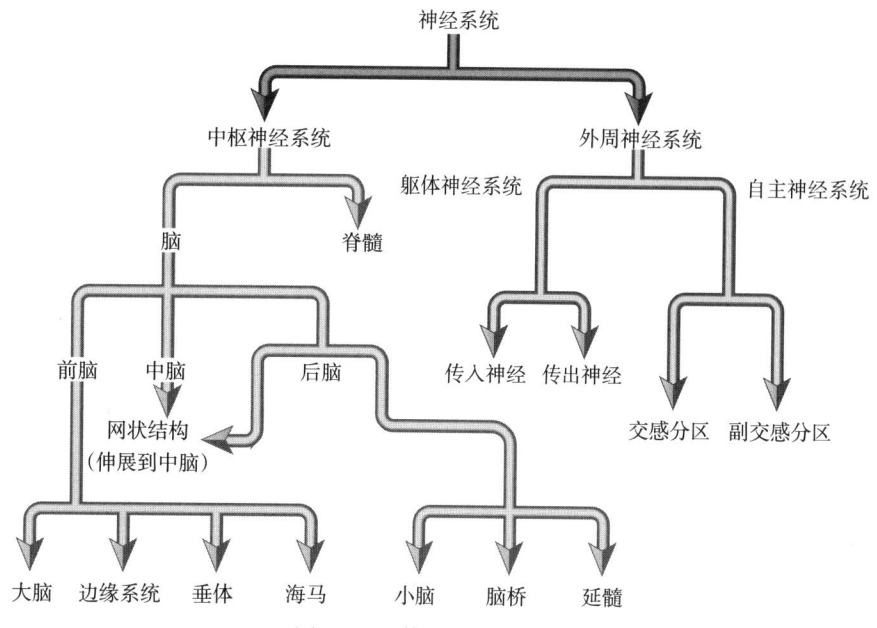

图3-6　人体神经系统的组织

这幅人体神经系统的概览展示了它的不同部分和系统的关系。大脑传统上被分为三个区域：后脑、中脑和前脑。外周神经系统由躯体神经系统和自主神经系统组成，前者可能控制自主肌肉和感觉接收器，后者控制平滑肌、血管和腺体的非随意活动。

资料来源：© Cengage Learning 2013.

真相核查

误解

人们只使用了大约10%的大脑。

真相

并没有一个办法可以测量大脑在特定的一个事件或经过一段时间中有多少比例在"使用中"。这种10%的神话引人入胜是因为他暗示着人们还有一个巨大未开发的潜能源泉。推销商在出售自我提高的项目时谈起这个神话是因为他们这样宣称和承诺会更加可信。（"释放你的潜能！"）

外周神经系统

外周神经系统（peripheral nervous system）由分布于脑部和脊髓以外的神经组成。神经是一簇在外周神经系统中被捆在一起的神经纤维（轴突）（见图3-7）。这部分的神经系统正如其名字所示：延伸到中枢神经系统以外的部分。外周神经系统由两个主要的系统组成：躯体神经系统和自主神经系统。

1. 躯体神经系统

躯体神经系统使你可以感受这个世界并在其内随意活动。**躯体神经系统**（somatic nervous system）由联结到随意骨骼肌和感受器的神经组成。这些神经是把信息从皮肤、肌肉和关节处的感受器传输到中枢神经系统（CNS）并把中枢神经系统的指令传达到肌肉的线路。这些功能需要两种神经纤维来实现。**传入神经纤维**（afferent nerve fibers）是把信息从身体的外周传入中枢神经系统的轴突。**传出神经纤维**（efferent nerve fibers）是把信息从中枢神经系统传出到身体外周的轴突。每一条神经纤维都包含许多轴突，传入和传出都有。因此，躯体神经系统是一条"双向路"，有着进入（传入）和离开（传出）两条车道。

2. 自主神经系统

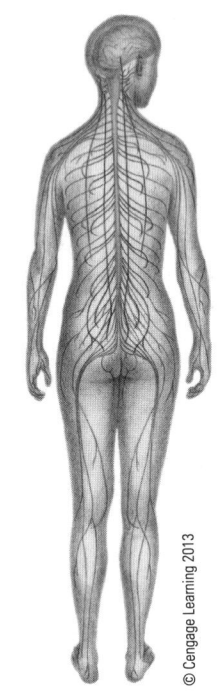

图 3-7 中枢神经系统和外周神经系统

中枢神经系统（CNS）包括脑和脊髓。外周神经系统包括剩余的神经，扇形伸展到全身。外周神经系统更进一步被分为躯体神经系统与自主神经系统。

自主神经系统控制自主的、不随意的内脏功能，这些功能一般不会进入人们的意识，比如心跳、消化和流汗（Powley, 2008；见图3-8）。因此**自主神经系统**（autonomic nervous system，ANS）是由联结到心脏、血管、平滑肌和腺体的神经组成的。正如其名字所示，自主神经系统是一个分离了的（自治的）系统，虽然它在根本上还是受到中枢神经系统的控制。

自主神经系统控制大部分人类体验到情绪时的生理唤起。例如，想象一下你正在某个晚上孤零零一个人回家，就在这时你发现你家的前门半开并且一个窗户也被打破了。你怀疑家被破门而入了，这时你的心跳和呼吸都会加速。当你小心翼翼地继续前进时，你可能血压激增，汗毛竖起，手掌开始冒汗。这些难以控制的反应都是自主唤起的一些方面。

沃尔特·坎农（Walter Cannon）是首先研究这种反应的心理学家之一，他称这是战斗－逃跑反应。坎农仔细地监测了猫在遭遇到狗之后的这些反应。他总结，生物体面对威胁时，一般先做好生理上的准备，再看是要攻击（战斗）还是逃离（逃跑）敌人。

自主神经系统可以被分为两个分支：交感分支和副交感分支（见图3-8）。**交感神经系统**（sympathetic division）是自主神经系统中用以调动身体资源来应急的分支。它产生了战斗－逃跑反应。交感神经系统的激活会抑制消化过程，血液运输从身体外周运回，收缩血管以防受伤失血。关键的交感神经传递信号到肾上腺，促进令身体准备行动的激素的释放。与之相反，**副交感神经系统**（parasympathetic division）是自主神经系统中用以保存身体资源的分支。它可以激活使身体节省和储存能量的过程。例如，副交感神经的激活会使心跳速率下降、血压下降并促进消化。

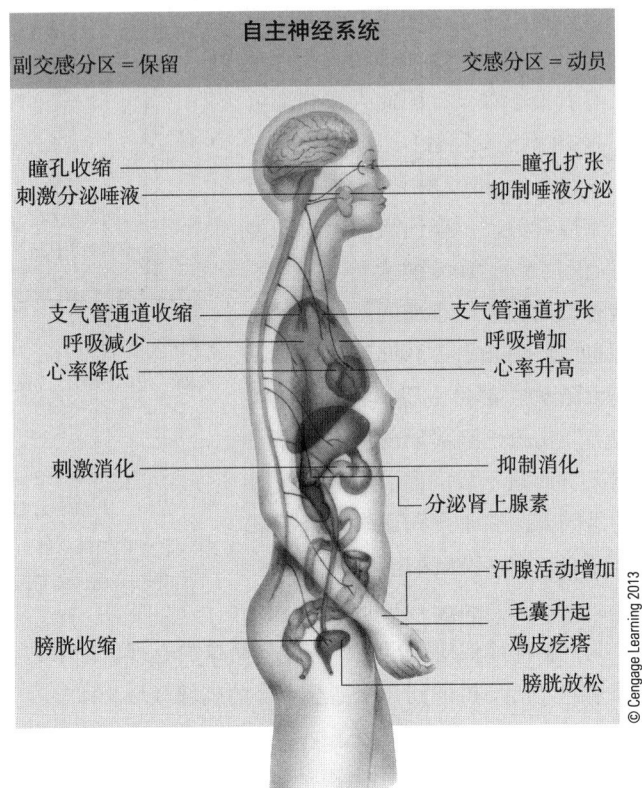

图 3-8 自主神经系统

自主神经系统由连接心脏、血管、平滑肌和腺体的神经组成。自主神经系统可以分为交感分区和副交感分区，前者在需要的时候动员身体资源，后者保留身体资源。图中总结了一些两个分区各自主要的功能。

中枢神经系统

中枢神经系统（central nervous system，CNS）由脑部和脊髓组成（见图3-7）。它被头盖骨和被称为脑膜的闭合鞘状结构所保护（因为有脑膜的存在所以有了脑膜炎这种疾病，它是因为脑膜的发炎而来的）。除此之外，中枢神经系统还沉浸在它自己特殊的、富含营养的"营养液"中，这就是脑脊液（CSF）。脑脊液为脑部提供营养和缓冲的保护。脑内充满脑脊液的空腔被称为脑室（见图3-9）。

1. 脊髓

脊髓是中枢神经系统的一部分。像脑一样，它也被脊膜包裹以及浸泡于脑脊液中。简单而言，脊髓是脑部的一个延伸。脊髓通过外周神经系统把脑部和身体其他部分联结起来。

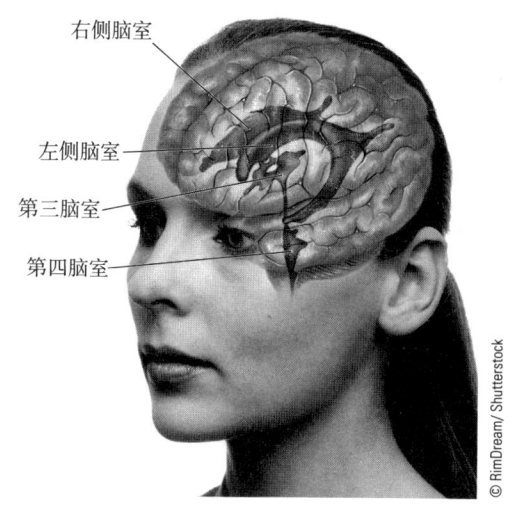

图 3-9 脑室

脑脊液（CSF）在脑和脊髓周围循环。脑中的中空腔室里充满脑脊液，这些腔室叫脑室。4 个人体的脑室如图描绘。

资料来源：© Cengage Learning 2013.

脊髓从脑部的基底一直延伸到腰以下。它包裹着很多轴突，负责传达脑部指令到外周神经并传递身体外周的感觉信息到脑部。多种瘫痪都是由于脊髓损伤造成的。这种现象强调了脊髓在从脑部传递信号到可以使身体肌肉运动的运动神经元的过程中的重要作用。

2. 脑

在中枢神经系统中享有桂冠的自然就是脑。解剖学上，脑部是中枢神经系统的一部分，占据了头盖骨的上部。尽管它仅重 3 磅⊖，可以用一只手握住，它包含了数十亿个互相作用的细胞。这些细胞整合来自身体内外的信息，协调身体的动作并使人类可以说话、思考、记忆、计划、创造以及做梦。

因为脑部对行为至关重要，所以它将是本章接下来 3 个小节的主题。我们将先从一些值得一提的实验方法开始介绍，这些方法已经成功地帮助研究者揭开了脑的一些秘密。

窥探脑的内部：研究方法

那些想弄明白脑部某个部分是怎么和行为联系的科学家都面临一个非常困难的任务。大脑的地形，或者说结构，相对容易地可以通过研究和解剖取自动物或者捐

⊖ 1 磅 = 0.453 6 千克

献出脑作科学用途的逝者的脑来制作出来。然而，脑部功能的描绘需要一个正在工作的脑。因此，要探索脑部活动和行为之间的关系，必须用特殊的研究手段。

研究脑部或者神经系统其他部分的人被称为神经科学家。脑的研究经常涉及多个学科的神经科学家的共同合作，包括解剖学、生理学、生物学、神经学、神经外科、精神病学和心理学。神经科学家用很多特殊的技术手段来研究脑部和行为之间的联系。他们依靠最多的是电活动记录、脑损伤和电刺激。新方法经颅磁刺激和脑成像技术如 CT 和 MRI 扫描，都提高了神经科学家研究脑部结构和功能的能力。

电活动记录

脑部的电活动可以被记录，差不多像 Hodgkin 和 Huxley 记录单个神经元的电活动一样。脑部单个神经元的记录一直都被证明很有价值，但科学家也需要用来记录脑部数十亿神经元同时活动的方法。幸运的是，1929 年一名德国精神病学家汉斯·伯格（Hans Berger）发明了一台可以记录脑部电活动宏观模式的机器。**脑电图仪**（eletroencephalograph，EEG）是一种通过附于头皮的记录电极来监测一段时间内脑部电活动的设备（见图 3-10）。一个脑电图仪电极可以整合放大数以千计的脑细胞电位。

通常，在头上不同部位需要贴上（用导电膏）6～10 个记录电极。脑电图仪的最终记录会被绘制成一条有轨迹的线，通常被称为脑电波。这些脑电波记录向我们提供了脑部电活动的概况。不同的脑电波模式和脑活动的不同状态相关（Martin, 1991；Westbrook, 2000），如图 3-10 所示。脑电图通常被用作脑损伤、癫痫和其他神经障碍的诊断。在研究的应用上，脑电图可以被用来识别当被试正在做某种行为或者经历某种情绪时脑电活动的模式。例如，在一个研究中，研究者用脑电图记录来调查药物如何影响脑活动（Lagopoulos et al., 2009）。总体来说，脑电图为我们理解脑–行为关系做出了巨大的贡献（Eastman, 2004；Rosler, 2005）。例如，你将在第 5 章了解到，脑电图对研究者研究睡眠的神经基础具有相当大的用处。

脑损伤

很多关于脑–行为关系的深入了解都是来源于对那些脑部特定区域受到损伤的人的行为观察（Rorden & Karnath, 2004）。然而，这类研究有其局限性。可以观察

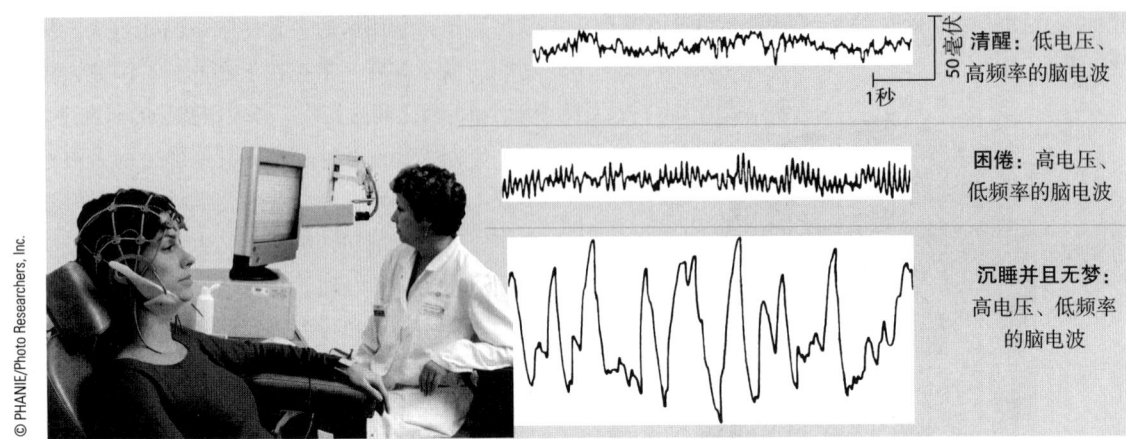

图 3-10 脑电图仪

记录电极被连到头皮表面,这允许 EEG 来记录随时间变化的皮层电活动。EEG 提供一种线条轨迹的输出,被叫作脑电波。脑电波在频率(每秒的周期)和振幅(以电压测量)上都有所不同。不同的意识阶段和不同的脑电波有关。关于警觉清醒、困倦和沉睡无梦时的特征 EEG 形式如图所示。对 EEG 的使用会在第 5 章讨论到更多细节。

资料来源:Brain wave graphic adapted from Hauri, P. (1982). *Current concepts: The sleep disorders*. Kalamazoo, MI: The Upjohn Company. Reprinted by permission.

的被试不多,而且往往很难确定被试脑部受伤的准确部位及严重程度。不仅如此,被试过往经历的不同产生了额外的变量,使得要单独研究出脑损伤和行为之间的因果关系更加困难。

为了更加准确地研究脑和行为的关系,科学家有时会观察动物特定的脑结构被故意损伤时会发生什么。**损伤**(lesioning)涉及破坏脑部的一部分。损伤过程通常是要把一个电极插进脑的某个结构,然后流通高频电流来电焦这个组织,使之失去能力。

损伤需要研究者把一个电极插进一个深藏于脑部的特定部位。他们用脑立体定位仪来把电极植入到脑精确的部位。图 3-11 描述了这种手术设备的用法。当然,要使用适当的麻醉来减轻动物的疼痛和不适。动物脑结构的损伤对于神经科学家研究人脑功能具有不可估量的作用。例如,脑如何调节饥饿感的研究就是利用脑损伤方法来获得的主要的前沿结果。

脑部电刺激

脑部电刺激(electrical stimulation of the brain,ESB)涉及向脑结构输入一个微弱电流来刺激它。这个电流通过电极传导,但和产生脑损伤的电流不同。这一类的电刺激并不能准确地再现出一般的脑电信号。但是它通常寄存于电极中,非常近似于能够激活脑结构的电信号。如果要刺激脑内较深处的区域,应用脑损伤过程中一样的立体定位技术就可植入电极。

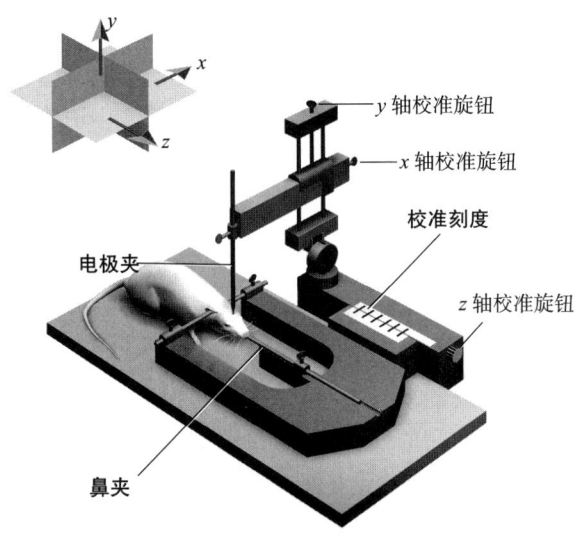

图 3-11 一只被麻醉的大鼠在立体定位仪器上

这只大鼠正经历脑科手术。在看过大鼠脑部细节图后,研究者使用装置上的控制旋钮沿着图左上角的三个轴向(x、y 和 z)来定位电极。这种精准的定位使得研究者可以将电极植入到大鼠脑中精确的一个位置。

资料来源:© Cengage Learning 2013.

大多数 ESB 研究都是对动物执行的,然而 ESB 也偶尔会在脑外科手术背景中用于人类(Moriarty et al., 2001)。病人被开颅后,手术医师可能会刺激一些区域来定位他的脑(在一定程度上,每个人的脑都是独一无二的），以便不会切到关键区域。ESB 研究帮助推进了脑和行为关系研究的许多方面（Berman，1991；Yudofsky，1999）。

经颅磁刺激

经颅磁刺激（Transcranial magnetic stimulation，TMS）是一种全新的技术，能够让科学家暂时性地提高或抑制脑特定区域上的功能。在 TMS 中，一个磁线圈被缠绕在一个小型桨状物上，可以被举到被试头上的一个特定区域（见图 3-12）。这个线圈能够产生磁场，穿透两厘米深（Sack & Linden，2003）。通过变化磁震动的起始时间点和长度，研究者可以增加或减少目标组织上神经元的兴奋性（George et al.，2007；Sandrini & Manenti，2009）。迄今为止，研究者最感兴趣的是暂时性地使特定脑区丧失活动能力，从而更加了解它们的功能。从本质上来说，这个技术允许科学家以无痛、无侵入的方法在很短时间内对人类被试创造"虚拟的损伤"（Siebner et al.，2009）。不仅如此，这个方法还避免了自然条件下灾难性的人类脑损伤研究中多种无法控制的变量（Rafal，2001）。

在抑制特定脑区活动后，科学家让被试从事知觉或认知任务来判断该虚拟损伤是否干扰了被试的表现。比如，这种方法被用在探究特定脑区是否参与了特定视觉处理（Mckeefry，Burton，& Morland，2010）、短时记忆（Silvanto & Cattaneo，2010）和语言（Manenti et al.，2010）方面的活动。

TMS 的主要局限在于它无法研究脑内深层的区域。但是，它潜在的研究工具价值是巨大的（Sparing，Hesse，& Fink，2010）。甚至，科学家在研究它是否具有潜在的治疗作用，来治疗进食障碍（Van den Eynde et al.，2010）、焦虑障碍（Zwanzger et al.，2009）、抑郁症（Fitzgerald，2009）和精神分裂症（Matheson et al.，2010）。

脑成像过程

近几十年，全新脑成像设备的发明，引发了科学在观察人脑的能力上举世瞩目的发展（Raichle，2006）。这些过程包括 CT 扫描、PET 扫描、MRI 扫描。

CT（计算机断层扫描成像）扫描是一种借助计算机加工扫描脑结构的 X 射线。多重 X 射线从多个角度射来，计算机组合读入的数据，绘制出脑水平切面的鲜活图像（见图 3-13）。通过组装一系列的连续切面图，可以看到整个脑部。在众多现代脑成像技术中，CT 扫描是研究中最廉价并被广泛使用的一种。例如，许多研究者已经用 CT 扫描来寻找脑结构异常，在那些患有特定心理疾病的人群中使用，特别是精神分裂症患者。这个研究解释了精神分裂的扰动和脑室增大间令人惊奇的联系（Shenton & Kubicki，2009）。科学家正在尝试判断脑室的增大是否是导致精神分裂症的原因（见第 15 章）。

在脑和行为如何相关的研究中，PET（正电子发射型计算机断层显像）扫描被证明尤其有价值（Saley & Krystal，2009）。鉴于 CT 扫描只能描绘脑的结构，PET 扫描则可以检验脑的功能，绘制出一段时间内脑的实际活动。在 PET 扫描中，放射性标记的化学物质被导入脑中。这些物质在脑中起到标记血流或新陈代谢活动的作用，并能够被 X 射线监测到。因此，PET 扫描可以提供富有色彩的地图，指明被试握紧拳头、歌唱或沉思宇宙的神秘时，其脑中什么位置正在活动（见图 3-14）。这

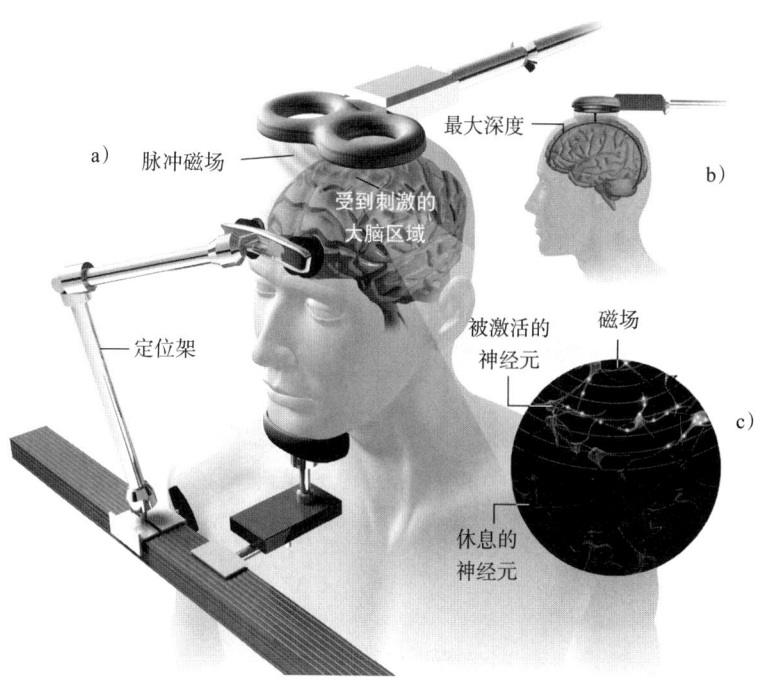

图 3-12　经颅磁刺激

在经颅磁刺激中，磁脉冲由一个小板聚集的磁力被传入大脑被定位的区域 a)。磁场穿入 2 厘米深 b)。这种技术可以被用来增加或减少受到影响的神经元的准确数量。插图右下角描绘了靠近大脑表面的神经元短暂被 TMS c) 激活。

资料来源：Adapted from Bremner, J. D. (2005). *Brain imaging handbook*. New York: W. W. Norton, p. 34. © Bryan Christie Design.

a）病人的头部被定位在一个巨大的圆柱体内。

b）X射线光束和探测器在病人的头部外旋转围绕，利用多重X射线扫描病人的脑水平切面。

c）电脑组合X射线生成大脑水平切面的图像。这种扫描显示出了一个在右侧的肿瘤（红色部分）。

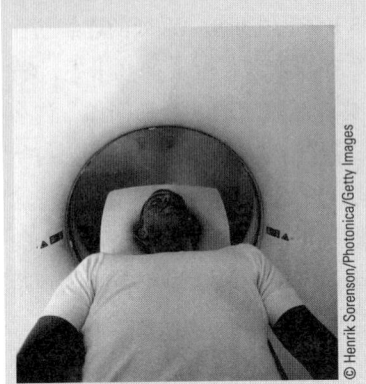
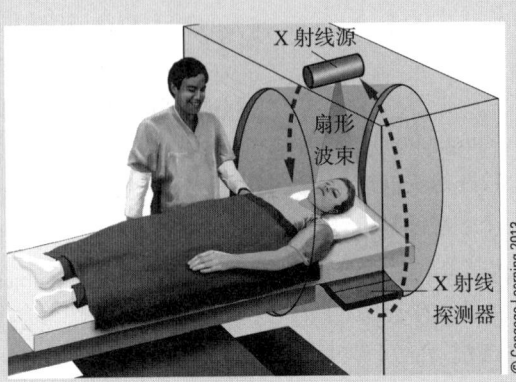
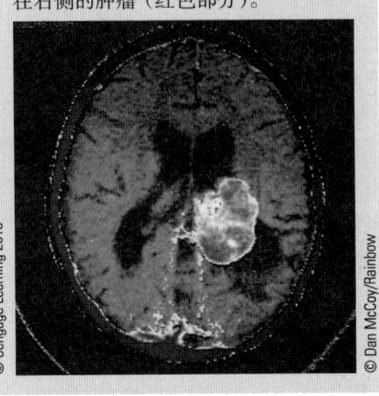

图 3-13　CT 技术

CT 扫描可以被用来研究大脑结构的不同部分。它们提供在水平切面上计算机加强的 X 射线。图 3-13 a) 病人的头部被定位在一个巨大的圆柱内。图 3-13 b) X 射线光束和探测器在病人的头部外旋转围绕，利用多重 X 射线扫描病人的脑水平切面。图 3-13 c) 电脑组合 X 射线生成大脑水平切面的图像。这种扫描显示出了一个在右侧的肿瘤（红色部分）。

样，神经科学家正使用 PET 扫描更好地定位那些处理不同心理活动的脑区（Gronholm et al., 2005；Perrin et al., 2005）。由于 PET 扫描监控化学过程，也可以被用来研究特定神经递质的活动。例如，PET 扫描已经帮助研究者确定安非他命是如何影响人脑多巴胺回路的活动（Oswald et al., 2005）。

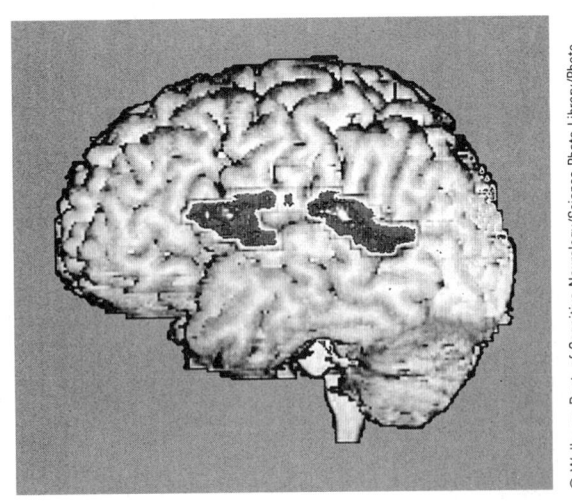

图 3-14　PET 扫描

PET 扫描被用来绘制大脑活动而不仅是大脑结构。它们提供了具有颜色标记的地图来显示随着时间的推移而高度活动的脑区。PET 扫描在这里定出两块高活动区域（分别被表示出红色和绿色），此时研究参与者正在做一个言语的短时记忆任务。

MRI（核磁共振成像）扫描用磁场、无线电波和电脑化加工提升来测绘脑部结构。核磁共振成像扫描比计算机断层扫描能提供更优质的脑部结构的成像（Vythilingam et al., 2005），产生了高分辨率的脑部三维图片。核磁共振成像扫描已经成功地帮我们深入了解抑郁症。例如，它们在确定抑郁症和海马体萎缩的关系上有着关键作用（Drevets, Gadde, & Krishnan, 2009）。功能性核磁共振成像（fMRI）是核磁共振成像的一种新变式，它可以监控脑部血流供应和氧气消耗来分辨活动强的区域（Mason, Krystal, & Sannacora, 2009）。这种技术令人为之一振，因为它类似 PET 扫描，可以测绘脑部一段时间内的活动，还具有大大提高的精度（见图 3-15b）。例如，利用功能性核磁共振成像扫描，研究者已经分辨出和可卡因成瘾带来的可卡因渴求（Duncan et al., 2007）、对爱人的思念（Cheng et al., 2010）、对形状和纹理的视觉辨认（Stylianou-Korsnes et al., 2010）以及和冒险性赌博决策（Tom et al., 2007）相关的脑活动模式。

用功能性核磁共振成像辅助的研究使得神经科学家更加赞叹于脑部结构的复杂性和相互依赖性。能够观察持续进行中脑功能的机会使我们认识到即便是简单、常规的心理活动都依赖于脑部数个甚至更多区域的协调活动（Raichle, 2006）。两种核磁共振成像技术都对最近数十年的行为研究极具价值。本章的专题研究就是一个调查男女脑部的神经回路是否不同的研究。

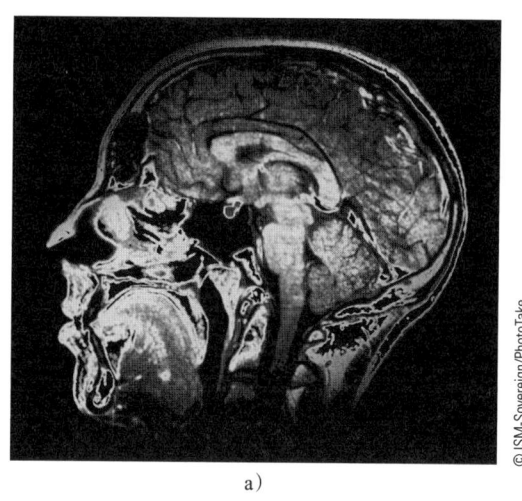 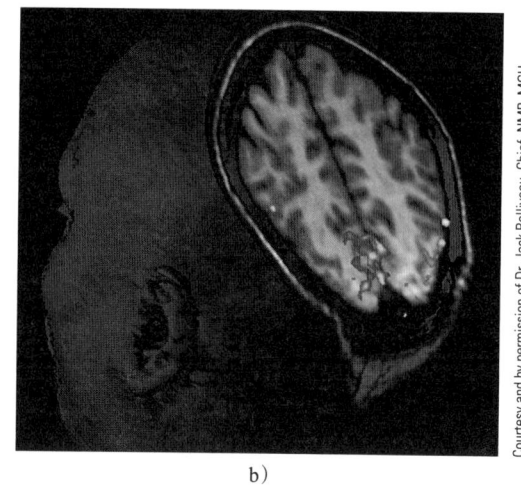

a)　　　　　　　　　　　　　　　　　　　　b)

图3-15　MRI和fMRI扫描

a）MRI扫描可以用来生成令人赞叹的高清脑结构图像。此处展示了左侧大脑垂直方向上的视图。b）如同PET扫描，功能性MRIs可以检测脑内的活血活动。这种图像显示出被一个闪光的视觉刺激激活的脑区。

性唤起的解剖学

男性和女性在性行为的典型模式上存在很多有趣的差别，正如你将在接下来的章节了解到的那样（尤其关注第10章）。两性间一个非常为人熟知的不一致便是男性比女性对视觉描写的性刺激更加感兴趣。很多理论家相信男性对于视觉性刺激的钟爱已经被进化的力量固定在脑部了。但是其他理论家认为这种性别差异可能是后天学习以及社会化的产物。我们展示的研究是利用功能性核磁共振成像技术来阐明这个复杂的问题所做的开创性工作。斯特潘·哈曼（Stepan Hamann）和他在埃默里大学的同事开始行动想看看他们能否找到对视觉性刺激反应两性差异的神经解剖学基础。基于已知的脑功能知识，他们假设男性可能比女性呈现出更强的杏仁核以及下丘脑活动，这两个区域被认为和情绪以及性驱动的调节有关（见图3-16）。

方法

被试。可能的被试都被预先筛选来确定他们是异性恋并且他们对视觉的色情刺激有唤起。显然，考虑到研究的目的，那些认为这些材料非常有冒犯性的人并不适合当这个研究的被试。这个研究的本质内容都会预先跟被试描述，所以他们能提供知情同意书。最终的被试群体由14名女性（平均年龄25.0岁）和14名男性（平均年龄25.9岁）组成。

实验材料。实验中将会呈现4种视觉刺激：①异性夫妻正在进行清晰性活动的图片；②有吸引力的异性作模特姿势的裸图；③没有进行性活动的穿着衣服的男性和女性的图片；④一个十字形的注视点，要求被试注视这个十字。这些性刺激都在前期的研究中被谨慎地筛选以确保女性被试会认为它们具有唤起性（色情图片一般都是迎合男性的，这会对结果产生误差）。

实验程序。刺激都在一些特制护目镜内的屏幕上呈现，以配合功能性核磁共振成像记录设备。被试被指导仔细地看每个刺激。每个刺激呈现都会对被试进行一次脑扫描并且被试也会对每个刺激在不同维度上评分。

结果

男性被试和女性被试都对两种性刺激的吸引力以及唤起能力反馈了相似的评价。大部分情况下，这些性刺激在男性和女性被试上引起了相似的脑激活模式。两种性别都表现出大致相同的和视觉加工、注意以及奖赏有关的脑区的激活。但是，排除了这些相同的因素后，研究者发现了一些重要的不同。正如所预测的那样，男性对性刺激的反应在下丘脑以及左右杏仁核处表现出比女性更强的激活。

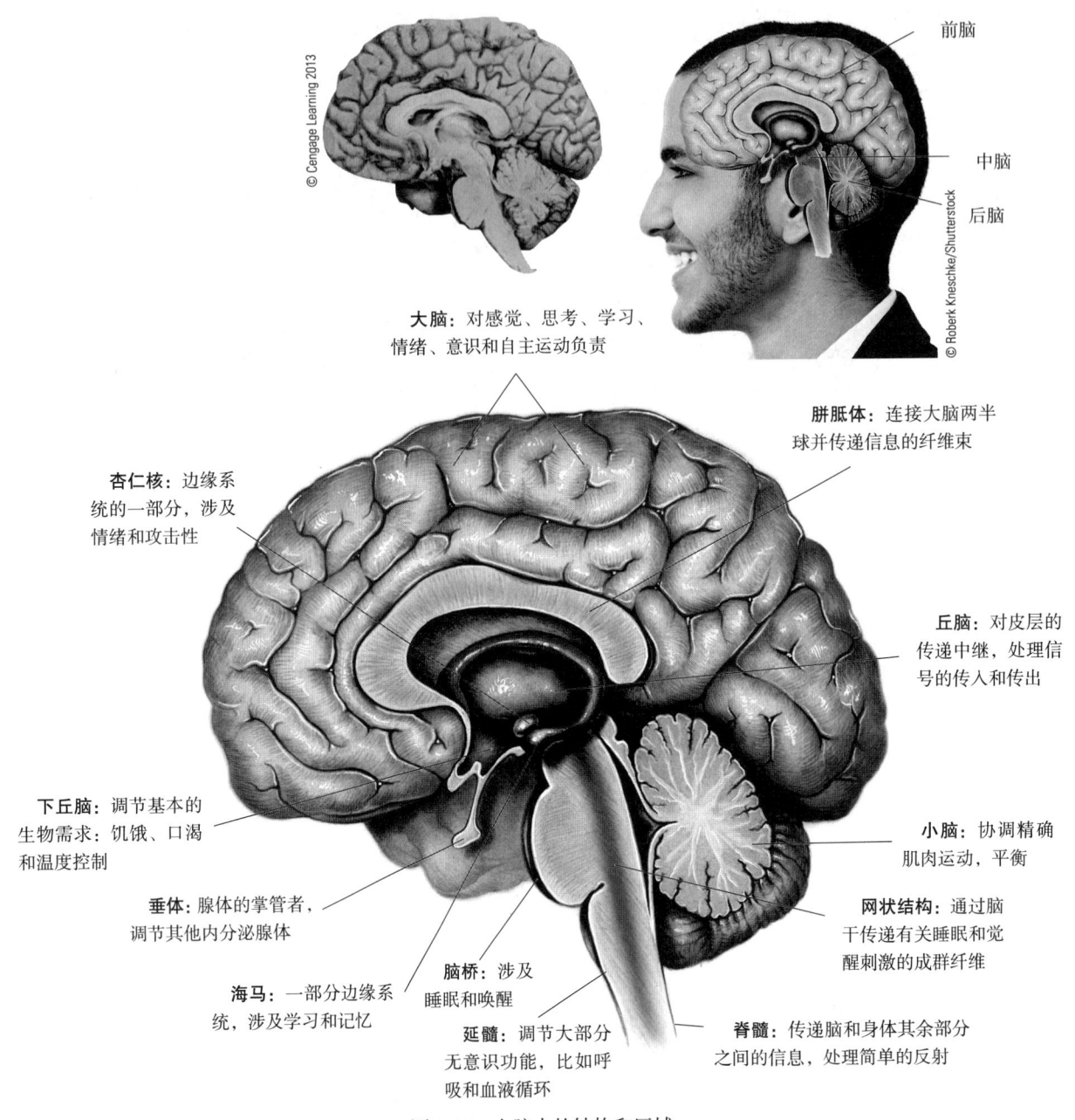

图 3-16 人脑中的结构和区域

（左上）这张人脑的照片显示出许多在本章中讨论到的结构。（右上）人脑可被分为三个主要的区域：后脑、中脑和前脑。这些子分区实际上对其他动物的脑而言更加有意义，对人则差些。在人脑中，前脑占了很大的部分以致剩下的两个分区显得如此微不足道。然而，后脑和中脑并不是微不足道的，它们控制了如此多的生命功能，比如呼吸、觉醒和保持平衡。（下图）这张人脑的横切图突出了关键结构和它们的一些首要功能，比如胼胝体，你将发现看这张图会很有帮助。

资料来源：© Cengage Learning 2013.

讨论

作者断言"现在的发现为视觉刺激在人类男性性行为中的作用更强提供了一个可能的神经基础"（p.415）。换言之，他们得出结论，他们的发现为男性和女性的大脑神经回路可能存在某些差异的想法提供了初步的支持。不过，他们很快就提出这种性别差异可能归因于基因（先天）或者经验（后天）。

评论

这个研究非常独特，因为它是一个有关新的脑成像技术是如何被应用到研究脑和行为关系中的特别有趣的研究。

科学依赖观察，科学家观察大脑能力的增强使得他们拥有更多的机会来探索脑部结构和功能是如何和心理现象联系起来的。对于神经科学来说，这是一个值得兴奋的时刻，我们对脑部认识的跃进可能已经近在咫尺了。

即使如此，我还是需要马上补充一下，脑成像技术遭遇技术性和解释性的难题远比广泛赞许多。由这些不可思议的精密仪器产生的极佳图像，表明这些图像对脑部结构和功能的测量远比它们的实际情况更精确、可靠以及清晰（Shermer，2008）。实际上，脑成像的程序，尤其是那些测绘脑功能的，仅仅提供了一个对发生在一个被试脑部活动的粗略估计。正电子断层扫描和功能性核磁共振成像扫描并没有直接测量神经活动。它们仅仅展示了和基线条件比较下一些代谢活动增强了的区域（在这个研究中，基线条件就是注视十字的时候）。"发亮"的区域在某种程度上依赖于所选取的基线（Uttal，2001，2002）。更重要的是，一个区域代谢活动的增强并没有被证明是这个区域在特定心理功能中具有关键作用（Sack et al.，2002）。

脑部扫描要求很多外行能力之外的技术决策，这可能影响得到的结果（Culham，2006；Wager，Hernandez，& Lindquist；2009）。这些难题以及其他的复杂情况可能解释了为什么脑部扫描研究的结果最终比科学家一开始预计的更不一致（Cabeza & Nyberg，2000；Dobbs，2005）。忽略这些警告，脑成像技术确实增强了我们深入了解脑部的能力，然而，就跟对其他任何研究一样，对这些研究的结果理应以审慎的眼光对待。

脑和行为

现在我们已经学习了一些脑部研究的技术，让我们来看看研究者已经发现的脑部不同区域的功能。

脑可以被分为三个主要区域：后脑、中脑和前脑。每个部分的主要结构都被列在图3-6中。你可以通过查看图3-16来确定这些区域在脑部的哪些位置。这些区域通过脑干可以很容易找到。脑干看起来就像它的名字一样形似一个花茎，而脑部的其他部分就像一朵椰菜花的花头在"盛放"。在脑干的下端，它看上去就像脊髓的延伸，它的上端则深藏于脑中。

我们将会从脑的下端开始，在这里脊髓和脑干汇合在一起。随着我们的继续学习，请关注脑部结构的功能是怎么从在下端的基本身体过程的调控变化到脑部上端"高级"心理过程的控制的。

后脑

后脑（hindbrain）包括小脑和两个在脑干下部的结构：延髓和脑桥。延髓和脊髓相连，控制大多无意识但是关乎生命的功能。这些功能包括血液循环、呼吸、保持肌肉张力和调控一些反射，比如打喷嚏、咳嗽和分泌唾液。脑桥（字面意思就是"桥"）包括充当连接脑干和小脑的桥梁的神经纤维。脑桥也包含数团参与控制睡眠和觉醒的细胞体。

小脑（意为小小的脑）是一个位于脑干背面相对较大而且盘曲折叠极多的结构。小脑在运动协调和平衡感或身体平衡方面极其重要（Mauk & Thach，2008）。虽然肌肉运动的实际指令来自更高级的脑部中枢，小脑实际上在组织感觉信息，指导这些运动的过程中发挥着关键作用。使你可以向身体一侧伸出手，然后流畅地把手指移动到鼻子上停下的正是你的小脑。这是一项很有用的对醉酒驾驶司机的路边测试，因为小脑是最先受到酒精抑制的结构之一。小脑的损伤会破坏精细运动技能如写字、打字或者演奏乐器。最近的研究显示，小脑对除了运动技能以外的其他功能的控制也有作用。令人惊奇的是，从小脑到前额叶的神经通路似乎参与到一些更高级的功能中，包括注意、计划和视知觉（Dum & Strick，2009）。

中脑

中脑（midbrain）是脑干的一部分，位于后脑和前脑之间。它包括一个与整合感觉过程相关的区域，如视觉和听觉（Stein, Wallace, & Stanford, 2000）。一个重要的、由释放多巴胺的神经元组成的系统起源于中脑，延伸到各种更高级的脑部中枢。除了其他功能以外，这个多巴胺系统和随意运动的能力相关。导致帕金森氏症症状的多巴胺合成的减少就是源于位于中脑的一个结构的退化（DeLong，2000）。

网状结构穿过后脑和中脑（见图3-16）。它位于脑干的中心位置，和肌肉反射、呼吸以及痛觉知觉的调控有关。然而，它最为人熟知的功能还是它调控睡眠和觉醒。网状结构中上行神经纤维的活动能促进觉醒（Steriade，2005）。

前脑

前脑（forebrain）是脑部最大、最复杂的区域，包含众多结构，如丘脑、下丘脑、边缘系统和大脑（见图

3-16）。丘脑、下丘脑和边缘系统构成了前脑的内核。三个结构的位置都靠近脑干的顶端。它们的上面是大脑，即复杂思维的中心。大脑充满褶皱的表面是大脑皮层——脑部的外层，看上去像花椰菜一样。

1. 丘脑：信息中转站

丘脑是前脑的一个结构，所有的感觉信息（除了嗅觉）都必须通过它才能到达大脑皮层（Sherman，2009）。这个中转站由许多细胞体核团构成。每个核团都负责传递感觉信息到大脑皮层的特定位置。然而，仅仅把丘脑当成一个被动的中转站将会是一个特大错误。丘脑也积极地参与到不同感觉信息的整合中。

2. 下丘脑：生物需求的调节者

下丘脑位于前脑的基底位置，参与到基本生物需求的调节中。下丘脑处于丘脑的下方（hypo意为"下面的"，表示下丘脑在丘脑的下面）。虽然它只有菜豆那样小，但是却含有大量有重要功能的各种细胞。其中一种功能就是控制自主神经系统（Card, Swanson, & Moore, 2008）。不仅如此，下丘脑也充当脑部和内分泌系统（分泌激素的腺体网络，我们将在本章稍后介绍）的关键联结。

下丘脑主要负责调节和生存相关的基本生物驱动力，包括所谓的"'4F's"：战斗（fighting）、逃跑（fleeing）、觅食（feeding）和"交配"（mating）。例如，当研究者损毁了动物下丘脑的侧面区域（边缘），它们就失去了进食的兴趣。它们必须通过静脉注射来摄取食物，否则即使周围有大量的食物也会挨饿。与此相反，用电刺激（ESB）来激活外侧下丘脑，动物会不停地进食，体重暴增（Grossman et al., 1978；Keesey & Powley, 1975）。这些结果不一定意味着外侧下丘脑就是脑部的"饥饿中心"，但显然下丘脑参与到饥饿感和其他基本生物过程，包括渴感、性驱动和体温调节的控制中（Card et al., 2008）。

3. 边缘系统

边缘系统（limbic system）是一个连接松散的脑部结构网络，大致沿着大脑皮层和更深的皮层下区域的边界分布（因此用"边缘"形容，意为边界）。边缘系统最早由Paul MacLean（1954）描述，它并不是一个严格定义的解剖学系统，并没有明确的边界。确实，科学家也争论它包括哪些结构（Van Hoesen, Morecraft, &

这些人的大脑的哪些区域被激活了？

Semendeferi, 1996）。广义上，边缘系统包括下丘脑、海马体、杏仁核、嗅球和扣带回。它参与到情绪、记忆和动机的调节中。

海马体及其相邻的结构在记忆过程中有着明显的作用（Shrager & Squire, 2009）。一些理论家相信，海马区负责巩固事实信息的记忆（Dudai, 2004）。巩固涉及信息到可持续记忆编码的转变。

类似地，也有充足的证据把边缘系统和情绪的体验联系起来，但是确切的调控机制并没有被研究透彻。最新的证据表明，杏仁核可能在习得恐惧反应和其他基本情绪反应过程中发挥着核心作用（Phelps, 2006；LeDoux, Schiller, & Cain, 2009）。边缘系统也是脑部中富含情感色彩的"快感中心"众多区域中的一个。这个有趣的发现最先是在对老鼠的脑刺激研究中偶然获得的。James Olds和Peter Milner（1954）发现，当他们偶然地在老鼠脑部的某个特定位置植入电极后，老鼠会反复地按杠杆装置来获取短暂的电刺激（见图3-17）。令他们大为惊讶的是，老鼠不停地跑回来为这个区域施加更多的电刺激。后续的研究显示，老鼠和猴子会以每小时数千次的频率来按杠杆以刺激某个脑区，直到它们偶尔由于筋疲力尽而崩溃。尽管实验者不可能问动物有关这个过程，他们推测动物在经历某种快感。

脑部有很多自我刺激的中心，大部分都在边缘系统中（Olds & Fobes, 1981）。最集中的似乎位于前脑内侧神经束（一束轴突）穿过下丘脑的地方。前脑内侧神经束富含释放多巴胺的神经元。电刺激的奖赏作用可能主要由这些多巴胺回路的活动调控。鸦片和兴奋性药物（可卡因和安非他命）的快感似乎也有一部分来自这个多巴胺系统的激活（Wise，1999，2002）。最新的证据表明脑部所谓的"快感中心"可能更多的是释放多巴胺的神经回路而不是解剖学上的中心。

4. 大脑：复杂思维的中心

大脑是人类脑部最大以及最复杂的部分。它包含负责最复杂的心理活动如学习、记忆、思考和意识自身的脑部区域。**大脑皮层**（cerebral cortex）是高度复杂折叠的大脑外表层。它有无数的盘曲褶皱使得它虽然拥有巨大的表面积（1.5平方英尺[⊖]）却能被空间有限的头盖骨包裹（Hubel & Wiesl，1979）。

大脑被分为两个半球，因此**大脑半球**（cerebral hemispheres）就是指大脑的左右两半（见图3-18）。大脑两个半球被一个从脑的前部延伸到后部的纵行裂隙分开。这个裂隙向下止于厚厚的一条神经纤维，名为胼胝体（见图3-18）。**胼胝体**（corpus callosum）是连接两个大脑半球的结构（我们将会在本章的下一小节讨论大脑半球的功能特化）。每个大脑半球都有4个叶，在某种程度上，每个叶都负责特定的功能，这些叶的位置可以在图3-19中看到。

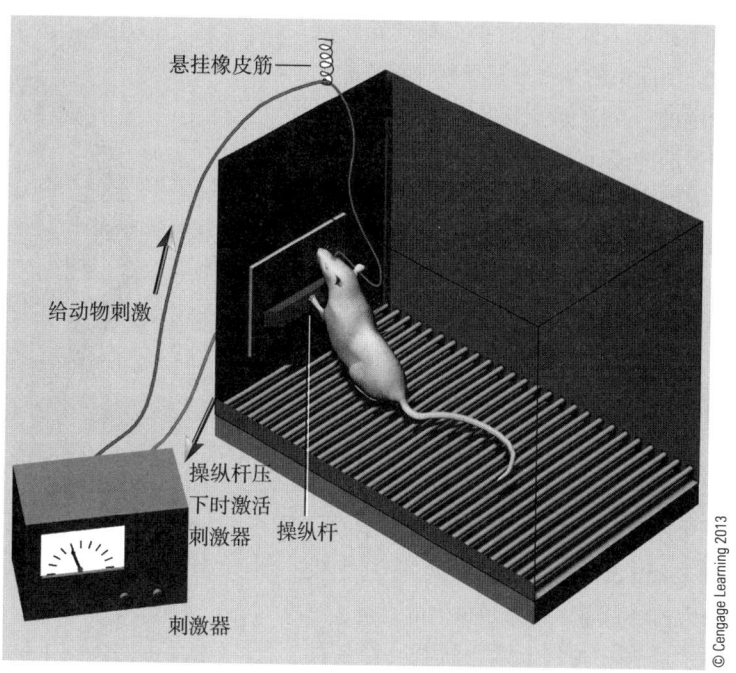

图 3-17 对大鼠的脑电刺激（ESB）

Olds 和 Milner（1954）使用了类似如图描绘的装置，他们发现了老鼠脑内的自我刺激中心或"愉悦中心"。在这个设备里，在老鼠脑部的某个特定位置植入电极后，老鼠会按下操纵杆来获得一个短暂的电流刺激。

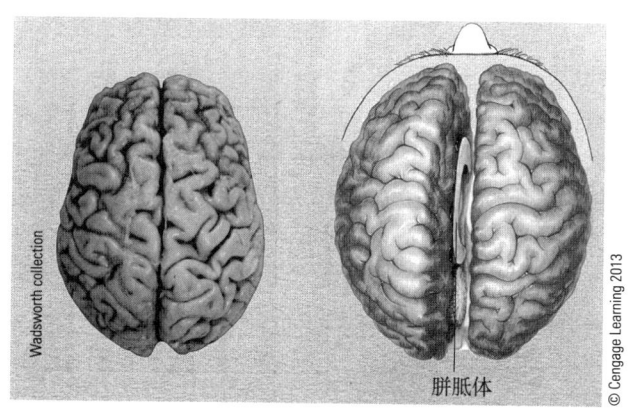

图 3-18 大脑半球和胼胝体

（左图）如照片所示，（从上面看）大脑中间有一条纵向分隔开左右大脑皮层半球的组织。（右图）在这幅图里，大脑半球被"拉开"来显示胼胝体。这种联络纤维会起到人脑左右半球的交流桥作用。

枕叶在头的后部，包含接收和开始处理大部分视觉信号的皮层区域，这个区域被称为初级视觉皮层，我们将会在第4章讨论它的结构。

顶叶在枕叶的前方，包含感受触觉的初级躯体感觉皮层的区域，这个区域的不同部分接收来自身体不同区域的信号。当这些顶叶区域受到电刺激时，人们会报告身体有感觉，例如，似乎有人真的触摸他们的手臂或者面颊一样，顶叶也参与整合视觉信息输入和监控身体的空间位置。

颞叶（颞意为"靠近太阳穴"）位于顶叶之下。它的上半部分包含专门负责处理听觉的区域，称为初级听觉皮层。正如我们稍后会看到的那样，脑部左侧颞叶的某个区域受损会损害对说话和语言的理解。

继续往前，我们将会看到额叶——人类脑部最大的叶区。它包含控制肌肉运动的主要区域，称为初级运动皮层。这些区域受到电刺激会产生实际的肌肉收缩。运动皮层控制身体各部分的区域大小并不取决于每个部分的体积而是由它们运动的多样性以及精细度决定的。因此，我们需要精细控制的身体部分如手指、嘴唇和舌头，获得的皮层区域更多。负责大而运动比较粗糙的身体部分，如大腿和肩膀的皮层区域更少（见图3-20）。

一个位于初级运动皮层前侧的区域是20世纪90年代中期偶然发现的"镜像神经元"所在之处。一个意大利的研究团队（Gallese et al.，1996）当时正在记录猴子

⊖ 1平方英尺 =0.09 903平方米。

伸手抓取不同物体时单个神经元的活动。团队中的某个成员偶然伸手捡起实验中的一个物体，令他大为惊讶的是，猴子的神经元也激活了，与它之前自己捡起这个物体时的活动一样。研究者继续研究，在额叶找到了很多这种神经元，它们被命名为镜像神经元。**镜像神经元**（mirror neurons）是执行一个动作，或者看到另一只猴子、另一个人执行相同动作时，被激活的神经元。

研究者用功能性核磁共振成像扫描发现人类也有镜像神经回路，存在于额叶和顶叶（Iacoboni & Dapretto，2006；Rizzolatti & Craighero，2004）。这个发现为神经科学家带来了极大的兴奋，它似乎能够在神经元水平提供一个新的模型来理解复杂的社会认知。最新的研究显示，镜像神经元可能在新运动技能的习得过程和模仿他人中起着根本性的作用（Buccino & Riggio，2006；Rizzolatti，2005），而这些过程对人的发展极为关键。它们也能促进对他人意图的理解以及与他人产生共情（Kaplan & Iacoboni，2006）。因此，镜像神经元的偶然发现可能在未来几年对脑与行为研究有着戏剧性的影响。

在运动皮层前面的那部分额叶区是一个神秘的区域，被称为前额叶（见图3-19）。人类的这个区域不成比例地大，占据了大脑皮层的1/3（Huey, Krueger, & Grafman，2006）。在这种情况下，前额叶一度被认为掌握着最高级、最抽象的智能功能。然而，这种观点最终被摒弃，因为它太过简单化了。不过，最新的研究仍然表明，前额叶的确促进了非常多高级功能的行使，这些功能包括工作记忆，即处理当前信息的一个暂时性的缓冲器（Sala & Courtney，2007）；物体和事件之间关系的推理（Knowlton & Holyoak，2009）；还有多种类型的决策（Summerfield & Koechlin，2009）。它对工作记忆以及关系推理的作用使得一些理论家提出前额叶掌握某种"执行控制系统"。这个系统被认为可以监控、组织、整合并且指导思维过程（Beer, Shimamura, & Knight，2004；Kane & Engle，2002）。然而，这个理论还需要更多论证，因为前额叶和其他很多特定功能的子区域组成一个巨大的脑功能模块，它的很多具体功能仍然在研究当中（Miller & Wallis，2008）。

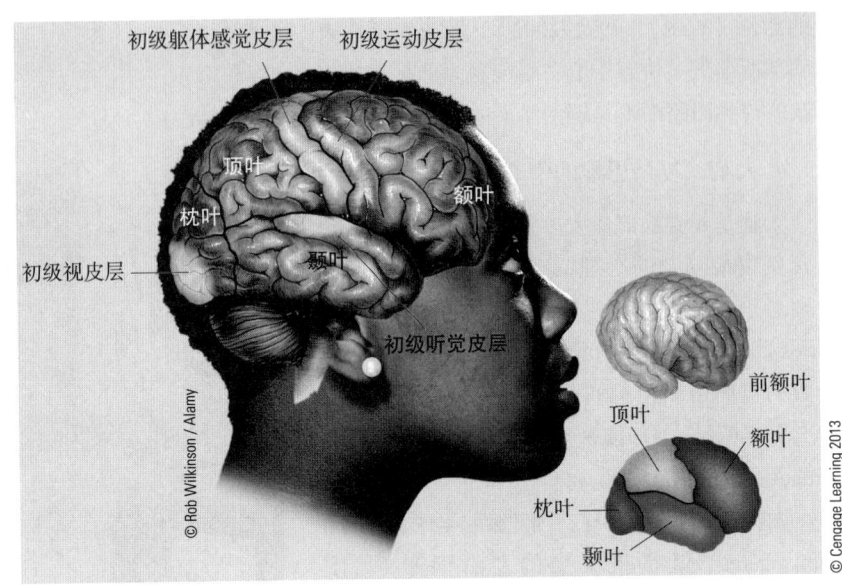

图 3-19　人的大脑皮层

大脑皮层被分为左半球和右半球，称为皮层半球。这幅图展示了一个右半球的图示。每一个大脑半球可以被分为四叶（如下图高亮部分）：枕叶、顶叶、颞叶、额叶。每一叶都有处理特定功能的区域，比如视觉处理区域。前额叶的功能有点神奇，但它们似乎包括工作记忆和关系推理。

脑的可塑性

人们一度认为脑部的解剖结构以及功能组织的显著改变只会发生在人类和其他动物发展的早期。然而，研究逐渐阐明，脑部的解剖结构和功能组织远比我们想象中的"可塑"或者可锻炼（Kolb, Bibb, & Robinson，2003；Pascual-Leone，2009）。这个结论是基于几个系列的实验得出的。

首先，许多研究表明，经验的很多方面都能对脑部结构形态的塑造产生实质性的影响。例如，脑成像研究已经表明，经常用左手手指来拨弦的音乐家，他们体感皮层的一个接收左手手指信号输入的区域会更大（Elbert et al.，1995）。与此类似，让被试用3个月的时间来练习并掌握一套杂耍动作，脑部某个已知的负责处理视觉以及运动任务的区域会发生结构性的改变（Draganski et al.，2004）。研究者也发现，与生长于沉闷的、贫乏的环境中的老鼠相比，那些生长于刺激性的、素材丰富的环境中的老鼠的脑部树突数量会更多，突触密度也更大（Van Praag, Zhao, & Gage，2004；见本章的批判性思维应用部分）。

其次，研究已经表明，感觉输入通道的受损或者脑部组织的破坏会导致神经结构的重新组织。例如，当科学家截去一只夜猴的第三根手指，原本对应这根手指的皮层区域逐渐变为对应第二根或者第四根手指的区域（Kaas，2000）。还有正常人脑部负责视觉加工的视觉皮层，在盲人中也会被重新分配到辅助处理语言（Amedi et al.，2004）。在对受损伤脑的研究中，神经重组也发现，那些受损神经元附近没有受损的神经元会尝试弥补它们的损失（Cao et al.，1994；Lipert et al.，2000）。

再次，一些研究也发现，成人的脑部也能够产生新的神经元。直到不久以前，人们还一直认为脑部最晚在婴儿时期就已经产生了全部的神经元。**神经发生**（neurogenesis）新神经元的形成被认为不会在成人身上发生。然而，研究最终有力地阐明成人可以在嗅球和海马体产生新的神经元（DiCicco-Bloom & Falluel-Morel，2009）。而且，Elizabeth Gould（2004）和她的同事成功地观察到成年猴子每天在海马体的齿状回产生数以千计的神经元。基于海马体在记忆功能中的重要地位，一些研究者相信神经发生可能会促进学习过程（Leuner，Gould，& Shors，2006；见第7章）。

总的来说，研究表明脑部并非像电脑硬件那样地存在。脑部神经回路十分灵活并且一直在进化中。虽然这么说，但这种可塑性不是无限的。那些经历过严重脑部损伤的人的康复尝试清晰地阐明脑部神经线路的自我重新构建程度是有限的（Zillmer et al.，2008）。很多证据也表明脑部可塑性会随着年龄增大而衰减（Rains，2002）。更年轻的脑比年长的更加可塑。然而，脑部的神经回路还是展现出可观的可塑性，这确实能帮助有机体适应他们的环境。

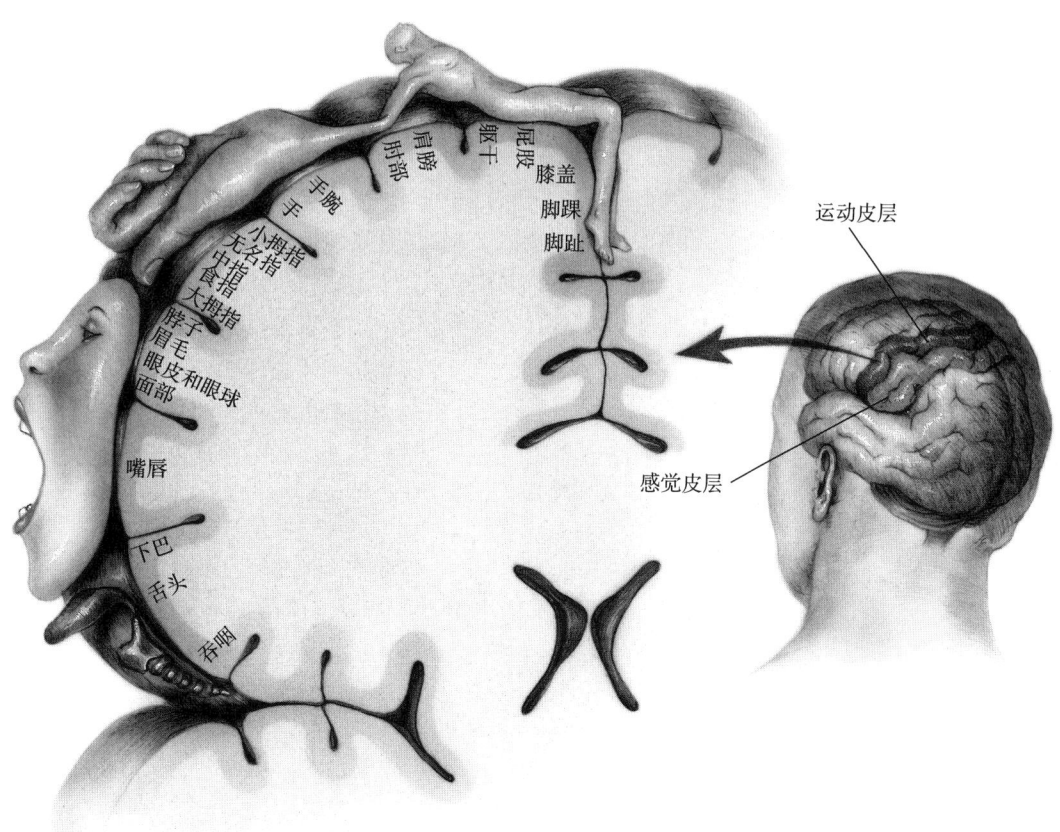

图 3-20 初级运动皮层

这幅图展示的是运动皮层分配给控制不同肌肉和肢体的量级。和解剖学的特征并不成比例，因为它们的大小与皮层对对应部分的控制是等比例的。正如你所看到的，很多皮层被分配去控制肌肉群，这样肌肉群的运动就会更加精确。

资料来源：© Cengage Learning 2013.

左脑 / 右脑：大脑的单侧性

正如之前部分所述，大脑（复杂思维的控制中心）被分为两个分开的半球（见图3-18）。一系列令人兴奋的左右半脑特异化功能的研究在最近几十年出现。一些理论家也走得非常远，提出我们一个大脑里面拥有两个脑！

关于半脑功能特化的征象早已有之，尤其从单侧脑受损人的案例中可见。左半脑早在1861年就被一个法国外科医生保罗·布洛卡（Paul Broca）指出负责控制语言。布洛卡当时正在治疗一个30年无法说话的病人。在那位病人去世以后，布洛卡发现这种语言功能的缺陷可能是由于左侧额叶区的一个局部区域损伤造成的。从那以后，很多相似的个案也显示脑部的这个区域（现在被称作布洛卡区）在语言的产生过程中扮演着重要的角色（见图3-21）。另一个主要的语言中枢（威尔尼克区）在1874

年被发现位于左半脑颞叶区。威尔尼克区的受损（见图3-21）通常会引发语言理解的问题。

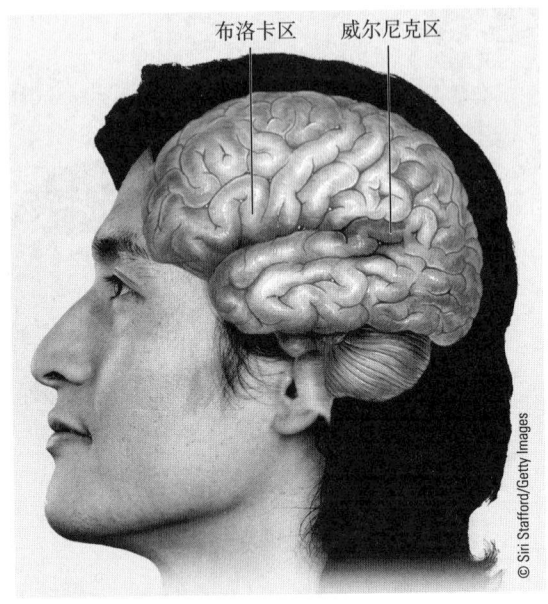

图3-21　脑中的语言处理

这幅左侧半脑图高亮出两处语言处理中心：负责语言产生的布洛卡区和涉及语言理解的威尔尼克区。

资料来源：© Cengage Learning 2013.

左脑通常负责处理语言，这些证据使得科学家把它描述为"优势的"半脑。因为思维通常用语言的方式来编码，左脑因此得到最多的声誉，凭借被认为是负责"更高级"的心理过程，如逻辑推理、记忆、计划和问题解决。同时，右脑被认为是"劣势的"或者"没有发言权"的半脑，缺少任何特殊功能或者能力。

对于左右半脑在脑部的主要、次要地位的划分在20世界60年代开始改变。这始于罗杰·斯佩里、Michael Gazzaniga和他们的同事对"裂脑"病人的标志性研究，这些病人的左右半脑被外科手术所断开（Gazzaniga, 1970；Gazzaniga, Bogen, & Sperry, 1965；Sperry, 1982）。1981年，斯佩里因为这项成就被授予诺贝尔生理学或医学奖。

切开脑部：裂脑研究

在**裂脑手术**（split-brain surgery）中，联结左右半脑的神经纤维束（胼胝体）被切断以减弱癫痫症状。这是一种极端的措施，只在一些罕见的个案中，是其他形式的治疗无效时的最后治疗方法（Wolford, Miller, & Gazzaniga, 2004）。然而这种手术为科学家提供了一个难得的机会来研究那些脑部真正分为两部分的人。

要理解裂脑研究的逻辑，你要先弄清楚感觉和运动信息是如何传入以及传出大脑半球的。每个半球主要联结身体的另外一侧。因此，左脑控制右手、右臂、右腿和右眼睑等并且与之进行信息交流。相对地，右脑控制身体的左侧并与之进行信息交流。

视觉和听觉更加复杂。每只眼睛都要传递信息到两个半脑，但这种信息输入仍然存在分隔。视野右半部分的刺激由每只眼左侧的感受器负责记录，它们只会把信息传到左脑。视野左半部分的刺激则由每只眼睛右侧的感受器传到右脑（见图3-22）。每只耳朵的听觉输入都会传到两个大脑半球，但是耳朵和对侧半脑的联结会更强或更迅速。

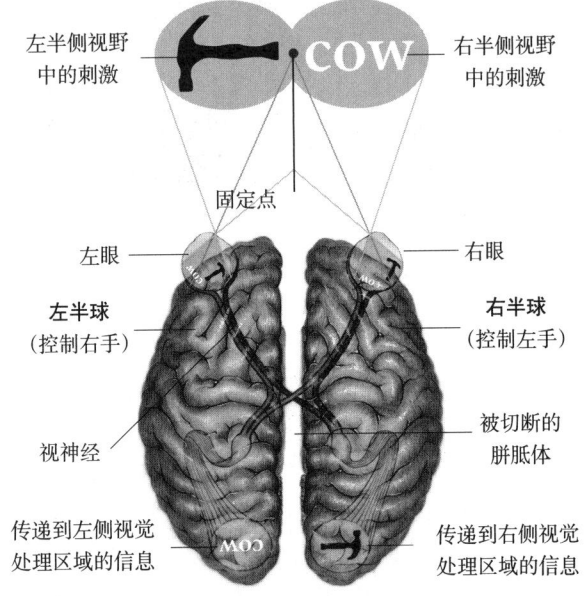

图3-22　裂脑的视觉输入

如果一个参与者盯着一个固定点，那么这个点就会把被试的视野分为左右两半。右侧视野输入的信息（本例中是COW这个词）输入到每只眼左侧，然后被发射到左半球。从左侧视野输入的信息（本例中是一个锤子的图片）则输入到每只眼睛的右侧，再被发射到右半球。通常情况下，半球共享来自两半侧视野的信息，但是在裂脑病人身上，胼胝体被切断，这两侧半球无法交流。因此，实验人员可以一次只呈现给一个半球视觉刺激。

资料来源：© Cengage Learning 2013.

大部分情况下，人们不会注意到这种不对称的、"十字交叉的"组织结构，因为大脑两个半球之间的交流十分密切。然而，当这两个半球遭到外科手术断开联结时，脑部功能的特化会变得尤为显著。

在加扎尼加、伯根和斯佩里对裂脑病人的经典研究中，他们向被试快速地在单个视野（左侧或者右侧）呈现一些视觉刺激，如图片、符号和词语，使得这些刺激只能传到大脑的一侧。被试要盯着眼前屏幕中央的一个注视点（一个小斑点），刺激会被投射到屏幕上（见图3-23）。

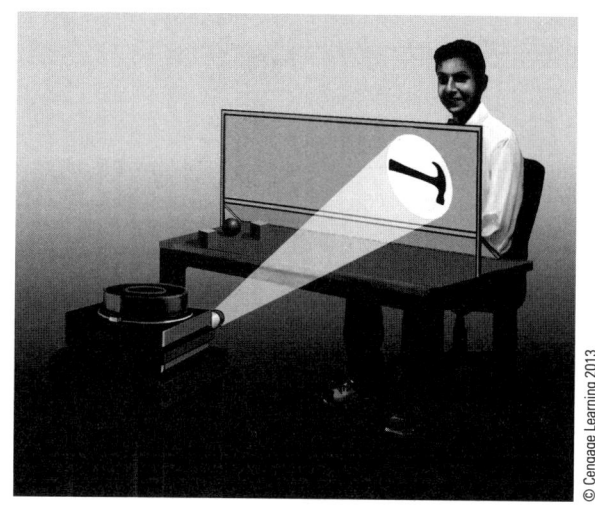

图 3-23 裂脑研究的实验装置

左侧是一个特别的幻灯投影，可以在被试的双眼移动变化视野之前快速地呈现图像。图像被投影在屏幕的一侧，来向一个半球呈现刺激。装置在屏幕下方的部分被用来阻止参与者看到他们可能被要求去用右手或左手处理的物体，这是另外一个被用来将信息传递到单独一个半球的过程。

当图片在右视野出现并被传到左脑时，裂脑病人可以说出并描述这个物体（如一个杯子或者汤匙），但是当同样的刺激呈现在左视野并被传到右脑时，被试不能说出或者描述它们。与此相同，当一个物体被握在右手中且无法看到时（信息传输到左脑），被试可以说出它的名字，不过，同样的物体被握在左手时被试却无法叫出。这些发现支持了语言中枢位于左脑的观点。

虽然裂脑被试的右脑无法自己表达，但是进一步的研究揭示它的确在处理被呈现的信息。如果被试被要求指出他们握在手里物体的图片，他们是能够做到的，他们也可以指出呈现在左视野的图片。不仅如此，右脑（控制左手）比左脑（控制右手）在组装小拼图或者临摹图画时更有优势，即使他们是右利手的。这些发现第一次强有力地阐明右脑也有它的独特天赋。接下来对更多裂脑病人的研究显示，右脑比左脑更擅长很多视觉-空间任务，包括分辨颜色、整理木块和面孔识别。

完整大脑的半脑功能特化

显然，裂脑手术的问题在于它创造了一个异常的情形。我们大部分人却都是"神经学上完整的"。不仅如此，这个手术只在那些遭受了长期、严重的癫痫病例中实施。甚至，可能这些病人在手术之前脑部结构就是颇为不正常的。加上裂脑病人的数量一向很少；只有10个裂脑病人被深入地研究过（Gazzaniga, 2008）。因此，理论家忍不住会思考到底从裂脑研究得到的结果扩大到一般情况下是否足够严谨。因此，研究者开发出很多方法，来使他们可以研究完整大脑的脑功能特化。

一个方法就是观察**知觉不对称**（perceptual asymmetries），即左右半脑在视觉或者听觉加工速度上的左右侧不平衡。正如刚才所说的那样，我们能让视觉刺激每次只呈现在一侧视野中。正常个体中，传到每个半脑的信息很快就会被共享到另一个半脑。但是，两个半脑"能力"上的细小差异可以凭借精确测量被试辨认不同类型刺激所需时长来检测出。

例如，当言语刺激呈现在右视野中时（因此首先传到左脑），它们会比呈现在左视野（首先传到右脑）更快地被识别。根据假设，左脑更快的反应是因为它本身可以识别言语刺激，但右脑则需要花费一段时间来"咨询"左脑。相对地，右脑在一些视觉-空间任务上，如定位一个圆点或者面孔识别等，比左脑快（Bradshaw, 1989；Bryden, 1982）。

研究者也使用很多其他方法来探究正常人的半脑功能特化。这些研究大部分都很好地与裂脑研究的结果一致（Reuter-Lorenz & Miller, 1998）。总体来说，这些发现表明左右两个半脑存在功能的特化，各自比对方更擅长处理特定类型的认知任务（Corballis, 2003；Gazzaniga, 2005；Springer & Deustch, 1998）。左脑通常更擅长言语加工任务，如语言、说话、阅读和写作。右脑在很多涉及非言语加工的任务，如大部分视觉-空间和音乐任务或者那些涉及感知他人情绪的任务上更有优势。

半脑的功能特化并不只在人类身上存在，在其他很多物种身上都可以观察到（Vallortigara & Rogers, 2005）。虽然这个对比有些复杂，但是似乎人类比其他物种展现出更多的大脑功能特化。理论家推测，从进化的角度看大脑的功能特化具有适应性，因为它可以增加脑部的神经元容量（Hopkins & Cantalupo, 2008）。有趣的是，当研究者统计人类半脑功能特化优势的人际差异时发现，较弱的单侧性和某些特定的不良后果之间存在相关。例如，较弱的单侧性和较低的智商分数（Corballis, Hattie, & Fletcher, 2008）以及更高的精神分裂症易感程度（Spironelli, Angrilli, & Stegagno, 2008）相关。然而这些启发性的相关仍然需要更多的研究来支持。

半脑的功能特化是一个有趣的研究领域，它涉及很多方面，这些我们将在个人应用的部分进一步探讨。现在，先让我们离开脑部，把目光转向内分泌系统。

内分泌系统：信息交流的另一种方式

脑部和身体其他部分的信息交流主要是通过神经系统。然而，我们身体的第二种交流系统也对我们行为有着重要的作用：内分泌系统。**内分泌系统**（endocrine system）由腺体组成，这些腺体通过分泌化学物质进入血液来帮助控制身体功能。这个信息交流网络的信使被称为激素。**激素**（hormones）是内分泌腺分泌的化学物质。从某种意义上说，激素如同神经系统的神经递质，充当化学信使，被储存起来预备将来释放。一旦被释放，它们会随着血液扩散并结合到靶细胞的特殊受体。实际上，一些化学物质可以有两种功能，当它们被内分泌系统释放时充当激素，而当它们在神经系统中释放时充当神经递质（例如，去甲肾上腺素）。但是，激素和神经递质之间仍然存在重要的区别。神经系统信息一般是在短距离内以极快的速度（毫秒量级）沿着特定的通道传递。相反，内分泌系统信息通常以较慢的速度（以秒和分钟为单位计算）运输到远距离的细胞，并且往往特异性稍弱，可以作用在身体很多部分的靶细胞上。

图 3-24 展示了主要的内分泌腺。一些激素作为身体状态改变的反应被释放，用以调控那些状态。例如，胃和肠分泌的激素可以帮助控制消化过程，肾脏的激素参与到血压调节中，胰脏的激素（胰岛素）对细胞消耗血糖的过程极其重要。激素释放是一个脉冲式的过程，每天分泌几次，每次都是在几分钟内的一阵猛烈释放。很多激素的水平都是在一天内节律性地上升和下降。

内分泌系统大部分通过下丘脑受到神经系统的控制（Gore, 2008）。这个结构位于前脑的基底区域，和豌豆大小的脑下垂体紧密联结。**脑下垂体**（pituitary gland）能释放多种激素，这些激素在身体各部分扩散，刺激其他内分泌腺的活动。在这种情况下，垂体称为内分泌系统的"主人腺体"，虽然下丘脑才是这个领土背后真正的掌权者。

神经系统和内分泌系统的相互结合在之前所述的战斗-逃跑反应有所体现。在应激的时刻，下丘脑沿着两个通道传输信息（通过自主神经系统和通过脑下垂体）到达肾上腺（Clow, 2001）。作为反应，肾上腺分泌所谓的"应激激素"扩散到整个身体，使其为紧急事件做准备。

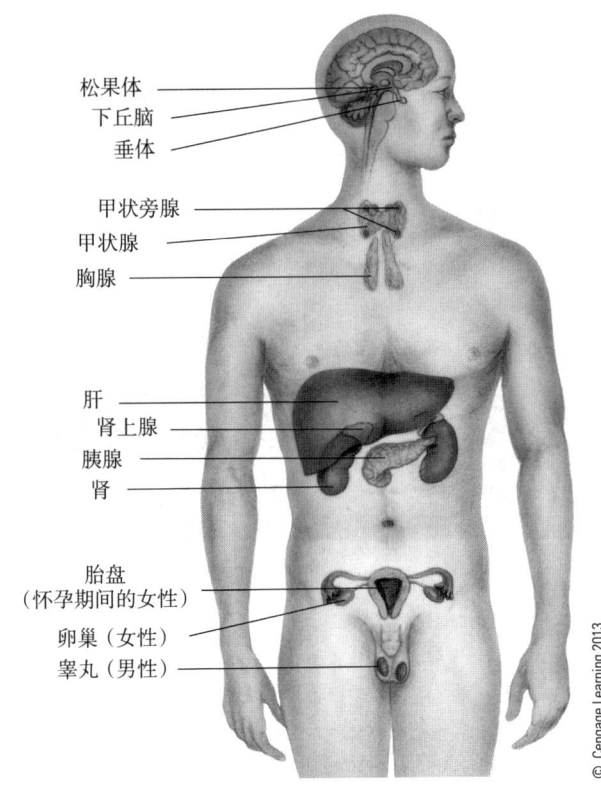

图 3-24　内分泌系统

本图呈现了主要的内分泌腺体。内分泌腺体分泌激素到血管中。这些化学物质调节各种生理功能来影响行为的许多方面。

当前研究感兴趣的主题集中在**催产素**（oxytocin）（一种脑下垂体分泌的激素，可以调节生育行为）的作用。催产素早已为人所知的功能是：当妇女分娩时诱发宫缩以及刺激乳腺分泌乳汁来预备哺育（Donaldson & Young, 2008）。但是，较新的研究表明这种激素对一些复杂的社会行为有着深远的影响。

例如，一系列广泛的研究指出，催产素能促使很多哺乳类动物成熟个体之间的配对联结关系形成（Lim & Young, 2006），一些初步的研究也表明人类中可能也会存在相似的效应（Bartz & Hollander, 2006；Donaldson & Young, 2008）。在一个研究中，男性被试参与一项要求他们尽量从微小的社交线索中推测他人心理状态的任务，来测量他们的共情程度。当被试在进行这项"读心"任务之前吸入催产素的喷雾时，他们的表现会显著地提升（Domes et al., 2007）。另一个实验发现催产素能提升男性看到情绪化场景的图片时的共情水平（Hurlemann et al.,

2010）。

最新的研究也发现催产素能促进人与人之间的信任。在一个有趣的实验中，男性学生参与一个投资谈判的模拟场景，这其中"投资者"可以把他们投资本钱的一部分给予一位"受信托人"，这将使得这部分金钱增加到 3 倍，但是之后他们只能寄望于受信托人会适当地把一部分投资还给他们（Kosfeld et al., 2005）。在参与模拟场景之前吸入催产素喷雾的投资者会比控制组被试更信任受信托人并且愿意投资更多的金钱。其他研究也得到催产素和信任行为的相关（Morhenn et al., 2008；Zak, Kurzban, & Matzner, 2005）。

激素也能帮助调节人的生理发展。例如，促性腺激素是垂体释放的一种有趣激素，它能影响生殖腺，或者性腺。在出生之前，这些激素会指导发育中的胎儿外生殖器的形成（Gorsik, 2000）。因此，你作为男性还是女性的生理性别由这些激素的作用在出生前被塑造。从青春期开始，性激素水平的上升引发了第二性征的出现，如男性的胡子和女性的乳房发育（Susman, Dorn, & Schiefelbein, 2003）。其他激素的作用促使青春期身体发育的暴增（见第 11 章）。

激素对发育过程的这些作用阐明了基因编码是如何成为一只调控行为的"看不见的手"。显然，塑造你性别的激素活动是由基因型决定的。类似地，青春早期的激素水平变化引发身体发育暴增还有性欲的唤起，这些都由你的遗传基因在十几年以前编码好。这使得我们必须将目光转向遗传在塑造行为过程中的角色。

遗传和行为：一切都由基因决定吗

正如你在本章之前所学到的那样，生物构成和个体行为密切相关。这就是为什么塑造了你的生物构成的遗传基因可能会与你的行为大有关系。大部分人意识到身体特征如身高、发色、血型和眼虹膜颜色主要都由遗传决定。但是心理特征如智力、喜怒无常、冲动还有害羞呢？人们的行为特征在多大程度上被他们的基因所定型？这些问题都是行为遗传学，即一个研究遗传因素对行为特征影响的跨学科研究领域。

在第 1 章中我们提到，关于遗传和环境相对影响力的问题在心理学中由来已久。但是，自 20 世纪 70 年代以来，行为遗传学的研究经历了飞跃性的发展，并且这方面的研究也已经为古老的先天后天争论带来了新的启发。稍稍具有讽刺意味的是，虽然行为遗传学主要是想阐明遗传对行为的影响，但是他们最近的工作也注重环境的影响。我们将会在这一部分看到。

研究暗示催产素这种被脑垂体分泌的激素可能帮助形成人类的共情和信任。

遗传的基本原理

你身体里的每个细胞都包含有源自你父母的持久信息。这些信息存在于每个细胞的细胞核内的染色体上。

1. 染色体和基因

染色体（chromosomes）是拧成一股的 DNA（脱氧核糖核酸）分子，携带着基因信息（见图 3-25）。人类体内的每个细胞，除了生殖细胞（精细胞和卵细胞），都含有 46 条染色体。这些染色体分为 23 对，每对染色体中的一条都由父母中的一方贡献。这个过程通过卵细胞的受精过程来完成，最终形成一个受精卵。**受精卵**（zygote）是一个由精子和卵细胞融合形成的细胞。每个形成受精卵的生殖细胞都携带这 23 对染色体，它们一起贡献了受精卵以及由它分裂而来的身体所有细胞中的 46 条染色体。每条染色体依次包含数千个名为基因的生物信使。**基因**（genes）是 DNA 的片段，充当遗传信息传递的关键功能单位。

如果所有的后代都是由父母的生殖细胞融合而形成的，为什么并非所有的家庭后代都是相同的克隆体？原因在于单对父母的生殖细胞能形成异乎寻常多的染色体组合。当一方产生生殖细胞时，每对染色体中的每一条都有概率进入精细胞或者卵子。因此每位父母的 23 对染色体都能随机地形成超过800万种（2的23次方）组合，并且当精细胞和卵子融合时能出现大约7000万亿种（2的46次方）不同的染色体组合。实际上，这仅仅是一个保守的估计，并没有把另一些复杂情况考虑进去，包括基因突变（基因编码的改变）和生殖细胞形成过程中的交叉互换（染色体间的物质互换）。因此，基因遗传是一个充满可能性的过程。除了同卵双生子，每个人最终都携带着独特的基因图谱。

像染色体一样，基因也是成对存在的，每对中的一个都从父母中的一方得来。在**纯合子基因型**（homozygous condition）中，特定的一对基因是相同的。在**杂合子基因型**（heterozygous）中，特定的一对基因是不同的（见图3-26）。在最简单的情况中，仅凭一对基因就可以决定一个性状。耳垂与脸是否分离便是一个很好的例子。当父母双方都贡献同一种耳垂性状的基因时（纯合子基因型），孩子就会出现那种耳垂性状。当父母贡献不同耳垂性状的基因时（杂合子基因型），这对基因中称为显性基因的一个会压倒或者掩盖另一个，被掩盖的这个基因则称为隐性基因。因此，**显性基因**（dominant gene）就是当等位基因不同时被表达的基因。隐性基因就是当等位基因不同时被掩盖的基因。就耳垂而言，控制耳垂与脸颊分离的基因相对于控制耳垂不分离的基因就是显性基因。

因为基因成对存在，每个孩子都有50%的概率遗传父母一方的每对基因中特定的一个。因此亲子之间的基因相关度被认为是50%。其他类型的亲属之间也可以用这种方式来计算基因相关度；图3-27展示了这些计算结果。正如你所看到的，基因相关度从同卵双生子的100%到第二代表亲的6.25%。图3-27中的数据都是单纯根据理论得出的，但是基因相关度这个概念的关键在于，同一个家族的成员比非家族成员享有更多的相同基因，并且血缘关系越近，相同基因的比例越高。这些推论解释了为什么家族成员之间长相相似并且血缘关系越近，相似度越高。

2. 基因型和表型

带有相同外显特征的父母，如耳垂都是分离的，似乎应该总是会生出带有那种特征的后代。然而，情况并不总是如此。例如，双方都是耳垂分离的父母可能会生出耳垂不分离的孩子。这种情况的出现是由于家族基因库中存在得不到表达的隐性基因，就刚才的情况来说，就是控制耳垂不分离的基因。

这个观点引导我们来区分基因型和表型。**基因型**（genotype）指人的基因组成。**表型**（phenotype）指人的基因型外显为可观察特征的方式。不同的基因型（如两对基因决定耳垂分离性状而不是一个决定耳垂分离，一个决定耳垂不分离）可能展现出相同的表型（耳垂分离）。基因型在受精的时候被确定并一直不变。相对地，表型的特征（如发色）可能随着时间改变，也可能受到环境因素的改变。

基因型可以有很多种方式外显为表型，并非所有的等位基因都根据外显的原则表达。在一些情况中，当等位基因不同时，它们会产生一种混合的、"平均的"表型；在另一些情况中，不同的等位基因产生另一种妥协，两种性状都外显为表型。如AB血型中，等位基因中一个是A型，另一个是B型。

3. 多基因遗传

人类的大部分性状都是**多基因性状**（polygenic traits），或者说由不止一对等位基因控制的性状。例如，人们认为有3～5对基因相互作用共同决定皮肤颜色。复杂的身体能力，如运动协调，可能受到多对基因间眼花缭乱的相互关系的影响。大部分受到遗传影响的心理特征似乎都涉及复杂的多基因遗传（Kendler & Greenspan, 2006）。

探究遗传的影响：研究方法

行为遗传学家和其他科学家是怎样厘清遗传和经验

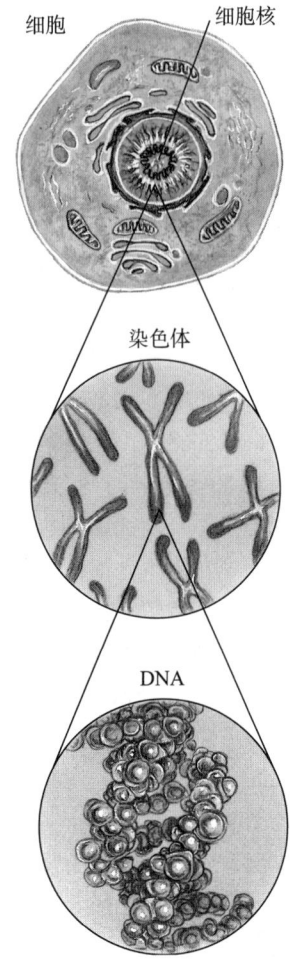

图3-25 遗传物质

这一系列放大图展示出主要的遗传物质的组成。（最上面）在每个细胞的细胞核中的是染色体，包含了组成一个新人类需要的信息。（中间）染色体是DNA组成的丝状线，其上有上千的基因，是遗传物传播的功能单位。（最下）DNA是一个双螺旋的分子，可以复制自己以再生。

资料来源：© Cengage Learning 2013.

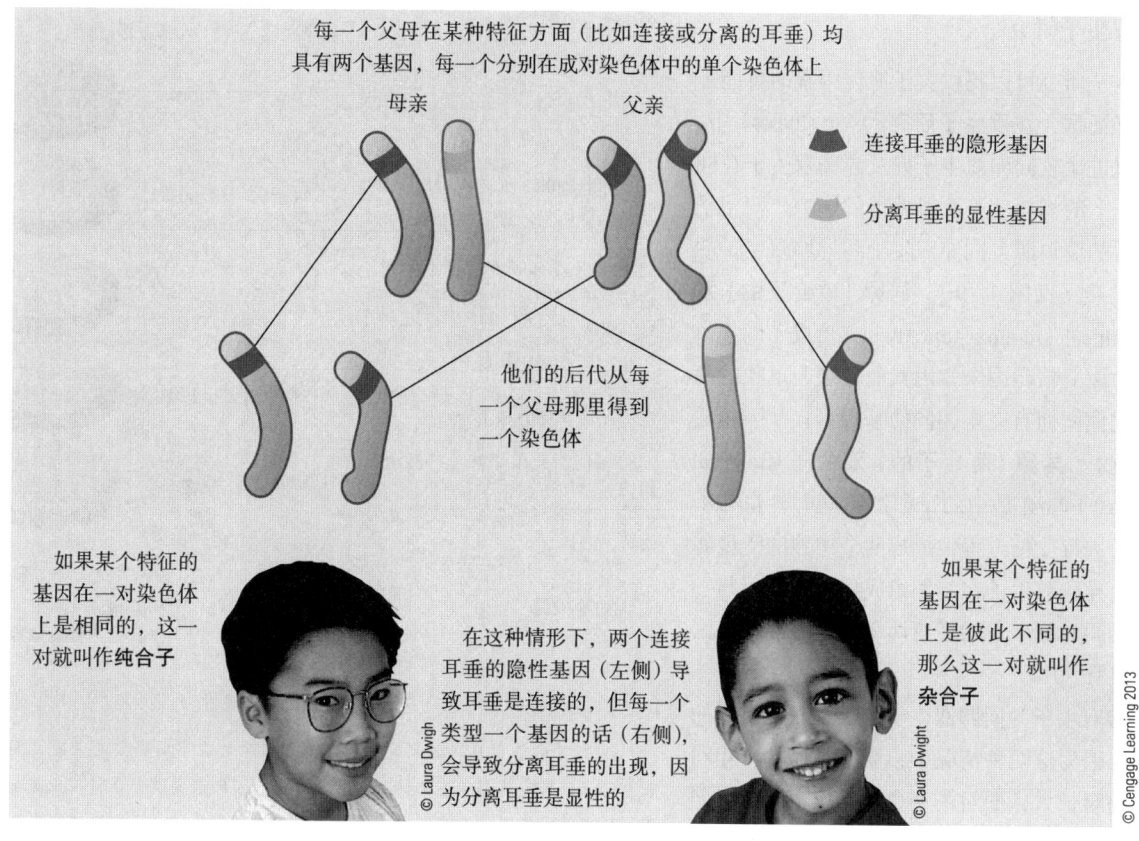

图 3-26 纯合子和杂合子基因型

像染色体一样，基因也是成对运作的，每一对的一个基因来自父母中的其中一个。当成对的基因是一样的时候，它们被称为纯合子。当成对的基因不同的时候，它们被称为杂合子。人是否具有连接或分离的耳垂就是由一对单独的基因决定的。当是杂合子的时候，分离耳垂是占主导而显性的。

的效应来确定遗传是否对行为特征有影响的呢？研究者设计出几种特殊的研究手段来测量遗传的影响。当然，在人身上做的研究仅限于相关研究而无法做实验研究，因为他们无法通过让被试互相交配来操纵遗传变量（这种方法可以用在动物研究中，称为选择性育种）。研究人类最重要的三种方法分别是家系研究、双生子研究和收养研究。在介绍这些经典的研究手段之后，我们将会讨论一下基因定位的最新发展带来的影响。

1. 家系研究

在**家系研究**（family studies）中，研究者通过检查有血缘关系的亲属以测量遗传的影响，来弄清楚他们在某个特征上的相似程度。如果遗传影响着某个研究者正在观察的特征，他们应该会发现亲属之间存在相似的表现型，并且基因遗传度越高，相似程度也应该越高。例如，兄弟姐妹之间表现的相似程度应该比堂兄弟姐妹高。

研究者进行了很多研究来测量遗传对精神分裂症发展的影响。这种病在总体人口中的发病率大约为1%，然而正如图3-28所示，精神分裂症患者的兄弟姐妹中9%都出现精神分裂症症状（Gottesman, 1991）。因此，这些精神分裂症患者的第一级亲属患上精神分裂症的风险是正常人的9倍。在较远的、第二级亲属如侄子、侄女中统计到的风险较小（4%），但仍然比第三级亲属，如堂兄弟姐妹要高（2%）。这个模式支持了基因遗传对精神分裂症的发展有影响的说法（Kirov & Owen, 2009）。

这些家系研究可以指出一个特征是否在家系中延续，但它不能提供能得到这个特征受遗传影响这样的结论的证据。为什么？因为家系成员通常不仅仅共享相同的基因，还有相似的环境，并且关系越近的亲属更有可能住在一起。因此，基因相似性和环境相似性在关系较近的亲属中都更强。这两个互相混淆的因素中的每一个都有可能成为关系较近的亲属中发现相似表型的主导因素。家系研究可以得出有用的洞见，提供有关遗传可能存在的影响的认识，但是它们不能提供决定性的证据。

2. 双生子研究

双生子研究可以提供关于遗传因素的可能影响的更好证据。在**双生子研究**（twin studies）中，研究者通过比较同卵双生子以及异卵双生子在同一个特征上的相似度来测量遗传的影响。双生子研究背后的逻辑源自同卵双生子和异卵双生子的基因相关度（见图 3-29）。**同卵（单合子的）双生子** [identical（monozygotic）twins] 形成于同一个受精卵，该受精卵因未知因素而分裂为单独的两个。因此他们拥有完全相同的基因型；基因相关度为 100%。**异卵（两合子的）双生子** [fraternal（dizygotic）twins] 是由两个卵细胞同时各自与不同的精子进行受精过程，形成两个单独的受精卵而来的。异卵双生子在基因组成相似程度上与一对父母不同时刻生下的任意两个后代一样。基因相关度仅有 50%。

异卵双生子为同卵双生子提供了一个有用的对照物，因为这两种情况中，双生子通常在相同的房子同时长大，面对的亲属、邻居、同伴、老师、事件等也相同。因此，这两种双生子通常在完全相似的环境条件中发展。然而，同卵双生子的基因关系上比异卵双生子更相似。因此，如果大量的同卵双生子在某个特征上呈现出比异卵双生子更高的相似度，那么我们可以合理地推测这种更高的相似度可能由遗传而不是环境造成的。

研究者已经进行过很多双生子研究来评估遗传在很多特征上的影响。图 3-30 列出了一些具有代表性的研究结果。同卵双生子中发现的更高相关表明他们之间比异卵双生子之间更趋向于相似，体现在智力和特定人格，如外向等方面（Plomin et al., 2008）。这些结果支持了智力和人格在某种程度上受到基因组成影响的观念。然而，同卵双生子在智力和人格上差异仍然很大，表明环境因素也对这些特征有影响。

3. 收养研究

收养研究（adoption studies）通过研究被收养儿童和他们的亲生父母以及养父母之间的相似程度来评估遗传的影响。一般来说，只有婴儿期早期就被亲生父母抛弃、被养父母收养，并且被收养过程中没有和他们的亲生父母发生过接触的被收养儿童才能作为这类研究

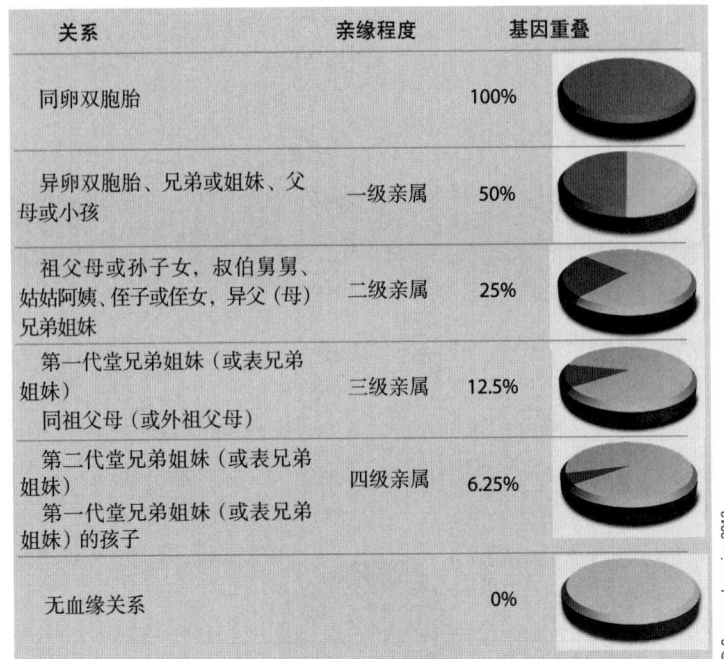

图 3-27　基因亲缘性

对行为的基因基础的研究利用了基因亲缘性在不同类型的亲戚之间的关系来进行。如果遗传影响某个特征，共享更多基因的亲戚就会在特征上更加相似于那些共享更少基因的远房亲戚。涉及不同程度的生物学亲戚比较的内容会在以后的章节中经常出现。

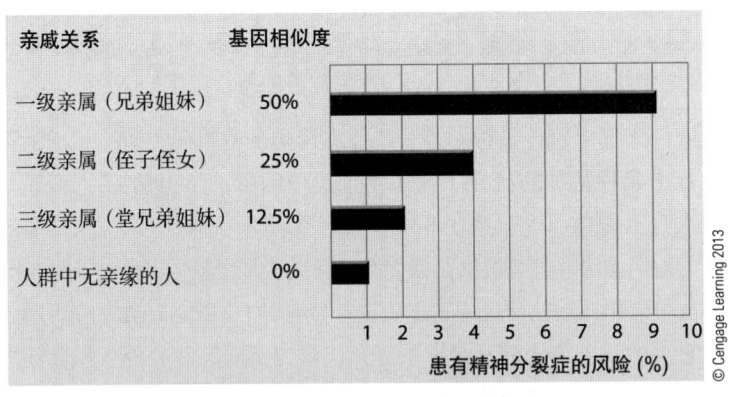

图 3-28　有精神分裂症风险的家族研究

精神分裂症患者的一级亲属患有精神分裂症的风险更大（Gottesman, 1991）。例如，精神分裂症患者的兄弟姐妹相对于无亲属关系有 1% 的概率的人，他们有大约 9% 的患病概率。二级亲属和三级亲属患有这种疾病的风险则较小。尽管这些风险的模式并不代表精神分裂症一定程度上是遗传的证据，但是它们和这种假设一致。

的研究对象。收养研究的逻辑很简单，如果被收养儿童在某个特征上像他们的亲生父母，即使他们并非亲生父母所养育，那么就可以说遗传因素可能对这个特征有影响。相反，如果被收养儿童像他们的养父母，即使他们

并没有遗传养父母的基因，则环境因素可能对这个特征有影响。

最近几十年，收养研究促进了科学界对基因和环境如何影响智力的了解。研究显示，被收养儿童和他们的亲生父母之间存在适中的相关，相关系数约为0.22（Grigerenko，2000）。有趣的是，被收养儿童和他们养父母之间的相似程度与之大致上相同（相关系数约为0.20）。这些发现表明遗传因素和环境因素都对智力有影响。

科技前沿：基因定位

正当行为遗传学家在证明遗传对行为的影响进程中刚刚取得巨大进步时，分子遗传学家，这群研究基因遗传的分子基础的人，已经在他们解密基因密码的努力尝试中取得更加引人注目的进展。基因定位是确定特定基因在特定染色体上的位置以及化学序列的过程。人类基因组计划（Human Genome Project）是一个浩大的国际合作项目，已经初步确定了人类基因组中全部30亿个DNA碱基对的序列以及所有已经被辨别出的人类基因在染色体上的位置（Collins et al., 2006；Kelsoe，2004）。基因图谱本身并没有指示出哪个基因控制哪个特征。然而一个精确基因图谱的编制可能会促使科学家准确地发现特定基因和特定特征或者疾病之间联系的能力的突飞猛进。例如，医学研究者已经成功确定控制囊性纤维病、亨廷顿氏舞蹈病和肌肉萎缩的基因。

将来基因定位能帮助研究者发现智力、外向人格、精神分裂症、音乐天赋和其他行为特征吗？可能将来的某一天能做到，但是这个过程将会令人心痛得漫长（Caspi & Moffitt, 2006；Plomin & McGuffin, 2003）。到目前为止，源自基因定位的最主

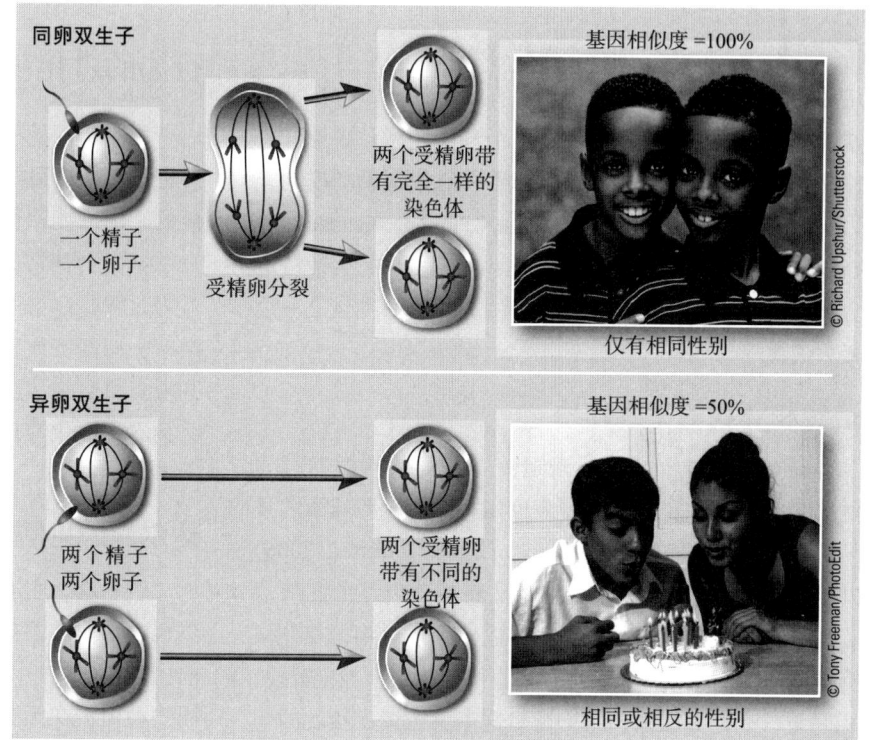

图3-29 同卵双生子和异卵双生子

同卵双生子来自一个分裂的受精卵，所以他们的基因相似度为100%。异卵双生子来自两个分离的受精卵，所以他们的基因相似度只有50%。

资料来源：Adapted from Kalat, J. (2008). *Introduction to psychology* (8 ed.). Belmont, CA: Wadsworth. Wadsworth is a part of Cengage Learning, Inc. Reproduced by permission. www.cengage.com/permissions.

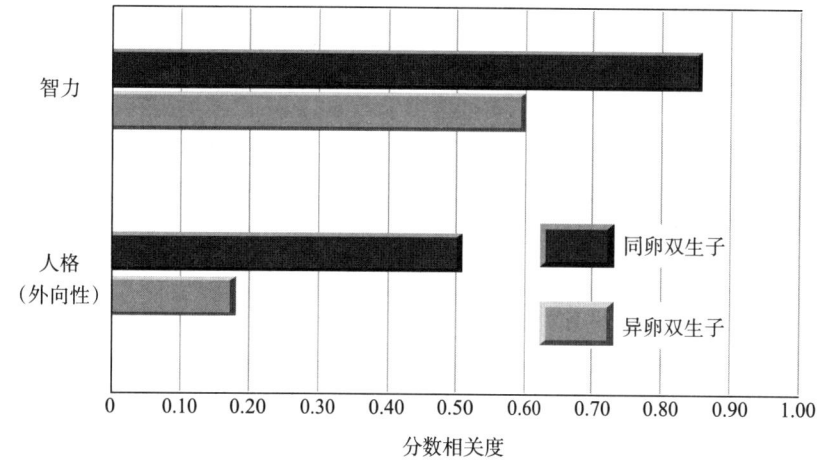

图3-30 有关智力和人格的两个研究

同卵双生子倾向于比异卵双生子具有更加相似的智力和特定人格特质，比如外向。这些发现暗示着智力和人格受到遗传的影响。

资料来源：Data from Plomin et al., 2001.

要的医学突破在于由单个基因控制的二分特征（你只能有或者没有那个特征，如肌肉萎缩）。然而，大部分行为特征并不是二分的，如每个人都有不同水平的智力、音乐能力等。不仅如此，实际上所有行为特征似乎都是多基因性状，由多对基因而不是单个基因控制。因为这些以及其他很多复杂情况，科学家不可能找到单个控制智力、外向人格或者音乐天赋的基因（Plomin, Kennedy, & Craig, 2006）。要辨别出特定的，由每个都对行为的特定方面存在适度影响的基因所组成的基因网络将会是一个极大的挑战。

遗传和环境的相互作用

科学家一次又一次发现遗传和环境共同影响行为的很多方面，并且它们的影响也是相互的，即基因和环境互相竞争（Gottesman & Hanson, 2005; Rutter, 2006, 2007）。例如，思考一下研究者从精神分裂症的发展过程中获得的结果。虽然证据表明遗传因素影响精神分裂症的发展，但是并非每个人都是直接遗传到精神分裂症。相对地，人们直接遗传到的是对这个疾病特定程度的易感性（McDonald & Murphy, 2003; Paris, 1999）。这种易感性是否会转化为真正的患病取决于每个人生活中的经历。正如我们将会在第15章中所探讨的那样，特定类型的应激经历似乎能诱发易感性更高的人患病。因此，如Danielle Dick 和 Richard Rose（2002）在一篇行为遗传研究综述里所描写的一般，"基因赋予我们倾向性，而不是命运"（p.73）。

最近数十年出现了一个新的研究领域表观遗传学，这方面的研究仅仅用于进一步阐明遗传因素和环境因素是不可避免地纠缠在一起的。**表观遗传学**（epigenetics）研究基因表达过程中可遗传但是又不会改变 DNA 序列的突变。结果显示特定基因的作用可能会被细胞水平的化学条件抑制，致使特征、健康和行为表型改变。不仅如此，这些化学条件可以由一些环境事件所激发，如儿童幼年时期的营养不良，遭遇应激事件或者挑食（McGowan, Meaney, & Szyf, 2008）。令科学家惊讶的是，这些影响基因表达的表观遗传标记可以传到后代（Msterpasqua, 2009）。理论家推测表观遗传的变异可能导致很多心理疾病，包括精神分裂症（Zhang & Meaney, 2010）。基因本身也无法免受环境影响这个发现有很多影响深远的含义。其中之一便是，它代表着量化遗传和环境的影响虽然能提供很多信息，但从根本上并不符合现实（Lickliter, 2009）。

行为的进化基础

为了丰富我们对行为的生物基础的了解，我们需要讨论进化的力量是怎样塑造了人类和动物行为的众多方面的。你可能回忆起第1章中，进化心理学是心理学研究领域中一种新的理论视角，从行为的适应意义来分析行为过程。在这一部分中，我们将会大致勾画进化心理学的一些基本原理并把它们和动物的行为联系起来。这些观点将会为接下来的章节构建一个基础，在其中我们将会看到进化原理如何促进我们对人类行为众多方面的理解。

达尔文的见解

查尔斯·达尔文（Charles Darwin），传奇式的英国自然科学家，并不是第一个描述进化过程的人。早在他之前，其他研究过地球化石记录的生物学家已经提出过不同物种似乎在无数的代际交替进程中出现了一些缓慢的变化。达尔文在他的标志性著作《物种起源》一书中所提出的是一种对进化的变化怎样以及为什么随着时间发展出现的新的、创造性的解释。他认为自然选择是激发进化过程的动力（Dewsbury, 2009）。

达尔文决心揭开的谜题非常复杂。他想解释物种的特征是怎样随着一代一代交替改变，以及为什么这些改变惊人地趋向于具有适应性。换言之，他想解释为什么有机体倾向于拥有在当前环境背景下令自己变得适应的特征。长颈鹿是怎样获得它们长长的脖子使得它们能够足够高够得着金合欢树，来确保它们的主要食物来源？啄木鸟是怎么发展出它们那尖锐、像凿子一样的喙，来使它们能高效地钻进树体捕食昆虫？青蛙是怎么发育出它们又长又强有力的后肢来使它们可以在陆地上弹跳升空并且在水中快速移动？达尔文对看似有目的的进化本质的解释主要围绕4个重要的观点。

首先，他写道，有机体在无数的特征上相异，比如体型、速度、力量、外观的各个方面、视觉能力、听觉能力、消化过程、细胞结构等。其次，他指出这些特征是可遗传的，也就是说可以从一代传到下一代。虽然当时还没有发现基因和染色体，但遗传的概念已经很完备了。根据达尔文的理论，可遗传特征的变异为进化提供了原始的素材。再次，他引用托马斯·马尔萨斯

（Thomas Malthus）的工作成果，提出有机体趋向于以超过当地食物供给、生存空间和获得其他关键资源的能力的速度来产生后代，随着总体数量增加以及资源的减少，对珍稀资源的争夺变得更加激烈。因此，达尔文想到（这就是他的伟大洞察力所在）遗传特征的差异可能影响有机体获取生存和繁殖所需资源的能力。最后，基于这个观点，达尔文提出如果某个可遗传特征能促进一个有机体生存和繁殖的成功，拥有那个特征的有机体理应会比没有这个特征的有机体（或者那些这个特征不显著的有机体）产生更多的后代。因此，那个特征的普及程度会随着一代代发展而增加，最终导致进化的变化。

虽然进化被广泛描述成一个"适者生存"的过程，达尔文从一开始就辨析出生存仅在和繁殖成功相关的领域内显得重要。确实，在进化理论中，**适应性**（fitness）就是指一个有机体和种群中的平均繁殖成功相比的相对繁殖成功（后代的数量）。一个物种内的繁殖成功的变异是真正激发进化变异的来源。但是生存仅仅是因为有机体在能繁殖后代前往往都需要发育成熟并健康成长，所以变得重要。因此，达尔文推论，特征应该存在两种可能促进进化的途径：提供生存优势或者繁殖优势。例如，海龟的壳具有极大的保护用途，能提供生存优势；与之对比，萤火虫的发光是一种求偶信号，能够提供繁殖优势。

总结而言，自然选择的原理提出，能提供生存或者繁殖优势的可遗传特征比其他可选择的特征更有可能传到下一代，因此被时间所"选择"。请记住，自然选择的过程作用于种群而不是单个有机体水平。当种群中的基因库因为选择的影响而逐渐改变时，进化就出现了。这个过程非常缓慢，即一个特征从其他特征中被选择出来通常需要数千到数百万代。

达尔文的理论有着至少两个重要的含义：第一，它表明生命令人敬畏的多样性是一个没有计划、自然的过程造成的，而不是上帝创造的；第二，它暗示人类并非独特的，并且他们和其他物种拥有共同的祖先。虽然这些含义极具争议，达尔文的理论最终获得了大量的接纳，因为它提供了一个强有力的解释，来阐明不同物种的特征是怎么随着一代代更替而逐渐改变以及这些改变为何具有功能、适应性导向。

进化理论的后续改良

虽然达尔文的进化理论很快就获得了很多支持者，它仍然在接下来数十年中极具争议。一个很合理的反对理由就是这个理论没有对遗传过程的细节进行解释。这个缺陷最终得到修正。若望·孟德尔（Gregor Mendel）在那之前进行的、被遗忘了的对遗传模式的研究工作在1900年前后开始引人注意。在他的观点的基础上进行的研究为接下来数十年对遗传的认识带来重要的促进作用。到1937年，这些进步足以允许西奥多·杜布赞斯基（Theodore Dobzhansky）写出一篇极其全面以及充满说服力的、从基因角度描述进化过程的报告。杜布赞斯基把达尔文的自然选择和孟德尔的遗传学结合在一起，产生了巨大的影响。到20世纪50年代，进化理论的核心原理被科学家广泛地接受。

现代进化理论的模型提出自然选择在种群的基因库水平上的作用。适应性变化是进化过程的关键产物。**适应性变化**（adaptation）是一种可遗传的变异，在种群中不断增加（通过自然选择），因为它有助于解决在那个时间背景的生存或者繁殖问题。因为进化的逐渐、增殖的本质，适应性变化有时即使不再具有生存或者繁殖优势了，仍然在一个种群中继续存在。例如，人类对脂肪物质的口味具有偏爱，这在一个狩猎和采集的时代具有适应性，那时，食物中的脂肪是重要热量的一个稀有来源。然而，在当代世界，食物中的脂肪一般非常容易获得，这个口味的偏爱导致很多人摄入太多脂肪，导致肥胖、心脏病和其他健康问题。因此，对脂肪丰富食物的偏好已经成为人类生存的一个累赘。有机体的环境经常经历变化，因此曾经有利的适应性变化会变得过时。正如你将会看到的那样，进化心理学家已经发现人类天性的很多方面都是反映我们远古祖先所面对需求的适应性变化，而不是适应现在的需求的。

作为适应性特征的行为

进化理论的学术分析主要聚焦在动物界身体特征的进化，但在最初，达尔文认为自然选择也可以应用在行为特征上。研究行为的进化根源比研究身体特征的进化基础更加困难。虽然化石记录可能留下关于过去有机体行为的线索（如它们的捕食和筑巢习惯），但它留下的有关有机体身体特征的信息更加详细。然而，显然一个物种的典型行为模式通常反映了它们对适应性难题进化出的解决方法。

例如，思考老鼠的进食行为，老鼠在遇到新的食物时表现得相当谨慎。老鼠是一种多才多艺的动物，栖息地范围极其广阔，并能以多种食物为食。但是摄入这么多种食物可能存在风险，一些食物可能有毒，因此老鼠必须谨慎。当它们遇到不熟悉的食物时，它们仅仅吃少量的食物，并且不会同时吃两种新的食物。如果新食物的进食带来疾病，它们会在将来避开那种食物（Logue，1991）。这些预防措施使得老鼠可以知道什么使它们生病同时降低摄入致命数量的有毒食物的可能性。这些进食行为的模式对老鼠面临的食物问题而言是高度适应的解决方法。

让我们来看更多关于进化如何塑造有机体行为的例子。回避捕食者是几乎所有有机体普遍的问题。由于自然选择，很多物种都发展出一些身体特征，如特殊保护色，使得它们可以和环境融合，从而令捕食者更难探测出它们。很多有机体也采取精妙的行为策略来隐藏自己。例如，下图的蚱蜢帮自己挖了一个小沟来隐藏并用自己的中足把卵石拉到背部（Alcock, 1998）。这个聪明的隐藏行为如同蚱蜢值得一提的伪装色一样都是进化的产物。

帮助蝗虫逃离天敌的行为是一种进化的结果，就像生理特征帮助它融合进它周边的环境中。

很多适应性行为都是为了增加有机体的繁殖成功机会而出现的。例如，思考一下，在很多物种中，雌性积极地选择与之交配的雄性。在很多这类物种中，雌性都要求雄性提供物资和服务来作为交配机会的回报。例如，某种蛾类中，雄性必须耗时数个小时来从泥水中吸取钠。然后，它们会把这些钠送给可能的伴侣。伴侣将会用这些钠来转化重要的营养成分供给幼虫（Smedley & Eisner, 1996）。在尖黑蚊蝎蛉中，雌性坚决要求一份食物作为彩礼才允许交配。它们会拒绝携带着品质不好血液的追求者，并且它们会把接下来交配的时间长度和彩礼绑定（Thornhill, 1976）。

以交配换取帮助有机体及其后代生存的物资的适应性价值显而易见，但是其他择偶策略的进化意义更为复杂。在一些以雌性选择为主导的物种中，这种选择取决于雄性的外观和求爱行为。雌性通常偏好运动能力强、色彩装饰更加艳丽或者那些会拥有更出众声音表现的雄性。例如，雌性朱雀更喜欢红色的羽毛，然而雌性野生火鸡更容易受到大鸟喙的诱惑（更多例子见表3-2）。雌性选择有更红的羽毛、更大的鸟喙或其他随意特征的雄性能得到什么？这是生物进化学上比较困难的问题之一，如果我们想涉及所有可能参与其中的复杂情况，这会让我们的目光远远超出这部分讨论的范围。不过，先不考虑这些限制，受到喜爱的特征似乎通常是雄性相对好的基因、强健的身体、较少的寄生虫或者将来提供如保护、收集食物等能力更优秀的指示物，这些都可能帮助它们的后代更有机会成活（Alcock, 2005）。

表 3-2　雌性依据雄性的形态和行为属性的差异择偶

物种	偏好的属性
蝎蛉	更加对称的翅膀
家燕	更加对称、大的尾部
野火鸡	巨大的喙
朱雀	更红的羽毛
缎蓝园丁鸟	鸟窝更多的装饰物
丽鱼	更大的展示性"房屋"
蟋蟀	更长时间的求偶鸣叫
柴棚蟾蜍	更高频率的叫声

资料来源：Adapted from Alcock, J. (1998). *Animal behavior* (p. 463). Sunderland, MA: Sinauer Associates. Copyright © 1998 John Alcock. Reprinted by permission of Sinauer Associates and the author.

本章主题回顾

我们七个主题中的三个在本章比较突显：①遗传和环境共同影响行为；②行为由多个因素决定；③心理学是实证的。让我们来看一看这些观点。

在第1章中，我们首次强调遗传和环境共同塑造行为，你可能已经对你的基因是怎样决定你讽刺的天赋或者你对艺术的兴趣感到一点困惑。实际上，没有基因对应行为本身。例如，研究者并不期望找到控制讽刺或者艺术兴趣的基因。在遗传的禀赋对行为产生影响的范畴内，这种影响是间接的，通过塑造你用以运作的生理机制来达到。因此，你的基因影响你的生理构成，生理构成接着又影响你的人格、气质、智力、兴趣和其他特征。然而，铭记于心，遗传因素并不是隔离开起作用的，遗传在特定的环境背景下发挥作用。基因构成的影响取决于环境，环境的影响取决于基因构成。

贯穿整章，显然行为是由多因素决定的，但是这个事实在精神分裂症的讨论中尤为明显。在本章的不同部分中，我们见到精神分裂症可能是：①神经递质活动异常；②脑部结构缺陷（脑室增大）；③对这种病的遗传脆弱性的后果。这些发现之间并非互相矛盾，相反，它们向我们阐明，一系列复杂的生物因素参与到精神分裂症的发展过程中。在第15章，我们将会看到众多环境因素在引起精神分裂症的过程中扮演重要的角色。

心理学的实证特性在对研究者用来研究行为的生理基础的特殊研究方法的大量讨论中尤其显著。正如你所了解的那样，实证的方法取决于精确的观察。贯穿本章，你已经见到研究者是如何想出创造性的方法来观察和测量复杂的现象，如脑部的电活动、神经冲动、脑功能、大脑功能特化和遗传对行为的影响。关键在于实证的方法是科学事业生机的根源。当研究者弄明白怎样更好地观察某样事物时，他们的新方法通常会帮助我们的科学知识取得重要进步。那就是为什么脑成像技术和基因定位给人们带来如此兴奋的期待。

实证的重要性也在接下来个人应用和批判性思维应用部分有所体现。在这两个部分中，你将会看到学会如何分辨科学的发现和基于那些发现的推测的重要性。

个人应用

评价"三心二意"的概念

用"对"或"错"回答以下问题：

_____ 1. 左脑和右脑使得人们三心二意。

_____ 2. 脑部的每一半都有它独特的思维模式。

_____ 3. 一些人倾向于用左脑而另一些人倾向于用右脑。

人们是否真的在一个大脑中拥有两个思维不同的脑？一些人是否更依赖一侧大脑？右脑是否被忽视了？这些问题都太复杂了，不能简单地用对或错来回答，但是在这个部分我们将会更近地看看这些基于大脑功能特化的发现所提出的推论中所涉及的问题。你将会了解到，这些观点中一些表面上是对的，但在很多情况中这种夸张已经失去了证据支持。

早前，我们描述了罗杰·斯佩里对左右半脑切断联结（为了减弱癫痫症状）的裂脑病人进行的获得诺贝尔奖的研究。裂脑研究显示，过去低估的右脑也有它独特的特殊技能。这个发现引爆了科学家对大脑单侧性的研究兴趣。

大脑功能特异化和认知加工过程

科学家用多种方法，收集了大量关于左右脑半球有特殊功能的数据。这些发现引出了众多理论，试图解释左右脑在认知加工过程中的作用。以下是其中一些比较有启发性的观点。

（1）两个半脑特异性地处理不同的认知任务（Corballis，1991；Ornstein，1977）。很多科学家的发现都被广泛地理解为表明左脑处理词语任务，包括语言、演讲、数学和逻辑；而右脑处理非词语任务，包括空间问题、音乐、画画、幻想和创造。这些结论引起了民众极大的兴趣以及媒体的关注。例如，图3-31展示了一位《新闻周刊》的艺术家对脑部如何分配工作的描述。

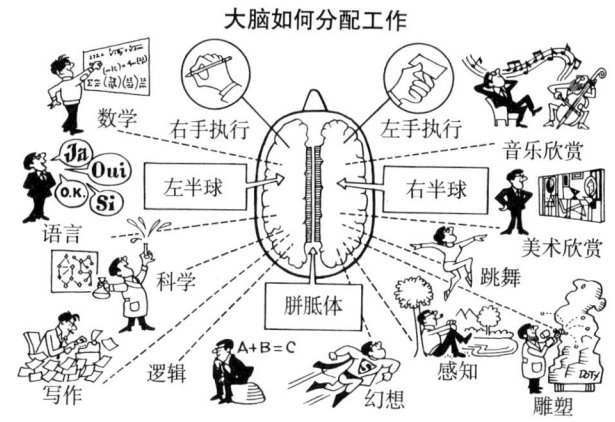

图3-31 大脑半球特异化的普遍概念

就像《新闻周刊》所展示的，对于脑半球特异化的描绘在大众报纸上往往是过度简化的。

资料来源：Cartoon courtesy of Roy Doty.

（2）每个半脑都有自己独立的意识流（Bogen，1985，2000；Pucetti，1981）。例如，约瑟夫·伯根坚称，"在等待更进一步的证据之前，我相信我们每一个人都在一个人体内存在两个思想"（Hooper & Teresi, 1986, p221）。根据推测，这种意识的二元性基本没有被知觉到，因为这两个独立思想之间的经历高度重合。虽然根据伯根的说法，这种外显的统一在根本上只是一个错觉。

（3）两个半脑有着不同的思维模式（Banich & Heller, 1998; Davis & Dean, 2005）。根据这个观点，两个半脑被记录到的处理词语和非词语材料上的差异是由更加基本的、两个半脑如何处理信息上的差异造成的。这个理论的标准版本认为，左脑处理词语材料更出色的原因在于它是善于分析的、抽象的、理智的、有逻辑的以及线性的。相反，右脑被认为在处理空间和音乐材料更出色，因为它是综合的、具体的、非理智的、本能的以及整体的。

（4）人们对某个半脑的依赖性相对于另一个半脑不同（Pink, 2005; Zenhausen, 1978）。据称，一些人是"左脑型的"。他们对左脑的依赖性使他们变成善于分析的、理智的和有逻辑的。一些人是"右脑型的"。他们更多地使用右脑，使他们变为本能的、整体的和非理智的。成为右脑型或者左脑型的被认为解释了很多个体差异，如一个个体是否喜欢朗读，是否擅长看地图或者享受音乐等。这个"脑型"的观点也被用于解释职业选择。根据理论，右脑型的人更有可能成为艺术家或者音乐家；然而左脑型的人更有可能成为作家或者科学家。

复杂性和限制

刚刚描述的观点是心理学家和神经科学家之间纷争不断的来源。他们很有启发性，也很明显，能捕捉普通大众的想象力。然而，对大脑功能特化的研究非常复杂，研究者也提出了很多关于这些观点的疑问。

（1）确实有很多证据表明左右半脑特异性地处理不同类型的认知任务，但是仅仅是在某种程度上而已（Brown & Kosslyn, 1993; Corballis, 2003）。Doreen Kimura（1973）在一系列知觉不对称研究中比较左右脑快速辨认字母、词语、面孔和歌曲的能力，如同本章之前描述的那样。她发现一个半脑对另一半脑的优势通常都很适中。你可以在图3-32中看到4种认知任务的优势比例。

不仅如此，在正常个体中，两个半脑并不会单独工作。如Hellige（1993a）所写，"在完整的脑部，每个半脑都不可能完全不参与到当前进行的加工过程中"（p.23）。大多数任务都可能涉及两个半脑，虽然涉及程度不同（Beeman & Chiarello, 1998; Ornstein, 1997）。研究表明，随着认知任务变得更加复杂和困难，两个半脑更有可能一起参与（Weissman & Banich, 2000）。

是否具有艺术天赋依赖于"右脑化"？大众媒体绝对认为是如此，但是就像课本中解释的那样，并没有一个确凿的实证证据支持这样的论断。

再进一步，人们在他们的大脑功能特化模式上存在差异（Springer & Deutsch, 1998）。一些人显示出较少的功能特化，也就是说，他们的半脑似乎在不同类型的任务上拥有相等的能力。其他人则甚至颠倒了寻常的功能特化，以致词语加工可能存在于右脑。这些不寻常的模式在左利手的人中尤为多见（Josse & Tzourio-Mazoyer, 2004）。熟练的音乐家可能是另外一个有悖于规律的人群。最近两个研究已经发现，熟练的音乐家和对照组的非音乐家相比表现出更多的双侧大脑组织结构（Gibson, Folley, & Park, 2009; Patson et al., 2007）。这种双侧性可能因为音乐家经常必须用双手独立地演奏乐器而发展出的。如果这种解释是准确的，它会成为又一个经验如何

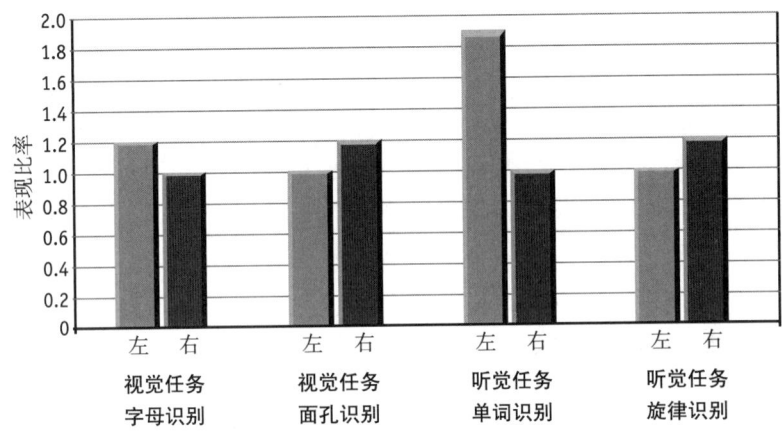

图3-32 知觉不对称研究中的一个大脑半球的相对优势

从多琳·木村（Doreen Kimura）（1973）的这个研究中得到的表现比例说明了：对于普通被试来说，在不同类型的任务中，一个半球"优势"与另外一个半球的"优势"是不同的。举例来说，右半球在快速识别旋律模式上好于左半球20%（1.2：1）。两个半球在不同任务上的区别大多很小。

塑造脑部结构的例子。在任何一个研究中，显然大脑半球的功能特化都并非是板上钉钉的。

（2）支持人们每个半脑拥有分隔意识流的观点的证据很少。确实在裂脑病人中存在这种二元性的明显标志（Bogen, 1990; Mark, 1996）。但是这种二元性可能只是他们经历过的极端措施（他们大脑半球的手术切断连接）的一个独特的副产品（Bradshaw, 1981）。实际上，很多理论家都对即使是裂脑病人在大部分情况下体验到的意识的统一程度印象深刻（Gazzaniga, 2008; Wolford et al., 2004）。人们拥有两个独立的意识流，并且巧妙地位于脑部的左右两半这个观点几乎没有实证基础。

（3）类似地，每个半脑都有自己的思维模式或者认知类型这个观点也几乎没有直接的证据支持（Bradshaw, 1989; Corballis, 2007）。这种观点看上去合理并且有一些支持性的证据，但是这些证据并不一致，需要更多的研究证明（Gordon, 1990; Reuter-Lorenz & Miller, 1998）。这个观点的一个关键的问题是认知类型的各个方面难以定义和测量。例如，关于善于分析和综合性思维或者线性和整体思维的含义一直存在争议。

（4）对一些人是左脑型而另一些人是右脑型的主张，尚未有证据给出明确的答案（Hellige, 1990）。这个观念看上去有一些合理性——如果它仅仅意味着一些人一贯地在某个半脑上比另一个表现出更多的激活。然而，研究者仍然没有开发出对这些可能存在的大脑激活的"偏好"的可信的测量手段。结果，没有实证性的证据可以把脑型和音乐能力、职业选择或其他方面联系起来（Knecht et al., 2001; Springer & Deutsch, 1998）。

总的来说，认为大脑功能特化和认知过程之间相关的理论都是高度推测性的。理论推测并没有错，不幸的是，这些关于大脑功能特化观点的试验性、推测性特点在描述左右半脑研究的畅销书上荡然无存（Coren, 1992）。畅销书作者继续粗制滥造所谓的科学作品，把脑单侧化概念应用到很多几乎没有甚至没有真正证据支持的新主题上。因此，人们可以找到关于怎么拥有右脑型的性别（Wells, 1991），发展右脑型社交技巧（Snyder, 1989），通过更多地依赖右脑来变得更加有组织性（Silber, 2004），通过在左脑型和右脑型领导模式间不断切换来最大化人的领导有效性（Decosterd, 2008）。大脑功能特化是一个重要并且很有启发意义的研究领域，然而，期望脑部的半脑分隔能为每一个与思维相关的二分特征提供生物学解释，这并不现实。

真相核查

误解

人们要么是左脑化的，要么是右脑化的，并且这种差别可以预测他们的能力和兴趣。

真相

大众心理学书籍在没有科学基础的情况下粗略地讨论大脑右脑化或左脑化应该和人的天赋和职业选择有关。这只是一个小问题。如果你寻找研究文献，你会发现没有研究可以扯到这些问题。

批判性思维应用

构建更好的脑：外推的风险

总结神经科学研究的含义，科普作家 Ronald Kotulak（1996）结论如下："每位儿童生命的头3年对脑部发育至关重要"（pp. Ix-x）。作为这个看法的回应，美国教育委员会主席坚称"脑部发展的研究表明是时候重新考虑众多教育政策了"（Bruer 1996, p. 16）。基于神经科学的发现，很多州在20世纪90年代启动了昂贵的项目来促进婴儿更好的神经发育。例如，时任佐治亚州州长的Zell Miller，寻求资金来为州里每个婴儿分发一个经典音乐的录音带，并说道"没有人会怀疑听音乐，尤其是在这么年幼的时候，会影响空间-时间推理能力，并且这种能力又是数学、设计和象棋能力的基础"（Bruer, 1999, p. 62）。基于婴儿期丰富的教育经历能带来神经发育提高的基础，目标高尚的教育团体和好莱坞名人竞相争取为婴儿开设学校。

这些实践中的关于脑部，可以允许父母和教育者完善婴儿的脑部发育的新发现是什么？好吧，我们将马上讨论相关的研究，但它并不像很多团体所表明的那样实际、那样新（Chance, 2001）。

最近这些年，很多儿童护理倡导者和教育改革家已经运用神经科学的研究作为他们寻求宣传政策的理论基础。这项策略导致大量关于"基于脑的学习"的书发行（Jensen, 2000, 2006; Sousa, 2000; Sprenger, 2001; Zull,

2002）以及被很多学校采用的课程编排的发展（Goswani,2006）。提倡这些观点的人都有着良好的意图，但神经科学基础已经被过度使用到达极限。结果呢？请看一个启迪性的关于过度推断研究发现的案例研究。

神经发展的关键发现

教育和儿童护理改革者用脑科学作为他们宣传的基础，他们主要提及两个关键发现：神经发育中的关键期和在"丰富环境"中成长的老鼠比在"贫瘠环境"中成长的老鼠拥有更多突触的实例。让我们来看一下每个发现。

关键期（critical period）是有机体发展过程中的一段有限时间，这段时间是某种能力出现的最理想时间段，因为此时有机体对某些经历反应尤其热烈。对神经发育关键期有着重大影响的研究由 Torsten Wiesel 和 David Hubel（1963，1965）在20世纪60年代进行。他们展示，如果新生小猫的一只眼睛在发育早期（通常是前4～6个星期）被缝合闭上，小猫的这只眼睛将会变瞎。然而，如果眼睛是在年龄更大时（4个月之后）被缝合相同长度的时间，瞎掉的现象就不会出现。这个研究显示某种类型的视觉刺激在发育的一个关键期中是必要的。否则眼睛和脑部之间的神经回路就无法正确形成。基本上，将会出现的情况是来自被闭合眼睛的不活跃突触会被来自睁开眼睛的活跃突触所替代。神经发育其他方面的关键期也已经被发现了，但还有很多需要继续研究。基于这类研究，一些教育学和儿童护理改革家争辩说生命的前3年是人类神经发育的关键期。

对环境和脑部发育的开创性研究工作由 Mark Rosenzweig 和他的同事在20世纪60年代开始（1961，1962）。他们在一个刺激贫瘠的环境中培养一些老鼠（分开住在又小又贫瘠的笼子里），也在刺激丰富的环境中培育了一些老鼠（以10～12只为一个小组住在一个更大、有更多物体可供探索的笼子里），正如图3-33所示。他们发现在丰富环境中成长的老鼠在问题解决任务上比在贫瘠环境中成长的老鼠表现要好，并且脑部稍微重一点，脑部某些区域的大脑皮层也更厚。接下来 William Greenough 的研究阐明了丰富的环境通过产生更加密集的树突分支、更多突触联系和更复杂的神经网络而使脑更重、皮层更厚（Greenough, 1975; Greenough & Volkmar, 1973）。更加新近的科学家已经了解到丰富的环境还能促进最新发现的名为脑部神经发生的过程（Nithianantharajah & Hannan, 2006）。基于这个类型的研究，一些婴儿护理改革者争论道，人类婴儿在3岁之前的关键期需要在丰富的环境中被抚养来促进突触形成和完善他们新形成的神经回路的发展。

对于关键期和丰富环境的作用是单纯的神经科学上的突破。然而，除了最近关于神经发生的研究，它们的确不是新的发现，正如不同的政治活动团体所表明的那样。而且，每个人都可以提出很多关于这个研究是否能作为关乎日常护理编排、教育政策和福利改革的一个有意义指导的质疑（Goswanmi, 2006; Thompson & Nelson, 2001）。

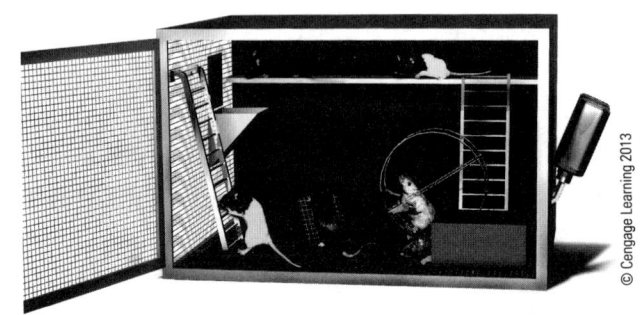

图3-33 研究老鼠的神经发展的丰富的环境

在 Rosenzweig 及其同事的研究中（1961，1962），被圈养在一个小笼子那样贫瘠的环境中长大的老鼠，与那些在丰富的环境中成群长大并且被给予玩具的老鼠相比，每天都有新的变化。尽管丰富的条件相对于实验室老鼠通常经历的环境，提供了更多的刺激，但是它们可能不比老鼠的天然栖息地更有刺激性。因此，这种"被丰富"的条件可能会揭示更多有关正常刺激重要性的事实相对于那些额外刺激的好处（Gopnik, Meltzoff, & Kuhl, 1999）。

👆 真相核查

误解

使得婴儿和儿童暴露在古典音乐中可以提高他们大脑的发展并且加快提高他们的智力。

真相

要是这么容易就好了！这所谓的莫扎特效应被一大群公众所获得，但是实际研究是完全没有这么令人印象深刻。一个近期的对将近40个研究的元分析总结到，"几乎没有证据支持莫扎特效应"（Pietschinig, Vorack, & Formann, 2010）。在这些研究中的典型因变量是一个低水平的空间任务（折纸和剪纸），这并不会让任何人进入大学。当小的、短时的积极效应被观测到时，人们往往会归功于音乐的提升作用，而不是任何持续的脑内结构的变化。

过度推断的倾向

推断出现在当一个效应被延伸超出某个已知值或者已知条件时的估计。推断是一个正常的过程,但是一些推断太过保守,只是从直接相关的数据中得出的看似合理的推测;而其他则是基于相关非常弱的数据推测的盲目跳跃。由关键期和环境因素对突触形成的影响的教育含义而做出的推断是高度推测而来的过度推断。强调早期经历对动物可能影响的研究全都是在极端条件下进行的,如剥夺动物的所有视觉信息输入或者在完全隔离中培养,以便于比较。因此,所谓的"丰富的"环境可能只是与真实世界的正常条件相似而已,相反,标准的实验室环境可能反映了极端的环境剥夺(Groud, 2004)。根据这些发现,似乎可以合理地推测儿童可能需要正常的刺激来经历正常的脑部发育。然而,当这些发现被延伸到得出结论说增加正常环境中的刺激可能会对脑部发育有利时,很多问题就会浮现(Shatz, 1992)。

人们轻易地掉进过度推断的陷阱中,这在最近对新生儿应该听经典音乐来促进脑部发育的大力推荐中尤为明显。这些推荐源自一些研究,该研究表明大学生空间推理任务上的表现,在听一小段莫扎特的音乐录音以后10~15分钟时,表现出轻微上升(Rauscher, Shaw, & Ky, 1993, 1995)。但是这其中的恰当观点理应是没有关于经典音乐如何影响新生儿的研究,没有研究把经典音乐和脑部发育相关起来,也没有对任何人的研究显示出持久的效应。然而,很多人(包括佐治亚州州长)很快就把莫扎特的不稳定效应过度推断到新生儿的脑部发展。

讽刺的是,音乐训练和认知表现提高的相关倒是存在更多更好的证据。研究已经发现智力的测量分数和个体参加音乐课程的程度存在很大的相关(Schellenberg, 2004, 2005, 2006)。当然,如果你批判性地看待这个相关,它可能仅仅意味着更聪明的年轻人更愿意上音乐课而已(研究者仍然在进行研究来得出结论)。

在任何一个研究中,正如第1章所述,批判性的思维通常需要问以下这些问题:这个争论当中缺失了什么?存在与之矛盾的证据吗?有没有有关基于脑的学习的争论中,的确存在一些互相矛盾的证据值得我们思考一下?提倡新生儿教育项目的基础是,脑部在假设中的从出生到3岁这个关键期中是可塑的,而在其他时期是不可塑的。然而,Greenough 的关于突触形成和其他系列的研究结果表明脑部终生保持某种程度上的可塑,并且在长大以后仍然对刺激有反应(Thompson & Nelson, 2001)。因此,老人的支持者也能轻易地为老人家争取新的教育初步行动来帮助他们最大化他们的智力潜能。

另一个问题就是内隐的假设,认为更大的突触密度和更高智力相关。正如我们在这一章的主体部分所描述的一样,有证据表明动物幼儿和人类婴儿从生命开始时,突触联系数量就太多了,后天学习中不活跃突触会选择性凋亡(Huttenlocher, 2003;Rakic, Bourgeois, & Goldman-Rakic, 1993)。因此,在突触的范畴中,多并不意味着好。总结而言,有很多正当的理由要增加初生婴儿的教育项目,但神经科学的研究并不能为具体的婴幼儿护理政策提供明显的理论基础(Bruer, 2002;Bruer & Greenough, 2001)。

表 3-3 本应用中的批判性思维能力

能力	描述
理解向外推断的局限性	批判性思考者看重向外推断依据的事实基础,对赞许的态度不一,最终要深入思索
寻找对立的证据	在评估一个问题的事实基础时,批判性思考者尝试寻找争论中或许被遗漏的对立情况

资料来源:© Cengage Learning 2013.

第4章

感觉和知觉

看看旁边这幅图。你看到了什么？你可能会回答"一朵玫瑰"或"一朵花"。但是，这是你真正看到的东西吗？这可不是一个恶作剧的问题。让我们来看看"P博士"这个特殊案例。它告诉我们，我们所看见的远多过眼睛所接收到的信息。

P博士是一位有才华、杰出的音乐教授。他最近表现出了一些令人担忧的行为，这似乎与他的视觉有关。有时，他无法通过视觉认出他熟悉的学生，尽管他能通过声音认出来。有时，看到一些非生命物，他表现得好像看到了人的面孔。他会像问候孩子一样，跟消防栓或停车计时器真挚地打招呼。有一次，他竟然抓住妻子的头，以为这是他的帽子试图想要带上！除了会犯这样的视觉错误，P博士是一个正常的、有才华的人。

后来，P博士求助于一位神经科医师Oliver Sacks进行检查。一次Sacks来访，给了P博士一朵玫瑰花看他是否能认出来。P博士像接一个几何形状的物体一样，而不是一朵花，接过了这朵玫瑰。"大概6英寸长，"P博士观察到，"一个复杂形状的红色物体附着一根线形的绿色物体。"

"是的，"Sacks坚持问，"P博士，那你认为这是什么呢？"

"很难说，"这个病人回答道，"像是缺乏简单对称性的多面体。"

"闻一下吧，"神经学家建议道。P博士看起来很困惑，就好像让他闻对称性一样，但他照做了，把花放到鼻子处。一瞬间，所有的困惑都解开了。"多美啊。一朵初开的玫瑰。天堂般的香味"（Sacks，1987, pp. 13-14）。

什么原因导致了P博士不能在视觉上识别面孔和熟悉的物体？他的眼睛并没有问题。他能看到地板上的大头针，并且他对玫瑰的描述也不是不正确的。你所看到的是"一个复杂形状的红色物体附着一根线形的绿色物体"。当然，你不会以这种方式来描述玫瑰，因为你，不需要思考这些，就能马上把这样的形状和颜色的组合知觉为花。这恰是P博士无法做到的。虽然他能"看"得很清楚，但却失去了把所看到的组合成为有意义图像的能力。在学术上，P博士这种情况称之为失认症（visual agnosia），指不能从视觉上识别物体。正如Sacks（1987）所说，"视觉上，他迷失在一个没有生命的抽象世界中"。(p.15)

P博士的例子表明，如果没有对感觉输入的有效加工，我们熟悉的世界就会变成一个充满纷乱感觉的混沌世界。在明确了人们既需要接收又需要加工感觉信息后，心理学家对感觉与知觉进行了区分。**感觉**（sensation）是感觉器官感受到的刺激。**知觉**（perception）是对感觉输入的选择、组织及解释。感觉涉及能量的吸收，如光波、声波通过感觉器官眼睛和耳朵吸收。知觉则指将感觉输入组织和转化为有意义的事物（见图4-1）。例如，当你看到玫瑰花的照片，你的眼睛正在感受到从照片反射出来的光线，包括低反射比的区域，这里油墨分散形成不规则的形状。然而，你知觉到的是一幅玫瑰花的图片。

感觉与知觉之间的区别在P博士失认症的案例中尤为突出。他的眼睛仍履行它们的职责，登记感觉输入并将信号传递到大脑。然而，他大脑的损伤，干扰了他将这些感觉信号整合成有机整体的能力。因此，P博士的视感觉加工是完整的，但是他的视知觉加工严重受损。

当然，P博士是一个特殊的案例。一般来说，感觉与知觉加工之所以难以分离是因为人们在接收感觉刺激的同时就自动开始整合它们了。尽管对感觉与知

图4-1 感觉与知觉的区别

感觉指作用于感觉器官的刺激，而知觉是指对感觉输入的加工解释。这两个过程的结合点为感觉感受器将物理能量转换为神经冲动。

资料来源：© Cengage Learning 2013.

觉进行区分有助于理论研究，但在我们的日常生活中，这两个加工过程融合在一起。

首先，我们将介绍一些与各种感觉有关的一般性概念来开始对感觉与知觉的讨论。接下来，我们会介绍各种感知觉，每种都先从感觉层面开始再一直到知觉层面。本章的个人应用探讨视知觉在艺术与错觉中的应用原理。批判性思考应用中讨论了如何运用知觉恒常性去努力说服人们。

心理物理学：基本概念与问题

你可能能回忆起第1章中讲到，第一位实验心理学家就是主要对感觉与知觉有兴趣。他们把自己的兴趣领域称为心理物理学（psychophysics），即研究物理刺激是如何转换成心理体验的。古斯塔夫·费希纳（Gustav Fechner）对心理物理学做出了特别重要的贡献。他于1860年发表了这一领域的开创性作品。费希纳是一名德国科学家，在莱比锡大学工作。不久，这所大学的冯特（Wilhelm Wundt）创建了致力于心理学研究的第一个正式实验室和第一份期刊。不像冯特，费希纳并不是一名热衷于将心理学建立成为一门独立学科的"发起人"。然而，他突破性的研究为冯特的工作奠定了基础。

阈限：寻找极限

感觉来源于任何从环境中可觉察的刺激输入。然而，什么是可觉察的取决于谁在觉察。例如，你也许察觉不到某种低浓度气味，但狗却可以。因此，费希纳想知道：对于任何一种感觉，什么是最小可觉察刺激？比如，人们要感受到有光，所需的最少光量是多少？

费希纳所提疑问中暗指的一个概念就是心理物理学的核心概念：阈限。阈限（threshold）是指正好处于能"感觉到"和"感觉不到"这一分界点的刺激水平。例如，五金店出售一种光电池的装置，它能在房间变暗时自动开灯。能够使得装置开启的那个光强度就是它的阈限。

某类感觉输入的**绝对阈限**（absolute threshold）是指有机体能够觉察到的最小刺激强度。绝对阈限定义了有机体感觉能力的范围。费希纳和他同时代的心理学家运用了各种方法来确定人类觉察光的绝对阈限。他们发现，绝对阈限并不是绝对的。当不同强度的光闪现在被试面前时，并没有哪一个刺激强度是低于它被试就察觉不到，高于或等于它就能被完全准确地探测到的。实际情况是，随着刺激强度的增大，被试对刺激做出反应的概率也会逐渐增加，如图4-2中的灰线所示。因此，研究者不得不人为地把绝对阈限定义为恰好有50%的概率能被探测到的刺激强度。

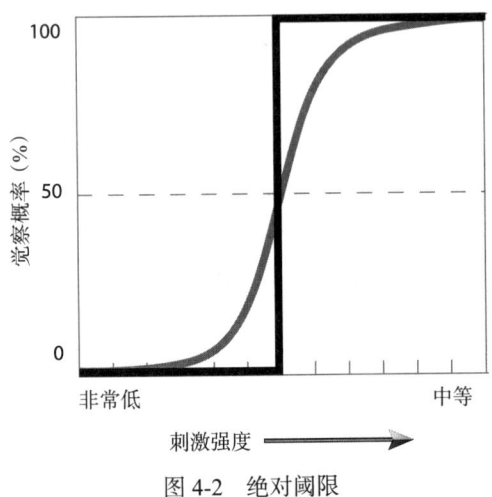

图 4-2　绝对阈限

如果绝对阈限真的是一个确定的绝对值，那么，在阈限强度上，刺激的觉察概率会从0直接跳到100%，如图中黑线所示。实际上，刺激的觉察概率随着刺激强度逐渐递增，如图中灰线所示。相应地，"绝对"阈限定义为觉察概率为50%的强度水平。

资料来源：© Cengage Learning 2013.

根据这个定义，研究者发现在理想条件下，人们觉察微弱刺激的能力远高于估计。表4-1给出了各种感觉类型绝对阈限的具体例子。例如，在一个晴朗且无任何其他光源的黑暗夜晚，你能看到30英里外一支蜡烛燃烧的烛光！当然，我们所谈的是在理想条件下，即你必须去找到检验这个结论所要求的黑暗空旷场地。

表 4-1　绝对阈限的例子

感觉类型	绝对阈限
视觉	在晴朗的夜晚可看到的30英里（48千米）外的烛光
听力	在安静环境中可听到20英尺（6米）外的手表滴答声
味觉	可以品尝出2加仑（7.6升）水中的一勺糖
嗅觉	可以闻到扩散于整个六居室空间中的一滴香水
触觉	可以感受到苍蝇翅膀从1厘米处落到脸颊

资料来源：Galanter, E. (1962). Contemporary psychophysics. In R. Brown (Ed.), *New directions in psychology*. New York: Holt, Rinehart & Winston. © 1962 Eugene Galanter. Reprinted by permission.

费希纳对人类区分不同刺激的感受性也很感兴趣。**最小可觉差**（just noticeable difference，JND）是指能够引起人们感觉到差别的最小刺激强度差。最小可觉差可以说是绝对阈限的近亲。实际上，绝对阈限简单来说就是从"无感觉"到"感觉到刺激"之间恰好能觉察到的差异。一般来说，随着刺激量的增大，最小可觉差也会增大。然而，某一种感觉的最小可觉差值与原刺激值的比是一个常数。

信号检测论

当代心理物理学对如何觉察刺激这一问题有更复杂的观点。信号检测理论（signal-detection theory）提出刺激检测不仅包含感觉过程，而且还涉及决策过程。除了刺激强度，这两方面还受到其他不同因素的影响（Egan, 1975; Macmillan & Creelman, 2005）。与传统的心理物理学模型相比，信号检测论能更好地解释现实生活中一些复杂的感知经验。

想象一下你正在监测雷达屏幕，寻找潜在敌方飞机的迹象。你的任务是既快又准地检测有飞机正在靠近的信号。在这种情况下，有四种可能结果（见图 4-3）：击中（hits，信号出现时检测到信号），漏报（misses，信号出现时未检测到信号），虚报（false alarms，信号未出现时报告检测到信号），以及正确拒绝（correct rejection，信号未出现时未检测到信号）。由于存在这些可能性，信号检测论可以试着去解释决策过程对信号检测的影响。在检测雷达屏幕上的微弱信号时，你常常需要决定这是真实代表飞机的微弱信号，还是你想象它们是飞机信号。你的反应部分依赖于判断标准（criterion），或者说，你在做出反应前设定的你感受的确定性标准。设置这个判断标准涉及更高级的心理过程，而非仅仅是对原始感觉做出反应。判断标准不但取决于你的个人预期，还受到漏报信号以及虚报信号结果的影响。

信号检测论的一个主要突破点在于它主张你的表现受到系统"噪声"水平的影响（Kubovy, Epstein, & Gepshtein, 2003）。噪声来源于环境中所有的无关刺激和它们引发的神经活动。系统中噪声越多，就越难从中区分出微弱信号。

很重要的一点是，信号检测论用"辨别力"（detectability）这一概念取代了费希纳的阈限概念。辨别力可以通过概率计算得出，不仅依赖于感觉过程而且依赖于决策过程。

无意识知觉

阈限和辨别力这两个概念是一个有趣争论的核心：在意识阈限以下的感觉刺激还能影响行为吗？这个问题的核心就是**阈下知觉**（subliminal perception），即在没有意识到的情况下进行感觉输入登记（limen 是另一个表示阈限的词汇，因此 subliminal 指低于阈限）。阈下知觉总是充满争议，这些争议与金钱、性、宗教和摇滚音乐有关。

争议开始于 1957 年，当时一位名叫詹姆斯·维卡里（James Vicary）的经理，在新泽西州的一家影院播放的电影里插入了一则藏有"吃爆米花"的隐藏信息。信息只出现在影片的少数画面中，很快闪过并且无法被觉察到。然而，维卡里对媒体声称爆米花的销量提高了 58%，这引起了巨大的社会争议（McConnell, Cutler, & McNeil, 1958; Merikle, 2000）。后来，曾经担任过广告代理商的 Wilson Brian Key 写了好几本书，声称在杂志广告中暗含带有性含义的词语和图片，以激发消费者无意识的偏好反应（Key, 1973, 1976, 1980, 1992）。从性操纵这一主题上拓展开来，现在一些企业家正在市场上出售含有被认为是有助于吸引忠实听众的阈下信息的音乐录音带。除此之外，用于促进减肥、睡眠、记忆、提高自尊等作用的阈下自助录音带，产值已经达到 5000 万美元。

藏在音乐中的信息能够操纵你的性需求吗？含有阈下刺激的广告真的能影响你的产品偏好吗？20 世纪

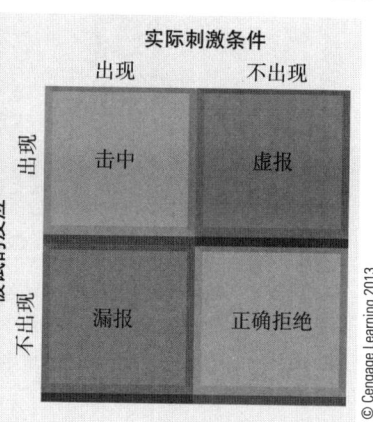

图 4-3 信号检测论

信号检测论出现于人们想努力改善现代化设备的监测水平时，如左边图片中所示的雷达屏幕。这幅图呈现了在探测微弱信号时可能出现的 4 种结果。在报告信号前，你设定的你想有多大信心去感觉的标准将影响你的反应。例如，如果你在报告信号前需要较大信心，你会最小化虚报率，但同时你将更可能漏掉一些信号。

六七十年代对阈下知觉的研究并不多,因为科学家起初认为这个想法很荒谬而不予理会。然而到了20世纪80年代,实证研究的数量开始增加。有许多研究支持阈下知觉的存在(Birgegard & Sohlberg, 2008;Dijksterhuis, 2004a;Haneda et al., 2003;Snodgrass, Bernat, & Shevrin, 2004)。

例如,在最近的一项研究中,Karremans、Stroebe 和 Claus(2006)想确定被试消费某种特定饮料(立顿冰茶)的倾向是否能被无意识地影响。被试要完成一个视觉检测任务。该任务用于检验人们是否能够检测到视觉刺激的微小变化。对于一半被试,立顿冰茶这些阈下刺激词(23/1000 秒)散布于上述视觉刺激之间。给另外一半控制组被试的阈下刺激是中性词语。完成视觉检测任务后,所有的被试都要参与一项"商业行为"的研究,评估他们对喝立顿冰茶的倾向。正如预期的那样,接受阈下刺激"立顿冰茶"的被试对消费立顿冰茶显著地更有兴趣,尤其是那些感觉到渴了的被试(见图4-4)。

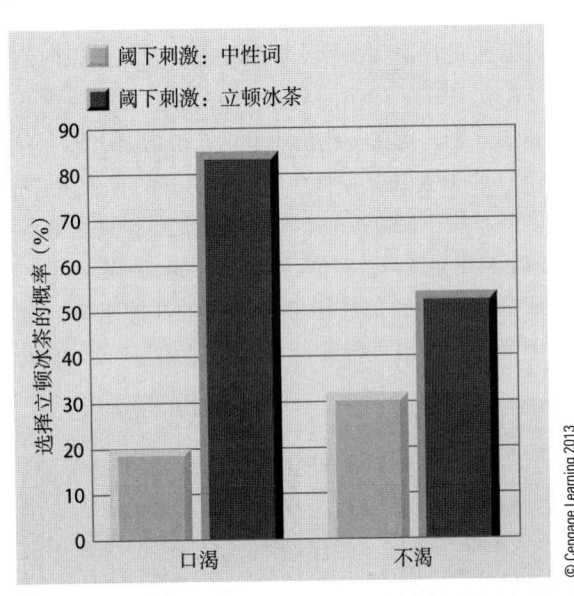

图 4-4　Karremans 等(2006)阈下知觉研究的结果

测量阈下呈现立顿冰茶是否对被试的饮料偏好有影响的一种方法是让他们在立顿冰茶和其他流行饮料中选择。结果如图所示,实验组被试表现出比控制组更坚决的立顿冰茶偏好,尤其是那些表明自己渴的被试。

资料来源:Adapted from Karremans, J. C., Stroebe, W., & Claus, J. (2006). Beyond Vicary's fantasies: The impact of subliminal priming and brand choice. *Journal of Experimental Psychology*, 42, 792–798 (Figure 2 from Study 2). © 1991 by the American Psychological Association.

其他近期研究也表明阈下刺激有重要影响。Massat 和 Buunk(2009)给被试阈下呈现一些有吸引力或者无吸引力的身体画作,然后要被试阅读一段能够引起嫉妒的剧本,并评估他们在该情境中会感到的妒忌程度。接受阈下刺激为有吸引力身体图片的被试明显比接受无吸引力身体图片被试的嫉妒感更高。还有一项研究发现阈下呈现一个国家的国旗能使人们对一些有争议政治问题的观点发生有意义的转变(Hassin et al., 2007)。另外一项政治领域的研究发现阈下呈现词语 RATS 会对政治家的评价产生消极影响(Weinberger & Westen, 2008)。因此,阈下输入能对那些后来声称没有意识到这些刺激的被试产生尽管很小但仍可测的影响。

那么,我们应该为可能被阈下刺激说服的威胁而担忧吗?至今的研究表明,可能没有太多原因需要我们为此担忧。一般来说,阈下刺激的作用较弱(De Houwer, Hendrickx, & Baeyens, 1997;Kihlstrom, Barnhardt, & Tataryn, 1992)。实际上,只有通过非常精确的测量,在要求被试将注意力集中在包含阈下刺激实验材料上的严格控制的实验室条件下,阈下刺激产生的效应才能被检测到。尽管这些效应在理论上很吸引人,但并无多大重要的实用价值(Merikle, 2000)。阈下说服的影响潜力需要更多的研究,但到目前为止还无须担忧。

感觉适应

感觉适应过程是另一个影响感觉输入登记的因素。**感觉适应**(sensory adaptation)是指长时间接触刺激导致感受性逐渐下降。例如,假设你厨房中的垃圾开始散发臭味。如果不扔掉垃圾,你在厨房待一会儿就会发现很快就闻不到臭味了。事实上,气味的刺激强度是不变的,但由于不断暴露其中,你对它的感受性下降了。同时,走进房间的其他人就可能注意到臭味。感觉适应普遍存在于我们的日常生活中。早上刚穿衣服时,你还感觉到衣服的存在,但很快这种感觉就消失了。同样,如果你不情愿地跳入一池冷水,过一会儿你适应了之后,会发现水没有开始那么冷了。

感觉适应是一个让人们保持注意刺激输入的变化,而不是不变的固有自发过程,它使人们可以忽略无新意的刺激。毕竟,你不需要不断确认你的衣服还穿在身上。但是,像大多数有机体一样,人们关心环境中的变化,这些变化意味着对安全有威胁。因此,正如它的名字所指出的,感觉适应可能是自然选择所塑造出的行为适应(Mcburney, 2010)。感觉适应再一次表明感觉输入与感觉体验之间没有一一对应的关系。

到目前为止，所涉及的这些心理物理学概念表明外部世界与人们对它的知觉体验之间的关系是很复杂的。随后在详述每种主要的感觉系统时，我们会不断地看到：人们对世界的体验既依赖于他们所接触到的物理刺激，又依赖于他们对刺激输入的主动加工。接下来我们以视觉开始探讨这些感觉，即大多数人认为的感觉就是对现实的直接知觉。实际上，你等会就会发现，两者大相径庭。

视觉系统：视觉的主体

我们常常说"眼见为实"，有好想法的人会形容他聪"明"，"解释清楚一件事"可以说是阐"明"。正如这些通俗的表达所示，人类是视觉动物。人们在很大程度上依赖他们的视感觉，并且把它等同于真实性（眼见为实）。尽管这被认为是理所当然的，等会儿你就会"看"（又来了）到人类视觉系统令人称奇的复杂性。此外，正如在所有感觉领域中的一样，人们所"感觉到的"与所"知觉到的"可能十分不同。本节我们先学习视觉系统的基本感觉过程，然后再学习视觉的更高级的知觉过程。

刺激物：光

人类要看，就必须有光。光（light）是电磁辐射的一种形态，以波的形式，当然，以光的速度传播。如图4-5a所示，光波有不同的振幅（amplitude，高度）和波长（wavelength，波峰之间的距离）。振幅主要影响明度知觉，波长主要影响颜色知觉。人们通常看到的光是由多种波长组成的混合光。因此，光也有不同的纯度（混合程度

由于感觉适应，生活在臭烘烘的工厂附近的人已经习惯了空气中的恶臭，但是访客最初会被同样的味道熏到。

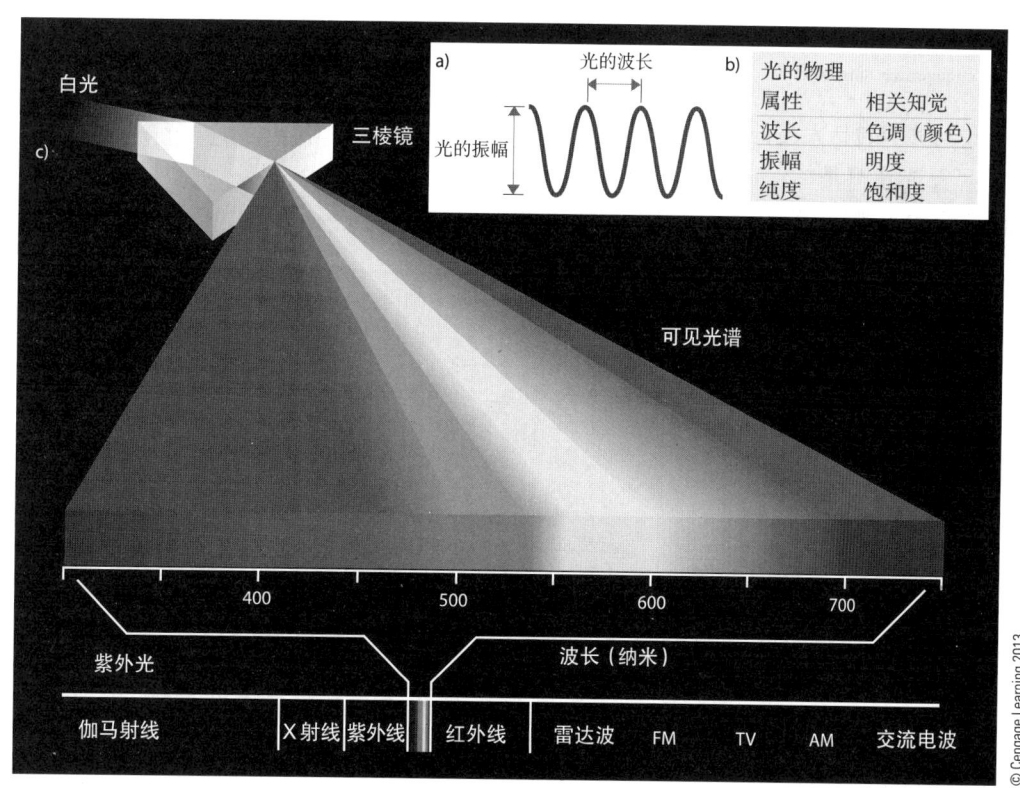

图4-5　光、视觉的物理刺激

a）图显示的是光波有不同的振幅和波长。b）图显示的是在可见光谱内，振幅（对应物理强度）主要影响明度体验。波长主要影响颜色体验，纯度是饱和度的主要决定因素。c）图显示的是，如果白光（如日光）通过三棱镜，三棱镜就会把光分离成不同波长的成分，创造出一条彩虹。然而，可见光仅仅是整个波长范围中人类眼睛恰好能够感觉到的一小段。

不同）。纯度影响颜色的饱和度知觉，或者说是浓烈程度知觉。饱和度（saturation）指白色在一种颜色中的相对比例。白色越少，饱和度越高（见图4-6）。当然，大多数物体本身并不发光，而是反射光（太阳、灯、火等除外）。

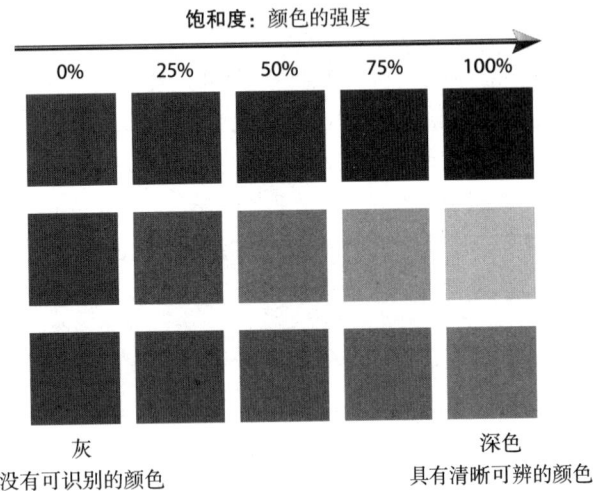

图4-6　饱和度

饱和度是指颜色中白色的量。如你在这两个例子中所看到的，随着白光的量的逐渐减少（从左到右），颜色的饱和度或浓烈度就会升高。

资料来源：© Cengage Learning 2013.

大多数人所说的光只包括人类的可见波长。但是，如图4-5c所示，可见光谱只是全部波长范围中小小的一部分。视觉就像一个过滤器，只允许人们感受这个真实世界的一小部分。其他动物拥有不同的视觉能力，所以生活在另一个相当不同的视觉世界中。例如，相比起人类，许多昆虫能看到紫外光谱中更短波长的光；许多鱼类和爬行动物能看到红外光谱中更长波长的光。尽管视感觉取决于光波，人们要看到刺激，视觉刺激必须转换为能传递到大脑的神经冲动。接下来，让我们来研究一下这个转换过程是如何完成的。

眼睛：一台有生命的光学仪器

眼睛主要有两大功能：其一是将光传输到接收光的神经组织视网膜（retina），其二就是容纳这个组织。眼睛的结构如图4-7所示。一只眼睛就是一台有生命的光学仪器，在其内侧后部的感光视网膜上形成对视觉世界的成像。

光进入眼睛首先要通过前面的一扇透明的"窗户"角膜（cornea）。角膜和位于其后的透明晶状体，形成倒立的物体成像投射到视网膜上。大脑根据视网膜上的位置和现实世界的位置的对应规则来纠正成像。

晶状体（lens）是眼睛中的一个透明装置，使光线聚焦在视网膜上。晶状体由相对柔软的组织构成，能够随所视情况进行调节。调节（accommodation）指调整晶状体曲率来变化视焦。当你聚焦于近处物体，为了让你看得清楚，你眼睛的晶状体会变得更胖（更圆）。当你聚焦于远处物体，晶状体会变扁平。

一些常见的视觉缺陷是由于无法将光清晰地聚焦在视网膜上（Oyster, 1999）。例如，**近视的人**（nearsightedness）能看清近处的物体，看远处物体较模糊，这是因为远处物体的光聚焦在视网膜前面（见图4-8）。这是因为角膜或晶状体折光过度，或者是眼球前后径过长。**远视的人**（farsightedness）能看清远处的物体，而近处的物体显得模糊，这是因为近处物体的光聚焦在了视网膜后面（见图4-8）。通常，眼球前后径过短会产生这种问题。

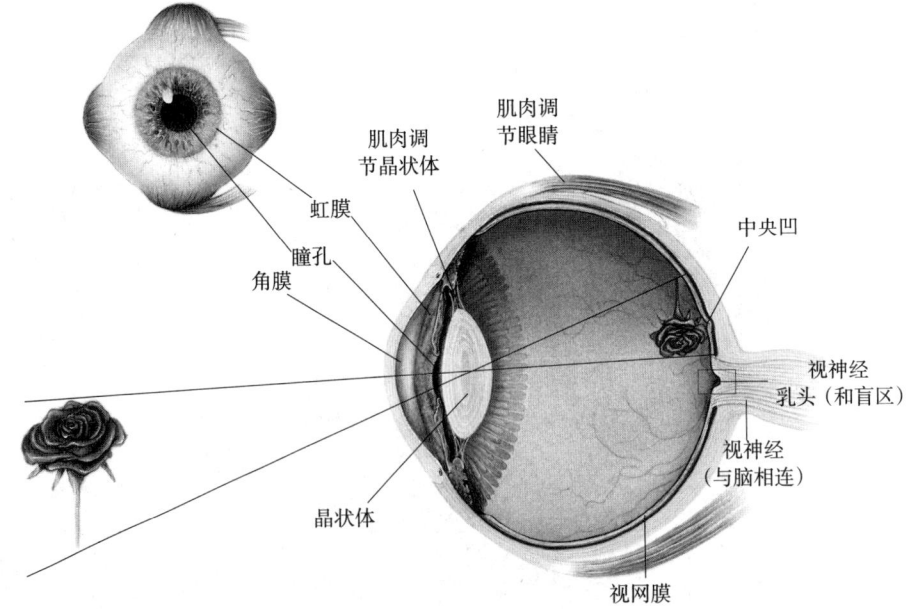

图4-7　人类的眼睛

光线依次穿过角膜、瞳孔和晶状体，聚焦在视网膜的感光层。在视网膜上，物体的成像是倒置的。晶状体调整自身的曲率以使物体的成像聚焦在视网膜上。虹膜和瞳孔调节进入眼睛后部的光量。

资料来源：© Cengage Learning 2013.

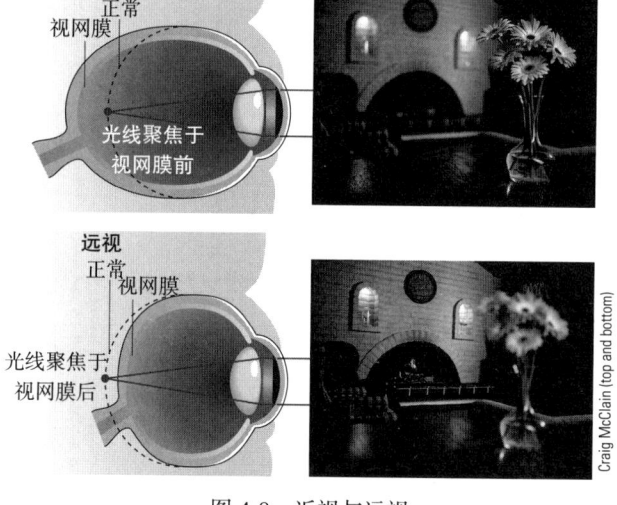

图 4-8　近视与远视

这里所示的图片模拟呈现了近视和远视的人看到的景象。产生近视的原因是远处物体的光线聚焦于视网膜前。远视恰好相反，即近处物体的光线聚焦在视网膜后。

资料来源：© Cengage Learning 2013.

眼睛能够调节自己来改变落在视网膜上的光量。虹膜（iris）（环绕瞳孔的彩色环形肌肉）通过控制瞳孔的大小来调节进入眼睛的光量。瞳孔（pupil）是虹膜中间的一个开口，能够允许光进入眼睛后部。当瞳孔收缩时，瞳孔让进入眼睛的光减少，但它们可以使视网膜上的成像更清晰。当瞳孔扩大时，它们让更多的光进入，却使成像清晰度变差。在亮光处，瞳孔收缩来看清物体，而在暗光处，为了能看见更多事物，则牺牲清晰度扩张瞳孔使更多的光线落在视网膜上。

视网膜：大脑在眼睛上的"大使"

视网膜（retina）是贴于眼球后壁内侧的中立神经；它吸收光，加工成像，并将视觉信息传递到大脑。你可能对视网膜能够加工成像感到惊讶，但它确实是位于眼球内部的一小片中枢神经系统。正如脊髓是一个结构复杂的脑的延伸部分，视网膜就是眼睛中大脑的"大使"。如图 4-9 所示，这薄薄的只有信用卡一半厚度的神经组织包含了由多层专门化细胞组成的复杂网络。

由视网膜向脑运行的轴突聚合在视盘（optic disk），那是视网膜上的一个洞，视觉神经纤维由此穿出眼球。由于视盘是视网膜上的一个洞，你看不到落于该处的成像部分。因此它又被称为盲点。你可能感觉不到你每只眼睛里都有一个盲点，因为每只眼睛的盲点都可被另一只眼所补偿。

> **真相核查**
>
> **误解**
>
> 坐得离电视太近 / 在昏暗的灯光下阅读 / 在电脑前待得太久会损害视力。
>
> **真相**
>
> 这些行为会使你的眼睛感到疲劳或紧张，但没有证据表明会损害眼睛或导致任何视力的永久变化。

1. 视觉感受器：视杆细胞与视锥细胞

视网膜上有数百万个感光感受器细胞。令人惊讶的是，这些感受器位于视网膜的最内层。因此在感受器检测到光之前，光必须穿过数层细胞。有趣的是，从角膜进入的光只有 10% 能到达这些感受器（Leibovic，1990）。视网膜上有两种感受器，视杆细胞和视锥细胞。它们的名字是以形状来命名的，视杆细胞比较细长，视锥细胞

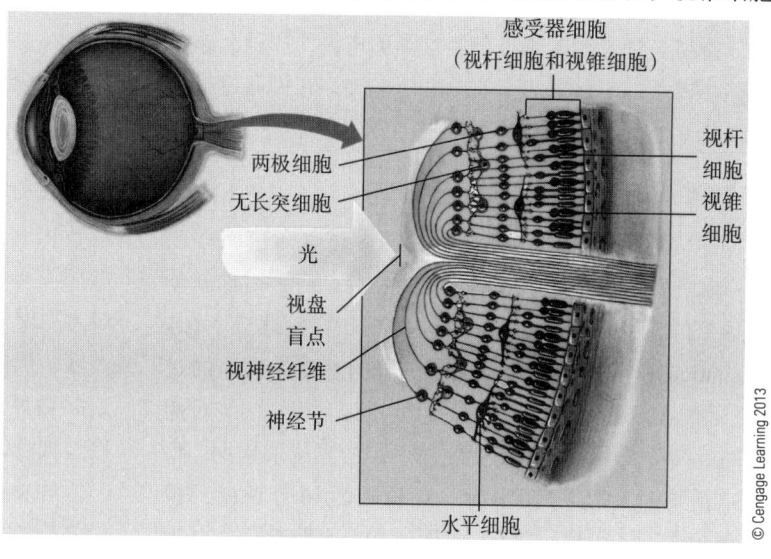

图 4-9　视网膜

这个特写显示的是视网膜中的多层细胞。最靠近眼睛后部的细胞（视杆细胞和视锥细胞）是实际检测光的感受器细胞。中间一层的细胞接收来自视杆细胞和视锥细胞的信号，形成一个回路，这是对传入的信息进行分析的起始。视觉信号最终汇聚到神经节细胞（ganglion cells）。神经节细胞的轴突形成了组成视神经的视纤维。这些视纤维都向视网膜的小洞汇聚，从那里视神经离开了眼睛。这个点就是视盘（也就是盲点）。

比较短粗。视杆细胞比视锥细胞的数量多很多，人类大约有 1 亿～1.2 亿个视杆细胞但仅有 500 万～640 万个视锥细胞（Frishman, 2001）。

视锥细胞（cones）是专门负责明视觉和颜色视觉的视觉感受器。由于视杆细胞在强光下作用较弱，主要由视锥细胞负责大多数人的白天视觉。视锥细胞的特殊感受性，也使它们在色彩知觉中发挥主要作用。但是，视锥细胞对弱光反应不强，这就解释了为什么在低照明情况下你看不清颜色。不过，相较于视杆细胞，视锥细胞能提供更好的视敏度（visual acuity），即更高的锐度和更精准的细节。视锥细胞主要集中在视网膜的中心，外周密度急剧下降。**中央凹**（fovea）是位于视网膜中心的一个小点，只有视锥细胞，此处的视敏度最高。当你想要看清楚时，通常会转动眼睛使物体投射到中央凹处。

视杆细胞（rods）是专门负责夜视和外周视觉的感受器。视杆细胞负责夜视因为它们对弱光的敏感程度是视锥细胞的 100 倍（Kefalov, 2010）。它们也负责大部分的外周视觉，因为在视网膜的外周它们比视锥细胞多得多。由于视杆细胞在中央凹周围的密度最大，向两边密度逐渐下降，因此要看清弱光环境中的物体，最好将视线上下偏离一些。这样转移注视点可以使物体成像避免聚焦在需要更多光线的只有视锥细胞的中央凹处，而是聚焦在只需要少量光线的视杆细胞盘踞的中央凹周围。这个转移注视点的小窍门为天文学家所熟知，它们通过望远镜观察一些昏暗的物体时常采用这个方法。

2. 暗适应与明适应

你可能遇到过这种情况：白天，你进入一家昏暗的影院会跌跌撞撞什么也看不见。但是几分钟后你就能在昏暗的灯光下行动自如。这个适应叫作**暗适应**（dark adaptation），是指眼睛对低亮度的光的感受性提高的过程。图 4-10 展示了这个过程的时间进程。视觉的绝对阈限随时间降低，表明要看到物体所需的光越来越少。整个暗适应过程需要 30 分钟，在最初的 10 分钟内，视敏度会有明显变化。曲线（见图 4-10）表明暗适应分为两个阶段，这是由于视锥细胞比视杆细胞适应得更快（Reeves, 2010）。

当你从昏暗的影院走到阳光照射的室外，你需要眯着眼睛避免过于强烈的光线，这与暗适应的情况正好相反。**明适应**（light adaptation）是指眼睛对高亮度光的感受性下降的过程。像暗适应一样，明适应也会提高你在环境中的视敏度。两种适应过程主要是由于视杆细胞和视锥细胞中的化学变化，视网膜中的感受器和其他细胞的神经变化也是一个原因。

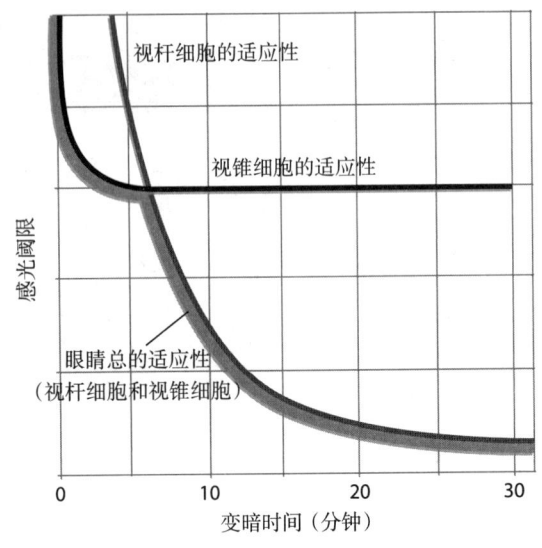

图 4-10 暗适应的过程

阈限随时间下降表明视觉感受性在提高，因为要看到物体所需的光线量越来越少。眼睛中处理明视觉的感受器（视锥细胞）能迅速适应低亮度环境，因此在进入一个昏暗空间的最初 5～10 分钟内，视觉感受性显著提高。然而，视锥细胞的适应，如黑色线所示，很快就达到极限，随后感受性的提高主要来自视杆细胞的适应，如深灰色线所示。视杆细胞的适应速度慢于视锥细胞，但其在低光照水平下能够使视觉感受性大幅提高。

资料来源：© Cengage Learning 2013.

3. 视网膜中的信息加工

在加工视觉刺激时，视网膜将投射在其上的光的模式转化成一种十分不同的视觉场景表征。光照到视网膜的感受器（视杆细胞和视锥细胞），诱发神经信号放电，进入视网膜的复杂细胞网络，接着沿视神经（optic nerve）传输，视神经是神经节细胞（ganglion cells）的一簇轴突，连接眼睛和脑（见图 4-9）。这些视神经，从眼睛出发，穿过视盘，将编码为神经冲动的视觉信息传递到脑。

在将信号传递到脑之前，视网膜本身需要加工大量的复杂信息。最终，来自超过 1 亿个视杆细胞和视锥细胞的信息会聚到视神经的 100 万个轴突中（Slaughter, 1990）。视杆和视锥感受器将信息集中到视网膜上某个特殊的视细胞，组成了该细胞的**感受野**（receptive field）。因此，一个视细胞的感受野是指视网膜上的一定区域，当刺激这一区域时，就能引发该细胞放电。

视网膜上的感受野有不同的形状和大小。最常见的是中央-周围拮抗的圆形感受野（Levitt，2010）。在这样的感受野中，光落到中央区域与周围区域会引发相反的效应（见图4-11）。例如，如图4-11所示，一个视细胞的放电率可能会因为光落到它的感受野中央而提高，由于光落到周围区域而降低。其他视觉细胞的工作方式可能正好相反。不管是哪一种，当感受野受刺激时，视网膜细胞会将信号既传递给大脑又传递给旁侧附近的视细胞。向旁侧传递信号使得视网膜上的视细胞能够相互作用。

视觉和脑

光落到眼睛，但你却是用脑来看。尽管视网膜作为一个感觉器官进行了大量的信息加工，然而，在被脑加工之前，这些视觉输入毫无意义。

1. 传递到脑的视觉通路

视觉信息如何传递到脑？神经节细胞的轴突离开眼睛后部形成视神经，到达**视交叉处**（optic chiasm），在这里每只眼睛内侧一半的视神经交叉投射到对侧大脑。这样的安排保证两只眼睛的信号都能传递到大脑的两个半球。如图4-12所示，来自左半侧视网膜的轴突将信号传递至左脑，右半侧视网膜的轴突将信号传递至右脑。

到达视交叉之后，视神经纤维分成两条通路。一条

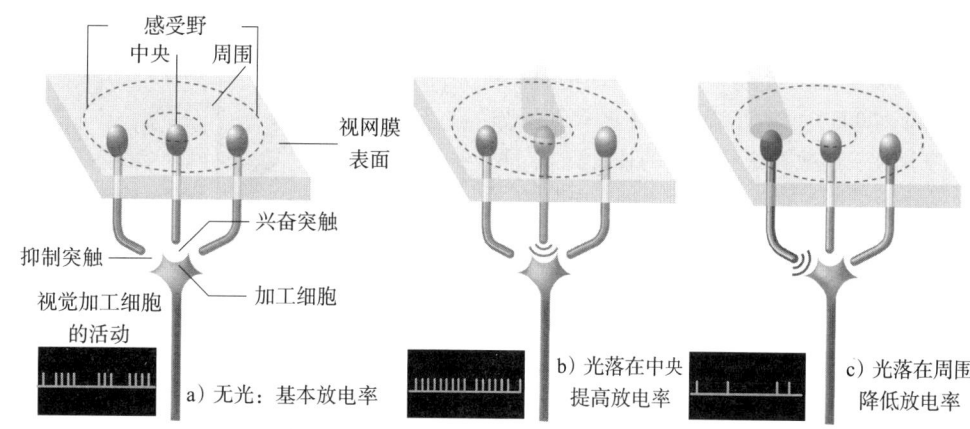

图4-11 视网膜中的感受野

视觉细胞的感受野（由视网膜上的视杆细胞和视锥细胞组成），通常是中央-周围拮抗的圆形区域（图4-11a），光照到感受野的中央与周围区域会导致相反的结果。在本图所描述的感受野中，落在中央的光产生兴奋作用（就像是突触上的绿灯），增强视细胞的放电（图4-11b），而落在周围区域的光产生抑制作用（就像是突触上的红灯）并降低放电（图4-11c）。有趣的是，没有光照到感受野，和有光同时刺激感受野的中央和周围，产生相似的基本放电率。这种拮抗使得视细胞对对比尤其敏感，能够促进完成识别物体边缘这一十分重要的任务。

资料来源：© Cengage Learning 2013.

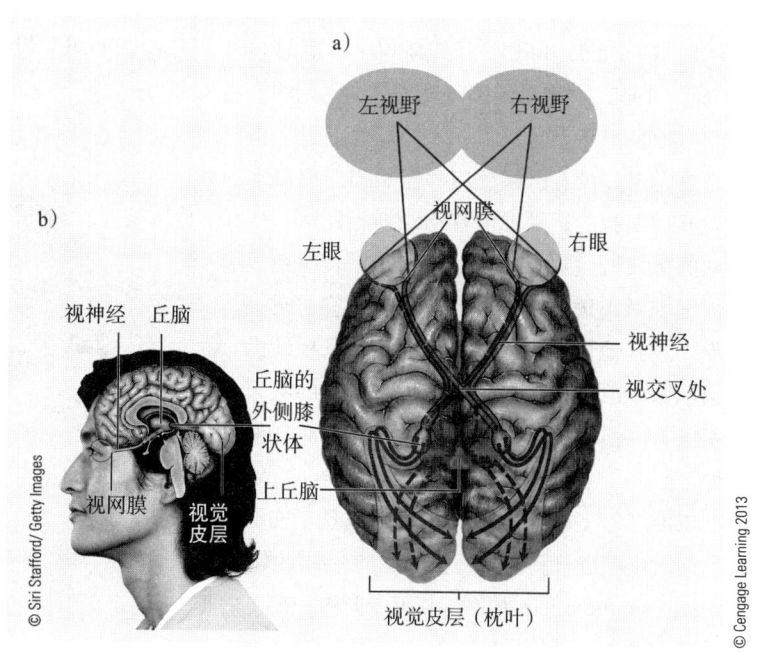

图4-12 穿越大脑的视觉通路

图4-12a显示的是来自右侧视野的刺激输入投射到每个视网膜的左侧，进而到达大脑左半球（如黑灰色所示）。来自左侧视野的刺激输入投射在每个视网膜的右侧，进而到达右半球（如浅灰色所示）。两只眼睛的神经纤维在视交叉处相遇。在此，处于视网膜内侧的视神经在此处交叉到对侧大脑。在到达视交叉后，主要的视觉通路穿过丘脑的外侧膝状体（LGN），投射到初级视皮层（如实线所示）。第二条通路绕道穿过上丘脑，再穿过丘脑投射到初级视皮层（如虚线所示）。图4-12b是这幅插图从矢状面的角度展示了视觉通路如何通过丘脑投射到大脑后部视皮层的（从这个角度无法区分图4-12a中所示的两条通路）。

是主要通路，负责颜色、形状、对比以及运动知觉，投射到脑中主要的中转站丘脑。在这里，视网膜中90%的

轴突与外侧膝状体（lateral geniculate nucleus, LGN）的突触联结（Pasternak, Bisley, & Calkins, 2003）。视觉信号在这里被加工后接着分散于组成初级视皮层的枕叶区域（见图4-12）。第二条通路离开视交叉后分流到了位于中脑的一个叫作上丘脑的区域，接着沿着丘脑到达枕叶。第二条通路的功能似乎是运动知觉以及整合视觉与其他感觉输入（Casanova et al., 2001；Stein & Meredith, 1993）。

2. 视皮层中的信息加工

大部分的视觉输入最终到达位于枕叶的初级视皮层。要解释这个区域的皮层细胞如何对光进行反应，这在过去是个复杂的问题。这个问题的研究者，把微电极放置到动物的初级视皮层以记录个体细胞的动作电位。它们给该细胞对应的视网膜上的感受野呈现闪烁的光点，但是细胞却几乎没有反应。

大卫·休伯尔（David Hubel）和托斯坦·维厄瑟尔（Torsten Wiesel）（1962, 1963）偶然发现了这个谜题的答案。他们用于给猫呈现光点的其中一个幻灯片上有一道裂痕。虽然这个光点并没有引起反应，但是当它们移动幻灯片时，裂痕在细胞的感受野内移动，细胞发疯一样地对这条移动的黑线产生放电反应。这个结果表明初级视皮层的个体细胞对小斑点并不真的有太多反应，它们对线条、边界以及其他更复杂的刺激更敏感。采用新的幻灯片，休伯尔和维厄瑟尔对视皮层进行了多年的艰苦研究（见图4-13）。他们的工作最终使他们获得了1981年的诺贝尔奖。

休伯尔和维厄瑟尔（1979, 1998, 2005）发现了初级视皮层中对不同的刺激进行反应的各种类型的专门细胞。例如，简单细胞（simple cells）对位于其感受野中一定宽度、角度、位置的线条有最佳反应。复杂细胞（complex cells）也考虑宽度和方向，但对感受野中的任意位置都有反应。所有这些的关键之处在于视皮层的细胞似乎是高度专门化的。它们被称作**特征检测器**（feature detectors），指的是选择性地对复杂刺激的非常特定的特征反应的神经元。一些理论家认为，大多数的视觉刺激可以看作由无数个这些特征检测器对应的线条组合成的（Maguire, Weisstein, & klymenko, 1990）。

经过初级视皮层加工之后，视觉输入被传送到其他

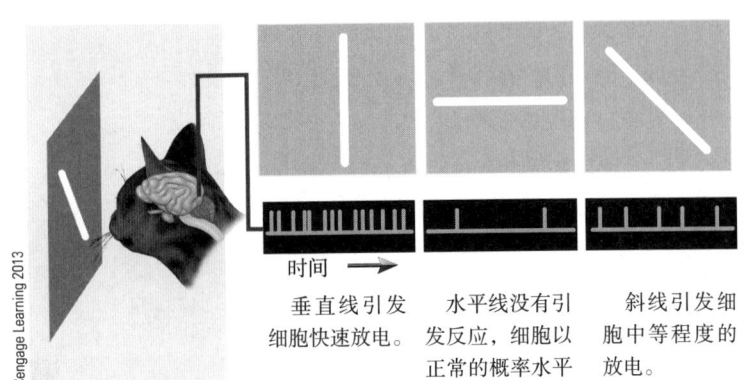

图4-13 休伯尔和维厄瑟尔研究视皮层中神经元活动的程序

在给猫呈现不同刺激的同时，微电极会记录猫的视皮层中单个神经元的放电情况。该图显示的是一个视觉细胞的电反应。该细胞明显是"预先设定好"对垂直线进行反应的。

皮层区被进一步加工。这些信号沿两条通路传递——"是什么"和"在哪里"通路（见图4-14）。腹侧通路（ventral stream）加工物体是什么的细节（形状和色彩知觉），背侧通路（dorsal stream）加工物体在哪里（运动和深度知觉）（Connor et al., 2009；Pasternak et al., 2003）。

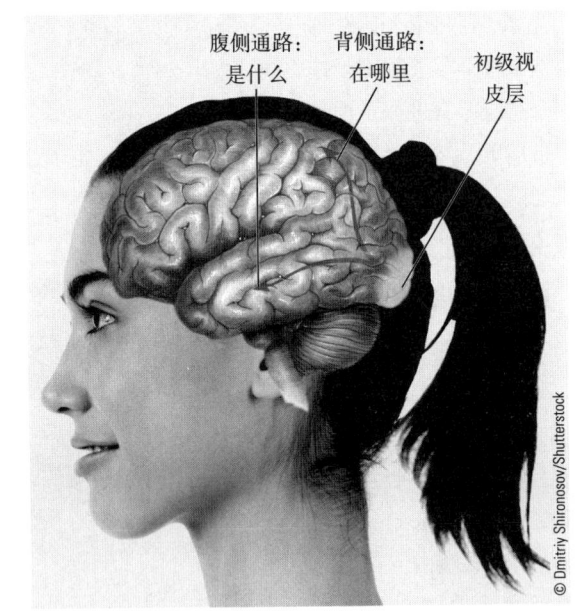

图4-14 从初级视皮层起始的"是什么"和"在哪里"通路

脑皮层对视觉信号的加工开始于初级视皮层。然后，信号沿着许多通路被运送到皮层的其他各个区域。图中所示的是两条主要的通路。腹侧通路，或"是什么"通路，加工有关颜色和形状的信息，通往颞叶。背侧通路，或"在哪里"通路，加工有关运动和深度的信息，通往顶叶。

资料来源：© Cengage Learning 2013.

随着信号在视觉加工系统中的进一步传递，神经元

越来越专门化，或者说对能使其兴奋的刺激的标准越来越高，并且激活它们的刺激也越来越复杂。例如，研究者发现在人类和猴子的大脑颞叶（"是什么"通路）有一些细胞对面孔图片特别敏感（Kanwisher & Yovel, 2009）。这些神经元甚至能对形似脸的图片产生反应（Cox, Meyers & Sinha, 2004）。

对面孔刺激反应的神经元的发现引出了一个问题：为什么大脑皮层中有面孔检测器？理论家还没有确定的答案，但一种想法是这种快速识别面孔（比如谁是朋友和敌人）的能力在进化过程中可能有适应重要性（Sugita, 2009）。因此，自然选择可能已经改变了一些物种的大脑以快速对面孔反应。与该假设一致的是，近来有研究表明婴儿已能表现出明显的基本面孔知觉能力（Mckone, Crookes, & Kanwisher, 2009）。

无论如何，"是什么"通路与其中专门对面孔反应的神经元的发现为困扰科学家几十年的视觉障碍问题提供了新的解释。例如，正如本章开始（我们对P博士的讨论）所指出的那样，一些人即使眼睛功能正常，也会表现出视觉失认症（visual agnosia），即不能识别物体（Behrmann, 2010）。这种令人困惑的状况现在有了一个可行的解释：它很可能是处理物体识别的视觉通路某处出现了损伤导致的结果。再来看看面孔失认症（prosopagnosia）的情况，即使视觉加工的其他方面在很大程度上并未受损，患者却不能识别熟悉的面孔，包括自己的脸。虽然还有待后续研究，这种视觉缺陷的高度特异性也许反映了对面孔刺激敏感的神经回路受到了损伤（Farah, 2006）。

这个研究领域的另一个重大发现是，"是什么"通路中跟知觉面孔有关的神经元能从经验中学习（Gauthier & Curby, 2005；Palmeri & Gauthier, 2004）。在一项令人大开眼界的研究中，高强度地训练被试分辨一些相似的名叫"Greebles"的人造物（见图4-15）。训练后发现，本来对面孔敏感的神经元变得对Greebles几乎同样敏感（Gauthier et al., 1999）。换句话说，原本作为面孔检测器的神经元被"重组"了，以负责检测其他视觉形状。像第3章讨论的许多发现一样，这些结果表明脑的功能组织在某种程度上是"可塑的"，并且经验能改变脑内神经元联结的通路。

彩色世界

到目前为止，我们只讨论了视觉系统在明亮和黑暗

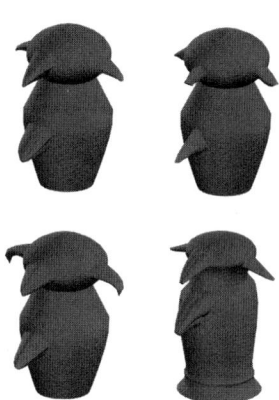

图4-15　辨别Greebles

Gauthier等人（1999）训练被试识别名叫"Greebles"的新异刺激7小时，其中四个如图所示。做此训练是为了探讨原本对面孔反应的神经元是否能被经验重塑。

资料来源：Gauthier, I., Tarr, M. J., Anderson, A. W., Skudlarksi, P. L., & Gore, J. C. (1999). Activation of the middle fusiform "face area" increases with experience in recognizing novel objects. *Nature Neuroscience, 2*, 568–573. (Figure 1a, p. 569). Reprinted by permission from Macmillan Publishers Ltd.

的环境中如何处理信息。现在让我们开始颜色世界之旅。一方面，看不到颜色无损你的视力。许多动物有一点或没有颜色视觉也能生存下来，并且在所有照片、电影及电视节目都是黑白的那个年代，也没有人觉得有何不妥。另一方面，颜色显然丰富了我们对世界的知觉。颜色的加入增强了我们辨别物体的能力（Tanaka, Weiskopf, & Williams, 2001）。因此，一些理论家认为人类和猴子进化出颜色视觉是因为这能提高他们搜寻食物、发现猎物、快速识别天敌的能力（Spence et al., 2006）。尽管科学家还难以描述颜色视觉的用途，但已经对颜色知觉的内在机制有了大量了解。

1. 颜色刺激

前面已经提过，人们所看到的光是各种波长的混合光。所感知到的颜色主要取决于这些混合光中占优势的波长。在可见光谱中，波长最长的光看起来是红色的，波长最短的光看起来是紫色的。注意"看起来"这个词，颜色只是一个心理解释，并不是光本身的物理属性。

尽管波长对颜色知觉的影响最大，对颜色的知觉实际上受到光的所有三种特性的综合影响。波长（wavelength）和色调最相关，振幅（amplitude）影响明度，纯度（purity）影响饱和度。颜色的这三个维度用图4-16所示的色立体图（color solid）表示。

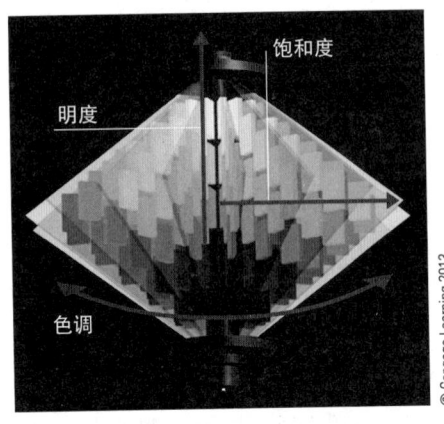

图 4-16 色立体图

该色立体图展示了颜色如何沿着三个知觉维度变化：明度（从底端到顶端逐渐增加）、色调（围绕周长变化）和饱和度（从里到外逐渐增加）。

如色立体图所示，人们能感知到许多不同的色彩。实际上，专家估计人类能够分辨上百万种色彩（Webster, 2010）。这些各异的色彩大部分由少数几种基本色彩混合而成。颜色的混合有两种：减色混合与加色混合。**减色混合**（subtractive color mixing）指一些光的波长会被吸收，留下的光少于之前的光。可以用堆叠滤色镜来示范减色混合。如果你透过叠在一起的黄色和蓝色玻璃滤光纸看，由于它们阻挡了某些波长，因此剩下的中等波长的光看起来是绿色。混合不同颜色的颜料也是一个减色混合的过程。

加色混合（additive color mixing）指通过色光叠加，使混合光中的光比之前任一单一光都多。如果你同时将红色、绿色和蓝色的光斑投射在白屏幕上，你会看到一个加色混合结果。如图 4-17 所示，对于同样的颜色进行加色混合和减色混合会产生不同的结果。人类颜色知觉的过程，更像是加色混合而不是减色混合。你会在接下来的对颜色视觉理论的讨论中明白这一点。

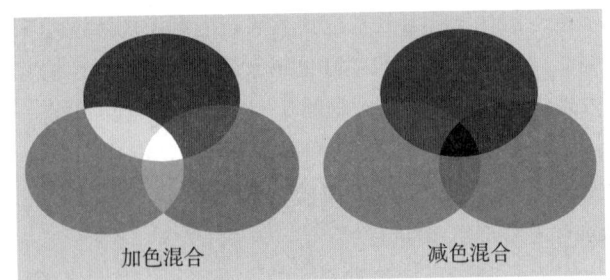

图 4-17 加色混合与减色混合

光混合是加色混合，因为每种光包含的所有波长都到了眼睛。如果红光、蓝光以及绿光投射到白色屏幕上，三色交叉处的颜色是白色，所产生的颜色如左图所示。如果这三种颜色的颜料以同样的方法混合，则减法混合后的颜色如右图所示，其中三色交叉处呈现黑色。正如你看到的，加色混合和减色混合会产生不同的结果。

2. 颜色视觉的三色论

颜色视觉的三色论（trichromatic theory）最早由 Thomas Young 提出，随后由 Hermann von Helmholtz 修订（1852）。颜色视觉的三色论认为人眼中有三种类型的感受器，分别对不同波长的光敏感。Helmholtz 的理论认为眼睛的感受器对特定波长的红光、绿光、蓝光敏感。根据这个理论，人们之所以能看到彩虹的所有颜色是因为眼睛通过变化这三种感受器神经活动的比例进行了自己的"颜色混合"。

任何一种颜色的光都可以由三种原色（primary colors）混合而成，这一点支持了三色理论。尽管通常认为三原色是红色、绿色和蓝色，但实际上任何恰当分布在可见光谱上的三种颜色都可以充当原色。任何一种颜色都可以由三种颜色混合而成，这是不是听起来不可思议？但这正是你家的彩电屏幕或电脑显示器上所发生的事情（Stockman, 2010）。

三色论能够很好地解释色盲产生的原因。**色盲**（color blindness）指分辨颜色的能力存在缺陷。男性患色盲的比例要高于女性（Tait & Carroll, 2010）。大部分色盲患者是二色觉者（dichromats），即他们只有两类颜色感受器。二色觉者有三类，分别无法辨别三原色中的红色、绿色或蓝色，尽管后者比较少见（Reid & Usrey, 2008）。这三类缺陷支持三色论提出的颜色视觉有三类感受器。

3. 颜色知觉的拮抗加工理论

尽管三色论能够很好地解释一些颜色视觉现象，但却不能解释其他现象。比如，互补的后像。**补色**（complementary colors）指混在一起时产生灰色调的成对颜色。各对补色可以在色环中表示，如图 4-18 所示一样。如果你盯着看一种高饱和度的颜色，接着看白色背景，你会看到一个**后像**（afterimage），即刺激移走之后存留的一个视觉表象。后像的颜色是你盯着看的颜色的补色。三色论不能解释为什么会出现互补的后像。

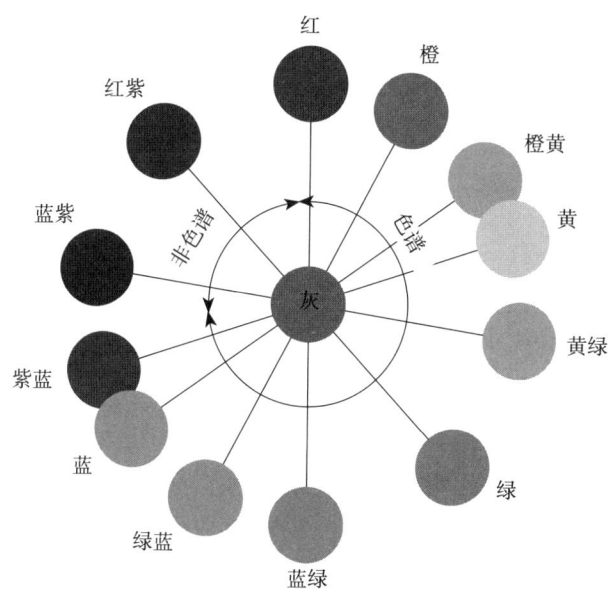

图 4-18　色环和补色

色环上彼此对立的颜色就是互补色，或者"对立色"。把互补色加法混合在一起产生灰色。拮抗加工原理有助于解释这种效应以及文中提到的互补色的其他特性。

资料来源：© Cengage Learning 2013.

还有另一种奇怪的现象。如果你规定人们用三个名字来描述颜色，他们会陷入困境。例如，仅使用红色、绿色和蓝色的话，他们会对把黄色描述成"发红的绿色"感到别扭。然而，如果你让他们用另外一个名字来描述，他们通常选择黄色；然后他们就能很好地描述任何一种颜色（Gordon & Abramov, 2001）。如果颜色可以简化为三种原色的话，为什么我们需要 4 种颜色名称才能描述出所有可能的色彩呢？

为了回答这个问题，埃瓦尔德·赫林（Ewald Hering）在 1878 年提出了拮抗加工理论（opponent process theory）。颜色视觉的拮抗加工理论认为颜色知觉取决于能够对三对颜色做出拮抗反应的感受器。他提出的三对颜色分别是红－绿，黄－蓝，以及黑－白。拮抗加工理论能够合理解释互补的后像以及需要 4 种颜色名称（红、绿、蓝和黄）才能描述其他颜色的现象，并且能解释为什么二色觉者无法区分红绿色或黄蓝色。

真相核查

误解

色盲患者看到的世界是黑白的。

真相

色盲这个词在某种程度上会引起误解，只有极少数的色盲患者是只能看到黑白世界的全色色盲。大部分的色盲患者都是二色觉者，只是不能看到某些颜色。a）图呈现的是二色觉色盲患者所看到的 b）图中纸花的样子。

资料来源：From Goldstein, E. B. (2007). *Sensation and perception* (7 ed.). Belmont, CA: Wadsworth. Wadsworth is a part of Cengage Learning, Inc. Reproduced by permission. www.cengage.com/permissions.

4. 颜色视觉的调和理论

三色论与拮抗加工理论的支持者相互争论了一个世纪之久。大多数研究者都假定两个理论中只有一个是正确的。然而，最近几十年，普遍认为两种理论都可以解释颜色知觉。最终，发现了两种理论的共同生理学基础。为乔治·沃尔德（George Wald）赢得诺贝尔奖的研究表明，眼睛中有三种视锥细胞，分别对不同波段的波长有最强的感受性（见图 4-19）（Gegenfurtner, 2010；Wald, 1964）。这三类视锥细胞证实了三色理论提出的有三种不同颜色感受器的假设。

研究者也发现了拮抗加工的生物学基础。他们发现在视网膜、外侧膝状体（LGN）以及视皮层中存在以相反方式对红－绿、蓝－黄色反应的细胞（Purves, 2009；Zrenner et al., 1990）。例如，视网膜上有对绿色兴奋而对红色抑制的神经节细胞。其他视网膜的神经节细胞，正如拮抗加工理论所预测的那样，正好以相反的方式反应。

总的来说，颜色的感知似乎要经过几个相继的信息加工阶段（Gegenfurtner, 2010；Hurvich, 1981）。第一加工阶段中的感受器（视锥细胞）遵循三色论提出的原理。后面的加工阶段中，在视网膜、外侧膝状体（LGN）以及视皮层中的一些细胞遵循拮抗加工理论提出的原理。如你所见，这些有关理论的激烈之争使人们对颜色视觉的理解超过了任何单一理论的贡献。

5. 颜色对行为的影响

最近新兴起的一个研究领域关注颜色对心理机能的影响。虽然关于颜色如何影响行为的文献一直都很多，但之前的研究大多基于猜测而不是可靠的实证研究。近来，Andrew Elliot 和他的同事（Elliot & Maier, 2007；Moller, Elliot, & Maier, 2009）提出了颜色是如何影响行为的理论，并通过一系列严格控制的实验来检验具体的假设。Elliot 等人（2007）提出颜色能够自动地、无意识地影响行为，这主要有两个基本原因。第一，人们会基于某些颜色不断与某些经历配对出现而习得二者间的联系。如，红笔通常用于标出学生的错误之处，红灯和红色信号常常用于危险警示。第二，在人类的进化过程中，某些颜色可能对生存和繁衍有适应重要性。比如，通常看上去是红色的血液和火，都意味着危险。

Elliot 等人（2007）在他们第一个颜色影响行为的研究中提出，在需要获得成就的情景中，红色意味着失败的危险。因此，他们检验了假设：暴露于红色刺激对成就情境中的表现有负面作用。在实验中，被试参加智商测验的一项分测验。测验前，他们需要看到测验小册子

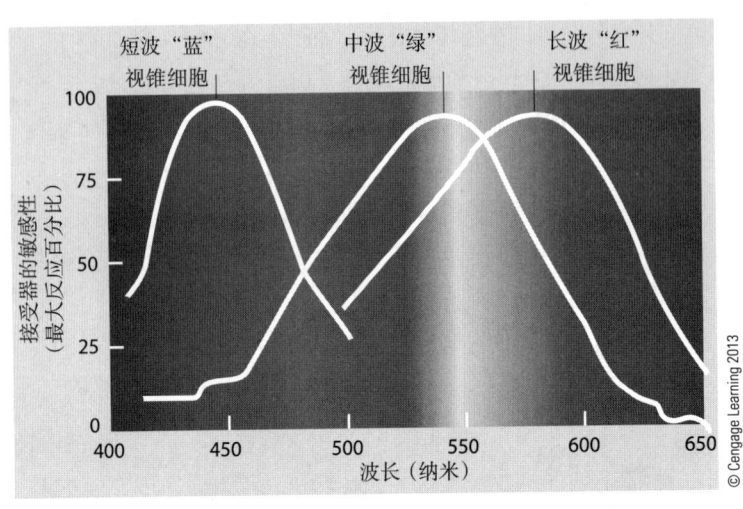

图 4-19 三种视锥细胞

研究发现了三种敏感性随不同长度光波变化的视锥细胞，如图所示，这三种视锥细胞分别是红、绿、蓝三种颜色的接受器，这与三原色理论的预测是一致的，更准确的说法是，这三种视锥细胞分别对短波、中波、长波敏感。

资料来源：Wald, G., & Brown, P. K. (1965). Human color vision and color blindness. *Symposium Cold Spring Harbor Laboratory of Quantitative Biology, 30*, 345–359 (p.351). Copyright © 1965. Reprinted by permission of the author.

的白色、红色或绿色的封面。正如假设的那样，看红色封面的被试测验得分显著低于看绿色或白色封面的被试。随后的研究表明，红色降低成就情境中的成绩是由于红色唤起回避倾向，干扰了注意（Elliot et al., 2009；Maier, Elliot, & Lichtenfeld, 2008）。本章的专题研究讲述了颜色效应的另一个有趣研究。

 **性欲的色彩**

Elliot 与他的同事（2007）强调颜色的心理效应受到情境的影响。他们声称，尽管红色在追求成就的情境中有负面作用，但是在性情境中，红色可能有正面影响。他们对大量的红色与浪漫（情人节的红心）、性欲（红灯区）、性唤起（红色的兴奋状态的器官）联系在一起的方式进行了回顾。他们做了一系列 5 个实验来检验该假设：红色会导致男性认为女性更性感。来看看他们的最后一个实验吧。

方法

被试：23 名男性大学生作为被试。非色盲的异性恋才能参与实验。

程序：告知被试这是一个关于对异性第一印象的实验。要求被试短暂地看一张身着合体宽松上衣的有中等吸引力（预实验中 9 点量表上她的吸引力评分为 6.8）的年轻女性照片。自变量是上衣的颜色，分别为明度和饱和度都相同的红色或蓝色。

测量：因变量为被试对该女性的吸引力、性感程度以及与其约会兴趣的评级。也会问被试他们愿意在约会中为她

花费多少。

结果

比起蓝色衣服，红色衣服导致显著更高的吸引力评价。性感以及约会兴趣的数据如图 4-20 所示。从图中，你可以看到红色衣服使两个变量的评分显著提高。此外，相比蓝色条件组，红色条件组的被试报告他们愿意在约会中花更多的钱。

讨论

本实验的结果与这个系列的其他实验结果一致。在另外两个研究中，相比绿色和白色，红色能够产生更高的吸引力。另一项研究表明这种红色效应仅限于性吸引力，因为被试对目标女性的总体喜欢程度的评价不会受到颜色所左右。有趣的是，这些研究的数据也表明男性并没有意识到他们是如何受到红色影响的。作者总结道："红色是男人的催情剂。这不仅对于男女交往来说是个有价值的信息，而且也应该引起时尚和形象顾问、产品设计者、市场营销人员以及广告客户等的广泛兴趣。"

评论

对感知觉的研究是心理学最早开始进行科学研究的领域之一。然而，这项研究表明其中仍有一些尚未开发的迷人领域。仅需要一些创造力和洞察力就可以发现它们。颜色对心理机能的影响应该是未来一块肥沃的研究领域。实际上，在最近的后续研究中，Elliot 及其同事（2010）发现女性评价男性时，红色同样能够提高吸引力，尽管原因跟男性结果的原因有些不一样。

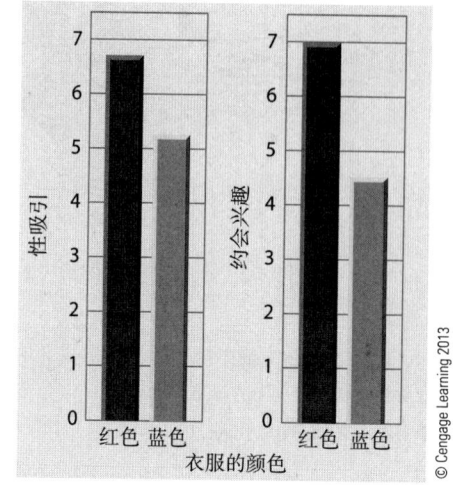

图 4-20　颜色与性吸引

如图所示，在 Elliot 与 Niesta（2008）的研究中，女性着装的颜色会影响她对被试的吸引力。当女性身着红色衣服时，男性在性感的评分上更高（左图），并且表明他们更有兴趣与她约会（右图）。

资料来源：Elliot, A. J., & Niesta, D. (2008). Romantic red: Red enhances men's attraction to women. *Journal of Personality and Social Psychology, 95*, 1150-1164. Figure 5b and 5d. © American Psychological Association, reprinted by permission.

视觉系统：知觉过程

我们已经知道眼睛里的感觉感受器是怎样将光线转化为传入脑中的神经冲动的。接下来我们将关注大脑如何将它们变得有意义——大脑如何将神经冲动转化为椅子、门、朋友、汽车和楼房这些知觉产物呢？本节我们将探索视觉的知觉过程，如对形状、物体、深度的知觉等。

知觉形状、模式和物体

图 4-21 中的画是一张海报，画的是里面有一只受过训练的海豹的马戏团表演。仔细看看，你看见了什么？

无疑，你会看到一只海豹正在用鼻子顶皮球，它的训练者一手拿着鱼，一手拿着鞭子。但假如告诉你这幅画其实是个化装舞会的海报，你知觉到的图形会不同吗？

如果你集中注意化装舞会这个概念的话（如果你还看到海豹和训练员的话，得想一分钟），可能会在图 4-21 中看到一对化装打扮的男女。她正递给他一顶帽子，而他右手中拿着一柄剑。人们是故意把这个微妙的小草图弄出模棱两可感的。它是个**两可图形**（reversible figure），即能来回变换，存在两个解释的图形。图 4-22 是另一个经典的两可图形，你看到了什么？一只兔子，还是一只鸭子？这全取决于你如何看这幅画。

图 4-21　受过训练的海豹表演海报

是真的吗？这幅画是个两可图形，可被解释为文中所述的两种场景之一。

图 4-22　另一个两可图形

你看到了什么动物？正如文中所解释的，你可能会有两种十分不一样的知觉。Joseph Jastrow 在 1900 年前后设计了这个两可图形，他是 20 世纪之交的著名心理学家。

资料来源：Block & Yuker, 1992.

关键点很简单：同样的视觉输入能产生迥异的知觉结果。在感觉输入和你知觉到的事物之间并没有一一对应的关系。这就是为什么人们对世界的经验是主观的主要原因。知觉不仅仅包括被动地接受来自外界的信号。它更包括对感觉输入的解释。这个解释过程，在某种程度上，会受到操纵人们的预期的影响。例如，给你的有关这幅画的信息"里面有一只受过训练的海豹的马戏团表演"创建了一个**知觉定势**（perceptual set），即以特定方式知觉刺激的倾向。知觉定势为人们如何解释感觉输入创建了某种偏向。

形状知觉同样依赖于对感觉输入的选择，即人们将注意力集中在什么事物上（Chun & Wolfe, 2001）。一个视觉场景会包括许多物体和形状。其中一些会引起观者的注意，其他则不会。这个事实可以用**非注意视盲**（inattentional blindness；由于注意力在别处而不能看到可见的物体和事件）的研究生动地阐述。在一个该类型的研究中（Simons & Chabris, 1999），实验者向被试呈现两个视频，其中一个是一群穿着白衬衫的人在传球，覆盖着的另一个是一群穿着黑衬衫的人在传球（两个视频都是半透明的）。要求被试关注其中一队，并且当这队人传球时按键反应。在 30 秒的任务中，一个撑着伞的女人出现并穿过现场，前后 4 秒。你可能会猜测几乎所有被试都会注意到这个奇异的现象，但是 44% 的被试没看到这个女人。此外，当有人穿着大猩猩服装溜达着穿过这个场景时，甚至更多被试（73% 的被试）错过了这起未预料到的事件！

进一步的研究使用了其他类型的刺激材料，也显示人们经常忽视一些明显但意想不到的形状（Most et al., 2005）。非注意视盲也能解释许多汽车事故，如许多事故报告中经常有这样的描述："我就看着那里，但没有看到他们"（Shermer, 2004）。虽然这种现象能发生在注意力集中且正常健康的司机身上，但是研究显示，当人们开车打电话，甚至仅仅轻微醉酒时，非注意视盲就会增加（Clifasefi, Takarangi & Bergman, 2006；Strayer & Drews, 2007）。

我们所看见的世界比我们认为我们看到的实际上要少得多，这个观念让很多人感到惊讶。其实听觉中也会存在这种现象，只是人们都习以为常罢了（Mack, 2003）。试想一下，你有多常碰到这种情况：有人对你清楚地说了句话，但你却因为"没有在听"，所以一个字都没听到。这跟视觉领域的非注意视盲在本质上是一样的。

要了解人们如何知觉到形状和物体，也需要了解他们怎样组织视觉输入信息。对于这个问题，几个有影响力的理论都强调特征分析。

1. 特征分析：组合形状

如果你不能识别物体和形状（从书上的单词到酒窖的老鼠再到远处的朋友），那么你眼睛接收到的信息对你来说就没有用处。一些理论认为，知觉形状和模式需要特征分析（Lindsay & Norman, 1977；Maguire et al., 1990）。**特征分析**（feature analysis），就是检测到视觉输入中的特定元素，并把它们组合成一个更复杂形状的过程。换句话说，你从一个形状的一个组成部分（如线、边、角）开始，将它们建成方形、三角形、停止标志、自行车、冰激凌圆筒、电话等知觉产物。这个形状知觉模型的一个应用如图 4-23 所示。

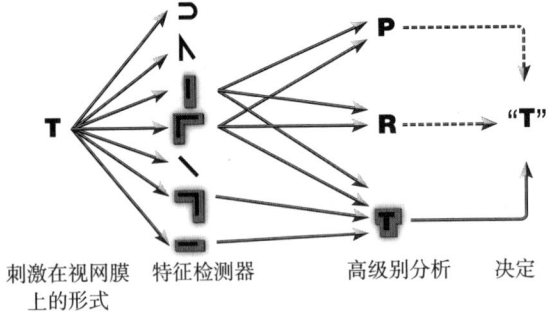

刺激在视网膜　特征检测器　高级别分析　决定
上的形式

图 4-23　形状知觉中的特征分析

有关形状知觉的一个引起热议的理论认为，大脑中存在对特定方面或刺激特征（如，线和角）反应的细胞。接着，作为更高级别分析器的神经元，就会对这些"特征检测器"的输入做出响应。每个分析器接收的输入越多，就会变得越活跃。最后，其他神经元会对来自这些分析器的信号给予不同权重，并做出这个刺激是什么的"决定"。通过这种自下而上组合元素的方式，一个形状的知觉产物出现了。

资料来源：© Cengage Learning 2013.

特征分析假设形状知觉包含**自下而上的加工**（bottom-up processing），即从单个元素到整体的过程，如图 4-24 所示。休伯尔和维厄瑟尔认为视觉皮层细胞是高度专门化的特征检测器，这极大地支持了该模型的合理性。的确，他们的发现强烈表明了形状知觉至少有一些方面包含了特征分析。

特征分析能否完全解释人们如何知觉形状呢？显然不能。该理论的一个关键问题在于形状知觉并不总是包含自下而上加工。实际上，有很多证据表明形状知觉还常常包括**自上而下的加工**（top-down processing；从整体到元素的过程）（见图 4-24）。例如，有证据显示人们在读完所有字母前就能知觉到整个单词，这个现象就反映了自上而下加工（Johnston & McClelland，1974）。假如读者仅仅采用自下而上加工，他们必须分析单词中每个字母的特征以认出字母，然后将字母组合成单词。这个任务会使阅读速度变成蜗牛爬行一般十分耗时。

主观轮廓是另一个可用自上而下加工解释的现象，尽管目前的观点有所变化（Gunn et al., 2000；Murray et al., 2004）。**主观轮廓**（subjective contours）是指对并不真实存在的轮廓的知觉。例如，考虑图 4-25 中所示的三角形。我们能很容易地看到三角形的轮廓，即使物理边线并没有呈现出来。很难想象特征检测器是如何检测出不存在的边的，因此大部分理论家认为，形状知觉的自下而上模型不可能解释主观轮廓。不管怎样，自上而下加工和自下而上加工看似都在形状知觉中占有了一席之地。

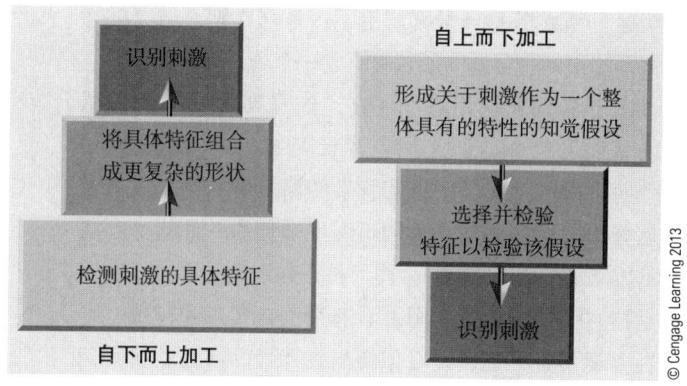

图 4-24　自下而上加工与自上而下加工

正如图中所示，自下而上加工是从个体元素发展至整体元素，而自上而下加工是从整体元素发展至个体元素。

述的形状知觉原则而运作的。**格式塔心理学**（Gestalt psychology）发源于 20 世纪早期的德国，是一个有影响力的思维流派。（Gestalt 是德语"形状""外形"的意思。）格式塔心理学家一再证明整体大于部分之和。

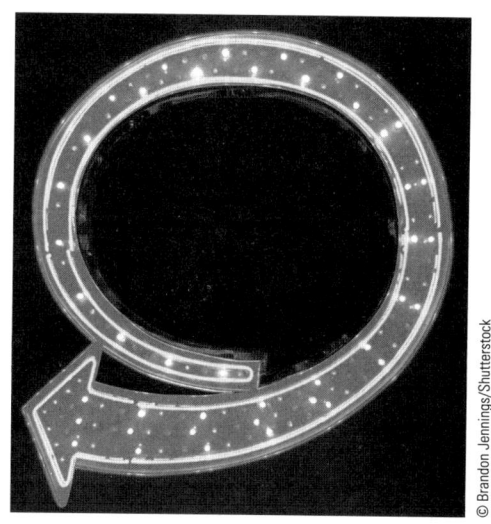

这个霓虹灯产生的运动错觉，与电影、电视的工作原理一样，都是似动现象的例子。似动现象阐明了整体可以拥有任何部分都没有的性质这个格式塔原则。

该原则的一个简单例证是似动现象。马克斯·韦特海默（Max Wertheimer）于 1912 年第一次描述了这个现象。**似动现象**（phi phenomenon）是快速地连续呈现视觉刺激而产生的运动错觉。几乎每天你都能遇到似动现象的例子。例如，电影和电视是将单独的静止图像一张接一张快速地投射在屏幕上，你看到的是流畅的动作，但其实"移动着"的物体只是在连续出现的每帧画面中处在略有不同的位置上。作为一个整体来看，电影具有一个（运动）特点；从任何部分（单帧）来看，这个特点并

图 4-25　主观轮廓

你对右边的三角形和左边的圆形的知觉，来自并不真实存在的主观轮廓。该效应十分强大，令三角形和圆形看起来都比背景颜色要浅，但事实并非如此。若要证明这些轮廓本质上是你自己产生的错觉，可以盖住标出三角形的三个圆圈，你会看到三角形消失了。

2. 看整幅图像：格式塔原理

显然，自上而下加工是遵循格式塔心理学家描

不明显。格式塔心理学家制定了一系列原则，用以描述视觉系统如何将分散的形状组织成一个场景。

图形和背景。请看图 4-26，你看到的是白色背景上两张脸的剪影，还是黑色背景上的一个白色花瓶？这个两可图形说明了图形和背景的格式塔原则。将视觉信息分为图形和背景是人们组织视知觉的一种基本方式（Baylis & Driver, 1995）。图形是正在观看的事物，而背景是指它依托的背景。图形看起来更具实感和形感，看上去离观察者更近，也看似突显在背景的前面。在其他条件相同的情况下，当物体尺寸更小、对比度更高、对称性更好时，特别是该物体在人的视野较低处时（Vecera & Palmer, 2006），更可能被看作图形（Palmer, 2003）。你的视野中往往有许多共享一个背景的图形。下面的格式塔原则涉及这些元素是如何组成更高级图形的。

邻近性。相互接近的物体看起来是一个整体。图 4-27a 中的黑点既能按横向行分组，也能按纵向列分组。不过，受到邻近性的影响，人们倾向于按行来知觉（这些黑点在横向上更加接近）。

闭合性。人们通常将元素分组，使图形产生封闭或完整的感觉。因此，你能"填补"实际上有缺口的图形。该原则的示例如图 4-27b 所示。

相似性。人们倾向于将相似的刺激组织成一个整体。这个原则在图 4-27c 中显而易见，观察者会将图中亮度相似的元素组成数字 2。

简单性。在格式塔心理学家看来，最普遍的原则当属格式塔原则，该词由德语翻译而来，意即"好的图形"。其思想是，主体倾向于将元素组合成一个好图形。这个原则有些模糊，有时很难去形容怎样能令一个图形变"好"（Biederman, Hilton & Hummel, 1991）。一些学者认为，"好"在很大程度上是简单性的问题，他们主张人们倾向于尽可能使用最简单的方式来组织图形，如图 4-27d 所示，但简单性的概念也受模糊性的影响（Donderi, 2006）。

连通性。连通性原则反映了人们倾向于跟随被引导的任意方向。因此，如图 4-27e 所示，人们容易将点连接成有平滑轨迹的直线或轻微弯曲的线条。

图 4-26 图形与背景原则

你看到的是两张面孔还是一个花瓶，取决于你把图中哪一部分看作图形，哪一部分看作背景。虽然这种可逆的画法允许你在组织知觉时向前和向后转换，但却不能同时用两种方式感知这幅画。

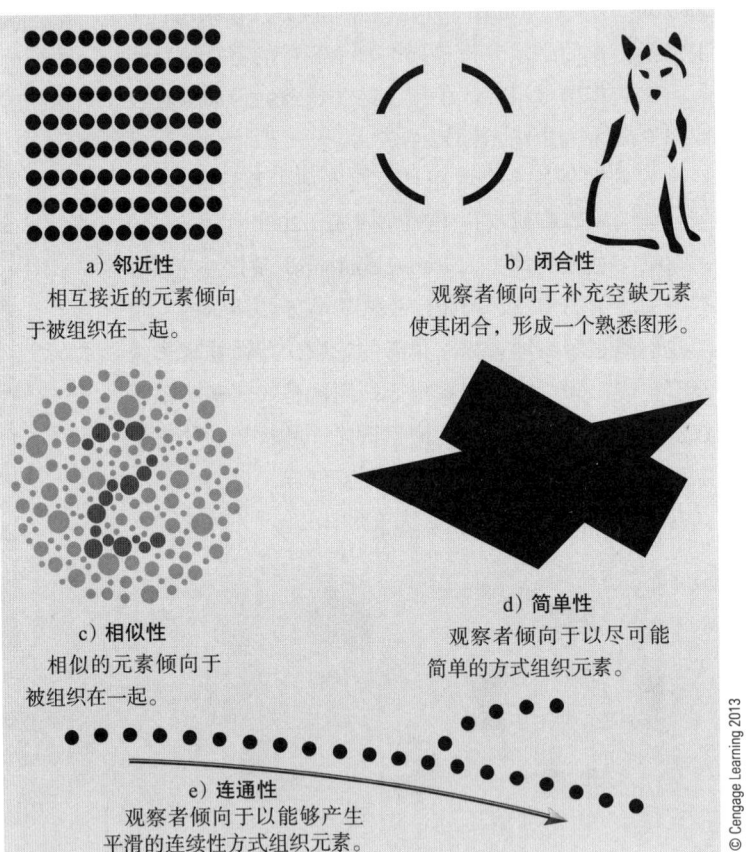

图 4-27 知觉组织的格式塔原则

格式塔原则能帮助解释影响形状知觉的一些因素。a) 图是邻近性：也许黑点按纵向列排列会比横向行排列的组织更好，但由于邻近性（黑点横向上靠得更近），人们倾向于按行知觉它们。b) 图是闭合性：即使图形不完整，你会填补空隙，看到一个圆和一只狗。c) 图是相似性：由于颜色的相似，你能看到圆点组成了数字 2，而非随机的排列。如果你没有将相似的元素分组，就不能看到数字 2。d) 图是简单性：你可能会把这个图形看成是一个复杂的十一边形，但基于简单性偏好，你更可能把它看成重叠在一起的三角形和四边形。e) 图是连通性：你倾向于将这些点组成一条平滑的轨迹，而不是有突然的方向转变。

尽管格式塔心理学在现代心理学中不再是一个活跃的理论流派，但在知觉研究中，你仍能感受到它的影响（Banks & Krajicek, 1991）。格式塔心理学家提出的许多重要问题依旧为研究者所关注，他们留下的有关形状知觉的不少有用观点已经经受住了时间的考验（Sharps & Weitheimer, 2000）。

3. 建立知觉假设

格式塔原则为人们如何组织视觉输入提供了一些指引。然而，要理解这些有组织的知觉是如何表征现实世界的，科学家尚有一步之遥。在视知觉中，投影在视网膜上的像是与现实中三维物体相对应的二维变形。比如说，试想一个如图 4-28 所示的方形刺激。如果这个方形平放在你面前的桌子上，那么它在你视网膜上的投影其实是一个梯形，因为其上边离你双眼比下边更远。显然，梯形是方形变形了的表征。如果人们要处理的表征都是这样变了样的，他们如何正确地看待外部世界呢？

其中一个解释是，人们不断对现实世界中发生的事情做出假设（hypotheses）并检验这些假设（Gregory, 1973）。因此，**知觉假设**（perceptual hypothesis）就是关于什么样的形状对应于某种模式的感觉刺激的推理。图 4-28 中的方形可能会在你的视网膜上投影出一个梯形影像，但你的知觉系统能正确地"猜测"出它是个方形，这正是你所看到的。

再来看看另一张进一步展示形成知觉假设过程的两可图形。图 4-29 是一个著名的两可图形，最初作为漫画发表在一本幽默杂志上。你大概能看到画中有位年轻女性回头看她的右肩。或者你可能看到是一位下巴垂到胸口的老妇人。这个两歧性之所以存在，是因为你的知觉系统没有足够的信息去接受其中一个假设。顺便说一句，研究表明引导人们预期看到少女或老妪，人们通常看到的就是他们预期的少女或老妪（Leeper, 1935）。这是知觉定势影响人们所见事物的又一例证。

心理学家用了大量两可图形来研究人们怎样建立知觉假设。图 4-30 所示的 Necker 立方体（Necker cube）是另一个例子。其中带阴影的表面可以被看成透明立方体的正面或背面。当人一直盯着看这个立方体时，他们的知觉往往会不由自主地在这两个可能性之间交替

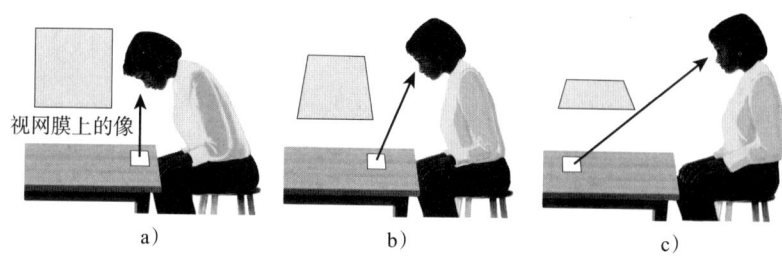

图 4-28 知觉假设

投影在视网膜上的像往往是对现实世界的刺激变形了的变化的表征，需要不断形成关于某种特定模式的感觉刺激代何种形状的知觉假设。例如，如果你垂直地看桌上的一张方形小纸片（a）图），那么刺激（方形纸片）和你视网膜上的像就都是方形的。但当你像 b）图和 c）图中那样在桌上逐渐移远纸片的话，方形刺激在你视网膜上投射的影像就是梯度逐渐增加的梯形。

（Leopold et al., 2002）。

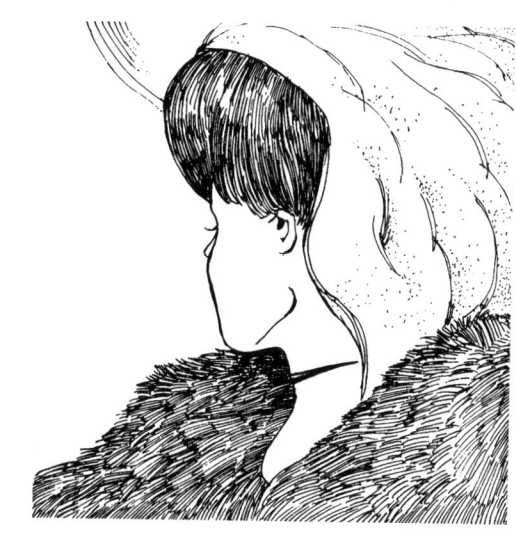

图 4-29 一幅著名的两可图

你看到了什么？参考正文，看看这个图形有哪两种可能的解释。

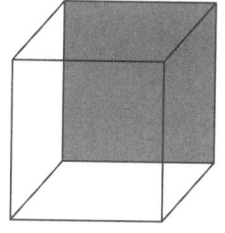

图 4-30 Necker 立方体

该两可图形中带阴影的表面既可以看成立方体的正面，也可以看成背面。

事物出现的情境似乎常能引导人们的知觉假设（Bravo, 2010）。以图 4-31 为例，你看到了什么？你可能会看到两个词 "THE CAT"。但再看一遍，两个词中间

的字母是一模一样的。你把前一个词的字母辨认成"H"，后一个词的字母辨认成"A"，因为邻近的字母使你产生了预期，这是关于视知觉自上而下加工的又一个例证。预期的力量能解释像这句话里面的打字错误为什么经常会被忽略（Lachman，1996）。

知觉深度或距离

形状和图形，这些客体常常是位于空间中的。对空间因素的考虑增加了视知觉的第三个维度。**深度知觉**（depth perception）是指对指示客体远近距离的视觉线索的解释。人们若要判断距离，就需要依赖大量线索。这些线索可以分成两类：双眼线索和单眼线索（Hochberg，1988；Proffitt & Caudek，2003）。

1. 双眼线索

由于双眼的分开，每一只眼睛所看的世界会有些许不同。**双眼深度线索**（binocular depth cues）是在双眼不同视像的基础上得到的关于距离的线索。如今的3D电影利用了这一现象。它是用两台摄像机拍摄同一个场景的两个稍有不同的影像。观众所戴的特制偏光眼镜能把这两个影像分开，分别给每只眼睛看。然后，大脑填补了"深

图 4-31　情境效应

你大概会把这些字母读成"THE CAT"，即使每个词中间的字母是一样的。这个简单的例子说明了所见刺激的语境能影响你的知觉假设。

线条透视：远离观察者的平行线看起来越来越近。

质地梯度：随着距离增大，质地密度逐渐变大，区分度逐渐减小。

插入：较近物体的外形会重叠或遮蔽较远物体的外形。

相对大小：如果分离的几个物体预期有同样的大小，那么较大的那个就显得较近。

平面高度：视野中在近处的物体会比较低，较远的物体则较高。

光和影：光和暗的图案表现的是阴影，阴影能创造出一种三维形状的印象。

图 4-32　图形深度线索

这里介绍了6种图形深度线索。尽管每一张图片只突出了一种线索，但是在大部分视觉场景中都有数种图形线索并存。试试把光和影那张图片倒过来看。阴影的变化使你看到的发生了翻转。

度"，你就能知觉到三维场景了。

视网膜像差（retina disparity）是最主要的双眼深度线索，它是指 25 英尺[○]内的客体在左眼和右眼视网膜中投影图像的位置有轻微差异，从而左眼和右眼看到的客体稍有差异。客体距离越近，两眼视网膜像差越大。因此，视网膜像差随着客体接近而增大，从而能提供关于距离的信息。另一种双眼线索是**辐合**（convergence），即当双眼聚焦距离较近的物体时你会感到双眼向彼此的方向聚合。

2. 单眼线索

单眼深度线索（monocular depth cues）是在单只眼睛成像的基础上得到的关于距离的线索。有两种单眼深度线索。其中一种是积极运用眼睛观察世界的结果。例如，如果你捂住一只眼睛，并把头从一边移到另一边，那么较近的客体看起来比较远的客体动得更多。

另一种单眼线索是**图形深度线索**（pictorial depth cues），即能从平面图像中得到的关于距离的线索。有些绘画和照片看起来逼真到让你觉得能进入那里，就是因为其中有许多种图形深度线索。6 种主要的图形深度线索如图 4-32 所示。线条透视是一种反映了线条会在远处聚合的事实的深度线索。因为远处的细节都太小，难以看清，所以质地梯度能提供深度信息。如果一个客体挡在你和另一个客体之间，那么它一定离你较近，这个线索称为插入。相对大小也是线索之一，因为较近的物体看起来较大。平面高度反映了较远的客体看起来在图片中较高的事实。最后，我们熟知的阴影效果令光和影在距离判断中也很有用。

在二维画中利用图形深度线索的能力似乎存在文化差异。Hudson（1960，1967）最先研究了这种差异，他向南非的各个文化群体呈现了如图 4-33 所示的图片。Hudson 研究中的基本假设是，被试若指出猎人将矛刺向大象而非羚羊的话，那么他并不理解图中的深度线索（插入、相对大小、平面高度等），该图实际上把大象放在了远处。Hudson 发现，南非一个较少接触照片和图画的边远部落（Bantu 族）的被试经常曲解他图片中的深度线索。类似的对图片中深度线索的知觉困难也见于其他较少接触三维空间的二维表征的文化群体的记录（Berry et al.,1992）。因此，对图形深度线索的应用存在某种程度上的文化差异。

近期的研究显示，人们对距离的估计能被他们的动

[○] 1 英尺 =0.304 8 米。

机状态所扭曲。研究表明，人们看想要的物体会比不想要的物体离自己更近。例如，Balcetis 和 Dunning（2010）发现，比起不口渴的被试，非常口渴的被试会把房间对面的一瓶水离他们的距离估计得近些。另一个研究中，研究者要求被试估计他们与两张 100 美元钞票之间的距离，一张是有机会赢得的钞票，另一张已知属于研究者。再一次，更渴望获得的客体（那张有机会赢得的 100 美元钞票）被预期比没那么渴望获得的客体要近。因此，像其他知觉经验一样，距离判断也可有高度的主观性。

图 4-33 测试对图形深度线索的理解

Hudson（1960）在他的跨文化研究中，要求被试指出猎人正在刺羚羊还是大象。他发现，人们有效运用图形深度线索的能力存在文化差异。深度线索使得大象看上去在远处，使它不太可能成为猎人的目标。

资料来源：Adapted by permission from an illustration by llil Arbel, in Deregowski, J. B. (1972, November). Pictorial perception and culture. *Scientific American, 227* (5), p. 83. Reproduced with permission. Copyright © 2011 by Scientific American, Inc. All rights reserved.

视觉的知觉恒常性

当有人从远处向你接近时，他在你视网膜中的成像逐渐变大。你会知觉到这个人就在你眼前长大？当然不会。你的知觉系统总是允许感觉输入发生这种变异。要做到这一点，它需要部分地依赖知觉恒常性。**知觉恒常性**（perceptual constancies）是指面对不断变化的感觉输入维持稳定知觉的倾向。总之，人们倾向于将客体看作具有稳定的大小、形状、亮度、色调和质地（Goldstein, 2010）。

线索误导的影响：视错觉

一般来说，知觉恒常性、深度线索，以及视觉组织

原则（例如格式塔原则）可以帮助人们更准确地知觉世界。然而，有时，基于不恰当假设所形成的知觉会导致视错觉。**视错觉**（visual illusion）指在视觉刺激的外表与其物理现实之间存在明显无法解释的差异。

穆勒-莱尔（Müller-Lyer）错觉是一个著名的视错觉例子，如图4-34所示。图中两条垂直线是等长的，但看起来却不是这样。为什么不是呢？可能有多种机制在其中发挥作用（Day，1965；Gregory，1978）。左图看起来像是一座建筑的外墙角，推向观察者，而右图看上去像是内墙角，推离观察者（见图4-35）。因此，左图的垂直线看起来更近一些。如果两条线在视网膜上的投影一样长，但是有一条看起来更近一些，那么更近的就被认为更短。因此，穆勒-莱尔错觉可能来自知觉恒常性和深度错误知觉的综合作用。

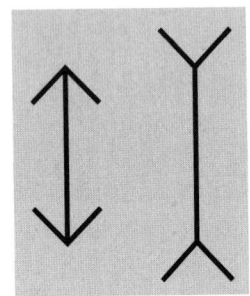

图4-34　穆勒-莱尔错觉

在这个经典的错觉研究中，两条垂直线十分具有欺骗性。尽管它们看起来长短不一，但它们的长度实际上是一样的。来，量量看。

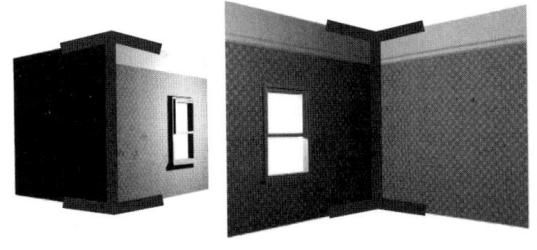

图4-35　解释穆勒-莱尔错觉

左图看上去更近一些，因为它看起来像一个推向你的外墙角，而右图看起来像一个推离你的内墙角。因为它们在视网膜上的成像是相同的，所以你会假定越"近"越短。

资料来源：© Cengage Learning 2013.

图4-36所示的几何图形错觉同样表明，视觉刺激可以有很大的欺骗性。图4-36中左上方展示的是庞佐（Ponzo）错觉，产生的原因与穆勒-莱尔错觉类似（Coren & Girgus，1978）。上面和下面水平线的长度相同，但是上面的看起来更长。这种错觉产生的原因可能是汇合的线形成了线性透视，这个重要的深度线索暗示上面的线位于更远处。图4-37展示的是斯坦福大学心理学家Roger Shepard（1990）所画的创造出类似错觉效果的一幅画。第二个怪物看起来比第一个怪物大得多，即使两个巨人在尺寸上完全一致。

图4-36　四种几何错觉

庞佐错觉：两条水平线一样长。**庞根多夫**（Poggendorff）**错觉**：两段隔断的斜线实际上位于同一条直线上。**垂直-水平错觉**：垂直线和水平线一样长。**Zollner错觉**：长斜线都是平行的（如果你不信，试着遮住一些短斜线）。

20世纪30年代，阿戴尔伯特·艾姆斯（Adelbert Ames）运用对距离的错误知觉，设计了一个令人惊奇的错觉（Behrens，2010）。它被十分恰当地叫作艾姆斯房间。这个特别设计的房间建有一个梯形的后壁和一个倾斜的地板和天花板。当观察者从图4-38所示的正确角度看这个房间时，它看起来像一个普通的长方形房间。但实际上，左边角落要比右边角落更高，离观察者更远。因此，艾姆斯房间中就产生了离奇的错觉。站在右墙角的人看起来像巨人，而站在左墙角的人看起来像侏儒。甚至更令人不安的是，人从房间的右边走到左边，看上去就像在你眼前缩小！艾姆斯房间，通过玩弄我们完全合理的假设——这个房间横向或纵向都是长方形，创造了这些错误知觉。

不可能图形是另外一种错觉形式。**不可能图形**（impossible figures）是指能以二维图形呈现，但不可能存在于三维空间的物体。这些图形第一眼看上去都很正常，但仔细看就会发现它们在几何结构上不一致或者说不可确实,许多人实际上对一种名叫电视的光错觉(把一系列快速相继呈现的静态图像知觉为动画的错觉)上瘾。

图 4-37　错觉怪物

图中所示的两个怪物看上去大小十分不同,即使它们实际上大小完全一样。产生庞佐错觉的原因同样可以用于解释这个令人惊奇的错觉。

资料来源:Shepard, R. N. (1990). *Mind sights*. New York: W. H. Freeman. Copyright © 1990 by Roger N. Shepard. Reprinted by permission of Henry Holt & Company.

日常生活中常见的一种令人迷惑的知觉错觉是月亮错觉:月亮在地平线附近时要比在头顶时看上去更大。

能。图 4-39 中所示的是三种经典的不可能图形,图 4-40 中所示的是由 Roger Shepard(1990)创作的较新的不可能图形。需要注意的是,这些图形中某些局部看起来是合理的,但它们无法整合成一个实际整体(Macpherson, 2010)。部分之间不能合理地连接起来。这些图形看起来很合理,这个最初的错觉可能是自下而上加工的结果。你知觉到图形的某些特征是可以接受的,但当把它们建成一个整体时你遇到了挫折。

显然,像不可能图形这样的错觉,以及它们实际生活中的相关物艾姆斯房间,都包含一些企图欺骗观察者的阴谋线索。然而,很多视错觉却发生得很自然。一个大家熟知的例子是月亮错觉。升到头顶的月亮看起来要比刚刚出现在地平线上时小 50%(Russ & Plus, 2002)。和我们已经讨论过的许多其他错觉一样,尽管其他因素也可能起作用,月亮错觉主要还是由于大小恒常性效应以及对距离的错误知觉(Coren & Akx, 1990;Kaufman et al., 2007)。月亮错觉表明光错觉是我们生活中的一部分。

跨文化的研究揭示了在视错觉倾向上不同文化群体之间存在一些有意思的差异(Masuda, 2010)。Segall、Campbell 和 Herskovits(1996)发现,相比西方文化的样本,来自大量非西方文化的人不易觉察到穆勒-莱尔错觉。用什么来解释这种差异?一种最可信的解释是西方国家的人生活在一个由直线、直角、矩形房间、建筑物和家

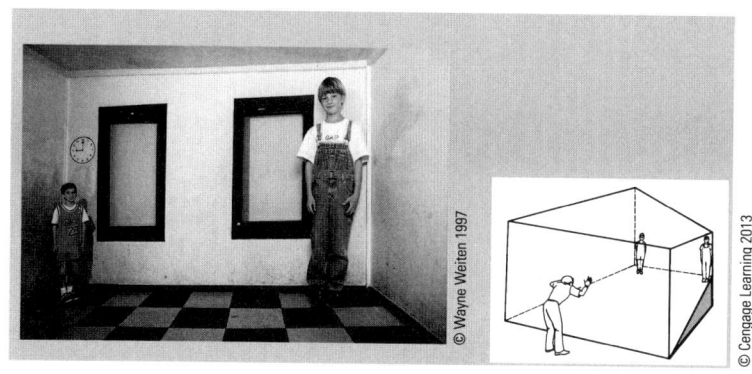

图 4-38　艾姆斯房间

右图呈现了艾姆斯房间的真正构造。但是,观察者会认为房间是长方体,并且在视网膜上的成像与该假设一致。因为这是合理的知觉假设,所以为保持大小恒常性而进行的正常知觉调整就导致了文中所述的错觉。例如,天真的观察者得出站在右边的男孩要比另一个高大得多的"结论",但实际上他仅仅是更近一些而已。

具组成的"建筑世界"中。因此,这种经验使人们将穆勒－莱尔图形看成是建筑物的内墙角和外墙角——这些推理帮助形成了穆勒－莱尔错觉(Segall et al., 1990)。相反,许多非西方文化的人,例如 Segall 和其同事测试过的祖鲁人,生活在一个较少建筑物的世界,这使得他们将穆勒－莱尔图形看成建筑物的墙角的倾向性更小一些。

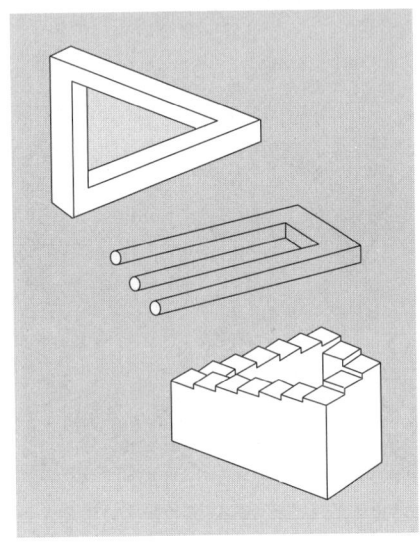

图 4-39　三个经典的不可能图形

这些图形是不可能存在的,然而它们显然存在——只存在于纸上。使它们不可能存在的原因是,它们看上去是三维表征,然而画它们的方式使得大脑无法将这些特征"组合"成一个可能存在的物体。很难把这些画简单地看成平面上的线条,即使这个知觉假设是唯一能解决这个矛盾的假设。

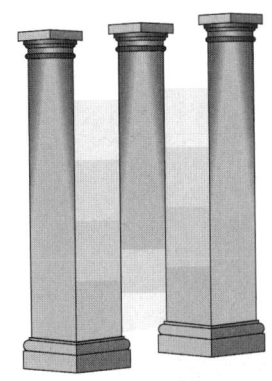

图 4-40　另一个不可能图形

这种不可能图形由斯坦福大学的心理学家 Roger Shepard(1990)所画。这幅图以图 4-39 中间的不可能图形为基础,但看起来比它复杂得多。

资料来源:Shepard, R. N. (1990). *Mind sights*. New York: W. H. Freeman. Copyright © 1990 by Roger N. Shepard. Reprinted by permission of Henry Holt & Company.

错觉揭示了视知觉的哪些特点呢?错觉强调人们一生中都在形成关于什么存在于现实世界的知觉假设。当知觉假设是错误的时候,知觉假设仅仅是假设这样的事实就会令人格外震惊,因为它们跟错觉联系在一起。最后,像两可图形一样,错觉也清楚地表明人类知觉并不是对客观现实地简单反映。再一次,我们看到我们对外部世界的知觉是主观的。这些并不仅仅适用于视知觉。在其他感觉系统,如接下来我们要讨论的听觉中,我们会再次遇到这些。

听觉系统:听的过程

暂停一会儿阅读,闭上你的眼睛,并且仔细倾听。你听到了什么?

有可能你会发现你被声音淹没:街道的噪声、隔壁房间传来的尖锐笑声,荧光灯的嗡嗡作响声,可能还有一些你之前播放却忘记关掉的背景音乐。就如这个小示范所显示的,产生声音的物理刺激几乎是不间断的,但是你不必意识到这些声音。

像视觉一样,听觉(听)系统提供关于"外在"世界的输入,但是直到输入信息被大脑加工,这个输入是什么才被显现出来。一个听觉刺激,如轮胎的急刹车声、某人的笑声、冰箱的嗡嗡声都产生了以声波形式到达耳朵的感觉输入。这个知觉系统必须以某种方式把这个刺激转换成听觉的心理体验。我们通过着眼于产生听觉体验的刺激声音,来开始我们对听觉的讨论。

与西方民族的人不同,祖鲁人生活在直线和直角都很稀有的文化环境中。因此,相比那些生活在矩形建筑物环境中的人,祖鲁人更少受到像穆勒－莱尔错觉这种现象的影响。

刺激:声音

声波是分子的振动,这意味着它们必须通过一些物理介质来传播,比如空气。它们以比光速小很多的速度移动。声波通常是由振动的物体产生的，比如一根吉他弦，一个锥形扬声器，或是你的声带。然而，声波也可以通过挤压空气通过腔室（像在管风琴中），或者通过突然释放一阵空气（像拍手掌）而产生。

像光波一样，声波也具有振幅、波长和纯度特性（见图4-41）。振幅、波长和纯度这样的物理特性主要分别影响知觉到的响度、音高和音色的（心理上的）品质。然而，声音的这些物理特性是以很复杂的方式交互影响来产生对这些声音品质的知觉信息的（Hirsh & Watson, 1996）。

人的听力

声音的波长用术语频率来描述，以每秒多少周期或者赫兹来计量。在大多数情况下，较高的频率被知觉为有较高的音高。也就是说，如果你敲击钢琴的一个高音C键，它就会比一个低音C键产生一个更高频的声波。尽管音高的知觉主要依赖于频率，但是声波的振幅也会影响它。

正如可见光谱仅仅是总光谱的一部分，所以人们能听到的也只是声波可得范围的一部分。人们可以听到在低至20赫兹高至20 000赫兹范围内的声波。在这个范围内任一末端的声波都更难听到，并且随着成年人年岁的增长他们对高频音的敏感性逐渐下降（Dubno, 2010）。其他的生物有不同的听觉能力。例如，信鸽可以听到10赫兹以下的低频音。在另一个极端，蝙蝠和海豚能听到的频率远高于20 000赫兹。

一般来说，声波的振幅越大，听到的声音越大。鉴于频率以赫兹来度量，振幅以分贝来度量。分贝（测量了声音的一个物理属性）和响度（一种心理品质）之间的关系是复杂的。一个粗略的经验法则是每提高6～10分贝知觉到的响度就会加倍（Florentine & Heinz, 2010）。巨大的声响会危及你的听力。在工作环境中，长期暴露在超过85分贝的声音中被认为是危险的并且被严格规范（Eggermont, 2010）。即使短暂暴露于超过120分贝的声音也会令人痛苦并且可能会损害你的听觉系统（Danel, 2007）。

最近几年，人们十分担心使用个人收听装置播放太大声音乐的年轻人的听力损失（Morata, 2007）。便携式音乐播放器可以轻易地通过耳机播放超过100分贝的音

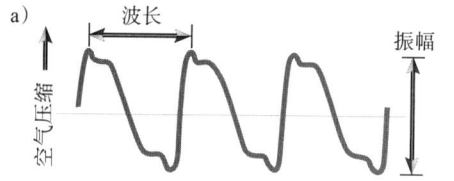
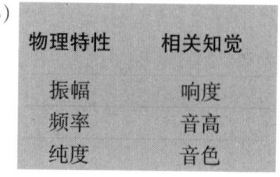

图4-41 声音，听觉的物理刺激

a）表示像光一样，声音以波的形式传播，这种情况下是气压波。一条平滑的曲线代表纯音，比如由音叉产生的音。然而，大多数声音是复杂的。例如，这里所示的波对应于钢琴中弹奏的中央C音。在小提琴上演奏相同音符的声波将会有和这个波相同的波长（或频率），但是波中的"褶皱"会有所不同，这个不同对应于两个声音音色间的差异。b）表示声音的客观特征和主观知觉之间的主要关系。

量。一项研究发现在抽取的年轻人样本中有14%的人听力明显受损（Peng, Tao, & Huang, 2009）。不幸的是，青少年倾向于并不认真对待这个听力损失的风险（Vogel et al., 2008）。然而，鉴于便携式音乐播放器的使用人数越来越多，这是一个严重问题，它很有可能会导致大量本可避免的听力损失（Daniel, 2007; Vogel et al., 2007）。

如图4-42所示，人们可以听到的最细微声音的绝对阈限，对于不同频率的声音来说是不同的。人耳对接近2000赫兹的声音最为敏感。也就是说，这些频率产生最低的绝对阈限。总结来说，响度的主要决定因素是振幅，但是响度最终取决于振幅和频率的交互作用。

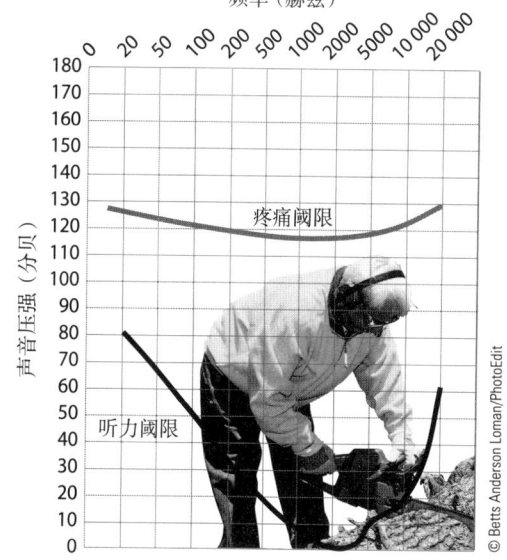

图4-42 声压和听觉体验

人类听觉阈限（以黑色标示）是声音压强（分贝水平）和频率的函数。人的听力对大约2000赫兹频率的声音最敏感。在其他频率下，人们听到声音需要更高的分贝水平。另外，人的疼痛阈限（以灰色标示）几乎完全是分贝水平的函数。

资料来源：© Cengage Learning 2013.

人们也对声音纯度的变化敏感。最纯的音是只有一个振动频率的声音,比如音叉所产生的音,但是大多数日常声音是许多频率的复杂混合物。一个声音的纯度或者复杂度会影响对音色的感知。为了理解音色,想象一个以相同响度和音高先后在法国号和小提琴上演奏的音符。你所知觉到的声音差异即为音色的差异。

耳朵中的感觉加工

像你的眼睛一样,你的耳朵传输能量到接收它的神经组织。图 4-43 表明人耳可以分为三部分:外耳、中耳和内耳。声音在每一部分以不同的方式传导。外耳依据空气分子的振动。中耳依据活动骨头的振动,然后内耳依据流体中的波,最终转化为传送至大脑的一连串神经信号(Hackney,2010)。

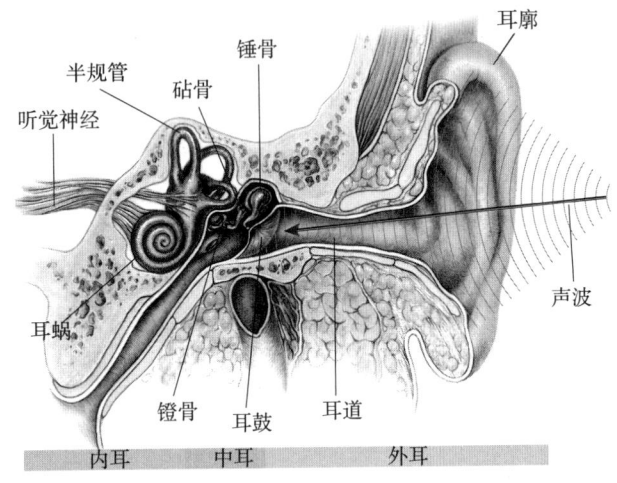

图 4-43 人耳

把声压转换成神经系统处理的信息涉及对刺激复杂的中继过程。气压波引起耳鼓的振动,而这反过来又会引起内耳小骨(锤骨、砧骨、镫骨)的振动。当它们从一个小骨传递到下一个时,振动被放大然后被转换成穿过耳蜗液体介质的压力波。这些波引起基底膜的振动,进而刺激了实为听觉感受器的毛细胞(见图 4-44)。

资料来源:© Cengage Learning 2013.

外耳主要由耳廓构成,一个收集声音的锥形体。当你把手弄成杯状放在耳后试着听得更清楚些时,你是在放大这个锥体。许多动物都有大型的外耳以便它们可以直接定位一个声源。然而,人只能通过转动头部来粗略调整他们的定位。被耳廓收集的声波沿着外耳道汇集到耳鼓,它是一层会做出振动反应的紧绷薄膜。

在中耳中,耳鼓的振动由你身体中最小的三块骨头(锤骨、砧骨、镫骨)构成的机械链向内传递,这些骨头统称为听小骨。听小骨形成了一个三级杠杆系统,这个系统把产生较小力的较大运动转换为产生较大力的较小运动。听小骨起到的作用是放大气压的微小变化。

内耳主要由耳蜗——一个包含听觉感受器的充满液体的螺旋骨管组成。术语**耳蜗**(cochlea)来自这个类似腔室的"螺旋壳状的蜗牛"的希腊词语(见图 4-44)。声音通过卵圆窗(它的振动由听小骨导致)进入耳蜗。耳朵的神经组织,类似于眼睛的视网膜,位于耳蜗内。该组织附着在把耳蜗分为上下室的基底膜上。沿着螺旋耳蜗延伸的基底膜上含有听觉感受器。听觉感受器被称为毛细胞,因为微小的毛束从细胞中突出来。内耳液体的波动刺激了毛细胞。就像眼睛的视锥细胞和视杆细胞一样,毛细胞把物理刺激转换为传入大脑的神经冲动(Hackett & Kaas, 2009)。

这些信号被通过丘脑传送到主要位于脑颞叶的听觉皮层。研究表明听觉皮层存在专门化的细胞(类似于视觉皮层中发现的特征检测器)对声音的某些特性特别敏感(Pickles,1988)。

听知觉:听觉理论

听觉理论需要考虑声波如何从生理上转化为对音高、响度和音色的知觉。迄今为止,大多数关于听觉的理论集中于对比较好理解的音高的知觉。相比之下研究者对响度和音色知觉的了解还处于落后状态。因此,我们将把讨论范围局限到音高知觉理论。

两种理论在音高知觉争论中占有首要地位:位置论和频率论。如果你能想象到被拆开的螺旋形耳蜗,这样基底膜变成了一个镶有 16 000 个毛细胞的长薄片,你将会更容易理解这些理论的发展(见图 4-44)。

1. 位置论

很久以前,Hermann von Helmholtz(1863)提出特定的声波频率会使基底膜特定的部分产生振动,从而产生不同的音高,就像拨弄竖琴特定的琴弦会产生不同音高的声音一样。这个被称为位置论的模型,认为音调的知觉对应于沿着基底膜不同部位或位置的振动。位置论假设不同位置的毛细胞独立进行反应并且不同声音频率会使不同组的毛细胞产生振动。大脑然后根据沿着基底膜的哪一个区域最兴奋来检测一个音调的频率。

2. 频率论

19 世纪的其他理论家提出一个音高知觉的替代理论,称为频率论(Rutherford,1886)。频率论认为音高的知觉对应于整个基底膜振动的速率或者频率。这个理论认为基底膜更像是一面鼓而不是一个竖琴。根据频率论，整个膜对声音做出一致的振动反应。然而，一个特定的声音频率，比方说3000赫兹，引发基底膜以每秒3000次的相应速率振动。大脑通过听觉神经纤维放电的速率来检测一个音调的频率。

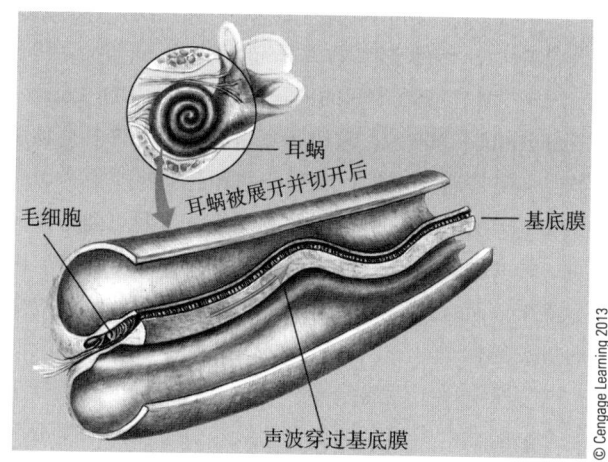

图4-44　基底膜

这张图显示的是，如果耳蜗被展开、切开，把覆盖了成千个毛细胞（听觉感受器）的基底膜显露出来，耳蜗会是什么样子。充满耳蜗的流体的压力波引起振动随波向下传播到基底膜，刺激毛细胞放电。尽管正如频率论所预测的，整个膜会产生振动，但是沿膜振动的波达到峰值的点，正如位置论所提出的，依赖于声音刺激的频率。

3. 调和位置论和频率

这两种理论之争就像颜色视觉的三原色和拮抗加工理论之间的争论。和那个争论相同，位置论和频率论之间的争论引发了大约一个世纪的研究。尽管两种理论都被证明有一些缺陷，但两者最终被证明是部分有效的。

Helmholtz的位置论除了一个细节之外基本中肯：沿着基底膜的毛细胞并不是独立的。正如频率论所提出的，它们同时振动。在Georg von Békésy（1947）获得诺贝尔奖的研究中描述的实际振动模式，是一种沿着基底膜运动的行进波。然而，位置论所说的依据声音的频率波在一个特定位置达到顶峰是正确的。

当前的观点是音高知觉依赖于对沿着基底膜振动的位置和频率的共同编码（Moore，2010；Yost，2010）。低频纯音似乎是通过频率编码而转换为音高的。高频纯音似乎依赖于位置编码。复杂音似乎依赖于频率和位置编码的复杂组合。尽管还有很多需要了解，但我们再一次发现几十年来相互竞争的理论之间互补多于矛盾。

化学感觉：味觉和嗅觉

心理学家已经把他们主要的注意力投入听觉和视觉系统。尽管对于味觉和嗅觉的化学感觉我们知之甚少，但是它们都在人们对世界的体验中起到了至关重要的作用。让我们来简单看一下心理学家所了解到的关于味觉系统（味觉的感觉系统）以及它的近邻嗅觉系统（嗅觉的感觉系统）。

味觉系统：味觉

真正的葡萄酒爱好者当有一瓶好酒供应时会例行做一系列精心的步骤。通常情况下，他们一开始会饮用一点水来清洁他们的味觉。然后他们嗅一下酒瓶的瓶塞，让少量的酒在玻璃杯中打转，然后深吸产生于玻璃杯中的气味。最后，他们抿一小口酒，在咽下之前让它在口中翻转一会儿。最终，他们做好了评价它的准备。这样一个复杂的过程真的是必要的吗？或者它只是一种通过传统传递下来的无害仪式？你将会在本节中找到答案。

味觉的物理刺激是可溶（溶于水）的化学物质。味觉受体是在位于舌头微小隆起周围的味蕾上发现的簇群味觉细胞（见图4-45）。当这些细胞吸收了溶解在唾液中的化学物质后，会引发神经冲动通过丘脑传送到皮层。有趣的是，味觉细胞的生命很短暂。它们只持续了大约10天然后一直被不断地更换（Cowart，2005）。

人们普遍认为有4种基本的味觉：甜、酸、苦和咸（Buck，2000）。但是，科学家逐渐意识到被叫作鲜味的第5种基本味觉。这种在类似肉类和奶酪食品中发现的氨基酸美味来源一个日本单词（DuBois，2010）。鲜味作为第5种基本味觉的情形已经被近来的鲜味物质可以激活舌头的特异性受体的证据所支持（Di Lorenzo & Rosen，2010）。对基本味觉的敏感性在舌头上的分布稍不均匀，但是敏感性的变化很小并且极度复杂（Bartoshuk，1993b；见图4-45）。味觉品质的知觉似乎取决于由味觉感受器引发的复杂神经活动模式（Erickson，DiLorenzo，& Woodbury，1994）。味觉信号被通过丘脑传送到额叶中的脑岛皮质，并在这里进行了初级皮质加工（Di Lorenzo & Rosen，2010）。

一些基本的口味偏好，似乎是与生俱来并被生理机制自动调节的。比如，在人类中，新生儿对甜味做出积极反应，对高浓度的酸味或苦味做出消极反应（Cowart，2005）。在某种程度上，这些先天的味道偏好很灵活，可以变化来适应人体营养需要（Scott，1990）。

> 👆 **真相核查**
>
> **误解**
>
> 对4种基本味觉的敏感性在舌头上分布有很大不同，正如下面所示的舌头分布图。
>
> **真相**
>
> 几十年来，据报道对4原味敏感的味蕾以这里所示的方式不均匀地分布于舌头中。然而，这些经典的舌头分区图基于对早期研究结果的误解。尽管在舌头上有一些对特定味觉敏感性的微小变化，所有的4种基本味觉都可以在有味觉受体的地方检测到。
>
>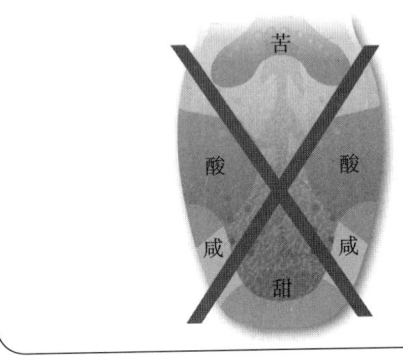

尽管一些味觉的基本特性可能是天生的，但是口味偏好在很大程度上可以习得并受到社会过程的深刻影响（Rozin，1990）。大多数父母意识到这个事实并且有意尝试（取得了不同程度的成功），塑造他们子女早年的口味偏好（Patrick et al.，2005）。这种广泛的社会影响大大有助于达成在味觉偏好中发现的种族和文化差异（Kittler & Sucher，2008）。在西方文化中令人厌恶的食物（比如虫子、鱼眼和血液）可能就是其他文化中的美味（见图4-46）。在很大程度上，口味偏好的差异取决于一个人已经接触的食物（Capaldi & VandenBos，1991；Zellner，1991）。对特定食物的接触根据种族不同产生差异，因为不同的文化有不同的食物烹饪传统、不同的农业资源、不同的气候条件等。

Linda Bartoshuk和其他人的研究表明人们对一定味道的特异性有很大的不同。这些个体差异部分取决于舌部味蕾的密度，这似乎是一个基因遗传造成的问题（Bartoshuk，1993a）。有些人被称为味盲，因为他们对PTC（苯硫脲）或者PROP（丙基硫尿嘧啶）的苦味不敏感，味盲者舌部的味蕾每平方厘米大约只有另一些人的1/4，这些人被称为超级味觉者（Miller & Reedy，1990）。超级味觉者也具有一些在味盲者中未发现的味觉受体（Bufe et al.，2005）。在美国，大约25%的人是味盲，另外25%的人是超级味觉者，然后剩下50%居于这两个极端中间的人是中等味觉者（Di Lorenzo & Youngentob，2003）。超级味觉者和味盲对许多食物反应类似，但是超级味觉者对某些甜和苦的物质更为敏感（Prescott，2010）。这些敏感性的差异意味着当两个人品尝同一种食物时，他们也不一定有相同的感觉体验。因此，就味觉而言，不同的人处于有些不同的感觉世界中（Breslin，2010）。

这些味觉敏感性的差异影响了对人们身体健康产生重要影响的饮食习惯。例如，超级味觉者倾向于摄取较少含高脂肪的食物，而这有可能降低患心血管疾病的风险（Duffy, Lucchina, & Bartoshuk，2004）。超级味觉者也倾向于更加排斥饮酒和吸烟，从而减少了他们形成

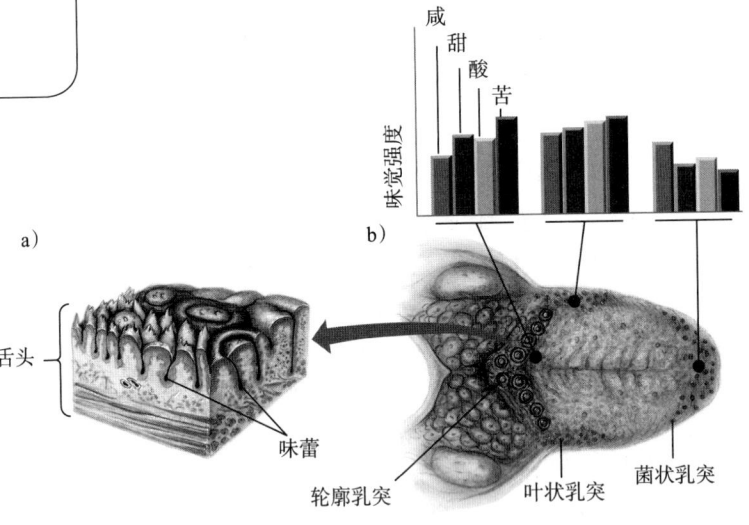

图4-45 舌头和味觉

集中于舌头的微小隆起被称为乳突的味蕾。三种分布于舌头的乳突如图所示。在每种类型的乳突上发现的味蕾对5种基本的味觉都有稍微不同的敏感性，如上面的条形图所示。因此，对基本味觉的敏感性沿着舌头而变化，但是这些变化很小，而且所有的四原味都可以在有味觉受体的地方感受到。

资料来源：Adapted from Bartoshuk, L. M. (1993). Genetic and pathological taste variation: What can we learn from animal models and human disease? In D. Chadwick, J. Marsh, & J. Goode (Eds.), *The molecular basis of smell and taste transduction* (pp. 251–267). New York: Wiley.

酗酒问题或者尼古丁成瘾的可能性（Duffy, Peterson, & Bartoshuk, 2004；Snedecor et al., 2006）。超级味觉者主要的健康隐患是他们更排斥许多蔬菜，而这似乎抑制了他们的蔬菜摄取量（Basson et al., 2005；Dinehart et al., 2006）。可是总的来说，超级味觉者由于对某些味道的反应更加强烈，所以倾向于比味盲者有更好的健康习惯（Duffy, 2004）。

女性相比男性更有可能是超级味觉者（Bartoshuk, Duffy, & Miller, 1994）。一些心理学家推测这个特征的性别差异可能会有进化意义。在进化的过程中，女性通常比男性在喂养孩子上参与得更多。对甜味和苦味反应活性的加强将会具有适应性，因为它会使女性对生存所需的高卡路里食物（往往味道很甜）和狩猎采集需要避免的有毒物质（往往味道很苦）更加敏感。

迄今为止，我们已经讨论了味觉，但是我们真正感兴趣的是对味道的知觉。味道是一种味感、嗅感和食物在口中触感的结合（Smith & Margolskee, 2006）。气味对味道的知觉做出了令人惊讶的巨大贡献（Lawless, 2001）。当缺乏气味线索时，人们辨别味道的能力会显著下降。当你在患重感冒时吃最喜爱的饭菜时可能会意识到这个交互影响。食物可能尝起来清淡，因为你的鼻塞损害了你的嗅觉。

既然我们已经探讨了味觉的变化情况，现在我们可以回到对品葡萄酒仪式价值的问题上。这个精心设计的仪式事实上是对葡萄酒进行灵敏检验的可靠方法。感觉适应后使得在品尝葡萄酒之前清洁味觉是明智的。闻一下瓶塞和玻璃杯中的酒很重要，因为气味是味道的主要决定因素。旋转玻璃杯中的酒帮助释放葡萄酒的香气。在口中转动葡萄酒特别重要，因为它把葡萄酒分布到各种味觉细胞。它也将酒的香气压迫到鼻腔中。因此，这

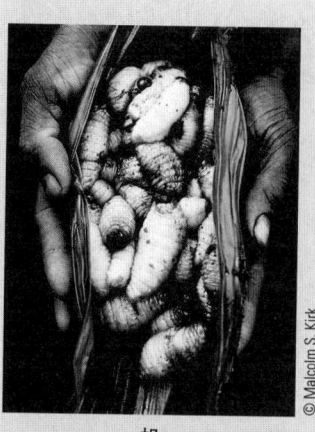
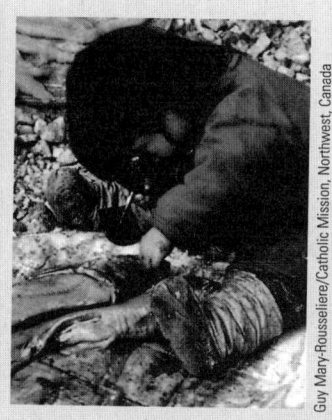

蛆　　　　　　　　　　鱼眼　　　　　　　　　血液

对于大多数北美人来说，吃蠕虫的想法完全是不可想象的。但是对于新几内亚的阿斯玛特人来说，最喜欢的一种美味是丰满、白色、两英寸长的幼虫或者甲虫幼虫。

对于一些爱斯基摩人的孩子来说，生鱼眼就像糖果。你可以看到一个小女孩在用爱斯基摩人的通用刀挖一条已经切成片的北极鱼的眼睛。

非洲东部的几个部落用有时掺点牛奶的新鲜血液来补充营养。他们通过用锋利的箭刺穿牛的颈静脉来获取血液。血乳饮料提供了丰富的铁和蛋白质。

图 4-46　文化和口味偏好

正如这些例子所显示的，口味偏好在很大程度上受学习的影响，并且一个社会和另一个社会的口味偏好是迥然不同的。

个古老仪式的每一步都是对品味有意义的贡献。

嗅觉系统：嗅觉

人类通常被认为对嗅觉相对不敏感。就这一点来说，他们往往被不适宜地拿来与狗进行比较，而狗是以它们远距离搜寻气味的能力而出名的。人类在嗅觉领域的表现真的低下吗？让我们来检查一下事实。

从许多方面来说，嗅觉类似于味觉。物理刺激是化学物质，即可以蒸发并在空气中传播的化学物质。这些化学刺激物可溶于液体，确切地说，鼻子中的黏液。嗅觉的受体是嗅觉纤毛，位于鼻腔上部的毛状结构（见图 4-47）。它们类似于味觉细胞，生命很短（30～60 天）并且被不断替换（Buck, 2000）。嗅觉感受器的轴突与嗅球中的细胞形成突触，嗅觉信息直接被传输到颞叶中的嗅皮质和皮质中的其他区域（Scott, 2008）。这种布局是独一无二的。嗅觉是唯一一个输入信息在投射到皮质以前不经过丘脑的感觉系统。

气味并不能像味道一样被简单地归类，因为要识别基本气味的努力已经证明不能令人满意（Doty, 1991）。人类有大约 350 种不同种类的嗅觉感受器（Buck, 2004）。大多数嗅觉感受器都会对许多各种不同的气味产生反应。特定的气味会引发不同感受器的联合反应（Doty, 2010）。像其他感觉一样，嗅觉也具有感觉适应性。对气味的感

知强度往往会在4分钟内消退至不足它原来强度的一半（Cain, 1988）。

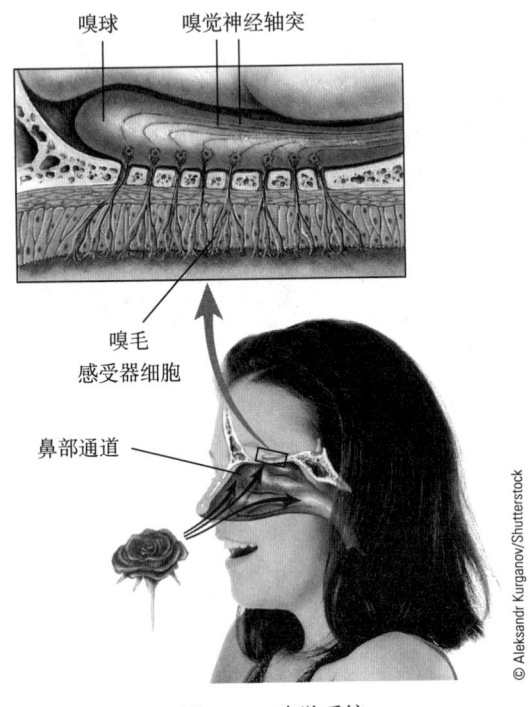

图 4-47 嗅觉系统

气味分子穿过鼻腔，然后刺激嗅纤毛。这些细微的嗅觉受体放大的照片如图所示。嗅觉神经将神经冲动通过嗅球传递到大脑。

资料来源：© Cengage Learning 2013.

人类能辨别大量的气体，其中不同气味的估计数目在10 000（Axel, 1995）～100 000（Firestein, 2001）。可是，当人们被要求识别特定气味的来源时（比如抽烟或者肥皂的气味），他们的表现就相当平庸了。不知什么原因，人们很难把名字附加到气体上（Cowart & Rawson, 2001）。

人类的嗅觉能力和其他物种相比如何？相比其他动物，我们确实有明显更少的嗅觉受体（Wolfe et al., 2006）。我们这些受体的相对缺乏可能反映了将越来越多的大脑分配给色觉的进化趋势（Gilad et al., 2004）。然而，最近的研究发现，人类同猴子和其他哺乳动物相比，嗅觉比人们之前认为的更加灵敏（Laska, Seibt, & Weber, 2000；Sheperd, 2004）。例如，一个创新型研究（Porter et al., 2007）要求人们手和双膝着地来追踪滴在草地上的巧克力香油气味，这个研究发现被试表现得相当好并且他们的追踪模式仿照狗的模式（见图4-48）。Gordon Sheperd（2004, p. 0574）对我们惊人的嗅觉能力提出了一些可能的解释，包括"人们用更大和更好的大脑来闻气味"这个事实。

图 4-48 人类的气味追踪

Porter及其同事（2007）比较了人和狗的气味追踪，然后得出它们比我们想象中更相似的结论。一个实验证明，大多数被试可以穿过草地追踪巧克力香油的气味。并且当人的追踪模式与狗追踪从草地拖过的野鸡气味的模式相比较时，空间形态是类似的。左侧的延时图表明一次试验中（白色表示野鸡的路径）狗追踪路径的一个例子（用灰色表示）。右侧的图表示一个人类被试追踪气味的类似例子。

资料来源：Porter, J., Craven, B., Khan, R. M., Chang, S-J., Kang, I., Judkewitz, B., Volpe, J., Settles, G., & Sobel, N. (2007). Mechanisms of scent-tracking in humans. *Nature Neuroscience*, 10(1), 27–29. Figure 1. Reprinted by permission from Macmillan Publishers Ltd.

触觉

如果有一种人们几乎可以像视觉一样相信的感觉，那么它就是触觉。然而，像所有的感觉一样，触觉涉及把物理刺激的感觉转变成心理体验，而且这种心理体验可以被愚弄。

触觉的物理刺激是对皮肤产生影响的机械、热和化学能。这些刺激能产生对触碰刺激的知觉（触碰皮肤产生的压力）、温觉、冷觉和痛觉。人的皮肤中至少含有6种感觉受体，其中4种如图4-49所示。在某种程度上，这些不同类型的受体专门有不同的功能，比如记录压力、热、冷等。然而，这些差异并不像研究者原来所期望的那样明显（Sinclair, 1981）。

感受压力

如果你曾经参加过一个蚊虫比较多的野餐的话，就会意识到快速定位触碰刺激的必要。触感可以非常有效地满足触觉定位的需求。神经系统中对触碰做出反应的细胞对特定大小块的皮肤敏感。这些大小相差很大的皮肤块在功能上等同于视觉中的感受野。像视觉感受野一样，它们时常涉及一个中心–环绕分布。因此，落入中心区域的刺激产生落入周围区域刺激的相反效果（Kandel & Jessell，1991）。

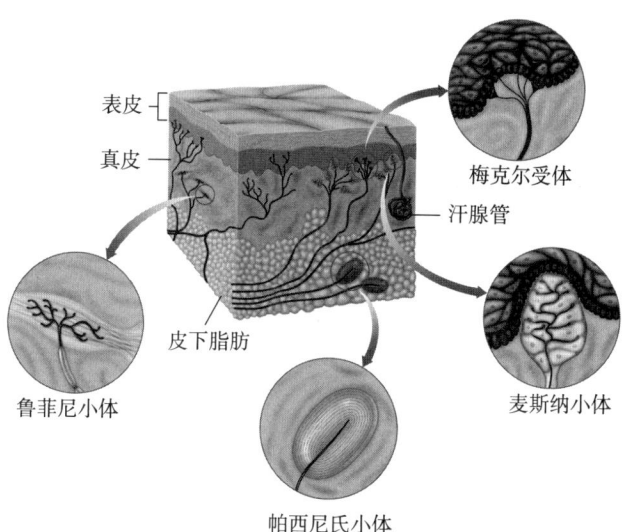

图 4-49 皮肤中的感受器

人的皮肤在一系列分层中拥有大量的感受器。在这个图中表示的 4 种类型的感受器会对压力、拉伸和振动的不同方面做出反应。除了这些感受器之外，皮肤中游离的神经末梢也会对疼痛、热和冷做出反应，而且毛囊感受器会记录毛发的活动。

资料来源：Goldstein, E. B. (2007). *Sensation and perception*. Belmont, CA: Wadsworth. Wadsworth is a part of Cengage Learning, Inc. Reproduced by permission. www.cengage.com/permissions.

输送触碰刺激传入信息的神经纤维经过脊髓传输到脑干。在脑干中，来自身体两侧的纤维大部分交叉传输到大脑相反的一侧。触觉通路然后通过丘脑投射到顶叶的躯体感觉皮质。躯体感觉皮质中的一些细胞和视觉中发现的特征觉察器功能类似（Gardner & Kandel，2000）。他们对触碰的具体特征反应，比如沿着皮肤一个特定方向的移动。

感受疼痛

因为它是令人不愉快的，所以疼痛感对于生存来说是至关重要的。疼痛是一种奇妙的预警系统。它告诉人们什么时候应该停止铲雪或者把手从热炉上移开。尽管没有疼痛的人生可能听起来很诱人，但是生来伴有对疼痛的罕见的、先天不敏感的人持反对意见，因为他们经常弄伤自己（Coderre, Mogil, & Bushnell，2003）。然而，

慢性疼痛是一种令人懊恼、沮丧的痛苦，它影响了美国社会中大约 7500 万人（Gallagher & Rosenthal，2007）。尽管科学家已经对疼痛体验的神经基础了解了很多，但是对疼痛的临床治疗依然只是在一定程度上有效（Scholz & Woof，2002）。因此，心理学家对疼痛知觉的浓厚兴趣是有紧迫现实原因的。

1. 到脑的通路

疼痛感受器主要是皮肤里游离的神经末梢。疼痛信号可以通过两条穿过丘脑不同区域的路径传递到大脑（Cholewiak & Cholewiak，2010）。一条是快通道，它在一秒内记录局部疼痛并传递给皮质。这个就是当你刚刚切到手指时带给你刺痛的系统。第二条是滞后于快通道一两秒的慢通道。这条通道（它也能传输温度的信息）传递在最初的损伤后更不集中、持续时间更长的酸痛或灼烧痛。慢通道依赖于被称为 C 纤维的薄神经元，而快通道被称为 A-delta 纤维的较厚神经元调节（见图 4-50）。疼痛信号可以被传送到皮质中的许多区域，以及和情绪有关的皮质下中枢（比如下丘脑和杏仁核），而这部分取决于疼痛的性质（Hunt & Mantyh，2001）。

2. 疼痛知觉的困惑

疼痛知觉生性就具有主观性。一些遭受严重损伤的人报告有很小的疼痛，而其他遭受更温和伤害的却报告有难以忍受的疼痛（Coderre et al.，2003）。因此，设计一个疼痛体验的客观指标是不可能的。正如 Rollman（2010，p.717）所指出的，不存在痛觉"寒暑表"。疼痛的主观性质由安慰剂效应所说明。正如我们在第 2 章中所看到的，许多遭受痛苦的人当被给予安慰剂时报告症状减轻，比如没有活性的药片被提供给他们就好像它是一粒止痛药（Benedetti，2008；Stewart-Williams，2004）。关于疼痛的主观特性的证据也来源于发现疼痛耐受性种族和文化差异的研究（Ondeck，2003）。看起来文化与其说是影响了疼痛的知觉过程不如说是影响了忍受某些疼痛的意愿。

最近几项研究也强调了情境因素如何影响对痛苦的体验。例如，最近一项研究发现当女性被试观看她们男朋友的照片或者握住她们男朋友的手时，对痛苦的体验减少（Master et al.，2009）。与此类似，另一个研究发现观看令人愉快的照片减少了被试的疼痛反应，而观察不愉快的反应会导致强烈的疼痛反应（Roy et al.，2009）。而且，Gray 和 Wegner（2008）的一项研究表明当被试相

五种主要感觉的图解纵览

感觉	刺激	刺激的成分

视觉系统：视力

光是一种以波的形式传输的电磁辐射。人只能识别全部波长范围中 400～700 纳米的一小部分

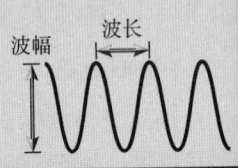

光波在振幅、波长和纯度上进行变化，这些变化影响了如下所示的知觉

物理特性	相关知觉
波长	色调
振幅	亮度
纯度	饱和度

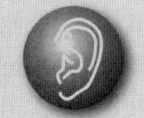
听觉系统：听力

声波是分子的振动产生的，这意味着它们必须通过一些物理介质来传播，比如空气。人可以听到波长在 20～20 000 赫兹的声音

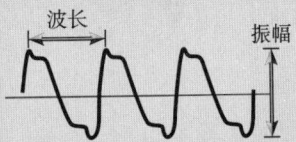

声波在振幅、波长和纯度上进行变化，这些变化影响了如下所示的知觉

物理特性	相关知觉
波长	响度
振幅	音调
纯度	音色

味觉系统：味觉

味觉的刺激物一般是可溶的化学物质（溶于水）。这些刺激物溶解在口中的唾液中

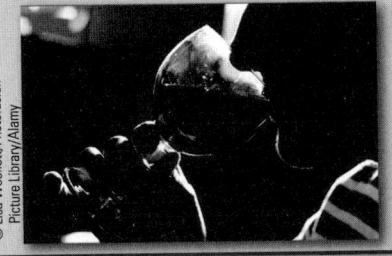

通常但不是人人同意有4种基本的味觉：甜、酸、苦、咸

嗅觉系统：嗅觉

刺激物是一种可以蒸发并在空气中传播的挥发性化学物质。这些化学刺激物溶解在鼻子中的黏液中

定义基本气味的努力已经证明不能令人满意。如果基本气味存在的话，那么它们一定有很多

触觉系统：触觉

刺激物是施加于皮肤上的机械能、热能和化学能量

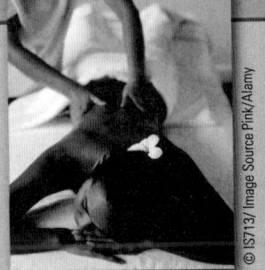

皮肤中的感受器可以记录压力、热度、寒冷和疼痛

受体的特性和位置

视网膜,是分布于眼睛后表面内部的神经组织,包含成千上万被称为视锥细胞和视杆细胞的受体细胞。视杆细胞在夜晚和周边视觉中起着关键作用;而视锥细胞在白天和色彩视觉中起着关键的作用

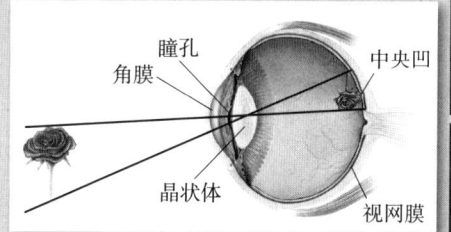

听觉感受器是沿耳蜗分布的基底膜中微小的毛细胞。耳蜗是内耳中一个充满液体的螺旋形隧道

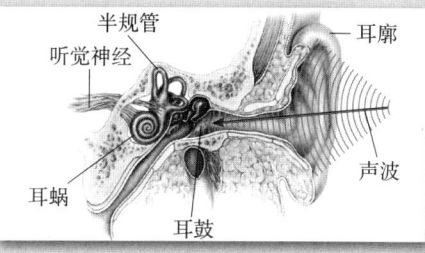

味觉感受器是在舌头微小隆起的周围缝隙中发现的味觉细胞群。味觉细胞的寿命较短(大约10天),并且被不断地替换

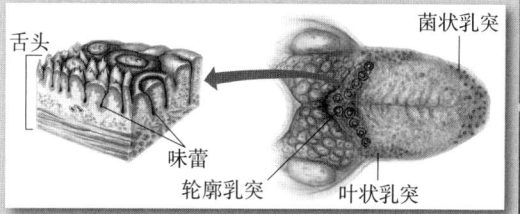

嗅觉的感受器是嗅毛,即鼻腔上部的毛状结构。像味觉细胞一样,它们的寿命很短(30～40天),并且不断被替换

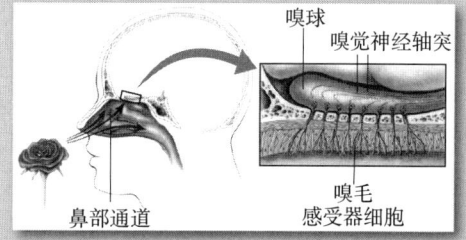

人的皮肤至少含有6种类型的感觉受体。这里所示的4种类型对压力做出反应,而皮肤里游离的神经末梢对疼痛、热和冷做出反应

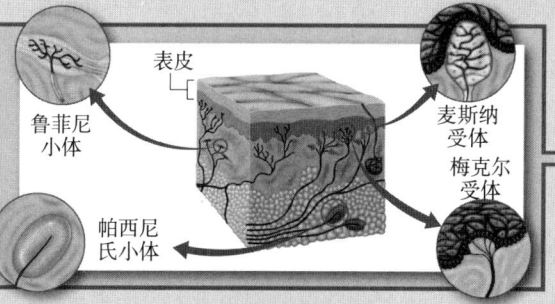

初级加工的脑通道

神经冲动经由丘脑中的外膝体,然后被分配到枕叶后部的初级视觉皮质

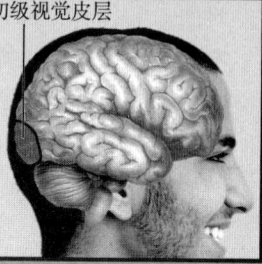

神经冲动经由丘脑,然后传输到主要位于颞叶的初级听觉皮质

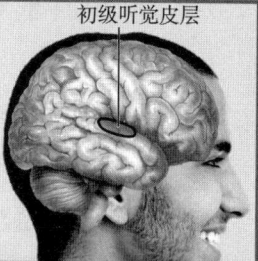

神经冲动经由丘脑传输到额叶中的岛叶皮质

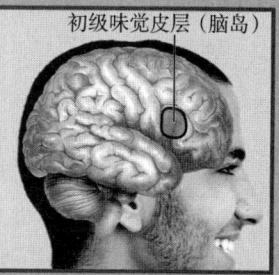

神经冲动经由嗅球然后直接传输到颞叶中的嗅皮质和其他皮质区域。嗅觉是唯一一种不通过丘脑的感觉输入

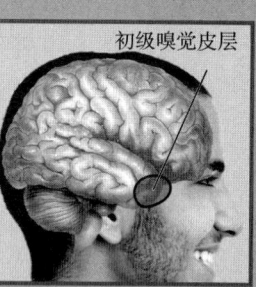

神经冲动经由脑干和丘脑传输到顶叶的躯体感觉皮质

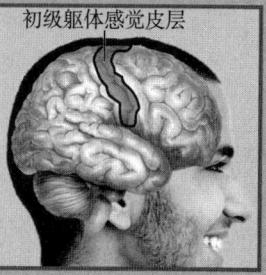

信疼痛是有意而不是偶然地施加给他们时，疼痛反应会加剧。

当某事分散了你的注意力而伤害暂时消失时，疼痛知觉中的心理因素会变得明显。想象一下你刚刚用锤子敲打你的拇指然后它产生阵阵抽痛，突然，你的孩子因为洗衣房失火了而哭喊，当你争分夺秒地处理这个紧急状况时，你忘记了拇指上所有的疼痛。然后，正如你所看到的，把疼痛冲动送到脑通路的组织损伤不一定会导致疼痛体验。因此，任何一种对疼痛知觉的有力解释必须能够回答一个关键的问题：中枢神经系统如何阻断传入的疼痛信号？

在一个回答这个问题的有影响的尝试中，Ronald Melzack和Patrick Wall（1965）提出了阀门控制理论。阀门控制理论认为外来的疼痛感觉必须通过脊髓中可以关闭的阀门，因此可以阻碍向上传送的疼痛信号，这个模型中的阀门不是一个解剖结构，而是一个抑制传入疼痛信号的神经活动模式。Melzack和Wall认为这个想象中的阀门可以通过来自外周受体的信号或者大脑的信号来关闭，他们推论后一种机制可以帮助解释类似注意和期望的因素是如何阻隔疼痛信号的，从整体来看，研究表明疼痛的阀门机制概念有可取之处（Craig & Rollman，1999；Sufka & Price，2002）。从最初提出阀门控制理论之后发现的神经机制似乎是阻碍疼痛知觉的原因。

这些发现中的一个是对内啡肽的确定。正如第3章所谈论的，内啡肽是人体自身天然的吗啡样镇痛剂。研究表明内啡肽在疼痛的调节中扮演着重要的角色（Pert，2002）。例如，疼痛治疗的安慰剂效应通常（但不总是）取决于内啡肽的作用（Eippert et al.，2009；Price, Finniss, & Benedetti，2008）。同样地，通过古老的中国针灸艺术获得的镇痛效果似乎涉及内啡肽（Cabyoglu, Ergene, & Tan，2006）。

另一项研究发现了一个调节疼痛抑制的下行神经通路（Basbaum & Jessell，2000）。这条通路似乎起源于中脑一个被称为导水管周围灰质（PAG）的区域中。这条通路中神经活动有可能被作用于PAG神经元的内啡肽引发，而这最终引发冲动向下传至主要释放5-羟色胺的神经回路中。这些回路在脊髓中形成突触，在那里它们似乎释放更多的内啡肽，因此抑制了通常传递外来疼痛信号到大脑的神经元的活性（见图4-50）。吗啡的止痛效果

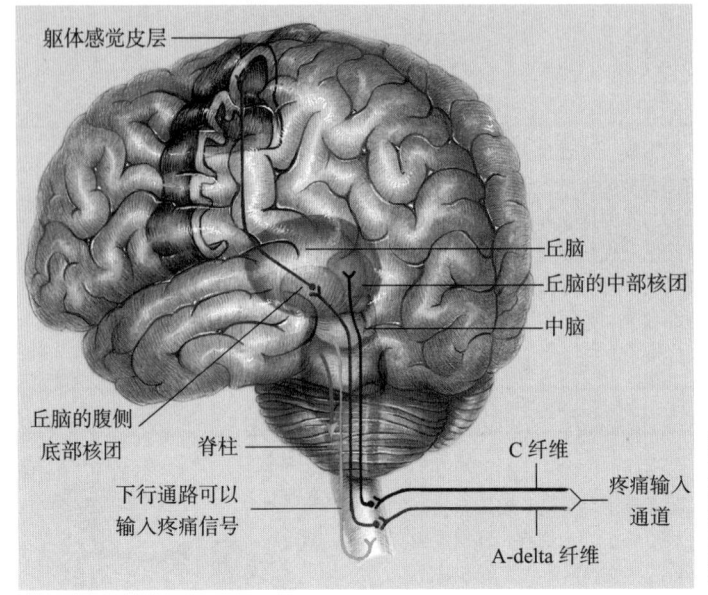

图 4-50　疼痛信号的通路

疼痛信号从感受器沿着这里用深灰色和黑色描出的两条上行通道向内传递至大脑。快通道（深灰色）和慢通道（黑色）依据不同的神经纤维，并且经由丘脑中不同的部位。Melzack 和 Wall 提出的阀门控制机制依赖起源于一个中脑区域的下行通道（用浅灰色显示）。

似乎至少部分归因于下行通路的活性，因为切断这条通路的纤维会减少吗啡的镇痛效果（Jessel & Kelly，1991）。很明显，这条通路在门控外来的疼痛信号中发挥着重要作用。

我们对疼痛体验的理解也在不断发展，最新的发现是某些类型的神经胶质细胞可能会参与调节疼痛（Watkins，2007）。正如第3章中所说，神经学家在不久前意识到神经胶质细胞有助于神经系统的信号传递（Fields，2004）。脊髓中至少有两种神经胶质细胞（星形胶质细胞和小胶质细胞）似乎在慢性疼痛中起着重要的作用（Milligan & Watkins，2009）。这些胶质细胞可以被针对感染的免疫系统反应或者来自痛觉通路神经元的信号激活。一旦被激活，这些神经细胞似乎开始"怂恿痛觉通路中的神经元"，因此加剧了对慢性疼痛的体验（Watkins & Maier，2003；Watkins et al.，2007）。即便如此，最近的研究表明，在一些情境中神经胶质细胞也可能会提供减少或减轻疼痛的保护功能（Milligan & Watkins，2009）。这项神经胶质细胞在人类痛觉系统中发挥着双重作用的发现可能会最终引导并发出治疗慢性疼痛的新药。

随着我们结束人类感觉系统之旅时，还有最后一点需要强调。尽管我们已经分别讨论了不同的感官领域，但是重要的是要记住所有的感觉将信号传输到信息所汇

集的相同大脑。我们已经遇到了一些感觉统合的例子。例如，食物的色和香都会影响食物的味道，感觉统合在知觉经验中十分普遍，举例来说，当你坐在篝火旁时，你看到它在燃烧，你听到它在噼啪作响，你闻到它燃烧的气味，你感到它温暖的触摸，如果你煮了东西，甚至可以尝一下。因此，知觉是把所有外部感官输入的信息整合后建立一个统一模型的过程（Kayse，2007；Stein，Wallace，& Stanford，2001）。

本章主题回顾

在本章中，三个统一主题显得格外突出：理论多样性，人的经验是高度主观的，文化因素可以影响行为。让我们首先讨论一下理论多样性的意义。互相矛盾的理论会给理论家、研究者、老师和学生带来困惑，而这一章提供了理论多样性是如何促进心理学长期发展的戏剧性证明。数十年来，色觉的三原色和拮抗加工理论以及音调知觉的位置和频率理论被视为根本不兼容。正如你所知道的，在每种情况下，证据都最终显示，每个理论力求独立解释的感觉过程需要它们联合才解释得充分。如果没有这些理论的争论，我们今天对色觉和音调知觉的理解可能会更加浅薄。

我们对感觉和知觉的论述也应该使你更加能认识到为什么人类的生活体验是高度主观的。正如两可图形和视错觉所清楚展示的，感觉输入和生活体验之间没有一一对应的关系。知觉是一个人们组织和解释来源于感官信息的主动过程。这些解释由多种因素决定，包括环境背景和知觉定势。那么，这也难怪人们对于相同事物的知觉大相径庭。

最后，本章阐述了许多文化因素如何影响行为的例子——即使在一个研究者预期文化影响会很小的研究领域。大多数人对于态度、价值观、社会行为和发展的文化差异并不感到惊奇，但是知觉被普遍视为一个基本、普遍相同的跨文化过程，在大多数情况下是这样，因为在知觉中不同文化群体之间的相似性远大于其差异性。不过，我们可以看到深度知觉，对错觉的易感性以及口味偏好的文化差异。因此，即使是一个基本的，在很大程度上依赖于生理的过程比如知觉，也会受到这个人的文化背景一定程度的影响。

接下来的"个人应用"再一次证明了知觉的主观性，它主要描述了画家如何已经学会用视知觉的原则来达到不同的艺术目标。

真相核查

误解

人有5种感觉：视觉、听觉、味觉、嗅觉和触觉。

真相

我们在本章的叙述似乎支持这一说法。但是人们还有其他由于篇幅所限未能提及的其他感觉系统。比如，动觉系统通过肌肉和关节中的受体来检测身体各部分的位置。还有前庭系统，它依赖于内耳里半规管中的液体流动来提供平衡感，或者平衡。

个人应用

艺术与错觉欣赏

回答下列选择题。比如绘画类的艺术作品：

____a. 将现实着色为一幅精确的画面
____b. 创造出一种宛如真实的错觉
____c. 提供对现实的一种解释
____d. 使我们思考现实的本质
____e. 以上所有都是

这个问题的答案是（e），"以上所有都是。"从历史角度来说，艺术家一直在追求多种多样的目标，包括在这个问题中列出的每个答案（Goldstein，2001）。为了实现他们的目标，他们已经使用了大量的知觉规律，有时候是有意的，有时候不是。让我们用绘画的例子来探讨艺术和错觉中一些知觉原则的作用。

大多数早期画家的目标是创作出现实情形的可信画面。这个目标马上产生了一个对于想绘制逼真画面的大多数人熟悉的问题：现实世界是三维的，但是画布或者纸张是平面的。然后矛盾的是，画家不得不建立一个三维现实情景的错觉来着手重铸现实。

在文艺复兴之前，用现代的标准来创造一个令人信服的现实情境的错觉比较困难。为什么？因为艺术家不理解如何使用所有的深度线索。这在图 4-51，一幅大约绘于公元 1300 年的宗教场景画中表现得很明显。这幅画明显地缺乏深度感。画中的人看起来和纸一样薄。他们没有空间中的实际位置。

图 4-51 *Master of the Arrest of Christ*（中央部分的细节），作者是意大利阿西西的 S. Francesco（大约绘于公元 1300 年）

值得注意的是深度线索的缺失使得这幅画看起来平坦而不够逼真。

资料来源：Maestro della catura di Cristo, Cattura de Christo, parte centrale, Assisi, S. Francisco. Scala/Art Resource, New York.

尽管早期的艺术家利用了一些深度线索，文艺复兴时期的艺术家使用了所有的深度线索并且确实运用了线性透视的重要线索（Solso, 1994）。图 4-52 把这种效果戏剧性地转移到艺术上。它展现了一幅文艺复兴时期的画家 Gentile 和 Giovanni Bellini 所画的场景。它看起来好像比图 4-51 的画更逼真传神。注意两边的建筑如何依据线性透视而汇聚。此外，远处的物体要比附近的要小，这利用到了相对大小。这幅画还用到了平面的高度、光与影，以及插入。

在文艺复兴之后的几个世纪，绘画者接纳了大量描绘现实的观点。比方说，19 世纪的印象派画家不像照片一样重现场景的真实性。他们转而阐释观察者转瞬即逝的感觉或者对现实的印象。为了达到这个目的，他们以前所未有的方式处理色彩。

图 4-52 *Brera Predica di S. Marco Pinacoteca*（作者 Gentile 和 Giovanni Bellini，约 1480 年）

在这幅画中，意大利文艺复兴时期的艺术家使用了大量的深度线索，包括线性透视、相对大小、在水平面的高度、光和影以及插入，来增强产生三维现实情境的错觉。

资料来源：Brera Predica di S. Marco Pinaocteca, by Gentile and Giovanni Bellini in Egitto. Scala/Art Resource, New York.

举例来说乔治·修拉（Georges Seurat），一个使用了点彩技术的法国艺术家。修拉仔细研究了 19 世纪 80 年代科学家所了解的色彩构成，然后对这些知识做了计算和实验。实际上，在他那个时代的评论家称他为"小化学家"。修拉将纯粹、浓烈的色彩用小点块的手法创作出他的作品。他使用了加法混色，脱离了绘画的常规，而它通常依赖于颜料的减法混色。修拉用科学方法来创作的一个著名作品是他的《大碗岛的星期天下午》（见图 4-53）。正如修拉的作品所表明的，现代主义画家正在放弃努力去重现好像真正看过的世界。

如果说 19 世纪的画家解放了色彩的话，那么他们的继承人在 20 世纪初解放了形式。这对于立体派画家来说确实如此。立体派为毕加索 1909 年所创，他是一个在他多产的艺术生涯中不断尝试其他风格的西班牙艺术家。立体派画家与其说在描绘现实，不如说是对它进行了重新组装。他们试图把所有事物简化为在一个平面空间中列出的缺乏深度的几何形体组合（线条、圆、三角形、矩形等）。当他们用简单的特征建立他们的图形时，从某种程度上来说就是把特征分析理论应用到了画布上。由此而产生的画无疑是不切实际的，但是绘画者都会留下提供对象线索的现实片段。毕加索喜欢挑战观察者来解读他的作品主题。看一下图 4-54 中的画然后看你是否能发现毕加索所描绘的东西。

图 4-54 中的作品题名为《小提琴与葡萄》。注意知觉组织的格式塔原则如何起作用产生这些形式。接近律

和相似律使得右下角的葡萄聚集在一起。封闭性原则使你能看到小提琴的概貌。

其他的格式塔原则是图 4-55 中这幅画取得效果的关键所在。这幅画的作者是马塞尔·杜尚，一位融合了立体主义和一种被称为未来主义风格的法国艺术家。这幅画的题目是《下楼梯的裸女》。这种效果明显取决于连续性的格式塔原则。

超现实主义者以不同的方式不恭地对待现实。受到弗洛伊德关于无意识著作的影响，超现实主义者探索了梦和幻想的世界。他们的画中特定元素常常被逼真地描绘，但是一些有反差的元素奇异地排列在一起产生了一种令人联想起梦的不安的非理性想法。这种风格的突出例子是萨尔瓦多·达利（Salvador Dali）的《奴隶市场和消失的伏尔泰半身像》，如图 4-56 所示。注意图中心的两可图。"伏尔泰的半身像"由远处站在拱门前的人物画像组成。达利经常使用两可图形增强他的怪异场景的歧义性。

图 4-53　乔治·修拉的《大碗岛的星期天下午》(不含艺术家所画的边界)（1884～1886）

修拉运用了数千色彩的微小远点以及加色混合原则（见细节）。眼睛和大脑将这些点融合成了观众实际看到的色彩。

资料来源：Georges Seurat, French, 1859-1891, *Sunday Afternoon on the Island of La Grande Jatte*-1884, 1884-86, (and detail), Oil on canvas, 81-3/4 × 121-1/4 in. (207.5 × 308.1 cm), Helen Birch Bartlett Memorial Collection, 1926.224, The Art Institute of Chicago. Photography © The Art Institute of Chicago.

图 4-54　毕加索的《小提琴与葡萄》（1912）

这幅画利用了接近性、相似性、封闭性的格式塔原则。

资料来源：Pablo Picasso, *Violin and Grapes, Géret and Sorgues* (spring-summer 1912). Oil on canvas, 20 × 24" (50.6 × 61 cm), collection, The Museum of Modern Art, New York, Mrs. David M. Levy Bequest (32.1960). Digital image © The Museum of Modern Art/Licensed by SCALA/ Art Resource, New York. © 2011 Estate of Pablo Picasso / Artists Rights Society (ARS), New York.

图 4-55　马塞尔·杜尚的《下楼梯的裸女》第二幅（1912）

这幅画利用了连续性的格式塔原则以及另外一种本文未讨论的格式塔原则，称为共同性（看起来以相同方向运动的成分被知觉为一个整体）。

资料来源：Duchamp, Marcel, 1912, "*Nude Descending a Staircase, No. 2*," oil on canvas, 58" × 35". Philadelphia Museum of Art: Louise and Walter Arensburg Collection, #1950-134-69. Reproduced by permission. © 2011 Artists Rights Society (ARS), New York /ADAGP, Paris /Succession Marcel Duchamp.

图 4-56　萨尔瓦多·达利的
《奴隶市场和消失的伏尔泰半身像》(1940)

这幅画很有趣，包括一个两可图形（在这幅画的中间，两个修女构成了伏尔泰的半身像，一个因为严厉抨击天主教而出名的哲学家）。

资料来源：Salvador Dali, *The Slave Market with the Disappearing Bust of Voltaire*, (1940), Oil on canvas, 18-1/4 × 25-3/8 inches. Collection of The Salvador Dali Museum, St. Petersburg, Fl. Copyright © 2006 The Salvador Dail Museum, Inc. © 2011 Salvador Dali, Gala-Salvador Dali Foundation/Artists Rights Society (ARS), New York.

也许没有人在操纵知觉歧义性上比荷兰艺术家埃舍尔（M. C. Escher）更具有创造性。埃舍尔的主要目标是激发观众去思考现实的本质和视觉感知过程本身。有意思的是，埃舍尔欣然承认他受到心理学的启发而把它作为一种灵感的来源（Teuber，1974）。他仔细继承了格式塔心理学家的工作而且甚至会引用特定的文献作为他作品的出发点。举例来说，一张埃舍尔作于1961年的石版画《瀑布》，似乎违反了万有引力定律（见图4-57）。这里令人费解的问题是一个水平通道中的水流终止于"落在""之下"两个平面相同通道中的瀑布。这幅画由两个不可能的三角组成。如果你观察它们需要帮助的话，瀑布它自己形成了每个三角的一条边。

Necker立方体，一个前面提到的两可图形，是如图4-58所示埃舍尔1958年石版画《观景楼》的灵感来源。你必须仔细观察才能意识到这是另一个不可能的图形。注意顶层顺着第一层的直角延展，同时注意柱子是如何缠绕的，起始于建筑物一边的柱子终止于支撑建筑物的另一边。埃舍尔得益于Necker立方体的启发表现在好几个地方，比如说，紧邻着坐着的男孩的地板上Necker立方体的画（在左下）。

图 4-57　埃舍尔的石版画《瀑布》

埃舍尔利用了深度线索和不可能存在的三角形欺骗人们的大脑，使人们看到水向上流动。

图 4-58　埃舍尔的《观景楼》

这幅石版画描绘了由Necker立方体激发创作出的不可能存在的图形。这个立方体似乎存在于建筑物的架构中，存在于坐在板凳上的男孩手中的模型中，存在于躺在他脚边的图纸中。

在埃舍尔挑战观赏者去思考知觉时,错视画派（Tromp l'oeil）艺术家在挑战人们思考绘画中的传统风格,错视画派在法语中表达为"欺骗眼睛"。这一流派的艺术家力求创造对深度难以置信的现实描绘来欺骗观众,使他们至少在最初认为他们在观看三维的事物。图4-59中所示的街头艺术例子说明了这项技术。最终,错视画法混淆了现实世界和艺术家所创造的虚幻世界之间的界线,这表明根本就没有界线,所有事物都是一种错觉。

在街头艺术中,艺术家创造了一种引人注目的错觉。从恰当的视角来看,它看起来像一个凳子靠在一张桌子上。但是没有凳子或者桌子,它只不过是在平面上的一种巧妙画法。

图4-59　一个错视画派作品范例

批判性思维应用

认识对比效应：都是相对的

一天晚上,你坐在房间里,你在学校的朋友西蒙给你打电话,她正在为当地公园的青少年娱乐项目忙碌,需要你的帮助。她希望本学年每个周五晚上,你能抽出4个小时作为志愿者负责排球项目。一想到要放弃每周五的晚上,并且在已经很忙碌的行程计划中还要再加入一项如此费时的任务,就让你感到害怕想要退缩。于是,你礼貌地跟西蒙解释说你恐怕抽不出这么多时间,没法帮她了。她表示理解,没有因为你的拒绝而感到生气。但是,第二天晚上,她又打电话给你,这次,她问你每个月的第三个星期五,你是否愿意负责排球项目。你仍然认为这是一个你不想要承担的义务,但这次的要求比先前的要求已经合理了很多。所以,你无可奈何地叹息一声,答应了西蒙的请求。

实际上,为一个有意义的项目做志愿者没有什么不对的地方,但你会受到"以退为进法"这种社会影响策略的影响。以退为进法（door-in-the-face technique）指先提出一个很有可能会被拒绝的不合理的大要求,来提高人们同意随后提出合理的小要求的机会（见图4-60）。这个策略的命名来源于对初始请求很快被拒绝的预期（遇到"推销员","门"砰地关上）。尽管很多人对这个策略的名字感到陌生,但是他们却经常使用这个可操纵策略。例如,丈夫想要劝他节俭的妻子同意买一辆30 000美元的越野车,先跟妻子说想要买50 000美元的跑车。这样,对妻子来说买30 000美元的越野车看起来要合理得多,这正好是丈夫想要的结果。

研究表明以退为进策略是非常有效的谈判策略（Cialdini, 2001）。有效的原因之一是它建立在一个简单普遍的知觉原则上。正如本章所提到的,在知觉经验的领域中,所有事物都是相对的。这种相对性意味着人们很容易受到对比效应的影响。举个例子来说,在昏暗的房间点亮一只小小的蜡烛,燃烧的光相当明亮。但是,如果你在光线充足的房间中点燃同样一根蜡烛,你可能不会觉察到照明度有增加。如图4-61所示,约瑟夫·阿尔伯斯（Josef Albers）的图画呈现了这种知觉的相对性。

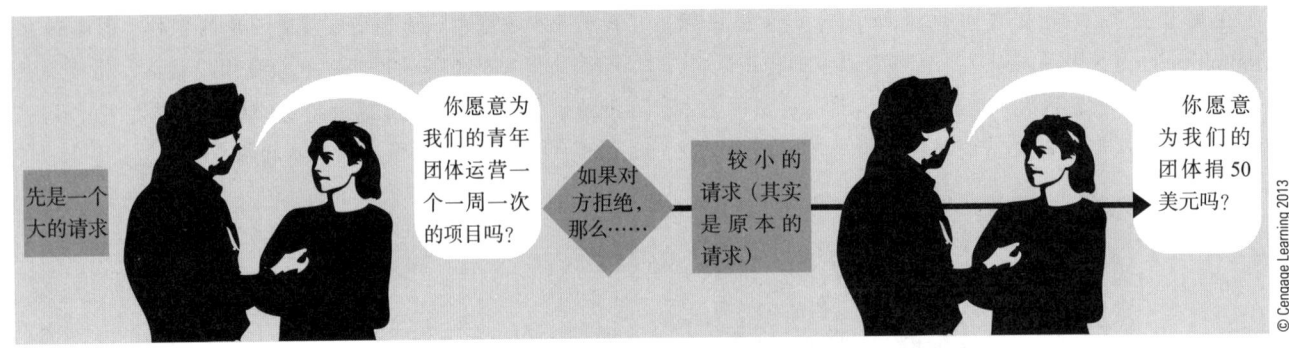

图 4-60 以退为进法

以退为进法是常用的说服策略,具体做法是先提一个大的请求,然后再提一个退一步的你其实真的想提的请求,这在一定程度上取决于对比的效果。

两个 X 实际上颜色是相同的,但是上半部的 X 看起来是黄色,下半部的 X 看起来是棕色。这些不同知觉产生的原因就是对比效应——两个 X 在不同的背景颜色中进行比较。图 4-62 呈现了另一个对比效应影响知觉的例子。两个仪表盘中间的圆盘是一样大的,但是因为上面那个仪表盘中周围圆盘比中央圆盘小很多,所以看起来比下图的中央圆盘大很多。

尺(207 厘米)的队员时,他看起来就比较矮了。你认为你第一份全职工作的年薪 42 000 美元已经很高了,但你朋友的年薪是 75 000 美元。既然所有事情都是相对的,那么就有一个问题:与什么进行比较?人、物体、事件和其他在决策过程中作为比较基线的标准都是对比物。选择一些不具有代表性的极端对比物很容易影响一些类型的决策。

图 4-61 颜色知觉中的对比效应

约瑟夫·阿尔伯斯的作品中呈现了在不同对比颜色的背景中,同一种颜色产生的知觉不同。图中上下两个 X 是同一种颜色,但上面的 X 看起来是黄色的,下面的 X 看起来是棕色的。

当对视觉刺激的强度、颜色或大小进行判断时,相对性和对比原则影响了我们的判断。我们在其他领域的决策也会受到这种原则的影响。例如,一名 6.3 英尺(192 厘米)的高个子篮球运动员,当周围全是超过 6.8 英

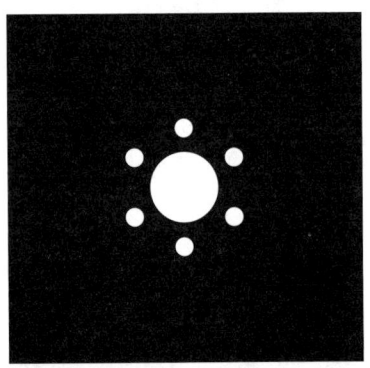

图 4-62 大小知觉中的对比效应

上图仪表盘的中央圆盘看起来比下图的大很多,但实际上它们是一样大的。周围圆盘产生的对比效应导致了这种错觉的发生。

在一些有趣的吸引力评价的研究中,证明了极端对

比物的影响。在一项研究中，要求男大学生评价普通长相女性（描述为寝室中另一名男性的潜在约会对象）的吸引力。一组被试直接看照片评价，另一组被试先看了一段出现非常漂亮女性的电视节目，再看照片进行评价（Kenrick & Gutierres，1980）。照片中的女性对看过电视中美女的被试的吸引力要低于没有看美女的被试。在另一项研究中，在看过一些非常有吸引力的模特的照片后，男性和女性对自己吸引力的评价会降低（Little & Mannion，2006；Thornton & Maurice，1999；Thornton & Moore，1993）。因此，对比效应能够影响非常重要的社会评价，如人们对自己或他人的感觉。

通过仔细选择能够影响你思维的对比物，很容易控制决策，例如，一个被查到有一些非法或不道德的行为的政治家，可以通过传播其他政治家犯了更严重的错误来改变公众舆论。考虑到还有犯更严重错误的人，这名政治家的罪行可能让人不那么气愤。辩护律师可以使用相同的策略，即将被告的罪行与更严重的罪行进行比较，从而使被告的罪行能够轻判。房地产经纪人想要卖给你一套需要大量抵押贷款的昂贵房屋时，会告诉你其他房主的抵押贷款更多。

总之，批判性思维有助于意识到对比物能够影响甚至扭曲大部分决策。具体来说，我们需要警惕他人在劝说过程中操纵对比效应的可能性。减少对比效应影响的一个方法就是有意识地考虑到，相比你正在进行判断的事物，更好和更差的对比物，作为平衡两个极端效应的一种方法（见表4-2）。

表4-2 本文中所讨论的批判性思维技巧

技巧	描述
理解对比效应如何影响评价和决策	批判性思考者会意识到对比效应能够被操纵，从而影响判断
能够识别极端对比物	批评性思考者会找出扭曲判断的极端对比物

资料来源：© Cengage Learning 2013.

第5章
意 识

纳撒尼尔·克莱特曼（Nathaniel Kleitman）和尤金·阿瑟瑞斯基（Eugene Aserinsky）不敢相信他们的眼睛，更不相信他们被试的眼睛。在1952年的春天，一位生理学家、睡眠方面杰出的研究者克莱特曼正在研究被试睡眠开始时呈现的慢速、旋转的眼动。克莱特曼开始想知道这些慢速的眼动是否会出现在稍后的睡眠阶段，但问题在于整夜观察被试闭上的眼睑一定会使研究者昏昏欲睡。幸运的是，克莱特曼和一位刚毕业的学生阿瑟瑞斯基想到一个更巧妙的方法来记录眼动。他们在被试的眼睛旁边贴上电极，这些电极可以记录眼睛运动产生的微小电信号并将这些电信号传输到一台机器上。这些电信号驱动机器的图表记录器的笔，工作原理和脑电图描记器（EEG）描绘脑电波（见第3章）非常相似。结果便可得到被试睡眠时眼动的客观记录，这个记录随时都可以进行研究。

一天晚上，当一名被试正在沉睡时，研究者惊奇地发现记录的一次描绘显示了一种明显更快速而显得异常的眼动。这个结果是如此地出乎意料以至于刚开始的时候研究者认为记录仪器存在缺陷。"毕竟这是一个快散架的老家伙了"，一位克莱特曼实验室的技术人员回忆道（Coren，1996，p.21）。直到决定近距离观察睡眠中的被试，研究者才确信那样的眼动是真实存在的。尽管被试在深度睡眠的状态，但是他们眼睑的突起表明他们的眼球正在旁侧剧烈地转动，开始朝一个方向转动然后向各个方向。这就好像正在观看一部动作电影。研究者想知道到底发生了什么？

细细想来，在此之前没有人发现这些快速眼动是一件神奇的事情。结果表明快速眼动阶段是人类和很多动物睡眠中常规的部分。实际上，你能在你的宠物猫或宠物狗身上观察到快速眼动。千百万年来，每个人都能观察到这个现象，但是那些注意到的人一定也没重视这个现象。

纳撒尼尔·克莱特曼和尤金·阿瑟瑞斯基的发现可能显得有些奇怪，但随后他们进行了深入讨论及调查。快速眼动会和做梦有关联吗？在一位对梦很感兴趣的医科学生威廉·迪蒙特（William Dement）的帮助下，他们很快发现了答案。迪蒙特在快速眼动期叫醒被试后，近80%的被试报告他们刚刚正在做一个生动的梦。相比之下，只有小部分在其他阶段被叫醒的被试报告他们刚刚正在做梦。迪蒙特知道他发现了一些东西，"我高兴坏了"，他后来写道（Dement，1992，pp24-25）。多年后，EEG的记录表明快速眼动期和脑电波模式显著变化有关。使得克莱特曼和他的学生感到困惑的快速眼动不仅仅是奇怪的现象：它更为我们的意识最私密的部分——梦的体验打开了一扇窗。

正如你将在这章学到的，快速眼动（REM）睡眠的发现发展出许多有趣的观点，这些观点是关于大脑在睡眠阶段活动的深刻见解。这个研究只是当代心理学家面对意识这个难以下手的课题时试图逐步探索的一个例子。随着时间的推移，意识在心理学中表现得更加矛盾。一方面，人们的意识体验（他们对自己和周围世界的觉知、他们的思想，甚至他们的梦）似乎都成了心理学家所热衷的关注点。另一方面，心理学家致力于实证研究，而实证研究却要求对给定的现象用客观、可重复的方法进行研究。然而意识毕竟是主观体验，没有人能直接观察到另一个人的意识，人们难以向他人描述自己的意识体验。不过最近几十年来，研究者发现了许多创造性的方法，让客观的光辉照亮了意识这片神秘的领域。

我们将从意识的几点性质开始我们的意识变化之旅。在这之后，本章大部分都会成为"睡前故事"，因为大部分内容都是关于睡眠和梦。我们会通过探究催眠、冥想、改变精神状况的药物效用来继续我们关于意识的讨论。个人应用是关于睡眠和梦的一系列实际问题。最后，批判性思维应用部分关注酗酒的概念并以此强调定义的重要性。

意识的本质

意识是对内部和外部刺激的觉知。你的意识包括：①你对外部事件的觉知（"刚刚教授问我一个关于中世纪历史的难题"）；②你对内部感觉的觉知（"我的心正在砰砰乱跳，我在出汗"）；③你对自己独有体验的觉知（"为什么是我"）；④你对你有这些体验产生的想法的觉知（"我要出洋相了"）。总之，意识就是个人的觉知。

你意识的内容一直在变化。很少会出现意识静止的情形，它移动、流动、波动、徘徊（Wegner，1997）。认识到意识是不断变迁的，威廉·詹姆斯（1902）在很久以前就将这种流动命名为意识流。如果你能记录下你的想法，你会发现四处发散的想法无止境地流动。正如你将要学习到的，即使在你睡觉时，你的意识仍在进行一系列的转换，不断地改变看起来是意识最本质的性质。

觉知水平的变化

尽管威廉·詹姆斯强调意识的流动，西格蒙德·弗洛伊德（1900）仍想探究意识流下方暗藏的玄机。正如在第1章解释的，弗洛伊德提出人们的感受和行为受到意识层面下的无意识需求、愿望和冲突影响。根据弗洛伊德的理论，意识流存在深度，意识和无意识过程是不同水平的觉知。因此弗洛伊德属于最早一批认识到意识不是全或无现象的理论家。自弗洛伊德的时代起，研究就已表明人们在睡眠甚至有时在手术麻醉的状况下仍保留部分意识。我们怎么知道？因为部分刺激仍传达到觉知。例如，人们在手术麻醉时偶尔能听到一些话语，并在之后复述给对此很意外的外科医生（Merikle，2007）。这样的情形并不常见（在0.2%的手术中），但是确实存在（Kihlstrom & Cork，2007）。其他的研究也表明，人们入睡时仍能在某些程度上感觉到外部的事件（K. B. Campell，2000；Dang-Vu，2009）。一个很好的例子是：初为父母的人能在雷声的巨响或闹钟的吵闹下睡得安稳，却能立即听到大厅内孩子模糊的哭声，父母对声音的选择性敏感表明一些心理过程正在睡眠时发生。

意识发展的根源

为什么人类体验到意识？和人类的其他本性一样，意识一定经历过进化，因为意识帮助我们的祖先生存和繁衍（Ornstein & Dewan，1991）。就这种观点而言，意识如何证明了其存在的适应性仍然充满了争议（Guzeldere, Flanagan, & Hardcastle，2000）。一种观点认为意识允许我们的祖先思考我们行为的方式和结果。他们可以在不进行那些可能导致有害结果行为的条件下找到最好的行为方式（Plotkin，1998）。换句话说，稍微的预判和计划在获得食物、躲避天敌和寻找配偶的过程中可能是很有价值的。另一些解释集中在个人觉知带来的适应性的好处，但是很少有实证证据能验证这种解释的价值（Polger，2007）。所以，意识的进化基础仍然难以解释。

意识和大脑活动

意识并不是由大脑某一独特结构产生的，而是来自大脑中分布的神经网络通路的活动（Kinsbourne，1997；Stinger，2007）。科学家逐渐开始运用脑成像的方法来研究大脑活动和意识的联系（Wager, Hernandez, & Lindquist，2009）。但是在过去，最常用来表示意识变化的是EEG，EEG是用来记录大片大脑皮层的活动的。脑电图描计器（electroencephalograph，EEG）是通过附在头皮上的记录电极来监控大脑电活动的一种设备。最后，脑电图描计器以线性轨迹的方式大概描绘出皮层活动的规律，这种规律就叫作脑电波。这些轨迹在强度和频率上有所不同。通过图5-4，你可以看到脑电波的样子。人类的脑电波以频率为标准划分为4个主要类型。用希腊字母命名的4种类型分别为β波（13～24cps），α波（8～12cps），θ波（4～7cps）和Δ波（4cps以下）。

如表5-1所示，不同的EEG活动模式与不同的意识状态相对应。例如，当你正清醒地思索难题时，β波占优势；当你放松休息时，α波占优势；当你正陷入深度、无梦的睡眠时，Δ波变得更普遍了。这些相关并不完美，但是EEG的改变与意识的变化有着紧密联系（Wallace & Fisher，1999）。

表5-1 EEG模式与意识状态的对应联系

EEG	频率（cps）	典型的意识状态
β波	13～24	正常的清醒思维，高度觉醒的思考难题状态
α波	8～12	深度放松，头脑放空，冥想
θ波	4～7	轻度睡眠
Δ波	< 4	深度睡眠

资料来源：© Cengage Learning 2013.

正如相关性研究的弊端，研究者探索心理状态和脑电活动的关系时遇到先有鸡还是先有蛋的难题。如果你在阅读这篇文章时变得困倦，你的脑电波活动很有可能发生变化。但是究竟是这些变化导致你的困倦，还是困倦引起脑电活动的变化？或者困倦和脑电波活动同时由第三因素引起，例如来自皮层下的信号（见图5-1）？坦白说来，这些都没有人知道。唯一能确定的是，各种意识活动和大脑本身的各种活动有关系。

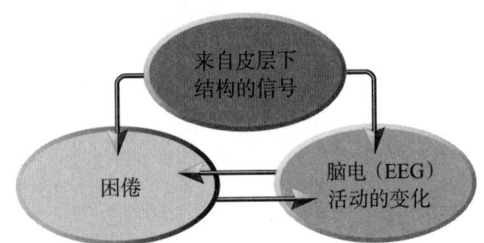

图5-1 精神状态与皮层活动

正如我们在第2章中讨论的，由于"第三变量问题"，相关并不能说明因果关系。例如，困倦和某种皮层活动之间存在强相关，如EEG脑电波所示。但是是困倦引起了皮层活动吗？或者存在第三变量（来自脑干或其他亚皮层结构的信号）同时引起了困倦反应和脑电波。

资料来源：© Cengage Learning 2013.

EEG对脑电波的测量为研究者提供了一种可以描绘意识的神秘状态——睡眠的方法。我们将在本章后两部分看到这句话远比你预期的复杂多变。

生物节律和睡眠

意识的变化有一部分是由生物节律形成的，节律无处不在。一天的昼夜交替、一年四季的变迁和月亮的周期都反映这种重复周期的韵律感。人类和其他所有物种都表现出和这些星球节律紧密联系的生物节律（Foster, 2004; Kriegsfeld & Nelson, 2009）。**生物节律**（biological rhythms）是生理功能的周期性波动。这些节律的存在意味着生命体拥有内在的"生物钟"，这个生物钟能以某种方式监控我们的生活节奏。

昼夜节律的角色

昼夜节律（circadian rhythms）是在人类和很多其他物种身上发现的24小时的生物周期。在人类身上，昼夜节律尤其对睡眠规律有很大的影响（Moore, 2006）。然而日常周期也使血压、尿液产生、激素分泌和其他身体机能产生节律变化（见图5-2），这些周期也会影响警觉、短期记忆和其他认知表现（Refinetti, 2006; Van Dongen & Dinges, 2005）。例如，体温在日常周期中产生节律的变化，它通常的最高峰是在下午，而在深度睡眠中达到最低点。

研究表明，人们通常随着体温的下降入睡，随着体温上升醒来（Szymusiak, 2009）。研究者总结道昼夜节律能在特定时间内使得我们最容易做好进入睡眠的准备（Richardson, 1993）。这个最佳时间因人而异。找到你最合适的就寝时间能促进睡眠质量的提高（Akerstedt et al., 1997）。人们总是把他们叫作"夜猫子"或"喜欢早起的人"，以此体现昼夜节律的个人差异（Minkel & Dinges, 2009）。

为了研究生物钟，研究者对无法获知外界昼夜交替和其他时间线索的被试进行监控。这些研究表明昼夜节律在外界时间线索消除的情况下仍存在。但是当人们被这样隔离的时候，他们的周期会比正常情况稍长，大约平均24.2小时（Czeisler, Buxton, & khalsa, 2005）。研

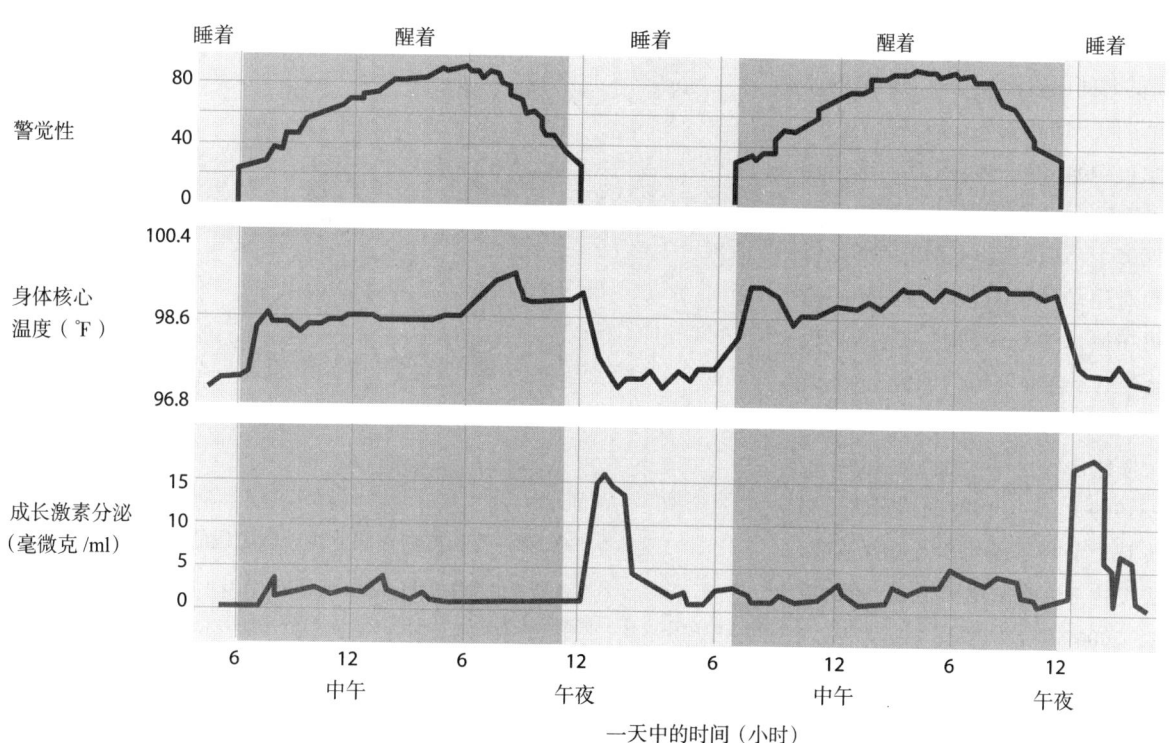

图5-2 昼夜节律的例子

这些图展示了警觉性、中心体温和生长激素的分泌随24小时节律的波动。注意人体体温如何随睡眠而下降。© Cengage Learning 2013.

资料来源：Adapted from chart, "Circadian Rhythms" in the book by Coleman, R. (1986). *Wide awake at 3:00 A.M.* New York: W. H. Freeman. Copyright © 1986 by Richard M. Coleman. Reprinted by permission of Henry Holt & Co.

究者不确定为什么会出现更长周期的偏移,但是这种情况在正常环境中并不明显,因为接触日常光照能校对人们的生物钟。

实际上,研究者发现很多关于昼夜交替如何调整生物钟的细节。接收光照时,一些视网膜上的受体将直接的输入传递给下丘脑中的一个小结构,这个结构被叫作视交叉上核(SCN)(Weaver & Reppert, 2008)。然后SCN将信号传递给附近的松果体(pineal gland),松果体分泌的一种叫褪黑素(melatonin)的激素在调节生物节律中起到关键作用(Norman, 2009)。

忽视生理节律

当你忽视你的生物钟而不在习惯的时间入睡,你的睡眠将会受到很大的影响。与你的昼夜节律脱离同步状态也会导致时差反应(jet lag)。当你飞越几个时区,你的生物钟还像往常一样,尽管正式的时间发生了改变。接着你会在"错误"的时间入睡,并很有可能难以入睡或者睡眠质量低下。这种不佳的睡眠将持续几天并且使得你感到疲劳、迟钝和易怒(Arendt, Stone, & Skene, 2005)。

人们重置生物钟从而抵消时差反应所需的时间因人而异,另外适应的速度跟行进的方向有关。一般情况下,向西飞行(延长你的一天)要比向东飞行(缩短你的一天)更容易适应(Arendt, et al. 2005)。这种东西方向的差异足够大而能对运动队的表现产生影响。研究表明在棒球比赛中向西飞行的队伍表现显著好于向东飞行的队伍(Recht, Lew, & Schwartz, 1995;见图5-3),大学橄榄球比赛也是如此(Worthen & Wade, 1999)。一个粗略的法则就是每向东飞越1个时区需要1天进行适应,每向西飞越1个时区则只需2/3天适应(Monk, 2006)。

很多护士、火警队员和建筑工人要忍受的轮流换班和晚夜班也在不断打破他们的生物钟。在美国约有17%的劳动者上夜班或轮流换班(Richardson, 2006)。倒时差的人几天内就能重置他们的生理节律,但是夜班和轮流换班的工作者长期违背当地的时间和正常的昼夜节律。研究者表明这部分工作者睡眠总量更少,睡眠质量更差。这样的工作安排也会对雇员的效率、意外事件的发生、家庭关系的质量和他们的心理健康产生消极影响(Cruz, della Rocco, & Hackworth, 2000;Waage et al., 2009)。研究还表明包括癌症、糖尿病、溃疡、高血压、心脏病在内的很多身体疾病都与轮流换班有关(Kriegsfeld & Nelson, 2009)。

重置昼夜节律

科学家开始寻求能帮助人们重置昼夜节律的新方法。一个很有希望的研究方向在于给人们小剂量的褪黑激素,我们注意到褪黑激素似乎能够调节生物钟。因为一些研究表明褪黑激素能通过帮助旅行者再同步生物钟从而减少时差反应的影响。然而这些研究成果是不一致的(Arendt & Skene, 2005;Monk, 2006),其中一个原因是褪黑激素摄入的时机非常关键。但是由于最佳时机的计算过于复杂,总是容易出现差错。

研究者也尝试将适时暴露于阳光下作为一种重置昼夜节律的手段。在一些研究中出现了积极的结果

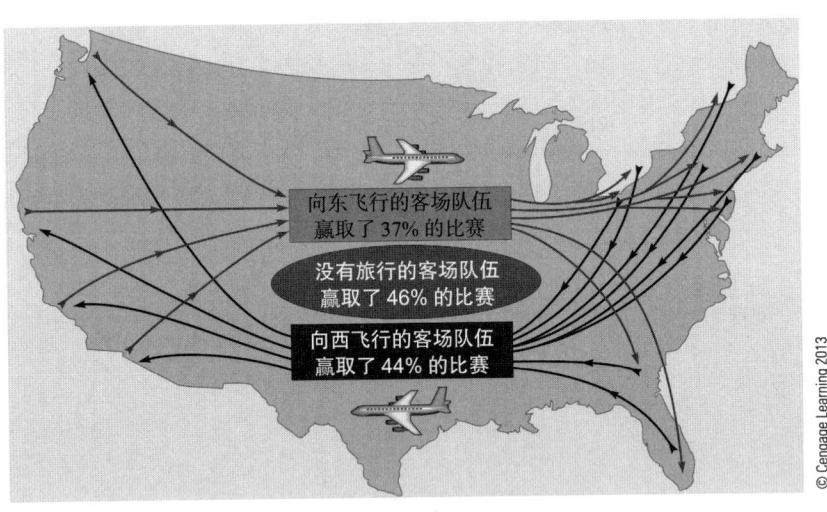

图5-3 飞行方向对职业棒球队表现的影响

为了深入了解时差的影响因素,Recht、Lew、Schwartz(1995)分析了3年中大联盟客队的比赛成绩。在棒球比赛中,客队通常会在每个目的城市打3～4场比赛,所以会有很多场比赛客队在前一天并未飞行,这些比赛就可以作为比较的基准,其结果为赢的概率是46%。与向西飞行的时差反应比向东小的结论一致,在比赛前是向西飞行的客队,赢的概率为44%,而向东飞的客队赢的概率为37%。这个结果确实说明了向东飞行缩短了人的一天,从而造成了更严重的时差反应。

资料来源:Adapted from Kalat, J. W. (2007). *Biological Psychology* with CD and INFOTRAC (9 ed.). Belmont, CA: Wadsworth. Wadsworth is a part of Cengage Learning, Inc. Reproduced by permission. www.cengage.com/permissions.

（Lowden，Akerstedt，& Wibom，2004）。这种手段能帮助工人更好地适应新的觉醒计划，带来更好的睡眠质量和工作警觉。然而强光照射的影响甚微，在某种程度上是不一致的（Rogers & Dinges，2002），并且在工作环境中也是不现实的。另一个帮助轮流值班工作者的策略包含谨慎计划轮班从而降低生理紊乱的严重性（Smith，Fogg，& Eastman，2009）。尽管开明的日程惯例和其他的干预能有所帮助，不幸的事实却是大部分人都认为轮流值班困难重重。

睡眠觉醒周期

尽管这是我们在意识状态中比较熟悉的部分，但是睡眠却被大多数人误解。历史上，人们曾认为睡眠是身体和心理静止的单一、统一的状态，在此期间，大脑处于"关闭"状态（Dement，2003）。实际情况是睡眠者整晚都在经历大量生理和心理活动。从20世纪50年代快速眼动睡眠这个里程碑式的发现开始，科学家对睡眠进行了大量深入的研究。

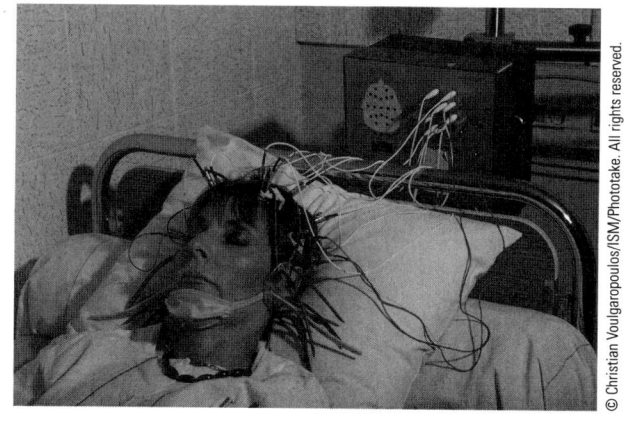

在睡眠实验室中，研究者给被试戴上检测睡眠时各项生理变化的复杂设备，观察他的睡眠。这项研究揭示了睡眠时一系列复杂的生理心理状态变化。

在心理学上对睡眠的深入了解得益于研究者的辛勤工作，他们花费了无数个夜晚去观察其他人睡眠的情形。这项工作是在睡眠实验室中完成的，被试自愿在实验室里过夜。睡眠实验室里有一个或多个供被试就寝的"卧室"，在睡觉前，被试还要连上各种不同的心理学仪器。除脑电图之外，另外两个重要的记录分别是用来**记录肌肉活动和张力的肌电图**（electromyograph，EMG）和用来**记录眼动的眼电图**（electrooculograph，EOG）（Carskadon & Rechtschaffen，2005；Collop，2006）。用来监控心率、呼吸、脉搏和体温的仪器通常也会被用到。研究者通过窗户（或者一台摄像机）在隔壁的房间观察睡眠中的被试并在仪器上监控被试的各项生理指标。大部分被试只需要一个晚上就能适应实验室环境，并回到他们正常的睡眠模式（Carskadon & Dement，2005）。

睡眠阶段循环

不仅睡眠出现在日常节律的环境中，在睡眠过程也出现了精细的节律。在睡眠中，人们要经历5个阶段的循环。我们来一起看一看研究者在这些阶段的变化中发现了什么（Carskadon & Dement，2005；Pace-Schott，2009；Rosenthal，2006）。

1. 阶段 1～4

尽管入睡可能需要花费几分钟，但是睡眠的开始是平缓的，清醒和睡眠间并没有某一个绝对的节点（Rechtschaffen，1994）。每个人入睡需要的时间各不相同，但在最近一次对来自10个国家的35 000个人的调查中，平均时间是25分钟（Soldatos et al.，2005）。入睡时间和很多因素有关，包括他已经睡了多久，他处在昼夜节律的什么位置，睡眠环境中的噪声和灯光、年龄、睡眠需要、困倦程度、咖啡因或药物摄入量、压力水平还有其他的因素（Broughton，1994）。任何情况下，阶段1只是浅睡眠一个短暂的过渡阶段，通常只持续10～12分钟（Rama，Cho，& Kushida，2006）。呼吸和心跳频率会随着肌肉紧张和体温的下降而下降。在入睡前占据脑电波活动主导地位的α波给θ波为主导的低频脑电波活动让位（见图5-4）。睡眠性抽搐（hypnic jerk）是一些细微的肌肉收缩，常常发生于阶段1（Broughton，1994）。

随着睡眠者进入阶段2、阶段3、阶段4，呼吸率、心率、肌肉紧张和体温持续下降。在阶段2（持续10～25分钟），在混合脑电波的背景下，会有高频脑电波短暂突现的现象，这种脑电波被称作睡眠梭状波（sleep spindles）（见图5-4）。随着睡眠更加深入，脑电波逐渐增加幅度降低频率，这被称为慢波睡眠。**慢波睡眠**（slow-wave sleep，SWS）包括阶段3和阶段4，在这两个阶段中高幅低频的Δ波在脑电波记录中尤为突出。一般地，人们在大约半小时内到达慢波睡眠并持续大概30分钟。接着周期开始反转，逐渐向更浅层的阶段行进。此时非常有趣的事情开始出现。

2. 快速眼动睡眠

当睡眠者按理应再次达到阶段 1 的时候，他们通常进入睡眠的阶段 5，即众所周知的快速眼动睡眠。正如我们知道的，REM 是快速眼动（rapid eye movements）的缩写，它在这个阶段最为明显。在睡眠实验室中，研究者使用眼电图来监控这些发生在睡眠者眼睑下水平方向（边到边）的活动。但是如果我们近距离观察处于快速眼动期的人，我们就能仅凭眼睛观察到这些活动（可以看到眼睑上向前或向后的波纹）。几十年的研究表明所有的哺乳动物和鸟类都表现出快速眼动睡眠。

在人类身上，快速眼动阶段偏向于"深层"阶段，因为人们很难从这个阶段清醒过来。快速眼动阶段的特点是不规则的呼吸速率和脉搏速率。肌肉此时是极度放松的，太过放松以至于身体几乎不能动，而睡眠者实际上是处于肢体麻痹的状态。尽管快速眼动阶段是一个相对深度阶段，但脑电波活动主要由高频 β 波占据，这些波就像他们清醒状态下的脑电波（见图 5-4）。

这个矛盾很可能与快速眼动睡眠和梦的联系有关。前文提到，当被试在各个阶段被叫醒并被问到是否在做梦，大部分做梦的被试都来自快速眼动睡眠（Dement，1978；McCarley，1994）。尽管几十年的研究表明，梦也出现在非快速眼动阶段，但是最频繁、生动、印象深刻的梦是快速眼动阶段的梦（Pace-Schott，2005）。

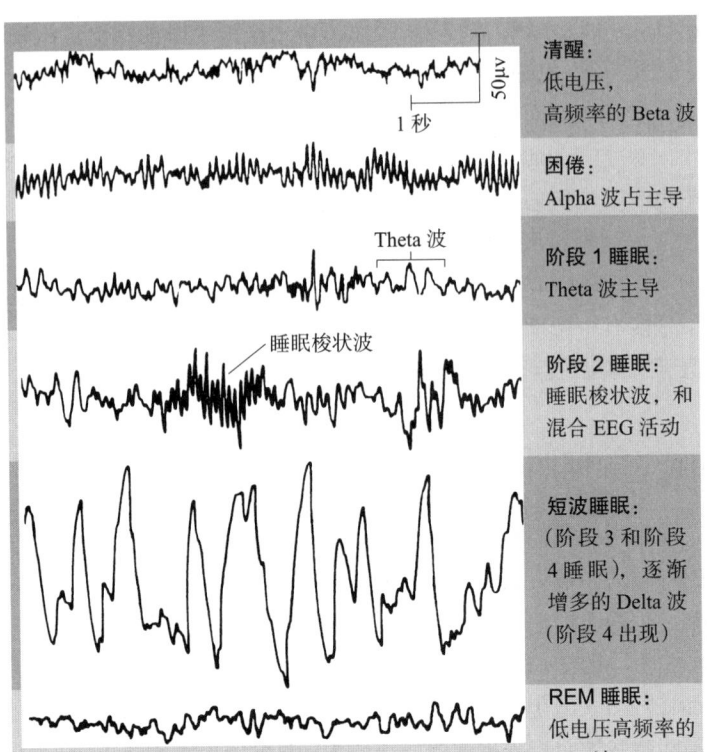

图 5-4 睡眠和觉醒时的 EEG 模式

特征脑电波依据个体的意识状态而变化。通常来说，当人们从清醒状态逐渐进入深度睡眠时，他们的脑电波频率降低，幅度增大。然而，REM 睡眠阶段的脑电波却呈现出"一般清醒"时脑电波的特点。

资料来源：Adapted from Hauri, P. (1982). *Current concepts: The sleep disorders*. Kalamazoo, MI: The Upjohn Company. Reprinted by permission.

总体看来，**快速眼动睡眠**（REM sleep）是以快速眼动、高频低幅脑电波和生动梦境为特点的相对深度阶段的睡眠。这是一个如此特殊的睡眠阶段，以至于其他阶段只是被简单地称作"非快速眼动睡眠"。**非快速眼动**（non-REM sleep，NREM sleep）睡眠由阶段 1～4 组成，这个阶段的特点是无快速眼动，相对少的梦，多变的脑电波活动。

3. 周期重复

在夜晚，人们通常重复 4 次睡眠的周期。随着夜晚时间的流逝，周期逐步变化。第一个快速眼动期相对较短，只持续了几分钟。接下来的快速眼动期逐步延长，最长达到 60 分钟。此外，非快速眼动间隔逐渐缩短，而这种缩短也使得非快速眼动阶段变得更加浅层。这些趋势可以在图 5-5 中看到，图还提供典型睡眠周期的概括。这些趋势意味着大多数慢波睡眠出现在睡眠周期的早期，

REM 睡眠不是人类独有的。几乎所有的哺乳动物和鸟类都存在 REM 睡眠。在热血脊椎动物中，唯一已知的例外是海豚和一些鲸类。海豚尤其有趣，它们边游泳边睡觉，而且大脑的一个半球休息另一个半球保持警觉。

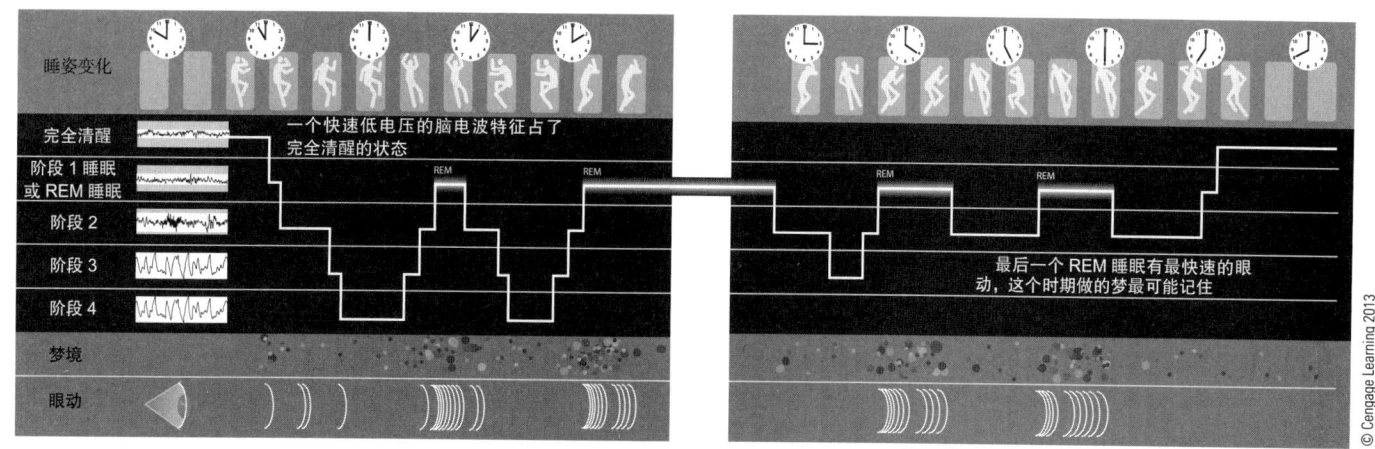

图 5-5 睡眠周期简图

白线勾勒出了一个典型的、健康的年轻人怎样度过一个晚上的不同睡眠阶段。这个图也显示了梦、眼动和 REM 睡眠的一致性，睡姿的变化发生在两次 REM 睡眠之间（因为身体在 REM 期间是麻痹的）。注意睡眠者是如何进入 4 次 REM 的，每次进入 NREM 睡眠阶段，持续的时间逐渐变短，在 REM 睡眠阶段持续时间逐渐变长。所以，入眠初期，慢波睡眠占主导，REM 睡眠在第二个周期占优势。当然，尽管这个模式非常有代表性，但要记住睡眠模式会因人而异，也会随着年龄而变化。

而 REM 睡眠在睡眠的第二个半周期开始积聚。纵观整个睡眠，成年人通常有 15%～20% 的睡眠时间用于慢波睡眠阶段，另外 20%～25% 时间用于快速眼动睡眠（Rama et al., 2006）。

睡眠的年龄趋势

年龄改变睡眠周期。之前我们描述的是成年人典型的睡眠模式。但是孩子却表现出不同的模式。新生儿会在一天 24 小时内睡 6～8 次，经常会睡超过 16 个小时。在最初几个月的时间里，这些新生儿的睡眠会聚集于一个很长的夜间睡眠时期，这对于父母来说无疑是一件幸事（Huber & Tononi, 2009）。有趣的是婴儿在快速眼动阶段的睡眠时间要长于成人。在最初的几个月里，比起成人 20% 的比例，快速眼动睡眠占据婴儿 50% 的睡眠。第一年剩下的几个月中，婴儿快速眼动睡眠的比例大概下降到 30%（Ohayon et al., 2004）。快速眼动睡眠的比例逐步下降直到趋近于 20%（见图 5-6）。

在成人期，睡眠在年龄上的改变仍在继续。快速眼动睡眠的比例相当稳定（Floyd et al., 2007），但慢波睡眠的比例下降而阶段 1 的比例略有上升（Rissling & Ancoli-Isreal, 2009）。这些向更浅层睡眠的变化可能是导致老年人出现更多夜间觉醒的原因（Klerman et al., 2004）。如图 5-6 表明，平均总睡眠时间随年龄增长而下降。

这种睡眠时间随着年龄增长的下降趋势，曾经被认为是因为老年人更难入睡和保持睡眠。换句话说，被归咎于他们有效睡眠能力的下降。然而，最近一个考虑到睡眠时机并精心控制的实验室研究发现年长的成人（60～80 岁）在白天明显表现出比年轻的成年人（18～30 岁）更少的睡意，即年长的一组平均每天少睡 1.5 小时（Klerman & Dijk, 2008）。作者总结道，比起年轻人，可能仅仅是因为年长者只需要更少的睡眠。沿着这个思路，最近另外一个研究惊奇地发现相比于年轻人，睡眠剥夺给年长的人带来的伤害更少（Duffy et al., 2009）。年老的人更难以适应昼夜节律的转变，例如由时差反应或者轮流值班带来的节律转变（Monk, 2005a），但是日常过多的睡意并不随年龄增加而增长（Young, 2004）。总之，在身体健康的前提下，年龄的增长并不是导致睡眠质量下降的唯一原因（Vitiello, 2009）。尽管随着年龄的增长，对睡眠的控诉逐步升级，但大部分控诉都是由影响睡眠的健康问题增多导致的。

文化和睡眠

睡眠的生理心理体验并没有因为文化差异而有太大的区别。例如一个跨文化调查（Soldatos et al., 2005）发现人们在睡眠时间和入睡所花时间上仅存在适度的差异（见图 5-7）。这就是说最近在美国进行的民众调查发现在对个人睡眠质量进行的主观评估中存在一些种族差异（National Sleep Foundation, 2010）。调查中，白种人（20%）和非洲裔美国人（18%）相比西班牙人（14%）和亚洲人（9%）更倾向于报告他们"几乎不"或"从未"

享受高质量的睡眠。最近的另一个研究也发现亚洲人比其他种族更少报告对睡眠的抱怨（Grander, Patel, et al., 2010b）。类似的研究也关注社会地位对睡眠的影响，结论为更低的收入和教育水平与对睡眠的更多抱怨相关。

小憩惯例确实在各个文化下存在差异。在很多社会中，会通过关闭商店和削减活动来保障一两个小时的午休。这些"午休文化"大多分布于热带地区（Webbe & Dinges, 1989）。在这些地区，这种惯例是适应性的结果，因为它能使人们避开最热的时候工作。通常午休传统并不常见于工业化社会，对生产力和"时间就是金钱"哲学的强调会与这种传统相冲突。除此之外，当午休文化的社会进行工业化时，惯例将会被工业化破坏。例如，西班牙的现代化导致日间小憩的下降（Kribbs, 1993）。

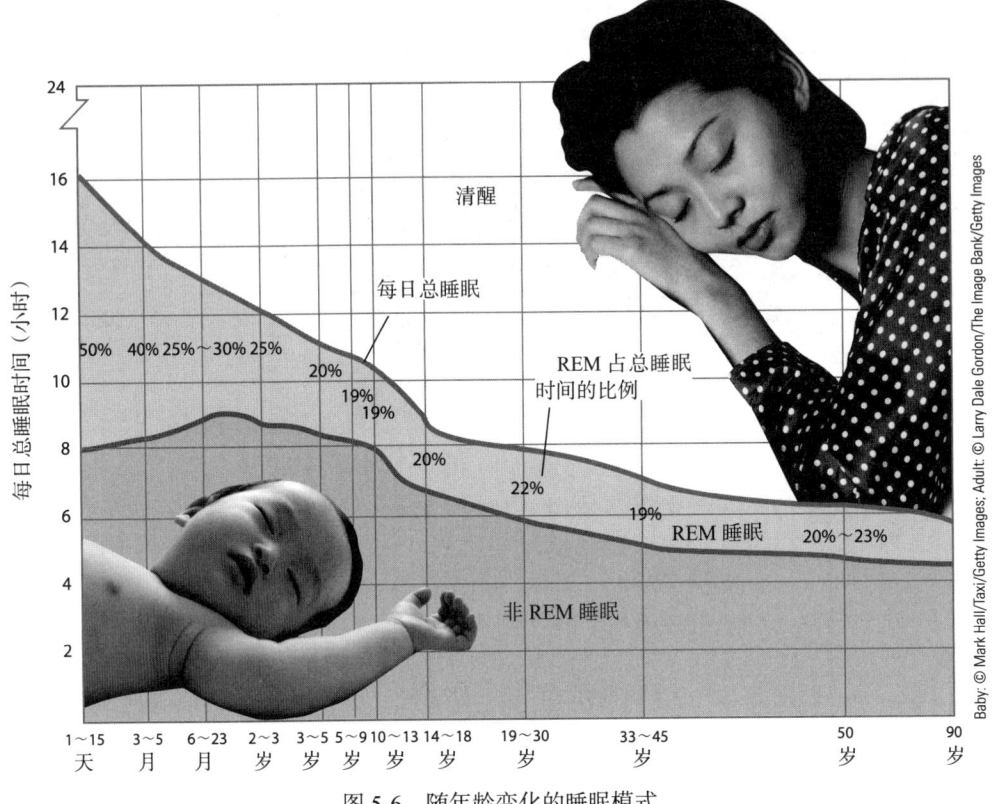

图 5-6　随年龄变化的睡眠模式

每晚的总睡眠时间和 REM 睡眠时间都会随着年龄发生变化。睡眠模式在婴儿期发生的变化尤其大，总睡眠时间和 REM 睡眠时间在生命的头两年急剧减少。在青春期时达到睡眠的平均值后，尽管睡眠时间仍然会随年龄而减少，但还是保持着相对稳定。© Cengage Learning 2013

资料来源：Adapted from an updated revision of a figure in Roffwarg, H. P., Muzio, J. N., & Dement, W. C. (1966). Ontogenetic development of human sleep-dream cycle. *Science, 152*, 604–609. Copyright © 1966 by the American Association for the Advancement of Science. Reprinted with permission from AAAS.

睡眠的神经与进化基础

睡眠与觉醒节律似乎受大脑深处下皮质结构的调控。这个重要的大脑结构是处于脑干核心的网状结构（reticular formation）(Garcia-Rill, 2009；Steriade, 2005）。**上行网状激活系统**（ascending reticular activating system, ARAS）由穿过网状结构的输入神经纤维组成，并能影响生理觉醒。如图 5-8 所示，上行网状激活系统分布于大脑皮层中的很多区域中。当猫脑干中的上行神经纤维被切断，结果是持续的睡眠（Moruzzi, 1964），在同一个通路进行电刺激也会产生觉醒和警觉。

很多其他的大脑结构也参与到睡眠与觉醒的调节中（Marks, 2006）。例如脑桥和中脑邻近区域活动似乎对快速眼动睡眠的产生起到关键作用（Siegel, 2005）。最近的研究关注下丘脑区域对调节睡眠和觉醒的重要性（Fuller & Lu, 2009）。延髓、丘脑和前脑基部的特定区域在控制睡眠上的作用也已经被发现，并有多种神经递质参与其中（见图 5-8）。因此，睡眠与觉醒的交替起伏是由大脑中心区域相互作用产生的一系列活动调控的（Pace-Schott, Hobson, & Stickgold, 2008）。

睡眠的进化意义是什么？事实上，睡眠在众多物种中都有，在鸟类和哺乳动物中分别都有这种现象，可能说明睡眠拥有足够的适应性。但是理论家在睡眠究竟如何具备适应性上存在分歧。第一个假设认为睡眠进化出现是为了保存有机体的精力。例如，人类在睡眠阶段大脑消耗减少30%（Siegel, 2009）。第二个假设则是睡眠的静止状态是有适应性的，是因为它能够减少暴露

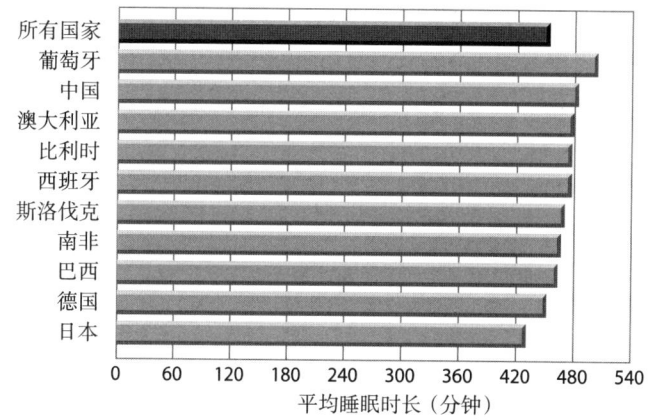

图 5-7 睡眠时间长短的文化差异

最近的一项研究（Soldatos et al., 2005）调查了 10 个国家 35 000 位民众不同的睡眠习惯。这个图显示了每个国家被调查者的平均睡眠时间。尽管日本似乎是异常值，但文化差异依旧是相当适度的，在入睡时间上，文化差异也并不大。与之前的发现相一致，这个研究表明睡眠的基本结构并不会因文化差异而发生很大变化。

资料来源：© Cengage Learning 2013.

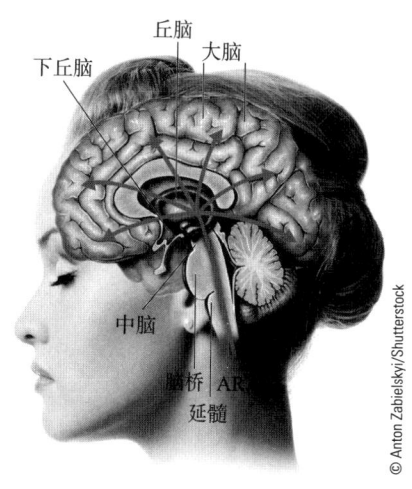

图 5-8 上行网状激活系统和其他与睡眠相关的区域

一些大脑区域和结构交互作用以调控睡眠和觉醒，包括所有在图中标示出来的区域。尤其重要的是脑桥和 ARAS，它们将许多神经刺激传送给大脑皮层。最近的研究也在关注下丘脑的作用。但是，必须清楚的一点是，睡眠是大脑结构交互作用的结果。

资料来源：© Cengage Learning 2013.

在天敌下的时间并降低对珍贵资源的消耗。第三个假设是睡眠帮助动物存储由走路损耗的身体能量，但是身体储存的能量并不显著（Frank, 2006；Huber & Tononi, 2009）。总之，能量保存和静止假设的证据最充分，但是关于睡眠的进化基础还有待进一步讨论。

避免：睡眠剥夺

人们每晚真的需要 8 个小时的睡眠？许许多多的人，包括无数的大学生睡眠时间都不足 8 小时。很多睡眠专家认为美国社会的大部分人都在遭受慢性睡眠剥夺（Walsh, Dement, & Dinges, 2005）。看起来有越来越多的人为兼顾工作、家庭、家务和学校责任尝试挤出更多清醒的时间。让我们看一看睡眠剥夺影响的研究。

1. 睡眠限制

研究主要集中在部分睡眠剥夺（partial sleep deprivation）或叫作睡眠限制（sleep restriction）上，这种现象出现在某个时期持续维持少于正常时间的睡眠的人身上。近几十年来，关于这一现象的研究和专家们的观点不断变化。这些变化的一个原因是睡眠限制的影响随睡眠丧失的时间、进行测试所在生理周期和任务特质的不同而不同（Bonnet, 2000；Dorrian & Dinges, 2006）。此外，最近的研究发现，睡眠限制的敏感性也存在个体差异（Minkel, Banks, & Dinges, 2009）。然而，研究者还是存在这样的共识：睡眠限制带来的负面效应比大部分人假设的更加严重，这一点在本章的专题研究中会有讨论。

睡眠剥夺的惊人代价

近几十年，产生了许多睡眠剥夺的研究，但由于这个领域固有的难题，这些研究大多存在方法上的缺陷。例如很多研究无法确保他们的被试，在被监视情况下，不会因为太兴奋而睡不着或是比平常睡得更多。即使是精心控制的研究也被认为太简单（通常几天）而不能有效评估睡眠剥夺的影响。本实验以高度控制和极其精确的努力来量化并比较睡眠剥夺的影响，从而尝试改善这些缺点。

方法

参与者和设计。被试为 48 名健康年轻的成年人（21～38 岁），为保证他们不沾毒品，无疾病，无心理疾病，无睡眠相关疾病，被试均经过仔细筛选。在实验前两周，他们不被允许吸烟喝酒或摄入咖啡因。参与者被随机分到4个小组中的一个：控制组睡8小时，睡眠限制组睡6小时，另一个睡眠限制组睡4小时，完全剥夺组不允许睡眠。完全剥夺睡眠组3天内不进行任何睡眠，另外三组14天内都按照睡眠计划进行。

步骤。参与者第一天先要在实验室中进行适应练习（睡眠时连接记录仪器），在睡眠操控前要进行两天的基线记录。参与者全程待在实验室中。当按计划被叫醒后，参与者每两小时进行一次认知测试。在测试间歇，他们被允许阅读，看电影，交流。在安排的睡眠时间里，他们连接实验室记录仪器并在关灯后开始睡觉。

测量。被试被重复测量的心智功能包括：①用于评估警觉性的一系列精神活动任务；②一系列数字匹配任务测量短期记忆；③一系列算术任务测量复杂问题解决能力。在每部分，被试完成自我报告量表测量他们主观的困倦感受。

结果

没被剥夺睡眠的控制组在14天的过程中未表现出认知障碍，和预期相符，而完全剥夺睡眠组在各个测量中都表现出急剧下降。这些基线为比较两个睡眠限制组提供了有效的对比。限制在4或6小时的参与者在14天的过程中逐步表现出认知测量表现的下降。这些下降是剧烈的。在研究的最后，6小时限制组表现出和完全剥夺组1天后相同的认知损伤，4小时限制组和完全剥夺组两天后的表现一致。参与者对他们睡意的评分在完全剥夺组快速飙升，而在睡眠限制组逐步适度地增长。

讨论

作者总结道"即使相对适度地睡眠限制（如果长期持续）也会严重损害人在觉醒时的神经行为功能"。他们认为他们的发现反驳了这样的说法：人类逐步适应睡眠限制因此一段时间后损害变得相对轻微。并且他们发现参与者存在的认知障碍在重复测验中始终一致，因此打破了这样的观点：睡眠剥夺的影响会因时好时坏的表现而被限制在一个较小的范围内。最后，他们指出比起他们实际表现的急剧下降，参与者对他们自己的评分显得微不足道。这些发现表明人们并未认识到睡眠限制对他们的心智功能的破坏达到何种程度。

评价

选择这个研究是因为：它表现了精细的控制是如何提升实证研究的质量并因此能获得更多吸引人的发现的。很多前人的睡眠限制研究发现睡眠剥夺对被试表现只有较小损害，但是这个研究对无关变量超常的控制使得下降的结果更为显著。参与者对睡意的评分和观察到的认知障碍的不符也为人类体验的主观性提供证据。

资料来源：Van Dongen, H.P.A., Maislin, G., Mullington, J.M., & Dinges, D.F.（2003）. The cumulative cost of additional wakefulness: Dose-response effects on neurobehavioral functions and sleep physiology from chronic sleep restriction and total sleep deprivation. *Sleep*, 26, 117–126.

我们的专题研究是近来大量研究中很具代表性的，这些研究都表明睡眠剥夺比我们通常认为的更加严重。研究发现睡眠限制会损坏个人的注意力、反应时、认知速度和正确率、运动协调和决策（Dinges, Rogers, & Baynard, 2005）。大部分的交通事故和工作事故也归咎于睡眠剥夺（Walsh et al., 2005）。例如，睡眠不足似乎是汽车事故的影响因素（Abe et al., 2010）。不幸的是，研究表明睡眠剥夺的个人不能很好地预测他们什么时候进入睡眠（Kaplan, Itoi, & Dement, 2007），因此疲劳驾驶者无法适时发现他们应该停止驾驶了。

研究还发现各个行业的夜间工作者总是在工作岗位上入睡（Roehrs et al., 2005），以及最近有一些空中交通管理员在一时疏忽就会带来巨大损失的情况下睡着的报道，都表明了这个问题的严重性。专家估计由睡眠剥夺产生的困倦引起的事故每年造成美国经济近560亿美元的损失（Durmer & Dinges）。

2. 选择性剥夺

快速眼动睡眠的特性引导研究者探究一种特殊类型的睡眠剥夺：选择性剥夺（selective deprivation）。在一些研究中，一旦被试开始进入快速眼动睡眠就会被叫醒。这些被试的非快速眼动睡眠能完整进行，但是他们被选择性地剥夺快速眼动睡眠。

快速眼动睡眠被剥夺的后果是什么？证据表明对日间功能几乎没有明显影响，但选择性剥夺确实对被试的睡眠节奏产生有趣的影响（Bonnet, 2005）。在快速眼动剥夺中，随着夜晚增加，为保证快速眼动睡眠的剥夺，叫醒他们的次数越来越多，因为他们转变为快速眼动的频率越来越高（与一晚4次相比）。在一次研究中，研究者在第三晚睡眠剥夺中必须64次叫醒一位被试，如

不计其数的交通事故发生的原因是司机在驾驶时极度困倦甚至睡着了。即使睡眠剥夺的后果看似无害,但缺乏睡眠确实是可能致命的。

图 5-9(Borbely,1986)。除此之外,当一个快速眼动剥夺结束时,参与者可以不被打扰地睡眠,他们将经历"反弹效应"。也就是在接下来的 1~3 晚,进行更多的快速眼动睡眠从而弥补他们的快速眼动剥夺(Bonnet, 2005)。

当被试被选择性地剥夺慢波睡眠时,则会观察到相类似的结果(Bonnet, 2005)。随着夜晚增加,需要叫醒的次数越来越多,且在慢波睡眠剥夺后经历反弹效应(Borbely & Achermann, 2005)。理论家如何理解人们对快速眼动和慢波睡眠的不懈追求?他们总结道人们对快速眼动和慢波睡眠有特定并且相当迫切的需求。

我们为什么需要快速眼动睡眠和慢波睡眠?最近的一些研究表明快速眼动睡眠和慢波睡眠有助于巩固当天的学习,叫作记忆巩固的过程(Gais & Born, 2004;Stickgold, 2001)。对这一假说的努力探索也得出一些有趣的发现。例如,在一次研究中,参与者进行运动知觉任务的训练,在 12 小时后进行重测。在 12 小时的间隔中,睡觉的参与者的表现有明显的提高,而在没睡觉的参与者身上这种提升并不明显(Walker et al., 2002)。一些相似的实验都表明睡眠似乎能提高参与者白天进行特定学习活动的记忆,而被剥夺快速眼动睡眠或慢波睡眠的参与者的提高程度有所下降(Walker, 2009;Walker & Stickgold, 2004)。研究还发现参与者进行快速眼动睡眠和慢波睡眠的时长和他们表现的提高程度有关(Walker & Stickgold, 2006)。这些发现的理论意义仍存在争议,但最被广泛接受的解释是用于睡眠特定阶段的时间可能会稳固白天形成的记忆(Rasch & Born, 2008;Stickgold, 2005)。

在相关研究中。研究者发现快速眼动睡眠似乎促成最近发现的神经形成过程(Guzman-Marin et al., 2008;Meerlo et al., 2009)。如第 3 章指出的,**神经形成**(neurogenesis)指新神经细胞的形成。这些发现和快速眼动睡眠巩固记忆的相关数据相符,因为其他方向的研究表明神经形成有助于学习(Leuner, Gould, & Shors,

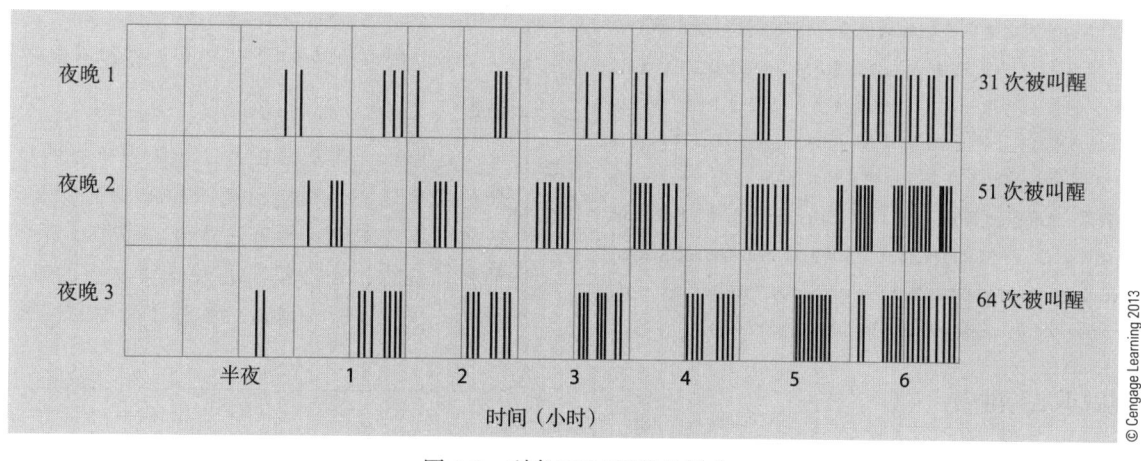

图 5-9 剥夺 REM 睡眠的影响

这张图展示了在 REM 睡眠剥夺的 3 个晚上的实验中,研究者需要叫醒被试的频率。请注意,一晚接一晚,被试要被叫醒的频率的变化,这表明了被试通过快速进入 REM 睡眠来补偿被剥夺的 REM 时间。

资料来源:Adapted from Borbléy, A. (1986). *Secrets of sleep* (English translation). New York: Basic Books. © 1988 Alexander Borbléy. Reprinted by permission of Basic Books, a member of the Perseus Books Group. Alexander Borbléy, Das Geheimnis des Schlafes: Neue Wege und Erkenntnisse der Forschung © 1984 Duetsche Verlags-Anstalt, Munich, a member of Verlagsgruppe Random House GmbH.

2006；见第7章）。

一些研究甚至表明快速眼动睡眠也许能够提升与之前学习经验相关的创造性思维，进一步强调了快速眼动睡眠的重要性（Stickgold & Walker, 2004）。在一项研究中，参与者完成一个需要创造性的困难任务，并在小憩前后进行测试（Cai et al., 2009）。小憩过程会进行生理监测，参与者被分成两组，一组在小憩中进行过快速眼动睡眠，另一组则没有。小憩后快速眼动睡眠组的创造性表现有显著的提升，而未经历快速眼动睡眠组并未出现这一现象（见图5-10）。

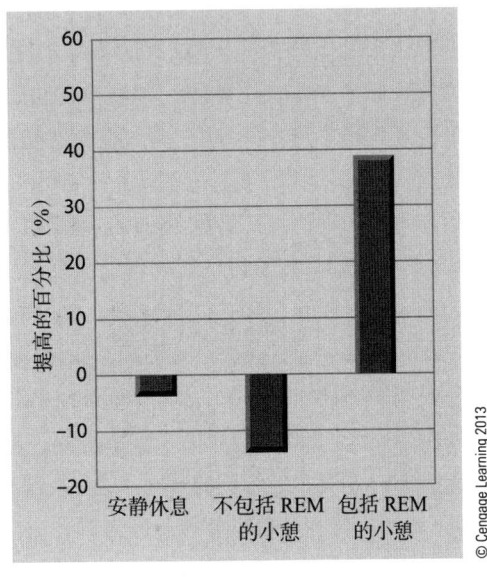

图5-10　在含REM期的午休后提高创造力

被试（2009）先完成一个较难的创造力测试，然后被命令去午休或者安静地休息，午休的被试被分为REM和不经历REM的两组，之后所有的被试再做一次创造力测试。即使经过REM睡眠的被试平均只经历了14分钟的REM阶段，但他们的测试成绩却提高了近40%，而其他被试则没有表现出明显的提高。

资料来源：Adapted from Cai, D. J., Mednick, S. A., Harrison, E. M., Kanady, J. C., & Mednick, S. C. (2009). REM, not incubation, improves creativity by priming associative networks. *Proceedings of the National Academy of Sciences, 106*, 10130–10134. ESPOND.

3. 睡眠不足与健康

在最近几年，研究者开始研究这样的观念：睡眠剥夺可能导致严重的健康问题。越来越多的证据表明睡眠不足会影响生理过程而可能以某种方式损害身体健康。例如，睡眠限制可能引发提升饥饿感激素的变化（Grandner, Patel, et al., 2010a）。根据这一发现，研究发现短睡眠时间和增多的肥胖的关系，而肥胖则是一个引发很多健康问题的危险因素（Cappuccio et al., 2008；Watanabe et al., 2010）。研究还发现睡眠不足导致免疫系统功能受损（Motivala & Irwin, 2007）和更多的炎症反应（Patel et al., 2009），这些炎症可以提高各种疾病的易感性。因此当研究发现短睡眠时间和更高患糖尿病的风险有关时并不意外（Knuston & Van Cauter, 2008），易患疾病还包括高血压（Gangwisch et al., 2006）和心血管疾病（King et al., 2008；Sabanayagam & Shankar, 2010）。

这些发现激发研究者探究习惯的睡眠时间和总体死亡率的相关性。此研究的结果有些出乎意料。正如预期，睡眠时间持续低于7个小时的人表现出更高的死亡风险，但是长期睡眠多于8小时的人也表现出更高的风险。实际上，睡眠超过10个小时的群体的死亡率尤其高（见图5-11；Chien et al., 2010；Grandner, Hale, et al., 2010）。研究者正尝试找出为什么过长的睡眠和升高的死亡率有关。可能延长的睡眠是其他问题的"特征"，例如可能对健康产生负面影响的抑郁或久坐的生活方式（Patel et al., 2006）。但同时也要考虑，将通常睡眠时长和死亡联系起来的研究是基于参与者关于他们通常睡眠时间的自我评估报告，可能会不准确。无论如何，睡眠和健康的研究是一个新兴研究领域，并且在接下来几年会出现很多非常有趣的发现。

> **真相核查**
>
> **误解**
>
> 部分睡眠剥夺的影响是不显著和不重要的。
>
> **真相**
>
> 这种想法的基础在于，睡眠剥夺最明显的后果是增加睡意，而这听起来似乎没有什么危害。然而，睡眠剥夺会损害注意力、动作协调性、决策和记忆力，还会提高各种事故发生的可能性。而且，睡眠丧失会增加对各种重病的易感性及死亡率。

夜晚的问题：睡眠障碍

不是每个人都能享受到珍贵的高质量睡眠。在这一节我们会简单讨论当下知道的种种睡眠障碍。

1. 失眠

失眠是最常见的睡眠障碍。**失眠**（insomnia）是指长期无法获得足够睡眠的问题。失眠有三种基本方式：①入睡困难；②保持睡眠困难；③持续早醒型睡眠。入睡困难常见于年轻人，而保持睡眠困难和持续早醒型睡眠是中老年人最常见的症状（Hublin & Partinen，2002）。失眠对于未深受其折磨的人来说像是一个小问题，但是它可以是一个极其痛苦的疾病。失眠者必须要忍受这样的痛苦：眼看着宝贵的睡眠时间慢慢溜走却只能在无尽的打击中辗转反侧。除此之外，失眠还和白天的困倦、受损的认知功能、抑郁、焦虑、滥用药物、高血压和增多的健康问题有关（见图5-12；Edinger & Means，2005；Kyle，Morgan，& Espie，2010；Vgontzas et al.，2008）。

（1）普遍性。评估失眠的普遍性存在很大的差异，因为让被调查者对于他们是否有足够的睡眠进行评判，是非常主观的。结果会因调查问题的设置而不同（Ohayon & Guilleminault，2006）。另外，几乎每个人都遭受过由于压力、生物节律扰乱或其他暂时的情况而产生的偶然的睡眠困难。幸运的是这些问题并未困扰大多数人。但是研究评估表明大约30%～35%的成年人要和失眠做斗争，这其中2/3的人遭受严重频繁的失眠（Brown，2006；Zorick & Walsh，2000）。失眠的普遍性随年龄增长而上升，女性中的普遍性比男性高近50%。

（2）病因。失眠可以有各种病因（Hauri，2002；Roehrs，Zorick，& Roth，2000；Roth & Drake，2004）。一些情况下过度的焦虑和紧张会抑制放松并使人们保持清醒。失眠经常作为情绪问题（例如抑郁）和高度应激（比如工作压力）的副作用出现。例如背部疼痛、溃疡和哮喘的健康问题会导致入睡和保持睡眠困难，并且一些毒品（尤其是刺激性毒品）的使用也会导致睡眠问题（Welsh & Fugit，2006）。最近的研究表明失眠主要的原因可能是一些容易失眠的人比一般人具有更高的生理觉醒水平（Stepanski，2006）。根据过度觉醒模型（hyperarousal model），一些人倾向于表现出心率上升、新陈代谢加快、体温升高、促觉醒的激素分泌和觉醒相关的脑电波活动（Bonnet & Arand，2010）。这个长期提高的生理活动大概使得这些人更易遭受失眠的折磨（Riemann et al.，2010）。

（3）治疗。受失眠困扰的人大部分不接受专业的治疗（Sivertsen et al.，2006）。他们中的很多人

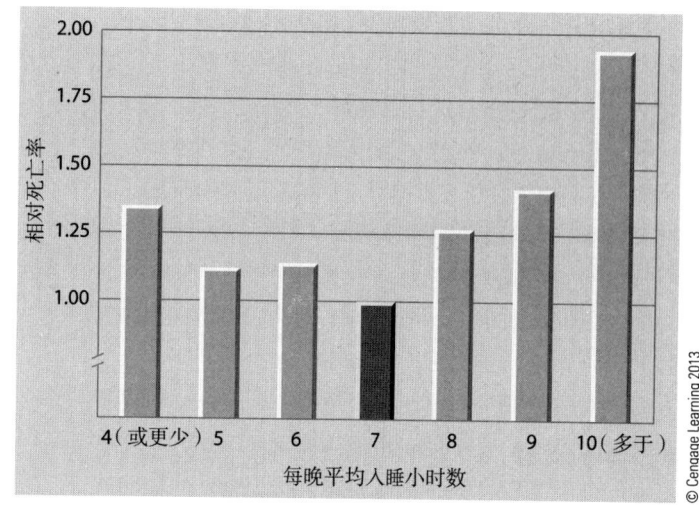

图5-11　睡眠时长与死亡率

在一项追踪了100 000名被试10年的研究中，Tamakoshi等人（2004）估计了死亡率与典型睡眠时间的关系。平均7小时睡眠时间的人群死亡率最低，因而将这个值作为1.0，其他的死亡率以这个基准值来计算。计算结果为男女的平均值。正如你所看到的，过短和过长的睡眠时间都与较高的死亡率相关，而在那些睡眠时间超过10小时的人群中，死亡率尤其高。

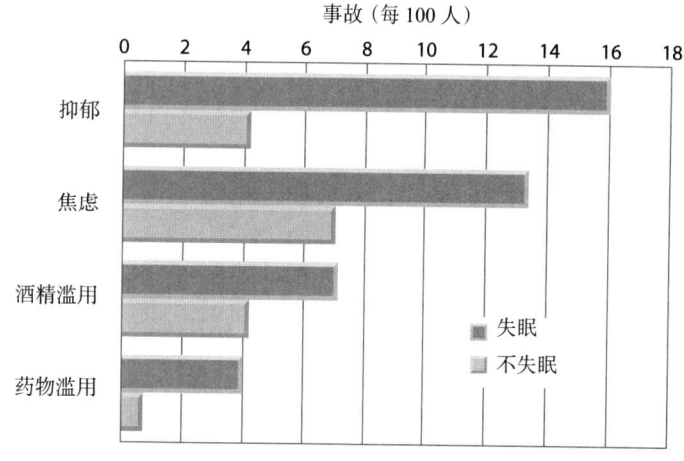

图5-12　与失眠有关的心理疾病

失眠可能听起来只是一个小问题，但是它却与各种心理疾病有联系。这份基于Breslau等（1996）研究的数据显示了失眠患者抑郁、焦虑、酒精上瘾和药物滥用的易感程度。当然，这些联系的因果可能是双向的，例如抑郁可能是由失眠引起的，同时它也可能造成失眠。但是，这些心理异常在失眠者中的发生率是很高的。

资料来源：Adapted from Breslau, N., Roth, T., Rosenthal, L., & Andreski, P. (1996). Sleep disturbance and psychiatric disorders: A longitudinal epidemiological study of young adults. *Biological Psychiatry*, 39(6), 411-418. Copyright © 1996, with permission from Elsevier.

很可能依靠效果存疑的非处方药（Mahowald & Schenck, 2005a）。药物治疗最常见的方法是开两种类型的药：最初用来缓解焦虑的苯二氮类镇静剂（例如盐酸氟胺安定、酣乐欣和替马西泮）和最近主要为睡眠问题设计的非苯二氮镇静剂（例如安必恩、索纳塔、舒乐安定）（Mendelson, 2005）。这两种类型的药物在帮助人们更快入睡的方面卓有成效。它们减少夜间惊醒并提升总睡眠时间（Lee-Chiong & Sateia, 2006；Mendelson, 2005）。然而镇静剂太过频繁地用来治疗失眠。尽管睡眠方面的专家认为医师在过去开安眠药太过容易，大约有5%～15%的成年人仍然定期服用安眠药（Hublin & Partinen, 2002）。

由于一些原因，镇静剂并不适合作为失眠的长期解决方案（Roehrs & Roth, 2000；Wesson et al., 2005）。其中一个问题是镇静剂有使人困倦、迟钝的延滞效应，并会损害他们的正常功能（Vermeeren, 2004）。它们的过量摄入也与酗酒和毒品的摄入有关。除此之外，随着镇静剂持续使用带来的药效下降，人们要提升他们的药量却造成药物依赖上升和白天困倦的恶性循环（Lader, 2002；见图5-13）。另一个问题是当人们突然停止用药时，他们会体验到令人不悦的停药症状并加深失眠程度（Lee-Chiong & Sateia, 2006）。幸运的是第二代非苯二氮镇静剂减少（但未消除）第一代镇静剂存在的问题（Sanger, 2004），总之，镇静剂需要谨慎保守使用。

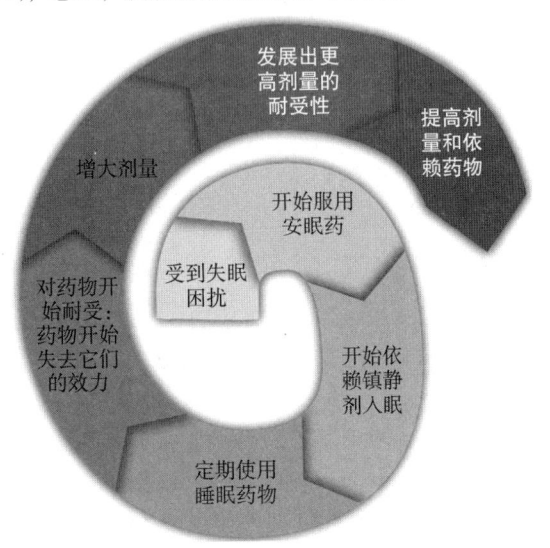

图5-13　依赖安眠药的恶性循环

由于身体能对药物产生耐受性，定期服用镇静剂来治疗失眠可能会导致对药物依赖加重的恶性循环，以至于所需服用镇静剂的剂量越来越大。

资料来源：© Cengage Learning 2013.

除药物治疗以外，难以概括失眠应当如何治疗，因为不同的病因需要不同的解决方案。放松过程和行为干预可能对很多个人有效（Morin, 2002, 2005）。最近的研究表明认知行为治疗在短期内能达到药物治疗的疗效而那些干预过程比药物治疗能产生更多长远的好处（Sivertsen et al., 2006；Smith et al., 2002）。一些关于如何对抗失眠的观点将在章节最后的个人应用中展示。

2. 其他睡眠问题

失眠是最常见的睡眠问题，但是人们也被其他类型的睡眠问题困扰。现在我们一起看看由Kryger、Roth、Dement（2005）和Hirshkowitz、Seplowitz、Hafkin、Sharafkhaneh（2009）描述的5种其他睡眠问题的症状、病因、普遍性。

睡眠呼吸中止症（sleep apnea）包括频繁或反射性急需氧气，从而惊醒此人，打断睡眠。一些深受其害的人要在一个晚上醒来几百次。呼吸中止在呼吸停止至少10秒时发生。这种常伴有大声鼾声的障碍，出现在约2%的女性和约4%的男性身上。在年长者、绝经后的女性和肥胖者身上更常见（Sanders & Givelber, 2006）。正如你所预期的，睡眠呼吸中止对睡眠产生中断效应并导致白天的过度困倦。睡眠呼吸中止症是一种比我们广泛认为的更加严重的障碍，因为它使得过度紧张、冠心病和中风的易感性提高（Hahn, Olson, & Somers, 2006）。事实上，一项研究发现严重的睡眠呼吸中止症会将个人的死亡风险提高3倍（Young et al., 2008）。睡眠呼吸中止症可以通过以下方式进行治疗：生活方式的调节（体重下降、减少酒精摄入、提升睡眠、改善睡眠质量）、药物治疗、提高气流量的特殊面罩和口部装置、上呼吸道和颅面手术（Phillips & Kryger, 2005；Veasey, 2009）。

噩梦（nightmares）是一些引起焦虑的、致人惊醒的梦，通常它发生在REM睡眠阶段（见图5-14）。一般地，一个从噩梦中惊醒的人能回忆起生动的梦境并难以重回睡眠状态。一个人生活中的巨大压力和噩梦的频率和强度有关（Nielsen & Levin, 2009）。尽管大约5%的成年人偶尔受到噩梦的困扰，但这些惊吓的插曲主要发生在儿童身上（Schredl, 2009）。大部分年轻人会不定时地发生噩梦，但是持续的噩梦可能反映情绪困扰。如果儿童的噩梦是频繁且烦扰的，心理咨询可能是有用的解决方法，但大部分儿童会随着年龄的增长而不再发生这个问题。

夜惊（night terrors，也叫睡惊症）是从非快速眼动睡眠中惊醒并伴有强烈的自主唤起和恐慌的感受。夜惊会使得心率急剧提升。夜惊通常发生在睡眠早期的阶段4，如图5-14所示（Nielson & Zadra, 2000）。受害者通常发出一声惨叫，突然坐起，然后盯着某处，他们通常无法回忆起连续的梦，尽管他们可能记得一个简单、惊恐的画面，惊恐通常很快消退，而重新回到睡眠状态则相对容易。夜惊会发生在成人身上，但是在3～8岁的儿童身上尤为常见。夜惊并不是情绪困扰的征兆，经常是一个不需要治疗的临时问题。

梦游病（somnambulism），或梦游，指在一个人还在睡眠状态下起身并四处漫步。约15%的儿童和3%的成人表现出重复的梦游（Cartwright, 2006）。梦游倾向于发生在睡眠的前3小时，此时人们还处于慢波睡眠状态（见图5-14）。这段时间可能持续15秒～30分钟（Aldrich, 2000）。梦游者可能在他们的梦游途中醒来，或者可能回到床上并且完全不记得自己曾离开过床。这个并不常见的障碍病因未知，尽管看起来有遗传倾向（Keefauver & Guilleminault, 1994）。另外，在使用非苯二氮镇静剂，特别是安必恩的人群中更可能发生梦游（Gunn & Gunn, 2006）。梦游看起来不是深层情绪或心理问题的表征（Mahowald, 1993）。然而在梦游时，一些人表现出不适当的攻击行为或性行为（Cartwright, 2006）。梦游者更容易发生事故，甚至包括危及生命的事故（Gunn & Gunn, 2006）。

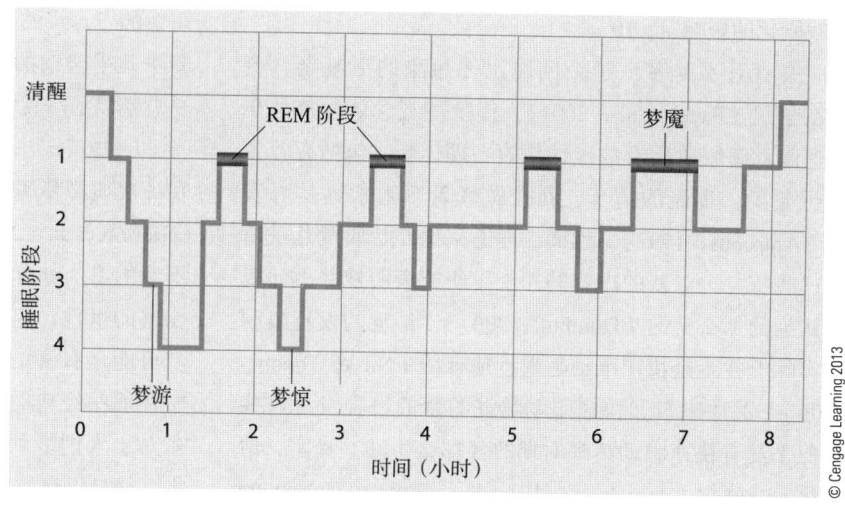

图5-14 睡眠问题和睡眠周期

不同的睡眠问题通常发生在睡眠周期的不同时段。梦游和夜惊发生在慢波睡眠期，而噩梦则与REM睡眠期的做梦活动有关。

> **真相核查**
>
> **误解**
>
> 梦游的人依据他们的梦境而活动，这时叫醒他们是很危险的。
>
> **真相**
>
> 梦游和做梦并不是一起发生的。梦游的人伤害自己的事件并不罕见，叫醒他们比让他们自己乱逛更安全。

快速眼动睡眠行为障碍（REM sleep behavior disorder, RBD）的特点是在快速眼动期潜在困扰的梦呓。表现出这个症状的人可能说话、大叫、进行肢体运动、击打，或跳出床。当被问到时，很多人报告他们在被追逐或攻击。他们的梦呓会变得极其暴力，他们可能伤害他们自己或他们身边的人（Mahowald & Schenck, 2005b）。快速眼动睡眠行为障碍常发生于男性，他们通常在五六十岁开始出现这个问题。如前所述，快速眼动睡眠的人通常处于静息状态，这也能抑制梦呓。快速眼动睡眠行为障碍的病因似乎和某种负责快速眼动期静息状态的脑干结构的损伤有关（Tippmann-Peikert et al., 2006）。

梦的世界

在多数情况下，梦在西方社会并未被认真对待。但是罗伯特·范·德·卡索（Robert Van de Castle）（1994）指出，梦有时能改变世界。例如范·德·卡索描述道：笛卡尔的二元论哲学，弗雷德里克·班廷（Frederick Banting）发现胰岛素，伊莱亚斯·豪（Elias Howe）改进缝纫机，莫罕达斯·甘地（Mohandas Gandhi）的非暴力抗争策略都受到了梦的启发。在广泛探讨范围中，范·德·卡索还联系起超现实主义画家萨尔瓦多·达利（Salvador Dali）如何将他的作品称为"梦境照片"，传奇电影制作人英格玛·伯格曼（Ingmar Bergman）、奥逊·威尔斯（Orson Welles）和费德里科·费里尼（Federico Fellini）画出他们的梦融入电影制作中。因此范·德·卡索总结道"梦对我们的文化和历史的几乎每一个方面都有戏剧化的影响"(p.10)。

究竟什么是梦？这个问题比你想象的更复杂、更存在争议（Pagel et al., 2001）。传统的观念认为梦是在快速眼动睡眠阶段有故事性质的心理体验，包括有着生动想象的、荒诞的情节，而在做梦者看来永远是真实的（Antrobus, 1993）。然而，理论家们开始质疑几乎所有这些特点。对梦的内容的几十年研究表明梦并不如我们认为的那么荒诞（Domhoff, 2007）。最近的发现表明梦实际上并不是快速眼动睡眠所独有的（Nir & Tononi, 2009）。关注来自非快速眼动睡眠的梦的报告发现这些梦似乎没有快速眼动睡眠时期的梦那么生动、真实、情绪化、戏剧化（Antrobus & Wamsley, 2009；McNamara et al., 2007）。研究表明做梦者意识到他们自身比先前所以为的要更频繁地做梦，还表明梦和清醒状态的思考过程更为相似（Kahan, 2001；Kahan & LaBerge, 1994, 1996）。因此科学界反复斟酌梦的概念。

> **真相核查**
>
> **误解**
> 如果你做梦从高处坠落，你最好在下降时醒过来，因为，如果你到达底部，过强的冲击将会使你在睡眠时死去。
>
> **真相**
> 先思考片刻。如果这是一个真的问题，那么是谁报道的？你可以确定不会有人来证明他曾经历了一个致命的梦。这个谜题确实存在，因为许多人都在下落中醒来，想着他们差点就要撞上了。事实上，人们确实会做他们死亡的梦——接着活着讲给别人听。

梦的内容

人们在梦什么？总体看来，梦并不像宣传的那样激动人心。梦被看作是怪异的可能是因为人们更可能记住更为怪诞的、戏剧化的梦（De Koninck, 2000）。在分析完超过10 000个梦的内容后，Calvin Hall（1966）总结道最多的梦是相对现实的梦。这些梦主要在熟悉的环境中展开，人物则主要是家人、朋友、同事。相对于清醒的思维，我们对于梦境中的逻辑不合理、难以置信的情景更加宽容（Kahn, 2007），但是在梦中我们通常要经历可触的、真实的虚拟世界（Nielson & Stenstrom, 2005）。梦中几乎普遍的一个因素是持续的自我感觉，即我们几乎总是以第一视角体验梦（Valli & Revonsuo, 2009）。

一些特定主题要比其他主题更加常见。图5-15列出在一次典型梦境内容研究中1181位大学生报告梦的主题（Nielson et al., 2003）。这表明相当多的人梦到性、暴力、不幸的事。如你所见，人们总是梦到负面的和可能造成伤害的事件，包括被杀。但是，如果认为一个伤害性的梦可能是有害的，是没有道理的。根据霍尔，梦更多集中在那些经典的内在矛盾，例如冒险和保守的矛盾。霍尔对于人们梦到公共事务的稀少程度感到吃惊。一般说来，梦是以自我为中心的，人们几乎都是梦到自己。

梦和梦醒人生的联系

尽管梦看起来属于他们自己的世界，人们做的梦还是受到他们生活中发生的事情的影响（Wamsley & Stickgold, 2009）。如果你在和财政困难斗争，担心即将到来的考试，或对同学想入非非，这些主题都会很好地展现在梦中。如Domhoff（2001）提到的，"梦的内容一般和醒时的想法、情绪倾向保持一致"（p.13）。弗洛伊德很早就注意到梦醒时的生活通常会渗透进入梦中，他把这种渗透叫作白天残余。

有时梦的内容也与这个做梦的人经历的外界刺激有关（De Koninck, 2000）。例如，William Dement在参与者处于快速眼动睡眠阶段时向他们的一只手上喷水（Dement & Wolpert, 1958），未被水惊醒的参与者会马上被主试叫醒并被问到梦的内容，Dement发现42%的参与者的梦中含有水的元素，他们说梦到下雨、水灾、洗澡、游泳池以及类似的东西。有些人报告他们有时在家中没被闹钟惊醒时会经历类似的事件，闹钟声会以例如发动机响声的形式并入他们的梦境。正如白天残余，对外界刺激的吸收表明人们的梦境世界并不是完全独立于他们的真实世界的。

文化和梦

令人吃惊的是：人们对梦的本质和重要性的看法呈现出跨文化的差异（Lohman, 2007）。在现代西方社会，人们通常将他们清醒时体验的"真实"世界和他们做梦时的"幻想"世界区分开。一些人意识到真实世界的事件会影响他们的梦，但是很少有人相信他们梦中的事件对于他们清醒时的世界有任何重要性。然而在很多非西

等级	梦境内容	总体流行度	等级	梦境内容	总体流行度
1	被追赶，但没有受伤	81.5	14	已经死了的人活着	38.4
2	性体验	76.5	15	变成了孩子	36.7
3	坠落	73.8	16	被杀死	34.5
4	学校、老师、上课	67.1	17	游泳	34.3
5	迟到，例如错过火车	59.5	18	昆虫或蜘蛛	33.8
6	即将坠落	57.7	19	赤裸	32.6
7	现在活着的人死了	54.1	20	穿着不当	32.5
8	一次次尝试做什么事	53.5	21	在家里发现了一个新的房间	32.3
9	空中飞翔	48.3	22	车辆失控	32.0
10	逼真的感知……房间里的鬼魂	48.3	23	在吃美味的食物	30.7
11	考试不及格	45.0	24	半睡半醒，躺在床上不能动	27.2
12	身体被攻击（被打、刺伤、强奸）	42.4	25	找到钱	25.7
13	被吓坏	40.7			

图 5-15 普遍的梦境主题

关于梦境的研究发现特定主题的梦是十分普遍的。这份数据来源于对加拿大 1 181 名大学生的研究。这份列表显示了 25 种被报告最多的梦境。总体流行度代表每个梦境在学生报告总数中的百分比。© Cengage Learning 2013.

资料来源：Nielsen, T. A., Zadra, A. L., Simard, V., Saucier, S., Stenstrom, P., Smith, C., & Kuiken, D. (2003). The typical dreams of Canadian university students. *Dreaming*, *13*, 211–235. Copyright © 2003 Association for the Study of Dreams. [from Table 1, p. 217]

方文化中，梦被看作自己关于未来或关于精神世界的重要信息来源（Kracke，1991）。尽管没有一种文化会将梦和现实混为一谈，很多人却将梦看作另一种类型的现实，认为它们可能和清醒时经历的事件同等重要。在一些例子中，人们甚至为他们梦中的行为负责。例如，新几内亚阿佩拉什人做一个关于某人的情欲之梦可能被视为等同不贞行为。一些文化中的人相信梦提供未来的信息，是对接下来的战斗、打猎、出生等事件的好或坏的征兆。

关于梦的内容，不同文化的人报告梦的类型之间存在异同（Domhoff，2005b；Hunt，1989）。一些基本的梦的主题似乎是普遍的（坠落、被追逐、性行为）。然而，梦的内容会随着文化不同而发生变化，因为不同社会环境的人在清醒时所处的环境不同。例如，亚马逊地区打猎采集的 Siriono 民族总是处在饥饿状态并苦苦寻求食物。他们报告中的一半梦集中在打猎、采集食物和吃东西（D'Andrade，1961）。

梦的理论

为了解释人们为什么做梦，产生了许多理论。西格蒙德·弗洛伊德（1900）认为梦的核心目的是愿望满足。他认为人们满足无意识需求并通过梦中渴望的想法来满足需要。例如，如果你在潜意识层面因为对朋友粗鲁而感到内疚，你可能会梦到一次事件使得你少一些内疚。弗洛伊德认为很多梦的愿望满足成分不明显是因为潜意识尝试审视并掩盖梦的真实意义。弗洛伊德将梦的内容分为显意和隐意。**显意**（manifest content）指在表面水平的梦的情节。**隐意**（latent content）是指事件被隐藏或掩盖的意义。弗洛伊德认为解析梦的潜在内容是一件复杂的事情，需要对做梦者最近事件和童年阴影有深入的了解。在 100 年前，弗洛伊德的这个有影响力的理论听起来还是可信的，但是研究并没有为弗洛伊德关于梦的理论提供有力的支持（Fisher & Greenberg，1996）。尽管如此，弗洛伊德的观点依然流行。一个最近的研究发现来自 3 个完全不同文化的群体都同意弗洛伊德的观点：梦包含了隐藏的事实（Morewedge & Norton，2009）。

其他一些理论家，比如 Rosalind Cartwright（1977；Cartwright & Lamberg，1992），认为梦为我们提供解决日常问题和情感事件的机会。根据他的"认知、问题解决观点"，在入睡和清醒之间存在相当的延续性。这一观点的支持者认为梦帮助人们以创造性思维去思考紧迫的个人事件，因为梦不被逻辑或现实所束缚。根据这一观点，Cartwright（1991）发现频繁梦到和离婚相关问题的女性更能度过离婚危机。Cartwright 的观点被认为是有启发性的，但是评论家指出人们梦到他们清醒时生活中的问题并不意味着他们梦到了解决办法（Blagrove，1992，1996）。尽管如此，最近的发现表明睡眠能提升学习能力（Walker & Stickgold，2004）为问题解决观点添加了新的可信度（Cartwright，2004）。

艾伦·霍布森（J.Allen Hobson）和他的同事认为梦仅仅只是大脑皮下区域剧烈活动的副产品。他们的"激活－整合模型"（Hobson & McCarley，1977；McCarley，1994）及他们最近的修正（Hobson，2007；Hobson, Pace-Schott, & Stickgold，2000）认为梦是神经激活的副作用，神经激活产生和清醒时相关的快速眼动睡眠 β 脑电波。根据这个理论，低级脑中枢（尤其是脑干）周期性神经激活向大脑皮层（复杂思维所在地）传递随机信号。大脑皮层理所当然地合成（构建）一个梦，从而使得这些信号有意义。这个激活－合成模型并不认定梦是无意义的。如霍布森（1988）提到，"就像梦可以发生在 REM 睡眠时不利的大脑条件之下，梦境一定有某种意义"（p.214）。与弗洛伊德和 Cartwright 相反，这个理论显然降低了情绪因素的决定性地位。和其他理论一样，刺激合成也受到类似的批评。他们指出这个模型很难解释梦出现在非快速眼动睡眠的事实，对脑干的损伤并不能使梦消失，并且梦的内容比这个模型预测的更有意义（Domhoff，2005a；Foulkes，1996；Solms，2000）。

总结在图 5-16 的这些理论仅仅是关于梦的功能的众多理论中的 3 个。所有关于梦的理论包括很多推断和一些研究的自由推断。总之，梦的目的仍然存在疑问。

我们在后面两节探讨催眠和冥想时会遇到更多未解之谜。相比我们对睡眠和梦的熟悉程度，大部分人对催眠和冥想并不熟悉。两者都涉刻意地努力暂时改变意识状态。

催眠：意识改变还是角色扮演

催眠的历史是漫长曲折的。一切都起源于一位叫作麦斯麦（Franz Anton Mesmer）的奥地利医生（Pintar，2010）。在巴黎工作的时候，麦斯麦声称能够通过包含"按手疗法"精细复杂的程序治疗人们的疾病。麦斯麦关于他如何使用"动物磁力"有一些复杂的理论。然而，我们今天知道他仅仅是不明白暗示的强大作用。有谣言说法国政府提供一大笔钱想了解他如何进行治疗。但是他拒绝了，也有可能他自己根本不知道。最终他被认为是江湖骗子而被解雇，并被当局赶出城镇。尽管不被官方信任，麦斯麦启发了他的跟随者（"麦斯麦疗法"的实践者），他们继续从事他们熟悉的事业。直到今天，我们的语言还保留了对麦斯麦的记忆：当我们被某一事件或故事迷住的时候，我们是"mesmerized"。

最终，一位苏格兰的医生詹姆斯·布雷德（James Braid）对这种由催眠引入的恍惚状态很感兴趣，也是他在 1843 年推广这个术语 hypnotism，这个术语来源于希

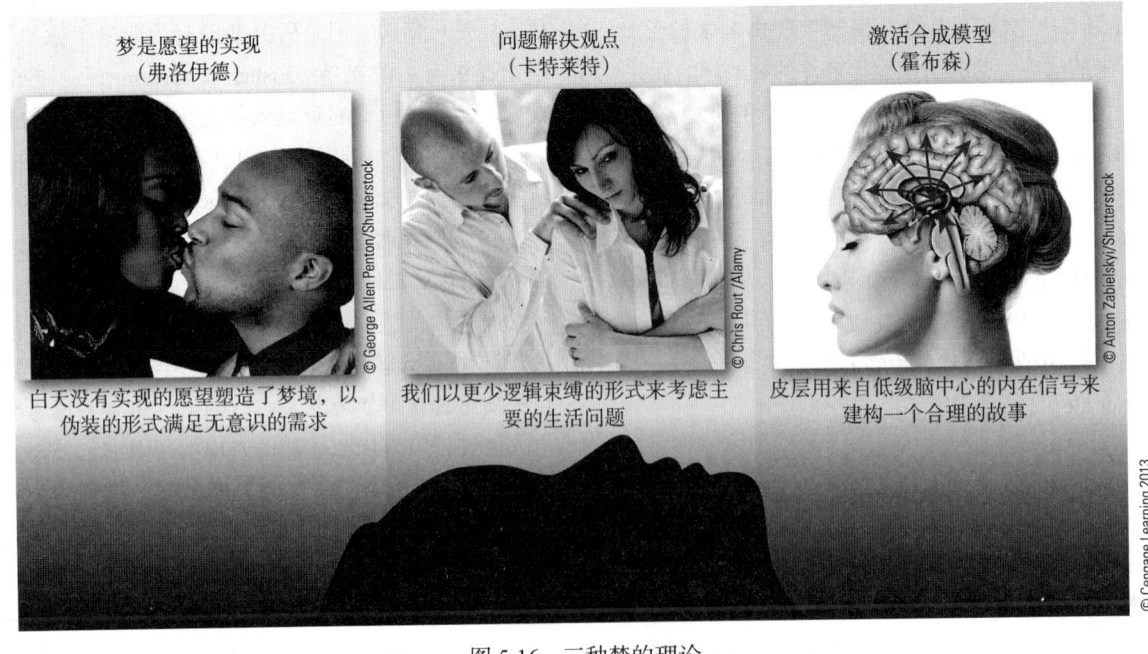

图 5-16 三种梦的理论

梦有多种解释方法。弗洛伊德强调梦的愿望满足功能，卡特莱特强调梦的难题解决功能，霍布森则认为梦只是神经激活的周期性副产品。三种理论都是推理性的，也都有批评家对其质疑。

腊语睡觉一词（Pintar，2010）。布雷德认为催眠可以为手术带来麻醉效果。然而，正如催眠作为一种麻醉方式逐渐流行起来，更多强效可靠的化学麻醉剂被发现。对催眠的热情也逐渐褪去。

催眠也因此导致一种有趣的两面性。一方面，它是无数科学研究的主题。此外，催眠在一个世纪以来也作为内科医生、牙医和心理学家的临床工具，并且在治疗不同的心理和生理疾病中证实了其价值（Covino & Pinnell，2011；Nash et al.，2009；Spiegel & Maldonado，2009）。然而在另一方面，一种艺人和庸医的勾结仍在持续。他们将催眠用作屋内诡计和巧妙机关。那么很多关于催眠的虚构故事被广泛接受（见图5-17）就不足为奇了。在这一节，我们将会澄清一些关于催眠的疑惑。

催眠：想象与真相	
如果你这么想……	但事实是……
放松是催眠的一个重要特征	不是，催眠也有在激烈训练中进行的
它就只是服从	许多高度兴奋的被试无法被催眠
它是故意欺骗	生理反应表明被催眠的被试没有说谎
它和睡眠状态很像	不是，被催眠的被试处于清醒状态
催眠反应就像安慰剂效应	安慰剂效应与催眠没有相关性
被催眠的人无法控制自我	被试完全可以拒绝或停止实验
催眠能让人回到过去	看起来比实际年龄的成年人表现得就像一个孩子
催眠时，人能更准确地回忆	催眠可能会模糊记忆和幻想的界限，人为地增加被试的自信
催眠的人无法回忆被催眠的情景	催眠后遗忘症不是自发产生的
催眠能让人表现出不可思议的力量、耐力、学习和感觉敏度	接受这样暗示的被试的表现不会超越那些不经催眠的有高度积极性的被试

图5-17　对催眠的误解

有关催眠特性的错误观点十分普遍。这张表中列出了一些关于催眠的普遍看法以及正确的理解。数据来自于一位著名的催眠研究者Michael Nash（2001）的一篇文献。该文献中将讨论更多关于这些迷信和真相的细节。

资料来源：Adapted from Nash, M. R. (2001, July). The truth and the hype of hypnosis. *Scientific American, 285*, 36–43. Reproduced with permission. Copyright © 2001 by Scientific American, Inc. All rights reserved.

催眠诱导和敏感性

催眠（hypnosis）是通过系统化的步骤产生一种暗示的提升状态。这可能导致被动的放松、狭窄的注意力和提升的幻想。如果仅在一些流行电影中，事实上每个人都会看到电影是用一个摇摆的物体进行催眠诱导。实际上有很多技术可以被用来进行催眠诱导（Gibbon & Lynn，2010；Nash，2008）。通常情况是，催眠者都会暗示参与者他现在很放松。参与者被重复、轻柔地告知他们逐渐感到疲倦或者想睡觉。催眠者生动地描述应该出现的身体感觉。参与者被告知他们的手臂无力，他们的脚感到温暖，他们的眼睑正在变重，渐渐地，大部分的参与者屈从并被催眠。

人们在他们被催眠诱导的反应上也有所不同。Ernest和Josephine Hilgard在催眠敏感性的差异方面做了大量研究。对催眠的敏感度是一个稳定、可测量的特质（Spiegel，2008；Woody & Barnier，2008）。这个特质可以用Stanford Hypnotic Susceptibility Scale（SHSS）或者派生出的量表Harvard Group Scale of Hypnotic Susceptibility进行测量。SHSS的分数分布呈现在图5-18，不是每个人都能被催眠，10%～20%的人完全没有反应，在这个曲线的另一边，10%～15%的人是非常好的催眠诱导参与者（Hilgard，1965）。如Kihlstrom（2007）提到的，"催眠最显著的现象——真正用来表现意识变化的现象——通常是在'催眠大师'身上观察到，他们也构成催眠程度最上方10%～15%的分布"（p.446）。高度易催眠的人甚至可能由于意识到催眠而自发进入类催眠状态。

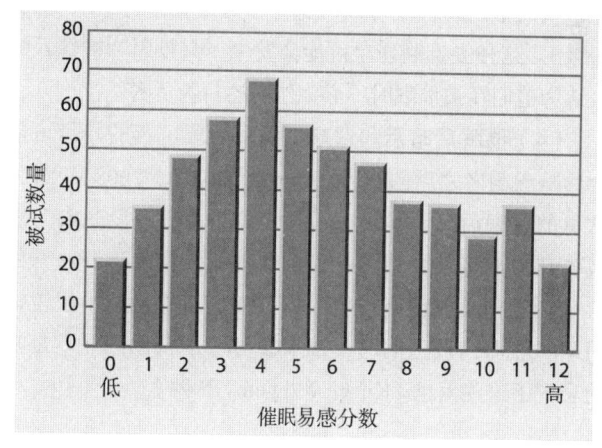

图5-18　催眠敏感性差异

这张图显示了超过500名被试在斯坦福催眠敏感性量表上的分布。正如你所看到的，对催眠的反应差异很大，许多人对催眠诱导都没有很好的敏感性。

资料来源：Adapted from Hilgard, E. (1965). *Hypnotic susceptibility*. San Diego: Harcourt Brace Jovanovich. Copyright © 1965 by Ernest R. Hilgard. Reprinted by permission of Ernest R. Hilgard.

催眠现象

在催眠的过程中会产生很多有趣的效应。主要包括以下这些。

（1）止痛。当被催眠的时候，一些参与者可以忍受通常会引起疼痛的手术（Patterson，2004）。一些内科医生和牙医甚至用催眠代替麻醉药。催眠可以在细微慢性的疼痛中起到很好的效果（Boly et al.，2007；Jenson & Patterson，2008）。催眠性止痛超过安慰剂效应并且这种疼痛看起来不能被简单地放松抑制。催眠性止痛看起来并不依靠内啡肽活动（Kihlstrom，2007）。

（2）感觉扭曲和幻觉。被催眠的参与者可能被引导而体验到视听幻觉（Spiegel，2003b）。他们可能听到或看到并不存在的事物，或者看不到或听不到一些存在的事物。例如在一次研究中被催眠的被试被引导而能"看到"一个挡住他们看电视的硬纸盒子（Spiegel et al.，1985）。参与者的感觉可能被扭曲而使得甜味尝起来是酸味，或其他令人不悦的味道闻起来是香味。

（3）去抑制。一般来说，我们很难使被催眠者去做他们通常不会接受的事情。但是催眠有时能够降低他们的抑制，这种抑制可能通常会阻止参与者以不符合社会期望的方式做出行为。被催眠的被试能被引导而将他们认为的有毒物质丢到实验助手的脸上。类似地，一定程度被催眠的参与者有时能在公共场合脱掉其他人的衣服。一位心怀不轨的催眠师甚至可以哄骗一个人去抢银行（Deyoub，1984）。这种去抑制现象可能会发生，只是因为被催眠的人认为他们在被催眠时不必为他们的行为负责。

（4）催眠后暗示和遗忘。催眠阶段进行的暗示可能会影响参与者之后的行为（Cox & Bryant，2008）。最为常见的催眠后暗示是催眠后遗忘的形成。也就是参与者被告知他们将不会记得他们被催眠时发生的事。这样的参与者通常正如他们被命令的一样，声称他们不记得任何事。然而当被逼问时，很多参与者承认他们并不是真的忘记了这些信息（Kirsch & Lynn，1998）。

催眠理论

尽管一些用来解释催眠的理论发展起来，我们还是不能很好地理解催眠。一个流行的观点认为催眠效应的出现是因为参与者进入一种叫作催眠状态的特殊、改变了的意识状态（Christensen，2005）。尽管被催眠的参与者可能感觉他们好像处于一种改变了的状态，但是他们的大脑活动看起来并未表现出可信的变化，并未出现催眠所独有的脑活动（Burgess，2007；Lynn et al.，2007）。寻找催眠特有大脑活动的失败引导一些理论家总结道催眠是一种以强烈角色扮演为特点的正常意识状态。

1. 角色扮演形式的催眠

一个关于催眠有影响力的观点认为，催眠产生一种心理状态，在这种心理状态下，受暗示的人表演出催眠主题的角色，并表现出他们认为的被催眠的人应该有的行为。Theodore Barber（1979）、Nicholas Spanos（1986，1991）、Irving Kirsch（2000；Kirsch & Lynn，1998）带头拥护这个强调社会背景的社会认知观点。根据这个观点，是参与者的角色期望（而不是一种特殊的恍惚意识状态）产生了催眠效应。

两方面的证据支持角色扮演观点。第一，很多看起来不可思议的催眠效应都能在未被催眠的参与者身上发生或者是被夸大（Kirsch，1997；Kirsch，Mazzoni，& Montgomery，2007）。例如，一则逸事报道称催眠能提升记忆，但是在实证中无法站住脚。尽管催眠有时可以促进某些人的回忆，研究更多发现被催眠的被试比未被催眠的被试产生更多的记忆错误，尽管他们对于他们的回忆更有信心（McConkey，1992；Scoboria et al.，2002）。这些发现表明特殊的意识状态并不需要被用来解释催眠的壮举。

第二，被催眠的被试常常扮演一个角色。例如Martin Orne（1951）使参与者倒退回他们6岁生日并要求他们描述情景。他们用极富细节的描述进行回应，似乎表明催眠提升记忆的功能。然而，Martin并没有简单地接受这些信息，他把这些信息跟从参与者的父母那儿获取的信息进行了对比。结果表明很多参与者的记忆是不准确甚至是杜撰的！很多其他研究也发现年龄回溯的被试对遥远过去的回忆要比真实情况更丰富多彩（Green，1999；Perry，Kusel，& Perry，1988）。因此，社会认知对催眠的解释表明，期望和环境因素导致一些参与者以一种高度合作的姿态扮演特定角色（Lynn，kirsch，& Hallquist，2008；Wagstaff et al.，2010）。

真相核查

误解

在催眠状态下，人们能表现出他们其他时候无法表现出的能力。

> **真相**
>
> 舞台催眠师靠让人们做出超乎常理的事情来谋生，例如，被催眠的被试可以作为"人桥"，大多都是这样一些事件。然而，一些未经催眠的被试也可以完成这样的任务。研究表明所有这些由催眠引起的现象也可以由不经催眠的暗示引发。

2. 改变了的、特殊意识状态的催眠

尽管角色扮演理论对此提出质疑，很多权威的理论家依旧认为催眠效应是由一种改变了的、特殊的意识状态导致的（Fromm，1979，1992；Hilgard，1986；Naish，2006；Spiegel，1995，2003a；Woody & Salder，2008）。这些理论家认为角色扮演理论能否解释所有的现象还存在疑问。例如，他们强调即使是最合作的参与者也不可能在没有麻醉药的情况下通过平息他们的身体和扮演催眠要求的角色来忍受手术的痛苦。他们也引用一些研究，在这些研究中，参与者在得知他们是一个人并不被观察的时候也持续表现出催眠反应（Perugini et al.，1998）。如果被催眠的参与者仅仅是在表演，他们会在一个人的时候停下。

最有影响力的将催眠作为一种改变了的意识状态的解释由欧内斯特·希尔加德（Ernest Hilgard，1986，1992）提出。根据希尔加德的观点，催眠造成意识解离。**解离**（dissociation）是指将心理过程分解为两个分开、相似的意识流。换句话说，希尔加德提出催眠将意识分成两个意识流：一个意识流与催眠者和外部世界进行交流，而另一个则作为很难被观测到的"隐藏观察者"。希尔加德相信很多的催眠效应是这种分离意识的产物。例如，他认为一个被催眠的人可能对疼痛不敏感是因为疼痛感并未进入和外部世界交流的意识。

希尔加德的理论一个很有说服力的方面在于这种分离的意识是一种普遍、正常的体验。例如，人们总是在开长途车的时候对交通指示灯进行反应却并不记得他们有意这么做。在这种情况中，意识显然被分为开车和关于其他事情的思考。这种普遍的现象一直以来被称为高速路催眠。在这种情况下，甚至会产生对开车的意识成分的遗忘，类似于催眠后失忆。总之，希尔加德将催眠作为一种和我们日常生活紧密联系的看似合理的意识变化。

冥想：寻求更高的觉察

近几年，人们对于冥想这种古老练习方式的兴趣逐渐增长。**冥想**（meditation）是指一系列训练注意力从而提高觉察水平，并使得心理过程更加受到自主控制的练习，有很多方式进行冥想。在北美，最被广泛采用的方式来自东方宗教（印度教、佛教和道教）。然而，冥想在整个历史中都是作为所有宗教和精神传统的元素，包括犹太教和基督教（Walsh & Shapiro，2006）。除此之外，冥想练习在很大程度上与宗教信仰分离。实际上，大部分进行冥想的美国人对于其中的宗教重要性并不清楚。心理学有意思的地方在于冥想涉及故意改变意识状态的努力。

进行冥想的方法主要分为两种，均反映如何引导注意：集中式注意或者开放式监测（Cahn & Polich，2006；Manna et al.，2010）。在集中式注意的方法中，注意力被集中于特定的物体、画面、声音或身体感觉（如呼吸）。集中注意力的目的在于厘清大脑的混乱。在开放式监测的方法中，注意指向个人即时即地的体验而不予评判和反应。扩大注意力的目的在于能超脱地观察自己的感官、思想和情绪。两种方式都在寻求一种比人们通常体验的意识"更高"的意识状态。研究得最多的冥想方法是超觉冥想（TM）和正念冥想。正念冥想是源于佛家禅道的开放式监测的方法，而TM主要是一种源于印度教的集中式注意的方法。

生理相关

当一个经验丰富的冥想者进入冥想状态时会发生什么？一个有趣的发现表明脑电波主要为 α 波和 β 波（Cahn & Polich，2006；Lagopoulos et al.，2009）。很多研究还发现参与者的心率、皮电、呼吸率、耗氧量和二氧化碳呼出量均下降（见图5-19；Dillbeck & Orme-Johnson，1987；Fenwick，1987；Travis，2001）。综合考虑，这些变化表明冥想引导了一种抑制生理觉醒的、潜在有益的生理状态。然而一些研究者认为一系列的系统放松步骤也能产生类似的结果（Holmes，1987；Shapiro，1984）。但是仅仅是放松似乎不能对很多冥想者报告的超越体验进行充分解释。

长期益处

研究表明，冥想可能对于减少压力有长期价值（Grossman et al.，2004；Salmon et al.，2004）。例如，定期的冥想与"压力激素"水平下降（Infante et al., 2001）和免疫反应上升（Davidson et al., 2003a）有关。研究还表明，冥想能增强心理健康同时降低焦虑水平和防止滥用药物（Alexander et al., 1994）。其他的研究也报告冥想对于自尊（Emavardhana & Tori, 1997）、心境和控制感（Easterlin & Cardena, 1999）、抑郁（Kabat-Zinn, 2003）、进食障碍（Kristeller, Baer, & Quillian-Wolever, 2006）和总体状况（Reibel et al., 2001）有益处。在生理领域，研究表明冥想能帮助控制血压（Barnes, Treiber, & Davis, 2001）、增强心脏健康（Walton et al, 2004）和提高睡眠节律（Pattanashetty et al., 2010）。最后，尽管难以测量，一些理论家认为冥想能通过提高注意力、提升觉知、构建情绪恢复、培养成熟道德等方式激发人类潜能（Walsh & Shapiro, 2006）。

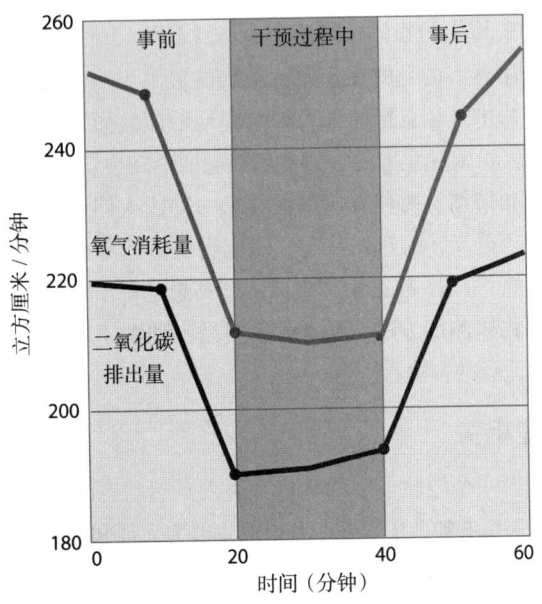

图5-19 超觉冥想时生理唤起的抑制

这幅图显示的生理变化证明了冥想状态下身体的放松。但是，批评家反驳说经过一系列的放松程序后也会产生类似的变化。

资料来源：Adapted from Wallace, R. K., & Benson, H. (1972, February). The physiology of meditation. *Scientific American, 226*, 85–90. Graphic redrawn from illustration on p. 86 by Lorelle A. Raboni. Copyright © 1972 by Scientific American, Inc.

这些良好效应的报告需要谨慎对待。至少有一些效应可能只是通过系统放松或其他精神集中的方式得到的（Shapiro, 1984; Smith, 1975）。批评者也质疑道：安慰剂效应、样本偏差、无法使用双盲法和其他方法问题是否影响报告的冥想的益处（Baer, 2003; Bishop, 2002; Canter, 2003; Caspi & Burleson, 2005）。这也就是说冥想研究的质量还有待提高，近几年也出现了一些令人大开眼界的发现。

例如，一些最近的研究证明冥想能提升对疼痛的忍受力，这对于各种健康问题的解决有重要的提示作用（Grant & Rainville, 2009; Grant et al., 2010; Zeidan et al., 2010）。Grant和Rainville对13名经验丰富的禅道冥想者和13名对应的非冥想者的疼痛敏感度进行了比较。通过将一个加热的金属板和参与者的小腿接触而精细控制疼痛，结果发现冥想者相比非冥想者能够忍受更多的疼痛。除此之外，一个后续研究表明冥想者更强的疼痛忍受力和他们大脑中疼痛感受区域的厚度增加有关（Grant et al., 2010）。换句话说，此研究表明冥想体验可以产生永久的大脑结构改变，而这种改变使得冥想者的疼痛忍受力提升。另外一些最近的研究也发现一些证据表明冥想有能力改变大脑结构，例如Luders等人（2009）检查经验丰富的冥想者时发现他们在很多大脑区域显著地有更多的灰质（和控制参与者比较）。显然，还需要很多补充研究，但是这些印象深刻、发人深思的发现看起来能够反驳冥想只是放松的观点。

药物改变意识

与催眠和冥想一样，药物也常被用于刻意改变意识状态。在这一部分，我们主要探讨非医用目的的药物作用，主要指"药物滥用"和"消遣药物"。药物滥用发生在现代社会的每个角落。尽管总体的药物滥用在20世纪80年代出现小幅下降，但是调查数据表明非法的药物使用从20世纪60年代开始上升（Compton et al., 2005）。尽管人们为降低药物滥用已经付出了巨大努力，我们还是有理由相信，未来消遣药物的使用仍将存在（Winick & Norman, 2005）。

消遣药物的使用通常激起更多的说辞而不是理性思考。例如一位美国药物组织的前主席登上报纸头条，他声明大麻"使得35岁男人的性功能像70岁的男性"。实际上，研究不能支持这一论断。这位医师随后撤销他的声明并承认他只是为了抗议大麻使用（Leavitt, 1995）。这种可怕的策略将会因损害药物教育的公信力而适得其反。

消遣药物涉及个人、道德、政治、法律问题，不是科学能解决的事情。但是，对药物的了解越多，你的决定和对药物的观念就会更加明智。相应地，这部分将描述最常用作消遣目的的药物类型并概括这些药物对意识、行为和健康的影响。

主要的滥用药物及其效应

人们用于消遣的药物是作用于精神的。**精神药物**（psychoactive drugs）是改变心理、情绪或行为功能的化学物质。不是所有的精神药物都能产生消遣作用。一般，人们更喜欢能改善心境或对意识产生其他愉悦变化的药物。

表5-2描述了消遣药物的主要类型。表中列出了6种类型的代表药物。也概括了药物如何摄取、如何使用，它们对意识的影响和它们常见的副作用（Julien, Advokat, & Comaty, 2008；Lowinson et al., 2005）。这6种我们关注的消遣药物的类型为：麻醉剂、镇静剂、刺激药物、致幻剂、大麻和酒精。我们也会讨论一种广受欢迎但未被列出的特殊药物（因为它不属于传统的药物范畴）：MDMA，更多被称为"ecstasy"。

麻醉剂（narcotics）或者鸦片制剂（opiates），是取自鸦片的镇痛药物。此类型的主要药物是海洛因和吗啡，还有一些没有那么有效的鸦片，例如可待因、杜冷丁、美沙酮也被滥用。此类型的新麻烦是一种叫作羟考酮的新型药物（俗名奥施康定）。它的药效延时释放的设计本来是为了让它成为一种有效的镇痛剂，而减少它被滥用的可能性（Cicero, Inciardi, & Munoz, 2005）。但是人们很快意识到他们可以通过提高药量而获得强烈的快感，这也导致新的药物滥用，尤其在美国的乡村地区

（Tunnell, 2005）。这种鸦片药物能产生势不可当的愉悦感和幸福感。这种愉悦效应可以产生一种放松的、"谁在乎"的体验，使得这种麻醉带来的快感成为诱人的对现实的逃避。常见副作用包括嗜睡、恶心以及心理和运动功能受损。

镇静剂（sedatives）是用于降低中枢神经系统（CNS）活性和行为活性而诱发睡意的药物。滥用镇静剂（或者说"downer"）的人，通常使用比处方或医用目的更大的剂量。这种渴求的效应类似于大量饮酒产生的愉悦感。紧张或沮丧的感受被轻松愉悦且无害的状态代替，伴有松弛的去抑制。副作用包括：困倦、不可预知的情绪波动、运动协调性和心理功能的严重受损。

兴奋剂（stimulants）是用于提升CNS活性和行为活性的药物。兴奋剂涵盖从轻微、广泛易得的药物（例如咖啡因、尼古丁），到强烈的、小心管制的药物（例如可卡因）。我们这里主要关注可卡因和安非他命。可卡因是一种来自可可豆的自然物质。与之相反，安非他命是在药物实验室合成的刺激性药物。除了可卡因会带来兴奋，可卡因和安非他命有相当类似的效果。刺激性药物和镇静剂带来的愉悦感非常不同。刺激药物产生的是一种愉快的、充满活力的"我能征服世界"的感受和提升的警觉。相较过去，最近几年可卡因和安非他命以更有效（也更危险）的方式获得。"Freebasing"是一种从普通街边可卡因中提取几乎纯净可卡因的化学处理手段。"Crack"是这一过程中最常见的副产品，包括用来抽的纯可卡因片。安非他命更多以晶状粉末的形式出售，通常叫作"crank"或"crystal meth"（"methamphetamine"的缩写），

表5-2 精神药物：摄取方式、药物用途及效应

药物	摄取方式	主要药物用途	期待结果	潜在短期副作用
麻醉剂	注射、抽吸、口服	镇痛	精神欢快、放松、焦虑减少、镇痛	嗜睡，困倦，恶心，协调感降低，脑部机能减弱，便秘
镇静剂	口服、注射	安眠药、抗痉挛	精神欢快、放松、焦虑减少、减少抑制	嗜睡，困倦，严重不协调，脑部机能减弱，情绪大起大落，排泄顺畅
兴奋剂	口服、鼻吸、注射、加热吸用、抽吸	治疗多动症、嗜睡，局部麻醉（仅可卡因）	欢快、兴奋、警觉、精力增加、疲劳降低	血压、心跳升高，多话，不休息，易怒，失眠，食欲降低，排汗排尿增多，焦虑，偏执狂，攻击性增加，恐慌
致幻剂	口服	无	增加感官意识，精神欢快，改变知觉，幻象，深刻体验	瞳孔散大，恶心，情绪起伏大，偏执，思维混乱，评判能力降低，焦虑，恐慌反应
大麻	抽吸、口服	治疗青光眼，化学疗法，即药物诱发的恶心和呕吐，其他用途尚在研究	轻度精神欢快，放松，改变知觉，提高警觉	心跳加快，眼部充血，嘴唇干燥，短期记忆下降，动作迟钝不协调，头脑功能迟缓，焦虑
酒精	喝	无	轻度精神欢快，放松，焦虑减少、减少抑制	肢体严重不协调，头脑机能受损，排尿增多，情绪起伏大，抑郁，喜争吵，宿醉

资料来源：© Cengage Learning 2013.

可以吸入或注射。副作用可能包括多动、焦虑、惊恐和失眠。

致幻剂（hallucinogens）是一组种类繁多的对心理和情绪功能有强大效果的药物，最显著的特征是感觉和知觉体验的扭曲。最主要的致幻剂是 LSD、mescaline 和 psilocybin。尽管效能不同，但这些药物都有类似的效果。致幻剂产生愉悦感，提高感觉觉知，扭曲时间感。它们会导致深刻、梦幻、"神秘"而难以描述的感受。这个效果解释了为什么它们在一些文化几个世纪的宗教仪式中被使用。不幸的是在这种情绪余象的最后，致幻剂也会产生焦虑、妄想的梦魇般的感受，通常被称作"黑色旅程"。其他的副作用包括损害判断和混乱的思维过程。

大麻类药物（cannabis）是大麻、hashish、THC 的来源——大麻类植物。大麻是来自这种植物的干叶子、花、茎、种子的混合物。Hashish 来自植物的汁液。THC 是大麻中活跃的化学成分，能够用作研究目的而被合成（例如，用于不能很好抽大麻的动物身上）。当被抽烟抽入时，大麻能立即产生持续几小时的影响。预期的感受是，轻微的、放松的愉悦感和提高感觉觉知。副作用可能包括心率、焦虑的上升，减缓的心理功能和受损的记忆。

酒精（alcohol）包括一系列含乙烷基酒精的饮料，例如啤酒、红酒、distill liquors（威士忌、伏特加、朗姆酒等）。乙烷基酒精含量从通常啤酒的 4% 到 80-proof liquor 的 40% 甚至更高不等。当人们饮用时，最主要的效果是一种放松的愉悦感能暂时提升自尊，随着问题逐渐解决，去抑制也逐渐褪去。通常的副作用包括心理和运动功能的严重受损、心境不稳和易激惹。酒精是社会中最广泛的消遣药物。

MDMA 是一种与安非他命和致幻剂（尤其墨斯卡灵）有关的混合药物。MDMA 最初形成于 1912 年，但是直到 20 世纪 90 年代，当"摇头丸"在俱乐部逐步兴起后才在美国广泛使用。MDMA 通常产生持续几小时甚至更久的快感。使用者报告他们觉得温暖、友好、愉悦、感性、犀利和共情但是警觉并精力旺盛。副作用包括血压上升、肌肉紧张、出汗、视线模糊、失眠和短暂焦虑。

影响药物效用的因素

在表 5-2 中总结的是典型的药物效果。药物效果会因人而异，甚至同一个人在不同情形下也会不同。任何药物的影响都部分基于使用者的年龄、心境、动机、人格、药物过往史、体重和生理状态。药物的剂量、药效、摄入方法、摄入环境也会影响药物的效果（Leavitt, 1995）。我们多因素原因的主题很好地应用到药效中。

我们强调主观体验的主题也是如此。期望是能够影响使用者对药效知觉的重要因素。你可能回忆起第 2 章讨论的安慰剂效应：被误导认为他们饮用酒精的人表现出喝醉的状态（Assefi & Garry, 2003）。如果人们期望药物能使得他们觉得飘飘然、平静或者深刻，他们的期望可能使得他们体验到这些感受。

药物的效果也会随着身体持续使用药物产生**耐药性**而变化。**耐药性**（tolerance）是指人对药物的反应逐步下降。耐药性通常导致人们为获得他们渴望的效果而使用更大剂量的药物。大部分药物都会产生耐药性效应，但是其中一些相比其他药物形成速度更快。例如，对酒精的耐药性通常缓慢形成，而对海洛因的耐药性增长速度非常快。表 5-3 表明不同类型药物耐药性的产生速度。

药物活动的机制

大部分药物对整个身体产生持续后效，但是作用于心理状态的药物主要通过改变大脑神经递质活动产生作用。如第 3 章讨论的，神经递质是在神经元结合处叫作突触之间的化学物质。安非他命和可卡因的活动表明药物如何有对神经递质产生选择性的多重效应（见图 5-20）。安非他命主要对两种一元胺神经递质产生效应：去甲肾上腺素（NE）和多巴胺（DA）。实际上安非他命

表 5-3　精神药物：耐药性、依赖性、服药过量的潜在致命性、健康风险

药物	耐药性	产生生理依赖的风险	产生心理依赖的风险	过量潜在致命性	健康风险
麻醉剂	快	高	高	高	传染病，事故，免疫抑制
镇静剂	快	高	高	高	事故
兴奋剂	快	适度	高	较高	睡眠问题，营养不良，嗅觉损伤，高血压，呼吸道疾病，中风，肝病，心脏病
致幻剂	缓慢	无	非常低	非常低	事故，极度恐慌
大麻	缓慢	无	较低	非常低	事故，肺癌，呼吸道疾病，肺病，患精神疾病的可能性增加
酒精	缓慢	适度	适度	低至高	事故，肝病，营养不良，脑损伤，神经错乱，心脏病，高血压，溃疡，癌症，天生缺陷

资料来源：© Cengage Learning 2013.

（amphetamine）的名字表明这种药物和去甲肾上腺素（monoamines）的关系。安非他命主要提升前突触神经元的 DA 和 NE 的释放。它们也干扰在突触间隙对 DA 和 NE 的再吸收（Koob & Le Moal, 2006）。这些活动提升了受影响突触的多巴胺和去甲肾上腺素的水平。可卡因有部分相同的活动，这也就是可卡因和安非他命产生类似刺激效果的原因。可卡因主要阻碍 DA、NE 和 5-羟色胺的重吸收。对于安非他命和可卡因，特定多巴胺回路的活动提升被认为是药物愉快、奖赏效应的关键原因（Volkow, Fowler, & Wang, 2004）。

尽管特定的药物对大脑的各个神经递质系统产生最初效应，很多理论家认为实际上所有的滥用药物最终能提升特殊神经通路的活动，这条通路叫作边缘多巴胺通路（Nestler & Malenka, 2004）。这条神经回路（见图 5-21）被描述为"奖赏通路"（Pierce & Kumaresan, 2006）。这条通路大幅快速提升的多巴胺释放被认为是大部分滥用药物强化效应的关键基础（Knapp & Kornetsky, 2009；Volkow et al., 2004）。

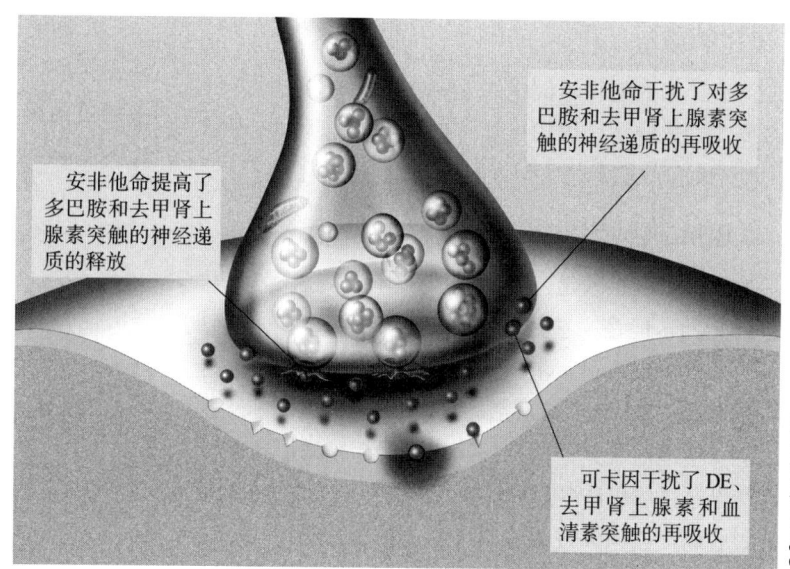

图 5-20　兴奋药物与神经递质的活动

与其他的精神药物一样，安非他命和可卡因改变了特定突触的神经递质活动。安非他命主要会增加多巴胺（DA）和去甲肾上腺素（NE）的释放，其次抑制这些神经递质的再吸收。可卡因减慢多巴胺、去甲肾上腺素和 5-羟色胺的再吸收过程。这类药物的心理、行为效应大多是由于其对多巴胺循环的影响。

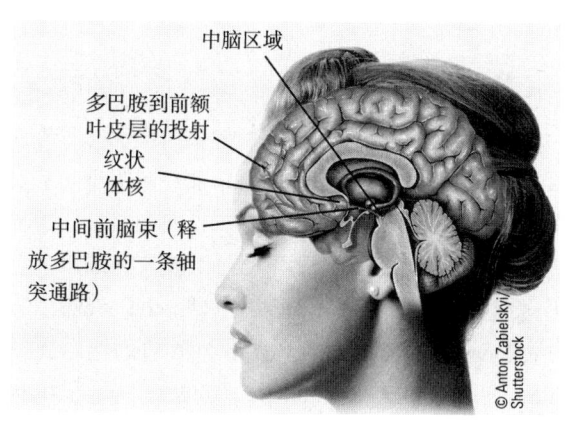

图 5-21　大脑的"奖赏通路"

图中由黑线标记的神经回路构成了边缘多巴胺通路。从中脑发出的轴突经过前脑内侧束、伏隔核到达前额叶皮层。消遣药物影响多种神经递质系统，但是理论家认为通路中增强的多巴胺活动（尤其是从中脑到伏隔核这一段）强化了大部分滥用药物的效应。

资料来源：© Cengage Learning 2013.

药物依赖

人们能变得身体或心理上依赖药物，身体依赖是麻醉剂、镇静剂、酒精和刺激性药物产生的常见问题。**身体依赖**（physical dependence）指某人必须持续摄入药物从而避免戒断反应。戒断反应的症状根据特定药物而不同。戒断海洛因、巴比妥类药物和酒精会产生发热、寒冷、震颤、惊厥、呕吐、痉挛、腹泻和严重疼痛。戒断兴奋剂会导致更加轻微的症状，例如疲倦、冷淡、易怒、迷失。戒断也会引起负面情绪倾泻和强烈的用药欲望，通常导致人们重新开始用药（Baker et al., 2006）。

心理依赖（psychological dependence）指一个人持续用药从而平息对药物强烈的心理和情绪渴求。心理依赖比身体依赖更轻微，但是它产生的需求是强大的。例如可卡因会产生难以抵抗的持续用药的需要。心理依赖可能存在于所有消遣药物中，但很少出现在致幻剂中。

两种类型的依赖都是通过重复用药而逐步建立的。最初只有身体依赖被认为存在生理基础。但是理论家认为两种类型的依赖均反映突触传递的变化（Di Chara, 1999；Self, 1997）。边缘多巴胺通路的失调似乎是产生沉溺的主要原因（Nestler & Malenka, 2004），但是其他穿过杏仁核和额叶神经回路的长期变化也可能导致药物渴求（Kalivas & Volkow, 2005）。药物产生身体或心理依赖的能力有所不同，表 5-3 提供了我们提到的 6 种类型消遣药物的风险评估。

药物和健康

消遣药物的使用对健康的影响方式多种多样。三种最主要的方式分别是服用过量、产生不同类型的心理损害（直接效应）、引起损害健康的行为（间接效应）。

1. 服用过量

如果一个人摄入足够多的某种药物，那么任何药物都是致命的，但是一些药物比其他药物更危险。表5-3显示了意外使用致命剂量的上述药物的风险评估。抑制CNS的药物（镇静剂、麻醉剂、酒精）带来极大的过量服用风险。应该注意到这些药物互相之间都有添加其他药物，所以过量服用许多药物都导致摄入了致命的CNS抑制剂混合物。当某人过量服用这些药物会发生什么？呼吸系统慢慢停息，产生昏厥，大脑损伤和短暂死亡。摄入致命剂量的CNS兴奋剂通常导致心脏病发作、中风、癫痫。由过量服用兴奋剂导致的死亡相对不频繁，但是过量使用随着人们更多地吸食可卡因、吸入毒品，或使用其他更危险的摄入方式而急剧上升（Repetto & Gold, 2005）。

2. 直接效应

在一些情况中，药物直接导致组织损伤，例如，长期吸入可卡因会损伤鼻膜，可卡因使用也会助长心血管疾病的发生，抽食可卡因则与患某些呼吸道疾病相关（Gold & Jacob, 2005；Gourevitch & Arnsten, 2005）。长期、持续的酒精摄入则有产生多种健康问题的高风险，包括肝病、溃疡、高血压、中风、心脏病、神经错乱以及某些癌症（Johnson & Ait-Daoud, 2005；Mack, Franklin, & Frances, 2003）。

3. 间接效应

药物对身体健康的负面影响经常是药物影响行为的间接结果。例如，服用兴奋剂的人不会正常地饮食和睡觉。镇静剂会增加事故伤害的风险，因为它们严重损害人的动作协调性。滥用镇静剂的人经常在楼梯间跌倒，从凳子上掉下来以及发生其他一些事故。许多药物损害驾驶能力，增加交通事故的风险。例如，大约40%的交通死亡是酒精造成的（Hingson & Sleet, 2006）。静脉注射药物的人有患上传染病的风险，因为一些疾病能通过未杀菌的针孔传播。近几年，艾滋在静脉注射药物的人群中以一种可怕的速率传播着（DesJarlais, Hagan, & Friedman, 2005）。

不同消遣药物的主要健康风险（除了过度服用）已经在表5-3中列出。正如你能看到的，酒精对身体健康有最多的负面影响。当然，具有讽刺意味的是，酒精是所有这些消遣药物中唯一合法的。

2008年，演员希斯·莱杰因意外服用过多处方药而死。随后调查显示他为克服长期的睡眠问题而过度服药。病理报告发现了两种麻醉止痛药、两种抗焦虑药和两种镇静剂。他的不幸死亡表明了CNS抑制剂的混合很危险。

4. 关于大麻的争议

近些年，与大麻使用相关的健康风险引起了许多争论。证据表明，长期使用大麻会增加患呼吸道疾病和肺病的风险（Aldington et al., 2007；Tashkin et al., 2002）。一些研究也发现了长期使用大麻和患肺癌的联系，尽管相关数据较少而且不一致（Aldington et al., 2008；Hall & Degenhardt, 2009a）。大麻与酒精的混合尤其危险（Sewell, Poling, & Sofuoglu, 2009）。只受大麻影响的人会发现它的损害并试图去弥补（例如，慢点开车），但是酒精抑制了这种弥补策略而增加了风险（Hall & Degenhardt, 2009b）。最后，最近的大批研究报道了大麻和精神疾病（包括精神分裂症）之间出人意料的联系（Barrigon et al., 2010；DiForti et al., 2007）。显然，大多数的大麻使用者没有精神疾病，但是大麻触发了那些有先天精神异常倾向的人的患病因素（Degenhardt et al., 2009；D'Souza, 2007）。这些疾病风险已在表5-3中给出。一些其他的被广泛宣传的危险忽略不讲，因为对这些风险的发现被夸大了或者还存在争论。这里有一些争论的证据简述。

- 大麻会降低免疫反应吗？动物研究表明大麻能抑制免疫系统反应的不同方面（Cabral & Pettit, 1998）。但是，在大麻吸食者中，传染病不会比不吸大麻者更普遍。所以，大麻增加了人类对传染病的敏感性似乎不太可能（Bredt et al., 2002; Hall & Degenhardt, 2009b）。
- 大麻会导致男性阳痿和不育？在动物研究中，大麻暂时降低了睾酮水平和精子产量（Brown & Dobs, 2002）。基于这些发现，大众媒体经常表示大麻会使男性不育和阳痿。但是，对人类的研究中产生了对睾酮和精子水平较弱的、不一致的、可逆的反应（Brown & Dobs, 2002）。目前，证据表明大麻对男性吸食者的生育力和性功能并没有持久的影响（Grinspoon, Bakalar, & Russo, 2005）。
- 大麻对认知功能有负面影响？直到较近些时候，研究也没有发现大麻会导致认知不足。但是，最近的10年，一些研究利用精确复杂的认知功能量表发现了长期、大量的大麻使用与可测量的注意、学习与记忆损伤的联系（见图5-22），这种情况在吸食者不兴奋时表现出来（Hanson et al., 2010; Medina et al., 2007; Solowij et al., 2002）。也就是说，这种认知不足是适度的，并不会导致残疾。一些研究还表明这种认知不足会在停止服用大麻三四周后消失（Hanson et al., 2010; Pope et al., 2001）。尽管还需要更多的研究，但这个领域最近的一些研究也为关注的问题提供了某种解释。

5. 有关摇头丸的新发现

和大麻一样，在一些地区，摇头丸（MDMA）也被视为无害的药物，但是累积的实践证据开始改变这种看法，对MDMA的研究仍处于开始阶段，所以对其风险性的结论必须谨慎。MDMA似乎并不容易成瘾，但心理依赖对一些人而言却是一个难题。MDMA和一些中风、心脏病、癫痫、中暑和肝病有关。但是，它的具体作用却难以估计，因为MDMA使用者通常服用大量的药物，而且摇头丸通常也含有一些杂质（Grob & Poland, 2005; Scholey

et al., 2004）。长期、大量服用摇头丸似乎与睡眠障碍、抑郁和高度焦虑及敌意有关（Fisk, Montgomery, & Murphy, 2009; Morgan, 2000）。而且，对前MDMA使用者的研究表明，摇头丸对认知功能可能有微妙的、长期的影响。一些研究也在这些前使用者身上发现了记忆障碍（Hadjiefthyvoulou et al., 2010; Laws & Kokkalis, 2007）。其他研究也发现了使用者在有关注意力和学习的实验任务中表现下降（Murphy et al., 2009）。总之，初步证据显示MDMA可能比人们以为的更有害。

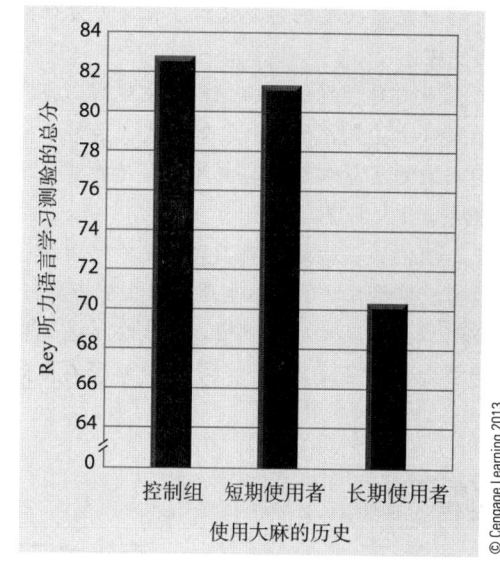

图 5-22　长期吸食大麻与认知表现的关系

Solowij和助手（2002）对51名长期吸食大麻者（定期吸食大麻平均24年）、51名短期吸食大麻者（定期吸食大麻平均10年）及33名控制组被试（极少或没有吸食大麻）进行了一组神经心理测试。吸食大麻者被要求在测试前至少12个小时内不能吸大麻。这个研究发现在许多次测试中长期吸食大麻者有细微的认知损伤。这张图显示了这次测试的总体结果。

MDMA 20世纪90年代在舞厅和"狂欢聚会"中开始流行。尽管许多人认为MDMA是相对无害的，最近的研究却不这么认为。

本章主题回顾

这一章重点介绍了5个主题。第一，我们看到心理学在社会历史中的发展背景。心理学起源于19世纪的意识科学，但是意识很难用以经验为主的研究证实。在约翰·华生和其他人重新定义心理学作为一门行为科学之后，有关意识的研究就大大减少了，并且在20世纪60年代开始转向有关内在的研究。人们对通过使用药物、冥想、催眠和生物反馈的方式来改变意识方面表现出了新的兴趣。科学家通过认真研究意识的改变来应对这种潮流。人们对意识兴趣的转变显示了社会力量如何影响心理学的发展。

第二，人们对世界的经验是非常主观的。我们之前已经接触过这个主题，比如我们知道人们经常不能正确判断他们睡眠的质量和时间，由药物引起的意识改变很明显地取决于个人期望。

第三，我们又一次地看到了文化是如何塑造了人们的某些行为。虽然睡眠的基本生理过程几乎都是一样的，但是文化可以影响某些睡眠习惯。它也会显著地影响人们是否记得他们的梦境以及人们会如何解释看待他们的梦境。

第四，我们又一次知道了行为的塑造会受到多方面因素的影响。例如，我们讨论了时差、睡眠剥夺和精神类药物对人的影响是如何由多种因素决定的。同样地，我们也看到了失眠是可以由许许多多的因素引起的。

第五，本章说明了心理学理论的多样性。我们讨论了关于梦、催眠和冥想的不同理论。在大多数情况下，我们看不到这些对立的理论像其他领域那样融合并且得出最后的正解。但是我们需要强调一点，对立的理论不总是能够巧妙地整合成简洁的行为模型。许多理论之间的争议将无限延续下去。这并不能否定这些多样性理论的价值。虽然解决学术争端总是好的，而且这些争论本身也可以为进一步的研究提供动力和方向。

事实上，我们接下来的个人应用证实了推动科学进步不需要解决学术争端。在睡眠和梦的研究中仍旧留有大量的争论和谜团。尽管如此，研究人员已经积累了大量有关这些方面的有用信息，我们将在接下来讨论这些。

个人应用

寻找关于睡眠和梦境的实用问题

指出以下句子是否正确。

1. 小睡很少能有提神效果。
2. 有些人从来不睡。
3. 人们不能回想起他们的梦境，是因为他们试图去压抑它。
4. 只有象征主义的专家，比如精神分析治疗师，可以解读出梦境的真实含义。

这些断言都是从睡眠与梦境信息问卷（Palladino & Carducci, 1984）中提取出来的，这份问卷测量的是关于睡眠和梦境的实用知识。它们是不是真的呢？你将会在这个应用部分得到解答。

关于睡眠的常见问题

人需要多少睡眠呢？年轻的成年人日常所需的平均睡眠时间是7.5个小时。但是，人们睡眠时间的长短存在着很大的差异。基于对很多研究数据的综合，Webb（1992）对人们的睡眠时间分布给出了如图5-23的估计。睡眠的需要因人而异。很多睡眠专家认为对于大多数人来说，如果提高他们的睡眠时间，他们的活动会更加有效（Banks & Dinges, 2007）。另外，研究表明，每晚睡眠时间在7~8个小时的人死亡率最小（Patel et al., 2004；Tamakoshi et al., 2004）。

小睡能有提神效果吗？有些可以有些不可以。小睡的效果因人而异。并且，小睡的效果取决于一天中的时间和最近已经有过的睡眠时间（Dinges, 1993）。从不好的方面说，小睡不是一个有效的睡眠方式，因为当你正要进入深度睡眠阶段时，你的小睡时间已经结束了。当小睡富有更多的慢波睡眠或者REM睡眠时，会更加有效（Mednick & Drummond, 2009）。另一个问题是，过长的小睡时间或者与晚上睡眠时间太接近的小睡，会干扰夜晚的睡眠（Thorpy & Yager, 2001）。

但是，很多多产的人（如爱迪生、丘吉尔、肯尼迪）都充分地利用小睡时间。小睡可以促进之后的清醒状态和任务表现并减少睡意（Ficca et al., 2010）。也有证据显示小睡可以促进学习和记忆，更甚于使用咖啡因（Mednick et al., 2008）。总之，小睡对于大多数人来说都具有提神作用（所以这个应用中的第一句话是错的），并且只要不干扰夜晚睡眠，它们就能长时间奏效。

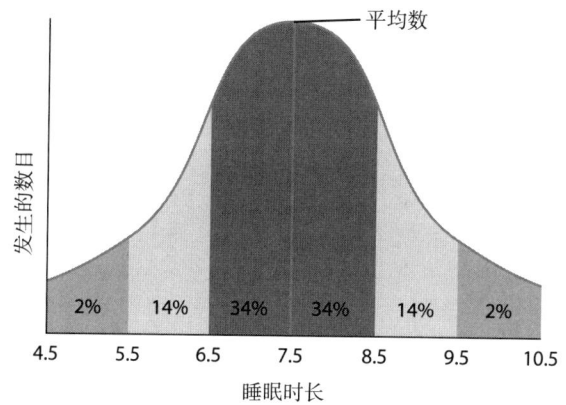

图 5-23　不同的睡眠时长

基于大量的数据，Webb（1992）估计年轻成年人的睡眠时长是正态分布的，如图所示。尽管大多数人每晚睡眠时长为 6.5～8.5 小时，但也有一些人睡得更多或更少。

资料来源：Adapted from Webb, W. B. (1992). *Sleep, the gentle tyrant* (2nd ed.). Bolton, MA: Anker Publishing Co. Copyright © 1992 by Anker Publishing Co. Adapted by permission.

打哈欠和打鼾的重要性在哪里？打哈欠是所有文化中的普遍现象，更别说在哺乳动物、鸟类、鱼、爬行动物中了（Baenninger, 1997）。与传统的信念不同的是，打哈欠并不是因为二氧化碳含量增多或者缺氧（Provine, 2005）。根据一个理论，打哈欠的作用是为了使大脑冷却下来（Gallup & Gallup, 2007）。打哈欠最有趣、最令人费解的是它的感染性，看到别人打哈欠会使你产生一个有力的动力打哈欠（Platek, Mohamed, & Gallup, 2005）。

打鼾是一个普遍的现象，可以在几乎 30%～40% 的成年人身上看到（Hoffstein, 2005）。打鼾在 35 岁之后增多，打鼾的男性比女性更多，而在超重的人群中更常见（Kryger, 1993；Stoohs et al., 1998）。许多因素（包括感冒、过敏、抽烟和一些药物）都会引起打鼾，主要是通过强迫人们睡眠时用嘴呼吸。一些打鼾很响的人既打扰了自己的睡眠也干扰了伴侣的睡眠。对一些人而言停止打鼾是很困难的，但是另一些人可以通过减肥，或者侧卧睡而不是平躺睡的方式减少打鼾（Lugaresi et al., 1994）。打鼾看起来是一个小问题，但是它和睡眠窒息症及心血管疾病有关，它可能具有比多数人认为的更大的医学意义（Dement & Vaughn, 1999；Olson & Park, 2006）。

做什么可以避免睡眠问题呢？有很多可以使人获得满意睡眠的方法（见图 5-24），这些方法大多数都需要养成一个良好的白天习惯而不至于干扰睡眠（Foldvary-Schaefer, 2006；Maas, 1998；Stepanski & Wyatt, 2003；Thorpy & Yager, 2001；Zarcone, 2000）。例如，如果你晚上入睡困难，白天最好避免小睡从而到睡眠时间时你会感到疲惫。一些人发现白天的锻炼可以帮助他们晚上更好地入睡（King et al., 1997）。当然，这种锻炼应该是常规的养生锻炼而不至于酸痛。

减少兴奋剂（如咖啡因和尼古丁）的摄入也是一个好的方法。因为咖啡和香烟不是处方药物，人们并不明白它们所含的兴奋物会大大地提高身体唤醒水平。许多食物（如巧克力）和饮料（如可乐）也含有比人们所想的更多的咖啡因。还有记住：考虑不周的饮食习惯也会干扰睡眠，不要空腹、太饱或刚吃完不适的食物就去睡觉。

除了这些谨慎的日常习惯，还有两种预防措施也值得一提。第一，尝试建立一个规律的上床时间。这个习惯让你利用昼夜节律，当你的身体准备好时你就可以入睡了。第二，创造一个睡眠的最适环境。这个建议应该是显而易见的，却被多数人忽略了。确保你有一张让你舒适的好床，接下来确保你的卧室足够安静，以及调整到你喜欢的温度和湿度。

提高睡眠质量的建议
1. 尽可能减少压力
2. 运动保持健康
3. 白天保持头脑活跃
4. 合适的饮食
5. 停止抽烟
6. 减少咖啡因摄入
7. 睡前避免饮酒
8. 睡前洗热水澡
9. 卧室有放松的氛围
10. 养成规律的睡觉时间
11. 愉悦的性生活
12. 睡时清空思绪
13. 尝试睡时放松技巧
14. 避免刻意入睡
15. 学会重视睡眠

© Cengage Learning 2013

图 5-24　提高睡眠质量

在 *Power Sleep* 这本书中，James Maas（1998）为想提高睡眠质量的人们提供了这些建议。Maas 坚称良好的白天习惯与睡眠质量关系密切。

资料来源：Adapted from Maas, J. B. (1998). *Power sleep*. New York: Random House. Copyright © 1998 by James B. Mass, Ph. D. Reprinted by permission of Villard Books, a division of Random House, Inc.

对抗失眠，我们可以做些什么？第一，当你产生一些睡眠问题时不要恐慌。对睡眠问题的过度反应可能会导致问题的加重恶性循环，如图 5-25 所示。如果你武断地认为你成了一个失眠患者，你可能睡眠时总带有焦虑，以至于夸大了问题。你越是努力尝试入睡，你越难成功。如前面提到的，暂时的睡眠问题是很常见的，而且基本上会自己消失。

图 5-25　焦虑和睡眠问题的恶性循环

对睡眠问题的焦虑会导致更差的睡眠质量，由此进一步增加了焦虑，进而焦虑又产生了更严重的睡眠困难。

资料来源：© Cengage Learning 2013.

睡眠专家 Dianne Hales（1987）在她的书 *How to sleep like a baby* 中列出来 101 种对抗失眠的建议，包括玩字母游戏、背诵诗歌或者听钟响而让你"无聊到想睡觉"。另一个推荐策略是进行一些不那么投入的活动，例如，你可以尝试阅读最无趣的书，那一定是最好的镇静剂。不管你想些什么，努力避免反复思考你当前生活的压力和问题。研究表明反复沉思的倾向是导致失眠的一个关键因素（Kales et al., 1984）。

人们一般会在他们困难入睡的时候变得非常沮丧。不幸的是，这种情绪的不悦倾向于使得人们更加难以入睡。

任何能让你放松的东西，不管是音乐、冥想、祈祷或是热水澡都能帮助你入睡。专家也设计了系统的放松程序以使这些手段更加有效。你可能想要了解这些技术，例如渐进式放松（Jacobson, 1938）、自主性训练（Schultz & Luthe, 1959）、放松疗法（Benson & Klipper, 1988）。如果你想咨询专家寻求帮助，好消息是已有许多有效的非药物疗法可用来治疗失眠（Kierlin, 2008）。

关于做梦的常见问题

每个人都做梦吗？是的，只是有些人不记得他们的梦境了。但是，如果把这些人带进实验室并且在 REM 时期叫醒他们，让他们感到惊奇的是他们会报告他们正在做梦（这个栏目一开始的第二句话是错误的）。科学家研究了一小部分脑损伤的人，他们脑桥部分的损伤消除了他们的 REM 时期睡眠，但是即使是这些人也报告了自己的梦境（Klosch & Kraft, 2005）。

为什么有一些人不记得他们的梦境？梦的消失似乎是一件很正常的事情，如果人们不是在正在做梦或者刚做完梦的时候醒来，那么这个梦就会被人们永远地忘记。即便是这样，关于梦的记忆也会很快褪去（Nir & Tononi, 2009）。大多数时候，人回忆起梦境的时候也只记得他们 REM 末期的最后一个梦。Hobson（1989）的推测是人们会忘记他们梦境的 95%～99%。这种遗忘是自然的，而并不是受压迫所导致的，所以第三句话也是错的。那些总是不记得自己梦境的人可能在 REM 或做梦时期和觉醒之间经过了太长的时间，所以拥有这种睡眠模式的人连最后一个梦都忘了。

梦是瞬间的吗？不。长期以来人们一直推测，梦通往意识的过程几乎转瞬即逝。根据这一概念，在现实世界中需要 20 分钟思考的复杂问题在梦境中只需要一两秒钟。然而现代研究显示这并非如此（LaBerge, 2007；Weinstein, Schwartz, & Arkin, 1991）。

梦需要解释吗？大部分理论的答案是肯定的，但是解释可能并不像普遍认为的那样困难。人们一直认为梦是有象征意义的，有必要去解释这些符号来理解梦的意义。比如我们在这一章开头提到的弗洛伊德认为梦有一个隐藏的（潜在的）内容来代表梦境的真实含义。因此，一个弗洛伊德学派的治疗师可能将走进一个隧道或者骑马的梦与性交等同起来。

弗洛伊德理论认为梦的解析是一个复杂的过程，需要大量的符号学知识。但是许多理论家认为梦中的符号并没有弗洛伊德认为的那么神秘（Faraday, 1974；Foulkes, 1985；Hall, 1979）。Calvin Hall 指出梦之所以需要解释仅仅是因为它们比语言更直观。也就是说，图片需要被翻译成思想。根据 Hall 的想法，梦的象征意义是高度个人化的，做梦的人可能才是解释自己梦境的最佳人选。（第四句话也是错的。）因此，对于你来说，试图解释自己的梦境并不是不合理的。不幸的是，你将永远不知道你自己是否"正确"，因为面对着许多不同的梦的解析，并没有一种明确的方法去判定哪一种是有效的。

清醒梦境是什么？一般来说，当人们做梦的时候，他们并不能意识到他们是在做梦。但是偶尔人们会有经历清醒梦境的经验，即他们意识到自己正在做梦（LaBerge，2007）。通常，当人们开始质疑梦中发现的一些奇怪事情并且意识到他们一定是在做梦的时候，正常的梦会变得清醒。在清醒的梦中，人们可以清晰地思考现实生活的情况，但是事实上他们正在做梦并且仍然在栩栩如生的梦境中沉睡着。也许这种双重意识最有趣的方面就是人们经常可以在他们的清醒梦中控制一些事件的展开。

批判性思维应用

酗酒是病吗？定义的重要性

在社会上，酗酒对多数社会（如果不是所有的话）都是个大问题。正如在本章所见，酒精是一种危险的药物。酗酒摧毁了无数的生命，拆散了许多的家庭，并且提高了许多身体疾病的风险（Johnson & Ait-Daoud，2005）。在英国，大约有1500万名问题饮酒者（Mack et al.，2003），而在美国，酗酒威胁了许多人的生命。

几乎在每个关于酗酒的讨论中都有人会问："酗酒是一种病吗？"如果酗酒是一种病，那这是一种奇怪的病，因为酒精中毒才是导致其不适的直接原因；如若酗酒不是病，那它是什么呢？纵观历史，酗酒被贴上过许多标签，从人的虚弱到犯罪，到罪恶，再到心理障碍和身体疾病。每一种定义都蕴含着重要的个人、社会、政治和经济上的含义。

让我们考虑一下判定酗酒是一种病的结果。如果这是一个病案，那酗酒者应该被诊断成诸如糖尿病患者、心脏病患者之类。也就是说，应该同情他们并且正确开药、医疗干预来使他们恢复健康。这些治疗应包括在医疗保险中，并得到专业护理。而且，若酗酒被定义为一种病，那它还会抹掉许多污名。毕竟，我们不能因为那些糖尿病患者、心脏病患者有病就责怪他们。是的，不可否认，酗酒导致了他们患上疾病，然而那些糖尿病和心脏病的患者也是由于错误饮食、无法控制体重等才致病（McLellan et al.，2000）。同时，酗酒应该和其他身体疾病一样，有遗传脆弱性（Lin & Anthenelli，2005）。因此，我们很难去证明酒精中毒是完全由一个人的行为造成的。

相反地，如果酗酒被定义为一种个人失败或道德缺失，那么酗酒者就不大可能得到同情与怜悯。他们可能会被劝告戒酒，被关进监狱抑或通过其他方式被惩罚。这些对他们酗酒行为做出的反应主要依靠法律制度而非卫生保健制度，毕竟药物并不能治疗道德沦丧。很显然，可提供的干预措施并不包括具有巨大金融影响（对卫生保健人员以及酗酒者）的医疗保险。

这里的重点是：定义是处于众多复杂争论之中的。他们可以有重大的意义和深远的含义。人们尝试把定义当作不重要的、浩瀚辞海中任意的组词。然而定义并非毫无意义的。他们拥有强大的力量去描述人们对重要问题的理解。一切无尽的疑问都归结于问题的定义。譬如，你下次听到有人在争论一部特殊的电影是不是色情的，死刑是不是残忍的、不正当的惩罚，打屁股是否属于虐待儿童时，你将将会发现你的关注点会在于这些争论中那些关键概念的定义是什么。

所以，我们要如何解决酗酒是不是一种病的争论呢？科学家试图通过研究去理解表象下的本质，从而解决他们的争论。你可能已经注意到"我们需要在这个问题上做更多的研究……"这些要求在这篇文章中频繁地重复。在这个问题中研究就是答案吗？至少这一次，答案是"不"。没有说服力的方法来确定酗酒是不是一种病。这看起来并不是一个可以通过更多研究来得到"正确答案"的问题。

酗酒是不是一种病的问题其实是一个定义的问题：酗酒是否符合目前公认的疾病的定义？如果你翻阅医学文章或字典，你就会发现，疾病通常被定义为机体在一定的条件下，受病因损害作用后，因自我调节紊乱而发生的异常生命活动过程。这个定义清楚地指出酗酒损害人们的正常功能并破坏多种重要功能（见图5-26），这样看来将其形容为一种疾病似乎合情合理。自20世纪中叶以来，这成为美国的主流观点（Maltzman，1994；Meyer，1996）。最近有证据支持这个观点，发现沉迷于酒精（还有其他药物）是大脑主要神经回路失调的结果（Cami & Farre，2003）。

尽管如此，许多批评者仍有力地质疑定义酗酒是一种病是否明智（Peele，1989，2000）。他们经常在争论定义时提出一个问题：谁应该有下定义的能力？在这种情况下，这个权利就掌握在医学委员会的手中，这是一个明智的选择，毕竟疾病是一个医学概念。然而一些批评者认为，医学界有很强的支持定义为疾病的偏好，因为这样做就创造了新的市场并会促进保健业的经济增长。因此，对酗酒是不是一种病的争论似乎要无限期地持续下去。

总而言之，定义一般不会由于研究而出现。它们一般由那些希望在最好地定义一个概念的方法上达成一致的专家或特殊领域的作者创作出来。因此，在分析一个定义的有效性时，你不仅需要关注定义本身，还要知道定义的出处。是谁决定了定义是什么呢？定义的来源是合法且适宜的吗？下定义的作者带有个人偏差吗？

另一个关于定义的观点也值得讨论。可能是因为定义被赋予了这么大的力量，人们喜欢不正确地将其作为它们所描述现象的解释。这种将命名和解释等同的逻辑错误，被称为名义谬误（nominal fallacy）。乍一看将名称和标签作为解释是合理的，但是定义并没有解释功能，它们只是规定特定事物是什么。例如，假设你有一个叫弗兰克的朋友有严重的酗酒问题，你和一些朋友坐在一起讨论弗兰克为什么这么喜欢喝酒。放心，至少有一个人会说："弗兰克酗酒是因为他是酒鬼。"这个循环推理，就和说弗兰克是个酒鬼因为他酗酒一样没有意义。它没有解释为什么弗兰克会有酗酒问题。

这种用于辨别心理疾病（如精神分裂、抑郁、自闭症和强迫症等）的诊断标签似乎就是一种循环推理。例如，人们经常会说，"他有妄想症因为他精神分裂""他害怕小的封闭空间因为他有幽闭恐怖症"。这些话就和说"她是一个红头发的人因为她有一头红发"的逻辑一样。这种弄混标签和解释的逻辑错误将使我们始终不得正解，就像追逐自己尾巴的狗一样。

脑　韦尼克氏综合症，一种表现为精神混乱和视觉异常的疾病；科尔萨科夫综合症，一种表现为记忆和学习的障碍、冷漠，并伴随着大脑白质退化的疾病

眼睛　烟草–酒精失明；韦尼克氏眼肌麻痹，一种可逆的眼部肌肉麻痹

咽部　咽部癌症

食道　食道胃静脉曲张，一种不可逆的疾病，患者能被自己静脉爆裂后出的血呛死

肺　低抵抗力可能会导致肺结核、肺炎、肺气肿

脾　脾功能亢进

心脏　酒精性心肌病，一种心脏病

肝脏　脂肪肝和酒精肝

胃　胃炎和胃溃疡

胰脏　急性和慢性胰脏炎

直肠　痔疮

睾丸　睾丸萎缩症

神经　神经炎，一种感觉缺失的疾病

肌肉　酒精性肌病，一种会导致肌肉收缩疼痛的病

血液和骨骼　凝固缺陷和贫血

图 5-26　与酗酒有关的生理疾病

这个图表明酗酒与多种生理疾病有关。尽管有其价值，但这份信息并没有平息酗酒是否应视为一种病的争论。这完全取决于个人对疾病的定义。

资料来源：Edlin, G., & Golanty, E. (1992). *Health and wellness: A holistic approach*. Boston: Jones & Bartlett. Copyright © 1992 by Jones & Bartlett Publishers, Inc. www.jbpub.com. Reprinted by permission.

表 5-4　该章节中提到的批判性思考的技巧

技巧	描述
明白定义如何塑造人们对这个话题的思考方式	批判性思考者认为定义十分重要，也认可明确定义以解决分歧的需要
识别定义的来源	批判性思考者认为有必要决定谁能给出定义并评估他们的信誉
使用定义和标签是避免名义谬误	批判性思考者明白标签没有解释的功能

资料来源：© Cengage Learning 2013.

第6章
学 习

让我们看一下你是否能猜中谜底。接下来叙述的情节有什么共同点？

- 在1953年，一个日本研究者观察到了一只在鹿岛上的短尾猴（一种猴子）在吃甘薯之前会先在小溪中把它洗干净。之前没有人看到过短尾猴做这样的事情。很快，它所在群体中其他的成员有了相同的行为。几代之后，鹿岛上的短尾猴在吃甘薯之前依旧洗它们（De Wall, 2011）。
- 2005年，韦德·博格斯入选棒球名人堂。博格斯的迷信和他优秀的击球水平一样有名。20年来，博格斯每一天都要吃鸡肉。在比赛之前，他遵循一套严格的仪式，包括反向走上垒、在整时之后的17分钟内做冲刺跑、捡起地上3块石子扔出去。每次他在比赛中上前击球，他都会用球棒在地上写一个希伯来字母 chai。对博格斯来说，这些仪式中哪怕是最轻微的改变也会让他感到非常心烦意乱（Gaddis, 1999; Vyse, 2000）。
- 一些在明尼苏达州的家燕把巢筑在了一家家得宝衣物店里，免受天敌和天气的威胁。那么当店门关闭时，它们是如何进出并且给幼鸟带来食物的呢？原来它们在控制门开关的运动传感器旁边拍打翅膀直到门打开。
- 一个佐治亚州的消防员经常在危险的环境中救助危难中的人。但是他却只要看见穿小丑服装的人就十分恐惧。他从3年级就开始害怕穿小丑服装的人（Ryckeley, 2005）。

这些不同情景中统一的线索是什么呢？是什么把一个迷信的棒球运动员、恐惧小丑的消防员、洗甘薯的猴子和会开门的燕子联系到一起的呢？

这个答案就是学习。对一个心理学家来说，**学习**（learning）是通过经验获得的任何在行为或知识方面相对持续的改变。

短尾猴不是生来就有洗甘薯习惯的，家燕也不是出生就知道如何去操纵运动传感器的。韦德·博格斯采用了他迷信的仪式因为这些仪式看起来和他成功的击球有关。佐治亚的消防员对小丑的恐惧并非与生俱来，因为他只是从3年级之后才开始害怕这些小丑。简单来说，这些行为都是经验的产物，也就是说，它们代表了学习。

当你思考这件事时，会发现很难找出一个行为上的持续变化不是由经验导致的例子。这就是在整个心理学中学习是最基本概念之一的原因。学习塑造个人习惯，例如咬指甲；个人特质，例如害羞；个人喜好，例如厌恶正式服装；还有情绪反应，例如对最喜欢的歌的反应。如果把所有你学习到的反应都通过某种方式去除，你的行为也就剩不了多少了。你将会不能讲话，不能读书，甚至不能给自己做一个汉堡。你会变得差不多和一个萝卜一样了无生趣。

像这一章开始时讲的例子一样，学习不是人类的特异性活动。学习在动物世界中也无处不在，任何养狗和看过海豹表演的人都不会对这个事实感到惊奇。另一个观点则更令人惊奇。解释动物学习反应的那些原理也能解释很多的人类学习现象。同样，解释家燕学习操作自动门的机制也可以解释专业运动员的奇特迷信。事实上，很多令人着迷的学习领域的发现最初都是在动物研究中获得的。

在这一章，你会看到学习研究的成果是多么丰硕，应用的范围是多么广泛。我们将把注意集中在一种特殊的学习上：条件反射。条件反射包括出现在同一个有机环境之中的事件间的学习联系（举个例子，吃鸡肉和成功的击球）。在研究环境下，心理学家从一个基础的水平上研究学习，这个策略获得了一些成果，这些成果为研究更高级的学习形式奠定了基础，例如观察学习（例如鹿岛的猴子学习另外一只猴子洗甘薯的习惯）。在个人应用中，你会看到如何通过掌握条件反射的原理来改善你自己的自我控制。批判性思维部分展示了条件反射是如何被用来操作情绪的。

经典条件反射

当你想象站在一个很高建筑的屋顶时，你会觉得自己的膝盖有点软吗？当你想象遇到了一条无害的袜带蛇，你的心跳会加速吗？如果是这样，那你至少在某种程度上就可以理解，有恐怖症是什么样的感觉。**恐怖症**（phobia）是对特定物体或者特定情境不理性的害怕。轻微的恐惧很常见。这些年来，我的学生描述了他们对于各种各样刺激的恐惧，包括桥、电梯、隧道、高度、狗、猫、甲虫、蛇、教授、医生、陌生人、暴风雨和细菌。如果你有恐惧，你可能会好奇你到底是怎么发展出来这种复杂的害怕感。很有可能，这是通过经典条件反射得到的（Antony & McCabe, 2003）。

经典条件反射（classical conditioning）是一种学习形

式,在这种学习形式中,一种刺激获得了可以激发一种原本由其他刺激所引发的反应的能力。这个过程在1900年左右由伊万·巴甫洛夫第一次描述出来,为了纪念他,经典条件反射有时候被叫作**巴甫洛夫条件反射**(Pavlovian conditioning)。条件反射这个词来自巴甫洛夫要发现产生这种学习的"情境"的研究。这个由巴甫洛夫描述的学习过程在几十年后被称作"经典"条件反射(开始在20世纪40年代)来区别它和其他吸引了研究注意的条件反射类型。

巴甫洛夫的研究:"灵魂的反射"

伊万·巴甫洛夫是一个杰出的俄国生理学家,他做过获得诺贝尔奖的关于消化的研究。巴甫洛夫是一个醉心于自己的研究,迷糊而又聪明的教授。有一则关于他的传说,巴甫洛夫的一个助手因为当时俄国革命时期街上斗争的人们而迟到了,他训斥了这个助手。这个助手为自己辩解说:"可是教授,外面有一场革命正在进行,人们正在街上枪战啊。"巴甫洛夫回复道:"当你实验室里有工作要做的时候,外面的革命和这个有什么关系吗?下次再有革命,起早一点!"很明显,躲子弹不是拖慢科学研究进度的借口(Fancher,1979;Gantt,1975)。

巴甫洛夫正在研究消化过程中唾液的作用时,撞到了他称之为"灵魂反射"的东西(Pavlov,1906)。像很多伟大的发现一样,巴甫洛夫的发现有一部分是偶然的,即使他有觉察到它意义的洞察力。他的被试是用皮带拴在一个小房间的狗(见图6-1)。它们的唾液由一个通过外科手术固定在唾液腺上的试管收集。巴甫洛夫先对狗呈现肉然后收集唾液。随着研究的进行,他发现狗适应了实验的过程并且会在肉呈现之前分泌唾液,即当它们听到用来呈现肉的机器发出响声的一瞬间就会开始分泌唾液。

被这个意外的发现所启发,巴甫洛夫决定做进一步探究。他将多种刺激与肉一同呈现。在一些实验中,他用了一个简单的听觉刺激,即呈现一种声音。在声音和肉同时出现许多次之后,单独呈现这个声音发生了什么?狗开始对单独呈现的声音进行分泌唾液的反应了!

一只狗在听到声音的时候分泌唾液有什么重大意义呢?重点是开始的时候声音是作为中性刺激出现的。它原来并不会促使唾液产生,巴甫洛夫通过把可以促使唾液分泌的肉和声音一起呈现改变了这一点。通过这个步骤,这个声音就取得了激发唾液反应的能力。这样的学习联结被认为是构建整个学习过程的基石。巴甫洛夫发现的是:在一个有机环境中学习的联结是通过事件建立起来的。在这个发现的基础上,他建立了一个宏大的学习理论来试图解释情绪、气质、神经质和语言等方面(Windholz,1997)。他的研究和理论被证明对世界产生了巨大的影响并且持续至今(Boakes,2003;Marks,2004)。

图6-1 经典条件反射装置

实验时的装置安排与图中描述相似(Yerkes & Morgulis,1909),一直被用来讲述经典条件反射,尽管巴甫洛夫的原始装置与这个相比更简易一点。狗被带子固定住。一个音调被用作条件刺激(CS),肉的呈现作为非条件刺激(US),管子被插进狗的唾液腺,从而可以准确测量它的唾液反应。左侧的笔和旋转的纸鼓用来维持对唾液流的记录。巴甫洛夫当初用来收集唾液的简易装置如图所示。

资料来源:Adapted from Yerkes, R. M., & Morgulis, S. (1909). The method of Pavlov in animal psychology. *Psychological Bulletin, 6,* 257–273. American Psychological Association. INSET SOURCE: From Goodwin, C. J. (1991). Misportraying Pavlov's apparatus. *American Journal of Psychology 104(1),* 135–141. © 1991 by the Board of Trustees of the University of Illinois.

俄国杰出的生理学家巴甫洛夫(中间白胡子)在向周围的研究人员讲解他的关于狗的经典条件反射实验。

> **真相核查**
>
> **误解**
> 在巴甫洛夫的条件反射范例中,条件刺激是铃铛的铃声。
>
> **事实**
> 正如邻图卡通画所展示的那样,巴甫洛夫研究中的细节这几年一直都被人们所曲解。巴甫洛夫的确尝试过用铃声作为条件刺激,但是在他的 1906 年的经典文章中说到,铃声并不是一个很有效的刺激,因为铃声会让狗受到惊吓并且干扰它们的行为(Goodwin, 1991)。巴甫洛夫运用了许多条件刺激,音调是最好的刺激。

术语和步骤

经典条件反射有着它自己的特殊词语。虽然它在初学者看来有些吓人,但是这些术语并非那么复杂。巴甫洛夫发现的肉和唾液分泌之间的联系是天生的,非习得的联结。它不必通过条件反射来形成,因而被叫作非条件反射联结。同样,一个**非条件刺激**(unconditioned stimulus,US)是可以不通过以前的条件反射而激发非条件反应的刺激。一个非条件反应(unconditioned response,UR)是不通过以前的条件反射而对非条件刺激产生的一个非习得性的反应。

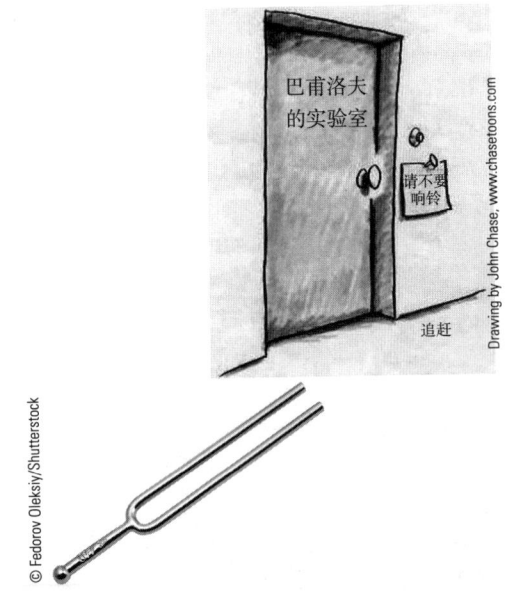

与之形成对比的是,音调和唾液之间的连接是通过条件反射建立的联系,所以才被叫作条件反射连接。同样,一个**条件刺激**(conditioned stimulus,CS)是一个之前中性的刺激,它通过条件反射而获得了激发条件反应的能力。**条件反应**(conditioned response,CR)是由之前的条件反射形成的由条件刺激所引发的一个习得性的反应。在巴甫洛夫先前的研究中,UR 和 CR 都是唾液。当被 US(肉末)激发的时候,唾液是一个非条件反应。当被 CS(音调)激发的时候,唾液是一个条件反应。尽管条件反应和非条件反应是由同样的行为构成的,它们之间还是有微妙的不同。条件反应通常会更弱和更不敏感,在有些情况下,CR 和 UR 是完全不同的,不过是紧密联系的。举个例子,如果一个动物被给予了一个打击作为 US,非条件反应是疼痛,但是条件反应是对即将发生的疼痛的恐惧。在任何事件中,条件反射的步骤通过图 6-2 进行说明。

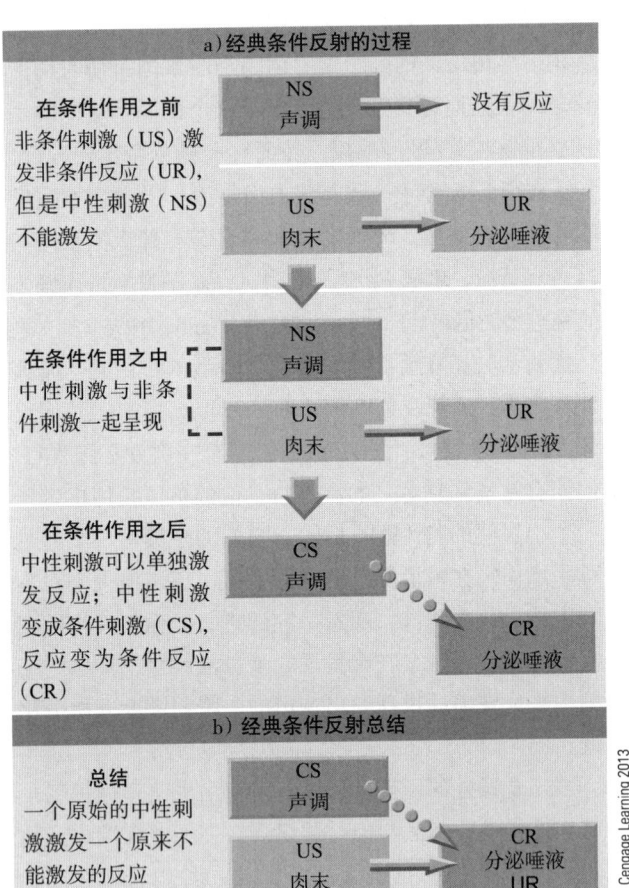

图 6-2 经典条件反射的结果

a) 从上到下记录了三个部分,以巴甫洛夫的初始装置为例。当你看到书中其他关于经典条件反射的例子时,你会看到很多类似 b) 中所示的范式,每一个都为经典条件反射提供了特殊的实例。

巴甫洛夫的"灵魂反射"被叫作条件反射。经典条件反射的反应按照传统被叫作反射和被激发(elicited)。

因为它们中大多是自动的或者自发的。最后，在经典条件反射中的一次过程（trail）是由任何一个或者一组刺激的出现构成的。心理学家对建立一个条件性联结需要多少过程这个问题很感兴趣。根据不同的情况，这个数字也会有所不同。尽管经典条件反射是慢慢形成的，但是它也可以快速发生。有时只要 CS 和 US 成对出现一次就可以。

日常生活中的经典条件反射

在实验室环境下的经典条件反射中，研究者基本和极度简单的反应打交道。他们最喜爱的反应包括眼睑闭合、膝跳反射、四肢弯曲等。对这样简单反应的研究已经被证明有足够的实践性和多产性。但是，这些反应并不足以包含日常生活中由经典条件反射所形成行为的丰富多样性。让我们看一下一些日常生活中经典条件反射的例子吧。

1. 条件性害怕和焦虑

经典条件反射经常在塑造诸如恐惧之类的情绪中扮演重要角色。恐怖症是这样反应的一个很好例子。患有恐怖症病人的个案研究表明，很多不理性的恐惧可以追溯到包含条件反射的经历中（Antony & McCabe，2003；Mercklebach，2011）。很容易想象这些条件反射在实验室外如何发生。例如，我有一个学生曾经患有严重的对桥的恐惧，她可以指出作为恐惧来源的童年经历（见图 6-3）。每当他们要去看她祖母的时候，他们必须穿过一座在乡下的摇摇晃晃的老桥。她的父亲，想要表现一下幽默却弄错了方式，会在桥上短暂停留而且讲这是一个巨大的危险，这个女孩被父亲的玩笑吓到了。这样一来，这个桥就变成了激发害怕情绪的条件刺激。这种害怕扩散到了所有的桥并且 40 年后她依旧被恐惧所困扰。

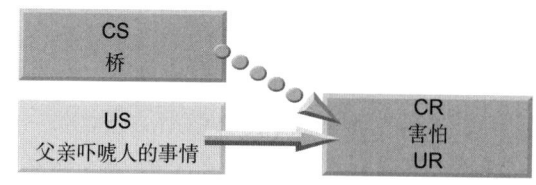

图 6-3　恐惧反应的经典条件反射

很多本令人困惑的情感反应都可以用经典条件反射解释。在一个女人对桥的恐惧实例中，她对桥的恐惧来自她父亲的战略恐吓，后来变成了对刺激物桥的条件反射。

资料来源：© Cengage Learning 2013.

比恐惧更轻的日常害怕情绪反应可能也是由经典条件反射引起的。现在，如果你听到牙医钻头的声音会退缩害怕，这就是一个 CS 激发了你的害怕。这并不是说以上经历和这个刺激联系起来自动地导致了条件性害怕或者恐惧。害怕的条件反射是否发生受很多因素的影响，有些人比其他人更不容易获得条件反射性的害怕，可能这是他们基因成分引起的（Hettema et al.，2003）。

2. 其他的条件性情绪反应

经典条件反射不止局限于产生害怕这样的不愉快情绪。很多愉快的情绪反应也是通过经典条件反射获得的。看一下下面这个例子，一个女人给一个报社记者写了一封信，信的内容是请求某公司重新生产一种已经停产的产品——Beemans gum（一种口香糖）。她写道：

那年我遇见查理，我猜初恋都是一样的，查理和我经常一起出去……他嚼口香糖而且抽烟……我们会去所有充满激情的场所，例如汽车影院和停车场，我们相互依偎在一起……（但是）查理和我后来分开了，我们最终都和不同的人结婚。

有趣的是……很多年来，香烟和口香糖混起来的味道让我的膝盖发软，对我来说，这种味道就是查理，当我闻到香烟和口香糖，我就感觉像有蝴蝶在我的肚子里跳舞一样。

作者很明显对香烟和口香糖的味道有一个独特而且长期持续的情感反应，这个愉悦要归功于经典条件反射（见图 6-4）。

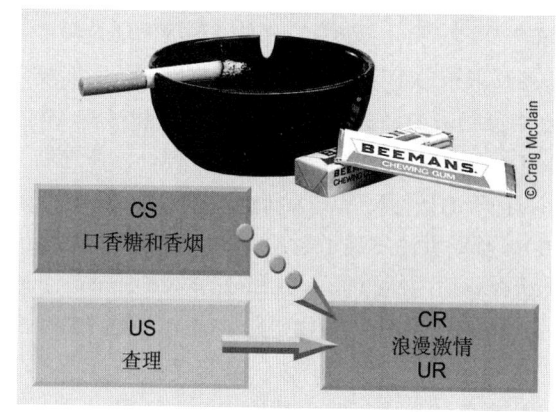

图 6-4　经典条件反射与罗曼蒂克

愉悦的情感反应也可以是通过条件反射获得的，如对口香糖的香气和香烟的条件反射。

资料来源：© Cengage Learning 2013.

这个例子只是常见的条件反应中的一瞥。很多和只用一种特定香水的女人恋爱的男人都表示这种香味会带来愉悦。同理，和男朋友或者女朋友联系起来的音乐也会引发愉悦的情绪，圣诞音乐会引发很多人积极的情绪。

3. 条件反射和心理反应

经典条件反射不仅仅影响行为，它同样也影响心理过程。例如，免疫系统可以被心理因素影响，包括条件反射（Ader, 2001, 2013）。Robert Ader 和 Nicholas Cohen（1984, 1993）发现经典条件反射的步骤可以导致免疫抑制，即一种降低抗体生产的反应。在一个典型的研究中，动物在被注射了一种会产生免疫抑制的药物（US）的同时被给予了一种尝起来很独特的液体。当药物导致的免疫反应结束后，一些动物被重复给予 CS，让它们喝那种液体，对抗体生产量的测量结果显示被给予 CS 的那些动物表现出了被抑制的免疫反应（见图 6-5）。

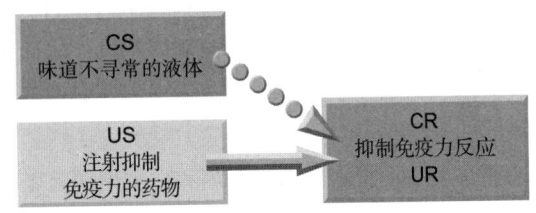

图 6-5 免疫抑制的经典条件反射

当中性刺激与能引起免疫机制的药物同时出现时，它可以变成一个自身可以引起免疫机制的条件刺激，因此免疫反应也可以被经典条件反射影响。

资料来源：© Cengage Learning 2013.

研究也指出了经典条件反射可以影响性唤起（Pfaus, Kippin, & Centeno, 2001）。例如，研究发现鹌鹑可以通过条件反射被一个中性的非性刺激物唤起，比如和交配机会结合起来的红灯（Domjan, 1992, 1994）。条件性刺激甚至可以促进雄性鹌鹑的射精，即一种在进化上有着明显优势的条件反应（Domjan, Blesbois, & Williams, 1998）。研究者还发现了经过条件反射的鹌鹑发展出了对无生命物质的性恋癖好（Cetinkaya & Domjan, 2006; Koksal et al., 2004）。动物研究可能为人类性交行为的研究指明了方向：性感内衣、渲染情绪的音乐、点燃的蜡烛和那些经常伴随着性活动的事件都有可能成为激发性唤起的条件刺激（如你所想，这样的假设可能很难通过人类被试来进行验证）。经典条件反射可能也是引起人类恋物癖的因素，如果鹌鹑可以被训练着由一盏红灯性唤起，看起来人类也可能通过条件反射被像鞋子、靴子、皮革和内衣这样伴随着性关系的物品所唤起。

4. 人们对评价性条件反射的态度

巴甫洛夫条件反射也能影响人们的态度。在最近几十年，研究者对经典条件反射的一种子型，即称为评价性条件反射显示出了极大的兴趣。**评价性条件反射**（evaluative conditioning）指的是由其他积极或者消极刺激同时出现而引起的对一个刺激的喜好程度的改变。换句话说，评价性条件反射包括通过经典条件反射而习得的喜欢和厌恶，或者说偏好。大体上，一个中性刺激伴随着一个引发积极反应的非条件刺激，这样，中性刺激变成了激发相似积极反应的条件刺激。例如，在一个近期研究中，伴随着两种不知名品牌汽水的令人愉悦的音乐对于被试对该汽水的喜爱程度有重大影响（Redker & Gibson, 2009）。另外一个研究表明，把一张有吸引力的人脸和不同的薄荷品牌结合会影响被试的品牌偏好（Stick, Holland, & van Knippenberg, 2008）。在另一项调查之中，和两种类型的运动饮料相结合的有趣卡通人物会增加被试对于这两种饮品的喜爱程度（Strick et al., 2009；见图 6-6）。

显然，广告公司一直利用评价性条件反射（参照本章批判性思维应用部分）。广告商经常把自己的商品和那些能激发愉悦情绪的 US 结合起来（Till & Priluck, 2000）。最常用的策略是在展示一款产品的同时伴随着有吸引力的人或者令人愉悦的环境。广告者希望这些配对会让他们的产品成为可以激发愉悦情绪的条件刺激。举个例子，汽车制造商喜欢在优美的户外环境中展示他们的跑车来激发人们积极的情绪和对过往假期怀念的想法。

一项最近辩论的来源是评价性条件反射是不是一种特殊的经典条件反射类型。一些研究表明态度可以通过评价性条件反射塑造而不会引起被试的觉察（Olson & Fazio, 2001），而且评价性条件反射可以有很长的持续时间（Walther, Nagengast, & Trasselli, 2005）。其他的研究表明了意识觉察对评价性条件反射非常关键（Stahl, Unkelbach, & Corneille, 2009），而且并不表现出异常的持久性（Lipp, Oughton, & LeLievre, 2003）。到目前为止在这个问题上，研究者还未达成一致。但是，很多的实验证据支持评价性条件反射可以影响人们的态度（Hofmann et al, 2010）。

经典条件反射的基本步骤

经典条件反射经常被描述成不可避免的导致一定结果的机械步骤，这种看法反映了一个事实：大多数条件反应是反射性质的而且难以被控制，如巴甫洛夫的狗就很难忍住不分泌唾液。相似地，大多数患有恐惧的人抑制自己的害怕都很困难。但是，这种把经典条件反射看作"不可抗拒力量"的观点是有误导性的，因为它没有考虑到诸多影响经典条件反射的因素（Kehoe & Macrae, 1998）。在这一部分，我们会关注经典条件反射基本的过程以呈现这种学习形式的多样性。

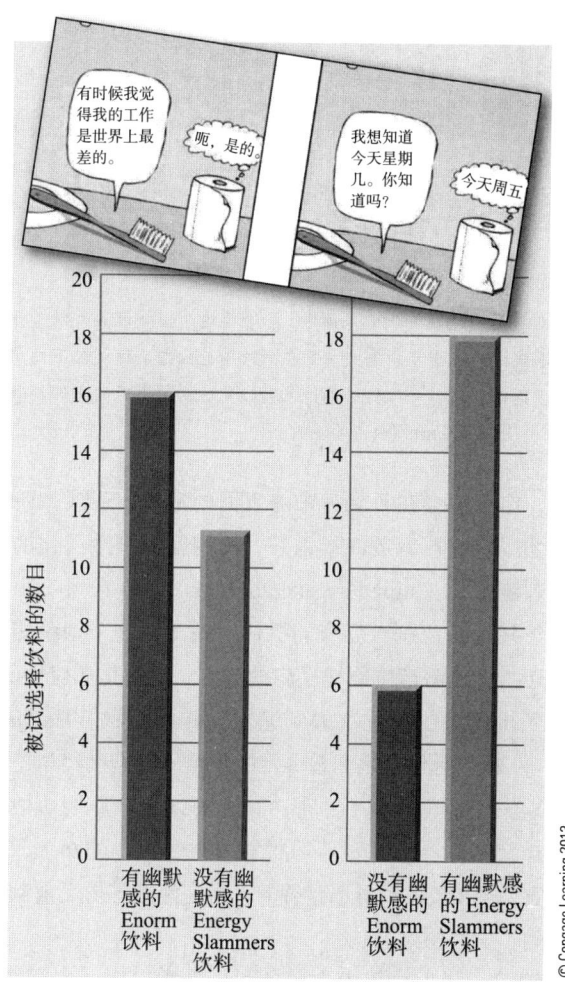

图 6-6　条件反射与幽默

Strick 等人（2009）将 10 个幽默或不幽默的漫画与两种能量饮料搭配，不幽默的漫画是由幽默的漫画改掉里面好笑的文字而变得不幽默的。将能量饮料与幽默的漫画配合出现时会提高被试对那种饮料的好感。这种好感会影响被试后续购买饮料时的选择。当 Enorm 这种饮料与幽默的漫画一起出现时，被试更倾向于购买它，而当 Energy Slammer 这种饮料与幽默的漫画一同出现时，它被选择的概率更高。

资料来源：Adapted from Strick, M., van Baaren, R. B., Holland, R. W., & van Knippenberg, A. (2009). Humor in advertisements enhances product liking by mere association. *Journal of Experimental Psychology: Applied, 15*, 35–45. Figures 1 and 4. Copyright © 2009 American Psychological Association.

1. 习得：形成新的反应

我们已经讨论过习得过程，只是没有给它命名。**习得**（acquisition）是指学习某些东西的最初阶段。在巴甫洛夫理论中，习得一个条件反应依赖于持续刺激，或者刺激在时间和空间上的同步出现。

刺激的持续性非常重要，但是学习理论学家现在意识到了单纯的持续性不能独自产生条件反射（Miller & Grace, 2003）。人们每天包围在可能被成对接收的无数刺激当中，但只有一些配对过程形成了经典条件反射。想想那个对 Beemans gum 和香烟混合味道有情绪反应的女人。毫无疑问，她和她男友查理在一起的时候也会共同接受其他刺激，他抽烟，那么烟灰可能会出现，但是她看见烟灰不会膝盖发软。

如果条件反射并不是对一个情境中的所有刺激都会产生，那么是什么决定了它的出现呢？证据表明相比于那些一般的刺激，那些新的、不同寻常的或者特别敏感的刺激有较大的可能成为 CS，可能是因为它们在其他刺激中会显得更加突出（Hearst, 1988）。

2. 消退：减弱条件反应

幸运的是，刚刚形成的刺激反应联系不一定会无限期延续下去。如果它可以这样，学习会变得僵化，机体也不能适应新环境。相反地，恰当的环境会产生**消退**（extinction），即一种条件反应逐渐弱化和消失的趋势。

当条件刺激持续地单独出现，不伴随着非条件刺激的出现，衰减就会发生在经典条件反射中。例如当巴甫洛夫为一条之前被进行过条件反射训练的狗，给予持续单独的音调刺激，那么渐渐地，音调便失去了激发狗唾液反应的能力。这样一个事件序列在图 6-7 中有描述，这个图显示了随着一连串条件反射试次（trail）的进行狗的唾液量变化。注意唾液反应在衰减过程中的减弱。

举一个实验室环境之外的例子，让我们假设你听到一个牙医钻头的声音会退缩，这和过去的痛苦有联系。你从事了一个牙医助手的工作而且开始听钻头的声音（CS）日复一日，但是却没有感觉到疼痛（US）。你的退缩反应会渐渐地减弱和消失。

需要多久来消除一个条件反应呢？这取决于很多因素，特别重要的一个是当衰减开始时，条件性联结有多强。有些条件反应消退得很快，有些则很难减弱，条件性的害怕似乎很难削弱。

3. 自然的恢复：反应的复苏

有些条件反应可以在被消除之后"死灰复燃"。学习理论家用词组自然恢复来描述这样的重生。**自然恢复**（spontaneous recovery）是一个已经消退的反应在经过一段未暴露在条件刺激下的时间之后重新出现。

巴甫洛夫（1927）在他早期的几个研究中观察到这个现象。他完全消除了狗对于音调的唾液分泌（CR）。然后他把狗送回狗笼做一个"间隔休息"（一段时间不在 CS 条件下暴露）。晚些时候，当狗被带回到实验室重新做测试的时候，声音出现后唾液分泌反应再次出现了，即使这个反应重新出现，唾液量也比峰值低很多。如果巴甫洛夫再一次持续单独呈现 CS，这个反应会迅速地再次消除。但是，在有些狗身上，经过笼子里的另外一段时间后，这个反应再次自然恢复（通常比第一次更弱）（见图 6-7）。

更多的近期研究发现了一个相关的现象叫作**重新开始效应**（renewal effect），即如果一个反应在一个与它形成的环境不同的环境中被消除，这个动物再一次回到了习得过程发生的环境中，被消除的反应会再次出现。这个现象自然恢复，说明了衰减作用抑制了反应而不是消除了学习联结。换句话说，衰减不见得导致学习消除（unlearning）（Bouton & Woods, 2009）。这个自然恢复和重新出现效应的理论意义是复杂的而且是某些争议的主题。但是，它们的应用意义却是简单的。即使你消除了不想要的条件性反应（比如听到牙医钻头的声音就退缩），它们还是有很大机会令人吃惊地重新出现。这也许解释了人们为什么决心戒掉香烟、毒品、不好的饮食习惯一段时间之后会重新拾起他们的坏习惯（Bouton, 2000, 2002）。重新开始效应是条件性害怕和恐惧难以永久去除的一项原因（Hermans et al., 2006）。

4. 刺激泛化和小阿尔伯特的案例

条件反射出现之后，机体经常表现出一种趋势，不只是对精确的 CS 反应也对与之相似的刺激反应。举个例子，巴甫洛夫的狗可能会对一种不同的音调起唾液分泌

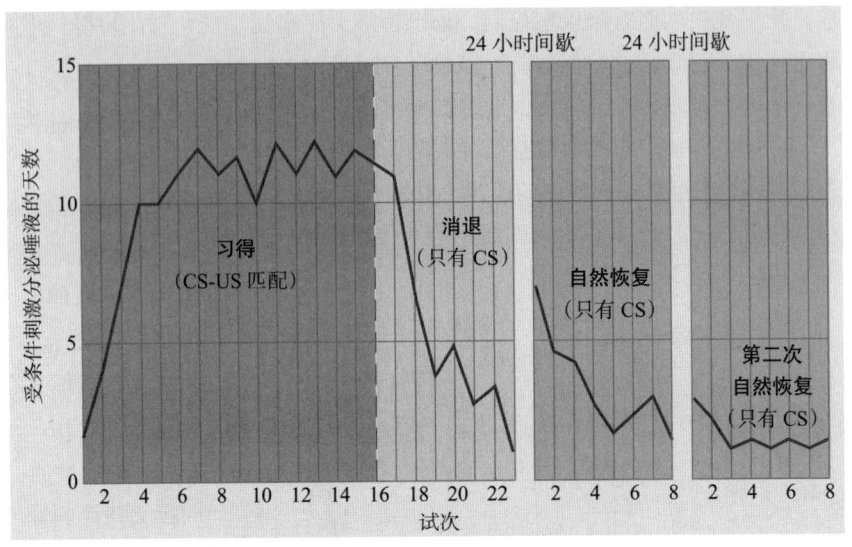

图 6-7　习得、消退和自然恢复

在习得过程中，狗条件反应的强度（通过唾液量来衡量）增长迅速，当接近最大值时开始减少。在消退过程中，条件反应不规律地减少直到消失。狗在一段不暴露在条件刺激下的"休息"时段后，自然恢复就发生了，条件刺激再一次引起条件反射。单独反复出现的条件刺激再次消失，但在另一段中途休息后，一个更弱的自然恢复会出现。

反应，你可能会在听到一个珠宝商的钻头声音就像听到一个牙医钻头声音的时候退缩。这些就是刺激泛化的例子。**刺激泛化**（stimulus generalization）发生在当一个学到对于某个特定刺激反应的机体对一个与这个刺激相似的另外一个刺激产生同样反应的时候。泛化是适应性的，考虑到机体很少再一次遇到完全一样的刺激（Thomas, 1992）。刺激泛化也是非常寻常的事情。我们已经讨论过一个现实生活中的例子：那个由于每次过一座旧桥的时候都被父亲惊吓而在童年习得对于桥的恐惧的女人，最初她害怕的 CS 是只对那座桥的，但是她的害怕无限制地泛化到了所有桥梁上。

约翰·华生，行为主义的另一个奠基者（参照第 1 章），做了一个很有影响力的关于泛化的早期研究。华生和一个同事 Rosalie Rayner，在一个 11 个月大的婴儿，心理学界记载为"小阿尔伯特"身上考察了条件性恐惧的泛化。像很多其他婴儿一样，小阿尔伯特最初并不害怕活的白老鼠。然后华生和 Rayner（1920）把这只老鼠的出现和一个巨大的令人吃惊的声音匹配在一起（用一个锤子敲击一块金属发出"哐"的一声），小阿尔伯特的确对这个巨大的声音表现出了恐惧。在几次老鼠和"哐"的配对之后，老鼠作为 CS 激发了害怕的反应（见图 6-8）。5 天之后，华生和 Rayner 把小阿尔伯特暴露在其他的白

色有毛的像老鼠的刺激下，他们发现小阿尔伯特的害怕反应泛化到了很多刺激，包括兔子、狗、皮毛大衣、圣诞老人面具和华生的头发。

小阿尔伯特身上发生了什么？他长大之后还会对圣诞老人心存恐惧吗？几十年来，有无数的思考，因为没有人知道小阿尔伯特是谁，他身上发生了什么。小阿尔伯特在华生和Rayner消除他们在他身上创造的恐惧反射之前被家人从进行研究的医院中接走了。华生和Rayner因为没能够保证小阿尔伯特不受负面作用困扰而被严厉地批判。按照今天严格的研究道德标准，他们没能这么做显然是玩忽职守，但是在那个时代很常见。最近，谜案发生90年之后，一个研究历史的团队致力于追踪小阿尔伯特的下落并解释他为什么凭空地消失了（Beck, Levinson, & Irons, 2009）。结果发现他的真名叫Douglas Merritte，是一个在华生的实验室旁边工作的奶妈的儿子。令人悲伤的是，他只有一个很短的人生，他在6岁的时候由于脑积水而夭折了，有关他短暂一生的信息很少，所以我们永远都不会知道他是否经历过任何由于参加这个心理学史上最传奇的实验而带来的不好的影响的折磨。

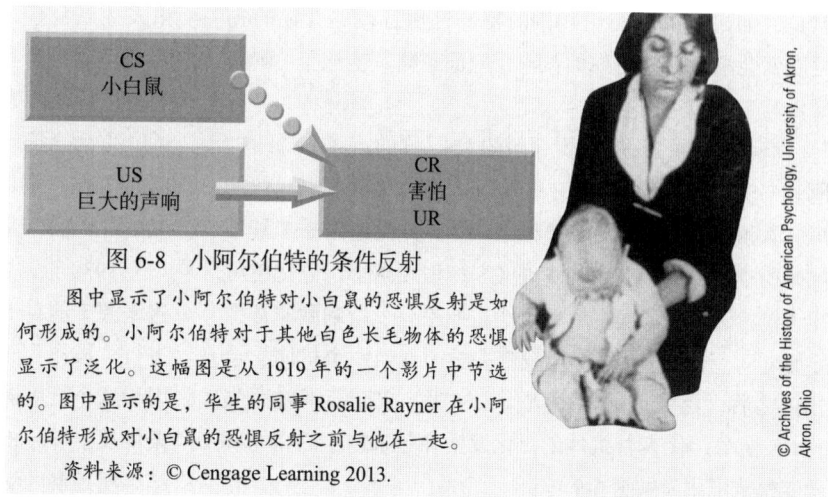

图6-8 小阿尔伯特的条件反射

图中显示了小阿尔伯特对小白鼠的恐惧反射是如何形成的。小阿尔伯特对于其他白色长毛物体的恐惧显示了泛化。这幅图是从1919年的一个影片中节选的。图中显示的是，华生的同事Rosalie Rayner在小阿尔伯特形成对小白鼠的恐惧反射之前与他在一起。

资料来源：© Cengage Learning 2013.

对一个新刺激泛化的可能性和程度取决于新刺激和原来CS的相似性（Balsam, 1998）。控制泛化的基本定律是这样的：新异刺激越像原来的CS，泛化程度越高。这个原则可以在一个被称作泛化成分的图中显示出来，就像图6-9所展示的那样。这些泛化成分图显示出了一只对1200赫兹音调条件反射的狗可能如何对其他音调反应。正如你所看到的，泛化的强度随着新异刺激与原有CS的相似度下降而下降。

这个泛化过程可能有很重要的意义，举个例子，看起来它与惊恐障碍，即一种突发的没有先兆的而且经常复发的过度焦虑的形成有关（见第15章）。近期研究指出惊恐病人有过度泛化的倾向，就是说当被暴露在引起焦虑的刺激之下时，相对于控制组被试，惊恐病人会有更加宽阔的泛化成分（Lissek et al., 2010）。这样一来，对于一个特殊的恰巧惊恐发作的刺激环境（比如一个特定的商场）的条件性恐惧会泛化到相似的情景（所有的商场），这也促进了病人惊恐障碍的发展。

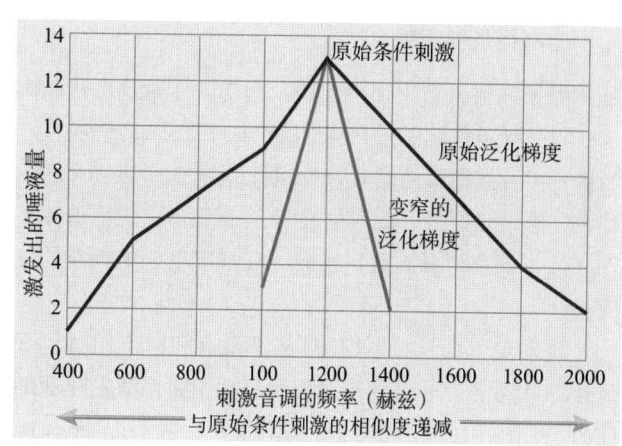

图6-9 泛化因子

在一个对刺激泛化的研究中，机体（狗）对一个特定的条件刺激形成反射，如一个1200赫兹的音调，机体的反射变化图称作泛化梯度。如图中所示，泛化程度随着新刺激与原CS之间相似程度的降低而降低，当机体逐渐学会区分CS和相似刺激，泛化梯度会围绕着原CS变窄（图中灰色所示），然后使用一个类似的刺激，如400～2000赫兹的其他音调。

5. 刺激分化

刺激分化刚好是刺激泛化的反面。**刺激分化**（stimulus discrimination）发生在当一个学到对于某个特定刺激反应的机体对一个与这个刺激相似的另外一个刺激不产生同样反应的时候。像刺激泛化一样，分化也是适应性的，因为一个动物的生存可能取决于他能否分辨敌人和朋友，或者有毒的食物（Thomas, 1992）。如果它们能够有充足的共存经历，机体可以渐渐地学会分辨原先的CS和相似的刺激。现在，让我们假设你的宠物狗每次听到你的汽车停靠在路边都会在附近跑，兴奋地摇尾巴，最初它可能会对所有停在路边的汽车反应（刺激泛化），但是，如果你的车有可辨别的特异性声音，那么你的狗可能就会渐渐地只对你的汽车反应而忽略其他汽车（刺激分化）。

刺激分化的发展需要原始的 CS（你的汽车）持续性地和 US（你的到来）成对出现，其他的相似刺激（别的车）不和 US 配对出现。像泛化一样，分化也由一个基本规律所支配：新刺激和原来的 CS 相似度越小，分化越可能（或者说容易）发生。相反地，如果一个新刺激非常像原始 CS，分化将会变得比较难去学习。当一个机体学会分化之后，泛化成分会变成什么样呢？它渐渐围绕原先的 CS 变窄，代表着机体的泛化发生在越来越小的相同刺激变化范围中（见图 6-9）。

6. 高级条件反射

想象你要进行下面的实验。起初，你通过声音和肉末一起呈现条件化了一只狗对这个声音产生唾液的反应。当这个声音被稳固地建立为 CS 时，你把这个声音和新的刺激，假设是红灯，配对呈现 15 个试次。然后你单独呈现红灯，没有声音。这只狗会对红灯产生分泌唾液的反应吗？

答案是"是"。即使红灯从来没有和肉末同时呈现过，红灯还是会通过和声音一起呈现来获得激发唾液的能力（见图 6-10）。这是一个**高级条件反射**（higher-order conditioning）的演示，高级条件反射中，一个条件刺激行使了一个非条件刺激的功能。高级条件反射表明了经典条件反射不依赖于纯粹的、自然的 US。一个已经建立的 CS 也可以发挥作用。在高级条件反射中，新的条件反应是建立在已经存在的条件反应的基础上的。人类的很多条件反应是高级条件反射的产物（Rescorla，1980）。举个例子，很多司机看到警车的颜色会感到焦虑，即使他们在安全限速以下。这个反射反应是高级条件反射的一个例子。在过去，警车的视觉刺激可能和一张交通罚单联系在一起，交通罚单是一个先前建立的 CS。

操作性条件反射

巴甫洛夫认识到经典条件反射不是唯一的条件反射形式，经典条件反射能够最好地解释由发生在反应之前的刺激控制的反射反应。但是，人类和其他动物有很多反射都不符合这个模式。考虑这个你正在进行的行为：学习。这明显不是一个反射（如果是的话，生活会简单很多）。管理它的刺激（考试和成绩）并不发生在它之前，相反，你的学习主要被反应之后的刺激事件影响，尤其是它的结果。

1930 年，这种学习被斯金纳命名为操作性条件反射。这来源于他对于这种反射类型的看法，机体在这个环境下进行"操作"而不是简单地对刺激做出反应，学习发生是因为这个反应被它之后带来的结果影响了。因此，**操作性条件反射**（operant conditioning）是一种反应被它所带来的结果所控制的学习模式。学习理论家一开始区分经典条件反射和操作性条件反射为两种分离的学习形式，经典条件反射管理着反射性、非自主反射，操作条件反射则管理着自主性反射。这种区分在大多数时候都是正确的，但也不是绝对的。有些理论家认为经典条件反射和操作性条件反射应该被看作一个单一学习过程的两个不同方面。

斯金纳的研究：一切都是结果的作用

斯金纳非常欣赏巴甫洛夫的研究并且把它作为他自己理论的基础，甚至借用了一些巴甫洛夫的术语（Dinsmoor，2004）。就像巴甫洛夫一样，斯金纳（1953，1969，1984）也做了一些看似简单后来变得很有影响力的实验，但他的开始有些艰难。他的第一本书《有机体的行为》（1938）在它首印的前 4 年只卖出了 80 本。但是斯金纳最终成为"世界上最著名的美国心理学家"，历史学家 Albert Gilgen（1982）说（P.97）。

操作性条件反射的基础原理非常简单。斯金纳提出机体更倾向于重复那些会带来良好结果的反应。这个基本原则体现在了斯金纳关于强化的概念中。**强化**

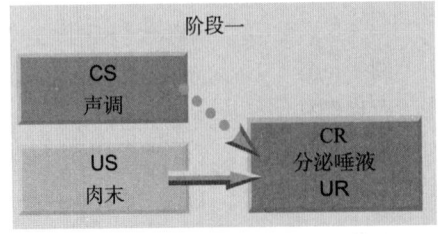 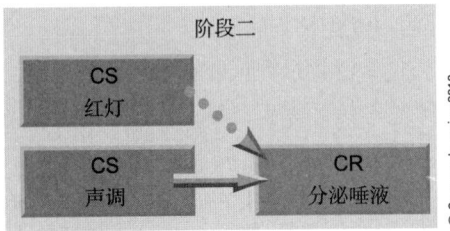

图 6-10 高级条件发射

高级条件反射包括两个阶段。在第一阶段，一个中性刺激（例如音调）与一个非条件刺激（例如肉末）同时呈现，直到中性刺激变成条件刺激可激发非条件反应（例如分泌唾液）。在第二阶段，另一个中性刺激（例如红灯）与之前的条件刺激同时呈现，因此另一个中性刺激就获得了激发非条件反应的能力。

（reinforcement）是指在一个反应后的事件，会增加机体重复那个反应的倾向。换句话说，一个反应会加强是因为它会带来正面的后续结果（见图 6-11）。

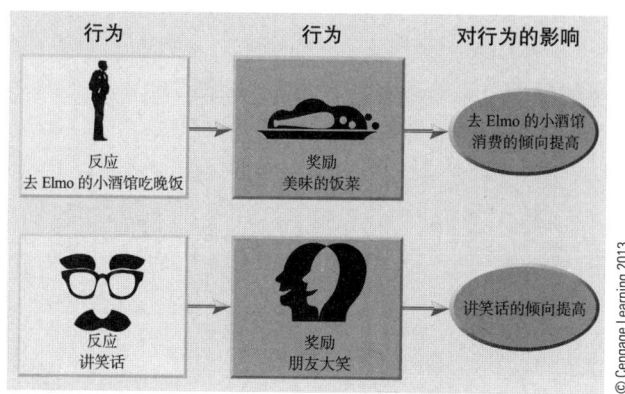

图 6-11 操作性条件反射的强化

根据斯金纳的观点，强化作用发生在反应后出现正反馈时，机体重复那个反应的倾向会增加。图中两个事例显示了操作性条件反射的基础前提是：自主行为是受它的后果控制的。这些例子涉及正强化（图 6-18 有正强化与负强化的对比）。

这个强化的原则也许简单，但它十分有力。斯金纳和他的支持者已经展示出了日常生活中的行为都是受到强化的管理。例如，你把钱放在饮料自动贩卖机里得到一个软饮作为结果。你去工作是因为这个行为能够为你带来收入。你讲笑话你的朋友会笑，所以你会再多讲一些。这种强化的原则明显管理着人类行为的复杂方面。

请注意，强化被定义为反应之后对行为的影响（加强反应）。有些一时对于一种机体是强化的东西，过一段时间就不一定还有用了（Catania，1992）。例如，食物在机体不饿的时候就不能起作用。同样地，有些对一个人可以作为强化物的东西对另一个个体可能就不管用。例如，父母的赞扬对于大多数孩子都可以作为一种强化物，但不是对每一个孩子都有用。要知道一个事件是不是强化物，研究人员必须看它是否取决于反应并观察反应的概率是否增加。

研究术语和过程

像巴甫洛夫一样，斯金纳创造了一个实验过程并且重复了上千遍。在这个实验过程中，一只动物，一般是鼠或鸽子，被放在一个称为斯金纳箱的盒子里。**斯金纳箱**（operant chamber or Skinner box）是一个封闭的小空间，动物根据做出的反应得到的结果再做出反应，他们的反应被记录，而那些后果是可控的。在设计给老鼠的箱子里，它们可以做出的反应就是按箱子里一侧设置的小杠杆（见图 6-12）。在为鸽子设置的箱子里，是在一侧墙上设置了一个小碟子。因为操作性反应是自主性的，所以他们更倾向于使用发出这个词而不是激发。

斯金纳箱允许实验人员控制会影响动物的强化物。**强化**（reinforcement contingencies）是指某一反应和它产生的环境变化之间的一致性关系。通常，实验者操纵着当动物做出符合期望的反应时是否给予积极结果。主要的积极结果一般是投递一小块食物进到箱子里的食物杯中。因为这些动物直到实验开始前都没有喂食，他们的饥饿确保了食物可以作为强化物。

大多数操作性条件反射的研究中关键的因变量是被试一段时间后的反应率。一个动物按压箱中杠杆或

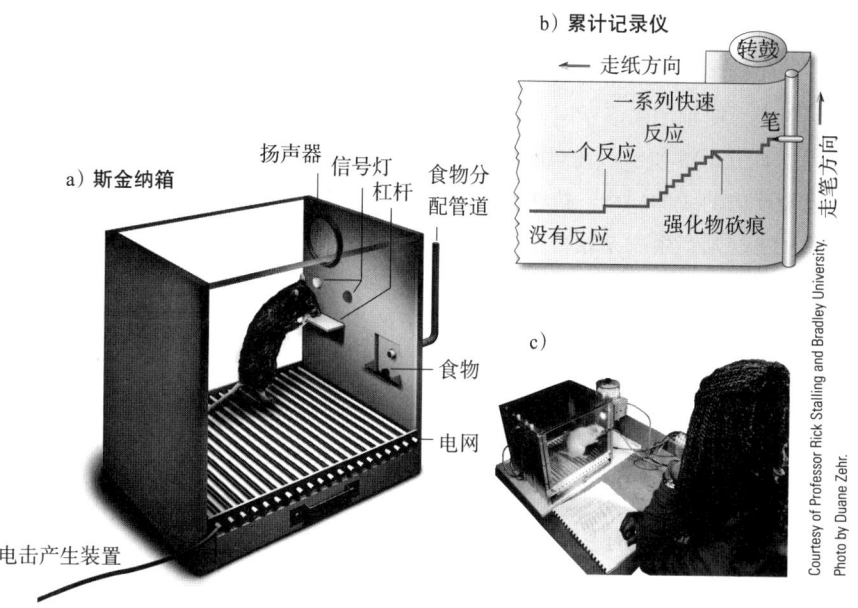

图 6-12 斯金纳箱和累计记录仪

图 6-12a 标注出了一些斯金纳箱中的关键元素。在这个为鼠设计的装置中，按压杠杆是这个实验中的反应。食物作为强化物会被投递到右侧的食物杯中。在图 6-12b 中，累计记录仪与箱子相连可以记录反应和强化物，图中所现为记录仪的一部分。整个过程随着纸张的移动而自动记录。每次鼠按压杠杆，笔都会随之向上移动一点，每次投递强化物会用一小段斜线标记。图 6-12c 呈现的是一个真实斯金纳箱的实验场景，可以看到实物。

碟子的次数被一个叫累计记录仪的设备持续监测（见图 6-12）。累计记录仪（cumulative recorder）记录了以时间为横轴的斯金纳箱中反应和强化的图像记录。记录仪通过一滚轴纸在一个可移动的笔下匀速移动来记录图像轨迹，当没有反应时，笔持续画出水平的直线，反映出时间，当反应发生时，笔向上移动，笔的移动为动物一段时间内的反应做出一个图像记录，笔也为每次投递强化物时做出标记。

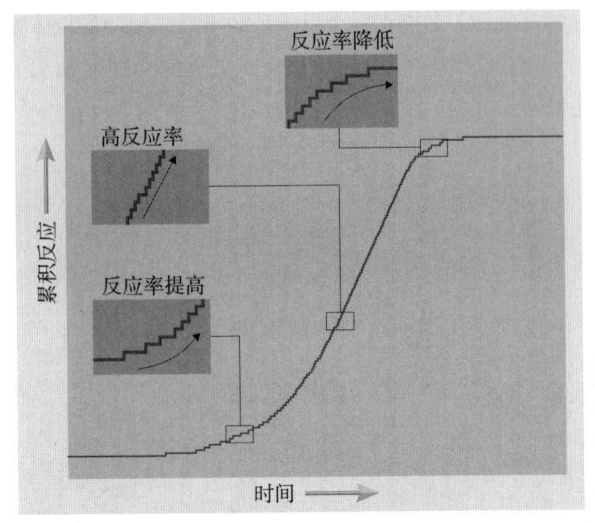

图 6-13　操作性条件反射的图像轨迹

操作性条件反射的结果一般是通过随时间变化的累积反应图像来表示。图中放大的部分说明了反应率增加就会体现为斜率越来越大的曲线（底部），高但稳定的反应率则体现为斜率稳定而陡的曲线（如图中段），降低的反应率则体现为逐渐平缓的曲线（顶部）。

"妈妈，我们不停地对小猫说'快快回家吧'，但是它一直待在我们身边不走。"

操作性条件反射研究的结果在图中反映了出来。在这些图中，横轴用来表示时间，纵轴被用来标识反应的累积，如图 6-13 所示。在对图像的解读中，重点考虑的是记录反应的线的斜率。快速的反应会有一条斜率大的图像，慢的则产生一条相对平缓的曲线，因为反应记录是累积的，所以曲线不会向下，只会在反应增多时向上或反应率变小时变得平缓。图 6-13 中放大的部分更好地显示了斜率与反应率之间的关系。

操作理论家在未经过学习的初始强化物与条件性的次级强化物之间做出分别。**初级强化物**（primary reinforcers）是因为能够满足基本生理需求的强化。一个物种初级强化的数目是有限的，因为它们的生理需求是固定的，对于人类，初级强化物包括食物、水、温暖、性或许还包括通过拥抱或亲密肢体接触表达的感情。**次级强化物**（secondary reinforcers）与初级强化物结合获得强化，在同一个物种中也可以出现各种不同的次级强化物，因为它们取决于学习。对于人类来说，次级强化物包括金钱、好成绩、注意力、赞扬、掌声等。相似地，人们会通过学习发现有形的衣服、跑车、珠宝和假期等的强化。

操作性条件反射的基本过程

尽管操作性条件反射原理十分简单，但很多包含在操作性条件反射中的其他过程使得这种学习形式和经典条件反射一样复杂。事实上，一些相同的过程同时涉及了这两种条件反射。这个部分，我们将会讨论操作性条件反射的获得、消退、泛化和分化。

1. 获得和塑造

就像在经典条件反射中，操作性条件反射的获得是指在学习到一种新的反应模式的初始阶段。但是创造一个操作性反应与创造一个典型的条件反应方式是不同的。操作性反应通常是一个叫作**塑造**（shaping）的过程形成的，这个过程是由反复进行强化接近目标反应直到反射形成。

当机体自身不具备做出目标反应的能力时，塑造就是很必要的。例如，当小白鼠第一次被放入斯金纳箱的时候，它可能根本就不会去按压杠杆。在这种情况下，实验者就要通过每当小白鼠靠近杠杆就投递食物的方式进行塑造。在这个反应频率变高了的时候，实验者开始要求更靠近目标反应，可能只有当小白鼠碰到了杠杆时才会投递食物。随着强化物增加了小白鼠去触碰杠杆的倾向，小白鼠会开始自发地按压杠杆，终于为实验者提供了强化指定反应的机会。这些强化物会逐渐增加按压杠杆的概率。

塑造的机制就是训练动物表演一些技巧的关键。当你去动物园马戏团或海洋公园看到会骑车的熊、会弹钢琴的猴子、会跳跃过圈的鲸时，你看到的就是塑造的结果。为了说明塑造技术的力量，有一次斯金纳训练了一批会玩天然版本的乒乓球的鸽子。他们会跑到乒乓球台的一端并且来回啄球。Keller 和 Marian Breland，一对夫妻心理学家受到斯金纳的影响开始训练动物并已达到上广告的目的。他们广为人知的技巧就是训练"Priscilla，一只挑剔的猪"学会打开收音机，在厨房的餐桌上吃饭，将弄脏的衣服放进篮子，使用吸尘器，使用购物车购物。当然，Priscilla 会在购物过程中从货架上选择赞助商的产品（Breland & Breland, 1961）。

2. 消退

在操作性条件反射中，消退是指反应的倾向由于反应后不再跟随出现强化物而逐渐消失的现象。只要之前提供的有效强化物停止，消退现象就会在操作性条件反射中发生。在小白鼠的实验室研究中，这意味着实验者不再在它们按压杠杆时投递食物。当消退过程开始，小白鼠的反应先会有一个大幅增加随后跟随着反应率的逐渐减少直至减少到零。人类行为中的消退现象中通常也能看到同样的情况。

在操作性条件反射中的关键问题在于机体在强化物停止后会出现多大的消退阻力。**消退阻力**（resistance to extinction）是指在强化物投递停止后机体仍会继续做出反应。消退阻力越大，反应的持续时间越长。人们通常想通过这样一个方式增强反应的持续。例如，很多父母很希望孩子在学习中遇到困难也就是没有收到强化物（好成绩）的时候也能继续努力做出学习的反应。同样地，赌场希望赌徒在输掉之后也能继续赌。因此，高水平的消退阻力在很多时候都被希望出现，而消退阻力取决于很多因素。这里最重要的就是在获得时使用的强化程序表，我们会在本章后文中做详细讨论。

3. 刺激控制：泛化和分化

操作性条件反射最终会受到它的结果的控制，机体学会了反应-结果（R-O）联系（Colwill, 1993）。但是反应之前的刺激也会在操作性行为上有影响。当反应后持续地跟随着在一个特定刺激下出现的强化物时，那个刺激就会变成一个信号标志着这个反应后面将导致那个强化物。一旦机体熟悉了那个信号，就会根据其做出反应。例如，当食物盘后的小灯亮的时候再给鸽子投递食物。灯不亮的时候鸽子就无法获得食物。鸽子迅速地学会了只有当灯亮的时候才会啄食物盘。那个光标志着强化物的出现，这就叫作刺激分化。**分化刺激**（discriminative stimuli）通过指示出反应的可能结果（强化或无强化）来影响操作性行为。

分化刺激在操作性行为的管理中十分重要。例如，鸟知道对捕虫强化可能是在雨后。孩子们知道在大人心情好的时候要糖果。司机知道要在下过雨的湿滑高速路上减速。人们的社会性行为也会受到分化刺激的影响。想一想找人约会的情景，人们只有当收到了很多强化（一个肯定的回答）的信号（如眼神接触、微笑、鼓励性的对话）才会谨慎地发出邀请。最近分化刺激管理行为的力量又得到了戏剧化的证明（Talwar et al., 2002）。研究发

塑造——机体因为很接近某个期望的反应而受到奖励的操作性技术——通常用于训练动物和教育人类。它是训练动物做出非天性行为的主要手段。Breland 和 Breland 著名的被试（1961）"普里西拉"，它被称为最著名的猪，如中间图所示。

现可能可以使用操作性过程来训练被《时代周刊》称为"roborats"的一种由无线电控制的小白鼠,让它可以在各种复杂环境下被操控(见图6-14)。

对于分化型刺激的反应是由刺激泛化和刺激分化的过程管理的。就像在经典条件反射中对条件刺激的反应一样。例如,想象一只猫一听到开罐头的声音就会立刻跑到厨房因为那个声音变成了一种分化型刺激的信号——它有可能要被喂食了。如果猫对厨房里某种新的声音(如搅拌机)也有了反应,那么这代表了一种刺激的泛化——对新的刺激也有像对原来的刺激一样的反应。当猫只对罐头起子的声音有反应而对搅拌器没有反应时则分化发生。

就像你在这一部分学到的一样,获得、消退、泛化和分化在操作性条件反射中是与经典条件反射中相同过程是平行的。表6-1则对两种条件反射做出了对比。

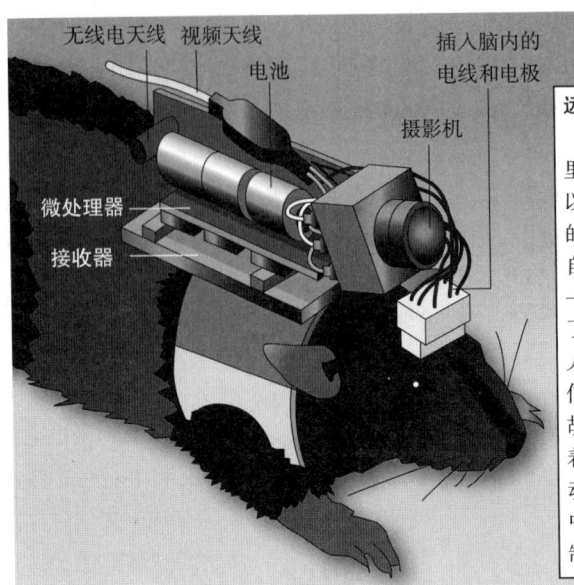

图6-14 远程遥控鼠:一个操作性条件作用的实例

远程控制啮齿动物

在小鼠大脑的三个区域里植入电极,一个区域可以接受来自小鼠右边胡须的信号,一个区域接受来自小鼠左边胡须的信号,一个区域是奖励中心。为了让小鼠向左或向右转,人类操纵者会发送无线电信号,刺激左边或右边的胡须区域。没有信号意味着小鼠要直走。正确的移动会受到位于小鼠大脑的中央奖励区域的无线电控制的刺激的强化。

在一个看起来比较科幻的研究中,Sanjiv Talwar及其同事(2002)运用操作性条件反射训练了一只小白鼠,它可以有很多应用,例如它可以在一栋倒塌的大楼里搜寻幸存者。如图所示,无线电信号可以指导小白鼠直走或是左转或右转,信号可以发回控制中心。这个设定中的强化物是一个引起小白鼠的大脑中愉悦情绪的电子刺激,它可以通过远程控制传递。整个过程就是一种扩展的塑造。

表6-1 经典条件反射与操作性条件反射基本过程的对比

过程与定义	经典条件反射的描述	操作性条件反射的描述
获得:学习的初始阶段	条件刺激与非条件刺激配对,逐渐形成条件反射	反应因为强化物的出现逐渐增加,可能经历塑造
消退:一种条件性反应倾向逐渐减弱、消失	条件刺激单独出现,直到不引起条件反射	在强化物停止呈现后,反应逐渐减慢、停止
刺激泛化:一个机体对除了原始刺激之外其他的刺激的反应	条件反射被其他类似于原始条件刺激的新刺激引起	反应在与原始刺激类似的新刺激出现时也会增加
刺激分化:机体对与原始刺激相似的刺激缺少反应	条件反射不被与原刺激类似的刺激引发	反应不会在与原刺激类似的刺激出现时增加

资料来源:© Cengage Learning 2013.

强化物的形式

在操作性条件反射时,一个好结果的快速出现会加强这个反应的发生,如果反应与好结果之间出现延迟,那么这个反应可能不会被增强。另外,研究显示反应与强化物投递之间的延迟时间越长,这个条件过程会进行得越缓慢(Mazur, 1993;McDevitt & Williams, 2001)。

例如,一个实验研究了小白鼠按压杠杆后立刻或延迟4秒或10秒后获得强化物的效果(Schlinger & Blakely, 1994)。你可以在图6-15中看到,4秒的延迟减慢了学习,而10秒的延迟则影响了按压杠杆反应的塑造。尽管人类可以接受的延迟时间比动物要长,但延时的强化也会影响人类被试。

很明显,机体会做出很多不会导致好结果的行为。如果人们每次考试、看电影、打高尔夫、约会或打销售电话时都会被强化就会很好了。但是在真实世界,大多数反应只有部分时间可以得到强化。那么这个事实会对强化物的效果有什么影响呢?为了知道答案,操作性心理学家在强化程式表影响操作性行为上投入了大量精力。

强化程序表(schedule of reinforcement)显示了应该怎样给予强化才能维持反应出现。最简单的形式是连续性强化。**连续性强化**(continuous reinforcement)是在每一次正确的反应出现后都会出现强化。在实验室,实验者在改用间歇性强化之前经常使用连续性强化来塑造和建立新的反射。**间歇性强化**(intermittent, or partial, reinforcement)是指几次正确反应后出现一次强化物。

你认为哪种强化能够形成更长持续时间的效果?是每次强化还是隔几次强化一次?研究表明,给予相同次数的强化，间接性强化得到的反应持续时间要比连续性强化的结果更持久（Falls，1998）。换句话说，当之前的强化是每隔一段时间出现的时候，机体会在强化被移除后持续反应更久。事实上，间断地投递强化物的强化时序表也有更大的消退阻力。这个发现解释了为什么那些被偶尔强化的行为会更持久、更难以去除，例如年轻人的坏脾气。

图 6-16 日常生活中的强化程序表

复杂的人类行为是由强化程序表管理的，工厂中的工作是由固定－比率强化程序表管理的。工作时看表是按照固定间隔的基础受到奖励（到了下班时间是强化物）。冲浪者等待大浪是按照可变间隔基础得到奖励的。

资料来源：© Cengage Learning 2013.

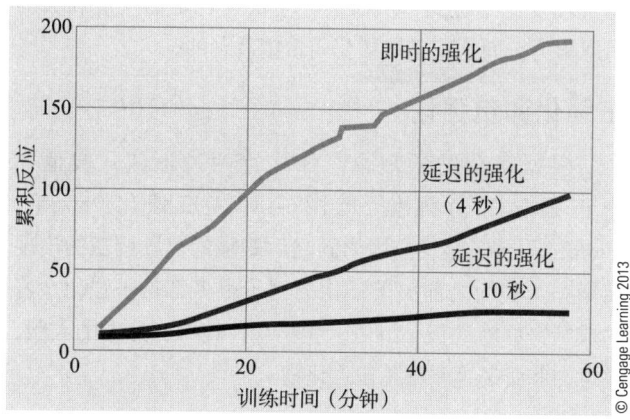

图 6-15 延迟强化的效应

在 Schlinger 和 Blakely（1994）的研究中，小鼠经训练后会按压杠杆。他们给第一组小鼠即时强化，第二组延迟 4 秒后给予强化，第三组延迟 10 秒后给予强化。如你所看到的，即使强化导致小鼠快速获得按压杠杆的反应，而延迟了 4 秒给予强化的那组小鼠明显比前者学习得慢，延迟了 10 秒给予强化的那组小鼠明显没有任何学习迹象。

资料来源：Adapted from Schlinger, H., & Blakely, E. (1994). The effects of delayed reinforcement and a responseproduced auditory stimulus on the acquisition of operant behavior in rats. *Psychological Record, 44*, 391–410.

强化程序表中有很多不同的变量，但是间歇性强化中的 4 种特别种类吸引了更多注意。后文将这些模式与实验中和生活中的例子结合进行了说明（见图 6-16）。

比率程序表要求机体在反应了几次后能够得到强化。根据**固定－比率程序表**（fixed-ratio schedule, FR schedule），强化在固定次数的反应后被给予。例如，①鼠每按压杠杆 10 次可以得到一次强化；②销售员每发展 4 个会员就会得到奖金。根据**可变－比率程序表**（variable-ratio schedule, VR schedule）中，强化是在不固定次数无强化反应后被给予的。无强化的次数是围绕平均值的。例如：①鼠平均每 10 次受到一次强化。具体间隔次数要求每次不同。②赌博机器平均每 6 次给一次回报，但连续输掉的次数每次都是不同的。

真相核查

误解

保证一个期望发生的行为的最好方式就是每当该行为发生时给予奖励。

真相

这一论断看起来很有逻辑性，但是研究明确表明，持续的强化比间歇的强化更不能抵抗消退作用。如果你想要在没有强化的情况下保持某个反应，你应当间歇性地对该反应进行强化以使机体习惯某种程度上的无强化情况。

间隔程序表要求每隔一段时间给予一次强化。**固定－间隔程序表**（fixed-interval schedule, FI schedule）是在第一次反应后固定时间过去后给予强化。例如，①实验中，小白鼠要在第一次按压杠杆后两分钟以后才能得到强化物，要得到下一次强化必须要等下一个两分钟；②一个人洗衣服要隔一段时间来检查是否完成，回报（干净的衣服）只有相隔一段固定的时间才会得到，在这段时间间隔之中做出的反应都不会得到强化。**可变－间隔程序表**（variable-interval schedule, VI schedule）是强化物出现的平均时间间隔是预先确定了的，但是两次强化物出现的时间间隔是不定的。间隔时间是围绕一个平均时间变化的。例如，①一只小白鼠在第一次按压杠杆后一分钟受到强化，而后面则是间隔三分钟、两分钟、四分钟，等等。平均时间间隔两分钟；②一个人重复拨打一个繁忙号码（拨通即为强化）。

研究强化模式与反应模式之间的关系已经有超过50年的历史，并且得到了大量的数据（Williams, 1988; Zeiler, 1977）。一些重要的发现总结在了图6-17中，其中显示出了每种程序表会产生的各种反应模式。例如，在一个固定间隔程序表中，回应中的暂停通常发生在每个强化物给出后。然后，反应率会逐渐增加，在间隔结束时达到最高峰。这种行为模式可以绘制出一个反应曲线。总体来说，比率程序表会比间隔程序表产生更多的反应，为什么？因为当使用比率程序表时，更多的反应率可以更快地得到强化物。可变程序表比起固定的会产生更稳定的反应率和更大的消退阻力。

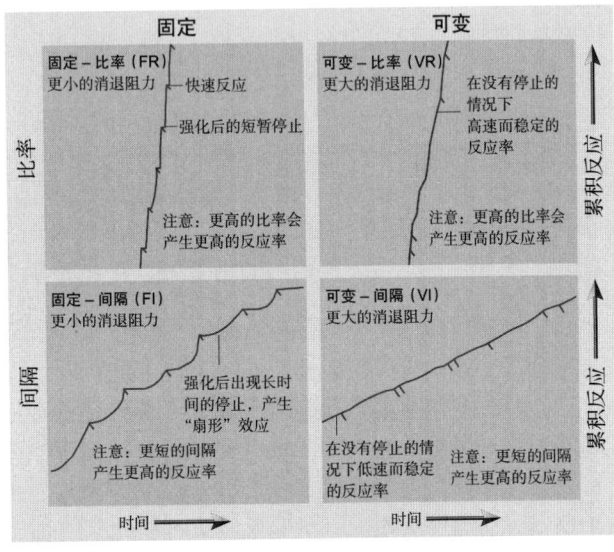

图6-17 强化程序表和反应的形式

在操作性反应的曲线图中，越陡峭的坡度表明反应速率越快，斜杠反映了强化物的给予。每种强化程序表都倾向于产生一个有自己特点的反应模式。总体上，比率程序表比间隔程序表能产生更多的快速反应（注意FR和VR图线中的陡坡）。与固定程序表相比较，可变程序表能产生更稳定的反应（注意VR和VI的图线更加平滑）和消退阻力更强。

资料来源：© Cengage Learning 2013.

大多数关于强化程序表的研究都是在斯金纳箱中对鸽子和老鼠完成的。不过，很多可靠证明表示人类对于强化程序表的反应大多数与动物相同（De Villiers, 1977; Perone, Galizio, & Baron, 1988）。例如，当在动物身上使用的比率程序表被调到更高的比率时（就是说在每个强化间要求更多的反应），会产生更快的反应。而按件记酬（固定比率程式）的工厂经理则在人类身上发现了类似反应。当调整到了更高的比率（同样的酬劳但需要完成更多件）时，通常会刺激工人变得更努力并且有着更高的生产量（尽管会伴随着工人的抱怨）。人类和动物对于可变程序表的反应有很多相似点。例如，对于老鼠和鸽子来说，可变比率程序表意味着稳定的反应和更大的消退阻力。同样的效果在赌博的人身上同样可见，很多赌博都是遵循着可变比率程式，从而会产生快速稳定的反应和大的消退阻力，而这正是博彩公司希望看到的。

正强化和负强化

根据斯金纳的理论，强化有两种形式，被他称为正强化和负强化（见图6-18）。**正强化**（positive reinforcement）是反应因为其之后跟随的奖励刺激的出现而增强。我们之前关于强化的例子很多都是正强化。好的成绩，好吃的饭，酬劳，奖学金，提升，好看的衣服，注意力和赞扬这些都是正强化物。

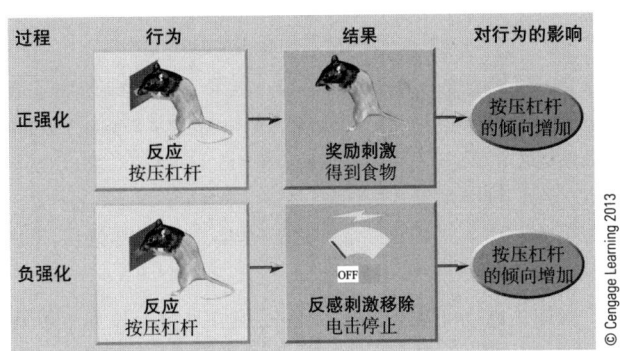

图6-18 正强化和负强化

在正强化中，一个反应会带来奖励刺激的呈现。在负强化中，反应会导致一个厌恶刺激的移除。这两种强化都包含一个好的结果，并且都会对行为产生同样的影响：机体做出这种反应的倾向会增强。

相反，**负强化**（negative reinforcement）是反应因为它之后的负面（不愉悦的）刺激被移除而增强。不要让"负面"这个词干扰你，负强化确实是一种强化。就像所有的强化一样，它会有一个好的结果从而使反应加强。不过这种加强会发生是因为反应造成了不愉悦的刺激被移除而不是愉悦的刺激会出现（见图6-18）。

在实验室中，负强化通常是这样完成的：当小白鼠在斯金纳箱里时，会通过箱底向它进行适度的电击。当它按压杠杆时，电击就会停止一段时间。因此，按压杠杆会有移除负面刺激（电击）的结果。人类的日常行为也常常被负强化所管理。想象一个简单的例子：你在冬天跑回家免受寒冷；你打扫房间为了不那么凌乱，你为了结束不愉悦的争吵向室友或伴侣妥协。

负强化在逃脱学习和回避学习中都十分关键。在**逃脱学习**（escape learning）中，机体通常会为了减少或结束一些负面的刺激而习得反应。心理学家通常在实验室里通过箱子里的小白鼠研究逃脱学习。这个盒子被分为两个部分，两部分通过一个门连接，实验者可以操控门的开闭（见图 6-19a）。在一个典型研究中，一只小动物被放置在一个隔间里，该隔间地板通电，间隔之间的门是开着的。动物学会通过跑出这个门以躲避电击。这个逃脱反应会导致一个负面刺激（被电击）的移除。当你想离开一个同伴对你很挑剔的派对时，你就在经历一个逃脱反应。

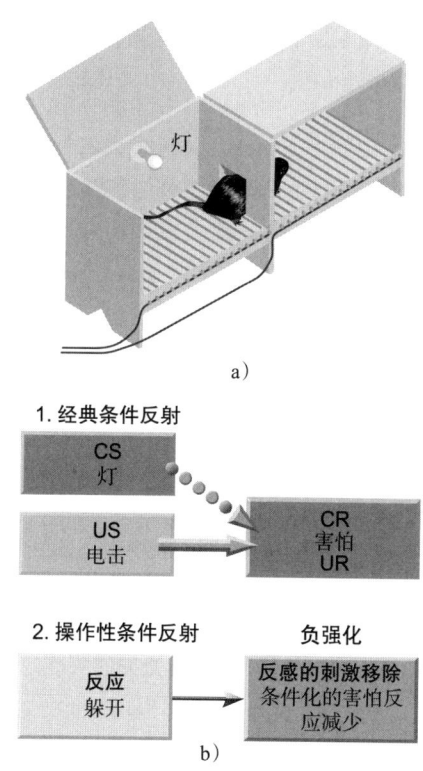

图 6-19 逃脱和回避学习

图 6-19a 逃脱和回避学习通常通过上图所示的那个盒子来进行研究。警示灯、电击和动物从一个隔间逃到另一隔间的能力都能由实验人员控制。图 6-19b 回避会发生是因为经典条件反射产生了由警示灯引发的条件化害怕反应（板块 1）。逃避继续进行是因为有操作性条件反射。尤其是回避反应会通过负强化得到增强，这是因为回避反应可以导致条件化害怕反应的移除。

资料来源：© Cengage Learning 2013.

逃脱学习通常也会导致回避学习。在**回避学习**（avoidance learning）中，机体通常会因为想避免一些负面刺激的发生而学会一个反应。在研究回避学习的箱子里，实验者简单地给动物一个会有电击即将发生的信号，通常使用的信号是在电击前几秒会亮灯。一开始老鼠只有当受到了电击才会跑（逃脱学习），但是渐渐地，动物学会了一看到灯亮就跑到那个安全的隔间里去，显示出了回避学习。相似地，如果你离开派对是因为害怕遭到同伴的挑剔，那么你正显示出了回避学习。回避学习是经典条件反射和操作性条件反射同时作用于管理行为的有趣例子（Levis，1989；Mowrer，1947）。在回避学习中，那个电击前提示的亮灯成为条件刺激（经典条件反射中）激发反射，出现条件性恐惧。但跳到箱子的另一半却是操作性条件反射。这个反应的增强是由于负强化的作用，因为它会减少动物的条件性恐惧（见图 6-19b）。因此在回避学习中，通过经典条件反射获取了恐惧反应，通过操作性条件反射获取了回避反应。

回避学习的原则解释了为什么恐怖症有很强的消退阻力（Levis，1989；Levis & Brewer，2001）。假设你有电梯恐怖症，你是通过经典条件反射获取的。在你过去的某个时候，电梯与一个可怕的事情同时出现了。现在无论你什么时候使用电梯都会感到条件性恐惧。如果你的恐怖症很严重，你可能只能走楼梯了，而走楼梯就是一种回避反应从而使你的恐惧减轻。因此有以下两个原因导致恐怖症很难被治好：第一，允许你回避恐惧刺激的行为每次都能得到强化，因此你的回避行为就会被增强而且持续；第二，回避反应避开了可以消除恐惧反应的机会，因为你不会暴露在条件刺激下（在这个例子里就是指的乘坐电梯）。

真相核查

误解

负强化与惩罚本质上是一样的东西。

真相

负强化和惩罚都与反感的刺激有关，但是这是两者仅有的相似处。负强化是不愉快刺激的移除，所以增强了某个反应。惩罚是呈现不愉快的刺激，所以减弱了某个反应。因此，两者是对行为有不同影响的相反程序。

惩罚：减弱反应的结果

强化被定义为其后果能够增加机体反应倾向。也有一些结果会减少机体做出那个特定反应的倾向，在斯金纳操作性行为的模型中叫作惩罚。

惩罚（punishment）就是发生在反应之后会减弱反应发生倾向的事件，在斯金纳箱中，惩罚的使用很简单，当小白鼠按压杠杆或鸽子啄盘子时它们就会遭到短暂电击。这个结果通常会导致动物的反应率迅速降低（Dinsmoor，1998）。惩罚通常是一种负面刺激的出现（例如，打孩子）。不过惩罚也可能包含移除奖励刺激（例如，减少孩子看电视的时间）。

对于很多学生来说，惩罚在操作性条件反射中的概念都很容易在两个方面发生混淆。首先他们会把它当作和负强化是相同的，但实际上是完全不同的。根据定义，负强化是能够增加反应率，而惩罚是要降低反应率。就像你在图 6-20 中看到的，惩罚与负强化会导致相反的结果，产生相反的行为。

第二个容易困惑的地方则在于容易将惩罚与父母老师等权威形象使用的惩戒程序视为等同。在操作性模型中，惩罚发生在任何不好的结果减弱反应倾向时，这样定义的话，惩罚的定义要比父母打孩子或老师将孩子留校要广义得多。例如，当你穿了一件新外套，同学们拿你取笑时，你的行为就受到了惩罚，你做这个反应的倾向就会减少（穿同样的衣服）。同样地，如果你去一家餐厅发现很难吃，你就不太可能再去那家餐厅了。

尽管操作性条件反射中包含的远比惩戒行为包含的多，但它常会用来起到惩戒性作用。在这种情况下，在研究中将它看作惩戒的方法会更有价值。有约 3/4 的家长说他们有时会打孩子（Straus & Stewart，1999）。但这种打或其他体罚方式都存在着一定的争议。体罚的反对者提出它会产生很多意想不到的副作用（Lytton，1997；McCord，2005；Straus，2000）。例如，体罚会引起孩子强烈的情绪反应，如焦虑、气愤、怨恨等，这些会导致对惩罚来源的敌意，比如对父母。有些理论家指出，经常受到体罚的孩子会更加好斗。这些观点被一篇关于体罚孩子的经验性综述所支持。总结了 88 篇研究结果后，Elizabeth Thompson Gershoff（2002）总结得到：体罚与青少年亲子之间的不良关系、好斗性、行为不良等相关，还有可能涉及虐待事件。并且她指出这些不良影响会持续到成年，有研究发现，好斗、犯罪行为、精神疾病、虐待儿童等行为更多地出现在童年时受过体罚的成人身上。

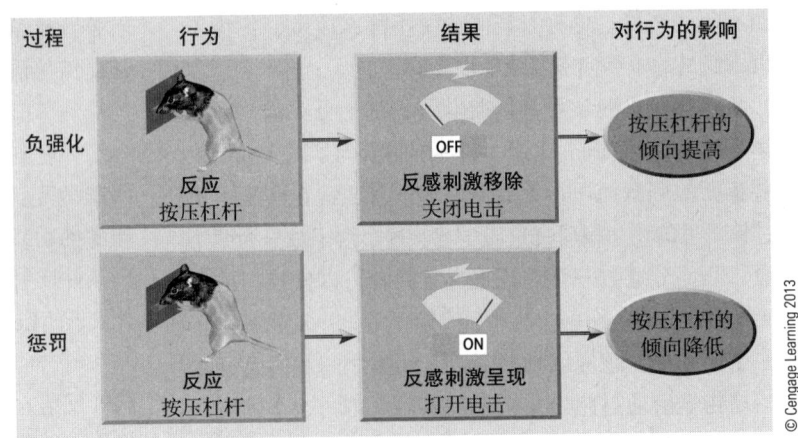

图 6-20　负强化和惩罚的对比

尽管有时惩罚发生在某个反应导致奖励刺激的移除时，但是惩罚更可能与反感刺激的呈现有关。学生总会把惩罚和负强化混淆，这是因为两者都与反感刺激有关。然而，正如图中所示，惩罚和负强化呈现相反的程序，对行为有不同的影响。

有些专家不同意 Gershoff 关于惩罚的反面观点，他们指出那些打孩子与负面影响之间关系的证据是相关的，但这种相关性并不能确保就是成因（Kazdin & Benjet，2003）。也许这种打确实使孩子更好斗，但也有可能是更好斗的孩子更容易让家长使用体罚的方式（见图 6-21），基于这些反对意见，Baumrind、Larzelere 和 Cowan（2002）称经验型证据"不足以反对适度的惩戒性体罚"。

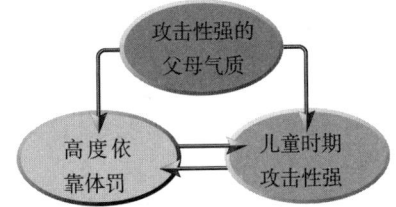

图 6-21　体罚和攻击性之间的关系

正如在其他章节中提到的，相关并不等于有因果关系。越依靠体罚来教育孩子似乎越有可能导致儿童有更强的攻击性。但是也存在另一种可能，即攻击性越强的儿童越有可能引发父母采用体罚的方式进行教育。或者那些攻击性强的、对他人充满敌意的父母会将攻击性的气质类型基因传给儿童，依赖体罚来教育儿童。

资料来源：© Cengage Learning 2013.

不过从那时起，关于体罚负面影响的证据开始逐渐积累（Lynch et al.，2006；Mulvaney & Mebert，2007）。很多新的研究都控制了一开始孩子的好斗程度等很多变量，这加强了体罚与负面作用之间的因果关系。例如，Straus 和 Paschall 测评了一组 2～4 岁和一组 5～9 岁的孩子挨打频率与认知能力的相关关系。当他们 4 年后重新测评孩子们的认知能力时，他们发现那些被打的孩子在智商成绩上更差（见图6-22）。另一个研究发现，一岁时被打的孩子在两岁时通常表现出攻击性，且在3岁时认知能力更差。另一个更大型、控制更严格的研究发现孩子在3岁时大量体罚的使用与5岁时的高攻击性相关（Taylor et al.，2010）。在这些研究下，美国心理学协会认为父母不应该体罚孩子（Graham-Bermann，2009）。

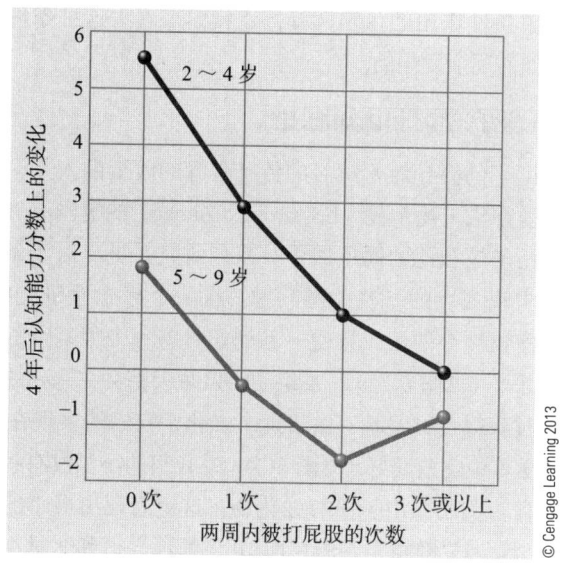

图6-22　体罚与认知发展

Straus 和 Paschall 在研究初期研究了 806 个 2～4 岁的孩子和另一组 704 个 5～9 岁的孩子，他们从孩子的母亲处统计最近两周内打孩子的频率，并根据相应的认知能力测评。4 年后，重新测评孩子的认知能力。在这两组孩子中，没有被体罚孩子的认知发展都要好于被体罚的孩子。在 2～4 岁组，未被体罚孩子的智力比起被打的孩子要高出 5 个百分点。

资料来源：Adapted from Straus, M. A., & Paschall, M. J. (2009). Corporal punishment by mothers and development of children's cognitive ability: A longitudinal study of two nationally representative age cohorts. *Journal of Aggression, Maltreatment, and Trauma, 18,* 459–483. Figure 1. Copyright © Taylor & Francis Group. Reprinted by permission of the publisher (Taylor & Francis Group, http://informaworld.com).

条件反射学习中的方向转变

在这部分中，我们将会学习条件作用的两大主要变化，首先我们考虑近期认为机体的生理先天特征限制了条件作用，其次，我们将会讨论条件反射中越发重要的认知过程。

条件反射的生理限制

学习理论家通常认为条件作用的基本原理有强大的普适性——这些原理适用于很多物种。虽然没有人认为仓鼠也能学习物理，但是直到20世纪60年代大多数心理学家假定任何刺激和任何反应之间都可以通过条件作用建立联系。然而，最近几十年研究发现，考虑到机体生物特质不同，条件作用原理的普适性有所局限。

1. 条件味觉厌恶

很多年前，著名心理学家马丁·塞利格曼与妻子外出用餐，享用了一份带蛋黄酱的牛排。大概6小时过后，他患了肠胃感冒并恶心呕吐。在这之后，他懊恼地发现当他点了蛋黄酱时，蛋黄酱的气味就会让他想呕吐。

塞利格曼的经历并不是唯一的，很多人都会因为曾经食用过一些食物后由于生病、食物中毒、醉酒而出现呕吐之后对这种食物产生厌恶（Rosenblum，2009）。但塞利格曼对他对蛋黄酱的厌恶有所疑惑，一方面它看起来是经典条件反射的直接结果，如图6-23所示，但另一方面塞利格曼认识到他对蛋黄酱的厌恶是破坏了条件反射的基本原则的。首先，CS蛋黄酱和US肠胃感冒之间6个小时的延迟应该避免了条件反射的发生。其次，为什么只有蛋黄酱成了引起呕吐的CS，而不是餐厅里当时出现的其他东西？为什么不是例如盘子、刀、叉、桌布或者他妻子引起他的恶心呕吐？

CS
蛋黄酱

US　　　　　　　　　　CR
流感　　　　　　　　　流感
　　　　　　　　　　　UR

图6-23　条件性味觉厌恶

马丁·塞利格曼对蛋黄酱的厌恶很明显是经典条件反射的产物，就像正文中解释的一样，他的这个反应的产生体现了经典条件反射基本原则的矛盾，这个矛盾在 John Garcia 关于经典条件反射的研究中得到了解决。

资料来源：© Cengage Learning 2013.

塞利格曼的蛋黄酱综合征问题最终是被约翰·加西亚（John Garcia）和他的同事解决的。他们在条件性味觉厌恶方面做了大量研究（Garcia, Clarke, & Hankins, 1973；Garcia & Koelling, 1966；Garcia & Rusiniak, 1980）。他们在小白鼠恶心呕吐或其他恶性反应出现之前使用了各种刺激，如使用放射物引起呕吐反应。他们发现当恶心呕吐跟随的是味觉线索时，小白鼠很容易就会获得条件性味觉厌恶。不过当味觉线索出现在其他恶性反应之后时，小白鼠并不能发展出味觉厌恶，并且在恶心呕吐之前给予视觉和听觉刺激都不能产生条件性厌恶。总之Garcia和他的同事发现有些关联是基本不能产生的，而有些关联（味觉—恶心）则是不可避免的。

2. 准备和恐怖症

根据马丁·塞利格曼和其他理论家（Öhman, 1979; Öhman, Dimberg, & Öst, 1985）的研究，进化使得机体对于某些特定恐惧的接受程度要高于其他的现象称为**准备**（preparedness），是指某些方面以一定方式形成条件作用的倾向更强。塞利格曼认为准备可以解释为什么有些恐怖症比起其他的出现频率更高，人们更容易恐惧蛇、蜘蛛、高度、黑暗。然而，尽管有关于锤子、刀具、炉火、电器的不良经历，但对于这些事物的恐惧还是很少。那么这些容易诱发恐惧的事物如高度或黑暗，它们的共同点是什么呢？它们中的大多数都是我们的祖先在最开始就恐惧的，对那些东西的恐惧对我们具有生存价值。根据塞利格曼，进化力使我们人类的大脑能够越来越快地接受那些条件作用。

实验室中对恐怖症的模拟为准备的概念提供了一些支持（Mineka & Öhman, 2002）。例如，恐惧刺激（如蛇、蜘蛛）、中性刺激（花、蘑菇）和现代恐惧相关的刺激（枪、刀），与电击同时出现，根据准备的概念，对被试的生理监控显示对于准备恐惧的刺激被试会产生更快的条件作用，更强的恐惧反应，更大的消退阻力。Arne Öhman 和 Susan Mineka 基于准备理论指出了关键部分，恐惧学习的进化模块。他们指出它包含：①更倾向于对在进化史中关乎生存的问题做出反应；②是自动被这些刺激激活的；③很难靠有意识的努力压抑这种恐惧；④与杏仁核回路相关。

3. 学习的进化观

很明显，很多研究表明学习有物种的限制，因此什么才是不同物种间通用的学习法则呢？主流观点认为学习的基本机制在不同物种间是相似的，但那些机制根据不同物种适应不同环境的进化有时会有所调整，根据这种观点，学习是一个比较普遍的过程，因为学习的生理基础或问题出现在不同机体面前时大多相同。例如，发展出能够识别那些标志着重要事件要到来的刺激（潜伏着的捕食者）的能力对很多机体都是重要的。然而，根据不同物种生存的不同环境需要面对不同的问题，所以机体还是会随时间发生不同方面的进化。

条件反射的认知过程

巴甫洛夫、华生和他们的追随者认为条件作用是一个由经验形成的刺激—反应关联的固定过程。学习理论家认为因为扁形虫和海参都能够形成条件作用，所以条件作用不需要更高的思想过程。更多当时的主流想法都没有考虑到认知过程，在近年来，研究结果使得理论家转向了条件作用的认知解释，让我们来看看这种条件转变是如何逐渐发生的。

1. 潜伏学习和认知地图

第一位倡导对于学习的传统观念的改变的人是一名叫作爱德华·托尔曼（Edward C. Tolman）的美国心理学家。托尔曼和他的同事做了一系列研究并提出对于条件作用主流观点的一些关键问题。在一个标志性研究中，三组食物剥夺的小鼠接受一系列学习跑一个很复杂的迷宫的练习（见图6-24a），A组的小鼠每天都会在跑到迷宫尽头时获得食物奖励，由于这个强化，它们的表现在17天的学习中逐渐变好（见图6-24b）。B组的小鼠没有收到任何食物奖励，由于没有强化物，这组表现出最小的进步。C组为关键组，它们在前10天都不会得到奖励，但它们从第11天开始获得食物奖励，这组中的小鼠在前10天中表现出了很少的进步，但在第11天强化物出现时，它们在接下来的练习中表现出了很大的提高。实际上，它们的表现甚至要好于从一开始就获得奖励的A组小鼠（见图6-24b）。

托尔曼得出结论C组小白鼠和A组小白鼠一样从一开始就在学习，但因为直到强化物出现前没有动机表现出来。托尔曼将这种现象叫作**潜伏学习**（latent learning），即当学习在初始发生时它并没有在行为上明显地表现出来。那为什么他们的这个发现挑战了当时学习的主流观点呢？首先，他们提出学习可以在没有强化物出现时发生——当时认为学习反应是由强化形成的。其次他们指出潜伏学习的小鼠已经形成了关于迷宫的认知地图，而当时的想法是认为认知过程与人类条件作用是无关的。

托尔曼（1948）继续做了一系列其他实验表明认知过程在条件作用中起到的作用。但他的观点引起了他那个时代很多有影响力的学习理论家的反对和批判（Hilgard, 1987）。然而，托尔曼的观点仍是最先包含了认知因素的考虑。

2. 信号关系

一个很有影响力的提出条件作用中认知因素重要性

的理论家是 Robert Rescorla（1978），Rescorla 称环境刺激可以作为一种信号，有些刺激要比另外一些更好。因此他操作了一些经典条件反射中的信号关系，就是 CS-US 关联会影响一个 CS 是不是一个好的信号。"好的"信号就是指可以对 US 做出准确预测的信号。

尽管热炉子会烫伤人，但是人们还是更倾向于获得对蛇的恐惧而不是对热炉子的恐惧。准备理论可以解释这一看似矛盾的现象。

Rescorla 通过改变 CS 和 US 的比例做出条件刺激的预测价值。一个声响和电击在一组小鼠中出现 20 次，否则小鼠不遭受电击。对于这些小鼠来说电击和声响是百分百配合出现的，另一组小鼠也接受 20 次电击和声响，不过这组小鼠还要经历 20 次没有声响出现的电击。对于这一组小鼠，CS 和 US 同时出现的频率只有 50%，因此两组小鼠拥有同样次数的电击、声响同时出现的次数，但 CS 在第一组中是比第二组中更好的信号。

Rescorla 发现 CS 在第一组中比在第二组中发出了更强的反应，这两组收到了同样数目的 CS-US 同时出现，那么造成这种不同的原因就是 100% 组的 CS 的高预测性。很多研究都发现条件刺激的预测价值是管理经典条件反射的重要因素（Rescorla, 1978）。

3. 反应－结果关联与强化

反应－结果关联和强化也说明了条件作用中认知过程的重要性。想象在一个重要考试的前夜，你在努力复习的同时一直在重复播放玩酷乐队（coldplay）的一首歌，转天早上你考试得了 A，这个结果会增加你在下次考试前仍听玩酷乐队的歌的倾向吗？也许不能，因为你能够意识到努力学习和好成绩之间的逻辑关系，因此得到加强的只有努力学习这个反应（Killeen, 1981）。

然而，这也不能说明你下次考试前就不会听玩酷乐队的歌，很多年前，斯金纳就提出了迷信行为是通过巧合强化形成的——一个行为可能偶然被它之后的强化增强，尽管这个强化物的出现并不是这个反应带来的。在一个经典研究中，斯金纳（1948）将 8 只鸽子放入操作箱设定为无论鸽子是否做出反应每 15 秒就会投递强化物。在斯金纳的判断中，其中 6 只开始做出奇怪的反应，例如逆时针转圈等，斯金纳理论认为巧合强化是迷信行为的基础，但研究者无法重复这个研究（Staddon &

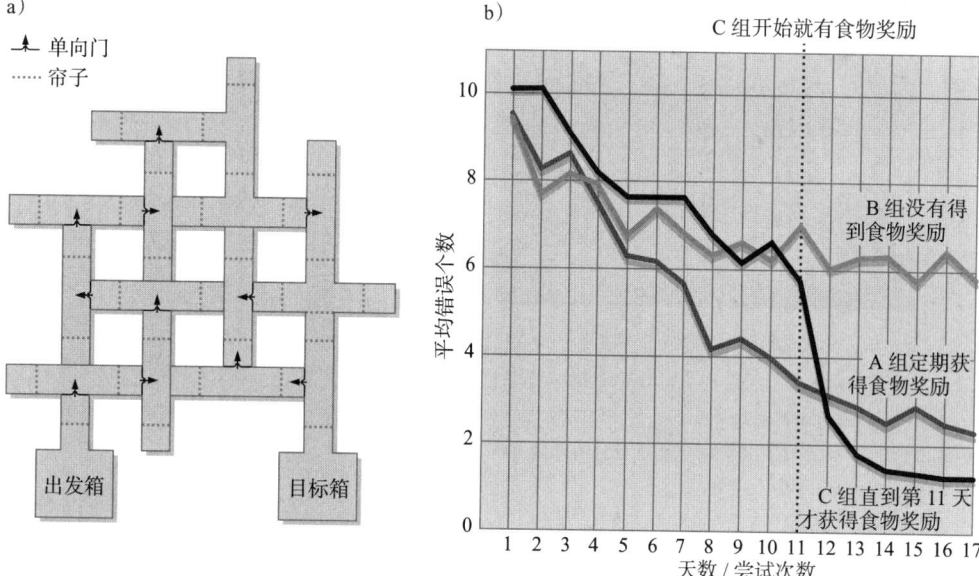

图 6-24　潜伏学习

在托尔曼和弘兹克（1930）的研究中，小白鼠学会走复杂的迷宫，如图 6-24a 中所示。他们的研究结果如图 6-24b 曲线图所示。C 组中的小白鼠在第 11 次尝试获得食物奖励后，走迷宫的表现突然大幅改善。托尔曼认为，这组小鼠一直都在学习，但是它们的学习是潜伏的，直到强化物出现它们的行为才会有所变化。

资料来源：Adapted from Tolman, E. C., & Honzik, C. H. (1930). Introduction and removal of reward and maze performance in rats. *University of California Publications in Psychology, 4,* 257–275.

Simmelhag，1971）。因此巧合强化显然不如斯金纳一开始认为的强。

迷信行为是很普遍的，一些偶然的强化可能会导致这些迷信，也伴随着各种错误解释（Ono, 1987; Vyse, 1997）。有很多运动员都有很多迷信的逸事，就像本章开头讲述的韦德·博格斯。还有很多其他运动员也被发现有迷信行为，如穿一双特殊的袜子，吃同样的午餐，走同样的路线等行为来提高自己的表现（Bleak & Frederick, 1998; Ciborowski, 1997; Gmelch, 1978）。当然，这些奇怪的行为不只出现在运动员身上（Wargo, 2008）。例如一些地方很多人都要在提到自己的运气时敲木头。一个近期的研究（Risen & Gilovixh, 2008）显示很多人认为"tempt fate"是会带来厄运的，实验的第一部分被试读到一个叫作乔的学生申请斯坦福大学，他的妈妈在他知道自己被录取之前送给他了一件斯坦福的T恤，被试大多认为如果乔不在录取之前穿这件衣服那么他被录取的概率会更高。

议员约翰·麦凯恩因他的迷信而出名。他不会接受递给他的盐瓶子；在没有"敲木头"的情况下，他不会对他的选举前景做出评论；他不会把帽子扔到床上，而且助手经常携带他的"幸运钢笔"（Wargo, 2008）。巧合强化可能对这些迷信行为有所影响，但是认知偏见和非理性推断也有影响。

关于迷信行为的当代研究倾向于将它描述为一种带有非理性推断的认知偏见（见第8章），而不是一种操作性条件反射的奇特结果（Pronin et al., 2006; Wegner & Wheatley, 1999）。有趣的是，一个近期的研究发现一些迷信想法确实能够提高表现（Damisch, Stoberock, & Mussweiler, 2010）。那些被给了一个幸运球的被试比起控制组更容易将球打入洞。那些被允许拿一个幸运符的被试在记忆推理任务中比起交出了幸运符的被试的表现要更好，因此虽然迷信看起来也许愚蠢，但它可能确实会影响最后的结果。

在任何实验中，我们可以明显地看到强化并不是反应之后出现一个好的结果就能形成，人们会自发看出反应和之后的结果之间的关联，当反应之后跟随了一个好的结果，那么如果人们确认是这个反应导致了这个结果，那么这种反应的倾向就会加强。总之，条件作用的现代观点认为这是一个在环境事件中检测到偶然性的问题（Beckers et al., 2006; Penn & Povinelli, 2007）。条件作用的新的认知方向理论与旧的认为条件作用是一个机械过程的理论有很大的不同，我们也可以在我们下一个要讨论的话题"观察学习"中强调认知过程的重要性。

观察学习

经典条件反射和操作性条件反射能够解释所有的学习吗？当然不能，想一想人们是如何学会开车的，他们不是简单地开一辆车然后随机做出一些事直到有一件能得到一个好的结果。相反，大多数学开车的人都知道在哪里放钥匙，怎么发动车。那么这些反应是怎么学会的呢？通过观察。大多数新司机都观察过很多年别人开车，并能使用他们观察到的技巧。通过观察学习是学习很重要的一部分。

观察学习（oberservational learning）发生在机体的反应受到他们观察到的别人行为的影响。这个过程是被阿尔伯特·班杜拉发现的（1977，1986）。班杜拉并不把观察学习看作完全分离于经典条件反射和操作性条件反射的。相反，他认为观察学习是经典条件反射学习的一种延伸。之前的条件反射理论家强调机体的直接经验，班杜拉指出操作性条件反射和经典条件反射都可以通过观察学习发生。

重要的是，观察学习可以通过间接地观察别人的行为获得（见图6-25）。例如，当你看到你的朋友对车辆销售人员的肯定，你看到你朋友肯定销售员的行为得到了买到很好的车的强化，你自己对销售人员的肯定就会被加强。我们可以注意到，是你朋友受到了强化，不是你，良好的购买经历应该增强你朋友的肯定，但是你的倾向也得到了间接的加强。

基本过程

班杜拉指出观察学习中四个重要的环节。前两个环节注意和回忆强调了认知在观察学习中的重要性。

- 注意。为了通过观察学习,你必须要注意别人的行为和行为的结果。
- 回忆。也许你在观察后几周、几个月甚至几年都没有用到,因此你必须在脑中形成关于观察结果的记忆。
- 再生。要模仿出这个行为取决于你是否能够通过将脑中的图像转换为行为的能力。这个步骤对于一些反应来说并不容易。例如,大多数人在看了 Derrick Rose 的比赛后仍无法在篮球比赛中做出那样一个旋转扣篮。
- 动机。最终,如果你没有动机的话你不太可能再生一个观察到的反应。你的动机取决于你认为在你遇到的场景中做出那个反应是否会带来好的结果。

观察学习在人类和动物中均有表现。例如,没有人训练这只狗为自己"祈祷",这只吉娃娃犬只是通过观察学习到了这个反应。同样,儿童通过观察学习会从模型中学到很多行为。

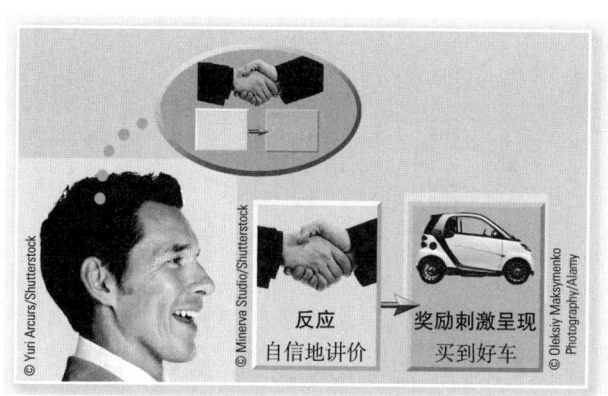

图 6-25 观察学习

在观察学习中,一个观察者会倾向于存储一个模型行为的心理表征(例子:买到好车)。如果观察者看到模型的反应会带来愉快的结果,那么观察者模仿模型的行为倾向就会增强。

资料来源:© Cengage Learning 2013.

动物也可以通过观察进行学习(Öhman & Mineka, 2001; Zentall, 2003)。一个简单的例子就是英国山雀在一大早会到它的人类邻居那里偷牛奶喝。它们学会了如何打开投送到很多家门口的牛奶瓶,它们会喝掉牛奶上的奶沫,这个聪明的行为通过观察学习一代代传了下来。

观察学习和媒体暴力

观察学习的力量长期处在对媒体暴力影响争议的焦点上。孩子们每周平均会花 40 个小时在看各种娱乐媒介,其中一半时间是花在看电视碟片和 DVD 上(Bushman & Anderson, 2001)。孩子们很容易受到它们的影响(Huston et al., 1992)。还有证据表明他们会从电视上看到的影视明星身上模仿一些做法。一些社会批判家从 20 世纪 50 年代电视流行起就开始关注电视上暴力的出现。在 20 世纪 60 年代,班杜拉和他的同事对这个问题做出重要研究,其中一个经典的研究可见第 6 章的"专题研究"。

英国山雀学会如何打开牛奶盖,从人类邻居那里偷牛奶沫吃。这种行为通过观察学习一代代传了下来。

专题研究：榜样的力量：所见为所想

这个研究是为了探究观察别人的行为能够对孩子的攻击行为有多大的影响。在之前一个研究中，相同的研究者证明了孩子们在面对一个攻击性的成人模特后表现出的攻击性要高于没有暴露在攻击性模特的孩子（Bandura, Ross, & Ross, 1961）。第一个实验使用了5个真人成人作为模特，他们与孩子在一个房间中，攻击或不攻击一个5英尺高的小丑娃娃（就是所谓的"波波娃娃"）。第二个实验是由同样的研究团队进行的，探究录像中的模特是否与真人具有相同的影响力。研究者发现录像中的暴力行为像真人模特一样会增加孩子的暴力行为。在第三个实验中，研究者使用录像模特，并且操控了行为的不同结果。假设：看到模特的攻击行为得到奖赏的孩子的攻击性比看到模特受到惩罚的孩子要强。

方法

被试： 来自托儿所的40个男孩和40个女孩，80个孩子的平均年龄是4岁3个月。

过程： 每个孩子在托儿所被邀请来一个玩具室。在去玩具室的路上成人陪护说她需要去她的办公室几分钟，让孩子在短暂的等待中看一会儿电视，在电视上展示了三段5分钟长的录影中的一段。在攻击模特得到奖赏的情况下，洛奇和乔尼一起玩，洛奇攻击了乔尼，用棒子打了他，反复用球扔他，并把他拖拽到屋子的角落。影片的结尾中洛奇开心地玩着玩具并且享用着饼干和饮料。在攻击后受到惩罚的情况中，攻击模式是相同的，然而结尾却不同，乔尼反击并打了洛奇，洛奇最终蜷缩在角落。在无攻击模特的对照组中，洛奇和乔尼只是在一起玩耍没有发生攻击行为，而在无情况对照组则是孩子在等待期间没有看任何影片。

在办公室中的短暂停留之后，孩子就像之前说好的被带到玩具室，在那里他被允许玩一堆玩具。里面的两个波波娃娃是容易被当作攻击对象的玩具。孩子的行为可以通过一面单向玻璃从另一间房间观察到。关键的因变量是孩子在玩玩具的20分钟里做出攻击行为的次数。

结果

观看攻击后奖赏的影片的孩子比起观看攻击后惩罚组影片的孩子们表现出了更大的攻击性并且有更多的模仿攻击行为（就像洛奇做的行为一样），4个组的孩子的具体模仿攻击数量在图6-26，在实验组中得到强化的孩子的攻击行为增长最明显。

讨论

这个结果支持了班杜拉理论的基础——观察者更容易模仿那些他们观察到的良好结果的行为。有趣的影片中的模特也会影响孩子攻击行为的出现。

评论

班杜拉和Ross的经典实验在关于电视暴力的早期辩论起到了重要作用，人们注意到电视里出现的暴力行为通常得到了强化，并且是正面英雄人物的行为。这个研究的结果表明小孩看到电视上的攻击行为都得到了好的结果。评论家指出班杜拉的娃娃实验太过人为操作，这种批判导致出现了更多更现实的实验证明了电视暴力和攻击行为之间的正相关。

资料来源：Bandura, A., Ross, D. & Ross, S. (1963b). Vicarious reinforcement and imitative learning. *Journal of Abnormal & Social Psychology*, 67, 601–607.

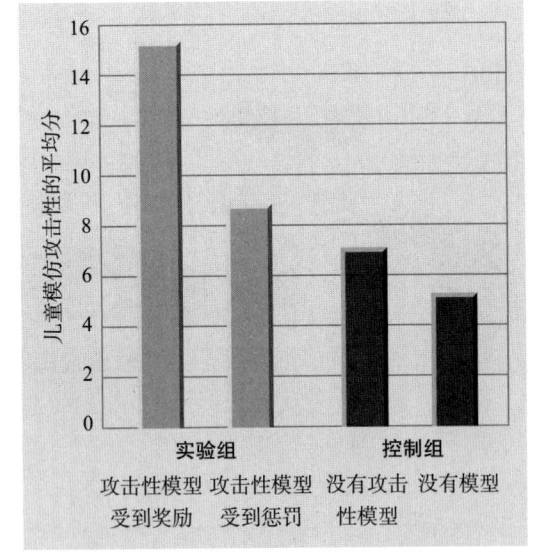

图6-26 录像中的模特与攻击行为

班杜拉和罗斯等人发现，看到电视中攻击行为得到奖赏的孩子更常有模仿攻击行为。

后续研究表明孩子在看电视时会看到大量的暴力画面。国家电视暴力研究指出61%的节目包含暴力，44%的暴力镜头演员塑造的都是正面角色，75%的暴力行为都没有受到惩罚或谴责，51%的暴力行为都被"洗白"了，他们没有显示出任何痛苦（Anderson et al., 2003）。

这种媒体中出现的暴力真的会增加暴力行为吗？自班杜拉先驱性的研究后几十年的研究给出的答案是"是"（Bushman & Huesmann, 2001）。媒体暴力的短期影响在上百个实验中得到探究。这些研究说明暴露在电视或电影暴力场景会增加孩子和成年人的肢体攻击、语言攻击、攻击性想法和攻击性情绪（Anderson et al., 2003）。

一个由近期研究引发的顾虑是研究表明暴露在媒体的暴力中会使人们对现实世界中的攻击变得麻木，麻木意味着人们在对待真实的暴力时不会做出反应。例如，在一个研究中，被试被随机安排玩20分钟的暴力或不含暴力的电子游戏，然后监视他们对录像中出现的真实生活中的攻击行为的反应。玩了暴力电子游戏的被试比起玩了无暴力游戏的被试面对真实社会的暴力行为时表现出了更少的生理反应（Carnagey, Anderson, & Bushman, 2007）。

一个接下来的研究指出电视暴力造成的麻木效果使人们对别人苦难的敏感度降低并减少帮助那些需要帮助的人的可能性（Bushman & Anderson, 2009）。在这个研究中，那些刚刚玩了游戏的被试听到门外有人打斗并受伤了，并且那些攻击者已经离开了，被试明显没有危险，研究者监控那些被试要花多长时间才会出来帮助伤者，那些刚刚玩了暴力游戏的被试（平均73秒）比起那些玩了不含暴力游戏的被试（16秒）过了更长时间才出来帮助伤者。因此，这显示出暴力游戏会使人对攻击行为麻木。

媒体暴力的现实和长期影响已经通过相关性研究进行了实验。这些研究的结果显示那些在电视上看到更多暴力画面的儿童，在学校和家中都表现出了更大的攻击性（Huesmann & Miller, 1994）。当然，批判指出这种相关性可能反映出了很多变量的一个结果（见图6-27）。也许孩子的高攻击性导致他们对暴力节目的兴趣增加。然而，一些长期的从20世纪六七十年代的跟踪同一被试的研究已经证实了媒体暴力和增加的攻击性之间的因果关系。这些研究显示童年多暴露在媒体暴力中的孩子会在青少年时期和成年初期表现出更多的攻击性。（Huesmann, 1986; Huesmann et al., 2003）。换言之，之前高度暴露在媒体暴力中会导致高攻击性。

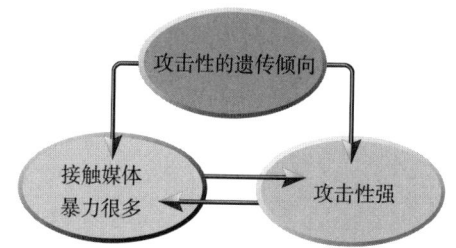

图6-27　接触媒体暴力和攻击性之间的相关

儿童看的关于暴力的电视节目越多，他们越可能变得有攻击性。但是这一相关关系可以反映许多可能的因果关系。尽管看暴力节目可能会导致攻击性增强，但是也有可能攻击性强的儿童更会看暴力节目。或者，也许有第三变量（例如攻击性的遗传倾向）导致了这两者的发生。

资料来源：© Cengage Learning 2013.

这些关于媒体暴力和攻击性的实证性证据是清楚可信明确的。事实上，这些媒体暴力和攻击性之间关系的强度已经和吸烟和癌症之间的关联一样了（Bushman & Anderson, 2001，见图6-28）。但是大众还是不确定，甚至怀疑，原因在于几乎每个人都认识看了很多暴力电视却没有表现出攻击性的人。如果媒体暴力那么可怕，那为什么我们都没有变成狂暴杀人狂？答案是攻击行为受到除了媒体暴力以外很多其他因素的影响，这只是其中一个方面。问题是专家说电视和电影会被数以百万计的人看到，所以即使是很小的影响也会造成很大的反响。假设2500万人看了一个很暴力的节目，即使只有1%的人增加了一点暴力倾向，那么也就是有25万人可能对别人的生活造成破坏。

很多关于媒体暴力的辩论都显示出了观察学习在人们日常行为中有很大的影响。它代表了主要学习类型的1/3，并且它是基于前两种的基础之上——经典条件反射和操作性条件反射。这三个基本学习类型在"总述三种学习种类的比较"中有所比较。

本章主题回顾

本章中反映了七大主题中的两个：首先，可以看到先天和后天是如何共同作用于行为的；其次，结合社会历史环境你可以看到心理学的进步是如何影响社会进程和价值取向的。我们一起来看一下这两方面的其他细节。

关于先天与后天，学习方面的研究明显是在证明环境对行为形成的影响，巴甫洛夫的经典条件反射模型显示了经历是如何影响恐惧和其他情感反应的，而斯金纳的操作性条件反射模型则显示了强化和惩罚是如何影响从孩子的睡前哭闹到成人对餐厅的选择偏好。确实，很多学习理论家一度认为行为的所有方面都可以用环境因素解释。在近几十年中，条件性味觉厌恶和预备性的研究都显示出条件作用具有生理限制。因此，尽管学习主要是被后天因素解释，但是我们还是看到先天遗传和后天经历共同影响行为。

条件作用的研究历史也显示出心理学的进步是如何渗透到社会各个角落的。例如，行为学家关于惩罚和强化的观点影响着社会规则的制定，操作性条件反射的研究则影响着商业社会的很多管理法则，更加强调正强化。在教育领域，个性化、程式化学习都是行为研究的延伸。条件反射的应用在家庭、企业、学校、工厂的应用都说明心理学并不是限于象牙塔内的努力。

在个人应用的部分，在讨论行为矫正过程中你将看到如何应用条件反射原理来加强自我控制。

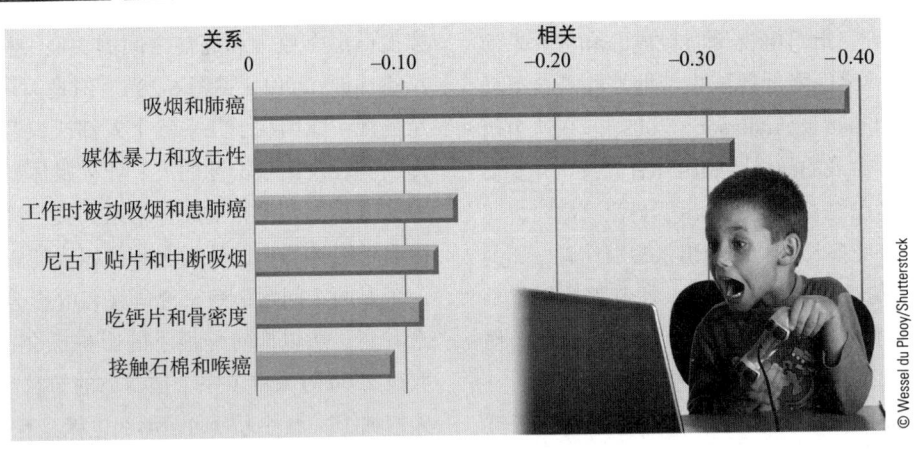

图 6-28 媒体暴力与攻击性之间的相关和其他相关的比较

许多研究发现，媒体暴力和攻击性之间存在相关关系。但是，有些批判者认为，这个相关关系太弱而不需要担心。在这个辩驳中，布什曼和安德森（2001）认为，媒体暴力与攻击性之间的相关关系达到了 0.31。他们指出这一相关性接近吸烟与患肺癌之间的相关性，而后者是真实世界的重要话题。© Cengage Learning 2013.

资料来源：Adapted from Bushman, B. J., & Anderson, C. A. (2001). Media violence and the American public. *American Psychologist, 56*(6–7), 477–489. Figure 2. Copyright © 2001 American Psychological Association. Reprinted by permission of the publisher and author.

个人应用

通过行为矫正达到自我控制

回答"是"或"否"。

1. 你是否很难拒绝食物，即使你不饿的时候？
2. 你是否希望你学习的频率更高？
3. 你是否想戒掉抽烟或喝酒的毛病？

4. 你是否发现很难让自己规律地运动？

过度饮食只是众多不良习惯中的一种，这些习惯可以通过自我矫正技术来减弱或消除。

如果你在这些问题中回答了是，那么你的自我管理存在着问题。这个应用讨论的是你如何运用行为矫正方面的技巧和方法原则来提高自己的自我管理。**行为矫正**（Behavior modification）是一个通过应用条件反射的原则来改变行为的系统方法。提倡行为矫正是认为行为是学习、条件反射和环境控制的产物。他们还认为学到的东西是可以消退的。因此他们通过"再次条件反射"来使人们获得想要的有效行为模式。

行为矫正的技术可以成功地应用在学校、商务、医院、工厂、育儿场所、监狱和精神健康中心等地方（Kazdin, 2001；O'Donohue, 1998；Rachman, 1992）并且行为矫正技术被证明在自我控制方面有很大的作用。我们接下来会从 David Watson 和 Rolan Tharp（2007）的关于行为矫正的很棒的一本书中借用一些观点。我们将会讨论自我矫正过程中的5个步骤，你可以在图6-29中看到。

具体化你的目标行为

自我行为矫正程序的第一步是将你想改变的目标行为具体化，行为矫正只有到确切的行为反应才能得到应用，很多人都很难指出他们想要改变的行为，他们通常把他们的问题描述成观察不到的人格特征方面，而不是外显的行为。例如，一个男人被问到想要改变什么的问题，他可能会说：我太急躁了。也许确实是那样，但这一点也不能为设计一个自我矫正程序提供帮助。要使用一个行为方法，关于人格特性的模糊定义需要变成具体目标行为的描述。

要确定目标反应，你需要仔细考虑以前的行为或仔细思考未来的行为，然后列出一个这种特征的具体行为的例子。例如，一个认为自己过于急躁的人可能会列出两个最近经常出现的行为，比如与他的妻子争吵，或是厉声训斥他的孩子。这些就是他可以进行行为矫正的一些具体行为。

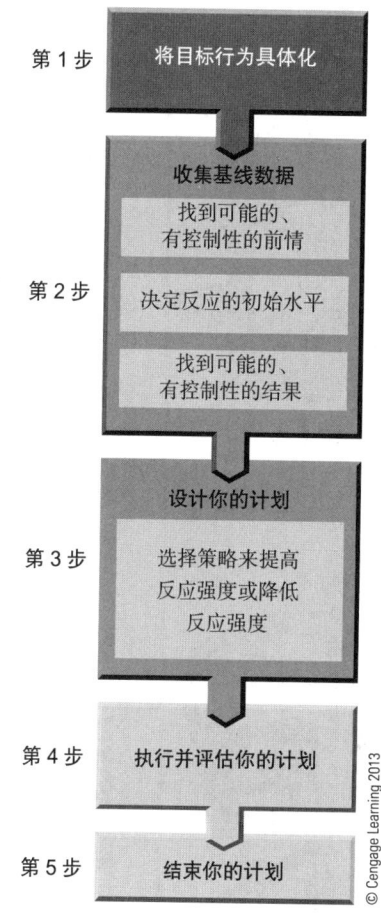

图6-29 自我矫正计划的步骤

这个流程图展示了执行一个自我矫正计划必须进行的5个步骤。许多人试图投身于他们的计划并跳过第1步和第2步，但是这些步骤对于成功来说都很重要。

收集基线数据

行为矫正中的第二步就是收集基线数据，你需要在你想出你的行为矫正过程的具体细节之前系统地观察你的目标行为一段时间（通常是一周或者两周）。在收集基线数据时，你需要监控三项。

第一，你需要确定你的目标行为的初始反应水平，如果你没有一个比较的标准那么就没有办法确定你的程序是否有效。在大多数情况下，你只需要跟踪在一段固定时间内目标行为发生的频率。因此你可能需要记录每天你会训斥孩子的频率、吸烟的频率或是咬指甲的频率。

心理学发展史里程碑图览

学习种类	过程	图解	结果
经典条件反射 伊万·巴甫洛夫	中性刺激（如一个声调）与可引发非条件反应（分泌唾液）的非条件刺激（如食物）一起呈现。	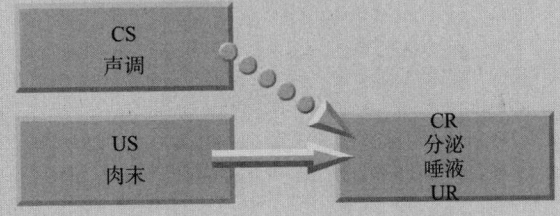	中性刺激会成为条件刺激并引起条件反应（如声调引起唾液分泌）。
操作性条件反射 斯金纳 	在一个刺激情境中，一个反应之后跟随一个好的结果（强化）或一个不好的结果（惩罚）。	反应 按压杠杆 → 奖励或反感刺激的呈现或移除 食物递送或点击	如果被强化，那么反应就会得到加强（发生次数增加）；如果被惩罚，那么反应就会减弱（发生次数减少）。
观察学习 阿尔伯特·班杜拉 	一个观察者对模特的行为（如很有攻击性的交涉）和行为结果（如买到一辆好车）很敏感。	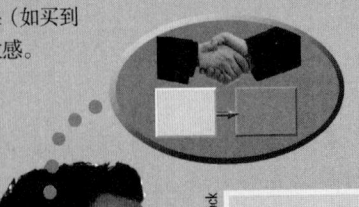 反应 自信地讲价 → 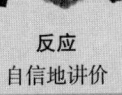 奖励刺激呈现 买到好车 	观察者会储存一个模型反应的心理表征，观察者加强或减弱做出这个反应的倾向取决于他观察到的结果。

反应的典型种类	动物案例	人类案例
大多数（但不是所有的）为非自主反射。	狗学会在与肉同时出现的声调出现时分泌唾液。	小阿尔伯特通过经典条件反射学会对小白鼠和其他白色毛茸茸的物体感到恐惧。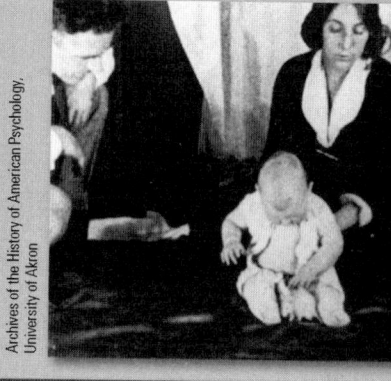
大多数（但不是所有的）是自主持续的反应。	训练过的动物可以进行表演，它们不断被强化学习行为，从而做出它们平时不会做出的反应。	赌徒持续而高频率地赌博，而大多数投机游戏都是一个复杂的可变–比率强化程序表。
大多数是自主反应，通常由新奇而复杂的序列组成。	一只小狗自发地学会模仿人类的仪式。	一个小女孩做出了一个她通过观察获得的行为。

收集准确的数据十分重要。每当这种行为发生时你就要立刻记录。使用图表进行记录通常是个很好的办法（见图6-30）。

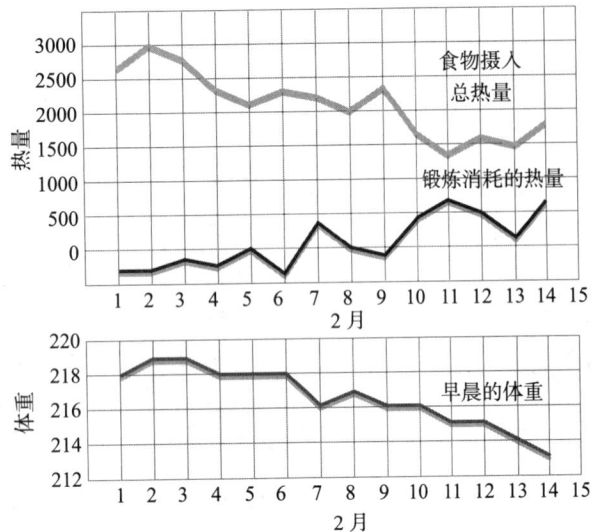

图6-30　持续记录自我矫正计划的案例

本图记录对于跟踪行为矫正的进步是很理想的。图中展示的记录是一个人在行为矫正计划中为了减肥而跟踪自己行为的情况。

资料来源：© Cengage Learning 2013.

第二，你需要监控你目标行为的前奏，前奏通常是指发生在目标行为之前的反应。通常这些行为的发生对引发的目标行为有重要作用，如果你的目标行为是过度饮食，那么你也许会发现你大多数的暴食会发生在晚上你看电视的时候。当你能找出这种前奏和反应之间的关联时，你也许能够设计你的程序来干扰破坏掉这个联结。

第三，你需要注意你目标行为的典型后果。试着去确定你的目标行为带来的强化物是什么，或是压制了你的好行为的不良后果是什么，在试着定义强化物时，记住逃避行为通常是靠负强化维持的，回避的结果通常是一些厌恶事物的移除。你还应该考虑到反应并不是每一次都会得到强化，大多数行为都是靠间歇性的强化维持的。

设计你的计划

一旦你选择了你的目标行为并且收集了适当的基线数据，那么是时候开始计划你自己的干预计划了。通常来说，你的计划是为了增强或是减少一种目标行为的发生频率。

增加反应强度

为了增加目标反应的频率，一般使用正强化。换句话说，你因为自己表现好奖励自己。尽管基本策略是简单的，但是要做好是需要考虑很多方面的因素的。

1. 选择强化物　要使用正强化，你需要找到一个对你有效的奖励，强化是客观的。对一个人可以起到强化作用的东西对另一个人可能就不管用。为了确定你个人的强化物，你需要问自己一些问题：我一般喜欢玩什么？什么能让我感觉良好？什么可以是一个好的礼物？我讨厌失去什么（见图6-31）。

选择一个强化物
1. 当你达到目标时，会得到什么奖励？
2. 你喜欢从他人或自己那里听到哪种赞美？
3. 你喜欢拥有什么东西？
4. 你主要的兴趣是什么？
5. 你的爱好是什么？
6. 你喜欢和什么样的人待在一起？
7. 你和你喜欢的人在一起会做些什么？
8. 你娱乐的时候会做些什么？
9. 你放松的时候会做些什么？
10. 你想避免某些东西时会怎么做？
11. 什么会使你感觉很棒？
12. 你想收到什么礼物？
13. 什么样的东西对你来说是重要的？
14. 如果你有20美元，你会买什么？50美元呢？100美元呢？
15. 你每周花钱花在哪里？
16. 你每天都会做的事是什么？（不要忽视很明显的或很常见的一些行为）
17. 你在没有达到目标行为时怎么做？
18. 你讨厌失去什么？
19. 在你每天都要做的事情中，哪个是你不愿意停止做的？
20. 你最喜欢的白日梦和童话是什么？
21. 你能想象到的最令人放松的场景是怎样的？

图6-31　给你的自我矫正计划选择一个强化物

找到一个好的强化物，放到你的自我矫正计划中需要煞费苦心。图中列出的问题可以帮助你找到合适的强化物。

资料来源：Adapted from Watson, D. L., & Tharp, R. G. (1997). *Self-directed behavior: Self-modification for personal adjustment.* Belmont, CA: Wadsworth. Wadsworth is a part of Cengage Learning, Inc. Reproduced by permission. www.cengage.com/permissions

你不需要选择你从来没有经历过的新强化物。你可以选择一个你得到过的强化物。然而你需要重构偶然性，即只有当你表现得正确时你才能得到这个强化物。例如，你平时每周购买10首iTunes的歌曲，现在你可以在一周内完成了一定时间的学习后就购买。

2. 安排偶然后效强化　一旦你选择了你的强化物，你必须设置一个强化偶然项，用来描述要达成的具体行为目标与用作奖励的强化。例如，在一个要增加锻炼的计划中，你可能一周内跑步15千米（目标行为）然后买40元的衣服。

试着去设立一些既有挑战性又现实的行为目标，你的目标要有挑战性从而可以提高自己，然而要是设定了过于不现实的太高目标（那些不太可能实现的目标）经常会带来打击。这是自我矫正中常见的错误。

减少反应强度

我们来看看减少不想要反应的频率。你可以通过几种方式来完成。你要遵循的内容包括强化，控制前奏和惩罚。

强化

强化可以用来间接地减少反应的频率，这个说法也许在你学过强化可以增加反应后听起来是自相矛盾的。问题在于你如何定义目标行为，例如，在暴食的例子里，你可以定义你的目标行为为每天摄入超过1600卡路里（你想要减少的行为反应），或每天摄入少于1600卡路里（一个你想要增加的正确反应行为）。你可以选择后面的那个定义，每次都在一天摄入少于1600卡路里时给自己强化。因此，你可以通过强化不是引发一个反应，而是通过强化减少反应。

前奏控制 一个可以减少不想要行为发生的有效策略是确认它的前奏从而避免暴露在这种情况下。这个策略在你试图减少你的摄入频率时很有效，如吃或喝。例如在暴食的例子中，抑制食欲的最简单方法就是避免去面对它。因此，你可能会远离你最喜欢的餐厅，减少花在厨房的时间，只在饭后去杂货店（那时意志力最高）避免买喜欢的食物。

惩罚 通过惩罚自己来减少不想要行为的策略是明显而且人们常常会过度使用的。自我矫正中的惩罚的最大问题在于很难遵守并惩罚自己。但是在有些情况中，你的强化必须用惩罚的恐惧来支持。

如果你要使用惩罚，请在脑中遵守两个准则：首先不要单独使用惩罚，要将它与正强化结合使用，如果你设定了一个只会从中收到负面结果的计划，那么你可能不会去坚持它；其次，使用一个相对温和的惩罚，以确保你确实能够将它实施出来。

实施并结束你的计划

第四步就是通过将你精心计划的这种偶然后效按照计划实施。你需要精确记录你目标行为的频率，然后你就能够评估自己的进展。你计划的成功与否取决于你是否会"作弊"。作弊最常见的形式就是你在没有确实赚到奖励的时候就奖励了自己。

你可以做两件事来增加完成计划的可能性。第一个是制定一个行为协议，一个书面的承诺会坚持行为矫正计划的大纲。在家人或朋友的面前签下这份协定会让很多人更加严肃地对待这个计划。你可以让自己以外的其他人来实施奖励或惩罚以减少作弊的可能性。

第五步，你可以在计划中表明在什么情况下你的计划会结束。比如可以是达到一个目标体重，按一个特定规律学习或一段特定时间内不吸烟，设计一个逐渐减少因为达到目标行为而得到的奖励也是一个逐渐结束计划的好办法。

批判性思维应用

情绪控制：巴甫洛夫和说服力

尽管很尊重伟大的伊万·巴甫洛夫，但当我们注意他的阐述狗可以经过训练后听到声调后流口水时，我们很容易忽略掉经典条件反射的重要性。一开始，很多人不明白巴甫洛夫流口水的狗和他们感兴趣的东西之间有什么联系。然而在本章的大部分内容中，我们都可以看到经典条件反射对我们行为管理中很多重要方面的贡献，包括恐惧、害怕和其他情绪反应，免疫功能和很多生理过程，食物偏好甚至性兴奋。在这个应用中，你会看到经典条件反射是如何用来控制情绪的。当你看电视的时候你已经感受过巴甫洛夫的技术。理解这些技术可以帮助你意识到自己什么时候被广告商、政治家和媒体控制了情绪。

很多使用了巴甫洛夫条件反射的操作都包含了评价性条件反射。就像本章前面主题中一直提到的一样，评价性条件反射就是将与非条件刺激可能的关联转移到一个新的条件刺激上。我们来看看这个操作是如何在广告、商业谈判和政治世界中体现的。

广告中的经典条件反射

这种操作的艺术在广告业中得到了完美的体现。广告商持续将产品与看起来能够引起人们积极感情反应的刺激配对呈现（见图6-32）。很多种类的刺激都是为了这个目的。商品和受欢迎的明星发言人、温暖有爱的家庭、美丽的田园场景、可爱的宠物和小孩子、令人愉悦的音乐和象征着财富的设施同时出现。广告商也喜欢将他们的产品与刺激的事件配对，例如NBA总决赛、旗帜和奥运五环标志等。但是，除了以上的这一切，广告商喜欢将他们的商品与性感、有吸引力的模特，尤其是有吸引力的女人联系在一起（Reichert, 2003; Reichert & Lambiase, 2003）。

广告商大多数寻找着一些能够引发某种普遍愉悦感

受的刺激。但是在有些情况下，他们试图找到一些特殊的关联。例如，卖给男人的香烟品牌一般会找到一些样貌硬朗的男人来将香烟与男子气概相连。相反，女士香烟品牌一般会找能够引起女性感受的图片。相似的是，牛仔裤设计工业一般会将他们的产品与年轻城市时尚的事物产生联系。汽车或信用卡广告商会将产品与富裕、奢华、特权等产生联系，如豪宅、管家、珠宝等。

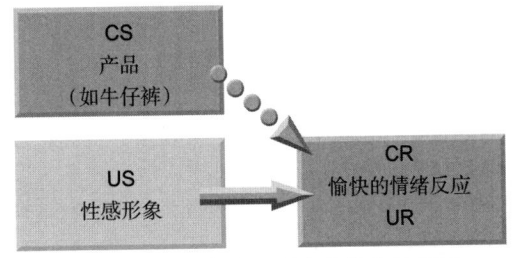

图6-32　经典条件反射在广告中的应用

许多广告商试图通过将自己的产品与有魅力的明星或性感形象一起呈现使产品变成条件刺激，这样就可以引发消费者的愉快情绪反应了。

商业谈判中的经典条件反射

在商业领域中，一般有两种策略让客户将他们的公司与愉悦的感受产生联系。第一种策略是将顾客带到一个好的餐厅用餐。在一个奢侈的环境中提供美味的食物和好的红酒是一个很有利的非条件刺激，能够引发愉悦的感受并且与主人产生联系。第二种策略是带客户参加一些娱乐项目，如演唱会或足球赛。在过去几十年中，美国的运动场中重建了很多贵宾包厢以适应这种商业需求，这种情况在每年的"超级碗"时达到巅峰，大多数座位都是《财富》五百强的客户的。这种行为将公司与愉悦感受和赛事的兴奋感联系在了一起。

值得注意的是还有很多利用了除了经典条件反射之外其他过程的策略。他们也会利用互惠规则，例如人们通常会将他们从别人那里收到的好处回报回去。因此，红酒或比赛会使客户产生一种责任感认为应该回报东道主的慷慨——可能是在他们的交易中。

政治领域的经典条件反射

像广告商一样，候选人也需要快速、准确、有效地影响很多人的态度。评价性条件反射能够帮助他们。例如，你有没有注意到政客经常会出现在各种愉悦的却与他们的政治服务工作丝毫不相关的公共活动中（例如一家新商场的开张典礼）？当一个运动队赢得了某个冠军，当地政客一定会急切地跑去接下来的庆功宴上，他们希望能够将他们的形象与积极事件联系起来，也就是和愉悦的情感联系在一起。

选举阵营的广告也使用了大多数与商业广告一样的策略。候选人与流行的名人、完整的家庭、好听的音乐和爱国者形象联系在一起。认识到经典条件反射的力量，政客通常很努力地确保他们不会与将引起负面感受的人或事产生联系。

加强对经典条件反射过程的认识

通过经典条件反射来操作人感情的影响会有多大呢？这很难说。在真实世界中，这些策略通常与其他说服技巧结合使用，产生多重作用，因此很难评估巴甫洛夫技术在这里的影响（Walther et al., 2005）。实验室研究可以减少这种多重影响。但是令人惊奇的是很少有这方面的研究公布。基本上全部都是关于广告的。关于广告的研究指出经典条件反射很有效，并且会对消费者态度产生持续性的影响（Grossman & Till, 1998；Shimp, Stuart, & Engle, 1991；Walther & Grigoriadis, 2003）。并且研究指出广告中的性吸引可以引起注意并且具有说服力（Rechert, Herckler, & Jackson, 2001），但是仍需要更多大量的研究。

你可以做些什么来减少自己受到巴甫洛夫技术对你情绪的操控呢？你可以关上电视、收音机，取消你的杂志订阅，停看报纸，不再连接因特网，缩进一个媒体屏蔽的壳子里。这对大多数人来说都是不可能的，也是不现实的。现实点说，最好的防护就是努力认识到媒体对你试图使用这些条件反射来操作你的感情并影响你的态度。一些关于说服力的研究表明得到提前预警就是一种提前的准备（Pfau et al., 1990）。换句话说，当你知道媒体是怎样试图操控你时，你会对这些技术变得更有抵抗力。

表6-2　此应用中讨论到的批判性思考技巧

技巧	描述
理解巴甫洛夫的条件反射是如何影响人们情绪的	批判性思考者理解刺激是如何在人们也许不会意识到的时候进行配对，并且自动产生关联
掌握能够探测到媒体中使用的条件反射的技能	批判性思考者能够意识到商业广告和政治广告中巴甫洛夫的条件反射技术

资料来源：© Cengage Learning 2013.

第7章

记 忆

假如你生活在美国，你必定曾用过数千枚美分硬币。毫无疑问，你应该记得1美分是什么样子的对吧？看看图7-1。哪一幅图所对应的是真的1美分呢？你是不是觉得要选出那枚真币很困难？如果是的话，你不是唯一对此犯难的人。Nickerson和Adams（1979）发现多数人无法从这几幅图中找出真币。这个意外的发现并非偶然，英国大学生在辨认英国便士时表现得更加糟糕（Jones，1990）。为什么会这样呢？为什么有的东西我们大部分人每天都能见到，然而我们对它们的记忆却如此差劲？

让我们来尝试另一个练习。如下是对某一个词语的定义。这并不是一个特别常见的词，但是你很可能熟悉它。想想这是哪个词。

定义：指身居高位的人对亲戚或好友的偏袒或优待。

如果你不能想到这个词，或许你能够记得这个词的首字母是什么，或者这个词听上去像什么。如是你便经历了舌尖现象，即感到遗忘的信息近在咫尺却远在天边。在此例中，你可能即将想到的词语是裙带关系。

也许你经常在考试的时候遇到舌尖现象。你确信自己知道某个术语，脑子里却一片空白。你会觉得你已经濒临回忆出来的边缘，但就是想不起来。而也许之后在你开车回家的路上，那个术语一下子蹦了出来。"就是说嘛，"你对自己说，"我怎么会想不起来呢？"这真是一个有趣的问题。很明显，那个术语曾被储存在你的记忆中。

正如这些例子所示，记忆不仅仅包括提取信息之后将其保存于某种心理存储器中。事实上，研究记忆活动的心理学家一直与三个难题纠缠不休：①信息如何进入记忆？②信息如何被记忆保存？③信息如何被取出记忆？这三个问题对应着三个记忆的关键过程（见图7-2）：编码（让信息进入记忆）、存储（保持信息），以及提取（取出信息）。

编码（encoding）是指生成一个记忆代码。例如，当你为一个词语编码时，你可能会强调它看起来像什么，听起来像什么，或者它是什么意思。编码通常需要引起你

图7-1 一项简单的记忆测试

Nickerson和Adams（1979）把15个不同版本的，多数人已经看过上千次的硬币呈现给被试，并问道："哪一枚是真的？"你能找出图中真正的1美分硬币吗？

资料来源：Reprinted from Nickerson, R. S., & Adams, M. J. (1979). Long-term memory for a common object. *Cognitive Psychology, 11*, 287–370.Copyright © 1979 Elsevier Science with permission from Elsevier. © Cengage Learning 2013.

的注意，而这正是为什么你或许无法准确地回忆出1美分的样子——多数人不会花太多注意在这上面。**存储**（storage）是指将编码后的信息在记忆中保持一段时间。心理学家对记忆研究的很大一部分都集中在找出有哪些因素促进或者阻碍记忆的储存。但是，正如舌尖现象所

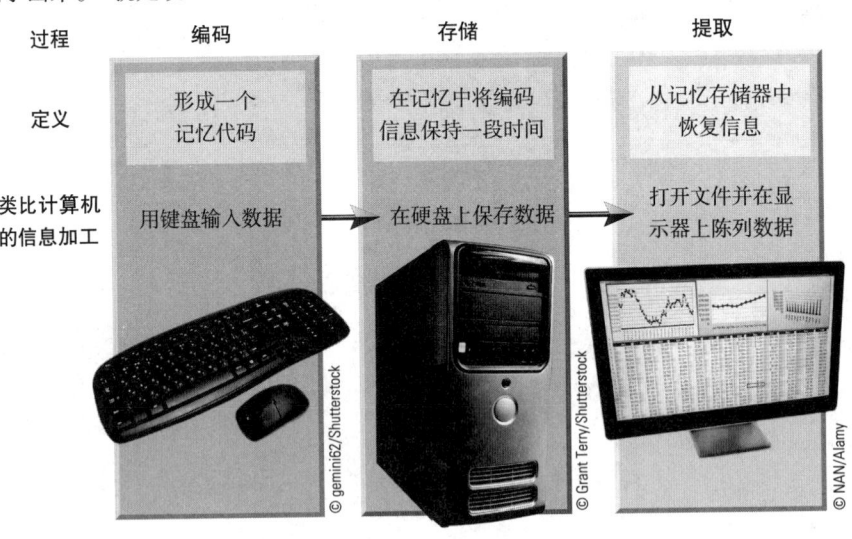

图7-2 记忆的三个主要过程

记忆取决于三个顺序的过程：编码、存储和提取。一些理论家把这几个过程比作计算机信息加工的组成成分，如图所示。这些比喻对于编码和提取来说挺合理的，但是有关存储的比喻却有一些误导。当信息被储存在计算机硬盘中时，它永远不会被改变，并且你可以提取一个完全一致的副本。然而正如你将在本章中学到的，记忆的存储过程远比计算机的更为动态。人们的记忆会随着时间而改变，并且记忆只是对过去事件粗略的重构，而不是一模一样的复制。

资料来源：© Cengage Learning 2013.

示，信息的储存并不足以保证你会记住一些东西。你还需要能够将信息从存储中取出来。**提取**（retrieval）是指从记忆存储器里恢复信息。和提取有关的研究命题包括人们如何搜索记忆，以及为什么有的提取策略比别的更为有效。

本章大部分将致力于审查记忆的编码、存储和提取。这些基本过程有助于解开记忆研究的终极谜题：人们为什么遗忘。与记忆不止包括存储一样，遗忘也不仅仅是从记忆存储器中"丢失"了一些东西那么简单。编码、存储和提取这三个关键过程中的任何缺陷都可能导致遗忘。当我们讨论完遗忘之后，我们将简要地回顾记忆的生理机制。最后，我们会描述不同类型的记忆之间的区别。本章的"个人应用"栏目提供了一些如何提高记忆的实用建议。"批判性思维应用"栏目探讨了为什么记忆不像人们认为的那样可靠。

编码：将信息录入记忆

你是否曾经刚认识了一个人，却在 30 秒后发现你已经"忘了"他（她）的名字？这种常见的遗忘通常是由记忆代码的生成失败引起的。当别人把陌生人介绍给你时，你经常忙于打量他们并思考你要说什么，因为注意被分散，你对他们的名字左耳进右耳出。你没有记住名字是因为它们并没有被编码然后储存到记忆中，这个常见的问题说明了主动编码是记忆的一个至关紧要的环节。在本节中，我们将讨论注意对编码的作用、不同类型的编码，以及丰富编码的方式。

注意对编码的作用

如果你想记住某一信息，你通常需要留意它（Lachter, Forster, & Ruthruff, 2004；Mulligan, 1998）。例如，如果你坐在课堂上却并不留心讲课的内容，你很可能不会记得太多教授讲了些什么。**注意**（attention）是指对一小部分刺激或事件的集中觉察。选择性注意对我们的日常运作非常重要。如果你的注意被平均分散在所有刺激输入上，那么你的生活将陷入彻底的混乱。为了阅读一本书籍、和朋友进行一次对话，甚至只是保持思维的连续，你都需要过滤掉你身边的大部分潜在刺激物。

注意通常被比作一个过滤器（filter），它能过滤出大多数潜在刺激，而只让一小部分进入意识。不过，至于这个过滤器位于信息加工系统的哪里，学界内部争议不休。这一争论的焦点在于，刺激是在早期（即感觉输入的时候），还是晚期（即大脑加工了输入信息的含义和重要性之后）被过滤掉的（见图 7-3）。

"鸡尾酒会现象"表明是后者。例如，假设一位名叫凯特的年轻女子正在参加一场派对，而现场背景声嘈杂。凯特正专注于和一名朋友的对话，同时屏蔽了别的对话。但是，如果其他对话中出现了她的名字，凯特或许会注意到，即使她从未留意他们说了什么。在实验室的模拟场景中，大约 35% 的参与者报告称他们听到了自己的名字（Wood & Cowan, 1995）。如果信息选择发生在早期，这些人怎么会记录下已经被屏蔽的信息呢？因此，鸡尾酒会现象说明，注意是以输入的含义为基础的晚期选择。

那么在科学的权衡下，哪一种观点受到了更多的支持呢？早期选择还是晚期选择？研究发现，不仅二者都得到了大量证据的支持，而且也有很多证据支持中期选择（Posner & DiGirolamo, 2000；Treisman, 2009）。这些发现使得某些理论家认定注意过滤器的位置可能是变化的，而非固定的。Lavie（2005, 2007）指出，过滤器的具体位置应视当前信息加工的"认知负荷"而定。当某人注意的是复杂的、高负荷的任务时，大量的注意容量将被消耗，而选择往往出现在早期。但是，当某人注意的是简单的、低负荷的任务时，更多的注意容量将会被留下来加工干扰信息的含义，从而发生晚期选择。

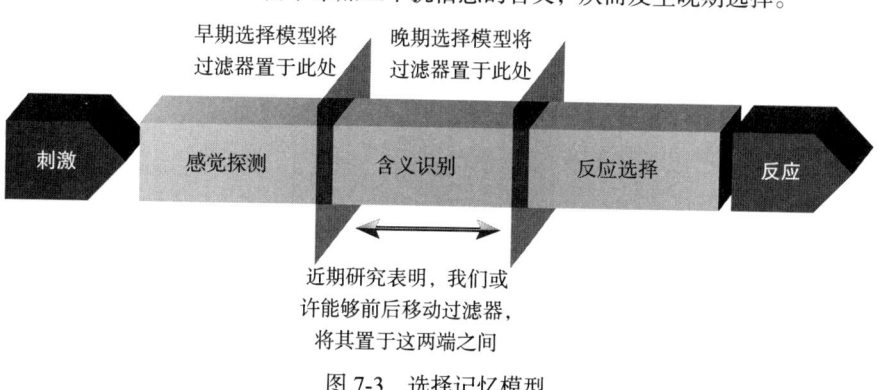

图 7-3　选择记忆模型

早期选择模型提出，输入是在含义加工之前被筛选的。晚期选择模型认为，过滤的发生是在含义加工之后的。目前早期、晚期和中期选择都有证据支持，这表明注意过滤器的位置可能不是固定的。

资料来源：© Cengage Learning 2013.

无论过滤在何时发生,我们都确定人们很难同时将注意放在两个或多个输入上面。例如,如果凯特尝试着一边继续她最初的对话,一边监听有她名字出现的另一个对话,她会感到难以兼顾二者,并可能更少记得她当前的对话。研究表明,当被试的注意被强制分散在记忆编码和其他任务上时,他们的记忆表现会大幅度下降(Craik,2001;Craik & Kester,2000)。

此外,分散注意会对很多任务产生负面影响,尤其当任务复杂或陌生的时候(Pashler,Johnston,& Ruthruff,2001)。虽然人们总是认为他们能保质保量地同时兼顾多项任务,研究发现人类的大脑一次只能有效地处理一项需要消耗大量注意的任务(Lien,Ruthruff,& Johnston,2006)。当人们一心多用时,他们实际是在不同任务上面来回切换注意,而不是同时处理所有任务,那样做可能适合某些情况,但有一些不适合。

举个例子,比如有关边开车边打手机的争论。那些经过严格实验控制的研究明确地表明打手机会危害到开车行为,即使驾驶员开了免提(Horrey & Wickens,2006;Kass,Cole,& Stanny,2007)。一项模拟开车任务的研究发现,手机对话增大了驾驶员错过信号灯的概率,而且减缓了驾驶员对信号灯的反应,如图 7-4 所示(Strayer & Johnston,2001)。而据另一项研究表明"开车时使用手机所带来的危害堪比醉酒驾驶"(Strayer,Drews,& Crouch,2006)。

最近的一项研究表明,手机对话对驾驶员的干扰比和乘客的对话的更大。此研究发现乘客能根据交通状况调整他们的对话,并给驾驶员提供帮助(Drews,Pasupathi,& Strayer,2008)。换句话说,当乘客看到交通拥堵或者路况复杂时,他们会降低和驾驶员对话的频率和难度,并且试图帮助驾驶员脱离困境。此外,研究表明开车时收发短信和接电话一样使人分心,而且实质上危害更大(Drews et al.,2009)。

加工水平

注意对记忆编码至关重要,但并非所有注意的形成都是平等的。你可以用不同的方式注意事物,聚焦刺激输入的不同方面。一些理论认为,人们留意信息不同方式的本质差别是他们能记住多少重要因素。Fergus Craik 和 Robert Lockhart(1972)提出,输入信息的加工能分为不同的水平。他们认为,人们在处理言语信息时,有三个逐渐深入的加工水平:结构编码、语音编码和语义编

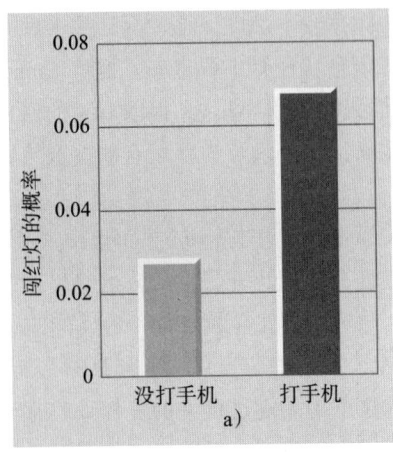

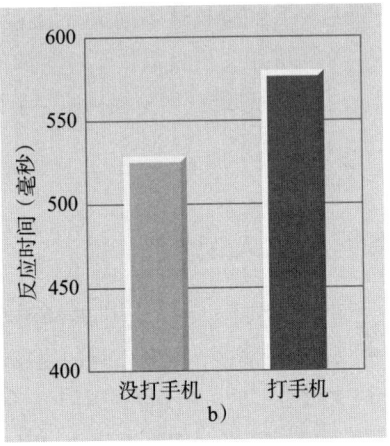

图 7-4 注意分散和驾驶表现

在一项由 Strayer 和 Johnson(2001)设计的研究中,被试参与了一个模拟驾驶任务。他们需要在看到红灯后尽可能迅速地踩住刹车。他们有时一边开车一边讲电话,有时没讲电话。

a)图的数据表明,如果参与者驾驶时打手机,他们闯红灯的概率是没打手机时的至少两倍。b)图的数据表明,打手机时,参与者对红灯的反应更慢(数据来自 Strayer & Johnson,2001;图表基于 Goldstein,2008)。

资料来源:Adapted from Strayer, D. L., & Johnston, W. A. (2001). Driven to distraction: Dual task studies of simulated driving and conversing on a cellular phone. *Psychological Science, 12,* 462–465. Copyright © 2001 Association for Psychological Science. Reprinted by permission of SAGE Publications. © Cengage Learning 2013.

码(见图 7-5)。结构编码(structural encoding)是程度相对较浅的加工,强调刺激的物理结构。例如,如果词语在屏幕上一闪而过,结构编码将录入诸如词语的印刷方式(如字母的大小写等)或者词语的长度(由多少个字母组成)等信息。进一步加工可能会引起语音编码(phonemic encoding),其侧重词语的发音。语音编码包括准确说出或者念出(也许是默默地)这个词语。最后,语

义编码（semantic encoding）强调言语输入的含义。它包括思考这些词语所代表的物体和行为。Craik 和 Lockhart（1972）的加工水平理论（levels-of-processing theory）提出，加工水平越深入所生成的记忆代码越持久。

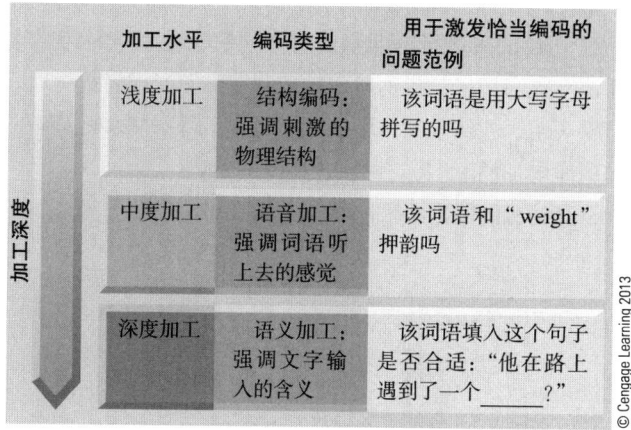

图 7-5　加工水平理论

据 Craik 和 Lockhart（1972）所言，结构、语音和语义加工（它们能被诸如图右所示的问题激发）是水平逐渐深入的加工过程。加工水平的深入能产生更持久的记忆。

在一项检验加工水平理论的实验中，Craik 和 Tulving（1975）对比了结构、语音和语义编码的记忆效果。他们向被试短暂地呈现刺激词语，并通过询问被试词语的不同特征，将被试的注意引导在词语的某个特定方面（见图 7-5）。研究者设计这些问题的目的在于控制被试进行不同水平的加工。在接受 60 个词的刺激之后，被试获得了一个意外的测试，这个测试测验的是他们对之前那些词的记忆。和实验预期一致，经历了结构编码的被试回忆效果很差，在语音加工后被试表现显著提高，而在语义加工之后达到最高（见图 7-6）。多项研究成功地重复验证了深加工有利于提高记忆（Craik，2002；Lockhart & Craik，1990）。

丰富编码的方式

结构、语音和语义编码并非组成记忆代码的全部内容。编码还包括了其他维度，这些维度能够丰富编码的过程，从而增强记忆。

1. 联想

语义编码通常可以由一个叫作联想的过程得到改善。**联想**（elaboration）是指在编码时把一个刺激链接到其他信息。例如，假设你读到说恐惧常因经典条件反射引起的观点，于是你用这个观点来看待你自身对蜘蛛的恐惧。如是，你就是在联想信息。因联想所形成的一些附加联结经常能帮助人们记住信息。联想过程的不同能帮助我们解释为什么语义加工方式的不同会导致不同程度的信息保持（Toyota & Kikuchi，2004，2005；Willoughby，Motz，& Wood，1997）。

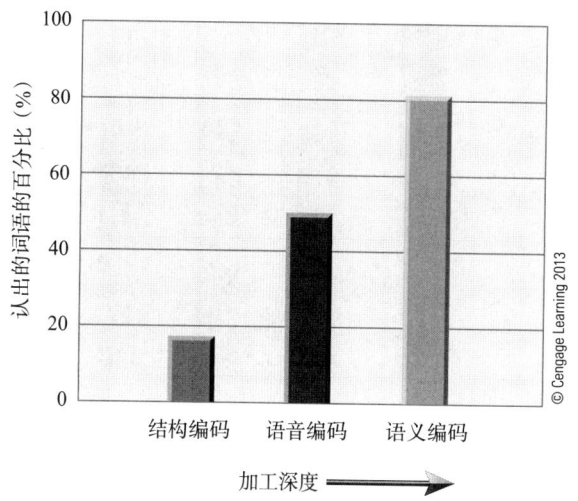

图 7-6　三个加工水平上的保持

与加工水平理论一致，Craik 和 Tulving（1975）发现结构、语音和语义加工（三个逐渐深入的加工水平）会保持逐步增强。

2. 视觉表象

表象（imagery），即通过创造视觉图像去代表词语，可以用来丰富编码。一些词语比另一些更容易形成图像。如果有人要你记住杂耍人这个词，你可以毫不费劲地想象一个人表演球技杂耍。但是，如果有人要你记住真理这个词，那么你要找到一幅合适的画面可能更加困难。不同之处在于，杂耍人指代的是一个具体的实物，而真理指代的是一个抽象的概念。Allan Paivio（1969）指出，相较抽象概念，人们更容易为具体实物构图。他相信这种成像的难易程度将会影响记忆。

Paivio、Smythe 和 Yuille（1968）的一项研究直观地展现了表象对记忆的帮助。研究者要求被试学习材料中的 16 对词组。经过操控，配对的词语既有具体的、高表象的，也有抽象的、低表象的。根据每个词语表象的可能性，记忆材料包含了 4 种类型的词组：高－高（杂耍人－礼服），高－低（字母－精力），低－高（义务－酒店），低－低（质量－需求）。结果发现，高表象的词语比低表象的词语更容易记忆（见图 7-7）。一项近期研究在控制了其他因素之后也发现了类似的结果（Paivio, Khan, & Begg, 2000）。

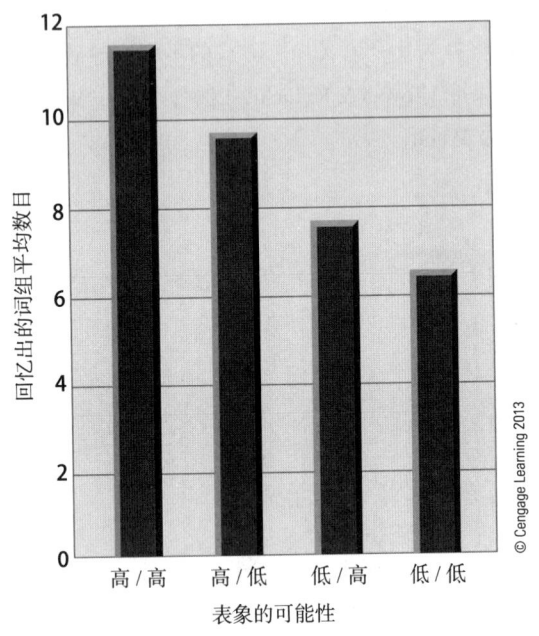

图 7-7 视觉表象对保持的作用

参与者背诵了 16 对词组，他们对高表象词组的记忆要优于对低表象词组的记忆。这表明视觉表象能够丰富编码。

资料来源：Data from Paivio, Smythe, & Yuille, 1968.

据 Paivio（1986, 2007）所述，表象能提高记忆是因为它提供了第二种记忆代码，而两个代码比一个更好。他的**双重编码理论**（dual-coding theory）认为，同时生成语义和视觉代码能够增强记忆，因为这两种代码都可以引发回忆。

3. 自我指代编码

给材料赋予和自我相关的含义也能丰富编码。人们在回忆信息时，通常会有倾向地偏好和自身有关的材料（Kahan & Johnson, 1992）。**自我指代编码**（self-referent encoding）是指判断信息如何或者是否和自身相关。Rogers、Kuiper 和 Kirker（1977）在一项研究中将这种编码方法和结构、语音和语义编码做了比较。为了诱发被试进行自我指代编码，研究者要求被试判断在屏幕上闪现的形容词是否能用在他们自己身上。结果表明，自我指代编码提高了形容词的回忆率。

4. 记忆动机

另一个似乎能影响编码效率的因素是人们编码时的记忆动机（motivation to remember，MTR）。当编码时的 MTR 高时（通常是因为这些信息被认为是很重要的），人们更可能会花额外的精力去注意和组织信息，从而促进日后的回忆。在一项近期的研究中，研究者向被试呈现了 6 张人物照，并要求被试记住这 6 个人的资料（Kassam et al., 2009）。提高记忆动机是靠给予被试经济奖励，奖励是要被试回忆指定人物的每一项资料之后才能获得，而这个提高记忆动机的时间被控制在编码时或者提取时。结果表明，在编码时，增加 MTR 提高了回忆表现，而在提取时增加的 MTR 对回忆几乎没有影响（见图 7-8）。因此，高动机能促进编码过程。

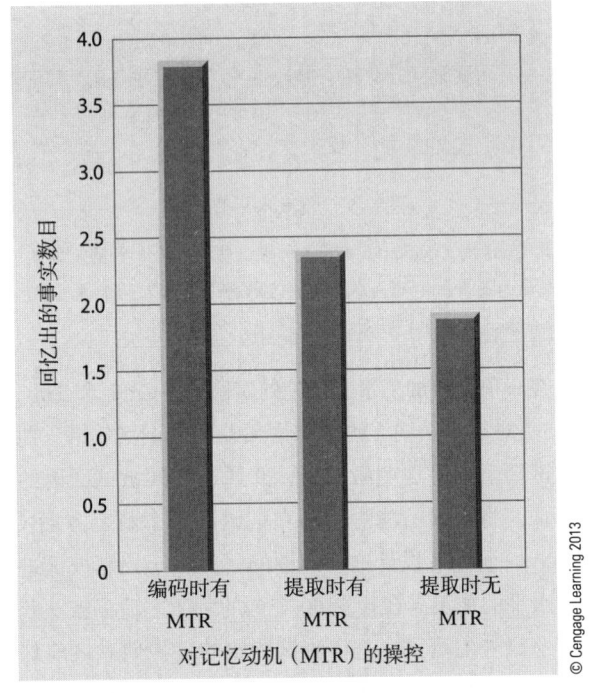

图 7-8 记忆动机对后续回忆的作用

参与者的回忆动机要么在编码时得到了增加，要么在提取时得到了增加，要么在对照条件下完全没有变化。编码时 MTR 的提高增强了回忆，而提取时 MTR 的提高对回忆没有影响。

资料来源：Adapted from Kassam, K. S., Gilbert, D. T., Swencionis, J. K., & Wilson, T. D. (2009). Misconceptions of memory: The Scooter Libby effect. *Psychological Science, 20*, 551–552.Copyright © 2009 SAGE Publications. Reprinted by permission of SAGE Publications.

存储：将信息保存在记忆中

为了认识记忆的存储，理论家曾经将其与当时的技术联系起来（Roediger, 1980）。其中，最早被用来解释记忆存储的模型是蜡板。亚里士多德和柏拉图都曾将记忆比作一块蜡，蜡的大小和硬度随着不同人而改变。根据这个比喻，记忆就像是在蜡上面用印模刻印，只要图像还保留在蜡块上面，记忆就会保持完整。

在现代，有关记忆的理论反映了20世纪的技术发展。例如，许多诞生于计算机时代初期的理论将人类记忆的信息储存比作计算机的信息储存（Atkinson & Shiffrin，1968，1971；Broadbent，1958；Waugh & Norman，1965）。这些信息加工理论（information-processing theories）的主要贡献是将记忆细分为三个独立的记忆存储器（Estes，1999；Pashler & Carrier，1996）。各种理论对这些存储器的名字和具体特点的描述不甚相同。为了简便，我们将围绕Richard Atkinson和Richard Shiffrin两人提出的模型进行讨论，因为他们的理论被证明是最具影响力的信息加工理论。根据他们的模型，输入的信息会经过两个暂时性的存储缓冲器（感觉存储器和短时存储器），然后进入长时存储器（见图7-9）。如刚才提到的蜡板，记忆的信息加工模型同样起到比喻的作用。这三个存储器并不对应着大脑中的解剖结构，而只是功能迥异的记忆类型。

感觉记忆

感觉记忆（sensory memory）将信息以其原始的感觉形式短暂保留，通常只有几分之一秒。感觉记忆能让我们对视觉模式、声音或者触摸的感觉在感觉刺激消失之后短暂停留。就视觉而言，与其说人们知觉到的是实际刺激，不如说是一种后象（afterimage）。只要拿着点燃的烟花束或者打亮的手电筒在黑暗中快速画圈，你自己就能演示后象的存在。如果你移动得足够快，你应该可以观察到一个完整的圆圈，即使光线来源只是一个单独的点。感觉记忆将感觉图像保留了足够长的时间，以便你知觉到一个连续的圆，而非一个个断开的光点。

因为烟花的图像会在感觉记忆中短暂停留，如果烟花束移动得够快，由于后象的交融，人们可以看到一道连续的光线，而不是一连串单独的光点。

这种对感觉信息在感觉记忆中的短暂保留是具有适应性的，因为这样一来，你能有更多的时间识别刺激。但是，你最好尽快利用这些刺激残留，因为它并不会持续很长时间。一项由George Sperling（1960）设计的经典实验展示了感觉记忆的短暂。研究者向被试呈现三行字

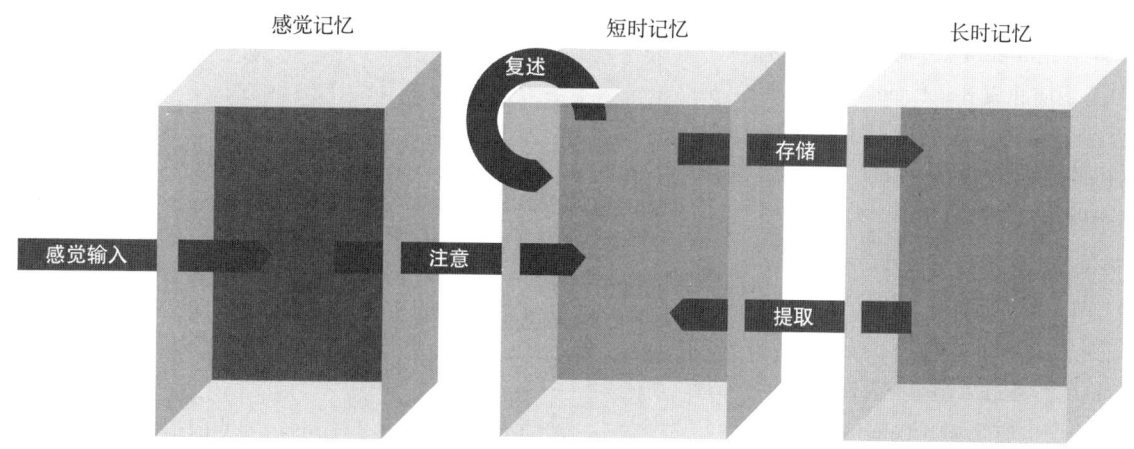

图7-9　Atkinson和Shiffrin的记忆存储模型

Atkinson和Shiffrin（1971）提出，记忆是由三个信息存储器组成的。感觉记忆能将大量信息保持刚好足够的时间（几分之一秒），以便小部分信息会被选出用于长期储存。短时记忆的容量有限，除非有复述的帮助，它的储存时间很短。长时记忆据说能够将无限量的信息存储不确定的时间。

资料来源：© Cengage Learning 2013.

母，这些字母仅在屏幕上闪现 1/20 秒。刺激呈现之后跟着的一个音调指示被试应该向主试报告哪一行字母。当音调提示立刻出现时，被试的报告相当准确。但是，随着音调的延迟逐步提升至 1 秒，被试的准确率却节节下降。这是为什么？因为记忆在感觉存储器中留下的痕迹会在大约 1/4 秒之后消退（Massaro & Loftus, 1996）。关于刺激的残留是否真的牵涉记忆储存尚存争议（Nairne, 2003），据一些理论家所言，这种刺激的短暂残留可能更像是一种回声而非记忆。

短时记忆

短时记忆（short-term memory, STM）是一个能够保持尚未重复的信息 10～20 秒的容量有限的存储器。相比之下，长时记忆所存储的信息可能会保留几个星期、几个月或者几年。不过，有种方法能够使信息在短时存储器中无限期地维持。如何办到呢？从根本上而言，通过**复述**（rehearsal），即一个反复地回想或用言语表达信息的过程。例如，当你查一个电话号码时，你可能会一遍又一遍地背诵号码直到你拨出去。复述能够让信息在你的短时记忆中持续循环。这种对背诵的依赖说明了为什么短时记忆被认为是主要依靠语音编码。

1. 储存时间

没有复述的话，短时记忆里的信息会在 10～20 秒后丢失（Nairne, 2003）。Peterson 等人（1959）在一项研究中呈现了这种迅速的遗失。研究者测量了如果不能复述，本科生能记得三个辅音字母中的多少个。为了防止复述，Peterson 等人要求学生从辅音字母出现之后以 3 为单位倒数，直到他们看到回忆测试开始的指示灯（见图 7-10）。结果表明，仅仅过去 15 秒，被试的回忆准确率便低得可怜（约为 10%）。理论家最初相信短时记忆中信息的遗失完全是由和时间相关的记忆痕迹的消退造成的。不过后续研究发现来自竞争材料的干扰也有影响（Lewandowsky, Duncan, & Brown, 2004; Nairne, 2002）。

2. 储存容量

短时记忆能容纳的项目数量也是有限

的。George Miller（1956）的一篇著名论文"The Magical Number Seven, Plus or Minus Two: Some Limits on Our Capacity for Processing Information"（神奇的数字 7，加减 2：我们加工信息的容量限度）中指明了 STM 的容量。Miller 注意到，人们在需要用到 STM 的任务中只能回忆大概 7 条项目。如果达到了短时记忆的容纳限度，再插入新的信息就会"挤出"一些 STM 中现有的信息。STM 的有限容量约束了人们执行那些需要用心兼顾多条信息的任务的能力（Baddeley & Hitch, 1974）。短期记忆的容量甚至也许比之前大多数人想象的还要低。Nelson Cowan（2005，2010）引用的证据表明，STM 的容量是 4 加减 1。关于 STM 容量的共识似乎更倾向于这个更小的估算（Lustig et al., 2009）。据 Cowan 所言，以前 STM 的容量被高估了是因为研究者经常没能采取措施防止被试偷偷地复述或者对信息进行组块。

众所周知，人们可以通过把刺激组合成更大的或许更有序的单元（也就是组块）来扩充短时记忆的容量。**组块**（chunk）是作为统一单元储存的一组你所熟悉的刺激。只要让某人回忆一串像下面这样分组的 12 个字母，你便可以演示组块的作用：

FB - INB - CC - IAIB - M

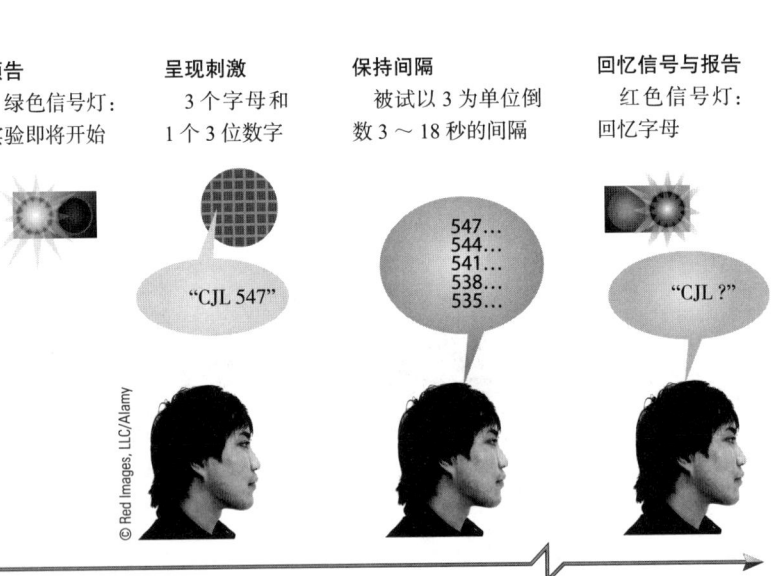

图 7-10 Peterson 等人（1959）的短时记忆研究

在预告灯闪烁之后，被试将看到 3 个需要记忆的辅音字母。研究者给被试呈现 1 个 3 位数字，并让他们以 3 为单位倒数，直到出现开始回忆字母的信号灯。如是，研究者便能防止被试复述字母。通过变化呈现刺激和回忆之间的时长，Peterson 等人（1959）就能测量短时记忆丢失信息的速度有多快。

资料来源：© Cengage Learning 2013.

真相核查

误解

短时记忆（STM）的容量是 7 加减 2。

真相

将这个观点称作谬论有一点过了，因为自从 20 世纪 50 年代开始，此观点就成了大众的普遍看法。而且，这件事还有争论的余地。但是，近十几年来，研究者通过更精密的手段一点一点地削弱了这个最大值。记忆研究专家所达成的共识已经转为 STM 的容量应该是 4 加减 1。

当你大声朗读这些字母时，请在有连字符的地方停顿。你的被试大概会试着一个字母一个字母单独地记忆，因为并没有明显的字群或组块。但是一个由 12 个字母组成的字串对 STM 来说太长了，记忆很有可能会出错。下面，请向另一个人展示同样的字串，不过将停顿放在如下位置上：

FBI - NBC - CIA - IBM⊖

现在，这些字母形成了 4 个熟知的组块，它们只会占据 STM 的 4 个记忆槽，从而引发顺利的回忆（Bower & Springston，1970）。

为了成功地将字母 I、B、M 组块，被试必须首先识别出这些字母是一个熟悉的整体。这种熟悉感必定已经被储存在了长时记忆中的某个位置。所以，此例中，信息是从长时记忆转移到了短时记忆。这种情况并非偶然，人们经常把信息从他们的长时记忆库里面提取出来，以便协助他们评价和理解短时记忆中他们正在处理的信息。

3. 短时记忆作为"工作记忆"

通过原始的短时记忆模型，研究者最终解答了一系列问题（Bower，2000）。其中，研究表明短时记忆并不限于语音编码，消退也不是 STM 信息损失的唯一来源。这些以及其他发现说明，与研究者最初认为的不同，短时记忆不仅包括一个简单的复述缓冲器。Alan Baddeley（1986，1992，2001，2007）发展了一个更加复杂的、模块化的短期记忆模型。该模型将短期记忆描述为"工作记忆"。Baddeley 的工作记忆模型由图 7-11 所示的 4 个部分组成。

第一个组成部分是语音环路，它曾经被认为是短期记忆的全部。当你通过背诵来暂时保存一串电话号码时，此部件便开始工作了。工作记忆的第二个组成部分是一块视空模板，它能允许人们暂时保留并处理视觉图像。当你在心里尝试去调整卧室家具的摆设或者制订到某地的旅行路线时，这一部分便开始工作了。第三个组成部分是中央执行系统。它控制着注意的分配，当需要时转移或者分散注意。与此同时，中央执行系统还负责协调其他模块的运行。第四个组成部分是情节缓冲。这是一个暂时的、容量有限的存储器，能协助工作记忆中的不同成分整合信息。此外，它也是工作记忆和长时记忆的中间媒介。

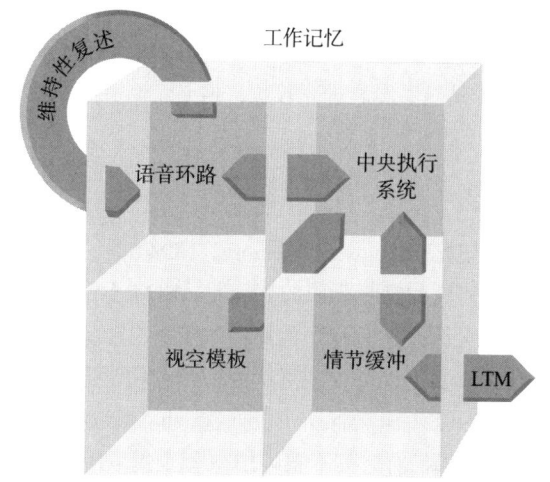

图 7-11　Baddeley 的工作记忆模型

此图展示了 Alan Baddeley 提出修改后的短时存储模型。据 Baddeley（2001）所言，工作记忆包括了四个部分：语音环路、视空模板、中央执行系统以及情节缓冲。浅灰色所表示的部分都是记忆存储器，而中央执行系统不是。

资料来源：© Cengage Learning 2013.

工作记忆这个概念仍然具有之前短时记忆所定义的两个重要特征：有限的容量和存储时间。但是 Baddeley 的模型解释了 STM 为什么具有比研究者之前所想的更多种类的功能。

Baddeley 的工作记忆模型引来了大量的研究。例如，一些研究表明，人们抵御干扰时在工作记忆中兼顾信息的能力各不相同（Engle，2001）。**工作记忆容量**（working memory capacity，WMC）是指人们在有意注意中保持和处理信息的能力。WMC 是一种稳定的个人特质

⊖ FBI，美国联邦调查局；NBC，美国全国广播公司；CIA，美国中央情报局；IBM，IBM 公司。——译者注

（Unsworth et al.，2005），它似乎在很大程度上受到遗传的影响（Kremen et al.，2007）。即便如此，WMC 也能够暂时因为情境因素而下降，比如顶着压力工作或者过度担心时（Gimming et al.，2006；Hayes, Hirsch, & Matthews，2008）。

工作记忆容量的变化和高级认知功能呈正相关，包括阅读理解、复杂推理甚至智力（Conway, Kane, & Engle，2003；Shelton et al.，2009，2010）。这一发现使得一些理论家认定工作记忆容量对复杂认知和智力至关重要（Lepine, Barrouillet, & Camos，2005）。WMC 的变化似乎也会影响音乐才能，因为一边读乐谱一边玩乐器会给工作记忆容量带来负荷（Meinz & Hambrick，2010）。一些理论者认为，几千万年前 WMC 的增加决定了人类复杂认知过程和创造力的演化（Coolidge & Wynn，2009）。虽然这些分析非常投机，但是它们突出了工作记忆容量深远的重要性（Balter，2010）。

长时记忆

长时记忆（long-term memory，LTM）是一个能够长时间保持信息的容量无限的存储器。LTM 不像感觉记忆和短时记忆那样只有很短的储存时限，它能将信息无限期保存。事实上，一种观点认为，经由长时记忆储存的信息能够在那里永久保留。根据这一说法，遗忘的发生仅仅是因为人们有时候不能从 LTM 里面提取所需信息。

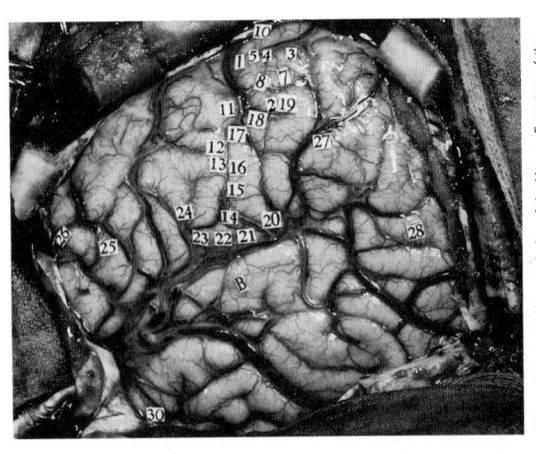

怀尔德·潘菲尔德（Wilder Penfield）和他的助手开展了一系列针对因医学需要而接受了脑部手术的人类被试的研究。在这些研究中，他们运用电击大脑的方法绘制了一幅大脑皮层的脑部功能图。在开展这些研究的过程中，他们认为自己通过刺激颞叶（见照片的底部附近）而唤醒了病人失去已久的记忆。然而，就像正文所阐释的那样，后续研究重新解释了他们的发现。

毫无疑问，LTM 储存可能是永久的这一观点非常令人着迷。两条有趣的研究思路似乎为永久储存提供了有力的证据。然而，研究者发现，每一条研究思路最后似乎都没有一开始看上去那样具有说服力。第一条研究主线包括由加拿大神经学家怀尔德·潘菲尔德在 20 世纪 60 年代开展的一些里程碑研究。他报告称在脑部手术中电击大脑（electrical stimulation of the brain，ESB）能够触发记忆（Penfield & Perot，1963）。当潘菲尔德运用 ESB 手段（见第 3 章）绘制因癫痫而参加手术的病人的大脑功能图时，他发现刺激大脑颞叶有时会引发病人栩栩如生地描述很久以前发生的事情。病人会叙述显而易见是发生在他们童年的场景（比如"待在一个林场里面"或者"看着妈妈打电话"）就像他们再次回到了那些时光一样。潘菲尔德和其他人推断，这些描述正好是由电击大脑引发的尘封记忆的闪回。

闪光灯记忆是对重大事件生动、具体的回忆。例如，许多人会在很长时间内确切地记得当他们得知世界贸易中心遭到恐怖袭击时他们正在做什么以及自己的感受。

第二条研究主线集中于闪光灯记忆现象。**闪光灯记忆**（flashbulb memories）通常是对能得知有重大或者有价值事件发生的周围环境有着不同寻常的生动的、具体的回忆。例如，许多年长的美国人能够准确地记得当他们得知约翰 F. 肯尼迪总统被枪击的时候他们在哪儿，在做什么，以及对此事件的感受。美国的年轻人也对 2011 年

9月11日在纽约华盛顿特区发生的恐怖袭击有着类似的回忆。人们对于如何听说这些事件的生动详细的记忆似乎为永久储存提供了一个引人注目的例子。

那么，为什么这些发现并不能说明LTM存储是永久的呢？让我们一一回顾。我们的仔细审核最终表明潘菲尔德的研究里面那些了不起的由ESB激发的"记忆"经常包括了对不可能事实的重大扭曲。例如，那个声称回到了林场的人其实从来没有去过林场。很明显，潘菲尔德的被试因ESB产生的回忆只是幻觉、梦境或者对事件零散的重构，而不是对过去分毫不差的重演（Squire, 1987）。

类似地，后续研究也动摇了闪光灯记忆例证了永久储存这一观念。尽管闪光灯记忆通常强烈、生动、具体，研究认为它既不准确也不如先前坚信的那样特别（Hirst et al., 2009；Schmolck, Buffalo, & Squire, 2000）。和其他记忆一样，它们随着时间的流逝变得不那么具体和完整，同时也经常不那么准确（Cubelli & DellaSala, 2008；Talarico & Rubin, 2009）。新近研究表明，闪光灯记忆的与众不同之处并不是它具有超乎寻常的准确性和持久性。更确切地说，它的特别在于人们主观地觉得这些记忆尤为生动，人们对这些记忆的准确度有着非凡的信心（尽管并不恰当），以及人们在这些记忆里面寄托了更为强烈的情感（Talarico & Rubin, 2003, 2007）。因此，也许闪光灯记忆是很"特别"，但并不是以前设想的那种特别。总而言之，虽然我们不能完全排除这种可能性，但目前我们尚未获得有力的证据说明记忆是被永久储存起来了而遗忘只是一种提取的失败（Payne & Blackwell, 1998；Schacter, 1996）。

知识是如何被记忆表征和组织的

多年来，记忆研究者一刻不休地致力于解决另一个和记忆储存有关的重大命题：知识是如何被记忆表征和组织的？换言之，信息的心理表征以什么形式存在？大多数理论家似乎都认同表征或许有很多种不同的形式，随着需要记忆保管的材料的本质而变化。截至目前，大多数理论研究集中在事实性知识会如何被记忆表征。在本节中，我们将学习一小部分为语义信息提出的组织结构。

1. 群集和概念层次

人们会自发地把信息归类并储存在记忆中。Bousfield（1953）的一项研究明确地展示了这个事实。实验中，研究者要求被试记忆一张包括60个单词的表单。尽管是乱序排列的，表单里的每个词语都属于四个类别之一：动物、人名、蔬菜或者职业。Bousfield发现，被试在回忆这个表单时运用了群集，即将类似或相关的条目放在一起记忆的一种倾向。虽然这些单词并不是以分好的组别呈现的，被试仍然倾向于把属于同一类别的词语放在一起记忆。因此，在适用时，事实性信息通常被组织为简单的类别。

类似地，只要可能，事实性信息也可以被组织为概念层次。**概念层次**（conceptual hierarchy）是一种基于条目的共同属性所形成的多水平分类系统。图7-12就是某人可能为矿物质所建立的一个概念层次。据Gordon Bower（1970）所言，将信息组成概念层次能够显著地提升记忆。

2. 图式

假设你刚拜访了下图中的史密斯教授的办公室。请简要查看一下这张照片，然后将其遮住。现在，假装你必须跟一个朋友描述史密斯教授的办公室，请写下你看到的东西。

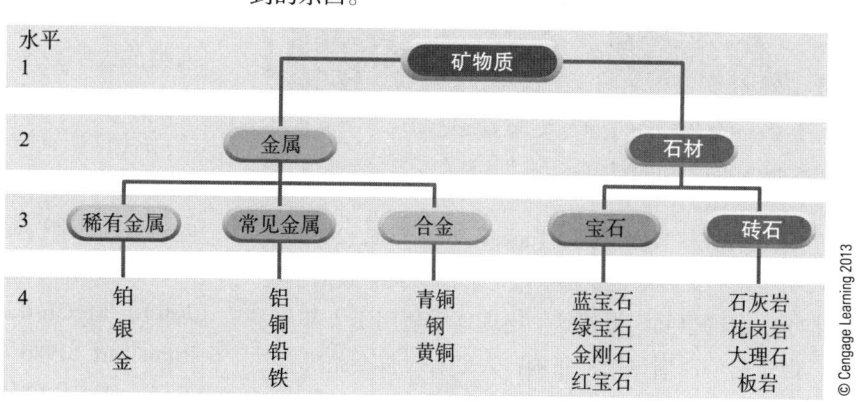

图7-12 概念层次和长时记忆

一些种类的信息能够被组织成一个多水平的概念层次，就像图中所示的一样，Bower和其他人（1969）曾对这个概念层次进行了研究。研究者发现当被试把信息组织为一个概念层次后，他们会记得更多的信息。

资料来源：Adapted from Bower, G. (1970). Organizational factors in memory. *Cognitive Psychology, 1*(1), 18–46. Copyright © 1970 Elsevier Science, with permission from Elsevier.

对比你的描述和那张照片，很可能你的描述中包含了一些元素，比如书籍或者塞满的书架，而这些元素并不在办公室里面，这种常见的现象展现了图式是如何影响记忆的。

图式（schema）是从人们对某特定物体或事件的以往经验中抽象出来的与该物体或事件相关的有组织的知识群集。例如，大学生具备教授办公室是什么样子的图式。当 Brewer 和 Treyens（1981）组织 30 个被试简要参观如图所示的办公室并测试他们的记忆时，大多数被试回忆有桌子和椅子。不过，有很少一部分被试记起了酒瓶或者野餐篮，而它们并不属于一个典型办公室图式的一部分。此外，9 名参加 Brewer 和 Treyens 实验的被试错误地报告称办公室有书籍。

史密斯教授的办公室如图所示。依照正文的提示，学习 Brewer 和 Treyens（1981）是如何利用这张照片来研究记忆的。

以上结果和其他研究（Tuckey & Brewer, 2003）一起说明了人们更容易记住那些跟他们的图式一致的事物，而非不一致的事物。虽然这一定理似乎适用于大部分场合，但是它的反面也同样正确：人们有时候会把那些违背了自己图式的预期事物记得更牢（Koriat, Goldsmith, & Pansky, 2000；Neuschatz et al., 2002）。真的和图式发生了冲突的信息可能会导致额外的注意和更深的加工，因而变得更容易记住。例如，如果你在教授办公室看到了一台老虎机，你也许会记得它。无论属于哪种情况，存储在记忆中的信息显然是经常围绕着图式组织的（Brewer, 2000）。

3. 语义网络

当然了，并不是所有的信息都能被干净利落地分为概念层次或者图式。很多知识似乎被组织到了一些不那么系统的框架中，这种框架名为语义网络（Collins & Loftus, 1975）。**语义网络**（semantic network）包含了表示概念的结点，各结点由相关概念之间的通路连接起来。一个小型的语义网络如图 7-13 所示。椭圆形代表的是结点，椭圆形内的文字是相互联系的概念，连接各结点的直线是通路，每条通路的长度代表了两个概念之间联系的密切程度，通路越短，联系越紧密。

事实证明，语义网络可以用于解释为什么想到某一个词语（比如黄油）能让我们更容易记住另一个密切相关的词语（比如面包）（Meyer & Schvaneveldt, 1976）。据 Collins 和 Loftus（1975）所言，人们只要想到一个词语，他们就会自然而然地想到相关的词语。这些理论家把这一过程称作发生在语义网络内的扩散激活。他们假定激活会以词语为中心沿着通路向外扩散。他们同时提出，这种激活的强度会随着扩散的外延而降低，正如一块石头投入池塘之后激起的波纹随着辐射的外延逐渐减小一样。请再回顾图 7-13 所示的语义网络，如果被试看到了红色这个单词，他们更容易回忆与之紧密相连的单词（如橙色）而非联系较远的单词（如日出）。

4. 联结主义网络与并行分布加工模型

不同于从电脑如何加工信息寻找灵感，记忆的联结主义网络从神经网络看似如何处理信息中获得启迪。人类的大脑似乎普遍依赖并行分布加工的作用，换言之，就是同时处理分散在神经网络的同一个信息。基于该观点和有关神经如何运行的一些基本发现，**联结主义**（connectionist）**或并行分布加工**（parallel distributed process, PDP）模型认为，认知过程取决于像神经网络一样相互高度联通的计算网络的激活模式（McClelland, 2000；McClelland & Rogers, 2003；McClelland & Rumelhart, 1985）。PDP 系统是一个由相互联通的、像神经元一样运作的计算单元，即结点，组成的大规模网络。这些结点可能是失活的，也可能向其他单元会发送兴奋或抑制信号。正如一个单独的神经元，某一特定结点的激活水平反映了来自其他单元的兴奋和抑制输入的加权平衡。在此框架下，PDP 模型认为特定的记忆对应了这些网络特定的激活模式（McClelland, 1992）。联结主义网络在表面上与语义网络类似，但二者却有本质上的区别。语义网络中，特定结点代表了特定的概念或者知识。而在联结主义网络中，某个知识却是被遍布于整个网络的特定激活模式所代表的。因此，信息存在于联结的强度中，这也是PDP方法被称为"联结主义"的原因。

提取：将信息从记忆中取出

将信息储存到长时记忆中是一个有价值的目标，但如果你不能在需要的时候把信息重新取出来，你之前的努力是不够的。一些理论家相信，了解提取是解开人类记忆之谜的钥匙（Roediger, 2000）。

利用线索帮助提取

在本章开头，我们探讨了舌尖现象，它让人暂时无法记起知道的某些事，却同时伴有一种它就快脱口而出的感觉。舌尖现象十分常见，它通常是由回忆名字而引起的。尽管随着年龄的增长它会变得越来越频繁，多数人每周会经历一次这种暂时的失败（Brown, 1991; Burke & Shafto, 2004）。舌尖现象似乎广泛存在于不同的文化中（Brennen, Vikan, & Dybdahl, 2007; Schwartz, 1999）。人们感到回忆迫在眉睫时所体验到的强烈舌尖现象经历相比那些较弱的更可能被化解（B. L. Schwartz et al., 2000）。显而易见，舌尖现象包含了提取的失败。

值得庆幸的是，记忆通常可以被提取线索唤醒，这些线索是指能帮助重获记忆的刺激。Roger Brown和David McNeill（1966）对舌尖现象的研究很明显地展示了这一点。研究者向被试呈现生僻词的定义，并要求被试说出词语。我们在本章开头所举的例子（对裙带关系的定义）就是从他们的研究里面借鉴的。Brown和McNeill发现，揣摩这些生僻词的被试有57%的概率准确地猜出了词语的首字母。这个概率远远超过了随机水平，表明局部回忆往往是朝着正确的方向。

再现事件发生的情境

让我们来测试一下你的记忆：你两天前的早餐吃了什么？如果你不能立刻回答，你可能会从想象你自己坐在早餐桌前开始回忆。尝试将自己带回情境以便回忆某个事件就需要利用情境线索来帮助提取。

情境线索经常能辅助信息的提取（Smith, 1988）。所

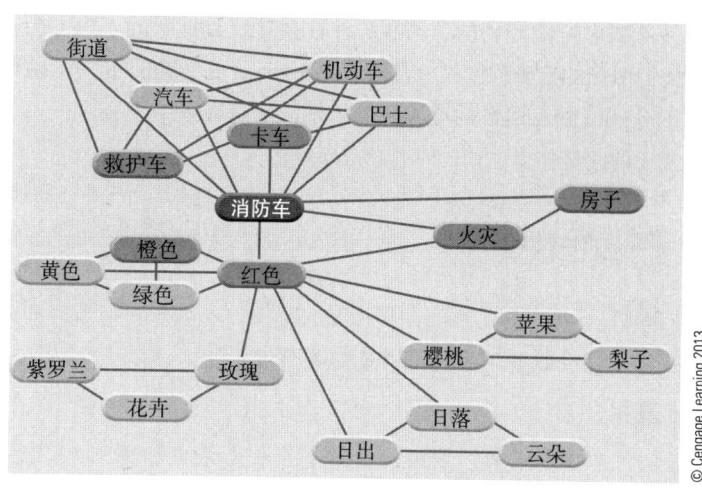

图7-13 一个语义网络

长时记忆中的大部分组织都依赖于各概念之间的联系网络。在这个截取的高度简化的语义网络中，两个概念之间的连线越短，二者的联系越紧密。图中概念方框的颜色代表了各概念的激活程度。这是当某人听到消防车一词时，可能被激活的网络看上去的样子。

资料来源：Adapted from Collins, A. M., & Loftus, E. F. (1975). A spreading activation theory of semantic processing. *Psychological Review*, *82*, 407–428. Copyright © 1975 by the American Psychological Association.

有人都体验过情境线索的作用。例如，当你在若干年后回到你童年所熟悉的一个地方，你的脑海里通常会涌现尘封已久的回忆。或者想想有多少次你从一个房间进入另一个去拿一样东西（也许是一把剪刀），却发现忘了自己在找什么。不过，当你回到之前的房间（那个最初的情境），你便突然想起那是什么（"当然啦，剪刀"）。这些例子说明了情境线索对记忆潜在的巨大影响。

法律侦查已有效地运用情景再现技术以提高目击者的回忆（Chandler & Fisher, 1996）。目击者可能被鼓励在心里重放事件发生的顺序来提取有关犯罪的信息。再现事件发生情境的价值或许能解释催眠为何能偶尔催发目击者的回忆（Meyer, 1992）。催眠师经常通过让目击者想象重新回到犯罪现场来试图再现事件的发生情境。

尽管公众普遍相信催眠能够帮助人们记起他们通常无法回忆的事情（Green, 2003），大量研究却未发现催眠能促进提取（Mazzoni, Heap, & Scoboria, 2010）。有关催眠可以利用年龄退行（指导被试回到过去、重温往事）来恢复早已遗失的记忆的这种说法被证实并不可靠（Mazzoni, Heap, & Scoboria, 2010）。而恰恰相反，研究表明催眠通常会助长人们报告错误信息的倾向（Lynn, Neuschatz, & Fite, 2002; Mazzoni & Lynn, 2007）。此外，

有关催眠对记忆有利的普遍看法往往会导致被催眠的人对他们回忆的准确程度过分自信（Scoboria et al., 2002）。由于对催眠激发回忆的准确性的担忧，法庭在采纳由催眠激发的回忆作为证词的时候异常谨慎。

> ### 👆 真相核查
>
> **误解**
>
> 催眠能被用来提取对遗忘事件的记忆。
>
> **真相**
>
> 100多年来，催眠的拥护者声称催眠能增强对记忆的提取。但是对催眠的实证研究证据却并不那么清晰。催眠不会促进记忆的提取。恰恰相反，被催眠的被试比别人更可能回忆出错误的信息，并对他们的记忆感到过分自信。

重构记忆与错误信息效应

当你从长时记忆提取信息时，你并不能获取一个能分毫不差地重放过去的"心理录像带"。你的记忆，在某种程度上，是一种对过去粗略的重构。它或许曾被歪曲，又或许包含了一些从未发生过的细节（Roediger, Wheeler, & Rajaram, 1993）。

Elizabeth Loftus（1979, 1992, 2005）及他人对错误信息效应的研究表明，重构的歪曲经常在目击者证词中出现。错误信息效应（misinformation effect）是指参与者对他们目击的某件事的回忆因为引入了有误导性的事后信息而遭到篡改。例如，在一项研究中，Loftus 和 Palmer（1974）给被试播放了一段车祸录像，然后，研究者对参与者进行了"严厉的盘问"，犹如参与者正在提供目击证词。同时，研究者向参与者提供了带有偏见的信息。一部分被试被问道："两车撞击对方时各自的车速有多快？"另一部分被试被问道："两车猛撞对方时，各自的车速有多快？"一周后，参与者回忆那场测试中的事故，研究者询问他们是否记得在事故中看到过玻璃碎片（其实没有）。之前被问两车猛撞对方的被试更可能"记起"碎玻璃。为什么他们会往重构里面加入这一细节呢？这大概是因为碎玻璃与他们对车辆相互猛撞的图式一致（见图7-14）。

> ### 👆 真相核查
>
> **误解**
>
> 记忆就像一卷心理录像带，忠实地复制了过往事件。
>
> **真相**
>
> 近几十年来，不计其数的研究表明了记忆是对过往事件的不完整的、被扭曲的、模糊的重构。最能刻画记忆的形容词不是确切的或者准确的，而应是脆弱的、易谬的和可塑的。

错误信息效应已被不计其数的研究重复，它是一个非常可靠的现象，"挑战了有关记忆可信度的主流观点"（Zaragoza, Belli, & Payment, 2007, p. 37）。此效应很难被摆脱，就算被试事先被打了预防针，他们也可能因为事后的误导信息受到影响（Loftus, 2005）。例如，看看这项近期由 Chan、Thomas 和 Bulevich（2009）开展的研究。研究者留意到在现实生活情境中，目击者通常会被要求在有大量机会被给出误导信息之前，迅速而系统地回忆这件事。相比而言，一项典型的错误信息实验并不包括暴露错误信息之前的回忆尝试。Chan 和同事们推理道，"即时的回忆应该能增强对目击事件的保持，因此

证人作证时的引导性问题　　可能被激活的图式　　一周后当被试被问道"你是否看到过玻璃碎片"时所做的回答（当时并没有碎玻璃）

"两车撞击对方时各自的车速有多快？"

"是的"——14%

"两车猛撞对方时各自的车速有多快？"

"是的"——32%

图7-14　错误信息效应

在一项由 Loftus 和 Palmer（1974）开展的实验中，研究者向被试提出了具有误导性的问题，将两车描述为互相撞击或者猛撞。一周后，被询问的两组被试对同一起事故产生了不同的回忆，说明记忆的本质是具有重构性的。

资料来源：© Cengage Learning 2013.

目击者更不容易受到错误信息的影响"（p. 66）。然而，出人意料的是，即时回忆非但没能减弱错误信息效应，实际上反而增强了受错误信息的影响！这一发现又一次富有戏剧性地展示了错误信息的巨大效力以及记忆的重构属性。

类似的歪曲时常不需要什么精巧的操纵就能发生。近期研究表明，简单地重述一遍故事就能使记忆变得不准确（Marsh, 2007）。当人们复述故事时，他们往往会按照他们的目标、听众和社会情境而做出一些"调整"。想想吧：人们之所以讲故事，是为了娱乐他人，教化他人，打动他人，从朋友那里博取同情等，根据这些目标，他们可能会使这个故事听起来更合理，粉饰一些事实，夸大某人的角色，省略重要的情境信息等。不出意外，当一项研究要求参与者评估他们最近的复述有多准确时，他们承认有42%的内容并"不准确"，而另有1/3的内容含有对事实的"歪曲"（Marsh & Tversky, 2004）。人们或许知道自己对待事实的态度有一点宽松，然而有趣的是，他们故意的歪曲能够改变他们对所述事件的回忆。不知怎的，"真实的"故事和叙事者的"诠释"在无形之中交融在了一起，因此，就算是平常的复述也能重塑记忆。

现实监控、来源监控和目标记忆

或许错误信息效应和其他类似的歪曲一部分是由被称作"现实监控"的提取过程的不可靠性造成的。Marcia Johnson 和她的同事对这种被称为现实监控的不可靠因素进行了研究。**现实监控**（reality monitoring）是指判断记忆究竟是基于外部来源（对事实的知觉）还是内部来源（思考和想象）的过程。如果人们开始反省究竟一件事真的发生过还是只是他们觉得发生过，他们就是在进行现实监控。这种纠结或许听上去很诡异，似乎很少会出现，但其实不然。人们时不时会思索这样的问题，比如"我是否真的已经带了雨伞或者只是想要带上它"或"我是已经吃了日用药还是只是正想着去吃"。研究表明，人们在判断现实监控的答案时，他们会依据几条线索（Johnson, 2006；Johnson, Kahan, & Raye, 1984；Kahan et al., 1999）。如果记忆中包含了丰富的感觉信息（你能够回忆出把雨伞挤入旅行箱的感觉）或者情境信息（你能历历在目地记得你在门厅打包雨伞），抑或你能毫不费力地提取记忆，那么你更可能认为这件事已经发生了。相较而言，如果记忆缺乏感觉或情境的细节，或者不容易提取，那么你更倾向于认为这件事其实还没有发生。年龄可能会影响现实监控，老年人比年轻人更容易犯错（McDaniel et al., 2008）。

对现实监控的研究最终让 Marcia Johnson 开始探索一个相关的过程，她将其称为来源监控。**来源监控**（source monitoring）是指对记忆的来源进行归因。Johnson 坚信来源监控是记忆提取的一个重要方面，它造成了人们重构自身经历时所犯的很多错误（Johnson, 1996, 2006；Mitchell & Johnson, 2000）。据 Johnson 所言，记忆并没有被打上表明来源的标签。因此，当人们调取某个具体回忆的记录时，他们需要在提取当下判断记忆是从哪里来的（例子："我是在《纽约时报》里面读到的还是在《滚石》杂志里面？"）。多数时候，这些判断简单而自动，人们无须意识到来源监控过程便可以做出判断，然而在其他时候，人们可能会有意识地纠结某段记忆的准确来源。当某段从一个源头产生的记忆被错误地归因为另一个源头，**信息来源错误**（source-monitoring error）就发生了。例如，你可能会把室友说的话当成心理学教授说的，或者把你在《奥普拉秀》听过的东西当成心理学教科书里面的。有时候由来源监控错误带来的不准确记忆会显得格外令人信服。尽管回忆失真，人们却通常极其确信它们的真实性（Lampinen, Neuschatz, & Payne, 1999）。

来源监控错误似乎很常见，也可能阐明很多有趣的记忆现象。例如，在对目击者的暗示易受性的研究中，一些被试甚至会坚称他们"记得"见过一些东西，而那些东西只是他们受到的言语暗示。大多数理论为了解释人们如何会对实际上从未看过或经历过的事件有记忆而吃尽了苦头。但如果这一悖论被当作来源监控错误的话，之前的困难便都化为子虚乌有了（Lindsay et al., 2004）。

尽管有大量研究关注记忆某一信息来源的过程，与之相反的过程（记忆你对谁传播了某一信息）只是在最近成为研究的焦点。**目标记忆**（destination memory）是指回忆对谁说了什么话。Gopie 和 MacLeod（2009）认为准确的目标记忆犹如准确的来源记忆一样重要，尽管要记得对谁说了什么或许更困难一些，而这便引入了我们本章的"专题研究"栏目要讨论的内容。

专题研究：囧，我忘了已经跟你说过了

你或许有过这样的尴尬经历：你跟别人讲了一段笑话或者一个故事，但那人却告诉你之前已经说过了。正是因为目标记忆会犯这样的错误，人们有时候讲故事时会先说"如果我之前说过了就让我停下"。Gopie 和 MacLeod 认为，目标记忆和来源记忆同样重要。例如，上司需要记住他们给谁交代了什么任务，销售人员需要记住他们对哪些客户做了保证，教师需要记得他们有没有跟某个班级讲过某件逸事，而撒谎者需要记得他们对谁说了哪些谎话以便之后不会穿帮。Gopie 和 MacLeod 做了这个具有开创性的研究，他们假设目标记忆比来源记忆更容易出错，因为人们在跟别人传递信息时往往会关注自我（所散播的信息）。我们将首先仔细回顾他们设计的三个实验中的第一个实验，然后简要叙述一下后续研究。

方法

参与者。来自滑铁卢大学的 60 名本科生参加了本项研究。作为回报，他们获得了课程的奖励学分。

过程。研究者要求一半的参与者对照片上的名人说出一些事实（以测试目标记忆），而让另一半的参与者学习从照片上的名人那里听到的类似事实（来源记忆）。研究者没有提醒参与者之后会测试他们记得的事实和名人面孔。实验采用的事实是一些有趣的普通信息（如，"人们平均在 12 分钟内入睡"）。选用的名人来自体育界、电影界、乐坛和政界（如汤姆·克鲁斯）。研究者在电脑屏幕上呈现这些事实和名人。目标记忆条件组中，参与者在屏幕上阅读一条事实，按空格键，然后对屏幕所示的名人照片重复这条事实。来源记忆条件组中，参与者先看一张名人的照片，按空格键，然后从这个人那里学习一条事实。两个条件组中都是 50 条事实和 50 个名人配对。

测量。被试参与了两个记忆测试。在测试简单条目的记忆时，参与者报告他们是否看到过某 20 条事实和 20 个面孔（有一半的事实和面孔是呈现过的，而另一半没有）。在测试来源和目标记忆时，参与者报告某 40 条事实究竟是对 40 个名人说的，还是从他们那儿听来的（有一半的配对是正确的，而另一半是错误的）。

结果

图 7-15 概括了研究结果。来源组和目标组对事实的记忆没有

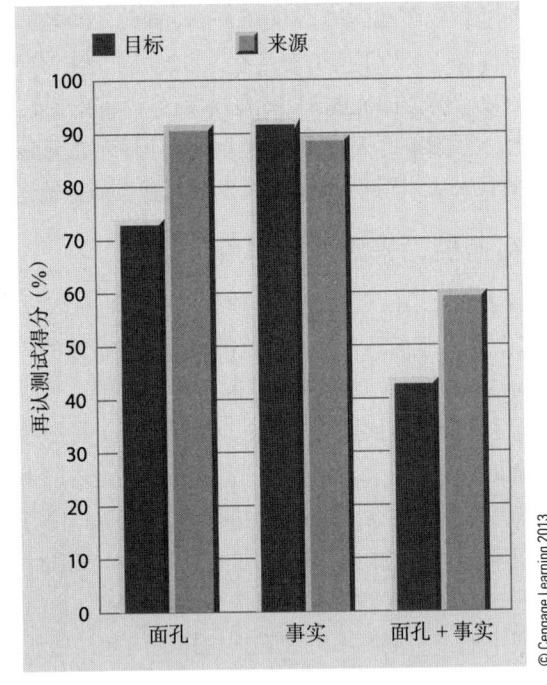

图 7-15　比较来源和目标记忆

Gopie 和 MacLeod（2009）发现，两组被试对事实的记忆都同样优秀，然而在目标记忆条件中被试对面孔的记忆变差了一些。比较来源和目标记忆的关键是要让被试回忆哪一条事实被传给或者来自哪一位名人（面孔＋事实）。此项测试中，被试在目标记忆条件下的得分显著低于来源记忆的得分，这表明维持准确的目标记忆比来源记忆更具挑战性。

资料来源：Adapted from Gopie, N., & MacLeod, C. M. (2009). Destination memory: Stop me if I've told you this before. *Psychological Science, 20*, 1492–1499.Copyright © 2009 SAGE Publications. Reprinted by permission of SAGE Publications.

差异，但是来源组对面孔的记忆更好。数据的关键在于面孔–事实的配对。正如图7-15最右所示，参与者对信息来源的记忆远远好于目标记忆。

讨论

研究者总结道，和他们假设的一样，目标记忆里面的错误比来源记忆错误更常见。第二个实验中，研究者测试了目标记忆之所以更脆弱，是因为人们自我关注于他们传播的信息，从而分配了较少的注意力去编码他们是在对谁说话。研究者的发现支持了这一解释。第三个研究表明，降低人们对自我的关注增强了目标记忆，从而进一步支持了之前的解释。

评注

我们特别报道此研究，因为它审视了一个常见的生活中的记忆难题，而我们很容易用一种富有创造力的方法将学术研究和这个日常现象联系起来。该研究同时表明，心理学从不缺乏新的视角，正如该研究打开了一个和记忆相关的崭新研究领域一样。在过去的20年里，来源监控的过程成了一个重要的研究课题。令人费解的是，尽管目标记忆看上去和来源记忆对日常运作同样重要，数年来却从未有人想过去研究来源记忆的背面。不管怎样，人们已经开始研究影响目标记忆的因素。例如，一项最近的研究发现，年龄能给目标记忆带来重创（Gopie，Craik，& Hasher，2010）。老年人的目标记忆比年轻人的更容易出错。

资料来源：Gopie, N., & MacLeod, C. M. (2009). Destination memory: Stop me if I've told you this before. *Psychological Science, 20,* 1492–1499.

遗忘：当记忆出现衰退

遗忘经常受到它不应得的"诋毁"。人们倾向于把遗忘当作一种认知过程的失败或者缺陷。但是一些记忆理论者认为其实遗忘是有适应性的。为何这么说呢？想一想如果你从不遗忘，你的记忆会搅成什么样子。据Daniel Schacter（1999）所言，你需要忘记那些不再有用的信息，比如过期的电话号码、废弃的密码、10年级背诵的舞台剧台词，以及你曾经居住过的三个公寓或之前你把重要文件堆放在哪里。遗忘能减弱不同记忆之间的竞争，否则将导致混乱。在一项检验该假设的研究中，科学家要求参与者完成一连串记忆成对词语的任务，并利用脑成像技术追踪了因认知努力引发的神经标记（Kuhl et al., 2007）。他们发现忘记"无关的"词语对子能让记忆"相关的"对子变得更加容易，并且降低了关键神经回路的"负荷"。简而言之，研究者发现遗忘帮助了被试记忆他们需要记得的信息。

尽管遗忘从长远来看可能具有适应性，记忆研究的根本问题仍未得到解答：为什么人们会遗忘他们想要记住的信息？这不是一个寥寥数语就能回答的问题。研究已经表明，遗忘可以由多种因素引起，包括编码、存储、提取的缺陷，或者这几个过程的任意组合。

我们遗忘得有多快：艾宾浩斯遗忘曲线

第一个开展有关遗忘的科学研究的学者是赫尔曼·艾宾浩斯（Hermann Ebbinghaus）。早在1885年，他便发表了一系列见解深刻的记忆研究。艾宾浩斯只研究了一个被试即他自己。为了给自己提供许多用于记忆的新材料，他发明了**无意义音节**（nonsense syllables），即由辅音–元音–辅音构成的不成词语的组合（比如BAF、XOF、VIR和MEQ）。他想要记忆这些没有意义的材料，而不会受到他之前学习的污染。

艾宾浩斯是一名非常具有奉献精神的科研人员。在一项研究中他反复练习了14 000次，不知疲倦地记忆了420张写满无意义音节的词表（Slamecka, 1985）。他在不同时间间隔之后测试自己对词表的记忆。图7-16展现了他的发现，这张叫作遗忘曲线（forgetting curve）的图绘制了保持和遗忘是如何随时间而变化的。艾宾浩斯的遗忘曲线表明，在记忆无意义音节的最初几小时中，信息保持率急剧下降，由此，他总结出大多数遗忘将迅速发生于学习之后。

这是一个令人沮丧的结论。如果你刚记忆了信息就马上开始遗忘，那又何必去记它呢？值得庆幸的是，后续研究表明艾宾浩斯遗忘曲线异乎寻常地陡峭（Postman, 1985），通常遗忘不像艾宾浩斯所想的那么迅速而广泛，一个问题是他记忆的对象是那些无意义的材料。当被试记忆诸如散文或诗歌之类更有意义的材料时，遗忘曲线就没那么陡峭了。而那些研究人们对高中同学的记忆有多好的学者发现，自传体信息的遗忘曲线更为平缓（Bahrick，2000）。此外，不同测量遗忘的方法得出的人们遗忘速度的估计不尽相同。这些波动凸显了遗忘的测量方法的重要性，我们将在下一节讨论有关内容。

遗忘的测量方法

为了能实证地研究遗忘，心理学家需要能够非常精确地测量遗忘。遗忘的测量同时也不可避免地测量了保持。**保持**（retention）是指保持（记住）的材料所占的比例。在遗忘研究中，结果可能被报告为遗忘的数量或者保持的数量。这些研究中，保持间隔是指从呈现记忆材料到测量遗忘之间的间隔时长。三个用来测量遗忘的主要方法包括回忆、再认和再学习（Lockhart，1992）。

谁是现任美国国务卿？去年哪部电影获得了奥斯卡最佳影片奖？这些问题都涉及对保持的回忆测量。对保持的**回忆**（recall）测量需要被试在没有任何线索的帮助下自行找出信息。如果你们要参加一项回忆测试，测量你对词表中25个词语的记忆程度，那么测试者只会告诉你尽可能多地写出你能记得的词语。

相较而言，在一项再认测试中你可能会拿到一个包含100个词语的材料，让你从中选出25个你之前记忆的词语。对保持的**再认**（recognition）测量要求被试从一列选项中选出之前学习的信息。被试不仅能得到线索的帮助，而且答案就在他们面前。教育测试中，论述题和填空题是对保持的回忆测量。而多项选择题、正误判断题和连线题都属于再认测量。

如果你和大多数学生一样，你可能更喜欢多项选择题而非论述题。这种喜好是可以理解的，因为事实表明对同一信息的记忆测试，再认测量往往会比回忆测量得出更高的分数（Lockhart，2000）。这种情况早在几十年前就被Luh（1922）发现了，他用再认测试和回忆测试同时测量了被试对无意义音节的保持。如图7-17所示，被试在再认测量中的表现远远优于他们在回忆测量中的表

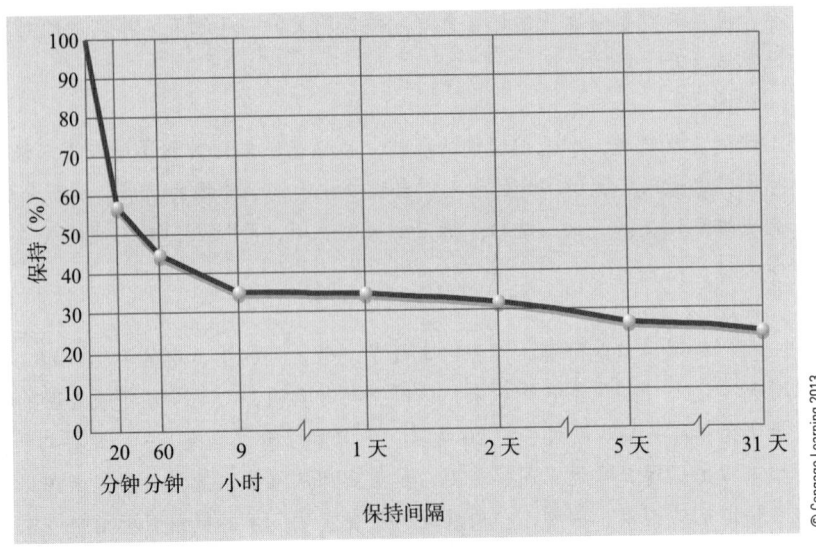

图7-16　艾宾浩斯的无意义音节遗忘曲线

在对自己开展的实验中，艾宾浩斯（1885）总结道，在完成最初学习的那一刻，遗忘会急剧发生，而此后遗忘的进程会变得平缓。尽管这一概括依旧正确，后续研究表明人们对无意义音节的遗忘曲线异常陡峭。

现。有两种方法能够解释回忆和再认测试之间的差异。一种观点认为再认测试是一种对保持特别敏感的测量方法。而另一种观点认为再认测试是一种对保持极其容易的测量方法。

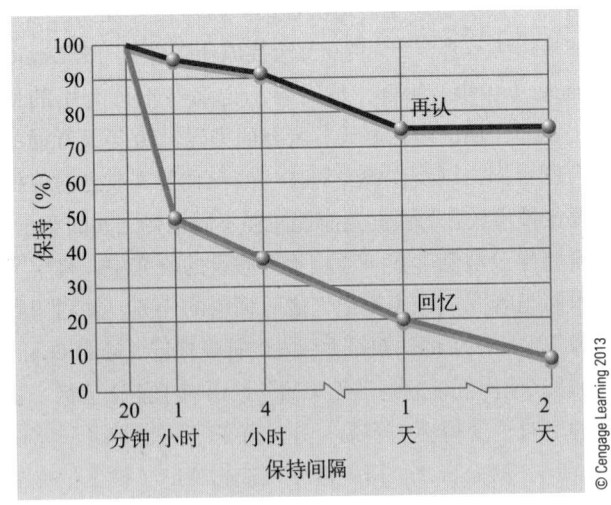

图7-17　对保持的再认测量与回忆测量

Luh（1922）让参与者记忆了一列无意义音节，并用再认测试或回忆测试测量了他们的保持时间，保持间隔有多种，结果最长的为两天。正如你所看到的，回忆测试的遗忘曲线非常陡，而由再认测试所估计的被试保持时间要长很多。

事实上，我们并不能保证再认测试比回忆测试更简单。尽管多数时候是这样，然而再认测试的难度会随着

提供的可选答案的数目、相似度与合理度而产生巨大变化。举个例子，看看你是否知道下面这道多项选择题的答案：

华盛顿州的首府是：
a. 西雅图
b. 斯波坎
c. 塔科马
d. 奥林匹亚

大多数不是来自华盛顿州的学生会发现这道题非常困难。答案是奥林匹亚。让我们看看下一道题：

华盛顿州的首府是：
a. 伦敦
b. 纽约
c. 东京
d. 奥林匹亚

大部分人能回答这道，因为错误选项太容易被排除了。由此，对同一信息再认测试的难度可能会有显著的变化。

测量遗忘的第三种方法是再学习。对保持的**再学习**（relearning）测量要求被试第二次记忆信息，然后判断之前的学习能够节省多长时间或者多少次练习。被试的节省分数提供了对保持的估计。再学习测量可以发现再认测试无法探知的保持（Crowder & Greene, 2000）。

我们为何遗忘

测量遗忘只是通往解释遗忘为何发生的漫漫长路上的第一步。本节中，我们将探索可能导致遗忘的因素，找出可能影响编码、存储和提取过程的原因。

真相核查

误解
造成遗忘的主要原因是随着时间而逐渐消退的记忆痕迹。

真相
人们主观地认为他们的记忆随着时间的流逝而消退。然而，研究表明仅仅靠时间的流逝所造成的影响远远不如其他因素所造成的。遗忘主要是因为干扰、无效编码、重构的不准确性，以及提取过程中发生的故障。

1. 无效编码

大量的遗忘可能仅仅只是表面的遗忘。这是因为探讨的信息可能从一开始就没有被插入记忆中去。因为你不可能真正地遗忘那些你从未习得的信息，此现象有时被称作假遗忘。在本章开头我们介绍了一个假遗忘的例子。人们经常认为自己知道1美分的样子。然而事实上，多数人没能编码这一信息。假遗忘经常是因为缺乏注意引起的。

就算对新信息生成了记忆代码，后续的遗忘也可能由于无效或者不当编码而发生（Brown & Craik, 2000）。有关加工水平的研究发现一些编码方式比另一些更容易导致遗忘（Craik & Tulving, 1975）。例如，如果你是在干扰下阅读教材，你可能只会自言自语所读到的文字，而不会进一步思考文字的含义。这便是语音编码，一种比语义编码更劣势的对文字材料的保持方式。如果你无法记得你所读到的信息，你的遗忘可能是因为无效编码造成的。

2. 消退

与关注编码不同，消退理论将遗忘归因于记忆存储的非永久性。消退理论提出，遗忘之所以会发生，是因为记忆留下的痕迹会随着时间慢慢褪去。言下之意，消退是在可能负责记忆的生理机制之中发生的。根据消退理论，只需时间的推移就能带来遗忘。这一观念与常识性观点非常吻合。

如前文所述，事实表明消退的确造成了感觉和短时记忆存储器里面的信息流失。然而，遗忘理论所面临的一项艰巨任务是解释长时记忆（LTM）中流失的信息。研究者还没能可靠地证明消退导致了LTM的遗忘（Slamecka, 1992）。

如果消退理论是正确的，那么造成遗忘的主要原因是时间的流逝。然而，对长时记忆的研究却反复发现飞逝的时间对记忆的影响并不如这段时间中发生的事情那样有力。研究表明，遗忘并不取决于在学习之后过去了多少时间，而是取决于在保持间隔期间所需吸收信息的数量、复杂程度以及类型。这种由竞争信息给保持带来的负面影响叫作干扰。

3. 干扰

干扰理论认为人们遗忘信息是因为来自其他材料的竞争。当长时记忆中的消退依旧令人难以琢磨时，上百项研究表明干扰会影响遗忘（Anderson & Neely，1996；Bower，2000）。在很多这样的研究中，研究者通过改变呈现给被试的原始材料（测试材料）和在干扰阶段学习的材料之间的相似度来控制干扰。当干扰阶段学习的材料与测试材料最相似时，干扰应该是最强的。相似度的下降应该会减少干扰，从而减少遗忘。

这正是McGeoch和McDonald（1931）在一项影响深远的研究中的发现。他们让被试记忆写有双音节形容词的测试材料。然后，他们让被试记忆5个词表之中的一个，并以此改变干扰学习和测试材料的相似度。以相似度由高到低排列，干扰材料包括测试词语的近义词、测试词语的反义词、无关的形容词、无意义音节以及数字。之后，研究者测量了被试对测试材料的回忆。图7-18表明，随着干扰材料相似度的降低，遗忘的数量也跟着下降，因为受到的干扰减少了。

干扰包括了两种类型：倒摄和前摄（Jacoby, Hessels, & Bopp, 2001）。**倒摄干扰**（retroactive interference）是指新的信息损害了对之前学习的信息的保持。倒摄干扰发生于最初的学习和对此学习的重测之间，即位于保持间隔（见图7-19）。例如，McGeoch和McDonal（1931）操控的干扰就是倒摄干扰。相比之下，**前摄干扰**（proactive interference）是指前面学到的信息干扰了对新信息的保持。前摄干扰来源于呈现测试材料之前的学习（见图7-19）。

4. 提取失败

人们常常会记起他们之前无法回忆的东西。这一现象可能只在和舌尖现象斗争的时候特别明显，但其实它经常发生。事实上，大量的遗忘可能是由提取过程的崩溃引起的。

为什么提取的尝试有时失败却有时成功？这是一个很难解答的问题。一种理论认为，当提取线索和你所想寻找的信息编码不匹配时，提取更可能失败。根据**编码特异性原则**（encoding specificity principle），提取线索的价值在于它和记忆代码有多么对应。这一原则为提取尝试的成败不一致提供了一个解释（Tulving & Thomson, 1973）。

一个相关的研究思路认为记忆会受到编码和提取加工之间"匹配度"的影响。**适当传输加工**（transfer-appropriate processing）发生于最初的信息加工和后续对保持进行测量时所要求加工的类别相似。例如，Morris、Bransford和Franks（1977）给被试呈现了一个词表以及一项要求语义或语音加工的任务。研究者通过侧重于词语的意思或者读音的再认测试测量被试的保持。当测试强调语义因素时，语义加工表现出更高的保持，而当测试强调语音因素时，语音加工表现出更高的保持。因此，当编码所需的加工和测量保持所需的加工匹配度不高时，提取失败更可能发生（Lockhart, 2002；Roediger & Guynn, 1996）。

5. 动机性遗忘

许多年前，西格蒙德·弗洛伊德（Sigmund Freud, 1901）提出了一种对提取失败完全不同的解释。如我们在第1章里提到的，弗洛伊德认为人们常常会把难堪的、不快的或者痛苦的记忆埋藏在他们的无意识里。例如，一个人如果在童年的生日派对上觉察到他人的怠慢而深受伤害，那么就可能会压抑所有对那场派对的记忆。在弗洛伊德对病人的治疗过程中，他复原了很多这样被压抑的记忆。由此他提出的理论是，记忆一直都在，只是提取的过程受到了无意识逃避倾向的阻碍。

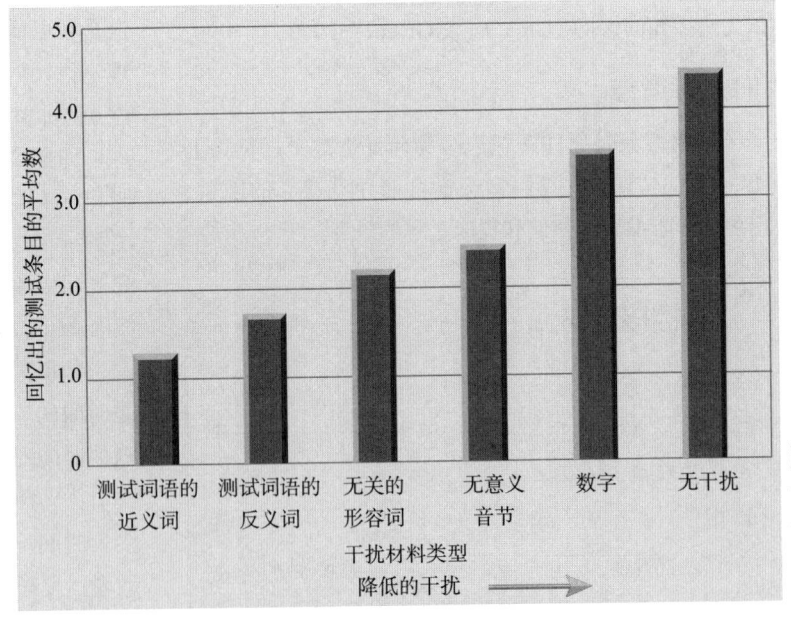

图7-18 干扰的作用

根据干扰理论，来自竞争信息的干扰越多，所产生的遗忘越多。McGeoch和McDonald（1931）通过改变干扰任务的相似度而控制了一项学习任务中干扰的大小。研究结果和干扰理论一致。随着干扰材料相似度的降低（向图右移动），记忆能力保持增强。

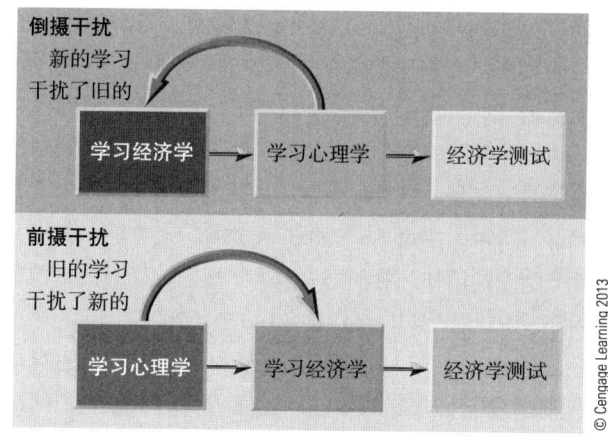

图 7-19 倒摄和前摄干扰

倒摄干扰发生在学习产生了一个"向后"的作用,从而降低了对前面学习材料的回忆。前摄干扰发生在学习产生了一个"向前"的作用,从而降低了对后续学习材料的回忆。例如,如果你要为一次经济学测试做准备,然后学习了心理学,那么来自心理学的干扰就是倒摄干扰。但是,如果你先学的是心理学,之后是经济学,那么来自心理学的干扰会是前摄干扰。

这种遗忘自己不愿提及之事的倾向被称作动机性遗忘,或者用弗洛伊德的术语是压抑。在弗洛伊德理论中,**压抑**(repression)是指将痛苦的想法和感受埋藏于无意识中(见第 12 章)。尽管我们很难在实验室研究中展示压抑的运作过程(Holmes,1995;Kihlstrom,2002),一些实验表明人们对满载焦虑材料的记忆速度比记忆中性情绪的材料更慢,正如弗洛伊德预测的一样(Guenther,1988;Reisner,1998)。因此,如果你忘记了令你讨厌的事情,比如跟牙医的预约、帮朋友搬家的保证,或者期中论文的截止日期,可能是因为动机性遗忘在搞鬼。

恢复的记忆之争

近年来,媒体接连披露了一些童年遭受性虐待和其他创伤的当事人恢复了这段遗失已久的记忆。这些著名的报道将人们对压抑现象的兴趣推至了顶峰。媒体充斥着大量报道声称一些成年人在恢复了曾被压抑的记忆之后,状告他们的父母、老师和邻居在数十年前对还是儿童的他们进行令人发指的性虐待。大多数事件中的父母、老师和邻居都否认对他们的指控。他们中的许多人似乎真的觉得这些指控不着边际,而一些曾经和睦的家庭也因此支离破碎(Gudjonsson,2001;McHugh et al.,2004)。一些被告家长辩护称他们孩子的回忆是假的,是他们无意中受到了居心不轨的治疗师的暗示。

对恢复的虐待记忆之争纷乱错杂,很难厘清其中的原委。问题的症结在于虐待儿童事件往往发生在暗地里,如果没有确凿的证据,我们无法可靠地判断哪些恢复的记忆是真实的,而哪些是伪造的。有时候,独立的目击证人或被告对罪行的坦白证实了恢复的记忆是真实的(Brewin,2003,2007;Bull,1999;Shobe & Schooler,2001)。然而在大多数时候,关于虐待的指控却受到了被告们坚决否认,同时也缺乏客观证据的支持。心理学家和精神病学家如何看待被压抑记忆的真实性呢?他们在这个问题上产生了严重的分歧。

1. 支持派

许多心理学家和精神病学家,尤其是致力于心理障碍治疗的临床医生,大部分接受恢复的虐待记忆是真实的(Banyard & Williams,1999;Briere & Conte,1993;Legault & Laurence,2007;Skinner,2001;Terr,1994;Whitfield,1995)。例如,在一项针对英国临床医生的调查中,有 44% 的人报告他们相信恢复的记忆往往或者有时是真的(Andrews,2001)。那些相信恢复记忆的临床医生认为,童年性虐待事件的概率远远超出了大多数人所意识到的。一项加拿大的大型调研(MacMillan et al.,1997)走访了安大略省的 9953 户居民,发现 12.8% 的女性和 4.3% 的男性报告他们曾是童年性虐待的受害者(见图 7-20)。

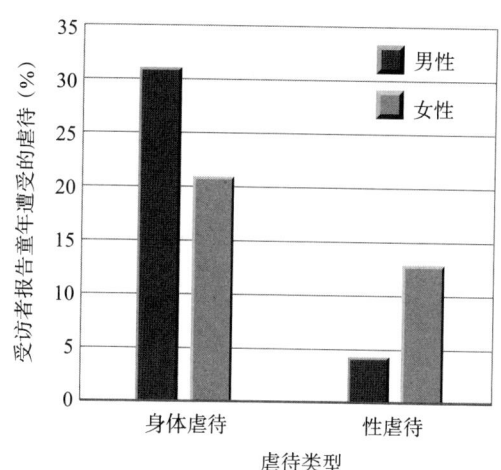

图 7-20 对童年身体虐待和性虐待发生率的估计

在一项对儿童虐待发生率的更准确的估计调查中,MacMillan 及其同事(1997)抽取了一个随机样本,该样本包括了居住在加拿大安大略省的近 10 000 名成年人。研究者询问了受访者是否在童年经历过虐待。正如你所看到的,男性更可能经历过身体虐待,而女性更可能遭受过性虐待。该数据支持了一个观点,即有上百万人曾经是童年性虐待的受害者,而此数目远非罕见。

资料来源:© Cengage Learning 2013.

支持者进一步声称有大量证据证实人们经常把创伤性事件压抑在他们的无意识中（Del Monte，2000；Wilsnack et al.，2002）。在一项被广泛引用的研究中，L. M. Williams（1994）追踪了129名因遭受了性虐待而被带到医院急诊室治疗的女性儿童。大约17年后，研究者访问了他们包括性虐待经历在内的许多事情，而38%的女性未能报告原始事件。Williams将这一结果大部分归因于对事件的失忆。据Freyd（1996，2001；Freyd, DePrince, & Gleaves，2007）所言，来自父母的性虐待诱发了孩子的应激反应，即孩子通过尝试阻断对虐待的意识，以防止该意识对正常依恋过程的干扰。这些承认恢复的虐待记忆真实性的临床医生认为，近来恢复记忆事件的涌现是因为治疗师和来访者对人们以往不愿提及的这一事件变得更加敏感。

2. 质疑派

相较而言，很多其他的心理学家，尤其是记忆研究者，质疑了自20世纪90年代爆发的恢复记忆事件（Kihlstrom，2004；Laney & Loftus，2005；Loftus，1998，2003；McNally，2003，2007；Takarangi et al.，2008）。他们指出，Williams（1994）研究中的女性可能由于很多除失忆之外的其他原因而未能报告她们之前经历的性虐待，包括难堪、与访问者糟糕的访谈关系、正常的遗忘或者一种有意识地不愿重提痛苦往事的偏好（Loftus, Garry, & Feldman，1998；Pope & Hudson，1998）。

这些质疑并不是说人们口中的以前被压抑的记忆是在撒谎。相反，质疑者认为，一些容易被暗示影响的、正和情绪障碍对抗的人们因为治疗师的劝诱而坚信自己的情绪障碍来自数年前发生的虐待事件。批评者指责一小部分治疗师，他们或许是出于好意，但却按照可疑的假说行医，认为几乎所有的心理障碍都是源于童年的性虐待经历（Lindsay & Read，1994；Loftus & Davis，2006；Spanos，1994）。通过催眠、引导想象、释梦以及导向性问题，他们明目张胆地对病人软磨硬泡，直到他们在不经意间制造出他们想要寻找的虐待回忆（Lynn et al.，2003；Thayer & Lynn，2006）。

怀疑被压抑记忆的真实性的心理学家通过指向那些遭到反驳的记忆恢复事件来支持他们的分析（Brown, Goldstein, & Bjorklund，2000）。例如，在一个教会咨询师的帮助下，一名妇女恢复了记忆，回忆道她的部长父亲曾如何反复强奸她，迫使她怀孕，然后用一个晾衣架让她流产。然而，后续证据表明，这名女子尚未破处，并且她的父亲早在多年前就接受了输精管结扎术（Brainerd & Reyna，2005）。批评者同时指向了一些已发表的明显带有暗示性提问的个案史，以及一些描述病人在意识到他们恢复的记忆是由治疗师创造出来的之后撤回供词的个案（Loftus，1994；Shobe & Schooler，2001）。事实上，很大一部分治疗师因被怀疑向病人植入了虚假记忆而被指控玩忽职守（Brainerd & Reyna，2005；Ost，2006）。

那些质疑被压抑记忆的准确性的学者同时还指向了有关虚假记忆效应的发现以及混淆真实和想象记忆的倾向（现实监控错误）。他们还指出，要想制造对某件从未发生的事情的"记忆"相对较为容易（Lindsay et al.，2004；Loftus & Cahill，2007；Strange, Clifasefi, & Garry，2007）。例如，以大学生为被试，Ira Hyman和他的同事成功地在25%的学生中植入了他们对大事件的回忆（如在婚礼上打翻了一个大酒杯，在杂货店里遇到了消防喷水系统的启动，因为耳疼而被送进医院），而他们所做的仅仅是要求被试详述可能是从他们父母那里听来的事件（Hyman, Husband, & Billings，1995；Hyman & Kleinknecht，1999）。其他研究也成功地在很多参与者脑中植入了千奇百怪的记忆，诸如差一点被溺死（Heaps & Nash，2001），被猛兽攻击（Porter, Yuille, & Lehman，1999），以及因为吃了某种食物而生病（Bernstein & Loftus，2009）。此外，参与这些研究的被试通常对他们的虚假记忆非常自信，并经常产生了强烈的情绪反应以及栩栩如生的"回忆"细节（Loftus & Bernstein，2005）。

类似地，基于James Deese（1959）的研究，Henry Roediger和Kathleen McDermott（1995，2000）发明了一种简单的实验范式，即让被试记忆学习一些能够可靠地产生记忆错觉的词表。这个实验流程现在被称作Deese-Roediger-McDermott（DRM）范式，它要求研究者向参与者呈现一系列含有15个词语的词表。参与者需要在看到呈现的词表后立刻回忆里面的词语，他们还要在实验末尾参加一项再认测试以测量他们的保持。研究的把戏在于，每个词表都包括了一组词语（如床、休息、清醒的、疲劳的），而这些词语和另一个没有出现在词表上的目标词语密切相关（如此例中的睡觉）。当被试回忆每个词表上的词语时，超过50%的机会他们会记得未呈现的目标词语，而在最后的再认测试中，他们通常会认为约80%的未学习的目标词语曾出现在词表中（见图7-21）。通过DRM范式，虚假记忆能够在短短的几分钟内，无须任何压力或误导信息，即被可靠地植入正常、健康的被试脑中。因此，这一系列研究引人注目地展示了要让人们记得他们曾经看到过一些实际上从未看到的事情有多么容易（McDermott，2007；Neuschatz et al.，2007）。

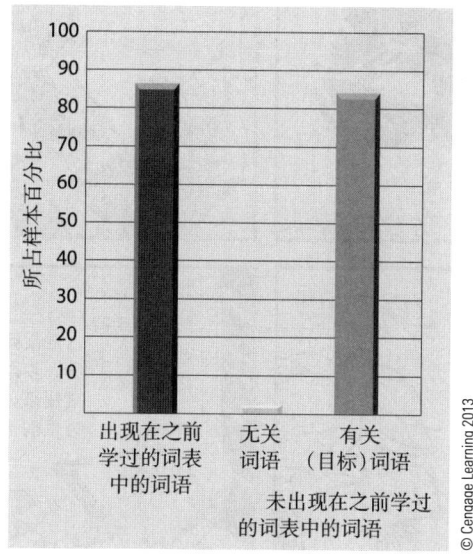

图 7-21　Roediger 和 McDermott（1995）观察到的虚假记忆的发生率

此图总结了 Roediger 和 McDermott（1995）开展的研究的结果。参与者有 86% 的时间准确地识别出了曾出现在他们学习过的词表中的词语，而 2% 的时间错误地选出了没有出现在词表中的无关词语，这表明被试非常仔细地留意了任务。尽管如此，他们有 84% 的时间错误地报告称他们"记得"未曾出现在词表中的相关目标词语——这是一个非常高的虚假记忆发生率。

以下观察和研究发现同样助长了人们对恢复的虐待记忆的可信度的怀疑：

- 许多有关虐待的被压抑记忆是由催眠的影响而唤醒的。但是，大量的研究表明催眠往往会扩大记忆的扭曲，同时反常地增强人们对这些回忆的信心（Mazzoni，Heap，& Scoboria，2010；Mazzoni & Lynn，2007）。
- 许多有关虐待的被压抑记忆是由治疗师对梦的解析而唤醒的。但正如你在第 5 章中学到的，释梦依赖于治疗师无法证实的、高度主观的臆测。此外，研究表明伪造的释梦内容能让正常被试相信他们真的经历过梦境解析中暗示的事件（Loftus，2000；Loftus & Mazzoni，1998）。
- 一部分恢复的记忆包括了发生在受害者两岁之前的虐待经历，甚至是在受害者还在子宫内的时候（Taylor，2004）。但是，当成年人回忆他们最早的

记忆时，通常不会记起两岁之前的事情（Hayne，2007；Morrison & Conway，2010）。

3. 结论

所以，我们能从这些带有情绪的恢复记忆之争里面得出什么结论呢？看上去似乎很明显，治疗师能不经意地在病人身上制造虚假记忆，而很大一部分恢复的虐待记忆都是由暗示造成的（Follette & Davis，2009；Ost，2009）。但似乎也有可能某些恢复的记忆是真实的（Brewin，2007；Smith & Gleaves，2007）。我们很难估计每种情况下恢复的虐待记忆占有多大比例。即便如此，近期研究表明通过治疗恢复的虐待记忆相比自主恢复的记忆更有可能是假的（McNally & Geraerts，2009）。声称恢复了虐待记忆的人似乎能很明确地被划分为两组（Geraerts，Raymaekers，& Merckelbach，2008）。一类经由带有暗示性的治疗手段后逐渐恢复了记忆，而另一类是当他们接触了相关的提取线索（比如回到虐待现场）之后突如其来、意料之外的恢复。一项研究寻找了两组证词的佐证，并且发现那些自主恢复的略带记忆得到的佐证（37%）远远高于那些在治疗中恢复的记忆（0%）（Geraerts et al.，2007）。

因此，我们需要非常谨慎地对待恢复的记忆这个问题。一方面，人们应当小心翼翼地接受缺乏佐证的有关恢复的虐待记忆的证词。另一方面，人们不应该草率地反对恢复的虐待记忆。如果人们因为被压抑的记忆之争而变得对实实在在的童年性虐待问题过分怀疑，那真是一场灾难。

此项争议也激发了大量的研究，这些研究让我们知道人类的记忆是多么的脆弱、易错、可塑和主观。我们是那么放任自己相信记忆（无论是经过恢复的还是怎样），并以此提供对过去准确的回忆。此外，无形之中划分为两派的被压抑的记忆之争（有时记忆是准确的，而有时是不准确的）是具误导性的和过分简化的。研究表明，所有的人类记忆都不是对过去完美无缺的重构，它里面掺杂了很多不同种类的扭曲。

追寻记忆的痕迹：记忆的生理基础

数十年来，神经学家为了寻找记忆的生理基础奋勇前行，他们称其为追寻"记忆的痕迹"。好几次，科学家为了新的线索欢呼雀跃，但最终却发现自己被引入了一

条死胡同。例如，像我们之前提到的，怀尔德·潘菲尔德对手术中大脑的电击研究表明大脑皮层一五一十地记录着过去的经历（Penfield & Perot，1963）。当时，科学家相信这是一个重大突破，然而最终却发现并不是。

类似地，James McConnell（1962）报告称他成功地将一段有关条件反射的特定记忆用化学的方法从一个扁虫转移到了另一个扁虫，当时这一报告震动了整个科学界。McConnell 大胆猜想，在将来化学家或许可以制造一种药丸，里面包括了物理 201 课程或历史 101 课程的内容！不幸的是，McConnell 的方法被证明难以重复（Rilling，1996）。如今，虽然距 McConnell 的 "重大发现" 已过去了几十年，我们为了破解记忆的化学密码还有很长一段路要走。

研究者继续探寻着有关记忆生理基础的错综复杂的线索。鉴于以往的失败，我们或许应该对这几条研究思路保持谨慎的乐观。但我们会回顾其中一些比较有前景的研究。

记忆的神经回路

一种研究思路认为，记忆的形成是因为在特定的位置突触传递的改变。根据这一观点，特定的记忆取决于发生在特定突触上的生物化学变化。和 McConnell 一样，埃里克·坎德尔（Eric Kandel，2001）和他的同事们研究了一种简单的有机体（海兔）的条件反射。在一项为坎德尔赢得了诺贝尔奖的研究中，他们发现海兔的反射学习会导致特定突触联结强度的变化，体现为这些突触制造和释放更多的神经递质（Bailey & Kandel，2009；Kennedy，Hawkins，& Kandel，1992）。坎德尔相信，突触传递的持久变化可能也是建造更复杂记忆的神经结构单元。

Richard F. Thompson（1989，1992，2005）和他的同事发现特定记忆可能取决于大脑中的局部神经回路。换言之，记忆可能会在大脑中开辟独一无二的、可重复使用的信号传递通路。Thompson 追踪了负责记录兔子眨眼条件反射的通路。此通路的关键联结是位于小脑（后脑的一块结构）的一个微观点（见图 7-22）。

来自长时程增强的证据同样支持有关记忆过程包括了特定神经回路这一假说。**长时程增强**（long-term potentiation，LTP）是指沿着某一特定神经通路分布的突触的神经兴奋性持续增强。研究者通过在一条神经通路上发出一串高频电刺激来人工制造 LTP。但是理论家猜测形成记忆时的自然事件也能产生类似的增强神经回路（Lynch，2004；Sweatt，2009）。LTP 似乎同时包括了海马回神经回路中突触前（发出）和突触后（接收）神经的变化（见图 7-22）（Bi & Poo，2001）。来自 LTP 的证据吸引了很多科学家参与研发能增强人类记忆的药物（Lynch & Gall，2006）。

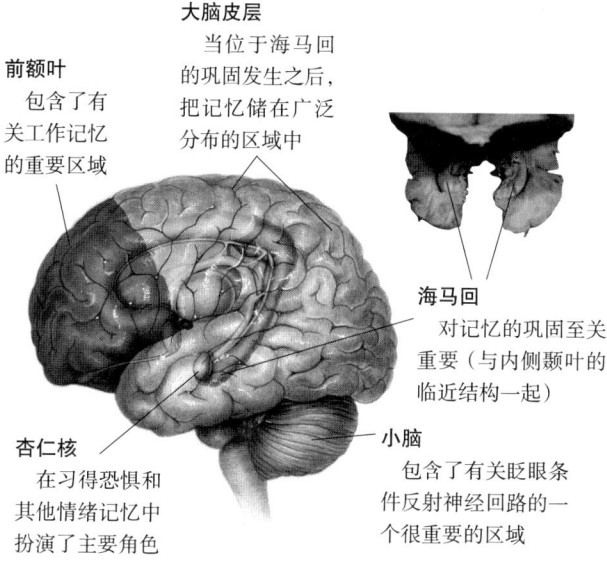

图 7-22　记忆的解剖

此图中指出的所有脑部结构都是在研究记忆牵涉的解剖结构时揭示出来的。海马回是内侧颞叶记忆系统的中心枢纽，后者被认为在长时记忆的巩固中扮演了重要角色。

资料来源：© Cengage Learning 2013.

近期研究表明，神经发生过程（新神经元的形成）可能会影响构成记忆的神经回路的塑造。正如我们在第 3 章提到的，科学家最近发现了一种新的脑细胞，它能不断地在位于海马回的齿状回中形成（Gould，2004；Leuner & Gould，2010）。动物研究表明，能压抑神经发生的操纵会导致对多种学习任务的记忆损伤，而能增强神经发生的条件与许多学习任务的提高有关（Leuner, Gould, & Shors，2006）。据 Becker 和 Wojtowicz（2007）所言，新形成的神经元刚开始比成熟的神经元更容易兴奋，因而它们可能更容易加入负责记忆的新神经回路。此外，神经发生为大脑供应了不同年龄的神经元。这种年龄的变化或许会以某种方式帮助大脑给记忆盖上"时间戳"。有关神经发生如何影响记忆编码的理论仍然具有很强的猜测性（Jessberger, Aimone, & Gage，2009）。尽管如此，对神经发生的研究还是一条令人激动的探索之路。

记忆的解剖

有关器质性遗忘症的个案（由脑损伤引起的大面积记忆丢失）是另一个研究记忆的生理基础的线索来源。遗忘症包括了两种基本类型：逆行性和顺行性（见图 7-23）。**逆行性遗忘症**（retrograde amnesia）是指失去了对遗忘症发作之前的事情的记忆。例如，一名经历了脑外伤的 25 岁体操运动员或许会发现之前 3 年，或者 7 年，抑或她一生所有的记忆都被清除了。**顺行性遗忘症**（anterograde amnesia）是指失去了对遗忘症发作之后的事情的记忆。例如，在那起事故之后，受伤的体操运动员可能会无法记得她见过哪些人，在哪儿停的车等。

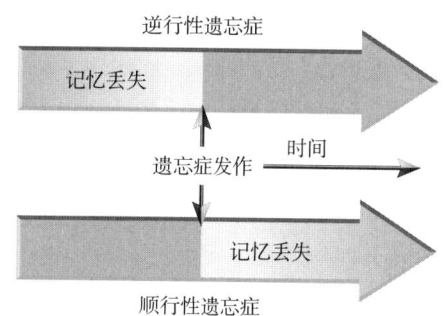

图 7-23　逆行性对顺行性遗忘症

在逆行性遗忘症中，人们丢失了对发生于遗忘症发作之前的事件的记忆。在顺行性遗忘症中，人们丢失了对发生于遗忘症发作之后的事件的记忆。

资料来源：© Cengage Learning 2013.

对顺行性遗忘症的研究硕果累累，为后人创造了尤为丰富的有关大脑和记忆的知识。有一个著名的个案，是关于一名被称为 H.M. 的男子，从 1953 年一直追踪到 2008 年他去世时，当时他 82 岁（Corkin，1984，2002；Scoville & Milner，1957）。为了缓解每天 10 次的衰弱癫痫发作，H.M. 接受了脑部手术。手术极大地减少了他的癫痫发作，然而不幸的是，手术在不经意间消除了他大部分形成长时记忆的能力。H.M. 的短时记忆没有受损，他也能回忆出手术之前的经历，但他不能记住 1953 年之后发生的任何事情（除了他生命中最近 20 秒的记忆）。他不认得他去看过的医生，不记得往来某地的路线，也不知道自己的年龄，H.M. 无法记住几分钟前他吃过什么，更别提自从手术以来他都做了什么。在他 66 岁的时候，他的头发早已花白了很多年，然而他却无法记起自己是否已经白发苍苍，尽管他每天都会面对镜子里的自己。虽然他不能形成新的长时记忆，但是 H.M. 的智力却完好无损，他能够（在家中）照顾自己、和他人进行复杂的对

 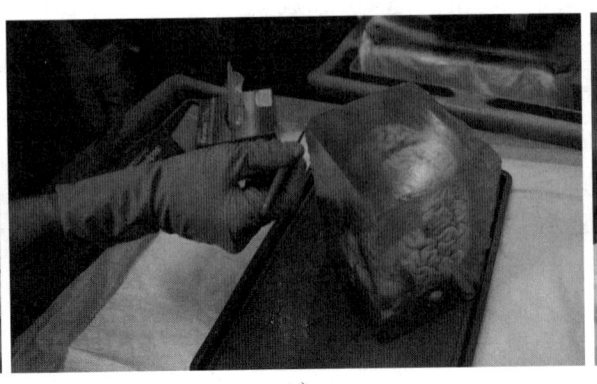 

a) b) c)

为了保护他的隐私，在过去的 50 多年里，H.M. 都以他的名字首字母广为人知。在他逝世后，他的名字被披露为 Henry Molaison。a) 图是他年轻时拍的照片。他的死亡引发了一项复杂而多面的团队合作，科学家在麻省理工学院 Suzanne Corkin 的指挥下对这位神经科学史上最重要的研究对象的大脑进行保存、成像和解剖。b) 图展示了他被封入明胶模具中的大脑。将 Molaison 的大脑分割为便于保存的超薄切片，并对切片进行数码成像的挑战落在了加利福尼亚大学圣迭戈分校 Jacob Annese 的肩上，他为了完成此项精密的任务已经准备了好几年。c) 图为 Annese 正在观察一个安好的大脑切片。有关 Molaison 大脑的数码解剖数据集将揭示他的手术损伤的确切边界。该信息将允许科学家分析他的脑损伤和他 50 年来记忆表现的数据之间的精确关系。

话，以及完成填字游戏。H.M. 的不幸遭遇为记忆研究者提供了一个黄金机会。

在 H.M. 术后的数十年内，超过 100 名科研人员研究了他不同方面的记忆表现，揭开了几项有关记忆本质的重大发现（Maugh, 2008）。正如一位科学家对 H.M. 所评价的那样，"仅仅从这一个病人身上我们所学到的有关记忆的知识，比我们在前 100 年对记忆的研究里学到的还要多"（Miller, 2009）。早在他逝世的 15 年前，Suzanne Corkin 就为 H.M. 办理了死后大脑捐赠。从他 2008 年逝世的那一刻起，麻省总医院立刻为他的大脑安排了广泛的脑部成像。此后，他的大脑被运去了一个位于加利福尼亚大学圣迭戈分校的实验室，而在他死亡一年之后，这颗大脑被分割为 2401 条超薄切片，以供全世界的科学家开展进一步的研究（Becker, 2009; Carey, 2009）。这台长达 53 小时的细致有序的解剖手术在网上进行了直播，超过 400 000 人观看了手术的部分过程。

H.M. 的记忆丢失最初被归因为海马回的切除（再次回顾图 7-22），然而理论家最终意识到一个附近的被切除的结构也造成了 H.M. 严重的记忆缺陷（Delis & Lucas, 1996）。科学家现在相信，整个海马区以及位于大脑皮层的临近区域对于许多种类的长时记忆都至关重要（Zola & Squire, 2000）。如今，很多科学家将这一广义的记忆复合体称为内侧颞叶记忆系统（Shrager & Squire, 2009）。考虑到它对长时记忆显而易见的作用，有趣的是阿尔茨海默症发作病程中遭到重要损害的第一批脑区便包括了

海马区，这通常致使很多病人在 65 岁以后便受到严重的记忆损伤（Albert & Moss, 2002；见第 11 章）。

这些发现是否意味着记忆是被存储在海马区及其附近区域呢？或许不是。许多理论家相信，内侧颞叶记忆系统扮演着巩固记忆的重要角色（Dudai, 2004）。**巩固**（consolidation）是一个假想的过程，它能缓慢地把信息转变为存储在长时记忆中的持久记忆代码。根据这一观点，记忆首先被巩固于海马区，尔后被存储于大脑皮层多样而广泛分布的区域（Eichenbaum, 2004; Markowitsch, 2000）。此步骤能使新的记忆从海马区独立出来，并逐渐地与其他早已储存在大脑皮层的记忆融为一体（Frankland & Bontempi, 2005）。有趣的是，近期研究发现大部分巩固过程可能在人们睡眠时发生（Stickgold & Walker, 2005）。正如你所看到的，科研工作者揭示了多种影响记忆的神经回路和解剖结构。相比之下，寻找记忆的生理基础稍微只有一点点不像寻找思维本身的生理基础那样令人生畏。

记忆的系统和类型

一些理论家相信，有关记忆生理方面的证据十分复杂并且相互矛盾，因为研究者所探索的是几个不同的记忆系统，而每个系统又有各自的生理基础。这些不同的记忆系统主要是由它们处理的信息类别来区分的。

陈述性记忆与程序性记忆

一种对记忆最基本的划分方法是将其分为陈述性记忆和程序性记忆等两个不同的系统（Squire，2004，2009；见图7-24）。**陈述性记忆系统**（declarative memory system）负责处理事实性信息。它包括对词语、定义、名字、日期、面孔、事件、概念和想法等的回忆。**非陈述性记忆系统**（nondeclarative memory system）负责管辖对动作、技能、条件反应和情绪反应等的记忆。它包括了如何执行知觉动作技能的程序性记忆，比如骑自行车、打字以及系鞋带。为了区分这两个概念，假如你知道网球的比赛规则（如每一盘有多少局、计分方式等），这种事实性信息即被存储在陈述性记忆中。假如你记得如何击发球以及反手接球，这些就是属于非陈述性系统的程序性记忆。非陈述性系统还包括了基于以往学习的对条件反射和情绪反应的记忆基础，比如一个人听到牙钻发出的声音而产生的紧张反应。

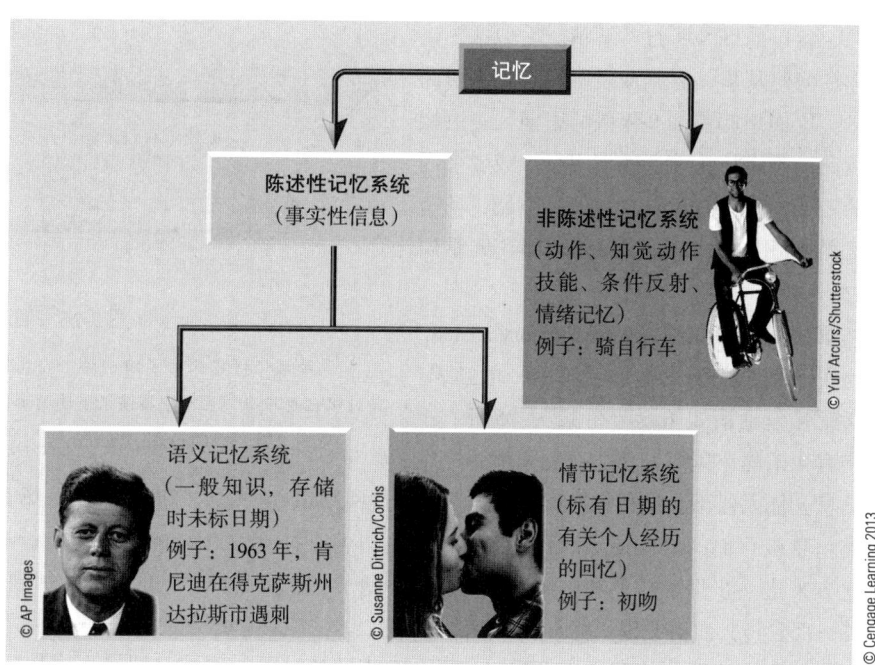

图7-24　独立记忆系统理论

理论家区分了陈述性记忆和非陈述性记忆。前者负责处理事实和信息，而后者负责处理动作技能、条件反射和情绪记忆。陈述性记忆进一步被细分为语义记忆（一般知识）和情节记忆（标有日期的有关个人经历的回忆）。至于非陈述性记忆能如何被有效细分尚存争议，尽管大多数理论家将程序性记忆看作一个独立的子系统，它负责处理动作和知觉动作技能。

资料来源：Adapted from Squire，1987；Tulving，1985，1987.

证据表明，陈述性和非陈述性记忆的运作方式不尽相同，这支持了对二者的区分（Squire，Knowlton，& Musen，1993）。例如，对事实性信息的回忆（陈述性记忆）通常取决于有意识的、需要努力的过程；而对条件反射的记忆（非陈述性记忆）大多是自动的，对技能的记忆也经常不需要什么努力和注意（Johnson，2003）。人们执行诸如弹钢琴或者打字等知觉动作任务时，并不需要对他们所做的事情付出太多有意识的注意。事实上，有时候如果人们过分思考他们正在做什么，他们在类似事情上的表现会变得更差。另一个区别在于，对技能的记忆（比如打字和骑自行车）并不会因为长时间的间隔而减弱，而相比之下陈述性记忆似乎更易于遗忘。

遗忘症的某些特定记忆丢失模式同样支持了陈述性和程序性记忆的区别。在很多个案中，病人的陈述性记忆遭到了严重损伤，而程序性记忆却基本完好无缺（Squire & Schrager，2009）。例如，H.M.，那个之前讨论的遗忘者患者，能够学习和记住新的运动技能，即使他不能记得自己衰老时的模样。H.M.的程序性记忆能够幸免于难，决定性地说明了陈述性记忆和非陈述性记忆的不同。

研究者成功地找出了区分陈述性和非陈述性的神经基础。陈述性记忆似乎是由内侧颞叶记忆系统及其交流的偏远脑区负责处理（Eichenbaum，2003）。确定非陈述性记忆的神经基础被证实更加困难，因为它更多的是由记忆功能的大杂烩组成的。不过，诸如小脑和杏仁核之类的结构似乎与之相关（Delis & Lucas，1996；Squire，2004）。

语义对情节记忆

Endel Tulving（1986，1993，2002）进一步将陈述性记忆细分为情节和语义记忆（见图7-24）。它们二者都包含了事实性信息。然而，情节记忆包含了个人事实，而语义记忆包含了一般事实。**情节记忆系统**（episodic memory system）是由按时间编排的，或者标有临时日期的与个人经历相关的回忆组成的。情节记忆记录了你做过的、看过的以及听过的事情。它包括了诸如你在何时从事、看到或者听到这些事情的信息。比如想起参加9年级的表演、去大峡谷玩儿、听诺拉·琼斯的演唱会，或者上周看的一场电影。Tulving（2001）强调，情节记忆的作用在于"时间旅行"，即让人重温过去。

语义记忆系统（sematic memory system）包含了与信息学习的时间无关的一般知识。语义记忆包括诸如圣诞节在12月25日、一只狗有4条腿、凤凰城位于亚利桑那州之类的信息。你大概不会记得你在什么时候学到的这些知识。此类信息被存储的时候通常没有贴上日期。我们可以打个比方来进一步理解情节和语义记忆的区别：情节记忆犹如一部自传，而语义记忆就像一本百科全书。

一些研究表明，情节和语义记忆或许存在不同的神经基础（Schacter, Wagner, & Buckner, 2000；Tulving, 2002）。例如，一些遗忘症患者忘记了大部分个人信息，但他们对一般知识的回忆却基本上没有受损（Szpunar & McDermott, 2009）。脑成像研究发现，情节和语义记忆的提取会产生不同的（但是互相重叠的）大脑激活模式（Levine et al., 2004；Nyberg et al., 2002）。不过，有关情节和语义记忆的神经基质尚存争议。

前瞻对回溯记忆

一篇发表于1984年的文章有着一个巧妙的标题："Remembering to Do Things: A Forgotten Topic"（记得去做事：一个被遗忘的话题）（Harris, 1984）。该文又介绍了另一种记忆类别的划分：前瞻记忆对回溯记忆（见图7-25）。这种分类方法并不关乎独立的记忆系统，而是关于具有本质差异的不同种类的记忆任务。**前瞻记忆**（prospective memory）是指记得在将来执行一个动作。前瞻记忆任务的例子包括记得带雨伞、遛狗、给某人打电

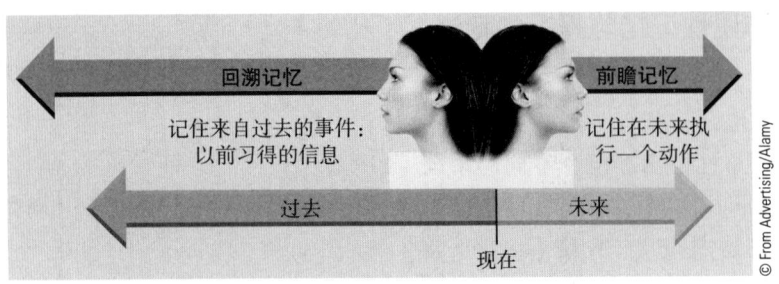

图7-25　回溯对前瞻记忆

多数记忆研究探索了回溯记忆的动态过程，它关注于来自过去的回忆。然而，前瞻记忆也在日常生活中扮演了重要的角色，它需要人们记住在未来执行一个动作。

资料来源：© Cengage Learning 2013.

话，以及去买一场大赛的门票。相较而言，**回溯记忆**（retrospective memory）是指记得以前发生的事件，或者以前学到的知识。回溯记忆发生在你回忆去年谁赢得了"超级碗"橄榄球比赛之时，你追忆高中时光之际，或者当你试着回忆上周教授在课上讲了什么。之所以说前瞻记忆是一个被"遗忘"的话题，是因为鲜有人研究这一课题。然而现在事情发生了改变。对前瞻记忆的研究近年来正在增加（McDaniel & Einstein, 2007）。

对前瞻记忆感兴趣的研究者坚信此话题值得更多的关注，因为它跟人们的日常生活如此息息相关（Graf & Uttl, 2001）。想想吧——在学校里一小段去上课的路上就可能充斥着前瞻记忆任务。或许就在你出门之前，你就需要记得把你的笔记本电脑塞进包里，带上你的手机，关掉咖啡机，然后抓一把雨伞。不幸的是，实验表明我们很容易忘掉这些打算，特别是当你受到干扰或者分心的时候（Einstein et al., 2003）。有关打算采取某个行动的记忆往往是自发的，即意图会在毫无预料之时"跳"入人们的脑袋（Einstein & McDaniel, 2005）。人们成功完成前瞻记忆任务的能力多数时候有好有坏（Searleman, 1996）。那些看上去前瞻记忆有缺陷的人经常被认为是"心不在焉"的。

本章主题回顾

我们其中一个整合主题（人们对世界的经验是主观的）屹立于本章其他主题之上。让我们先简要回顾一下对记忆的研究是如何表现这个主题的，然后再看看其他两个和本章相关的主题。

首先，我们讨论到注意具备固有的选择性，这表明了为什么人们对世界的经验是主观的。在很大程度上，你所看到的周围世界取决于你所关注的内容。这便主要解释了为何两个人在经历了"同样的"事件之后却形成了完全不同的知觉。其次，记忆的重构本质进一步说明了人们往往带着有色眼镜来看待世界。当你观察了一个事件，你并不是把这个事件一五一十地复制到你的记忆中。相反，你储存的是一个大致的、类似"空骨架"一

样的对事件的勾勒，而它会随着时间的推移而改变。

本章的第二个主题是心理学的理论多样性，它体现在我们对记忆的讨论。我们看到了很多具有启发性的辩论，包括记忆存储的本质、遗忘的成因，以及多种记忆系统的存在。最后，记忆的多面本质也再一次表明了行为是由多种因素主宰的。例如，你对某件事情的记忆可能会受到你的注意、加工水平、联想、受到的干扰、你如何检索记忆存储器、如何重构事件等因素的影响。了解了记忆的多面本质之后，我们不难得知有很多种方法可以提高记忆。我们将在"个人应用"栏目探讨这些不同策略。

个人应用

改善日常记忆

判断下列陈述的正误。

____ 1. 记忆策略是近来才由心理学家发明的。

____ 2. 对信息的过度学习将导致保持效果的下降。

____ 3. 概括你所读到的东西一般不会影响保持。

____ 4. 把大量的练习集中在一次长时间的学习要好过将练习分配到多个短的学习时间段中。

助记手段（mnemonic devices）是指能提高记忆的策略。它们有一段长远而荣耀的历史。事实上，本"应用"所提到的一种助记手段（地点法）早在公元前86年～公元前82年的希腊就有了记载（Yates, 1996）。实际上，助记手段在古代的重要性远高于它们之于现代。例如，在古希腊和古罗马，人们可以随时利用书写工具简单记录他们需要记住的事情，因此他们必须十分依赖助记手段。

很明显，助记手段可以对某些场所非常有用（Wilding & Valentine, 1996）。然而，它们却并不是一种万金油。助记手段很难被我们运用于日常情境中。或许大多数用来提高记忆的书籍和训练项目都夸大了记忆术的价值（Searleman & Herrmann, 1994）。尽管某些策略并不显得那么奇特，但是诸如增加复述、进行深加工，以及组织材料之类的记忆方法对我们的日常记忆至关重要。我们将在本"应用"中逐一讨论这些通俗的记忆术。接下来，你将知道我们开篇的判断题都是错误的。我们会主要把注意力集中于如何利用记忆原则来提高学习成绩上。

保障充足的复述

熟能生巧，没准儿你已经听说过了。现实中，练习不太可能保证完美无缺，但是，它通常可以改善保持。研究表明保持会随着复述增强（Greene, 1992）。这种增强大概是因为复述能促使信息转移到长时记忆中。尽管复述有用，人们通常会匪夷所思地高估他们对某一话题的了解，以及他们在后续记忆测试中有关该话题的作答表现（Koriat & Bjork, 2005）。正因如此，你需要在荷枪实弹地参加一场考试之前非正式地考考自己你认为已经掌握的知识。

除了自查你掌握的程度之外，近期研究表明事实上测试能提高保持，这就是测试效应（Karpicke & Roediger, 2008; Roediger & Karpicke, 2006a）。研究发现，参加一场针对学习材料的考试能提高后续测试的表现，其提升的水平甚至高于学习同样长的时间（见图7-26）。有趣的是，这种测试效应在闭卷和开卷考试中都会出现（Agarwal et al., 2008）。如果向考生提供有关考试表现的反馈，这种有利效应将变得更加明显（Butler & Roediger, 2008）。此外，近期研究表明，在实验室里对测试效应的发现同样适用于真实的教育场所（Larsen, Butler, & Roediger, 2009; McDaniel et al., 2007）。不幸的是，因为最近才得到了这些发现，只有相对较少的学生知道考试的价值（Karpicke, Butler, & Roediger, 2009）。

为什么考试如此有益？答案的关键似乎在于考试能迫使学生对信息进行刻苦的提取，因此促进了将来的保持（Roediger et al., 2010）。事实上，就算提取努力不成功也能促进保持（Kornell, Hays, & Bjork, 2009）。不管怎样，自我测试似乎是一个很棒的记忆工具，所以你应该很明智地完成书中的练习测试，或者登录本书的辅导网站参加其他测试。

改善记忆的另一种方式是过度学习材料（Driskell, Willis, & Copper, 1992）。**过度学习**（overlearning）是指在你首次看上去掌握了材料之后继续复述材料。在一项研究中，当被试掌握了一个名词词表之后（他们毫无差错地背诵了词表），Krueger（1929）要求他们继续重复50%或100%更多的练习。Krueger在最长达28天的不同间隔期测量了被试的保持，并发现过度学习越多，对词表的回忆越好。现代研究也表明过度学习能够提高考生在一周内的考试成绩，尽管关于此方法的长期成效的研究结果并不一致（Peladeau, Forget, & Gagne, 2003; Rohrer et al., 2005）。

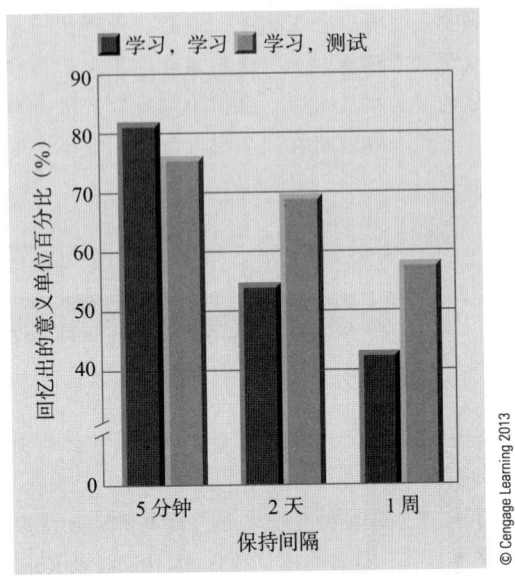

图 7-26 测试效应

在一项 Roediger 和 Karpicke（2006b）开展的研究中，参与者花了 7 分钟时间学习了一个短的散文段落。然后，一些被试又重复学习了 7 分钟，而另一些被试做了一项和材料相关的 7 分钟测试。在研究的第二阶段，被试在 5 分钟、2 天或者 1 周之后参加了另一项关于材料的测试。当被试在 5 分钟保持间隔之后接受测试时，两组表现差异不大，然而当保持间隔延长至两天或者 1 周后，测试组的回忆表现显著优于学习组。

资料来源：Roediger, H. L., Ⅲ, & Karpicke, J. D. (2006). Test-enhanced learning : Taking memory tests improves long-term retention. *Psychological Science, 17*, 3, 249–255.Copyright © 2006 Blackwell Publishing.Reprinted by permission.

另一个有关复述的要点也值得一提。当你背诵某个词表时，要注意序列–位置效应，它通常发生在被试参加词表记忆测试的时候（Murdock, 2001）。**序列–位置效应**（serial-position effect）是指被试对开头和结尾的条目之记忆比对位于中间的条目之记忆要好（见图 7-27）。产生序列–位置效应的原因非常复杂，不需要我们关心。但该效应对我们实际应用的启示却很清楚：如果你想记一列词语，比如脑神经或者前任总统的名字，你需要付出额外的精力去学习位于词表中间的词语，并仔细检查你对中间条目的记忆。

安排分散练习并使干扰最小化

让我们假设你需要为了一项考试学习 9 个小时。你是应该把你的学习时间"填塞"到一个长达 9 个钟头的时间段里呢（集中学习）？还是应该把你的学习分配成，比如三天、每天 3 个小时呢（分散练习）？事实表明，分散学习所带来的保持效果要好于集中学习（Kornell et al., 2010；Rohrer & Taylor, 2006）。此外，一项对超过 300 个实验的回顾研究发现（Cepeda et al., 2006），学习和测试之间的保持间隔越长，分配学习的优势越大，如图 7-28 所示。该回顾研究同样表明，保持间隔越大，各练习之间的最佳"休息时间"越长。如果某项即将到来的考试还有至少两天，那么各项练习之间的最佳间隔大概是 24 小时。分散练习对集中学习的优势说明，临时抱佛脚是一种不可取的备考策略（Dempster, 1996）。

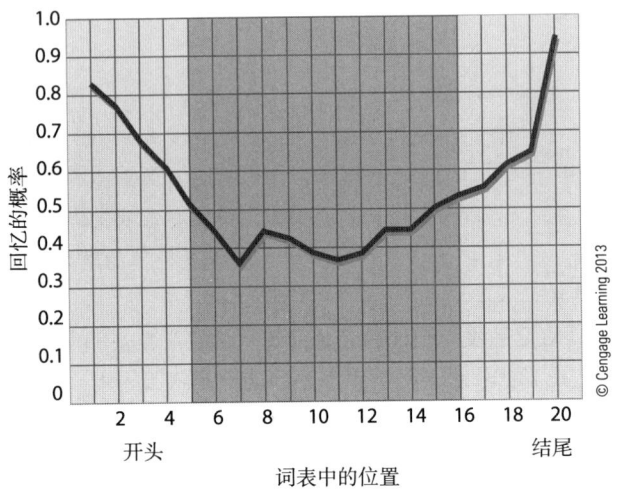

图 7-27 序列–位置效应

当学习了一列条目之后，人们能回忆的位于词表开头和结尾的条目往往比位于中间的更多，从而形成了图中的 U 形曲线。此现象被称作序列–位置效应。

资料来源：Adapted from Rundus, D. (1971). Analysis of rehearsal processes in free recall. *Journal of Experimental Psychology, 89*, 63–77. Copyright © 1971 by the American Psychological Association.

因为干扰是造成遗忘的主要因素，你或许想要思考一下如何能让干扰最小化。这一问题对考生尤为重要，因为记忆某一科的知识会干扰对另一科知识的保持。所以，在备考某一门课的前一天，你应该只学习这门课程的内容——如果允许的话。如果其他科目的要求让你无法实施这一计划，那么你应该把和备考材料的学习放在最后。

进行深加工并组织信息

对加工水平的研究表明，你复习某材料的频率不如加工水平的深度重要（Craik & Tulving, 1975）。为了记住你读的东西，你必须完全理解它的意思（Einstein & McDaniel, 2004）。如果学生少浪费一些时间在死记硬背上，多花一些精力真正地去留意和分析阅读材料的意思，那么大概他们中的许多人都能获益，具体而言，就是要让材料对自己有意义。当你阅读教材时，试着将知识和你自己的生活和经历联系起来。例如，当你读到经典条件反射时，试着想想在你身上哪些行为可以被归为经典条件反射。

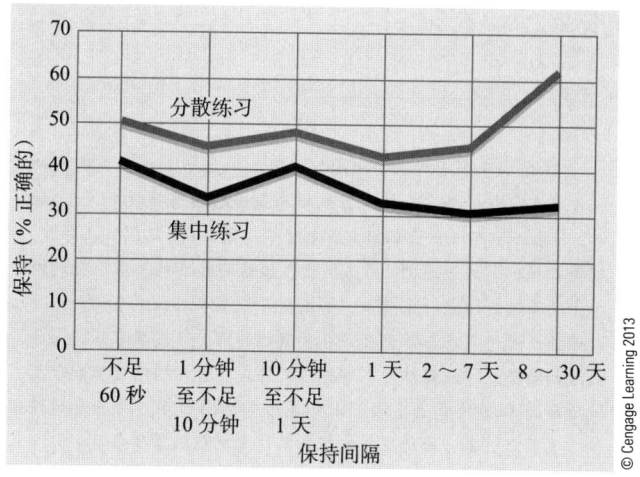

图 7-28 集中与分散练习对保持的作用

在一项对 300 多个有关集中与分散练习的实验的回顾研究中，Cepeda 等人（2006）分析了保持间隔的重要性。正如你所看到的，尽管分散练习在所有的保持间隔上都优于集中练习，但是二者的差异在更长的间隔上变得更大。这些研究表明了分散练习在你必须或者想要长时间记忆材料的时候显得尤为有益。

同样地，你需要知道组织信息的重要性，即当信息被归纳之后，保持会变得更好（Einstein & McDaniel, 2004）。Gordon Bower（1970）发现，如果能分层次地组织材料会对记忆尤其有帮助。因此，对学校布置的阅读材料进行概括或许是个不错的主意，因为概括会迫使你分层次地组织材料。与此逻辑一致，有些实证研究发现，对教材内容的概括能促进对材料的保持（McDaniel, Waddill, & Shakesby, 1996）。

利用助记手段丰富编码

许多助记手段（比如藏头体和首字母缩略词）是为了让抽象的材料更加有意义而设计的。其他助记手段依赖于视觉表象。正如你记得的，Allan Paivio（1986, 2007）相信视觉成像创造了第二种记忆代码，而两个代码比一个要强。

1. 藏头体和首字母缩略词

藏头体是由词组（或诗句）组成的，其中每个词语（或者每一句诗词）的首字母能组成一个线索以帮助记忆信息。例如，你可能利用一句话来记忆五线谱的顺序："Every good boy does fine."⊖ 对藏头体做一些小变动就成了首字母缩略词，即一个由一串词的首字母组成的词语。学生为了记忆光谱上的颜色顺序，往往会记住一个叫作 "Roy G. Biv" 的名字以对应红（red）、橙（orange）、黄（yellow）、绿（green）、蓝（blue）、靛（indigo）、紫（violet）。注意，这个缩略词也利用了组块的原则。人们为自己发明的藏头体和首字母缩略词可以成为非常有效的记忆工具（Hermann, Raybeck, & Gruneberg, 2002）。

2. 押韵

另一个人们常用的文字记忆术是押韵。你大概多次重复过 "I before E except after C…"⊜ 或许你还记得用 "Thirty days hath September…" 这句谚语来记忆每个月有多少天⊜。用押韵来背诵句子是一种古老而有效的技巧。

3. 联合法

一种名叫联合法的记忆术依靠的是成像的力量。**联合法**（link method）是指形成一个和所需记忆条目有关的心理画像，从而将二者联系起来。例如，假设你需要记一些想去杂货店买的东西：一本新闻杂志、一罐剃须膏、一盒胶卷和一些笔。为了记住这些物品，你可能会想象一个登上了杂志封面的公众人物一边用一支笔刮胡子，一边摆拍照姿势。你创造的视觉图像越怪诞，它对你的帮助就越大（McDaniel & Einstein, 1986）。

4. 地点法

另一种视觉记忆术是**地点法**（method of loci），即想象自己正行走在一条熟悉的小路上，而每个需要记忆的物品的图像都联系着这条小路上的某个地点。此方法的第一步是牢记分布于小道两旁的一系列地点或场所。通常，这些地点是你家或附近的一些特定位置。接着，想象自己把每一样你想记住的物品放在其中一个地方。试着创造一些生动清晰的图像。当你需要回忆这些物品时，就想象自己正走在这条路上。这条道路上的每个地点应该充当提取你所构图像的线索（见图 7-29）。事实证

⊖ 即本句中每个词语的首字母 EGBDF 指代了五线谱上的音阶。——译者注

⊜ "I 在 E 之前，除非在 C 后" 这是英文的一个拼写口诀，指拼写时一般用 ie，但如果是跟在字母 c 之后则用 ei。例如 believe, die, friend 用 ie；deceive, receipt, ceiling 用 ei。——译者注

⊜ "九月份有 30 天……" 这是一首英文助记诗的首句，和中国人习惯一边握拳数指关节一般默念 "一三五七八十腊，三十一天永不差" 类似，都是用押韵来帮助记忆。——译者注

明，地点法能够有效地促进保持（Moe & De Beni，2004；Massen & Vterrodt-Plünnecke，2006）。此外，该方法确保了每个条目按照各自的正确顺序进行记忆，因为这个顺序是由沿着小路经过地点的先后决定的。一项近期研究发现，采用从家里去工作的路上经过的地点比自家的小径更有效（Massen et al.，2009）。

在这个来自 Bower（1970）的例子中，一个正要去购物的人把需要记忆的条目和依照自然顺序安排的熟悉场所（地点）配对：①热狗/车道；②猫粮/车库内部；③番茄/正门；④香蕉/衣橱搁板；⑤威士忌酒/厨房水槽。然后购物者就用成像把购物单上的条目和地点联系起来，如图所示：①车道上滚下的一个巨大热狗；②一只在车库里大声吞食猫粮的猫；③飞溅在正门上的熟透的番茄；④几串挂在衣橱搁板的香蕉；⑤咕噜咕噜从瓶子里流进厨房水槽的威士忌酒。正如最后那幅图所示，购物者通过在心里面走过每一个地点而回忆出与地点对应的各项条目。

图 7-29　地点法

资料来源：From Bower, G. H. (1970). Analysis of a mnemonic device. *American Scientist*, 58, 496–499.Copyright © 1970 by Scientific Research Society.Reprinted by permission.

批判性思维应用

理解目击证词的易谬性

许多年前，特拉华州威明顿市发生了数起连环持械抢劫。由于作案者的举止异常彬彬有礼并且打扮得衣冠楚楚，他被媒体冠以"绅士大盗"的名号。当地传媒披露了一幅绅士大盗的素描，终于有一名警觉的住户告发了一个长得很像的嫌犯。让大家感到意外的是，被指认的大盗是一位名叫伯纳德·帕加诺（Bernard Pagano）的天主教神父——他竭力否认对他的指控。不幸的是，帕加诺神父的否认和证词缺乏说服力，最终他被判有罪。在他的审讯中，7名目击证人非常确信地声称帕加诺神父就是绅士大盗。正当起诉进行得十分顺利时，事情出现了一个令人震惊的转折。另一名男子罗纳德·克劳泽（Ronald Clouser）向警方自首，并交代自己就是绅士大盗。当局撤销了对帕加诺神父的指控，而神父也为自己可以回归正常的生活而松了一口气（Rodgers，1982）。

这个令人匪夷所思的乌龙事件对记忆提出了一些有趣的问题。怎么会有7个人"记得"自己看到帕加诺实施了持械抢劫，而事实上他和此事毫无关联呢？他们怎么会把神父误认为罗纳德·克劳泽，而实际上他们长得一点也不像呢（见下图）？他们怎么能这么确信自己是对的，但其实他们错了呢？也许你在想，这只是一个案例，并不能代表全部（这倒是不赖的批判性思维）。嗯，的确，这就是一个相当极端的例子，但是研究者手头的相关证据已经堆积如山，而这些证据全部指出目击证词并不像大众所认为的那样准确（Kassin et al.，2001；Wells, Memon, & Penrod，2006）。此发现极具讽刺意味，鉴于人们对自己的证词最为自信时，他们会说："这是我亲眼看到的。"电视新闻节目会采用"目击新闻"这样的字眼来给观众造成他们对事件的记录极其清晰、准确的印象。而我们的法律体系给目击证词赋予了特殊的地位，因为法官认为目击证词比传闻证据或者环境证据更为可靠。

那么，为什么目击证词出人意料地不准呢？这个嘛，许多因素和环节都有影响。我们首先会简要回顾一些本章正文所介绍过的相关过程。然后，我们会把注意力集中于两种经常发生的思维错误，它们也可能从中作梗。

你能从本章的描述中找出什么可能破坏目击证词准确性的记忆现象吗？你或许会指出，记忆是一个重构的过程，所以目击者的回忆可能会因人们对各种事件的图式而遭到扭曲。第二种可能是目击者有时会犯下来源监控错误，因而分不清自己在哪里看过某个面孔。例如，一名强奸受害者混淆了强奸犯和她被袭击时在电视上看到的节目嘉宾。万幸的是，这名被错告的嫌犯握有无懈可击的不在场证据，因为事发当时他正在参加电视直播（Schacter, 1996）。或许最普遍的因素是错误信息效应（Davis & Loftus, 2007）。目击者对事件的回忆常常会因事后引入的信息发生扭曲，这些事后信息可以来自警官、律师、新闻报道等。除了这些因素之外，事后聪明偏向和过分自信效应也会促使目击证词出错。

事后聪明偏向的影响

事后聪明偏向（hindsight bias）是指人们往往会改变自己对过去的阐释，以使其符合当下实际状况的结果。当你知道了一个事件的结尾，它就会让你带有偏见地回忆该事件是如何发生和发展的，以及你当时在想什么。借着事后聪明带来的优越感，人们在解释事件时会令人费解地声称"我早就知道了"，尽管从客观上来看我们很难预知事情的走向。

人们炫耀事后聪明的倾向十分正常、普遍，而且出奇的强烈（Guilbault et al., 2004）。就目击者而言，他们的记忆经常会在得知某人已被拘留并且可能面临指控之后而遭到扭曲。例如，Wells 和 Bradfield（1998）模拟了让目击者从一列照片中指认嫌犯的过程。目击者对他们的指认通常没什么信心。这不难理解，因为嫌犯根本没有出现在照片中。但是当研究者告知某些被试，"很好，你指出了真正的嫌疑人"，他们变得对自己的指认高度自信，而这显然是不正确的。在另一项研究中，参与者阅读了两个一模一样的描写一对情侣初次约会的场景，除了一个情节没有结尾，而另一个情节以强迫性行为作结尾（在多出的一句话中提到）。那些读到强奸结尾的被试重构了整个故事，从而使得故事情节和他们对强奸发生原委的图式更为一致（Carli, 1999）。

过分自信的影响

另一个导致目击证词谬误的错误是人们倾向于过分相信自己记忆的可靠性。当他们参加记忆测试时，人们往往会过分估计答案的准确性（Koriat & Bjork, 2005；Lichtenstein, Fischhoff, & Phillips, 1982）。在对目击者回忆的研究中，参与者同样易于对自己的回忆过分自信。尽管陪审团更可能被那些看上去很自信的目击证人说服，事实表明目击者的自信和目击准确性只有轻微的相关（Shaw, McClure, & Dykstra, 2007）。因此，许多对无辜者的定罪都被归因于受到了来自高度自信然而出错的目击证人的证词的影响（Wells, Olson, & Charman, 2002）。

你能学着更好地判断你对日常事情回忆的准确性吗？是的，如果你付出了努力，你就能更准确地估计你对某些事实或事件的回忆有多大可能是对的。一个造成人们过分自信的原因是他们不能找到自己可能出错的原因，因而他们认为自己肯定是正确的。所以，过分自信又源自另一个常见的思维错误——不能寻找反驳证据。就算经验老到的科学家也会成为该缺点的牺牲品，鉴于大多数人不会认真地考虑自己可能犯错的原因（Mynatt, Doherty, & Tweney, 1978）。

因此，为了对你知道的和不知道的事情做出更准确的判断，你需要再三考量自己为什么可能错了。根据你在第 1 章里面读到的内容，请写出以下重要理论家的流派：威廉·詹姆斯（William James）、华生（John B. Watson）和卡尔·罗杰斯（Carl Rogers）。当你作答完毕后，估计一下你有多大信心认为自己提供的信息是正确的。现在，写出三条你的答案可能是错的原因，以及三条可能是对的原因。

大多数人会回避这个练习，声称他们没法想出任何理由表明他们或许错了。然而停止抵抗后，他们能说出那么几条。这样的理由可能是"我在读那部分章节的时候迷迷糊糊的"，也可能是"我可能把华生和詹姆斯搞混

尽管他长得并不像图左所示的那个真正的"绅士大盗"，但有 7 名目击者将 Pagano 神父（图右）指认为绅士大盗。这表明目击证词可能是多么不可靠。

了"。你认为自己是对的原因可能包括"我很清楚地记得和朋友讨论过这个",或者"我真的在第1章出现的这些名字上面花了很大功夫"。当你写下了自己或许对了以及或许错了的理由之后,再估计一下你对答案的信心。猜猜怎么着?多数人在完成了这项练习之后就变得没那么自信了。

表 7-1 本"应用"所讨论的批判性思维技能

技能	描述
理解人类记忆的局限性和易谬性	批判性思考者理解记忆具有重构性,即便是目击证词也可能是扭曲的或者不准确的
认识事后聪明分析中的偏见	批判性思考者明白,得知事件的结果会给我们对此事件的回忆和阐释带来偏见
认识人类认知中的过分自信	批判性思考者明白,人们经常会过分自信地认为自己对未来的憧憬和对过去的回忆是准确的
理解寻找反驳证据的需要	批判性思考者明白,思考自己可能会怎么犯错或者为什么会犯错是有价值的

资料来源:© Cengage Learning 2013.

这些新的信心评价要比之前的更现实一些(Koriat, Lichtenstein, & Fischhoff, 1980)。为什么?因为这项练习会迫使你更深入地思考你的答案,并且在记忆中搜索相关信息。多数人一旦得出了自己认为是正确的答案,就立马停止了对记忆的搜索。因此,思考你可能是错的理由(这个人们几乎不会涉足的过程)是一个有用的批判性思维技能,它能减弱过分自信效应。更好地估计自己知道什么而不知道什么能够极大影响你所做的决策的质量以及你解决问题、思考问题的方式。

尽管法院对目击证词赋予了特别的信赖,科学证据表明目击证词不像大众所想的那样可靠。

第8章

语言和思维

"这位是华生先生,这位是夏洛克·福尔摩斯先生",斯坦福德正给我们两个做介绍。

"你好。"福尔摩斯热诚地说,并用力握紧我的手,仿佛我难以给予他足够信任。

"我认为,你去过阿富汗。"

"你怎么知道的?"我惊奇地问道。

(摘自阿瑟·柯南·道尔的《血字的研究》(A Study in Scarlet)

如果你曾读过福尔摩斯的故事,那么你一定知道这位伟大的侦探不断用其非凡的推论,让其忠实的伙伴——华生医生感到惊讶。显然,福尔摩斯不能在没有推理链的情况下得出结论。但是,对于他而言,甚至一个精细的推理过程都是很简单的、每天都做的事情。细想他在第一次遇见华生时,就可以知道他去过阿富汗。当被问到原因时,福尔摩斯如下解释他的推理:

"我知道你来自阿富汗。像火车那样长的推理过程迅速掠过我的大脑,以至于我得出结论而不需要意识到中间的步骤。然而,还是有一些步骤的。推理过程如下:'这是一位带有医学背景的绅士,但同时又带着军人的气息。这样,他明显是一名军医。他从热带来的,因为他的脸是黑的,而且这不是自然的黑肤色,因为他的手腕是白的。他面容憔悴,说明经历过伤病和艰苦生活。他的左手受过伤,现在动作还僵硬不便,因为他很不自然地遮挡这个伤口。所以在哪个热带地方能让一个说英语的军医受到苦难并使其手受伤呢?显然答案就是阿富汗。'这个完整的推理过程并没有需要太长时间。"

福尔摩斯的华丽推理是虚构的。但是,阅读和了解这个推理已经是一个相当复杂的心理过程,更别说像柯南·道尔那样凭空设想这样的推理了。我们每天的思维过程好像很普通,仅仅因为我们认为这是理所当然的。这就像福尔摩斯觉得他的推理很简单,没有任何特别一样。

现实中,每个人都是福尔摩斯,一直都在运用令人印象深刻的思维技能。例如,即使观看一场足球赛或芭蕾表演这样的基本知觉任务,也包含精细的认知过程。人们必须整理不断变化的感觉输入并推理他们从现实世界里看到了什么。然后,想象一下要求你去读一本书、修理汽车或者平衡收支这样的复杂思维。当然,所有这些不是说人类思维过程完美无缺或者无与伦比。当计算平方根时,你可能更需要一台价格不高但具备这些功能的计算器。正如我们所见,在本章,一些最有趣的研究关注思维在哪些方面可能受到限制,可能是过于简单或者是不合乎逻辑的。

正如之前我们已经提到的,心理学中,广义的**认知**(cognition)指心理过程或者思维。当心理学第一次作为一门独立科学在19世纪出现时,它关注**心理**(mind)。研究者通过内省(分析个体内部意识经验,见第1章)来探索心理过程。不幸的是,早期关于心理过程的心理学研究走偏了,因为内省法会产生不可靠的结果。心理学的实证方法依赖于观察,但是,私人性的心理事件被证实是难以观察的。此外,20世纪上半叶,认知研究严重受到行为主义的抑制。认知心理学先驱司马贺(Herbert Simon)⊖回忆道:"你不能在心理学杂志上用像'心理'这样的词语——你得用肥皂把嘴巴洗干净。"

20世纪50年代心理学开启了一场"认知革命"(cognitive revolution)。像司马贺这样反对行为主义的理论家开始认为,行为主义仅仅关注外显反应,而这注定只能获得对人类功能的不完全了解。更重要的是,一些针对认知过程研究的创造性范式也获得了令人兴奋的进展。霍华德·加德纳(Howard Gardner)指出,1956年同一天的三个里程碑式会议报告对这一革命起到了推动作用。首先,司马贺和艾伦·纽厄尔(Allen Newell)首次成功运用计算机模拟人类问题解决。其次,诺姆·乔姆斯基(Norm Chomsky)概述了一个新模型,它改变了心理学家关于语言的研究方式。第三,乔治·米勒提交了一篇在第7章已经讨论过的传奇论文,即人类短时记忆容量是有限的,只有7±2个组块。自此,认知科学逐渐成长为一个稳健的、跨学科的学术领域(Simon,1992)。除记忆(参见第7章)外,认知心理学家还研究语言、问题解决、决策和推理等复杂过程。本章将讨论这些主题,但我们首先将从语言开始。

⊖ 即赫伯特·西蒙,美国著名计算机科学家和心理学家,司马贺是其中文名。——编者注

语言：把思想变成词汇

语言显然对人类行为有着根本的作用。如果你问别人"哪一样特征最能把人与其他动物区分开来？"则绝大多数人会回答"语言"。本节我们将讨论语言的结构和发展，以及相关主题，如双语和动物能否学会语言。

语言结构

一门语言包括能传递意义的符号，加上组合那些符号的规则，从而能产生无限信息。人类语言具备一种层次性结构（Ratner, Gleason, & Narasimhan, 1998）。如图 8-1 所示，基本声音组合成各种有意义的单元，这些单元进而组合成单词。单词组合成短语，短语再组合成句子。

1. 音素

语言层级底层是**音素**（phonemes）。它是语言中能被感知区分的最小语音单位。考虑到一部未删节版英文词典有超过 450 000 个单词，你可能会认为音素的数量非常庞大。事实上，语言学家估计人类仅仅能辨认大约 100 个基本声音。此外，没有一种语言会完全包括这些音素。不同语言大概包括 20～80 个音素。英语由大约 40 个音素构成，大致相当于 26 个字母加上一些变式（见表 8-1）。在英语中，运用这些为数不多的基本声音，人们能理解和表达所有单词并创造新词。

表 8-1　美式英语声音的音素符号

辅音					
/p/	pill	/t/	toe	/g/	gill
/b/	bill	/d/	doe	/ŋ/	ring
/m/	mill	/n/	no	/h/	hot
/f/	fine	/s/	sink	/?/	uh-oh
/v/	vine	/z/	zinc	/l/	low
/θ/	thigh	/č/	choke	/r/	row
/ð/	thy	/ĵ/	joke	/y/	you
/š/	shoe	/k/	kill	/w/	win
/ž/	treasure				
元音					
/i/	beet	/I/	bit	/e/	bait
/ɛ/	bet	/u/	boot	/ʊ/	foot
/o/	boat	/ɔ/	caught	/æ/	bat

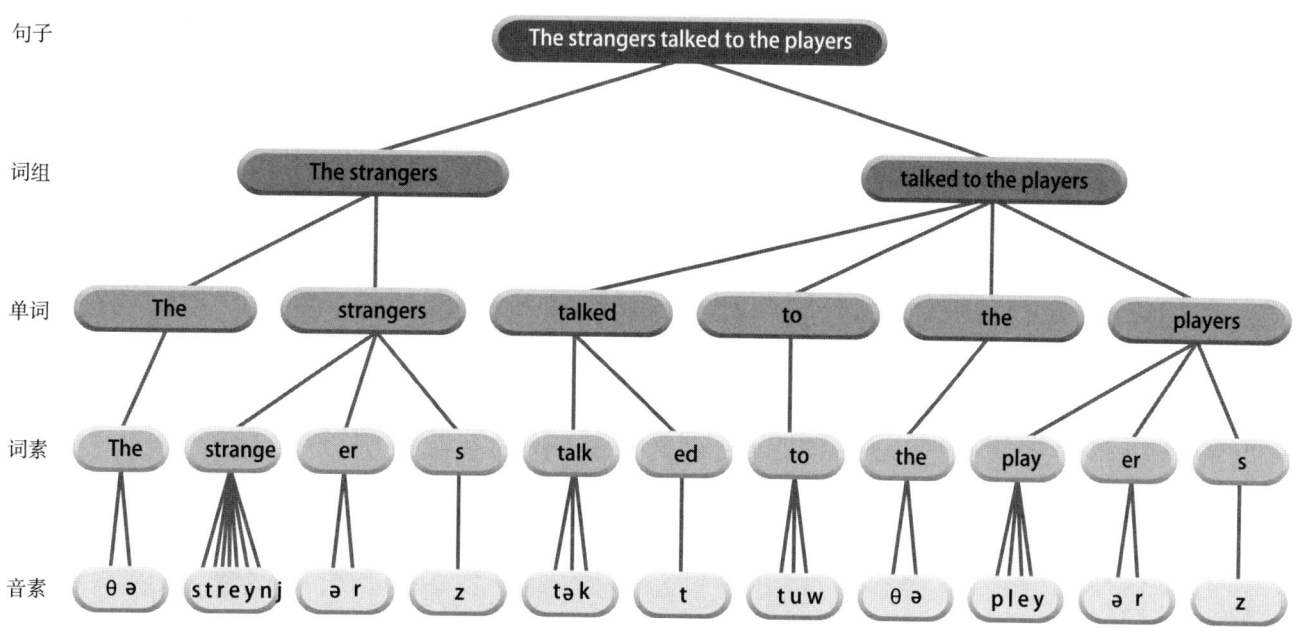

图 8-1　一个英语简单句的分析

正如本例所示，口语具有层级结构。层级底层是音素，它是本身不具有意义的发音单位。一门语言中最小的意义单位是词素，它不仅包括词根，还包括后缀（如过去式 ed 和复数形式 s）等这些带有意义的单位。句法规则决定词素怎样组成单词，单词怎样组成短语，短语怎样组合成有意义的句子。© Cengage Learning 2013.

资料来源：Clarke-Stewart, A., Friedman, S., & Koch, J. (1985). *Child development: A topical approach* (p. 417). New York: Wiley. Copyright © 1985 John Wiley & Sons, Inc. Reproduced with permission of John Wiley & Sons, Inc.

（续）

元音					
/a/	p<u>o</u>t	/ʌ/	b<u>u</u>t	/ə/	s<u>o</u>fa
/ai/	b<u>i</u>te	/au/	<u>ou</u>t	/ɔi/	b<u>oy</u>

资料来源：From Hoff, E. (2005). *Language development*. Belmont, CA: Wadsworth. Wadsworth is a part of Cengage Learning, Inc. Reproduced by permission.www.cengage.com/permissions. © Cengage Learning 2013

2. 词素与语义

词素（morpheme）是一门语言中最小的意义单位。英语大约有 5 万个词素，包括词根和前后缀。许多单词，如 fire（火）、guard（守卫）和 friend（朋友），只包含单个词素，而许多其他单词是词素组合。例如，单词 unfriendly（不友好的）包含三个词素：词根 friend，前缀 un 和后缀 ly。每个词素对整个单词的意义都有贡献。**语义**（semantics）是关于理解单词和单词组合意义的语言领域。学习语义涉及学习由单词指代的各种物体和行动。

3. 句法

当然，绝大多数语言表达都不止一个单词。然而，人们并不是随机组合单词。**句法**（syntax）是一个确定如何将单词构成句子的规则系统。一个简单句法规则是，一个句子必须既包含一个名词短语又包含一个动词短语。因此，"The sound of cars is annoying"（汽车声很烦人）是一个句子，而 "The sound of cars"（汽车声）不是句子因为它缺少动词短语。

即使你可能没有意识到句法规则，它们仍然是你运用语言的基础。因此，虽然英语母语者不一定能说出下述句法规则，但是他们基本上都知道冠词（如 the）应该出现在所修饰的那个词之前。例如，你从不会说"swimmer the"而说"the swimmer"（那个游泳者）。儿童如何学习这么复杂的句法规则是让心理学家感兴趣的主要语言问题之一。就像语言发展的其他特征一样，儿童获得句法知识似乎进步神速。让我们看看这种非凡的发展是如何完成的。

语言发展中的标志性事件

儿童学习语言时，需要在不同阶段学习一系列重要技能（Siegler & Alibali, 2005）。我们将会通过首先观察儿童如何学会单词发音，然后对单词的运用，最后是组合单词成句子的能力，来检验这种发展顺序（见表 8-2）。

表 8-2 语言发展的典型特征

年龄	一般特征
月	
1～5	反射性交流（reflexive communication）：随机发声，咕咕叫、笑、哭，发出声音，能分辨语言与非语言声音
6～18	牙牙学语（babbling）：对其他人说话有发声反应；越来越接近人类口语模式
10～13	首词（first words）：使用单词，特别是指代物体的单词
12～18	独词句阶段（one-word sentence stage）：词汇增长缓慢；主要使用名词；开始出现外延过宽现象（overextention）
18～24	词汇爆发（vocabulary spurt）：快速映射（fast-mapping）促进迅速掌握新词
岁	
2	双词句阶段（two-word sentence stage）：电报句；名词多于动词
2.5	三词句阶段（three-word sentence stage）：会考虑听者而修改口语；开始出现规则泛化现象（overregularization）
3	运用完整的简单主动句结构；用句子跟他人讲故事；运用复数形式
3.5	扩展的语法形式：用词语表达概念；运用四词句
4	私语（自我中心言语）；运用五词句
5	发展良好和复杂的句法：运用更复杂句法；用更复杂的形式讲故事
6	展现元语言意识（metalinguistic awareness）

注：儿童语言发展存在个体差异，因此他们或多或少会表现出与本表不完全相同。

资料来源：© Cengage Learning 2013.

1. 发声

3 个月大的婴儿已经表现出惊人的语言天赋：他们能区分任何语言的音素，包括那些他们从未听过的音素。与此相反，成人却不那么容易能区分那些母语中没有的音素。事实上，一岁儿童也不能。到 12 个月大时，婴儿这种令人好奇的能力反而消失了（Kuhl, 2008；Werker & Tees, 1999）。有关这种转变的机制还不清楚。然而，可以确定的是，在婴儿说出第一个单词很久之前，他们就已经在学习母语的语音结构上取得了惊人进步。婴儿第一年在识别整词上也出现进步。虽然他们还不知道单词是什么意思，但是大约 8 个月大的婴儿已经开始识别和贮存常用词形（Swingley, 2008）。

在生命的最初 6 个月里，一个婴儿的发声主要是哭、咕咕叫和笑。很快，婴儿开始牙牙学语（babbling），产生与音素对应的各种各样声音，并且最终出现许多重复性辅音 - 元音（consonant-vowel）组合，如"lalalalalala"。牙牙学语逐渐变得更为复杂，与孩子周围父母及他人所讲的语言越来越像（Hoff, 2005）。牙牙学语会持续到大约 18 个月，甚至到孩子说出他们的首词以后。

大约在 10～13 个月，绝大部分儿童开始发出对应于单词的声音。即使在不同语言中，绝大多数婴儿的首词在语音和意义上都是相似的（Waxman, 2002）。首词与婴儿最经常自发牙牙学语的音节读音相近。例如，在许多语言中，因为 dada，mama 和 papa 容易发音，所以它们都表示父母。

2. 运用单词

儿童说出首词后，在接下来几个月里他们的词汇量会缓慢增长（Dapretto & Bjork, 2000）。18 个月大幼儿通常能说 3～50 个单词。然而，他们的**接受性词汇量**（receptive vocabulary）要大于**产出性词汇量**（productive vocabulary）。也就是说，他们能理解别人所说单词数要多于他们用于表达自己想法的单词数（Pan & Uccelli, 2009）。因此，幼儿能理解 50 个单词要先于讲 50 个单词几个月。幼儿的早期单词主要指代物体，其次是表达社会性行为，如"你好"和"再见"（Camaioni, 2001）。儿童掌握名词很可能要早于动词，因为编码具体物体名词要比编码常常表示抽象关系的动词容易（Poulin-Dubois & Graham, 2007）。然而，这种推广可能不适用于所有语言（Bates, Devescovi, & Wulfeck, 2001）。

当孩子在大约 18 个月时了解到一切都可有名称时，绝大多数儿童的词汇量会突然开始快速增长，即出现**词汇爆发**（vocabulary spurt）或**命名爆炸**（naming explosion）现象（Camaioni, 2001；见图 8-2）。在掌握这些令人印象深刻的词汇时，一些两岁大的儿童每周可学习多达 20 个新词。快速映射似乎是词汇快速增长的一个因素（Carey, 2010；Gershkoff-Stowe & Hahn, 2007）。**快速映射**（fast mapping）指儿童仅需一次就能把单词及其含义对应起来的现象。因此，儿童在第一次遇见如坦克、黑板和磁带这样的物体后，常常会把它们添加到他们的词汇库中。词汇爆发可能归因于儿童更好的发音技能、更好的句法理解能力、认知发展或者这些因素的各种组合（MacWhinney, 1998）。儿童到小学一年级时平均词汇量大约为 1 万个单词，到五年级时，就有了惊人的 4 万个（Anglin, 1993；见图 8-3）。

这些学习新单词的努力并不是完美无缺的。幼儿经常出现诸如外延过宽和外延过窄这样的错误（Harley,

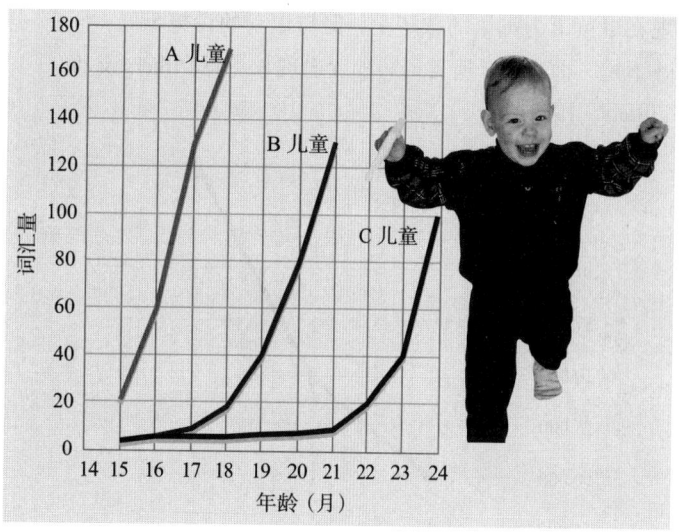

图 8-2　词汇爆发

儿童一般掌握首批 10～15 个单词时非常缓慢，但是他们很快就会经历一个词汇爆发阶段（快速掌握许多新词的阶段）。词汇爆发经常在 18 个月左右开始出现，但是，正如这张 3 个幼儿的词汇增长图所示，不同儿童在这个时间点上会有所变化。

资料来源：Adapted from Goldfield, B. A., & Resnick, J. S. (1990). Early lexical acquisition: Rate, content, and the vocabulary spurt. *Journal of Child Language*, 17, 171–183. Copyright © 1990 by Cambridge University Press. Adapted by permission. Photo: Courtesy of Wayne Weiten.

2008）。**外延过宽**（overextension）是指儿童用一个单词错误地描述更多其他物体或行为的现象。例如，一个小孩可能用单词"球"（ball）描述任何圆形物体——橙子、苹果甚至月亮。外延过宽经常出现在 1 岁到 1 岁半孩子的口语里。特定的外延过宽现象通常会持续几个月。幼儿还会出现外延过窄现象。**外延过窄**（underextension）是指儿童用一个单词错误地描述更少物体或行为的现象。例如，一个小孩可能使用单词"洋娃娃"去指代某个最喜欢的洋娃娃。外延过宽和外延过窄现象表明幼儿在积极学习语言规则。

3. 组合单词

儿童通常在快 3 岁时开始把单词组合成句子。初始的句子具有"电报句"特征（类似于过去的电报）。因为电报按词收费，所以这种电报会省略不重要单词（Boachner & Jones, 2003）。**电报句**（telegraphic speech）主要包括实词并省略冠词、介词和其他不重要的词。因此，一个儿童可能会说："给洋娃娃（Give doll）"，而不是"请给我洋娃娃（Please give me the doll）"。电报句不只出现在以英语为母语的孩子上，但与以前的设想不同，它并不是一种出现于所有语言的普遍现象（de Villiers & de Villiers，1999）。

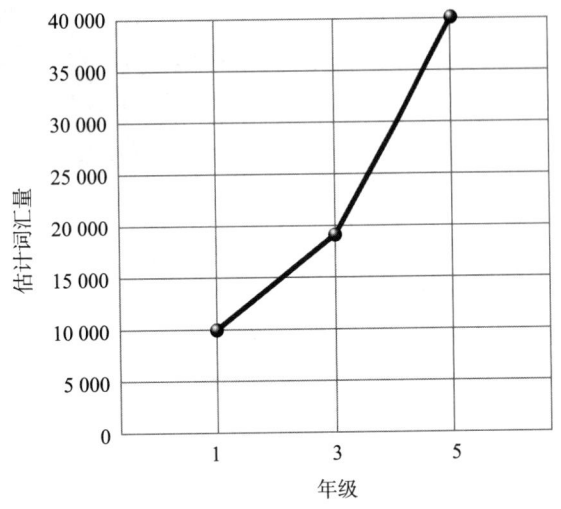

图8-3 学龄儿童的词汇增长

儿童在小学早期的词汇增长是快速的。儿童在一年级到五年级间，大概每两年词汇就会增长一倍。

资料来源：Anglin，1993.

到3岁末，绝大部分儿童能表达诸如复数或过去式等复杂观念。然而，他们学习语言规则时会继续出现错误。**规则泛化**（overregularizations）是指语法规则错误地推广到那些不合乎规则的情况。例如，儿童会说："The girl goed home"（那个女孩回家了）或者"He is the baddest"（他是最坏的）。儿童一般最初使用某个正确的名词、动词或形容词形式，因为他们把它们当作新项目学习。然而，当他们学习一般语法规则（如复数）时，他们会推广这种规则到不规则名词上（如会说"foots"）。规则泛化经常出现在儿童开始学习语法规则后。因此，当儿童在学习更多语法规则时，他们会有从"feet"到"foots"再回到"feet"的变化。跨文化研究表明这种规则泛化现象出现于所有语言之中（Slobin，1985）。规则泛化表明儿童正积极努力掌握语言规则（Marcus，1996）。儿童不能一下子学会语法规则的要点及其用法，而是逐步获得这些知识。即使儿童已经听过很多遍正确的语法结构，某些规则泛化现象还是经常影响儿童的口语（Maslen et al.，2004）。

4. 改善语言技能

儿童在最初的四五年里，其语言发展会取得最显著的进步。然而，他们在学龄期会继续改善语言技能。当接受正式书面语言训练时，他们会产生更长和更复杂的句子。

随着学龄儿童语言能力的发展，他们开始领会语言的歧义。例如，他们能分辨一个句子有两种意思，如"Visiting relatives can be bothersome"（来访的亲戚能很烦人或者拜访亲戚能很烦人）。这种对歧义的感知表明他们正在发展**元语言意识**（metalinguistic awareness）——一种反省语言运用的能力。随着元语言意识发展，儿童开始能辨认一种表达可能有两种意思，即**字面意义**（literal meaning）和**隐含意义**（implied meaning）。他们开始更频繁和熟练地运用比喻，如"我们像沙丁鱼一样挤在那间房子里"（Gentner，1988）。在6~8岁之间，绝大部分儿童开始领会讽刺和挖苦（Creusere，1999）。

学习多种语言：双语

考虑到只掌握一门语言就会涉及非常复杂的过程，你可能想知道学习两门语言会产生怎样的后果。**双语**（bilingualism）是指掌握使用不同语音、词汇和语法规则的两种语言的现象。双语在欧洲和许多其他地区是相当普遍的。世界上大约有一半的人口在双语环境下长大（Hakuta，1986；Snow，1998）。即使在英语为主导的美国，双语也远非罕见。美国大约有600万~700万儿童在家中不说英语。双语在美国引起了相当大的争论。许多新法规和法庭裁决导致许多学校减少双语教学（Wise & Garcia，2007）。这些法规基于双语会损害语言发展以及对孩子的学业进步有消极影响这一假设。但实证证据支持这一假设吗？让我们看一看相关的研究吧。

1. 童年期学习两种语言会延缓语言发展吗

如果孩子同时学习两种语言，那么其中一种语言会干扰另一种语言以致两种语言的掌握都受阻碍吗？关于这个问题仅有少量研究。一些研究发现双语儿童在每一种语言上的词汇量都要比单语儿童少一些（Umbel，1992）。但是，如果把他们在两种语言上的词汇加起来，则他们的总词汇量相似于或稍微超过那些单语儿童（Oller & Pearson，2002）。总体来说，现有证据表明双语和单语儿童在语言发展进程和水平上是基本相似的（de Houwer，1995；Nicoladis & Genesee，1997）。同时学习两种语言可能不像学习一种语言那样容易。然而，没有多少实证证据支持双语学习对语言发展有严重负面影响这一观点（Hoff，2005）。而且，最近的研究还表明学习两种语言有助于后来学习第三语言。对比双语和单语被试发现，双语被试是更好的语言学习者——双语学习的经验有利于学习另一种语言（Kaushanskaya & Marian，2009）。

2. 双语影响认知过程和技能吗

学习两种语言会延缓认知发展或对认知技能有负面影响吗？一些早期的研究提示答案是肯定的，但是这些研究存在根本性缺陷（Hakuta，1986）。双语学生大多来自更贫穷家庭，而且要使用他们不擅长的第二语言进行智力测验（Hakuta，2000）。最近，采用更好设计的研究发现双语既有优势也有劣势。一个主要劣势是，似乎在自发语言加工速度（raw language processing speed）和语言流畅性（verbal fluency；即人们能想起某一词语的容易度）有微弱劣势。有证据表明当双语者用其中一种语言去阅读，倾听或说话时，其第一语言（L1）和第二语言（L2）在某种程度上是同时激活的（Christoffels，De Groot，& Kroll，2006；Hoshino & Kroll，2008）。也就是说，当双语者使用L2时，他们没有办法关闭L1，反之亦然。这会造成一定程度的跨语言干扰，进而延缓语言加工以及削弱语言流畅性（Michael & Gollen，2005；Sandoval et al.，2010）。

相对于这个相对轻微的弱势，新的研究发现双语有着各种惊人的显著优势。近期一个对63个研究的元分析发现，双语个体往往在注意控制、工作记忆容量、元语言意识、抽象推理及某些类型问题的解决等方面比单语个体稍好（Adesope et al.，2010；见图8-4）。那么，双语是如何导致这些认知优势的呢？现在的设想集中在双语个体L1和L2会同时激活这一方面。这种竞争迫使双语个体去学习使注意控制最大化，以抵御干扰和分心，并且提高工作记忆效率。注意力控制和工作记忆提高可能转而促进推理和问题解决。

而且，近期研究还表明双语的认知优势会持续到成年期，甚至可能帮助延缓与年龄相关的认知衰退（Bialystok & Craik，2010；Craik & Bialystok，2010）。例如，一个针对痴呆（严重记忆和认知功能损伤）的非常有影响的研究发现，双语患者开始罹患痴呆的时间要比单语患者平均晚四年（Bialystok，Craik & Freedman，2007）。虽然还需要更多这方面的研究，但是近期研究提示双语可能有着意料之外的益处。

> **真相核查**
>
> **误解**
>
> 双语削弱认知发展。
>
> **真相**
>
> 人们普遍相信双语干扰认知发展。但是，当研究者控制社会阶层变量时，没有在双语儿童身上发现认知缺陷。除此以外，近期研究发现双语可能对认知发展有促进作用。

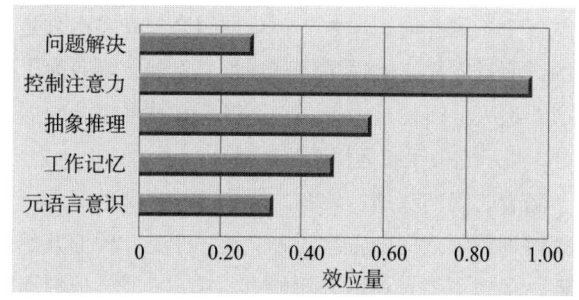

图8-4 双语的认知优势

近期一个对双语认知机制的元分析研究（Adesope，2010）揭示了双语的一些有趣优势。图中数据显示的是5个认知变量的平均效应量（effect size）。效应量是一个变量对另一个变量的效应大小估计。一个效应量为0.2～0.5是有意义的，但量不大；0.5～0.8被认为是中等的；高于0.8被认为有大的效应。很明显，图中各效应量变化较大，但这些数据依然表明双语是促进而不是削弱认知发展。

动物能发展出语言吗

除人类以外的物种能发展出语言吗？虽然这个问题不像双语争论那样有现实和社会政治影响，但是在过去几十年中它激发研究者的兴趣，并导致一些有趣的研究。科学家已经教会包括海豚（Herman，Kurzaj & Holder，1993）、海狮（Schusterman & Gisiner，1988）和非洲灰鹦鹉（Pepperberg，1993，2002）在内的若干物种一些类似语言的技能。但是最大的成功还是来自于被认为是人类最近亲的聪明灵长类动物黑猩猩（chimpanzee）。

早期研究中，研究者训练黑猩猩使用一种非口语的人类语言：美国手势语（ASL）。美国手势语是一种成千上万美国失聪者使用的包括手势和面部表情的复杂语言。一只名叫瓦肖（Washoe）的黑猩猩在大量训练后掌握了大约160个符号词语，并且学会把这些词语组合成简单句，如"给我花"（Gimme flower）（Gardner & Gardner，1969）。这些成就令人印象深刻。然而，批评者怀疑瓦肖和其他黑猩猩是否真正掌握了语言规则。Terrace（1986）认为，黑猩猩所造的句子是模仿和操作性条件反射的产物，而不是基于语言规则而产生的。

更近一些年，Sue Savage-Rumbaugh 和她同事报告了一些在倭黑猩猩中取得的显著进展，并引发了进一步的争论（Savage-Rumbaugh，1991；Savage-Rumbaugh, Shanker, & Taylor, 1998; Savage-Fields, 2006, 2009）。在她们的研究中，倭黑猩猩学会通过触碰计算机键盘上代表文字的几何符号与看护者交流。Savage-Rumbaugh 的明星学员是一只叫坎齐（Kanzi）的倭黑猩猩。坎齐掌握了数百个单词并能运用数千种单词组合。许多组合是自发的，而且看起来遵循了语言规则。例如，坎齐为了明确想要追人，还是被人追，它不得不在符号组合间做出区分，提示它似乎在运用语法规则。

随着时间的流逝，坎齐的训练师注意到他似乎经常能理解训练师之间的正常语言交流。于是，他们开始系统评估他对英语口语的理解能力。在9岁时，他们测试坎齐对660个简单行动句的理解力，如"把颈圈放进水中"。为了确信它真的理解句子，他们设计了许多新颖结构，其动作与对象的关系不明显，如"把那些葡萄干放入鞋子"，或"去把微波炉中的那个气球拿来"。坎齐正确执行了660个要求中的72%。此外，因为它能准确区分"把那瓶可乐倒入柠檬水中"和"把那瓶柠檬水倒入可乐中"这两个句型，所以他还证明了自己卓越的句子结构理解能力。

语言学家对坎齐在语言发展上的惊人进步有怎样的反应呢？其中一部分人表示怀疑。Wynne（2004）对坎齐"理解"口头要求的评分系统提出了质疑。Wynne和其他批评者（Budiansky, 2004; Kako, 1999; Wallman, 1992）也质疑坎齐的交流是否表现出了一门语言的所有基本要素。那么，我们能得出什么结论呢？总的来说，一个共识似乎是，我们有理由断言从基本和原始层面来看，语言能力不是人类完全独有的。

然而，没有对比人类与猩猩或者其他动物的语言能力之前，你不要误会。这些对猩猩的研究确实令人耳目一新，但这些研究更应该让我们对人类语言的流畅性、灵活性和完整性感到惊讶。一个健康的幼童在语言能力上很快就能超越接受最成功训练的黑猩猩。在掌握语言上，儿童胜过黑猩猩就像喷气飞机胜过四轮马车一样。为什么人类如此适合学习语言呢？一些理论家认为，这种语言天赋是进化的产物。

真相核查

误解

只有人类能学习语言。

真相

长久以来人们一直认为只有人类能学习语言，但是过去50多年，研究者让多种动物（包括海豚、海狮、鹦鹉、猩猩和黑猩猩）获得了一些基本语言能力。虽然人类具有不可否认的独特语言天赋，但是其他一些动物也有一定的语言学习能力。

语言的进化学背景

所有人类社会都依赖复杂的语言系统。即使原始社会也使用与当代社会一样复杂的语言。语言的普遍性表明这是人类固有的特性。史蒂芬·平克就认为，人类的独特语言天赋是一种种族特异性特质，是自然选择的产物（Pinker, 1994, 2004; Pinker & Jackendoff, 2005）。平克相信语言是一个具有巨大适应性价值的沟通工具。平克和布鲁姆（1992）指出，"能获得关于世界的二手信息具有明显优势……其中一个优势就是避免浪费时间以及充满危险的尝试错误过程"。Dunbar（1996）认为在越来越大的群体中，语言进化成一个建立和维持社会联系的工具。关于语言的进化还存在一些推测和争论（Kirby, 2007）。但是我们很容易看到，在远古祖先中，更有效沟通有助于狩猎、聚集、战斗和交配，并且有助于回避有毒物，敌人和其他危险。

虽然语言的适应性价值似乎很明显，但是一些学者怀疑人类语言是进化的产物。例如，David Premack（1985）怀疑，在所有人必须互相告知附近乳齿象群位置的原始社会中，语言能力上的微小差异也能影响繁殖最优化。平克和布鲁姆反驳了这种观点。他们指出非常小的适应

性差异足以引发进化变异。例如，他们声称若某一种只平均增加1%后代的遗传特性改变在4000世代后可导致在总群体中**发生率**（prevalence）从0.1%增加到99.9%。这么多世代好像很漫长，但从进化的角度看，它只是一段不长的时间。

无论进化论是否获得承认，人类的语言习得都是非常迅速的。这个事实也充分体现在语言习得的有关理论中。

语言习得理论

自20世纪50年代以来，关于语言习得所涉及的关键过程引发了巨大争论。正如其他心理学领域的争论一样，争论的核心还是**先天**（nature）与**后天**（nurture）的作用。这一争论始于著名行为主义者斯金纳（1957），他认为环境因素主宰语言发展，他的挑衅性分析引起生物决定论者乔姆斯基（1959）的反驳。让我们看看他们的观点以及一系列试图整合二者的理论吧。

1. 行为主义语言理论

斯金纳在《言语行为》（*Verbal Behavior*）一书中首次概述了行为主义的语言理论。他认为儿童学习语言与他们学习所有其他事情一样：通过**模仿**（imitation）、**强化**（reinforcement）和其他条件反射原则实现。根据斯金纳的观点，没有得到强化的发音会逐渐减少，保留下来的发音通过强化得以进一步定形，直到发音正确为止。行为主义者断言父母通过控制强化从而促进孩子掌握单词正确的意义和发音（Staats & Staats, 1963）。例如，随着儿童长大，如果儿童想喝水，那么父母可以坚持儿童说出更接近单词"水"的发音后才给水喝。

行为主义者也用模仿和强化原理解释儿童怎样学会句法。他们认为，儿童通过模仿成人和年长儿童的句子从而学习建构句子。如果儿童的模仿陈述能被父母理解，那么父母就能回答他们的问题或回应需要，进而强化他们的言语行为。

2. 先天论语言理论

斯金纳对语言习得的解释很快遭致乔姆斯基（1959，1965）的批评，后者还提出了针锋相对的理论解释。乔姆斯基指出一种语言中存在无穷无尽的句子，因此，期望儿童通过模仿学会语言是不合理的。例如，在英语中，我们在一个动词尾添加ed从而形成过去式，儿童很自然会将这个规则泛化，产生不正确的动词如goed、eated和thinked。由于大多数成人不会用不合语法的单词如goed，因此这种错误与斯金纳强调模仿的观点不相符。此外，儿童也对他们没有听过的语言无从模仿。乔姆斯基认为，儿童学会的是语言规则，而不是斯金纳所提出的特定言语反应。

乔姆斯基支持的理论是，人类拥有一种天生或者"先天"发展语言的习性。先天论认为人类天生具有一种**语言习得机制**（language acquisition device, LAD）——即一种促进语言学习的先天机制或过程。根据这个观点，人类学习语言就像小鸟学习飞行一样——因为他们在生物学上具备这样的机制。先天论没有说明LAD的完整特性，只是推测它包含区分音素，快速映射单词和掌握句法规则等的大脑结构和神经网络。

为什么乔姆斯基相信儿童具有与生俱来的语言学习能力呢？其中一个理由是儿童能够迅速且毫不费力地习得语言。除非拥有天生的语言习得能力，否则他们怎么能在如此短时间内发展出非常复杂的语言技能呢？另一个理由是，即使儿童在不同家庭环境中成长，大多数儿童仍然倾向于以相似速度发展语言。这一发现表明语言发展更多由生物成熟而非个人经验决定。先天论学者还引用另一个证据支持其观点：在不同的文化中，儿童的早期语言发展过程是相似的（Newport, 1996; Slobin, 1992）。先天论者把这个现象理解为全世界儿童的语言发展由相同的天生能力所指引。

3. 交互作用论

像斯金纳一样，乔姆斯基的理论也受到了批评（Bohannon & Bonvillian, 2009）。他们问道：语言习得机制究竟是一个什么东西？它怎样工作？涉及哪些神经机制？批评者认为语言习得机制的概念十分含糊。还有批评者质疑早期语言发展迅速是否如先天论学者所假设的那样独特。他们认为将沉浸于母语环境下从而快速进步的幼儿与每周花10～15小时在外语课而为其苦恼的年长学生进行对比是不公平的。

由于斯金纳和乔姆斯基对语言发展的解释存在明显问题，因此一些研究者提出了语言习得的**交互作用理论**（interactionist theory）。这些理论认为生物因素和经验因素都对语言发展有重要贡献。例如，**浮现理论**（emergentist theory）认为支持语言的神经回路不是预先设定的，而是在对语言学习经验的反应过程中逐渐出现的（Bates, 1999; MacWhinney, 2001, 2004）。这些理论假设儿童对各种语言技能的逐步习得取决于**联结主义网络**（connectionist network）的增长（Elman，1999）。

像先天论者一样，交互作用论者相信人类在生物学上已经做好学习语言的充分准备。他们也同意这种学习的很大一部分涉及规则习得。然而，像行为主义者一样，他们相信与父母和他人的社交行为对塑造语言技能有着重要作用。因此，交互作用论主张生物预设和环境支持都对语言发展有贡献（见图8-5）。

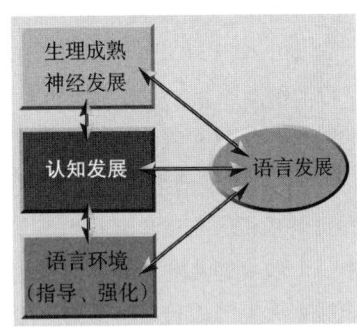

图8-5 语言习得的交互作用论

交互作用论认为先天和后天对语言习得都是重要的。成熟（maturation）被认为一方面直接推动语言发展，另一方面通过促进认知发展间接影响语言发展。与此同时，与父母和他人的口头交流也被认为对塑造语言技能有重要作用。这里表示的复杂双向关系说明了为什么关于语言习得的关键因素存在大量争论。

文化、语言和思维

在语言研究中，文化、语言和思维之间的关系是一个长期争论的问题。显然，来自不同文化的人通常说不同的语言。但英语训练是否让你思考某些事情的方式不同于说汉语或法语的人呢？换句话说，一个文化群体的语言决定他们的思维吗？还是思维决定语言呢？

本杰明·沃尔夫（Benjamin Lee Whorf，1956）是**语言相对性**（linguistic relativity）假设的倡导者。他假设语言决定了人的思维。沃尔夫推测不同语言使人看世界也会不同。一个经典例子是比较英语母语者与因纽特人对雪的看法。他声称英语仅有一个关于雪（snow）的单词，而因纽特语有许多词语区分干雪、湿雪等。由于这种语言差异，因此沃尔夫认为因纽特人以不同于英语母语者的方式知觉雪。然而，沃尔夫关于这些知觉差异的结论是基于随意观察而非系统对比跨文化知觉过程。此外，批评者注意到语言相对性假设的倡导者高估了因纽特语中雪的单词数量，同时忽视了英语中指代雪的其他单词，如雪泥（slush）和暴风雪（blizzard；Martin，1986；Pullum，1991）。

沃尔夫假设已经成为相当多研究的主题，并且继续引发激烈争论（Chiu，Leung，& Kwan，2007；Gleitman & Papafragou，2005）。因为在颜色命名中各文化之间存在实质差异，所以许多研究关注人类颜色知觉的跨文化比较。例如，有些语言中用同一个词表示蓝色和绿色，而另外一些语言把淡蓝和深蓝看作完全不同的颜色（Davies，1998）。在一门不区分蓝绿的语言中，说这种语言的人相比于其他文化的人思考颜色会有不同吗？

早期对这个问题的研究提示，一门语言中颜色类别对人们如何知觉和思考颜色几乎没有影响（Berlin & Kay，1969；Rosch，1973）。然而，近期研究发现了支持语言相对性假设的新证据（Davidoff，2001，2004；Roberson，2005）。一些研究发现，在不区分蓝绿的非洲语言被试中，语言影响了他们的颜色知觉。这些被试比英语被试更难快速分辨蓝色和绿色（Ozgen，2004）。其他一些研究运用多种方法发现，一种文化的颜色分类塑造被试具有相似的颜色判断和分类（Pilling & Davies，2004；Roerson，Davies，& Davidoff，2000）。这些发现使Ozgen（2004）得出结论，"当彩虹出现时，你看见了什么很可能取决于你说什么语言"。还有研究发现语言对人们怎样思考运动（Gennari，2002）、时间（Boroditsky，2001）和形状（Roberson，Davidoff，& Shapiro，2002）有一定影响。

你说哪种语言会决定你怎样思考吗？本杰明·李·沃尔夫会说，是的。他认为因纽特语中有许多关于雪的单词，从而导致因纽特人感知雪的方式与英语母语者不同。沃尔夫的假设引起了激烈争论。

那么，语言相对性假设的地位如何呢？目前，争论似乎集中在新证据是否充分支持最初的"强"假设（语言使特定思维方式出现或不出现）还是"弱"假设（一种语言使特定思维方式更容易或更困难出现）。不管怎样，近些年针对语言相对性假设的实证支持有显著增长。

问题解决：寻求解决方案

请看下面两个问题，你能解决它们吗？

汤普森家中有五兄弟，每个兄弟都有一个妹妹。如果你把汤普森太太也算进去，那么请问汤普森家中有多少位女性？

在托皮卡市，15%的人没有公开电话号码。你随机从托皮卡市的电话簿中选取200人名。请估计这些人中有多少人没有公开电话号码？

上述从斯腾伯格（1986）借来的问题特别简单。但是，许多人解决不了它们。第一个问题的答案是2：家中仅有两名女性——汤普森太太和她唯一的女儿。实际上这个女儿就是每个哥哥的妹妹。第二个问题的答案是零——你不可能在电话簿中发现任何没有公开号码的人。

为什么许多人解答不了这些简单问题呢？你将会在我们谈论有效问题解决的障碍时了解其中的原因。但首先，我们将讨论问题的基本类型。

问题类型

问题解决（problem solving）指积极探索以实现一个目前尚未达成的目标。显然，如果一个目标唾手可得，那么它就不是一个问题。但在问题解决情境中，个体必须设法超越给定信息以突破某些障碍从而完成某个目标。Jim Greeno（1978）提出了三类基本问题。

（1）推导结构问题（problems of inducing structure）：需要人们发现数字、单词符号或想法之间的关系。图8-6中的序列完成问题（series completion problem）和类比问题（analogy problem）就是推导结构问题。

（2）组织问题（problem of arrangement）：要求人们按照某种方式将问题的各个部分进行组织以满足某一标准。问题的各个部分通常可以有多种组织方式，但只有一种或几种可以帮助实现目标。图8-6中的吊绳问题（string problem）和字谜（anagram）就属于这类问题。

（3）转换问题（problem of transformation）：需要人们执行一系列变换从而实现某一目标。图8-6中的小人与魔鬼问题（hobbits and orcs problem）和水杯问题（water jar problem）就属于转换问题。转换问题可以很具挑战性。即使你知道确切的目标，你还是不容易看出怎样实现这一目标。

Greeno分类方式对于问题分类而言是不详尽的，但它提供了一个理解不同类别问题的有用系统。

有效解决问题的障碍

根据针对问题解决的研究，心理学家确认了一些妨碍人们得出答案的障碍。影响有效解决问题的常见障碍包括关注无关信息，功能固着，心理定势和不必要限制。

1. 无关信息

我在开篇用两个看似简单但人们一般会失败的问题开始了对问题解决的讨论。隐情是这些问题包含了会误导人的**无关信息**（irrelevant information）。在第一个问题中，确认汤普森家中女性数目时兄弟数量是无关信息。在第二个问题中，被试倾向于关注数字15%和200个人名。但是由于所有名字出自电话簿，因此这些数字都是无关信息。

斯腾伯格（1986）指出人们常常错误假设问题中所有数字信息都是解决问题所必需的。因此，人们甚至在考虑数量信息是否无关之前，会尽量考虑怎样运用所有数量信息。关注无关信息对推理和问题解决会有不利影响（Gaeth & Shanteau, 2000）。因此，有效解决问题需要你找出哪些信息是无关的，哪些是有关的。

A. 类比
请填入一个词,从而完成类比。
商人、销售、顾客:＿＿＿＿＿＿
律师、委托人、医生:＿＿＿＿＿＿

B. 吊绳问题
两条绳子悬挂在天花板上,但是它们间距很长,一个人不能抓住一根再与另一根系起来。桌子上有一包火柴,一把螺丝刀和几团棉花。怎样才能将两根绳子系在一起呢?

C. 小人与魔鬼问题
三个小人和三个魔鬼到达河岸,它们都要过河。幸运的是,有一艘小船在河边,但不幸的是,这一艘小船一次只能载两个人。而且,魔鬼是邪恶物种,每当河岸一边魔鬼数量多于小人时,魔鬼立刻攻击小人并吃掉他们。因此,你应该确认每边河岸的小人数不少于魔鬼数。怎样解决这个问题呢?还要提示的是,尽管魔鬼是邪恶的,但它们还是会把小船划回来(引自Matlin, 1989)。

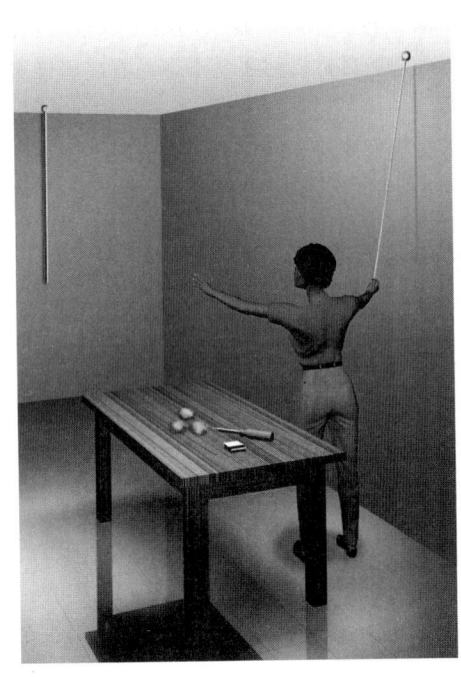

D. 水杯问题
假设你分别有能装 21 杯水、127 杯水和 3 杯水的罐子各 1 只。你可以取出或倒掉任意量的水,但你需要准确测量100 杯水。这个问题该怎样解决呢?

E. 字谜
请重新排列每一行字母,组成一个英语单词。
RWAET
KEROJ

F. 序列完成问题
请填入一个数字或字母,从而完成每一序列。
1 2 8 3 4 6 5 6 ＿＿＿＿＿
A B M C D M ＿＿＿＿＿

图 8-6 问题解决研究中的 6 个标准问题

在你往下阅读前,请尝试解决以下问题并确认其属于哪一类,问题可如下分类。类比问题和序列完成问题是推导结构问题。类比问题的答案是购买和病人。序列完成问题的答案是 4 和 E。吊绳问题和字谜问题是组织问题,解决这个吊绳问题时,把螺丝刀与一条绳子末端绑在一起,让它像单摆一样摇摆,然后,握住另一根绳子并抓住摇摆的螺丝刀,把拴着螺丝刀的绳子与另一根绳子系起来即可。字谜问题的答案是水(WATER)和小丑(JOKER)。小人与魔鬼问题和水杯问题是转换问题。这些问题的答案见图 8-7 和图 8-8。

2. 功能固着

功能固着(functional fixedness)是格式塔心理学家发现的另一个常见问题解决障碍。它指仅根据最常见用途来认识一个目标的倾向。人们觉得图 8-6 的吊绳问题困难是因为出现了功能固着现象(Maier, 1931)。解决这个问题需要发现其中一个物品(螺丝刀)具有新用途,被试倾向于根据螺丝刀的常规用途——扭螺丝和撬开物品——来认识它,他们难以看出螺丝刀是一个重物,针对螺丝刀的呆板看法恰好演示了功能固着现象(Dominowski & Bourne, 1994)。讽刺的是,由于年少儿童缺乏各种物品常规用途的知识,因此他们比年长儿童或成年人更少受功能固着影响(Defeyter & German, 2003)。

3. 心理定势

当某个**心理定势**(mental set)妨碍问题解决时,个体常出现僵化思维现象。在人们坚持使用过去的有效问题解决策略时,就可能出现心理定势。格式塔心理学家Abraham Luchins(1942)的一个经典研究很好演示了心理定势效应。他先要求被试解决一组水杯问题。图 8-9 给出了 6 个这样的问题,并且标示了三个水杯的容量和需要测量出的目标水量。请解决这些问题。

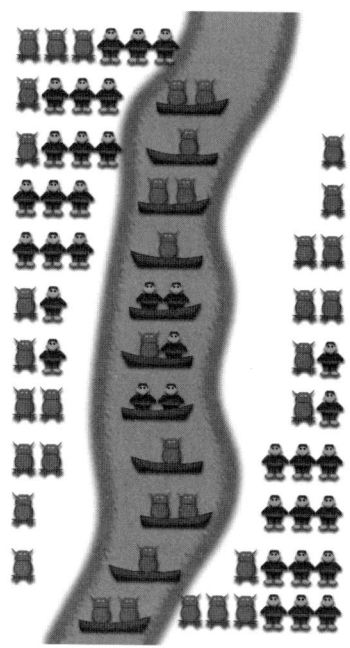

图 8-7 小人与魔鬼问题答案

因为这个问题需要短暂"远离"目标，所以比较难。

图 8-8 水杯问题答案

正如正文所解释的，正确公式是 B-A-2C。

空杯容量				
问题	A	B	C	目标水量
1	14	163	25	99
2	18	43	10	5
3	9	42	6	21
4	20	59	4	31
5	23	49	3	20
6	28	76	3	25

图 8-9 一组水杯问题

请用每一行给定容量的水杯 A、B 和 C，求出如何测量最右侧的目标水量。答案见图 8-13。

资料来源：Based on Luchins, 1942.

你能发现一个解决问题的公式吗？解决前四个问题需要如图 8-8 所描述的策略。你只要装满水杯 B，用水杯 A 从水杯 B 中取一次水，然后用水杯 C 从水杯 B 中取两次水。从而解决问题的公式是 B-A-2C。虽然第五个问题有更显而易见、更简单的方案（A-C），但是 Luchins 发现大部分被试无法摆脱那个更烦琐的策略，还是采用了解决前四题的方法。而且，由于大部分被试继续使用被证实有效的策略——但此策略却不能解决第六个问题，因此他们不能在规定时间内解决此问题。被试信赖经自己验证的策略演示了问题解决过程中的心理定势效应。这种让思维走进死胡同的倾向是一种常见的问题解决障碍（Smith，1995）。心理定势可以解释为什么擅长某一领域，却有时产生事与愿违的结果，并且实际上妨碍问题解决的现象（Leighton & Sternberg, 2003）。

4. 不必要限制

有效的问题解决需要明确所有影响问题解决的限制条件，同时不假定一些不存在的限制条件。九点阵问题（见图 8-10）就是设置不必要限制的一个例子（Maier, 1930）。铅笔不能离开纸，请画 4 条直线穿过所有九个点。如果你苦恼这个问题，则请别难过。当有时间限制（如几分钟）时，解决率通常是令人失望的 0（MacGregor, Ormerod, & Chronicle, 2001）。这个问题难就难在大多数人不会超出围绕这 9 个点的假想边界而画线。请注意，问题本身并没有这条限制，但人们在解决这个问题时会自动加入这个限制（Adams, 1980）。图 8-14 给出了两个正确解决方案，都越过了假想边界。为了解决这个问题，你需要"解放思想"（think outside the box）。由九点阵问题引出的这个流行口号反映了人们常常会在问题解决过程中强加一些不必要的限制条件。

九点阵问题常常通过顿悟而得到解决。**顿悟**（insight）指人们经过一段冥思苦想后突然发现问题的正确解决方案这样一种现象。通过顿悟解决的问题一般都是困难的。困难可能来自：①人们怎样建构问题；②怎样运用以前的知识；③他们需要在工作记忆中修改多少信息（Kershaw & Ohlsson, 2004）。例如，九点阵问题的主要难点就是人们在问题解决中外加不必要边界，造成建构问题较差。但人们也受困于先前知识提示线段转折应该在点上（而不是在点外的空处）以及展望所有选择造成工作记忆超负荷。虽然对问题解决者而言顿悟好像是突如其来的"啊哈"体验（aha experience），但是有学者提出疑问，顿悟究竟是突然完全明白还是在解决问题过程中逐步积累导致问题解决（Chronicle，MacGregor，& Ormerod，2004）。近期研究提示是后者——即问题解决者在问题解决过程中常常无意识地逐渐积累经验并最终导致顿悟（Novick & Bassok，2005）。

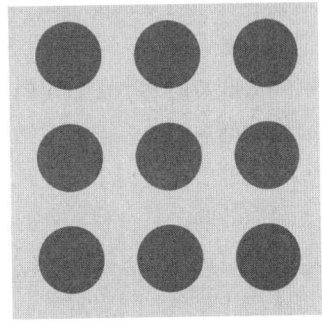

图 8-10　九点阵问题

铅笔不能离开纸，用不多于4条线穿过所有9个点（参考答案见图8-14）。

资料来源：Adams, J. L. (2001). *Conceptual blockbusting: A guide to better ideas*. Cambridge, MA: Basic Books. Copyright © 2001 by James L. Adams. Reprinted by permission of Basic Books, a member of the Perseus Books Group.

问题解决的方法

在艾伦·纽厄尔和司马贺针对问题解决的经典论述中，他们用"空间"比喻问题解决过程。他们采用**问题空间**（problem space）这个术语来表示问题解决者考虑的可能解决路径集，问题解决可看作是在问题空间中搜索。问题解决者的任务是从问题初始状态到目标状态的潜在路径中发现解决路径。问题空间这个概念强调了一个事实，即人们在尝试解决问题中必须从各种可能路径或策略中选择一个方案（Hunt，1994）。在本部分中，我们考查问题解决的部分通用策略。

1. 运用算法和启发式

尝试错误（trial and error）是一种常用的问题解决方法。尝试错误指尝试可能的方案，舍弃那些错误方案，并最终找出一种问题解决方法。人们在试错时常常杂乱无章，但有时也设法让其具有系统性。**算法**（algorithm）是在解决问题中一步一步尝试各种可能的方法直到发现解决方案的过程（Dietrich，1999）。例如，在解决字谜IHCRA这个问题时，你可以写出全部可能的字母组合直到发现一个答案（CHAIR）。如果一个算法对一个问题是可行的，那么它保证我们一定能发现答案。

当潜在解决方案相对较少时，算法是有效的。但是许多问题都不存在解决的算法。当问题空间很大时，算法也变得不实用。例如，请考虑图 8-11 的问题。问题是仅仅移动两根火柴形成一个包含四个正方形的图案。当然，你可以采用每次移动两根火柴的算法。但是你最好有充足时间完成这个任务，因为有超过 60 000 种排列组合需要你尝试（答案见图 8-15）。

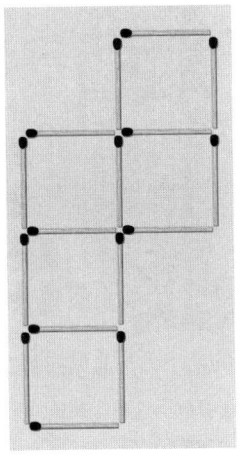

图 8-11　火柴问题

请移动两根火柴形成4个相等的正方形。参考答案见图8-15。

资料来源：Kendler, H. H. (1974). *Basic psychology*. Menlo Park, CA: Benjamin-Cummings. Copyright © 1974 The Benjamin-Cummings Publishing Co. Adapted by permission of Howard H. Kendler.

因为算法是低效的，所以人们常常在解决问题中运用更为便捷的**启发式**（heuristic）。启发式是一种指导性原则或"经验法则"（rule of thumb），用于解决问题或做出决策。在解决问题时，启发式允许你舍弃一些方案，同时选择某些似乎更有可能的解决方案（Holyoak，1995）。因为启发式选择性地缩小问题空间，所以它们可以是有用的。但启发式不能保证一定成功（Fischhoff，1999；Hertwig & Todd，2002）。在问题解决中有益的启发式包括**建立子目标**（forming subgoal）、**反向法**（working backward）、**寻找类比**（searching for analogies）和**改变问题表达方式**（changing the representation）。

2. 建立子目标

对许多问题而言，一种有效的策略就是建立子目标，即解决问题的中间步骤（Catrambone，1998）。当你实现一个子目标时，你就解决了部分问题。一些问题有相当明显的子目标，而且研究也发现人们会利用它们。例如，在类比问题中，首个子目标通常是找出类比的前两个部分的可能关系。Simon 和 Reed（1976）在一个研究中要求被试解决复杂且没有明显子目标的问题。结果发现，提供相关子目标有助于被试更快解决问题。

我们可用图 8-12 的河内塔问题（tower of Hanoi problem）演示怎样建立子目标。这个问题的最终目标是把 A 柱上三个圆盘移动到 C 柱，并且遵守两个规则：每次仅能移动柱子最上面的圆盘，并且大圆盘不能放在小圆盘上面。你能否在继续阅读下文前解决这个问题。

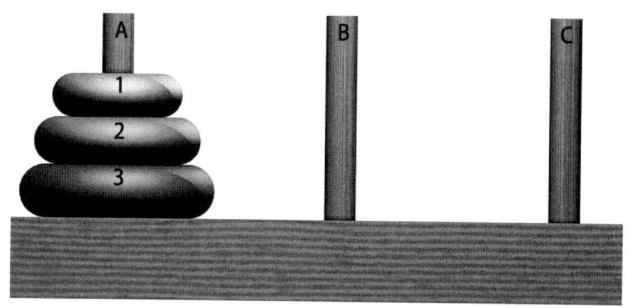

图 8-12　河内塔问题

你的任务是把三个圆盘从 A 柱移到 C 柱。每次只能移动每根柱子最上面的圆盘并且不能把大圆盘放在小圆盘上。答案见正文。

把这个问题分成几个子目标将有助于问题解决（Kotovsky, Hayes, & Simon, 1985）。如果你根据子目标来思考，那么你的首要任务是把 3 号圆盘放在 C 柱底部。你再把这个任务分成几个子子目标：你应该想到移动 1 号圆盘到 C 柱，2 号圆盘到 B 柱，然后 1 号圆盘从 C 柱移到 B 柱。这些措施允许你把 3 号圆盘放到 C 柱底部，因此实现了你的首个子目标。你下一个子目标——把 2 号圆盘移动到 C 柱——仅两步就能完成：移动 1 号圆盘到 A 柱，然后移动 2 号圆盘到 C 柱。当然，完成最后一个子目标就很明显了——把 1 号圆盘移到 C 柱。

3. 反向法

请解决下文的荷花池问题：

> 在小池塘中，荷花每 24 个小时翻一番。从第一朵荷花出现到池塘完全被荷花覆盖需 60 天。请问，哪一天荷花覆盖了半个池塘？

如果你面临的问题有明确终点，那么从问题终点开始并反向思考，你有可能轻而易举发现答案。这个策略是解决荷花池问题的关键（Davidson, 2003）。如果池塘在第 60 天全部被覆盖，并且覆盖的面积每天都会翻倍，那么在第 59 天池塘中有多少荷花呢？二分之一池塘的荷花，而这正好是你要的时间点。当你反向思考时，荷花池问题就格外简单。相比之下，如果你从起点思考，那么你首先需要设法解决池塘面积和荷花大小的问题。你会发现这个问题充斥着不确定性，很难解决。

4. 寻找类比

寻找类比是问题解决中的另一个主要启发式（Holyoak, 2005）。我们不停地根据类比进行推理（Sternberg, 2009），而且这种发现类比的努力可促进创造性思维（Gassmann & Zeschky, 2008）。如果你能把两个问题作类比，你可能用上一个问题的解决方法处理当前这个问题。当然，这种策略依赖于识别两个问题间的相似点，但识别本身就是一个颇具挑战性的问题。虽然如此，近期对现实问题解决的研究表明，我们对类比的依赖远超出大多数人的预期。例如，有研究记录设计工程师在产品研发会上的表现，发现他们每深思一小时平均要做 11 个类比（Christensen & Schunn, 2007）。

类比在解决问题时可以是一个强有力的工具。不幸的是，人们常常难以识别两个问题间的相似点，但那一个类比能导致问题解决（Kurtz & Lowenstein, 2007）。人们难以发现类比的原因之一是，他们常关注问题的表层特征而忽视了内在结构（Bassok, 2003）。请用类比解决以下两个问题：

某位老师班上有 23 名学生。某天，所有学生除了 7 名外都因去博物馆参观而请了假。请问，那天班上还有多少学生在上课呢？

苏珊从波士顿开车前往纽约市，平均时速为 50 英里。20 分钟后，艾伦从纽约市开车前往波士顿，平均时速为 60 英里。两位女士都走相同路线，两地相距 220 英里。请问哪一辆车在她们相遇时离波士顿更近？

这些选自斯腾伯格（1986）的问题与开篇讨论的问题类似。每一个问题的答案都是显而易见的，但隐藏于无关数量信息之中。如果你识别这种相似性，则你能轻而易举解决问题。如果没有，请再看一看，你会知道类比是什么。两个问题不管怎样都不需要计算。第一个问题的答案是 7。对于第二个问题，当两辆车相遇时，它们肯定在相同位置。显然，它们离波士顿的距离一定是相同的。

图 8-13　一组水杯问题的答案

如图 8-8 所示，问题 1～4 的答案都是一样的（B-A-2C）。这个方法对问题 5 有效，但问题 5 有一个更简单的答案（A-C），并且此方法是问题 6 的唯一解答方法。许多被试在这些问题上展现出了心理定势，因为他们未能注意更简单的解决方案。

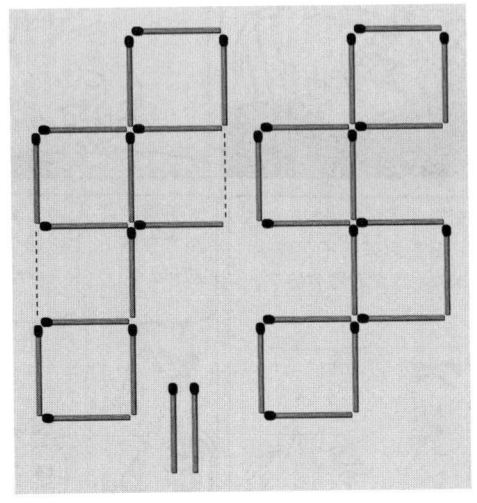

图 8-15　火柴问题答案

解决这个问题的关键是"打开"图形。但由于许多被试强加不必要的限制在这个问题上，因此他们不愿意这样做。

资料来源：Kendler, H. H. (1974). *Basic psychology*. Menlo Park, CA: Benjamin-Cummings. Copyright © 1974 The Benjamin-Cummings Publishing Co. Adapted by permission of Howard H. Kendler.

5. 改变问题表达方式

你能否解决一个问题常常取决于怎样看待它，即你对问题的表达方式。许多问题能用各种各样的方式表达，如通过文字、数学或空间方式。你还可以通过名单、表格、方程、图、事实或数字矩阵、层级树状图或序列流程图来表达一个问题（Halpern, 2003）。并不存在一个理想的问题表达方式。然而，当研究者对比专家和新手在某个领域的问题解决策略时，他们发现专家能以更高效率排除无关细节并表述问题（Pretz, Naples, & Sternberg, 2003）。这一发现强调了问题表达方式的重要性。因此，当你未能通过初始的问题表达方式在一个问题上取得进展时，改变表达方式常常是一个好策略（Novick & Bassok, 2005）。作为一个演示，看看你能否解决下述鸟与火车问题（Bransford & Stein, 1993）：

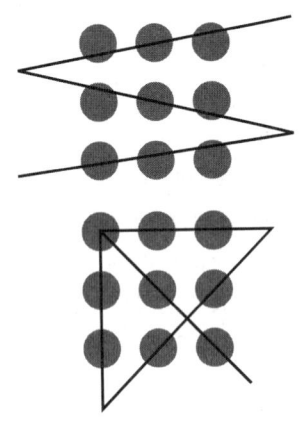

图 8-14　九点阵问题的两种答案

解决这个问题的关键是发现问题陈述中并没有禁止在围绕圆点的假想边界外画线。

资料来源：Adams, J. L. (2001). *Conceptual blockbusting: A guide to better ideas*. Cambridge, MA: Basic Books. Copyright © 2001 by James L. Adams. Reprinted by permission of Basic Books, a member of the Perseus Books Group.

两辆火车相距50英里。周日下午一点两辆火车各自离开车站相向而行。正当火车出发时，一只鹰从第一辆火车头飞向另一辆火车。当鹰遇到第二辆火车时，它立刻转向并飞回第一辆火车。鹰继续以这种方式飞行直到两辆火车相遇。假设两辆火车都是时速25英里，鹰飞行时速为100英里。请问当两辆火车相遇时，鹰已经飞了多少英里？

这个问题是问鹰的飞行距离，所以人们倾向于图8-16那样的方式表达问题。通过这种问题表达方式，你可以解决这个问题。然而，步骤会相当烦琐，而且有些难。但你可换个角度想想。若问题是鹰从两车出发到相遇的时间里飞了多远？由于我们知道鹰的飞行速度，所以我们真正需要知道的是两车相遇的时间。这样一来，从距离问题变成了时间问题，而问题也变得更简单了。步骤如下：两车开始相距50英里，由于火车以相同速度相向而行，因此它们在路线中点相遇，这时每辆火车行驶了25英里，火车时速25英里，因此，两车相遇时行驶了25英里，用时1小时。由于鹰的时速是100英里，因此它在火车行驶的1小时中飞行了100英里。

6. 休息一下：酝酿期

当解决一个问题遇到阻碍时，请休息一下，暂时停止一段时间思考这个问题。休息之后，你可能发现自己可从另一种角度看待问题，并且涌现了新的解决方法。显然，休息一下不能保证有助于问题解决。但是，休息常常是值得的。研究者把这种现象称为**酝酿期**（incubation）。酝酿期效应指经过一段时间的无意识思维的中断后，人们针对之前未解决问题出现了新方案的现象。根据问题的性质，酝酿期可能是几分钟，几小时或者几天。酝酿期效应出现的概率取决于一些任务相关因素，但总的来说，酝酿期倾向于促进问题解决（Dodds, Ward, & Smith, 2011；Sio & Ormerod, 2009）。有研究提示酝酿期效应甚至出现于睡眠之中（Cai et al., 2009；Stickgold & Walker, 2004）。一些理论家相信酝酿期效应出现是因为人们在意识性努力不成功后，无意识思维继续工作的结果（Ellwood, 2009）。当然，研究者还提出了针对酝酿期效应的其他一些解释（Helie & Sun, 2010）。

文化、认知模式与问题解决

不同文化经验会导致问题解决的跨文化差异吗？至少在某种程度上，回答是肯定的。研究者发现了在问题解决中存在认知模式的文化差异。

理查德·尼斯贝特（Richard Nisbett）和他的同事（Nisbett, 2001；Nisbett & Miyamoto, 2005）认为来自东亚文化（如中国、日本和韩国）的人表现出一种**整体性认知模式**（holistic cognitive style），关注某一范围内物体的

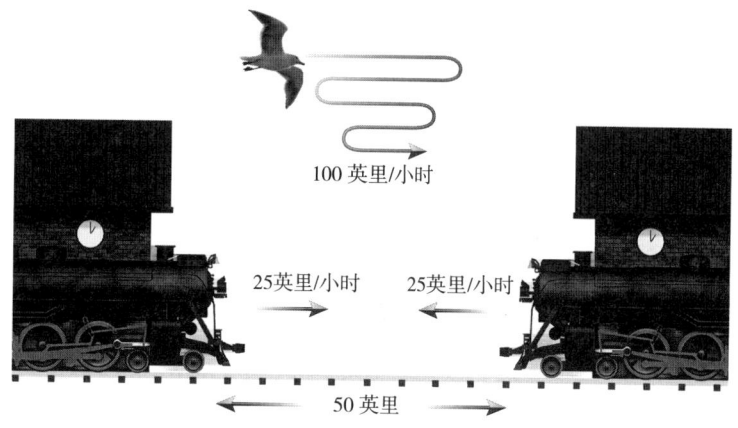

图8-16 鸟与火车问题的表达方式

如图所示，人们倾向于从空间上来表达这个问题。然而，如文中所解释的，这种表达方式实际上让问题困难得多。

背景和关系，然而来自西方文化（美国和欧洲）的人表现出一种**分析性认知模式**（analytic cognitive style），关注物体和其自身的特性（而不是背景）。简而言之，东亚人看整体，西方人看局部。

为了验证这个假说，Masuda和Nisbett（2001）通过计算机动画向日本和美国被试呈现鱼和其他水下物体，并且要求他们报告看见了什么。美国被试的最初评论通常指向鱼，而日本被试的最初评论通常指向背景元素（见图8-17）。而且，日本被试比美国被试多做出70%的情境或背景陈述以及大约两倍的关于元素间关系的陈述。其他研究也发现来自亚洲文化的人比来自北美文化的人更关注背景信息（Kitayama, 2003）。

分析性与整体性思维中的文化变异似乎影响了被试的逻辑推理模式、后视偏差（hindsight bias）易感性以及对矛盾的忍耐力（Nisbett, 2003）。基于上述和许多其他发现，Nisbett等人（2001）得出结论"东亚人与西方人在处理同一个问题时会激活不同认知过程"。这些认知模式差异似乎是源于文化社会导向的差异（Varnum, 2010），

即西方文化强调个体和独立，而东亚文化强调群体和相互依靠（参见第 11 章、第 13 章）。一些理论家推测文化经验差异甚至可能导致神经结构或大脑连通性的细微差异，但是支持这个假设的证据仍然很少（Park & Huang，2010）。

问题并不是人们生活中的唯一认知挑战。生活也需要不断做出决策。正如你可能预期的，认知心理学家对决策过程表现出了浓厚兴趣，而决策就是我们接下来的主题。

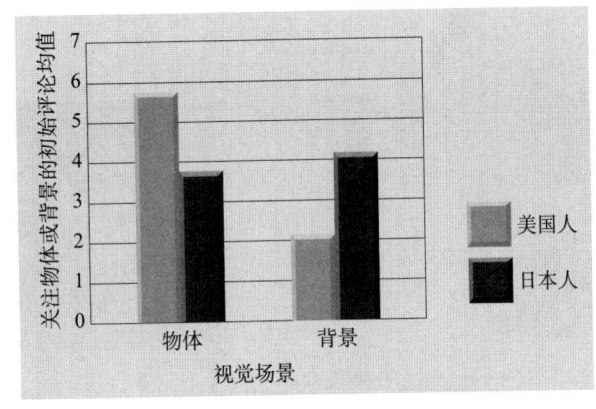

图 8-17　认知模式的文化差异

Masuda 和 Nisbett（2001）在其中一个研究中要求被试描述计算机动画场景。正如你所看到的，美国被试的最初评论更多指向场景中心物体，而日本被试的最初评论更多指向场景中的背景元素。这些发现支持亚洲人看整体（整体性认知模式）而西方人看局部（分析性认知模式）的假说。

决策：选择与机会

决策、决策，生活充满决策。你决定今天读这本书。今天早些时候，你决定什么时候起床，是否吃早餐；如果吃，吃什么。你通常能轻松做出这些日常的决策。但是，你有时需要做经过深思熟虑的重要决策。诸如选择一辆汽车，一个家庭或一份工作这样的重大决策通常就比较困难了。每个选择常常需要权衡许多因素。例如，在数辆可选汽车中，你可能要比较它们的价格、车内空间、耗油率、操控感、加速能力、款式、可靠性、安全性能和保修条款。

决策（decision making）指评价各种选项并从中做出选择。大部分人努力让其决策变得有条理和趋于理性。然而，1978 年诺贝尔经济学奖获得者司马贺用其经典研究表明人们未必总能达到这些目标。在司马贺研究之前，大部分经济学传统理论假设人们为了经济利益最大化而做出理性选择。司马贺（1957）证实人们加工和评价备选方案多种信息的能力是有限的。因此，司马贺的**有限理性理论**（theory of bounded rationality）认为人们倾向于在决策中运用简单策略，而这些策略仅仅关注备选方案的某方面信息，并且常常导致"非理性"的不太理想的决策。心理学家受司马贺分析所鼓舞，数十年来研究了大量认知偏差怎样扭曲人的决策问题。

做出选择：基本策略

许多决策包含偏好选择，其可以通过多种策略实现（Goldstein & Hogarth，1997）。巴里·施瓦茨⊖在其很有影响力的著作中指出，在当代社会人们面临过多的偏好选择（2004）。例如，施瓦茨描述一个顾客随便光顾一个当地的超市可能需要从 285 种曲奇饼、61 种防晒油、150 种口红和 175 种色拉酱中做出选择。选择增多在消费品领域是最切实的，但是施瓦茨认为这种增多也延伸至更重要的生活领域。今天，人们面临前所未有的机会选择接受怎样的教育，怎样和在哪儿工作，怎样揭开一段亲密关系，甚至他们看起来怎么样（如整容）。虽然众多选择听起来很不错，但施瓦茨（2004）认为当代生活中过多选择也会产生意想不到的成本。他认为即使从几个选项中进行决择时，人们还常常犯错误，而当决策变复杂时，人们也更可能出现错误。他进一步解释更多选择会增加事后后悔的可能性。最后，他认为，由**选择超负荷**（choice overload）而引起的心神不安会削弱个体幸福感，并且诱发抑郁。

与这个分析一致，近期有研究提示当消费者（对某类商品）有太多选择时，他们更可能空手离开商店（Jessup，2009）。为什么会这样呢？有关研究提示当可以有许多选择时，人们更可能因为苦恼哪一件最好而延迟决策（White & Hoffrage，2009）。研究者也发现当个体必须做出许多决策时会消耗心理资源并削弱自我控制力（Vohs，2008）。那么，究竟多少选择才算过多呢？这取决于许多因素，但似乎人们在一个临界点前偏好更多选择，然后再增加选择会降低满意度（Reutskaja & Hogarth，2009）。现在还很难说选择超负荷是否像某些理论家所认为的那样损害幸福感。但清楚的是，人们纠缠于无穷无尽的偏

⊖ 著名心理学、经济学跨界大师，其作品包括《选择的悖论》等经典。——编者注

好，而他们对这些决策的推理常常远谈不上最优。人们在做这些类型的决策时，其中一个策略就是根据某些标准而给选项赋予一定分数，然后一个一个淘汰直到产生最优选择。

假设你的朋友布雷特发现两处相当不错的公寓并准备从中选择一处。他该怎样选择呢？如果布雷特想用**加法策略**（additive strategy），那么他应列出影响他决策的因素。然后，他将评估每处公寓在每个因素的合意程度。例如，若布雷特考虑4个因素：租金、噪声水平、离校距离和整洁度。如表8-3所示，他可能根据每个因素从 -3 到 +3 对每处公寓打分，并选择总分最高那处。根据表8-3的打分，布雷特应该选择B公寓。为了让加法策略更有帮助，你还可以对每个因素赋以不同权重（Shafir & LeBoeuf，2004）。例如，如果布雷特考虑离校距离的重要性是其他因素的2倍，那么他可将这个因素的评分乘2。这样一来，A公寓的离校距离评分是+6，B公寓是 -2。于是，公寓 A 变成了首选。

> **真相核查**
>
> **误解**
> 人们在选择时喜欢有更多选项；选项越多效果越好。
>
> **真相**
> 有选择是好事，人们喜欢有多种多样的选择，但是近期关于选择超负荷的研究提示这个效应只在某个临界点之前有效。过多选择让决策变得困难和不愉快，导致决策瘫痪（decision paralysis；即丧失决策能力）和决策后悔（postdecision regret）。

表8-3 运用加法策略到选择公寓上

属性	公寓	
	A	B
租金	+1	+2
噪声水平	-2	+3
离校距离	+3	-1
清洁度	+2	+2
总分	+4	+6

人们也通过逐步排除不具吸引力选项从而做出选择（Slovic，1990；Tversky，1972）。因为这种策略采取通过依次评价某个选项的每个因素或特征从而排除当前最差项，所以它被称作**特征排除法**（elimination by aspect）。只要某个选项在某个因素上不能满足最低标准时，它就从考虑中排除。例如，假设朱厄妮塔正想买一辆新车。她首先可能会排除所有价格高于24 000美元的车。然后，她排除油耗低于20MPG（每加仑汽油跑20英里）的车。通过不断排除不能满足选择因素最低标准的选项，她能逐步排除选项直到仅剩下一种车。通过特征排除法得出的最终选项取决于特征评价顺序。例如，如果价格是朱厄妮塔最后评价的属性，那么到最后时她可能已经排除所有那些价格低于24 000美元的车了。如果她的预算只有24 000美元，那么她的策略就不是很管用。因此，当用特征排除法时，最好按重要性来评价各个因素。

人们常常运用哪些决策策略呢？他们会根据任务要求调整方法。当选择相对简单时，他们采用加法策略。然而，当选择变得非常复杂时，他们会转向如特征排除这样更简单的策略（Payne & Bettman，2004）。

做出选择：不可思议与复杂

与我们所讨论的上述基本问题不同，也有研究揭示了人们在偏好决策中所表现出的一些怪癖和复杂性。这里给出一些有趣的发现。

（1）情绪影响决策。当人们在多选项间（如两个工作）抉择时，他们对选项的某些因素（如薪水、交通和工作时间）的评价比大多数决策模型所预计的更为波动（Shafir & LeBoeuf，2004）。"理性"选择模型假设人们知道喜欢和不喜欢什么，并且这些评价是稳定的。然而，有关研究表明并不是如此。其中一个原因是人们受偶然情绪波动影响（Lerner，Small，& Loewenstein，2004）。

（2）人们喜欢规避不确定性。我们来看一下 Gneezy、List 和 Wu（2006）令人困惑的发现。他们发现在同一家书店，人们宁愿付更多钱去获得50美元礼券，而不愿付更多钱参加一个50%机会获得50美元礼券，50%获得100美元礼券的抽奖。当最差结果等于确定结果（50美元）而且最好结果明显超过此确定结果（100美元）时，确定结果价值高于非确定结果价值的解释是讲不通的。研究者对这种**不确定效应**（uncertainty effect）给出了多种解释。Simonsohn（2009）近期完成的研究提示，最佳解释其实是很简单的：人们不喜欢不确定性，而这种反感会歪曲他们的决策。

（3）多选项（如消费者产品）质量的判断可受无关因素如品牌熟悉度和价格影响。近期一项证实这种现象的研究中，被试品尝后并评价葡萄酒的品质（Plassmann，2008）。在某些情况下，他们认为正在品尝两种不同的葡萄酒。然而，这只是完全相同的酒但标了非常不同的价格（如10美元和90美元）。正如你能猜到的，更"贵"的酒获得了更高评分。此外，脑成像（fMRI）显示，被试在品尝更"贵"的酒时，与愉悦有关的大脑区域激活更强烈。这些发现提示，根据主观愉悦感来看，人们真的物有所值，并且表明偏好决策能被本应无关的信息所扭曲。

另一类研究考查了当人们沉浸于有意识思考时喜好决策是否更有效，还是直觉或无意识思维（最低意识思维）更有效。荷兰心理学家艾普·迪克特赫斯（Ap Dijksterhuis）及其同事认为这个问题的答案取决于一个决策的复杂性——然而，正如你在接下来的"专题研究"栏目中将看到的，事实可能要超出你的想象。

直觉决策与深思熟虑：哪一种会导致更好的决策

"三思而后行"。这个古训建议，对重要和复杂的选择需要深思熟虑，而且深思熟虑更可能导致满意决策。针对决策的科学研究倾向于支持深思熟虑有利于决策的传统认识。但艾普·迪克特赫斯和他同事们（Dijksterhuis, 2004; Dijksterhuis & Nordgren, 2006; Dijksterhuis & van Olden, 2006）认为无意识的、直觉的思维有可能导致更好决策。为什么？这主要是意识思维的容量有限造成的。正如由司马贺首先注意到并得到后续大量研究所证实的，人类的信息处理容量是非常有限的。有人可能会认为当选择复杂时，仔细思考应当更有价值，但迪克特赫斯和他同事做了与此正好相反的假设。他们预测，当选择简单时，深思熟虑会优于直觉，但当选择复杂时，直觉的和无意识的决策会更好。我们这里介绍其中的两个研究（共4个）。

研究A

【方法】 80名大学本科生阅读有关4款概念车的信息并且选出最喜欢的一款。在简单决策中，每辆车仅描述4种属性，而在复杂决策中，给出了12种属性信息。研究者通过操纵其中一辆车75%属性为正面描述，两辆车50%属性为正面描述，剩下一辆车25%属性为正面描述来操纵车的吸引力。所以，在两种选择条件中，其中一辆车最为突出，应该是最佳选择。在意识性思维条件下，被试仔细考虑4分钟后报告选择。在无意识思维条件下，被试在4分钟中连续完成一个字谜任务，然后请他们选择哪一辆车。

【结果】 如图8-18所示，当选择相对简单时，意识性思维优于无意识思维。但当选择变得更复杂时，无意识思维显著优于意识性思维。

研究B

【方法】 61名学生回答在决定购买如洗发露、鞋子、相机等40个消费品时有多少方面需要评估，这样就产生了针对每样商品的决策复杂性分数。随后，另一组93名大学生从一张物品表中选出一种最近购买过的产品，并且回答有多少意识性思维参与到决策中以及有多满意自己的选择。

【结果】 图8-19显示了被试对六样选择次数最多产品的选择后满意度（从左到右按决策复杂性排序）。正如预期的那样，当简单决策时，意识性的深思能提高满意度。然而，对复杂决策，情况正好相反。

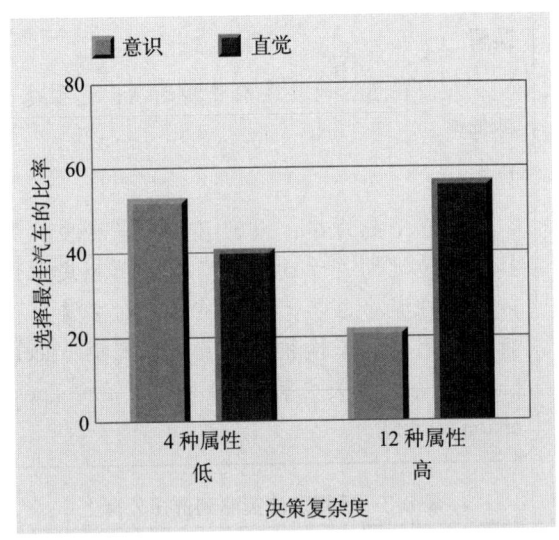

图8-18 研究A中意识性与无意识决策比较

此图显示了被试在每个条件中选择最优汽车的百分比。当选择相对简单时（仅描述车的4种属性），意识性的深思熟虑更优。然而，当选择更复杂时（考虑12种属性），结果证明无意识的直觉思维更优。

资料来源：Dijksterhuis, A., Bos, M. W., Nordgren, L. F., & van Baaren, R. B. (2006). On making the right choice: The deliberation-without-attention effect. *Science, 311*(5763), 1005–1007. Copyright © 2006 the American Association for the Advancement of Science. Reprinted by permission from the AAAS.

讨论

这两个研究结果证实了迪克特赫斯所说的**非注意深思效应**（deliberation-without-attention effect）。当人们面对复杂选择时，如果没有倾心注意这件事情那么他们反而倾向于做出更好决策。迪克特赫斯相信深思熟虑确实在起作用，但在意识性察觉之外。因此，像阈下知觉研究（见第4章）和睡眠增强记忆和问题解决能力（见第5章）的研究一样，这种研究提示无意识心理过程比以前认为的更具影响力。作者得出结论，"我们不能事先假设非注意深思效应不会在其他选择类型（如政治和管理等）中产生"。

评论

因为这个研究提供了一个对有趣假设（似乎违背常识）的巧妙检验，所以我把它列为亮点研究予以介绍。它也说明了采用不同方法解决一个问题的价值。一个一个研究来看，研究A的选车实验可能并不令人信服。4分钟意识性思维不足以检验"深思熟虑"的效应，并且有人会提出疑问是否最好的车对所有被试都确实是最好的。但是，当严格控制的实验研究与更具现实意义的相关研究（研究B）相结合时，多方证据令人信服地支持作者的理论。

即便如此，批评者指出把这一发现广泛推广到现实世界的各种决策中可能言之过早（Haslam, 2007）。迄今为止的研究，即使"复杂"选择也只包含了关于产品偏好的相对简单的决策。假设医生、公司管理者和政府领导面对非常复杂、重要的选择时，如果他们避开细心周全思考，那么他们反而做出更好决策还存在较多疑问。虽然其他一系列研究提示直觉有时能优于逻辑和反思（Gladwell, 2005; Myers, 2002），但是这种现象的适用条件仍需进一步确定（Payne, 2008）。

资料来源：Dijksterhuis, A., Bos, M. W., Nordgren, L. F., & van Baaren, R. B. (2006). On making the right choice: The deliberation-without-attention effect. *Science, 311* (5763), 1005–1007.

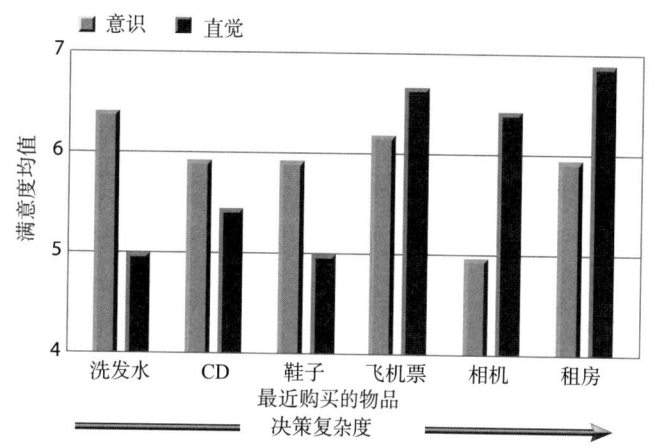

图8-19 研究B中选择后满意度与决策复杂性的函数关系

图中显示了六样选择次数最多产品的选择后满意度平均得分。产品从左到右按决策复杂性排升序。根据参与者对每一样产品有多少意识参与的评分中位数，分成意识性与无意识决策者。当决策不复杂时，意识性决策与更高满意度相联系，但当决策很复杂时，意识性决策与低满意度相联系。

资料来源：Dijksterhuis, A., Bos, M. W., Nordgren, L. F., & van Baaren, R. B. (2006). On making the right choice: The deliberation-without-attention effect. *Science*, *311*(5763), 1005–1007. Copyright © 2006 the American Association for the Advancement of Science. Reprinted by permission from the AAAS.

抓住机遇：在风险决策中权衡各种因素

假设你有机会玩可能赢钱的掷骰子游戏。你必须决定是否条件有利才去玩。你将要掷一个均匀的骰子。如果出现数字6，那么你赢得5美元。如果出现其他5个数字，那么你不赢任何钱。但是，你每玩一次，需要付1美元。你会玩这个游戏吗？

这个问题需要一种有些不同于偏好选择的决策。在选择反映偏好的选项中，人们一般会权衡已知结果（A公寓离校园较远、B车的油耗是30MPG，等等）。与此相反，**风险决策**（risky decision making）指在不确定条件下做出选择。**不确定性**（uncertainty）指人们不知道会发生什么。他们最多知道某一事件出现的概率。

决定是否玩掷骰子游戏的其中一种方法是计算出参与游戏的**期望价值**（expected value）。要计算这个期望值，你需要计算每次预期赢或输的平均价值。赢的价值是4美元（5美元减去1美元的入场费）。输的代价是 -1 美元。要计算期望价值，你同时需要知道赢和输的概率。因为一个骰子有六面，所以赢的概率为1/6，然后输的概率为5/6。现在游戏开始听起来没有吸引力了，对吧？我们计算出期望价值如下：

$$\text{期望价值} = \left(\frac{1}{6} \times 4\right) + \left(\frac{5}{6} \times -1\right) = \frac{4}{6} + \left(-\frac{5}{6}\right) = -\frac{1}{6}$$

这个游戏的期望价值是 $-\frac{1}{6}$ 美元。这意味着你每一轮平均输掉约17美分。既然你知道期望价值，那么你当然不同意玩这个游戏，还是说你会玩呢？

如果我们想了解为什么人会做出他们所做的决定，则只看期望价值这个概念是不够的。人们常常表现出与期望价值相悖的行为（Slovic，Lichtenstein，& Fischhoff，1988）。期望价值任何时候都是负的，一个赌徒应该预期会输钱。但是，即使大家都知道赌博中获胜不占优势，还是有许许多多的人在赛马场和赌场赌博，或者买彩票。

为了解释违背期望价值的决策，有些理论用**主观效用**（subjective utility）替代一个结果的客观价值（Fischhoff，1988）。主观效用表示一个结果对个人而言的价值。例如，买一点彩票可让你梦想成为一个有钱人。这种主观效用因人而异。然而，有趣的是，研究表明人们常常不能准确预测各种经验究竟产生多少主观效用或快乐（Loewenstein & Schkade，1999）。

概率判断中的启发式策略

- 如果你只学3小时，那么你通过下一门心理学考试的概率是多少？
- 在新的一年中，股市出现一次大幅下滑的概率是多少？
- 你在所选专业中进入研究生阶段学习的概率是多少？

这些问题都要求你估计概率。阿莫斯·特沃斯基（Amos Tversky）和丹尼尔·卡尼曼（Daniel Kahneman）开展了大量研究来探索个体用于计算概率的启发式问题（Kahneman & Tversky，2000）。这些研究也让卡尼曼赢得了2002年诺贝尔经济学奖（不幸的是，他的合作者特沃斯基于1996年去世了）。

可得性就是这样一种启发式。**可得性启发式**（availability heuristic）根据容易想起的相关事件来评估一个事件的发生概率。例如，你可能通过回想你朋友中父母离婚的数量来估计离婚率。通过回顾某个事件的具体例子来估计该事件的概率是一种合理的策略。然而，如果例子常常出现但你又难以从记忆中提取它们，则你的估计将会出现偏差。例如，人们更容易想起首字母是某个字母的单词，而不是包含此字母（非首字母）的单词。因此，人们应该倾向于回答有更多首字母为K的单词，其数量应超过第三个字母为K的单词。为了检验这个假设，特沃斯基和卡尼曼（1973）选取了五个辅音（K，L，N，R，V）。这些辅音出现在第三个字母的次数比首字母要多。被试的任务是回答每个字母（K，L，N，R，V）是否更多出现在首字母还是第三个字母。大部分被试错误相信五个字母出现在首字母的单词比第三个字母要多得多，从而证实了他们的假设。

代表性是特沃斯基和卡尼曼发现的另一种评估概率的方法。**代表性启发式**（representativeness heuristic）指通过估计事件有多大程度相似于事件典型从而评估事件发生概率。为了说明这点，请想象抛六次硬币并记录结果——正面（H）还是反面（T）。以下哪种序列更有可能出现？

1. T T T T T T
2. H T T H T H

人们普遍相信第二个序列更有可能出现。毕竟，投掷硬币是一个随机事件，而且第二个序列看起来更代表一个随机事件。实际上，每个序列的概率都是一样的（½ × ½ × ½ × ½ × ½ × ½ = 1/64）。正如你即将看到的，过度依赖代表性启发式被用来解释各种各样的决策倾向（Teigen，2004）。

忽视基础比率倾向

> 斯蒂文非常害羞和退缩，愿意帮助人，但是对人或者世界没有多少兴趣。他的心是温顺和健康的。他关注秩序和结构，并且热爱细节。你认为斯蒂文是一位销售员还是图书馆管理员呢？

运用代表性启发式，由于斯蒂文像一位图书馆管理员的原型，因此被试倾向于认为他是图书馆管理员

（Tversky & Kahneman，1982）。这实际上不是一个明智的猜测，因为它忽视了图书馆管理员和销售员在人群中的**基础比率**（base rate）。销售员数目要远超过图书馆管理员（在美国约 75∶1）。基于这个事实，斯蒂文更有可能在销售行业工作。但是在估计概率时，人们常常会忽略基础比率信息。

研究者对人忽视基础比率信息有多常见还存在争论（Birnbaum，2004；Koehler，1996），但这似乎不是罕见事件。事实上，相关证据表明人应用基础比率信息到自身的能力特别差。例如，Weinstein（1984；Weinstein & Klein，1995）发现人们低估自己坏健康习惯的危险性而更为准确评估他人的同类风险。因此，吸烟者能真实评估吸烟增加某人心脏病的发作风险，但低估自身的同类风险。类似地，人在开始运作一家新公司时会忽视新生意高失败的风险，而窃贼会低估进监狱的风险。

合取谬误

假设你将会见一名口才好、有雄心、渴望权力独断专行的男性。你认为他更可能是一位大学教师还是一位大学教师兼政治人物呢？

由于上述描述符合一个典型政治人物的原型，因此人们倾向于猜测这个男性是"大学教师兼政治人物"。但是，请停下来思考片刻。大学教师这个类别更大，完全包括了大学教师兼政治人物这个子类（见图8-20）。子类的概率不能高于母类的，因为在逻辑上这是不可能的。

特沃斯基和卡尼曼（1983）称这种错误为**合取谬误**（conjunction fallacy）。合取谬误指估计两个不确定事件一起发生的可能性大于单独发生的可能性。许多研究证实了合取谬误，而且这种效应一般被认为是受代表性启发式的影响（Epstein，Donovan，& Denes-Raj，1999）。但有研究者对这一解释尚存疑问（Fisk，2004）。

人类决策错误的进化分析

过去30年的决策研究得出一个主要结论，即人类决策策略充满了错误和偏差，从而导致难以置信的非理性结果（Goldstein & Hogarth，1997；Risen & Gilovich，2007；Shafir & LeBoeuf，2002）。理论家已经揭示人有**心理局限性**（mental limitation），而且得出结论，人并不像他们所认为的那样聪明和理性。这个一般性结论促使一些进化心理学家去重新考虑人类决策的研究成果。他们对此的看法非常有趣。

图 8-20 合取谬误

被试常常是合取谬误的受害者，但如此图清晰所示，子类（大学老师兼政治人物）的概率必定不高于母类（大学老师）的概率。正如此例所表示的，用图表示常常有利于表达问题。

首先，他们认为传统决策研究关于理性的标准是无效和不切合实际的。这种传统观点假设人们能完美无缺地运用演绎逻辑和统计概率法则，同时在得出结论前能客观和准确权衡多种因素（Gigerenzer，2000）。其次，他们认为人类之所以看起来非理性是因为认知心理学家问了一些错误的问题以及用错误方式阐述问题——这些方式与人类进化过程中需要解决的适应性问题没什么关系（Cosmide & Tooby，1996）。

根据 Leda Cosmides 和 John Tooby（1994，1996）的研究，人类心智是由大量在进化过程中为解决特定适应性问题（如寻找食物、避难所和配偶，以及跟盟友和敌人打交道等）而出现的专门化的认知机制组成。这样一来，人类决策和问题解决策略适合处理现实世界的适应性问题。Cosmides 和 Tooby 认为，由于有关认知研究使被试面对的人造问题不涉及自然界的问题，也不具备适应重要性，因此在认知研究中会表现差。

因此，进化心理学家认为，如果那些经典的实验室问题根据原始频率而不是概率和基础比率重构，许多人类推理错误，如忽略基础比率和合成谬误，应该不再会出现。与这个分析一致，进化心理学家发现当问题通过远古祖先相似的处理方式呈现时，那些在实验室研究中出现的推理错误会消失或减少（Brase，Cosmides & Tooby，1998；Hertwig & Gigerenzer，1999）。这个争论还在继续（Shafir & LeBoeuf，2007），但是这些证据和其他有关研究（Keys & Schwartz，2007）正逐渐降低认知心理学家把人类推理看作"非理性"的倾向。

快速节俭启发式

德国心理学家哥德·吉戈伦尔进一步发展了进化的观点，认为人类推理在很大程度上依赖于**快速节俭启发式**（fast and frugal heuristics），这些启发式相比于传统认知研究中所涉及的复杂心理过程更为简单（Gigerenzer，2000，2004，2008；Todd & Gigerenzer，2000，2007）。根据吉戈伦尔的观点，从蟾蜍到股票经纪人，有机体都必须在信息有限且高要求情境下做出快速决定。在大多数情况下有机体（包括人类）都没有充足时间、资源或认知容量去收集所有相关信息，考虑所有可能选项，计算所有概率和风险，然后做出统计学上的最优决策。相反，他们使用一些快速和不入流的启发式。这些启发式并不完美但在大多数情况下都适应现实世界。

吉戈伦尔和他的同事发现，这种快速节俭启发式出奇地有效。其中一种根据一些数量维度进行选择的常用启发式是**识别启发式**（recognition heuristic）。它的运作流程是：如果两个备选之一能被识别而另一个不能，那么人们推断能识别的选项价值更高。请回答下列问题——哪一个城市居民更多：圣迭戈还是圣安东尼奥？汉堡还是慕尼黑？在美国城市间选择时，美国大学生根据自己关于人口的知识，最终有71%做出了正确选择；但他们在不太了解的德国城市间作选择时，同一批学生利用识别启发式，最终有73%做出了正确选择（Goldstein & Gigerenzer，2002）。因此，识别启发式让学生在有限的知识情况下表现出与拥有大量知识的情况下一样好。

吉戈伦尔和他的同事还发现了其他一些快速且单因素的决策策略。这些策略会做出与深思和费时权衡多种因素策略一样准确的推理（Marewski，Gaissmaier，& Gigerenzer，2010）。而且，他们发现实际上人们在各种各样的情境下都会使用这些快速节俭启发式。因此，针对快速节俭启发式的研究有望成为人类决策研究中一个令人向往的新研究方向。

传统决策理论家如何回应吉戈伦尔和其他进化心理学家所提出的挑战呢？他们承认人们常常依靠快速节俭启发式，但他们认为这些发现并没有使对精细推理决策的数十年研究毫无意义。恰恰相反，他们提出了**双过程理论**（dual-process theory），认为决策时人依赖于两个非常不同的模式或思维系统（De Neys，2006；Evans，2007；Gilovich & Griffin，2010；Kahneman，2003）。其中一个系统像吉戈伦尔提出的快速节俭启发式那样，由快速的、简单的、无须努力和自动化的判断组成。传统理论家把它看作是"直觉思维"。第二个系统像传统决策研究中研究的那样，由慢速的、更深思熟虑的、需要意志努力且可控制的判断组成。根据这种观点，当需要做出复杂和重要决策时，第二个系统根据需要监控和纠正，并接管直觉系统。因此，传统理论家主张快速节俭启发式，与基于推理的、基于规则的决策策略共存，而且二者均需要更多研究，从而完全了解人类决策。

本章主题回顾

本章中，四个统一主题显得特别突出。首先是关于遗传和环境相对影响力的持续争论。关于儿童怎样习得语言的争论重演了先天与后天的争论。行为主义强调环境重要性，认为儿童通过模仿和强化学习语言。先天论主张生物重要性，认为儿童具有一种先天的语言习得机制。这个争论还远未解决，但是越来越多证据提示语言发展取决于先天和后天的交互作用。这也是近期交互作用论所提倡的观点。

第二个突出主题是心理学是实证的。数十年来，因为大部分心理学家假设思维是太私人的过程以至于不能对之进行科学研究，所以他们很少关注认知过程。然而，在20世纪五六十年代，心理学家开始设计用于测量心理过程的创新性方法。这些创新推动了把心理（psyche）带回心理学的认知革命。因而，我们再一次看到实证方法如何成为科学事业的血液。

第三，对认知过程的研究表明行为在跨文化层面表现出相似性和差异性。一方面，我们看到在不同文化中儿童语言都以大致相同方式发展。另一方面，我们了解到在认知模式上存在令人感兴趣的文化差异。

第四个主题是人类经验的主观性。我们看到决策是一个高度主观的过程。接下来的"个人应用"部分我们还会介绍决策过程的主观性，讨论一些决策推理中的更常见陷阱。

我们对语言习得的讨论再次表明行为受先天和后天条件共同塑造。近期关于认知过程的研究进展表明了科学的发展取决于实证的方法。有关决策的研究显示了主观知觉的重要性。认知过程在一定程度上受到文化因素调节。

个人应用

了解决策中的推理陷阱

主要学习目标

（1）解释什么是赌徒谬误和高估不可能倾向。
（2）描述证实和己方偏差倾向。
（3）分析决策框定效应和损失厌恶。

请考虑以下场景：

劳拉在一个赌场看别人玩轮盘赌。轮盘有 38 个狭槽，包括 18 个黑色数字、18 个红色数字和 2 个绿色数字。因此，在任意一圈上，红色或黑色概率均略低于 50%（确切说是 0.474）。虽然劳拉没有赌，但是她仔细观察了这个游戏的结果模式。球连续七次停在红色数字上。劳拉推断黑色很久没出现了，因此决定参与游戏，下重注赌下一次是黑色。

劳拉下了一个不错的赌注吗？你同意劳拉的推理吗？或者你认为劳拉误解概率法则了吗？由于我们接下来讨论人们怎样推理决策以及推理怎样出错，因此你将很快找到答案。

阿莫斯·特沃斯基和丹尼尔·卡尼曼（1974，1982）的开创性研究导致针对风险决策的研究剧增。研究者在确定决策过程中的启发式时发现了人在决策时相当多的误解、疏忽和偏差。结果是，人们没有选择最优决策策略，而且这些错误还表现出令人惊讶的规律性（Dawes, 2001；Gilovich, Griffin, & Kahneman, 2002）。而且，似乎没有人能完全避免这些思维错误。在最近的一项研究中，Stanovich 和 West（2008）考查了智力（通过 SAT 成绩评估）与避免各种认知偏差和错误能力之间的关系。最主要的发现是，认知能力与避免非理性错误能力之间不存在相关。也就是说，极端聪明者与所有人一样容易受非理性思维影响。然而，幸运的是，一些研究提示增强对常见决策推理错误的意识能导致更少思维错误并且提高决策水平（Mikman, Chugh, & Bazerman, 2009）。紧记这个目标，让我们看看一些常见决策陷阱。

赌徒谬误

在本部分开篇的场景中，劳拉的推理存在缺陷。她的行为实际上是一种**赌徒谬误**（gambler's fallacy）——一种如果某事件近期没有发生，那么这个事件的发生概率会增加的错误信念。人们相信概率法则会产生公平结果。如果他们相信一个过程是随机的，那么他们预期这个过程会自我修正（Burns & Corpus, 2004）。从长远看来这不是一个差假设。然而，这些假设并不适用于一个独立事件。

轮盘不会记录下近期的结果并做出相应调整。轮盘的每次转动都是一个独立事件。即使红色连续出现 100 次，每次转动黑色出现的概率还是保持在 0.474。赌徒谬误反映了代表性启发式的普遍影响。在赌黑色出现时，劳拉预期未来结果将会更代表一个随机过程。这种逻辑能用于估计一连串轮盘游戏的黑色出现概率，但它不适用于某一次游戏。

高估不可能性

下面给出一对导致死亡的原因。在每一对中，你认为哪一种更可能导致死亡呢？

哮喘还是龙卷风？　　　　肺结核还是洪水？
意外跌倒还是枪击事故？　自杀还是谋杀？

表 8-4 显示了每一种死亡原因的实际死亡率。正如你所看到的，每一对中首选项是更常见的死亡原因。如果你猜错了几对，则请不要太难过。像许多其他人一样，你可能是高估不可能倾向的受害者。人们倾向过于高估戏剧性的、生动的但又不常见的那些受媒体大肆报道事件出现的概率。结果是，人们常常高估龙卷风、枪杀、洪水和谋杀这些意外死亡事件量（Slovic, Fishhoff, & Lichtenstein, 1982）。低估由哮喘和其他常见疾病引起但受较少媒体报道的死亡事件。这种夸大低可能性的倾向一般归因于可得性启发式（Reber, 2004）。因为人们接收了大量关于洪水和龙卷风事件的媒体报道，所以这些例子很容易从记忆中提取出来。

一般情况下，人们对应该害怕什么的信念与实际概率非常不一致（Glassner, 1999）。这种倾向特别明显出现在"9·11"事件后人们的生活中。因为担忧恐怖袭击（如恐怖分子袭击飞机），所以很多人不愿意坐飞机。迄今为止，相比于汽车事故死亡的概率，我们在飞机上受恐怖袭击而受到伤害的概率是微不足道的，但是人们担心前者多于后者（Myers，2001）。

表 8-4 对给定死因的实际死亡人数

死因	死亡数	死因	死亡数
哮喘	2 000	龙卷风	25
意外跌倒	6 021	枪击事故	320
肺结核	400	洪水	44
自杀	11 300	谋杀	6 800

注：死亡数是每一亿人中的死亡人数（数据源自美国统计年鉴，2001）。

通过把不相关现象（洪水和肺结核）放在一起可以发现可得性启发式的戏剧化一面。许多人死于洪水，但是更多的人死于肺结核（见表 8-4）。然而，由于媒体频繁和重点报道洪水致死的新闻，而很少关注肺结核致死的新闻，因此人们倾向于假设洪水致死更常见。

证实偏差

假设一位年轻医生正在为病人做检查。病人自诉高烧和喉咙痛。这个医生必须从多种疾病中确诊一种。医生认为这可能是流感。她问病人是否感觉到"全身酸痛"。病人回答"是"。医生问这个症状是否始于几天前。病人再一次回答"是"。这个医生得出结论，病人患了流感。

你从医生的推理中能看出什么问题吗？她有效地发现了病人的病因吗？不是的，她只是关心那些与她预设诊断一致的症状。然而，她并没有问及排除这种疾病的症状。她对病人的问诊过程向我们展示了什么是**证实偏差**（confirmation bias）——一种只寻求支持个人判断和信念信息的倾向。这种偏差常见于医学诊断和其他一些决策之中（Nickerson，1998）。寻求支持证实个人观点的证据并没有错。然而，人们也应该寻求反驳的证据，而这一点常常被忽略了。

与此密切相关的问题是**己方偏差**（myside bias）——一种从支持自己观点的角度评估证据的倾向（Stanovich & West，2007）。例如，在最近的一个研究中（Stanovich & West，2008），被试阅读"福特探险者（一种汽车）比一辆普通家用车造成事故中对方司乘人员死亡的概率要高 7 倍"。他们被告知德国政府正考虑禁售福特探险者并问是否同意这个禁令。在另一个条件中，一群相似的被试阅读某一款德国车比其他车造成对方司乘人员死亡的概率高 7 倍。他们被告知美国政府正考虑禁售这款车并且问是否同意这个禁令。虽然两种情况是相同的，但美国被试更支持禁售德国车而不是禁售福特探险者。己方偏差可以解释为什么人们倾向相信自己支持的候选人能胜出选举。例如，2008 年美国总统选举期间，有研究发现民主党人预期民主党候选人（巴拉克·奥巴马）将会胜出，而共和党人员更倾向于预测共和党候选人（约翰·麦凯恩）将会胜出（Krizan, Miller, & Johar, 2010）。

框定效应

一个问题的框定是另一个在风险决策中需要考虑的因素（Tversky & Kahneman，1988，1991）。**框定效应**（effect of framing）指怎样提出需要你决策的问题或者怎样建构选项。人们常常通过语言或者其呈现情境来形成一个决策，而不是从不同角度去探索它。考虑下列情境。

假设美国正准备面对一种危险疾病的爆发。这种疾病预期将使 600 人死亡。现在专家提出了两种对抗疾病的方案。假设方案的精确科学估计结果如下：

- 如果采用 A 方案，则 200 人得救。
- 如果采用 B 方案，则有 1/3 的可能 600 人全部获救，而 2/3 的可能没有人获救。

卡尼曼和特沃斯基发现 72% 的被试选择"确定情况"（A 方案）。然而，当对选择做如下重构时，他们获得了不同的结果：

- 如果采用 C 方案，则 400 人死亡。
- 如果采用 D 方案，则有 1/3 的可能没有人会死，而 2/3 的可能 600 人都会死。

虽然方案被不同框定，但是 A 方案和 B 方案，与 C 方案和 D 方案都代表相同的概率情境（见图 8-21）。结果很有趣，78% 的被试选择了 D 方案。因此，当决策被框定在拯救生命的范围内时，被试选择确定情况。然而，当决策被框定在失去生命的范围内时，他们赞同风险决策。显然，一个理智决策者应该针对上述情况产生相同的结果，它不应因为选项呈现方式改变而有显著改变。因此，框定效应再次突显了人类决策的弱点。

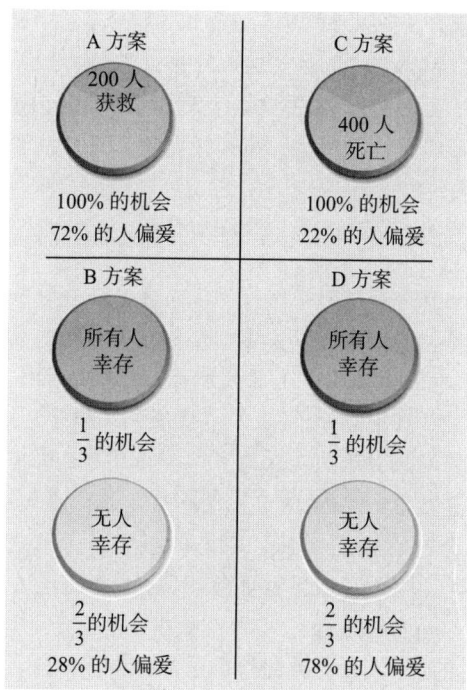

图 8-21　问题框定

本图显示 A 方案和 B 方案在发生概率上与 C 方案和 D 方案极为相似，但是这两组选项导致被试做出不同选择。相关研究显示当选项根据收益可能来设计时，人们偏好更为安全的方案。然而，当选项根据损失设计时，人们更愿意冒险。

损失厌恶

另一个有趣的现象是**损失厌恶**（loss aversion）。一般而言，损失大于同等大小的收益（Kahneman & Tversky，1979；Novemsky & Kahneman，2005）。因此，大多数人认为失去1000美元所带来的负面影响大于赢得1000美元带来的正面影响。损失厌恶能导致人们放弃好机会。例如，被试倾向于拒绝从一个数学上看比任何赌场更有吸引力的假想赌博。此赌博给予85%的概率加倍你的所有存款以及15%的概率失去你的存款（Gilbert，2006）。损失厌恶在很多生活领域（如消费品选择、投资、商务谈判和卫生保健方式）都影响决策（Camerer，2005；Klapper，Ebling，& Temme，2005）。

正如 Daniel Gibert 和同事所发现的，损失厌恶问题是因为人们一般高估各种损失（从失业和失恋到采访失败和观看你支持的球队输掉一场关键比赛）后负性情绪的强度和持续时间，（Gilbert，Driver-Linn，& Wilson，2002；Kermer et al.，2006；参见第10章）。有趣的是，由于人们没有体会到其实多数人都擅长合理化，降低和扭曲消极事件，因此，他们会高估损失的情绪后果。

批判性思维应用

语言塑造思维："只有傻瓜才相信"

正如本章已经解释的，语言相对性假设断言不同语言导致不同的思维方式。考虑到语言的力量，我们应该毫不惊讶地发现，仔细选择的词语和符号可不经意间影响人对各种问题的感觉（Galvert，1997；Johnson & Dowling-Guyer，1996；Pohl，2004；Weatherall，1992）。在日常生活中，许多人清楚认识到语言通过某些方式可能改变人的思维。这种可能性是对一些性别歧视语言表示担心的理由。那些反对被叫作"girl"（女孩），"chick"（少女）和"babe"（宝贝）的女性相信这些称呼影响人们思考女人以及与女人打交道的方式。同样，"二手车"（preowned car）销售店和描述"水上降落"（water landing）安全措施的航空公司都是在操纵语言去影响思维。的确，官员、政客、广告商和大商人都通过操纵语言来改善塑造思维的艺术，并且，退一步说，许多人也把同样的技巧运用到日常交流中。让我们考虑其中两种技术：语义粉饰和辱骂。

语义粉饰

语义粉饰（semantic slanting）指仔细选择一些词语从而创造某些情绪反应。例如，请看有关堕胎辩论中的巧妙用词（Halpern，1996）。反对流产运动者认识到支持一件事的说法要优于反对一件事的说法，因此决定把立场表述为"保护生命"而不是"反对选择"。同样，支持堕胎者不喜欢"反对生命"或"支持堕胎"运动这种口号的隐含意义，因此他们把立场表述为"支持选择"。每一方所主张立场都没有变化，但是口号明显影响人们如何反应。顺着类似思路，一些"保护生命"的拥护者（即反堕胎者）主张赢得争论的最佳方法就是频繁地在同一句子中使用"杀"（kill）和"宝贝"（baby）这两个词（Kahane，1992）。显然，这些词语会刺痛人们并引起强烈的情绪反应。

威廉·卢茨（William Lutz，1989）在《狡辩》（*Doublespeak*）一书中给出了许许多多政府、商界和广告界如何操纵语言使人们的思想和感受产生偏差的例子。例如，在军方语言中，侵略叫作"先行反击"，轰炸敌人叫作提供"空中支持"，平民被军事打击意外所杀或所伤称作"间接伤害"，而且军队被自己军队误杀称作"友军误伤"。在商业界，解雇和裁员变成"人数减少"或"劳动力调整"，而坏账变成"不良资产"。在政府语言中，病人在医院死亡叫作"病人的负性医疗后果"，增税叫作"税收增加行动"。卢茨嘲讽道："生命中除了病人的负性医疗后果和税收增加，没有什么是确定的。"你可能对这些用法还没有什么感觉，但你到商店看到"真仿皮制品"或"真仿钻石"时才领会到其中的荒谬。

有关军事行动的新闻因其富含创造性但并不智慧的语言操纵而闻名。这些新闻发言人经常通过语义粉饰而模糊一些令人不愉快的战争事实。

你不一定要当政府或军方发言人才需要语义粉饰。如果你的一个朋友对一位60岁教授所出考题太难，感到恼火而描述他为"老家伙"时，那么她就在使用语义粉饰。她本可以表达教授年龄太老是个负面因素，而这个因素与对老人的许多成见相关。她本可以暗示因为他观点过时或太年老，因此出了一套不合时宜的考题，但她现在只需要两个精挑细选的单词就够了。我们每个人都会接收各种各样这种暗含情绪的单词和信息。一个重要的批判性思维技巧是发现正影响你思维的语义粉饰，从而抵抗这些不易察觉的技巧。

请注意你身边的人或者媒体如何谈及其他人种和族群。例如，通过考察他们谈到其他国家的人民时所使用的单词，你就能大概判断一位政客对移民的态度。在校园中，来自美国以外的学生被称作"国际学生"还是"外国学生"？因为"国际"这个术语世界通用，所以它似乎传达一种更为积极的印象。而"外国"这个词则提示某人是陌生的。很明显，当选择交流用语时，你需要小心翼翼。

辱骂

另一种单词影响思维的方式是通过辱骂策略来标记和归类其他人。人们常常通过把某些不喜欢的观点归入"激进女权主义者"，"不经大脑思考的自由派"，"右翼分子"，"狂热宗教分子"，或"极端主义分子"的观点，达到压制或反对这些观点的目的。在日常交流中，有些激怒我们的人被称为"婊子"，"傻瓜"，或"小气鬼"。在这些例子中，辱骂不隐晦，容易被发现。

但是，辱骂可以用得更巧妙。有时候还会有一种**隐含威胁**（implied threat）。如果你做出一个不受欢迎的决策或者得出一个不被支持的结论时，你将会得到一个负面称号。例如，某人可能通过说"只有傻瓜才会相信"而影响你对一个问题的态度。这个**预期辱骂**（anticipatory name calling）策略让你难以宣称支持反面观点，因为它意味着你让自己看起来像一个"傻瓜"。预期辱骂也能激发积极的内群关系，如主张"所有真正的美国人都会同意"或者"知情人士认为"。预期辱骂是一个精明策略，能有效塑造人的思维。

不管你在这些问题上的立场如何，你怎样回应有些人说"只有一个不经大脑思考的自由派会支持种族配额或平权行动，给少数族裔并不公平的优势"，或者"只有愚蠢的偏执狂会反对纠正歧视少数族裔的平权行动"。你能发现这些例子中的预期辱骂和语义粉饰吗？更重要的是，你能抵挡像这种影响你如何思考复杂社会问题的企图吗？

表 8-5　本小节应用的批判性思维技巧

技巧	描述
了解语言影响思维的方式	一个批判性思考者理解，当想影响人的思维时，你应该小心选择用词
发现语义粉饰	一个批判性思考者应该警觉人们为了产生某些情绪反应而故意使用某些单词的策略
发现辱骂和预期辱骂	一个批判性思考者应该注意辱骂以及预期辱骂中的隐含威胁

第9章

智力与测量

你是否曾经想过心理测量在你的现实生活中扮演着怎样的角色？很可能的情况是，你的小学和中学时代充满了各种各样的智力测验、成就测验、能力倾向测验，以及职业兴趣测验。在低年级的时候，你很可能参加了每年1～2次的标准化成就测验。可能你对考场上的场景还记忆犹新，如异常严肃的气氛，非常正式的指示语（"请不要打开密封条，直到监考人员让你这么做"），以及完成测验的时间压力（我还记得多米尼克修女紧张地来回看她的怀表）。

回到当下，你身处何处阅读这段文字大概也受到了你在标准化测验中表现的影响。换句话说，你选择就读的大学可能跟你的学术能力评估测试或者大学入学考试的分数相挂钩。而且，你与标准化测验的缘分还远未走到终点：即使是现在，你可能正为准备考研而特意选择你的课程；毕业之后求职之时，你会发现雇主仍然希望你做更多的心理测验，以评估你的人格、动机和才能。

现代测量的庞大事业发展于心理学家们对测量一般智力的开创性努力。第一个有用的智力测验创始于20世纪初，到今天它已是"儿孙满堂"：超过2600个被公布的心理测验分别测量不同系列的心理能力或者其他行为特质。事实上，心理测验已经成为一个每年产生税收成千上万美元的巨大产业（Koocher & Rey-Casserly，2003）。

【悖论】学校里学生表现的下降正受到广泛的关注，然而研究表明最近的几十年里（学生）在智力测验中的平均表现是稳步上升的。

既然人生是如此强烈地受到我们在心理测验中表现的影响，那么关注心理测验的长处和局限性当然是有价值的。在这一章，我们将探索关于测验的很多问题，包括以下：

- 在现代社会里，心理测验是如何逐渐变得如此流行的？
- 心理学家是如何评判其测验效度的？
- 智力测验实际上测量的是什么？
- 智力是可遗传的吗？如果是，多大程度上是？
- 心理测验如何测量创造力？

我们会从介绍一些心理测验中的基本概念开始，然后探索智力测验的发展历史，接下来讨论智力测验是如何工作的操作性问题。在讨论过关于智力的先天后天之争后，我们将探索智力研究中的一些新方向。在个人应用中，我们将讨论关于测量和理解另一种类型的心理能力——"创造力"的努力。在批判性思维应用中，我们将就一些用在关于智力根源的激烈争论中的推理进行评论。

心理测验的主要概念

心理测验（psychological test）是指对个体的行为样本的标准化测量。心理测验是一种测量工具，它们被用来测量人们在能力、能力倾向、兴趣和人格各个方面的个体差异。

你对心理测验的回应代表着你行为的一个样本。**样本**（sample）这个词应该引起你对心理测验一个局限性的警觉：某个特定的行为样本或许不能代表你的特征性行为。每个人都有状态不好的时候：一次腹痛、与朋友大打出手、车辆出现故障，这些都可能影响你在这特定的一天对特定测验的回应。

这个取样问题不是心理测验独有的，它对所有依赖取样的测量技术来说都是不可避免的。比如，内科医生在测量病人的血压时可能得到一个不具有代表性的读数。同样地，足球球探在给一个候选人的40码冲刺计时时，则可能得到一个误导性的数据。因为取样程序的局限性，测验分数总是要被小心翼翼地解释。

测验的主要类型

虽然人们开发心理测验大多数是服务于实验室之外的实用性目的，但是心理测验仍被广泛应用在实验室研究中。大多数测验可以被归为两个大致分类中的一种：心理能力测验和人格测验。

1. 心理能力测验

心理测验源于测量一般的心理能力。直到今天，心理能力测验仍然是最常见的心理测验。这一大致的测验分类包括3个主要的支类：智力测验、能力倾向测验以及成就测验。

智力测验（intelligence tests）测量一般心理能力。它们试图评估智力的潜在能力，而不是之前学习或者积累的知识。能力倾向测验用于测量潜在能力而不是知识，但是它把心理能力拆分为不同的元素，所以**能力倾向测验**（aptitude tests）评估的是特定类型的心理能力。比如，**区分性能力倾向测验**（differential aptitude tests）评估语言推理、数字能力、抽象推理、知觉速度和准确性、机械推理、空间关系、拼写及语言运用等能力。就像能力倾向测验一样，成就测验也有一个特定的关注点，但是人们普遍认为它们更应该测量之前的学习情况而不是潜在能力。因此，**成就测验**（achievement tests）主要测量个体对各科目的掌握程度和知识积累（比如阅读、英语或者历史）。

2. 人格测验

如果你要用几个词描述你自己，你会用什么词呢？性格内向？独立自主？雄心勃勃？积极进取？保守传统？坚定自信？专横跋扈？这样的词都是关于人格特质的。这些特质可以用人格测验系统地评估，而这样的测验已经超过 500 种了。**人格测验**（personality tests）测量人格的不同方面，包括动机、兴趣、价值观和态度。许多心理学家更喜欢把这些测验称为人格**量表**（scales），因为不像心理能力测验，人格测验问题的答案没有对与错。我们会在接下来的章节中（第 12 章）对不同类型的人格量表做进一步介绍。

标准化和常模

人格量表和心理能力测验都是行为的标准化测量。**标准化**（standardization）是指测验施测和评分的统一的程序。所有的被试得到同样的指导语、同样的问题、同样的时间限制，所以他们的分数可以被有意义地相比较。这意味着，打个比方，一个个体 1992 年在圣迭戈参加的区分性能力倾向测验，与另一个个体 2002 年在巴尔的摩，第三个个体 2012 年在奥里亚参加的同一个测验，所面临的是同样的测验任务。

针对测验评分系统的标准化过程包括测验常模的开发。**测验常模**（test norms）提供了关于在一个心理测验里，某个特定分数相对其他分数的位置的信息。测验常模非常重要，因为在心理测验中所有东西都是相对的，心理测验告诉你相对其他人你的得分如何。例如，它们告诉你在创造力上你处于平均水平，或者在文书能力上略高于平均水平。这些解释都源自测验常模，帮助你理解测量分数的意义。

通常，测验常模让你可以把你测验中的"初始分数"转换成为百分数。一个百分数分数（percentile score）表明有多少人得到跟你一样或比你低的分数。想象你参加一个 40 个项目的自信测验并得到 26 分的初始分数。换言之，你在 26 个问题中表现出对自信选项的倾向。显然，这个 26 分的分数并没有多大意义，直到你查阅测验常模并发现它处在第 82 百分位上。这个常模化信息表明你的自信水平不低于 82% 的参与同样测验的样本。

常模所依据的人群样本被称为**标准组**（standardization group）或**常模组**（norm group）。理想状态下，测验常模应该依据一个经过精心挑选的能充分代表更广大人群的大样本。例如，大多数智力测验依据的样本大小达 2000～6000 人，并在人口学特征上与整个美国的人口学特征相匹配（Woodcock，1994）。心理学常模还需要周期性地根据当代样本更新，因为它们会变得老旧过时（Wasserman & Bracken，2003）。在所有测验的标准化中，智力测验的标准化做得很仔细，但其他类型测验标准组的代表性则相当参差不齐。

信度

任何种类的测量工具，无论是轮胎气压计、浴室磅秤、停表，还是心理测验，都应该相对稳定。就是说，重复的测量应该得出相当近似的结果。心理学家把这种特性称为信度。为了更好地体会信度的重要性，请想象如果某天早上你家浴室磅秤给你好几个相去甚远的体重读数，你会如何反应。你很可能会得出结论说这个秤坏掉了，并考虑换一个。显然，一致性对测量的准确性是至关重要的。

信度（reliability）是指测验（或者其他种类的测量策略）的测量一致性。心理测验并不能在信度上达到完美。测验的信度可以通过几种方法评估（Hempel，2005）。其中一种被广泛使用的方法是考察**重测信度**（test-retest reliability），重测信度通过比较一个测验对同一被试的两次施测的分数来评估。打个比方，如果我们想考察一个新开发出的自信量表的信度，我们将让一组被试在两个不同时间都参加一次测验，可能分隔几个星期（见图 9-1）。这种评估方法里包含这样一种假设：自信特质是人格中相当稳定的部分，不会在短短几周内发生变化。因此，被试两次测验中分数的任何变化很可能反映了测量的不一致性。

信度评估需要计算相关系数，我们已在第 2 章介绍过（简略回顾见图 9-2）。

相关系数（correlation coefficient）是两个变量关系程度的数字指数。在评估重测信度时，进行相关的变量是两个分别来自两次测验的分数组。比如，如果人们在

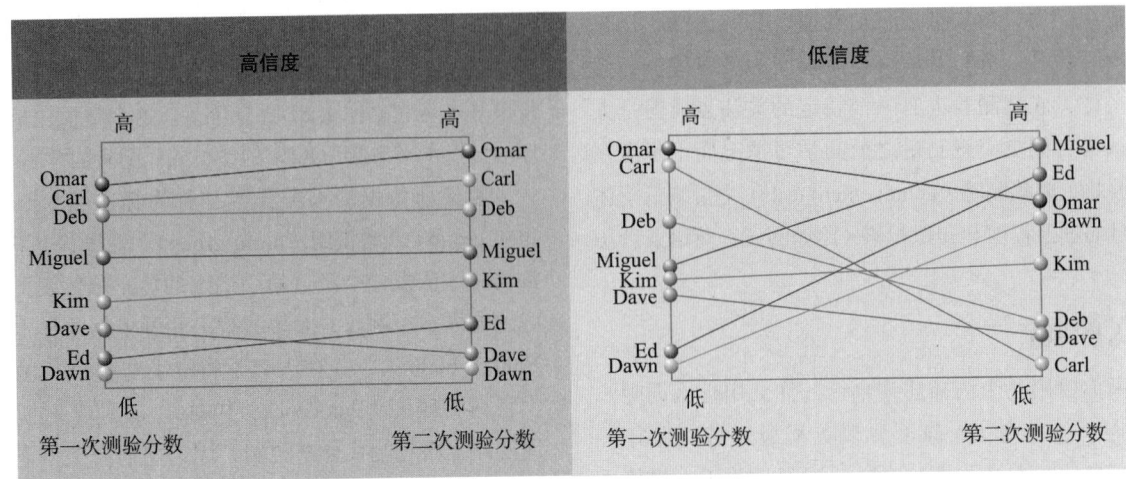

图 9-1　重测信度

在每个图上，某个自信测验的第一次施测的被试分数被呈现在左边，几个星期后同一测验的第二次施测则在右边。如果参与者在两次施测中得到相似的分数，如左图所示，那么说明这个测验可以一致地测量自信，具有高重测信度。反之，如右图所示，测验具有低信度。

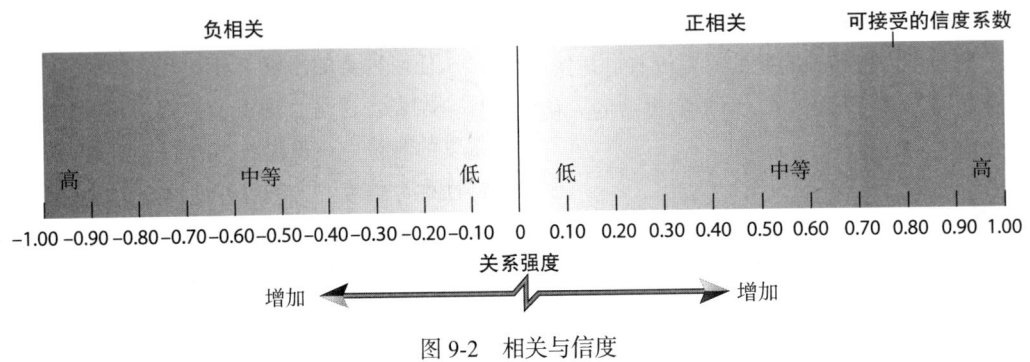

图 9-2　相关与信度

就像第 2 章中所解释过的，一个正相关意味着两个变量在相同方向上共变，一个负相关意味着两个变量在相反方向上共变。相关系数越接近 −1.00 或者 +1.00，相关关系就越强。最低限度上，心理测验的信度评估必须是相当高的正相关。大多数信度系数落在 0.70～0.95。用在"高风险"测试中的测验应该具备 0.90 以上的信度系数。

我们两次假定的自信测验中得到相当近似的分数，那么这种一致性将产生一个强正相关。因此，相关的大小将显示测验的一致性，相关越接近 +1.00，测验就越可靠。

信度要多少才是可接受的呢？这没有一条绝对的标准，只是一定程度上根据测验类型和目的而定（Fekken, 2000）。大多数心理测验的信度评估在 0.70s～0.90s。信度系数越高，测验的一致性越高。随着信度下降，存在测量偏差的可能性越高。如果一个测验是用来做出事关民生的重大决策的，它就应该具备 0.90s 以上的信度（Nunnally & Bernstein, 1994）。

效度

即使一个测验非常稳定，我们还需要考虑它的效度。

效度（validity）是指测验测到设计中想测量的东西的能力。还是以自信量表为例，如果我们发展出一个新的自信量表，我们必须证明该量表确实测量的是自信这一特质。另外，测验的效度还可以作为根据测验所做出的推论或决策的准确性和有效性的参考（Haladyna, 2006）。这个效度的广义概念强调了一个特定测验可能在某种使用目的下是有效的，例如学校招生，但在另一种使用目的下完全无效，例如企业为某个特定职位做出聘任的决策。根据测验的类型和目的，效度可以通过几种不同方法评估（Krueger & Kling, 2000；Wasserman & Bracken, 2003）。

1. 内容效度

像教室考试那样的成就测验和教育测验应该具有适

当的内容效度。**内容效度**（content validity）是指测验的内容代表其预想覆盖领域的程度。想象一个包括在课堂上及课本中从未涉及的问题的物理考试，这样的考试就缺乏内容效度。获取这一类型的效度依靠清晰地详细阐明所感兴趣的内容领域（Kane，2006）。

2. 效标效度

心理测验常常被用作预测个体行为的特定方面，包括学校中的表现、职业能力和在培训项目中的持久性。效标效度正是此类情况中所关心的重点。**效标效度**（criterionrelated validity）是通过关联被试在测验上的分数与其在测验所测特质的效标（另一个测量）上的分数来进行评估的。举个例子，你开发出一个测量飞行员潜质的测验。那么你可以通过关联被试在这个能力倾向测验中的分数与他们在随后的飞行训练中的表现评级，来考查其效度（见图 9-3）。其中的表现评级就是飞行员潜力的独立效标。如果你的测验具有合理的效度，测验与飞行员训练评级间应存在一个相当强的正相关。这样一个相关会有助于证实你的测验的预测能力。

3. 结构效度

许多心理测验尝试测量抽象的人格特质，例如创造力、智力、外倾性，或者独立性。这些抽象特质并不存在明显的效标，因而被称为**假设构念**（hypothetical constructs）。在测量抽象时，心理学家们会关心**结构效度**（construct validity）——有证据证明测验测量了一个假设构念的程度。

证明结构效度的过程是复杂的。首先应该构想出一个关于所要测量的假设构念的清晰概念（Clark & Watson，2003）。然后，（研究者）常常需要对测验与各种测量的相关性进行检测，这些测量关联着测验问题所考察的特质。一个对结构效度的完整证明需要考察一个测验和许多其他测量的关系（Han，2000）。例如，关于测量外倾性的量表的结构效度的证据（心理筛查测验中的表达量表）总结在下一页的图9-4中。这个相关系数图显示此**表达量表**（expression scale）与各种不同测量分别具有负相关、正相关或者没有任何相关，从根本上来说，正是相关的整个模式提供了关于测验的结构效度的有力（或者负面的）证据。

在我们即将进行的关于智力测验的讨论中，展示结构效度过程中所涉及的复杂性将显露无遗。对于智力测验结构效度的持续不断的讨论，是心理学最古老的争论之一。我们将首先查看智力测验的起源。这个历史回顾将帮助你领会当今关于智力测验的论战。

智力测验的演化

虽然应用精心制作的测验来做出筛选可以追溯到约1400年前的中国科举考试，但第一个现代心理测验直到一百多年前才被发明出来。从那以后，人们越来越依赖心理测验。在这一节，我们讨论那些致力于测量一般智

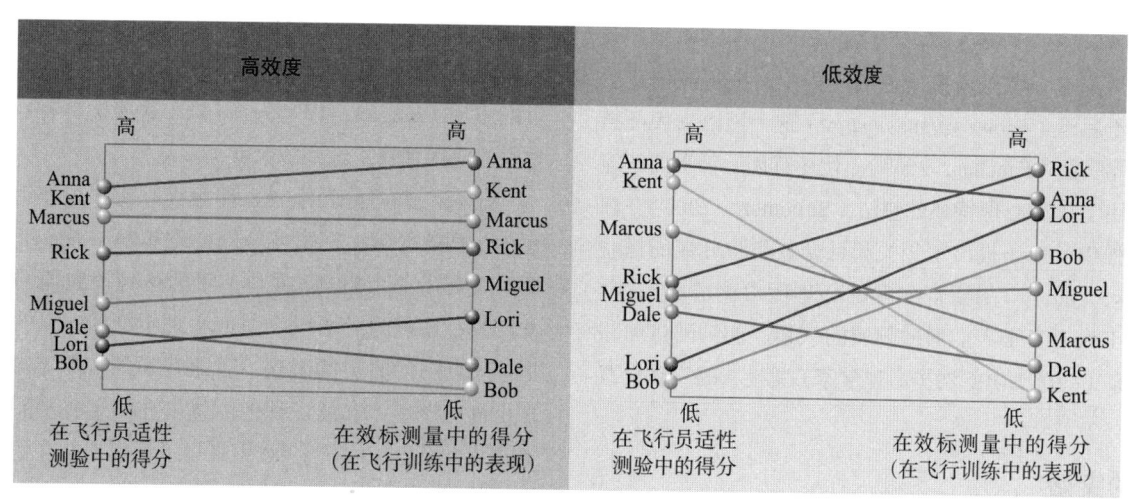

图 9-3 效标效度

为了评估一个飞行员能力倾向测验的效标效度，一个心理学者将会关联被试的测验分数与他们潜力的效标测量分数，例如他们在飞行训练项目中的评级。如果在测验中得到高分的人同样在效标测量中得高分（如图左所示），则测验的效度得到支持，表明两个测量间有实质性的相关。如果两组分数间相关性较小甚至不存在相关（如图右所示），那么数据不支持测验的效度。

力,并以此推动心理测验事业踏出第一步的先驱们。

高尔顿关于遗传型天才的研究

这一切开始于19世纪后期一个英国学者弗朗西斯·高尔顿爵士(Sir Francis Galton)的工作。高尔顿是查尔斯·达尔文的表弟,他研究家谱,发现成功和卓越似乎可以在一些家族中实现遗传。就绝大部分而言,这些家族就像高尔顿的家族一样:能够获得高等教育、有教养、处于社会上层。然而高尔顿低估了这种教养的优势(Fancher,2005)。在他的《遗传天才》(*Hereditary Genius*)一书中,高尔顿如此总结:由于优异的智力通过基因遗传代代相传,因而家族获得成功。

为了更好地证明智力受遗传掌控,高尔顿需要一个对智力的客观测量。他假设异常聪明的人应该表现出异常的知觉敏锐性。从这个前提出发,他尝试通过测量简单的感知觉过程来测评先天的心理能力。他测量了对尖锐声音的敏感性、颜色知觉、反应时(个体对刺激做出反应的速度),以及其他项目。他的努力并没有获得成功。研究最终显示:他测量的感知觉过程与他所尝试预测的心理能力效标(如学业或职业生涯中的成功)基本没有任何关系(Kaufman,2000)。

在从事这一调查研究事业的过程中,高尔顿创造了**先天之于后天**(nature versus nurture)这个短语去表征遗传-环境问题(Fancher,2009)。他还首创了钟形曲线能够被应用于描述心理特征的想法(Simonton,2003)。在这个过程中,他还提出了相关和百分数测验分数的概念(Roberts,2005)。尽管高尔顿的心理能力测验失败了,但他的工作引发了人们对此领域的兴趣。这为阿尔弗雷德·比奈(一位杰出的法国心理学家)紧接着的突破设置了舞台。

比奈的突破

在1904年,法国教育部邀请阿尔弗雷德·比奈(Alfred Binet)设计一个测验来筛选出能够获益于特殊教育程序的低能儿童(Foschi & Ciciola,2006)。委员会的

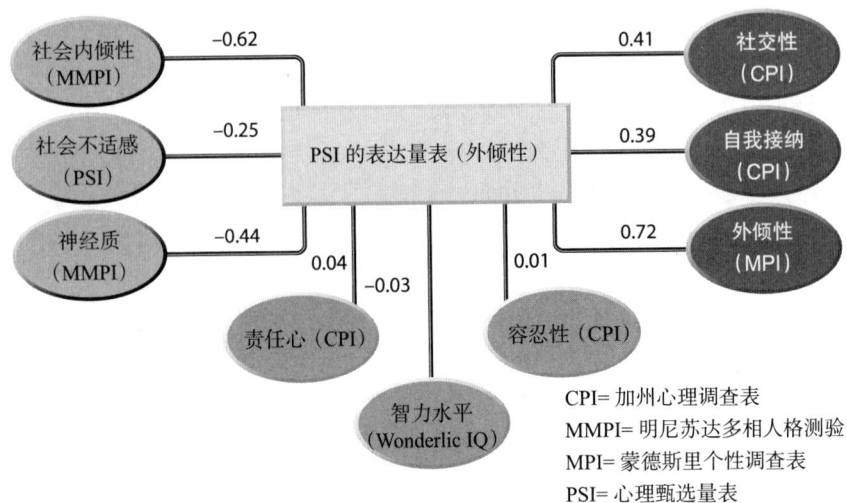

图9-4 结构效度

CPI= 加州心理调查表
MMPI= 明尼苏达多相人格测验
MPI= 蒙德斯里个性调查表
PSI= 心理甄选量表

关于心理甄选量表表达量表的结构效度的一些证据总结如上。此量表被假设能测量外倾性人格特质。如你所见,在该图的左边,量表与社会内倾性、社会不适感和神经质有负相关,说明此量表确实测量出了我们预期到的外倾性结果。而在右边,你可以看到量表与社交性、自我接纳和另一外倾性指数有正相关,也符合预期。在图的底部,你可以看到量表与数个应该与外倾性没有关系的特质之间没有相关。因此,这个相关网络支持了此表达量表测量了外倾性的结构的想法。

动机很值得赞赏:它想避免完全依赖教师的评价,因为这种评价常常是主观而且带有偏见的。

为了回应这种需求,比奈和一个同事——西奥多·西蒙(Theodore Simon)——在1905年发布了第一个实用的一般心理能力测验。他们深具洞察力,使用需要抽象推理技能的项目去构建这个测验,而不是使用高尔顿测量过的感知觉能力(Brody,2000;Sternberg & Jarvin,2003)。他们的量表取得了成功。此量表非常客观,施测廉价而简单,并能够相当好地预测儿童在学校里的表现(Siegler,1992)。得益于这些优良特性,这个量表的应用很快扩散到整个欧美。

比奈-西蒙量表用"心理等级"或"心理年龄"来表述儿童的分数。一个儿童的**心理年龄**(mental age)是指他表现出一个生理(实际)年龄达到该数值的儿童将表现的心理能力。所以,一个心理年龄为6岁的儿童在此时间点的测验里的表现,就跟普通的实际年龄为6岁的儿童一样。比奈意识到他的量表在测量心理能力方面仅仅是个起步。他在1908年修订了量表,并在他去世的1911年再次修订。

推孟和斯坦福-比奈量表

在美国,路易斯·推孟(Louis Terman)和他在斯

坦福大学的同事们很快开始一个重要的扩展修订比奈测验的工作。他们的工作造就了斯坦福-比奈智力量表在1916年的发布（Terman，1916）。这次修订相当忠实于比奈的原始设想。然而，它吸收了一个根据威廉·斯登（William Stern，1914）的"智力商数"得出的新的评分方案（Minton，2000）。一个**智力商数**（intelligence quotient）（智商、IQ）是一个儿童的心理年龄除以实际年龄，再乘以100。如你所见，智商分数从根源上包含着真实的商数：

$$智商 =（心理年龄 / 生理年龄）\times 100$$

心理年龄和生理年龄的比率使得比较不同生理年龄的儿童的智力成为可能。在比奈的智力分数系统里，这样的比较是不合适的。使用智商比率，所有的儿童（不管年龄是多大）被放在同一个量表里。在这个量表里，如果他们的心理年龄正好与生理年龄一致，那么他们将集中于100分左右（智商计算的例子见表9-1）。

推孟为测验的潜在教育意义做了有力的辩护，并成为推动美国学校广泛应用智商测验的背后力量（Chapman，1988）。他努力的一个成果是：斯坦福-比奈量表很快成为世界最先进的智力测验，而其比较智力的标准也成为几乎所有随后出现的智力测验的标准（White，2000）。自从1916年发布以来，斯坦福-比奈量表会被周期性地修订，但即使是现代的版本依然保持着比奈和推孟最初提出的智力的概念。

韦克斯勒的创新

作为纽约规模巨大的贝尔维尤医院首席心理学家，大卫·韦克斯勒（David Wechsler）承担着监督对成千上万的成年病人的心理评估的责任。他发现斯坦福-比奈量表有点不适应这种情况。因此，韦克斯勒开始改进对成人智力的测量。在1939年他提出了第一个专为成人设计的高质量智力测验——**韦氏成人智力量表**（the Wechsler Adult Intelligence Scale，WAIS）（Wechsler，1955，1981，1997）。具有讽刺意味的是，韦克斯勒后来又为了测量儿童智力，修订了量表的向下扩展版。

韦氏量表至少具有两个主要创新特征（Prifitera，1994）：第一，对比斯坦福-比奈量表，韦克斯勒让他的量表更少依赖被试的语言能力，他在量表中使用了许多只需要非语言推理的项目；第二，韦克斯勒抛弃了智力商数，并使用了一个基于正态分布的新的计分方法。这个计分系统从那以后就被大多数其他智商测验使用，包括斯坦福-比奈量表。智商这个术语仍徘徊在我们日常使用的词汇中，代表智力测验的分数，但实际上智力测验的分数不再是基于商数了。我们将在稍后更加仔细地考查智商测验的现代计分系统。

"你在你的智商测验中表现非常好。你是一个49岁的男人，但却拥有53岁男人的智商。"

关于智力结构的争论

20世纪前半叶的人们见证了一个关于智力结构的旷日持久的争论。这个争论的发起人是查尔斯·斯皮尔曼（Charles Spearman），他是一名英国心理学家，发明了叫作**因素分析**（factor analysis）的复杂统计方法。在因素分析中，各个变量间的相关将得到分析，以在其中分辨出联系紧密的变量群组。如果一些变量彼此间有很高的相关，那么我们可以假设它们都受到相同的某个单个因素影响。因素分析则尝试去辨析出这些隐藏的因素。

斯皮尔曼（1904，1927）使用因素分析检测了许多专用的心理能力测验的相关。他总结出所有认知能力都共享着一个重要的核心因素。他用"g"来表示这个因素，取"general mental ability"（一般心理能力）之意。斯

表9-1 计算智力商数

测量	儿童1	儿童2	儿童3	儿童4
心理年龄（MA）	6岁	6岁	9岁	12岁
实际年龄（CA）	6岁	9岁	12岁	9岁
智商 = $\frac{MA}{CA} \times 100$	$\frac{6}{6} \times 100 = 100$	$\frac{6}{9} \times 100 = 67$	$\frac{9}{12} \times 100 = 75$	$\frac{12}{9} \times 100 = 133$

皮尔曼认识到人们还具有"特殊"能力（如数字推理或者空间能力）。然而，他认为个体在这些专门领域的能力很大程度上受他们的一般心理能力决定（见图9-5）。

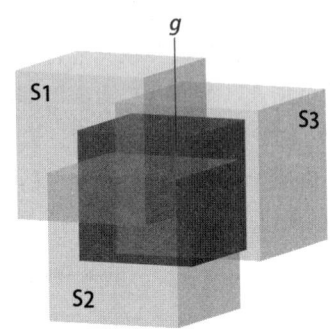

图 9-5　斯皮尔曼的 g 因素

查尔斯·斯皮尔曼在他关于智力结构的分析中，发现特殊心理才能（如 S1、S2、S3 等特殊智力因素）互相之间高度相关。因此，他得出结论，所有认知能力共享一个共有的核心，他把这个核心称为 g 因素，取一般心理能力（general mental ability）之意。

瑟斯顿（Thurstone）很快提出了一个非常不同的关于智力结构的观点。瑟斯顿是发展出学术能力评估测试（SAT）前身的美国心理学家（L. V. Jones，2000）。他使用一种相当不同于因素分析的方法来分析，总结出智力包括多种能力（1931，1938，1955）。瑟斯顿认为斯皮尔曼和他的后继者过于强调 g 因素。与此相反，他把智力描述为由七种独立因素组成，它们被称为**基本心理能力**（primary mental abilities）：词的流畅性、语言理解、空间知觉、直觉速度、数学能力、归纳推理和记忆力。

关于智力结构的争论持续了很长时间，甚至直到今天，这种争论仍不时出现。矛盾的是，两种关于智力结构的观点都很流行。正如斯皮尔曼所说，凭借着计算机，现代研究者得以使用强力手段进行因素分析，并一次又一次地展示出不同认知测验间的高相关（Brody, 2005；Carroll, 1996；Gottfredson, 2009；Jensen, 1998）。对智力的本质、决定因素和相关因素感兴趣的研究者们，在他们寻求理解心理能力的过程中继续重点关注 g 因素。

然而，在 19 世纪 80 年代，智商测验的发展者们开始走向相反的方向。他们的动机是给临床治疗、教育工作者和学校提供更多能够更好地帮助他们诊断学习能力缺陷、评估学生潜力的信息（相对于一个单独、包括全部内容的分数）。于是，在理论指导上他们转向了把 g 因素分割成**流体智力**和**晶体智力**的智力模型（Carroll, 1993；Cattell, 1963；Horn, 1985）。**流体智力**（fluid intelligence）包括推理能力、记忆容量和信息处理速度。**晶体智力**（crystallized intelligence）包括应用习得的知识和技能解决问题的能力。这个流体和晶体智力之间的区分带来了更进一步地把 g 因素分割成为基本元素。这些模型广泛指导了最新的斯坦福-比奈量表（Roid & TIppin, 2009），韦氏量表（O'Donnell, 2009）和许多其他智商量表（Kaufman, 2009）。当代智商测验一般是根据一个智力的分层模型来修订的，这种模型把 g 因素分成 10～15 个独特的能力。斯坦福-比奈量表的最新版本包括 10 个分测验，而韦氏量表最新的修订版则有 15 个分测验。

因此，我们得到了一个有趣的悖论：研究者和理论家们倾向于接受斯皮尔曼的 g 因素。然而，面对困难的诊断选择的临床医生和教育家们，还有为这些人发展测验的公司，都对按照瑟斯顿的方法测量特殊的能力更感兴趣。

智力测验的基本问题

智力测验中的许多概念常常受到误解，接下来我们将使用一问一答的方式解释智力测验依据的基本原则。

现代智商分数的意义

正如我们讨论过的，智力测验的分数曾经代表着心理年龄与生理年龄的比值。然而，这个系统已经让位于基于正态分布与标准差的另一系统（见第 2 章）。正态分布（normal distribution）是一个对称的钟形曲线，它代表着各种特质在总体中的离散分布。当一个特质遵从正态分布时，大部分的样本落在靠近中心的地方（平均分）。随着向两边任意方向移动，样本的数量逐渐下降（见图9-6）。

正态分布最初是被 19 世纪的天文学家发现的。他们发现他们的测量误差总是以一个可预见的近似钟形曲线的方式分布。从那以来，研究发现许多人类特质，从身高到跑步速度到空间能力，都遵循正态分布。心理学家最终也确认智力分数同样遵循正态分布。这种见解让大卫·韦克斯勒以发明一个几乎为随后所有智商测验使用的更加高级的测验计分系统。在这个系统里，原始分数被转换成**离差智商分数**（deviation IQ scores），一个根据正态分布对被试进行更精确地评分，以标准差作为测量单元进行测评的分数。

对于大多数智商测验，分布的均值设为 100，标准差设为 15。这样的选择是为了与原始的同样以 100 为中心的比率智商（心理年龄与生理年龄之比）保持一定的延续性。如图 9-6 所示，在这个系统里，一个 115 分的分数意味着此个体实际上得到了均值以上一个标准差（15）的分数，而一个 85 分的分数则意味着此个体得到了均值以下一个标准差的分数。最后，一个 100 分的分数意味着此个体刚好达到平均的表现。实际上你不需要知道标准差是如何工作的就可以理解这个系统。关键在于，现代智商分数指出了你在智力的正态分布中落在什么位置。因此，一个 120 的分数并不是指你答对了 120 道题目；也不意味着你拥有 120 "单位"的智力。离差智商分数的作用是把你定位在智力正态分布中的某个特定位置。

离差智商分数能够被转换成百分比分数（见图 9-6）。实际上，这个计分系统的一个主要优点在于，不管个体处在什么年龄组，特定测验中的特定分数转换成的百分比分数永远是一样的。老的比率智商分数系统就缺乏这种一致性。

智力测验是否具有足够的信度

当人们再次接受测验时，智商测验是否能够得到一致的结果呢？答案是肯定的。大部分智商测验报告出很好的信度评估，一般相关系数能达到 0.90s（Kaufman，2000）。对比大部分其他类型的心理学测验，智商测验显得格外可靠。然而，也像其他测验一样，由于要对具体行为取样，所以某次特定的测验也可能得出一个没有代表性的分数。

被试参加智商测验的动机的不同或者焦虑程度的不同，有时也会产生误导性的分数（Hopko et al.，2005；Zimmerman & Woo-Sam，1984）。最普遍的问题在于，低动机或者高焦虑可能在特定的情景中拉低被试的分数。例如，一个感到这个测验非常重要的四年级学生可能会变得神经过敏，并难以集中精神；而同一个学生在善于营造舒服氛围的测验者测验下可能会取得一个高很多的分数。综上所述，尽管智商

测验的信度很完美，对测验分数的解读仍需要保持小心谨慎。

智力测验是否具有足够的效度

智力测验测量到了它们设想中应该测量的东西吗？答案也是肯定的，但对这个答案必须很小心地做出限定。智商测验是个体在学业中表现出色的必须智力的有效测量。但如果测验的目的是在更广泛意义上评估智力，智力测验的效度是有争议的。

如你所记得的，智力测验最初的设计目的非常狭窄：预测学生在学校中的表现。这继续作为智商测验的原则性目的。结果，证明智商测验效度的努力常常集中在它们与学业成就之间的关系上（Kline，1991；Mackintosh，1998）。此外，一个最近在英国的超过 70 000 名儿童参加的大型研究甚至发现智力和学业成就之间存在着更紧密

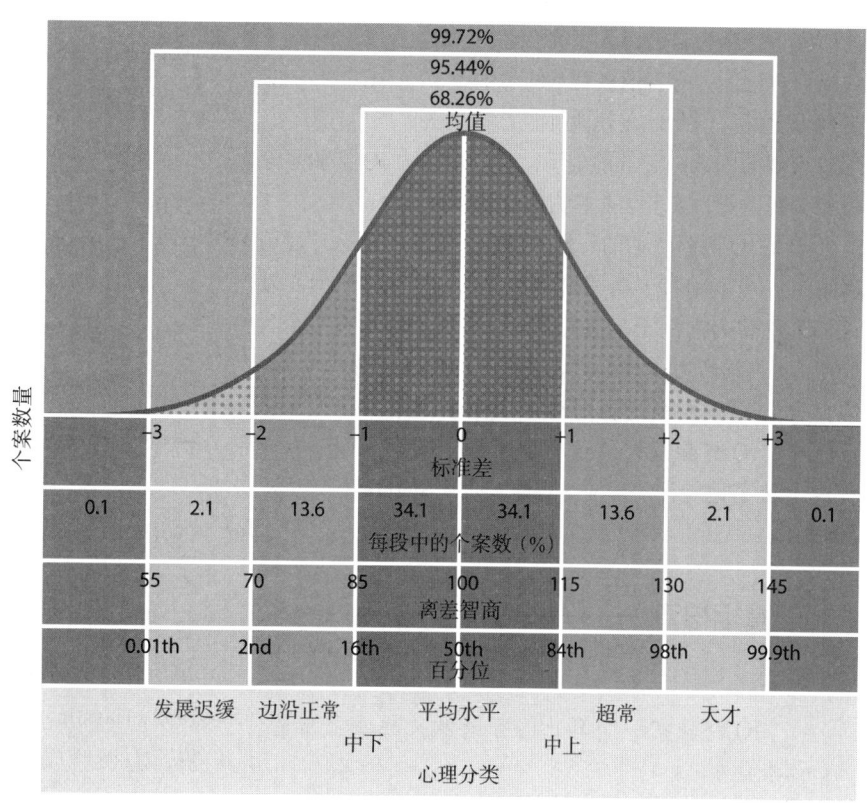

图 9-6 常模分布

许多人格特质都以上图的钟形曲线所代表的模式来分布。横轴表示分数比均值高或低多少（通过增加或减少多少个标准差来计量）。纵轴用来描述每个分数所得到的个案数量。在常模分布中，个案以确定的模式分布。例如，68.62% 的个案分布在 +1 和 -1 个标准差之间。现代 IQ 分数指出了个体测量到的智力处于常模分布的何处。在大多数的 IQ 测验中，均值设定为 100 分的 IQ 分数，标准差设为 15 分的 IQ 分数。任何离差智商分数可以被转换为百分位分数。图片底部的心理分类是与 IQ 分数段相关的描述标签。

的关系。Deary 和她的同事们（2007）对 g 因素和学业成就使用符合测量，发现接近 0.70 的相关。

这个相关性就像人们所能够想象的那么高，说明了包括个体智力在内的许多因素可能影响着学习进程。例如，学校成绩可能受学生的动机和人格影响，更不用说教师的主观偏好。事实上，一个最近的研究报告了学生的自律性对他们的学业表现有着令人吃惊的强烈预测性（Duckworth & Seligman, 2005）。其他研究表明学生对其能力的主观知觉影响着他们的学业表现，即使实验对实际 IQ 分数做了控制（Greven, 2009; Spinath, 2006）。换句话说，在实际 IQ 一致的前提下，认为自己有天赋的学生往往比对自己能力有着消极观点的学生表现得更好。因此，在其他可能影响学校表现的因素一定的前提下，有理由认为 IQ 测验是学校相关智力能力或者学业智力的有效指标。

但是 IQ 测验评估的作用并没有大家想的那么广泛或者普遍。当罗伯特·斯腾伯格和他的同事们（1981）让人们列出智力的例子，他们发现这些例子都落在三个类别中：①言语智力；②实践智力；③社会智力（见图 9-7）。因此，人们一般确认智力有三个基本因素。在大多数情况下，IQ 测验只评估这三个因素中的第一个，一定程度上狭窄地专注于学业／言语智力（Sternberg, 1998, 2003b）。

图 9-7 外行的智力概念

罗伯特·斯腾伯格和他的同事们（1981）让被试列出描述智力的行为例子。这些例子趋向于三个分组，这三个分组代表着被一般人所认可的三类智力：言语智力、实践智力和社会智力。图上这三个名人分别是言语智力模范著名主持人切尔西·汉德勒、实践智力模范 Face book 创办人扎克伯格和社会智力模范社会活动家乔治·克鲁尼。

资料来源：Adapted from Sternberg, R. J., Conway, B. E., Keton, J. L., & Bernstein, M. (1981). People's conceptions of intelligence. *Journal of Personality and Social Psychology*, 41(1), 37–55. Copyright © 1981 by the American Psychological Association.

此外，尽管这些测验专注于认知能力，Stanovich（2009）认为它们不大可能像我们想象的那样成功预测实际生活中的理性思维和有效决策。按照 Stanovich 的观点，拥有高智力的人做出不理智、欠考虑的决定是很平常的。他解释说这些行为并不让人吃惊，因为 IQ 测验没有评估理性思考、权衡冲突证据、进行明智推理的能力。

一个人的智商分数是否长时间稳定

你可能已经听说过有满怀希望的父母测试他们的两三岁孩子的智力，看看他们是不是格外聪明。这些父母还是省省他们的钱吧，因为学前期的 IQ 分数相对不太稳定，并且不是青年和成年期 IQ 分数的有效预测指标。随着儿童长大，他们的 IQ 分数最终会稳定下来（Brody, 1992; Hayslip, 1994）。在图 9-8 中可以注意到，在 7～9 岁，IQ 测验成为 18 岁 IQ 分数的相当准确的预测指标。一些追踪被试一直到成年晚期的研究也发现了 IQ 测验的显著的稳定性。例如，Deary 等人（2000）追踪 11 岁时受测并在 66 年后的 77 岁再受测的被试，他们发现两次测验间有着 0.63 的相关性。尽管 IQ 分数在 9 岁时趋向于稳定下来，在相当一部分少数人中还是会出现实质性的改变（Weinert & Hany, 2003）。总的来说，IQ 分数趋向于稳定，但不是一成不变的。

> **真相核查**
>
> **误解**
> IQ 测验在一个真正的普遍意义层面上测量心理能力。
>
> **真相**
> IQ 测验被描述为对一般心理能力的测量，而且群众也相信 IQ 测验在真正的广阔的意义层面上测量心理能力，然而，IQ 测验一直专注于抽象推理和言语流畅性这些对学业成就很关键的因素。这些测验没有触及社会竞争、实际问题解决、创造力、独创性或者艺术天赋。

真相核查

误解

智力是一个固定的、不会改变的特质，因为IQ分数很少随着时间改变。

真相

智力是一个相当稳定的特质，但它确实不是固定的。IQ分数仅仅指出了人们在特定年龄特定测验中的相对位置。这个相对位置能够根据人们的环境提升或者下降。一些人在测量智力的长期过程中会经历显著的改变。

智力测验是否可以预测事业的成功

事业成功是一个难以量化的带有价值内涵的含糊概念。尽管如此，研究者们还是试图通过检查IQ分数和特定职业成就指标的相关性来解决这个问题。这些指标包括收入、被试职务的声誉，或者被试的职务表现评定等。把IQ分数与职业成就联系起来的数据是相当清晰的。在IQ测验中得到高分的人比低分的人更有可能得到高级职务（Gottfredson，2003b；Herrnstein & Murray，1994；Schmidt & Hunter，2004）。因为IQ测验能相当好地测量学校表现，而学校表现对取得特定职务很重要，所以IQ分数和职业状况的联系就说得通了。当然，IQ和职业成就间的相关性是中等的。例如，在一个对很多相关研究的元分析中，Strenze（2007）发现在IQ和职业状况间有着0.37的相关性。这个数值意味着在一般趋势之外有许多例外。一些人可能通过顽强的决心和刻苦工作胜过比他们聪明的同事。IQ和收入间的关系显得较弱一些。Strenze（2007）所作的元分析根据31个研究报告了IQ和收入间存在0.21的相关性。在一个最近的关于美国婴儿潮中出生的人的大规模研究中，智力和收入间的相关是0.30（Zagorsky，2007）。这些结果表明智力促进职业成功，但两者间的关系是中等的。

关于IQ分数是不是在一个特定职务中表现的有效预测指标，有着更多的争论。一方面，研究表明：①在IQ分数和职业表现间有着实质性的相关（大约0.50）；②这个相关性一定程度上因不同职务需求的复杂性而有所变化，但即使是对低等级的职务，此相关性也不会消失（见图9-9）；③即使在工作者对他们工作有着大量经验的情形下，这种相关依然保持着；④对特定心理能力和人格特质的测量比对智力的测量更难以预测职业表现（Gottfredson，2002；Ones，Viswesvaran，& Dilchert，2005；Schmidt，2002）。

另一方面，有人批评0.50的相关性只能在预测中提供中等的准确性（导致了大约25%的实际职业表现中的变异）（Goldstein，Zedeck，& Goldstein，2002；Sternberg & Hedlund，2002）。还有人担心当IQ测验被用来作职业选择时，它们会对很多倾向于在此类测验中取得较低（平均上）分数的少数派群体造成不利影响（Murphy，2002；Outtz，2002）。

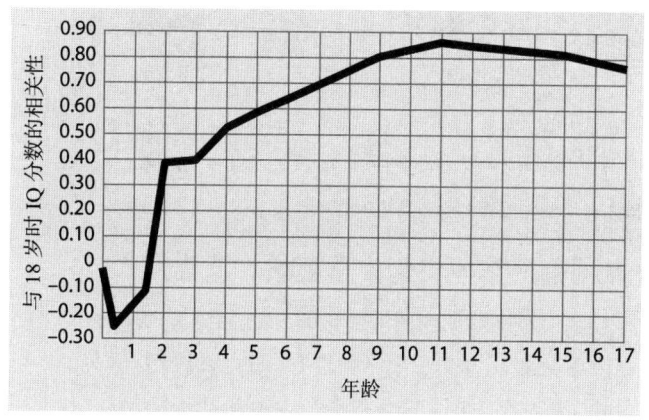

图9-8 IQ分数的逐渐稳定

这张图描画了儿童时期得到的IQ分数和随后18岁测量的IQ分数的相关性，学前期IQ分数不是成年IQ的好的预测指标。然而，IQ分数在学校期稳定下来，并且从9岁开始IQ分数与成人IQ分数的相关性达到0.80。

资料来源：Adapted from Bayley, 1949.

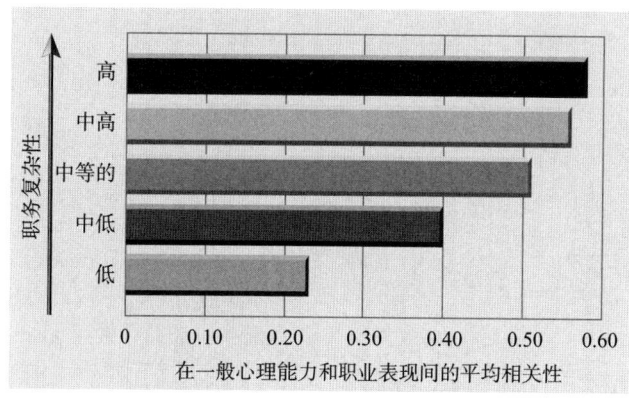

图9-9 智力作为职务表现的预测指标

根据一个对425项研究的回顾，Schmidt和Hunter（2004）报告了一般心理能力和职业表现间的相关性是根据职务的复杂性变化的。随着职务变得更加复杂，智力越发成为表现良好的预测指标。Schmidt和Hunter如此总结，这些相关性显示IQ测验对雇用选择是有价值的。然而，如正文所述，其他的一些专家对在雇用选择中应用智力测验是有所保留的。

总的来说，智力与职业成功无疑是有关系的。然而，对这种关系是否强得足以证明在雇用员工时依靠 IQ 测验是正确的，仍存在争论。

对成功起关键作用的技能和知识在不同的文化中是不同的。IQ 测验被设计为评估在现代、西方的文化中有价值的技能和知识。它们在一些重视相近的系列技能的非西方文化中被证实是有用的，但它们也在很多的文化中被证实是不适用的。

智力测验在其他文化中是否被广泛应用

在其他源于欧洲的西方文化中，IQ 测验被广泛应用；而在大多数非西方文化中，则没有。IQ 测验有着悠久的历史并在许多西方国家中继续作为一项重要事业存在，如英国、法国、挪威、加拿大、澳大利亚（Irvein & Berry，1988）。然而，向非西方社会推广 IQ 测验的努力遇到了复杂的结果。一些非西方文化很好地接受了 IQ 测验，如日本早在 1908 年就引进了比奈－西蒙量表（Iwawaki & Vernon，1988）。但另一些文化对 IQ 测验漠不关心甚至抵制，如印度（Chan & Vernon，1988；Sinha，1983）。

"你不懂建造小木屋，你不知道如何寻找可食用根茎，你还对预测天气一无所知。换句话说，你在我们的 IQ 测验中表现非常糟糕。"

关键问题在于，西方 IQ 测验没有被很好地转换成适合非西方文化的语言和认知结构（Berry，1994；Sternberg，2004）。把智力测验应用在它最初设计的目标文化群体外的其他文化群体中是有问题的。施测的整个程序和测验对快速的信息处理、果断的回应的强调，以及认为能力是可以被量化的观点，对一些文化来说都是外来的概念（Serpell，2000）。此外，不同文化对智力是什么有着不同概念，并且重视不同的心理能力（Baral & Das，2004；Sato，2004；Sternberg，2007）。

智力的极端情况

把儿童定为智力迟缓或者天才的极端智力的分数线到底在哪里？在低端，大致上低于均值两个标准差或者更低的 IQ 分数会被认为是低智能的。在高端，得到超过均值两或三个标准差分数的儿童会被认为是天才。然而，对智力障碍和天才的标定不应该仅仅根据 IQ 测验结果。让我们来更仔细地看看智力迟缓和智力天才的不断发展的概念。

智力障碍

用于指代那些表现出低智能的人的术语正经历一个转变。在很长一段时期，许多权威都表达过对**迟缓**（retardation）这个术语的担忧，因为他们认为此术语是贬义的，使人被打上烙印，而且是如此强有力，以至于被诊断为迟缓的人似乎完全被它定义了（Bersani，2007）。这些担忧最终使得美国智能障碍协会（AAMR）在 2006 年更名为美国智力和发展障碍协会（AAIDD）。它最近的在 2010 年出版的分类手册，使用**智力障碍**（intellectual disability）这个术语来代替**智力迟缓**（mental retardation），而且美国联邦法律正向采纳这个术语修正的方向前进。在这个转变的时期里，我这里只能互换着使用这两个术语。我们只能希望新的术语最终能够减轻迟缓造成的烙印。不幸的是，在大众中这样的态度转变还远未达到毫无疑问的地步。从 1919 年开始，低智力功能的官方术语已经被三次改变以使其更少包含贬义（从低能的 feebleminded 到智力缺陷 mentally deficient 到智力迟缓 mentally retarded），但智力障碍的烙印依然很强烈（Detterman，2010；King et al.，2009）。不管怎样，智力迟缓或者智力障碍是指始发于 18 岁前，呈现出适应技能存在缺陷、低于正常水平的一般心理能力。适应技能包括三个广泛领域的日常生活技能。这些领域是概念技能（管理记忆、写信）、社会技能（交朋友、处理别人的要求）和实践技能（做饭、使用运输工具、购物）。

这个定义有两个值得注意的方面。第一，IQ 的低于正常的标准不是固定的。在它的 1992 版分类手册中，美国智能障碍协会 AAMR（它当时的名字）设定了一个灵活的分界线，75～70 间或者更低。这条分界线还能划在其他地方。实际上，AAMR 在它的 2002 版中把分界线改设为 70（包括说明），然后在它的 2010 版中回到 70～75 上。这些关于 IQ 计分常模的周期性的变化已经造成落在分界线下儿童的百分比的不稳定（Flynn，2000；Kanaya，Scullin，& Ceci，2003）。5 个 IQ 分数可能听起来不多。然而，如果分界线准确地划在 75 而不是 70 上，具有资格参加特殊教育项目的人将会翻倍（King，2009）。第二，日常生活技能缺陷是必要条件，因为专家们认为如此高风险的一个选择不应该只根据一个测验分数（Lichten & Simon，2007）。这个必要条件承认了"学校学习"并不是唯一重要的学习。不幸的是，用于测量日常生活技能的现有方法都很模糊，不准确且过于主观。改进这些测评的努力正在进行中（Detterman，Gabriel，& RUthsatz，2000；Lichten & Simon，2007）。

1. 分级

历史上，对智力迟缓在人口上的分布广泛性的评估在 1%～3% 之间。最近的证据表明智力障碍的分布广泛性可能约为 1.5%（Ursano，Kartheiser，& Barnhill，2008）。智力迟缓传统上被分为轻度、中度、重度、深度四个等级。表 9-2 列出了每一等级的 IQ 跨度、个体的典型行为和教育特点。

如图 9-10 所示，大多数被诊断为智力障碍的人落在轻度类别上（King，2009）。只有大概 15% 的智障者存在明显的智力缺陷。很多轻度迟缓的个体不太容易从正常人群中被区分出来。许多轻度障碍类别中的儿童的智力缺陷常常到上学好几年后才被发现。此外，多达三分之二的这类儿童能够在成年离开教育系统后成功摆脱迟缓的标签（Popper et al.，2003）。他们中比例可观的一部分人能够自立并与社会融合得不错，一部分甚至能够进入大学（Getzel & Wehman，2005）。

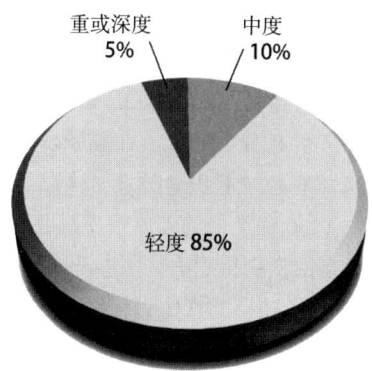

图 9-10　智力迟缓各等级的广泛性

绝大部分（85%）诊断为智力迟缓的人落在轻度类别中（IQ：55～70）。只有大概 15% 智力障碍患者落在中度、重度、深度迟缓的类别中。

> **真相核查**
>
> **误解**
>
> 大多数存在智力障碍的人是迟缓得很严重的。
>
> **真相**
>
> 当人们考虑智力障碍时，他们脑海中对此病症的范例是看起来与常人很不同并需要体制化的重度迟缓患者。使用这个范例来考虑问题，人们容易假设重度迟缓是智力障碍的最典型形式。实际上，它是智力障碍中最稀有的形式。绝大多数（85%）智力障碍患者显示出轻度迟缓。

2. 来源

许多器质性疾病会造成智力迟缓（Szymanski & Wilska，2003）。例如，唐氏综合症是一种因其患者与众不同的外形特征而引人注目的疾病（如斜眼、短粗的

表 9-2　智力迟缓 / 智力障碍分类

分类	IQ	可接受教育	可习得的生活适应技能
轻度	55～70	通常可在青少年晚期完成六年小学教育；接受特殊教育会有帮助；一部分可以完成中学教育	如果环境稳定并且是支持性的，能够以接近正常的方式自立；可能在面对压力时需要帮助
中度	40～55	青少年晚期完成 2～4 年小学教育；必须接受特殊教育	在庇护性的环境中能够做到半自立；即使面对很轻的压力都需要帮助
重度	25～40	有限的口头语言和入厕习惯，因此需要系统训练	在全面监护下能完成自己的日常生活
深度	低于 25	极少或者没有口头语言；没有入厕习惯；对训练相当缺乏反应	需要全面看护

注：如正文所述，迟缓的诊断不应该仅根据 IQ 分数做出。

四肢和稀疏的头发），这种疾病和轻到重度智力迟缓有关。大多数表现出这种综合症的儿童携带一根额外的染色体。**苯丙酮尿症**（phenylketonuria）是一种代谢障碍（源于一种遗传酶的缺陷），如果没有在童年期发现并治愈，它可引起智力障碍。在**脑积水**（hydrocephaly）中，颅内脑脊液的过度积聚破坏了大脑组织并引起迟缓。已知大约1000种类似的器质性疾病会造成智力迟缓，每年还有更多的疾病得到确认（Popper et al., 2003）。但是对多达30%～50%的智力迟缓案例，无法做出由器质性疾病引起的诊断（King, 2009）。

由未知原因引起的案例倾向于涉及更轻形式的迟缓。许多理论试图辨识出在缺乏已知器质性病变的智力障碍下的影响因素。一些理论家相信细微的、难以检测的生物学缺陷对许多这些案例有影响。然而，另外一些人相信大多数这类案例是由各种不利环境因素造成的。与这种假设一致的是，绝大多数患有轻度障碍的儿童都来自较低的社会经济阶层（见图9-11）。还有一些因素也对儿童的智力发展有负面影响，如父母婚姻关系不稳定和父母忽视、不适当的营养和药物护理，以及低质量的学校教育等（Popper, 2003）。

天才

像智力障碍一样，天才也被广泛误解了。这种误解部分源于电视和电影把天才儿童不准确地描画为社会适应不良和"呆子"。但正如我们将看到的，这种刻板印象是过于夸大了。

1. 识别出天才儿童

天才的定义是相当不同的（Kaufman & Sternberg, 2010）。一些有趣的偏差存在于天才儿童识别的理想和实践中。专家一直宣称天才不等于高智力。他们建议学校不要太过依靠IQ测验来鉴定天才儿童（Sternberg, 2005c; von Karolyi & Winner, 2005）。然而，在实际操作上，对天才儿童的鉴定几乎完全集中于IQ分数并极少考虑如创造力、领导力，或者在艺术音乐领域的特殊才能等其他品质（Newman, 2010）。大多数学区认为IQ落于分布中最高的2%～3%的儿童为天才。因此，天才计划的最低IQ分数常常为130左右。

2. 天才的人格特质

天才儿童很长时间以来被刻板印象认为是身体虚弱、社会不适、常常陷入情绪烦恼的"书虫"。实证证据大部分反驳了这种观点。最好的证据要数路易斯·推孟1921年发起的一个重要的纵向研究（Terman, 1925; Terman & Oden, 1959）。贯穿整个当代，其他研究者都在继续研究着推孟的被试（Cronbach, 1992; Holahan & Sears, 1995; Lippa, Martin, & Friedman, 2000）。这个计划代表着心理学运行时间最长的研究。

推孟的原始被试库包括大概1500名平均IQ达150的小孩。与正常被试相比，推孟的天才儿童被发现在身高、体重、强壮程度、身体健康程度、情绪适应、心理健康及社会成熟性等方面超过平均水平。作为一个群体，推孟的被试在整个成年期依然表现出比平均水平高的身体健康、情绪稳定性和社会满足。其他许多研究也发现高IQ儿童的样本在社会和情绪发展上达到或者高于平均水平（Robinson, 2010）。

然而，一些其他的研究提出了一些关于这个结论的问题。例如，Ellen Winner（1997, 1998）宣称极端天才的儿童（IQ高于180）与轻度天才儿童（IQ在130～150）是非常不同的。她宣称极端天才儿童常常是内向的和社

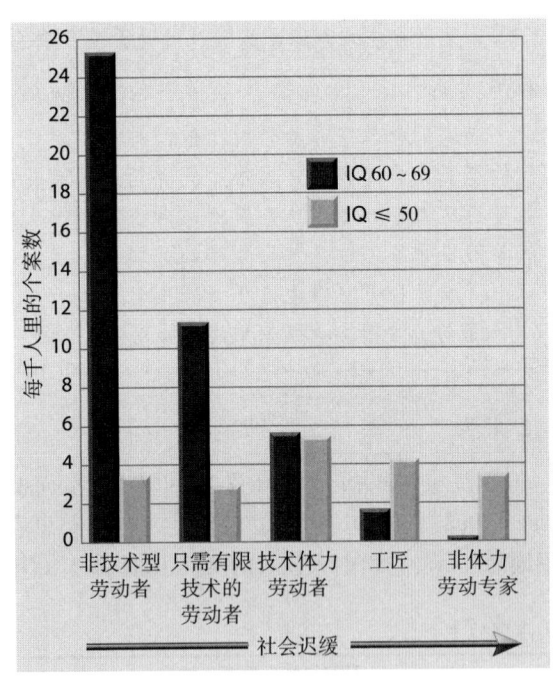

图9-11 社会阶层和智力迟缓

这张图描绘了轻度迟缓（定义为研究中IQ在60～69之间）和更严重的迟缓（定义为IQ低于50）在不同社会阶层的广泛性。重度迟缓在不同社会阶层中分布比较平均，与认为重度迟缓是可能平等地发生在任何人身上的生物失常的产物的观点相一致。与之相反，轻度迟缓的广泛性在更低社会阶层中大幅提高，这与认为轻度迟缓大部分是不良环境因素的产物的观点相吻合。

资料来源：Data from Popper and Steingard, 1994.

会隔离的。她还估计在极端天才儿童中出现社会和情绪问题的概率大约是其他儿童的两倍。另外一些研究则集中关注表现出真实的格外具有创造性成就的案例，这将在个人应用一节详细讨论。与推孟的研究相反，研究者们发现这些案例中有着更高比例的心理疾病（Andreasen，2005；Ludwig，1998）。因此，天才个体的社会心理适应可能一定程度上根据他们天才等级不同而不同。

3. 天才与人生成就

按社会习俗的标准来看，推孟的天才儿童长大后大多非常成功。到中年为止，他们共创作了92本书，发明了235项专利，发表了大概2200篇学术论文。尽管推孟的天才儿童赢得了很多成就，但他们中的贡献没有达到杰出等级的。今天回顾看，这个结果并不令人吃惊。天才这个概念被应用于两个非常不同的群体。一个依然是学校里最优秀的高IQ儿童。另外一个包括在他们领域做出持久贡献的杰出人物。根据Allen Winner（2000）的说法，在这两个群体之间有着一条相当大的鸿沟。Joseph Renzulli（1986，1999，2005）提出理论认为第二种更罕有的杰出天才取决于三个因素的交互作用：高智力、高创造力、高动机（见图9-12）。他强调只有高智力常常不能够培养出伟大的天才。因此，绝大部分从天才学校计划中选出的儿童成年后没有对社会做出杰出的成就或者贡献（Callahan，2000；Richert，1997；Winner，2003）。

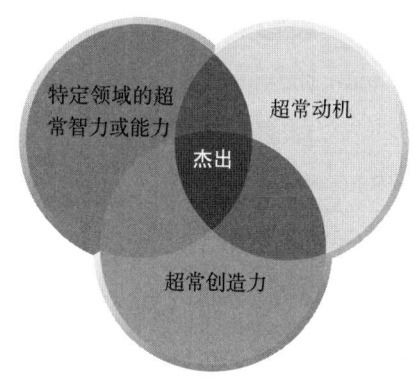

图9-12 杰出天才的三圈概念

根据Renzulli（1986）的说法，高智力只是达到杰出的三个必要条件中的一个。他提出是超常能力、超常创造力和超常动机的结合使得某些人能够在他们的领域做出持久的杰出贡献。

资料来源：Adapted from Renzulli, J. S. (1986). The three-ring conception of giftedness: A developmental model for creative productivity. In R. J. Sternberg and J. E. Davidson (Eds.), *Conceptions of giftedness*, pp. 53–92. Cambridge University Press.

另一个在天才研究中的热点是关于卓越成就在多大程度上依赖于天生的资质，又在多大程度上依赖刻苦的训练。近年来，此热点的重点落到了Sinonton（2001）戏称的杰出成就的"苦工理论"上。根据这种观点，杰出主要或者全部依赖于顽强的决心、无止尽的单调乏味的练习，还有卓有成效的指导和训练（Bloom，1985；Ericsson，Roring，& Nandagopal，2007；Howe，1999）。这个结论是根据对杰出科学家、画家、作家、音乐家和运动员的研究得出的，此研究显示这些杰出的人，相比他们那些没有获得成功的对手，把自己逼得更紧并进行了更多艰苦的训练。

尽管把艰苦训练和刻苦努力与世界级成就联系起来的证据很有说服力，但Winner（2000）指出过度的努力用功和与生俱来的能力在对杰出个体的回溯性分析中可能是混杂不明的。那些最勤奋的小孩可能正好是拥有巨大天赋的，因为他们可能发现自己的勤奋比别人更有效。换句话说，天赋能力可能是孕育出对卓越至关重要的一心一意专注奉献特质的关键因素。Simonton（1999，2005）修订了一个关于天才发展的详尽的理论，在此理论中，天赋能力和各种支持性环境因素都被分派了重要角色。

总的来说，最近的研究清晰地证明了高质量的训练、巨大的努力和坚持不懈是实现卓越至关重要的因素，但许多研究天才的专家坚持认为卓越成就还需要稀有的、与生俱来的天赋。

> **真相核查**
>
> **误解**
>
> 天才儿童倾向于是脆弱的、社会技能低下的、内向并存在情绪问题的。
>
> **真相**
>
> 这种观念可能对一小部分极度天才的儿童是适用的。但当研究集中在高IQ儿童整体时，研究者们发现了高于平均水平的生理、社会和情绪发展。就大多数而言，认为天才儿童是脆弱内向的刻板印象是不准确的。

智力的决定因素

大多数智力测验的早期先驱主张智力是遗传获得的（Cravens，1992）。在接下来的时间里，无疑很多人保持着这种观点。然而，遗传和环境都影响智力的事实逐渐变得清晰（Bartels，2002；Davis，Arden，& Plomin，2008；Plomin，2003）。这是否意味着在智力方面先天后天之争尘埃落定了呢？完全不是。理论家和研究者们继续激烈地争论这两个因素哪一个更重要，部分原因是因为这个问题有着深远的社会政治意义。

相信智力主要是由遗传获得的理论家们会贬低针对社会地位低下群体的特殊教育的价值（Herrnstein & Murray，1994；Kanazawa，2006；Rushton & Jensen，2005）。他们主张儿童的智力不能明显地提高因为基因决定的命运是不可改变的。其他理论家则在此争论中持异议，他们指出有着强烈基因因素的特质并非必然和不可改变的（Flynn，2007；Sternberg，Grigorenko，& Kidd，2005）。这一阵营的人倾向于坚持应该分配更多资金到矫正教育计划中，提高低层次社区学校教育，以及提高针对社会地位低下群体的大学助学金。因为关于智力中遗传地位的争论与重要社会问题和政治决策密切相关，我们将详细介绍这场复杂的论战。

遗传影响智力的证据

弗朗西斯·高尔顿爵士在 19 世纪晚期关于智力在家族中流传的观察是准确的。然而，家族研究只能够判定基因是否可能对某特质有影响，而不能确认是否一定有影响（见第 3 章）。家族成员不仅共享基因，还共享相似的环境。如果高智力（或者低智力）在一个家族的几代人中连续出现，这种延续性既会反映共享的基因也能反映共享的环境的影响。因为这个问题，研究者必须转向双生子研究和收养研究去获取关于遗传是否影响智力的更加确定的证据。

1. 双生子研究

关于基因因素在智力中地位的最好证据来自于比较同卵和异卵双生子的研究。双生子研究的原理是同卵和异卵双生子常常会在相似环境条件下发展。然而，同卵双生子比异卵双生子共享着更多的基因亲缘关系。因此，如果同卵双生子在智力上比异卵双生子更相似，则可假定是因为他们间存在着更高的基因相似性（对双生子研究下的逻辑的更多

详细解释见第 3 章）。

10 岁的摩西·卡伊·卡瓦利是一个在班里保持着平均 A+ 成绩的大二学生。摩西显然是一个天才儿童。尽管如此，很难说摩西是否会继续获得卓越成就。卓越成就需要超常智力、超常动机和超常创造力的结合。

双生子研究关于智力的结果是什么？从超过 100 个关于各种不同亲密关系和孩子抚养安排的智力相似性研究中得出的数据总结在图 9-13 中。这个图描画了在各种

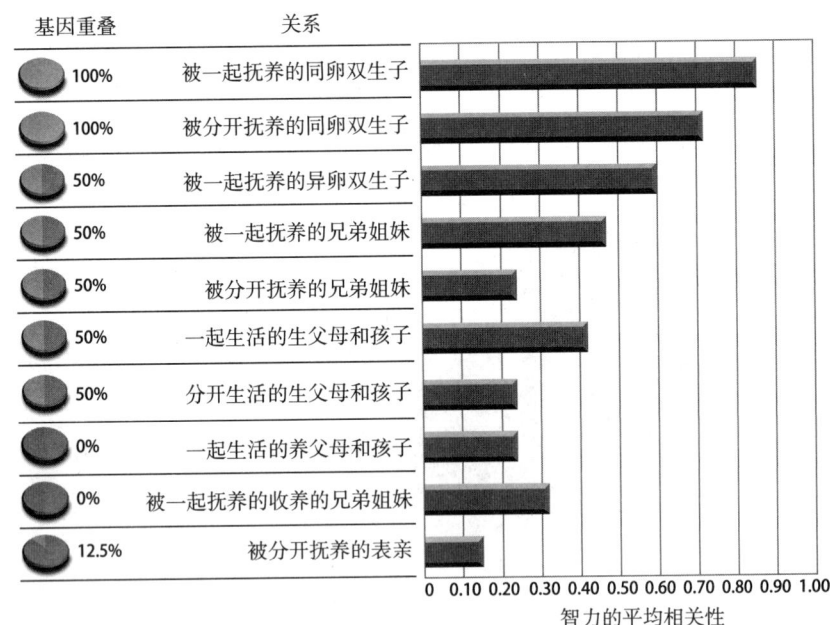

图 9-13 关于 IQ 相似性的研究

这张图显示了不同类型关系人们的 IQ 分数的平均相关性，它们都是在 IQ 相似性研究中得到的。高的相关性意味着更高的相似性。结果显示更高的基因相似性与更高的 IQ 相似性相联系，表明了智力是部分遗传的（例如，对比同卵双生子和异卵双生子）。然而，结果也显示了生活在一起与更高的 IQ 相似性相联系，表明了智力部分受到环境的支配（例如，对比被一起抚养的兄弟姐妹与被分开抚养的兄弟姐妹）。

资料来源：Data from McGue et al., 1993; Plomin & Spinath, 2004; Plomin et al., 2008 © Cengage Learning 2013.

类型关系中观察到的平均相关性。同卵双生子的平均相关性（0.86）是非常高的。它表明同卵双生子倾向于在智力上很相似。异卵双生子的平均相关性（0.60）显著得低。这个相关性表明异卵双生子也倾向于在智力上相似，但相似性明显低于同卵双生子。这些结论一定程度上支持了"IQ可遗传"的观点（Bouchard，1998；Plomin & Spinath，2004）。

当然，批评者曾试图击破这个推理。他们争论说同卵双生子在IQ上更相似是因为父母和其他人对待他们的方式比对待异卵双生子的方式更加相似。这个对上述结果的环境论解释有其优点。毕竟，同卵双生子总是同一性别，而性别影响一个孩子是如何被抚养的。然而，这个解释在因家庭破裂或者收养而被分开抚养的同卵双生子案例中就显得不可能了（Bouchard，1997；Bouchard，1990）。即使在不同环境下被抚养，这些同卵双生子（平均相关性：0.72）依然显示出比一起被抚养的异卵双生子（平均相关性：0.60）更高的IQ相似性。此外，在同卵双生子间IQ相似性和异卵双生子间IQ相似性之间的鸿沟在成年期会加宽，表明遗传影响反常地随着年龄增大而增加（Plomin & Spinath，2004）。

2. 收养研究

关于收养儿童的研究也提供了关于遗传效应（我们可以看到，也包括环境效应）的证据。如果收养儿童即使没有被生父母抚养，也在智力上与生父母相似，那么这个结果就支持基因假说。相关的研究指出收养儿童和他们的生父母间确实存在高于随机水平的相似性（Plomin，2008。

3. 遗传性评估

多个专家通过筛查大量相关性证据去评估智力的遗传性。**遗传率**（heritability ratio）是由基因遗传决定的特质差异占总差异的比率。任何特质的遗传性都能够被评估。例如，身高的遗传性被评估为大约90%，而体重的遗传性被评估为约85%（Bouchard，2004）。遗传性能够通过各种各样符合逻辑或数学推理的可行方法来评估（Grigerenko，2000；Loehlin，1994）。考虑到可用方法的多样性和专家们在IQ争论中提出的各种强有力观点，对智力遗传性的不同评估有很大差异就一点也不让人吃惊了（见图9-14）。

在高端，一些理论家判断IQ的遗传性高达80%（Bouchard，2004；Jensen，1980，1998）。这意味着，他们相信仅有约20%的智力变异是由环境因素引起的。对这个问题的低端评估认为遗传性约为40%(Plomin，2003），这意味着环境因素造成了另外的60%变异。近年来，专家们的统一判断在约50%上下浮动（Petrill，2005；Plomin & Spinath，2004）。

然而，理解遗传性的评估有着必然的局限性是非常重要的（Grigorenko，2000；Johnson，2009；Reeve & Hakel，2002）。首先，遗传性评估是一个依据关于特定群体中特质变异的研究的**群体统计**（group statistic）。一个遗传性评估不能有意义地运用到个体身上。换句话说，即使智力的遗传性是70%，也不意味着每个个体的智力有70%是遗传获得的。其次，由于各种各样的因素，一种特定特质的遗传性可能在不同群体中是不同的。例如，在一个有着一定基因库的群体里，如果产生了一个在更多样环境中养育小孩的变化，遗传性将会降低。为什么？因为环境变异将会增加。第三，理解"实际上没有任何单一固定的值能够代表任何真实、恒定的IQ或者其他任何特质的遗传性的值"（Sternberg，2005）很重要。遗传率仅仅是针对样本的评估。

环境影响智力的证据

遗传无疑是会影响智力的，但大量的证据表明教养也影响着心理能力。在这一节，我们将会细查各种不同的显示生活经验如何塑造智力的研究方法。

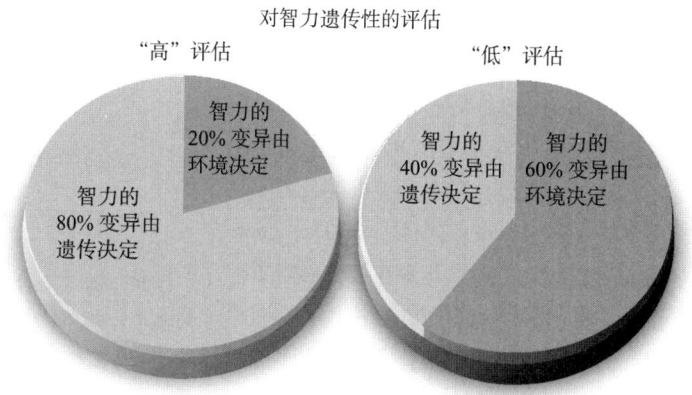

图9-14 遗传性的概念

遗传率是由基因遗传决定的特质差异占总差异的比率——剩下的部分可能由环境因素决定——如这些饼状图所示。通常对智力的遗传性评估在最高80%到最低40%之间。近年来，专家们的统一判断在50%上下浮动。请务必牢记在心，遗传率只是评估选项并有着必然的局限性。

1. 收养研究

对收养儿童的研究除了给遗传影响提供证据外，还提供了关于经验影响的有效证据（Dickens & Flynn, 2001；Locurto, 1990；Loehlin, Horn, & Willerman, 1997）。在图9-13中的许多相关性反映了环境的影响。例如，收养的儿童在IQ上显示了一些与其养父母的相似性。这种相似性常常被归因为养父母塑造了他们的生活环境。收养研究还指出被一起抚养的兄弟姐妹相比被分开抚养的兄弟姐妹在IQ上更加相似。这种情况即使在基因禀赋完全一样的同卵双生子身上也是真实存在的。此外，完全没有血缘关系但被抚养在同一家庭中的儿童也在IQ上显示了显著的相似性。所有这些研究指出，环境影响着智力。

2. 环境剥夺与环境丰富化

如果环境影响着智力，在标准以下环境中被抚养长大的儿童应该经历着随着年龄增长IQ的逐渐下降（由于其他儿童将更快速地发展）。这个**累积剥夺假设**（cumulative deprivation hypothesis）数十年前就得到了验证。研究者们研究了被委托给人手不足的孤儿院的儿童和那些在阿帕拉契亚山区贫穷、与世隔绝的环境中成长的儿童（Sherman & Key, 1932；Stoddard, 1943）。总的来说，研究者们发现环境剥夺会引起所预测的IQ分数的降低。

相反，从剥夺性的环境中转移到对学习更有益的环境中的儿童，将从他们所处环境的丰富化中受益。他们的IQ分数将逐渐增加。这个假设已经被关于从不良家庭或慈善机构迁往中高阶层收养家庭的儿童的研究所验证（Scarr & Weinberg, 1977, 1983；Schiff & Lewontin, 1986）。一个最近的相关研究的元分析发现收养儿童在IQ测验中得分明显高于他们"被遗弃"在慈善机构或者不良家庭中的兄弟姐妹或者同伴（van IJzendoorn & Juffer, 2005）。如果儿童在被收养安置前遭受过严重、长期的剥夺，这种收益有时会降低。但总体趋势清晰地显示，在大多数收养关系中，改善的环境会引起IQ分数的增加。这些发现表明，IQ分数不是一成不变的，它们对环境影响相当敏感。

3. 代际变迁：弗林效应

尽管令人费解，表明环境重要性的最有趣的证据是，在IQ测验中的表现在代与代之间稳定增长。这种趋势直到最近才被广泛接受，因为测验总是周期性地使用新的标准组重制常模，使得IQ均数总是保持在100。然而，在一个对应用在美国陆军中的IQ测验的研究中，詹姆斯·弗林（James Flynn）注意到得到100分所需要的表现等级在每次重制常模时都向上跳升。他对此意外发现产生了浓厚的兴趣，最终从20个国家收集了大量的数据，并证明了从19世纪30年代起整个工业世界的人们的IQ表现一直在稳定上升（Flynn, 1987, 1999, 2003, 2007）。因此，今天能够为你赢得100分的平均分的表现在19世纪30年代为你赢得大约125分（见图9-15）。研究智力的研究者们现在正艰难地尝试着解释这一被称为"弗林效应"的趋势。他们唯一达成大多数共识的是弗林效应归因于环境因素。现代世界的基因库不可能在进化层面一夜改变，70年对进化来说只是一转眼的工夫（Dickens & Flynn, 2001；Neisser, 1998；Sternberg, 2005）。

遗传和环境的交互作用

显然，遗传和环境都显著地影响着智力，而且它们的效应包括错综复杂的、动态的、交互的相互作用（Grigerenko, 2000；Johnson, 2010；Petrill, 2005）。基因

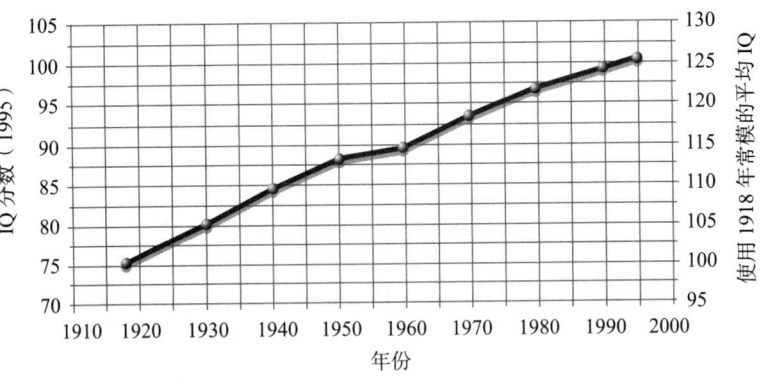

图9-15　测量到的IQ的代际提升

IQ测验总是周期性地重制常模，因此IQ平均分数总是保持在100。然而，弗林的研究证明了在20世纪的大部分时间里全世界的人在IQ测验上的表现是在提升的。这个表格追踪了1918～1995年美国在IQ上的估测的提升。表格通过右边的轴显示了如果IQ测验继续使用1918年的常模，"弗林效应"的原因还不清晰，但它们肯定与环境因素有关。

资料来源：Adapted from Flynn, J. R. (1998). IQ gains over time: Toward finding the causes. In U. Neisser (Ed.), *The rising curve: Long-term gains in IQ and related measures* (p. 37). Washington, DC: American Psychological Association. Copyright © by the American Psychological Association.

禀赋影响着人们所获得的经验，而环境影响着基因素质实现的程度。实际上，许多理论家现在宣称遗传还是环境更重要的问题应该让位于它们如何相互作用来决定IQ的问题。

卡罗琳·巴尔内斯曾与一个格外艰难的童年斗争，包括无家可归、被患精神疾病的父亲抛弃等。但她仅用3年时间就成功从弗吉尼亚理工学院毕业并被认为是人文与人类学院最顶尖的学生。接下来她登记参与了密歇根大学的一个博士项目。反应范围模型能够解释类似的高IQ个体是如何出现在剥夺性的、穷困的环境中的。

桑德拉·斯卡尔（Sandra Scarr）是一名对一个有影响力的模型的最重要支持者。这个模型假定遗传可能对智力设定了特定的界限，而环境因素决定着个体落在这些界限中的位置（Bouchard，1997；Weinberg，1989）。根据这个假定，基因构成对个体的IQ设置了即使环境非常理想也不可超越的上限。遗传还被认为对个体的IQ设置了一个下限，尽管有时候极端的环境（例如，在10岁前一直被锁在阁楼中）能够把个体的IQ拉到低于这条下限。理论家们使用术语**反应范围**（reaction range）来指代这种关于智商（或其他特质）的基因决定的界限。

根据反应范围模型，在能提高智力发展的高质量环境中长大的儿童应该得到接近他们潜在IQ范围的顶端的分数（见图9-16）。相反地，在不那么理想的环境中长大的儿童应该得到他们反应范围中较低的分数。反应范围的概念能够解释为什么高IQ儿童有时来自糟糕的环境。它也能够解释为什么低IQ儿童有时来自非常好的环境。此外，它能够在不否认环境所起作用的情况下解释这些表面上的悖论。

科学家们希望通过识别出影响一般心理能力的特定基因，来得到对遗传和环境如何相互作用着决定智力的更加准确的理解。包括人类基因组图的绘制等在分子基因学上的进展，使得研究者们得以寻找与智力测量有联系的基因个体（Posthuma，2005）。然而，目前为止这些研究进展甚微（Johnson，2010；Plimin, Kennedy, & Craig，2006）。

IQ研究的这一新思路的问题是智力可能受到成百上千的特定基因的影响，而每一个基因可能存在现有技术极度难以探测的微小影响（Petrill，2005）。在最近的研究中，人们发现基因和智力之间最强的联系也只不过是两者分别与不到0.5%的智力变异相关联（Plomin，2006）尽管这个领域的研究者们希望随着分子基因技术的进步取得突破，在这个时间点上研究发展前景看起来还相当黯淡（Hohnson，2010）。

智商分数的文化差异

古老的先天后天之争也存在于平均IQ的种族差异的长时间争论的核心中。IQ分数的完整范围似乎可以在所有种族中看到。然而，美国的大多数较大的少数民族（如美籍非洲人、美国原住民、西班牙裔）的平均IQ一定程度上比白人的平均值低。一般的差异在10～15分，根据不同的被测群体和使用的IQ量表有所不同（Hunt & Carlson, 2007; Loehlin, 2000; Nisbett, 2005）。有趣的是，从斯坦福-比奈量表和韦克斯勒量表的标准化样本中得到的数据显示黑人白人间的差距从19世纪70年代起已经缩小了4～7分（Dickens & Flynn，2006）。关于这些群体差异的存在有个相对较小的争论，这些群体差异是指智力的种族、人种、文化等各种各样的差异。这个争论关心为什么会发现这些差异。另一个较激烈的争论则继续关注智力的文化差异是否可主要归因于遗传或是环境的影响。

1. 遗传性解释

1969年，阿瑟·詹森（Arthur Jensen）引发了一场激烈的学术争论，他认为平均IQ的种族差异主要是遗传的结果。詹森争论的基础是他的表明智力遗传性大约是80%的分析。实质上，他宣称：①智力主要是源于基因；②因此基因因素作为智力的种族差异的原因是"深度介入"的。詹森的文章在许多领域引发了不满和尖锐的批评，同时也引起了大量在智力决定因素方面的额外的研究。25年后，理查德·赫恩斯坦（Rechard Herrnstein）和

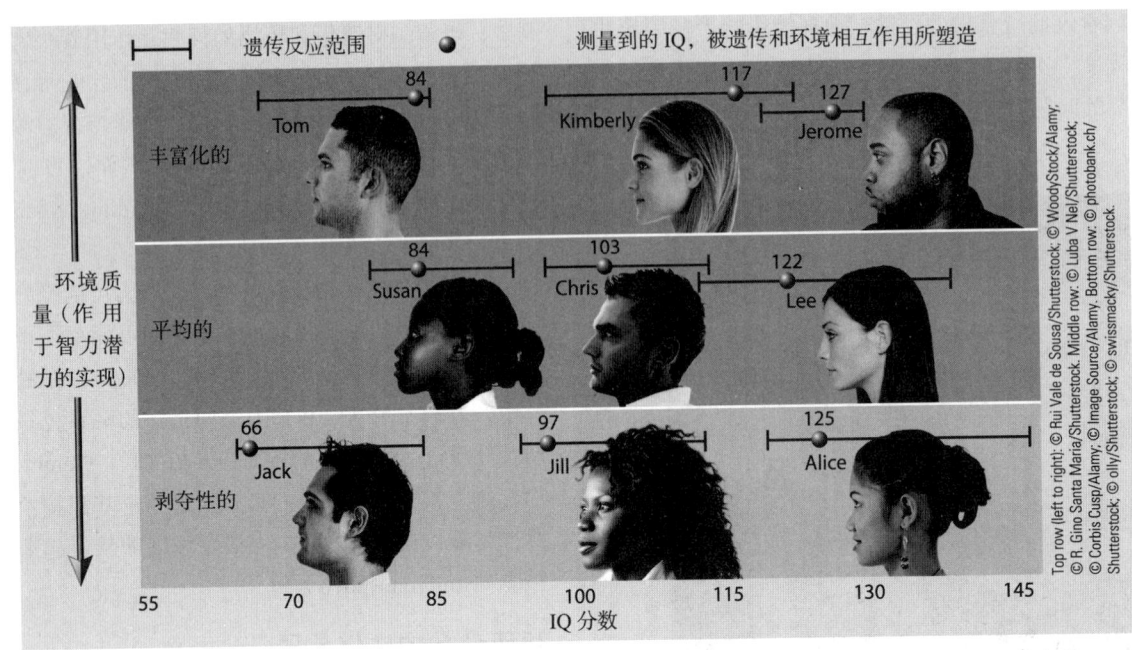

图 9-16 反应范围

反应范围的概念假设遗传设定了个体智力潜力的界限（用水平条表示），而个体所处环境的质量影响着个体在这个范围内得到的分数（用条上的点表示）。在丰富的环境中被养育的人应该得到接近他们的反应范围顶部的分数，而在低质量环境中被养育的人应该得到接近他们范围底部的分数。IQ 上的基因限制只能够被间接地推断，因此理论家们不肯定反应范围是窄（像 Jerome 的）还是宽（像 Kimberly 的）。反应范围的概念可以解释两个拥有相似基因潜力的人是怎样在智力上产生差异的（比较 Tom 和 Jack），还可以解释两个在相似质量环境中成长的人是怎样在 IQ 分数上形成差异的（比较 Alice 和 Jack）。

查尔斯·默里（Charles Murray）（1994）通过出版他们的被广泛讨论的书《钟形曲线：美国生活中的智力与阶级结构》（*The Bell Curve*）重燃了同样的争论。他们认为平均智力的种族差异是实质性的，不太容易通过针对劣势群体的教育项目降低，并至少部分来源于基因。钟形曲线传达的内隐信息使劣势群体不能避免他们的命运，因为这是他们基因决定的命运。而在最近的 2010 年，依据一个对大量统计数据的回顾，阿瑟·詹森（2010）认为，基因因素引起了种族间平均 IQ 差异的大部分。

这些分析和结论引起了许多冗长、复杂的辩驳。批评者们认为对 IQ 的种族差异的遗传性解释存在各种各样的缺陷和弱点（Bordy, 2003; Devlin, 2002; Horn, 2002; Nisbett, 2005, 2009; Sternberg, 2003, 2005）。例如，最近的研究表明，在从较低社会经济阶层抽取的样本中，智力的遗传性明显较低，恰恰与较高社会经济阶层相反（Turkheimer, 2003）。然而，智力的遗传性评估很大程度上依据从白人、中产阶级、北美和欧洲人中抽取的样本（Grigerenko, 2000）。因此，关于在其他文化群体中应用这些遗传性评估是有疑问的。

此外，即使一个人接受了 IQ 遗传性很高的假设，也不意味着可以从逻辑上推出群体间的差异一定是大部分来源于遗传。里昂·卡明（Leon Kamin）曾经提出一个令人信服的类比，强调了这个推理中的逻辑谬误（见图 9-17）：

> 我们用不同基因品种的谷物种子混合着填满一个白麻包袋和一个黑麻包袋。我们确认在每个袋子里每个品种种子的比例是完全相同的。接着我们把白袋中的种子种到肥沃

"我对钟形曲线一无所知，但我认为遗传就是一切。"

的土地 A 中，把黑袋中的种子种到贫瘠的土地 B 中。我们会观察到土地 A 中谷物单株在高度上有明显差异，这种差异同样发生在土地 B 中。这种差异大部分是由于基因因素（种子差异）造成的。然而我们还会看到，土地 A 中植株的平均高度比土地 B 高。这个差异完全是由于环境因素（土壤）造成的。IQ 的情况是一样的：各种不同人群的平均 IQ 差异可能是完全因为环境差异，尽管在每一个人群中所有的变异是由于基因差异！

在每组内的谷物单株高度差异（原因：种子基因差异）

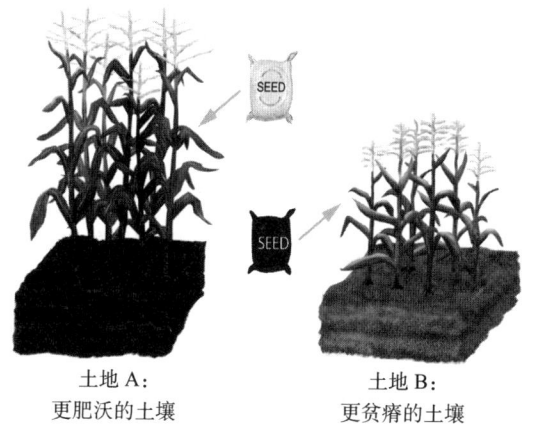

土地 A：更肥沃的土壤　　土地 B：更贫瘠的土壤

组间的平均谷物高度差异（原因：植物培育的土壤）

图 9-17　基因与某特质的组间差异

里昂·卡明的比喻显示了某特质的组间差异（谷物植株的平均高度）是怎样由环境引起的，即使这个特质很大程度上源于遗传。同样的推理能够被应用于评估平均智力的种族差异。

这一比喻显示了即使 IQ 的**组内差异**（within-group difference）是高度可遗传的，平均 IQ 的**组间差异**（between-groups difference）依然能够完全被环境因素引起（Block, 2002）。数十年中，抱持詹森理论的批评者们根据这个类比而不是实际数据来证明 IQ 的组间差异并不必然反映基因差异。他们依赖这个类比是因为缺乏有效的相关数据。然而，最近弗林效应的发现提供了令人信服的直接相关证据（Dickens & Flynn, 2001；Flynn, 2003）。IQ 分数的代际增长显示平均 IQ 的组间差异（在这个情况下差异是在代与代之间而不是种族群体间）可以是源于环境的，尽管智力是高度遗传性的。

现有的证据当然还不允许我们排除平均智力的种族和文化差异部分来源于基因的可能性，而且基因假说也不应该仅仅因为很多人觉得它们讨厌而在没有被研究否定的情况下被抛弃。然而，还存在着几个似乎更有可能性的对智力文化差异的解释可供选择。让我们看看它们。

2. 社会经济劣势解释

一些理论家通过尝试展示社会经济劣势是平均智力种族差异的主要起因来处理这个问题。许多社会学家认为，少数学生的 IQ 分数低下是由于他们多是在剥夺性的环境中长大的，这种环境会造成儿童的劣势——既包括学校表现也包括 IQ 测验。显然，生活环境在种族群体内部也是有很大差异的，但毫无疑问的是，白人和少数族裔多是在不同环境中被抚养的。大多数少数族群承受了长时间的经济歧视并在低社会阶层中占据极大比例。低阶层的教养更不利于发展儿童全部智力的潜力（Bigelow, 2006；Evans, 2004；Lott, 2002；McLoyd, 1998；Noble, McCandliss, & Farah, 2007；Seifer, 2001）。

与中高阶层相比，低阶层儿童更可能来自大家庭和单亲家庭。这些因素常常可能限制了他们得到的父母关注。低阶层儿童还往往接触到更少的书籍，拥有更少的学习品供给，拥有更少的用于集中精神学习的私人空间，更少得到父母在学习上的帮助。通常，这些儿童还拥有糟糕的语言发展角色榜样，受到更少鼓励去努力发展智力，并上着缺乏资金缺乏人手的低质量学校。很多这样的儿童在充满犯罪、毒品、流氓的社区中长大，在这样的社区中，发展街头智慧比发展学校智慧重要得多。一些理论家们还认为，低阶层儿童更可能遭受营养不良和暴露在环境毒素中（Brody, 1992）。任何这样的环境都会妨碍儿童的智力发展（Bellinger & Adams, 2001；Grantham-McGregor, Ani, & Fernald, 2001）。

鉴于这些不利因素，来自较低社会阶层的儿童往往比来自中高家庭儿童低 15 分就一点不奇怪了（Seifer, 2001；Williams & Ceci, 1997）。即使通过把白人排除在外的研究使种族因素变得不相干，情况同样如此。考虑到社会阶层在测验分数上的效应，许多研究者认为智力的种族差异实际上是伪装的社会阶层差异。

3. 刻板印象威胁解释

社会经济劣势可能是在各种少数族群在 IQ 测验中表现糟糕的主要因素。然而，一些理论家主张其他因素和过程还是在起作用的。例如，Claude Steele（1992, 1997）

曾认为对被打上烙印的群体智力的消极刻板印象造成在课堂中的脆弱感。这些刻板印象威胁感觉能够破坏群体成员在智力测验和其他学业成就测量中的表现。

Steele 指出对被烙印群体的刻板印象是广泛存在的。他进一步注意到少数族群的成员对任何存在的关于他们智力的消极刻板印象是非常敏感的。因此，当美籍非洲裔或者美籍西班牙裔在一个测验中表现很糟糕，他们必然面临一种烦恼的可能性：其他人会把失败归因于种族劣等。相似地，当投身于一些学术领域时，女性也面临着刻板印象威胁，在这些领域（如数学、工程技术、物理科学等）里刻板印象认为她们不如男性。也就是说，她们担心人们把她们的失败怪罪于她们的性别。

Steele 主张刻板印象威胁能够在至少两个方面对学业不成功做出贡献。第一，它能够破坏学生投入学业工作的情绪。许多学生可能对学校"不认同"并把放弃学业追求作为一种获得自我价值的方式。他们的学业动机降低，结果他们的学业表现也变差。第二，像 IQ 测验那样的标准化测验可能特别容易引起被烙印群体成员的焦虑，因为测验的重要性使得他们的刻板印象的弱点格外凸显。这种焦虑可能通过暂时破坏认知功能来损害学生的测验表现。Steele 如何检测他的理论正是我们的研究主题。

种族的刻板印象和测验成绩

在这篇文章里，Steele 和 Aronson 报告了检测 Steele 关于刻板印象威胁各种分支的理论中各种不同方面的四个系列研究。我们将详细考察他们的第一个研究，接着粗略讨论剩下的研究。第一个研究的目的是检测假设：引起关于刻板印象中弱点的威胁将对美籍非洲裔学生在心理能力测验中的表现造成消极影响。

方法

【被试】被试是 114 名通过校园广告招募的斯坦福大学的黑人和白人本科生。像预期那样，考虑到斯坦福较高的入学标准，两组学生都在学业能力上大大高于平均水平，证据来自他们在 SAT 语言分测验中的平均分。研究比较的是有着大致上相等的能力和准备（根据 SAT 分数）的黑人和白人学生，以此排除文化劣势因素。

【程序】被试们被要求参与一个挑战性的 30 分钟语言能力测验，这个测验包括从 GRE 的语言分测验中抽取的项目。在一种条件下，刻板印象威胁问题并没有明显地在测验中展现。测验被作为用于给研究者分析问题解决策略（而不是作为能力测量）的研究呈送给被试。另一种条件下，测验被作为个人的一般语言能力指标呈送给被试。原则上的因变量是每个被试在语言测验中的表现。

结果

当美籍非洲裔学生的刻板印象弱点不被彰显时，黑人和白人学生的表现没有差异。然而，当同一个测验以会增加黑人的刻板印象威胁的方式呈送时，美籍非洲裔学生的得分显著低于他们的白人竞争者（见图 9-18）。

讨论

根据第一个研究，作者们推断刻板印象威胁可能损害着少数族群成员的测验表现。他们在第二个 40 名黑人和白人女性学

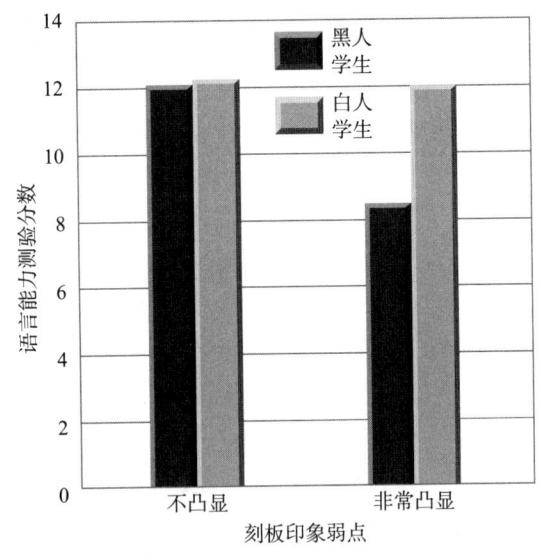

图 9-18 刻板印象弱点和测验表现

Steele 和 Aronson（1995）比较了美籍非洲裔和白人学生的表现，两组学生在一个从 GRE 的困难等级问题中抽取 30 个项目的言语量表中得分相当。当黑人学生的刻板印象弱点不被凸显时，他们的表现与白人学生没有差异；但是当刻板印象弱点凸显时，美籍非洲裔学生的表现显著差于白人学生。

资料来源：Adapted from Steele, C.M., & Aronson, J.(1995). Stereotype threat and the intellectual test performance of African Americans. *Journal of Personality and Social Psychology, 69,* 797–811. Copyright © 1995 by the American Psychological Association.

生的研究中继续重复了他们的发现。在第三个研究中，他们证明了他们对刻板印象威胁的控制确实激活了在美国非洲裔被试中的关于消极刻板印象、与能力相关的自我怀疑，以及对表现的担心等思维。他们的第四个研究显示即使一个测验没有外显地作为个体能力指标来进行，刻板印象弱点依然能够被激活。

评论

刻板印象威胁的概念有潜力解决一些在 IQ 分数的种族差异问题争论上的疑惑。社会经济劣势似乎对平均 IQ 的文化差异造成了实质性的贡献。然而，各条研究线上的证据表明这个因素不能够单独解释文化差异（Neisser，1996）。因此，Steele 的破天荒的研究为科学家们提供了理解令人烦恼的平均 IQ 文化差异的全新解释工具。

资料来源：Steele, C. M., & Aronson, J. (1995). Stereotype threat and the intellectual test performance of African Americans. *Journal of Personality and Social Psychology, 69*, 797–811.

刻板印象威胁的消极效应已经被大量研究所重复（Cadinu，2005；Croizet，2004；Shapiro & Neuberg，2007）。一个最近的对 39 个刻板印象威胁实验的元分析得出结论：现实中认知测验倾向于低估被消极刻板印象影响的学生的能力（Walton & Spencer，2009）。最近的研究还提供了关于刻板印象威胁如何损害测验表现的新的深入见解（Schmader，2010）。这项研究的证据表明消极刻板印象的引起物使得人们花费宝贵的心智资源用于压抑消极的思维和从失败迹象中调控自身。这些分心劫持了非常重要的认知资源——工作记忆，而工作记忆对在复杂认知测验中取得好成绩非常关键。这种工作记忆容量的减少影响了测验表现。

总的来说，对平均 IQ 的文化和种族差异的各种可供选择的解释对基因解释提出了严峻挑战。基因解释说好听点是无力的，说难听点是多疑的种族主义。不幸的是，从 IQ 测验出现的最早时期起，一些人一直使用 IQ 测验去推进精英人物统治的目标。现有的关于 IQ 种族差异的争论只是从前出现过争论的重播。例如，始于 1913 年，亨利·戈达德（Henry Goddard）测验了大量美国纽约埃利斯岛的移民。他报告称意大利人、匈牙利人和犹太人的绝大部分被检测出低能（Kamin，1974）。如你所见，宣称智力的种族缺陷毫无新意——只是受害者改变了。

心理测量的新方向和智力的研究

智力测验正经历一个混乱时期。改变即将到来。事实上，许多改变已经出现了。让我们看看智力研究的主要新潮流。

探索智力的生物基础

研究者们开始探索智力的变异性与大脑的特定特性的变异性的关系。在这个领域的早期研究使用各种对头部大小的测量作为大脑大小的指标。这些研究一般会发现头部大小与 IQ 间存在正的但非常小的（平均 0.15）相关（Vernon，2000）。这一结果使得研究者们推测头部大小可能是大脑大小的一个非常粗糙的指标。这一系列（用系列会不会好一点）的研究可能曾经失去过活力，但是尖端的脑成像技术的发明使它复活了。从 19 世纪 90 年代起，相当多的研究曾考察过 IQ 分数与整个大脑容量的测量的相关，这种测量应用了 MRI 扫描技术（见第 3 章）。这些研究得出了大约 0.35 的平均相关性（Anderson，2003；McDaniel，2005；Rushton & Ankney，2007）。因此，看来体积更大的大脑可以预测更高的智力。

许多研究者们怀疑大脑大小与智力间的关系可能反映了大脑中特定区域的增大，或者特定类型的脑组织的增长，而不是整个大脑体积的增加。因此，这些研究者们正探索 IQ 是否与大脑中特定脑区的大小相关。根据他们的对 37 个脑成像研究的综述，Jung 和 Haier（2007）提出理论，认为智力取决于大脑中关键区域间的相互作用，这些区域包括前额叶皮层、布洛卡区和威尔尼克区、躯体感觉相关皮层、视觉相关皮层和前扣带回。针对这个理论的证据是复杂的，因此需要更多的数据来检验，但是研究者们已经发现了这些大脑中特定区域的容量与智力测量间存在一些有趣的相关（Colom，2009；Haier，2009）。

其他研究者曾通过分析智力与人类大脑灰质或白质的关系来研究这个问题。根据 Luders（2009）的说法，灰质的数量反映着神经元及其树突的密度，这个密度可能预测着信息处理的容量。与之相比，白质的数量则反映着大脑中轴突的数量和它们髓鞘绝缘化的程度，这可能预测着神经传递效率。因此，研究结果表明了更高的智力分数是既与灰质的容量增长又与白质的容量增长相关的，其中与灰质的关联稍微强一点（Luders，2009；Narr，2007）。

一个明显的对这些结果的解释是基因遗传给了一些人比别人更大的大脑,而这个更大的大脑会产生更高的智力（Rushton, 2003）,这一解释为那些鼓吹遗传对智力影响的人所拥护。然而,我们必须总是对解释相关性数据保持小心。如在第3章所讨论的,研究证明了一个丰富的环境能够在实验大鼠身上产生更密集的神经网络和更重的大脑（Rosezweig & Bennett, 1996）。因此,因果关系也有可能会倒转过来——发展更高的智力促进产生更大的大脑,就像举重能够提升肌肉的发达程度。

关于智力的生物相关性的研究产生了另一个有趣的发现,这个发现可能会占据研究者们未来大量的研究时间。儿童时期测量的IQ分数可能与数十年后的长寿相关。例如,一个研究追踪了一大群苏格兰的同时代的人,他们在1932年11岁时接受了IQ测验（Deary, 2004; Deary, Whalley, & Starr, 2009）。在1932年的IQ测验中得分低于平均分1个标准差（15分）的人中,活到1997年的比例,只相当于那些得分等于或高于平均分的人的存活比例的79%。相当多的研究证明了相同的结论:更聪明的人活得更久（Batty, Deary, & Gottfredson, 2007; Pearce, 2006;见图9-19）。很多证据表明更高的智力能够减少各种各样的健康风险。例如,更高的IQ会减少心血管疾病死亡、癌症死亡、外源性死亡（受伤、中毒、暴力等）的可能性（Leon, 2009）。而一个把青少年时期IQ与40岁时的健康问题相联系的研究发现,更高的IQ与更低的慢性肺病、心脏问题、高血压、糖尿病、关节炎/风湿病患病率相联系（Der, Batty, & Deary, 2009）。

为什么更高的IQ与更长的寿命有关?研究者们提供了各种各样的解释（Arden, Gottfredson, & Miller, 2009; Batterham, Christensen, & Mackinnon, 2009; Gottfredson & Deary, 2004）。其中一种可能性是:好的基因既能够产生更高的智力也能够产生适应性强的健康。另一种可能性是:自我护理保持健康是一项复杂的终身任务,更聪明的人对此更有准备。换句话说,更聪明的人可能更懂得回避损害健康的习惯（如抽烟和过度饮食）,积极主动保持健康（如每日锻炼和摄入维生素）,并更有效地应用医疗护理（如懂得什么时候应该寻求治疗）。第三种可能性是:智力导向事业成功,而更高的社会地位降低了死亡率。处于更高社会经济阶层的人倾向于拥有压力更少、事故风险更低的职务,更低的接触毒素和病源的可能性,更好的健康保险,还有更容易得到的医疗护理。因此,富裕可能是把智力跟长寿联系起来的关键因素。这些解释不是互相排斥的,它们可能全都对IQ和长寿的联系有贡献。

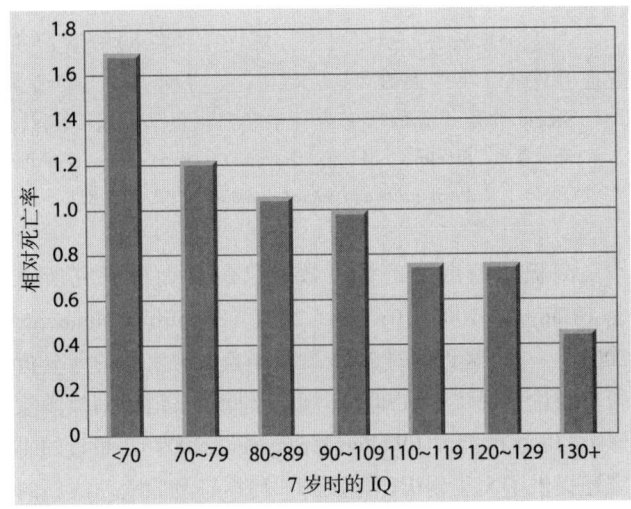

图9-19 儿童时期IQ和死亡率的关系

在一个最近的研究中,Leon（2009）在一个超过11 000人的英国样本中考察了7岁时测量的IQ与直到57岁的死亡率的联系。图中的数据是年龄调整的对比智力得分接近平均值（90～109）的参照组的相对死亡率。因此,对比参照组,有22%的得分为70～79的人更可能在57岁前死亡,而得分超过130的人在57岁前死亡的可能性则会降低一半。如你所见,IQ与死亡率的关系存在一个清晰的趋势。随着IQ分数增加,死亡率降低。

考察智力行为的认知过程

如第1章和第8章所提及的,心理学家在他们的对众多主题的研究中越来越采用认知的观点。**认知观点**（cognitive perspective）集中关注人们如何使用他们的智力。特别是,认知心理学家们集中关注智力包含的信息加工策略。把认知观点应用于智力是由罗伯特·斯腾伯格开始的（1985, 1991）。

在最新的理论中,斯腾伯格（2000, 2003, 2005）宣称,"成功智力"的概念包括三个因素:分析性智力、创造性智力和实践性智力（见图9-20）。**分析性智力**（analytical intelligence）包括抽象推理、评价和判断。它是对大多数学习任务起重要作用的智力类型,也是传统IQ测验评估的智力类型。**创造性智力**（creative intelligence）包括产生新想法和创新性地解决新问题的能力。**实践性智力**（practical intelligence）包括有效处理人们在日常生活中（如在工作中或在家里）遇到的问题的能力。实践性智力的一大部分包括获取隐性知识——个人在一个环境中有效率工作所需要知道的，却没有被显性地教授甚至是无法用言语表达的知识。

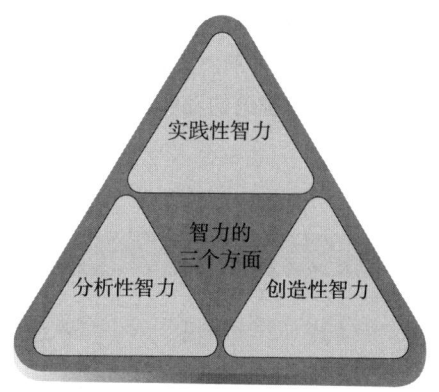

图 9-20　斯腾伯格的智力理论

斯腾伯格的智力模型（2003，2005）提出智力有三个方面或者三种类型：分析性智力、实践性智力和创造性智力。根据斯腾伯格的观点，传统 IQ 测验几乎是排外性地只关注分析性力。他相信通过拓宽智力评价，触及实践性和创造性智力，能改进对实际生活中结果的预测。

斯腾伯格与他的同事们已经收集了足够的数据，表明智力的三个方面都能够被可靠地测量，而且它们间是相对独立的（不相关）。他们还展示了智力的所有三个方面的评价都能够提高真实生活中对智力行为的预测能力（Grigorenko & Sternberg，2001；Henry，Sternberg，& Grigorenko，2005；Sternberg，1999，2001）。最近的发现表明基于斯腾伯格的模型的测量能够作为传统测验的补充（如 SAT），以此增强对学业成就的预测能力（Stemler，2006；Sternberg，2006）。一些批评者怀疑斯腾伯格的测量是否比传统 IQ 测验更好地预测有意义的结果（Gottfredson，2003）。但这是一个应该被将来研究解决的实证性问题。无论如何，斯腾伯格确实是一个争取更广义、更宽泛智力概念的强音，他谱写的这段旋律不断被其他人传唱。

扩展智力的概念

近年来，除了斯腾伯格外，还有许多理论家做出结论认为传统 IQ 的关注点过于狭窄。霍华德·加德纳（Howard Gardner）曾是这个观点最突出的支持者（1983，1993，2004，2006）。根据加德纳的观点，IQ 测验曾经普遍地强调言语和数学技能，而排除其他重要技能。他提出人类身上存在许多相对自主的智力，这些智力被列在表 9-3 中。为了建立他的多重智力列表，加德纳回顾了正常个体、脑损伤病人，以及特殊群体 [如神童（prodigies）和白痴学者（idiot savants）] 的各种认知能力的证据。他总结出人类的 8 种智力为：逻辑 - 数理智力、言语智力、音乐智力、空间智力、身体 - 动觉智力、人际智力、自省智力和自然智力。这些智力明显包括相当多的没有被传统 IQ 测验评测的才能。加德纳正在研究这些智力如他的理论所主张的那样大致上独立的程度。就研究的主要部分来说，他已经发现人们倾向于显示出强中弱能力的混合，这与各种类型智力独立的观点相一致。

加德纳的书曾很受欢迎，而且他的理论显然与很多人产生共鸣（Shearer，2004）。他的观点曾对教育者们的态度与世界观产生了巨大影响（Cuban，2004；Kornhaber，2004）。他曾经完成了一个杰出的整合神经心理学、发展心理学、认知心理学及其他领域学科，以得到关于人类能力结构的迷人推断。此外，他曾提出了关于什么能力应该被包括在智力这个标题之下的引人深思的问题

表 9-3　加德纳提出的 8 种智力

智力	最终状态	核心元素
逻辑 - 数理智力	科学家、数学家	对辨识、逻辑或者数学模式的敏感性和能力；处理长串推理的能力
言语智力	诗人、记者	对声音、韵律和词意义的敏感性；对语言的不同功能的敏感性
音乐智力	作曲家、小提琴家	创造和欣赏节奏、音高和音色的能力；对音乐表达形式的鉴赏能力
空间智力	驾驶员、雕刻家	准确接收视觉 - 空间世界的能力和对自身的初始知觉进行转换的能力
身体 - 动觉智力	舞蹈家、运动员	控制自身躯体运动和熟练地操纵物体的能力
人际智力	治疗师、销售	恰当地辨识和回应别人的情绪、脾气、动机和愿望的能力
自省智力	拥有详尽、准确的自我认知的人	能够深入自身感觉、辨识清楚它们并利用它们指导行为的能力；对自身的优势、弱点、需求和智力的认知
自然智力	生物学家、自然学家	识别和归类自然中的物体和过程的能力

资料来源：Adapted from Gardner, H., & Hatch, T. (1989). Multiple intelligences go to school: Educational implications of the theory of multiple intelligences. *Educational Reseracher*, 18 (8), 4-10. American Educational Resersch Association. Additional information from Gardner (1998).

（Eisner，2004）。然而，他也拥有针对他的批评者（Hunt，2001；Klein，1997；Morgan，1996；Waterhouse，2006）。一些人认为，他对智力这个术语的应用过于宽泛，实际上包含了任何有价值的人类能力，以至于几乎让这个术语变得没有意义。这些批评者质疑，对音乐能力和运动协调能力这类才能的重新标签是否有积极意义。还有批评者注意到加德纳的理论没有产生太多的关于测量他所描述的8种智力的个体差异的预测价值的研究。这样的研究需要发展出测量8种智力的测验，但加德纳厌恶传统的测验。这种情况使得预测加德纳的理论的走向变得非常困难，因为研究对理论的发展是非常重要的。

本章主题回顾

三个互相整合的主题覆盖了这一章。我们的讨论证明了文化因素塑造行为，心理学在特定社会历史的背景下实现了发展，还有遗传和环境共同影响行为。

普遍流行的心理测验主要是一种西方的现象。一般智力的概念也使得测验更具有特殊的西方的风味。许多非西方文化有着非常不同的对智力本质的观念。在西方社会中，观察到的平均智力的种族差异也证明了文化因素的重要性。这些差异似乎主要是由文化劣势和其他与文化相关的因素引起的。因此，我们再一次看到，如果我们希望得到一个对行为的可靠理解，我们就需要鉴别行为背后的文化背景。

人类智力为遗传和环境因素的复杂的交互作用所塑造。我们在之前的章节考察行为的其他方面时，曾得出相似的结论。然而，这一章节应当在两个方面增强你对这个观点的赞同。第一，我们考察了科学家们得出遗传和环境共同塑造行为的结论的细节。第二，我们遇见了一些引人注目的例证，证明了先天后天之争的极端重要性。例如，阿瑟·詹森曾是猛烈批评的目标。在1969年发表具有争议性的文章之后，他被广泛地描述为一个种族主义者。当詹森发表演说时，他常常受到抗议者们的"问候"，他们会举着"杀死詹森"和"詹森必须被毁灭"等标语。显而易见，对智力遗传的争论激起了许多人的强烈情绪。就部分原因而言，这是因为这个争论有着深远的社会和政治影响，这把我们引向本章的另一主要主题。

在心理学中，可能没有其他领域能够与整个社会联结得如此明显了。流行的社会态度一直以来都对测验的实施和结果的解释产生着影响。在20世纪的前半叶，美国和英国的强烈种族和阶级歧视思潮是显而易见的。这一歧视支持着一个观点：IQ测验测量着与生俱来的能力，而"不良的"群体得分较低是因为他们基因上的劣等。在心理学领域中这些信念并非完全没有受到挑战，但它们所受到的广泛接受反映了当时的社会价值取向。IQ测验有时与社会偏见联系在一起是相当讽刺的，因为它们被正确使用时能提供对心理能力的相对客观的测量，这一测量比教师或者雇主的主观评判更不易于产生偏见。

今天，心理测验为多种多样的目的服务。在接下来的个人应用中，我们集中讨论创造力测验、创造力的本质和有创造力的人。

个人应用

理解创造力

主要学习目标

（1）评估顿悟和发散思维在创造力中的地位，并讨论对创造力的测量。

（2）明晰创造力与人格、智力和心理疾病的关系。

回答下面的"对"或"错"。

___ 1. 创造性的主意常常是不知从什么地方突然出现的。

___ 2. 创造力常常以一种爆发性的顿悟形式出现。

___ 3. 创造力是基于发散性思维的。

人们倾向于把创造力视为画家、音乐家和作家的关键性特质。然而，它在普通生活的许多方面也非常重要。在这一应用，我们将讨论心理学家们测量和理解创造力的努力。随着我们往下走，你会知道上面的3个论述都是错的。

创造力的本质

创造力（creativity）就是产生独创的、新颖的并且有价值的想法。创造性思维是新鲜的和独创的，但单单具有独创性是不够的，创造性思维还必须是适用的，它必须适合所面对的情景和问题。

创造力是以一种爆发性的顿悟形式出现的吗

创造力被广泛认为是涉及顿悟的突然闪现和想象力的大跳跃。罗伯特·韦斯伯格（Robert Weisberg, 1986）称这种观点为"啊哈！神话"。不可否认地，创造性的顿悟爆发确实存在（Feldman, 1988）。然而，有证据表明主要的创造性成就一般是已存在想法的符合逻辑推理的扩展。这些想法的构建包含着长时间的刻苦努力和许多小步的蹒跚的前进（Weisberg, 1993）。创造力不是从虚无中突然蹦出来的，而是来自特定领域的深厚经验和刻苦训练，这些领域可能是音乐、绘画、商业、科学（Weisberg, 1999, 2006）。正如 Snow（1986）所说："创造力不是大多数卡通中描绘的心灵中的电灯泡。它是从细致的学习、长时间的沉思、坚持不懈和兴趣中诞生的。"

创造力是基于发散思维的吗

根据许多理论家的观点，创造力的关键在于发散思维——吉尔福特（J. P. Guilford, 1959）所说的"向多个不同方向前进"的思维。吉尔福特区分了聚合思维与发散思维。在**聚合思维**（convergent thinking）中个体尝试缩窄一系列的可能性最终符合到唯一的一个正确答案上。例如，当你参与一个多选测验时，你尝试排除不正确选项直到你得到正确答案。大多数学校训练鼓励学生的聚合思维。在**发散思维**（divergent thinking）中个体尝试通过产生许多可能的解决方案把可能性范围扩大。想象你为一个广告代理行工作。为了帮客户产品想出尽可能多的标语口号，你必须应用发散思维。你的一些标语口号可能明显是失败品，最终你还需要应用聚合思维去挑出最好的。但是想出新的可能性是基于发散思维的。

针对发散思维30年的研究得出了复杂的结论。作为一个整体，所有的证据表明发散思维对创造力有所贡献（Runco, 2004）。然而，它明显没有像最初人们提出的那样代表着创造力的本质（Brown, 1989; Plucker & Renzulli, 1999; Weisberg, 2006）。回顾过去研究，期待创造力依赖于一个单独的认知能力可能是不现实的。

测量创造力

尽管创造力的本质令人困惑，它在当今世界上却非常重要。创造性的艺术和文学杰作丰富着人类的生活。创造性的科学洞察照亮了人类对世界的理解。创造性的发明为技术进步注入了动力。因此，很容易理解心理学家为什么对使用心理测验测量创造力有着浓厚兴趣。

心理测验如何测量创造力

多种多样的心理测验曾被修订来测量个体的创造力（Plucker & Makel, 2010）。一般来说，创造力测验上的项目测量的是发散思维。被试首先得到一个特定的起始分数，然后被要求在一段时间内想出尽可能多的项目。典型的项目包括：①列出报纸尽可能多的用处；②想出尽可能多的可燃液体；③想象人类不再需要睡眠的尽可能多的后果。被试的测验分数依据他们想出的项目数量与项目的独创性和实用性得出。

测验预测创造性产品的能力如何

一般来说，研究指出创造力测验是现实世界中创造性成就的中等预测指标（Hocevar & Bachelor, 1989; Plucker & Renzulli, 1999）。为什么？一个原因是这些测验把创造力作为一种一般特质抽象地测量。然而，证据的累积表明创造力是特别存在于特定领域的（Amabile, 1996; Feist, 2004; Kaufman & Baer, 2002, 2004）。除去一些罕见的例外，有创造力的人常常只在他们受到相当训练并拥有较多专业知识的领域中显得突出（Policastro & Gardner, 1999）。一个拥有卓越创造力的物理学家可能没有成为有创造力的诗人或者广告专员的潜力。测量该个体在物理学外的创造力可能是无意义的。因此，创造力测验可能价值有限，因为它们排除了背景。

即使更好的创造力测验被修订出来了，预测创造性成就仍可能是困难的。为什么？因为创造性成就还依赖于创造力之外的许多其他因素（Cropley, 2000）。个体事业生涯中的创造性产品依赖于他或她的动机、人格、智力，还有情景因素，包括训练程度、他人的指导、好运气等（Amabile, 2001; Feldman, 1999; Simonton, 1999a, 2004）。

创造力的相关物

有创造力的人是什么样的？他们更加聪明，或是更加思维开放，或是比常人社会适应更差？创造力的相关因素得到大量的研究。

存在有创造力的人格吗

不存在拥有创造力的单一的人格类型（Weisberg, 2006）。然而，研究者们发现特定人格特征与创造力间有着中等的相关性。研究表明高创造力的人倾向于比低创造力的普通人更加独立、更不服从、更内向、对新经验更开放、更自信、更顽固、更有雄心壮志、更有支配欲、更冲动（Feist, 1998, 2010）。这一系列人格特征的核心是与不服从性和对新经验的开放性相关的特质。有创造力的人倾向于独自思考并比普通人更不容易受他人意见影响。对新经验的开放性的重要性可以在一些新的研究中看到，这个研究表明居住在国外增加了创造力。

尽管居住在国外在很早以前就被认为是通向有创造力的画家和作家的惯例通道，直到最近才有人对居住在国外的影响做出实证性的考察。在一系列的研究中，Maddux和Galinsky（2009）发现居住在国外的时间与创造力测量有正相关。有趣的是，在国外旅游的时间不能预测创造力。在国外居住和旅游的差异巨大的效应似乎是取决于文化适应。Maddux和Galinsky发现人们对外国文化的适应程度是在国外生活与创造力间联系的原因。一个随后的研究发现多文化中学习到的经验似乎培养了思维的灵活性，而思维灵活性可以增强创造力（Maddux，Adam，& Galinsky，2010）。

最近，研究发现了一个有趣和意外的结论：创造力与国外居住经验间存在相关。理论家推断适应新文化的过程可能增强了思维的灵活性。

创造力与智力是否有关系

有创造力的人格外聪明吗？在概念上，创造力和智力代表着不同类型的心理能力。因此，创造力测量与智力测量之间较低的相关也就不足为怪了（Sternberg & O'Hara，1999）。例如一个最近的对许多研究的元分析报告了只有0.17的相关（Kim，2005）。然而，一些发现表明创造力与智力间的相关多少会更强一些。当Silvia（2008）施测数个智力量表并计算被试的g分数评估时，这一对智力的高阶测量与创造力的相关超过0.40。

阈限假设（threshold hypothesis）是其中一个被广泛引用的关于创造力与智力的模型，这个模型在数十年前由创造力研究的先驱们提出（Barron，1963；Torrance，1962）。根据这个理论，创造性成就需要智力达到一个最低阈值。因此，大多数具有高创造力的人很可能在智力上远高于平均水平。有人提出120分的IQ是创造力成就的一个最低阈限（Lubart，2003）。这个模型的一个假设是，IQ与创造力的相关在IQ高于阈限的人群中比低于阈限的人群中要弱。然而，最近的研究没能支持这个假设（Kim，Cramond，& VanTassel-Baska，2010）。当前，我们能够下的结论是IQ与创造力之间存在着弱到中等的联系。

创造力与心理疾病间是否存在联系

超常创造力与心理疾病之间可能存在一些联系。承受心理障碍的有创造力的天才简直数不胜数（Prentky，1989）。卡夫卡、海明威、伦勃朗、凡·高、肖邦、柴可夫斯基、笛卡尔和牛顿只是数个例子而已。

当然，统计上的联系不能用列举一堆例子来证明。然而，在这个问题上，一些统计数据是存在的，而且这些数据确实表明创造力天赋与适应不良——特别是抑郁这样的情绪障碍——是有相关的。当南茜·安德森（Nancy Andreasen）研究30个被邀请为知名的艾奥瓦作家工作室的资深作家时，她发现她的样本中80%的人承受着一定程度的情绪障碍（Andreasen，1987，2005）。在一个被试为来自另一个作家联盟的59名女性作家的相似研究中，Ludwig（1994）发现56%的被试曾体验过抑郁。这些数据远高于整个人口的情绪障碍基础比率（大约15%）。其他研究也发现创造力与情绪障碍以及其他心理障碍间的联系（Nettle，2001；Silvia & Kaufman，2010）。其中对这个问题最宏大的研究可能是Arnold Ludwig（1995）的对1004名分别在18个领域取得卓越成就的人的分析。他发现在杰出作家、画家和作曲家中抑郁和其他心理障碍大大提高（见图9-21）。最近研究表明心理疾病发病率在诗人中突出地提高（Kaufman，2001，2005）。

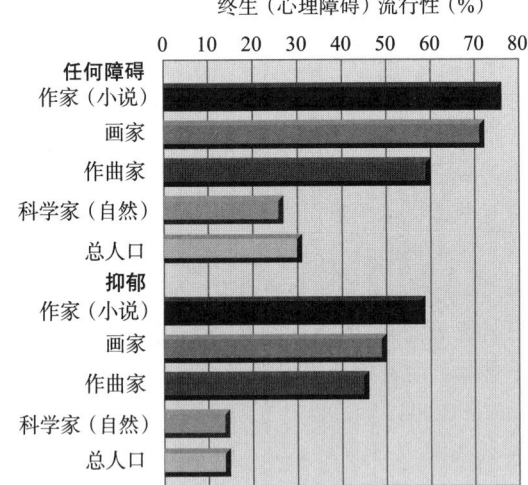

图9-21 评估取得卓越创造性成就的人的心理障碍流行率

Ludwig（1995）研究了1004名分别在18个领域取得卓越成就的人的传记，并尝试确认每个人是否在一生中遭受过任何特殊心理障碍。这里总结的数据显示了4个领域的人的抑郁和其他任何心理障碍的流行率，在这些领域中创造力常常是取得卓越成就的关键。如你所见，对心理疾病的估计流行率在杰出作家、画家和作曲家（但自然科学家中没有）中比总人口中极大地增大了，这些增量大部分是由抑郁造成的。

因此，实证数据的累积暂时表明重大创造性成就与情绪障碍易感性可能存在相关。根据Andreasen（1996，2005）的说法，创造力与适应不良可能不是以因果形式相联系的。相反，她推断特定人格特质和认知风格可能同时产生创造力和使人们易感心理障碍。另外，一个更加世俗的可能性是，有创造力的个体的提高的发病率可能仅仅反映着他们刻苦工作中体验到的困难和沮丧，而这些困难和沮丧，在他们挣扎着让自己的理念或作品得到相对缺少大众支持的艺术界接受的过程中是无可避免的（Csikszentmihalyi，1994，1999b）。

批判性思维应用

智力争论、诉诸无知与实体化谬误

谬误是指推理过程中的错误或误差。研究人们如何思考的认知科学家们已经编制出人们推理过程中常犯错误的长长的列表。其中一个谬误有着一个奇怪的名字——诉诸无知。它涉及把关于某种事物的信息或知识的普遍性缺乏（缺乏知识就是一种无知）错误地用来支持一个论点。这个谬误常常在关于遗传和环境对智力的相对影响的争论中浮现。但是在我们处理更加困难的关于这个谬误如何在智力争论中呈现的问题之前，让我们以一个简单的例子开始。

诉诸无知

鬼魂存在吗？这可能不是你期待会出现在心理学课本中的问题类型，但是它能够澄清诉诸无知这个概念。那些宣称鬼魂确实存在的人常常会如此证明他们的结论：因为没有人能够证明鬼魂不存在，所以鬼魂一定是存在的。鬼魂不存在的证据缺乏或者无力证明，这一事件被用作得出其相反的结论（鬼魂存在）。相反地，那些宣称鬼魂不存在的人常常基于同样的逻辑得出结论。他们争论没有人能够证明鬼魂存在，因此鬼魂一定不存在。你能够看出这些诉诸无知哪里错了吗？某个问题的信息缺乏不能够用作支持任何结论，除了唯一的一个结论——我们太无知以至于无法得出结论。

诉诸无知的一个有趣的方面是，同一"诉诸"能够被用来支持两个完全对立的结论。这个悖论是诉诸无知包含有缺陷推理过程的警示线索。当相反的两种论点（鬼魂存在——鬼魂不存在）被一起呈现出来时，很容易看出诉诸无知哪里出错了。然而，当同样的谬误出现在更加复杂的争论中而且诉诸无知不那么显眼时，此中诡计就很难被识破了。现在我们来看看它是如何在关于智力的争论中浮现的。

如本章主体部分所述，关于智力的先天后天相对贡献的争论是心理学界时间最长的争议之一。这一复杂的争论格外激烈，因为它有着深远的社会政治影响。一个常常被提起的论点是我们只有很少甚至没有证据证明智力能够被环境干预（教育）提高。因此，这个论点认为智力一定是主要由遗传获得的。这个论点是詹森（1969）的划时代著述的一部分，这部著述极大地激化了关于智力的争论。它还是赫恩斯坦和默里（1994）在他们的争议性著作《钟形曲线》中提出的论点之一。

这一论点意味着像Head Start那样的教育助力计划普遍没有产生实质性的、长期的IQ提高效果（Neisser，1996），Head Start是一个被设计来增强社会地位低下的儿童的认知发展的项目。这个项目产生了其他效益，包括学业成就的持久提高，但是短期获得的IQ分数增长通常在中年级前逐渐消退（Barnett，2004）。这些发现可能暗示了政府教育领域政策的一些问题。然而，他们对关于智力的先天后天之争所应用的推理方法产生了一个诉诸无知谬误。这个谬误的最简单形式是：显示环境变化可以增加智力的证据的缺失被用来支持智力大部分由基因遗传决定这一结论。但是证据的缺失（无知）不能被用来证明或者反对一个观点。

顺带一提，如果你已经学会了一些早前章节讨论过的批判思维技巧，你可能会想"等一等，增加IQ分数的教育助力计划的失败不是还有其他的可能解释"。是的，我们可以争辩这些项目对IQ分数的提高失败是因为它们常常被执行得太糟糕、太短暂，或者过于缺乏资金（Ramey，1999；Sigel，2004）。此外，Head Start项目并不是真的被设计来提升IQ分数的。它们是被设计来增强被剥夺基本社会权利的儿童的学校阅读能力的（Schrag，Styfco，& Zigler，2004）。这些助力项目对产生持久IQ增长的无能为力并不能充分推出智力的不变是因为它大部分是遗传的产物。

你可能还会疑惑："难道没有反驳的数据吗？"再一次，答案是有的。Barnett（2004）认为，无法在Head Start项目中发现持久智力提升常常可归因于研究设计中的缺陷和短处。此外，对一些较不知名的由较小群体参与的教育助力项目的研究得出了IQ分数和其他标准化测验分数可持久增长的结论（Ramey & Ramey，2004；Reynold et al.，2001）。

鬼魂真的存在吗？图上所示的 Littledean Hall 据说是 11 个鬼魂的家，并以英国最常闹鬼房子闻名遐迩。那些相信鬼魂的人常常用没有人能证明鬼魂不存在的论点来支持他们的观点。但是正如正文所解释的，这在逻辑上是有缺陷的。这一谬误也曾在关于智力本质的争论中浮现。

实体化谬误

关于智力的对话也曾被产生实体化谬误的倾向所损伤。当一个假设的抽象的概念被给予一个名字，然后这个概念被当作实在的有形的物质时，**实体化谬误**（reification）就产生了。一些假设的构念实在是太过熟悉了，以至于理所当然地我们开始认为它们是真实的。在思考弗洛伊德人格概念自我、本我和超我（见第12章）时，人们常常掉进实体化谬误的陷阱中。例如，他们开始认为本我是一个能够被增强或控制的真实的存在，而本我实际上仅仅是一个假设的抽象。智力这个概念也曾在许多领域被实体化了。像本我一样，智力仅仅是一个有用的抽象——一个用名叫 IQ 测验的纸笔测量集合相当任意地评估的假设构念。但人们老是表现得好像智力是有形的那样，在智力是否能被准确测量、智力是否能被改变、智力是否能预测职业成功等问题上拼命相互厮杀。这一实体化谬误明显地夸大了智力概念的重要性归属。聪明的做法是记住智力并不比"赛博空间"或者"美国梦"这样的概念更加真实。

实体化谬误也曾在关于智力遗传的程度的争论上出现。关于智力的遗传性系数的论断常常暗示一个唯一的真实的数字隐藏在某个地方——"就在那里！"正等待人们的发现。事实上，遗传性是一个假设的构念，这个构念可以合理地以数种不同的方法测评，得出一定程度上不同的数种结果。此外，遗传率在不同人口群体中是不同的，它依赖于人口群体中的基因变异数量和环境变异的程度。因此，不存在所谓与"真正的遗传性"相符的正等待被发现的精准数字（Hunt & Carlson，2007；Sternberg，2005）。因此，理解以下观点很重要：尽管假设构念在研究如人类思维和行为等复杂现象时有着巨大的启发价值，但是它们并不真实存在于世界上——至少不是以与桌子或者人类相同的方式存在。

当我们把假设构念当作是真实存在的那样去思考时，实体化谬误就出现了。像智力一样，赛博空间的概念也是实体化谬误的受害者。事实上，赛博空间仅仅是一个抽象概念，然而当画家们被要求为会议海报或者书本封面"画"出赛博空间时，它就变得清晰可见了。

表 9-4　本小节应用的批判性思维技巧

技巧	描述
辨识并避免诉诸无知	批判性思考者理解对一个问题的信息缺乏不能够被用作支持一种论点
辨识并避免实体化谬误	批判性思考者对把假设构念当作实在物体对待的倾向十分警惕
寻找发现或者事件的供选择的解释	在对解释的评价中，批判性思考者会探索在仔细检查下是否有其他解释也能说明面对的发现或者事件
寻找反驳的证据	在评价一个问题呈现的解释时，批判性思考者尝试寻找可能被争论遗漏的反驳的证据

第10章

动机与情绪

1996年一个阳光明媚的下午，乔恩·克拉考尔（Jon Krakauer）抵达世界最高点——珠穆朗玛峰。克拉考尔终于实现了他儿时的登山梦想，站在了世界之巅。拂去氧气面罩上结的冰，他俯视脚下的冰川、雪景以及远处庄严的山脉。胜利本应带来巨大的喜悦，可是一种不可思议的分离感却油然而生。"多年来我一直幻想那一刻，以及伴随那一刻的那种释放的情绪，"他后来写道，"然而当我真的到达山顶，我根本没有力气关心这些了。"

为什么克拉考尔的情绪被压制了？一个主要的原因是体力不支。攀登珠峰是一次相当艰辛的经历。海拔8844米已经是大型喷气式客机的飞行高度，如此高的海拔对人身体的伤害是巨大的，克拉考尔和他的登山伙伴花了6周才适应了位于海拔5280米处的探险队营地。在营地，克拉考尔发现他的基本身体机能已经出现困难。在许多夜里，他连续三四个小时地醒着，呼吸非常艰难，甚至感觉快要窒息了，一点胃口也没有，"我的身体开始透支，手脚开始慢慢萎缩犹如枯枝"。

这个时候你可能会问为什么有的人愿意承受那么极端的不适，况且探险营地仅仅只是开始。从探险营地到山顶还有两英里的垂直距离，那里被称作死亡地带，最后的这段上坡路是极度痛苦的。克拉考尔到达山顶的时候，每一步都觉得那样吃力，每一次呼吸都十分困难。他已经57个小时没有睡觉了，身体冷得不行，体力已经完全耗竭了。没有想象中的得意，取而代之的是忧虑，大脑缺氧几乎无法运转。但是他明白，从山顶下来会和上山一样危险。

接下来发生的事证实了攀登珠峰的遭遇有多么危险。在下山的途中，忽然遇上了大风暴，风速高达每小时100英里。漫天风雪席卷而来，克拉考尔险些丧命。有12名队友未能幸免，有男有女，死在了山里。其中几位还是跟克拉考尔同一批的。有些是不必要的死亡，他们成为"登顶热"（summit fever）的牺牲品。在快要到达山顶的时候，尽管已经极度疲惫，尽管风暴明显威胁着生命，他们仍然拒绝回头。

克拉考尔和其他登山者们的英雄事迹充满了动机之谜。为什么人们会冒着生命危险去追求一个目标？为什么甘愿去忍受那样苦痛的折磨和危险的考验？在攀登珠峰的例子中，也许最明显的动机仅仅是征服世界最高峰带来的满足感。早在19世纪20年代，当英国的登山者乔治·利·马洛里（George Leigh Mallory）被问及为什么想要攀登珠峰时，他著名的回答是："因为它就在那儿。"有些人似乎有一种强烈的愿望想要从事能够想象得出的艰难挑战，去得到一些十分不易的东西。然而，正如人们的行为证明的那样，一切并不那么简单。克拉考尔注意到促使登山者登上珠峰的动机多种多样，包括追求"附带的名声、事业的提升、自我的抚慰、日常炫耀的资本、不正当的收益"，甚至为了追求一种优雅的状态。

克拉考尔的故事也充满了强烈的情绪。他希望在攀登至珠峰峰顶时经历超常的情绪。事实上，伴随他成功的更多是焦虑而不是狂喜。之后的那个痛心的事件令他在第一时间失去感觉。然而，面对死去的同伴，他又很快被绝望、痛心和内疚淹没。他的故事很好地说明了动机和情绪的密切联系——我们这章将要学习的主题。

乔恩·克拉考尔（第三个人）和其他的登山者在攀登珠峰的途中。

动机理论与概念

动机是激励人们往某方向前进的需求、兴趣和愿望的总称。简而言之，**动机**（motivation）包含了目标导向的行为。心理学家已经发展了一套动机理论。现在我们来看看其中的一些理论和这些理论涉及的概念。

驱力理论

很多理论从驱力角度来看动机力量。驱力概念出现在多种理论中，然而含义却各不相同。比如精神分析（Freud,

1915）和行为主义（Hull，1943）。在20世纪四五十年代，这种理解动机的方式被克拉克·赫尔（Clark Hull）探索到了极致。

赫尔的概念来自沃尔特·坎农对机体力图保持体内平衡（一种生理的均衡或稳定状态）的观察。有机体会通过各种方式保持体内平衡。比如说，人体体温正常状态应该是在98.6华氏度周围浮动（见图10-1）。如果体温上升或下降的幅度显著，身体就会出现一些自主反应。如体温上升，便会出汗。体温下降，便会情不自禁地哆嗦。这些反应的目的在于将你的体温拉回到98.6华氏度。这样，为了恢复体内平衡你的身体会对生理稳定的各种干扰因素做出反应。

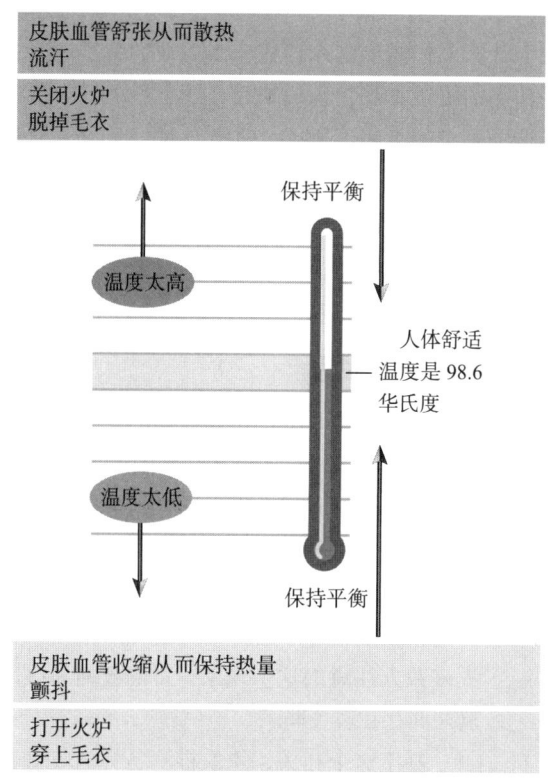

图10-1 体温调节作为体内平衡的例子

体温调节是机体试图保持体内平衡或生理平衡状态的一个简单例子。当你的温度超出了可接受的范围，会出现自动的生理反应（比如出汗或发抖）帮助恢复平衡，当然，这些自动的生理反应自身并不一定有效，所以你还需要借助别的方法（比如打开或关掉火炉）使你的体温回到舒适的区间。

驱力理论将体内平衡的概念用到了行为层面。**驱力**（drive）是一种内部紧张状态，它促使有机体参与到可以减少这种紧张的活动中去。这种不愉悦的状态被认为是对人们偏好的体内平衡状态的一种破坏。依据驱力理论，当个体经受驱力，他们会积极地去寻求方法使**驱力减少**（drive reduction）。比如，饥饿动机通常被概念化为一个驱力系统。当你缺乏食物一段时间后，会觉得不舒服，这种内部的紧张促使你去获取食物，而进食减少了驱力，让机体恢复了体内平衡。

驱力理论影响深远，驱力的概念被继续广泛运用到了现代心理学。然而，驱力理论并不足以解释所有的动机（Berridge，2004）。体内平衡似乎与人类的有些动机并无关联，比如对知识的渴求，有动机存在却无驱力唤醒。这一点很容易说明：试想有些时候你并不饿却吃了东西。驱力理论假定人们的行为都是为了减少内部紧张，并不能很好地解释这种行为。**刺激理论**（incentive theories）作为另外一种理解动机的方式，可以比较容易地说明这个问题。

刺激理论

刺激理论提出外部刺激调节着动机状态（Bolles，1975；McClelland，1975；Skinner，1953）。**刺激**（incentive）是可以产生激励行为的一个外部目标。冰激凌、一份多汁的牛排、物质奖励、朋友的赞许、优异的成绩，以及职位的晋升都是刺激。其中的一些刺激也许可以减少驱力，另一些却不能。

驱力和刺激两个动机模型通常被比作**推和拉**（push versus pull）理论。驱力理论强调内部紧张状态如何"推"人们往一个方向行动，刺激理论强调外部刺激如何"拉"人们往一个方向行动。对于驱力理论，动机源于机体内部；对于刺激理论，动机源于机体外部的环境。这意味着刺激理论模型的运作并不依据以机体的内部变化为关键的体内平衡原则，相比之下，刺激理论强调外部的环境因素而将人类动机的生物基础轻描淡写。

进化理论

持进化论观点的心理学家坚持认为人类以及其他物种的动机和生理特征一样，都是自然选择的产物（Durrant & Ellis，2003），他们认为，自然选择偏好那些可以令繁殖成功最大化的行为，也就是说，会把这些行为的基因传给下一代。因此，他们会从适应价值来解释动机，比如从属、成就、控制、攻击和性冲动。假如控制对于物种是一种重要动机，他们会说那是因为控制提供了生存或繁殖的有利条件。动机的进化论分析基于这样一个前提，那就是我们狩猎、采集的祖先能够从解决适应性问题的角度很好地理解动机（Tooby & Cosmides，2005）。比如说，相对于女性，男性对控制的需求更强烈些，因为它可以从不同的角度提高男性的繁殖成功率：①女性倾向于选择有控制感的男性做配偶；②控制感强的男性在竞争交配机会时会威胁到其他的男性竞争者；③居于控制地位的男性可以获得更多的资源，从而增加交配机会（Buss，1999）。再想想从属动机，也就是对归属感的需要，对于我们祖先来说，从属对于适应的有利方面包括帮助抚育后代、合作狩猎或自卫、提供性活动的机会等（Baumeister & Leary，1995）。

人类动机的范围及多样性

不同派别的动机理论家在一点上是一致的：人类展现了各种各样的动机。大多数的理论（进化理论除外）将动机分为源于身体需求的生物动机（比如饥饿）和源于社会经验的社会动机（比如对成功的需求）。

人们的生物需求是有限的。依 K. B. Madsen（1968，1973），大多数的理论确认了 10～15 种生物需求，其中一些需求列在了图 10-2 的左侧。多数的生物动机反应了生存的本质需求，比如对食物和水的需求，以及将体温保持在可以接受的范围。

人们有着共同的生物动机。然而，他们的社会动机则取决于个人的社会经验。比如，我们都需要吃东西，但不是每个人都追求整洁。人们的生物动机有限，但他们可以通过学习和社会化而获得无限的社会动机。一些社会动机的例子——来自亨利·默里（Henry Murray，1938）编制的一个影响深远的清单——就显示在图 10-2 的右侧，除此之外，他推断大多数的人都有对于成就、自主、从属、控制、展示和秩序的需求。当然，每个人的动机强度不同，这取决于个人历史。

鉴于人类动机的范围和多样性，我们只能深入探究其中一小部分。大体而言，我们选择了动机心理学家研究得最多的一些动机——饥饿、性和成就。讨论了这些动机系统之后，我们将探索情绪体验的组成要素和考查多种多样的情绪理论。

饥饿与饮食动机

为什么人们需要吃东西呢？因为他们饿了。什么导致了他们的饥饿？是食物的缺乏。任意年级的小孩都能解释这个基本的事实。所以，饥饿只是一个简单的动机系统，对吗？错！饥饿具有欺骗性，它只是看起来简单，实际上，它是一个让人迷惑而复杂的动机系统。尽管已有大量的研究，科学家依然在试图理解导致饥饿和饮食的原因。让我们一起看看其中的一些原因。

调节饥饿的生物因素

你可能有过尴尬的时刻，比如当你的胃在不恰当的场合发出很大声音。有的人可能会说："你一定是饿了！"大多数人的胃在饥饿的时候会发出同样的隆隆声。事实上，有关饥饿的第一个科学研究就是基于这个简单反应。在 1912 年的一个研究中，沃尔特·坎农和 A.L. Washburn 基于随机观察证实了大多数人注意的这个现象，胃的收缩和饥饿体验之间存在着关联。

基于这个相关，坎农推测是胃的收缩导致了饥饿。然而，正如我们先前知道的，相关并不等于因果，因此，这个理论最终招致怀疑。胃的收缩有时候伴随着饥饿（这个关联实际上很弱），然而并不导致饥饿。我们如何得知？因为新近的研究表明，即便在胃出于治疗的需要被切除后，人们仍然会感到饥饿（Wangensteen & Carlson，1931）。如果没有了胃也会出现饥饿，那胃的收缩肯定不是引起饥饿的原因。这个结论导致了涉及多个因素和过程的更复杂的饥饿理论的出现。

人类的生物动机举例	人类的社会动机举例
• 饥饿动机	• 成就动机（胜过他人的需要）
• 口渴动机	• 归属动机（社会从属的需要）
• 性动机	• 自主动机（独立的需要）
• 恒温动机（保持适当的体温的需要）	• 抚育动机（培养和保护他人的需要）
• 排泄动机（排除体内废物的需要）	• 控制动机（影响和控制他人的需要）
• 睡觉和休息动机	• 展示动机（给他人留下印象的动机）
• 活动动机（最佳水平的刺激和唤醒的需要）	• 次序动机（秩序、整洁和组织的需要）
• 攻击动机	• 享乐动机（趣味、放松和娱乐的需要）

图 10-2 人类动机的多样性

人们被各种动机驱动，这些动机可以分为两类：生物动机和社会动机。左侧清单（Madsen，1973）列出许多重要的生物动机，右侧清单（Murray，1938）提供了许多人类社会动机的例子，生物动机和社会动机的区分并不是绝对的。

1. 大脑调节

用实验室的动物做的研究最终表明饥饿受大脑控制，具体来说是受到**下丘脑**（hypothalamus）的控制。正如我们之前了解的，下丘脑是一个调节多种生存需要的微型结构（参见图10-3）。在20世纪四五十年代，研究通过大脑损毁技术和大脑的电刺激得出了结论：外侧下丘脑（LH）和下丘脑的腹内侧核（VMH）是大脑控制饥饿的开关（Stellar, 1954）。然而，经过了几十年，许多实证研究的结果推翻了饥饿的"双重中心"模型（Valenstein, 1973；Winn, 1995）。最近的观点是下丘脑的外侧和腹内侧区域是调节饥饿的神经回路的组成部分。然而，它们并不是关键的部分，也不是简单的开关中心（King, 2006；Meister, 2007）。今天，科学家们相信，下丘脑的另一些区域——弓状核（arcuate nucleus）和室旁核（paraventricular nucleus）——在调节饥饿中扮演了更重要的角色（Scott, McDade, & Luckman, 2007）（见图10-3）。在最近几年中，弓状核被认为尤其重要（Becskei, Lutz, & Riediger, 2008）。下丘脑的这个位置似乎包含一组对即将到来的饥饿信号敏感的神经元，以及另一组对饱腹信号做出反应的神经元。

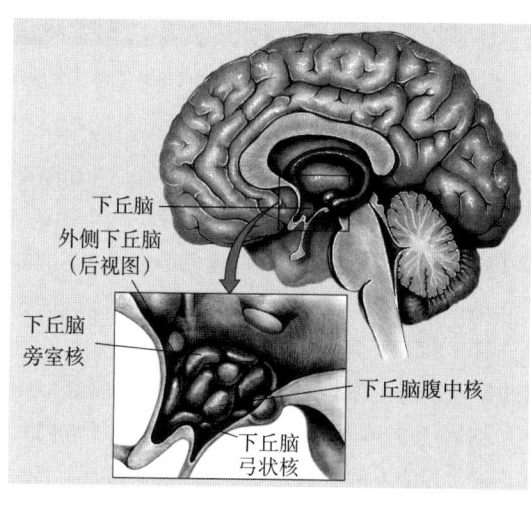

图10-3 下丘脑

这个位于前脑底部的小结构在调节人类多种生理需求（包括饥饿）中扮演了重要角色。这幅放大的细节图显示下丘脑由许多离散的部分组成，科学家曾经相信侧面和腹侧正中区域是大脑调节饮食的开关。然而，最近研究表明侧面和室旁区域可能对调节饥饿更加关键，从神经回路而不是从解剖中心来思考似乎更有道理。

当前的饥饿理论更多地聚焦在经过下丘脑区域的神经回路而不是大脑的解剖中心。这些回路依赖于大量多种多样的神经递质，它们似乎比预想的要复杂很多。证据表明神经回路调节饥饿是与广泛的平行过程有着大规模的相互联系（Powley, 2009），此神经回路对多种生理过程都敏感。

2. 葡萄糖和消化酶调节

许多进入身体的食物被转化成葡萄糖在血液中循环。葡萄糖是一种重要的单糖，它可以产生能量。那些消耗血液中葡萄糖的活动会导致饥饿，增加血液中葡萄糖水平的活动可以使人们产生饱的感觉。基于这些发现，**葡萄糖恒定理论**（glucostatic theory）血糖的波动会被大脑所监测，从而影响饥饿体验（Mayer, 1955, 1968）。就像"双重中心"理论一样，饥饿的葡萄糖恒定理论也逐渐变得复杂。尽管如此，下丘脑的弓状核似乎对葡萄糖的波动很敏感，它参与了调节进食的活动。（Woods & Stricker, 2008）。

消化系统也包括许多可以影响饥饿的其他机制（Ritter, 2004）。这个说明坎农关于胃可以调节饥饿的假设并没有完全错误。当你进食之后，胃细胞可以往脑干输送信息来抑制进一步饮食（Woods & Stricker, 2008）。举例说明，当胃饱了之后，迷走神经会携带胃壁扩张的信息。其他神经元携带的饱足信息取决于胃里食物的营养有多丰富。

3. 激素调节

多种在血液中循环的激素似乎也可以起到调节饥饿的作用。胰岛素（insulin）是胰腺分泌的一种激素，它帮助细胞从血液中提取葡萄糖。事实上，胰岛素缺乏会导致糖尿病。人们进食的时候胰岛素水平会升高，此外，胰岛素水平似乎还对身体的脂肪储存量的波动敏感（M.W. Schwartz, 2000）。这些发现表明胰岛素水平在判定饥饿时扮演了重要角色。

至少还有另外两种激素在饥饿的短期调节中起了重要作用。在一段时间没有食物后，胃会分泌可以导致胃壁收缩和促进饥饿的胃饥饿素（ghrelin）（Cummings, 2006）。与此相比，当食物被消耗之后，肠会分泌一种称作胆囊收缩素（CCK）的激素，它可以向大脑传递饱足信号，从而减轻饥饿（Moran, 2004；Schwartz & Azzara, 2004）。

最后，一种名叫瘦蛋白（leptin）的激素不仅可以调节身体的其他诸多功能，也可以对饥饿进行长期调节（Ahima & Osei, 2004）。瘦蛋白从脂肪细胞中产生，经由身体而后释放到血液中。高水平的脂肪会产生高水平的瘦蛋白（Schwartz，1996）。瘦蛋白通过血液循环最终向下丘脑提供有关身体脂肪储存情况的信息（Campfield，2002）。当瘦蛋白的水平高时，饥饿感会减少。

影响饥饿的激素信号（胰岛素的波动，胃饥饿素，胆囊收缩素以及瘦蛋白）似乎都会在下丘脑汇聚，更准确的是汇聚在下丘脑的弓状核和室旁核（Kuo，2007；Naslund & Hellstrom，2007）。

假如所有的这些信号混淆怎么办？不用担心，它们的确如此。坦白地说，研究者们正在努力试图弄清楚所有的这些过程是如何一起工作的。饥饿依赖于神经回路、神经递质系统、消化过程以及激素波动之间复杂的相互作用（Berthoud & Morrison，2008）。这些系统比最初想象的要分散得多，联系也要紧密得多。

调节饥饿的环境因素

饥饿显然是生理需求，但饮食却不仅仅由生物因素调节。研究表明社会和环境因素都在一定程度上影响饮食。两个关键的环境因素是：①食物的可获得性和可口性；②习得的偏好和习惯。

1. 食物的可获得性及相关线索

大部分关于饥饿的生理调节的研究都基于这样一个假设：饥饿像一个依赖于体内平衡的驱力系统那样发生作用。然而，一些研究者强调食物的刺激作用，他们认为人类以及其他动物想要进食时通常并不是出于补充能量的需要，而是对于进食愉悦感的期望（Hetherington & Rolls，1996；Ramsay，1996）。这个观点已经被下列对食物消费有重要影响的变量所支持。

（1）**可口性**（palatability）。食物的口味越好，消费的人也会越多（de Castro，2010）。这个原则不光对人类有用，老鼠以及其他动物的进食行为也会受到可口性的影响。

（2）**可得量**（quantity available）。饮食量的一个决定因素就是可获得的量。人们倾向于消费近在眼前的食物。提供的食物越多，人们吃的也会越多（Mrdjenovic & Levisky，2005；Rozin，2003）。举个例子，一项研究发现，如果装在大的容器里，人们会多消费45%的爆米花（Wansink & Kim，2005）。在另一个研究中，被试用可以自动再次装满的碗喝汤，结果发现消费量飙升了73%（Wansink, Painter, & North，2005）。这样，现代美国社会饭店里提供的大份额且不断增加的分量无疑增加了消费量（Geier, Rozin, & Doros，2006）。

（3）**种类**（variety）。当可提供多种多样的食物时，人类和动物都会增加他们的食物消耗量。（Raynor & Epstein，2001；Temple，2008）。当你吃一种具体的食物，这种食物的刺激作用便会减弱，这种现象被称为**特定感官过饱**（sensory-specific satiety）（Havermans, Siep, & Jansen，2010）。如果只提供少量的食物，它们的吸引力便会很快下降，假如多种食物都是可得的，人们的兴趣可以向新食物转移，结果会在总体上吃得更多。这个规律也可以用来说明为什么人们在吃提供多种食物的自助餐时特别容易吃得过多。

根据饥饿的刺激模型，可得性和食物的风味是调节食物的关键因素，食物丰富的种类也会增加饮食。

（4）**他人的在场**（presence of others）。平均而言，相较于一个人吃东西，与他人一起吃时个体会多吃44%。在场的人越多，每个人也会吃得越多（de Castro，2010）。当两个人一起吃东西时，他们会受彼此的影响而吃差不多的分量（Salvy，2007）。然而，当一位女性与一位不太熟的异性一起吃东西时，她会减少摄取量（Young，2009）。当事后被问及时，人们似乎已经忘了他们的进食受到了在场其他人的影响这个事实（Vartanian, Herman, & Wansink，2008）。

饮食也会由暴露在环境中的与食物相关的因素触发，你一定被电视商业广告上看起来非常美味的食品或是厨房里飘出的诱人香味激起过食欲。与观察结果一致的科学研究表明，暴露在苏打饮料或是食品的广告中会引发饥饿和导致食物摄入量的增加（Harris, Bargh, & Brownwell，2009；Koordeman，2010）。然而，食品消费并不只受广告内容的影响，人们并没有意识到广告是如何影响自己的饮食行为的。显然，饥饿和饮食也部分受

到食物质量的左右。

2. 习得的偏好与习惯

你喜欢吃牛脑吗？鳝鱼和蛇肉怎么样？我能让你对蚱蜢和狗肉感兴趣吗？恐怕不能。然而这些却是世界上某些地区居民的美味佳肴。北极的因纽特人喜欢吃蛆虫，你可能喜欢鸡肉、苹果、生菜、披萨或是冰激凌。这些偏好都是习得的，不同的文化背景下的人们对食物的偏好多种多样（Rozin，2007），如果你怀疑这个事实，去邻近一个民族的百货商店问问就知道了（当然不能是你自己的民族）。

食物的偏好也受到文化的影响。比如这里的炸蝗虫绝大多数美国人认为难以下咽，却在另一些文化中很受欢迎。

人们有些先天的基本的口味品种偏好。比如说，从一出生就偏好甜味（Menella & Beauchamp，1996）。人们对高脂肪食物的偏好似乎至少有部分始自基因（Schiffman et al.，1998）。然而，学习对人们偏好什么食物有非常大的影响（Rozin，2007）。口味偏好部分是通过经典条件反射习得的联结发生作用的（Appleton, Gentry, & Shepherd，2006）。举个例子，年轻人会因为与某愉悦事件联系而喜欢某种口味。当然，就像我们在第6章学过的，当食物伴随着恶心时，口味厌恶也可以通过条件作用习得（Schafe & Bernstein，1996）。

饮食习惯也会被观察学习塑造（见第6章）。食物偏好很大程度上是一个暴露的问题（Cooke，2007），人们普遍偏好熟悉的食物。但是由于地理、文化、宗教以及民族等因素的限制，人们并没有见过某些食物。小孩会更倾向于在看着大人尝试后去品尝一种陌生的食物，一种新食品的重复出现可以增加人们对它的喜爱。然而，许多家长强迫孩子去吃一种具体的食物是很难的，且往往事与愿违（Benton，2004）。

饮食与体重：肥胖症的根源

正如我们了解到的，饥饿是由生物和心理之间复杂的交互作用调节的。当研究者探索**肥胖症**（obesity）的根源时也出现了同样复杂的情况。许多专家用身体质量指数（BMI）——由体重（千克）除以身高（米）算出——来评定肥胖症。这个体重指标由身高的差异控制。身体质量指数超过30通常被认为过胖（Björntorp，2002）。美国文化崇尚苗条，然而，调查发现，在最近几十年里，肥胖的发生率出现了惊人的增长（Corsica & Perri，2003；Mokdad，2003）。在一个以美国样本为代表的调查中，发现33.9%的被试过胖，在某些族群中的发生率则更高（Flegal，2010；见图10-4）。此外，许多超重的成年人也伴随超重的小孩，最近一个关于儿童和青少年（年龄在6～19岁）的国际调查显示19%的样本达到了肥胖水平（Ogden，2010）。

持进化论的学者对肥胖症流行率的急剧增长有一个貌似可信的解释（Pinel, Assand, & Lehman，2000）。他们指出，在历史过程中，大多数的人类和动物生活在为有限而且来源不定的食物激烈竞争的环境中，在那样的环境中，饥荒是一个非常真实的威胁。觅食的动物进化了一种习性，当环境提供食物时，它们会吃下比即时需要的更多的食物，因为之后可能没机会获得食物。多余的热量作为脂肪储存在体内，以便应对未来的食物短缺。这种进食方式对多数动物具有适应性，它们以此来与食物补给的减少和流动性作斗争。然而，在现代工业社会里，绝大多数的人生活在食物充足且补给可靠的环境里。在这样食物充足的环境中，人们过量饮食的倾向将人们带上了一条慢性的、过量消耗食物的路。沿着这条线思考，处在这样环境中的人们过量进食与他们的心理需求有关。然而，因为基因、新陈代谢以及其他因素的差异，仅有其中一部分人超重。

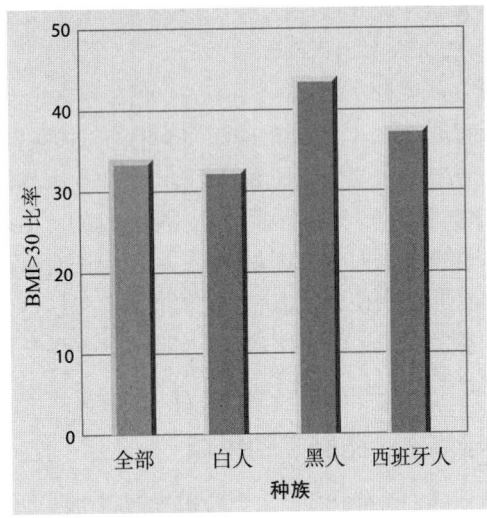

图 10-4　种族与肥胖

最近一个具有国际代表性的拥有 5500 个成人样本的研究显示，33.9% 的被试达到了肥胖标准，体重指数超过 30。这项研究也关注了种族与肥胖症的发生的关系。正如你看到的，不同种族之间出现了中等程度的差异。

假如肥胖仅仅影响人们的虚荣，那就没什么可在意的。不幸的是，肥胖症是一个有生命危险的重大健康问题（Flegal，2005；Ogden，2010）。肥胖的个体更容易出现心血管疾病、糖尿病、高血压、呼吸问题、胆囊疾病、中风、关节炎、肌肉和骨骼疼痛以及一些种类的癌症（Manson, Skerrett, & Willet, 2002；Pi-Sinyer, 2002）。图 10-5 显示糖尿病、高血压、冠心病和肌肉骨骼疼痛的发病率是如何随着身体质量指数的增加而提高的。

即便如此，最近的研究显示中等超重者（BMI 25～29.9）的死亡率在当今的人群中并没有提高（Flegal，2005，2007）。一个解释这个奇怪现象的假设是，治疗心血管疾病技术的提高抵消了与轻微肥胖相关的危险

（Gibbs，2005）。这些发现和其他一些观点也招致了批评（Campos，2004；Oliver，2006），批评称那些广为传播的肥胖危机其实被严重夸大了。即使与中等的体重问题相关的风险也许被高估了，但肥胖症是一个重要的健康问题依然是事实。因此，科学家已经投入了大量精力寻找肥胖症的原因，让我们来看一些他们已经确认的因素。

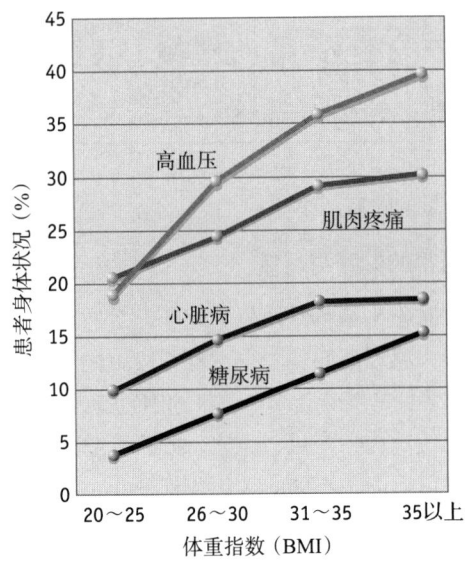

图 10-5　体重和各种疾病的发生

这张图显示了由体重指数定义的肥胖，它与四种常见的疾病有关。糖尿病、心脏病、肌肉疼痛和高血压的患病率随着体重指数的提高而增加，表明肥胖是一个重要的健康风险。

资料来源：Based on data in Brownell & Wadden, 2000.

1. 基因易感性

你可能知道有的人怎么吃都吃不胖，你也可能知道有的人不管吃多少都会胖。生理构成的不同也许是造成这种差别的原因。研究者认为这些差异是有基因基础的（Bouchard，2002）。

在一个有影响力的研究中，将养父母抚养的成年人与亲生父母抚养的年轻人就身体质量指数做了比较（Stunkard，1986）。调查者发现，相比于养父母，被抚养者更加接近他们的亲生父母。在接下来的双生子研究中，Stunkard 和他的同事（1990）发现，分开抚养的同卵双生子比一起抚养的异卵双生子在身体质量指数上更加接近（见图 10-6）。在另一个基于 4000 对双胞胎的研究中，Allison 和他的同事估计基因因素可以解释 61% 的男性体重变异和 73% 的女性体重变异。因此，一些人似乎生来就对肥胖症有易感性（Cope, Fernandez, & Allison, 2004）。

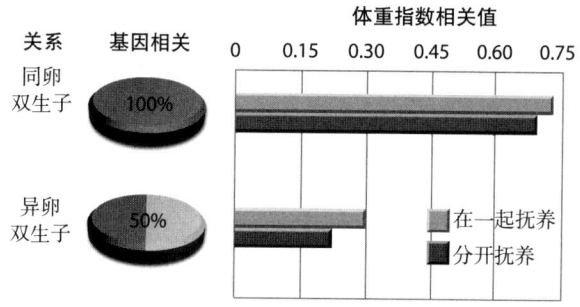

图 10-6 体重的遗传可能性

这些数据取自 Stunkard 等人（1990）关于双胞胎的研究。研究显示，同卵双生子在体重上的相似度要大于异卵双生子，这表明基因因素解释了过度肥胖的倾向的很大部分变异。

2. 过量饮食和缺乏锻炼

对于超重的人来说，最起码他们的饮食量大大超过了他们的锻炼水平（Wing & Polley, 2001）。在现代的美国，过量饮食和锻炼过少是显而易见的（Henderson & Brownell, 2004）。美味、高热、高脂的食物被大量广告且随处可得，不仅仅饭店和便利店里有，购物商场、机场、加油站、学校和工作场所也有。有营养的食物根本没法和便利的高热量快餐竞争。在最近几十年中，杂货店的包裹、饭店的份额，甚至餐具都在稳步增加（Wansink, 2010）。这些代表"常规"食品消费的膨胀线索加剧了饮食的增加和肥胖症概率的增长。Kelly Brownell（20002）认为，现代社会为饮食制造了一种"中毒"的环境，这种中毒的饮食环境的发展与身体活动的减少平行发生（Hill & Peter, 1998）。现代的便捷，比如汽车和电梯，以及工作的转变，比如越来越多的在桌上完成的工作，合谋导致了美国越来越久坐的生活方式，言下之意就是我们的身体移动越来越少。

真相核查

误解

晚上吃东西会增加体重。

真相

体重的变化依赖于一个人热量的摄入与身体活动以及新陈代谢的关系，当你耗费的热量与此不相称，那你摄入的所有热量都很关键。

3. 对外部线索的敏感性

斯坎特·沙赫特（1968）提出了"外源假设"，指出肥胖人群对影响饥饿的外部线索格外敏感，对内部的生理信号迟钝，而正常体重人群的饮食则主要由内部信号调节。依据这个说法，超重的人做好了对环境线索反应的准备，比如对于食物的可得性和吸引力，这些因素经常引发不必要的进食。在一系列的研究中，沙赫特操纵外部线索，诸如食物的口味如何、获得食物的难易程度，以及是否为进餐时间，这些外部线索被证明对超重个体的影响比对正常体重的个体大（Schachter, 1971）。

尽管沙赫特的理论获得了广泛的支持，许多研究也找到与这个理论不一致的证据。在一个有影响力的综述中，Judith Rodin（1981）对这个理论的原则提出了疑问，比如，他发现烤牛肉（外部信号）的声音、色泽和香味会诱发可导致饥饿的胰岛素的分泌（内部信号）。他也强调并不是所有的超重人群都对外部信号分外敏感，而正常体重人群也不是对外部信号毫无察觉。Rodin 的批评具有重要影响，针对外部影响的研究因而减少了，外源假设被认为并不可信。

然而最近，一些理论家开始重新评估外源假设（Herman & Polivy, 2008；Stroebe, 2008）。他们承认，几十年研究得出的肥胖症受多种因素的作用以及肥胖人群对饥饿的生理信号并不在意的结论确实被过分强调和过分简化了。然而，这些理论家认为外源假设的中心论点依然有价值。Stroebe（2008）总结，外部信号对肥胖症个体的饮食摄入量的影响也要比对正常体重的个体的影响大得多。为了理解外部信号如何与肥胖症联系，Herman 和 Polivy（2008）区分了**常规**（normative）的外部线索和**感觉**（sensory）的外部线索，常规线索是社会恰当食物摄入量的指标，即一个人应该吃什么、什么时候吃以及怎样吃。感觉线索是食物本身的特点，比如或多或少影响人们消费喜好的可口性。Herman 和 Polivy 认为肥胖人群对感觉外部线索尤其敏感。由此可见，外源假设的理论又回归了，即便如此，当前的主张乐意承认这只是导致肥胖症众多因素中的一个。

4. 设定值的概念

通过节食减肥的人们，体重很容易反弹（Mann, 2007）。反之亦然，人们努力增肥却往往徒劳无功。根据 Richard Keesey（1995）的说法，这些可观察的现象显示人体可能有一个**设定值**（set point），或者说是人体体重的一个自然平衡点。当脂肪存储量下降到一个重要的设定值，人体便开始为这个变化做补偿（Keesey, 1993）。因此，设定值理论（Pinel，2000）认为体重围绕着一个水平漂移，这个水平上的许多因素决定了食物的消耗和能量的支出以获得一个平衡。依据这个观点，只要在这些影响因素上没有持续的变化，体重就会保持稳定。

性动机与行为

性如何与食物相像呢？有些时候，人们似乎对二者都挺着迷。人们不断地拿性开玩笑，杂志、小说、电影和电视节目都充斥着性活动或者性暗示。从漱口水到名牌牛仔裤，再到汽车，广告商利用性来销售每一样东西。这种对性的极大兴趣反应了性动机的重要性。在这一章节，我们将探讨人类性反应的生理机能，回顾对人类性动机的进化论分析，讨论围绕色情的一些争议，以及分析性取向的根源。

人类的性反应

假设人们正有动力去发生性活动，他们的身体会有什么确切的变化呢？这听起来也许像一个简单的问题，但是在 Master 和 Virginia Johnson 于 20 世纪 60 年代做出开创性工作之前，科学家们对人类的性反应确实所知甚少。尽管我们的社会对性着迷，但直到 20 世纪 80 年代才鼓励科学家去研究性。起初，Master 和 Johnson 甚至很难找到愿意发表他们的研究的杂志。

Master 和 Johnson 用生理记录仪来监控志愿者们在性活动中的身体变化。他们甚至配置了一个带摄像镜头的人工阴茎装置用来研究阴道的生理反应。他们对被试的观察以及访谈形成了对人类性反应的详细描述，最终获得了广泛的赞誉。

Master 和 Johnon（1966，1970）将性反应周期分成四个阶段：**兴奋期**（excitement）、**高原期**（plateau）、**高潮期**（orgasm）和**消退期**（resolution）。图 10-7 显示了男性和女性在经历这些阶段时性唤起强度是如何变化的。让我们进一步看看人类性反应的这些阶段。

（1）**兴奋期**。在第一个兴奋阶段，生理唤醒水平急剧上升。男女双方的肌肉紧张度、呼吸频率、心跳速率和血压都上升很快。血管充血导致男性阴茎勃起和睾丸肿胀，对于女性而言，血管充血导致阴蒂肿胀硬化、阴唇扩张和阴道润滑。

（2）**高原期**。在高原期，生理唤醒持续发生，但速度更慢。对于女性来说，进一步的充血致使阴道入口紧固，阴蒂收缩在阴蒂包皮下面。许多男性会在阴茎顶部分泌少量液体。这不是射精，但也许会含有精液。当前戏漫长，唤起方面的波动对男女都是正常的。这种波动对男性尤其明显，勃起可能会增加或减少得非常明显。对女性而言，这个波动可能反应在阴道润滑的变化上面。

（3）**高潮期**。高潮发生在性唤起的强度达到顶峰的时候，它的泻出伴随着一系列的肌肉收缩和骨盆区域的蠕动。在这个超强度愉悦的痉挛反应中，呼吸频率，心跳速率和血压急剧升高。对男性言，高潮伴随着带有精液的射出。对男性和女性而言，高潮的主观体验是十分相似的。

然而，在性反应周期的高潮期，男女之间也有一些有趣的性别差异。一方面，女性比男性更容易有多次**高潮**（multiorgasmic）。一个女性如果在一次性活动中出现多于一次的高潮就被认为是多次高潮（图 10-7 中的模式 C）。另一方面，女性也更容易在性交中没有高潮体验。当回答者被问及他们与伴侣在一起是否每次有高潮时，

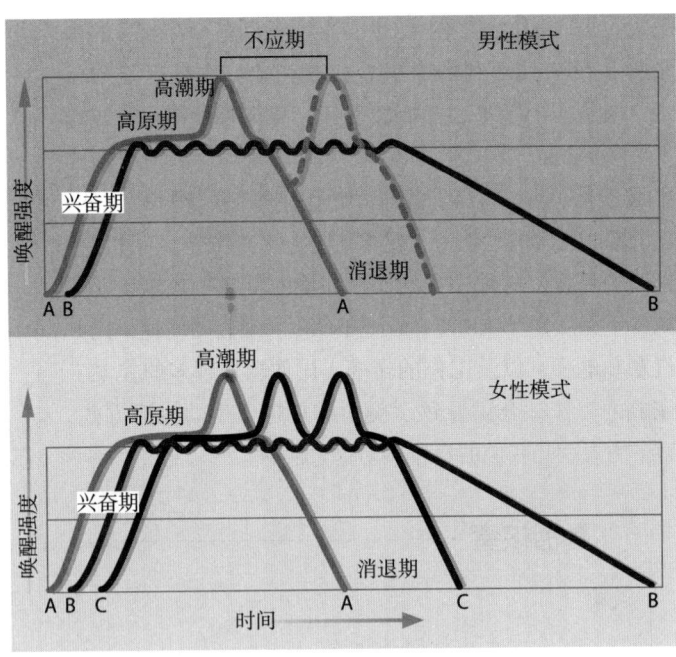

图 10-7　人类性反应循环

男女之间的性唤起模式既有相似又有区别。模式 A，到达高潮和消退，是两性的理想结果，但不是不可控制；模式 B，没有高潮的性唤起之后伴随一个缓慢的消退，在两性中皆可见，但在女性中更普遍；模式 C，多次高潮，只有女性才有，男性在下次高潮之前会经历一个不应期。

资料来源：Based on Masters, W. H., & Johnson, V. E. (1966). *Human sexual response.* Boston: Little, Brown. Copyright ©1966 Little, Brown and Company.

高潮一贯性在性别中的差异看起来相当大。举个例子，在年龄为35～39岁的回答者中，Laumann等人（1994）发现有78%的男性和仅仅28%的女性报告说每次有高潮。但是，最近一个重要的性行为调查以不同的方式触及了这个问题，发现了一个更小的性别差距，Herbenick等人（2010）询问了回答者关于他们最近的性交的一些细节（他们干了什么，有多快乐，是否有高潮，等等）。正如你在图10-8中看到的，男性更可能报告有高潮，但这个差距还没有达到像问人们是否一直有高潮那样大。

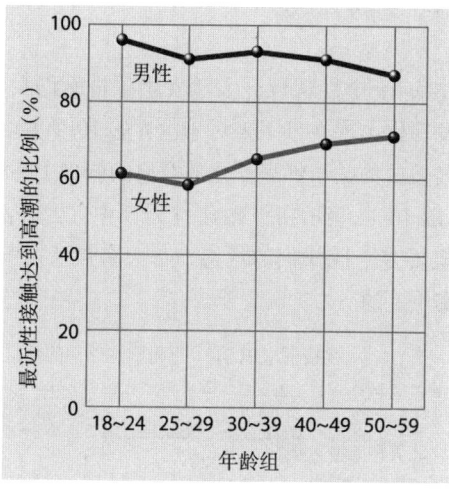

图10-8 高潮一致性的性别差异

在男女性别互动中，男性比女性更容易达到高潮，当被问及是否每次有高潮时，性别差距是巨大的。这里的新数据显示，询问人们在最近的性生活中是否有高潮，数据显示男女的差距变小了，但并非不显著。新的数据显示，男女的差距在老年群体中会减小。

资料来源：Data from Herbenick et al., 2010.

这种性别差异是否真的反映了男女对待生理过程的态度和实践还尚未可知。一方面，很容易认为男性比率很高的高潮一贯性是进化的产物，显然这对提高男性的生殖率有重要的适应作用。另一方面，对性的社会化的内疚感的性别差异，以及对女性不太理想的性脚本和实践也起了部分作用（Lott，1987）。其他的考虑是，相比于男性，女性的高潮一贯性更会受到关系质量的影响。与这个分析相一致的最近的一个研究发现，异性恋的女性对于伴侣的爱的程度与达到高潮的容易度之间存在0.43的相关（Ortigue，Grafton，& Bianchi-Demicheli，2007）。

（4）消退期。在消退期，身体的变化由性唤起的减弱导致。假如没有达到高潮，性紧张的消退可能会相对慢而且有时候会伴有不愉快的感觉。高潮之后，男性会经历一个**不应期**（a refractory period），在接下来的这段时间，男性对进一步的刺激没有反应。不应期的时长从几分钟到数小时不等，而且随着年龄的增长而增加。

人类性行为的进化论分析

心理学里的进化论观点形成了许多迷人的假设，这些假设涉及各种各样的主题，包括知觉、学习、语言和问题解决。然而，进化论理论家关于性行为的分析吸引了最多的注意。显然，解释性行为的任务对进化论视角来说非常关键，因为进化论的基本论点就是自然选择是由在成功繁殖方面的变异引起的。这个领域的想法被Robert Triver（1972）的**亲本投资理论**（parental investment theory）所引导。亲本投资理论指出为了生养后代，每一个性别所必须的投资，包括时间、经历、生存风险和机会的放弃。比如，努力地保护蛋，建造巢穴，或者抚养后代，都是亲本投资的表现。在多数物种中，雄性和雌性在亲本投资方面的差异显著不同，正是这些差异形成了不同的择偶策略。依据Triver的理论，在大多数的物种中，做出较少投资的性别一方会积极地与他者竞争以获得交配机会，而做出较大投资的性别一方在交配方面则更加保守和严格。这个经验法则可以预知许多动物的交配模式，但人类也是如此吗？

如同许多哺乳动物，在生孩子方面，不像女性，男性除了交配外只需投入很少。他们通过尽可能与更多的女性交配来使生殖适合度达到最大。女性的境遇截然不同，女性必须用9个月来怀孕，除此之外，我们的女性祖先还需要投入几年时间用母乳来抚育后代。这些现实给女性生育后代的个数设置了一个上限，跟她们与多少男性发生性关系无关。因此，女性只有一点或根本没有动力与许多男性发生性关系。取而代之的是，女性可以通过选择交配对象来使她们的生殖最优化。因此，在人类中，男性被认为要与其他同性竞争来获得这个神圣而又宝贵的繁殖机会。

亲本投资理论预言，相比于女性，男性会对性活动表现出更多的兴趣，更追求性伙伴的多样性，也更愿意发生不期而遇的性关系（见图10-9）。相比之下，女性被认为在性方面保守和严格，在性交方面更有选择性。

这些预测是否与实证吻合呢？让我们来看一些证据。

1. 性交伙伴的性别差异

与进化论相一致的是，男性通常比女性在性方面显示出更大的兴趣（Peplau，2003）。男性比女性更多地想到性（Laumann，1994），他们也会更多地发起性行为（Morokoff，1997）。男性有更频繁多样的性幻想（Okami & Shackelford，2001），他们的主观性驱力要比女性高（Ostovich & Sabini，2004）。男性通常高估女性对他们的性趣（一种女性没有的认知偏差），这个偏差可以保证男性不忽视性交机会（Buss，2001；Lenvesque，Nave，& Lowe，2006）。当异性恋夫妇被问及他们的性生活时，男性比女性更容易报告他们想要更频繁的性生活。最近的一个研究结果表明，这个存在于性动机方面的差异只有当人们步入中年时才拉开（Lindau & Gavrilova，2010）。正如你在图 10-10 中所看到的，在 55～64 岁年龄段的人群中，有 62% 的男性却只有 38% 的女性报告他们仍然对性非常感兴趣。

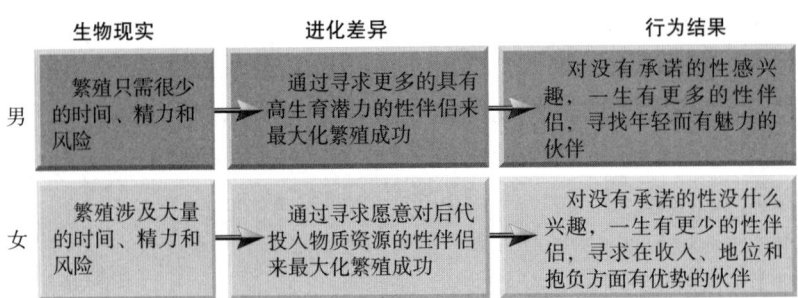

图 10-9 亲本投资理论和择偶偏好

亲本投资理论认为，男女之间在亲本投资上的基本差异具有不同的适应意义，同时也导致了择偶偏好的性别差异，如图中所概括。

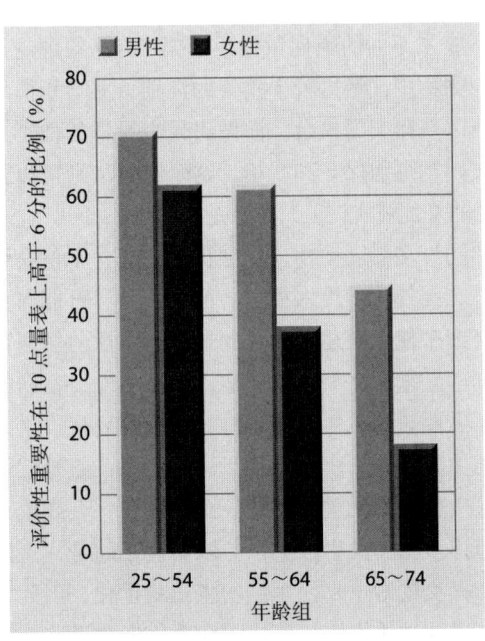

图 10-10 对性的兴趣的性别差异

Lindau 和 Gavrilova（2010）概括了超过 3000 名被试的具有国际代表性意义的样本。在这个探究中，被试被要求评估他们对性生活投入了多少想法和行动。量表评分从 0（没有）到 10（很多）。这张图显示了评分在 6 分或以上的人的比例，如你所见，男性比女性对性表达出了更多的兴趣。这个差距在 25～54 岁的年龄段间比较适中，在老年群体中有所扩大。

男性还比女性更积极地追求更多样的性伴侣（McBurney，Zapp，& Steeter，2005）。例如，巴斯和史密特（1993）发现，大学男生报告他们理想的状况是在他们一生中有 18 个性伙伴，大学女生报告她们只要 5 个。类似的发现也出现在接下来对于世界的 10 个主要地区的 16 000 名被试的关于性多样化的意愿的调查中（Schmitt，2003）。图 10-11 显示在所有 10 个地区中，男性表达了比女性更想要多个性伴侣的意愿，在大多数情况下，这个差别是实质上的。

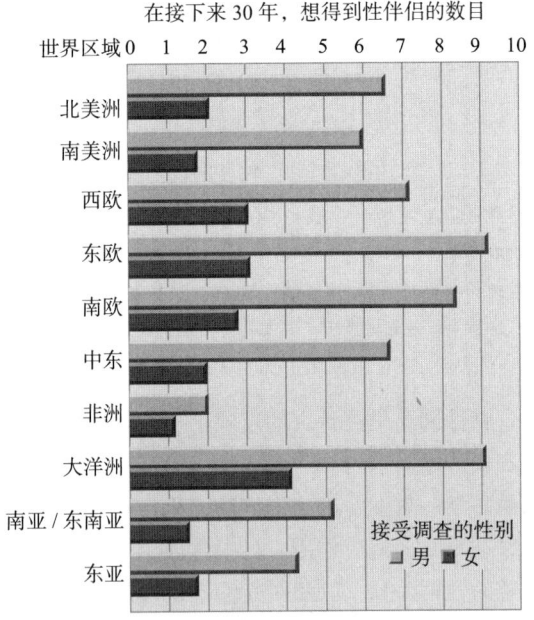

图 10-11 在需求多个性伴侣上的性别差异

Schmitt 等人（2003）收集了需求性伴侣数目性别差异的跨国数据。被访者被问到在接下来 30 年，他们的理想性伴侣数目是多少。正如进化理论家所预测的，在所有 10 个被调查的地区里，男性宣称更愿意拥有多个性伴侣。

资料来源：Schmitt, D. P., and 118 Members of the International Sexuality Description Project. (2003). Universal sex differences in the desire for sexual variety: Tests from 52 nations, 6 continents, and 13 islands. *Journal of Personality and Social Psychology, 85*, 85–104. Copyright © 2003 by the American Psychological Association.

在人们是否愿意发生随意的或是没有承诺的性关系这个问题上也存在着性别差异。举个例子，在一个很有意思的田野调查中，Clark 和 Hatfield（1989）让长相一般的男性路遇陌生的女大学生，然后问她们是否愿意到男性的住所与之发生关系。没有女性接受这个提议。但是，当 Clark 和 Hatfield 让长相一般的女性向经过的男性提出同样的提议，75% 的男性热心地同意了！

2. 在择偶偏好上的性别差异

亲本投资理论认为在寻求长期配偶方面男女应该也有一些明显的差异（见图 10-9）。这个适应性的问题对我们男性祖先来说就是找到有良好生育潜力的性忠诚的女性。考虑到这些需求，进化理论预测，相比于女性，男性会更加强调另一半的年轻（生育期较长）貌美（与健康多产联系）。相较而言，这个适应性的问题对女性祖先来说是找到可以提供物质资源并愿意将这些资源投入到家庭的男性。基于这些需求，进化理论预测女性会比男性更多地强调伴侣的智商、抱负、收入和社会地位（与可以提供更多物质资源的能力有关）。进化论理论家很快指出这些不同的优先考虑并不反映在有意识的策略上。相反，这些不同的优先顺序被认为是由进化力量植入人类大脑的潜意识偏好的。

在任何情况下，假如这些关于性动机的进化论分析是中肯的，那么择偶偏好的性别差异应该具有跨文化的一致性。为了验证这些假设，戴维·巴斯（1989）和 50 名来自世界各地的科学家，调查了来自 37 种不同文化下的 10 000 多名被试关于如何择偶的问题。正如亲本投资

理论预料的那样，女性比男性更看重潜在另一半的地位、抱负和经济前景（见图 10-12）。这些优先顺序并不仅限于工业社会或是资本主义文化，它们在第三世界以及各种经济体系下都是显而易见的。相比之下，世界范围内的男性一致对潜在伴侣的年轻和身体吸引力更加感兴趣（见图 10-13），许多研究，用多种样本和各式各样的研究

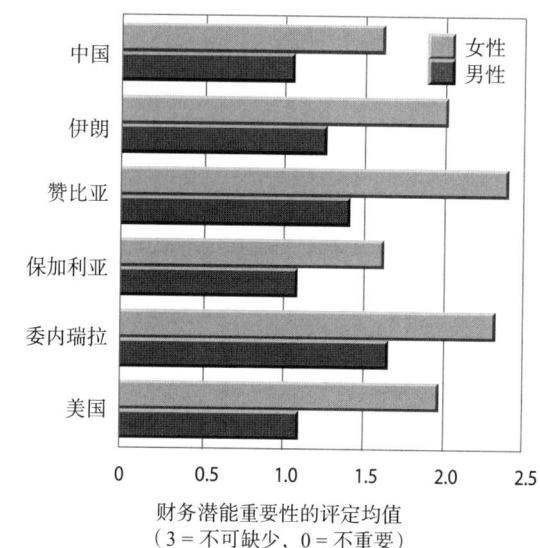

图 10-12 性别与配偶的财务潜能

依据进化论，巴斯（1989）发现，女性会比男性放更多的注意力在伴侣的财务潜能方面。而且，这个趋势超越了文化。巴斯研究的 37 种文化中的 6 种具体结果如图所示。

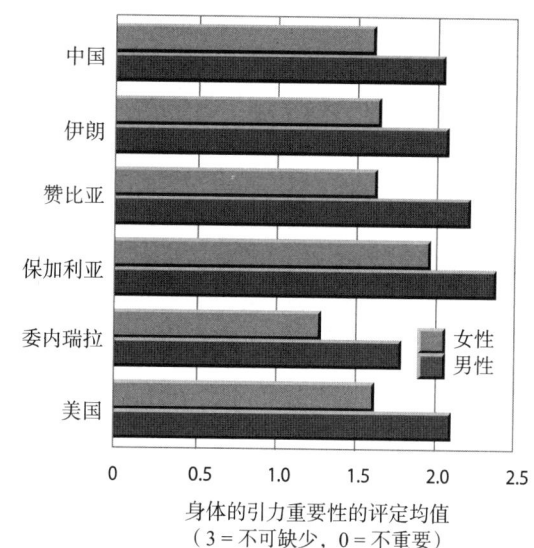

图 10-13 性别和配偶的身体吸引力潜能

与进化论一致的是，巴斯（1989）发现在全世界范围内，男性比女性更多地强调伴侣的外表潜力。巴斯研究的 37 种文化中的 6 种的具体结果如图所示。

方法，已经重复了男女不同性别在择偶优先以及偏好上的差异（Neuberg, Kenrick, & Schaller, 2010; Shachelford, Schmitt & Buss, 2005）。最近的研究也支持了这样一个观点，那就是女性将会比男人更多地看重潜在伴侣是否愿意在小孩上投入（Brase, 2006）。在这个维度上出现性别差异是因为男性似乎对女性的亲本投资潜力大多时候并不在意。而且，被认为乐意在小孩上投入的男性对于女性来说更具吸引力（Brase, 2006）。这个发现带我们到了本章的亮点研究，关于女性对于潜在的异性配偶的看法。

进化论假定，男性会通过寻找年轻的伴侣来使他们的繁殖最大化，而女性则会寻找能为后代提供更多物质资源的男性作为配偶来实现成功繁殖。显然，这个理论可以解释为什么年轻貌美的女性会和比自己年老并恰好富裕的男性恋爱。

专题研究 女性会对男性"一见钟情"吗

依据进化理论，女人可以通过找有途经获得物质资源或是有意愿投资到孩子的男性来提高生殖适合度。女性可以通过追求一个显现更多男子气概的男性配偶来增加传递基因的机会，这好比一个基因质量和遗传潜力的市场。当前的这个研究想仅仅基于快速的照片，看看女性对于亲本投资潜力和男子气概这两个特点的判断。研究者想知道是否女性通过面相可以做出关于男性的男子气概和亲本投资方面的有意义的推断。

方法
【靶刺激及特点】充当男性刺激的是39个来自芝加哥大学的学生，平均年龄21岁。他们被要求做出中性的面部表情，面部照片从一个标准的距离拍摄。为了操纵男子气概，采集了唾液样本用来测量用作刺激物的男性的睾酮水平。为了评估他们的亲本投资潜力，他们每个人都做了一个对婴儿的投资测试。

【被试与步骤】评定男性的女性是29个来自圣巴巴拉市加利福尼亚大学的本科生，平均年龄18岁。这些女性在标准的顺序下观看这些男性照片，评定的对象是"喜欢小孩""男子气概""身体吸引力"和"善良"。第一轮评定完之后，她们再重新观看所有照片，然后要求评估和每一位男性发生短期和长期浪漫关系的可能性。

结果
女性对图片刺激中男性的男子气概的评分与男子的实际睾酮水平有0.34的中度相关。同样，女性对图片刺激中的男性对小孩的喜欢程度的评分与男性在对婴儿的投资测试中的得分有0.38的相关，这个数据也显示了女性对男子气概和亲本投资的知觉影响了她们对与刺激图片中男性配对的可能性评分。对男子气概较高评分使得女性对发生短期浪漫关系可能性有更高的估计，然而，对亲本投资更高的评分导致了对长期配对可能性有更高的估计。

讨论
作者得出结论："当前的这项研究为女性对吸引力的评判具体依据男性对小孩的亲密程度和男性的荷尔蒙浓度首次提供了直接证据。"他们宣称他们最有趣的结果是发现女性可以基于简单的单张照片而对男性的亲本投资做出一个有意义的判断。

评论
在芝加哥论坛上关于这个研究的一个描述捕捉到了它引人注目的结果的本质："仅仅通过看男性的脸，女性可以感觉他们有多喜欢孩子，估计他们的睾酮水平来决定她们与之发生一夜情或是成为夫妻是否合适"（Gorner, 2006）。鉴于这是一个中等程度的相关，这个结论多少有点高估了。然而，这个研究确实提供了迷人的新证据，那就是人们可能潜意识地登记了潜在伴侣的微妙特征，据进化理论预测，这些特征与提高繁殖适合度是相关的。

3. 批评与其他解释

所以，这些关于性行为和择偶优先条件在性别上的差异的研究结果，与进化理论的预测很好地吻合了。但是，进化理论也受到了批评。一些怀疑论者认为对于这些结果还有别的解释。比如，女性对男性物质资源的强调可能是文化和经济力量的副产品，而非生物驱使的结果（Eagly & Wood，1999）。女性强调男性的经济实力因为她们自己的经济潜能几乎在所有文化中都受到了由来已久的限制（Hrdy，1997；Kasser & Sharma，1999）。在相同的思路下，Roy Baumeister认为在性动机上的性别差异绝大部分可以归因于文化导致的女性在性方面的压抑（Baumeister & Twenge，2002）。进化论的理论家面对这些质疑指出，正在发挥作用的文化和经济过程本身就是进化的产物。

色情：一个有争议的话题

依据一些社会批评，我们正生活在"色情的黄金时代"。正如Strager（2003）指出的："伴随着视频录像的爆炸性增长和互联网的出现，从来没有那么多色情作品可以被大量且轻易地获取。"最近一个关于青壮年的研究发现，87%的男性和31%的女性观看过色情作品（Carroll，2008），同样的研究报告也发现67%的男性和49%的女性认为使用色情产品是"可以接受的表达性欲的方式"。总的来说，男性比女性更容易报告他们发现色情材料是很享受而且很能唤起的（Allen，2007；Glascock，2005）。然而，这些结果可能部分反映了这样一个事实：绝大部分色情材料似乎是为男人创造的，而将女性塑造成消极地对男性做出反应的下贱角色（Mosher & Maclan，1994；Pearson & Pollack，1997）。

历史上，官方法律曾表达了对色情作品可能刺激性犯罪的关心，这个问题至今仍是热点争论的主题。然而，试图在色情作品的流行和性犯罪发生率找到联系的努力宣告失败，研究并没有在色情作品的可得性增加和性犯罪几率的提高上找到关联（Diamond，2009；Ferguson & Hartely，2009）。在最近的15～20年期间，网络色情的可得性呈指数增长，而美国报告的强奸的发生率却相对下降了（Ferguson & Hartley，2009）。大部分的男性侵犯者承认有使用色情作品的历史，但是大部分使用过色情作品的男性并没有性侵犯。这个数据表明，相比于其他人，性侵犯者并没有更早或更多地在童年或青少年时期接触过色情作品（Bauserman，1996）。因此，色情作品如果真的会刺激性犯罪的话，也只是扮演了一个次要角色（Langevein & Curnose，2004）。

即使色情作品看似不会刺激性犯罪，它们最终可能通过转变态度来影响性行为。Zillmann和Bryant（1984）发现观看更多的色情作品（每周3～6部电影，持续六周）会对性实践形成更加自由的态度。比如，他们更能接受婚前同居和婚外情。顺着这个脉络，Carroll（2008）发现，年轻男女对色情作品的使用与对待随意发生的性关系、有多个伴侣史的更开明的态度相关。Hald和Malamuth（2008）考察了丹麦年轻人对色情作品的使用如何影响他们的性生活质量的自我知觉，男女都报告说色情作品对自己的性知识和态度的积极作用比消极作用更多。

然而，关于攻击性色情作品的研究引起了对其影响的认真关注。攻击性的色情作品主要描述对女性的暴力。许多电影显示一些女性结束了最初的反抗后，逐渐屈服于甚至享受被强奸或是其他一些可耻的性行为。实验室研究和相关研究都表明这一类材料会增加男性被试对女性的攻击性行为（Hald, Malamuth, & Yuen, 2010；Vega & Malemuth，2007）。在这个重要的研究中，在主试的引导下，实验的男性被试相信（其实是假的）他们正在向其他被试传送电击，在这种情况下，他们对女性的攻击性在看完攻击性的色情作品后提高了。观看这样的色情作品让性强迫看起来不那么无礼了，也延续了女性享受被强奸的神话（Allen，1995）。这些态度可以影响实际行为，研究表明，那些相信"女性想要被强奸"的男性更容易发动性攻击（Bohner, Siebler, & Schmelcher, 2006；Chiroro，2004）。最近的研究表明，攻击性色情作品的消费可能会助长一少部分男性的强迫性行为，这些男性原本就有很高的性攻击倾向，因为他们对女性的态度是滥交而有敌意的（Kingston et al., 2009）。

根据强奸的证据来看，攻击性色情作品的影响是特别让人担忧的。要获得强奸普遍存在的确切证据并不容易，因为只有少部分的受害者会诉诸官方（Fisher, 2003）。估计表明，在美国，大约有1/4的年轻女性是强奸或强奸未遂的受害者（Campbell & Wasco，2005；Koss，1993）。只有少数强奸者报告是被陌生人实施的强暴（Rand，2008；见图10-14）最常见的是约会强奸（date rape），也就是女性在约会的场景中被强迫发生性行为（Banyard，2005）。在一个对于32所大学学生的调查中，1/7的女性报告她们曾遭遇过约会强奸或企图约会强奸（Koss，Gidycz，& Wisniewski，1987）。此外，1/12 的男性承认有过在约会时强迫发生性行为或是试图那样做。然而，这些男性都不认为自己是强奸者。更奇怪的是，研究发现有大约一半的女性报告了一个够得上强奸的经历却并不把自己当成强奸的受害者（McMullin & White，2006）。即使别的因素也确实在起作用，许多理论家认为攻击性的色情作品阻碍了我们看清强迫性行为的真相（Kingston，2009；Malamuth，Addison，& Koss，2000）。

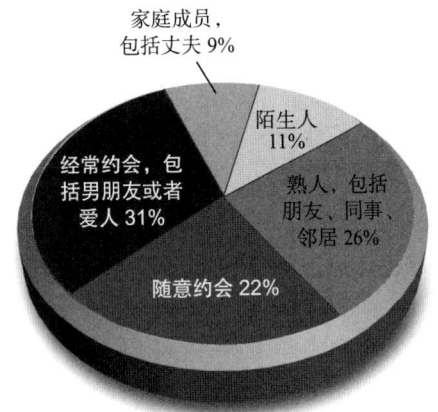

图 10-14　强奸中被害者与侵犯者的关系

基于 3187 名办公室女性的国际研究，玛丽·科斯（Mary Koss）和她的同事确定了 468 名表示她们曾经被强奸的女性并提供了她们与侵犯者的关系信息。与刻板印象相反的是，只有很小比例（11%）的女性是被陌生人强奸的。如你所见，许多女性是被与她们约会的男性强奸的。

性取向的奥秘

围绕着性的性别差异的进化论解释和色情作品的危险性的争论，可以和围绕着**性取向**（sexual orientation）的争论相匹敌。性取向是指一个人对于同性、异性或者两性的个体在情感和性关系上的喜好。**异性恋者**（heterosexuals）寻求与异性的情感和性关系，**双性恋者**（bisexuals）寻求与两种性别而**同性恋者**（homosexuls）寻求与同性发生情感和性关系。"同性恋者（Gay）"和"异性恋者（straight）"已经被广泛地用作对同性恋和异性恋的比较尊敬的称呼。尽管"gay"可以指代两种性别的同性恋，绝大多数的女同性恋喜欢称她们为"女同性恋者 lesbians"。

人们习惯将异性恋或同性恋作全或无的区分。然而，在一个关于性行为的开创性研究中，Alfred Kinsey 和他的同事（1948，1953）发现许多把自己作为异性恋的人有过同性恋的经历——反之亦然。因此，Kinsey 得出结论，将异性恋和同性恋看作是连续的分界点也许更准确（Haslam，1997）。确实，Kinsey 设计了一个 7 点量表，如图 10-15 所示，可以用来形容个体的性取向。为了重新评估 Kinsey 的理论，Robert Epstein（2007）通过网络从 18 000 多个自称同性恋、异性恋或是双性恋的人中取得数据。他们回答了一个关于他们的性取向和性经验的问卷。正如你在图 10-16 中看到的，Epstein 的数据与性取向应该被看作是一个连续变量而不是离散类别的见解一致。

同性恋有多常见？没人确切地知道。这个问题的一部分就是该问题比它第一次出现的时候复杂多了（LeVay，1996；Savin-Williams，2006）。鉴于性取向最好被看作是一个连续变量，那么该把异性恋、双性恋和同性恋之间的界线划在哪里呢？还有一个问题就是许多人对同性恋存有极端的偏见（Herek，2000，2009），这个事实使同性恋者十分谨慎而且不情愿公开他们的性取向。这样，对同性恋在人群中的比例的估计变化很宽泛也就不足为奇了。Micheals（1996）结合了两个较大规模的调查达成了在图 10-17 所示的估计。正如你所看见的，这个数字对各种解释是开放的，但是总的来说，他们认为人群中约有 5%～8% 的比例是同性恋。

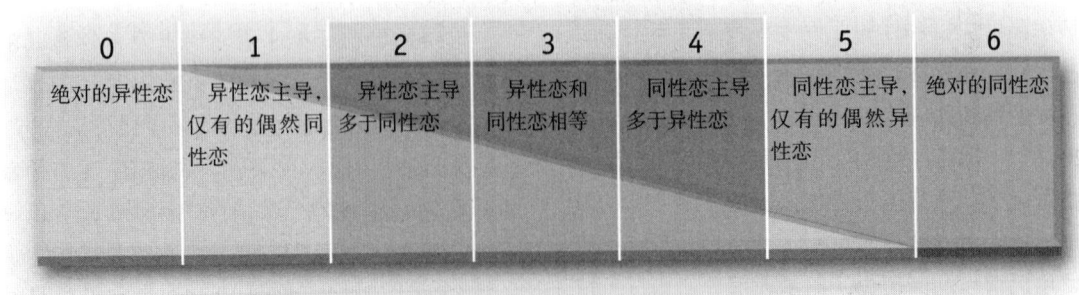

图 10-15　同性恋和异性恋在连续变量上的分界点

性研究者将同性恋和异性恋看成落在连续变量上而不是做一个全或无的区分。Kinsey 与她的合作者（1948，1953）创建了这个 7 点量表（从 0 到 6）来描述人们的性取向。

1. 同性恋的环境理论

这些年，已经浮现出许多环境理论来解释同性恋的起源。然而，当进行实证检验时，这些理论没有得到支持。精神分析和行为主义理论家都提出对同性恋形成的环境解释。弗洛伊德主义的理论家认为，在由弱小的、分离的、无用的、在异性恋模型中扮演差劲角色的父亲和一个过度保护、封闭约束、小男孩认同和效仿的母亲组成的家庭中成长的男性容易成为同性恋。行为主义理论家认为同性恋是当同性的刺激与性唤起成对出现时习得的，也许是成年同性恋者的偶然诱惑所致。许多对同性恋的养育和童年经历的研究都没能证明其中任何一个理论（Bell, Weinberg, & Hammersmith, 1981）。同样，也没有证据说明父母的性取向与孩子的性取向有联系（Patterson, 2003）。也就是说，同性恋的父母并不会比异性恋的父母更容易产生同性恋的后代。

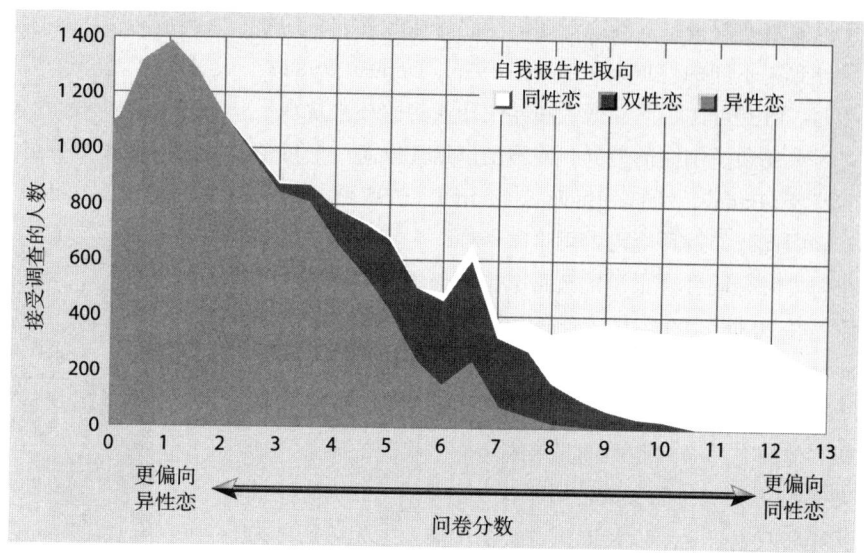

图 10-16　性取向在连续变量上的新证据

在一个大的有意思的研究中，Robert Epstein（2007）让 18 000 个人报告自己是异性恋、双性恋或同性恋，然后回答一个问卷，将他们自己放在一个表示他们性取向的量表里。Epstein 采用的是 14 点量表而不是 Kinsey 的 7 点量表。考虑到样本的自我报告特点，这些数据无法告知我们同性恋和双性恋的具体比例，但是数据提供了大量证据说明性取向是连续的。如果性取向是一个二者选其一的命题，人们的得分应该会部分重叠地分布在两端，显然不是这样的。

资料来源：Epstein, R. (2007, October/November). Smooth thinking about sexuality. *Scientific American Mind, 18*(5), p.14. Reprinted by permission of the author. Survey available at http://MySexualOrientation.com

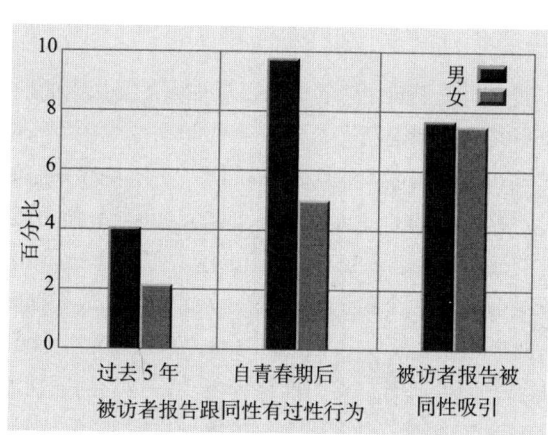

图 10-17　同性恋的普遍程度

这个问题的答案很复杂也很有争议。如图所示，Michaels(1996)把两个大规模的研究结合起来用来估计。假如你看到在过去的 5 年中有多少人有过实质上的同性伴侣，数字相当小。假如你从青春期开始计算哪些人有过同性伴侣，数据会翻倍。另一个看待这个问题的方法就是问人们是否曾经被同性吸引（不管是否有实质的行为）。这个方法显示，人群中约有 8% 是同性恋。

然而，针对同性恋个人历史的研究得出了一些有意思的见解。小男孩极端女性化的行为或者是小女孩男性化的行为可以预测之后的同性恋取向的发展（Bailey & Zucker, 1995; Bem, 2000）。最近，Rieger 和他的同事（2008）请同性恋和异性恋的成年人提供童年的录像，然后要求对录像中表现出的与性别不一致的行为做独立的判断。Rieger 和他的合作者发现，那些成年之后最终确认是同性恋的小孩比成长为异性恋的小孩有更多与性别不符的地方。这个结果对男性和女性都适用。

顺着这个研究脉络，大多数的男性和女性报告说，他们可以将他们的同性恋方面的学习追溯到童年早期，甚至在理解性别为何物之前（Bailey, 2003）。大多数的同性恋也报告说，因为父母和社会对同性恋的消极态度，他们最初都试图否认他们的性取向。这样，他们感觉他们的同性恋并不是一个选择的问题，也不是自己能改变的（Breedlove, 1994）。这些结果显然表明同性恋的根源更多的是生物方面的，而不是环境方面的。

2. 同性恋的生物理论

寻找同性恋生物基础的努力一开始并无成果。多数理论家最初假设是同性恋者和异性恋者在激素方面的差异导致了不同的性取向（Doerr，1976；Dorner，1988）。然而，研究对比了同性恋者和异性恋者的循环激素水平之后只发现了细微的差异，并不足以给性取向一个可信的解释（Bailey，2003；Banks & Gartrell，1995）。

因此，如持环境论的理论家一样，生物论的理论家在努力解释同性恋根源的道路上也遭遇了一些障碍。然而，在20世纪90年代，当两个行为遗传学的研究表明同性恋具有遗传倾向之后，他们的局面有所改观。第一个研究由Bailey和Pillard（1991）实施，被试是男同性恋，他们有一个双胞胎的兄弟或是一个收养的兄弟，结果他们发现52%的被试的同卵双生子兄弟、22%的被试的异卵双生子兄弟以及11%的被试的非亲生兄弟是男同性恋。一个关于女同性恋的对比研究（Bailey，1993）也发现了类似结果（见图10-18）。鉴于同卵双生子比异卵双生子有更多的基因重合，而异卵双生子又比非亲生的兄弟姐妹有更多的基因重合，这些结果表明了同性恋的遗传易感性。

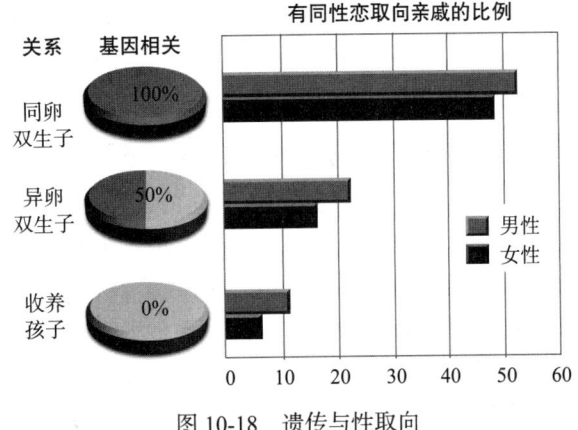

图 10-18　遗传与性取向

有更多基因重叠的亲属比更少基因重叠的亲属在特质上具有更多的相似性，这个证据说明了性格的遗传倾向。对男同性恋和女同性恋的研究发现，他们的同卵双生子兄弟姐妹比他们的异卵双生子兄弟姐妹更可能是同性恋，而异卵双生子兄弟姐妹又比领养的兄弟姐妹更可能是同性恋。这个结果表明遗传因素会影响性取向。

资料来源：Data from Bailey & Pillard，1991；Bailey et-al.，1993.

许多理论家怀疑同性恋的根源可以基于产前激素对神经发育的影响（Byne，2007；James，2005）。许多研究表明在产前发育关键期的激素分泌可能会塑造"性"的发展，以一个长久的方式组织大脑，以及影响之后的性取向（Berenbaum & Snyder，1995）。比如，研究发现产前发育期间暴露在雄性激素异常高的环境中的女性会提高成为同性恋的概率（因为她们的母亲肾上腺色素紊乱或是为了减弱流产的风险而被注射了合成激素）（Breedlove，1994；Meyer-Bahlburg，1995），其他的一些研究也表明产前激素分泌异常会增加同性恋的易感性（Mustanski，Chiver, & Bailey，2002）。

当演员林赛·罗韩在一段异性恋关系之后又爱上DJ萨曼莎·罗森时，许多人感到疑惑。尽管性取向的转变在男性中并不常见，研究表明，女性的性取向较之男性有更多的可塑性。

然而，关于同性恋的根源还有许多需要探索的地方。一个更复杂的情况就是，对于男性和女性，成为同性恋的方式在某种程度上也许有所不同。女性在性方面似乎比男性更具可塑性（Baumeister，2000，2004）。换句话说，女性的性行为更容易被社会文化因素塑造或修改。比如，尽管被假定为一个稳定的特征，女同性恋在成年期间却经常改变她们的性取向（Diamond，2003，2007，2008）。相比于男同性恋者，女同性恋者更少将她们的同性取向追溯到童年时期，更多地会叙述她们成年期间出现的对同性的吸引力（Tolman & Diamond，2001）。这些结论表明女性的性取向比男性的更具有流动性和可塑性。

再者，即便我们看到遗传和环境之间的争论会产生深远的社会和政治影响，同性恋还是长久以来成为社会过分（在法律案例中也存在）歧视的受害者。在大多数的地区，同性恋无法拥有合法的婚姻。在数十年里，他们不允许公开参加美国军队，他们也不能从事某些类型的工作（比如，许多学校都不招收同性恋的老师）。然而，如果研究真的证实成为同性恋绝大部分原因是一种生物的宿命，就像生为西班牙人或是女人或者长得高，那么反对同性恋的平等权利的言论也将不攻自破。如果性取向并不会传给学生，为什么禁止同性恋教书？尽管有人希望对同性恋的歧视无论如何终归会消失，许多人的看法依然会受到遗传和环境的性取向根源上的争论结果的影响，他们对同性恋权利的看法因此摇摆不定。

成就动机：追求卓越

在本章开篇，我们讨论了乔恩·克拉考尔为登上珠穆朗玛峰而做出的艰苦努力。他和其他的登山者经受了极端的困难和危险达成了他们的目标。什么动机如此强烈地推动着他们？很有可能，正是对成功的需求。**成就动机**（achievement motive）是对克服艰难挑战、超越他人和达到高标准的需求。最重要的是，成就动机包含了超越他们的愿望，特别是与别人竞争的时候。

戴维·麦克利兰（David McClelland）和他的同事开了研究成就动机先河（McClelland，1985；McClelland，1953）。麦克利兰认为成就动机是至关重要的，他将成就看作是推动经济增长和科学进步、激励领导和创作艺术杰作的火光。

成功需求的个体差异

你一定听过亚伯拉罕·林肯小时候在火光照耀下读书的故事。找任何一个具有高成就的名人传记，透过他们的人生，你可能会发现同样的驱动力。对成就的需求是人格中相当稳定的一面。因此，这个领域的研究主要集中在成就动机的个体差异性上。主题统觉测验（thematic apperception test，TAT）可以有效地测量成就动机（Smith，1992；Spangler，1992）。主题统觉测验是一种主观测验，它要求被试对一些模糊的、有歧义的刺激以一种能反应他们个人的动机和特质的方式做出回答（见第12章）。主题统觉测验的刺激材料是一些图片，图片中的人通常处在模糊的场景中，对这些图片的解释是开放的。比如这样一幅图，一个男子正在伏案工作，一个女子坐在椅子上凝视太空。被试被要求写下或者说出这个场景中发生的事情及人物性格，接着这些故事的主题被评分，用来测量各种需求的强度，图10-19展示了两个分别被成就和归属主导的故事（对社会联系和归属的需要）。

关于成就动机个体差异的研究，特别是对在成就需求测验上获得高分的人群的性格研究有许多有意思的发现。他们会比在成就需求上获得低分的人更加努力且更能坚持（Brown，1974）。他们比别人在处理任务的负性反馈时更加有效（Fodor & Carver，2000）。除此之外，他们更加未来导向，更加可能为了追求一个长远的目标而延迟满足（Mischel，1961；Raynor & Entin，1982）。正如你可能会猜的那样，鉴于这些性格特征，研究者经常发现在高成就需求和受教育程度之间存在正相关（Hustinx

从属唤起
乔治是个工程师，他工作到很晚。他正担心*他的妻子会抱怨他忽略她。她已经提出过他在乎工作甚于自己和家庭。他似乎无法让老板和妻子都满意，但是他很爱他的妻子，希望尽快完成任务回家见她。*

成就唤起
乔治是一个工程师，他想赢得竞争，*谁设计的图纸可行性最强将会赢得建造一座桥的合同。他花了一会儿时间设想要是他赢了将会多么开心。他感到困难的是如何使那样长跨度的桥梁牢固，他记得列举了一种新的很牢固的钢铁合金。他递交了稿子，但没有赢，他非常不高兴。*

图10-19 用主题统觉测验（TAT）测量动机

拿着主题统觉图的被试讲述或者写下画面中正发生着什么，比如画面中是一个正在工作的男人。这里的两段故事说明了高从属动机和高成就动机。斜体字部分的故事是主题想法，将会通过 TAT 的分数进行区分。

资料来源：Stories reprinted by permission of Dr. David McClelland.

et al., 2009)。在事业方面，他们主要从事有竞争性的创业职业，这样可以给他们超过别人的机会（Collins, Hanges, & Locke, 2004；Stewart & Roth, 2007）。诚然，他们的努力和坚持通常都得到了回报。高成就动机与商业领域的事业成功相关（Amyx & Alford, 2005；Winter, 2010）。

成就需求高的人一直会选择现有的最大挑战吗？没有这个必要。实验室的结果有一个令人好奇的发现，实验室的被试被要求选择他们愿意从事多大困难的工作。成就动机高的被试倾向于选择中等困难程度的任务（McClelland & Koestner, 1992）。举个例子，在一个研究中，被试玩一个扔戒指的游戏，他们可以选择距离目标钉子或近或远，高成就者倾向于选择一个中等程度的挑战（Atkinson & Litwin, 1960）。

影响成功行为的情境因素

你的成功驱动力并不是你选择工作难度的唯一决定因素。情境因素会影响成功的奋斗。约翰·阿特金森（1974, 1981, 1992）拓展了麦克利兰的关于成就动机的原始理论。他证实了特定情境下成功导向行为的三个决定性因素：

- **成就动机的强度**。这个因素被看作是人格中一个稳定的方面。
- **对当下任务成功可能性的估计**。这个因素随着任务不同而变化。
- **成功的激励价值**。这个因素依赖于具体任务成功的有形或是无形的奖励。

最后两个是成功导向行为的情境决定因素。也就是说，他们会随着情境的不同而变化。依据阿特金森的理论，对成功的追求力度会随着成功激励价值的提高而增加（下降而减少）。让我们把阿特金森的理论运用到一个简单的例子中，考虑追求成功的一个特定动机，假如你微积分老师给的分数不公平（也就是降低你对成功的期望），或者说微积分获得高分并不是专业要求的（降低成功的激励价值），你也就不会那么精力旺盛地追求高分。

这两个情境因素的共同影响可以解释为什么高成就者倾向于选择中等难度的任务。阿特金森认为一个任务的成功可能性和成功激励价值在某种程度上是相互依赖的。任务越容易，成功的满意度就越低；任务越难，成功可能性无疑降低了，但成功的满意度会越高。当成功的可能性和激励价值放在一起权衡时，就最大化一个人的成就感而言，中等挑战的任务似乎达到了最大的整体价值。

动机与成就是错综复杂的（Zurbriggen & Sturman, 2002）。一方面，情绪可以引发动机。比如，对工作计划的愤怒会激发你去找一份新的工作；对前女友的嫉妒可能促使你邀约她的室友。另一方面，动机会引起情绪。比如，摄影比赛获胜的动机会导致你在评审阶段的焦虑，或者是获胜的巨大喜悦，或者是没有取胜的莫大郁闷。尽管动机和情绪紧密相连，但它们并不相同，我们将会在下一节分析情绪的本质。

情绪体验的组成要素

人生最为重要且意义深远的经历充满着情绪。试想人们在婚礼上体验的喜悦，葬礼上的悲痛，坠入爱河时的迷狂。情绪也点缀着每天的经历。当教授对你粗鲁时你会愤怒，得知你的车需要巨额修理费时你会感到沮丧，被告知通过了经济学考试时顿觉欢乐。在某些方面，情绪占据着心理健康的核心。人们寻求心理治疗的两个最常见的原因是抑郁和焦虑。显而易见，情绪渗透了人们生活的方方面面。

但是，究竟什么是情绪？每个人都有无数的情绪体验，但这确实是个令人难以琢磨的概念（Izard, 2007；LeDoux, 1995）。情绪包括认知的、生理的和行为的成分，概括起来如下，情绪包括：①一个主观的有意识的体验（认知成分）；②身体唤醒（生理成分）；③外显的表情（行为成分）。这是一个非常复杂的定义，让我们仔细看看情绪的这三个成分。

认知成分：主观体验

英语里有超过550个单词涉及情绪（Averill, 1980）。然而具有讽刺意味的是，人们通常很难将自己的情绪向他人描述（Zajonc, 1980）。情绪是一种高度个人的、主观的体验。

研究情绪的认知成分，心理学家通常依赖被试口头报告他们体验到什么。这样的主观报告表明情绪潜在的一种强烈的内部感受，有时候情绪自身似乎是有生命的。人们无法像通过按"开"和"关"按钮来控制卧室的灯一样控制情绪。如果果真如此简单，那么你就可以在任何你想要的时候选择快乐了。尽管，在一定程度上对情绪进行控制是可能的（Thayer, 1996），但情绪还包括一些难以调控的自主反应（Ohman & Wiens, 2003）。有时候，这些情绪的反应可能出现在无意识的加工水平（Winkielman & Berridge）。

情绪涉及难以控制的自主反应。

在生活中，人们对一个事件的认知评价是决定他们情绪体验的关键因素（Clore & Ortony, 2008; Ellsworth & Scherer, 2003）。一个具体的事件，例如做一个演讲，可能对一个人是高度威胁并因此唤起焦虑的，但对别人却只是冗长乏味的例行公事而已。情绪的有意识体验包含了可评估的一面，人们将他们的情绪描绘成愉快或是不愉快（Barrett, 2007; Neese & Ellsworth, 2009），这些评估反应是自主的和下意识的（Ferguson & Bargh, 2004）。当然，个人经常会经历"混合情绪"，兼具愉快和不愉快的双重性质（Cacioppo & Berntson, 1999）。举个例子，一个获得晋升但同时面对挑战性的新的职责的经理可能既开心又焦虑。

最近几年，有一个关于人们对他们的情绪的认知评估方面的有趣发现——我们并不擅长预期我们对未来挫折和胜利的情绪反应。**情绪预测**（affective forecasting）是指预测一个人对未来事件的情绪反应。对情绪预测的研究表明，人们确实会错误地预测他们对或好或坏事件的未来的感受，比如获得工作上的晋升，迎来一个久违的假期，一门重要的课程得了低分，或者是被解雇（Wilson &

Gilbert, 2003, 2005）。人们貌似可以相当准确地预测一个事件将会引发积极情绪还是消极情绪，但离他们预测情绪反应的初始强度和持续时间还有一段距离。

比如，Dunn、Wilson 和 Gilbert（2003）要求大学生预测，如果校园宿舍管理凭运气分给他们理想的或不理想的宿舍，他们的整体幸福感将会如何。学生认为他们的宿舍分配将对他们的幸福感产生重大影响。但是当他们确实被分配到或好或差的宿舍，一年后再去测量他们的幸福感，结果发现，他们的幸福感并没有受到宿舍分配的影响（见图10-20）。同样地，研究发现，年轻的教授高估了他们5年后任职到期时的不开心程度，大学生高估了一段浪漫关系解除后的沮丧程度，而找工作的人高估了工作被拒时的痛苦（Gilbert, 1998）。

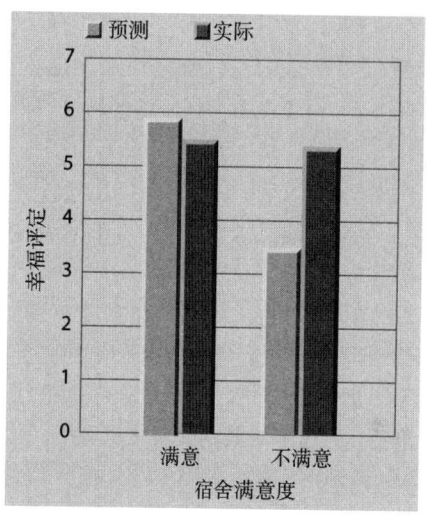

图10-20 情绪预报的不准确性

用一个7点量表（1=不高兴，7=高兴），大学生预测自己在分到理想或者不理想宿舍一年后的高兴程度。学生预期他们的宿舍分配会对他们的主观幸福感有显著的积极或消极影响（浅灰色条图）；然而一年后，在理想宿舍居住的同学与在不理想宿舍居住的同学幸福感几乎一样（深灰色条图）。

资料来源：Wilson, T. D., & Gilbert, D. T. (2005). Affective forecasting: Knowing what to want. *Current Directions in Psychological Science, 14*, 131–134. Figure 1. Copyright 2006 Blackwell Publishing. Reprinted by permission of Sage Publications.

为什么一个人对他们情绪反应的预测这么不准确呢？这可以归因于许多因素（Hoerger, 2009; Wilson & Gilbert, 2005）。一个考虑就是大多数的人不能完全领会他们对失败或错误的合理化、打折和忽略是多么有效。人们表现出许多的认知偏差，用来帮助他们隔离生命中的艰难困苦带来的情绪影响，然而，当人们预测对未来的挫折的情绪反应时却并没有用到这个特殊的"能力"。在任何事件中,正如你所知,情绪不仅很难调节,而且很难预测。

生理成分:分散而多面

情绪过程与生理过程紧密相连,但这个相互关联是非常复杂的。情绪的生物基础是分散的,包括大脑的多个区域和诸多的神经递质,也包括自主神经系统和内分泌系统。

1. 自主的唤起

想象一下你的汽车在结冰的高速公路上失去了控制时你的反应。你的害怕伴随着一系列的生理变化,心跳和呼吸迅速加快,血压激增,瞳孔扩张,汗毛竖起,起了"鸡皮疙瘩",你开始流汗。尽管生理反应不会一直像这个情景中这么明显,情绪往往伴随着内脏唤起(Larsen,2008)。由于焦虑,你一定经历过"胃打结"和"喉哽咽"。

许多与情绪相关的可以识别的生理反应通过**自主神经系统**(autonomic nervous system)发生(Janig,2003)。这个系统调节着腺体、胃肌和血管的活动(见图10-21)。正如你从第3章回忆的,自主神经系统负责"战或逃"这个高情绪反应。这个反应主要由分泌的肾上腺素贯通全身而调节。激素的变化显然在对紧张的情绪反应中扮演了关键角色,还可能对其他的情绪也有用。

情绪唤起的一个显著的部分是**皮肤电反应**(galvanic skin response,缩写为GSR),是指当汗腺活动增加时出现的皮肤导电性的增加情况。这个GSR是自主唤起的一个方便而敏感的指标,在许多实验室研究中被用作情绪的测量。

> **真相核查**
>
> **误解**
> 测谎仪是一个察觉人们不诚实回答的准确而可靠的仪器。
>
> **真相**
> 测谎仪的准确性长久以来被夸大了。比如,一个有影响的研究(Kleinmuntz & Szucko,1984)发现测谎仪会导致1/3的无辜者被冤枉,以及1/4最终认罪的人没被检测出来。

情绪和自主唤起为测谎仪提供了基础,或者说是谎言觉察器,当被试被提问时记录自主生理波动的仪器。测谎仪是心理学家威廉·马斯顿(William Marston)在1915年发明的,他还创造了连环画里的超级英雄——神奇女侠(Knight,2004)。一个测谎仪并不能确实侦查出谎言,它其实是个情绪觉察器。他监测自主唤起的关键指标,主要有心跳、血压、呼吸率和皮肤电反应。这个假设是,当被试撒谎时,他们体验的情绪(可能是焦虑)

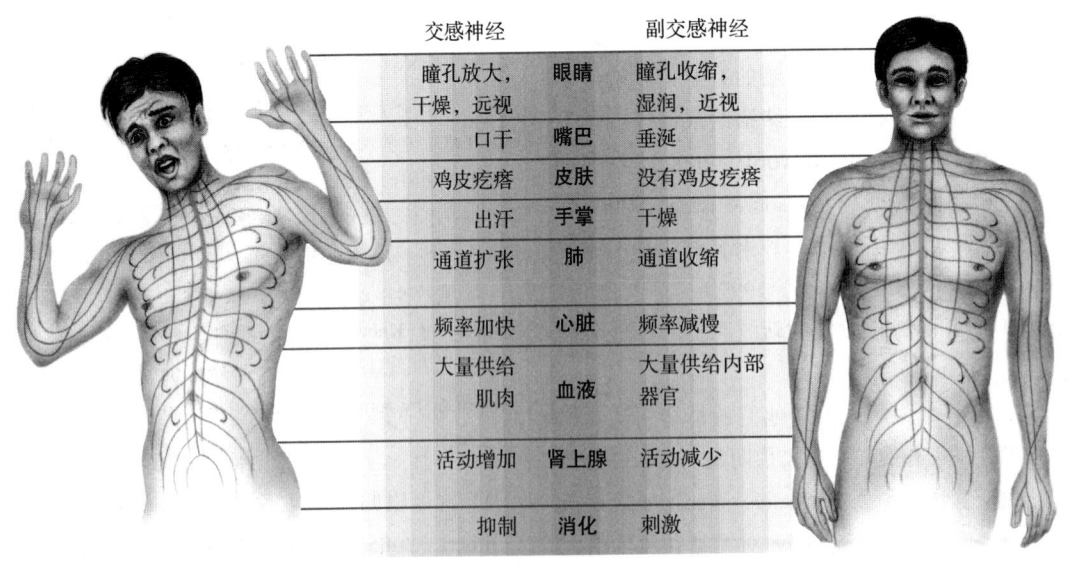

图10-21 情绪和自主唤起

自主神经系统(ANS)是由连接心脏、血管、平滑肌和腺体的神经元组成的(详见图3-8)。自主神级系统分为用于调动资源以应对紧张的交感神经部分和保存身体资源的副交感神经部分。情绪通常伴随着交感神经活动,导致起鸡皮疙瘩、手心出汗以及其他图中左边列出的条目。

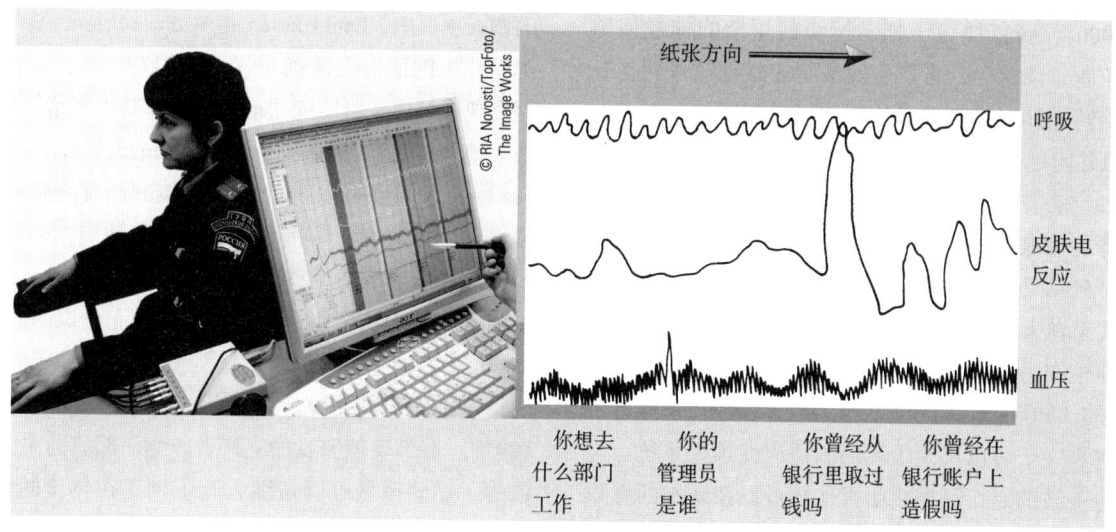

图 10-22 情绪与测谎仪

测谎仪测量的是绝大部分人在说谎时会出现的自主唤起。用一个无威胁性的问题作为基线后,测谎仪观测者开始在归罪问题上寻找唤起的信号(比如图中所示的 GSR 忽然变化)。不幸的是,测谎仪并不是验证人们是否说谎的可靠指标。

会在这些生理指标上产生显著变化(见图 10-22)。测谎审查员问被试一些没有威胁的问题来建立被试在这些自主生理指标的基线,接着审查员问关键的问题(比如,"发生盗窃案的那天晚上你在哪里?"),然后观察被试的自主唤起的变化。

测谎仪自发明起就备受争议(Grubin & Madsen, 2005)。拥护测谎仪的人宣称谎言觉察测试有 85%～90% 的准确率。他们宣称测谎仪的测试效度已经在实证研究中检验了。然而,这些观点显然没有得到证据支持(Branaman & Gallagher, 2005; Fiedler, Schmid, & Stahl, 2002; Lykken, 1998)。部分问题是当人们在回答涉案的问题时就算说实话也可能体验情绪唤醒。因此,测谎仪测试有时导致对无辜者的犯罪指控。另一个问题是有些人撒谎时并不会感到焦虑,也不会有自主唤起。问题的难点,正如 Leonard Saxe(1994)所言,是"没有证据说明欺骗有独特的生理反应"。测谎仪可能是可以帮助警察找到线索和不在场证据的有用工具,然而,测谎仪的结果在许多案件中并不足以作为递交给法庭的证据。

2. 神经回路

伴随着情绪的自主反应最终受大脑的控制。下丘脑、杏仁核,以及边缘系统的相邻结构(见第 3 章)一直被看作是大脑中的情绪落脚点(Izard & Saxton, 1988; Maclean, 1993)。

最近的研究首先聚焦在杏仁核上(见图 10-23),它在恐惧的条件习得中起了关键作用(LeDoux & Phelps, 2008)。依据约瑟夫·勒杜(Joseph LeDoux)(1993,

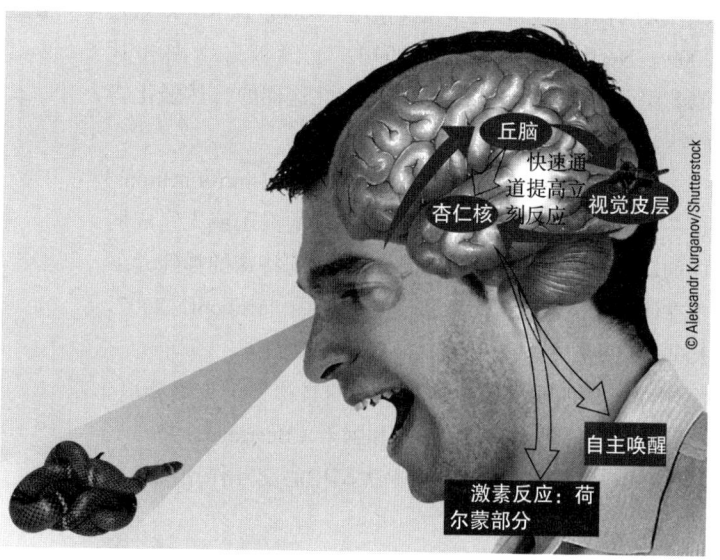

图 10-23 杏仁核和恐惧

情绪受到一个相互作用的大脑系统群的控制,其中杏仁核具有特殊的关键作用。勒杜(1996)认为,会引发恐惧的感觉输入(比如走在路上看到一条蛇)到达丘脑,然后沿着快速通道(空心箭头显示)直接到达杏仁核,沿着慢速通道(灰色箭头显示)让皮层思考情境。快速通道的活动引起自主唤起和激素反应,这些属于情绪的生理成分。

资料来源:Adapted from LeDoux, 1994.

1996，2000），杏仁核位于加工情绪的复杂的神经回路的中心位置，他认为，可以引发情绪的感觉输入到达丘脑，丘脑转而同时沿着两条独立的通道发送信息：一条快通道抵达附近的杏仁核，一条慢通道通向皮层区域（见图10-23）。杏仁核迅速加工信息，因此，假如它察觉到威胁，将迅速地引发导致与情绪相关的自主唤起和激素反应的神经活动。这条通道的加工过程非常迅速。情绪的引发甚至在大脑得以"思考"输入的究竟是什么之前。同时，穿梭在另一条通路里的信息在皮层里接受一个更"从容"的认知评价。勒杜认为这条快速反应通道经过了进化，它是一个可以决定生死的高适应性预警系统。与勒杜理论一致的是，证据表明杏仁核可以在认知的意识之外独立加工情绪（Phelps，2005）。

还有哪些大脑区域与情绪调节有关呢？有很多，而且不同的情绪可能由不同的神经结构加工（Panksepp，2008）。其中比较有趣的发现如下：

前额叶皮层（prefrontal cortex）以计划和执行控制角色著称，参与了情绪反应的自主控制（Davidson, Fox, & Kalin, 2007；Quirk, 2007）。

正如第5章提到的，一个叫作**中脑边缘多巴胺通路**（mesolimbic dopamine pathway）的神经回路，在体验跟奖赏有关的愉悦情绪时起了重要作用（Knapp & Kornetsky, 2009；Nestler & Malenka, 2004）。它能被可卡因和其他滥用药物激活，也可以被食物和性这样的自然强化物激活。

正如你从第3章回忆到，**镜像神经元**（mirror neurons）是一类在完成一个动作或者看见其他的猴子或人完成同样的动作时被激活的神经元。最近发现特殊的神经元似乎在体验共情这种情绪时起了重要作用（Iacoboni, 2007, 2009）。

许多其他的大脑结构与情绪的具体各个方面相联，包括海马、外侧下丘脑、隔膜和脑干（Beeridge, 2003）。如此看来，显然情绪依赖的是大脑中心交互作用网络的活动。

行为成分：非言语的表达

在行为层面，人们通过外显的表情特征表现他们的情绪。这样的表情包括微笑、皱眉、眉头紧锁、紧张的发声、紧握拳头和下垂的肩膀。换句话说，情绪通过"肢体语言"或非言语的行为来表达。

面部表情揭示了各种各样的基本情绪。在一个广泛的调查项目中，Paul Ekman 和 Wallace Friesen 要求被试基于图片上的面部表情确定这个人正在经历什么情绪。他们发现被试通常可以成功地辨认六种基本情绪：高兴、悲伤、愤怒、恐惧、惊奇和恶心（Ekman & Friesen, 1975, 1984）。人们也可以辨认许多其他的面部表情，比如轻蔑、尴尬、羞愧、愉快和同情。但是他们判断这些情绪不及六种基本情绪可靠（Keltner, 2003）。进一步言，通过面部表情辨认情绪往往是迅速的、无意识的（Tracy & Robins, 2008）。一些理论认为一个人面部表情的肌肉反馈有助于对情绪体验的意识（Izard, 1990；Tomkins, 1991）。面部反馈假设的支持者声称面部肌肉向大脑发送信号，这些信号可以帮助大脑识别正在体验的情绪（见图10-24）。根据这个观点，微笑、皱眉和眉头深锁有助于产生各种情绪的主观体验。与这个设想一致的是，研究表明假如引导被试收缩面部肌肉，去模仿某种特定情绪的面部表情，他们会报告说某种程度上他们确实体验到了这些表情（Kleike, Peterso, & Rutledge, 1998；Levenson, 1992）。

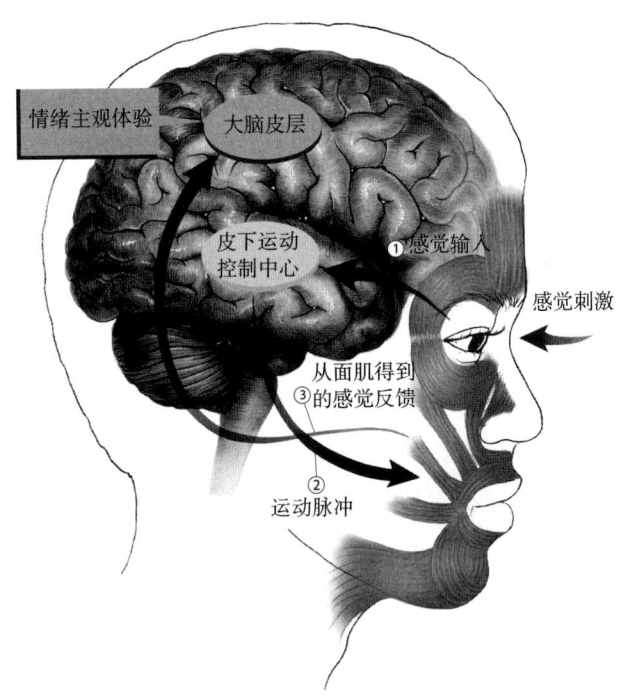

图10-24 面部反馈假设

根据面部反馈假设，皮层下中枢接受信息会自主引发与某些情绪有关的表情，面部肌肉接着把信号传给皮层来帮助辨认到底体验的是什么情绪。依据这个观点，面部表情可以产生多种情绪的主观体验。

不同情绪的面部表情可能大部分是天生的（Eib-

Ebesfeldt，1975；Izard，1994）。绝大多数先天的盲人会像其他每个人一样地微笑和皱眉，尽管他们从来没见过微笑和皱眉（Calati, Scherer, & Ricci-Bitti, 1997）。在最近一个有影响力的研究中，David Matsumoto 和 Bob Willingham（2009）仔细给残奥会先天失明的柔道运动员和看得见的奥运会柔道运动员拍摄面部表情的照片。这些用于比较的照片是运动员在最后的关键比赛中（为争夺金牌、银牌或是铜牌）胜利或是失败之后拍的。关于无数个运动员的数千张照片的分析有了清晰的结果，看得见的和失明的运动员的面部表情无甚差别。这个发现有力地支持了伴随情绪的面部表情是印刻在人类脑海中的这一假设。这个长期以来的关于情绪的面部表情可能是建立在生物因素上的疑问，引发了大量情感动力的跨文化研究。让我们看看研究者在文化和情绪构成成分上了解了些什么。

1. 情绪体验的跨文化相似性

在证明了西方被试可以从面部表情辨别具体情绪之后，Ekman 和 Frisen（1975）拿着他们的面部线索照片四处奔走，想看看是否非言语的情绪表情跨越了文化的边界。他们在阿根廷、西班牙、日本和其他国家对被试施测，他们发现了在基于面部表情对高兴、悲伤、愤怒、恐惧、惊奇和恶心这六种基本情绪的识别上存在跨文化的一致性（见图10-25）。Ekman 和 Friesen 怀疑这个一致性是否也是后天习得的结果，而不是天生的。他们不能忽略的是西方大众媒体（杂志、报纸和电视等）在不同的文化人群都有相当的曝光率。为了排除媒体的可能影响，他们带着他们的照片来到新几内亚一个偏僻的地方，把这些照片展示给一群几乎没有接触西方文化的土著居民。即使这来自尚无文字的文化中的人们在识别图片中情绪时效果不错（见图10-25 的底行数据），那并不能说文化与表情和情绪识别无关。研究表明，被试某种程度上识别自己文化人群的情绪比识别不同文化人群的情绪更精确（Elfenbein & Ambady，2002，2003）。

在一个有创意的对自然观察的研究中，Matsumoto 和 Willingham（2009）给颁奖典礼上的先天盲人运动员和正常运动员拍照，想看看情绪的面部表情是不是天生的。

	恐惧	厌恶	高兴	愤怒
国家		图片判断一致性（%）		
美国	85	92	97	67
巴西	67	97	95	90
智利	68	92	95	94
阿根廷	54	92	98	90
日本	66	90	100	90
新几内亚	54	44	82	50

图10-25 人们通过面部表情来辨认情绪的能力的跨文化比较

Ekman 和 Friesen（1975）发现在高度差异的文化下的人们，在情绪表现上具有高度的一致性，通过这些图片便可以看到。这种跨文化的一致表明面部表情可能是通用的，它们有很强的生物基础。

资料来源：Data from Ekman, P., & Friesen, W. V. (1975). *Unmasking the face*. Englewood Cliffs, NJ: Prentice-Hall. © 1975 by Paul Ekman, photographs courtesy of Paul Ekman.

文化与情绪构成成分

情绪的先天反应具有跨文化的普遍性吗？或者说社会习得的反应随着不同文化变化吗？大量的关于这个问题的研究并没有得出一个明确的答案，研究发现不同文化经历的情绪既有极强的相似性，又有着鲜明的不同点。

跨文化的一致性还存在于情绪的认知成分上（Scherer & Wallbott，1994）。比如，在对一个可能激发情绪反应的事件做认知评价时，来自不同文化的群体会沿着同样的思路（Matsumoto, Nezlek, & Koopmann, 2007；Mauro, Sato, & Tucker, 1992），也就是说，他们沿着同样的维度评价情境（愉快还是不愉快，意料之中还是意料之外，公平还是不公平，等等）。这就可以理解引发具体情绪的事件类型相当有跨文化的一致性（Frijda, 1999；Matsumoto & Willingham, 2006）。在世界各地，成就导致喜悦，不公导致愤怒，而有风险的情境导致恐惧。因此，研究在情绪的认知和行为（表达）成分上发现了大量跨文化的一致性。

2. 情绪体验的跨文化差异

情绪体验的跨文化一致性令人印象深刻，然而研究者也发现了在人们如何感受、思考和表达情绪上的文化差异（Mesquita, 2003；Mesquita & Leu, 2007）。比如，观察到不同文化在情绪的分类上存在着差异。一些在西方文化中普遍可以理解的基本的情绪类别似乎在一些非西方文化中难以识别，或者至少没有命名。James Russel（1991）编辑了许多在其他语言中找不到对应的表示情绪的英语单词。举个例子，塔希提语没有和sadness对应的词。许多非西方文化，包括尼日利亚的约鲁巴人、新几内亚的卡路里人，以及中国，缺少"depression"这个词。因纽特人似乎无法理解"anxiety"的概念。然而，批评指出，缺乏情绪概念的词汇并不意味着这些情绪就无法在一个文化中识别。

文化差异在情绪的非言语表达上也被发现了。与基本情绪相联的自然面部表情似乎超越了文化。然而，人们可以并确实习得了如何控制和修正这些表情。**展现规则**（display rules）是调节恰当情绪表达的标准。它们规定什么时候该怎样以及对哪些人可以表现不同的情绪。这些标准在不同文化里表现不同（Ekman, 1992）。比如，日本文化强调在公共场合压抑消极情绪，比其他文化更甚的是，日本人社会化为用坚忍的面部表情或是礼貌的微笑来掩盖愤怒、悲伤和厌恶。因此，非言语的情绪表情因为展现规则的不同而多少有了跨文化的差别。

情绪理论

心理学家是如何解释情绪体验的呢？这里有各种各样的理论和冲突的模型。有些已经被激烈争论超过一个世纪。在我们描述这些理论时，你会看到一系列的争论。就像许多其他类型的理论，情绪理论某种程度上转为先天和后天之争。

詹姆斯－兰格理论

正如在第1章提到的，威廉·詹姆斯是一个杰出的早期理论家，推动心理学家们去探索意识的功能。詹姆斯（1884）大约在125年前发展出的一个理论至今仍有影响力。大约在同时，他和卡尔·兰格（Carl Lange）（1885）独立提出有意识的情绪体验是对自主唤起的感知结果。站在这个理论头上的是常识。日常逻辑告诉我们当你无意中在树林里发现一条响尾蛇，这个有意识的恐惧体验导致身体唤醒（见图10-26）。换句话说，你可能认为你血脉喷涌是因为你感到恐惧，詹姆斯和兰格认为你感到恐惧是因为你血脉喷涌。

詹姆斯－兰格的理论强调的是情绪的生理决定因素。依据这个观点，自主激活的不同模式导致不同的情绪体验。据此推测，人们在他们体验到的自主激活的确切状态的基础上，来区分诸如恐惧、开心和愤怒等情绪。近几十年的研究支持了**自主特异性**（autonomic specificity）。也就是说，不同的情绪多少伴随着不同的自主激活模式（Janig, 2003；Levenson, 2003）。然而，关于人们是否通过不同的自主激活模式来识别他们的情绪的问题还尚未知晓。

坎农－巴德理论

沃尔特·坎农（1927）发现詹姆斯－兰格理论并不足信。他指出在没有情绪体验的时候也可以有生理唤醒（比如，一个人激烈运动后）。他认为要领先于情绪体验的意识，内脏变化还太慢。最后，他认为人们经历着恐惧、喜悦和愤怒这些不同的情绪，而表现相似的自主唤起模式并不足以区分它们。

因此，坎农信奉另一个不同的情绪的解释。不久，菲利浦·巴德（Philip Bard, 1934）又在此基础上有所建树。坎农－巴德理论认为情绪的出现是丘脑同时向大脑皮层和自主神经系统发送信号的结果。大脑皮层产生有意识的情绪体验，自主神经系统致使内脏唤起。图10-26将坎农－巴德的模式和詹姆斯－兰格的理论做了比较。坎农和巴德逐渐开始清楚地认识到丘脑是情绪的神经中枢这个事实。不过，许多现代理论家同意坎农－巴德的关于情绪源于皮层下的脑结构的观点（LeDoux, 1996；Panksepp, 1991；Rolls, 1990），一些理论家也认为坎农－巴德关于人们并不通过不同的自主激活模式来识别情绪的观点是对的（Frijda, 1999；Wanger, 1989）。

沙赫特的两因素理论

在另外一个有影响力的分析中，斯坦利·沙赫特（Stanley Schachter）宣称人们看环境线索来区分不同的情绪。依据沙赫特（1964；Schachter & Singer，1962，1979），情绪的体验依赖两个因素：①自主唤起；②对自主唤起的认知解释。沙赫特提出，当你感受到内脏唤起，便会探究你的环境寻求解释（见图10-26）。当你困在交通阻塞中，你很可能将你的唤起标为愤怒；假如你正参加一个重要的考试，你很可能将之标记为焦虑；若是你正庆祝自己的生日，你很可能将之标为开心。

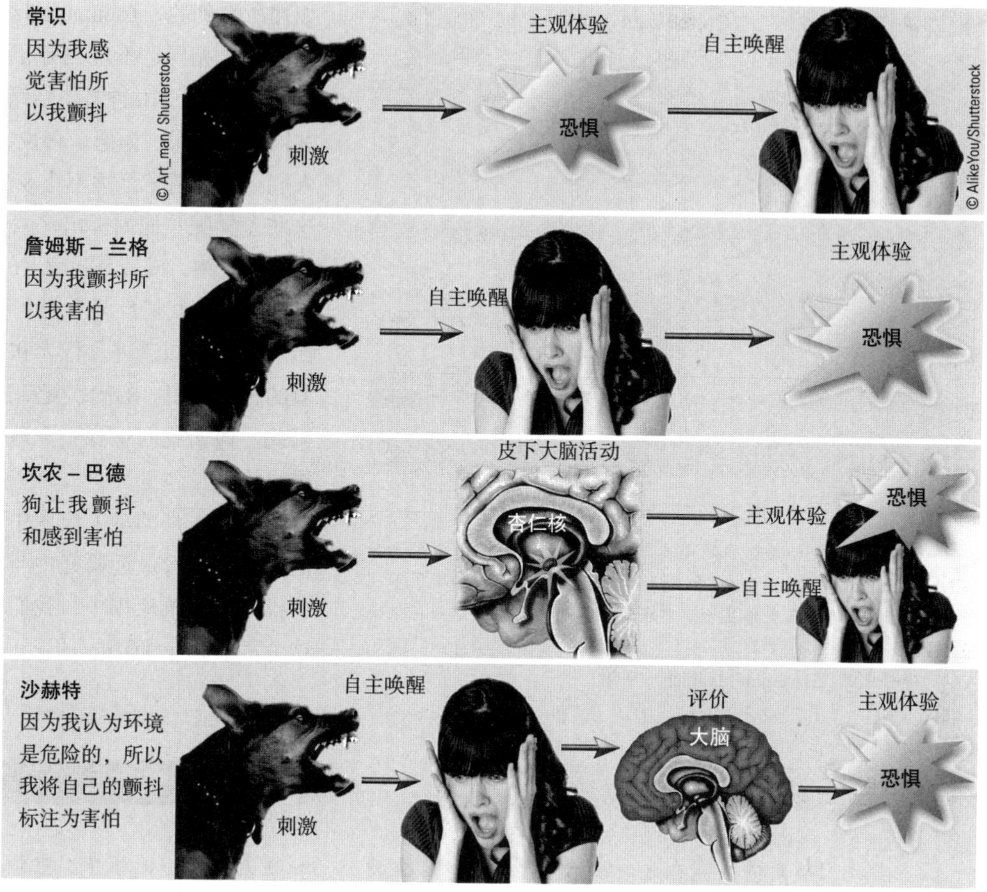

沙赫特同意詹姆斯–兰格关于情绪是由唤起推断来的这一观点。然而，他也同意坎农–巴德说的不同的情绪导致大致相同的自主活动模式的立场。他提出人们寻找外部线索而不是内部线索来区分和标记他们的特定情绪，这调解了上面的那些观点。实质上，沙赫特认为人们的思路如下："假如我被唤起而你又让人讨厌，我肯定怒了。"

两因素理论得到支持，研究同时也揭示了它的一些局限（Leventhal & Tomarken，1986）。情境是无论如何也不能塑造情绪的，而在寻求对自主唤起的解释的过程中，被试并不把他们自己仅仅局限于即时的情境（Sinclair，1994）。

情绪的进化理论

当两因素理论的局限显现，理论家开始转向一个多世纪以前达尔文信奉的进化论观点。达尔文（1872）认为情绪的发展是因为他们的适应价值。举个例子，恐惧可以帮助有机体避开危险，这样就可以帮助生存，因此，达尔文将情绪视为进化的产物。这个前提成为

图10-26 情绪理论

从常识的角度比较了三种有影响力的情绪理论。詹姆斯–兰格理论第一个提出唤起的感受引发了情绪，而不是情绪导致了唤起。沙赫特基于这个理论又增加了第二个因素——对唤起的解释（评价和标定）。

S.S.Tomkins（1980，1991）、Carroll Izard（1984，1991）和Robert Plutchik（1984，1993）等人独立发展许多杰出情绪理论的一个基础。

这些进化理论把情绪大部分当成是对特定刺激的先天反应，像这样的话，情绪应该是在大多数情况下能够不经思考而即时识别的。毕竟，原始人并不具备复杂思考的能力，却似乎并不存在识别情绪方面的困难。进化论认为情绪比思考先进化，他们认为思考在情绪这里只扮演了一个很小的角色。他们承认，思考、学习和认知可能都会对人类情绪有些影响。进化论的理论家基本上认为情绪产生于皮层下的脑结构，这部分脑结构比与复杂的思考相联系的高级脑区先完成进化。

进化理论家也假设自然选择让人类的大脑先天配有一少部分具有适应价值的情绪。这样一来，情绪的进化理论需要设法解决的原则性问题就是：什么是基本的情绪？图10-27概括了这个领域领先的理论家的结论。正

Silvan Tomkins	Carroll Izard	Robert Plutchik
恐惧	恐惧	恐惧
愤怒	愤怒	愤怒
高兴	高兴	高兴
厌恶	厌恶	厌恶
兴趣	兴趣	期待
惊讶	惊讶	惊讶
轻蔑	轻蔑	
羞耻	羞耻	
	悲伤	悲伤
悲痛		
	内疚	
		接受

图 10-27 基本情绪

情绪的进化论试着确定基本情绪。三个带头的理论家——Silvan Tomkins、Carroll Izard 和 Robert Plutchik——已经编辑了不同的基本情绪清单，而表格显示这些理论家列出的基本情绪存在很大的重合。

资料来源：Based on Mandler, 1984.

如你所看到的，Tomkins、Izard 以及 Plutchik 得出的结论并不完全相同，不过也有相当的一致性。三者都总结出人们展现 8～10 种基本情绪，而且，其中的六种情绪是共同的：恐惧、愤怒、喜悦、厌恶、兴趣和惊奇。当然，人们经历的情绪远远不止 8～10 种。进化理论如何解释这些差异呢？他们提出，人们体验的许多情绪是基本情绪的混合物，或者是强度上的有所变化。

最后，我们反复看到生物和环境因素共同决定行为。比如，我们知道进食行为和情绪体验都离不开生物和环境的相互作用。的确，复杂的相互作用贯穿了整个章节。因此，假如我们想要完全理解行为，我们必须考虑多个层面的原因。

在接下来的个人应用中，我们将继续我们关于情绪的讨论，看看最近研究中与幸福相关的因素。在接下来的批判性思维应用中，我们将讨论如何仔细分析贯穿于这个章节的各种争论。

本章主题回顾

五个我们确定的主题在这个章节尤其突出：文化情境的影响，整体上心理和社会的紧密联系，心理学理论的多样性，遗传和环境的相互作用，行为的多种原因。

我们关于动机和情绪的讨论再一次说明了行为具有跨文化的相似性和差异性。神经的、生物化学的、遗传的和激素的过程是普遍的，例如，它们是饥饿和饮食的基础，但文化因素影响人们喜欢吃什么、吃多少以及他们是否担心节食。相似的，研究者发现情绪在认知、生理和体验方面都发现了大量跨文化的一致性。然而，他们也发现了在人们如何思考和表达他们的情绪方面有跨文化的差异。因此，如我们在之前的章节中所见，心理过程的特征是文化的差异和不变共同塑造的。

我们围绕着进化理论、攻击性色情作品和性取向的决定因素进行的有争议性的讨论再次表明，心理学不是一项象牙塔中的事业。它涉及在这个领域里形成争论的社会历史情境。这些争论通常有深远的社会和政治影响。我们用讨论不同的情绪理论来结束这章，再一次说明心理学具有理论多样性的特征。

最后，我们反复看到生物和环境因素结合起来决定行为。举个例子，我们知道饮食行为和情绪体验依赖于生物和环境的复杂作用。确实，复杂的相互作用渗透到整个章节。因此，如果我们想要完全理解行为，我们必须考虑多重因素。

在接下来的个人应用，我们将要继续讨论情绪，看看最近对幸福的多种关联因素的研究。在接下来的批判性思考的运用中，我们将讨论如何仔细分析渗透于本章节的各种争论。

个人应用

探索幸福的构成要素

主要学习目标
（1）识别不能预测幸福的因素。
（2）回顾与幸福存在中等或高度相关的因素。
（3）解释可以作为幸福的动力的四个结论。

回答下列是"对"或"错"
——1：实证研究表明，大多数的人相当不幸福。
——2：有小孩的人要比没有小孩的人更幸福。
——3：好身体是幸福的本质要求。
——4：长得好看的人比长得不好看的人更幸福。

所有这些问题的答案都是"错"。这些论断都是关于幸福的相关要素的假设，都显得合理且流传甚广。但是它们还没有得到实证研究的支持。最近几年掀起了对主观幸福感——个体对他们整体幸福和主观满意度的个人感觉——的相关要素的兴趣浪潮，部分是由于积极心理学运动。这些研究的结果十分有意思。正如"对和错"问题中已经看到的，许多关于幸福的常识观念并不正确。

其中一个不正确且似乎广为流传的假设是：大多数人相当不幸福。作家、社会科学家，以及普通大众似乎都认为世界上的人是感到非常不如意的。然而，实证研究持续表明绝大多数的回答者——甚至那些穷人或残疾人——表示自己相当幸福（Diener & Diener, 1996；Myers & Diener, 1995）。当要求人们用各种量表评估自己的幸福时，只有一少部分人将他们自己置于中等水平以下（见图10-28）。当计算整个国家的平均主观幸福感时，平均数们群聚在量表的正向尾端，如图10-29所示（Tov & Diener, 2007）。这并不是说每个人都同等幸福。研究者发现了在主观幸福感上大量引人深思的差异，我们马上会进行分析。尽管如此，整体景象还是比我们预期的要乐观。

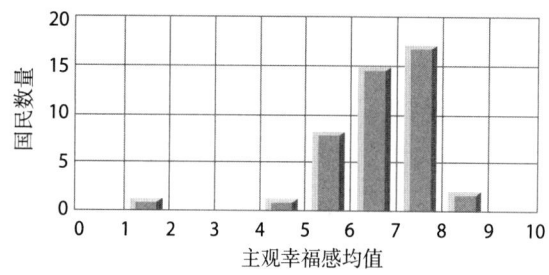

图10-29 国民的主观幸福感

Veenhoven（1993）结合了取样自43个国家的有代表性的大约1000个调查结果，来计算平均主观幸福感。平均幸福感分数清楚地累积在分布的正端，只有两个分数落在中间点5左端。

资料来源：Data adapted from Diener and Diener, 1996.

不能预测幸福感的因素

让我们从强调那些被证明与主观幸福感无关的决定因素开始，来讨论我们关于幸福的个体差异。许多你曾经认为非常重要的因素也许与通常的幸福只有一点或者根本没有关系。

金钱 收入与主观幸福感呈正相关，然而，这个关联出奇的弱。在一个具体的国家内，收入与幸福的相关往往跌至0.12～0.20（Diener & Biswas-Diener, 2002；Johnson & Krueger, 2006）。众所周知，贫穷可以促成不幸福，不过，当人们的收入达到一个特定的水平，额外的财富似乎并不能增加幸福。最近在美国的一个研究估计，一旦人们的收入超过75 000美元，财富和主观幸福感便没有相关了（Kahneman & Deaton, 2010）。金钱和主观幸福感的关联强度也取决于主观幸福感如何评估。现在为止，我们已经讨论的这些微弱的关联，是在当要求人们对他们的生活满意度做出总体评估时得到的。如果被试被问及他们前一天是否经历具体的正性或是负性情绪（愉悦、开心、担忧、伤心）时，金钱和幸福感发现了高相关（Diener, 2010；Kahneman & Deaton, 2010）。

为什么金钱不是幸福的一个有效预测因素？一个原因就是实际收入和人们对财物情形的感觉似乎是脱节的。研究（Johnson & Krueger, 2006）表明，实际财富与人们对他们"是否有足够的钱来满足他们的需求"的感知之间的相关出奇地温和（0.30左右）。另一个与金钱有关的问题是，无处不在的广告和提升的收入逐渐升级了人们的物质欲望（Frey & Stutzer, 2002；Kasser, 2004）。当这些增长的物质欲望超过人们承受力，不满意就很有可能产生了（Solberg, 2002）。因此，对于"没有足够的钱"的抱怨照例出现在富裕的人那里，因为他们的主观标准不同。

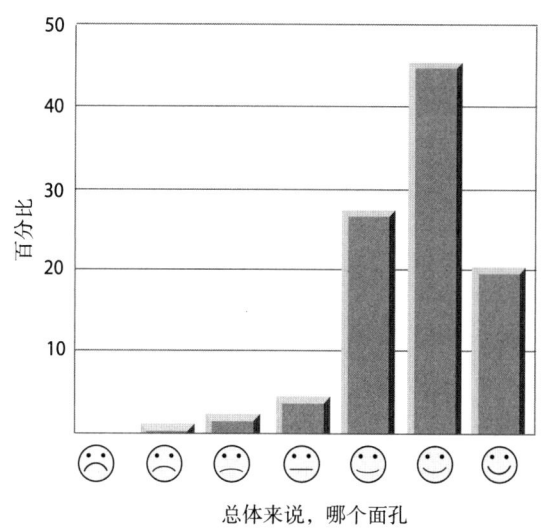

图10-28 用非言语量表测量幸福感

研究已经采用多种方法评估幸福感的分布。比如，在美国的一项研究中，被试要求观看所示7种面孔表情，选择一个和你的整个生活感受最接近的表情。如你所见，绝大部分的被试选择了高兴面孔。

资料来源：Data adapted from Myers, 1992.

有趣的是，有些证据表明那些特别强调财富和物质目标追求的人往往多少比其他人更不幸福（Kasser，2002；Van Boven，2005）。也许这是因为他们如此关注金钱方面的成功以至于从家庭生活中得不到什么满足（Nickerson，2003）。与这个观点一致的一个研究（Kahneman，2006）发现，高收入和长时间的工作以及较少的休闲联系在一起。另外一个最近的研究结果表明，富裕的人变得疲惫，某种程度破坏了他们尽情享受愉快体验的能力（Quoidbach，2010）。

年龄 年龄和幸福一直没发现有什么关系。年龄解释了人们幸福感的不到1%的变异（Lykken，1999）。影响主观幸福感的关键因素可能会随着人们变老而发生变化——工作越来越不重要，健康更加重要。但是，人们幸福的平均水平往往会在一生中保持稳定。

亲子关系 孩子可以成为喜悦和满足的巨大源泉。不过，他们也可能成为麻烦和争吵的源头。相比于没有孩子的夫妇，父母会担忧更多，也会经历更多的婚姻问题（Argyle，1987）。显然，亲子关系好的方面和坏的方面相当，有证据表明，有孩子的人的幸福感不会比没有孩子的人多，也不会比他们少（Argyle，2001）。

智力和吸引力 智力和身体的吸引力是现代社会中有高价值的特质。然而，研究者还没有发现智力特征与幸福之间的联系（Diener, Wolsic, & Fujita, 1995；Diener, Kesebir, & Tov, 2009）。

中等程度预测幸福感的因素

研究已经确认了人生中与主观幸福感有中等相关的三个方面：健康，社会活动和宗教信仰。

健康 好的身体健康状况似乎是幸福的基本要求，但是人们能够适应健康问题。研究揭示，有严重健康问题或是残疾的个体并不像我们猜想的那样不幸福（Myers，1992；Riis，2005）。良好的健康自身并不能产生幸福，因为人们往往对健康不以为然。这样的考虑也许可以帮助解释为什么研究者仅仅只在健康状况和主观幸福感之间发现中等的正相关（平均为0.32）（Argyle，1999）。然而，健康也许可以将幸福提升到一个中等程度，幸福也可以促进身体健康，正如最近一个研究发现的那样——幸福和寿命存在正相关。

社会活动 人类是社会性的动物。同样地，人际关系确实会对人们的幸福有影响。那些对他们的社会支持和朋友网络满意的人，以及那些社交活跃的人，报告出多于平均水平的幸福（Diener & Seligman 2004；Myers 1999）。此外，那些异常幸福的人往往比那些主观幸福感在平均或平均水平以下的报告有更令人满意的社会关系（Diener & Seligman 2002）。最近，一个研究定期记录被试的日常谈话发现，那些有更深刻实质性的交谈的人比大多数只参与闲聊的人更幸福（Mehl，2010），这个发现并不奇怪，因为人们认为拥有丰富社交网络的人，会有更深刻的交谈。

宗教 宗教信仰和主观幸福感之间的联系是中等的。然而，许多大规模的调查表明，那些有虔诚的宗教信仰的人比那些没有宗教信仰的人更容易幸福（Abdel-Khalek，2006；Myers，2008）。研究者并不确定宗教信仰如何促进幸福，尽管如此，Myers（1992）还是提供了一些有趣的猜想。除此之外，他讨论宗教如何可以在生活中给予人们目标感和意义感。这可以帮助人们坦然地面对逆境，同时可以把他们同一个有爱的、支持的团体联系起来。最后，宗教信仰通过让人们正确地看待死亡而给人们安慰。

高强度预测幸福感的因素

被证明与幸福有相当强关联的因素其实很少。幸福的关键预测指标似乎和爱、工作以及通过人格来表达的遗传易感性有关。

爱与婚姻 浪漫关系是有压力的，然而，人们一如既往地将恋爱看成是幸福的最关键因素。此外，即使人们对婚姻有诸多抱怨，证据表明，婚姻状况也与幸福存在重要关联。不管在男人还是在女人中间，已婚人群比单身或离异人群更加幸福（Myers & Diener，1995），这个现象在全世界各个不同的文化中都存在（Diener，2000）。在已婚人群中，他们的婚姻满意度可以预测他们的个人主观幸福感（Proulx, Helms, & Buehler, 2007）。不过，这个相关背后的因果联系尚不确定，可能更多的是幸福导致了满意的婚姻，而不是满意的婚姻提升幸福感。也许，幸福的人往往有更好的亲密关系和更稳定的婚姻，而不幸福的人更难找到和维持伴侣关系。

工作 人们经常抱怨他们的工作，因此，一个人可能很难把工作看成幸福的最关键来源。确实如此，工作并不像爱与婚姻那样至关重要，但是工作满意度也与平常的幸福有实质的联系（Judge & Klinger，2008；Warr，1999）。研究也表明，失业对主观幸福感有很强的消极影响（Lucas，2004）。但是，很难确定究竟是工作满意度导致了幸福还是反之，证据表明，二者皆有可能。（Argyle，2001）。

遗传学与人格 个体未来幸福的最好预测就是他们过去的幸福（Lucas & Diener）。一些人似乎注定幸福，有些人注定不幸福，无关他们的顺利与挫折。一个令人吃惊的研究发现，最近彩票中奖者和最近事故伤害至瘫瘫者之间的总体幸福只有边缘的差异，显然生活事件的影响是有限的（Brickman, Coates, & Janoff-Bulman, 1978）。研究者感到惊讶的是，一方面，那些极端幸运和可怕的事件没有对幸福感产生巨大影响。实际上，一些研究证据表明幸福并不依赖于外部环境，比如买一栋漂亮的房子或者是晋升。另一方面，内部因素确实影响幸福，这样的内部因素包括一个人的人格和人生观（Lykken & Tellegen, 1996；Lyubomirsky, Sheldon, & Schkade, 2005）。

基于头脑中这样一个现实，研究者探讨了幸福的变异是否有遗传的基础。这些研究表明，人们的遗传易感性解释了幸福变异的很大一部分，可能达50%之多（Lyubomirsky, 2005；Stubbe, 2005）。一个人的基因是如何影响其幸福的？据推测，是通过塑造一个人的气质和人格这些众所周知可以遗传的特征实现的。因此，研究者已经开始寻找人格和主观幸福感之间的联系。他们已经发现了一些有趣的关联。比如，外向性是幸福的一个较好的预测指标：外向的、乐观的和善于交际的人往往较其他人幸福（Fleeson, Malanos, & Achille, 2002）。别的与幸福有关的人格因素包括尽责性、随和性、自尊和乐观（Lucas, 2008；Lyubomirsky, Tkach & DiMatteo, 2006）。

关于主观幸福感的结论

我们对幸福的原因做推断时，必须非常谨慎。可得的数据只是相关而非因果（见图10-30）。然而，实证证据显示关于幸福源泉的许多流行的观点并未证实。数据说明了幸福是由诸多变量的一个复杂的网络交织而成的。虽然有这些复杂性，但是，许多关于幸福构成要素的有价值的见解可以从最近迅猛发展的研究中收集到。

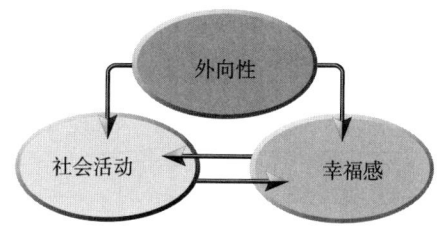

图10-30 幸福感的相关因素之间的可能关联

虽然我们在幸福的相关因素上已经有相当多的数据，但可能的因果关系很难厘清。比如，我们知道社会活动和幸福感之间存在一个中等程度的正相关，但我们不能确定地说高社会活动导致幸福感，或者幸福感让人们有更多的社会活动，然而，研究表明第三个变量——外向性——与这两个变量都有关联。我们必须考虑可能外向性导致了社会活动和高幸福感。

第一，对幸福的研究表明，主观幸福感的决定因素是明确为：主观。客观现实不及主观感受重要。换句话说，你的健康、你的财富以及你的工作本身不及你对健康、财富和工作的感受影响大（Schwarz & Strack, 1999）。这些感受可能会受到你的期望的影响。研究表明，预期的坏结果会比意料之外的坏结果让人感觉更糟。研究也表明，意外之喜会比意料之中的好结果更让人兴奋（Shepperd & McNulty, 2002）。因此，同样一个客观事件，比如一年加薪2000美元，也会引发那些没有期望加薪的人的积极感受，也会引发那些预期更大幅度加薪的人的消极感受。

第二，涉及幸福，每件事都是有关的（Argyle, 1999；Hagerty, 2000）。换句话说，你对你所有物的评估与你周围的人拥有什么是有关的。一般而言，我们会与我们相似的人进行比较。因此，富裕的人通过拿他们自己与他们富裕的邻居和朋友相比来评估他们拥有的东西。他们的相对标准是关键的（Boyce, Brown, & Moore, 2010）。这是财富与幸福低相关的原因之一。你可能有一个充满爱的家，但它坐落在一个宫殿式的别墅旁，这可能成为更加不满意而不是幸福的源泉。相反的，假如你有一个简陋的家，但它是街区里最漂亮的，你也许可以从这个差异里获得日常满足。

第三，关于主观幸福感的研究表明人们通常会适应他们的环境。这种适应效应就是收入增加而幸福感却不增加的原因之一。**享乐适应**（hedonic adaptation）出现在当人们用在判断他们体验的愉悦-不愉悦的心理量表得分发生变化以至于他们的中立点或者说是基线值也发生变化时。不幸的是，当人们的体验上升，享乐适应可能有时将他们推向享乐适应症——他们的中立点上升。当然，这个上升没有产生实质上的好处（Kahneman, 1999）。然而，当人们必须克服重大挫折，享乐适应也许可以帮助保护他们的身心健康。比如，被送进监狱的人和得了令人衰弱的疾病的人不像人们假想的那样不开心。这是因为他们适应了他们变化的环境而从一个新的角度评估事件（Frederick & Loewenstein, 1999）。这并不是说享乐适应在面对人生困难时是必然发生的或者彻底的（Lucas, 2007）。证据表明人们对消极事件比对积极事件适应得更慢（Larsen & Prizmic, 2008）。因此，即使数年以后，那些遭遇重大挫折的人，比如配偶死亡或严重疾病，通常没有他们遭遇挫折之前那样幸福，即便如此，一般而言他们也不像他们自己或他人预测的那样不幸（Diener & Oishi, 2005）。

批判性思维应用

分析论证、了解争议

思考以下论点：节食对身体有害，因为变胖的趋势大部分是遗传的。你对这个推理什么反应？你认为它令人信服吗？不，因为这个论证有严重缺陷。你能看出有什么毛病吗？因为在结论"节食有害健康"和给出的理由"变胖的趋势大部分源自遗传"之间并无关联。这个论证最初引人注意是因为通过阅读这个章节我们知道，肥胖大部分源自遗传。上面那个论点给出的原因本身是一个正确的说法，但这个原因和主张的结论并没有关系。这个情景让你觉得奇怪。然而，假如你开始仔细听关于争议问题的讨论，你将会发现，人们常常引用无关的原因支持他们赞成的结论。

这个章节满载的争议问题足够真诚、善良的人争论数个星期。色情作品的易得性会夸大性犯罪的流行吗？择偶的性别差异是进化的产物还是现代经济现实的后果？同性恋有生物基础吗？不幸的是，关于像这些典型问题的争论并未达成决议或是一致，因为许多人并不知道辩论的规则。在这个应用里，我们将探索是什么让论点合理或者是不合理，以此提高我们的分析能力和批判性思维。

论证的解剖

在日常生活中，"论证"（argument）通常用来指两个或更多人的争辩或者不合。但是在修辞学的专门语言里，一个论证包括一个或更多用来支持结论的前提。前提就是提供的用于说服某人结论是对或可能是对的的理由。假设是没有被证明或没有证据的前提。假设通常没有被明确说明。比如，假设医生告诉你你应该经常锻炼，因为经常锻炼对心脏有好处。在这个简单的论证中，结论是"你应该经常锻炼"，得出这个结论的前提是"锻炼对心脏有好处"。一个没有明确说明的假设是每个人都想拥有一个健康的心脏。

在论证分析的语言中，前提是支持（或者不支持）结论的。一个结论可能由一个理由或多个理由支持，一个看清这些可能性的办法是在支持结论的理由和支撑桌子的腿之间作类比（Halpern, 2003）。正如图10-31显示的，一个桌面（结论）可以由一条强壮的腿（单个强大的理由）或许多条细腿（许多微弱的理由）支撑。当然，结论的理由可能不足以支持结论。转向我们的桌子推论，桌面不可支撑可能是由于桌腿太细（非常微弱的理由）或桌腿没有和桌面连接而无法被支撑。

论证是复杂的，因为它们还包含了结论和理由之外更多的部分。此外，通常还会有反驳，反驳是破坏结论支撑的一些理由。而有时候，论证最重要的部分并不在那儿，理由可能已经故意或无心地被遗漏，假如补充这些理由可能会得出不同的结论。考虑到论证中所有可能的复杂变量，不可能给你判断论证的简单规则。然而，我们可以强调一些常见的谬误，然后提供一些你在对论证进行批判性思考时可以用得到的标准。

常见的谬误

正如在前面的章节提到的，认知科学家已经编辑出了很多人们在推理中经常出现的谬误清单。我们将阐述五个常见的谬误，为了说明这些谬误，我们假设某人论证网上的色情材料（网际色情）应该被禁止或者大整顿。

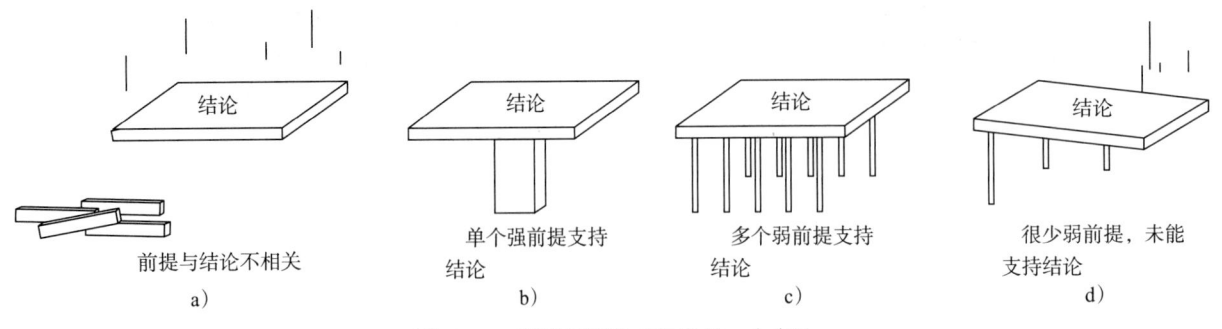

a) 前提与结论不相关　　b) 单个强前提支持结论　　c) 多个弱前提支持结论　　d) 很少弱前提，未能支持结论

图10-31　帮助理解论点强度的一个类比

Halpern（2003）在支持结论的理由和支撑桌子的桌腿之间做了一个类比，她指出，结论可以被一个强前提或许多弱前提有效支撑。当然，提供的理由有时也并不足以支撑结论。

资料来源：From Halpern, D. F. (2003). *Thought & knowledge: An introduction to critical thinking*, p.199, Figure 5.1. Copyright © 2003 Lawrence Erlbaum Associates. Reprinted by permission of Lawrence Erlbaum Associates and the author.

无关原因 除非与结论有关，否则原因不能支持论点。建立在无关原因上的论证——不管是故意的还是非故意的——十分常见。在这个应用的开头你已经看到了一个例子，这个谬误的拉丁术语是不合逻辑的推理（non sequitur），字面翻译为"并不因此而说明"。换句话说，结论并不能由前提推断出。举个例子，在关于网络色情的辩论中，你可能听到如下不合逻辑的推论："我们需要大力整顿网际色情，因为研究显示，大多数的约会强奸不为人知。"

循环推理 在循环推理中，前提和结论仅仅只是彼此复述。人们只是把用词变化一点而并不明显。但当你细看，你会发现结论就是前提。比如，在论证网络色情时，你可能会听到有人断言："我们应该控制网络色情，因为它最近没有被整顿。"

滑坡谬误 滑坡谬误论证这个概念的名称来自这样一个见解：如果正在一个滑坡上却不予理会，你将逐渐下滑直到你到达底部。一个典型的滑坡谬误论证是：假如你让X发生，事情将会超出控制，更坏的事情也将会随之而来。诡辩之处就在于X和预料中的随之而来的事件并无关联。举个例子，在关于医用马郁兰的辩论中，反对者争辩道："假如让医用马郁兰合法化，那么接下来可卡因和海洛因也将合法化。"在关于网络色情的辩论中，滑坡谬误可能会这样发生，"假如你不禁止网络色情，下一件事你知道，学龄少年将会整天在学校的图书馆观看色情作品"。

弱类比 一个类比表示两个概念或事件在某种程度上相似。因此，你可以得出关于事件B的结论，因为它与事件A类似。在思考复杂问题时，类比是有用的，然而一些类比是微弱或者不合适的，因为A和B的相似是表面的、细微的，或者与当前问题并无关联的。在关于网络色情的辩论中，一些人可能会说："网络色情是不道德的，就像儿童性骚扰，我们不能容忍儿童性骚扰，所以我们不允许网络色情存在。"

假两难推理 假两难推理在两个结果之间制造了一个"二选一"的选择：得到拥护的结果和稍微有感觉的人都会试图避免恶劣的后果。这些结果被示为仅有两种可能，在现实中通常会有别的后果，包括介于假两难推理所示的极端后果中间的结果。在关于网络色情的讨论中，有人会说："我们可以选择禁止网络色情，或者加速现代社会的道德衰退。"

评估论证的力量

在日常生活中，你可能需要频繁地评估朋友们、家人、同事、政治家们以及媒体权威等的论证强度。当你给学校写论文或演讲稿，或者为工作准备演示时，你可能想要评估自己的论证。下面这些问题可以帮助你为论证做系统的评估（Halpern，2003）。

- 结论是什么？
- 支持结论的前提是什么？这些前提有效吗？
- 结论是否紧跟前提？在推理链上是否有谬误？
- 做了哪些假设？假设有效吗？是否应该表述明确？
- 反驳是什么？它们是否削弱了论证？
- 论证是否有任何遗漏？

表 10-1 本小节应用的批判性思维技巧

技巧	描述
理解论证的成分	批判性思考者知道，一个论证包括用于支撑结论的前提和假设
识别和避免常识性谬误，像无关原因、循环推理、滑坡推论、弱类比和假两难	批判性思考者非常警惕那些基于无关前提所得的结论、改写了前提的结论、关于事件会超出控制的无根据的推测、肤浅的类比和做作的两难
系统地评估论证	批判性思考者小心地评估前提、假设以及论证结论的有效性，也会考虑反驳的论点和遗漏的成分

第 11 章

发展心理学：终生发展的视角

在高中，孩子们因为她太大的嘴唇而叫她"鲶鱼"。在尝试做模特的时候，她又因为太矮，太瘦，太多疤而遭到了超过100次的拒绝。如今，她被《人物》杂志评为"世界上最漂亮的女人"，是世界上收入最高的演员之一，并因为她在联合国的人道主义工作而广为人知。让我们进一步来看安吉丽娜·朱莉（Angelina Jolie）的生活。

安吉丽娜的父母都是演员，但她并未拥有童话式的生活。在安吉丽娜6个月大的时候，她的爸爸和他的剧院学生发生婚外情，随后家庭破裂。朱莉的妈妈被这次失败的婚姻伤得太深，以至于她无法忍受跟安吉丽娜一起生活，因为这小女孩总是让她想起前夫的种种往事。因此，早年安吉丽娜大多由奶奶和保姆抚养。

在安吉丽娜的童年时期，因为妈妈经济拮据，她们不得不频繁地搬到越来越小的出租房。在洛杉矶的贝弗利山高中上学时，安吉丽娜感到与周围私立学校派头打扮、衣着光鲜的富家小孩格格不入，她经常一身黑色，通常是二手衣服，低劣装束。"我觉得自己不整洁，也不可爱。"被妈妈要求去应聘模特，安吉丽娜感到不自然和紧张。尽管父亲约翰·沃伊特（John Voigt）是位得过奥斯卡的著名演员，安吉丽娜并不想做演员，她想成为一名殡仪。她的第一个文身是日文的"死"字。她和无家可归的人一起在街上游荡，尝试毒品。在她14岁时，她把头发染成紫色，和她的同居朋克男友跳碰撞舞（指一种摇滚乐迷疯狂上蹿下跳相互猛烈碰撞的舞蹈）。在她的婚礼日，她继续反叛传统：下半身黑色橡胶裤，上半身白T恤，背面用她的血书写着新郎的名字。媒体对这个"野孩子"简直报道不完。

但在她25岁左右时，安吉丽娜经历了一次彻底的转变。那时她正准备在《超越边界》（Beyond Borders）扮演人道援助工作者角色，并在柬埔寨拍摄电影《古墓丽影》（Lara Croft: Tomb Raider），她目睹了足以改变她一生的场景。柬埔寨流离失所的人们饱受苦难的困境，北非苏丹达尔富尔地区的难民逃亡躲避大规模屠杀的新闻，都深深地影响着她。她联系联合国希望了解更多情况并请求提供帮助。联合国派她到没有狗仔队的地区：位于塞拉利昂和坦桑尼亚的问题区域。在2001年，联合国难民署任命安吉丽娜为官方亲善大使。安吉丽娜已经在泰国、苏丹、厄瓜多尔等地参与过20个艰巨的联合国实地任务，通常在这些地方她不得不忍受极端原始的生活环境。

安吉丽娜从不安的少女到自信的成人，从野孩子到人道主义者的转变，是惊人的。然而她的生活中也有很强的延续性成分，举例试想她的反叛性。安吉丽娜孩童时，母亲给她穿褶边白裙，安吉丽娜反叛并穿着全黑。母亲拉她去面试演员时，她拒绝讲台词。在她成熟后，安吉丽娜仍旧是个叛逆者，积极地为受压迫的难民尽力争取更人道的待遇。从某种意义上讲，她让自己的反叛以另一种渠道得到释放。她说："我在20岁出头时，我跟自己斗气；现在，我把内心的朋克风带到华盛顿，为更重要的事情而斗争。"

另一个持续贯穿她生命的人格特质是富有同情心。也许因为她自己背井离乡的童年，安吉丽娜对比她小的孩子总是像母亲一样关爱。在她5岁拍的照片上，她关切地用手臂圈住3岁的肖恩·斯托吉尔，教他怎样吹泡泡。早在12岁时，安吉丽娜就知道自己想收养贫困的儿童。成年后，她遵循这个愿望，从地球的遥远角落（柬埔寨、埃塞俄比亚、越南）收养了三个孩子。当然，她对人道主义工作令人瞩目的无私奉献，明显地表现了她对世界上受压迫者的困境怀有一贯的同情心。

安吉丽娜·朱莉从一个局促不安的"野孩子"，彻底转变为一个优雅自信的公众人物的故事，戏剧性地阐明了个体发展如何由连续性和转变性两个指标来评定。

安吉丽娜·朱莉跟发展心理学有什么关系呢？虽然她的故事在很多地方明显是独特的，但它很有趣地说明了贯穿人类发展研究的两个主题：转变和连续。在研究人类发展时，心理学家考察人们在各个转变中的演化。在考察这些转变的时候，发展心理学家不可避免地发现跟过去相关的连续性。这种连续性在安吉丽娜的故事中是尤其引人入胜的元素。从不安分的野孩子，变成富有影响力的、自信的公众人物，这个转变可能比其他人所经历的要更加剧烈。然而，连接安吉丽娜童年及其成年期的人格特点的连续性线索，是非常清晰的。

发展，是个人从受孕到死亡的发展中出现的，与年龄相关的一系列变化。这个过程可以说是有顺序的、累积的过程，包括在人们成长中生物学上和行为学上的变化。一个婴儿新学会了抓东西的能力，一个儿童逐渐掌握语法，一个少年身体猛长，一个青年人逐渐奉献到自己的事业上，一个老年人转变到作为祖父的角色，这些全都代表发展。这些发展变化是跟年龄有关的，有一定可预测性。

传统地说，心理学家对儿童期的发展最感兴趣。本章内容也反映了这个重点。然而，最近几十年的研究清楚地显示，发展是一个终生的过程。所以在这一章，我们把生命周期分为四个广义的阶段：从受精到出生的出生前期，儿童期，青少年期和成年期。我们将讨论每个阶段的特别动态的发展变化。让我们首先看看在出生前发生的事件。

产前发展：孕期发展

个体发展开始于受精。受精过程是指受孕作用生成了**受精卵**（zygote），即由一个精子和一个卵子结合而成的一个单细胞组织。你身体上的所有其他细胞都是发源于这一个单细胞。你的每一个细胞都承载着来自你父母亲细胞核里的**染色体**（chromosomes）所携带的遗传信息。每条染色体都含有很多**基因**（genes），也就是遗传的基本功能单位。基因承载着遗传蓝图的各个细节，并在你一生中逐步展现（可参考第3章关于遗传传递的更多信息）。

孕期（prenatal period）从受孕延续到宝宝出生，通常有九个月的怀孕期。很多重要的发展都发生在出生前。事实上，在产前期的发展速度是惊人的。如果你是一个平均个头的新生儿，而你的身体发育在你的生命第一年维持产前期的发育速度的话，那么到一岁生日的时候你的体重将会是200磅！幸运的是，你并不会按照那个速度生长，因为在出生前的最后几个星期里，之前疯狂的发育速度就戏剧般地放慢。在这一阶段，我们将讨论孕期的一般发展过程，并讨论环境因素如何在出生前、宝宝还没有接触外界之前，就给宝宝的发展留下印记。

孕期发展的阶段

出生前期可以分为三个阶段：①受精卵期（包括前两个星期）；②胚胎期（从两周到两个月）；③胎儿期（从两个月到出生）。我们将在这里讲讲在这三个阶段出现的一些关键的发展。

1. 受精卵期

受精卵期（germinal stage）是出生前期的第一阶段，包括受精后的前两个星期。这个短暂的阶段开始于由受孕作用而形成受精卵的时候。在 36 小时内，快速的细胞分裂开始。受精卵变成一个极微小的多细胞体。这个多细胞体缓慢地沿着妈妈的输卵管移动到子宫腔内。在大概第七天时，这个多细胞体开始把自己着床到子宫壁上。这个过程大约需要一周，而且都是全自动进行的。很多受精卵在这时候被拒绝，多至1/5的怀孕在这个时候终止，而怀孕的女性却根本不知道受精已经发生了（Simpson & Jauniaux, 2007）。

在着床过程中，胎盘就开始形成。**胎盘**（placenta）是从妈妈的血液传递氧气和养分到胎儿，将胎儿排泄物排到妈妈体内的组织。这个关键的交换是通过穿透薄膜进行的，薄膜可以阻隔血细胞通过，保证胎儿和母体的血液是分开的。

2. 胚胎期

胚胎期（embryonic stage）是出生前期的第二个阶段，从第二周末持续到第二个月月底。在这个阶段，大多数关键的器官和身体系统开始形成，这个阶段正在形成中的有机体叫作**胚胎**（embryo）。伴随着细胞分裂变得更加分化，很多器官结构如心脏、脊髓和大脑等逐渐形成。虽然胚胎在这个阶段末期通常只有 1 英寸长，它已经开始像人样。手臂、腿、手脚、手指、脚趾、眼睛和耳朵都已经可以看出来了。

胚胎阶段是很危险的时期，因为几乎所有基本的身体结构都在形成。如果在这一时期有任何情况干扰了正常发展，其造成的破坏是很大的。大多数的流产都发生在这个时期（Simpson & Jauniaux, 2007）。很多主要的结构性出生缺陷也都是因为在胚胎期出现了问题（Niebyl & Simpson, 2007）。

3. 胎儿期

胎儿期（fetal stage）是出生前发展的第三个阶段，从两个月持续到出生。在图11-1中突出了一些重要的胎儿发展。在胎儿期的前两个月身体生长迅猛。肌肉和骨骼开始形成（Moore & Persaud, 2008）。这个发展中的有机体，就叫作胎儿，胎儿随着骨骼结构变硬，开始可以活动身体。在胚胎阶段形成的器官此时继续成长，并逐渐开始发挥功能。比如听觉在第20～24周出现（Hepper, 2003）。

在出生前期的最后三个月，脑细胞的分裂非常快速。在皮肤下面储存了一层脂肪，用以提供绝缘。呼吸和消化系统也成熟了（Adolph & Berger, 2005）。所有这些变化，都为胎儿以后离开妈妈子宫、离开舒服的保护环境而做好准备。在大概23～26周的某个时候，胎儿达到了**存活阈限**（threshold of viability）——也就是宝宝即使早产也能生存下来的年龄（Moore & Persaud, 2008）。在第23周时存活的概率仍然很小（10%～20%概率）。在下一个月这个概率则快速上升，在26周已经达到75%的生存率（Iams & Romero, 2007）。不幸的是，在存活阈限附近出生的早产婴儿通常经历各种各样的发展困难

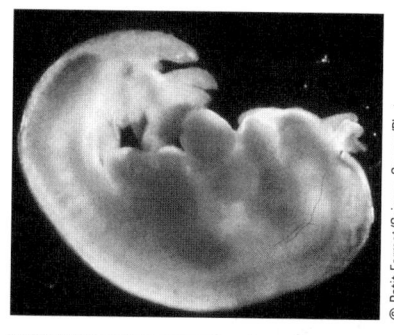
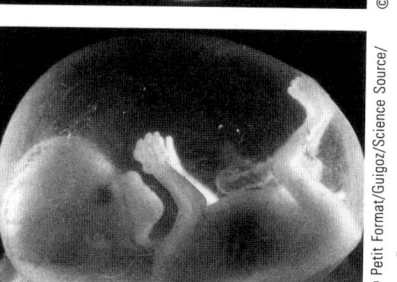
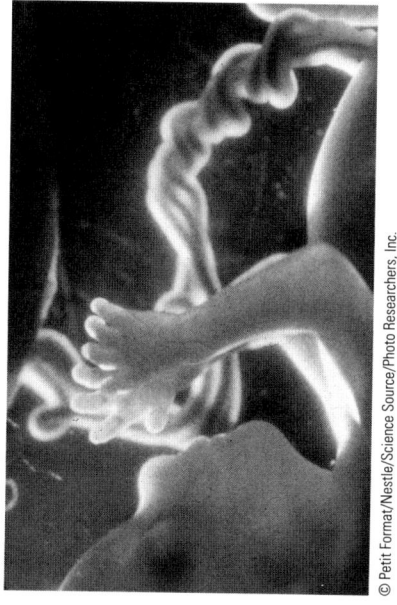

孕期发展是非常迅速的，左上方：30天的胚胎长度仅有6毫米。左下方：14周时，胎儿大约有2英寸长。注意发展良好的手指。胎儿已经可以移动腿、脚、手和头，并展示多样的基础反应。右方：4个月的孕期发展后，面部特征开始形成。

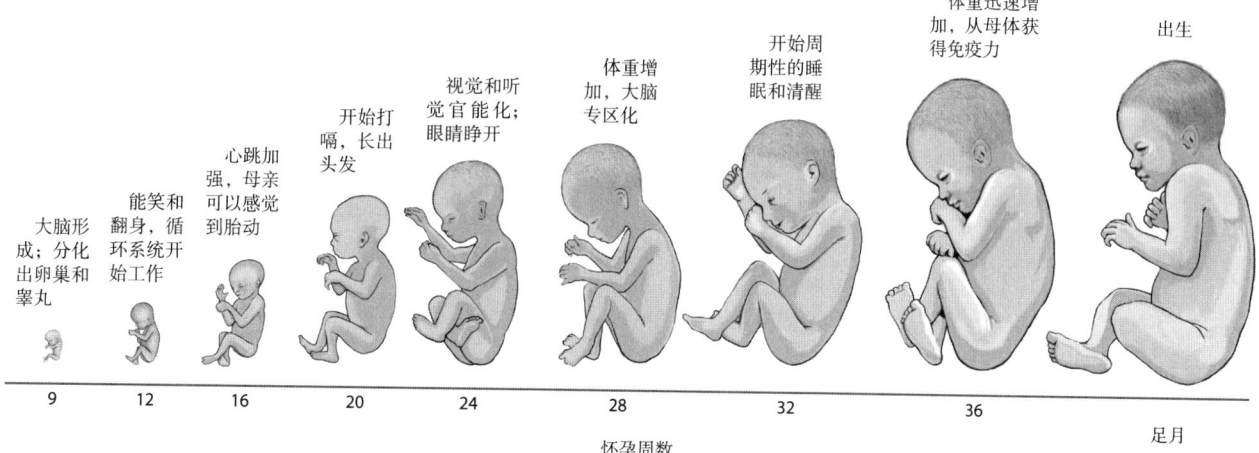

图11-1 胎儿发展概览

此图展示了怀孕期间一些很关键的发育。

（Cunningham, 2010; Eichenwald & Stark, 2008）。

环境因素和孕期发展

胎儿在子宫的保护环境中发育。但是外界环境中的事件也可以通过母亲间接地影响胎儿。这个发育中的有机体与妈妈之间由胎盘紧密联系。因为这个原因，妈妈的饮食习惯、药物使用、疾病、营养甚至情绪都影响着胎儿发育（Hampton, 2004）。致畸剂，是指可以伤害胚胎或者胎儿的外界因素，如药物或者病毒。图11-2 表示在出生前期发展中各种结构特别容易受到致畸剂伤害的敏感期。

1. 母亲的药物使用

关于胎儿和婴儿安康的主要困扰来源就是妈妈的药物使用，包括一些广泛使用的物质，如香烟和酒精，以及处方开的和娱乐性的药物。不幸的是，大多被孕妇使用的药物都可以通过胎盘传递给胎儿。

基本上所有的"娱乐性"药物（见第5章）都是有害的，其中镇定剂、致幻剂、可卡因尤其危险。海洛因的使用者所生的婴儿出生就对致幻剂成瘾。他们有更大的风险会因为早产、出生缺陷、呼吸困难和成瘾问题而导致夭折（Finnegan & Kandall, 2005）。出生前接触到可卡因，就有更大风险出现出生时的并发症（Sokol, 2007）和各种各样在儿童期明显的认知缺陷（Accornero, 2007; Singer et al., 2004）。这些问题也可能是各种因合法医学原因而开的处方药所造成（Niebyl & Simpson, 2007）。药物对于胚胎或胎儿的影响由于药物种类、剂量、所处的出生前的发育阶段等因素而有所不同。

在孕期喝酒也会带来很大风险。**胎儿酒精综合征**（fetal alcohol syndrome, FAS）是跟孕妇孕期过度喝酒有关的先天性系列问题。典型的问题包括头小畸型、心脏缺陷、易怒、过度活跃，以及心理和运动能力发育迟缓（Hannigan & Armant, 2000; Pellegrino & Pellegrino, 2008）。胎儿酒精综合征通常被认为会造成智力低下（Niccols, 2007），而且，很多儿童即使没有表现出酒精综合征的症状，但是仍然因为其母亲在孕期的所谓"正常"喝酒而出现严重的伤害（Willford, Leech, & Day, 2006）。一项关于孕妇喝酒的长期研究发现：孕妇喝酒量越多，其孩子越有风险在智力、运动技能、注意广度上出现缺陷，也越有可能出现冲动性的、反社会的问题行为（Streissguth, 2007）。很明显，孕期即使是适度的喝酒也可能造成持续性的严重后果。

> 👆 **真相核查**
>
> **误解**
>
> 孕期妇女进行适量社交饮酒是安全的。
>
> **真相**
>
> 并非如此，研究将孕期社交饮酒和各种永久性问题联系在一起。目前还没有清楚的论据证明饮酒的安全量，唯一的安全行为是在怀孕期间完全戒除酒精。

孕期吸烟也是对宝宝出生前发育有害的。吸烟会增加妈妈出现流产、死胎、早产的风险，也增加宝宝出现婴儿猝死综合征的风险（Shea & Steiner, 2008）。虽然

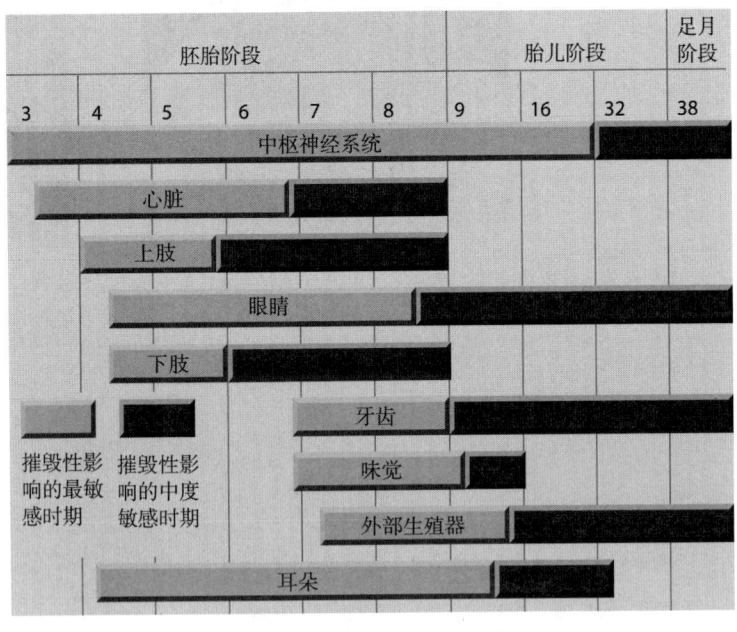

图 11-2 孕期发展的脆弱时期

一般来说，组织在经历高速发展时最容易受到影响和损害。棒状浅色区域指示了各种器官和组织最敏感的时期，深黑色区域指示了次要敏感的脆弱时期。整体看来，敏感性在胚胎期最高，但有些结构在整个孕期都保持着脆弱性。

资料来源：Adapted from Moore, K. L., & Persaud, T. V. N. (2008). *Before we are born: Essentials of embryology and birth defects.* Philadelphia: W. B. Saunders/Elsevier. Copyright © 2008 Elsevier Science (USA). All rights reserved.

还没有完全搞清楚实际的因果关系，但是宝宝在出生前暴露于香烟中，与其出生后认知发展缓慢、注意缺陷、过度活跃和行为问题有紧密联系（Button, Maughan, & McGuffin, 2007; Knopik, 2009）。

2. 母亲的疾病和与毒物的接触

胎儿对于感染基本上是毫无防御的，因为它的免疫系统只在出生前相对比较后的时期才成熟。胎盘筛除了很多的传染因子，但是并不能排除所有的。所以，很多母体疾病可能威胁出生前的发展。比如麻疹、风疹（德国麻疹）、梅毒、水痘对胎儿都很危险（Bernstein, 2007）。这些疾病所造成的危害程度，部分取决于母亲何时染上这些疾病。造成艾滋病的HIV病毒也可能从孕妇传染到后代那里。艾滋病的传播可以通过胎盘在出生前传播，或者出生过程中传播，或者出生后通过母乳喂养传播。直到1990年年中，20%～30%的艾滋病阳性的孕妇把病毒传染给了她们的孩子。然后，新发展的抗逆转录病毒的药物（给母亲服用的）和更小心的妇科照顾，可以在美国有效地把这个数值降低到大约2%。

研究也表明，在子宫里的宝宝还暴露于很多意想不到的环境毒物（Houlihan, 2005）。比如，出生前暴露于空气污染中，是与儿童五岁时认知发展障碍有关系的（Edwards, 2010）。相似地，宝宝出生前暴露于阻燃材料中使用的化合物，与儿童六岁之前较慢的心理和身体发育有关（Herbstman, 2010）。

3. 母亲的营养和情绪

发展中的胎儿需要各种各样的基本营养。因此，难怪妈妈严重的营养不良会增加出生并发症和新生儿神经缺陷的风险（Coutts, 2000; Fifer, Monk, & Grose-Fifer, 2001）。严重营养不良所造成的后果是发展中国家的一大难题，因为这些国家普遍食物短缺。在现代发达国家，中度营养不良，所产生的影响是难以估计的。这方面的问题之所以发生，是因为母亲营养不良通常是跟另外一些风险因素相关联的，比如贫穷，涉及药物滥用和医疗设施缺乏等（Guerinni, Thomson, & Gurling, 2007）。即使孕妇可以获得充足的食物，也需要注意保持平衡膳食，包括重要的维生素和矿物质。比如，饮食中富含叶酸能够减少出现各种出生障碍的可能性（Reynolds, 2002）。

最近的研究也表明：妈妈的情绪对出生前发育有影响。比如，孕妇的焦虑和抑郁与她们后代出现各种行为问题有联系（Bergner, Monk, & Werner, 2008）。而且，

研究表明，准妈妈对应激事件的情绪反应可能会扰乱促进出生前健康发育的微妙激素平衡（Douglas, 2010）。

4. 胎儿的疾病来源

关于出生前发展的研究通常关注它跟出生缺陷风险的关系，以及跟在儿童早期比较明显的不良后果的关系。然而，最近的研究者开始探索出生前的发展因素和成人的身心健康的联系。最近的证据表明：在出生前期的事件，可以为胎儿大脑"设定程序"，并影响个体在几十年后应对各种类型疾病的易感性。比如说，出生前期的营养不良已经被发现跟精神分裂的易感性很有关系，而精神分裂通常要到青春期后期或者成人早期，才会出现症状（Brown & Susser, 2008）。低出生体重，作为出生前发育受阻的一种标志，已经被发现增加个体在很多年后的成年期出现心脏病的风险（Roseboom, de Rooij, & Painter, 2006）。研究还把出生前期的很多方面联系到成人出现抑郁和其他情绪障碍（Bale et al., 2010）、肥胖症（Huang, Lee, & Lu, 2007）、糖尿病（Whincup et al., 2008），和一些类型癌症的风险（Ahlgren et al., 2007）。这些关于胎儿疾病起源的研究激发了我们对影响健康和疾病的因素进行认真的重新评估。

为了发现所有影响出生前发育的因素，科学的道路还很漫长。然而，很清楚的是在出生前期一些关键发展已经很快地开始。在下一部分，你将会了解到在儿童早期的发展继续以一个快速的步伐向前进。

儿童期的情绪与运动发展

儿童期与一定的魔力联系在一起。年幼的儿童有独特的能力去抓取成人的注意，尤其是对于他们的父母。无论面对朋友还是陌生人，众多家长都滔滔不绝地向别人讲述他们孩子所做的有趣事情。其中最奇妙的事莫过于在儿童早期快速而重要的发展变化。无助的婴儿在一夜之间突然变成活跃的学步儿。在这一部分，你将看到心理学家在儿童运动发展以及情绪发展的两个方面——气质和依恋——的研究结果（关于早期语言发展的内容见第8章）。

探索世界：运动发展

发展心理学家最早的研究话题之一就是运动发展。**运动发展**（motor development）指身体活动所需肌肉协调

能力的进步。基本的运动技能包括抓取物体、操纵物体、坐起来、爬行、走和跑。

1. 基本原则

运动发展的一些原则是很明显的（Adolph & Berger, 2005）。其中之一是**从头到脚的趋势**（cephalocaudal trend），即运动发展依从头到脚的方向。儿童倾向于先能控制他们身体的上面部分，然后才是下面部分。如果你看过婴儿学爬，你就看过这个趋势如何在运动中体现。婴儿逐渐地从使用他们的手臂，过渡到使用他们的腿来驱动身体。**从近端到远端的趋势**（proximodistal trend）指运动发展依从中心到外周的发展趋势。儿童先能控制他们的躯干，然后到四肢。因此，婴儿先用扭曲整个身体来够东西。逐渐地，他们才学会只伸出他们的手臂。

运动机能的早期进步传统上几乎全被归因于成熟进程（Adolph & Berger, 2011）。**成熟**（maturation）指根据个体基因蓝图逐渐呈现的发展。这是基因控制的产物，并随年龄而自然出现的生理变化——而不是经验或学习的结果。然而，对运动发展的进程进行深入研究发现：婴儿是主动的学习者，而不是被动地等待他们的大脑和肢体去成熟（Adolph & Berger, 2011；Thelen, 1995）。根据这个新的观点，运动发展背后的驱动力是儿童不断探索他们的世界，以及他们完成特定任务的需求（比如抓取一个大玩具或者向窗外看）。运动发展的进程归因于婴儿尝试和学习他们行为的结果。虽然现代研究者承认成熟有利于运动发展，但他们还是认为其贡献被过于简单化和高估。

2. 理解发展常模

父母有时关切地把他们孩子的运动能力发展与发展常模作比较。**发展常模**（developmental norms）表明个体展示多种行为和能力的典型（或均值）年龄。只要家长不期待他们孩子的发展完全按照常模中指定的进展，发展常模通常是有用的标杆。一些家长因为他们孩子落后于常模而表现出不必要的警惕。这些家长所忽视的是这些常模是人群的均值。与均值不同是完全正常的。这种正常差异在图 11-3 中凸现出来，分别显示了 25%、50%、90% 的小孩可以展现不同运动能力的年龄。如图 11-3 显示，很大一部分儿童有时达到一个特定里程碑的时间，要远远晚于常模中指出的平均时间。

3. 文化变异与其重要性

跨文化研究凸显了经验和成熟在运动发展上的交互作用。在一些对基本运动技能提供特别练习的文化中，可以看到相对快速的运动发展（Adolph, Karasik, & Tamis-Lemonda, 2010）。比如，肯尼亚的齐普斯基族人在孩子刚出生不久就开始积极地训练他们的孩子坐起、站立和行走。得益于这种训练，齐普斯基族儿童比美国婴儿早一个月达到这些（但不是其他）发展里程碑（Super, 1976）。与之相对的，在一些不鼓励运动探索的文化，

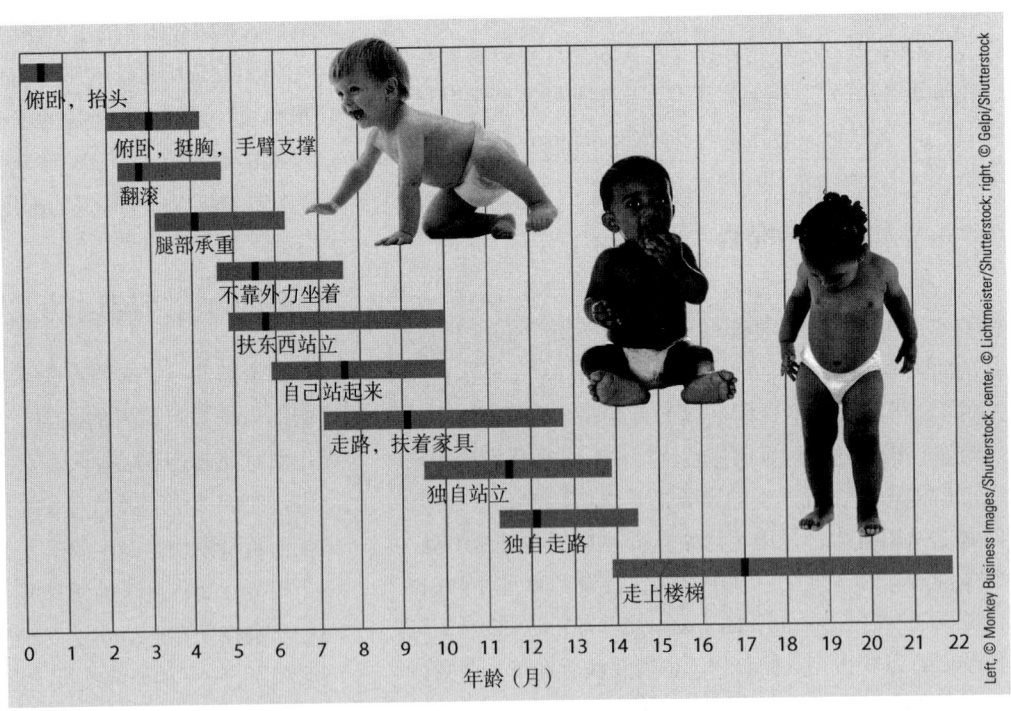

图 11-3 运动发展的里程碑

每个条柱的左边和右边浅灰色边缘表明 25%、50%、90% 的婴儿掌握各种图中运动技巧的年龄（北美）。发展常模只报告了掌握技巧的年龄中位数，可能会被这个图中出现的年龄（横轴）误导。世界各地的人们会运用多种方式促进儿童的运动能力快速发展，在非洲南部的卡拉哈里地区，当地人在他们的孩子很小的时候就教他们跳舞，用杆来发展他们对于平衡的运动感觉。

儿童的运动发展相对缓慢（Adolph, Karasik, & Tamis-Lemonda, 2010）。比如，在阿切族（Ache），一个生活在巴拉圭雨林的游牧民族，为了安全考虑，3 岁以下的儿童很少离开他们母亲 3 英尺以上，实际上是他们到哪里都由其母亲带着。由于这些局限，阿切族儿童延迟获得各种运动技能，而且通常比其他文化里小孩晚一年才开始走路（Kaplan & Dove, 1987）。在基本运动能力出现上的文化差异显示：环境因素可以加速或者延缓早期运动发展。

易养和难养儿童：气质差异

婴儿在气质上呈现很大的差异。**气质**（temperament）指特征性的精神特点，活跃水平和情绪性反应。从一开始，一些婴儿就看起来兴致勃勃和开朗，而另一些婴儿看起来行动缓慢和脾气暴躁。婴儿在生命很早期就在情绪基调，活动节奏，以及对环境刺激的敏感性上出现稳定的差异（Martin & Fox, 2006）。

Alexander Thomas 和 Stella Chess 进行了一项关于气质发展的标志性的追踪研究（Thomas & Chess, 1977, 1989；Thomas, Chess, & Birch, 1970）。在一项**追踪**（longitudinal）研究中，研究者在一段时间内重复观察一组被试。这种发展研究的方法通常不同于横断研究方法（两种方法的逻辑见图 11-4）。在一个**横断**（cross-sectional）研究中，研究者在一个时间点比较不同年龄的多个被试组。比如，在一个横断研究中，一个研究者考察儿童在词汇量方面的发展，研究者可能比较 50 个 6 岁的、50 个 8 岁的和 50 个 10 岁的儿童。与之对应的，一个使用追踪方法的研究者会集合 50 个 6 岁儿童作为一组，分别在他们 6 岁、8 岁、10 岁时测试其词汇量。

每种方法有各自的优点和缺点。比起可能耗时数年的追踪研究，横断研究能更快、更易、更便宜地完成。

然而，在横断研究中，看起来似乎反应发展趋势的变化，实际上可能是代际效应（Hartmann, Pelzel, & Abbott, 2011）。**代际效应**（cohort effects）发生在不同年龄组的差异是因为各组在不同的时代成长。比如，如果你是用横断方法去考察 20 岁、40 岁和 60 岁的三组被试的性别角色，你会比较在妇女运动之前、当中、之后成长的人群，这很可能因为时代背景而不是发展而产生的巨大差异。所以，追踪研究设计倾向于对发展变化更敏感（Magnusson & Stattin, 1998）。不幸的是，追踪研究设计也有弱点。当一个追踪研究需要多年去完成，被试通常因为搬家或者失去兴趣而退出研究。该样本的结构变化也可能造成误导性的发展趋势。

Thomas 和 Chess 在他们的追踪研究中发现在大多数儿童中出现三种基本的气质风格。大概有 40% 的儿童是**容易儿童**（easy children）。容易儿童倾向于快乐，睡觉和吃东西很规律，适应性强，不常生气。另外 15% 是**慢热儿童**（slow-to-warm-up children）。他们倾向于不太开心，睡觉和吃东西不规律，适应变化较慢。**困难儿童**（difficult children）构成了人群的 10%。他们倾向于闷闷

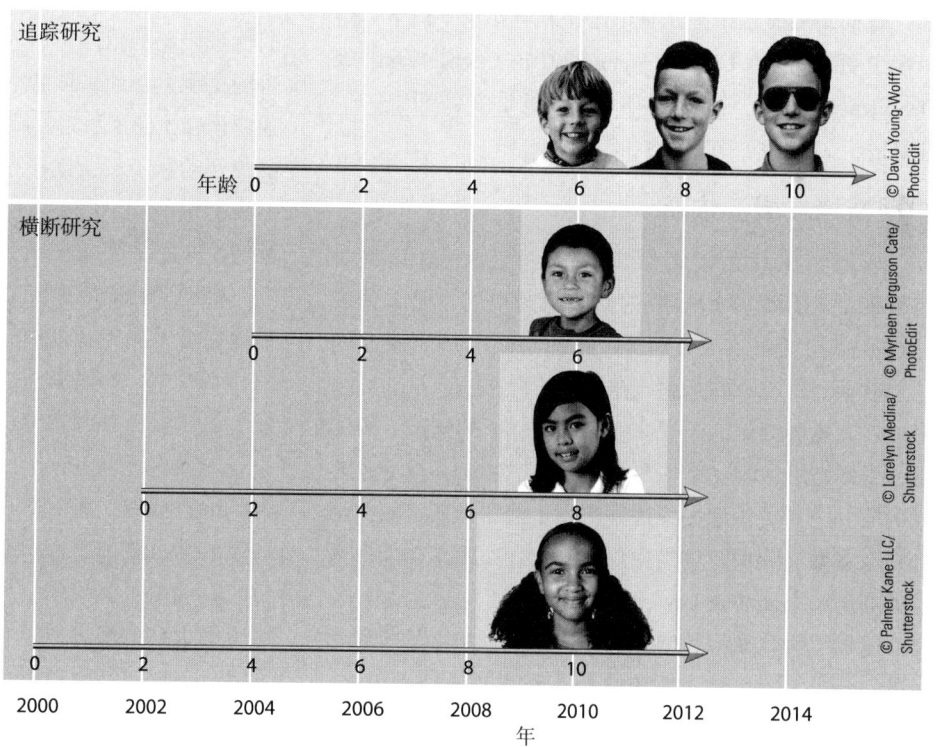

图 11-4　追踪研究 VS 横断研究

在关于 6～10 岁发展的追踪研究中，同样的儿童将在 6 岁被观察，在 8 岁和 10 岁分别被再次观察。在同样年龄段的横断研究中，6 岁儿童组、8 岁儿童组和 10 岁儿童组将被同时比较。注意在横断研究中数据收集可以立即完成，而追踪研究则需要 4 年来完成。

不乐，睡觉和吃东西没规律，抵制变化，并且较急躁。剩下的 35% 儿童呈现这三种气质的组合。一个儿童在三个月大时的气质就已经可以比较好地预期其在 10 岁时的气质。虽然在一些儿童中可以看到气质实质性的变化，但气质在时间上通常是稳定的。

另一个例子是杰罗姆·凯根（Jerome Kagan）及其同事进行的关于气质的一项有影响力的研究（Kagan & Snidman, 1991; Kagan, Snidman & Arcus, 1992）。他们发现有 15%～20% 的婴儿呈现被抑制气质，其特征为害羞、胆小，以及害怕不熟悉的人。相对而言，有 25%～30% 的婴儿展示非抑制气质（其余落在这两个极端之间）。这些儿童较少被限制，走向不熟悉的人时不那么害怕。一个被抑制气质似乎是导致青春期和成年期焦虑障碍的一个风险因素（Coles, Schofield, & Pietrefesa, 2006; Kagan, 2008）。个体在气质上的差异似乎在一定程度上受到遗传影响（Rothbart & Bates, 2008）。虽然气质在时间上通常比较稳定，理论家也强调它并不是不可变的（Thompson, Winer, Goodwin, 2011）。有趣的是，不同文化对于具体气质风格的普遍性上有一定的差异（Kagan, 2010）。比如，被抑制气质在中国儿童中比在北美儿童中似乎一定程度上更加普遍（Chen & Wang, 2010; Chen, Wang, & DeSouza, 2006）。这个差异不知道究竟是由于基因差别，还是由于文化传统，或者两者皆是。

早期情绪发展：依恋

早期情感联系是否影响后来的发展？这只是关注依恋的心理学者所研究的诸多问题中的一个。**依恋**（attachment）是指在婴儿和养育者之间建立的一种亲密的情感联系。研究者非常感兴趣母婴依恋在生命早期如何形成。儿童逐渐依恋于很多人，包括他们的父亲、祖父母、哥哥姐姐，以及其他人（Cassidy, 2008）。然而，儿童的第一个重要依恋关系通常产生于他和母亲之间，因为在大多数文化中，她是主要的养育者，尤其在生命开始的那几年（Lamb & Lewis, 2011）。

不同于大众观点，婴儿对母亲的依恋并不是即刻发生的。一开始，宝宝并没有表现出对妈妈的特别偏好。在两三个月的时候，婴儿更多地在妈妈的互动中微笑或者大笑。但是他们通常在被交给陌生人（比如保姆）时没有任何困难。这种情况会逐渐改变，大概在 6～8 个月，婴儿开始对妈妈的陪伴表现出强烈的偏好，而且在妈妈离开时就通常表示抗议。这是最早表现出分离焦虑（separation anxiety），即当离开他们与之已建立依恋关系的个体时，他们表现出情绪上的不安。分离焦虑不但发生在与母亲，也发生在与父亲或者其他家庭中的养育者。它通常在大约 14～18 个月时最强烈，然后开始减弱。

1. 依恋理论

为什么儿童逐渐发展出对母亲的特定依恋呢？这个问题听似足够简单。然而，这是一个兴趣浓厚的理论探讨话题。20 世纪 50 年代，行为主义学者认为母婴依恋发展起来是因为母亲被与喂食联系起来，而喂食是极具强化作用的事件。因此，目前成为一个条件强化物。直到哈里·哈洛（Harry Harlow）关于依恋关系的著名的猴子试验后，这种依恋的强化理论才受到质疑（Harlow, 1958, 1959）。

哈洛在小恒河猴刚出生后就把其与它们妈妈分开，并把它们养在实验室里，伴随两种人造的"代理妈妈"。一种人造妈妈是由毛巾布做成的，可以提供"触觉上的安慰"（见图片）。另一种人造妈妈是由铁丝做成的。一半的恒河猴由附在铁丝妈妈上的瓶子喂养，而另一半的恒河猴则由一个布妈妈喂养。为了测试这些年幼恒河猴对其代理妈妈的依恋，引入了一个可怕的刺激物，比如一个陌生玩具。如果依恋的关键是喂养，那么受惊的恒河猴应该会争先恐后地找喂养它们的妈妈，而实际情况是，受惊吓的猴子们会抱住布妈妈，也就是那个能够提供触觉安慰的妈妈，即使她们没有提供食物。

哈洛的成果严重地挑战了关于依恋的行为主义强化解释。关注点转移到由约翰·鲍尔比（John Bowlby）（1969, 1973, 1980）提出的关于依恋的其他解释。鲍尔比感慨于触觉安慰对于哈洛的小恒河猴产生的重要性，以及这种偏好似乎不为人知的本质。受到进化理论的影响，鲍尔比认为依恋必然有一个生

尽管由铁丝替代妈妈喂养，哈洛的小猴依偎在能够提供舒适接触的毛巾布替代妈妈。被可怕的玩具吓到时，小猴会向毛巾布替代妈妈寻求安全。

物基础。根据他的观点，婴儿被生物上的程序控制而做出如微笑、低声叫、依靠之类行为，这些行为引发成人的慈爱和保护的反应。鲍尔比还提出成人被进化驱力的程序控制，从而对这类行为表现所吸引，并以温暖、关爱和保护给予回应。明显地，这些特征对于提高儿童生存几率是有适应性的。鲍尔比的理论在过去的数十年里指引了对关于依恋的研究，包括玛丽·爱因斯沃斯关于依恋类型的很有影响力的研究。

真相核查

误解

强有力的依恋关系由出生后最开始的几小时的母婴联系决定。

真相

出生后立即产生的联结可以说是对妈妈的魔法时刻，也可以说是对她们的鼓励。但是目前并没有经验证据证明这个联结将导致更健康的长期依恋关系。

2. 依恋类型

由玛丽·爱因斯沃斯（Mary Ainsworth）及其同事进行的研究（Ainsworth, 1979; Ainsworth, 1979）表明母婴依恋的质量有较大差异性。爱因斯沃斯使用一种叫作陌生情境的方法，即婴儿面对包括8次分离和团聚的一系列情节，从而评估他们依恋的质量。在这个精心安排的实验室程序中，每次情节时长为3分钟，比如，婴儿在家长在场的情况下玩玩具，然后一个陌生人进入房间，然后家长离开，再回来，再离开，再回来。这个儿童对于家长离开与归来的反应（如不安、舒适）被仔细地监控以评价依恋质量。

爱因斯沃斯发现依恋分为3种类型（见图11-5）。庆幸的是，大多数婴儿发展出一种安全型依恋。这些婴儿把他们的母亲作为一个安全基地，他们敢于离开这个安全基地去探索世界。当他们的妈妈在场时，他们安心地玩耍；当妈妈离开时，他们变得明显地不安；当妈妈回来后，他们很快就平静下来。然而，一些儿童则表现出一种叫作焦虑-矛盾型依恋的模式（也叫抗拒型依恋）。即便他们的妈妈就在身旁，他们仍显得焦虑；当妈妈离开时，他们过度反抗；妈妈的回归也并不能使他们特别安心。第三类的儿童很少寻求与他们妈妈的接触；当妈妈离开时他们也不感到难过。这种情况被命名为回避型依恋。其他研究者在多年后增加了第四种类型，叫作无组织-无方向型依恋（Main & Solomon, 1986, 1990）。这些儿童对他们应该接近还是远离母亲感到困扰。这些孩子特别地不安全（Lyons-Ruth & Jacobvitz, 2008）。

母亲的行为影响母婴之间究竟出现何种依恋类型（Ainsworth, 1978; Posada, 2007）。对孩子的需求敏锐并做出反应的母亲，与那些不敏锐、反应不一致的母亲相比，更可能促进安全型依恋（Nievar & Becker, 2008; van den Boom, 2001）。然而，在这个过程中，婴儿并不是被动的旁人。他们是积极的参与者，通过他们的哭

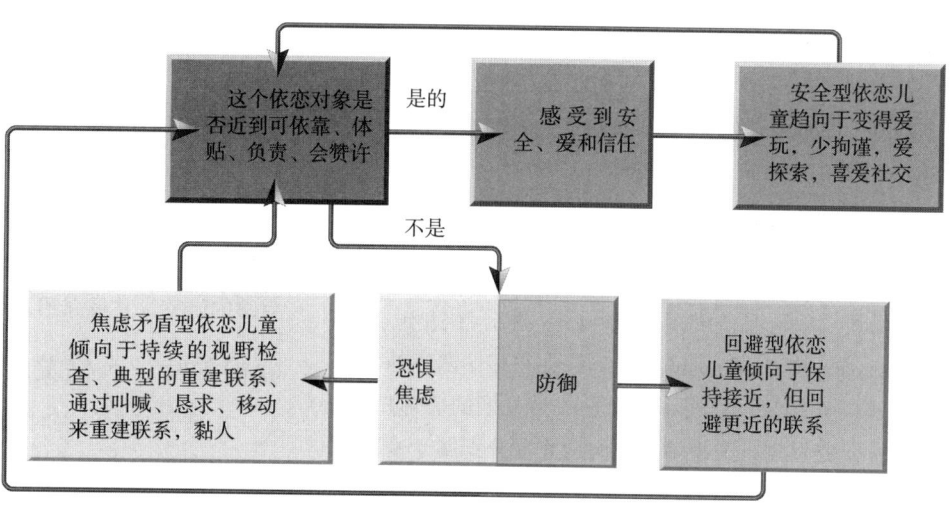

图11-5 依恋进程概览

依恋的展现取决于妈妈（或者其他看护者）和婴儿间的互动。玛丽·爱因斯沃斯的研究表明依恋关系可分为三类——安全型、回避型和焦虑矛盾型——部分取决于看护者对于他们看护的儿童需求的敏感性和回复性。图中显示的反馈环反映了婴儿在依恋戏剧中并不是消极的旁观者。他们对看护者的反应会影响看护者的行为，爱因斯沃斯的模型没有包含稍后被发现的第四种依恋类型（组织混乱型）。

资料来源：Adapted from Shaver, P. R., & Hazan, C. (1994). Attachment. In A. Weber & J. H. Harvey (Eds.), *Perspectives on close relationships.* Boston: Allyn & Bacon. Reprinted by permission of Pearson Education, Inc., Upper Saddle River, NJ.

泣、微笑、烦躁和咿呀学语来影响这个过程。气质上困难的婴儿常常吐出食物，抗拒洗澡，很少微笑，他们往往延缓依恋的形成过程（van IJzendoorn & Bakermans-Kranenburg, 2004）。因此，在婴儿与其母亲之间出现的依恋类型依赖于婴儿的气质，以及母亲的敏感性（Kagan & Fox, 2006）。

有证据显示依恋关系的质量对儿童随后的发展有重要影响。基于他们的依恋经历，儿童发展出有关亲密关系动态的**内在工作模型**（internal working models），该模型将影响他们在未来广泛的人际关系（Bretherton & Munholland, 2008；Johnson, Dweck, & Chen, 2007）。有相对安全依恋关系的婴儿倾向于在学步期表现得有适应力、对人友善、有能力，并且有高自尊（Ranson & Urichuk, 2008；Thompson, 2008）。他们在幼儿园时期，显得更有毅力、好奇、独立、有领导才能，而且与同伴有较好的关系（Weinfield, 2008）。在儿童中期，他们展示出更积极的情绪，使用更健康的策略来应对压力，较少的敌对和攻击问题（Fearon, 2010；Kerns, 2007）。研究还发现：安全型依恋与儿童期和青春期中的较快认知发展有密切联系（Ranson & Urichuk, 2008）。

婴儿期的依恋类型所产生的影响甚至延伸到成年期。在第13章，我们将讨论一些引人思考的研究证据，说明婴儿期的依恋关系不但影响人们的性别角色、宗教信仰以及自我暴露的类型，还为人们在成年期的浪漫关系奠定基调（Feeney, 2008；Kirkpatrick, 2005；Mikulincer & Shaver, 2007；Shaver & Mikulincer, 2009）。

3. 文化与依恋

在世界各地不同文化中，儿童的分离焦虑在6～8个月左右出现，并在大约14～18个月达到顶峰（Grossmann & Grossmann, 1990）。在很多非西方的文化中发现同样结果，说明了依恋是人类发展的普遍特征。然而，研究发现，关于多少比例的婴儿分别属于爱因斯沃斯所提出的三种依恋类型，不同的文化有一定的差异。研究者主要考察美国中产阶级的白人，发现67%的婴儿显示一种安全型依恋，21%的婴儿显示一种回避型依恋，以及12%的婴儿显示一种焦虑-矛盾型依恋（这里并不包括之前提到的第四种依恋类型，因为它很少在跨文化研究中被研究过）（van IJzendoorn & Sagi-Schwartz, 2008）。在日本和德国的研究结果已经估计了不同文化中各种依恋类型的比例，如图11-6所示，差别并不大，在世界各地，安全型依恋都是主导的依恋类型。

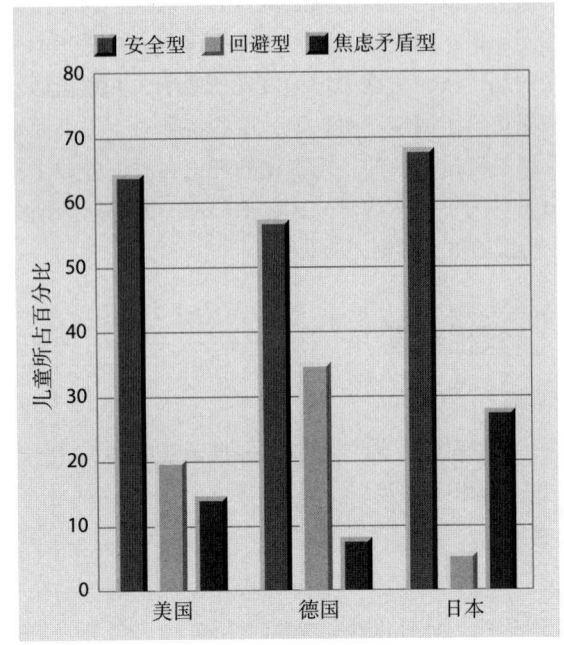

图11-6　依恋类型中的文化多样性

这幅图展现了针对德国、日本、美国的专门研究中，三种原始依恋类型的分布。可以看到，安全型依恋在三个社会中都是最常见的类型，在全世界都是。但是，每个依恋类型的比例有一些细微差异，可能由于儿童成长的文化差异。

资料来源：Data from van IJzendoorn & Kroonenberg, 1988.

儿童期的人格与认知发展

发展的很多其他方面在儿童期都是特别动态的。在这一部分，我们将考察人格发展和认知发展，以及与认知发展紧密联系的道德发展。我们先看看艾里克·艾里克森的研究，并且介绍发展阶段这个概念。

变得独特：人格发展

个体是如何随着时间而发展出他们独特的人格特征呢？很多理论来解答这个问题。第一个关于人格发展的主要理论是弗洛伊德在大约1900年的时候构建的。正如我们在第12章将会讨论的，他认为一个个体的基本人格在五岁之前就牢固地定性了。半个世纪之后，艾里克·艾里克森（1963）提出对弗洛伊德理论的一个颠覆性的修改版本，并且产生很大影响力。像弗洛伊德一样，艾里克森认为：在儿童早期的事件对后来的成人人格留下永久性的烙印。然而，跟弗洛伊德不同的是，艾里克森理论认为人格在整个生命周期都还继续演化。

建立在弗洛伊德的早期工作的基础上，艾里克森提出了关于人格发展的阶段理论。在这一章里面，你将会发现很多理论在描述发展的时候，都使用了阶段这一个概念。**阶段**（stage）是指一个发展时期，期间行为的特点模式被展现出来而且一些能力变得成熟。阶段理论假设：①个体必须按某一个特定的顺序经历特定的阶段，因为每个阶段都是建立在前一个阶段之上；②从一个阶段前进到下一个阶段是跟年龄有紧密关系的；③在不同的阶段里典型行为是有明显的非连续性的（见图11-7）。

1. 艾里克森的阶段理论

艾里克森把整个生命周期分为八个阶段。每个阶段包括一个心理社会危机。他使用危机这个概念，去表示一个重要的转折点，而不是指一个危急事件。根据艾里克森的理解，人格是由个体处理心理社会危机时塑造的，而这些危机往往出现在他们与重要他人之间的社会关系的过渡时期。每个危机包括两种对立趋势之间的斗争，比如个人在某个特定阶段所经历的信任对不信任，或者自主对自责。这些拮抗趋势代表了个体的人格特征，并在个体的余生中或多或少地反应出来。虽然艾里克森的阶段名称暗示了一种非此即彼的发展结果，但是他实际认为，每个阶段就像一场双方的拔河比赛，并决定随后的人格对抗趋势之间的平衡。图11-8描述了艾里克森理

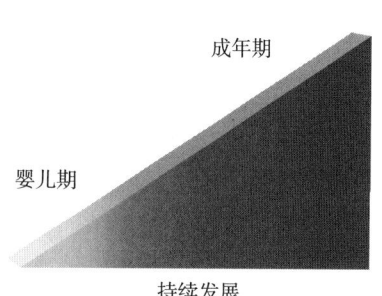
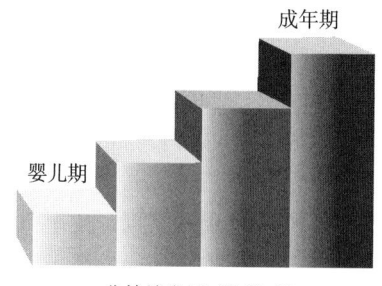

图 11-7 发展的阶段理论

有些理论把发展看作相对连续的过程，尽管不像左边描画得那么平滑、完美、线性。相对地，阶段理论假设发展是由主要的引起能力或特征行为中原始的质变的不连贯点标记出来。

论中的所有八个阶段。我们在这里将描述前四个儿童期的阶段，然后在后面关于青春期和成人期的部分描述其他的阶段。

（1）信任对不信任。艾里克森的第一个阶段包括生命的第一年。婴儿不得不完全依赖成人来照顾他们对于包括食物、温暖的毯子和干净的尿布等必需品的基本要求。如果照料者能够基本满足婴儿的基本需求，稳固的依恋感就能形成，儿童就会发展出一个对世界乐观的、信任他人的态度。然而，如果婴儿的基本需求没有很好满足，将可能造成一个比较不信任他人和悲观的人格。

（2）自主对羞耻和自我怀疑。艾里克森的第二个阶段在生命的第二和第三年头展开。这个时期父母开始训练孩子上厕所大小便，并且施行其他措施去规范儿童的行为。儿童必须开始自己负责吃饭、穿衣和洗澡等事务。

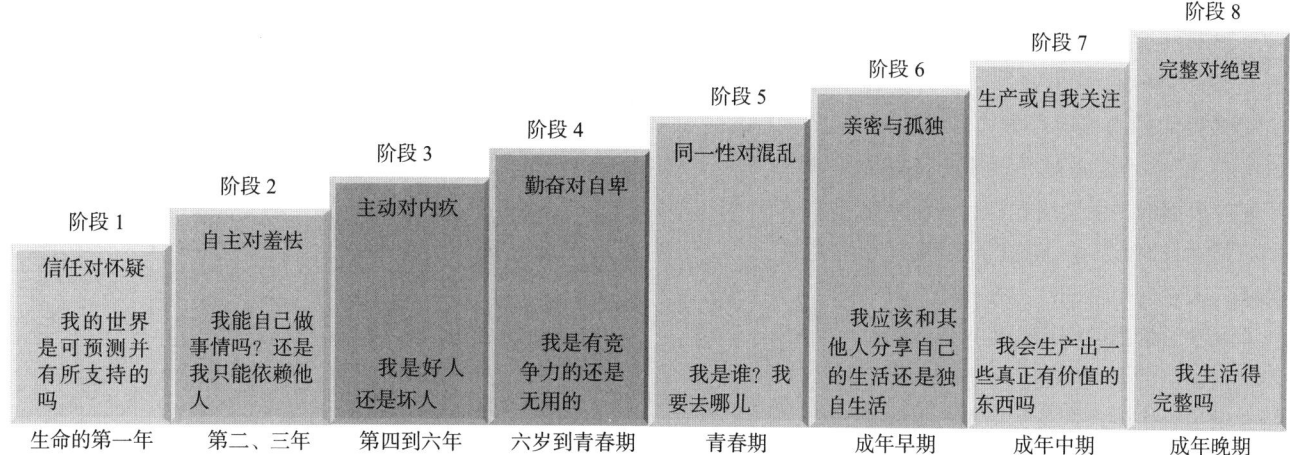

图 11-8 艾里克森阶段理论

艾里克森的人格发展理论假想人们在整个人生中通过八个阶段逐步发展，每个阶段的标志是，需要面临例如"我是谁，我要到哪儿"等基础问题的心理社会转折点。阶段是根据冲突潜在结果的特点来划分的。在冲突比较健康地解决后，发展就进步了。

如果事情进行顺利,他们就会获得一种自主感。但如果父母对孩子的努力并不满意,而且常常出现亲子之间矛盾,孩子可以发展出一个人羞耻感和自我怀疑。

(3)主动对自责。在艾里克森的第三个阶段,大概从三岁持续到六岁,儿童主动地去尝试事情,然而这却有时跟他们父母的规则产生矛盾。结果是自尊可能被伤害。父母需要支持孩子逐渐出现的独立精神,同时又保持恰当的控制。在理想的情况下,儿童会保持他们的主动性,同时学习如何尊重其他家庭成员的权利。

(4)勤奋对自卑。在第四个阶段(从六岁到青春期),儿童在社会生活的最大学习挑战就是适应社会生活从家庭范围扩张到更宽广的社会范畴,包括左邻右舍和学校。这些社会环境相对于家里来说,往往没有那么亲善,并且更加强调工作效率,但如果儿童仍然能够有效地生活,他们就需要学会重视成绩,并且对自己的成就感到骄傲。这样的儿童能产生一种效能感。如果事情在这个更宽广的社会领域发展并不顺利的话,他们就可能发展出一种自卑感。

2. 评价艾里克森的理论

艾里克森的理论的优势在于,它不但解释了人格发展的连续性也解释了其变化性。它通过展示在社会关系中新的挑战如何刺激终生的个性发展,来解释变化性。它通过阐述儿童早期经历与成人的个性特点之间的关系,来解释连续性。评价一个理论的价值,通常要看该理论能引发多少的研究。艾里克森的理论继续指引着一大批的研究(Thomas,2005)。

但另一方面,艾里克森的理论主要依赖于展示性的个案。这些研究还有很多可能的其他解释方式(Thomas,2005)。另一个弱点就是该理论只提供了对"典型的"发展模式进行"理想化的"描述。因此,它不是很适合用来解释不同人之间个性的巨大差异性。对个体差异缺乏恰当的解释是个体发展的阶段理论面对的共同问题。下面,我们开始介绍另一个阶段理论,即皮亚杰的认知发展理论。

思想成长:认知发展

认知发展指孩子思维模式的变化,其中思维包括推理、记忆和问题解决。对于认知发展的研究,在20世纪的后半阶段里,主要由皮亚杰的理论占主导地位(Kessen,1996)。我们关于认知发展的很多讨论,都是关于皮亚杰的理论以及由此引申的研究,虽然我们也将涉及其他的研究思路。

1. 概述皮亚杰的阶段理论

皮亚杰(1929,1952,1983)是一位跨学科的学者,他本人的认知发展异常快速。在他20多岁时,他就已经获得一个自然科学的博士学位,并且发表了一本小说,随后投身于心理学研究中。他很快就发现通过施行智力测试,可以建立更好的考试常模。在做智力测试的同时,皮亚杰对儿童产生错误回答背后的推理机制非常感兴趣。他觉得测量儿童的智力并不是很有趣,反而是儿童如何使用他们的智力更值得研究。于是,他的余生都投身于研究儿童的认知发展。他的很多想法都是基于仔细观察自己三个孩子的婴儿期,从而产生感悟。

像艾里克森的理论一样,皮亚杰的模型是关于个体发展的阶段理论。皮亚杰提出:儿童会经历四个认知发展的阶段,每个阶段以其独特的思维过程相区别:①感觉运动阶段(从出生到两岁);②前运算阶段(从两岁到7岁);③具体运算阶段(从7岁到11岁);④形式运算阶段(11岁以上)。图11-9对每个阶段做了介绍。皮亚杰认为他的年龄常模只是大概的,他承认过渡年龄可能因人而异。然而,他确信所有儿童都按相同顺序,经历这

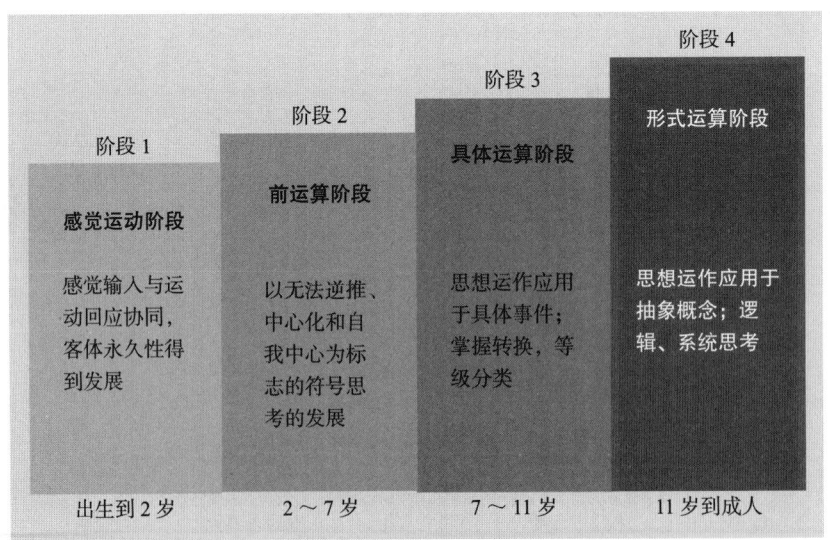

图11-9 皮亚杰阶段理论

皮亚杰的认知发展理论确定了儿童发展由基础差异思考模式区分的四个阶段。这里总结了大致年龄常模和一些各个阶段的关键特征。

些认知发展的阶段。

（1）感觉运动阶段。皮亚杰理论的第一个阶段是感觉运动阶段，从出生延续到大概两岁。皮亚杰称这个阶段为感觉运动阶段，是因为婴儿正在发展出协调他们感觉输入和运动行为的调节能力。在感觉运动阶段的主要发展是逐渐出现的象征性思维。在这个阶段的初期，一个儿童的行为主要由先天反射所主导。但直到这个阶段的末期，儿童才能够用心理符号来表征物体（比如，对一个最喜欢的玩具的心理图式）。这个过渡的关键是获得客体永久性的概念。

当一个孩子意识到物体即使看不见也仍然继续存在，这时**客体永久性**（object permanence）就发展出来了。虽然成人把客体永久性当作理所当然的，但婴儿在刚开始时却并意识不到客体永久性。如果你给一个3个月大的婴儿看一个吸引眼球的玩具，然后用枕头把这个玩具盖住，他就不再尝试去找这个玩具了。皮亚杰从这个观察推测出，儿童不理解那个玩具在枕头底下继续存在。客体永久性这个概念在孩子那里并不是一夜间就出现的。根据皮亚杰的研究，对这个概念的领悟大概出现在第4～8个月之间。这个过程是渐进的。皮亚杰认为儿童通常在他们18个月之前还不能很好地掌握客体永久性这个概念。

（2）前运算阶段。前运算阶段大致从2岁到7岁。在这个阶段，儿童逐步地改善了他们对心理图式的使用。虽然符号思维的发展还在继续，但皮亚杰强调前运算思维的局限性。

看看皮亚杰给小孩做的一道简单测试。他拿两个一模一样的量杯，然后给每个量杯装入相同量的水。当小孩认同两个量杯装着的水量是相同的之后，他把其中一个量杯里的水倒到另一个又高又瘦的量杯里（见图11-10）。然后，皮亚杰问儿童，这两个不同形状的量杯里的水是否一样多，遇到这样一个问题，处于前运算时期的儿童通常会说不一样。他们通常关注到在较高的量杯里的较高的水位线，并坚持说口径较窄的量杯里有更多的水。他们还没有掌握守恒的原则。守恒是皮亚杰提出的概念，指儿童意识到虽然物体的形状或者外形发生变化，但是物理量整体上是恒定的。

为什么前运算期的儿童不能解决守恒问题呢？根据皮亚杰的解释，他们不能理解守恒性，是由于前运算阶段的思维中的一些基本缺陷。这些缺陷包括中心化、不可逆转和自我中心。

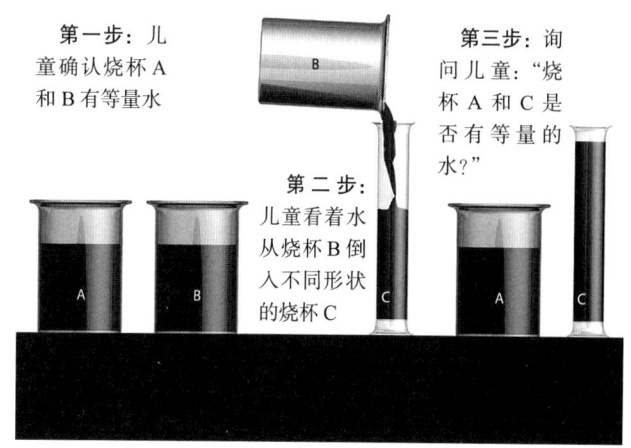

图 11-10　皮亚杰液体守恒任务

在看完展示的转换后，前运算阶段孩子通常回答高烧杯里有更多水。相反地，具体运算阶段的孩子倾向于正确回答，发现了 C 烧杯和 A 烧杯水总量相等。

中心化（centration）是指只关注问题的一个特征，而忽略其他重要方面的趋势。当处理关于水的守恒性问题的时候，前运算阶段的儿童倾向于只集中关注水位高度，而忽略宽度。他们很难同时关注一个问题的多个方面。

不可逆转（irreversibility）是指不能想象把一个动作逆转。前运算阶段的儿童不能在脑子里把一件事情"倒"回去。比如，当理解水的恒常性时，他们不能考虑如果水从较高的量杯重新倒回到原来的量杯里将会是如何。

思维中的**自我中心**（egocentrism）的主要特点是缺乏能力去考虑另一个人的观点。事实上，皮亚杰认为前运算阶段的儿童不能理解除了自己的观点以外还存在其他的观点。比如，如果你问一个前运算阶段的女孩：她的姐妹是否也有一个姐妹。如果她家里只有两个女儿的话，这个女孩很可能会说不是。她不能从她的姐妹的视角去看待姐妹关系。

自我中心的一个显著特征就是泛灵论，指相信所有东西都像自己一样，都是有生命的。因此，小孩把生物性或人的特征赋予没有生命的物体，比如会问这样的问题："海洋什么时候停下来休息？"或者"风为什么这么生气？"。

（3）具体运算阶段。心理操作的发展——对心理结构的内部转化和操纵——标志着具体运算阶段的开始。这个时期通常从7岁持续到11岁。皮亚杰称这个时期是具体运算，是因为儿童可以只通过对可触摸的问题和实际时间的心理图式，来完成操作。

儿童在这个时期掌握的操作包括可逆性和去中心化。

可逆性（reversibility）允许儿童在心理上把一个动作逆转。**去中心化**（decentration）允许儿童同时关注一个问题的不止一个方面。这些新发现的能力帮助儿童从很多视角理解看到的事物。这种能力最终使得儿童的中心化趋势消退，并且在液体、质量、数量、体积、面积和长度等方面，逐步地掌握守恒概念（见图11-11）。

在儿童掌握具体操作的同时，他们发展出各种新的问题解决的能力。让我们看看皮亚杰研究的另一个问题。给一个处于前运算阶段的儿童7枝康乃馨和3枝菊花。告诉他这两种花的名称。然后让儿童去把康乃馨和菊花分开。这个他们是没有困难的。现在再问小孩，究竟是康乃馨多还是菊花多？大多数的儿童会正确地回答有更多的康乃馨。现在再问小孩：究竟有更多的康乃馨还是有更多的花？这时，大多数处于前运算阶段的儿童会犯错，错误地回答说康乃馨比花多。通常，前运算阶段的儿童不能处理有层级的分类问题，这些问题要求他们同时关注两个层级的分类。然而，那些从前运算阶段发展到了具体运算阶段的儿童，就不会被中心化趋势所局限，他们能够成功地处理有层级的分类问题。

（4）形式运算阶段。皮亚杰理论的最后一个阶段是形式运算阶段，通常开始于11岁左右。在这个阶段，儿童开始应用他们对于具体概念和抽象概念的心理操作。事实上，在这个阶段，儿童开始喜欢思考抽象概念。很多青少年花很多时间去思考假设性的可能性，比如公正、爱、自由意志等抽象问题。形式运算阶段的思维过程有这样的特点：相对系统、有逻辑和反思。

根据皮亚杰的理论，儿童在形式运算阶段逐步形成相对成人化的思维模式。他并不是指儿童一旦到达这个阶段之后就没有进一步的认知发展。然而，他相信，当儿童完成了形式运算，进一步的思维进步只是在程度上的变化，而不会在思维性质上有根本性的变化。

2. 评价皮亚杰的理论

皮亚杰对从心理学角度理解儿童的整体状况以及在认知方面的特殊发展，做出了里程碑式的贡献（Beilin, 1992）。他奠定了认知发展心理学这个领域，并且促进了对儿童发展的新理论观点，也就是把儿童看作是主动构建他们自己世界的个体（Fischer & Hencke, 1996）。皮亚杰的理论直至今天仍然指导着大量的有成效的研究（Brainerd, 1996; Feldman, 2003）。这些研究支持了皮亚杰的很多主要观点（Flavell, 1996）。不过，在这么一个宏大的理论中，仍然存在一些弱点，以下是对皮亚杰理论的一些批评：

（1）在很多领域，皮亚杰似乎低估了幼儿的认知发展能力（Birney, 2005）。比如，研究已经发现，儿童对客体永久性的理解出现的时间要比皮亚杰认为的要早得多（Birney & Sternberg, 2011; Wang, Baillargeon, & Paterson, 2005）。

（2）另一个问题就是，儿童通常同时展现几个阶段

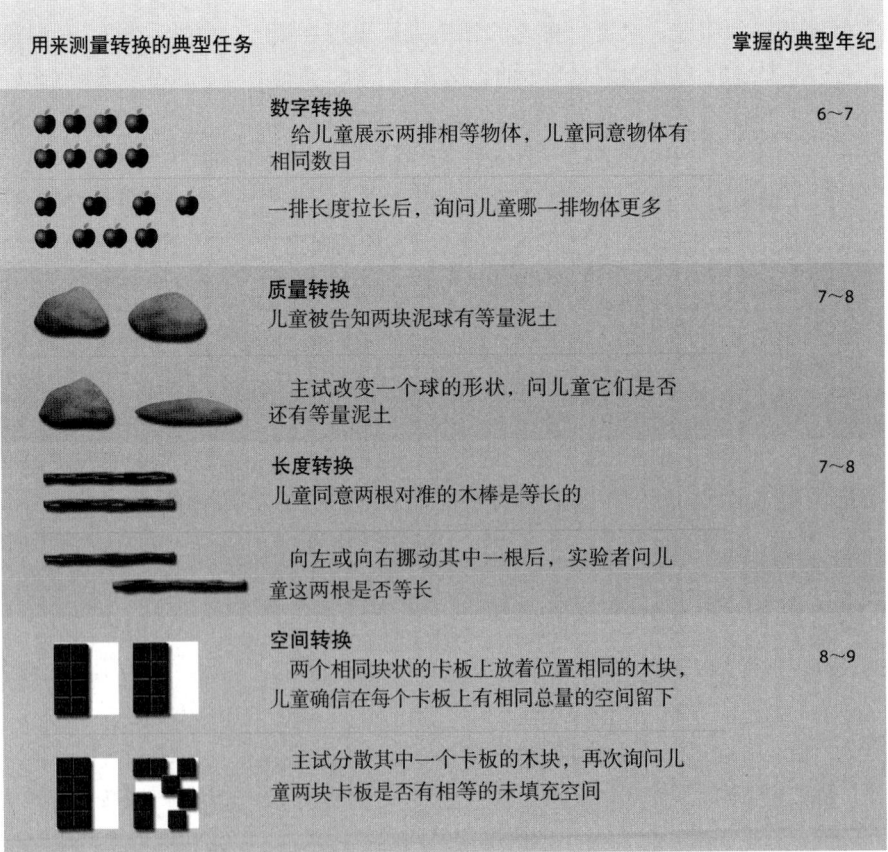

图11-11 守恒的逐渐掌握

儿童在具体运算阶段掌握守恒，但他们的掌握是逐步的。像这里列举出的，儿童往往在六七岁掌握数字守恒，但可能到八九岁才明白区域守恒。

的思维模式。也就是阶段之间发生混合，而且阶段之间的过度是渐进的而不是突然的，这都引发了人们质疑把发展理解为阶段式的价值（Bjorkland，2005；Krojgaard，2005）。

（3）皮亚杰认为他的理论描述了一个普适性的发展进程，也就是说各地的儿童的思维模式，都会在大致相同的年龄进入相同阶段。后续的研究发现，阶段的先后顺序是基本没有变化的，但是儿童在这些阶段发展的时间表却根据环境因素而出现很大的差异（Dasen，1994；Rogoff，2003）。今天似乎可以公平地说，皮亚杰低估了环境因素的重要性，同时过多地重视自然成熟的作用（Birney，2005；Maratsos，2007）。

3. 维果茨基的社会文化理论

在最近几十年里，随着皮亚杰的观点所具有的局限性和弱点变得逐渐明显，一些发展心理学家开始在别的地方寻求理论指导。讽刺的是，最近吸引了很大研究兴趣点的理论——维果茨基（Lev Vygotsky）的社会文化理论——起源的时间其实跟皮亚杰开始提出他的理论的时间差不多（20世纪二三十年代）。维果茨基是一位著名的俄国心理学家，他的研究在1934年提前终止，因为他那时年仅37岁就死于肺结核。西方科学家在1960年之前都很少接触他的理论。事实上，直到1986年，有关他主要理论的完整英文版著作才被发表。

维果茨基和皮亚杰对认知发展的观点有很多共同点。但是，他们在很多重要方面也不同（DeVries，2000；Matusov & Hayes，2000；Rowe & Wertsch，2002）。首先，在皮亚杰的理论中，认知发展的主要动力在于个体儿童自己主动地探索周边世界。儿童被认为是变化发展的发动者。相反，维果茨基非常强调儿童认知发展的驱动力是儿童跟家长、老师和其他比自己大的儿童之间的社会交往，因为这些人能够提供非常宝贵的指引（Hedegaard，2005）。其次，皮亚杰认为认知发展是一个普适的过程，即使在非常不同的文化中都应该以几乎相同的方式发展（Wertsch & Tulviste，2005）。维果茨基则认为，文化对认知发展的进行产生非常重大的影响。比如，在依赖于学校培训的文字文化中获得的认知技能，将跟那些在没有正规教育系统的部落社会中获得的认知技能有所不同。再次，皮亚杰认为逐步掌握语言只是认知发展中的其中一个方面。但是维果茨基认为，语言获得在促进认知发展中起到了至关重要的角色（Kozulin，2005）。

根据维果茨基的观点，儿童是通过跟社会中更有经验的成员进行的合作对话中，获得他们文化中的大多数认知技能和问题解决策略的。他把认知发展看作是师徒关系，而不是个体独立发现的旅程。维果茨基对于语言重要性的强调反映在他对于**私语**（private speech）的讨论。幼儿园儿童常常伴随着自己的活动而自言自语。皮亚杰认为这种话语是自我中心的，并不重要。维果茨基则认为儿童使用私语来计划他们的策略，调节他们的行为，并实现他们的目标。随着儿童逐渐长大，这种私语就被内化了。它变成了人们在办事情的时候自己跟自己的正常语言对话。因此，语言更加成为儿童认知发展的基础。如同皮亚杰的理论一样，维果茨基的观点丰富了我们理解儿童的思维是如何发展和成熟的。

4. 有没有认知能力是与生俱来的

频繁的研究发现皮亚杰低估了婴儿的认知能力，这引发了许多研究发现婴儿其实对很多复杂的概念都有惊人的掌握。研究证明婴儿理解物体的基本属性，并且理解物体的一些规律（Baillargeon，2004）。婴儿在三四个月大时，就已经理解物体是有界限的独立个体，物体沿着连续的轨迹运动，一个固体不能穿透另一个固体，一个物体不能穿过比那个物体还要小的开口，在斜坡上的物体只能往下滑而不能向上滑（Baillargeon，2008；Spelke & Newport，1998）。婴儿也理解液体跟固体是不同的。比如，5个月大的婴儿预期液体可以在运动中改变形状，液体可以被固体穿透（Hespos，Ferry，& Rips，2009）。

在这一系列的研究中，可能最让人惊讶的发现是婴儿似乎已经展现出惊人的数字能力（Lipton & Spelke，2004；Wood & Spelke，2005）。比如，Karen Wynn（1992，1996）针对婴儿的数字能力进行了突破性的研究。她展示了向5个月大的婴儿显示一系列事件，其中一个物体放到遮屏后面，另一个物体又加到遮屏后面，当遮屏被移开后，婴儿期待看到两个物体（见图11-12）。而且，当他们的预期得不到满足的话，他们表现得惊讶——表现为更长的注视时间。这个发现表明：婴儿理解了1+1=2。在后续的研究中，相似的操作表明：婴儿也能理解2+1=3，3-1=2，以及10-5=5（Hauser & Carey，1998；McCrink & Wynn，2004；Wynn，1998）。因此，婴儿可能已经具有原始的"数字概念"。

最近几年来,不断有研究证明了婴儿似乎理解很多惊人复杂的概念,而这些概念他们自己根本没有机会学习到。这些发现导致一些理论家们认为:一些基本的认知能力是先天就从生物学上设置在人类的神经结构里了(Spelke & Kinzler, 2007)。你可能也会预期到,进化学家们坚持认为这种先天设置的能力是自然选择的结果,他们努力去理解这些能力对于我们远古祖先的进化意义(Hauser & Carey, 1998; Wynn, 1998)。比如,进化理论学家们感兴趣于基本的加减运算能力是如何帮助了我们的人类祖先在打猎、采集和社会交易中获得优势的。

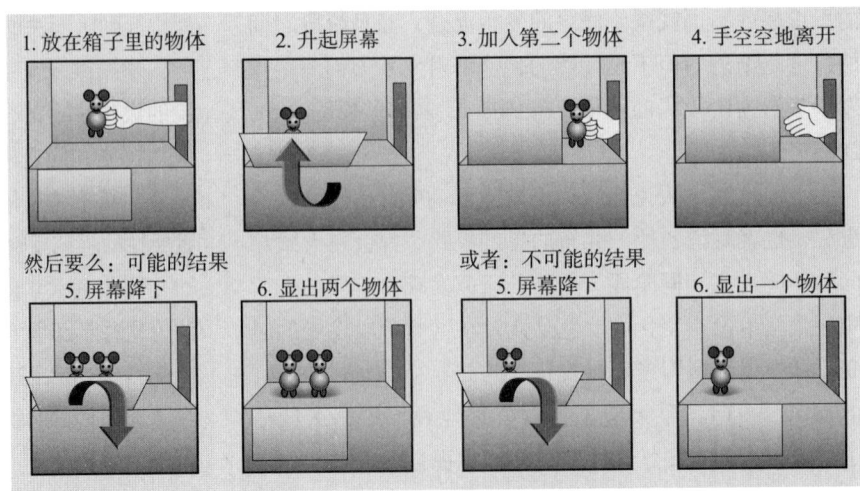

图 11-12　测试婴儿理解数字的过程

为了观察 5 个月大的婴儿是否对加减有鉴别力,Wynn 给他们看右边描绘的一连串事件。如果婴儿在看到屏幕降下后只有一个物品在,表现出惊讶(主要由注视时间来检测),这个结果表明他知道 1+1=2。Wynn 和其他人发现婴儿似乎对简单的加减有着与生俱来的理解。

资料来源:Adapted from Wynn, K. (1992). Addition and subtraction by human infants. *Nature, 358,* 749–750. Reprinted by permission from Macmillan Publishers Ltd.

5. 儿童对他人心理有多少认识

认知发展领域的另一个热点话题是关于儿童对于心灵和心理状态的理解能力是如何随时间进步的。研究者对于认知发展的这一方面的探索研究主要关注儿童什么时候以及如何去理解别人具有的知识、信念和欲望可能跟他们自己的很不一样。下面设想这么一个情景。实验人员给一个 5 岁的孩子呈现一盒糖果,并问她:你觉得它装着什么?她回答说:"糖果。"然后这个孩子被允许看看盒子里面,却发现盒子里其实装的是蜡笔。然后实验员问这个女孩:如果另一个孩子还没有看过这个盒子里的内容,那么这个孩子会认为这个盒子装着什么呢?她会回答说:"糖果。"现在想象同一个实验员跟一个 3 岁的男孩做实验。事件跟原来那样展开,直到实验员问另一个孩子会认为糖果盒子装着什么的时候,这个 3 岁孩子会典型地回答"蜡笔",他认为另一个孩子会像他一样知道盒子里隐藏的内容(Flavell, 1999)。为什么 3 岁孩子会这样回答呢?因为大多数 4 岁以下的儿童都不能理解人们可能持有与现实不相符的错误信念。

关于儿童理解心理状态的发展,研究者们提出一些里程碑(Harris, 2006; Wellman, 2002)。在大约两岁,儿童开始区分心理状态和外显的行为。他们最先理解的心理状态是愿望和情绪。到了 3 岁,儿童开始谈论别人的信念和想法,以及他们的愿望和情绪。然而,在 4 岁之前,儿童不能稳定地把心理状态和行为联系起来。也就是说,他们 4 岁才开始理解为什么人们的信念、思维和愿望会激发并指导他们的行为。因此,他们这时可以理解达利斯想要得到一个乐高救火车,这辆救火车能使他高兴,他相信这个玩具在百货商场里有,而这些心理状态激发达利斯去要求爸爸带他去百货商场。

儿童对于心灵的理解似乎在三四岁发生了很大变化,使得他们慢慢开始理解人们可能持有错误信念(Amsterlaw & Wellman, 2006; Flynn, 2006)。有趣的是,这一认知复杂性的变化在不同的文化中似乎都发生在同一个年龄(Callaghan, 2005)。4 岁以后,儿童关于心理状态的推理能力还在继续改善。

道德推理的发展

在欧洲,一个女人快要死于癌症。一种药也许能救活她。这种药是元素镭的一种形式,是同一镇上的一名制药师刚刚发现的。这位制药师要价 2000 美元,是他这种药的制药成本的两倍。这位生病的女人的丈夫海因茨去找所有他认识的人借钱,但是他只能筹到药费的一半。他告诉制药师,他的妻子生命垂危,求他便宜一点把药卖给他,或者允许他晚点再还给他剩下的药费。但是制药师说:"不行。"丈夫非常绝望,闯入制药师的药店偷了那药给他的妻子。这个丈夫应该这样做吗?为什么?

对于海因茨的两难困境,你的答案是什么呢?你会不会像三年前那样做出相同的回答呢?你能猜到你六岁的时候会是怎样回答的吗?通过给被试呈现相似的两难困境,并且研究他们的回答,劳伦斯·科尔伯格(Lawrence Kohlberg)(1976,1984;Colby & Kohlberg,1987)建立了关于**道德发展**(moral development)的理论模型。什么是道德?这是一个哲学家们辩论了很多世纪的复杂问题。从我们的角度来说,我们可以说道德涉及了分辨对错并指导自己行为的能力。

1. 科尔伯格的阶段理论

有很多相互竞争的理论试图解释小孩是怎么发展出是非观念的,而科尔伯格的理论是其中最有影响的一个。他的研究建立于皮亚杰的早期工作(1932),因为皮亚杰理论认为道德发展是由认知发展所决定的。他认为,个体对道德问题的思维方式依赖于他们认知发展的水平。皮亚杰的这个假设称为科尔伯格研究的跳板。

科尔伯格的理论关注的是道德**推论**(reasoning),而不是外显的行为。这一点在描述科尔伯格的研究方法时已经很好地体现出来。他问被试在两难困境中的人物应该怎么做,而且更重要的是,为什么这么做。科尔伯格对于"为什么"这个问题最感兴趣。他研究被试道德推理的性质以及进步。

这项研究的结果可以用道德发展的阶段理论来概括(见图11-13)。科尔伯格发现个体的道德发展经历一系列的三个水平。每个水平又可以进一步分为两个层次,所以一共有六个阶段。每个阶段代表了个体在思考是非问题时的不同取向。

处于**前习俗阶段**(pre-conventional level)的儿童是在思考外在权威。受到惩罚的行为就是错的,如果带来好结果的行为就是对的。较大的儿童进入到**习俗阶段**(conventional level),他们把规则看作是维持社会秩序所必需的。因此他们接受规则约束自己。他们把规则内化了,并不是因为想逃避惩罚,而是因为想品行端正,赢得他人的认同。处于这一阶段的道德思考还是相对不灵活的。规则被看作是绝对的、必须严格执行的行为标准。

到了青春期,一些儿童进入到**后习俗阶段**(post-conventional level)。这个阶段涉及探索个人的道德标准。对规则的接受没有那么僵硬,在道德思考上表现出一些灵活性。处于后习俗阶段的被试,允许某人可能不遵守一些社会规则,因为这些社会规则与个人的道德标准相违背。比如,处于这个阶段的被试可能称赞一位宁愿进监狱也不愿泄露线人信息的新闻记者。

2. 评价科尔伯格的理论

科尔伯格的理论在研究中成功吗?其核心观点确实受到了一定的支持。道德推理的进步确实是跟认知发展紧密联系的(Walker,1988)。研究还证明儿童通常经历了科尔伯格提出的道德发展阶段,并且也是按照他提出来的大致顺序(Walker,1989)。而且,年龄与道德推理水平之间的关系是如预测那样的方向(Rest,1986)。图11-14中展示了有代表性的年龄发展趋势。随着儿童长大,阶段一和阶段二的推理方式减少,而阶段三和阶段四的推理方式增多。然而,个体达到某个特定阶段的具体年龄存在很大个体差异。而且,很少人到达阶段六,这就引起了对效度的质疑(Lapsley,2006)。虽然这些发现支持科尔伯格的理论,但是跟其他所有有影响

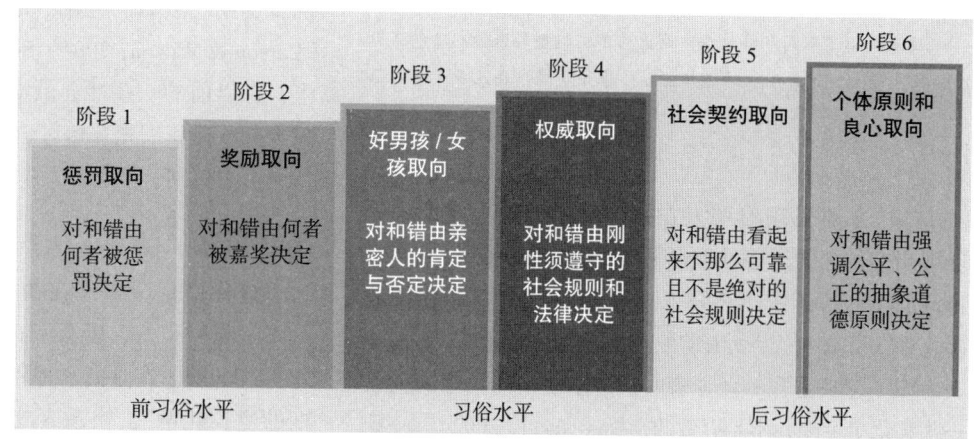

图 11-13 科尔伯格的阶段理论

科尔伯格的模型提出了道德推论的三个等级,每个等级又能分为两个阶段。这张图总结了各阶段个体对正误判断考虑的关键方面。

力的理论一样，他也受到了批评。人们提出了如下一些问题：

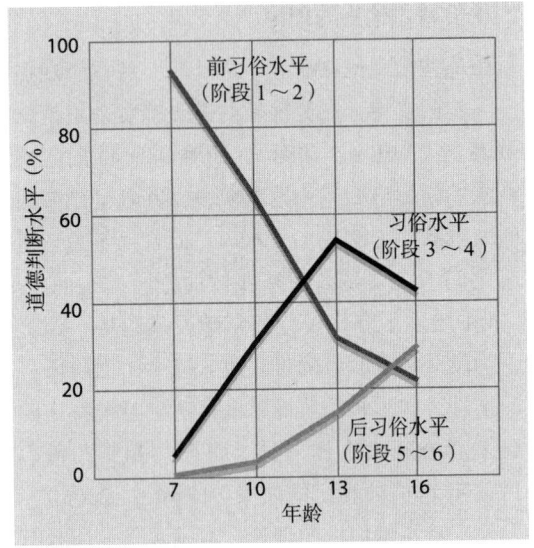

图 11-14　年龄和道德推论

这里画出了不同年龄的个体做出的不同类型的道德判断的百分比分布。如图，随着儿童的成熟前习俗推论消退，在儿童中期习俗推论增多，在青少年时期后习俗推论开始形成。但是每个年龄段的儿童都表现了多种水平的道德推论混合。

（1）不难发现有些人在某个特定的发展时期，表现出几个相邻的道德推理水平的特征（Walker & Tayler, 1991）。就如我们提到对皮亚杰理论的批评，阶段之间的混合可以说基本上是所有阶段理论都存在的问题。

（2）越来越多的证据表明：科尔伯格的两难困境在一些文化中可能并不是有效的指标（Nucci, 2002）。一些批评指出，科尔伯格理论是建立在一些价值判断的基础上的，这些价值判断反映了现代西方社会中自由、个人主义的意识形态特点，科尔伯格恐怕没有意识到这些价值观是有文化特异性的（Miller, 2006）。

（3）大家逐渐同意：科尔伯格的理论导致研究者更加狭隘地只关注对于人际矛盾的推理，而忽略了道德发展的其他重要方面（Walker, 2007）。因此，当代研究者把注意力更多地投入到道德发展的其他维度，包括同情心的发展（Eisenberg, Spinrad, & Sadovsky, 2006），良心的出现（Grusec, 2006），亲社会行为（帮助、分享）的发展（Carlo, 2006），以及道德情感（比如羞愧和自责）的重要性（Tangney, Stuewig, & Mashek, 2007）。

青春期的过渡

青春期（adolescence）是儿童期和成人期之间的一个过渡时期。它的年龄界限并不是很精确。在我们的社会里，青春期被认为是从大约13岁开始，在21～22岁结束。大多数的当代社会里的人都经历至少一个短暂的青春期。然而，这并不是跨历史、跨文化普遍适用的（Larson & Wilson, 2004；Schlegel & Barry, 1991）。事实上，在以前的一些社会，年轻人直接地从儿童期进入到成人期。让我们先开始讨论青春期发展中最明显的方面：从一个小孩到一个成年人身体上的生理变化。

生理变化

请你回想一下你在初中的时光。你那时候的身体是不是长得很快，以至于衣服都"赶不上"你身体的变化？这个阶段在身高和体重上的快速变化被称为"青春期的生长陡增"。由激素变化所带来的变化，通常在女孩中开始在10岁左右，而男孩的开始时间要大概晚两年（Archibald, Graber, & Brooks-Gunn, 2003）。

青春前期（pubescence）这个概念通常是用来描述在

青春后期之前的两年时间，在此阶段的变化导致生理和性的成熟。在青春前期，除了长高和增重外，儿童开始发展出他们性别所特有的生理特征。这些特征被称为**第二性征**（secondary sex characteristics），也就是那些用来区分两性但又不是生殖所必需的特征。比如，男性经历变声，

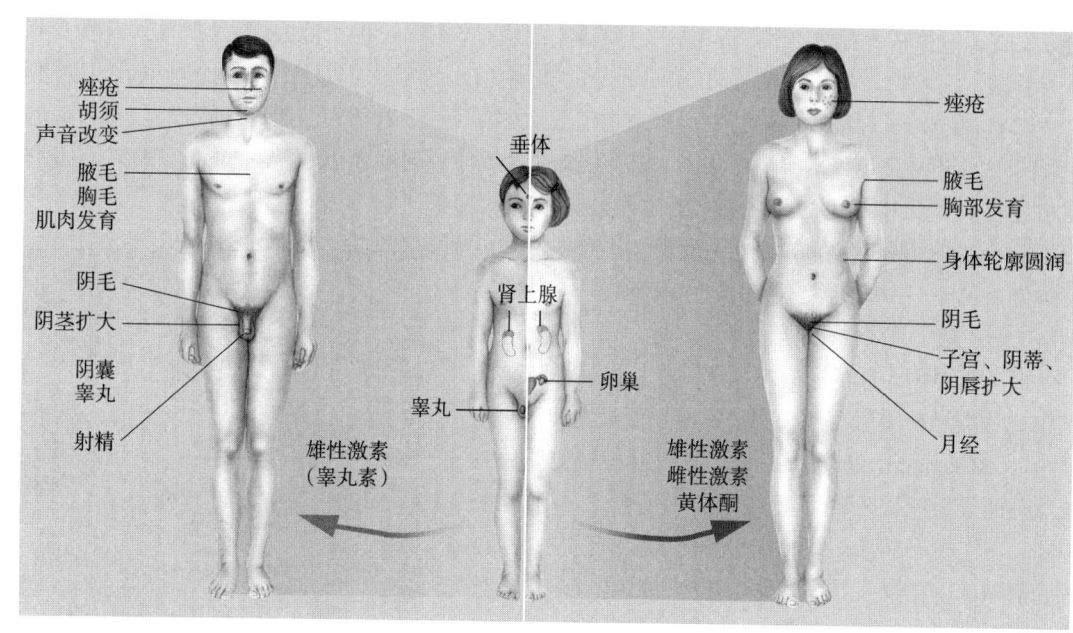

图 11-15 青少年时期的生理发展

青春期的荷尔蒙改变不仅导致井喷式成长，还有第二性征的发展。垂体分泌信号给肾上腺和性腺（卵巢和睾丸），从而分泌荷尔蒙，产生男女不同的多种生理差异性改变。

长出胡子，而且上肢出现较大的骨骼和肌肉增长，导致了肩膀变宽（见图 11-15）。而女性经历胸部增长，盆骨变宽，以及在这一区域的脂肪积聚增多，导致臀围增大（Susman & Rogol, 2004）。

不过请注意，生殖能力在前青春期还没有获得。这种能力要晚一点出现。**后青春期**（puberty）是性功能达到成熟的时期，它标志着青春期的真正开始。就是在后青春期，**第一性征**（primary sex characteristics）——生殖所必需的生理结构——完全发育。在男性中，这些特征包括睾丸、阴茎，以及相关的内部结构。在女性中，它们包括卵巢、阴道、子宫以及相关的内部结构。

在女性中，后青春期的开始，典型的信号是月经初潮——月经的初次发生，这反映了一系列的激素变化（Pinyerd & Zipf, 2005）。美国女孩通常出现月经初潮的时间是 12～13 岁，直到 16 岁左右才达到完全的性成熟（Susman, Dorn, & Schiefelbein, 2003）。美国男孩通常在 13～14 岁经历第一次射精——第一次射出精子，然后直到 18 岁左右才达到完全的性成熟（Archibald et al., 2003）。

有趣的是，在过去的 150 年里，青春期的开始时间存在代际变化。今天的青少年开始青春期的年龄，比他们的祖辈要更小（Bellis, Downing, & Ashton, 2006）。这一趋势在两性中都同时发生，虽然更精确的数据来自女孩，因为其标志性事件（月经初潮）在女性中更加明显（Herman-Giddens, 2006）。造成这一趋势的原因成为辩论的主题。其中似乎有很多影响因素（Archibald et al., 2003; Bellis, 2006）。最明显的潜在原因在于营养和医疗的普遍提高。这一因素很可能解释为什么青春期的提前出现仅限于现代的、"发达的"国家。

青春期的出现时间有较大个体差异，变化范围在 5 年左右（女孩是 10～15 岁，男孩是 11～16 岁）。通常来说，较早成熟的女孩和较晚成熟的男孩，似乎在过渡到青春期的过程中经历更多的主观不安和情绪困扰（Susman et al., 2003）。然而，同时在男性和女性中，较早的性成熟，也与较早的性经历、更多意外的妊娠、更高进食障碍的风险，以及一系列的心理障碍等有关联（Archibald, 2003）。因此，我们可以猜想：性早熟通常把两性（尤其是女性）过早地推向成人世界。

神经变化

近年来对于青春期神经发育的研究有了很大的进步（Giedd, 2008; McAnarney, 2008）。直到最近，人们通常持有一种错误的假设：在儿童中期之后大脑就没有太多的发育。然而，核磁共振扫描技术（MRI）的出现，使得神经科学家们可以获得非常清晰的大脑影像，并能够对大脑结构是否随年龄发生变化进行全新的研究。这些

研究发现了一些在青春期出现的有趣的变化趋势。比如，在青春期，大脑白质的体积在增长（Blakemore，2008）。这意味着神经元通过增厚的髓鞘变得越来越绝缘（见第3章）。这应该导致更好的神经传导性，以及更有效的大脑连接性。与此相对应的是，灰质的体积减少（Toga, Thompson, & Sowell, 2006）。这一发现被认为是反映了突触修剪过程——即把较不活跃的突触删除——对神经网络的形成是很重要的（见第3章）。

关于青春期大脑的最有趣发现可能是增强的神经元髓鞘化和突触修剪过程主要在前额叶皮层最突出（见图11-16；Blakemore，2008）。因此，前额叶皮层似乎是完全成熟的最后一个区域。这个成熟过程直到个体的20多岁才真正完成（Gogtay，2004）。这一发现引起很大关注，因为前额叶皮层被认为是大脑的"执行控制中心"。它对于高级认知功能，比如计划、组织、情绪调节和反应抑制都至关重要（Casey et al., 2005）。理论家们提出：前额叶的不成熟可能可以解释为什么冒险行为（比如鲁莽开车、尝试吸毒、危险特技、过量喝酒、不安全性行为等）在青春期达到高峰，然后在成人期减少（Compas，2004；Steinberg，2008）。

然而另一方面，Kuhn（2006）认为媒体上的评论员们可能有点过了，"把成人对青少年不解的几乎所有事情"，都归咎于青少年前额叶皮层的不成熟。其他因素也影响了青春期的冒险行为。其中一个因素可能是易于受到同伴影响（Steinberg，2007），这涉及我们这章的亮点研究。

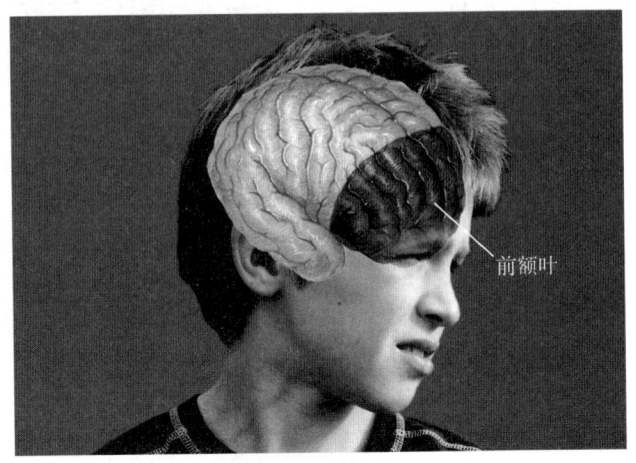

图11-16 前额叶

最近的研究表明神经发展持续贯穿整个青少年时期，并且主要的发展区域是前额叶，这部分看起来是大脑最后完全成熟的区域。这个发现可能在了解青少年大脑中有迷人的应用方式，因为前额叶看起来在情绪戒律和自我控制中扮演着重要角色。

专题研究：青春期冒险和同伴影响

关于青少年冒险行为的研究通常没有考虑冒险行为所发生的社会背景。青少年花很多时间跟他们同伴在一起。加德纳和斯腾伯格猜测：青少年可能比成年人参与更高风险的行为，因为他们更易受到同伴影响。因此，他们以实验验证该假设，即青少年，相对于成年人，更容易受到同伴存在的影响而冒险。

方法

【被试】样本包括三个年龄组：106名年龄介乎13～16岁的青少年，105名年龄介乎18～22岁的年轻成人，以及95名年龄大于24岁的成年人。在每一组中的性别比例都非常接近50：50，各组的种族组成成分也相似。

【程序】被试被要求邀请两名同性朋友去参加实验。以三人为单位的小组随机被分配到两个实验条件中的一个：要么被试单独完成任务（其朋友在测试室外等候），要么被试在朋友在场情况下（朋友留在测试室内，并且可以提供建议和鼓励）完成任务。

【测量】被试回答两份关于风险偏好的问卷，但主要的因变量是他们在电脑上玩电子游戏时的表现。这个游戏涉及一项模拟驾驶任务，其中被试不得不做出一些紧急的决策，因为被试为了攒分，要尽量把车开得越快越好，同时要避免在黄灯时撞车。游戏包括15个试次。计算机记录了车在黄灯出现之后继续行驶的时间，停车和重启情况，以及撞车次数。

结果

撞车数据显示：同伴的存在，大大地增加了青少年组的冒险倾向，稍微增加了年轻成人组的冒险倾向。相反，同伴的存在并没有增加成年组的冒险倾向（见图11-17）。冒险行为的其他指标通常也遵循相同的模式。

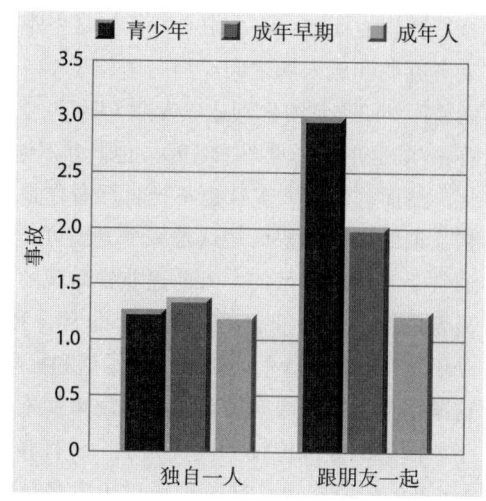

在加德纳和斯腾伯格的研究中（2005），一个显示被试承担风险的关键因变量，是经历过的事故数量。如你所见，同伴的出现轻微增加了年轻成年人并明显增加了青少年承担风险的指数。相比较而言，成年承担风险的指数在是否有同伴时是一样的。这些发现表明，青少年和成年早期对同伴的敏感性可能增加冒险行为。

图 11-17　承受风险的同伴影响

资料来源：Adapted from Steinberg, L. (2007). Risk taking in adolescence: New perspectives from brain and behavioral science. *Current Directions in Psychological Science, 16,* 55–59. Copyright © 2007 Sage Publications. Reprinted by permission of SAGE Publications.

讨论

正如假设，结果暗示了同伴影响的易感性，作为一个关键因素，决定了青少年比成人更冒险。作者的结论是："虽然其原因还不完全明确，但是同伴的存在使得青少年比成年人更加可能冒险"。

评论

这项研究的特色部分在于它并不符合一个传统观点：即青少年行为都可以用前额叶皮层晚熟来解释。虽然已有研究把青少年的神经发展跟冒险行为联系起来，非常令人印象深刻且有说服力，但是仅仅关注青少年大脑是单因素思维方式的一个经典例子。正如我们一直反复看到的，大多数的行为都并不是这么简单——多因素才是真理。

寻求认同感

艾里克森对青春期的人格发展特别感兴趣，他所描述的八个主要生命阶段的第五个就处于青春期（见图11-8）。根据艾里克森（1968）的理论，青少年的首要挑战就是挣扎着去形成一个对自己的清晰认同感。这种挣扎涉及寻找作为一个独特个体的自我概念，以及接纳一种能够带来方向感的意识形态或者价值系统。在艾里克森看来，青少年正努力设法解决类似于"我是谁，我的生活将走向何方？"之类的问题。

艾里克森意识到认同感形成的过程通常超出青春期的范围。事实上，他自己的人生就说明了这一点（Coles, 1970；Roazen, 1976）。在青春期，艾里克森开始抵抗家庭要求他学医的压力。他却在欧洲游荡，直到25岁，试图去寻找作为艺术家的"自我"。他对于心理分析的兴趣点燃，正是由于他遇到弗洛伊德的女儿，安娜，一位儿童心理分析的先锋者。经过了心理分析的训练之后，他移居到美国。当他在1993年成为美国公民时，他把自己的姓氏从Homburger改为艾里克森。很明显，艾里克森在成年期还在挣扎于解决"我是谁？"的问题。所以不奇怪，他非常关注认同感形成的问题。

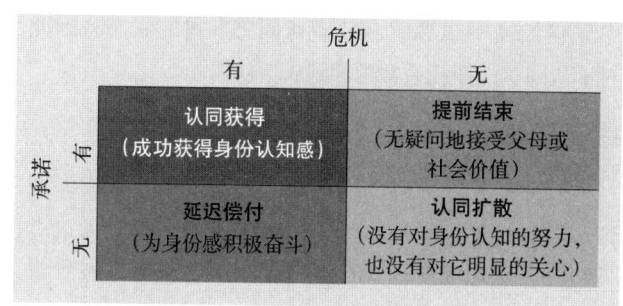

图 11-18　玛西亚四种自我同一性状态

根据玛西亚的理论（1980），自我认知危机的发生和个人认同的发展可以总结为四种可能的自我同一性状态，如图所示。灰色越深证明自我认知状态越成熟。

资料来源：Adapted from Marcia, J. E. (1980). Identity in adolescence. In J. Adelson (Ed.), *Handbook of adolescent psychology* (pp. 159–210). New York: John Wiley. Copyright © 1980 by John Wiley & Sons. Adapted by permission of John Wiley & Sons.

对认同感的挣扎显然可以延伸到成人期。但是，在青春期这个问题尤为严重。青少年用不同的方法去处理认同感的形成问题。根据詹姆斯·玛西亚（James Marcia）(1966，1980，1994)的看法，是否投身于某些生活目标和价值以及是否处在不断质疑和探索的危机，这两个因素共同形成了四种不同的认同感状态（见图11-18）。按照成熟度逐渐增加的顺序，玛西亚的四种认同感状态开始于认同感弥乱，一种冷漠状态，没有投身于任何意识形态。认同感被取消赎回权，是过早地投身于通常是他们父母所信奉的某些愿景、价值观和角色。认同感延期偿付，即为了尝试其他的意识形态和职业而延迟一段时间，还没有做出承诺。认同感获得，即通过对其他可能性进行思索，从而找到了自我和方向。认同感获得与高自尊、有良知、安全感、成就动机，以及形成亲密关系的能力都有紧密联系（Kroger，2003）。

一直以来，学者们都在争论玛西亚关于认同感的状态究竟应该被看作是人们跨越的阶段，还是个体稳定的特性。最近一项大型的追踪研究发现支持两种立场的证据（Meeus et al.，2010）。一方面，在所有的五项每年测评中，63%的被试样本呈现相同的认同感状态类型。这项发现表明认同感状态是一种相对比较稳定的特征。另一方面，在余下的被试样本中，发现了基本上"前进式"地向更加成熟的状态转变。这项发现支持了认同感状态是个体所经历的不同阶段的观点。与阶段观点相一致，数据还显示：人们倾向于实现认同感获得的年龄其实要比玛西亚原来预期的要更晚些。直到青春期晚期，样本中只有22%～26%已经实现认同感获得的状态。因此，对于认同感的挣扎通常延伸到成年初期。

成人初显期——一个新的个体发展阶段

研究结果发现对认同感的探索往往延续到成人期，这是其中一个原因让Jeffrey Arnett提出比较激进的论点：我们应该意识到在现代社会中存在一个新的发展阶段。他把这个阶段命名为成人初显期。根据Arnett的观点（2000，2004，2006），18～25岁之间是人生非常独特的新转折阶段。比如说，越来越多的人延迟结婚时间，直到20岁后期30岁初期才为人父母。越来越多的人花更多的岁月在学校念书。在经济上也经历更多挣扎。他说："当今社会不同的是，现在的常规就是在青少年后期至20多岁的时间里经历探索和不稳定。"（Arnett，2006）

Arnett（2000，2006）坚持认为成人初显期以一些独特特征作为标志。一个中心特征就是主观上觉得自己处于青春期和成人期之间。当一个处于18～25岁之间的人被问到"你觉得你到达成人期了吗？"他们大多数会回答："既是亦非"（见图11-19）。他们并不觉得自己像青少年。然而，他们大多数也不把自己看作是成年人。成人初显期的另一个特征是这是一个充满可能性的年龄。它通常是人们对自己的个人前途非常乐观的时候。成人初显期的第三个特征就是这是一个非常自我关注的时候。处于这个阶段的人们不被责任、承诺和社会义务所束缚。这赋予他们不同寻常的自主和自由来探索新的选择。对于认同感的寻找传统上被认为是一种青春期现象。但是Arnett的研究指出认同感形成对于大多数年轻的成人继续是一个关键的问题。Arnett的理论激发了大量研究去考察成人初显期的动态变化以及其在个体发展上的重要性（Aquilino，2006；Côté，2006；Labouvie-Vief，2006；Tanner，2006）。

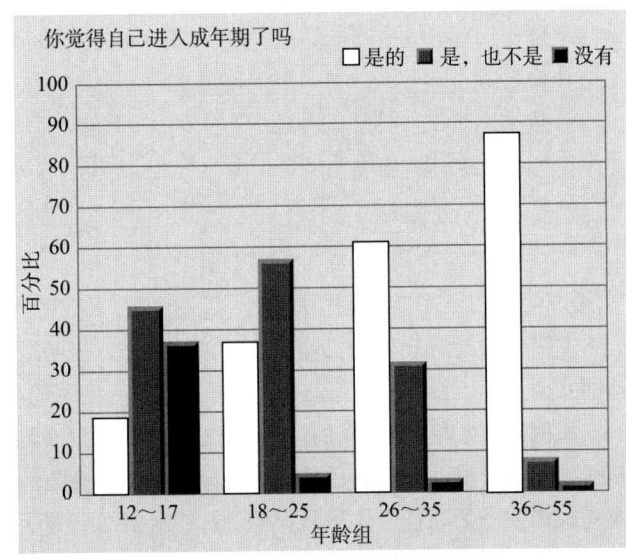

图11-19 成年形成期作为青少年期和成年期间的一个阶段

Arnett将成年形成期描述为"感受到中间的年纪"。这个描述来自于一个研究，研究中他询问各种年龄的被试者"你觉得你成年了吗？"数据如你所见，18～25岁年龄组主要的回答是矛盾的"是，也不是"，但是26～35岁年龄组转变为主要为"是"。

资料来源：Arnett, J. J. (2006). Emerging adulthood: Understanding the new way of coming of age. In J. J. Arnett & J. L. Tanner (Eds.), *Emerging adults in America: Coming of age in the 21st century* (p. 11). Washington, DC: American Psychological Association. Copyright © 2006 by the American Psychological Association. Reprinted by permission of the author.

成人期的扩展

发展的概念曾经只是跟儿童期和青春期相联系。然而今天,发展被广泛地认为是一次终身的旅程。有趣的是,成人期的发展模式变得越来越多样化。成人期的初期、中期和晚期之间的界限也正变得越来越模糊,因为越来越多的人在晚于他们"应该"生孩子的时候才生孩子,在早于他们"应该"退休的时候就已经退休了。接下来,我们将会看看成人生活中的一些主要的发展变化。我们应该注意的是,成人期(比起儿童期和青春期更是如此)具有很多样化的发展轨道和时间表。

人格发展

近些年,关于成人人格发展的研究主要都围绕一个关键问题:在人的一生人格有多稳定?我们将讨论这个问题,并且看看艾里克森对于成人期的人格发展有什么观点。

1. 稳定性的问题

在成人期出现显著的人格变化有多普遍呢?一个爱发牢骚的20岁青年是否就会在40岁和60岁时仍然爱发牢骚呢?在追踪被试经历成年期之后,很多研究者对所发现的显著人格变化感到震撼(Helson, Jones, & Kwan, 2002; Whitbourne, 1992)。比如,Roger Gould(1975)认为"人格一直到五十多岁还在演变"。相反,很多其他的研究者认为人格在20~40岁之间倾向于比较稳定(Caspi & Herbener, 1990; Costa & McCrae, 1994, 1997)。研究者对总共150项相关研究进行综述,其中涉及了差不多5万名被试,结论是在成年初期的人格能够很好地预测成年晚期的人格特征(Roberts & DelVecchio, 2000)。

很明显,研究者们在评估成年期人格的稳定性的时候,得到了非常不一致的结论。那么这些矛盾的结论又是如何得到统合的呢?其实两种结论似乎都是正确的。它们只是反映了在看待数据时的不同方法(Bertrand & Lachman, 2003)。回忆一下我们在第9章里面讲到,心理测量的得分都是相对测量值。它们显示的是人们跟其他人相比的相对得分。原始分数被转化为百分数,以表示某个人的某项特征有多少具体的程度上高于或者低于平均值。也就是说,人们的相对位置并没有很大变化(Roberts, Wood, & Caspi, 2008; Kandler, 2010)。

然而,如果我们检验被试的原始分数,我们可以看到有趣的发展变化趋势。比如说,成人在外向性、神经质和开放性这些维度上的原始分数,倾向于随着年龄增长稍微下降;然而,在宜人性和责任心维度上的分数则倾向于增加(Bertrand & Lachman, 2003; Caspi, Roberts, & Shiner, 2005, 见图11-20)。最近一项基于全国有代表性样本的研究发现,自尊倾向于在从成人早期到中年的时间里缓慢地增长,并且在大概60岁的时候达到高峰(Orth, Trzesniewski, & Robins, 2010)。60岁之后,自尊倾向于逐渐下降。女性和男性都出现这样相似的变化趋势,虽然女性的自尊分数在整个生命周期中都相对低一些。总的来说,人格在成人期既表现出稳定性也表现出变化性。

2. 艾里克森关于成人期的观点

在成人期的人格也会发生变化,艾里克·艾里克森的理论(1963)提供了一些关于人们可以预期的变化实质。在他的八阶段生命发展模型里,艾里克森把成人期分为了三个阶段(又见图11-8)。在成年初期阶段,称为亲密对孤单,这里最关键的考虑是一个人是否发展出与他人共享亲密的能力。在这个阶段能成功地解决这个挑战的话,能够提升个人的同情心和开放性。在成年中期,心理危机主要在于再生力对自私自利。其关键的挑战是

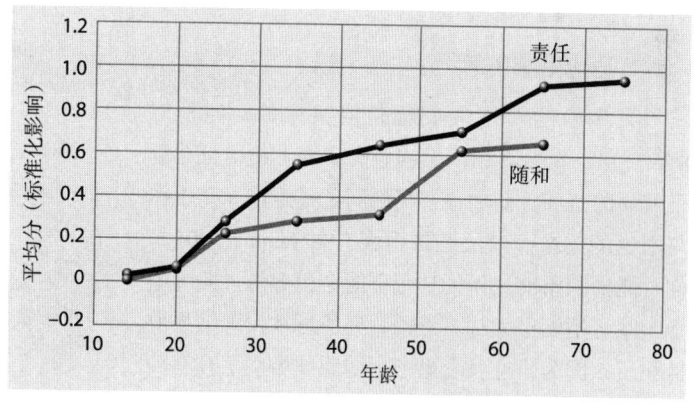

图 11-20 成人期人格趋势举例

根据 Brent Roberts 和 Daniel Mroczek(2008)的研究,当研究者检验被试人格测量的平均自然数时,他们发现成人的几十年中有意义的趋势。两种特殊特质的趋势——随和和责任——在这里作为例子举出。以被试在青春期的测验分数作为基准线,你可以看到随和和责任的测量值在几十年中持续增长。

资料来源:Roberts, B. W., & Mroczek, D. (2008). Personality trait change in adulthood. *Current Directions in Psychological Science, 17,* 31–35. Copyright © 2008 Sage Publications. Reprinted by permission of SAGE Publications.

去对未来后代的福利产生由衷的关心，由此给年轻一代提供无私的指导，并且考虑自己能给下一代留下什么东西。到了成年晚期，被认为是完整对绝望，其挑战是避免沉溺于过去的失误，也避免受到马上到来的死亡所影响。人们需要找到自己生命的意义和满足感，而不是老在想着酸苦和悔恨。关于艾里克森理论里面的成人阶段的研究并不是很多，但通常都是支持他的理论的。比如说，研究者发现在成年初期和中年之间的再生力，正如艾里克森的理论所预测的，确实有所增加（de St. Aubin, McAdams, & Kim, 2004；Stewart, Ostrove, Helson, 2001）。

家庭生活的转变

在成人期的很多重要的过渡都涉及家庭责任和关系的变化。几乎每个人都来自一个家庭。很多人也继而形成自己的家庭。然而，年轻的成人在他们形成自己新家庭之前，处于多个家庭之间的过渡时期，而这个过渡时期对于越来越多的人来说被延长了。把自己婚姻推迟到20岁后期或30岁早期的年轻成人所占的比例发生剧烈的增长（见图11-21）。这个趋势很可能是多个因素造成的。其中最主要的因素是女性有了新的职业选择机会，在职场上逐渐要求更高的受教育水平，以及越来越强调个人自主。尽管如此，在美国还是有超过90%的人最终会结婚。

1. 适应婚姻生活

大多数的新婚夫妇都是很快乐的，但是有8%～14%新婚者在婚姻满意度量表上的得分是处于苦恼的范围，其中最常见的问题是难以平衡工作与婚姻的关系，以及经济困难（Schramm, 2005）。你可能猜测婚前同居的伴侣可能会更容易过渡到婚姻，并且婚姻更成功。然而直到最近才发现结果恰恰相反，因为研究发现婚前同居跟离婚率上升有关（Bumpass & Lu, 2000；Cohan & Kleinbaum, 2002；Teachman, 2003）。理论家们猜测：那些倾向于同居的人们相对来说没有那么传统，更加个人主义，而且对于婚期制度的承诺更脆弱。然而，近年来关于同居效果的研究结果却不那么一致（de Vaus, Qu, & Weston, 2005；Liefbroer & Dourleijn, 2006）。其中一个原因可能是婚前同居已经变成常规而不是特例。在20世纪70年代，只有大概10%的夫妻在结婚前住在一起，但是到了20世纪90年代，这个数字上升到60%（Tach & Halpern-Meekin, 2009）。最近澳大利亚的一项大型研究考察了在过去几十年里（从1945到2000年）的变化趋势，发现同居的影响可能正在改变（Hewitt & de Vaus, 2009）。直到1988年，同居者有较高的婚姻破裂比率，但是之后的趋势逐渐地逆转，同居者呈现较低的离异率。我们还需要更多的数据，但是同居人群的人口学组成发生了变化，可能也改变了同居对于婚姻稳定性的影响。

在很多新婚姻中的一个主要矛盾来源就是在兼顾事业发展的同时平衡自己在家庭中的角色。越来越多女性立志从事具挑战性的工作。但是，研究发现：丈夫的职业仍然优先于他们妻子的职业抱负（Cha, 2010；Haas, 1999），而且很多丈夫维持着对于家务、育儿和决策等的传统角色预期。男人对家务的贡献从20世纪60年代开始明显增多（见图11-22），然而，研究表明在美国乃至世界各地的已婚女性，仍然在完成大部分的家务，即便她们还在家庭以外有工作（Greenstein, 2009；Sayer, 2005）。尽管如此，大多数的妻子并不认为她们的劳动分工是不公平的（Braun, 2008），因为大多数女性并没有预期50：50的分工（Coltrane, 2001）。

2. 适应家长身份

虽然有越来越多的人选择不要小孩，但是大多数的结婚夫妻仍然会要孩子。大多数夫妻对于他们要孩子的选择都感到满意。然而，第一个孩子的到来，代表着一个重大的转折。打破生活常规使人情感枯竭（Bost,

图11-21　第一次婚姻的年龄中位数

美国人第一次结婚的年龄中位数从20世纪60年代中期开始爬升，这种趋势表明越来越多的人推迟婚期（数据来源于美国人口统计局）。

2002）。过渡到家长身份通常对于母亲的影响大于对父亲的影响（Nomaguchi & Milkie, 2003）。当妻子对于这位新爸爸将会多大程度投入到育儿中的预期得不到满足的时候，这个过渡就会变得更加困难（Fox, Bruce, & Combs-Orme, 2000）。对于过去几十年关于家长身份和家庭满意度的研究进行综述，发现：①当了家长的人比没有当家长的人，显示更低的婚姻满意度；②婴儿的母亲报告对于婚姻满意度的急剧下降；③孩子越多，夫妻的婚姻满意度就越低（Twenge, Campbell, & Foster, 2003）。跟这些趋势相一致，最近的一项追踪研究发现：家长身份的过渡，与夫妻关系质量的突然下降有关（Doss et al., 2009）。在婚姻满意度上的下降可能是微小到中等程度。讽刺的是，夫妻在第一个孩子出生之前的满意度越高，那么他们的婚姻满意度就下降得越厉害。

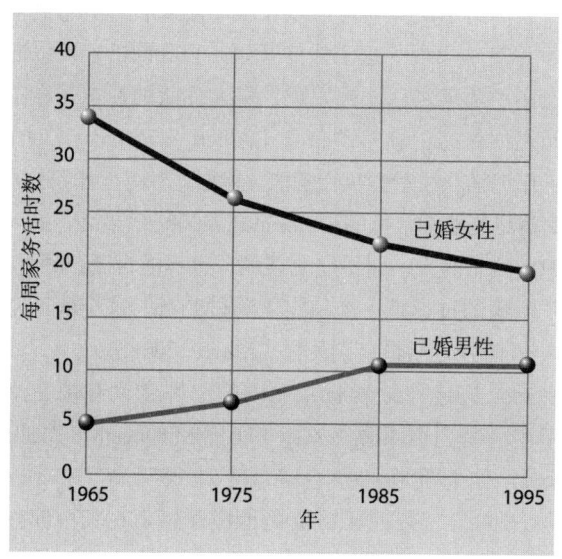

图 11-22　20 世纪 60 年代后的家务活趋势

正如数据显示，丈夫妻子间的家务活鸿沟从 20 世纪 60 年代后开始缩窄，已婚男人有多于原来两倍的家务活，但家务活鸿沟的实际减少主要因为妻子的家务活很大地减轻了。（数据来自 Bianchi et al., 2000）

在第一次做家长的过渡时期中遇到的危机，其实并不是普适的（Cox, 1999）。那些在第一个孩子出生之前具有较好感情基础和承诺的夫妻，更可能在孩子出生后维持一个稳定的满意度水平（Shapiro, Gottman, & Carrère, 2000）。让这个过渡没有那么困难的关键是对家长的责任需要有一个**现实的预期**（realistic expectation）（Belsky & Kelly, 1994）。

当孩子长大以后，父母对他们的影响就会减少。当这发生时，之前的育儿经历——曾经似乎是那么的困难——也通常会被回忆为喜爱。当孩子到了青春期，开始寻找他们自己的认同感的时候，就逐渐需要重新协商调整亲子之间的关系。一方面，这些关系通常并没有大家广泛假设的那么辛酸或充满争吵（Laursen, Coy, & Collins, 1998）。另一方面，青少年花在家庭活动中的时间变少，同时矛盾也会变得频繁（Smetana, Campione-Barr, & Metzger, 2006）。这些矛盾可能更多涉及日常事务（家务和着装），而不是实质性问题（性和毒品）（Collins & Laursen, 2006）。

3. 适应空巢生活

当家长等所有孩子都走向成人社会，他们会发现他们自己面临着"空巢"。这个时期之前被认为是对很多家长来说都很困难的转折，尤其是对妈妈来说，因为她们只熟悉作为母亲的角色。然而在最近几十年里，更多的女性在家庭以外有了其他的角色。因此，有证据表明大多数家长能够有效地适应空巢这一转变（Umberson et al., 2005）。比如，最近的一项研究追踪了一群女性约 18 年的时间，报告了过渡到空巢以后，妻子的婚姻满意度有明显的提高（Gorchoff, John, & Helson, 2008）。在婚姻满意度上的改善似乎主要是因为女性有更多时间享受跟丈夫在一起。

老年化和生理变化

人们进入成人期以后，明显地经历很多生理变化。在男女性中，都出现头发变稀薄和变白。很多男性还面临发线后移和秃顶的问题。让很多人奇怪的是，身体脂肪的比例随着年龄增长而增大。总的来说，体重在 50 多岁时倾向于增长最多，然后就开始逐渐下降。这些变化并没有对功能产生很大影响。在我们这个年轻导向的社会里，他们却常常对自我概念产生负面影响。很多老年人开始把自己看作是没那么有吸引力的（Aldwin & Gilmer, 2004）。

但奇怪的是，当老年人被问到他们觉得自己有多老时，他们大多报告觉得自己比他们实际年龄要年轻很多。比如，一项研究是关于 70 岁以上的人群，被试平均报告他们觉得自己比实际年龄要小 13 岁（Kleinspehn-Ammerlahn, Kotter-Grühn, & Smith, 2008）。明显地，有一些愿望性的思维在其中起作用，但这似乎是有帮助的。证据表明感觉自己比实际年龄年轻，与较好的健康和认知能力有关，也和较低的死亡风险有关（Kotter-Grühn, 2009）。

在感觉领域，关键的发展变化发生在视觉和听觉。随着年龄增长，人们视力在20/20视敏度的比例下降。远视以及在低照明环境中看不清楚的情况变得普遍（Schieber, 2006）。对于颜色和明暗对比的敏感性也降低（Fozard & Gordon-Salant, 2001）。听觉敏感性在成年早期就开始逐渐下降。通常直到50岁以后才变得明显。听力丧失在男性中比在女性中更加普遍，而对于高频声音的听力丧失比对低频声音要更加严重（Yost, 2000）。即使轻微的听力丧失都可能损害声音知觉。这样的丧失增加了认知加工的负担（Wingfield, Tun, & McCoy, 2005）。这些感觉丧失将会是更加成问题，但是在现代社会，他们通常可以通过眼镜、隐形眼镜以及助听器来部分地弥补。

成人期年龄相关的变化也发生在激素功能上。在女性，这些变化导致了停经。月经周期的结束，伴随着生殖能力丧失，通常发生在50岁左右（Grady, 2006）。大多数女性经历至少一些不愉快的症状。潮热、头疼、夜汗、情绪波动、睡眠困难，以及性动力减少等，都是停经的症状。然而，由于这些症状而带来的不适程度，确实有很大差异（Grady, 2006；Williams, 2007）。停经也伴随着更容易得抑郁症（Deecher, 2008）。不久之前，停经被认为是几乎普遍地与严重情绪困扰相联系。然而，现在很清楚，大多数女性经历相对轻度的心理不安（George, 2002; Walter, 2000）。

老年化和神经变化

脑组织的数量和大脑的重量在成人晚期逐渐下降，尤其在60岁以后（Victoroff, 2005）。这些倾向似乎反映了在某些脑区活跃的神经元的数量下降，而且仍然活跃的神经元萎缩。神经元的丧失可能没有之前想象得那么重要（Albert & Killiany, 2001）。虽然脑组织的逐渐丧失听起来非常让人警觉，但这是老年化过程中正常的一个部分。它在功能上的重要性是一些辩论的话题，但是这似乎并不是引起跟年龄相关的痴呆症的一个关键因素。痴呆症是一种非正常的状态，标志是多项认知缺陷，包括记忆损失。痴呆可能由很多种疾病引起，比如阿尔茨海默症、帕金森病、亨廷顿病和艾滋病等。很多这些疾病随着年龄增长而普遍。因此，痴呆症在65～70岁之间的人群中约占5%～8%，在75～80岁之间的人群中约占15%～20%（Richards & Sweet, 2009）。然而，很重要的是，要强调痴呆症并不是正常老年化过程的一部分。如Cavanaugh（1993）提出，衰老这个概念并没有有效的医学或心理意义，它的继续使用只会制造这么一个荒诞说法，即剧烈的精神衰退是正常老年化的产物。

阿尔茨海默症可以解释所有痴呆案例的70%（Albert, 2008）。阿尔茨海默症的发病率，在75岁以后剧烈地增加。阿尔茨海默症人表现出深度且广泛的神经元和脑组织的损失，而且出现有特征的神经异常的积累问题，即人们所知的神经元斑和神经纤维缠结（Haroutunian & Davis, 2003）。在疾病的早期阶段中，这些损伤主要集中在海马区域，这个区域在很多记忆方面的作用是很关键的。随着疾病加剧，它在大脑的很多区域扩散（Bourgeois, Seaman, & Servis, 2008）。

虽然阿尔茨海默症可以在中年就来袭，但它通常在65岁以后才出现。这个病的开始是很隐晦的，所以通常在发病一两年之后才被发现。早期症状的标志是在很短时间之内就忘记新学的信息（Albert & Killiany, 2001）。在工作记忆、注意和执行功能（计划、专注于任务）方面的障碍也是非常常见的（Storandt, 2008）。最终，病人无法识别熟悉的人，变得完全迷糊，也不能自己照顾自己。这个疾病的过程是一个稳定下降的趋势。这个病通常经历8～10年之后最终到死亡（Albert, 2008）。

导致这种神经衰弱并崩溃的原因还没有被完全研究清楚。基因因素显然在起作用（McQueen & Blacker, 2008）。他们准确的角色确实不是很明确（Bertram & Tanzi, 2008）。最近证据也提示慢性感染在其中起作用（Heneka et al., 2010）。一些能减少对阿尔茨海默症易感性的保护性因素已经被发现了（Hertzog, 2009）。比如，那些进行有规律运动的人（Radak, 2010）和那些心血管功能（如血压和胆固醇）较好的人（Qiu, De Ronchi, & Fratiglioni, 2010），患病的风险要小一些。对于阿尔茨海默症的易感性减少，也跟频繁参与有刺激的认知活动有关（Karp, 2009），也与维持跟朋友和家人的活跃社会交往有关（Krueger, 2009）。

老年化和认知变化

证据表明，普通智力在成人期的大多数时期都是比较稳定的，在60岁以后平均的智商测试得分有略微下降（Schaie, 1990, 1994, 1996, 2005）。然而，这看起来简单的论断掩盖了很多复杂性，并需要进一步仔细的验证。

首先，群体均值可能是带欺骗性的，因为少数一部分人分数下降而拉低整体的平均分数。比如，当 Schaie（1990）计算有多少比例的人在各项能力上都维持稳定表现（见图 11-23），他发现超过 80% 在 60 岁之前没有显示下降，而有 2/3 的人直到 81 岁还仍然稳定。第二，智力的一些形式比起其他形式更加容易受到老年化的影响。如在第 9 章所说的，很多理论家区分了流体智力和晶体智力：流体智力是涉及基本推理能力，记忆容量，以及信息加工速度；晶体智力是涉及应用已获得的知识和技能来解决问题。研究指出，流体智力更可能随着年龄而下降，晶体智力更倾向于保持稳定（Baltes, Staudinger & Lindenberger, 1999; Horn & Hofer, 1992; Li et al., 2004）。

那么记忆呢？很多研究报告了老年人记忆容量下降（Hoyer & Verhaeghen, 2006）。大多数研究者称，跟正常老年化相关的记忆丧失，倾向于是中度的，也并不是每个人都会经历（Dixon & Cohen, 2003; Shimamura, 1995）。然而，Salthouse（2003, 2004）的观点是更加悲观的，并认为与年龄相关的记忆力下降在程度上是很明显的，他们开始于成人期早期，而且影响了每一个人。造成这些不同结论的原因可能是测量的记忆类型各有不同（见第 7 章关于不同记忆系统的综述）。

在认知领域，老年化看似在速度上造成损伤。很多研究指出，学习速度、问题解决和信息加工倾向于随年龄而下降（Salthouse, 1996）。证据指明，加工速度的损伤可能是在成人中期就开始的一个逐渐的、漫长的趋势（见图 11-24）。这个趋势的跨任务的普遍性，表明它可能是由于跟年龄相关的神经功能变化造成的（Salthouse, 2000）。一些理论家相信，降低的心理速度，作为一个关键因素，影响着在很多不同认知任务中所看到的、跟年龄相关的衰退（Salthouse, 2005），但也有对这个结论提出怀疑的（Hartley, 2006）。虽然心理速度随着年龄衰退，但如果老年人给出足够的时间来补偿他们降低了的速度，他们问题解决能力大致能维持不变。

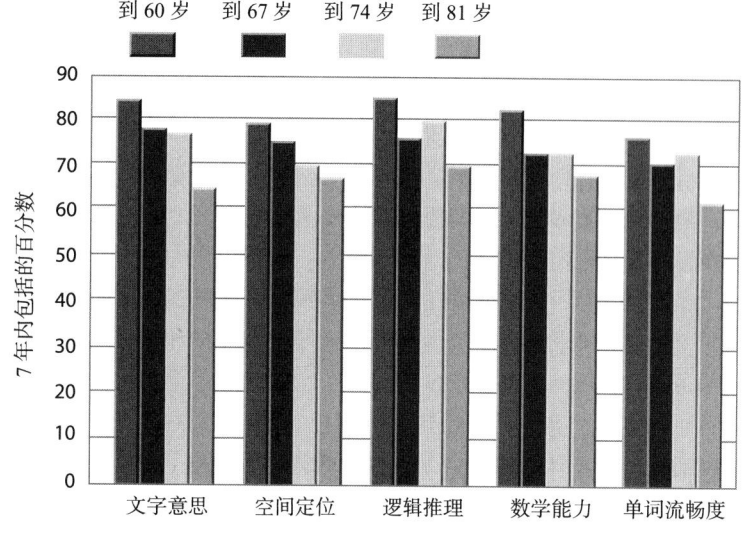

图 11-23　年龄和初级智力稳定性

在他 1956 年开始的对认知表现的纵向研究中，Schaie（1983, 1993）重复地检验了下面列出的五个基础智力。图中显示了在各个年龄段能力相对稳定的被试百分数。可以看出，即使在 81 岁，大多数被试在大多能力上没有明显的衰退。

资料来源：Adapted from Schaie, K. W. (1990). Intellectual development in adulthood. In J. E. Birren and K. W. Schaie (Eds.), *Handbook of the psychology of aging* (pp. 291–309). San Diego: Academic Press. Copyright © 1990 Elsevier Science (USA), reproduced with permission from the publisher.

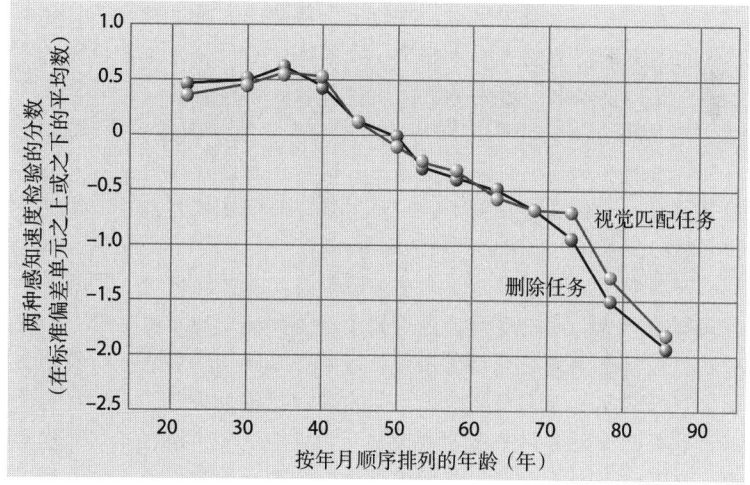

图 11-24　年龄和智力速度

许多研究发现智力速度随年龄增大而减小。上面显示的数据来自 Salthouse，基于两个感知速度任务。图中的点代表大样本被试的平均年龄在标准偏差（见第 2 章）上下的位置。与年龄有关的衰退在很多依赖于智力速度的任务上可以看到。

资料来源：Adapted from Salthouse, T. A. (2000). Aging and measures of processing speed. *Biological Psychology, 54,* 35–54. Copyright © 2000 Elsevier Science. Reproduced with permission from the publisher.

应该强调的是，很多人到了晚年仍然能维持很好的智力成就（Simonton，1990，1997）。这个事实被一项研究证明了，这项研究是关于学术、科学和艺术创造力的，考察了738名至少活到79岁的男性的终身工作模式。Dennis（1966）发现40岁这10年在职业上是最有创造力的。然而，在很多领域的创造力直到60岁，甚至到了70岁仍然惊人地稳定。

近年来的一个热点问题就是：成年晚期高水平的心理活动，是否可以延缓在认知功能上典型的跟年龄相关的衰退。这个可能性有时被称为"用进废退"假设。多个方面的证据似乎提供证据支持这个观点。比如，那些在老年继续工作的人们，尤其是如果能维持进行智力上要求比较高的工作，这些人在认知能力上跟他们的同龄人相比，倾向于表现较小的下降（Bosma，2002；Schooler，2007）。其他研究指出，在成人晚期继续从事智力上有挑战的活动能够缓解认知衰退（Kliegel，Zimprich，& Rott，2004；Yaffe，2009）。比如，最近一项研究调查了488名年龄在75～85岁之间的人，发现他们参与娱乐活动（比如阅读，写作，玩字谜游戏和玩纸牌游戏），都能减少记忆功能的衰退（Hall，2009）。

基于这些发现，一些科学家们为那些希望延缓认知衰退的老年人，开发了细致且有挑战性的认知训练项目。关于这些干预项目的研究获得了令人鼓舞的结果（Ball，Edwards，& Ross，2007；Mahncke et al.，2006；Willis，2006）。比如，最近一项研究让年龄超过65岁的被试，每天花1个小时，每周花5天，连续8周时间参与一个电脑上的训练项目（Smith, Housen et al.，2009）。后续的测试显示，训练促进了记忆表现的很多方面。尽管如此，改善的程度并不是惊人的，只有4%。另一个发人深思的研究发现，一个记忆训练项目，导致了大脑可测量的变化。14小时的训练产生在大脑的两个关键区域的多巴胺受体的密度增加（McNab，2009）。这些发现是很有趣的，但关于老年人的记忆训练是比较混乱的，仍存在质疑（Papp, Walsh, & Synder，2009；Salthouse，2006）。我们还不确定适度的训练所产生的效果是否能够真的减少老年化对认知功能的负面影响，或者是否能够延迟阿尔茨海默症的发病。

本章主题回顾

在我们讲述人类发展时，我们七个整合性主题的好几个主题都一定程度上浮现出来。我们可以看到在讨论依恋、认知发展和人格发展的理论多样性。我们看到心理学涉及社会历史背景、研究复杂性和现实生活问题。我们在气质和依恋，以及其他方面，遇到行为的多因因果关系。我们在考察依恋、运动发展、认知发展和道德发展时，看到文化不变性和文化多样性。

不过除了上述全部这些之外，我们看到遗传和环境共同塑造行为。我们之前已经遇到了遗传和环境的双重影响，但这个主题还是很复杂的。每章都描绘了不同的侧面以及应用提示。我们对于个体发展的讨论，强调了基因和经历交互作用来塑造行为这一观点。在科学语言中，交互作用表示一个变量的效果依赖于另一个变量的效果。换言之，遗传和环境不是独立地起作用的。有"困难"气质的儿童会从不同父母那里引发不同的反应，因为父母的个性和期望有所不同。相似地，根据孩子先天的特点，相同的父母会以不同的方式影响不同的孩子。在生物和环境因素之间，存在着一个相互作用或者反馈回路。比如，一个气质上困难的小孩可能从父母那里引发负面的反应这种负面反应。会让孩子更加困难，从而引发更负面的反应。如果这个孩子长大成为一个脾气暴躁的11岁儿童，那么我们责怪什么呢——基因还是经历？很明显，这个结果是因为两者的交互作用。

发展的所有方面都由遗传和经历共同塑造。我们通常估计它们的相对权重或者影响，如同我们真的可以把行为的基因和环境成分清楚地分开。虽然我们不能清晰地把行为如此切分，这样的比较还是有很大的理论兴趣。你可以在我们接下来的个人应用栏目中再次看到这个问题，届时我们将讨论行为的性别差异的本质以及起源。

个人应用

理解性别差异

回答以下"是"或"否"问题。

1. 女性比男性更加倾向社交。

2. 男性在大多数空间任务中优于女性。
3. 女性比男性更加不理性。
4. 男性对非言语线索没有女性敏感。
5. 女性比男性更加情绪化。

是否真的存在如上述提出那样的行为差异呢？如果有的话，为什么会存在这些差异？这些差异是如何发展起来的呢？我们将在这个个人应用的栏目，探索这些复杂且极具争议性的问题。

在继续讨论之前，我们需要澄清一些关键概念是如何使用的，因为在这个研究领域的名词术语一直在演变，而且造成混乱和困扰。**性**（sex）通常是指有生理基础的男女分类。相反，**性别**（gender）通常是指在女性化和男性化之间存在的带有文化构造的区分。个体生来就是女性或者男性。但是，他们通过很多年的复杂发展过程而变得女性化或者男性化。

在这一应用栏目的开头列举的那些观点，反映了在我们社会中流行的性别刻板印象。性别刻板印象，是人们对于女性和男性的能力、人格特征和社会行为，所广泛持有的信念。表11-1列举了一些在北美社会中关于男性化和女性化刻板印象的特征。表中显示一些我们自己可能已经注意到的东西：男性刻板印象要更加恭维，暗示男人在竞争力和理性的市场上实际上占据优势。毕竟，每个人都知道女性比男性要更加依赖、情绪化、不理性、顺从和爱说话。是吗？或者并不是这样的？让我们看看下面的研究。

表 11-1　传统性别刻板印象元素

男性元素	女性元素
活跃的　爱冒险的　好斗的　有野心的　好胜的　支配型的　独立的　领导能力　喜爱数学和科学　容易下决定　天然会机械　不易受影响　坦率的　固执的　自信的　商业上有经验的　能挺住压力的　会表态	注意他人感受　体贴　有创造力　容易哭　为他人奉献　情绪化　喜爱艺术和音乐　冲突中易激动　柔情似水　感情容易受伤　温和　以家庭为导向　善良　喜欢孩子　干净　需要肯定　机智　理解

资料来源：Adapted from Ruble, T. L. (1983). Sex stereotypes: Issues of change in the 70s. *Sex Roles, 9*, 397−402. Copyright © 1983 Plenum Publishing Group. Adapted with kind permission of Springer Science and Business Media.

两性在行为上有什么区别

性别差异是两性之间在典型行为或者平均能力上面的实际差别。很多研究，真的可以说是好几千项研究都在考察性别差异。那么研究结果如何呢？对于男性和女性的刻板印象是否准确？其实，研究结果是比较混合的。研究指出，确实存在男女之间的行为差异，而且人们的刻板印象也并不都是错的（Eagly, 1995; Halpern, 2000）。但是，实际差异在数量上要比刻板印象认为的要少，在程度上也要轻些，也更加复杂。你可以看到，在我们开始的是非题里只有两项（双数项题目），是基本被研究支持的。

认知能力

在认知领域，似乎有三方面真实的性别差异——虽然差异很小。第一，平均来说，女性倾向于比男性表现出略微好些的语言能力（Halpern, 2007）。特别是，女性在那些需要快速地从长时记忆中获取语义信息的任务中，或者在理解复杂散文的任务中，似乎表现较强（Halpern, 2004）。第二，开始于中学阶段，男性在数学能力的测试中显示出略微优势。当所有学生做比较时，男生的优势很小。事实上，在一项最近研究综述中，Hyde和Mertz（2009）的结论是：在数学上的性别差异在美国总体人群中已经消失了。虽然全世界范围内，小到中度的性别差异还是可以在某些国家看到的，尤其是那些不支持男女机会平等的地方（Else-Quest, Hyde, Linn, 2010）。另外，在这项能力分布的顶端，性别差异仍然存在。具有异常数学能力的男性大约是女性的3～4倍（Wai, 2010）。第三，从小学开始，男性倾向于在大多数的视觉空间能力测试中得分高于女性（Halpern, 2007）。这些性别差异的大小是不定的，依赖于空间任务的具体性质。男性在那些需要心理旋转或者在三维空间中追踪物体运动的任务中，似乎表现最强（Halpern, 2004）。一个最近研究，发现了年仅5个月大的婴儿中已经明显出现在心理旋转上的性别差异（Moore & Johnson, 2008）。

人格和社会行为

关于人格，最近研究指出，在一些关键人格特征中存在一定程度的性别差异。一项研究考察了55个文化的人格特征，发现女性倾向于在外向性、宜人性、责任心和神经质的测量中分数较高（Schmitt, 2008）。关于社交行为，研究发现支持另外一些性别差异的存在。首先，研究指出男性比女性表现出更多的身体上的攻击行为（Archer, 2005）。这个差别在儿童期就已经出现。这种趋势一直延续到成人期，证明这一趋势的事实是，在我们社会中不成比例的很多暴力犯罪都由男性造成（Kenrick, Trost, & Sundie, 2004）。在语言暴力上面的发现比较复杂。女性似乎表现出更多的关系暴力（如言语挖苦别人）（Archer, 2005）。第二，在非言语的交流和人际敏感性上，存在一些性别差异。研究发现指出，女性比男性对于微妙的非言语线索更加敏感（Hall, Carter, & Horgan, 2000; Hampson, van Anders, & Mullin, 2006）。证据也表明女性对于人际信息更加关注（Hall & Mast,

2008）。第三，男性比女性在多种方式上更加性活跃，他们对于随意性行为、婚前性行为和婚外性行为持有更加放任的态度（Baumeister, 2001b; Hyde, 2005; 见第10章）。

一些限定条件

虽然研究已经发现在行为上确实存在一些性别差异，但是要注意这些逐渐的差别并不表示个体的情况。实质上，研究结果只是比较"平均男人"和"平均女人"。但是，你是（每一个人都是）独特的。那个平均女人和平均男人终究是我们想象的虚构之物。而且，所发现的真正的组间差别相对来说很小（Hyde, 2005, 2007）。图11-25显示：一个特征，比如语言能力，其得分是如何在男性和女性中分布的。虽然两组的平均值可以发现是有差别的，但你可以看到在每组内部（性别）存在很大变异，而且两组的分布有很大的重合。

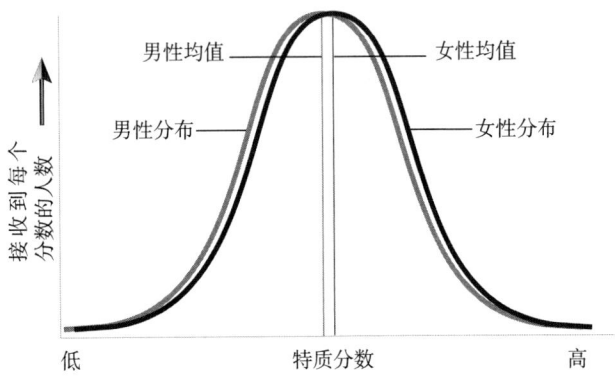

图11-25 性别差异的本质

性别差异是分组差异，对个体的标示很少，因为组之间有很大的重叠。对于给出的特质，一方性别可能平均得分高，但是在每个性别中的变化量要比性别间多得多。

性别差异的生物起源

如何解释各种性别差异是如何发展的呢？它们有多大程度是学习或者生物的产物？这个问题乃是先天对后天话题的另一种体现。关于性别差异的生物起源的研究，集中关注行为、激素和大脑结构的进化基础。

进化学的解释

进化学分析通常开始于争论生物因素在起作用，因为在行为上的相同性别差异在不同文化中都被记录了。研究基本上支持这一点。在认知能力，攻击行为和性行为上的性别差异确实在基本上所有文化中都发现了（Beller & Gafni, 1996; Kenrick et al., 2004）。进化心理学家继续争论这些普遍的性别差异反映了在人类历史过程中，对于男性和女性的不同自然选择压力（Archer,
1996; Buss & Kenrick, 1998; Geary, 2007）。比如，当我们在第10章讨论的时候，男性应该是对性行为更加活跃和放任，因为他们在生育过程中的投入要比女性少，这样可以通过寻求很多性伴侣来最大化他们的生殖成功率（Schmitt, 2005; Webster, 2009）。在攻击行为上的性别差异也可以解释为生殖适应性。因为女性比男性对于配偶更加有选择，男性不得不比女性更加激烈地争夺性伴侣。更强的攻击性被认为对男性在争夺性机会时是有适应性的。攻击性，在这个情况下，应该促进对其他男性的社会优势。这也应该促进他们对于物质资源的获取，而这一点是女性在评估潜在伴侣时所重视的（Campbell, 2005; Cummins, 2005）。进化理论家们认为，在空间能力上的性别差异，反映了在古代狩猎和采集社会中的劳动分工，男性通常负责打猎，女性负责采集。男性在大多数的空间任务中的优势可以归因于打猎的适应性要求（Newcombe, 2007; Silverman & Choi, 2005; 见第1章）。

性别差异的进化分析是很有趣的，但也是有争议性的。一方面，进化力量看似完全可能导致男女在典型行为上的区别；另一方面，进化假设是非常猜测性的，难以进行实质检验（Eagly & Wood, 1999; Halpern, 2000）。一些批评的关键问题在于，进化分析太过于"灵活"，以至于它们可以用来解释几乎所有东西。比如，如果关于空间能力的情境是相反的（如果女性的分数高于男性），进化理论家可能把女性的优势解释为采集食物、编制竹篮和制作衣服的适应性要求，而这应该是难以证明的（Cornell, 1997）。

激素的角色

男女在激素水平上的差别可以影响在行为上的性别差异（Hampson & Moffat, 2004; Hines, 2010）。激素在孕期发展中的性别分化过程中扮演了关键角色。雄性激素（主要的男性激素类别）的高水平和雌性激素的低水平导致了男性和女性性器官的分化。当正常的孕期激素分泌受到干扰时，孕期激素的关键作用变得更加明显。多种内分泌疾病可以造成孕期发育中的某种腺体激素分泌过多或者分泌不足。科学家们也已经研究那些出生前母亲为了防止流产而服用类雄性激素药物的儿童。这项研究发现：女性如果在出生前（孕期）接触不正常的高水平的雄性激素，她们将会比其他女性表现出更多的男性典型行为。相似地，男性如果在出生前（孕期）接触不正常的低水平的雄性激素，他们将会比其他男性表现出更多的女性典型行为。

这些发现指出，孕期激素塑造了人们的性别差异。但是，这些证据有一些问题（Basow, 1992; Fausto-

Sterling, 1992; Jordan-Young, 2010)。首先，女性方面的证据比男性方面的证据要更有力。其次，基于那些处于不正常状态的小样本人群，以做出关于普遍人群的结论，总是危险的。但是，一项最近的研究在探索这个问题的时候使用了新的方法，绕开了这两个问题。这个研究中测量在母体羊水中睾丸素（一种关键的雄性激素）的水平，这个水平跟随后她们孩子的性别典型玩耍测量结果是相关的。胎儿睾丸水平跟男孩和女孩中的男性典型玩耍类型是正相关的（Auyeung et al., 2009）。这些结果很重要，因为在男性和女性中显示相同的趋势。从整体上来看这些证据，似乎孕期激素影响行为的性别差异。然而，还有很多需要研究。

大脑组织的差别

很多理论家相信在行为上的性别差异植根于男女之间在大脑结构和组织上的差别（Cahill, 2006）。比如，一些理论家已经尝试把性别差异联系到大脑半球的脑皮层的分化（见图11-26）。正如你可能记起来第3章里面讲到的，大多数人的左半球在加工语言信息时是较活跃的，而右半球在加工视觉空间信息时是较活跃的（Gazzaniga, Ivry, & Mangum, 2009）。这些发现出来之后，理论家们开始研究大脑的这些分工是否可能跟语言和空间能力的性别差异有关。因此，他们开始寻找那些跟性别有关的大脑结构差异。

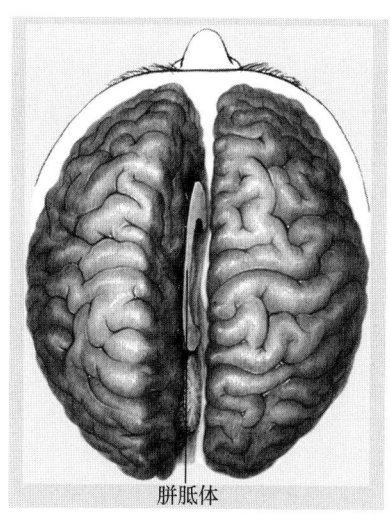

图11-26　大脑半球和胼胝体

这幅图里，大脑半球被拉开成两半来显示胼胝体，胼胝体是连接左右两半大脑的纤维组织。研究表明，左右大脑专门化地处理不同的认知任务，这使一些理论家猜想半球专门化的模式可能对文字和空间能力的性别差异有影响。

一些发人深省的研究已经报告出来。比如，一些研究已经发现：男性比女性显示更多的大脑专门化（Boles, 2005; Voyer, 1996）。换言之，男性，相比于女性，倾向于更多地依赖左半球加工语言信息，也更严重地依赖于右半球加工空间信息。男女之间的差别也在胼胝体被发现，胼胝体是一群神经纤维，用以连接左右半球。一些研究指出：**女性往往拥有较大的胼胝体**（Gur & Gur, 2007; Resnick, 2006）。这可能使信息能够在两半球之间更好地传输，这样，可能使得女性的大脑没有那么单侧化（Innocenti, 1994）。因此，一些理论家已经下结论：两性之间在大脑结构上的差异可以解释语言和空间能力的性别差异（Clements, 2006）。

这个想法是很有趣的。但是心理学家还有很长的路才能用左脑/右脑之间的分工来解释性别差异。关于男性的大脑结构更加专门化的研究结果并不是很一致（Kaiser, 2009）。事实上，最近一项关于26个神经成像研究的元分析得出结论：在语言单侧化上没有性别差异（Sommer, 2008）。同时，关于女性有较大的胼胝体的结果也被提出严重的质疑（Fine, 2010; Halpern, 2007）。而且，即使这些发现被一致地重复，没有人可以肯定他们如何解释在认知能力上所观察到的性别差异（Fine, 2010）。

综上所述，研究者们已经在努力记录行为的性别差异所涉及的生物基础，并取得了显著的进展。但是关于"解剖学就是命运"的观点很难被支持。很多理论家坚持认为，性别差异主要是由经历塑造的。让我们看看他们的证据。

性别差异的环境起源

社会化是在某个特定社会里的对人们所预期的行为规范的习得过程。在所有文化里，社会化的过程包括努力训练儿童习得性别角色。性别角色是对于每个性别来说什么行为是合适的预期。虽然性别角色在现代西方社会中还处于变迁时期，对于应该如何抚养男性和女性还有很大的区别。研究者们已经发现三个涉及性别角色发展的关键过程：操作条件作用，观察学习，以及自我社会化。首先，我们将考察这些过程。然后我们将看看性别角色的社会化过程的主要来源：家庭、学校和媒体。

操作条件作用

性别角色有部分是由奖励和惩罚的作用塑造的——也就是操作条件作用的关键过程（见第6章）。家长、老师、同伴和其他人经常强化（通常使用巧妙的赞ого）"性别合宜的"行为，并且对"性别不合宜的"行为予以负面反应（Bussey & Bandura, 1999; Matlin, 2008）。如果你是一名男性，你可能回忆自己作为一个小男孩被受伤时，被告知"男子汉不流泪"。如果你成功地抑制自己哭泣，你可能会赢得一个赞许的笑容，甚至一些更可触摸的东西，比如一个冰激凌甜筒。强化过程，可能加强了"表现得像个男人"的倾向，抑制你的情绪表达。如果你是一个女性，很可能你的哭泣没有因为性别不合宜而被抑制。研究指出，爸爸，相对于妈妈，更多地鼓励和奖励他们小孩的性别合宜行为；而男孩，相对于女孩，经受更多要求按照性别合宜的方式去行动的压力（Levy, Taylor, & Gelman, 1995）。

观察学习

儿童的观察学习（见第6章）可以导致他们模仿成人的性别合宜行为。儿童既模仿男性也模仿女性。但是大多数儿童倾向于模仿同性别的角色模范多于异性别的角色模范（Bussey & Bandura, 2004）。因此，模仿通常导致小女孩喜欢玩洋娃娃、玩偶房子和玩具厨具，而小男孩则更可能摆弄玩具卡车、微型加油站或者工具。

自我社会化

儿童他们在自己的性别角色社会化过程中是积极主动的。关于性别发展的几个认知理论都强调自我社会化（Bem, 1985; Cross & Markus, 1993; Martin & Ruble, 2004）。自我社会化包含三个步骤。第一，儿童学会把自己分类为男性或者女性，并且意识到他们的性别是一种永久的特征（5~7岁）。第二，这种自我分类激发他们去重视那些跟自己性别相联系的特征和行为。第三，他们努力使自己的行为吻合在他们文化中被认为是性别合宜的预期。换言之，儿童参与到他们自己的社会化过程中，他们会努力地去寻找那些应该规范他们行为的规则。

性别角色社会化的来源

有三个影响性别角色社会化过程的主要来源：家庭、学校和媒体。当然，我们现在处于性别角色的过渡时代。因此，接下来的总结更多的是关于你过去是如何被社会化的，而不是未来的儿童将如何被社会化的。

（1）家庭。性别角色的社会化很大部分发生在家庭中（Berenbaum, Martin, & Ruble, 2008; Pomerantz, Ng, Wang, 2004）。父亲跟儿子在一起，多于跟女儿在一起，进行打闹的游戏（McBride-Chang & Jacklin, 1993）。长大以后，男孩和女孩都被鼓励接触不同类型的玩具（Freeman, 2007; Wood, Desmarais, & Gugula, 2002）。通常来说，男孩玩"女性化的"玩具的自由小于女孩玩"男性化的"玩具。当儿童足够大能够帮助做家务时，家务分工倾向于根据性别（Cunningham, 2001）。比如，女孩洗碗，男孩除草。而父母更可能向男孩而不是女孩解释科学概念（Crowley et al., 2001）。

（2）学校。学校和老师很明显影响了性别角色的社会化（Berenbaum, Martin, & Ruble, 2008）。儿童用来学习阅读的书本可以影响他们理解什么是适合男性和女性的行为（Diekman & Murnen, 2004）。历史上，男性更可能在这些书中被描述为聪明的、有英雄气概的和爱冒险的，而女性更可能被展示为在干家务活。幼儿园和小学老师经常奖励学生性别合宜的行为（Fagot et al., 1985; Ruble & Martin, 1998）。有趣的是，老师倾向于更关注男学生而不是女学生，并且更多帮助、表扬或批评男学生（Sadker & Sadker, 1994）。学校对于数学表现的性别差异可能起到了关键作用，正如Hyde和Mertz（2009）提出，女孩传统上比起男孩有更少的机会被鼓励报读高级的数学、化学和物理课程。

（3）媒体。电视和其他大众媒体是性别角色社会化的另外一个来源（Bussey & Bandura, 2004）。虽然近年来已经有了很大改善，但是电视节目常常在描述男性和女性时带有性别刻板印象（Galambos, 2004; Signorielli, 2001）。女性常常被描绘为顺从、被动和情绪化的。男性则更可能被描绘为独立、自信和有能力的。甚至广告都对性别角色的社会化起作用（Furnham & Mak, 1999; Lippa, 2005）。最近研究发现，儿童在媒体上接触性别刻板印象与他们对于性别角色的刻板印象的支持度之间存在正相关（Oppliger, 2007）。

结论

正如你可以看到的，关于性别和行为的研究结果是复杂且容易困惑的。然而，证据确实可以让我们得到一个比较笼统的结论——一个你之前已经看过也会在后面再次看到的结论。总的来说，在这个领域的研究表明，生物因素和环境因素都同时对行为上的性别差异产生影响，就如两者对于发展的其他方面的作用那样。

批判性思维应用

父亲是儿童健康发展的必要条件吗

对于儿童经历正常和健康的发展，父亲是必需的吗？这个问题目前正是热烈讨论的焦点。近年来，一些社会科学家提出了一个发人深省的观点：由于离婚、抛弃或者其他原因导致父亲缺失，是现代社会问题的主要因素。比如说，David Blankenhorn（1995）提出："父亲缺失是这一代人最有害的人口学趋势。它导致了我们社会里儿童的福利下降。"David Popenoe（2009）表达相似的观点，他说："今天的父亲缺失问题，导致了社会的不稳——受伤害的儿童、不开心的儿童、无目标的儿童，以及那些通过病态行为和暴力来反击的儿童"。认为父亲对于健康发展非常关键的观点已被广泛地接受。这个民众智慧已经被乔治·布什总统和贝拉克·奥巴马总统强烈地支持，并且指导在很多领域的政府政策。

基本观点

有什么证据支持关于父亲对健康发展是必需的这一观点呢？在过去的40年里，成长在没有父亲的家庭中的儿童比例翻倍。在同一时间，我们已经看到未成年少女怀孕、青少年犯罪、暴力犯法、药物滥用、进食障碍、青少年自杀和家庭失常这些现象急剧增多。而且，很多研究已经表明了父亲缺失和这些问题的风险提高是有关联的。综合这些证据，Popenoe（2009）认为，"家里没有父亲的儿童，相对于有父亲的儿童来说，有高于2～3倍的风险导致负面的发展结果，包括高中退学、青少年生育和青少年犯罪"。这导致他做出推断："如果现在的趋势继续的话，我们的社会可能会接近社会自杀的边缘。"跟这个可怕的结论相呼应，Blankenhorn（1995）评论说："容忍父亲缺失这一趋势，就是接受社会继续后退的必然性。"

你可能在想："所有这些小题大做是关于什么呢？"诚然，强调父亲角色的重要性并不比提倡母亲角色或者完美家庭生活更有争议性。但是，关于父亲对于儿童福利是必需的观点具有一些有趣的社会政治影响。它暗示了异性恋是适合儿童健康成长的唯一环境，而且其他的家庭结构本质上是有缺陷的。基于这样的推理，一些人支持新的法案来让离婚更加困难，并支持其他政策和项目来偏向传统家庭，而不是那些由单亲母亲、同居家长和同性恋家长组成的家庭（Silverstein & Auerbach，1999）。事实上，儿童同时需要母亲和父亲双方的观点，在同性恋婚姻合法化的斗争中反复出现。因此，关于父亲的重要性这个问题产生了很多的争议，因为这实质上是一个关于传统家庭结构的替代形式的问题。

评价观点

关于父亲对于正常发展是必需的这一观点，因其产生深远的影响，所以有必要对这个观点进行批判性的分析。你如何使用批判性思维的技能来评价这个观点呢？之前讨论过的一些想法似乎是相关的。

首先，需要意识到父亲对于健康发展是必需的观点是有相关证据支持的。正如我们反复看到的，相关关系不一定是因果关系。是的，父亲缺失确实跟未成年少女怀孕、药物滥用、进食障碍以及其他造成扰乱的社会问题的增加是平行的。但是想想在过去40年里美国文化发生的其他变化。有组织的宗教衰落、大众媒体兴起、性道德的急剧变化等，都在相同时期发生了。凸显的父亲缺失问题，跟其他的一些文化趋势共同变化。因此，认为父亲缺失问题是现代社会的大多数弊端的主要原因是非常武断的。

其次，如果对某些研究结果产生怀疑，需要花时间去想想是否存在对研究结果的某些替代解释。有没有其他因素可以解释父亲缺失与儿童不适应之间的联系？什么是父亲缺失的最常见原因？离婚。离婚倾向于是非常应激的事件，扰乱了儿童的整个生活。虽然证据表明，大多数儿童能够挺过离婚，没有出现持续性的不良结果，但是，很明显离婚提高了儿童出现一系列负面发展结果的风险（Amato，2006；Amato & Dorius，2010；Hetherington，1999，2003）。由于父亲缺失和离婚经常是缠绕在一起的，很可能离婚所带来的负面效果可以很大程度上解释父亲缺失和社会问题之间的关联。

关于父亲缺失和社会弊病之间的联系，还有没有其他的替代解释？有的，批评家们指出，父亲缺失的普遍性跟社会经济地位是共同变化的。父亲缺失在低收入家庭中更加普遍（Anderson, Kohler, & Letiecq, 2002）。因此，父亲缺失的效果，在一定程度上跟贫穷所带来的很多不良后果是纠缠在一起的。这种贫困可能解释了父亲缺失与负面结果之间的相关关系（McLoyd, 1998）。

在批判思考父亲缺失问题的结果时，还有第三种可能的策略，就是问是否存在对立的证据。再一次，回答是肯定的。Biblarz和Stacey（2010）回顾了比较异性恋家长和女同性恋家长的研究。如果父亲是必不可少的，那些由异性恋家长抚养的儿童的适应能力应该优于那些由女同性恋家长抚养的儿童。但是，研究发现这些家长结构之间的差异是可以忽略的。

第四个策略就是，寻找在第10章中介绍过的推论谬论（无关原因、循环推理、滑坡谬误、脆弱类比和假两难推理）。这里选了Popenoe和Blankenhorn的两个引文让大家有机会在新的情境中去侦查两种前面列举的谬论。再看一看这些引文，看你是否能够发现那些谬论。

Popenoe"如果现在的趋势继续的话，我们的社会可能会接近社会自杀的边缘"的论断是滑坡谬误的一个例子，它涉及预测如果某人允许X发生的话，事情将会失控并且灾难性事件将会发生。"社会自杀"有点含糊，但是它听起来似乎是 Popenoe 在预期父亲缺失问题将会导致现代美国文化的毁灭。你可能发现的另一个谬误是，在 Blankenhorn 的"容忍父亲缺失这一趋势，就是接受社会继续后退的必然性"论断中，明显存在假两难推理的谬误。一个错误的两难，造成了一个非此即彼的选择，也就是在某人想要提倡的立场（在这里，即减少父亲缺失的新政策），和一些明显很恐怖的、任何有理智的人都会想回避的结果（社会倒退）之间做出抉择，同时忽略了其他存在于两个极端之间的可能性。

综上所述，我们可以在关于父亲对于正常发展是必需的这个观点中，找到一些错误和弱点。然而，我们对这个观点的批判性评价并不是说明父亲是不重要的。很多类型的证据证明父亲总体来说对于儿童的发展会产生重要的贡献（Carlson，2006；Lewis & Lamb，2003；Rohner & Veneziano，2001）。我们可以认为父亲通常给孩子提供很多资源。但是，认为父亲促进正常健康发展的观点与认为父亲是正常健康发展必需的观点之间存在重要的区别。如果父亲是必需的，那些家里没有父亲的儿童，就无法像那些家里有父亲的儿童那样达到相同的健康水平。但是，很明显很多来自单亲家庭的儿童都长得挺好。

父亲肯定是重要的，似乎父亲缺失很可能引起各种社会弊端。那么，为什么 Blankenhorn（1995）和 Popenoe（2009）提出更加强硬的结论——父亲是必需的？他们似乎偏好更加强硬的结论，因为这样能够引出关于各种非传统家庭形式很多更严重的问题。因此，他们似乎想推动支持传统家庭价值观的政治议程表。他们当然可以这么做，但是当研究结果被用来推进政治议程表时，无论是保守派的还是民主派的，都需要在头脑中非常谨慎警觉。当政治议程表受阻时，我们更需要仔细揣摩论证，因为研究结果很可能以一种倾斜的方式被呈现。心理学领域处理一系列负责的问题，这些问题对于广泛的社会议题产生深远的影响。批判思维的技能和习惯，可以帮助你在推理和证据的迷宫中发现出路，尤其是这些证据支持这些复杂问题的很多方面。

表 11-2　本小节应用的批判性思维技巧

技巧	描述
理解相关证据的局限	批判性思考者明白，两变量间的相关不能确定两者之间必有联系
寻找对研究结果和事件的可替代解释	评价解释时，批判性思考者探索在仔细的观察下是否有其他合理的解释来解释实验结果和事件
辨别并避免普遍谬误，比如无关原因、循环推理、滑坡推论、弱类比和假两难推理	批判性思考者对基于无关假设、重述假设、超出范围的可能性预测、肤浅的推理、人为的两难推理得出的结论十分警惕

第12章

人格

理查德·布兰森（Richard Branson）确定自己快要死了。在大西洋的高空，他一个人待在世界上最大的热气球的舱内。热气球的驾驶员珀·林德斯特兰德（Per Lindstrand）在下面冰水混合的波浪中漂浮。他和布兰森刚刚成了乘坐热气球横跨大西洋的第一人。但海上的迫降失败，林德斯特兰德跳进了水里。在布兰森也跟着跳下去之前，气球突然回到了天上。在布兰森接受为了这次旅程而进行的简短培训前，他从未乘坐过热气球，现在他站在半空中不知道该如何自救。

布兰森用潦草的字迹写了一张纸条留给他的家人："我爱你们。"然后他不顾一切地想要给气球放气来使气球安全降落。令他惊讶的是，他可以接近海面跳下去。一架救援直升机将他从海浪中救了出来（林德斯特兰德被一个经过的捕鱼者救了上来）。

在这次与死亡擦肩而过之后，布兰森发誓他再也不愿意拿生命去冒险了。但是三年后，他和林德斯特兰德又经历了一次。这次他们打算成为乘坐热气球横跨太平洋的第一人，然而这次旅程成了另一次可怕的折磨。当他们在海上的千米高空时，热气球起火了。他们两人再一次来到死亡的边缘。即便是这样，也无法阻止他们计划下一次探险。他们打算成为乘坐热气球环游世界的第一人（Branson，2005；Brown 1998）。

当人们形容理查德·布兰森时，他们恰当地使用了像"有探险精神""勇敢""胆大""冲动"和"鲁莽"这样的词汇。这些是形容人格的一些词汇。布兰森，这个白手起家的亿万富翁，这个世界上最有钱的人之一，也许他充满活力的人格与他的富有一样出名。

从高中辍学后，布兰森成了英国维珍（Virgin）集团公司的创始人。维珍集团包含维珍大西洋航空公司和维珍银河公司，银河公司的目标是成为第一间让旅客进入太空的公司。布兰森是一个傲慢、精明、无情的企业家。他热爱交易，也爱派对、恶作剧和华丽的宣传手法。他最喜爱的还是寻找新的领域去征服它们。

绝大多数人都认同理查德·布兰森拥有不同于常人的人格。但究竟是什么人格呢？为什么人格有这么多差异呢？为什么一个人勇敢而另一个人胆小？为什么一个人外向、精力充沛，而另一个人却安静、害羞？理查德·布兰森天生就像大家知道的那样有自信、勇敢，还是环境与学习在他的人格塑造中起到了关键作用？打个比方，布兰森的父母从他年幼的时候就开始跟他强调变得强大和独立的重要性；另一方面，也许他的人格扎根在他的生物遗传中。布兰森（2005）形容她的母亲是一个充满了无限活力、果断并且喜欢冒险的女人。在第二次世界大战中，她伪装成一个男孩混入了飞行员的训练中。也许布兰森的"肾上腺素成瘾"（adrenaline junkie）要归因于他的基因组成。

心理学家从许多不同的角度尝试探索这样的问题。在传统上，对人格的研究一直被"大理论"（grand theories）主导，大理论试图解释行为的许多方面。我们的讨论会反映这个重点。我们会将绝大部分时间用于详细介绍弗洛伊德、斯金纳、罗杰斯等人的理论。然而在近几十年里，关于人格的研究倾向于更狭窄的领域，研究与人格相关的特定的问题。这个趋势在本章最后几个部分所探讨的人格的生物的、文化的和其他同时代的观点中会体现出来。在个人应用中，我们探究心理测试是如何被应用于测量人格的各个方面的。批判性思维应用将探索后视偏差如何影响人们对人格的分析。

人格的内在本质

人格是一个被用不同的方式定义的复杂的假设性建构。让我们近距离看看人格和人格特质的概念。

定义人格：一致性和独特性

说一个人有乐观的人格意味着什么？这个论断表示这个人有一个相对一致的倾向去表现出快乐、充满希望和热情。这样的一个人在大多数情况下都会看到事物光明的一面。虽然没有人的行为是完全一致的，但这种跨情景一致性是人格概念的核心。

特殊性也是人格概念的中心。我们会用人格来解释为什么人们在相似的情境下有不同的行为。如果你和另外三个人都被困在电梯里，每个人可能都有不同的反应。一个人可能会讲笑话来缓解紧张气氛。另一个人可能会有不详的预感——"我们再也无法离开这里了"。第三个人可能会冷静地思考该如何逃脱。对一样的环境有不同的反应是因为每个人都有一个不同的人格。每个人都有一些和别人共有的特质，同时也有自己特殊的人格特质。

总的来说，人格的概念可以用来解释：①一个人跨时间和情景的行为稳定性（一致性）；②不同人对相同情景的反应的行为差异性（特殊性）。我们可以将这些概念整合到以下的定义中：**人格**（personality）是个体一套独特并且一致的行为特质。

让我们更进一步看看特质的概念。

人格特质：性情和维度

每个人都会做出"简是个尽责的人"之类的评论，或者你可能认为"比尔太胆小无法胜任那份工作"。这些描述性的陈述提到了人格特质。人格特质是指在面对不同情境时所具有一种特定行为方式的稳定的性情。像诚实、可靠、喜怒无常、冲动、多疑、焦虑、易激动、专横和友好这类形容词描述的就是人格特质的性情。

大多数对人格的研究认为有些特质比其他特质更基础。基于这个想法，少数几个基础特质能决定其他更表面的特质。例如，一个人冲动、好动、易怒、喧闹和没耐心的倾向可能都来自于一个更基础的特质——易激动。

一些心理学家试图找出组成人格核心的基本特质。例如，雷蒙德·卡特尔（Raymond Cattell）使用因素分析的统计方法将高尔顿·奥尔波特（Gordon Allport）归纳的 171 个人格特质减少到 16 个人格的基本维度。在因素分析中，我们会测量变量之间的关系，来对变量进行分类。如果对一些变量（在这里是人格特质）的测量显示变量彼此间高度相关，则可以假设单个因素影响着全部变量。因素分析用来辨别这些隐藏的因素。在人格特质的因素分析中，这些隐藏因素被看作基础的、更高阶的特质，这些特质会决定不那么基础的、更具体的特质。基于因素分析的工作，卡特尔总结出一个个体的人格可以通过测量 16 个特质完全描述出来。这些决定性的特质在图 12-1 中被列举出来。这部分内容在个人应用里，在那里我们会讨论卡特尔发明的评估这些特质的人格测验。

人格特质的五因素模型

近些年来，罗伯特·麦克雷（Robert McCrae）和保罗·科斯特（Paul Costa）使用因素分析得到了一个更简单的人格五因素模型（见图 12-1）。麦克雷和科斯特认为绝大多数人格特质来自 5 个更高级的特质，即人们所知道的"大五"：

（1）外向性。在外向性得分高的人被描述为外向的、善于社交的、乐观的、友好的、坚定而自信的和合群的。外向性在一些特质模型中被称为**正向情绪性**（positive emotionality），在几十年间被广泛研究（Watson & Clark, 1997）。外向人格者比其他人更快乐（Fleeson, Malanos, & Achille, 2002）。他们也对生活有更正向的展望，更有动力追求社会接触、亲密关系和相互依赖（Wilt &

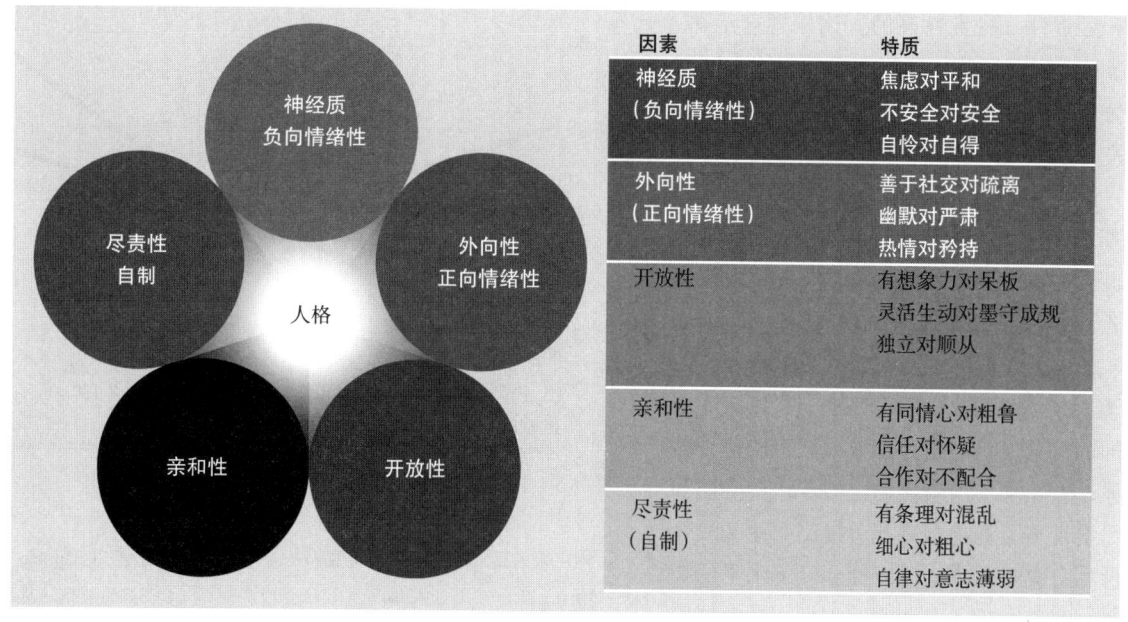

图 12-1　人格的五因素模型

特质模型致力于把人格分到它的基础维度。在因素分析中，图中显示的五个特质形成了五个高阶的因素，从这五个因素中可以得到其他更具体的因素。

McCrae 和 Costa（1985，1987，1997）认为，人格可以按这五个特质的得分加以区分，这就是我们熟知的大五人格。

资料来源：Trait descriptions from McCrae, R. R., & Costa, P. T. (1986). Clinical assessment can benefit from recent advances in personality psychology. *American Psychologist, 41,* 1001-1003.

Revelle，2009）。

（2）神经质。神经质得分高的人更加焦虑、有敌意、自我意识感强烈、不安全和脆弱。像外向性一样，这个特质已经是几千个研究的研究对象。在一些特质模型中，这被叫作**负向情绪性**（negative emotionality）。神经质得分高的人相比其他人而言，面对应激会更过度反应（Mcrozek & Almeida，2004）。他们也会显示出相对于他人更多的冲动和情绪不稳定（Widiger，2009）。

（3）开放性。开放性与好奇心、灵活性、生动的幻想、想象力、艺术敏感性和非传统态度有联系。开放性高的人更能容忍不确定性，并对问题的闭合有更少的需求（McCrae & Sutin，2009）。麦克雷（1996）认为开放性的重要性被低估了。他通过开放性促进自由主义的例子提出，这个特质是决定人们政治态度和意识形态的关键因素。有证据指出，相对其他人，开放性高的人对少数群体偏见更少（Flynn，2005）。

（4）亲和性。亲和性得分高的人比较有同情心、信任他人、合作、谦虚和坦率。这个人格维度负向得分的人表现出多疑、具有对抗性以及攻击性。亲和性与解决冲突的建设性方法有关，这使亲和的人更不容易与他人发生口角（Graziano & Tobin，2009）。

（5）尽责性。尽责性高的人比较遵守纪律、井井有条、守时和可靠。尽责性在一些特质模型里被称为自制，这与高度自律和有效管理自我的能力相关（Roberts，2009）。研究表明尽责性是工作中勤劳和可靠的有力保障（Lund，2007）。

近期研究指出大五特质和社会经济地位（SES）也许存在一些有趣的关联。在一个大规模的对人格、社会阶层和死亡率的研究中，Chapman 和同事（2010）发现在特定大五特质中得分高的人数随着社会阶层的改变而改变。图 12-2 体现了在不同的社会经济地位中每种大五特质得分前 20% 的概率。正如你所看到的，随着社会阶层的提高，尽责性得分高的概率显著提高。在开放性和外向性得分高的概率也随着社会经济水平的提高而增加，尽管幅度不是很大。相反，在上层阶级中，强烈的亲和性与神经质没有那么普遍。当下这些关系背后可能的因果联系并不清晰。

研究者还发现了大五特质和许多重要的生活结果之间的关系（Ozer & Benet-Martinez，2006）。举个例子，高中和大学中更高的绩点（GPA）都与更高的尽责性相关。这个联系存在基本上是因为尽责的学生更努力（Noftle & Robins，2007）。好几个大五特质都与事业成功有关系。外向性和尽责性是事业成功的正向预测指标，而神经质是负向预测指标（Roberts，Caspi，& Moffitt，2003）。离婚的可能性也能通过人格特质预测。神经质增加离婚的可能性，而亲和性与尽责性降低其可能性（Roberts，2007）。最后，也许是最重要的一点，有两个大五特质与一生中的健康和死亡的可能性有关系。神经质几乎与所有主要精神疾病的普遍性相关，更不用说许多身体疾病了（Lahey，2009；Widiger，2009）。与之相反，尽责性和少生病以及低死亡率相关（Kern & Friedman，2008；Martin，Friedman，& Schwartz，2007）。换种说法，尽责的人比别人更长寿！这并不难找到原因，尽责性的人几乎不会有每一个你能想到的有害健康的行为，包括喝酒、过度进食、吸烟、药物滥用、缺乏运动和各种冒险行为（Roberts，2009）。

像卡特尔一样，麦克雷和科斯特也认为人格可以通过测量他们发现的基本特质完全描述出来。他们大胆的主张被许多研究者的研究支持。事实上，五因素模

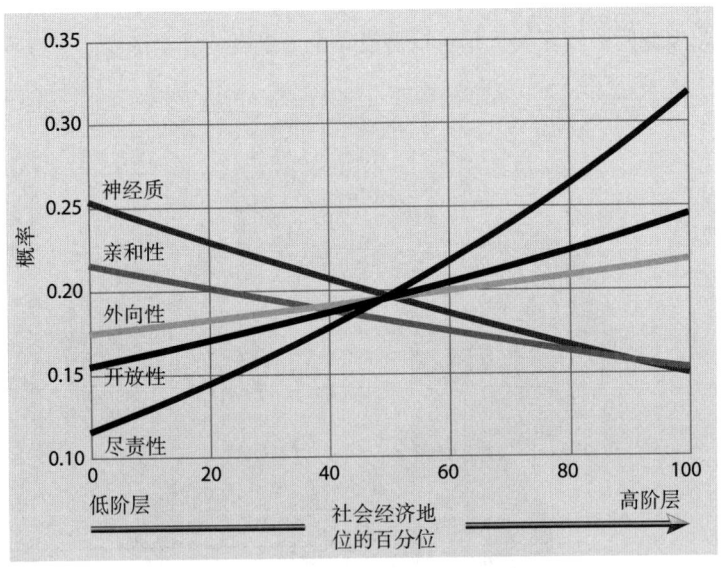

图 12-2 "大五"和社会阶级的关系

在一项人格和社会阶层与健康和死亡率的关系调查中，Chapman 及其合作者（2010）画出了大五人格特质与社会经济地位（SES）的关系。这张图显示的是在不同的社会经济地位下，人们在每个大五特质下得分在前 20% 的概率。比如说，更高的尽责性更常见于更高的社会阶级，从而导致更低的死亡率。

资料来源：Chapman. B. P., Fiscella, K., Kawachi, I., & Duberstein, P. R. (2010). Personality, socioeconomic status, and all-cause mortality in the United States. *American Journal of Epidemiology*, 171, 83–92. By permission of Oxford University Press.

型已经成为现代心理学里人格结构的主导概念（John, Naumann, & Soto, 2008; McCrae, 2005）。这五个特质被认为是描绘人格的"经纬线"（Ozer & Reise, 1994）。

然而，有些理论家对五因素模型提出了批评。其中一个阵营的批评者认为，需要不止五个特质来反映人类人格的多样性（Boyle, 2008）。例如，一篇近期的文章提出，诚实-谦逊应该成为人格的第六个基本元素（Lee & Ashton, 2008）。与之相对的是，另外的理论家主张一个更简单的人格三因素模型（De Radd, 2010）。

关于需要多少个维度来描述人格的争论很有可能还会持续一些年。正像你在这一章会看到的一样，对人格的研究是心理学中有着长期"争斗理论"的领域。我们将这些人格理论分成4个有共同假设、重点和研究对象的大组：①精神动力学角度；②行为主义角度；③人本主义角度；④生物学角度。

让我们从弗洛伊德的生活和工作开始我们对人格理论的讨论。

心理动力学角度

精神动力学理论由西格蒙德·弗洛伊德提出，指关注于无意识的心理动力而所创建的一系列理论。弗洛伊德启发了许多杰出的学者追随他的脚步。追随者中有些人仅仅改善和更新了他的理论，另一些人转变到新的方向，建立了虽然有联系但却独立的思想派别。现今，精神动力学包括大量有着松散联系的理论，我们只能挑一些例子放在课本中。在本章中，我们会细致考察弗洛伊德的观点，然后我们会简要看看荣格和阿尔弗雷德·阿德勒的精神动力学理论。

弗洛伊德的精神分析理论

西格蒙德·弗洛伊德1856年出生于奥地利维也纳的一个中产阶级犹太人家庭。他年幼时就表现出对知识的追求，随后成了一个非常努力工作、以获得名誉为动力的年轻人。他经历过内心的混乱，并定期地进行自我分析长达40年。弗洛伊德生活在维多利亚时代，那是一个以性压抑为标志的时代。他的生活受到欧洲的第一次世界大战和那时候兴起的反犹太主义的影响。我们会看到弗洛伊德所观察到的性压抑与攻击性的敌意在他对人类天性的观点上留下了印记。

19世纪末，弗洛伊德在维也纳开始他的医疗实践，当时他是一个神经内科医生。像那个年代其他的神经学家一样，他常常遇到有精神问题的人们，例如非理性恐惧、强迫观念和焦虑。最终他献身于用他发明的方法治疗精神疾病。这种他称为**精神分析**（psychoanalysis）的方法要求与患者进行长时间的语言交流，在这样的过程中他深入探究患者的生活。

弗洛伊德（1901，1924，1940）的精神分析理论来源于他几十年里用精神分析的方法与患者的互动。这个理论通过关注早期童年经历、无意识动机和冲突，以及人们用来解决性与攻击冲动的方法，从而试图解释人格、动机和心理疾病。

绝大多数与弗洛伊德同时代的人觉得他的理论令人不舒服至少是由于3个原因。首先，通过提出人们的行为是受无意识因素控制的，弗洛伊德做出了令人不安的暗示，他认为人们不能控制自己的想法。其次，通过主张成人的人格是由童年经历和其他不能控制的因素塑造的，他提出人们不能主宰自己的命运。最后，通过强调人们处理自己的性冲动的重要性，他冒犯了那个时代持有保守的、维多利亚式价值观的人们。

让我们来看看这些引发如此多争议的观点。

1. 人格结构

弗洛伊德将人格结构分成3个成分：本我、自我和超我（见图12-3）。他认为一个人的行为是这3个成分相互作用的结果。

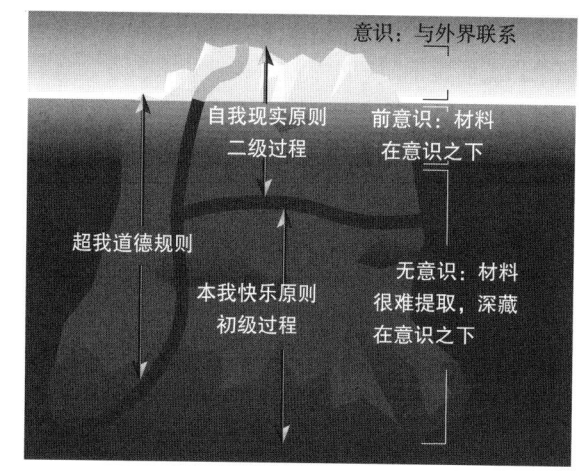

图12-3 弗洛伊德的人格结构模型

弗洛伊德认为人们有3个水平的意识水平：意识、前意识以及无意识。巨大的无意识部分通常被形象地描述为水下的冰山。弗洛伊德还把人格结构分为3种组成成分——本我、自我和超我，这3个成分分别依赖于不同的原则，也表现出不同的思维模式。在弗洛伊德的模型中，本我是完全的无意识，但是自我和超我在所有3个意识层级上运作。

本我（id）是遵循快乐原则的原始的、本能的人格成分。弗洛伊德将本我比作精神能量的储水库。他认为本我通过驱动原始的生理冲动（吃、睡、排泄、交配等）来为人类的行为提供能量。本我遵循**快乐原则**（pleasure principle），即要求立刻满足产生的冲动。本我参与初级过程思考，这是原始的、没有逻辑的、非理性的和受幻想指引的。

自我（ego）是人格中遵循现实原则的制定决策的成分。自我调节本我即时满足的强烈欲望与外部社会的期望和适宜行为的准则。自我在决定行为时会考虑社会现实——社会准则、礼仪、规则和风俗。自我受**现实原则**（reality principle）引导，即延迟满足本我的冲动直到出现合适的发泄方法与环境。简而言之，为了避免陷入困境，自我常常要驯服本我放肆的欲望。

长期来说，自我像本我一样希望将满足最大化。然而，自我参与的是二级过程思考，相对理性、现实，倾向于问题解决的方向。所以，自我为了避免来自社会和其代表人物的消极后果（例如，来自父母和老师的惩罚）而奋斗。表现"恰当"是自我实现目标的方式。自我也尝试完成长远的目标，那有时候需要延迟满足冲动。

相比于自我关注实际现实，**超我**（superego）则是人格的道德成分，其吸收了社会关于对和错的标准。在一生中，尤其是儿童时期，人们接受关于好行为和坏行为的教育。许多关于道德的社会准则最终被内化，在3～5岁时超我从自我中发展出来。对于有些人来说，超我会在追求道德完美的过程中变成不合理的高要求，这些人会由于过度的愧疚感而疲劳。

根据弗洛伊德的理论，本我、自我和超我分布在不同的意识等级。我们接下来会描述这些等级。

2. 意识等级

也许弗洛伊德影响最深远的思想是他发现无意识的力量是如何影响行为的。他通过对他的病人多方面的观察推断出无意识的存在。例如，他发现"口误"常常可以反映一个人的真实感受。他也总结出他的病人的梦常常表达出压抑的欲望。最重要的是，通过精神分析，他常常帮助病人发现过去没有意识到的想法和冲突。

弗洛伊德将无意识、意识与前意识进行对比，建立意识的三个水平。**意识**（conscious）是一个人在某个时刻意识到的任何东西。例如，这一刻你的意识可能包括这个文本的思路和一个在思想背后模糊的意识——你的眼睛开始疲劳、你开始感到饥饿。**前意识**（preconscious）包括刚好在意识之下并容易被提取出来的材料。比如说你中间的名字、你昨晚的晚餐，或者是你昨天和朋友的争论。**无意识**（unconscious）包括深藏在意识之下但对行为有很大影响的思想、记忆和欲望。例如童年时期一次被忘记的创伤、对父母的被隐藏的敌意感和被压抑的性冲动。

弗洛伊德对思维的概念常被比作大部分都藏在水平面以下的冰山（见图12-3）。他相信无意识（在水下的部分）比意识或潜意识要大得多。正如你在图12-3看到的一样，他提出自我和超我在意识的三个层级都有作用。相反，本我是完全无意识的，它通过自我在意识层级表达冲动。当然，本我对即时满足的冲动常引起与自我和超我的内在冲突。这些冲突在弗洛伊德的理论里起重要作用。

3. 冲突以及性和攻击的专横

弗洛伊德提出行为是一系列持续的内在冲突的结果。他认为本我、自我和超我的内在斗争是家常便饭。为什么？因为本我想立刻满足冲动，但文明社会的准则常指向另一边。举个例子，你的本我可能想要痛打一个时常激怒你的同事，但社会不允许这样的行为。于是你的自我尝试着控制这个冲动。你现在可能就在经历这种冲突。用弗洛伊德术语来说，你的本我可能正悄悄让你停止阅读这章以便休息一会儿，看看电视。你的自我可能正在权衡这个诱人的选择与你在学校表现良好的社会性需求。

弗洛伊德相信人们的生活是被冲突主导的。他声称每个人都是从一个冲突转向另一个冲突。以下情景具体阐释了人格的3个成分是如何互动产生持续冲突的：

想象从床上关掉烦人的闹钟。现在是早上7点，该起床去上历史课了。然而你的本我（遵循快乐原则）敦促你回去马上满足你的睡眠。你的自我（遵循现实原则）指出你必须去上课，因为你自己不能看懂教科书。你的本我（处于典型的非现实状态）得意地确定你会得到你需要的A等级并建议你躺回去继续做你的室友会如何被你折服的梦。正当你放松的时候，你的超我闯进了争吵中。它尝试让你感到内疚，因为你即将逃掉你父母花了钱的课。你还没离开床，但你的精神里已经产生了一场争斗。

并非所有的冲突都是一样的。弗洛伊德认为以性和攻击冲动为中心的冲突特别有可能带来长远的后果。为什么？第一，他认为性和攻击性相比于其他动机，服从于更复杂和模糊的社会控制。管理性和攻击行为的准则是微妙的；人们常常得到不一致的关于什么才正确的信息，这会引起迷惑。第二，性和攻击的冲动相比于其他基本生理欲望更常被抑制。试想：如果你饿了或渴了，你可以直接去附近的售卖机或喝泉水，但如果商店的售货员惹怒了你，你不太可能越过柜台打那个人。类似地，当你看到一个你认为有吸引力的人的时候，你一般不会走过去并邀请在附近的杂物室里来次一夜情。所以，社会准则使得性和攻击冲动常常被困扰。

> 👆 **真相核查**
>
> **误解**
> 人们大体上知道影响他们行为的因素是什么。
>
> **真相**
> 弗洛伊德一个世纪之前的观点认为人们通常不知道塑造他们行为的无意识因素，这些无意识因素被当作预兆。在知觉、认知和社会行为的几十年研究里不断证明了无意识的目标、态度和思想对人类行为有着很大的影响。

4. 焦虑和防御机制

大多数内在冲突是微不足道的，并且很快就可以通过某种途径解决。然而有时候，一个冲突会持续几天、几个月，甚至几年。这些冲突常常发生在完全的无意识中。虽然你可能不会意识到这些无意识的冲突，但它们产生的焦虑会进入意识。

焦虑的唤醒是弗洛伊德的人格功能理论的重要事件（见图12-4）。焦虑是令人烦恼的。人们想要通过任何方式摆脱这种不愉快的情绪。摆脱焦虑的努力常常包含防御机制。**防御机制**（defense mechanisms）是保护一个人不受像焦虑和愧疚这样的不愉快情绪影响的大部分无意识的反应（见表12-1）。通常它们是自我欺骗的心理策略。考虑一下**合理化**（rationalization），即创造似是而非的使不被允许的行为合理化的借口。例如，当你在商业交易中欺骗了某人后，你可能会通过合理化"每个人都这样"来降低愧疚感。

压抑是最基本也是用的最广的防御机制。它被称为"精神分析防御机制舰队里的旗舰"（Paulhus, Fridhandler, & Hayes, 1997）。**压抑**（repression）是使令人烦恼的想法和感觉埋在无意识里。人们常常压抑使他们愧疚的欲望以及那些使他们焦虑的冲突和使他们痛苦的回忆。压抑也被叫作"有动力的忘记"。如果你忘记了牙医预约或者某个不喜欢的人的名字，压抑可能在工作。从某种角度上说，这是一种形式的自我欺骗。

自我欺骗也可以在投射和替代中看到。**投射**（projection）是将一个人自己的想法、感觉或动机归因于别人。通常投射到别人身上的想法是那些会让一个人感到愧疚的想法。举个例子，如果对同事有性欲让你感到愧疚，你可能会将你们两人非言语的性吸引归因于另一个人想要勾引你的欲望。**替代**（displacement）是将情绪感觉（通常是愤怒）从它们本来的来源转移到替代的目标上。如果你的老板在你工作的时候让你难过，你回家之后摔门、踢沙发，向你的伴侣大吼，那么你正在将愤怒替代到不相关的目标上。不幸的是，社会约束常常强迫人们抑制他们的愤怒。所以他们最后会向最亲近的人发怒。

其他显著的防御机制包括反向形成、退行和认同自居。**反向形成**（reaction formation）是一个人表现出真实想法的反面。对性欲的愧疚常导致反向形成。举个例子，弗洛伊德认为许多嘲笑同性恋的男性是在防御自己潜在的同性恋冲动。反向形成的迹象标志是夸大反向的行为。**退行**（regression）是逆转回不成熟的行为方式。当对自我价值感到焦虑时，有些成人的反应是孩子式的吹牛和自夸。例如，一个被炒掉的管理者找不到工作可能会开始荒唐地陈述他无可匹敌的天赋和成就。这样的自夸当夸张到几乎每个人都能看出来的时候就是退行。**认同自居**（identification）是通过形成想象的或真实的与某个人或某个团体的关系来增加自尊。年轻人常常通过认同摇滚明星、影视明星或出名的运动员来建立脆弱的自我价值感。

图12-4 弗洛伊德的人格动力模型

根据弗洛伊德的理论，本我、自我和超我间无意识的冲突有时导致焦虑。这种不安可能导致防御机制的开启，暂时缓解焦虑。

表 12-1　防御机制并举例

防御机制	定义	例子
压抑	使令人烦恼的想法和感觉埋在无意识里	遭受创伤的士兵对与死亡近距离接触的细节没有记忆
投射	将自己的想法、感觉或动机归因于别人	一个不喜欢她老板的女士认为她喜欢自己的老板却认为她老板不喜欢她
替代	将情绪从它们本来的来源转移到替代的目标上	被父母批评后,女孩拿她弟弟出气
反向形成	表现出与真实想法相反的行为	没有意识到自己对孩子苛责的父母送给孩子奇特的礼物
退行	逆转回不成熟的行为方式	一个成年人因为没有达成愿望而开始使性子
合理化	创造似是而非的使不被允许的行为变得合理的借口	一个用看电视代替学习的学生说:"额外的学习并无益处。"
认同自居	通过形成想象的或真实的与某个人或某个团体的关系来增加自尊	一个缺少安全感的年轻人加入兄弟会提高自尊
升华	在无意识中不被接受的冲动形成了被社会接受的甚至被喜爱的行为	一个性成瘾者变成了性治疗师帮助其他有同样问题的人

资料来源：See Table 14.2 for additional examples of defense mechanisms.

成年人可能会将参加排他的乡村俱乐部或公民组织作为认同自居的一种方式。

最后,弗洛伊德描述了**升华**(sublimation)这一防御,即在无意识中不被接受的冲动形成了被社会接受的,甚至被喜爱的行为。例如,强烈的攻击冲动可能通过进行拳击或足球转化。弗洛伊德相信许多有创造力的努力,像画画、作诗、雕刻,是性欲的升华。例如,他提出达·芬奇的圣母玛利亚画像是他对母亲的亲密渴望的升华(Freud,1910)。从定义上来说,升华是一个相对健康的防御机制。

5. 发展：心理性欲阶段

弗洛伊德认为"孩子是人类的父亲"。事实上,他提出这个吓人的说法是在一个人的人格在5岁时就被定下的基础上的。为了突出这些至关重要的早年,弗洛伊德构想出了一个发展的阶段理论。他强调低龄儿童是如何处理他们不成熟但强大的性冲动的(他大范围使用性这个词来指代许多为了得到身体快感的欲望)。根据弗洛伊德的说法,这些性冲动的焦点根据儿童从一个阶段成长到另一个阶段而改变。事实上,这些阶段的名字(口欲期、肛欲期、生殖器期等)是以儿童在那个时期关注的性能量的部位为基础的。所以,**心理性欲阶段**(psychosexual stages)是有着性关注点,并且给成人人格留下印记的发展时期。

弗洛伊德提出每个心理性欲阶段都有自己独特的发展挑战或任务(见表12-2)。处理这些挑战的方式会塑造人格。固着这一方式在这个过程中起到重要作用。**固着**(fixation)是指无法像预期一样从一个阶段前进到另一个阶段。本质上就是这个孩子的发展停滞了一段时间。固着可以由某个阶段需要的过度满足或过分的无法满足而引起。任何一种方式都可以使儿童时期的固着影响成年时的人格。普遍来说,固着导致对固着阶段的心理性欲需求的过度强调。

表 12-2　弗洛伊德的心理性欲发展阶段

阶段	大体年龄	欲求焦点	关键任务和经验
口欲期	0～1	嘴(吮吸、咬合)	断奶(不再吸母乳或奶嘴)
肛欲期	2～3	肛门(排便或忍耐)	如厕训练
生殖器期	4～5	生殖器(手淫)	树立成人偶像,解决俄狄浦斯情节
潜伏期	6～12	无(性欲被压抑)	发展社会接触功能
生殖期	青春期之后	生殖器(性成熟)	建立成熟的两性关系;通过工作为社会奉献力量

弗洛伊德描述了5个心理性欲阶段。让我们按顺序来看看。

(1)口欲期。这个时期是人生的第一年。在弗洛伊德看来,孩子的喂养经历对后续发展起到至关重要的作用。他强调孩子断奶方式的重要性。根据弗洛伊德,口欲期的固着可能会是之后生活里贪吃和吸烟的基础。

(2)肛欲期。肛欲期的重要事件是如厕训练,这代表社会第一次系统调节儿童生理冲动的努力。严重的惩罚性的如厕训练会导致多种后果。举个例子,严重依赖惩罚的方法可能导致想到生殖器就会产生对惩罚的焦虑。这种从严厉的如厕训练产生的生殖焦虑可能会引起之后生活里对性活动的焦虑。

(3)生殖器期。在关键的生殖器期,**恋母情结**

（Oedipal complex）出现了。这是小男孩对母亲产生的带有性欲的偏爱。他们对父亲有敌意，将父亲看作获得母爱的竞争者。相似地，小女孩对父亲也有特殊的依恋。大概在同一时期，她们知道小男孩有不同的生殖器并产生阳具嫉妒。根据弗洛伊德的理论，小女孩对母亲的敌意是责怪她使自己有生理上的"缺陷"。总的来说，有恋母情结的儿童对他们的异性家长产生带有性欲的喜爱，同时对同性家长有敌意。这个症状的名字来源于古希腊的一个悲剧神话。在这个故事中，俄狄浦斯在刚出生时就与自己的父母分离了。他不知道自己的亲生父母是谁，长大后不经意杀死了自己的父亲并娶了自己的母亲。

根据弗洛伊德的理论，儿童需要通过消除对异性家长的性渴望和对同性家长的敌意来解决恋母困境。在弗洛伊德看来，健康的心理性欲发展依靠解决恋母冲突来达到。为什么？因为持续对同性家长的敌意可能阻碍儿童对那个家长的足够认同。弗洛伊德理论指出如果没有这样的认同自居，孩子不会得到应有的性别类型、道德和其他方面的发展。

（4）潜伏期和生殖期。从大概6岁到青春期，儿童的性欲大部分被压抑为潜在的。潜伏期的重要事件是关注和小家庭以外的社会接触。随着青春期到来，儿童发展进入生殖期。性冲动重新出现并再次关注生殖器。在这时，性能量常常转向异性同龄人，而非像生殖器期一样冲着自己。

弗洛伊德提出早年经历塑造人格。然而，他的意思并不是人格发展在童年中期就停止了。他相信，成年期人格的基础在这个时候被牢固确立。他认为未来的发展生根于早期经历。后来的重要冲突是童年时期危机的重现。

事实上，弗洛伊德相信无意识的性冲突生根在童年时期，而且是导致绝大多数人格问题的原因。他在心理性欲是心理疾病的源头上的坚持最终导致他与最杰出的两位同事卡尔·荣格和阿尔弗雷德·阿德勒的理论分歧。他们都认为弗洛伊德过度强调性。这两个理论家被迫自立门户，于是各自发展出了自己的人格理论。

荣格的分析心理学

卡尔·荣格于1875年生于瑞士的一个中产阶级的家庭。他是一个新教牧师的儿子，是一个非常内向、孤独的孩子，但他是一个出色的学生。荣格在1906年开始给弗洛伊德写信时刚刚获得医学学位并成为苏黎世的一位年轻的精神科医生。当这两个男人第一次见面时就被对方的见解打动了。他们连续畅谈了13个小时！1913年，他们的关系由于一些理论不合而彻底破裂，而在此之前，他们一共往来了359封信件。

荣格把他的新理论叫作分析心理学，区别于弗洛伊德的精神分析理论。荣格的分析心理学最终吸引了许多追随者。也许是由于与弗洛伊德的矛盾，荣格谴责思想学派常常变得教条主义，并且不鼓励新观点。虽然许多理论家标榜自己是"荣格支持者"，但荣格自己常说"我不是荣格支持者"。他会说，"我不希望任何人成为荣格支持者，我希望每个人都成为自己"（van der Post，1975）。

像弗洛伊德一样，荣格（1921，1933）强调无意识对人格的决定作用。然而，他提出无意识包括两个层面。第一层，叫作个体无意识，是和弗洛伊德的无意识概念完全一样的。个体无意识内的材料没有进入一个人的意识是因为被压抑或忘记了。另外，荣格还提出一个更深的层面。他把这个层面称为集体无意识。集体无意识是人们从祖先那里遗传下来的潜在记忆痕迹。根据荣格，每个人都分享全人类的集体无意识（见图12-5）。这是"人类进化的全部精神遗产，每个人一生下来就存在脑结构里"（Jung, quoted in Campbell，1971）。

荣格将这些祖传的记忆叫作原型。它们不是真实个人经历的记忆。原型是带有情绪的有着普遍意义的图片和思想形式。这些原型的图片和想法常常出现在梦里，常常表现在一个文化的艺术、文学和宗教的象征里。根据荣格，差异非常大的文化有非常相似的象征，因为他们来源于全人类共享的原型。例如，荣格发现曼陀罗或"magic circle"在大量文化里都统一象征着自我的完整（见图12-5）。荣格体会到对原型象征的理解帮助他解释患者的梦境。这对他来说有很大的意义。他认为梦境包含重要的无意识信息。像弗洛伊德一样，他在治疗患者时非常依赖梦的分析。

阿德勒的个体心理学

像弗洛伊德一样，阿尔弗雷德·阿德勒生长在维也纳的一个中产阶级犹太家庭。他小时候体弱多病，不仅要和佝偻症（一种维他命缺乏疾病）抗争，而且还差点死于肺炎。他在家的时候活在优秀的哥哥的阴影下。尽管这样，他一直为获得医学学位努力。在进行精神病研究前，他从事眼科学与普通医学活动。他曾经是弗洛伊德的小圈子——维也纳精神分析团体的成员之一。然而，

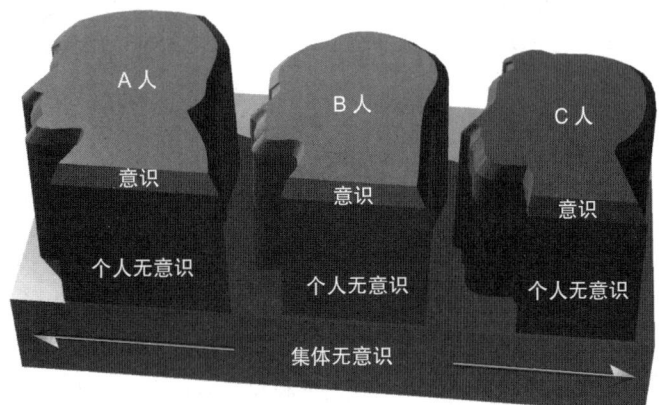

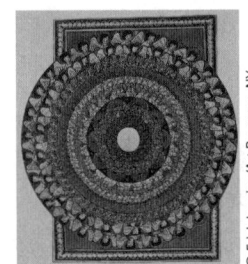
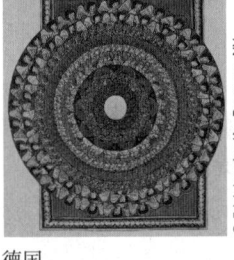

各种文化当中的曼陀罗

德国

美国土著

中国西藏

图 12-5　荣格的集体无意识

如同弗洛伊德一样，荣格得出了每个人都有认识的意识和无意识层面的结论。然而，他也认为全人类都共享一个集体无意识，存在每个人的认识最深处。他把集体无意识看作是存有祖先记忆，也称为原型的储存箱。荣格相信重要的文化符号是从这些普遍的原型中出现的。因此他认为每个不同文化在符号（比如曼陀罗）上的巨大相似性就是集体无意识存在的证据。

他很快开始发展自己的人格理论。他的理论在1911年被弗洛伊德贬低，随后阿德勒被迫离开了精神分析团体。然而他带走了原来23人团体中的9人一起成立自己的组织。阿德勒研究人格的新方法被命名为个体心理学。

像荣格一样，阿德勒（1917, 1927）认为弗洛伊德已经完全将理论以性冲突为中心了。根据阿德勒，人类动机最首要的来源是对优越感的追求。在他看来，这种追求并不一定是对权力或高地位的追求。阿德勒认为对优越感的追求是一种适应的、提升自我的和战胜生命中的挑战的普遍动力。他指出年幼的儿童与更有能力、更年长的儿童和成人相比，会感到弱小和无助。这种早期的自卑感会给他们学习新技能和发展新的才能提供动力。所以，阿德勒认为对优越感的追求是生命中的首要目标，而不是身体的满足感（像弗洛伊德提出的那样）。

阿德勒提出每个人都要克服一些自卑感，他把这个过程称为补偿（compensation）。补偿是通过提高自己的能力来克服想象或真实的自卑感所做的努力。阿德勒相信补偿是完全正常的。然而，对于有些人来说，自卑感过强，就会成为大家所知道的自卑情结——夸大了弱小和无能的感觉。阿德勒认为，无论是过分溺爱的养育方式还是忽视型的养育方式都会导致自卑情结。所以他同意弗洛伊德关于早期童年经历的重要性的看法。然而，他关注亲子关系的另一方面。

阿德勒通过指出过度的自卑感会阻碍追求优越感的正常过程来解释人格紊乱。他提出一些人会通过过度补偿来掩饰自己的自卑感，甚至会对自己掩饰。有自卑情结的人会努力获得地位，得到控制他人的权利，以及掉入成功的陷阱（奇特的服装、吸引眼球的汽车，或其他对他们来说看起来重要的东西），而不是努力去战胜生活的挑战。他们通过吹嘘自己的成功来掩饰背后的自卑情结。然而，问题在于这些人其实是在进行无意识的自我欺骗。相比真实，他们更担心外表。

评价精神动力学观点

精神分析的方法提供了许多长远的、非常"宏大的"人格理论。这些理论在第一次出现的时候提出了一些大胆的新见解。虽然有人可能会对解释的细节有争议，但研究表明：①无意识动力会影响行为；②内在冲突对产生心理疾病有重要作用；③早期儿童经历对成年人格有很大影响；④人们确实会使用防御机制来减少不愉快的情绪体验（Bornstein，2003；Porcerelli et al.，2010；Solms，2004；Westen, Gabbard, & Ortigo, 2008）。

除了受到称赞，精神动力学的构想在许多方面也受到批评（Crews, 2006; Eysenck, 1990b; Kramer, 2006; Torrey, 1992）：

（1）可证性弱。科学研究要求可证的假设。精神动力学的观点常常太模糊并且易推测，难以支持明确的科学检验。例如，你如何证实或者证伪弗洛伊德提出的本我是完全无意识的，或荣格所认为的人类共享集体无意识？

（2）样本不具代表性。弗洛伊德的理论是基于非常窄范围的上流社会的、神经质的、性压抑的维也纳女性样本建立的。他们甚至无法代表西欧文化，更不用说其他文化了。

（3）证据不充分。精神分析的理论太依赖临床案例研究，这太容易让临床医生看到他们想看到的。对弗洛伊德自己临床工作的再次检验发现他常曲解患者的案例历史来使其与自己的理论吻合（Esterson, 2001; Powell & Boer, 1995）。到现在为止，研究者搜集了精神动力学理论的证据，而这些证据仅仅中等程度支持许多中心假设（Fisher & Greenberg, 1985, 1996; Westen, Gabbard, & Ortigo, 2008; Wolitzky, 2006）。

（4）带有性别歧视。许多批评者认为心理动力学理论对女性有性别偏见。弗洛伊德认为女性的阳具嫉妒使她们感到不如男性。他同样认为女性的超我较弱，并相比男性更易神经质。现代心理动力学理论中的性别歧视已经减少了很多。尽管如此，心理动力学方法普遍来说提供的是男性视角（Lerman, 1986; Person, 1990）。

嘲笑弗洛伊德的类似阳具嫉妒的概念很容易，指出弗洛伊德观点是错误的也很容易，但是你要记得弗洛伊德、荣格和阿德勒是在一个世纪以前就提出了他们的理论，将这些理论与其他建立在一个世纪的研究之上的理论进行比较是不太公平的。这就像要求怀特兄弟驾驶一架现代军用飞机一样。弗洛伊德和他的同事们因为从精神动力学的视角开辟了一片新天地而值得受到称赞。在整个心理学界，除了接下来讲到的行为主义，没有其他学派或思想有如此的影响力。

行为主义的角度

行为主义（behaviorism）是建立在科学心理学只应该研究外显行为的前提下的理论。就像我们在第一章看到的那样，行为主义是1913年以来心理学的主流思想学派。约翰·华生在这时候开始为行为的观点抗争。传统的行为主义研究主要关注学习。几十年来，行为主义者相对较少注意对人格的研究。然而，当约翰·多拉德（John Dollard）和尼尔·米勒（Neal Miller）（1950）试图选择性地将弗洛伊德观点归纳成行为主义术语时，行为主义者才开始对人格研究感兴趣。多拉德和米勒证明了行为主义概念可以给人格这个复杂的主题提供有启发作用的见解。

在这一节，我们将会看看对于人格的三种行为主义的观点：斯金纳的、阿尔伯特·班杜拉的和沃尔特·米歇尔的。在很大程度上，你会看到行为主义解释人格与解释其他任何事物的方式一样——用学习来解释。

斯金纳应用到人格上的观点

就像我们在第1章和第6章提到的一样，现代行为主义最杰出的理论家是斯金纳。他是一位美国的心理学家，生于1904年，卒于1990年。斯金纳1931年获得博士学位后，他将职业生涯的绝大部分时间都花在了哈佛大学，在那里他因为对学习原理的研究享有盛名。这些原理的发现几乎都是通过研究老鼠和鸽子实现的。斯金纳（1953, 1957）从来没有打算让操作性条件反射的概念成为人格理论。然而，他的想法影响了心理学所有领域的思想并且被应用于解释人格。在这里我们会看看斯金纳的观点怎样与人格结构和发展联系起来。

1. 人格结构：来自外部的观点

斯金纳不研究像弗洛伊德的本我、自我、超我一样的内在人格结构，因为这样的结构不能被观察到。斯金纳继承了华生的激进行为主义传统，他对人们"内心"发生的一切不感兴趣。他认为猜测私人的、看不见的认知过程是无用的。相反，他关注外在的环境是如何塑造外显行为的。事实上，他支持强烈的决定论，他认为行为完全是受环境刺激决定的。他主张自由意志是幻觉，"作为动作真正的发起者的自我是无法在科学界立足的"（Skinner, 1974）。

斯金纳的理论是如何解释个体外在行为的一致性的呢？根据他的观点，人们表现出一致的行为模式是因为他们通过经验形成了固定的反应趋势。这些反应趋势在将来可能会由于新的经验而改变。但是它们足够稳定，可以成为一个人某种程度上行为的一致性。于是，斯金纳将一个人的人格看作与不同的刺激环境相联结的反应趋势的集合。一个特定的环境可能和不同强度的反应趋势相关，这取决于过去所形成的条件反射（见图12-6）。

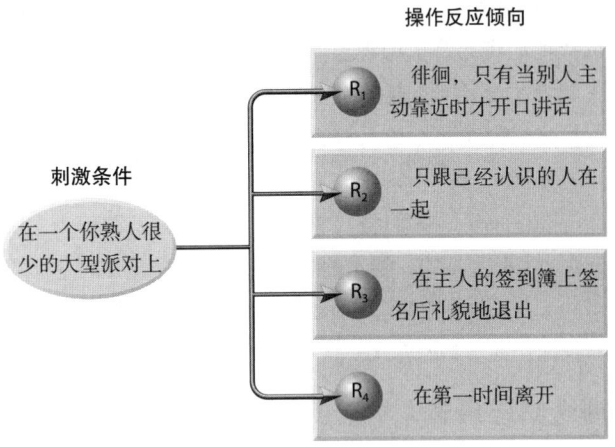

图12-6 人格的行为主义角度

激进的行为主义者没有把注意力放在人格结构的研究上，因为他们觉得那是观察不到的，但他们自身把人格看作个体反应趋势的集合。图中呈现的便是个体在特定的刺激情境下反应趋势的等级。

2. 人格发展作为条件反射的产物

斯金纳的理论通过解释操作性条件反射是如何形成不同的反应趋势来解释人格发展（Bolling, Terry, & Kohlenberg, 2006）。就像在第6章讨论的那样，斯金纳认为环境给的结果——强化、惩罚和消退——决定人们的反应模式。从一方面来说，当反应带来令人喜欢的结果时（强化），反应就会增强。例如，如果你讲的笑话得到了赞许的注意，你讲笑话的趋势就会增加（见图12-7）。从另一方面来说，当反应导致消极结果时（惩罚），反应就会被削弱。所以，如果你的冲动决定常常得不到期望的结果，你冲动的趋势就会下降。

反应趋势不断被新的经验增强或减弱。因为这样，斯金纳的理论认为人格发展是一个连续的、持续一生的进程。不像弗洛伊德和其他理论家，斯金纳认为没有任何理由将发展进程分成几个阶段，他也同样不认为早期儿童经历有特殊重要性。

斯金纳认为人类的条件反射与他实验室里研究的老鼠和鸽子一模一样。所以，他提出决定增强和减弱的反应趋势是机械的，即人的意识并不参与这一过程。于是斯金纳解释行为一致性（人格）时不需要考虑个体的认知过程。

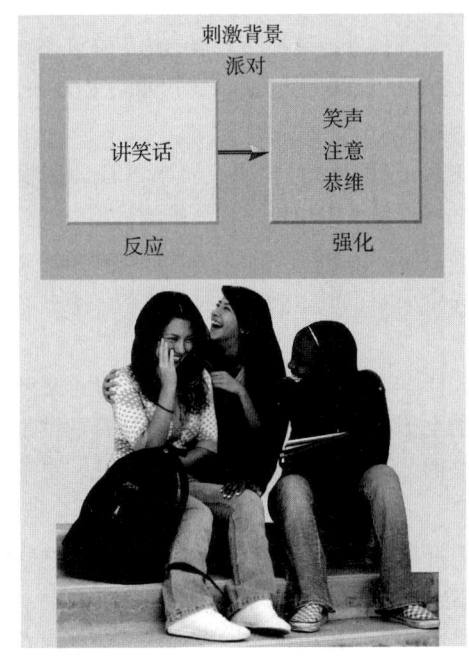

图12-7 人格发展和操作性条件作用

根据斯金纳的理论，强化物和其他行为导致的结果塑造了每个人特有的反应趋势。因此，如果你开的玩笑会引起注意和恭维，那你诙谐和幽默的倾向会被加强。

斯金纳的观点依然十分有影响力。但是他的机械化的、决定论的、非认知的人格观点并不是没有被其他行为主义者挑战。在近几十年中，许多行为主义者发展出了有些不同的更强调认知的行为模型。

班杜拉的社会认知理论

阿尔伯特·班杜拉是一个重塑了行为主义理论的现代理论家。班杜拉在加拿大长大，但他在斯坦福大学完成了他的整个学术生涯。他对人格、行为治疗和攻击性的决定因素都贡献了有影响力的研究。

1. 认知过程和相互决定论

班杜拉是20世纪60年代开始给行为主义增加认知元素的理论家之一。班杜拉（1977）、沃尔特·米歇尔（1973）和朱利安·罗特（1982）都不认同斯金纳的"纯"行为主义。他们指出，人类明显是有意识的、可以思考的和有感觉的。不仅如此，这些理论家认为由于忽视了认知过程，斯金纳忽略了人类行为最独特、最重要的特点。班杜拉和有相似观点的理论家一开始将他们修改过的行为主义称为社会学习理论。现在，班杜拉将他的模型称为**社会认知理论**（social cognitive theory）。

班杜拉（1986，2006）认同行为主义最基础的部分。他相信人格很大程度上是通过学习塑造的。然而，他主张条件反射并不是一个人们作为被动参与者的机械化过程。相反，他坚持"人们是自我组织的、积极主动的、自我反省的和自我调节的"（Bandura，1999b）。所以，人们常规地想要影响生活环境和结果（Bandura，2008）。

与斯金纳的高度决定论的观点相比，班杜拉主张相互决定论。根据这个概念，环境确实决定行为（像斯金纳主张的那样）。然而，行为也决定着环境。换句话说，人们可以选择自己的环境并主动改变环境（例如通过改变一起玩的朋友）。不仅如此，人格因素（认知结构，比如信念和期望）决定行为和环境，同时也被这两方面决定（见图12-8）。所以，相互决定论是指内在思想活动、外在环境事件和外显行为相互影响。根据班杜拉的理论，人类既不是自己命运的主宰，也不是被环境蹂躏的不幸受害者。

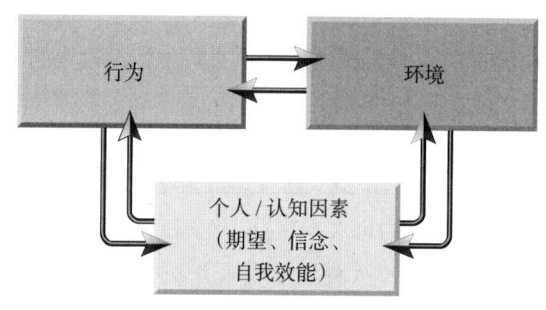

图 12-8　班杜拉的相互决定论

班杜拉反对斯金纳的关于环境决定行为，且自由就是一种幻想的高度决定论。班杜拉认为内部的心理事件与外部环境突发事件和外显行为会相互影响。

2. 观察学习

班杜拉最首要的理论贡献是他对观察学习的描述，我们在第6章介绍过观察学习。当一个生物的反应受到所观察到的他人的影响，那么观察学习就产生了，被观察的他人也叫**模范**（models）。根据班杜拉的观点，当一个人观察其他人的条件反射时，经典条件反射和操作性条件反射都可以替代性地发生。例如，你看见妹妹被别人用一张空头支票骗走了旧电脑，会强化你怀疑他人的趋势。虽然你妹妹才是那个真正体验到消极后果的人，但这些结果也可能会影响你——通过观察学习。

班杜拉认为人们行为模式的特点被他们看见的模范所塑造。他所指的并不是控制大众媒体的流行模范（虽然它们也是模范）。在观察学习中，模范是指行为被别人看见的人。任何人都曾经是别人的模范。班杜拉的核心观点是许多反应趋势都是模仿的产物。

随着研究发展，我们发现有些模范比其他模范更有影响力（Bandura，1986）。儿童和成年人都更倾向于模仿他们喜欢或尊敬的人。人们也特别倾向于模仿他们认为有魅力或强大的人。另外，当人们发现模范与自己存在共同点时更有可能模仿。所以，相比异性模范，儿童在一定程度上更倾向于模仿同性模范。最后，如果人们观察到模范的行为带来积极结果时就更有可能模仿。

3. 自我效能感

班杜拉讨论了各种各样的个人因素（人格方面）是如何控制行为的。近些年来，他最强调的一个因素就是自我效能感（Bandura，1993，1995，2004）。**自我效能感**（self-efficacy）指一个人相信自己能够表现出取得应有结果的行为。当自我效能感高时，个体自信地认为他们为了获得强化物可以做出必需的反应。当自我效能感低的时候，个体担心必需的反应可能超出了他们的能力。对自我效能感的感知是主观的并且特异于某些类型的任务。举个例子，一方面，你可能对自己掌控复杂社会环境的能力感到极其自信；另一方面，你可能对自己掌控学术挑战的能力感到怀疑。

对自我效能感的感知可以影响人们对挑战的处理和他们的表现。研究发现与很多其他事情相比，较高的自我效能感与很多好的方面相关，例如：较低的拖延程度（Steel，2007）、更有效地戒烟（Schnoll，2010）、更坚持运动养生（Ayotte，Margrett，& Hicks-Patrick，2010）、更有效减肥（Linde et al.，2006）、更少由于长期疼痛带来的无能（Hadjistavropoulos，2007）、更好的学习习惯（Prat-Sala & Redford，2010）、更高水平的学术表现（Weiser & Riggio，2010）、面对严重应激更少创伤性应激障碍易感性（Hirschel & Schulenberg，2009）、在恋爱关系中更少吃醋（Hu, Zhang, & Li, 2005）、更容易找到新工作（Saks，2006）、更少由于工作压力造成紧张（Grau, Salanova, & Peiro，2001）。

米歇尔和个体–情境之争

沃尔特·米歇尔出生在维也纳，他家离弗洛伊德家不远。他的家庭在1939年移民去了美国，那时候他9岁。他作为班杜拉的同事在斯坦福大学工作了许多年。

在那之后他去了哥伦比亚大学。米歇尔（1973，1984）对人格理论的主要贡献是关注环境因素在多大程度上控制行为。

根据米歇尔的理论，人们做出的反应都是那些他们认为可以在当前环境下产生强化的反应。例如，如果你相信努力工作会带来加薪和提拔，你可能就会勤奋工作。但是如果你认为努力工作不太可能会得到回报，你可能会表现出懒惰和无责任心。所以，米歇尔版本的社会学习理论预测人们常会在不同的情境下有不同表现。米歇尔（1968，1973）回顾了几十年的研究并得出结论：事实上，人们远没有像一直假设的那样表现出跨情境一致性。例如，研究表明，一个在某个情境下诚实的人可能会在另一个情境下撒谎。

米歇尔令人兴奋的想法直击人格概念的核心，人格的概念假定了人们的行为表现是相当一致的。他的理论引起了关于在决定行为方面是人还是情境的问题更加重要的强烈争论。这个争论使人们逐渐意识到人和情境都是决定行为的重要因素（Funder，2001；Roberts & Pomerantz，2004）。就像 William Fleeson（2004）提出的那样，"个体 - 情境之争即将结束，因为争论的两边都被证明是对的"。Fleeson通过提出在分析的不同层面两种观点分别占上风来调和两个对立的观点。当在即时反馈的基础上研究小块行为时，环境因素占主导地位，并且绝大多数人的行为倾向于高度可变。然而，当研究长时间的大块行为时，人们的行为相当具有一致性，并且人格特质被证明是更有影响力的。

评价行为主义观点

行为主义的理论严格根植在大量实证研究，而不是临床的直觉的基础上。斯金纳的观点阐明了环境的结果和条件反射是如何改变人们特有的行为的。班杜拉的社会认知理论拓宽了行为主义的视野。米歇尔增加了心理学界对环境因素如何影响行为的注意，所以他应受到称赞。当然，任何理论方法都有弱点和缺点，行为主义的方法也不例外。主要的批评如下（Liebert & Liebert，1998；Pervin & John，2001）：

（1）激进的行为主义去人性化的本质。斯金纳和其他激进的行为主义者由于否认自由意志的存在和认知过程的重要性被深深批评。批评者提出激进的行为主义者的观点剥去了人类行为中人类最独特的元素，所以这不能为人类的功能提供一个准确的模型。

（2）行为主义的方法被稀释了。行为主义者曾经因为忽视认知进程而被批评。社会认知理论的兴起削弱了这个批评。然而，社会认知理论破坏了行为主义建立的根基——心理学家应该只研究外显行为的观点。所以，一些批评者抱怨行为主义的理论再也不是行为主义了。

人本主义视角

人本主义理论在 20 世纪 50 年代作为行为主义和精神动力学理论的反对派出现（Cassel，2000；DeCarvalho，1991）。对这两个学派主要的控诉是他们缺乏人性。弗洛伊德理论因为相信行为是受原始的、动物性的欲望控制的而受到批评；行为主义因为专注于动物研究以及对人格的机械性的看法而受到批判。批评者提出这两个学派都太偏向决定论了——没有意识到人类可以自由选择行为，而且都忽略了人类行为的特性。

因为其对人类行为的特有的关注，许多批评者组成了一个松散的联盟，即后来的人本主义。**人本主义**（humanism）是一个强调人类特有特性，尤其是自由与个人发展的潜能的理论方向。与绝大多数精神动力学和行为主义的理论家不同，人本主义的理论家，例如卡尔·罗杰斯和亚伯拉罕·马斯洛对人性持有乐观的态度。他们假定：①人们可以克服自身原始的、动物性的遗传特性；②人们在很大程度上是有意识的、理性的存在，而不是被无意识和非理性的冲突控制的；③人们不是决定性力量的无助棋子。

人本主义理论家也认为一个人的主观世界比客观现实要重要（Wong，2006）。根据这个想法，如果你认为自己是平凡的或聪明的还是善于交际的，这个信念对你行为的影响要比现实中你有多平凡或多聪明或多善于交际的影响更大。

罗杰斯的个人中心理论

卡尔·罗杰斯（Carl Rogers）（1951，1961，1980）是人类潜能运动的发起者之一。这个运动强调通过敏感性训练、交心心理治疗小组和其他促进个体成长的实践来自我实现。罗杰斯是一个聪明的学生，但他违背父母的意愿在研究生阶段学习了心理学。在 20 世纪 40 年代与 50 年代之间，罗杰斯发明了一种心理治疗的新方法。像弗洛伊德一样，罗杰斯将人格理论建立在与大量患者在治疗时的互动上。因为对个体主观观点的强调，所以罗杰斯的方法被称为个人中心理论。

1. 自我

罗杰斯认为人格结构只有一个建构。他将这个建构称为自我。现在更常将其称为自我概念。**自我概念**（self-concept）是一个人对自己的天性、独特的特质和典型行为的信念的集合。你的自我概念是你对自己的脑中画像。这是自我认知的集合。例如，一个自我概念可能包括"我是随和的""我是狡猾的""我是漂亮的"或"我是努力工作的"等信念。罗杰斯认为，个体能够意识到他们的自我概念，自我概念并没有埋在他们的无意识里。

罗杰斯强调自我概念的主观天性，并指出自我概念可能不完全与个体经验相一致。绝大多数人会一定程度上曲解经验来产生相对令人喜欢的自我概念。例如，你可能认为你相当聪明，但你的成绩单反映的可能是反面。罗杰斯把自我概念和现实之间的间隙称为"不一致"。**不一致**（incongruence）是一个人的自我概念和实际经验差异的程度。相反，如果一个人的自我概念足够准确，那么就是与现实一致（见图12-9）。每个人都会感受到一些不一致。正如我们将会看到的，罗杰斯认为太多的不一致会破坏一个人的心理幸福感。

2. 自我的发展

关于人格发展，罗杰斯关心一个人的儿童经历如何增加自我概念与经验之间的一致或不一致。根据罗杰斯的观点，人们有对被喜爱、被爱和被肯定的强烈需求。在生命的早期，父母是这种喜爱的主要来源。罗杰斯认为一些父母使他们的喜爱变成了有条件的，即喜爱依赖于孩子的表现良好与达到期望。当家长的爱看起来是有条件的时候，孩子常常将让他们觉得自己不值得被爱的经验从自我概念中隔离出去。他们这么做是因为他们担忧父母看起来不稳定的认可。在这个连续体的另一端，一些家长给予的喜爱是无条件的。他们不太需要将没有价值的经历封闭起来，因为他们确信无论自己做了什么，自己都是值得被爱的。

所以，罗杰斯相信父母无条件的爱会培养出一致，而有条件的爱会产生不一致。他进一步推出如果个体长大后认为来自他人的喜爱是高度有条件的，他们会继续曲解更多的经验来使自己感到值得被更多的人肯定（见图12-10）。

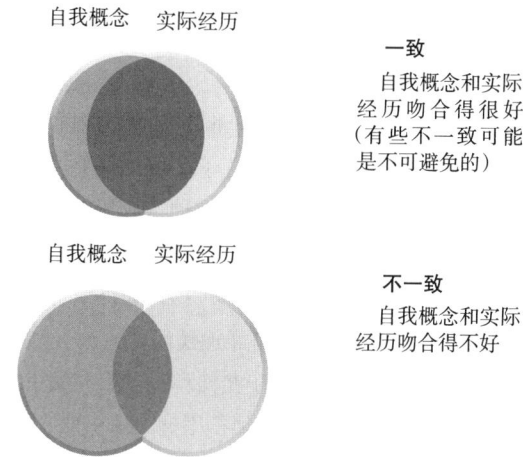

图 12-9　罗杰斯的人格结构观点

在罗杰斯的模型里，自我概念是唯一一个很重要的结构。如图所示，罗杰斯认为一个人的自我概念可能和其实际经验不一致，这种情况称作失调。

3. 焦虑和防御

根据罗杰斯的理论，焦虑的主要原因是人们体验到对自我认识的威胁。你的自我概念越不准确，你会越有可能感受到与自我概念冲突的经历。所以，高度自我概念不一致的人特别容易受到反复焦虑的困扰（见图12-10）。

为了摆脱焦虑，人们在解释经验时常表现出防御性来使经验看起来与自我概念一致。所以，他们忽视、否认并扭曲现实来保护和维持他们的自我概念。想象一个年轻的女人像大多数人一样认为自己是个"好人"。我们假设她实际上是一个相当自负和自私的人。她从男性朋友和女性朋友处得到的反馈是她是一个"以自我为中心的幼稚孩子"。她为了保护自我概念会如何反应呢？她可能会忽视或隔离那些她有自私表现的场合。她可能将女性

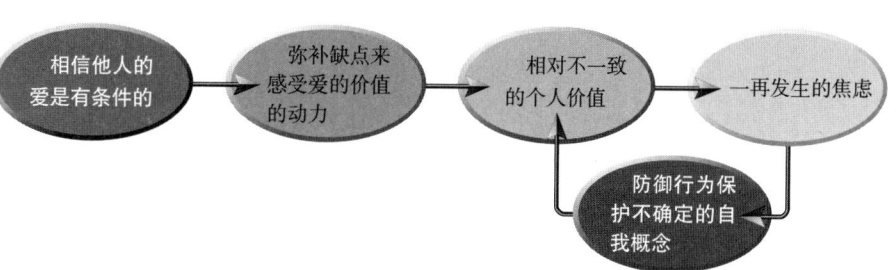

图 12-10　罗杰斯关于人格发展和动力学的观点

图中展示了罗杰斯观点中关于有条件的爱会使个体扭曲自己的实际经验，从而导致自我概念和现实的不一致。这种不一致又会让个体产生复发性焦虑，焦虑激发防御行为，又导致更多的不一致，并恶性循环下去。

朋友的负性评论归因为她们嫉妒自己长得好看，或者她可能指责男性朋友对她不满是因为她并不认真对待他们。你可以看到，人们有时候会竭尽全力保护他们的自我概念。

马斯洛的自我实现理论

亚伯拉罕·马斯洛（Abraham Maslow）在布鲁克林长大。像罗杰斯一样，他也违背了父母的意愿去追随自己的兴趣学习心理学。马斯洛继续创造有影响力的动机理论，并且为新兴的人本主义运动发挥了重要的领导作用。效仿罗杰斯，马斯洛（1968，1970）提出心理学应该对人性持有乐观态度而不是详述疾病的原因。"为了简化这个事情，"他说，"相当于弗洛伊德给我们提供了心理学病态的一半，我们现在必须要用健康的一半填满它。"（1968，p. 5）马斯洛的主要贡献是他对动机阶梯性组织的分析和对健康人格的描述。

1. 需求层次

马斯洛提出将人类的动机组织成**需求层次**（hierarchy of needs）——根据优先顺序的系统的需求排列，在较高一级的基本需求满足前，较低层级的基本需求必须先被满足。这个层次排列常常被描绘成一个金字塔（见图12-11）。处于金字塔底层的需求是最基础的，如生理或安全需求。金字塔越上层包含越不基本的需求。当一个人足够满足一个层次的需求后（不需要完全满足），这种满足将需求推向下一个层次。

马斯洛认为人类本能驱动个体成长——即向更高级状态进化。所以，他将至高级的需求称为成长需求。这包括对知识和美的需求。最高级的是**自我实现的需求**（need for self-actualization），是实现个人潜能的需求。这是马斯洛动机层次的最高需求。马斯洛将这个概念简化为："一个人能成为什么，他就一定要成为什么。"根据马斯洛的理论，人们如果不能完全发挥他们的才能或追求他们真正的兴趣就会有挫败感。例如，如果你具备极佳的音乐天赋但必须要成为一名会计，那么你自我实现的需求就会受到阻挠。马斯洛的金字塔深深渗透进了众多文化中。举个例子，Peterson 和 Park（2010）指出谷歌搜索在网上找到了超过766 000幅马斯洛的金字塔图片——比《蒙娜丽莎》和《最后的晚餐》的图片还多！

最近，在马斯洛第一次提出他具有影响力的需求金字塔后将近70年，理论家提出了一个重大革新。Kenrick和他的同事（2010）从进化的角度提出马斯洛的层次中较高的等级需要修改。他们承认几十年的研究和理论支持前四个等级的需求，但他们主张的金字塔的高级需求并不是很重要，且这些需求实际上是为自尊需求服务的——人们寻求知识、美丽和自我实现来给他人留下印象。将马斯洛的高级需求组合到自尊需求后，Kenrick和同事们（2010）用与繁衍适合度相关的需求填充修订后的高级层次——就是将基因传播下去。特别是，他们提出金字塔最高级的三个需求应该是寻找伴侣的需求，留住伴侣的需求，以及成功养育后代的需求（见图12-12）。

现在很难判断这个对马斯洛的金字塔的大规模修订是否会有跟随者。绝大多数的评论都认为Kenrick和他的同事给革新后的金字塔做了一些有说服力的论证。然而，这样一个对坚实的理论模型的彻底改变一定会带来批评。例如，批评者争辩修订后的层次不再是人类特有的（Kesebir，Graham，& Oishi，2010），将自我实现扔掉是不成熟的（Peterson & Park，2010），以及为人父母可能不是一个人那么重要的需求（Lyubomirsky & Boehm，2010）。在最低限度上，这个革新会让人们对复兴马斯洛需求层次的研究产生希望。

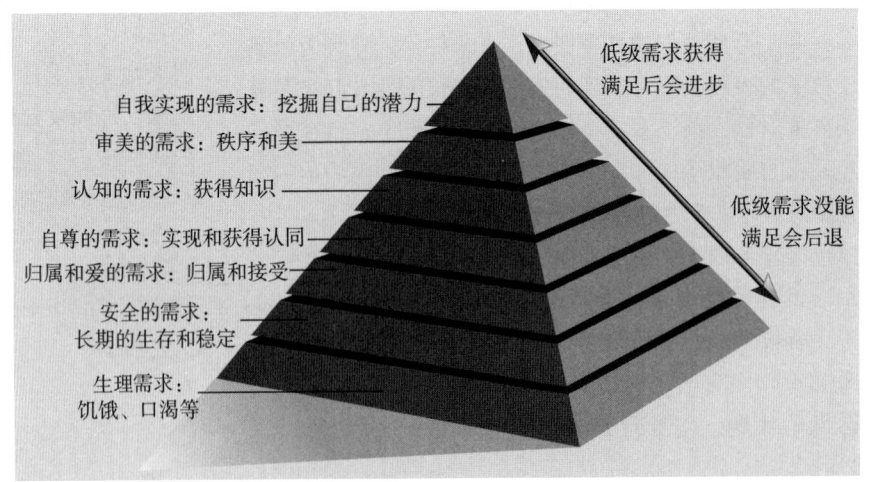

图 12-11 马斯洛的需求层次理论

根据马斯洛的观点，人们的需求是分层级的，在满足较高一级的需求前，人们必须先满足较低层级的需求。在这个图中，金字塔的层级越高，需求的层级越不基本。基础层级满足后，个体的需求才会上一个层级，但如果基本层级又属于未满足状态，则个体又回归到基础层级。

2. 健康的人格

由于对自我实现感兴趣，马斯洛开始寻找健康人格的本性。经过一些年，他进行了研究也搜集了些历史案例。逐渐地，他描绘出一幅大致的理想的心理健康的图画。根据马斯洛，**自我实现的人**（self-actualizing persons）是持续成长的、有着非常健康人格的人。马斯洛鉴别出自我实现的人的多种特质特征。许多特质在图12-13被列了出来。简单说来，马斯洛发现自我实现者非常了解现实并善待自己。他发现他们是开放的、顺其自然的并对周围的世界保持新鲜感。在社会上，他们对他人的需求敏感，并享受有益的人际关系。然而，他们并不依赖他人的肯定，也不会对独处感到不适。他们努力工作，也有幽默感。马斯洛也提到他们比其他人更常有"高峰体验"（高程度的情绪高涨）。最后，他发现他们很好地把握了许多人格的两极。例如，他们既可以孩子气也可以成熟，既可以理性也可以凭靠直觉，既可以顺从也可以反叛。

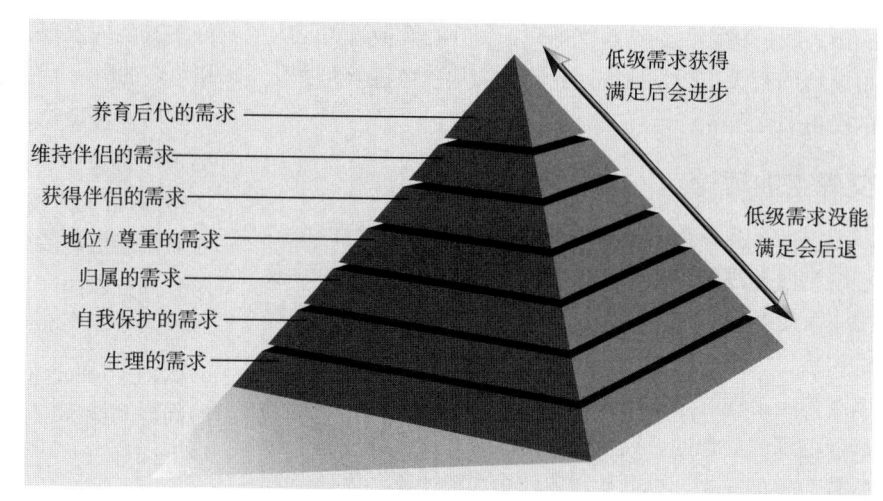

图 12-12　马斯洛金字塔模型的修订版

根据 Kenrick 及其合作者的研究（2010），马斯洛需求层次理论较低等级的需求已经被证实，但是金字塔中较高等级的部分需要修改，又根据进化的观点，Kenrick 及其合作者认为人类最高级的需求应该是与生殖适应性相关的动机。

自我实现的人的特征	
• 对现实清晰、有效的认识并与其保持舒适的关系	• 有神秘和巅峰的经历
• 自发、简单、天然	• 亲密感和人类人群的身份认定
• 以问题为中心（在它们之外有一些必须要完成的任务）	• 强有力的友谊，但有数量限制
• 分离和隐私需要	• 民主的性格结构
• 自由、独立的文化和环境	• 好与恶间的道德区分
• 持续的更新鉴赏力	• 冷静、没有敌意、幽默感
	• 人格两极间的平衡

图 12-13　马斯洛关于健康人格的观点

相较适应不良，人本主义流派更强调心理健康。根据马斯洛对于自我实现人类人格的描述，人们画出了健康人格的特征图。

评价人本主义观点

人本主义学者为对人格的研究添加了新鲜血液。他们认为个体的主观观点可能比客观现实更重要，这已经被证明是有说服力的。即使是行为主义的理论家也开始考虑主观个人因素，比如说信念和期待。人本主义的方法也对自我概念成为心理学的一个重要构建做出了贡献。最后，人本主义乐观的、以成长和健康为导向的方式，为积极心理学运动的出现奠定了基础。这个运动在现代心理学中越来越有影响力（Sheldon & Kasser; Taylor, 2001）。

当然，事物总会有不好的一面。批评者指出了研究人格的人本主义方法的一些缺点。批评包括以下几点（Burger, 2008; Wong, 2006）：

（1）低可测性。像心理动力学的理论家一样，人本主义者因为提出难以用科学方法检验的假设而被批评。人本主义的概念，例如个体成长和自我实现，难以定义和测量。

（2）对人性的不现实看法。批评者也指责人本主义者对人性的假设以及对健康人格的描述不够现实。马斯洛所谓的自我实现的人听起来近乎完美。实际上，马斯洛找这样的人非常困难。当他在活着的人里找时，结果非常不理想，于是他转去研究历史人物。

（3）不充分的证据。在很大程度上，人本主义的心理学家并非研究导向的。罗杰斯和马斯洛都进行并鼓励实证研究。然而，许多他们的追随者对量化人们的经验来检验假设不屑一顾。

生物学视角

人格会不会是基因遗传得来的呢？这个可能性在几十年的人格研究中基本上被忽视了，直到汉斯·艾森克在 20 世纪 60 年代为基因的影响提出充分的理由。在这一节，我们将会讨论艾森克的理论，并看看最近关于人格遗传的行为遗传学研究。我们也会从神经科学和进化的视角来看人格。

艾森克的理论

汉斯·艾森克（Hans Eysenck）在德国出生，但在纳粹统治时期逃到了伦敦。他成了英国最出名的心理学家之一。艾森克（1967，1982，1990）认为人格结构是特质的层级，大量表面特质是由更少的基本特质而来，这些基本特质又是由少数根本的高阶特质而来，就像图 12-14 展现的那样。他的研究提出人格的所有方面都由三个高阶特质发展出来：外向性、神经质和精神质。你已经学过前两个特质了，他们是大五的关键元素。第三个特质，精神质，包括自我中心、冲动、冷漠和反社会。

根据艾森克的理论，"个人的基因很大程度上决定了人格"（1967）。遗传是如何与艾森克的模型里的人格联系起来的呢？在一定程度上，是通过从行为主义理论借来的条件作用的概念。艾森克从理论上提出，一些人更容易被条件作用是因为他们的心理功能在遗传上与他人不同。这些"可条件作用性"的差异被假定会影响人们通过条件作用获得的人格特质。

艾森克对解释外向性-内向性的差异表现出特别的兴趣。他提出内向的人倾向于有更高程度的心理唤起，或者可能更高的"可唤起性"。这使他们比外向的人更容易受条件作用。根据艾森克，容易受条件作用的人会比其他人获得更多来自条件作用的压抑。这些压抑使他们在社会情境中更害羞、踌躇和不适，最终使他们转向内心。所以，他们成了内向的人。

行为遗传学和人格

近期对行为遗传学的研究为许多人格特质很大程度上是遗传得来的观点提供了有力的支持（Livesley, Jang, Vernon, 2003; Rowe & van den Oord, 2005）。例如，图 12-15 表明了对同卵双生子和异卵双生子进行大五人格特质的研究所观察到的平均相关。高相关表示在一个特质上有更高的相似性。在所有的五个特质中，同卵双生子之间比异卵双生子更相像（Plomin et al., 2008）。根据这些和许多其他的发现，理论家们总结出遗传因素表现出对人格可观的影响（见第 3 章双生子研究的逻辑解释）。

一些怀疑论者怀疑同卵双生子比异卵双生子表现出更多的特质相似性是否可能由于他们受到的对待更像。换句话说，他们怀疑是环境因素（而不是遗传）影响了同卵双生子更高的人格相似性。这个挑剔的问题只能通过对分开抚养的同卵双生子的研究来回答。幸运的是，在明尼苏达大学的一个有影响力的双生子研究提供了必要的数据（Tellegen et al., 1988）。这是对分开和一起抚养的同卵和异卵双生子进行相同人格测试的第一个研究。绝大部分分开抚养的双生子在很早就被分开了（年龄中数是 2.5 个月）并且在很长一段时间内维持分离（时间的中数是约 34 年）。这个结果表明，分开抚养的同卵双生子比一起抚养的异卵双生子在人格上更相似。这些特质的遗传率估计值（见第 9 章）的范围在 40% ~ 50%。总的来说，关于大五人格特质的决定因素的研究持续了 50 年，这些结果都表明了每个特质的遗传率都是接近 50% 的（Krueger & Johnson, 2008）。因此，行为遗传学的研究还是支持了基因蓝图塑造了个体人格的轮廓这一概念。

人格的遗传率研究在不经意间得到了一个有趣的发现：**共享的家庭环境**（shared family environment）似乎对人格没有显著的影响。这一出乎意料的发现在行为遗传研究中得到了持续的观察（Beer, Arnold, & Loehlin, 1998; Rowe & van den Oord, 2005）。为什么说这个发现出乎意料？一直以来，社会科学家都认为儿童共同成长的家庭环境会使得他们具有一些相似的人格。这个发现让研究者开始探究家庭中孩子的主观环境是如何不同的。但科学家还是很困惑共享的家庭环境的影响为什么那

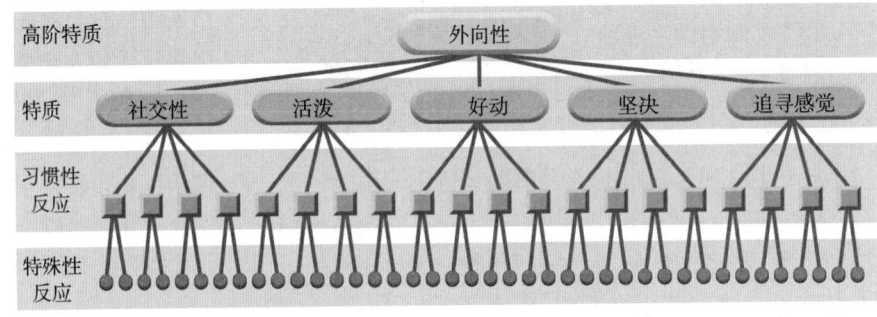

图 12-14 艾森克的人格结构模型

艾森克把人格结构描述为特质等级。图中，一些高阶的特质，例如外向性，决定了一些低阶的特质，这些低阶的特质决定了个体的习惯性反应。

资料来源：Eysenck, H. J. (1976). *The biological basis of personality*. Springfield, IL: Charles C. Thomas. Reprinted by permission of the publisher.

么小。

近来的一些研究把特定的基因和特定的人格特质联系在一起，所得出的结果很令人兴奋但同时也有很大的争议。像我们在第3章所提到的一样，**遗传定位技术**（genetic mapping techniques）刚刚开始允许研究者去寻找特定的基因和行为方面的联系。很多研究都发现一个控制多巴胺受体的独特类型的基因和外向性、猎奇性、冲动性的测量之间存在联系，但是很多重复这个实验的研究者都失败了（Canli，2008；Munafo et al.，2008）。总的来说，当前证据表明的是这种联系的存在，但是很难去重复，因为这个相关非常的弱（Canli，2008；Ebstein，2006）。所以，只要样本和所使用的人格量表有细微的差别，得到的结果都会不一致。就像我们看到采用基因定位来研究智力一样（详见第9章），这种方法的根本问题就是：某个特定的人格特质可能由成千上万的基因所决定，而每一个基因在这里所起到的作用又很小以致难以去探测。

图 12-15　人格研究中的双生子研究

Loehlin（1992）统计了双生子在大五人格特质上所测试的结果。每个特质下面的 N 代表了双生子的数量，这张图描绘了同卵双生子和异卵双生子在测试中的平均系数。就像你看到的一样，同卵双生子比异卵双生子在人格上具有更大的相似性，这一发现可以表明人格在一定程度上是有遗传性的。（数据来自 Loehlin，1992）

 真相核查

误解

父母对他们子女的人格施以了很大的影响。

真相

这看起来是一个有逻辑的推测，但是当行为遗传研究者试图去定量共享的家庭环境对人格的影响时，他们震惊于这个影响并不存在。其他类型的发展心理学研究认为父母对孩子的人格还是有一些影响（Maccoby，2000），但是似乎这个影响也远远小于我们所通常认为的影响（Cohen，1999；Harris，1998）。

人格的神经科学理论

近年来，神经科学家开始探索特定的人格特质和大脑结构功能之间的关系。这一观点认为，反映人格特质的行为规律也许就植根于大脑的个体差异上（DeYoung & Gray，2009）。到现在为止，研究和理论都基本只关注于大五人格特质。举例来说，最近的一个研究使用 MRI 技术去探寻大五特质和大脑中特定区域相对大小的变化关系（DeYoung，2010）。这个研究发现了一些有趣的结果，例如，参与者的外向性和大脑中过程奖赏区域的体积有关系，同时，不同的神经质也同大脑中会被威胁、惩罚和负面情绪所激活的区域的体积有关联。大脑中调节计划和自主控制的区域大小也和尽责性的主观程度关联。这一系列的研究都是全新的，但这些有价值的初期结果也指出对人格特质的神经基础进行探索也许会很有成效。

人格的进化角度

在人格的生物视角范围内，另外一个近期的发展是进化理论的出现。进化理论学家认为人格有一个生物基础，因为在人类历史进程中，自然选择会青睐某些特质（Figueredo et al.，2005，2009）。因此，进化分析着重于不同的人格特质（以及识别他人身上这些特质的能力）在人类祖先中是如何对生殖适合度起到作用的。

例如，戴维·巴斯（1991，1995，1997）主张将大五特质作为人格的一个重要维度，因为这些特质已经具有了有效的适应性含义。巴斯指出人类在历史上就很依赖群体。群居可以提供保护，避免遭遇捕食者和敌人，还提供了共享食物的机会和一系列其他的好处。在这些群体互动的环境下，人们不得不做出一些困难的，但十分必要的关于他人性格的判断，问自己一些"谁会是我这个群体中的一名好同伴？""在我需要时，我可以依赖

谁?"以及"谁会共享他的资源?"这样类似的问题。巴斯（1995）认为："这些可以准确地辨认并按照个体差异行事的人更有可能享受到相当大的生殖优势。"

根据巴斯的观点，大五人格特质是作为人格的基本维度而出现的，因为人类已经发展出一种对待变化的特殊敏感性，这些变化发生在：与他人建立关系的能力（外向性）、愿意与他人合作（随和性）、成为可靠的和有道德的趋势（尽责性）、做一个革新问题的解决者的能力（开放性）以及处理压力的能力（低神经质）。简单地说，巴斯认为大五特质反映了人类整个进化进程中，他人的适应性行为的最显著的特点。

丹尼尔·列托（Daniel Nettle）（2006）又做了进一步的思考，他声称特质自身（相对于从别人身上辨识出它们的能力）是进化的产物，其已经在祖先的环境中具有了适应性。例如，他讨论了外向性是怎样促进交配成功，神经质是怎样推动了竞争力和对危险的躲避能力，随和性是怎样培养了高效建立联盟的能力等。

评价生物学观点

研究者把有关生物因素对人格有显著影响的具有说服力的证据汇编到一起。但是，人格研究的生物学方法还是有一些弱点：

（1）大卫·范德（David Funder）（2001）观察到行为遗传研究者都有一些"要建立遗传率系数的准确量级的强迫性观念"。就像我们在第9章讨论过的一样，遗传率是一个可变范围的估计，它会随着抽样过程和其他原因而发生变化（Sternberg, Grigorenko, & Kidd, 2005）。不会有好数据等着去发现。因此，无节制的关注于遗传率是不明智的。

（2）把行为嵌入到基因和环境构建中这种努力的结果最终也是人为的。遗传和环境是紧密联系在一起，交互作用的，它们不能被干净地拆分开（Plomin, 2004; Rutter, 2007）。例如，一个受基因影响的特质，就如同幼儿的坏脾气可能会引发父母的一种独特的教养方式。从本质上来说，这个孩子的基因塑造了他的环境。因此，基因和环境对人格的影响不是完全独立的，因为人们所处的环境可能有部分是由他们的基因塑造的。

当代的人格实证研究

到目前为止，我们的覆盖面都是在基础的、概括性的人格理论。在这一部分中，我们将要探讨当代该范畴内的一些有限实证研究。在现代人格研究进程中，研究者通常试图去描述和测量某个重要的人格特质，查明该特质与其他特质以及特定行为之间的关系。为了对这种类型的研究有个大概的印象，我们将会看一下关于自恋这种特质的研究。我们将会看到一种具有影响力的新方法——恐惧管理理论，该理论关注于人格动力而不是人格特质。

对自恋研究的新兴趣

自恋（Narcissism）是一种夸大的自我重视、对关注和赞美的需求、权利感、和利用别人的趋势的人格特质。这个术语是从希腊神话中的纳西瑟斯（Narcissus）演变而来，纳西瑟斯是一个追求爱的美少年，在神话故事中，他从水中看到了自己的倒影之后就爱上了自己的倒影最后一直看着它直到死去，由此描述了过分自恋的危险。自恋这一概念是一个多世纪前由性研究的先驱者西格蒙德·弗洛伊德（1914）和哈夫洛克·艾利斯（1898）所普及。

在1980年以前，自恋的症状并没有在心理分析之外受到广泛讨论，而到1980年，美国精神病学会出版了大量描述不同的心理紊乱的诊断系统的文章（详见第15章）。改进的诊断系统包括了一个新的症状——**自恋型人格紊乱**（narcissistic personality disorder, NPD）。这种新的紊乱的主要症状有：①夸张的重要感；②持久的对关注的需求；③难以接受批评；④权利感。NPD被看作只存在于一小群人中（3%～5%）的极端和病态的自恋。

NPD的正式定义启发了一些研究者去研究大众群体中较轻微的非病态自恋。这个研究把对自恋的测量当作了一种正常的人格特质。在这些测量中，运用最广泛的就是**自恋型人格测验**（narcissistic personality inventory, NPI）（Raskin & Hall, 1979, 1981; Raskin & Terry, 1988），并且已经被用在了数以百计的研究中。

这些研究以在自恋上得分高的人绘制了一幅有趣的图像（Rhodewalt & Peterson, 2009）。自恋的人积极性很高，但是容易受自我概念的威胁。最重要的一点是，他们的行为是为了维护自己脆弱的自尊。这些自恋的人更专注于使自己看起来更强大、更成功而不是追求和他人建立联系（Campell & Foster, 2007）。他们表现出一种就像上瘾似的对赞同和赞赏的渴望（Baumeister & Vohs, 2001）。结果是，他们以超负荷的工作给别人的印象是自我夸大的成就描述。你可能可以猜到，在这个通过互联网来建立社交网络的时代，自恋的人会在Facebook和类似的网站上发表一些轻浮的自我促销的内容（Buffardi & Campell，2008；Mehdizadeh，2010）。研究也发现自恋的人更容易冲动（Vazire & Funder，2006），也更容易产生无缘由的攻击行为（Reidy，Foster，& Zeichner，2010）。

自恋的社会结果也很有趣（Back，Schmukle，& Egloff，2010；Paulhus，1998）。当自恋的人第一次认识其他人时，他们经常被认为是可爱的、自我肯定的、幽默的，甚至是有超凡魅力。因此，最开始他们可能会被喜欢。但随着不断地接触，他们对关注度的需求、无耻的自我吹嘘和权利感就会变得乏味，最后，人们就会认为他们自大、以自我为中心以及不可爱。

基于各种各样的社会趋势，Jean Twenge 和他的同事（2008）怀疑自恋会不会在近几十年中增长。为了验证这个假设，他们收集了20世纪80年代至今的85个研究的数据，这次研究都是用美国大学生做的 NPI 测试。就像你在图 12-16 中看到的一样，他们的分析显示出 NPI 的得分正在升高，从 20 世纪 80 年代的 15.5 分上涨到 2005～2006 年的 17.5 分。最近的一个研究重复了这个发现，把上涨趋势扩张到了 2009 年（Twenge & Foster，2010）。在对这个上涨趋势可能结果的讨论中，Twenge 和 Campell（2009）指出自恋的上涨会使得年轻人过分关心身体吸引力，从而导致不健康的节食、过度使用整形手术以及消耗类固醇的健身。他们同样声称自恋者的"以我为先"的态度会导致追求越来越高的物质享受和对地球资源的过度消耗，最终引起环境问题和经济垮台。

恐惧管理理论

恐惧管理理论出现于 20 世纪 90 年代，是一个很有影响力的观点。尽管这个理论借用了弗洛伊德和进化学的表述，它仍然为人的境况提出了一个独特的分析。这个新颖的观点由 Sheldon Solomom、Jeff Greenberg 和 Tom Pyszczynski（1991，2004b）提出，在当前产生出了很多研究。

恐惧管理理论的主要目标之一就是解释人们为什么需要自尊。不像其他动物，人类演变出了复杂的认知能力，这种能力允许他们认识自我以及思考未来。这些认知的能力使人们敏锐地认识到生命可能在任何一个时间就消失。人们这种自我保护的本能和对死亡不可避免的认识之间产生了冲突，这种冲突会使人们在思考到死亡问题时产生应对焦虑、惊慌和恐惧的潜能（见图 12-17）。

把自尊作为焦虑缓冲的观点被很多研究所支持（Pyszczynski et al.，2004；Schmeichel et al.，2009）。在很多实验中，研究者都是操控**死亡提醒**（mortality salience），即主观的死亡在他们思想中有多突出的等级。一般来说，只有当让被试简短地思考一下他们将来的死亡时，死亡提醒会上升。和焦虑缓冲假设保持一致的是，提醒人们死亡会使被试做出一系列的行为来提高他们的自尊，以此来降低焦虑。

上升的死亡提醒会使人们为了保卫他们的文化世界观而努力工作（Arndt & Vess，2008；Burke，Martens，& Faucher，2010）。例如，在简短地思考完他们的死亡后，被试会：①对道德违规者进行严厉的惩罚；②对批评他们国家的人有更负面的反应；③对文化标志，例如国旗，产生更多的尊敬。这种对保护文化世界观的需要甚至会导致偏见和攻击性（Greenberg et al.，2009）。提醒被试他们的死亡会导致他们：①对来自不同宗教背景的人有更

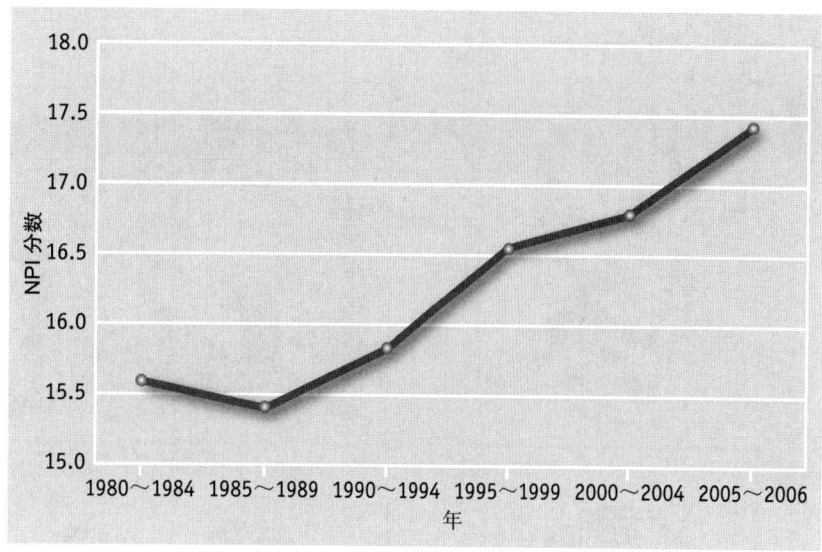

图 12-16 美国大学生自恋情绪的上升

这张图显示了从 20 世纪 80 年代起，大学生在自恋型人格测量上的得分。正如你所看到的一样，这个数据指出了在近几十年中 NPI 分数平稳上升。

资料来源：Based on Twenge, J, M., Konrath, S., Foster, J. D., Campbell, W. K., & Bushman B. J. (2008) Egos inflating over time: A cross-temporal meta-analysis of the Narcissistic Personality Inventory. *Journal of Personality, 76*, 875–901. Copyright © 2008 John Wiley and Sons.

图示人格理论发展史

理论家和方向	数据来源和观察	主要假说
心理动力学角度：  西格蒙德·弗洛伊德	 临床心理分析的个案研究	儿童过去的事件决定他成人的人格；人类的行为由无意识以及非理性的希望、需求和冲突所支配；人格阶段性发展
行为学角度：  B.F. 斯金纳	实验研究，主要在动物身上 	行为由环境决定，尽管这一观点之后被班杜拉的交互决定论削弱；后天（学习和经验）比先天（基因和生物因素）更有影响力；情景因素对行为有很大影响
人本主义角度：  卡尔·罗杰斯	个人中心治疗法的临床研究 	人们能自由绘制他们自己的行为；他们不是被环境支配的倒霉的受害者；人们很大程度上是有意识、有理性的生物，而不是被无意识需求所操控的；一个人对世界的主观观念比客观现实重要
生物学角度： 汉斯·艾森克	双生子、家庭和收养的遗传率；人格结构的因素分析 	行为大体上由进化适应性、大脑连接方式和遗传所决定；先天比后天更有影响力

Illustrations of Freud, Skinner, Rogers, and Eysenck © Cengage Learning 2013

| 人格结构模型 | 人格发展的观点 | 紊乱的来源 |

| 三个互相作用的成分（自我、本我、超我）在意识的三个层级内进行操作 | 强调固着或者心理性欲阶段的发展；儿童早期经验会对成人人格留下印记 | 无意识固着和儿童时期不能解决的冲突，一般集中在性和攻击性上 |

| 和特定刺激情景所联系的反应趋势的收集 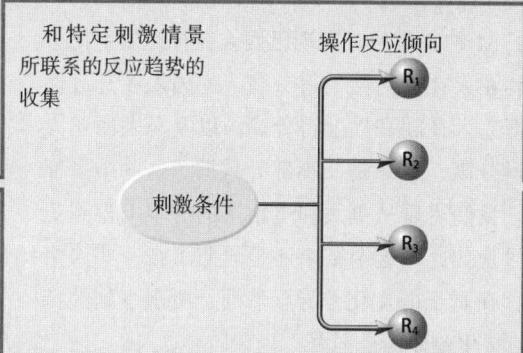 | 人格随着生命而演变发展（不是阶段性的）；有强化的反应会变得更频繁 | 由于错误学习而导致的不适应性行为；"症状"是一个问题，而不是疾病潜在的迹象 |

| 自我概念可以或不可以与实际经验相吻合 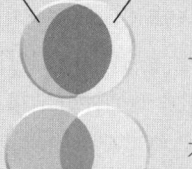 | 接受无条件关爱的孩子更少有防备心；他们发展得更好，有一致的自我概念；条件性的关爱促成了不一致性  | 自我和实际经验之间的不一致性（不准确的自我概念）；过度依赖于别人的赞赏和价值感 |

| 特质的层级、特定的特质都是由更基础、更广泛的特质衍生而来的 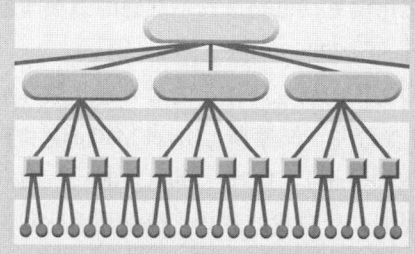 | 强调基因蓝图成熟的演变；遗传倾向和学习经验之间相互作用 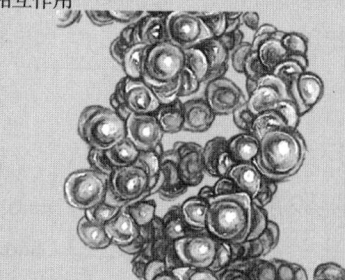 | 基因易损性被环境因素部分激活 |

消极的评价；②对少数族裔产生更多的刻板印象的思考；③对对立政治见解的人有更多的攻击行为。

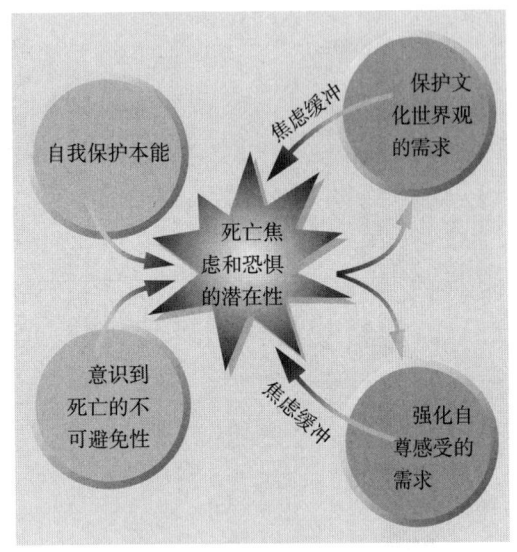

图12-17 恐惧管理理论的概览

这张图显示出了恐惧管理理论中的核心概念间的联系。这个理论主张人对不可避免的死亡的认识促进了保护文化世界观和自尊的需要，而这可以帮助人们避免遭受焦虑带来的死亡。

恐惧管理理论对很多现象都产生了新颖的假设。例如，Solomom、Greenberg 和 Pyszczynski（2004）用自尊的焦虑缓冲功能解释过度的享乐主义。具体来说，他们认为"显而易见的财富和消费是一种露骨的努力，希望强调自己是独特的，而不仅仅是一只注定要死亡和腐烂的动物"。

最初，用一个理论来解释死亡焦虑的所有事，包括从偏见到强迫性的购物是难以置信的。毕竟，大多数人都不会为了他们死亡的可能性而强迫性地整天散步。恐惧管理理论的建筑师也能很好地认识到这个现实。他们解释说，在他们的研究中没有覆盖到的防御反应一般是在当死亡焦虑处在意识知觉的边缘时，并且这些潜意识的反应是自发发生的（Pyszczynski, Greenberg, & Solomon, 1999）。虽然恐惧管理理论看起来有点牵强，但是它的预测在上百个研究中得到了支持（Burke, Martens, & Faucher, 2010）。

文化和人格

文化和人格之间是否存在联系？近年来，心理学对文化的研究使得文化-人格研究开始复兴（Church, 2010）。这个研究旨在探讨西方人格结构是否和其他文化有关联，以及在特定的人格特质中是否能看到文化差异。心理学上其他跨文化研究都发现了跨文化的一致性和差异性的证据。

最重要的是，不同的文化在人格的特质结构上具有很显著的一致性。当英语版本的人格测量被翻译为其他语言并应用于其他文化时，所预测的人格维度就会出现在因素分析中（Chiu, Kim, & Wan, 2008）。例如，当把大五人格特质测量应用在其他文化并进行因素分析时，常见的五个特质一般会显现出来（Katigbak, 2002；McCrae & Costa, 2008）。因此，这些研究尝试性地指出人格特质结构的基本维度可能是普遍的。

在另一方面，当研究者比较不同文化样本的特质平均得分时，差异性就出现了。例如，麦克雷等人（2005）在研究比较了51种文化后，发现巴西人在神经质上得分较高，澳大利亚人在外向性上得分高，德国人在开放性上得分高，捷克人在随和性上得分高，以及马来西亚人在尽责性上得分高，这只是一小部分数据。这些结果都只是初步的。我们需要从更大的和更精选的样本上得到更多的数据。尽管如此，这个结果还是表明了在一些人格特质上可能存在真正的文化差异。然而，所观察到的特质平均分时，文化差异还是不大。

由麦克雷等人（2005）所得到的有效数据让特拉奇诺（Terracciano）等人（2005）可以去评估**民族性格**（national character）这一概念。民族性格是指不同的文化中普遍认同的一种人格原型。特拉奇诺和他的同事们让来自不同文化环境的被试去描述他们文化中的典型代表，并在一个由五因素模型指导的评分表上打分。总体来说，被试会对描述他们文化典型的评分结果表示同意。平均评分作为描述每个文化的典型代表，被用来和麦克雷等人（2005）之前得出的特质平均分做相关。结果是明确的。大部分的相关系数都很低甚至出现负值。换句话说，不同文化中对民族性格的认知和实际的特质分数之间几乎没有关系（见图12-18）。人们关于民族性格的信念，常常导致文化偏见，也是极其不准确的刻板印象（McCrae & Terracciano, 2006）。

也许对人格和文化的研究所做出的最有趣和最有影响的工作是来自于黑泽尔·马库斯（Hazel Markus）和吉塔雅玛（Shinobu Kitayama）（1991, 1994, 2003）。他们对比了美国人和亚洲人对自我的观念。根据马库斯和吉塔雅玛的研究，美国父母会教育他们的孩子依靠自我、

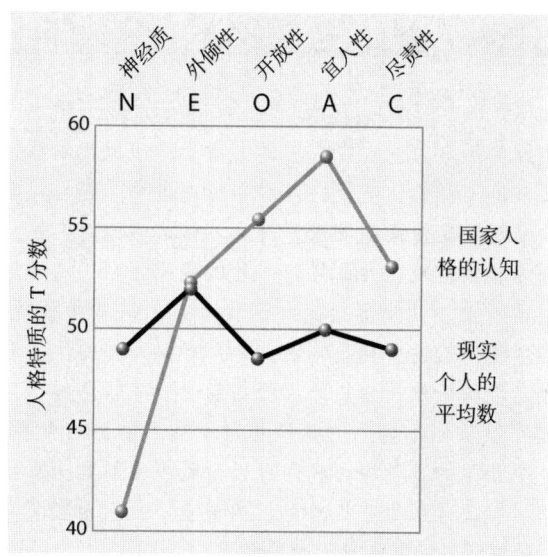

图 12-18 一个不准确的民族性格的认知的例子

特拉奇诺等人（2005）发现对民族性格（某种文化的典型代表人格）的认知大体上是不准确的。这里的数据中的一种文化——加拿大人——都说明了其不准确性。加拿大人的大五人格特质的平均得分样本在图中用深黑色表示出来。对民族性格的平均认识水平用浅灰色表示出来。两者之间有很明显的不一致性。特拉奇诺和他的同事在对其他文化的研究中也发现了这种相似的不一致性。

资料来源：Adapted from McCrae & Terracciano, 2006.

认为自己不错，以及把自己看作一个特别的个体。他们鼓励儿童们努力地去竞争并且努力从人群中脱颖而出。他们告诉儿童："你必须为自己而战。"因此，马库斯和吉塔雅玛认为美国文化培养的是一种关于独立的自我观念。美国年轻人学着去用个人贡献、能力、成就和财富来定义自己。

我们大多数人都对这种心态不以为然，但是，马库斯和吉塔雅玛（1991）宣称："大多数心理学家所了解到的人的本质都是基于一个角度——所谓的把个体看作独立的、自给自足的和自主实体的西方角度。然而，他们整理了有说服力的证据表明那个角度是不普遍的。他们认为在亚洲文化中，例如日本和中国，社会化的联系培养了一个相互依赖的自我观念，这一观念强调了人与人之间相互关联的基础（见图 12-19）。在这些文化中，家长会教育他们的孩子可以去依赖家庭和朋友，孩子们应该对他们个人的成就感到谦虚，这样他们就不会弱化别人的成就，他们应该把自己看作社会母体的一部分。家长鼓励儿童和别人和睦相处，避免从人群中脱颖而出。日本的一句有名的格言提醒儿童们："长在最前面的指甲最先被损毁。"然而，马库斯和吉塔雅玛声称亚洲的年轻人一般使用他们所属的群体来定义自己。他们和他人的和谐关系以及他们对集体成就的自豪才是他们自我价值感的基础。

人格经常研究个人主义相对于集体主义的文化表现，这种表现代表了不同的价值观体系和世界观（Triandis & Suh, 2002）。**个人主义**（individualism）包括把自己的目标放在集体目标之前，用自己的贡献而不是群体成员的身份来定义自己。相反，**集体主义**（collectivism）指的是把集体目标放在个人目标之前，并且用所属的群体（例如家庭、宗族、工作团体、社会阶级、社会地位等）来定义自己。这些不一致的世界观对人格有各种各样的含义。例如，有研究发现个人主义和集体主义促进了自我强化的文化差异。自我强化关注与他人的积极反馈、夸大自我力量以及把自己看作高于平均水平。这种趋势在个人主义的文化中逐渐变得普遍，但是在集体主义的文化中却很不常见，集体主义文化中的规范是对负反馈和自己缺点的反应更敏感（Heine, 2003；Heine & Hamamura, 2007）。这个观察是本章专题学习的出发点。

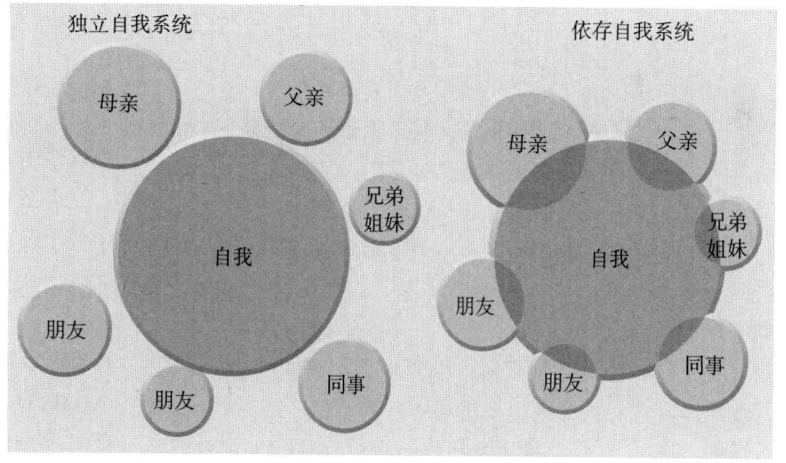

图 12-19 文化和自我概念

根据马库斯和吉塔雅玛（1991）的研究，西方文化培养了一种关于自我的独立人格，认为自己是与他人分离的独一无二的个体，就像左边的图解。相反，亚洲文化培养了一种相互依赖的自我概念，把自己看作相互联系的社会母体中的一部分，就像右边的图解。这种相互依赖的观点使人们用他们的社会关系（如某人的女儿、职员、同事或邻居）来定义自己。

资料来源：Adapted from Markus, H. R., & Kitayama, S.(1991). Culture and the self: Implications for cognition, emotion, and motivation. *Psychological Review, 98*, 224–253. Copyright © 1991 by the American Psychological Association. Adapted by permission of the authors.

本章主题回顾

我们对文化和人格的讨论点明了文章主题,即人们的行为是受他们的行为遗传所影响的。本章也涉及另外两个统一的主题:心理学理论的多样性以及心理学在社会历史背景中演变。

心理学中没有任何一个领域像人格研究一样有如此多的见解深刻的理论。这种多样性的存在是因为每一种理论都试图去解释行为的不同方面。然而,理论上的多样性很多都反映了人格基本问题的不一致。这些不一致在人格理论发展史中可以看到弗洛伊德、斯金纳、罗杰斯和艾森克的不同体系的理论。

人格研究也强调了心理学演变的社会历史环境。人格理论在当代文化中留下了很多印记。弗洛伊德、阿德勒和斯金纳对儿童教养实践有很大的影响。此外,弗洛伊德和荣格的观念也可以在文学(影响着小说人物的刻画)和其他视觉艺术上看到。例如,弗洛伊德的理论启发了超现实主义对梦的世界的兴趣。最后,马斯洛的需求层级和斯金纳积极强化的价值影响了商业和工业世界中的管理方法。

社会历史力量也在心理学上留下了印记。本章提供了很多个人经验、流行的态度和历史事件是怎么对心理学的演变起到作用的例子。例如,弗洛伊德对人性的消极态度和他对攻击性的黑暗力量的强调,在一定程度上是由他对第一次世界大战和反犹太人的敌意所塑造的。弗洛伊德对性的强调也是因为他年轻时所处的维多利亚时代对性的压制所造成的。阿德勒对自卑情结和补偿的兴趣可以从他不健康的童年和他所克服的困难中看出。在一个相同的情景中,我们可以看到罗杰斯和马斯洛都必须对抗父母压力来追求他们的事业。他们对实现自我满足的强调可能就来自于这些经历。

人格研究的发展同样受到心理学其他领域发展的影响。例如,心理测量就源于最初对智力测量所做的努力。然而最终,心理测量的原则又被应用于测量人格的挑战中。在接下来的个人应用中我们将会讨论人格测验的逻辑和局限性。

个人应用

学习人格测量

用"正确"和"错误"回答一下几个问题。
____1. 对人格测验的反应受制于无意识的扭曲。
____2. 人格测验的结果常常被误解。
____3. 人格测量的得分应该谨慎地解释。
____4. 人格测验担当了很多重要的功能。

如果你对四个问题的回答都是"正确"的话,你就获得了一个很好的分数。是的,人格测验经常被扭曲。固然,测验结果经常被误解。它们也应该被谨慎地解释。尽管有各种各样的问题,心理测验还是很有用的。

每个人都试图去揣度自己和他人的人格。当你想到"玛丽·安是个精明、沉着的人",或者谈论起你的一个朋友"卡洛斯是个羞怯顺从的人"时,你就是在进行人格评估。也就是说,人格评估就发生在我们的日常生活中。有了人格评估的这种兴趣,就不难想通为什么心理学家发明了人格的正式测量方法。

人格测验在以下方面是很有用的:①做出心理紊乱的临床诊断;②职业顾问;③事业上的人才选择;④为研究目的测量特定的人格特质。人格测验能分为两个分支:自我报告量表和投射测验。在个人应用中,我们将会讨论两个分支下的代表性测验以及它们的优缺点。

自我报告量表

自我报告量表(self-report inventories)是指询问个体关于他们特定行为的一系列问题,让他们自己回答。这个方法的逻辑很简单。谁最了解你自己?谁认识你的时间最久?谁能更多地接触到你的私人感情?我们将要看看自我报告量表的三个范例:明尼苏达多相人格量表(MMPI)、卡特尔16种人格因素量表(16PF)和NEO人格问卷(NEO Personality Inventory)。

明尼苏达多相人格量表

使用得最广的人格量表就是明尼苏达多相人格量表(MMPI)(Butcher,2005,2006)。MMPI最初设计是用来进行心理紊乱的临床诊断。它测量10个人格特质,当出现极端的等级时,就被认为是紊乱的症状。这些特质包括了偏执症、抑郁症和歇斯底里症。

MMPI的临床测量是否有效?也就是说,它们确实测量到了它们想要测量的东西了吗?本来,它就被假定这10个临床的子量表可以直接测出特定的紊乱类型。换句话说，在抑郁量表上得分高的人指示他有抑郁症，在偏执量表上得分高的人指示他有偏执症等。然而，研究者披露说MMPI的得分和不同类型的心理疾病有着比原先所期望的更复杂的关系。有很多种紊乱的人在MMPI的很多个子量表上得分都比较高。这意味着某些得分的总概况才是某种紊乱的象征（见图12-20）。因此，MMPI的描述很复杂，一些批评者则认为是过分复杂（Helmes，2008）。但是，MMPI依然是临床上一个有效的诊断工具。事实上这个量表已经被翻译了超过115种语言，这也是它有用的一个证明。

卡特尔16种人格因素量表和NEO人格问卷

雷蒙德·卡特尔（1957，1965）开始辨识和测量正常人格的基本维度。他从之前归纳过的4504个人格特质中入手。把同义的条目去掉后，这个庞大的清单变为了171个。之后卡特尔用因素分析的方法去辨认清了这171个因素之下关联很近的特质群。最终他把这171个特质减到了16个根源特质。这个16种人格因素量表（Cattell, Eber, & Tatsuoka, 1970；Cattell, 2007）有187个条目，能评估这16个基本的人格维度。在图12-21中列出了这16个特质。现在，人格因素量表（16PF）的第5版也依然得到了广泛的使用（Cattell & Mead, 2008）。

就像我们在本章的主体部分所提到的一样，一些理论家认为只用5个特质维度就可以全面地描述人格。这一观点推动了NEO人格问卷的产生。由Paul Costa和罗伯特·麦克雷（1985，1992）所发展的NEO量表是为了测量大五人格特质：外向性、开放性、神经质、随和性和尽责性。NEO量表在临床工作和研究中被广泛使用，并被进行了修改（Costa & McCrae, 2008；McCrae & Costa, 2007）。NEO概况（很多调查对象的平均水平）的一个样本出现在我们对文化和人格那部分的讨论中（见图12-18）。

自我报告量表的优缺点

为了理解自我报告量表的优点，请思考你还能用什么样的方法去探究一个人的人格。例如，如果你想知道某个人有多独断，为什么不去直接问这个人？为什么要用一个复杂的50个条目的人格量表来测量独断性？人格量表的优点就在于它可以为某个人的独断性提供一个更客观、更准确的评估。其他的受访者的信息可以为其提供一个可供比较的很大的数据库。

当然，自我报告量表只有在受访者提供准确的信息时才会准确，它们在以下几个方面存在问题：

（1）故意欺骗。自我报告量表中包含的许多问题都是可以很容易就清楚其目的的。这个问题会使一些受访者有意对某些人格特质做出假的回答（Rees & Metcalfe, 2003）。一些研究表明，在把人格量表用于评估求职人员时，故意造假是一个很严重的问题（Birkeland, 2006）。然而，其他的研究却表明，这个问题并没有那么突出（Hogan, Barrett, & Hogan, 2007）。

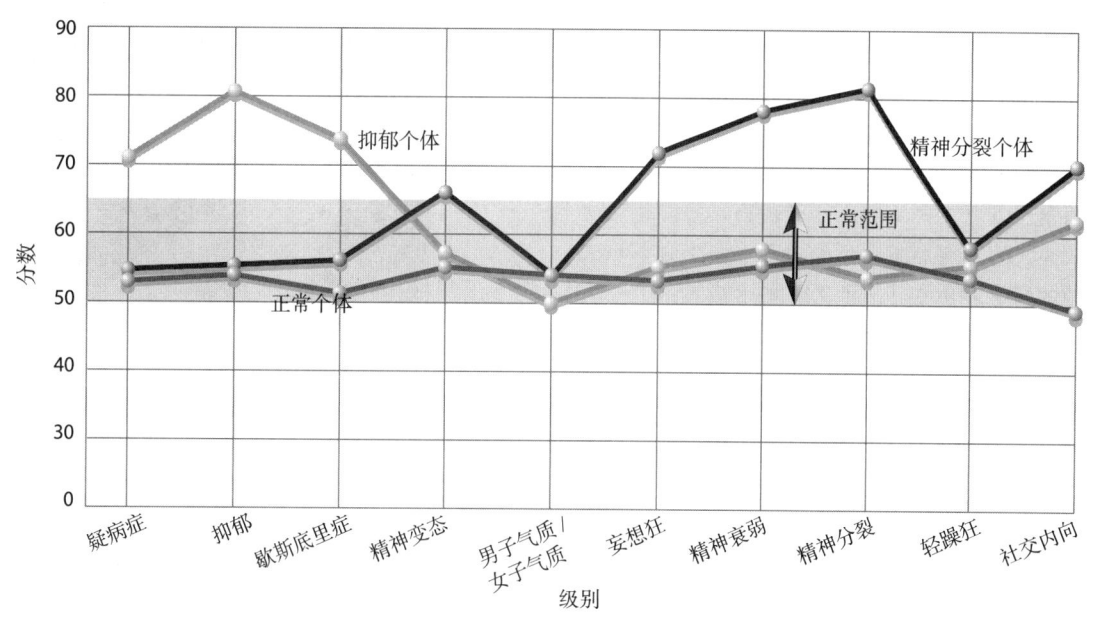

图12-20　MMPI概况

如图所示，MMPI的10个临床测验可以提供病人的一个总概况。每一个子测验的正常分数范围在50～60分之间。心理有障碍的人常常在很多个子测验上都会有较高的分数而不仅仅只是一个测验。

（2）社会期望偏误。一些人并没有意识到他们对问卷的回答是在用他们觉得好的方式。社会期望偏误可能不是欺骗问题，而是愿望思维。

（3）反应定势。反应定势是用一种特定的和条目内容不相关的方法对测验条目进行回答的系统化趋势。例如，有一些人被叫作"肯定者"，他们趋向于同意测验中的每一句陈述；相反，另一些人被叫作"否定者"，他们趋向于否定测验中的每一句陈述。

测验的发展者设计了很多策略来减少故意欺骗、社会期望偏误和反应定势的策略（Berry，Wetter，& Baer，1995；Lanyon & Goodstein，1997）。例如，在测验中嵌入一个"说谎测验"来检测受访者表现出欺骗行为的可能性。降低社会期望偏误的最好方法就是找出对偏误敏感的条目然后把它们从测验中去除。反应定势的问题可以通过对测验条目的不同排列来减轻。虽然自我报告量表有一些缺点，但仔细构建的人格量表还是"应用心理学家的一个不可或缺的工具"（Hogan，2005）。

投射测验

投射测验采用了一种较间接的方法来测量人格。它们被大量地用在了临床工作上。**投射测验**（projective tests）是让被试对一个模糊的刺激进行反应，通过这个方法显示出被试的需要、情感和人格特质。例如，罗夏测试（the Rorschach test）（Rorschach，1921）10个墨迹点。让受访者描述他们在这些点中看到了什么。在**主题统觉测验**（thematic apperception test，TAT）(Murray，1943）中，在一个人面前呈现了一系列简单场景的画。紧接着让这个人去讲故事，内容包括这个场景中正在发生的事和这些画中人物的情感。例如，一张TAT的卡片展示了一个男孩正在注视放在他面前桌子上的一把小提琴（见图12-22的另一个范例）。

投射假设

投射假设是指模糊的事物就像一块白板，人们把自己的担忧、冲突和愿望都投射到这块白板上来（Frank，1939）。因此，给一个好竞争的人呈现一张画了一个男孩正在注视放在他面前桌子上一把小提琴的卡片，这个人也许会编出类似于这个男孩正在想着在即将到来的音乐比赛中胜出。同样的这张卡片给一个冲动的人看，他也许就会说这个男孩正在计划如何溜出去和朋友们骑摩托车。

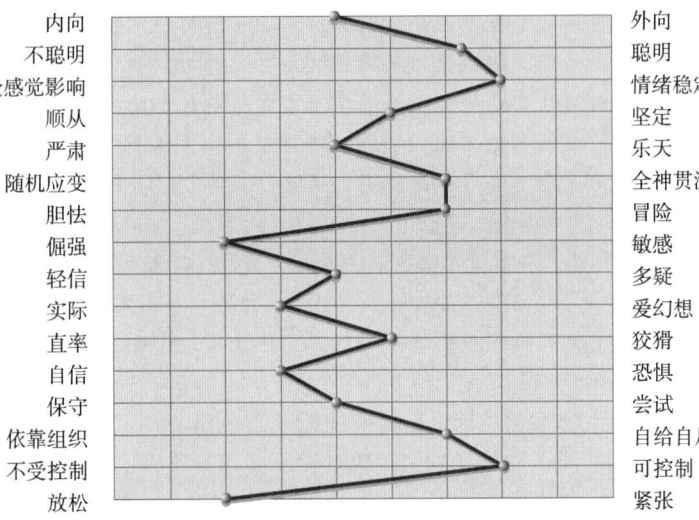

图 12-21 16种人格因素量表

不像MMPI，卡特尔的16PF是为了测量正常的人格。图中列出了这16对特质。图中显示的是一群做问卷的飞行员的平均概况。

资料来源：Cattell, R. B. (1973, July). Personality pinned down. *Psychology Today*, 40–46. Reprinted by permission of *Psychology Today* magazine. Copyright © 1971 Sussex Publishers, LLC.

图 12-22 主题统觉测验（TAT）

在进行TAT时，受访者要求根据一些场景讲故事，例如图上这一幅。每个故事所表达的主题都可以用来反映受访者的人格。

资料来源：Murray. H. A. (1971). *Thematic Apperception Test*. Cambridge, MA: Harvard University Press. Copyright © 1943 by The President and Fellows of Harvard College, Copyright © 1971 by Henry A. Murray. Reprinted by permission of the publisher.

投射测验的得分和解释非常复杂。罗夏测验可能是就内容、创造性、墨迹的特点、墨迹数量和其他的分类来进行分析。事实上，罗夏测验中存在6个不同的评分系统（Adams & Culbertson，2005）。主题统觉测验的故事是根据主角、需求、主题和结果来进行分析的。

投射测验的优缺点

投射测验的拥护者认为该测验有两个独一无二的优点。第一，它们对受访者是不透明的。也就是说，受访者不知道这个测试向测试者提供了怎样的信息。因此，受访者不容易出现故意欺骗（Groth-Marnat，1997）。第二，这种间接的方法使得这些测验对无意识以及人格的潜在特点特别敏感。

不幸的是，投射方法的科学证据是无法令人信服的（Garb, Florio, & Grove，1998；Hunsley, Lee, & Wood，2003）。在对相关研究的回顾中，Lilienfeld、Wood和Garb（2000）总结出投射测验因其不一致的评分标准、低信度、不充足的测验常模、文化偏误和低效度而变得不可靠。他们同时反驳了拥护者的论断，提出投射测验也不能避免一些故意欺骗的类型（主要是假装糟糕的心理健康）。基于他们的分析，Lilienfeld及其同事们认为投射测验应该被当作一种投射"技巧"或者"工具"，而不是测验，因为"大部分用于日常临床诊断的工具都不能满足心理测验的传统标准"。尽管存在这些问题，投射测验还是被很多治疗师所使用。这些工具可疑的科学地位确实是一个问题。然而，它们持久地受欢迎也说明了它们产生的主观信息对很多治疗师来说很有用（Viglione & Rivera，2003）。

批判性思维应用

日常人格分析中的后视之见

考虑一下下面这个情况：两个很亲密的姐妹洛雷娜和克里斯蒂娜从小一起长大。洛雷娜成了一个节俭的成年人，对花钱很谨慎，只有在打折促销的时候才会去购物，尽可能地节省每一分钱。然而克里斯蒂娜则挥霍无度，为了购物而活，从不节省一分钱。怎样去解释这两个姐妹如此大的人格差异？洛雷娜因为在小时候她们家很贫穷，所以她明白每一分钱的价值，并养成了节省的习惯。克里斯蒂娜的挥霍无度归咎于她们家很贫穷，所以她明白要享受她所拥有的每一分钱。如今，两个姐妹是很可能对相同环境的反应各不相同的，但更合理的解释是，两个姐妹都被后视偏差所影响。**后视偏差**（hindsight bias）指的是人们通过调整对先前事件的叙述使之符合事件的结果。我们在第7章可以看到后视之见是如何扭曲记忆的。在这里，我们将要看看后视之见是怎样让所有人都觉得自己是一个人格专家，以及它是如何对人格的科学理论怎样造成解释性的问题。

后视偏差的普遍性

后视偏差是普遍存在的，也就是说，它发生在很多情况和很多人身上（Blank, Musch, & Pohl，2007；Sanna & Schwarz，2006）。大多数时候，人们都不知道他们的解释是怎么被已经知道结果的事实所曲解的。有关后视偏差的实验文献提供了大量结果，用以解释人们对事件结果的认知如何扭曲他们对于事件起因的思考方式（Fischhoff，2007；Guilbault et al.，2004）。

例如，当大学生们被告知假设的实验结果时，每个组的学生都能"解释"为什么实验得到了如此的结果，即使每个组给的是相反的结果（Slovic & Fischhoff，1977）。当告诉这些学生研究员的发现以后，他们就会认为这个结果在这个研究中是明显的。但是，当只告诉他们一些有用的信息时，他们就会认为结果是不明显的。这种偏差叫作"我一直都知道"效应，因为当他们拥有奢侈的后见之明时，这就是他们的典型语句。

实际上，知道事实之后，人们经常表现得认为就像很难预测的事件是不可避免的事实一样。例如，回过头看2008年美国的次贷危机，今天很多人表现得就像是这个事情肯定会发生一样。然而实际上，这些跨时代的事件不可能被任何一个人预测出来。似乎对结果的认识从两个方面掩盖了判断力（Erdfelder, Brandt, & Bröder，2007）。第一，知道了一件事的结果损坏了这个人对该事件的早期期望值的回忆。第二，结果认识塑造了人们怎样构建对该事件的再思考。

后视偏差在很多背景中都会出现。例如，当一对夫妇告知他们离婚时，他们社交圈内的很多人都会做出典型"早就说过会这样了"的结论。当一支足球队失败时，一些球迷就会说："我就说他们被高估了，真差劲。"当政府做出了一个错误的决定并导致了灾难性的后果——例如在准备应对台风卡特里娜时，官方决定不撤离直到事态已经无法挽回——很多时事评论员就马上跳出来批评。他们也许会说，只有没有能力的傻瓜才会在对灾难的预测中失败。

有趣的是，当自己做出错误的决定时，人们对自己也没有更友善。当人们打了一个消极结果的电话以后（例如买了一辆劣质的车,或者是投资了一只下跌的股票),他们往往会说:"我为什么要无视那些显而易见的警告"或者是"我怎么能如此愚蠢"。

后见之明和人格

后视偏差在日常的人格分析中很常见。想想这个:如果你试图去解释为什么你这么多疑,为什么你妈妈这么专横,或者为什么你最好的朋友这么不可靠,每一个为什么的起始点都是人格结果。重建一个没有被这些结果认识所动摇的过去,这几乎是不可能的。因此,后视之见使每个人都成了人格专家。我们似乎可以对我们所熟悉的人的人格特质做出看似合理的解释。这也许就是为什么在茱蒂·哈里斯(Judith Harris)(1998)写了一本被广泛阅读的书,表达了父母对孩子人格的影响很小并远远不如他们所提供的基因时,她会点燃一场反抗的大火。

在《教养的迷思》(The Nurture Assumption)一书中,哈里斯总结了行为遗传学的研究以及其他的一些证据,指出家庭环境对孩子的人格几乎没有影响。在这个大胆的结论中有很多值得争论的空间(Kagan, 1998;Maccoby, 2000;Turkheimer & Waldron, 2000)。我们的关注点在于哈里斯在书中提出了一个大胆、引人注目的论点从而吸引到了大篇幅的杂志报道。在之后又让愤怒的父母做出了雪崩般的评论,争论着他们的作用。例如,《新闻周刊》收到了350封信,大部分都是来自那些认为自己影响到了孩子人格的父母。然而,家长们对于孩子人格发展的回顾性分析不得不受到很大的质疑。他们很可能被后视偏差所扭曲。

不幸的是,后视偏差太普遍,它也显示出人格科学理论的问题。例如,许多对精神分析理论的批评中也包括了后视偏差幻觉(Torrey, 1992)。弗洛伊德的理论是建立在对病人的治疗分析上。显然,弗洛伊德学派的治疗师知道了他们病人成年的人格,就很可能去寻找弗洛伊德对童年经验的假设(例如口唇期固着、惩罚性的厕所训练、恋母情结等)来解释他们现在的人格。

另一个后视偏差的问题是,一旦研究者知道了一个结果,他们就很可能去给出一个对该结果的看似合理的解释。例如,Torrey(1992)描述了一个受弗洛伊德启发的研究,测量了男人对乳房大小的偏爱。最初的假设是依赖得分高的男人——被看作一个口唇期固着的标志——显示出对有大乳房女性的偏爱。实际结果却是相反的——高依赖得分和小乳房偏好联系在一起——这个结果归因于部分男人的反向形成。这个出乎意料的结果用一种和弗洛伊德理论保持一致的方式进行解释。

后视偏差也呈现出进化理论的棘手问题。这些理论家都是先知道结果然后再来总结人类祖先对压力的适应性导致了这些结果(Cornell, 1997)。例如,进化理论家主张大五人格特质被认为是世界范围内人格的基础维度,因为这些特质在人类的发展进程中都有很强的适应性(Buss, 1995;Nettle, 2006)。他们的解释似乎很有道理,然而,如果大五中出现的是其他的特质呢?如果支配倾向、偏执症或者感觉追求这些词语出现在大五中,进化理论是不是会被弱化?可能不会。有了奢侈的后见之明,进化理论家就能肯定地得出看似合理的解释,即这些特质是怎样在遥远的古时候促进了繁殖成功。因此,后视偏差是人类认知的一个基本特点。科学事业也同样没有对这一问题产生免疫。

"20/20 后见之明"的含意

我们对后见之明的讨论关注于对人格含意的思考。大量证据指出在很多领域,后见之明都能使思想产生偏差。例如,考虑在医疗诊断中获得的第二个意见。医生通常是在了解了第一个对病人的诊断后才会提供第二个,这就会产生后视偏差(Arkes et al., 1981)。如果医生不清楚前一个诊断,那么第二个诊断可能会更有价值。后见之明同样会扭曲陪审团的法律判决,比如当他们评估被告的责任前已知道事情结果,例如手术失败(Harley, 2007)。举例来说,在判决中被告为疏忽辩解,陪审团就会有一种自然的趋势认为"他们怎么能没有预见到这样的问题呢"。这样的趋势放大了疏忽的表面(LaBine & LaBine, 1996)。

后视偏差很强大。当你下次听到官方所做的决定导致了不幸的后果时,仔细观察新闻记者描述这个决定的方式。你也许会发现他们也认为这个灾难性的后果是显而易见的。但是只有在真正发生了错误的时候他们才会觉得那是显而易见的。类似地,如果你发现你自己正在思考"只有傻瓜才预测不出这个灾难"或者"我已经预见到了这个问题",就请深吸一口气,试着只用决策发生前所知道的信息来回顾一下这个决策。有时候好的决策,建立在最有效的信息上,也可能会有糟糕的结果。不幸的是,"20/20 的后见之明"让人们很难从他们自己或者别人的错误中吸取经验。

表 12-3 本小节应用的批判性思维技巧

技巧	描述
认清后视分析的偏差	批判性思考者能明白对结果的认识会扭曲一个人对事件的记忆和描述

第13章

社会心理学

16岁的高三学生奥德丽去任何地方都会带着她的手机，然而实际上她很讨厌用手机打电话。她愿意做任何事情去避免用手机进行交谈。实时通话的即时性把她吓坏了。这并不表示她的手机是没用的，她用它频繁地发送短信，而她更愿意发短信是因为这样能够让她在交流过程中拥有更多的控制感。她能有时间思考与组织她的想法。同时她也爱整天使用手机上的相机功能，快速拍照并将照片发布到Facebook上。她说："我喜欢感觉到我的生活就在那上面。"但她在Facebook上描绘的生活是经过精心修饰的。她经常纠结于该选择哪些图片去发布。哪些能最好地表现她呢？哪些能表现她"坏女孩"的形象而又不会太过火？

奥德丽发布的东西所得到的评论塑造着她之后的行为。例如，奥德丽尝试在Facebook上展现一种浮夸的形象，如果她从Facebook上的朋友处得到积极的回应，那么这就会使她浮夸的风格逐渐加强。假设某一天，她尝试在Facebook主页上使用一种诙谐、讽刺的语气，而她并没有因此得到热烈的反馈，那么她就会回到原来的风格。当她轻微地粉饰她的真实状况时，她的朋友们总会默契地为她留面子，不拆穿她。作为回报，她也同样不会去质疑朋友们自我呈现的形象。

但是，有的时候在网上一次小小的口角可能转变成无法控制的状况。有一次，奥德丽和她的同班同学洛根在聊天室里发生了冲突。第二天，当她意识到自己做错了的时候，在学校向洛根道了歉。然而洛根并不满意。于是，他把战火引向了网络，并且把基于他自己视角的关于这次争吵的故事放到了奥德丽的Facebook主页上，在那里奥德丽的所有朋友都能看见他写的东西。这使得奥德丽觉得应该对他所讲述的内容进行反击。这样日复一日，奥德丽每天花上几个小时的时间与加入论战的双方的朋友进行争论。甚至直到6个月后，她和她曾经的"真正的好朋友"洛根仍竭力避免在走廊上相遇。最终洛根道歉了，然而是在网络上的道歉。"这是廉价、简单的道歉，你只需要在键盘上打出'很抱歉'，不需要有任何情感，不需要让你的声音中带着真诚或者其他的东西，"奥德丽说，"网上的道歉伴随着这样一个问题：'他会不会很奇怪地对待我？我们之间是不是能够变回正常的样子？'你无法知道两个世界如何能再形成交集。"奥德丽承认她曾经通过网络向男友提出分手，尽管这和她接人待物的信念格格不入。她坦然地承认，自己认同这样一种约定俗成的规范，即一个人不应该通过短信或者其他网上通信的方式结束一段关系。但她声称自己这么做是迫不得已的。"我感到很糟糕，因为我真的在乎他，我没办法逼自己当面说出那句话……我并非试图临阵退缩，但我不知道面对面时该如何组织语言，所以我不得不通过网络去完成这件事。我真希望自己当初没有那样做，他应该得到一个当面的交代……我感到很抱歉。我真的认为那件事干得既冷酷又蹩脚"。

上文所讲述的是从雪莉·图克尔（Sherry Turkle）所写的书《一起孤独》（*Alone Together*）中摘录出来的一个真实的故事。这个故事用一种引人入胜的方式分析了现代科技是如何改变社会关系结构的。奥德丽的故事阐述了一件你可能早已知道的事——社会关系对于我们的生活至关重要。和我们所有人一样，奥德丽非常重视别人对自己的看法。她对与洛根之间的友谊所发生的变故，以及她无法当面与前男友分手这两件事感到痛苦。奥德丽的故事同时也阐述了科技的进步如何重塑社会化行为的本质。越来越多的社会互动的发生正在往网络上迁移，而交友网站促成着越来越多的亲密关系。越来越多的工作团队通过网络远程管理他们的业务。越来越多人通过经营自己的社交网站呈现的内容来管理自己在他人眼中的形象。这些转变对我们的社会面貌产生的改变究竟是根本性的抑或只是表面上的，还需要时间去证明。

总而言之，本章我们关注的是社会化的主题。**社会心理学**（social psychology）是心理学中的一个分支，关注的是个体的想法、感受、行为如何受到他人的影响。社会心理学家们的工作主要是研究个体如何被他人的表现所影响，这种表现可以是实际上的，也可以是想象中的或者潜移默化的。他们感兴趣的内容不局限于个体之间的互动，因为人们即便是一个人的时候也可以表现出社会行为。举个例子，当你独自驾驶车辆行走在沙漠高速上，你把垃圾扔出窗外，而乱丢杂物的行为本身就构成一种社会行为。这个行为挑战了社会规范，反映了你的社会化程度以及态度，并会对其他社会成员造成影响（尽管影响很小）。社会心理学家常常研究个体在社会背景下发生的行为。在本章第一部分探讨人际知觉的内容中，希望可以培养起你对研究个体行为的兴趣。

人际知觉：形成对他人的印象

你还能回忆起第一节心理学导论课的情境吗？你的授课老师在那一天给你留下了什么样的印象？你的助教表现得如何？自信、平易近人还是自大浮夸？或者是思想开放的、愤世嫉俗的还是友好的？后续的观察支持了还是改变了你的第一印象？当你与他人进行互动时，你也会不断地进行人际知觉。**人际知觉**（person perception），指的是形成对他人印象的过程。人们喜欢把有关他人特质的蛛丝马迹用自己特有的方法拼凑起来形成对他人的印象，这些方法五花八门，每个人的方法看起来都十分独特而精妙。但由于人际知觉中存在的种种偏差和谬误，人们对他人形成的印象往往并不准确。在这一节里我们将探讨那些影响甚至是扭曲对他人的人际知觉的因素。

外表的影响

"不要根据一本书的封面来评判它。"人们似乎都懂得不应该以貌取人。然而他们真的能做到吗？近来有研究发现，外貌出众的人相比其他个体获得的关注更多（Lorenzo, Biesanz, & Human, 2010；Maner et al., 2007）。许多研究也表明，人们对他人人格的评价很多时候会被他人的外貌，特别是身体的吸引力所影响。人们总倾向于给外貌出众的人贴上美好的人格特质标签。也就是说，长得好看有吸引力的人比起没那么有吸引力的人看起来更加社会化，更加友善、淡定、温暖，有更强的适应能力（Macrae & Quadflieg, 2010；van Leeuwen, Matthijs, & Macrae, 2004）。而实际上，研究表明外貌吸引力和人格特质之间的相关关系非常小（Feingold, 1992）。为什么人们会这么不靠谱地假定好看的外貌与人格之间存在关系呢？其中一个原因是那些外貌最有吸引力的人较多出现在娱乐媒体上，而在那里他们都被包装出了光辉美好的形象（Smith, McIntosh, & Bazzini, 1999）。另一个原因是人们对外貌出众的人的知觉受到自己与对方交往的欲望的影响（Lemay, Clark, & Greenberg, 2010）。

也许你会猜测外貌吸引力对能力知觉的影响会小于对人格知觉的影响，然而数据告诉我们事实正好相反。研究者发现人们有一种强烈的倾向：认为外表好看的个体在能力上要强于外表没那么好看的个体（Langlois et al., 2000）。这种偏差给外貌出众的人带来了好处。他们比外貌没那么好看的个体能找到更好的工作，拿到更多的薪酬（Gollins & Zebrowitz, 1995；Senior et al., 2007）。举个例子，在一项研究中，独立评分者给一些律师在法学院时的照片评分，结果发现外貌吸引力为他们增加了10%～12%的收入（Engemann & Owyang, 2005）。另一个最近的研究（Judge, Hurst, & Simon, 2009）对比了头脑与外貌两者与收入之间的相关。结果不出所料，也像我们希望的那样，智力与收入的关系（相关系数=0.50）远远大于外貌。但外貌吸引力与收入之间0.24的相关系数也不可小觑。

观察者通常快速地通过对一个人的谈吐、行为举止方式等非言语表达的信息体现出来的风格来推断此人，而且这些推断似乎相当准确（Ambady & Rosenthal, 1993；Borkenau et al., 2004）。例如根据一段十秒的录像，被试能相当准确地猜中录像中的陌生人的性取向（Ambady, Hallahan, & Conner, 1999）。根据类似的行为"切片"，观察者能准确地判断个体的种族偏见倾向、社会地位以及智力（Ambady & Weisbuch, 2010）。甚至连静态的图像也能提供有关人格特质的线索。近来一项研究发现被试能通过简单的照片对目标人物的外向性、对经验的开放性、亲和力，以及自尊得出一个有意义的推断（Naumann et al., 2009）。

刻板印象

在人际知觉的过程中，刻板印象能够起到强烈的作用。**刻板印象**（stereotypes）指的是广泛持有的信念，认为个体由于隶属于某个特定群体因此必然会带有某些特征。社会中最常见的刻板印象是那些基于性别、年龄、种族、职业所形成的对人的固有推断。那些持有性别刻板印象的人通常会认为女性都是情绪化的、顺从的、不讲逻辑的、被动的；而男性则会是非情绪化的、有支配力的、讲逻辑的、主动进取的。而关于年龄的刻板印象常常暗示老年人是迟钝、虚弱、顽固、健忘以及没有性生活的。犹太人唯利是图，德国人工作严谨，意大利人热情澎湃等信念都是种族刻板印象的常见例子。职业刻板印象通常让人认为律师都是运筹帷幄的，会计师是一丝不苟的，艺术家是情绪化的，诸如此类。

刻板印象的形成是一种正常的认知加工过程，这个过程通常是自动化的，当个体在加工关于人的信息时它能帮助我们节省时间和努力（Fiske & Russell, 2010）。刻板印象通过将我们的社会世界简单化来节省能量。然而，能量节省的代价是准确性的降低（Stangor, 2009）。刻板印象倾向于大范围地过度泛化，忽视了特定社会群体中的个体多样性，而且导致对人形成不准确的看法。那些带有刻板印象的人也会意识到一个社会群体中的所有成员并不都是一模一样的，例如他们承认有的男性并非那么具有竞争意识，有些犹太人并不那么唯利是图，有些律师也并不是总能运筹帷幄。然而他们还是倾向于认为男性、犹太人和律师比起其他人群来说更可能拥有上面提到的那些特点。而即使刻板印象仅仅是使人们产生一个相对偏颇的概率估计，他们的预期也会导致他们在互动过程中对他人产生不准确的知觉。就像我们之前所说的那样，知觉是主观的。人们通常看到的都是他们想要看到的东西。

人际知觉的主观性

刻板印象往往能产生认知上的偏差，使人们去确认他们对他人的预期。如果一个人的行为是模糊的，那么人们通常会根据符合自己预期的方式来解释这个人的行为（Olson, Roese, & Zanna, 1996）。因此，当一个持有传统性别刻板印象的销售人员遇到一名固执己见、爱出风头的女客户时，他可能会将这名女性描述成"情绪化的"。相反地，如果一个男性客户有相同表现的话，他会将这位客户描述为"好斗的"。

人们不仅看到他们希望看到的，而且还常常高估他们看到这些现象的频率（Johnson & Mullen, 1994; Shavitt et al., 1999）。当我们高估社交特质之间的联系时，**错觉相关**（illusory correlation）就产生了。人们通常也会倾向于低估他们所遇到的非支持性信息的数量，例如"我从来没有遇到过一个诚实的律师"。

记忆加工过程能通过很多方式对人际知觉中的"验证偏差形成"起作用。通常个体总会选择性地回忆起那些符合他们刻板印象的事实（Fiske, 1998; Quinn, Macrae, & Bodenhausen, 2003）。Cohen（1981）的一个研究发现了这种倾向存在的证据。在这个实验中，被试需要观看一段关于一位女性的录像，这个女人可能被形容为一位女侍者或一位图书管理员，影片中这位女性进行了听古典音乐、喝啤酒、看电视等一系列活动。当被试被要求回忆这位女性在影片中按顺序做了些什么时，被试倾向于回忆起那些与他们对女侍者或者图书管理员的刻板印象相应的行为。例如，那些被告知影片中的女性是侍者的被试会倾向于回忆起她喝啤酒这件事，而那些被告知那位女性是图书管理员的被试会倾向于回忆起她听古典音乐这件事。

关于人际知觉偏差的进化观点

为什么人际知觉中充斥着各种各样的偏差呢？进化心理学家认为，在社会知觉中发现的许多偏差在人类祖先的生存环境中具有适应意义（Krebs & Denton, 1997）。例如他们认为人际知觉被身体吸引力所影响的原因在于，身体吸引力与女性的生殖潜力以及男性的健康、精力、所积累的资源等因素相关。

那么人类自动化地将他人进行分类的这一偏好又该如何理解呢？进化理论家将这种行为归因于我们远古的祖先迅速区分朋友与敌人的需要。他们坚持认为，进化塑造了人类迅速将人区分为外群体或内群体的习性。**内群体**（ingroup）指对于个体来说所隶属的，并且也被识别为该群体成员的群体。**外群体**（outgroup）则是指对于个体来说所不隶属的，并且也不被识别为该群体成员的群体。这个关键性的分类被认为建构了之后的人际知觉。Krebs 和 Denton（1997）这样阐述这种行为："这种将个体分区为内群体或者外群体成员的行为激活了两套截然不同的大脑回路"。内群体成员将会被更多地赋予美好的光环，而外群体成员则会被置于各种负面的刻板印象之中。如 Krebs 和 Denton 所说，这些负面的刻板印象（"他们是卑劣的；他们都一个样；他们剥削我们"）将外群体

的成员排除在我们同情的对象之外。因此，人们认为讨厌和歧视外群体的人是理所当然的。

于是进化心理学家将大多数人际知觉中的偏差归结为自然选择所塑造出来的认知机制。他们的猜测听起来很刺激，然而仍需要有更多的实证研究来检验他们的假说。

归因过程：对行为的解释

现在是周五晚上，你坐在家里觉得很无聊。你打电话给几个朋友，看看他们想不想出去玩。他们都说很想去，但是已经有了其他安排所以去不了。然而他们的安排听起来很模糊。你觉得他们不和你一起出去的理由相当牵强。你会怎么解释这样的反应？你觉得你的朋友们真的有了其他安排吗？他们真的是由于上了一天班或者上了一天学而筋疲力尽了吗？当他们说他们很想去时，你觉得他们是真心这么说的吗？还是其实是因为他们觉得你这个人很无聊？他们有可能是对的吗？是不是你真的很无聊呢？这些问题例举了人们日常总会被卷入到的一种活动：对行为的解释。归因在这些解释过程中扮演着很关键的角色。并且，它们能够对社会关系产生显著的影响。

归因是什么？**归因**（attributions）指一个人对一个事件、他人的行为以及自己行为的原因所做出的推断。当你觉得你的朋友拒绝你的邀请是由于她工作太累了时，你便对她的行为原因进行了归因。当你觉得你宅在家里什么都没做是因为你事先没能计划周全时，此时你便对这个事件（宅在家里）的原因进行了归因。当你觉得你之所以事先没能够计划周全是因为你是一个拖延症患者时，你便对自己行为的原因进行了归因。人们进行归因是因为他们强烈地需要理解自己的遭遇。在这一节中，我们将看一看人们归因的几种模式。

内归因与外归因

弗里茨·海德（Fritz Heider）是第一个描述人类归因行为的人。他认为人们将行为的原因归结在个人内部，即归因于个人因素，或者归于个人外部，即归因于环境因素。

根据海德的阐述，许多理论家认可对于事件与行为的解释分为外归因与内归因的分类方法（Jones & Davis，1965；Kelley，1967；Weiner，1974）。**内归因**（internal attributions）指将行为的原因归结于个人的性情、特质、能力以及感觉。**外归因**（external attributions）指将行为的原因归结为情境需求或者环境限制。例如一个朋友经商失败了，你可能将其归因于他缺乏商业意识（一种内部的、个人的因素），或者归因于当前国家萧条的经济大环境（一种外部的、情境的解释）。当父母发现他们处于青春期的儿子撞车时，他们可能将其归因于儿子的粗心大意（个人的性情）或者湿滑的路面情况（环境因素）。

内归因与外归因能够对日常的人际互动产生巨大的影响。你朋友经商失败，你认为是因为他的商业头脑不灵光而非经济环境的原因，这样会对你如何看待这位朋友产生巨大的影响。类似地，如果父母将儿子遇到的交通事故归因于湿滑的路面情况，那么他们处理起这件事来将会大大不同于"当他们将这件事归因于儿子的粗心大意"。

对成功与失败的归因

有一些心理学家一直在寻找除了内-外归因之外归因思维的其他维度。伯纳德·维纳（Bernard Weiner）研究了人们为解释成功与失败所做出的归因。他总结道，人们总会关注于行为背后原因的稳定性。根据维纳的观点，稳定-非稳定归因是归因中与内-外归因相交的一个维度，它们共同形成了对成功与失败的归因的四个类型，如图13-1所示。

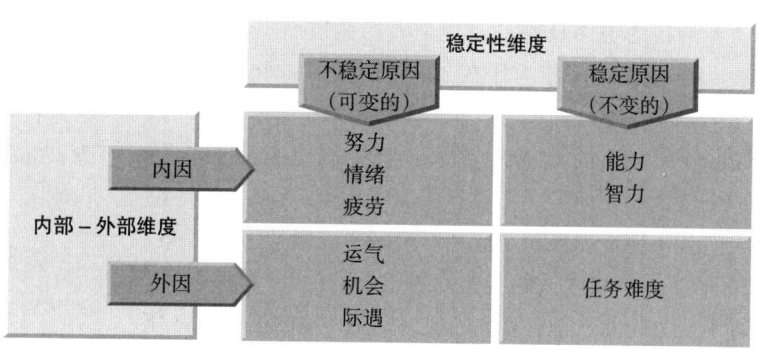

图13-1　维纳对成功与失败的归因模型

维纳模型认为人们对于成功与失败的解释会强调内因/外因以及稳定原因/不稳定原因。上图列举了符合这四种归因分类的一些例子。

资料来源：Weiner, B., Friese, L., Kukla, A., Reed, L., & Rosenbaum, R. M.(1972). Perceiving the causes of success and failure. In E. E. Jones, D. E. Kanouse, H. H. Kelley, R. E. Nisbett, S. Valins,& B. Weiner (Eds.), *Perceiving the causes of behavior*. Morristown, NJ: General Learning Press. Used by permission of Bernard Weiner.

现在我们在具体事件上应用一下维纳的模型。想象一下你现在正在沉思为什么没能得到你想要的工作。你可能会将遭遇的挫折归因到稳定的内部因素（能力的缺乏）或者非稳定的内部因素（没有付出足够的努力去制作一份出色的简历）。也许你会将挫折归因到稳定的（有太多优秀的竞争者）或者不稳定的（坏运气）外部因素。如果你得到了工作，你对成功的解释也可能落在如上四个相同的分类中：稳定的内部归因（你出色的能力），非稳定的内部归因（你非常努力地准备了一份出色的简历），稳定的外部归因（缺乏一流的竞争者），以及非稳定的外部归因（好运气）。

归因偏差

归因只是一种推断。你的归因有时候可能不是对事件的准确解释。听起来似乎有些矛盾，但是人们往往连对自己的行为都得不到一个准确的解释。归因基本上是一种关于事件原因的猜测。这些猜测总是会在某些方向上出现偏差。接下来我们将看一下归因中常见的偏差类型。

1. 行动者 - 观察者偏差

当一位行动者和一位观察者同时对行动者的行为做出推断时，他们通常会有不同的归因。观察者偏差的一种常见形式叫作**基本归因偏差**（fundamental attribution error），指的是观察者喜欢用内部归因解释他人行为的一种偏差。当然，在许多情况下，内部归因不会形成"错误"。然而，观察者经常存在一种挑剔的倾向，认为行动者的行为更多反映的是他个人的品质而不是情境因素（Krull, 2001）。为什么会这样？其中一个原因是事件中的情境压力对于观察者来说并非是显而易见的。如Gilbert和Malone（1995）所说："当一个人试图指向某一个情境时，他的手指往往指向了空气。"这并不是说人们认为情境因素对行为的影响微乎其微（Gawronski, 2004），而是将他人的行为归因于他们的性情是一个相对不费力的几乎是自动化的处理。用环境的因素来解释他人的行为要求更多的思考和努力（见图13-2）（Krull & Erickson, 1995）。

想要理解行动者与观察者之间在归因上的隔阂，你可以想象一下当你去银行，发现你的账户上出现了一个错误之后你勃然大怒的情境。旁观你发怒的观察者很可能进行内归因并推断你是个脾气不好而且好辩的人。当然，他们可能是对的。然而你自己更可能将怒火归因于恼人的情境。也许通常情况下你是个冷静、好相处的人，但今天你排队等了20分钟，另外你上周才刚刚在另一家银行处理完一个类似的问题，并且银行职员对你的态度很恶劣。观察者常常忽略类似这样的历史或环境原因。最终，他们倾向于对他人的行为进行内归因（Gilbert, 1998）。

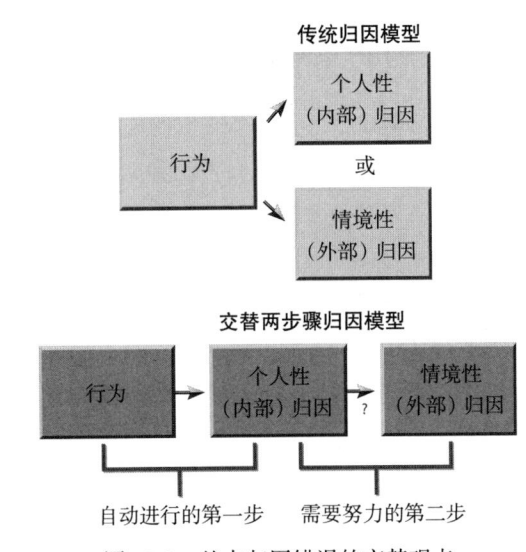

图 13-2 基本归因错误的交替观点

Gilbert（1989）还有其他人认为，基本归因错误是由归因过程的本质造成的。传统的归因模型认为内归因和外归因是非此即彼的，并且需要花费同等程度的精力。但是Gilbert却认为人们会倾向先毫不费力地自动进行内归因，然后可能会投入额外的资源把情境因素纳入考虑，从而达成外归因。对他人的行为进行外归因需要进行更多思考，花费更多心思。因此情境性归因会比个人性归因少。

相反，影响行动者行为的环境因素对于行动者来说更为明显。因此相比起观察者，行动者更多地将自己的行为归于环境。于是通常来说，行动者偏爱对他们的行为进行外归因，而观察者更喜欢对同样的行为进行内归因（Jones & Nisbett, 1971；Krueger, Ham, & Linford, 1996）。

2. 防御性归因

当我们试图解释降临在他人身上的灾难时，我们进行内归因的倾向会比平常更加强烈。**防御性归因**（defensive attribution）是一种将不幸归咎于受害者本身从而令自己觉得不大可能会遭遇到类似不幸的一种倾向。例如你的一个朋友被抢劫了，并且被打伤得很严重，你可能会将这次抢劫归因于你的朋友自己不小心或者不聪明（"他本来应该知道那个时候不应该在那附近逗留的"）而不是归因于坏运气。为什么？因为如果你将朋友的不幸归因于他的坏运气，那么你就必须面对一个残酷的事实：这件事也可能轻易发生在你身上。为了避免这种令人沮丧的想法，人们通常将不幸归因于受害者的粗心（Herzog，2008；Idisis, Ben-David, & Ben-Nachum，2007）。

后视偏差（hindsight bias）可能是造成这种偏差的部分原因，但责备受害者通常能帮助人们维持他们生活在一个正义的世界中的信念。这种心态会让他们认为自己不会遇到类似的麻烦（Lerner & Goldberg，1999）。因此，那些坚持相信"世界是正义的"信念的人们更容易加入到对受害者的指责中（van den Bos & Maas，2009）。这种做防御性归因的倾向可能会带来不幸的后果。将不幸归咎于受害者自身可能会使他们被错误地看待。于是，一些不受欢迎的特质也会被不公正地加诸到他们身上。这种归因偏差会使人认为偷窃的受害者一定是粗心大意的，火灾的受害者一定是无能的，穷人肯定是懒惰的，强奸的受害者一定是滥交的（"她可能正想这样"），诸如此类。正如你所看到的，防御性归因很可能对不幸事件的受害者造成无根据的诋毁。

文化与归因倾向

我们从来自西方社会的观察对象身上所得到的归因模式是否存在跨文化的一致性呢？这个问题也许需要更多的研究才能进行回答，但初步的证据暗示着也许事实不是这样的。一些有趣的文化差异出现在了归因过程的研究中。

根据 Harry Triandis（1989，1994，2001）的研究，个人主义文化与集体主义文化之间的差异如同他们对社会行为的其他方面所具有的影响那样，对归因倾向也存在着影响。如第12章中所提到的，**个人主义**（individualism）考虑个体的目标先于考虑群体的目标，他们通过个体的特质属性而不是在群体中的身份来识别一个个体的同一性。相反地，**集体主义**（collectivism）则考虑群体目标先于考虑个体目标，并且通过一个人所归属的群体（如一个人的家庭、家族、工作群体、社会阶层等）以及群体中的身份来识别个体的同一性。相较于个人主义文化，集体主义文化会优先考虑价值与资源的分享、合作、相互依存，更关注个人的行为将如何影响集体中的其他成员。概括来说，北美和西欧的文化倾向于是个人主义文化，而亚洲、非洲以及拉丁美洲文化更倾向于集体主义文化（Hofstede，1980，1983，2001）（见图13-3）。

国家或地区文化个人主义的霍夫斯泰德排名		
个人主义文化	**中间文化**	**集体主义文化**
1. 美国	19. 以色列	37. 中国香港
2. 澳大利亚	20. 西班牙	38. 智利
3. 英国	21. 印度	39. 新加坡
4. 加拿大	22. 阿根廷	40. 泰国
5. 荷兰	23. 日本	41. 西非地区
6. 新西兰	24. 伊朗	42. 萨尔瓦多
7. 意大利	25. 牙买加	43. 韩国
8. 比利时	26. 阿拉伯地区	44. 中国台湾
9. 丹麦	27. 巴西	45. 秘鲁
10. 法国	28. 土耳其	46. 哥斯达黎加
11. 瑞典	29. 乌拉圭	47. 印度尼西亚
12. 爱尔兰	30. 希腊	48. 巴基斯坦
13. 挪威	31. 菲律宾	49. 哥伦比亚
14. 瑞士	32. 墨西哥	50. 委内瑞拉
15. 德国	33. 东非地区	51. 巴拿马
16. 南非	34. 葡萄牙	52. 厄瓜多尔
17. 芬兰	35. 南斯拉夫	53. 危地马拉
18. 匈牙利	36. 马来西亚	

图13-3 世界范围内的个人主义与集体主义

Hofstede（1980，1983，2001）在一家大型跨国企业里测量了超过10万名员工对个人主义与集体主义的重视程度，从而估计53个国家及地区的文化倾向性。如此规模巨大、多样化的国际化样本，即使在今天也是无与伦比的。在图中，研究者根据各国/地区的文化对于个人主义价值观的认同程度排序。你可以看到，霍夫斯泰德的评估认为北美和西欧国家相对而言比较推崇个人主义，而亚洲、非洲和拉丁美洲国家则更加推崇集体主义。

资料来源：Adapted from Hofstede, G. (2001). *Culture's consequences* (2nd Ed., p. 215). Thousand Oaks, CA: Sage. Copyright © 2001 Sage Publications. Adapted by permission of Dr. Geert Hofstede.

个人主义与集体主义是如何与归因模式产生联系的呢？有证据显示集体主义文化会产生与个人主义文化不同的归因偏差。例如相对于来自个人主义文化的人们，集体主义文化下的人们更少表现出基本归因偏差的倾向（Choi, Nisbett, & Norenzayan，1999；Triandis，2001）。在西方文化中，人被视为自主的个体，能够对他们的行为负责。因此，西方人通常用一个人的人格特质和独特的能力来解释这个人的行为。相反，重视相互依赖、服从的集体主义者们更倾向于认为个人的行为反映了他对

一个防御性归因的常见例子就是把流浪汉的困境归咎于他们自己。

集体规范的遵守。

亲密关系：喜欢与爱

"我就是不明白她究竟看上他哪里了，她完全能够过得更好，我猜他是个好人，但他们彼此真的不适合对方。"并不难想象你社交圈子里的人会这样评论你们闺蜜的新男友吧？可能你已经在很多场合听过类似的话了。这些评论说明了人们对分析人际吸引的动态过程很感兴趣。**人际吸引**（interpersonal attraction）指人们对彼此的正性感觉。社会心理学家用这个术语概括一系列现象，包括喜欢、友谊、爱慕、欲望和爱。这一节我们将分析对人际吸引产生影响的因素，并审视对神秘爱情的理论观点。

人际吸引的关键因素

谁会被谁吸引这件事受到很多因素的影响。在这里我们将会讨论那些能促进喜欢、友谊和爱的发展的因素。尽管这些是不同类型的人际吸引，然而它们发挥作用的内在动态过程是非常相似的。

1. 身体吸引力

俗话说："美色不过是一层皮。"但证据却显示大多数人并不真心认同这句话（Fitness, Fletcher, & Overall, 2003）。一项让陌生男女进行初次约会的实验显示了身体吸引力的重要性（Sprecher & Duck, 1994）。研究者主要感兴趣的是沟通如何影响人际吸引的过程。然而，为了将这个因素融于整个情境中，研究者同时也测量了被试知觉到的约会对象的身体吸引力以及与自身的相似程度。他们发现，约会期间的沟通质量确实对女性在发展友谊方面的兴趣存在一定程度的影响。然而，对于男性和女性，对浪漫吸引力最具决定性的影响因素是对方的身体吸引力。与上述研究结果一致，之后的研究结果显示，正如我们预测的，身体吸引力高的人，无论男女，相较于身体吸引力较低的人，发展爱情关系的成功率更高（Rhodes, Simmons, & Peters, 2005）。许多其他的研究也显示了身体吸引力在交往最初阶段的重要作用，并且对关系的发展有持续的影响（McNulty, Neff, & Karney, 2008; Patzer, 2006）。

尽管在恋爱关系中人们偏好身体吸引力高的人，但在寻找约会对象时人们也会考虑自身的吸引力水平。人们最希望拥有的伴侣不一定是最吸引他们的。**匹配假说**（matching hypothesis）认为在外貌吸引力上大致匹配的男女更有可能互相选择作为伴侣。研究证据显示交往中或结婚的伴侣二人外貌吸引力水平往往比较接近，这些证据支持了匹配假说（Regan, 1998, 2008）。另外一项研究结果也显示，比较有吸引力的人会希望与更有吸引力的人交往，而吸引力较低的则希望与吸引力更低的伴侣交往（Montoya, 2008）。最近的一项与匹配假说相关的研究调查了社交网站 HOTorNOT.com 上的好友申请信息，在该网站上用户通常会对彼此的外貌吸引力水平进行评分（Lee et al., 2008）。如我们所料，比起吸引力较低的用户，吸引力较高的用户在通过好友申请上更挑剔。研究还关注了吸引力较低的人群是否会欺骗自己，认为自己将来的伴侣将比别人想象的要更有吸引力。结果并不支持这一"合理化"假说。相反，相比起长得好看的那些，吸引力较低的人们对外貌吸引力的重视更少。

根据匹配假说，在外表吸引力上相似的人更容易在一起。这种匹配也会影响友谊的形成。

2. 相似性效应

"物以类聚"还是"异质相吸"？研究表明支持前者的证据远多于后者（Surra et al., 2006）。结婚或交往中的伴侣在年龄、种族、宗教、社会阶层、受教育水平、智力、外貌吸引力、价值观以及态度等方面都显得更为接近（Kalmijn, 1998; Watson et al., 2004）。相似性原则在朋友关系与浪漫关系中同样起效，无关乎性取向（Fehr, 2008; Morry, 2007, 2009; Peplau & Fingerhut, 2007）。在一项关于最佳友谊的纵向研究中，研究者发现朋友间在 1983 年所测量的相似性能够预测他们在 2002 年（也就是 19 年后）的亲密程度（Ledbetter, Griffin, & Sparks, 2007）。

真相核查

误解

在浪漫关系上，存在差异的人会相互吸引。

真相

没有任何实证证据支持这样的民间说法。研究一直显示夫妻或情侣在智力、教育程度、社会地位、种族、外表吸引力以及态度方面都是更加相似的。差异并不会造成相互吸引。

对于这些相关性最显而易见的解释就是：相似性能导致吸引力的产生。一项由 Donn Byrne 和他的同事所主导的、关于态度相似性的实验研究显示，相似性的确能够促使吸引力产生（Byrne, 1997；Byrne, Clore, & Smeaton, 1986）。然而，研究同时也显示吸引力能够促进双方的相似性（Anderson, Keltner, & John, 2003）。例如，Davis 与 Rusbult（2001）发现，交往中的伴侣会逐渐调整他们的态度使双方更为和谐，他们将这个现象称为**态度校准**（attitude alignment）。此外，处于一段稳定、满意的亲密关系中的人们也更倾向于主观地高估他们与伴侣之间的相似性（Murray et al., 2002）。由于人们希望去相信自己找到了志趣相投的人，他们会倾向于认为伴侣是自己的镜像。

透析爱情的秘密

爱情向来被证明是一个令人捉摸不透的难题。由于爱情的类型太多了，导致它既难以定义，也难以研究（Berscheid, 2006）。尽管如此，心理学家对爱情的研究已经取得了一定的进展。现在让我们看一下他们的理论以及研究吧。

"我们是不会有结果的，汤姆，我们来自中上层阶级里完全不同的两个层级。"

1. 激情之爱与伴侣之爱

伊莱恩·哈特菲尔德（Elaine Hatfield）（以前是 Walster）和艾伦·贝尔谢德（Ellen Berscheid）这两位爱情研究领域的先驱者（Berscheid, 1988；Berscheid & Walster, 1978；Hatfield & Rapson, 1993）认为浪漫关系具有两类特征：激情之爱与伴侣之爱。**激情之爱**（passionate love）是指完全沉迷于对方，包括强烈的性吸引以及强烈情感所带来的苦恼与狂喜。激情之爱是有起有伏的：它在正面和负面的情绪之间大起大落（Reis & Aron, 2008）。**伴侣之爱**（companionate love）则是一种温暖、信任、宽容的喜爱之情，此时对方的生活已经深深地融入自己的生活之中。伴侣之爱与激情之爱可共存。然而，它们却往往不同时出现。研究显示：相比于激情之爱，伴侣之爱与关系满意度间的关系更强（Fehr, 2001）。

研究指出，激情之爱是一种强有力的动机因素，它能够改变人的想法、情感及行为（Reis & Aron, 2008）。有趣的是，脑成像的研究显示，当一个人想起他目前热恋着的那个人时，脑中的多巴胺回路会被激活，而我们知道，这个回路也可被可卡因以及其他成瘾物质所激活（Aron, Fisher, & Mashek, 2005）。这也许能够解释为什么激情之爱有时能让人上瘾。

2. 爱是依恋

在另一项关于爱情的开创性的分析中，辛迪·哈赞（Cindy Hazan）与菲利普·谢弗（Phillip Shaver）（1987）并未着眼于爱情中的成分，而是着眼于爱情与婴儿期依恋关系之间的相似性。我们曾在人类发展那部分（第11章）提到了，婴儿与照看者之间的联结或者依恋出现在生命最初的一年。早期依恋关系的质量不同，根据父母养育风格的不同，大部分婴儿可以被分为三种类型（Ainsworth et al., 1978）。多数的婴儿发展出了安全型依恋。然而，有一些婴儿在与照顾者分离的时候会非常焦虑，这种现象被称为焦虑－矛盾型依恋。第三种婴儿具有回避型依恋的特征，他们从未与照顾者建立良好的联结。

哈赞与谢弗认为，恋爱是一个依恋的过程。也就是说，人们在成年期的亲密关系会遵循婴儿期的依恋模式。其理论认为：如果个体小时候的依恋风格属于焦虑－矛盾型依恋，那么他们在成年期的恋爱关系中将会带有更多焦虑与矛盾的特征。换言之，人们在成年期的恋爱关系中重新经历了他们早年与父母的关系。

哈赞与谢弗（1987）初始的调查为他们的理论提供了突出的证据。他们发现成人的恋爱关系也能被分为与婴儿期的三种依恋模式相平行的三种类别（见图13-4）。**安全型的成人**（secure adults）（在被试中占56%）与人接近更为容易，并将自己的恋爱关系描述为值得信任的，很少担心自己会被抛弃，离婚率较低。在**焦虑－矛盾型的成人**（anxious-ambivalent）（在被试中占20%）中，他们全身心投入的爱情总伴随着被拒绝的担忧，并认为其恋爱关系是反复无常的，常伴有显著的嫉妒。**回避型的成人**（avoidant adults）（在被试中占24%）发现他们难以与人接近，并感觉他们的恋爱关系中缺乏亲密与信任。研究最终显示依恋模式是相当稳定的（Fraley, 2002; Mikulincer & Shaver, 2007）。证据也显示个体在婴儿期的依恋关系一定程度上会塑造他们成年期的亲密关系。

成人依恋类型

安全型
我觉得接近他人挺容易的，对于依赖他人或者让别人依赖我也觉得很舒服。我不会经常担心被抛弃，或者担心别人跟我太亲密

回避型
不知道为什么，我与别人接近的话会觉得不舒服，我很难相信他们，也很难让我自己依赖他们。别人跟我太亲密的话我会觉得紧张。经常是我对自己跟伴侣的亲密度感到舒服，但伴侣却希望我能跟他更亲密一点

焦虑－矛盾型
我觉得别人不愿意跟我接近到我所期望的程度。我经常会很担心我的伴侣并不是真的爱我或者不想和我在一起。我希望跟别人完全融合在一起，但这种欲望有时会把别人吓跑

图13-4 婴儿依恋和浪漫关系

Hazan 和 Shaver（1987）认为，人们在成人时期的浪漫关系跟他们婴儿期的依恋类型是很相似的。婴儿时期的依恋类型分为三种，亲密关系中对应的三种成人依恋风格就如图中所示。

资料来源：Based on Hazan and Shaver, 1986, 1987.

有关成人期依恋类型的研究在20世纪90年代中期出现了指数增长。与最初的理论一致，研究显示，相比起焦虑－矛盾型或者回避型的个体，安全型依恋的个体拥有更为坚固、满意、独立、适应良好以及更为长久的亲密关系（Feeney, 2008）。此外，不同依恋风格的人在关系中的思考、感受和行为方式也不同（Mikulincer & Shaver, 2008）。例如焦虑－矛盾型的成人会更多地报告他们亲密关系中体验到的强烈的情绪高峰或低潮。他们还报告，与伴侣之间的冲突更多，并且这些冲突会带来极大的应激，最终对双方关系产生消极的影响（Campbell et al., 2005）。与上述内容一脉相承，依恋中的焦虑会提高**过度保证寻求**（excessive reassurance seeking），即个体不断向伴侣寻求自己值得被爱的保证的倾向（Shaver, Schachner & Mikulincer, 2005）。

依恋风格与个体的性互动模式也有密切的联系。有着安全型依恋的人对于和性相关的事通常会感到比较自然，在性活动中会更乐意向伴侣表达爱意，他们对性方面的探索也更为开放，但较少接受随意的性行为（Cooper et al., 2006; Shaver & Mikulincer, 2006）。相反，拥有高焦虑依恋模式的人会更倾向于通过性行为来降低他们的不安全感，他们更可能接受自己并不情愿的性行为，安全性行为比率则更低（Cooper et al., 2006; Schachner & Shaver, 2004）。拥有高回避型依恋模式的人会更倾向于进行随意的性行为，企图让同伴加深印象。他们也更可能将性作为操纵伴侣的手段（Shachner & Shaver, 2004; Shaver & Mikulincer, 2006）。

文化与亲密关系

相对而言，较少有跨文化研究关注亲密关系的动态过程。有限的一些证据显示，不同文化中的恋爱关系既存在相似性，也存在不同点（Hendrick, 2000; Schmitt, 2005）。大体上，那些关于"人们希望在未来伴侣身上寻找什么特质"的研究中，我们看到了更多相似的地方。正如在第10章我们所讨论过的，戴维·巴斯（1989, 1994a）在37个不同的文化背景中收集了关于择偶偏好的数据。他发现全世界的人们一样都比较重视相互的吸引力、亲和力，还有聪明程度、情绪稳定性、独立程度以及伴侣的健康。巴斯还发现在择偶条件的优先次序上的性别差异也存在跨文化的普遍性。根据他所做的研究，男性更重视外貌吸引力而女性更重视社会地位以及经济资源。

然而，在爱情（特别是激情之爱）是否应该作为婚姻的先决条件这件事上，不同的文化表现出了差异。确实，在各种文化背景中我们都能够找到浪漫爱情的存在（Buss, 2006; Lieberman & Hatfield, 2006）。但是，激情之爱作为婚姻的基础这件事是西方文化在18世纪的产

物（Stone，1977）。就如 Hatfield 和 Rapson（1993）所强调的那样，"因爱而结合的婚姻是个人主义最根本的表达"。相反，在集体主义文化的国家中，由家庭或者其他中间人安排的婚姻仍是极为普遍，包括印度、日本和中国（Hatfield, Rapson, & Martel, 2007）。在西化的浪潮中，这种惯例在许多社会文化中正日渐式微。但在集体主义文化中，当一个人开始认真思考婚姻问题时，他更多想到的依然是"我的父母会怎么想，别人会怎么想"而不是"我内心的想法究竟是什么"（Triandis，1994）。因此来自于集体主义文化的人往往报告爱情对于婚姻的重要性比来自个人主义文化的人要低一些。

网络与亲密关系

近年来，网络极大拓展了人们认识并发展亲密关系的机会，各类社交网站（Myspace，Facebook，etc.）、交友网站、电邮、聊天室、新闻小组都能提供此类服务。一些批评者担心，这种趋势会减少面对面的交流，并有可能会使很多人被一些心怀不轨的人诱骗从而陷入危险。然而，至今为止，研究结果对网络对人际交往的描绘总体是积极的（Whitty，2008）。例如，网络为身有残疾或遭受社交焦虑折磨的人们提供了更多的机会去接触他人（McKenna & Bargh，2000）。

一项由一家名为 People Media 的专职网络运营通讯公司所进行的调查指出，49% 的成年美国人报告他们身边就有朋友曾通过网络发展约会。一项调查研究显示（Madden & Lenhart，2006），那些交友网站的用户中大部分人（52%）报告网上约会经历"较为积极"，但也有相当一部分人（29%）报告"较为糟糕"。网络与人际交往之间的关联不仅仅局限于以发展恋爱关系为目的的约会。许多人使用各类社交网站的目的在于交更多的朋友，而他们往往能够实现此目的（Fehr，2008；McKenna，2008）。

有批评者担心网络社交是非常肤浅的。然而研究显示，虚拟的交流与面对面的交流一样亲密，有时甚至要更为亲密（Bargh, McKenna, & Fitzsimons, 2002）。此外，许多虚拟的交往也都发展成了面对面的交往（Boase & Wellman, 2006）。研究者还发现，由网恋发展而来的恋爱关系往往跟传统形式的恋爱关系一样能稳定地持续两年以上（McKenna, Green, & Gleason, 2002）。

相似效应的力量为一些成功的交友网站提供了基础。Prior to 2000 这个交友网站基本上只是择偶广告的电子版，只不过它增加了更加灵活有用的搜索功能。而在 2000 年，eHarmony.com 首创了配对网站，Perfectmatch.com 在 2002 年也紧随其后。这些网站声称，他们将根据匹配度用"科学的方法"为用户进行匹配。首先，用户需要填写一份长长的问卷，内容涉及他们的态度、价值观、兴趣等，然后匹配算法就会根据这些资料识别出哪些人表现出了更高的相似性。eHarmony.com 在商业上的成功让许多在线交友网站也开始增加了配对服务。这些网站并没有公布他们的配对准则，因此也很难说它们有多么科学，不过多数此类网站都有聘请合格的研究专家作为顾问（Sprecher et al., 2008）。因此，它们所用的配对算法大多是基于人际吸引实证研究的结果。当然，正如我们在这一章的前面所学到的，相似性只是在人际吸引动态过程中扮演重要角色的众多因素中的一个而已。有趣的是，网络的发展已经将心理科学引入到亲密关系领域的应用中来了。

关于吸引力的进化观点

进化心理学对于异性恋的吸引方面有着许多的见解。例如他们坚信外貌是人际吸引的重要影响因素，这是因为一些外貌好看的特征可能代表着健康的身体、优良的基因以及较高生育能力，而这些都能提高繁殖成功率（Gallup & Frederick, 2010）。与上述理论分析相一致，

研究发现一些吸引力的原则比起我们之前所想象的更有跨文化一致性（Sugiyama, 2005）。例如，在各种文化中，**面孔对称性**（facial symmetry）都是作为吸引力的关键因素存在的（Fink & Penton-Voak, 2002）。面孔的对称性之所以被认为如此重要，是因为许多环境带来的损伤或者发展性的畸形都可能会破坏外貌的对称性。因此外表上的不对称可以被看作基因不良或者身体不健康的特征（Fink et al., 2006）。关于外貌的另外一个方面也是跨文化的，那就是女性的腰臀比（Singh et al., 2010）。全世界的男性都喜欢女性有较低的腰臀比（接近于0.7），大概就是我们所说的"沙漏型身材"。它代表了一个女性年轻、健康，并且没有怀孕，因此这个因素也被视为女性繁殖潜力的主要特征（Gallup & Frederick, 2010）。

有关异性恋吸引力的进化基础研究中，记录最详尽的是关于择偶偏好的男女差异（Neuberg, Kenrick, & Schaller, 2010）。进化论的观点认为，进化决定了人们的行为倾向于增加繁殖成功率，与这种观点相一致，有证据表明，由于年轻、漂亮等特质与优秀的生殖潜力有着密切的关系（见第10章），因此相比女性，男性对这些特质更感兴趣。另一方面，研究表明，女性更重视男性的抱负、社会地位、经济潜力等，因为这些特质与男性在小孩身上投入资源的能力息息相关。

以上提及的趋势其实也有例外，但这些限制仍有其进化意义。举个例子，当女性被问及她们愿意选择什么样的人作为她们的**短期择偶对象**（short-term partner）（也就是说与之发生较随便的性行为）时，女性对外貌吸引力的重视程度是和男性差不多的（Li & Kenrick, 2006）。而特别漂亮的女性，当她们意识到自己突出的择偶优势时，她们会希望上述所有条件都能得到满足。她们希望未来的男性伴侣表现出突出的经济潜力以及外貌吸引力（Buss & Shackelford, 2008）。

女性的月经周期也影响着她们的择偶偏好。当女性接近排卵期时，她们会转变成喜欢有男子气概的、身材健硕的、有吸引力的以及有支配力的男性（Gangestad et al., 2007；Little, Jones, & Burriss, 2007）。男性似乎能识别出女性身上的这些转变，当他们的伴侣处于排卵期时他们会更加感到那些来自有男子气概的男性的威胁（Burriss & Little, 2006）。有趣的是，尽管人类女性的排卵期表现得不十分明显，但处于排卵期的脱衣舞女每晚却能获得80%额外的小费（Miller, Tybur, & Jordan, 2007）。研究者仍不清楚究竟是男性顾客能够"发现"繁殖能力的提高，还是排卵期的脱衣舞女由于性欲更强而更频繁地接近顾客。

在追寻恋爱关系的过程中，人们所使用的策略有可能会包含欺骗。研究发现，无论男女，许多人都愿意在一些事情上对一个很有吸引力的准恋爱对象说谎，这些事情包括自己的人格特点、收入、过去的恋爱关系以及职业技能等（Rowatt, Cunningham, & Druen, 1999）。而也正如进化理论所预料的，女性报告当她们发现男性夸大了他们的社会地位、财产资源以及对女性在爱情方面的承诺时会感到很恼火。而男性则最为反感女性隐藏其滥交的历史（Haselton et al., 2005）。女性会比男性更加防备潜在约会对象的欺骗（Keenan et al., 1997）。这有可能就是女性通常倾向于低估男性承诺的可信度的原因（Haselton & Buss, 2000），而男性则没有表现出这种倾向。然而，他们却很有可能会高估女性对性的兴趣程度。似乎这些知觉偏差的功能是为了防止远古女性同意发生性行为之后又被抛弃的可能性，同时也降低男性对发生性关系的机会的高估（Buss, 2001）。

态度：做出社会化判断

相对于吸引力来说，社会心理学对于态度的兴趣有着更为悠久的历史。事实上，早年的社会心理学就是被定义为研究态度的学科。在本节，我们将探讨关于态度的本质，通过说服改变态度，以及关于态度变化的理论等内容。

什么是态度？**态度**（attitude）指的是对思维对象积极或消极的评价。"思维对象"可以包括社会问题（例如死刑或枪械管制）、群体（自由主义者、农民）、公共机构（路德教会、最高法院）、消费品（酸奶、电脑），以及人（总统、你的邻居）。

态度的成分与维度

传统上社会心理学认为态度由三种成分组成：认知成分、情感成分以及行为成分。然而，我们逐渐发现许多态度并不一定包括所有三种成分（Fazio & Olson, 2003）。因此，更准确的说法应该是：态度最多可能包含三种成分（Banaji & Heiphetz, 2010）。态度的**认知成分**（cognitive component）由一个人对态度对象所持的看法组成。态度的**情感成分**（affective component）由思维对象所引发的情绪感受构成。态度的**行为成分**（behavioral component）由一个人针对态度对象的特定**行为倾向**（predispositions to act）构成。图13-5举了一个具体的例子，显示了一个人对于枪械管制的态度如何分解为三种成分。

态度通常在几个重要维度上有所不同：包括强度、易得性与矛盾性（Olson & Maio, 2003）。对于态度的强度（attitude strength）有着不同的定义。然而，通常，强烈的态度指个体所坚定持有的（拒绝改变），持续时间长，并对行为有着强有力影响的态度（Petty, Wheeler, & Tormala, 2003）。态度的**易得性**（accessibility）指的是个体想起这个态度的频率，还有它能够多快地进入脑海中。易得性高的态度出现得非常迅速和频繁（Fabrigar, MacDonald, & Wegener, 2005）。态度的易得性与态度的强度相关，高度易得的态度往往比较强烈。但这两个概念是相互独立的，他们之间没有严格的一一对应关系。**矛盾的态度**（ambivalent attitudes）是指相互冲突的评价，对于思维对象同时存在积极和消极的感受（Fabrigar et al., 2005）。就像态度的强度一样，态度的矛盾性可以通过多种方式测量（Priester & Petty, 2001）。一般而言，当积极与消极的评价越接近相等时，矛盾性就越高。当矛盾性非常高时，态度对于行为的预测力会降低，并且在面对说服时表现得更为优柔寡断（Fabrigar & Wegener, 2010）。

态度与行为

在20世纪30年代初期，那时美国对亚洲人的偏见非常普遍，Richard LaPiere与一对中国夫妇做了一次穿越整个国家的旅行。令他非常惊讶的是，旅途中没有一家餐馆拒绝让他们进入——总共有184家。在旅行结束大概6个月后，LaPiere调查了这些餐厅，询问他们是否会为中国顾客提供服务。大约一半的餐厅回复了他的调查，其中90%声称他们不会接待中国顾客。因此，LaPiere（1934）发现表现偏见态度的人们可能不会表现出歧视的行为。从那时起，理论家们开始思考：为什么态度不能有效地预测行为呢？

无可否认，LaPiere的研究存在着一个基本的漏洞，这一点你们可能已经发现了。那些接待了LaPiere和他中国朋友的人可能不是那些之后回复调查信件的人。尽管如此，许多后续研究使用了更复杂的方法，最终也发现态度对于行为来说只是一个非常普通的预测指标（Ajzen & Fishbein, 2005; Kraus, 1995）。但这并不是说态度就是无关紧要或者无足轻重的。D. S. Wallace和他的同事回顾了797个关于态度与行为的研究。他们发现态度与行为的平均相关是0.41。这个数据已经足以为Eagly（1992）的结论进行辩护，他认为研究者们已经发现了"许多前提条件，使得态度能够成为行为的预测指标"。但大体来说，社会心理学家们惊讶地发现，对于候选人或者商品的喜爱态度并不一定转化为选票或购买行为。

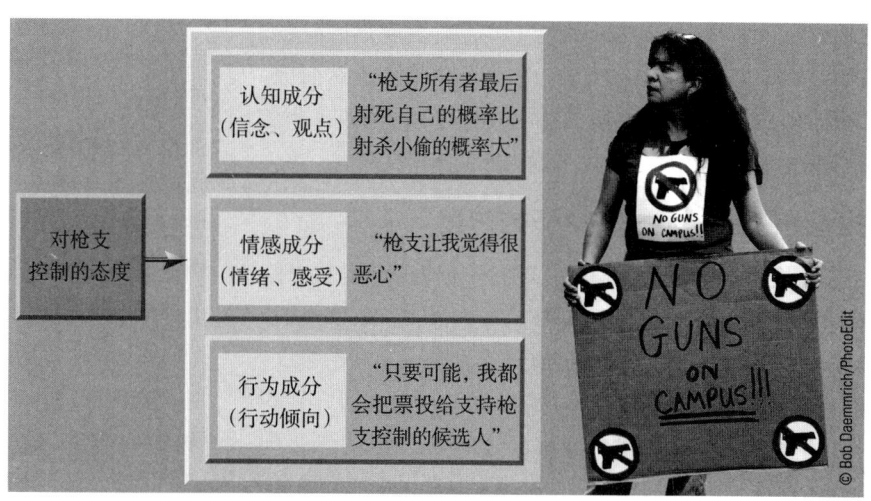

图13-5 态度可能存在的成分

态度可能会包括认知、情感以及行为成分。这里列举了一个人对于枪支控制的态度。

为什么态度与行为之间的联系那么不一致呢？其中一个原因是直到最近研究者才开始考虑态度的强度、易得性，以及矛盾性的变化（Fabrigar & Wegener, 2010）。越来越多的证据表明这些因素会影响态度与行为之间的联系，但是在这几十年来关于态度的研究中它们都没有被很好地控制（Cooke & Sheeran, 2004；Olson & Maio, 2003）。研究显示，强烈、易得、稳定的态度对行为有更强的预测力（Glasman & Albarracin, 2006）。

> **真相核查**
>
> **误解**
> 人们的态度能有效地预测他们的行为。
>
> **真相**
> 数十年来的研究都发现态度并不能很好地预测行为。出于很多原因，态度与行为之间出乎意料地只有很小的相关。因此，对于某件产品或某位候选人的支持态度不一定会转化为购买和投票行为。

态度和行为的不一致性部分也源于情境因素的制约（Ajzen & Fishbein, 2000, 2005）。你对于人们希望你如何表现的主观知觉尤为重要。之前提及的研究综述（Wallace, 2005）显示态度与行为之间的平均相关是 0.41。在这个研究中，研究者还指出当社会压力变高时，相关减小为 0.30。由此我们可以看出，态度与环境条件的交互作用塑造着人的行为。例如，你可能非常反对吸食大麻，然而当你的朋友们在聚会上互递着大麻烟的时候，你也许根本不会说什么，因为你不希望聚会不欢而散。然而换一个环境，在不同的规范的制约下，例如在课堂讨论中，你可能会表达出对吸食大麻的强烈反对。

内隐态度：探索外表之下的态度

近年来，理论家们开始试图区分外显态度和内隐态度（Bohner & Dickel, 2011）。**外显态度**（explicit attitudes）指的是我们意识到的并且能够轻易分辨的态度。总的来说，直到最近社会心理学家们还一直在研究这些明显的态度。**内隐态度**（implicit attitudes）指的是通过细微的自动化反应表现出来，并且很难有意识控制的态度。直到 20 世纪 90 年代中期，社会心理学家才开始碰触表面态度之下，探索内隐态度的意义与重要性。人们对一切事物都有一个内隐的态度。在有关偏见的研究中我们发现了内隐态度，而内隐态度在不同形式的偏见中扮演的角色依然是当前研究的主要关注点。

为什么内隐态度会成为有关偏见研究中的主要问题呢？这是因为在现代社会中大多数人都被这样教育：偏见的态度是不合适的，是应感到羞愧的。如今，绝大多数人反对种族歧视，以及针对女性、老年人、同性恋者、残疾人和精神病患者的偏见。然而同时，那些成长于对这些群体带有负面刻板印象的文化中的人们却一直受到这些观念潜移默化的影响。尽管我们大多数人希望做到不偏不倚，但研究却发现这些负面的想法可以渗透到我们的潜意识中并影响我们对于他人的行为反应。因此大多数人表现出谴责偏见的外显态度，但在不知不觉间怀着带有微妙偏见的内隐态度（Devine & Sharp, 2009；Dovidio & Gaertner, 2008）。

内隐态度是如何被测量的呢？人们开发出了许多技术，应用最为广泛的是**内隐联想测验**（implicit association test, IAT）（Greenwald & Banaji, 1995；Greenwald, McGhee, & Schwartz, 1998）。这种用计算机施测的测验测量了当人们在仔细选择概念组合的时候能多快做出反应。我们来看一下 IAT 如何用于测量对黑人的偏见。一系列的单词与图片被呈现在屏幕上，要求被试尽可能又快又准地做出反应。在第一组的试次中，反应的要求是如果呈现黑人图片或者褒义词则用左手按特定键做出反应，如果呈现的是白人的图片或者贬义词则用右手按另一特定键做出反应（见图 13-6）。在第二组的试次中，如果呈现黑人图片或者贬义词则用左手按特定键进行反应，如果呈现白人图片或者褒义词则用右手按特定键进行反应。多种刺激快速连续地呈现，而电脑会记录下精确的反应时。研究发现，当喜欢的面孔与褒义词相联系同时不喜欢的面孔与贬义词相联系时，被试的反应时更短。因此，如果被试对非裔美国人有着负性内隐态度的话，进行第二组试次时会出现更短的平均反应时。如果是这种情况的话，那么两组试次间平均反应时的差异就反映了被试内隐的种族主义倾向。

自 1998 年起，数百万人接受了网络版的 IAT 测验（Nosek, Banaji, & Greenwald, 2002；Nosek, Greenwald, & Banaji, 2007）。尽管关于人们的外显态度的调查发现人们的偏见有所下降，但 IAT 测验的结果显示 80% 的被试，不论老少，对老年人都表现出消极的内隐态度。而约 3/4 的白种人被试则表现出了对黑人的内隐偏见。研究同样也发现了针对同性恋者、残疾人以及肥胖者的内隐偏见。

基于反应时的微小差别所得的 IAT 分数是否能预测现实生活中的偏见行为呢？答案是肯定的，IAT 分数预测了细微的却可能是很重要的行为差异（Greenwald et al., 2009）。例如，白种人被试的内隐种族偏见分数将能预测他要与一位黑人同伴合作完成一项任务时选择坐在距离他多远的位置上（Amodio & Devine, 2006）。高内隐种族主义分数与笑容、眼神交流以及谈话时间的减少有关，也与进行跨种族合作时表现出的犹豫有关（Devos, 2008）。

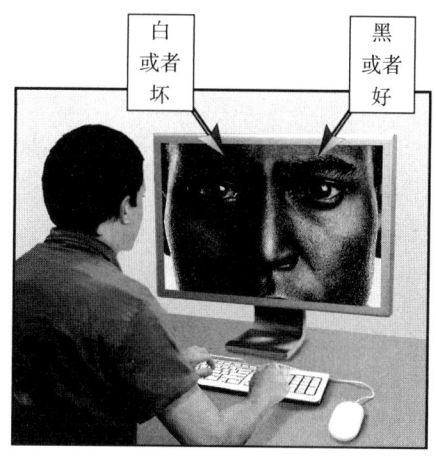 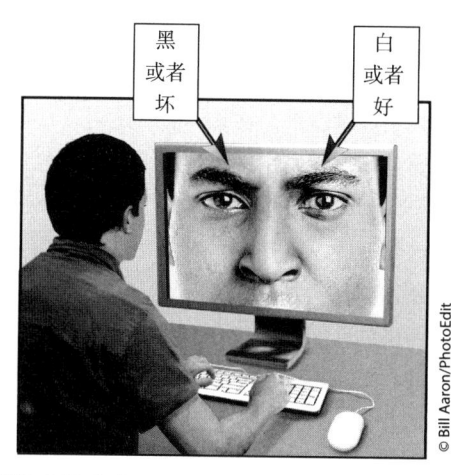

图 13-6 测量内隐态度

IAT 对黑人和白人图片与积极和消极的词语进行配对，追踪被试对这些配对的反应，从而测量被试对黑人的内隐偏见。如果被试对非裔美国人有偏见，他们对于右边这种情况就会反应较快。IAT 目前已经被用于测量对多种群体的内隐态度。

这些都是细微的，但可能非常重要的行为差异，它们向我们展示了内隐态度能够产生非常广泛的影响。尽管内隐态度的研究主要集中在对各类偏见的研究，但是 IAT 测验同时也被广泛应用于探究人们对于吸烟（Huijding et al., 2005）、喝酒（Houben & Wiers, 2008）、消费品（Friese, Wänke, & Plessner, 2006），以及恋爱伴侣（Banse, 2007）等事情的内在无意识感受中。因此，内隐态度与多种情况有关。

尝试改变态度：说服所包含的因素

"态度并不总能有效预测行为"这一事实并不能阻止人们改变他人态度的尝试。事实上，每天你都要面对那些企图使你改变态度的努力，如同枪林弹雨。为了更好地说明，让我们展开想象。想象在一个早晨，你甚至还没起床的时候就已经开始听到广播里的广告在试图改变你对某一产品的态度，也许是某种漱口水、电脑、运动鞋，或者手机。而当你打开电脑浏览新闻时，你会发现不光是广告，还有政府官员以及特殊利益集团的报告，都在试图塑造你的观点。当你到达学校时，你又会遇到一群人在派发传单，催促你为自己的罪恶忏悔，并参加礼拜。在课堂上，你的经济学教授积极拥护"国际贸易市场自由"的思想。吃午饭时，你的同伴在不停地鼓吹"开放式关系"的优点。而你们的讨论被人打断了，有人想要让你们在一份请愿书上签名。说服，在现代社会中是延绵不绝的。就像安东尼·普拉卡尼斯（Anthony Pratkanis）与埃略特·阿伦森（Elliot Aronson）（2000）所阐述的，我们活在一个"宣传的时代"。鉴于现实如此，我们来探究一下是哪些因素决定了说服能否生效。

说服的过程包括四个因素：源头、接收者、信息、渠道（见图 13-7）。说服的**源头**（source）指这次交流的发起者。**接收者**（receiver）指信息传递的目标。因此，如果你在看电视上总统的讲话时，总统就是说服的源头，而你和其他数百万的观看者就是说服的接收者。说服的**信息**（message）指说服源头所传递的内容。说服的**渠道**（channel）指信息传递的媒介。尽管有关沟通渠道的研究非常有趣，然而在这里我们只讨论说服的源头、信息以及接收者这三个因素。

1. 源头因素

尽管偶然会出现一些意外情况，然而当说服的源头具有高**可信度**（credibility）时，说服行动会更可能成功（Albarracin & Vargas, 2010）。是什么让一个人具有可信度呢？专业性或可信赖度。当争论模棱两可或者接收者并不十分专注于争论时，**专业性**（expertise）对说服的影响力更大（Chaiken & Maheswaran, 1994；Reimer, Mata, & Stoecklin, 2004）。人们通过提及自身的学位，所受的训练、经验，以及展示对某问题出色的掌握来传达其专业性。

专业性是加分项，**可信赖度**（trustworthiness）却是更加重要的。许多人倾向于几乎不加辨别地接受来自可信赖度高的源头的信息（Priester & Petty, 1995, 2003）。如果有人告诉你，你所在的州应该降低对公司的税收来促进经济，你是更愿意相信你们州里的某个大公司的董事长说了这句话呢，还是一个不是你们州的经济学教授所说的话？你大概会相信后者。正如刚才所说的公司董事长，当说服的源头，在这件事情上有利可图时，可信赖度就会遭到破坏。

相反，当一个人看起来是在反驳对他自己来说有利的观点时，他的可信赖度就加强了（Hunt, Smith, & Kernan, 1985）。这个效应解释了为什么推销员经常像这样强调，"说真的，我的吹雪机不是最好的，沿着这条街往下走有一家更好的品牌商店。当然如果你去那儿的话你得花多点钱……"

喜爱度（likability）通常也会提高说服源头的影响力（Johnson, Maio, & Smith-McLallen, 2005）。一些通过吸引力产生作用的因素也会对说服产生影响。因此，对喜爱度最有影响力的外貌吸引力能使说服更加有效（Reinhard, Messner, & Sporer, 2006）。当人们觉得源头与这件事的关系和自己与这件事的关系类似时，对源头的反应也会更好（Hilmert, Kulik, & Christenfeld, 2006）。

2. 信息因素

如果你打算在本地的社区进行一场演讲，提倡降低本州的公司税，那么你最好在组织信息时仔细斟酌一下以下几个问题。你是该着眼于问题的两个方面，还是仅仅表达你这一方的观点？你的演讲是应该低调而逻辑严密，还是应该直击听众的心房？这些问题都涉及了说服的信息因素。

我们假设，你已经意识到了这个税收议题存在两方面的问题。一方面你相信低公司税将促使更多新公司的建立，并促进经济增长。另一方面，你又意识到降低税收收入可能会损害到当地教育与公路的质量。你是应该只进行单方面的论证，忽视教育与公路可能存在的问题，还是应该呈现一个双面的论证，提及有关教育与公

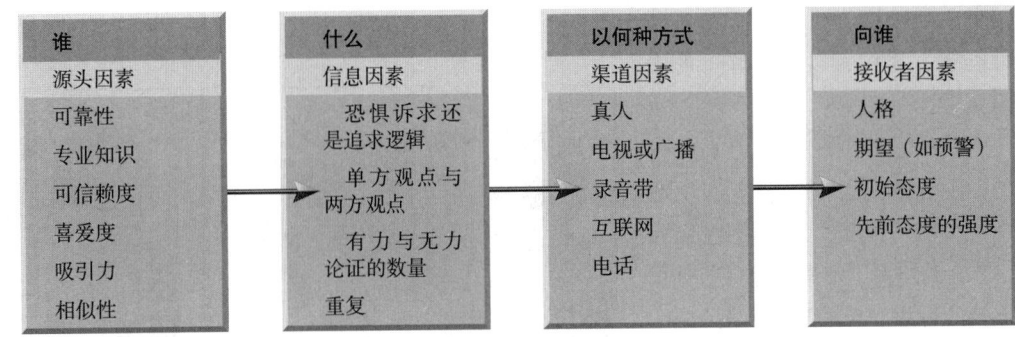

图 13-7　说服过程回顾

说服的过程能归结为几个基本的因素：谁（来源）用什么手段（渠道）向谁（接收者）传递什么（信息）。因此，有四种变量会影响说服的过程：来源、信息、渠道以及接收者的因素。图中列出了每个分类里的一些因素（包括了一些由于版面问题没有在课文里讨论的因素）。

资料来源：Adapted from Lippa, 1994.

路质量的考虑，并将这些问题轻描淡写地一笔带过？最理想的策略取决于多种考虑，但是总体上看，双面论证可能更为有效（Petty & Wegener, 1998）。仅仅是提到问题的两面性就已经有助于使你在听众心中显得更为可信了。

说服信息常常试图激起听众的恐慌。核能的反对者用核事故的景象来恐吓我们。禁烟活动往往强调癌症的威胁。除臭剂广告突出表现出现尴尬情况的危险。你也可以和他们一样，提出如果不下调公司税，你们州就将面临经济破产以及大量失业。这种引起恐慌的呼吁有效吗？是的，如果它们能成功引起恐慌的话。研究显示，许多企图引起恐慌的信息实际上没能达到它们的目的。然而那些包含了更大范围议题（核能政策、汽车安全、口腔卫生）的研究发现，那些成功引起恐慌的信息能够有效提高说服的成功率（Ruiter, Abraham, & Kok, 2001）。当听众目睹了你所描绘的悲惨景象，你告诉他们如果不按你说的做就会发生这种情况，而如果按你说的做，那么就可以避免，所以恐慌感染更有可能起作用（Das, de Wit, & Stroebe, 2003）。

信息的反复重复似乎也是一种有效的策略。**真理效应**（truth effect）指当一种陈述被简单多次重复之后，人们会觉得它更为可靠，甚至直接认为它是真的。这句话是真是假，或者仅仅只是一种想法，都已无关紧要。如果你重复一些事情重复得足够多，就会有人相信（Dechêne, 2010；Weaver et al., 2007）。重复对或弱或强的论据都能起效，并且在接收者注意动机不强的情况下效果最好（Moons, Mackie, & Garcia-Marques, 2009）。

真理效应的产生可能取决于简单曝光效应，这种效

应最早由罗伯特·扎荣茨（Robert Zajonc）提出。**简单曝光效应**（mere exposure effect）指刺激物的重复曝光可以提高人们对其的喜欢程度。在一项开创性的研究中（Zajonc，1968），实验者对被试呈现他们所不熟悉的土耳其单词零、一、二、五、十或十二。随后，被试被要求对他们所认为的这些单词的含义是好还是坏的程度进行评分。对被试来说，一个单词如果被呈现越多次，他们对其的评分会越好。当实验材料换成中文象形字（中国人书写时所用的符号）以及年鉴上的人物形象时，扎荣茨依然观察到了类似显著的现象（见图13-8）。简单曝光效应在许多研究中得到了重复，这些研究中包含许多其他种类的刺激，如声音、无意义音节、有意义的单词、素描画、图片等，还有各种各样的物体（Albarracin & Vargas, 2010；Bornstein, 1989）。简单曝光效应也许能够解释为什么像可口可乐、麦当劳这样的大公司，当几乎所有人已经非常熟悉它们的产品时，每年还会在广告上投入巨资。简单曝光效应是一个微妙的过程，它在无意识中影响了人的态度，这也许能解释为什么简单重复就能够加强说服力了。

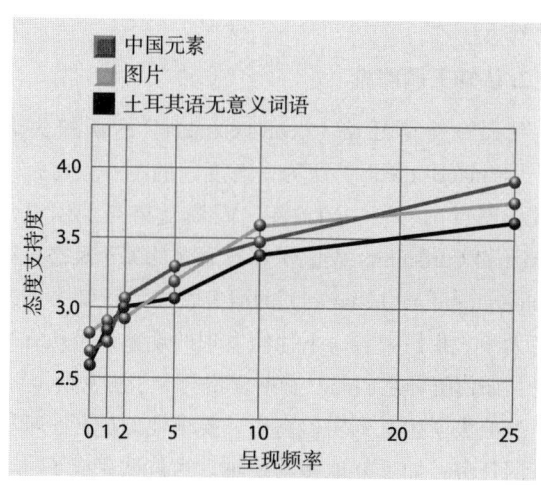

图13-8 简单曝光效应

在一项富有创意的关于简单曝光效应的研究里，Robert Zajonc（1968）操纵了向被试呈现各种不熟悉、中立刺激的频率。就像这里的数据所显示的，他发现呈现越频繁，喜爱程度越高。简单曝光效应也启示了我们，为什么重复是说服的有效策略。

3. 接收者因素

说服信息的接收者又扮演一个怎样的角色呢？是否有一些人会比其他人更容易接受说服呢？简单来说，是的。但是研究者至今仍未找到任何特定的人格特质与说服的易感性有可靠的关联（Petty & Wegener, 1998）。而其他的一些因素，包括事先对于说服效应的提醒，似乎比个人的特质更有影响（Janssen, Fennis, & Pruyn, 2010；Wood & Quinn, 2003）。俗话说：惩前毖后（to be forewarned is to be forearmed）。当你要买一部新电视时，你预先知道了售货员会努力说服你。某种程度上这种事先预告会降低他们论据的影响力。那些会引起接收者反驳的想法也会提高对说服的抵制力。

> **真相核查**
>
> **误解**
>
> 熟悉导致厌恶：接触越多，越不会喜欢。
>
> **真相**
>
> 人们经常说他们对于不停出现的广告或者经常曝光的名人觉得很厌烦，但很多研究都显示，重复多次的接触，哪怕是对这样的接触持有中立甚至反对的态度，都会引起喜爱程度的上升。

此外，研究还显示强硬的态度更加抵制改变（Eagly & Chaiken, 1998；Miller & Peterson, 2004）。强硬的态度比较难以改变是因为这些态度被嵌入到信念与价值观的体系当中，要使态度发生改变，信念与价值的体系也必须一并改变（Erber, Hodges, & Wilson, 1995）。最终，顽固的态度愈演愈烈，也就是说当一个人成功地拒绝了想要改变其态度的劝说时，常常使得这些态度得到加强（Tormala & Petty, 2002, 2004）。

对于说服的源头、信息与接收者等变量的回顾告诉我们，通过说服对态度进行改变的企图其实包含了各因素间相当复杂的交互作用——而且我们还未认识到现象之下的本质。人们一开始是如何习得一种态度的？当人们态度发生变化时又经历了怎样的动态过程？接下来我们将转入对这些理论问题的探讨。

有关态度形成及转变的理论

有许多理论试图解释态度变化过程中的机制，并探讨态度是否出现于对说服的回应。我们将着眼于以下三种理论观点，它们分别是学习理论、认知失调理论，以及精细加工可能性模型。

1. 学习理论

我们已经认识到，**学习理论**（learning theory）能够解释广泛的现象，包括从**条件性恐惧**（conditioning fears）到性别角色的获得，再到人格特质的发展。现在我们又可以将态度的形成加入其中了。态度可以从多个对象处习得，包括父母、同伴、媒体、文化传统以及社会影响（Banaji & Heiphetz，2010）。

态度中的情感或情绪因素可以由**经典条件作用**（classical conditioning）的一种特殊子类型，即评价性条件作用所引起（Olson & Fazio，2001，2002；Walther & Langer，2008）。正如我们在第6章探讨的，**评价性条件作用**（evaluative conditioning）指一种将情绪从与非条件刺激的联系中转移到与新的条件刺激相联系的效果（Kruglanski & Stroebe，2005；Schimmack & Crites，2005）。广告商经常使用评价性条件作用，他们将自己的产品与能引起愉快情绪反应的刺激物组合在一起，如美艳惊人的模特、高人气的代言人，以及奥运会这种值得欢庆的盛事（Till & Priluck，2000）。这种条件作用过程在图13-9就已经具体表现出来了。它能在人们没有意识到的情况下发生，而且要消除它格外困难（Albarracin & Vargas，2010）。

图 13-9　广告中对态度的经典条件作用

广告商一般会把他们的产品和讨人喜欢的名人配对在一起，希望他们的产品也能激起愉悦的情绪反应。就像我们在第6章中所讨论的，这种特别的经典条件作用被称为评价性条件作用，它可以很有效地改变人们态度的情感成分。在第6章的批判性思维应用里，你可以看到关于这个话题的更深入的讨论。

当你公开表达一种态度时，例如"我相信丈夫应该做更多的家务"，此时操作性条件作用可能会开始发挥作用。一些人可能会认可你的意见，而另外一些人则可能会责骂你。此时认可所体现出来的功能就和正强化一样，它将加强你表达这种态度的倾向（Bohner & Schwarz，2001）。相反地，反对所体现出来的功能就如同惩罚一样，它将减弱你对这个观点的坚信程度。

他人的态度也能通过**观察学习**（observational learning）感染到你（Banaji & Heiphetz，2010）。如果你听到你的叔叔说，"共和党人说到底就是一群由猪一样的商人所操纵的傀儡"，而你的母亲由衷地认同这种看法，此时你看到了叔叔的态度以及母亲对他的正强化，这就可能会影响到你对于共和党的态度。研究显示，父母与孩子间倾向于拥有相同的政治态度（Sears，1975）。同时，住同一间宿舍的大学生在态度上也表现出某种程度上的趋同（Cullum & Harton，2007）。这些相似性可能相当部分是由观察学习所引起的。老师、教练、合作者、脱口秀主持人、摇滚明星等人的观点常常能通过观察学习影响人们的态度。

2. 认知失调理论

利昂·费斯廷格（Leon Festinger）的**认知失调理论**（dissonance theory）认为，态度间的不一致将推动人们进行态度的转变。1959年，费斯廷格与卡尔史密斯（J. Merrill Carlsmith）发表了那篇著名的关于**反态度行为**（counterattitudinal behavior）的研究，此后认知失调理论声名大噪。我们来看一下他们发现的现象以及认知失调理论是如何解释它们的。费斯廷格与卡尔史密斯（1959）让一群男大学生来到实验室中，要求他们进行一项极度无聊的任务，如反复地转动线轴。当被试完成了一个小时的任务之后，主试透露说将要操控一些参与者的动机，即在他们开始实验前告诉他们这个任务很有趣让人很舒服。犹豫了一会儿之后，主试询问被试能否帮他一个忙，因为他的助手迟到了而他需要有人去向下一位"被试"（是实验者的助手）证明这个实验任务非常有趣。实验者提供酬劳请被试去告诉隔壁等候室里的人说这个任务非常好玩，自己玩得非常投入。

这个情节的设计是为了哄骗被试去做一件与他真实感受不一致的事情，即让他进行反态度行为。有些被试被给予象征性的1美元作为酬劳，有的被试则被给予较多的20美元的酬劳（鉴于通货膨胀的影响，大约相当于现在的80～90美元）。稍后，第二名实验者将询问被试关于这个无聊任务的真实感受。图13-10简要表述了他们的实验设计。

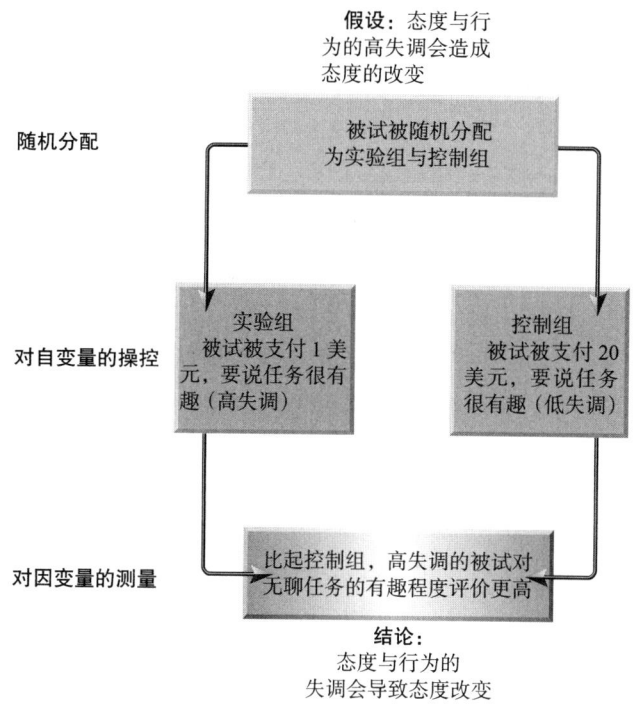

图13-10 费斯廷格和卡尔史密斯（1959）的研究设计

在认知失调与态度改变这一领域中，该研究是里程碑式的。研究设计如图所示。图中省略了第三种情况（没有失调，被试没有被引导去说谎）。无失调情况的结果与低失调情况的结果类似。

你觉得谁会对这个任务评价得更好玩？是收了1美元的被试还是收了20美元的被试？常识和学习理论都预测那个拿了20美元的被试会更加喜欢这个任务。然而事实上，拿到了1美元的被试表现出了态度的转变，变得更喜欢这个实验了——正如费斯廷格与卡尔史密斯所预测的那样。为什么呢？认知失调理论给予了一个解释。

如费斯廷格（1957）所认为的，当相关的认知不一致时，也就是说当他们彼此矛盾时，**认知失调**（cognitive dissonance）就会出现。认知失调被认为将产生一种不愉快的紧张状态，这种紧张促使被试降低他们的失调状态，通常通过改变他们的认知实现。在上面的研究中，被试相互矛盾的认知是"这个任务真无聊"与"我告诉了某人说这个任务很有趣"。那些被支付了20美元让他们去说谎的被试，他们的行为与真实态度的不一致有着一个显而易见的原因，因此他们体验到的失调程度很低。相反地，收取了1美元的被试，他们说谎并没有一个相当

明显的理由，因此他们体验到了程度较高的失调感。为了降低这种失调，他们倾向于说服自己说这个任务比他们原来想的要有趣。因此认知失调理论阐明了为什么人们有时会转变得相信自己的谎言。

当人们为了为自己徒劳无功的行为进行辩护时，认知失调也会发生作用，这种现象被称为**努力辩护**（effort justification）综合征。Aronson与Mills（1959）在关于努力辩护的研究中让大学女生经历严格的入会考验，通过考验的将获得资格去参加一个事先承诺是非常有意思的有关性话题的讨论。进行考验时，女生们需要对着男性实验者大声朗读淫秽文章。最后，这个被高度吹捧的关于性话题的讨论最终变成一个关于低等动物繁殖行为的录像课程。经过严格考验的被试会经历高度的认知失调（"我为了到这里来经历了这么多"与"这个讨论真无聊"之间的冲突）。她们怎么降低认知失调呢？很显然她们是通过改变对于这场讨论的态度来降低的，她们对于这场讨论的喜欢程度的评分比另外两个控制条件组中的被试要更高。努力辩护在日常生活中的许多方面发挥着作用。例如，为了到一家独特的餐厅吃饭而排队等了一个小时以上的人们事后会给这个餐馆以更高的评价，尽管他们只是吃了非常普通的一餐。

形形色色的研究结果检验了认知失调理论，大量的结果显示这个理论非常良好。态度改变的许多重要形式背后都是以认知失调的动态过程为基础的（Draycott & Dabbs，1998；Keller & Block，1999；Petty et al.，2003）。大量的研究支持费斯廷格的说法，证明认知失调的过程涉及真实的心理不适感，甚至生理唤起（Visser & Cooper，2003；Devine et al.，1999）。然而在社会心理学领域，认知失调效应并非是最为稳定的现象。研究者很难将在哪些条件下会发生认知失调一一列举出来，而且现在看来显然人们除了改变态度之外还有许多方法能够降低认知失调感（Olson & Stone，2005；Visser & Cooper，2003）。

3. 精细加工可能性模型

态度改变的**精细加工可能性模型**（elaboration likelihood model）最早由理查德·佩蒂（Richard Petty）和约翰·卡乔波（John Cacioppo）（1986）提出，该模型主张说服存在两种基本"路线"（Petty & Briñol，2008；Petty & Wegener，1999）。当人们仔细考虑说服信息的内容和逻辑时，采用的是**中央路径**（central route）。当说服依赖于如说服来源

的吸引力及可信度或者条件化情绪反应等非信息因素时,起作用的是**边缘路径**(peripheral route)(见图 13-11)。例如,当一个政客发表经过仔细研究、对复杂的议题有着深入分析的演讲时,他的说服遵循的是中央路径。相反地,一个政客如果依靠军乐队、密布耸动的旌旗、名人代言,以及鼓舞人心的口号等方式,那么他的说服采用的则是边缘路径。

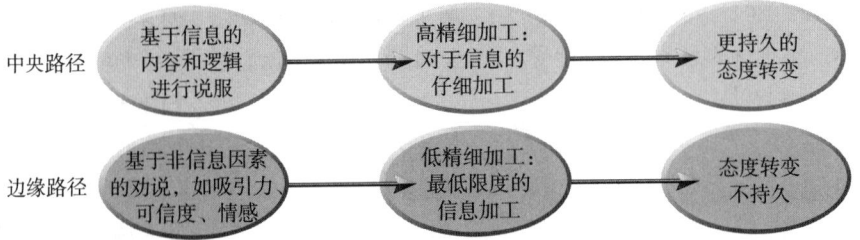

图 13-11　精细加工可能性模型

根据精细加工可能性模型(Petty & Cacioppo,1986),比起说服的边缘路径,说服的中央路径会带来对于信息内容更精细的加工,以及更持久的态度转变。

两种路径都能达到说服的效果。然而,根据精细加工可能性模型,态度转变的持久性取决于人们对说服沟通的内容精细加工(思考)的程度。研究显示,相比边缘路径,说服的中央路径能产生更持久的态度转变,而通过中央路径进行改变的态度比起通过边缘路径改变的态度能更好地预测人的行为(Kruglanski & Stroebe,2005;Petty & Briñol,2010)。

从众与服从:对他人的屈服

多年以前,我所居住的地区遭受了严重的洪灾,需要动员国民警卫队以及各种灾难应对措施进行抢险。在危机最严重的时期,一个年轻人来到洪灾现场,声称自己来自一个没有人听说过的政府部门,并开始要对救灾行动进行指挥。诚实的工作人员(包括消防部门、地方警察、市政官员以及国民警卫队等)都遵照他分派的命令对附近所有居民进行疏散,这种情况持续了数日,直到一个官员想到需要核实一下,并查出这个人只是一个刚好路过的行人。在那几天这支小型的军队由他使唤,而这个人却只是一个有着精神问题的无业游民,并未受过任何灾难应对的训练。

关于这个骗局的新闻被传播开后,人们纷纷指责无颜以对的当地官员们,指责他们对于这个冒名顶替者的顺从。然而如果身处相同状况的话,大部分批评者大概也会和那些官员一样选择合作。对于大多数人而言,心甘情愿服从权威人士是金科铁律,而非例外情况。在本节,我们将分析社会影响的动态过程如何在从众与服从中发挥影响。

从众

如果你一直将你家的草坪修剪得很整齐,是否意味着你表现出了从众行为?根据社会心理学家的观点,这要取决于你的行为是否是群体压力的结果。**从众**(conformity)出现在当人们对真实的或者想象中的社会压力屈服的时候。举个例子,当你为了避免你的邻居对你抱怨而坚持将草坪修剪整齐时,你就是顺从于社会压力。然而当你将草坪修剪整齐是因为你真心喜欢漂亮的草坪时,那就不是从众了。

在 20 世纪 50 年代,所罗门·阿希(Solomon Asch)设计了一个精巧的程序用于分辨一个人是否从众,使得他可以对影响从众的各个变量进行研究。现在让我们重现一下阿希(1955)的那个在社会心理学史上曾被多次广泛复制的研究(Markus,Kitayama,& Heiman,1996)。被试是招募来做视知觉研究的男性大学本科生。七个被试组成一组,一起被呈现一张上面带有一道竖线的大卡片,之后再次被呈现一张带有三条线的卡片。然后他们会被要求指出第二张卡片上的三条线哪一条的长度与第一条"标准线"相匹配(见图 13-12)。所有的七个被试都要对这个任务发表看法。他们每个人都会在小组中公开宣布他们的选择。小组中的其他人都是实验者的助手假扮的假被试,而坐在第六张椅子上的真被试对此并不知情。假被试们的任务就是要让真被试对自己的判断产生怀疑。

头两轮实验假被试都给出了正确的反应。到了第三轮,第二条线很明显是正确的选择,但前五名"被试"都说第三条线和标准线一样长。这使真被试被迷惑到了,简直不敢相信自己的耳朵。在接下来全部 15 轮实验中有 11 轮所有的假被试都给出了一致而不正确的反应。对线段的判断是一件简单、一点都不模糊的事。因此,如果被试坚定地赞同假被试们的意见,那么这并不是他的无心之过,而是他在从众。

对所有 50 名被试平均来看,阿希(1955)发现年轻男性在 37% 的回合中表现出从众行为。然而被试们在他们从众的倾向上表现得相当不同。50 名被试中，有 13 人完全没有屈从于小组其他人的意见，而有 14 人在超过一半的回合中表现出了从众。有人会辩解道，研究的结果显示了在面临全体一致的情况时，大多数人通常还是会倾向于抵制从众的压力（Hodges & Geyer，2006）。然而在这个线段判断任务如此清晰简单的前提下，大部分的社会心理学者对实验结果的解读是，认为实验结果赤裸裸地证明了人们的从众倾向（Levine，1999）。

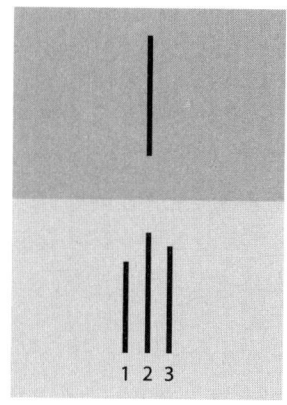

图 13-12　阿希从众研究所使用的刺激

被试被告知要将一根标准线（上方）与另外一张卡片上的三条线（下方）的其中一条匹配。任务很简单——直到假被试开始回答明显错误的答案，创造出让阿希评价被试从众程度的场景。

资料来源：Adapted from Asch, S. (1955). Opinion and social pressure. *Scientific American, 193* (5), 31–35. Based on illustrations by Sara Love. Copyright © 1955 by Scientific American, Inc. All rights reserved.

在后来的研究中，阿希（1956）发现小组的大小以及小组的一致程度是影响从众行为的关键决定因素。为了检验小组大小的影响，阿希用了假被试数量为 1～15 的不同小组来重复他的实验程序。当被试只是和一个人出现意见不同时，从众很少出现。但随着小组人数增加到 4 人时，从众行为发生的频率上升了，之后趋于平稳（见图 13-13）。因此，阿希推论，当小组越来越大时，从众行为会增加，直到一个临界点。该结论被其他研究者一再重复（Cialdini & Trost，1998）。

然而，如果有一名假被试与其他人不同，破坏了小组的一致结论时，小组数量的影响会有些不同。持异议者的出现将从众行为的峰值降低了约 1/4，即使这名持异议者所持的是一个与主流意见不同的错误判断。显然，被试所需要的只是听到有人对那个令人困惑的小组一致反映提出质疑。群体一致性在对于产生从众行为的重要性在随后的研究中也被一再验证（Hogg，2010）。

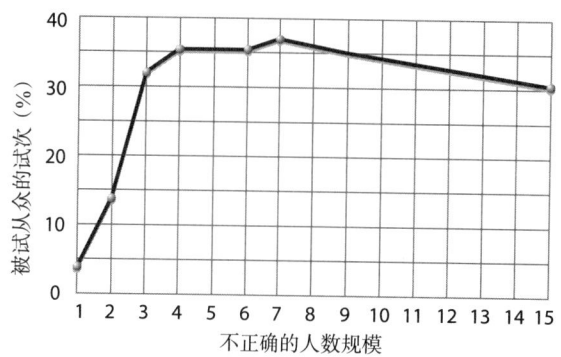

图 13-13　从众与群体规模

这张图显示了在阿希的研究中，随着群体规模的改变，被试的从众频率也会有所改变。阿希发现在群体增加到 4 个人之前，从众的出现频率会持续上升，之后从众频率会趋于平稳。

资料来源：Adapted from Asch, S. (1955). Opinion and social pressure. *Scientific American, 193* (5), 31–35. Based on illustrations by Sara Love. Copyright © 1955 by Scientific American, Inc. All rights reserved.

为什么人们会从众呢？有两个关键的过程显得比较有影响（Hogg，2010）。**规范性影响**（normative influence）指人们由于畏惧消极的社会后果而选择服从社会规范。换句话说，人们之所以从众或者循规蹈矩通常是因为他们害怕被批评或拒绝。而人们在不知道怎么做时通常也会选择从众（Cialdini，2008；Sherif，1936）。**信息性影响**（informational influence）指人们在不明确的情况下，通过观察他人的行为为自己的行为提供指导。因此，当你身处一家高级餐馆而你不知道该怎样正确使用餐叉时，你可能会看到别人观察他们是怎样使用的。在这样的情况下，将他人当作适当行为的信息源是一种明智的策略。基本上，信息性影响与行为是否正确有关，而规范性影响与是否能让他人喜欢你有关。

服从

服从（obedience）是顺从（compliance）的一种形式，指人们服从权威人物的命令行事。极大程度上，当权威人物说："给我跳！"许多人会直接问："跳多高？"

1. 米尔格拉姆的研究

斯坦利·米尔格拉姆（Stanley Milgram）曾经想要进行关于服从权威的研究。就像二战后的许多人一样，他对于德国公民如此轻易地服从独裁者希特勒的命令感到非常困惑，甚至当这些命令要求人们进行道德沦丧的行为，如对上百万的犹太人进行大屠杀，人们仍然执行。当时在为所罗门·阿希工作的米尔格拉姆开始设计一个研究服从的标准实验流程，就像阿希研究从众的那个实验流程那样。米尔格拉姆设计出的这个精巧的实验后来成为心理学史上最著名且最具争议的研究（Blass, 2009）。它被人们誉为对科学"里程碑式的贡献"，同时也被谴责为"危险、非人，而且道德败坏的研究"（Ross, 1988）。由于它的重要性，它将作为本章的专题研究呈现给大家。

"我只是服从命令"

"我只是服从命令。"这是阿道夫·艾希曼（Adolf Eichmann）为自己所做的辩解的本质。他因战争罪行而受到审判，他的罪行包括策划了纳粹灭绝欧洲犹太人的行动。米尔格拉姆想要了解在什么范围内人们会愿意去服从权威人物的命令。他特别希望识别出哪些因素致使人们服从那些让他们去做有违人伦事情的命令，如让他们去伤害无辜的陌生人。

方法

通过以"到耶鲁大学参加研究"为名的广告招募，40名来自当地社区、背景各异的男性参与了该研究。当被试来到实验室后，他会碰到实验者以及另外一位被试，一位可爱的47岁的会计师。实际上这名会计师是实验者的助手扮演的假被试。"被试们"被告知这个研究关注的是惩罚对学习的作用效果。他们抽签决定自己的任务，但他们所抽的纸片是处理过的，所以真被试总会成为"老师"，而假被试则成为"学习者"。

参与者将目睹学习者被绑在一张电椅上，在完成任务时如果他出现差错就会遭到电击（见图13-14左侧）。被试被告知，电击可能会导致疼痛但不会造成组织损伤。他被带到隔壁的房间里，那里有电击发生器，作为实验中的"老师"角色被试将控制电击发生器。这个精密的仪器（见图13-14右侧）有30个开关，用于控制电压强度从15到450伏的电击，上面贴有标签，从"轻微电击"到"危险：剧烈的电击"以及"XXX"。尽管这个仪器看着听着都像是真的，但其实它是假的。学习者不会被电击。

"学习实验"开始进行，假被试犯了很多要遭受电击的错误。"老师"被指示在每一次错误反应之后要提高电击水平。到了"300伏"时，学习者开始重击两个房间之间的墙壁进行抗议，而当老师提出问题时他又会很快停下来。此时，被试通常会向实验者寻求指导。实验者是一个31岁的男性，穿着灰色的实验室工作服，他坚定地表示对于错误回答的电击不能维持相同水平，老师应该继续对现在安静下来的学习者施以电压更高的电击。如果被试表示不愿意继续下去，实验者会用事先准备好的四句敦促台词之一严厉地对他进行回应，如"你得继续下去，这绝对非

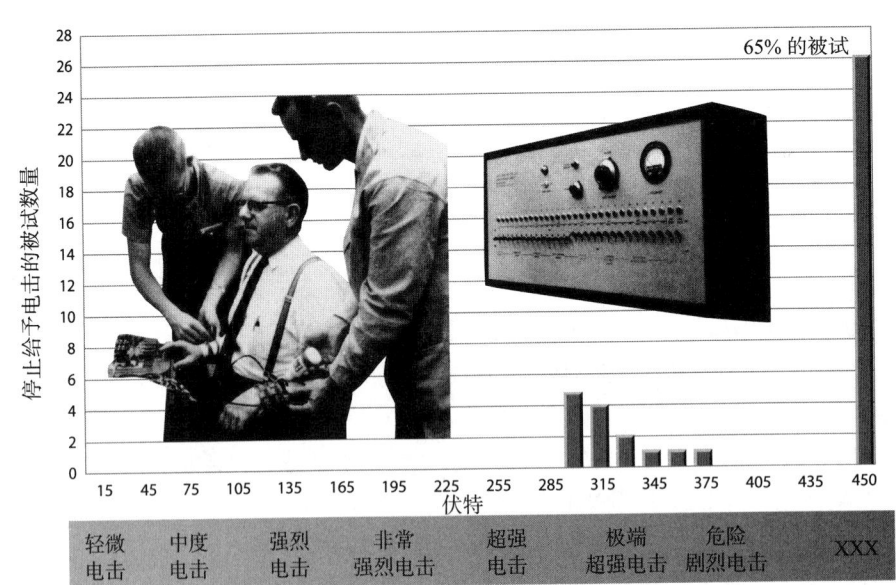

图13-14 米尔格拉姆的服从实验

左边的照片向我们展示了"学习者"在米尔格拉姆实验的其中一个阶段连接上电击仪器的场景。右边的照片是研究中所用的假电击仪。米尔格拉姆（1963）的第一个研究令人惊讶的结果如图所示。尽管被试会经常抗议，但大多数（65%）的被试还是对"学习者"实施了所有等级的电击。

资料来源：Photos copyright © 1965 by Stanley Milgram. From the film *Obedience*, distributed by The Pennsylvania State University. Reprinted by permission of Alexandra Milgram.

常重要!"

当被试拒绝服从实验者,那么实验就会结束。实验的因变量是被试在拒绝合作之前给学习者施加的最大电压。实验结束后,实验者会向被试解释实验的真实目的,并向他保证电击是假的,学习者并未受到任何伤害。

结果

没有被试在学习者重击墙面之前停下来,拒绝合作,但有五个人在这个时候就退出了实验。如图13-14中的表格所示,40名被试中只有14名违抗实验者,在完成所有强度的电击之前就停止了实验。因此,40名被试中有26名(65%)实施了所有30个水平的电击。尽管他们倾向于服从实验者,但他们对于伤害学习者这件事表达或表现出相当的悲痛,这一切都被米尔格拉姆拍摄了下来。被试恐惧地呻吟着,咬着嘴唇,口齿不清,瑟瑟发抖,而且汗如雨下。然而他们还是继续实施电击。

讨论

根据这些结果,米尔格拉姆总结道,对于权威的服从比他自己或其他人预期的要更普遍。在实验开始前,米尔格拉姆曾向40位精神病学家描述了此研究,并请他们预测被试最多会给受害者实施多大的电击。大部分精神病学家预测不到1%的被试会将一系列的电击进行到底。

为了解释他的结果,米尔格拉姆提出来自权威人物的强大压力会让好人对其他人做出不好的事。将这个启示用于解释纳粹的战争罪行以及其他罪行上,米尔格拉姆声称一些罪行应当更多归因于情境压力而非行动者的邪恶本性,情境压力能迫使普通人从事背叛、暴力等行为。因此他得出了一个令人不安的结论:任何人在特定的环境下都可能服从命令,对无辜的陌生人实行迫害。

评论

就其本身而言,服从并无对错之分。任何大小的社会群体想要活动进行得顺利都得依靠服从。如果警察、父母、医生、上司、将军以及总统等人的命令都被经常性地忽视,那么生活将变得一团糟。然而,米尔格拉姆的研究告诉我们,许多人对于领导过度服从了。

如果你和大多数人一样,你也可能会很自信地认为你不会听从实验者的要求去对无助的受害者施加迫害。但实证研究表明,你可能是错的。许多研究重复了类似的实验,结果令人不安却又清晰明了:大部分人能够被强迫去进行违反他们道德观和价值观的行为。这个发现使我们对如纳粹屠杀犹太人这类失德恶行的理解更为深刻。

经过最初的证实后,米尔格拉姆(1974)为探究影响被试服从的因素,又尝试对他的实验进行了20次改动。在其中一个变式中,米尔格拉姆将实验地点从耶鲁校园搬到了其他地方,来探究大学的名望对被试服从行为的影响。当研究在属于"Bridgeport研究联合会"的一座破烂的办公楼中进行时,研究者只观察到服从行为微弱的下降(48%的被试进行了全部电击)。甚至当学习者与被试同处一个房间中时,仍有40%的被试实施了所有的电击。总而言之,随着各种实验条件的改变,被试仍然保持高度的服从,这令米尔格拉姆感到十分惊讶。

即便如此,仍有一些情境的操控可以使得服从行为明显降低(见图13-15)。例如,如果权威人物去接电话了,而下命令的变成一个普通人时(可能是其他被试),完全服从的情况下降到20%。另外一个版本的研究中,米尔格拉姆从阿希的从众实验中借鉴了一个小技巧,设置了三人为一组的"老师组",其中两个是假被试。他们抽签决定谁去执行电击,而真被试总会被选中与他的"老师同伴"协商后去执行电击。当两名假被试都接受实验者的命令同意继续对学习者实施电击时,这种压力会使服从行为略有提高。然而,如果假被试反抗实验者并支持被试的拒绝的话,服从行为则显著下降(只有10%的被试完成了所有电击),这就像阿希的从众实验中异议的出现会使从众水平下降一样。这些结果非常有趣,他们进一步为米尔格拉姆的情境因素会对人类行为产生巨大影响这一观点提供了支持。如果情境压力倾向于不服从,那么服从行为下降,就如我们所预料的那样。

2. 随后的论战

米尔格拉姆的研究引发了一场持续到今天的论战。一些批评者认为米尔格拉姆的结果不能推广应用到现实生活中(Baumrind, 1964; Orne & Holland, 1968)。他们强调被试之所以继续下去是因为他们知道这是一个实验,所以"一切都是没问题的"。或者他们辩解道,那些同意参加科学研究的人本身就希望服从实验者的命令。

米尔格拉姆（1964，1968）这样回应争论：如果被试们认为"一切都是没问题的"，那么他们就不会体验到清楚表现出来的非同寻常的悲痛了。

对于实验参与者本来就希望服从实验者命令的说法，米尔格拉姆指出，现实世界中那些被控以罪恶行为的军人与官僚也是像那样服从于权威的。"对于Baumrind的观点——对研究中观测到的服从行为并没有价值，因为它们发生在合适的地方，我拒绝接受。"米尔格拉姆（1964）如是说："恰恰相反，这正是它们的价值所在。"总而言之，证据支持米尔格拉姆的研究结果的推广性，因为该结果在包括不同被试类型、不同流程的多种实验设置中得到了稳定的重复（Blass，1999，2009；Miller，1986）。

也有批评者质疑米尔格拉姆所用的实验程序不符合伦理规范（Baumrind，1964；Kelman，1967）。他们指出被试在没有事先同意的情况下受到如此巨大的欺骗，这可能会在不知不觉中破坏他们对人的信任。批评者们提出"老师们"经历如此严重的应激，可能会留下情绪创伤。另外，大部分被试还需要面对这样一个令人不安的事实：他们在实验者"要去伤害无辜"的命令前屈服了。米尔格拉姆的辩护者们则认为，他的被试所经历的短暂悲痛是为得到此实验所带来的启示，而这需要付出一点代价。然而现在看来，心理学家们似乎也与批评者们一样担忧米尔格拉姆的工作在伦理上的意义（Miller，2004）。用现在的研究伦理标准来看，他的研究流程的确是可质疑的，而从20世纪70年代中期起美国也再没有研究重复过他的服从范式了（Elms，2009），直到最近杰瑞·伯格（Jerry Burger）（2009）才小心谨慎地进行了部分的重复，而且还包含了一系列新增的保护措施以保护被试的心理不受损害。

伯格（2009）想要了解米尔格拉姆的研究发现在45年后是否仍然成立。毕竟自从20世纪60年代米尔格拉姆进行最初的那个实验到现在，世界在无数的方面已经发生了变化。为了适应现代的伦理准则，伯格不得不对米尔格拉姆的研究流程的某些方面进行修改。除了其他的方面，他还将被试小心翼翼地保护起来，排除那些体验到过多压力的被试，反复强调被试可以在任何时候退

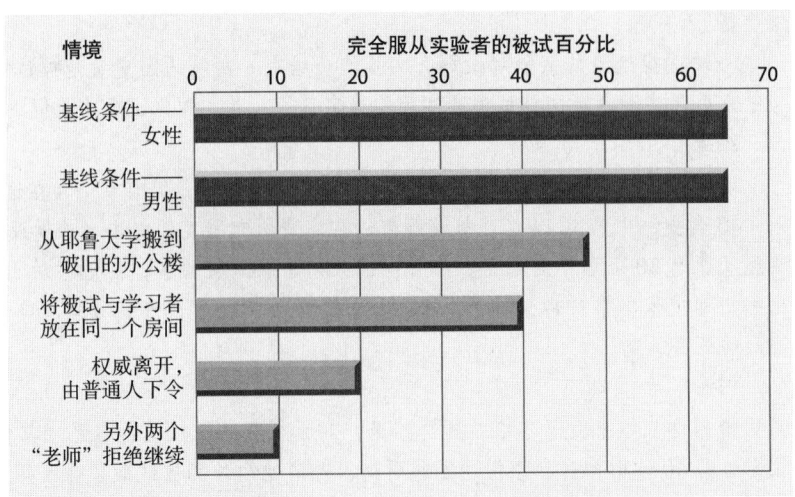

图13-15 对于服从的情景影响

米尔格拉姆（1974）对他的经典实验进行了重复，发现女性与男性所呈现出的服从倾向没有差异。他也发现了不同的情境因素对所观察到的服从行为的影响。图中展示了一些比较有趣的数据。你可以看到，仅仅当权威人物在实验场景中被移走或者其他"被试"反抗实验者的时候，被试的服从才有比较大的下降。这些发现都支持了米尔格拉姆的假设：行为在相当大的程度上是由情境力量所塑造的。

出实验而不受到任何处罚，并在被试完成实验流程后立即为被试对实验目的、欺骗的意图等进行详尽的说明。最重要的，他重新制定了米尔格拉姆的方案，将电压限制为150伏。伯格之所以选择150伏作为最大值是因为在米尔格拉姆的实验中，绝大多数过了这个阶段的被试都将所有水平的电击进行到底。因此在此水平上体现出来的服从行为数量可作为那些最终表现出完全服从的被试相应比例的可靠估计。有趣的是，尽管采用了许多额外的预防措施，伯格研究中得到的服从行为率仅比45年前米尔格拉姆所观察到的稍微下降了一点。考虑到伯格再三强调被试可以退出研究（被认为可能会降低服从行为），从上面的结果看来似乎现在的人们和60年代的人们一样易于服从。

从众与服从的文化差异

从众和服从是美国文化特有的吗？看来并非如此。阿希和米尔格拉姆在很多国家重复了他们的实验，并且得到了与在美国几乎相同的结果。因此从众和服从的现象似乎是跨文化的。虽然米尔格拉姆的服从研究大多是在像美国一样的工业化国家中重复的，但比较这些研究结果的时候也应该小心，因为样本的构成和实验程序都有些许差别。很多研究都报告了比米尔格拉姆在美国的研究中更高的服从比率，比如来自意大利、德国、奥地

利、西班牙和荷兰的样本，都报告了超过80%的服从比率（Smith & Bond，1994）。因此，米尔格拉姆所观察到的极高的服从水平并非是美国特有的。

阿希相比于米尔格拉姆，在更多元化的国家中进行了重复试验。像许多不同文化下的行为差异一样，不同水平的从众也表现出了与社会的个体主义或集体主义程度的相关，理论家们认为集体主义的文化强调规则、合作和和谐，可能会比个人主义文化更多地鼓励从众行为（Schwartz，1990）；他们还认为这些文化对从众有着更为积极的看法（Kim & Markus，1999）。正如Matsumoto（1994）所说："从众在美国文化下意味着软弱和有某些缺陷，但在其他文化下并不是这样。许多文化也培养更集体化的、群体取向的价值观，从众、服从和顺应的概念也有着更高的地位。"与这些分析一致，研究也在集体主义中发现了比个体主义文化中更高的从众性（Bond & Smith，1996；Smith，2001）。

情境的力量：斯坦福监狱实验

阿希和米尔格拉姆的研究生动描述了情境因素对社会行为的潜在影响，但在近10年之后，菲利普·津巴多的标志性研究再一次发现：情境的力量原来还是被低估了。讽刺的是，津巴多还是米尔格拉姆的高中同学。他和同事为了探究监狱为什么会成为一个充满虐待的、可耻的和暴力的环境，而设计了斯坦福监狱模拟实验（Haney，Banks，& Zimbardo，1973；Zimbardo，Haney，& Banks，1973）。津巴多也和米尔格拉姆一样，想看看情境的力量会如何塑造正常、普通被试的行为。

被试是通过报纸广告应招"参与监狱生活研究"的大学生们。在对70位志愿者进行了一系列的测试和访谈后，研究人员选中了24名身体健康、心理状态稳定的大学生作为被试，并随机决定谁会在此仿真监狱中被设置为"狱卒"或"囚犯"。犯人会在他们的家里"被捕"，戴上手铐并被转送到斯坦福校园里仿造的监狱中；抵达时他们被要求脱去衣服，喷上灭虱药，穿上监狱制服（罩衫）；在分配给数字作为身份后，他们被锁进铁窗隔间中。那些被指定为狱卒的被试会穿上卡其色制服，配上警棍和手铐，戴上反光太阳镜，并告知他们能够以他们想要的方式来管理监狱，但不能够使用体罚。

随后发生了什么呢？"囚犯"和"狱卒"立即发生了对抗，狱卒们迅速设计了一系列有些残酷的策略，以此来维持对这些犯人的完全掌控。他们选择性地剥夺了一些犯人的食物、毛毯和洗浴权限来获得掌控；犯人们被奚落、嘲弄，并被叫着侮辱性的名字，被迫去乞求进入浴室的机会。无意义但又琐碎的规则被强制实施。难搞的犯人会被惩以艰苦的劳动（做俯卧撑或开合跳，直接用手清扫厕所）；狱卒们还会半夜起来侵扰犯人，让他们起床集合报数。狱卒们还很有创意地将一个长宽两英寸的衣柜放进洞里，用来单独监禁那些造反的犯人。虽然狱卒们稍有不同，但都在完成他们的职责中变得卑鄙、恶毒和暴虐。那么犯人们又做何反应？一小部分被试表现出了明显的情绪障碍，故需要被提早释放；但大多数变得萎靡、冷漠和意志消沉。研究本打算持续两周，但津巴多不得不提早在第六天时停止，因为他非常担心快速上升的虐待行为和犯人们的堕落。被试们得到释放后，由专家进行了咨询并送返家中。

津巴多和他的同事如何解释被试们令人震惊的转变呢？首先，他们将被试的行为归因于社会角色的巨大影响力。**社会角色**（social role）是指特定情境中被广泛接受的关于"人们应该如何表现"的期望。我们对售货员、餐厅服务员、牧师、病人、学生、公车司机、游客、乘务员，当然还有监狱守卫和犯人们都有着角色期望。参与者对于扮演狱卒或犯人意味着什么都有着大致了解，然后逐渐被他们的角色融化了（Haney & Zimbardo，1998）。其次，研究者将被试的行为归因于情境因素的强大力量。在研究开始前，测试和访谈显示随机指定的狱卒和犯人在人格或性格上并没有可测的差异，其行为的显著差异取决于所处情境的根本性不同。正如Haney和津巴多（1998）所说，此研究表明了"情境的力量可以压倒人们，并激发意想不到的残忍和'适合情境'的行为"。津巴多的研究与之前米尔格拉姆的一样，得出了结论：情境性的压力会使普通的、正派的人表现得险恶并令人厌恶。

总的来说，斯坦福监狱模拟实验的结果至少令人大开眼界。那些没什么明显不良特质的被试在短时间内变成残暴施虐的残酷狱卒，如果这种转变会在模拟监狱中如此轻易地发生，足可以想象在真实的监狱中，那么强的情景力量会多么容易导致施虐行为。虽然斯坦福监狱模拟实验是在1970年进行的，但对这个实验的热议被2004年伊拉克阿布格莱布监狱的丑闻再次激发了。在管理监狱上只有很少经验的美军人员，被发现对伊拉克囚犯有残忍的、公然的、荒唐的违法虐待（Hersh，2004）。一些反映阿布格莱布中施虐的照片奇异地让人回忆起斯坦福实验中的照片。美国政府指责这些可怕的虐待者是"一些坏掉的苹果"，认为他们是病态的或有道德缺陷的，并将其看作失常以企图掩盖事故"真相"。然而斯坦福监狱模拟实验提供的证据明确显示了有另一种解释——正如鉴定人验证的那样，菲利普·津巴多（2004，2004，2007）认为更可能是情境压力致使普通的美国人犯下了被道德所不容的虐待罪行。但这一解释并没有赦免狱卒。他们要为自己行为负责任。然而，津巴多强调从一群狱卒中找"替罪羊"并没有解决这一体系中真正的问题。他认为监狱中的虐待仍很可能发生，且只有在当局提供了大量的训练和对狱卒强有力的监督、颁布对虐待行为明确的制裁方式、主张行政管理系统中坚持明确的问责机制之后才有可能减少。

群体行为：加入他人

社会心理学家不仅研究个体，也研究不同群体。但究竟什么是群体呢？一群离了婚的巴尔的摩的父亲？三个在上升电梯中的陌生人？如果电梯卡住了他们会是一个群体吗？那四个一起上心理学课程的同学呢？一个决定审判的陪审团是吗？波士顿凯尔特人队？或者美国国会？在这其中，一些人的集合是群体，而另一些则不是，让我们来了解一下群体的概念，看看有哪些符合资格。

在社会心理学家的眼里，群体由两个或更多相互影响和依赖的个体组成。离了婚的巴尔的摩的父亲们不太具有这样的资格，电梯里的陌生人可能会有简单的互动，但并不会互相依赖。然而，如果电梯卡住了，他们要一起处理这个紧急状况，他们就立刻成为一个群体。心理学课程上和你一起学习的同学是一个群体，大家互相影响并依靠彼此来完成共同的目标。陪审团的成员、凯尔特人队这样的体育团队以及像美国国会这样的大型组织也都是群体。

历史上很多群体的互动都以面对面交流为基础，但是远程通信技术的进步却在改变着这一现实。在网络时代，人们在不亲自会面的情况下能够互相影响，变得互相依赖，并发展出群体认同（Bargh & McKenna，2004；O'Leary & Cummings，2007）。哈克曼（Hackman）和卡茨（Katz）（2010）宣称群体的本质随着科技的发展正在进化。他们注意到，传统的群体倾向于是整体且稳定的，有着清晰的边界；而当今群体的成员经常持续地变动。传统的群体通常会有指定的领导者，而当今的群体经常是自我管理的并有着共享领导权。类似地，传统群体倾向于以自上而下的方式被创造，而当今群体通常自行联合去发现共同的兴趣。看这些转变如何对群体运作产生影响将是件有趣的事情。

不同群体在很多方面都有差异。一个学习小组、凯尔特人队和国会在规模、目的、礼节、资历、成员的相似度和活动的多样性上都有着明显的差异。既然它们如此多样化，讨论团体还有什么意义吗？是的，除去它们巨大的差异性，群体仍共有着某些影响其运作的特征。除了其他方面，大多群体都有角色，即分配有特殊责任的某些成员；有关于适当行为的规则；有反映谁应该和谁交谈的沟通机制；还有权力结构来决定哪些成员具有最大的影响（Forsyth，2006）。

因此，当人们在一个群体中联合起来，他们就创造了一个有着独特特征和有了自己的生命动力的社会有机体。社会心理学有一个持久的领悟：在一个给定的情境中，你在群体中的行为和你独自一人时有很大的差异。为了证明这一观点，让我们来看一些关于助人行为的有趣研究。

单独行动和群体行动：旁观者效应的实例

想象一下，你现在的身体状况很差，情况相当危险，你不得不整日担心，当有危急事件发生时是否会有人提供帮助。在这种情况下，你是否会觉得身边有一大群人更安全？毕竟"人多势众"。逻辑上来说，当群体中的人数增多时，"心地慈善的人"出现的可能就增大了。真的是这样么吗？

我们之前也看到过，人类的行为并非是必然符合逻辑的。当谈到助人行为，许多研究都揭示了一个明显的矛盾，叫作**旁观者效应**（bystander effect）：相比于单独一人，人们身处群体中时更不可能提供帮助。约翰·达利（John Darley）和比布·拉坦纳（Bibb Latané）（1968）通过实施关于助人行为的决定因素的研究，对这种现象首次进行了描述，证明了人们获得帮助的可能性随着群体规模增大而减小。在约翰·达利和比布·拉坦纳的研究中，独自在小隔间里的学生通过对讲机联系，并参与三种大小的讨论群。讨论开始时，一个实验员假扮的被试犹豫着提到自己有癫痫病且经常发作；在讨论的后半段，这位假被试装作出现了严重的癫痫并大声呼救。尽管大多数被试都为这个学生寻求了帮助，但随着讨论群规模的增大，寻求帮助的倾向也在减少。

相似的倾向也能在许多其他实验中看到。在这些实验中超过6 000名被试有机会对一件明显的紧急情况做出反应（Latané & Nida，1981），如火灾、哮喘发作、晕厥、车祸和轮胎漏气；或是没这么紧迫的需要，如去应门或者帮陌生人去拾掉了的东西。许多实验都是非常现实的研究，会在地铁、商店和购物中心进行。Latané 和 Nida 对研究的结果做出了估计，单独一人的被试会有 75% 的比例提供帮助；而相反地，有他人在场的被试只有 53% 的比例会提供帮助。他们得出结论，能使"旁观者效应"减少的主要条件是帮助需求极为明确。比如当有人明显处在生命危险中时（Fischer et al.，2006），或旁观者是朋友而非陌生人时（Levine & Crowther，2008），旁观者效应会更少发生。

旁观者效应的原因是什么呢？可能有很多的因素在起作用。旁观者效应是在模糊情景中最常见的，因为人们会环顾四周看是否有其他人认为这是个紧急情况；如果每个人都在犹豫，他们的不行动就暗示着并非真的需要帮助。在群体中发生的责任分散也同样重要，如果是你自己遇到了一个需要帮助的人，那提供帮助的责任就落到了你一个人身上；但如果有其他人在场，你身上的责任就被分散了，你可能会对自己说"会有其他人伸出援手的"。责任感的减少可能会引起其他方面的群体行为，我们会在下一个部分中看到。

群体生产和社会惰化

你是否曾经从正在施工的道路旁开车路过——以龟速移动着，并感到非常恼怒，因为有那么多工人在那里懒散地消磨时间？路旁的标语写着"您交的税款正在发挥作用"，让你不禁想象它们都打水漂了。在较大的群体中，个体的生产力往往会下降（Karau & Willianms，1993）。这个事实确实不幸，因为许多重要的工作只能够由团队来完成。群体生产力很重要，委员会、体育团队、消防员、姐妹会、研究团体和交响乐等各种团队，从小餐馆里的服务员到 500 强企业的董事会都需要群体生产力。

有两个因素会导致在较大群体中个体生产力的减少。第一个因素是工人工作中由于丧失协调而导致的低效率，比如如果你让越多的人参与年鉴编写，就可能会造成更多的重复劳动，而且小组成员工作目标重叠的概率会上升。

第二个导致群体低生产力的因素牵涉努力而非效率。**社会惰化**（social loafing）是指与自己单独工作时的努力程度相比，在群体工作时个体的努力程度会降低。为研究社会惰化，Latané 和他的同事（1979）让被试尽量响亮地欢呼鼓掌，并记录了他们的声音。被试被告知这项研究要关注的是感觉反馈的重要性，因此他们会带上眼罩和耳机（放着很大的噪声），这样他们就不能看到或者听到群体内其他成员的表现了。这些操作都是为了让被试相信他们是自己一人或者是在一个有 2～6 个人的群体内工作，但事实上我们测量的是个体的声音输出。

当被试认为他们是在群体里工作的时候，他们个人的输出会降低。因为协调损耗并不能影响个体的输出结果，所以被试声量的降低就是由于他们自己降低了努力程度。Latané 和他的同事让同样的被试在真正的群体（2～6 人）里鼓掌欢呼，也发现在产出上有所降低，但这样的降低可以被归因为协调损耗。图 13-16 显示了社会惰化与协调损耗是如何随着群体扩大而共同使产出降低的。

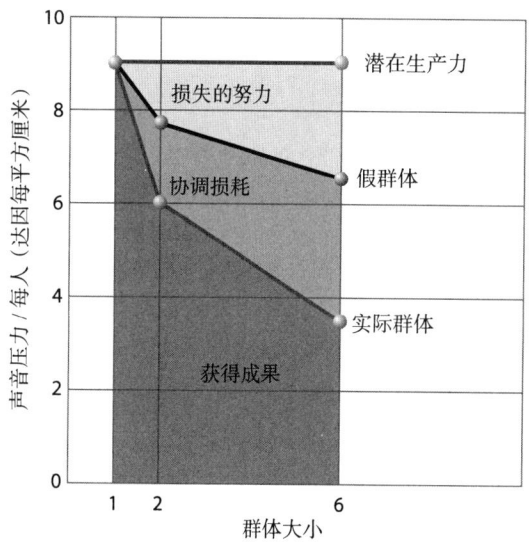

图 13-16　协调损耗和社会惰化对群体生产力的影响

当人们处于 2～6 人的群体时，每个人的声音产出量就明显减少。这种生产力的降低反映了协调损耗和社会惰化的影响。当被试仅仅是想象他们在 2～6 人的群体内工作时，每个人发出的声音就会降低。在生产力上，比较小的下降是由社会惰化造成的。

资料来源：Adapted from Latané, B., Williams, K., & Harkins, S.(1979). Many hands make light the work: The causes and consequences of social loafing. *Journal of Personality and Social Psychology, 37*, 822–832. Copyright © 1979 by the American Psychological Association. Adapted by permission of the author.

社会惰化的效果在很多研究里得到了验证。这些研究涉及了多种任务，包括欢呼、充气、游泳接力、走迷宫、评价社论还有头脑风暴（Karau & Williams，1995；Levine & Moreland，1998）。社会惰化和旁观者效应都有着共同的原因：群体里产生了责任分散（Comer，1995；Latané，1981）。随着群体规模的扩大，完成任务的责任就会被分到更多人身上。很多群体成员就会因为个人的贡献难以识别而松懈。因此，社会惰化会出现在那些个体可以"隐藏在人群里"的情景中。

社会惰化并不是必然的。当个体产出的个人贡献易于被确认时，社会惰化发生的可能性会降低（Hoigaard & Ingvaldsen，2006）。当群体规则鼓励产出和个人参与的时候，社会惰化发生的可能性也会更低（Hoigaard, Säfvenbom & Tonnessen，2006）。而且当群体更小、凝聚力更高的时候，社会惰化也会减少（Liden et al., 2004；Shiue, Chiu & Chang，2010）。文化因素也会影响社会惰化的可能性。被试来自日本、中国和中国台湾地区的研究发现社会惰化在强调群体目标优先、对群体奉献的集体文化下并非如此普遍（Karau & Williams，1995；Smith，2001）。

群体决策

生产力不是涉及群体的唯一因素。当人们以群体形式聚集，他们经常需要做出群体要做什么以及如何利用资源的决策。无论是你的研究小组决定要叫什么比萨，陪审团要做出怎样的裁决，还是议会决定是否通过一个法案，这都是群体决策的过程。

评估决策比评估生产力要复杂得多。在很多情况下，"正确的"决策并不是很明显的。谁能说你们研究小组叫的就是最好吃的比萨，或者议会通过了正确的法案？尽管如此，社会心理学家还是发现了一些关于群体决策的有趣倾向。

1. 群体极化

谁倾向于做出更谨慎的决策：个人还是群体？常识告诉我们，群体里会产生妥协，因此会抵消个人的极端观点。因此，群体的集体智慧会带来相对保守的选择。常识就是正确的吗？为研究这一问题，Stoner（1961）先让被试自己对困难决策做出选择，然后让同样的被试参与群体讨论，得出一个群体选择。当 Stoner 比较个人的平均选择与群体选择的时候，他发现群体的决策比个人的要更加冒险。Stoner 的发现在其他研究（Pruitt，1971）里得到了重复。这种现象被命名为**风险转移**（risky shift）。

然而，研究者后来却发现群体决策的方向不仅可以向风险倾斜，还可以向保守倾斜，这是由群体一开始的时候向哪个方向倾斜决定的（Friedkin，1999）。向更加极端的状况转移，这种现象被称为**极化**（polarization）。这是群体决策常有的结果（Tindale, Kameda & Hinsz，2003；Van Swol，2009）。因此当群体讨论加强了群体占优势地位的观点、使得决策向更极端的方向倾斜时，**群体极化**（group polarization）便出现了（见图 13-17）。正如它的名字所显示的那样，群体极化不会造成群体内部派系对立的扩大，反而会使群体的一致性增强。

2. 趋同思维

无论如何，群体极化还是群体动力中的正常过程，但与之相反，趋同思维就更像是能影响群体决策的"疾病"了。**趋同思维**（groupthink）是指一个紧密结合的团体内，在决策时强调全体成员的一致性。你应该也能想到，趋同思维不会产生非常有效的决策。确实，趋同思维甚至可以导致事后根本无法理解的决策出错。欧

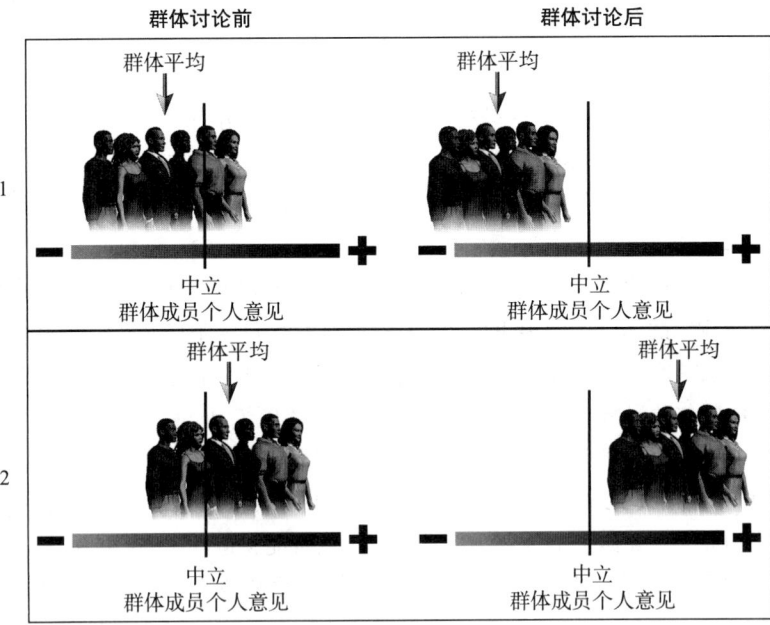

图 13-17 群体极化

这里展示了群体极化的两个例子。横轴表示人们在群体讨论之前和之后对于观点正性或负性的态度。第一个例子（上图）中，群体一开始对于这个观点是轻微反对的，到讨论过后反对程度就变得更加强烈了。第二个例子（下图）中，群体一开始对这个观点是稍微支持的，而讨论过后这一倾向就变得更强了。

文·詹尼斯（Irving Janis）（1972）在解释肯尼迪总统和他的顾问对于1961年从猪湾入侵古巴的错误决策时，最先提出趋同思维。这场侵略最后输得很惨，而且在事后看来，这个决策根本就是计划不周的。

詹尼斯把他多年来关于群体动力的研究和理论应用在猪湾惨败中，发展出一个趋同思维模型。当群体陷入趋同思维的时候，成员就会搁置他们的批判性判断，群体会开始审查异议，从而使大家趋同的压力上升。很快，所有人就都会开始想的一样了。此外，"心理护卫"也会为群体阻挡与群体观点不一致的信息。

如果群体观点被外界所挑战，趋同思维的受害者就会开始进行简单的"我们与他们"的对立性思考。成员会开始过度重视群体内的一致性。他们会视外群体为敌人。趋同思维也会导致信息收集得不完全。像个人一样，群体也会出现确认偏误。他们会收集和关注支持自己最初观点的信息（Schulz-Hardt et al., 2000）。

是什么导致了趋同思维？詹尼斯认为，趋同思维的关键前提是高群体凝聚力。群体凝聚力是指群体成员与群体以及成员之间的关系强度。高凝聚力群体的成员联结紧密，彼此忠诚，"团队精神"强烈，忠于群体。凝聚力并非坏事。它可以提高群体的生产力（Mullen & Copper, 1994），也会帮助群体实现更好的目标。但詹尼斯仍然认为在群体凝聚力高的时候更容易出现趋同思维。如果群体在相对隔绝的环境下工作，群体有一个强力的直接领导人，或者群体处于"需要做出大多数人通过的决定"的压力时，就会更容易出现趋同思维。

验证詹尼斯理论的实验很少，因为形成趋同思维的前提，比如高决策压力、高群体凝聚力、独裁领导，很难在实验室里创造（Aldag & Fuller, 1993）。过往的实验在高群体凝聚力方面发现了与理论不完全一致的结果，而强力领导并非产生趋同思维的必要条件（Baron, 2005; Kerr & Tindale, 2004）。因此，关于趋同思维的证据很多都还是对于决策失败的回溯性个案研究（Eaton, 2001）。鉴于此，詹尼斯关于趋同思维的模型是富有创造力、充满智慧的，直观上很有吸引力，但仍然需要被更多实证研究验证。

很多类型的群体都必须得出一个共同决策。群体决策的社会动力是复杂的，很多因素都会悄无声息地破坏群体决策的有效性。

本章主题回顾

关于社会心理学的讨论涉及了七个课程主题中的三个。第一个是心理学注重实证的价值观——根据研究中的系统观察来得出结论。第二个主题是文化因素在行为塑造上的重要意义。第三个是人们对于世界的体验是高度主观的。我们先来讨论一下实证主义的好处。

人们很容易会质疑关于社会行为的科学研究，因为社会心理学的研究很多看起来都很符合常识。绝大多数的人不会自己想到色觉理论，不会质疑快速眼动睡眠的重要性，也不会对精神分裂症的病因有所质疑，但所有人都有关于爱的本质、如何说服别人以及人们的助人意愿的认识。因此，当研究显示可靠性能够提升说服效果，或者漂亮的外貌会提升吸引力时，我们会很容易觉得社会心理学家似乎是在竭尽全力地去验证已经很明显的东西。所以一些批评者会说："为什么要这么麻烦呢？"

看完这一章，你就能发现是为什么了。社会心理学的研究已经反复证明了基于逻辑和常识的预测很多时候都是不正确的。就举以下这几个例子。即使是精神科医生也无法预测在米尔格拉姆的电击实验中如此明显的权威服从。助人行为的旁观者效应也与冷漠的数理逻辑相反。认知失调的相关研究也发现，一旦人们选择加入，随后的失望越大，人们对行为的支持感受就越强。这些原理都与常识不一致。因此，对于社会行为的研究正好说明了为什么心理学家会相信实证主义。

社会心理学的研究也再次告诉我们，行为在不同文化背景下会有差异性和一致性。因此，我们在归因模式、婚姻中浪漫之爱的角色、对于从众的态度、服从权威的倾向以及社会惰化的可能性这些方面都能看到明显的跨文化差异。而基本的社会性现象，比如刻板印象、吸引力、服从和从众则可能是普适的。然而，对于社会行为的跨文化研究也发现，基于美国被试群体的研究结果难以精确地推广到其他文化。

社会心理学的研究也能很好地告诉我们：人们对于世界的看法是高度个人化和主观的。在这一章，我们看到了外貌可以影响对一个人能力和人格的知觉；也看到了刻板印象可以使人在交流中看到他们所期望看到的东西；还看到了从众的压力可以让人质疑自己的感觉；还有趋同思维可以让群体成员走上共同错误的危险道路。

社会知觉的主观性在我们这一章的应用里会再次被提到。本章的个人应用会关注偏见——一个社会心理学家很感兴趣的实际问题；而批判性思考应用则会着眼于社会影响方面的内容。

个人应用

理解偏见

判断以下的句子是"正确的"还是"错误的"。
1. 偏见和歧视是同一种东西。
2. 刻板印象总是消极或准确的。
3. 民族和种族群体是现代社会里唯一广泛的偏见对象。
4. 比起群体外的人，人们觉得群体内成员更为相似。

小詹姆斯·伯德是一个49岁的黑人男性。1998年夏天的一天，他正准备走回家。三个白人男性（其中一位他认识）提出让他搭顺风车，他接受了邀请。不久后，伯德被残忍暴打过的尸体碎片被发现散布在得克萨斯的乡间小路上。很明显，他曾经被暴打，然后脚踝被绑在卡车后面拖行超过两英里，直到死亡。警察说伯德会成为凶徒的目标只是因为他是黑人。还好，这样的悲剧事件在美国相对来讲还是比较稀少的。但是，它提醒了我们偏见和歧视仍然存在。

偏见是一种很普遍的社会问题。它会伤害到受害者的自我概念，压制他们的潜能，为他们的生活带来巨大的应激，也会增加群体间的紧张和冲突（Inzlicht & Kang, 2010; Major & Townsend, 2010; Ong, Fuller-Rowell & Burrow, 2009）。减少偏见的第一步就是理解它的根源。因此，在这篇个人应用里，我们会试着深入了解偏见为什么如此普遍。在这过程中，你就能了解到上面提到的这些问题全都是错误的。

偏见与歧视是紧密相连的概念。在大众的用法里，它们几乎都可以互换了。但是，社会科学家还是更喜欢准确地定义它们。所以我们一起来澄清一下这两个概念。

偏见（prejudice）是对某个群体成员的消极态度。像其他的态度一样，偏见包含了三种成分（见图13-18）：信念（"印度人大多都是酗酒者"），情感（"我鄙视犹太人"）以及行为倾向（"我不会聘请墨西哥人"）。种族偏见是偏见中最常见的。但是，偏见并不仅仅出现在种族群体身上。妇女、同性恋者、老年人、残疾人以及精神病患者都是偏见的常见对象。因此，很多人都会对某个群体持有偏见。很多人也是偏见的受害者。

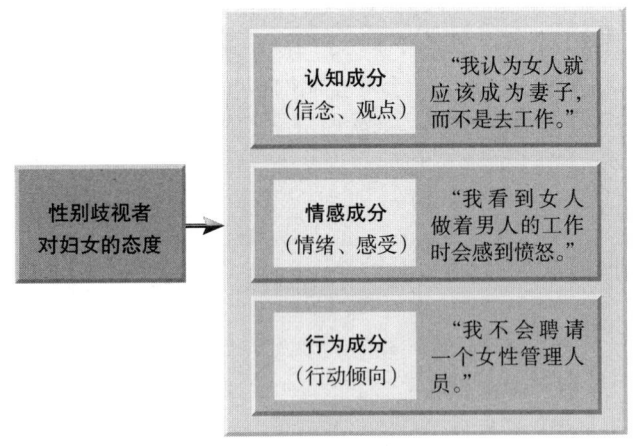

图 13-18 偏见的三种成分

态度包括三种成分。将态度的三要素模型应用在对于妇女的偏见上，性别歧视主义会包含了对妇女的消极信念（认知成分），这会导致厌恶的感觉（情感成分），从而造成了对于妇女的明显歧视（行为倾向）。

偏见会导致歧视。歧视（discrimination）包含对群体成员的区别对待（通常是不公平对待）。偏见和歧视紧密相关，但正如 LaPiere（1934）关于餐厅歧视的开创性研究所表明的一样，态度与行为并不一定相一致（Hogg & Abrams, 2003，见图13-19）。在我们接下来的讨论里，我们会仅仅关注偏见的态度。先一起来看看造成偏见的知觉过程吧。

人际知觉里的刻板印象与主观性

对于偏见而言，或者没有任何因素的影响会比刻板印象要更大了。但并不是说刻板印象就必然是消极的。比如说，认为美国人是雄心勃勃的而日本人是勤奋的，这并不是侮辱性的。但是，很多人对于不同的种族群体持有的却是贬损性的刻板印象。尽管研究表明负性的种族刻板印象在近50年有所减少，但它仍然存在，而且种族主义仍然是一个让人困扰的问题（Zárate, 2009）。很多研究发现，现代的种族主义只是变得隐蔽而已（Dovidio, Gaetner & Kawakami, 2010）。很多人小心地避免对于偏见的表达。但是，这些人仍然秘密地怀有对少数族群的消极看法。这些人对于作为抽象原则的种族平等是认可的，但却会以歧视已经不再是一个问题为由，来反对具体的促进平等的项目（Wright & Taylor, 2003）。研究显示，现代的性别歧视主义也已经像种族主义一样变得隐蔽起来（Swin & Hyers, 2009）。

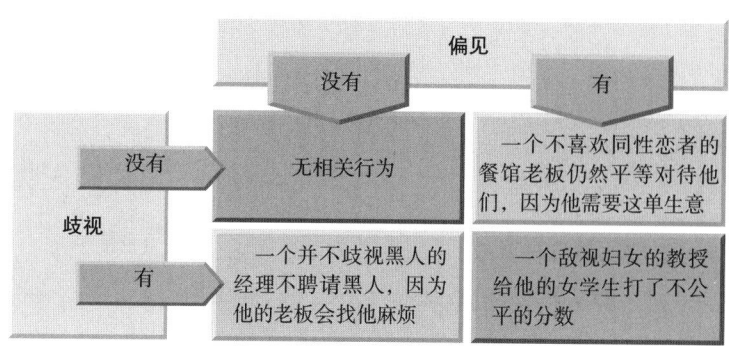

图13-19 偏见与歧视的关系

这些例子表明，可以有偏见而不歧视，也可以歧视但没有偏见。浅色的方框表示态度和行为存在差异。

很多群体的成员都是偏见的受害者。除了少数族裔，其他被歧视对象还包括：男女同性恋者、妇女、流浪汉以及肥胖超重者。

研究发现偏见性的刻板印象非常普遍而隐蔽，它们的启动过程往往是自动化的（Bodenhausen, Todd & Richeson, 2009；Devine & Sharp, 2009），甚至对于真心否认有偏见的人也是如此。因此，一个反对同性恋者偏见的男性，在公车上坐在男同性恋者旁边时仍然可能感到不舒服，即使他认为这样的反应是不恰当的。

不幸的是，刻板印象很难改变。当人们遇上了他们持有偏见的群体成员，但这个成员与刻板印象不符的时候，他们会想方设法地忽视这一证据。由于人际知觉的主观性，当人们与被其持有偏见的群体实际接触的时候，仍然会看到他们所希望看到的（Fiske & Russell, 2010）。比如，Duncan（1976）让白人被试观看录像，评价其中的交流状况。在录像里，不同种族的人会参与到一场争论中，并轻微地推撞另一个人。当演员是黑人的时候，超过73%的被试会将此知觉为"暴力行为"；而当演员是白人的时候，该比例只有13%。正如我们之前所提到的，人们的知觉是高度主观的。因为刻板印象，我们看到的就成了暴力。

归因偏差

归因过程对于维持刻板印象和偏见也有帮助（Maass, 1999）。Weiner（1980）提出了归因模型，指出人们在对成功和失败进行归因的时候会存在偏差。比如，人们对于男性和女性的成功的归因方式是不同的（Swim & Sanna, 1996）。人们经常会将女性的成功归因为幸运、艰苦努力以及任务的简单（除了传统的女性任务）。相较之下，男性的成功则会更容易被归因为出色的能力（见图13-20）。比如，有研究就发现，当男性与女性在一个刻板印象上是"属于男性"的任务中合作时，无论是男性还是女性观察者都会低估女性的贡献（Heliman & Haynes, 2005）。这些归因偏差的模式有助于维持男性比女性更有能力的刻板印象。

基本归因偏差（fundamental attribution error）是指解释事件时倾向于将原因解释为行动者的个人特质（内归因）。研究表明，人们在有关偏见的归因任务中尤其容易犯这种归因错误（Hewstone, 1990）。因此，当人们看到少数族群的人有很高的贫困率和犯罪率，就会更倾向于将这些问题归因为他们的个人特质，但其他更强调情境因素（职业歧视，更差的治安服务等）的相关解释却被忽略了。像"他们应该能够靠自己的努力获得成功"一类的俗语，也是类似地忽视了对于弱势群体而言，艰难的情景因素是如何阻碍了他们发展的。

偏见态度的维持与形成

如果说偏见是一种态度，那么它是从何而来的呢？很多偏见似乎都是从父辈传承下来的（Killen，Richardson & Kelly，2010）。四五岁的儿童也会被发现持有偏见态度。研究表明，父母的种族态度经常会影响他们孩子的种族态度。这种偏见的代际传递是以观察学习为基础的。如果一个小男孩听到父亲取笑同性恋，他接触到的父亲的态度也会影响他自己对于同性恋者的态度。如果小男孩到了学校，说了一些诽谤同性恋者的话，而他的同伴又表示赞同，从而强化了这一行为，那他的偏见就会通过操作性条件作用加强。当然，偏见态度并不仅仅来源于直接经验。媒体中传递的对于很多群体的刻板印象也会促进偏见态度的形成（Mastro，Behm-Morawitz，Kopacz，2008；Mutz & Goldman，2010）。

群体间的竞争

对于偏见，最古老又最普遍的解释是群体间的竞争产生了敌意。如果两个群体为了争夺稀有资源而相互比拼，比如好工作和便宜的住房，一个群体的收获就是另一群体的损失。**现实群体冲突理论**（realistic group conflict theory）认为，群体间的敌意与偏见是群体激烈竞争的自然产物。

一个很多年前在俄克拉荷马州罗伯斯洞穴公园的经典研究也支持了这一理论（Sherif et al.，1961）。被试是到公园参加为期三周的夏令营活动的11岁白人小男孩。他们不知道夏令营的顾问实际上是研究人员（父母知情）。这些小男孩被随机分成两组。第一周，被试们通过一些普通的夏令营活动来熟悉组内成员，之后他们也发展出了群体身份认同，将自己称为"电车"和"老鹰"。第二周，"电车"和"老鹰"参加了一系列竞争性的活动，比如足球比赛、寻宝、拔河，胜者会有奖品和奖杯。正如现实群体冲突理论所预测的，两个群体之间很快就出现了敌意。他们在食堂为了抢食物而打架，住宿的小屋被抢掠，群体的旗帜也被烧毁了。

如果单纯的儿童群体都能因为只有简单奖品的比赛而产生敌意，你大概可以想象来自不同背景下的成人

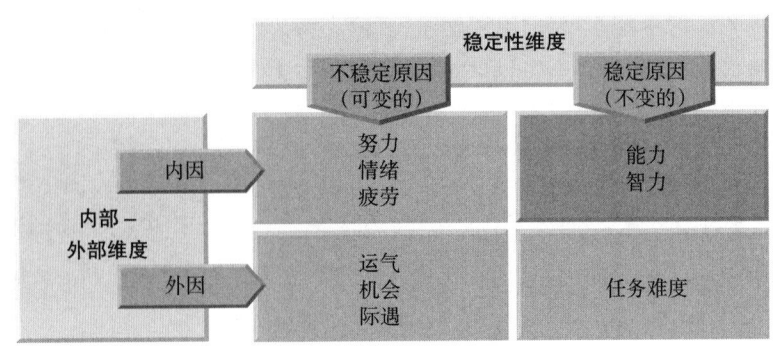

图 13-20 解释男性和女性成功与失败的归因偏差

两个性别的归因情况并不相同。比如，男性的成功更倾向于被归因于他们的能力和智力，但女性的成功则更倾向于被归因于努力、运气好以及任务难度。这些归因偏差会使得人们继续维持男性比女性更有能力的信念。

为了争夺重要资源而产生的战斗会发生什么了。研究反反复复地证明，争夺稀有资源的冲突会造成偏见和歧视（Esses，Jackson & Bennett-AbuAyyash，2010），甚至仅仅是对于竞争的感知也会产生偏见。

将世界分为内群体和外群体

正如本章所提到的，当人们以群体形式聚集起来，他们有时就会把社会世界分为"我们和他们"，或者内群体和外群体。这样的区分会对人们对他人的感知、评价和记忆产生重要影响。人们更倾向于将外群体成员过分简单化，高估他们的同质性，而认为自己群体的成员更多样化（Boldry，Gaetner & Quinn，2007）。我们经常能听到的"他们看起来都是一样的"，就是这一过程的具体表现。对于外群体的同质性错觉，使得保持对它的成员的刻板信念更加容易了（Rothbart，2001）。

社会认同的威胁

根据社会认同观点，自尊的基础是人的个人认同和社会认同（Abrams & Hogg，2010；Turner et al.，1987）。社会认同是指不同群体的成员身份为个体带来的自尊，比如种族群体、宗教教派、职业群体、邻里社区、乡间俱乐部等。这一理论也认为自尊不仅会被个人认同威胁（你没有得到工作的面试机会）损害，还会被社会认同（你的足球队输了一场重大比赛）损害。对个人和社会认同的威胁会激发个体努力恢复自尊。然而，对社会认同的威胁会更容易激发造成偏见和歧视的反应。

当社会认同被威胁，个体主要会以两种方式反应（见图13-21），第一种普遍的反应是表现出**内群体偏袒**（ingroup favoritism）。例如只对内群体成员开放职位，或者对内群体成员的评价高于**外群体成员**（Capozza & Brown，2000）。第二种普遍的反应是外群体贬损

(outgroup derogation)，换言之，就是贬低被感知到对自己有威胁的外群体。当人们认为内群体认同被强烈威胁的时候，外群体贬损更容易出现（Levin et al.，2003；Schmitt & Maes，2002）。当人们贬损外群体，他们也很容易因此感到自己更优越，这种感觉会帮助他们确认自己的自我价值（Fein & Spencer，1997）。这些不好的反应并非无法避免，但是对于社会认同的威胁仍然是形成偏见的动力过程中的重要部分（Turner & Reynolds，2001）。

我们以上的讨论提到了很多关于个人对不同外群体偏见的产生和维持的因素。其中很多因素都是社会行为中正常而普遍的加工过程。因此，很多人——无论是特权阶层还是非特权阶层，少数派还是多数派——会持有一些偏见就不足为奇了。我们对于偏见成因的分析能帮助你识别自己身上的偏见以及它们的来源。或许，增强对于个人偏见的觉察能有助于你对于多种多样的人类行为更容忍一点。

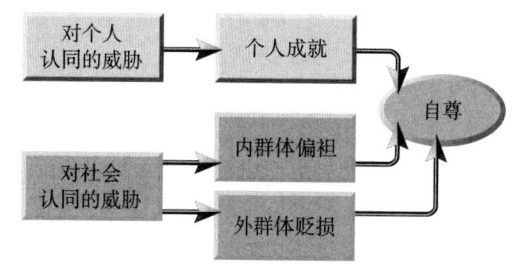

图13-21　社会认同威胁与偏见

Tajfel（1982）和Turner（1987）认为，个体既有个人认同（基于对自我的独特感受）又有社会认同（给予群体成员资格）。当社会认同被威胁，人们就会被激励去通过偏袒内群体成员或者贬低外群体成员来恢复自尊。这些策略都会促成偏见和歧视。

资料来源：Adapted from Brehm & Kassin, 1993.

批判性思维应用

你能相信谁？可信度与影响策略分析

你可以逃避，但无法逃离。这个句子很适合描述说服与社会影响的情况。别人持续、普遍又无处不在地试图塑造我们的态度与行为，而我们却无法成功逃离。在这篇应用里，我们会讨论两个话题，它们能提高你对被操纵的抵抗力。首先，我们会提出一些能有效评价说服源的观点。然后，我们会提供一些被广泛使用的社会影响策略。

评价可信度

本地健康食物商店的销售员对你信誓旦旦地说某种草药包可以提高记忆力和保持健康。某流行歌手在推介一条灵媒热线，说那里的接线员"真的可以帮你"解决生活的重要问题。某"历史协会"会议的演讲者宣称二战时的大屠杀从未发生过。说服公众相信某些事情的企图无处不在，这些都只是一小部分现实中的例子。在这些例子里，这些被拿来说服公众的事情违反了传统或科学的观点。但谁能说谁是对的呢？毕竟，人们都有权利拥有自己的观点，是吧？

是的，人们确实有权利拥有自己的观点，但这并不代表所有的观点都是同等有理的。有些观点很明显就是错的，有些则是很让人疑惑的。在决定要相信什么的时候，小心检验清楚所提供的证据以及论点的逻辑非常重要（见第10章的批判性思维应用）。你也需要决定去相信谁，这是一个需要评估信息来源可信度的任务。在你要做类似决策的时候，以下这些问题可以为你提供一些指引。

这个信息会为信息来源人带来既得利益吗？如果这个来源人能够通过说服你来获得利益，那么你就需要采取怀疑态度了。在上面的例子里，很明显当你买了他们推销的商品后，销售员和歌手都会得到一定利益。但是那个所谓的历史协会呢？说服人们大屠杀没有发生，它的成员能得到什么利益呢？就像销售员和歌星一样，他们也在兜售着关于历史的特定观点，他们希望这个观点可以以某种方式影响未来的一些事件。既得利益并不一定是金钱收入。当然，信息来源与既得利益相关并不一定就代表它们是错的，或者它们的论点毫无根据。但是当信息会使得某些个人或群体得到一些东西时，确实需要格外小心地对它的来源进行评价。

来源的信用证明是什么？提供信息的人有经过专门训练吗？有没有高级学位或者其他能证明他在这一领域有特别了解的东西？对于销售员和歌手的常规训练并不包括如何评价药物期刊上的研究结果或者评估灵媒的力量。然而，否认大屠杀的人却更难评价。他们有的曾经研究过这个领域的历史，也写过相关的书。然而，这些书可能几乎都是自费出版的，而且这些专家也都没有在声誉良好的大学任教，因此也不会受到同行评议。这并不是说合法的证书就能保证信息的可信度。很多流行的节食项目都被营养专家认为不是危险的就是无用的，但这些项目却很多都是由真正的医师设计和推广的（Drewnowski，1995；Dwyer，1995）。当然，这些节食项目能为医师带来上百万美元的既得利益。

信息是否与这一领域的传统观点有很大出入？只是与主流看法不同当然不能说明一个结论是错的。但是与其他大部分信息相比，显得非常激进的信息却要引起我们的警惕，最好对其进行深入的研究。请一定要记住，江湖医生和小摊贩通常都很成功，因为他们擅长说服别人相信他们。如果可以毫不费力地提升记忆力、预见未来、尽情吃喝仍然能减肥或者在家工作就能每小时挣到几百块那不是很好吗？如果大屠杀从未发生那也不是很好吗？要对这些美好的胡思乱想保持谨慎是很累人的。

达到这一结论所用到的分析方法是什么？特效治疗和灵媒咨询的代理人显然是根据逸事证据来提供信息的。但是，你在第2章也看到了，逸事证据是不可靠且危险的。江湖医生常用的伎俩就是将大家的注意力转移到稀有的例外上，从而破坏传统信息的可靠性。这是质疑大屠杀存在的人常用的策略之一。他们会质疑成千上万的历史文档、照片、工艺品以及无数人的证词，而强调历史记录里面的很微不足道的不一致之处。比如某一周里被运到某个集中营的人数，或者某一天被丢弃的尸体数量（Shermer，1997）。很多矛盾的地方是将众多不同并且不完整的信息组合起来产生的合理误差。但是将注意力转移到微不足道的小矛盾上，这确实是激起对可靠信息疑惑的常用方法。

认识社会影响策略

了解社会影响策略是值得的，因为广告商、销售员、筹资人（更别说你的朋友和邻居）经常都会运用这些策略来控制你的行为。我们一起来看看四种基本策略：登门槛策略、滥用互惠法则、低球策略，以及伪造稀缺性。

上门推销员长期以来都知道在真正开始销售之前，从销售对象那里取得一些小的合作（比如先让他进门）是多么重要。**登门槛策略**（foot-in-the-door technique）是指让人们先同意一个小的请求，从而增加他们答应更大请求的机会。这个技术被广泛运用在生活的各个方面。比如，募捐群体通常会先让人们签署请愿书，再进行募捐。

在一项关于登门槛策略的早期研究中（Freedman & Fraser，1966），较大的请求是让主妇允许一队六人（都是男性）的消费者研究团队进屋清点他们所有的家具用品。控制组里，只有22%的被试同意了这个怪异的请求。然而，如果在收到这一请求的三天前，被试接受了一个小请求（回答几个关于肥皂选择的小问题），则会有53%的被试同意大请求。为什么登门槛技术会行得通呢？伯格（1999）认为，它的有效性牵涉到了很多加工过程。这包括了人们对于表现出（与最初的反应相比）一致的行为的倾向，以及不想违背对当初提出请求的人的承诺的倾向。

我们很多人都在社会化的过程中相信了**互惠法则**（reciprocity norm），即我们在接受了别人的东西后需要有所报答。Robert Cialdini（2008）的文章就提到了互惠法则在社会影响中的应用。比如，募捐群体会定期把地址条、钥匙圈还有其他小礼物连同募捐书一起派发。销售员也会派发一些免费样本给潜在客户。当这些顾客几天后再回来，就会觉得买这些产品是一种义务了。互惠法则可以在社会交往中促进公平的交换。然而，当人们操纵社会法则时，经常会给出一些价值很小的东西，而希望获得价值更大的回报。

低球策略更具迷惑性。这种策略的名称来源于汽车销售的实践。顾客首先会获得一个很低的折扣，使他们做出了购买承诺。但承诺过后，商家就会透露一些没有告知的花费。比如，顾客原来认为会包含在价格里的选项需要额外付钱，或者说好的低贷款利率不能兑现，因而需要提高汽车的售价。一旦顾客答应了要买车，很多人就不会取消交易。因此，**低球策略**（lowball technique）是指利用吸引的条件先让某人做出承诺，然后再揭露隐藏的代价。汽车商并非唯一使用这一策略的人。比如，一个朋友可能会问你是否愿意和他一起在一栋迷人的森林小木屋里共度周末，当你答应了这一诱人的条件后，他就会告诉你，"当然了，我们要做一些事情。我们要修理墙壁、粉饰外墙，还有……"低球策略是一种出乎意料的有效策略（Cialdini & Griskevicius，2010）。

很多年前，Jack brehm（1966）的研究就指出，告诉人们他们无法获得某样东西，只会让他们更想得到它。这种现象能帮助我们解释为什么商家经常为他们的产品营造一种限量供应的形象。**稀缺**（scarcity）会威胁你选择产品的自由，因此会产生对于稀有商品更强烈的欲望。广告商就经常假装一种产品很稀有，从而抬高对它的需求。因此，我们经常会看到宣称"限量供应""限时供应""即将结束"还有"最后几件"的广告。就像真正的稀缺一样，伪造的稀缺也会提高人们对于商品的欲求（Cialdini & Griskevicius，2010）。

表13-1 本小节应用的批判性思维技巧

技巧	描述
判断信息来源的可靠性	批判性思考者会明白可信度和偏差是决定信息质量的关键所在，并且会考虑既得利益、资格证明以及知识技能等因素
认识社会影响策略	批判性思考者能对操控技巧保持警觉，比如低球策略、滥用互惠法则以及伪造稀缺性

第14章

健康心理学

你与同学正开车从学校回家。遇到堵车，几乎寸步难行。收音机播报交通状况会越来越差。你一边抱怨一边不耐烦地变换着收音频道。旁边一辆车却要靠近驶入你的车道，还差点撞到你的保险杠。你开始咒骂那个司机，脉搏加速，而那个司机却听不到你在骂他。你想着晚上还要赶学期论文。想到昨晚扔进垃圾筐里的那些被揉得皱巴巴的草稿时，你的胃开始打结。如果不能尽快完成这篇论文，你就没有时间复习数学考试，更别提生物小测验了。突然，你又想起正在跟你约会的那个人，你们约定今晚将正式确立关系；看来要失约了。还有件事情，同学问你昨天通知要涨学费，你怎么看待此事。你故意不去想这个问题，因为你已经负债累累。你父母还想给你换学校，可你不想离开自己的朋友。当你想到与父母的争吵将在所难免，心跳又开始加速。生活中的应激似乎永远不会减少，这让你感到焦躁不安。

很多情况会引起应激，以各种不同的形态，大的小的，美的丑的，简单的复杂的……应激常常都是不期而遇。本章中，我们将对应激的这些形态进行分类，并讨论其性质，人们如何应对，以及应激将带来哪些影响。

探讨应激与疾病之间的关系引发人们对健康心理学展开更为广泛的讨论。过去的30年中，医疗卫生方面的专业人士看待疾病的方式已大有改观。传统观点认为疾病只是一种生物现象，现在已被生物－心理－社会模型（Friedman & Adler，2007；Suls，Luger，& Martin，2010）所取代。**生物－心理－社会模型**（Biopsychosocial Model）认为躯体疾病是由生物、心理和社会文化因素共同作用所产生的。此模型并非认为生物因素不再重要，而是主张生物因素在心理社会背景下起作用。心理社会因素在疾病的产生过程中也至关重要。

什么引发了这种思维方式的转变？部分原因是疾病类型发生了变化。20世纪前，健康的主要威胁是一些由感染源引起的诸如天花、伤寒、白喉、黄热病、疟疾、霍乱、肺结核及小儿麻痹症等传染病。如今的美国这些传染病中已经没有哪一种还可以称得上是头号杀手。随着营养、公共卫生、环境卫生及医疗水平的提高，这些疾病已经被遏制（Grob，1983）。不幸的是，传染病的影响势头迅速被逐渐形成的慢性病的影响势头所取代，如心脏病、癌症和中风（见图14-1）。应激、生活方式等心理社会因素在这些慢性病的发展过程中起重要作用。心理因素最终能影响身体健康，这个观点已被越来越多的人所接受，并促使心理学中一门新的专业——健康心理学的产生（Friedman & Adler，2007）。**健康心理学**（Health psychology）关心的是心理社会因素如何促进并保持人的健康，疾病为何产生，如何预防与治疗疾病。我们将于本章的第二部分探讨心理学中这一新领域。个人应用部分，我们将重点放在应激管理策略上。批判性思维应用部分，我们将讨论提高健康相关决策水平。

应激的性质

不同学者使用"应激"一词的方式不同。我们将**应激**（stress）定义为威胁个体**良好状态**（well-being）进而威胁到个体应对能力的任何情境。这些威胁可能涉及即时的人身安全、长期的安全感、自尊、声望、平和心态以及其他所有个体所看重的。应激是一个复杂的概念，让

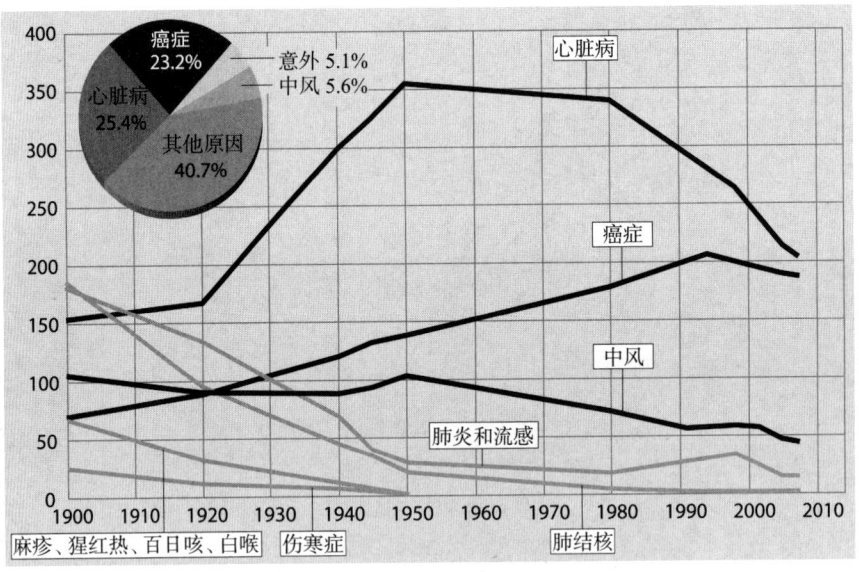

图 14-1　疾病类型的变化

各种疾病死亡率的变化的历史趋势显示，威胁健康的传染病死亡率（浅色线）急剧下降，而与应激相关的慢性病死亡率（深色线）仍然相对较高。左上角的饼图显示：三种慢性病（心脏病、癌症与中风）占死亡总数的54%。尽管在发达国家这些慢性病是健康的主要威胁，但值得注意的是，20世纪80年代以来，心脏病的死亡率也有较大幅度的下降。许多专家将下降的原因归结为良好的健康习惯（Brannon & Feist，2007），这也说明行为与健康之间存在重要关系。

资料来源：Based on data from National Vital Statistics Reports, 2010, Vol. 58, No. 19.

我们开始进一步的探索。

日常事件中的应激

提到"应激",人们通常想到的是那些无法抵御的灾难事件,龙卷风、飓风、洪水及地震等。无可否认,这些大的灾难是极端的应激事件。关于自然灾害后果的研究指出,这些灾难通常会使灾民的心理问题及躯体疾病发病率上升(Stevens, Raphael, & Dobson, 2007;van Griensven et al., 2007)。例如,卡特里娜飓风蹂躏新奥尔良地区之后的15个月,对当地居民的调查结果显示,他们的身体及心理健康问题显著增加(Kim et al., 2008)。然而,这些不寻常的事件只构成应激很小一部分。许多日常生活事件,如排队、汽车出现故障、买圣诞礼物、忘记支票簿的存放地方、支付不起账单等都让人很有压力。研究者发现,日常生活中的问题以及生活中极小的琐事也都是应激的重要形式(Almeida, 2005;McIntyre, Korn, & Matsuo, 2008)。

你可能会觉得小应激带来的影响不会很大,但事实并不是这样。理查德·拉扎勒斯(Richard Lazarus)及同事编制了一个测量日常琐事的量表。他们指出日常琐事会对心理及身体健康产生严重的不良影响(Delongis, Folkman, & Lazarus, 1988)。也有研究者用不同类型的被试和不同的测量工具得出相似的结论,即日常琐事会损害心理与身体健康(Pettit et al., 2010;Sher, 2003)。为什么这些日常琐事也会这么棘手呢?至今我们未没找到圆满的答案。有一种可能是因为应激有累积的属性(Seta, & McElroy, 2002)。家里的、学校的、工作中产生的日常琐碎应激单个地讲可能是良性的,一旦累积起来也就会带来很大的负担。

应激取决于个人的认知评估

应激体验取决于个体所关注的事件以及选择如何评估和解释该事件(Monroe & Slavich, 2007;Semmer, McGrath, & Beehr, 2005)。同一事件,对一个人来说可能是应激,对另一个人或许就不是什么(Steptoe, 2007)。例如,乘坐飞机对某些人来说很紧张,而对经常乘坐飞机的人来说则一点问题都没有;有些人很享受与陌生人约会带来的兴奋感,而有些人则会觉得这种不确定感是比较恐怖的。

拉扎勒斯和弗克曼(1984)将应激评估区分为初评估和再评估(见图14-2)。**初评估**(primary appraisal)是指初步评估一个事件是否:①与你有关;②有关但不具威胁性;③紧张、有压力的。当你将一个事件视为充满压力的,你会接着进行再评估。**再评估**(secondary appraisal)是指对你的应激应对资源和应激应对方式的再次评估。因此,初评估将决定你是否把一个工作面试看作一个应激事件,而再评估将决定这个面试的应激程度,并促使你根据对自己能力的评估去处理这次面试。

通常,人们并不能客观地评估潜在的应激事件。有一项研究以等待手术的住院病人为研究对象,结果发现,即将到来的手术的实际严重程度与病人体验到的恐惧程度之间只有很小的相关(Janis, 1958)。可见,有些人会比另外一些人更容易感到应激事件的威胁。一些研究指出,焦虑、神经质的个体比其他人报告更多的应激(Cooper & Bright, 2001;Espejo et al., 2011);幸福感相对较低的人也是这样(Cacioppo et al., 2008)。因此,应激取决于当事人的认知评价。

应激的主要类型

许许多多不同种类的事件都可能对个体造成应激。为了更好地理解应激,研究者尝试分析应激事件的性

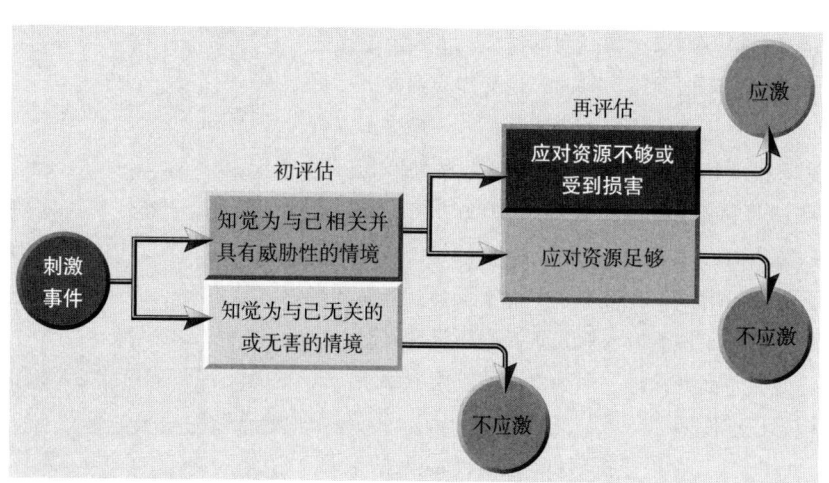

图 14-2 应激的初评估与再评估

初评估指初步评估一个事件是否:①与你有关;②有关但不具威胁;③有压力的。当你将一个事件视为是应激的,你会接着进行再评估。再评估是指对你的应激应对资源和应对方式的评估。

资料来源:Based on Lazarus & Folkman, 1994.

质，并将这些事件分成一些不同类型。其中一个分类方式是将应激分成急性应激和慢性应激（Dougall & Baum, 2011；Stowell, 2008）。**急性应激**（acute stressors）指持续时间较短、终结时间明确的威胁事件。例如，遇见一个发酒疯的醉鬼，应付一次重要的考试，或面临一次洪灾等，都属于急性应激源。**慢性应激**（chronic stressors）指持续时间相对较长、没有明确时间限定的威胁事件。如长期累积的巨额信用卡债务造成的经济压力，工作中不怀好意的老板持续施予的压力，需要几年如一日地照顾患病的家人……

应激事件还没有令人十分满意的分类。对应激事件进行无聊的分类将不可避免地带来概念上的难题，但这并不妨碍我们描述以下4种主要应激类型：挫折、冲突、变化和压力。当你看到这些应激类型的时候，肯定会发现它们都是你很熟悉的"敌人"。

1. 挫折

> 我与一个特别好的男人交往了3个月，在这3个月里我过得很快乐。那天，我们约好了要共度一整天，他却打来电话说他将不再见我，他决定不再跟我交往。我哭了整整一上午，这种悲伤的感觉就好像某人死了，我会永远失去他。我的心依然很疼，我都不知道我能不能忘得了他。

这就是挫折。心理学家将**挫折**（frustration）定义为目标追求过程受阻的情境。事实上，当你想要某种东西而得不到时，也会体验到挫折。每个人几乎每天都需要处理挫折事件，像堵车或班车不准时这种日常事件，都能引发愤怒和相应的身体反应（Evans & Wener, 2006；Rasmussen, Knapp, & Garner, 2000）。所幸的是，许多挫折事件持续时间都比较短也不那么重要。例如，当你如期去干洗店取衣服发现衣服还没洗好时，你可能会不高兴，但一两天之后把衣服取回来，就会忘记这件事情。

当然，有些挫折事件会是重大应激的来源。失败和丧失是两种常见的挫折类型，会带来很大的应激。每个人都会在所努力的事情上面失败几次。有些人几乎不可避免地会失败，因为他们的目标定得太高太不切实际。企业里每一个新的副总被任命，就意味着有一大批中层主管得不到晋升。这些中层主管常常不会忘记这一点，因而感到挫败。丧失使人感到特别受挫，因为自己习惯拥有的一些东西被剥夺，特别是当失去了亲爱的男朋友、女朋友、配偶或父（母）亲时。

2. 冲突

> 我到底该怎么办呢？圣诞节那天我们订婚了。未婚夫送给我一枚戒指，这对我来说的确是个很大的惊喜。我知道如果我拒绝他，会深深地伤害到他，同时我们的关系也会受到影响。可是，我真不知道我到底想不想嫁给他，我也并不想失去他。

与挫折一样，冲突在日常生活中也是不可避免的。像"我到底该怎么办"这种问题，生活中会遇到无数次。**冲突**（conflict）发生在两个或更多不相容的动机或行为冲动都想实现的时候。库尔特·勒温（1935）首次提出冲突的三种类型，后来由尼尔·米勒（Neal Miller）（1944, 1959）进行了深入研究。这三种基本类型指双趋冲突、双避冲突和趋避冲突（见图14-3）。

双趋冲突（approach-approach conflict）中，必须在两个都具有吸引力的目标中做出选择。当然，问题就在于你只能选择两个目标中的一个。例如，某个下午你有时间，你会想到底要去打网球还是去打壁球呢？当你不能同时

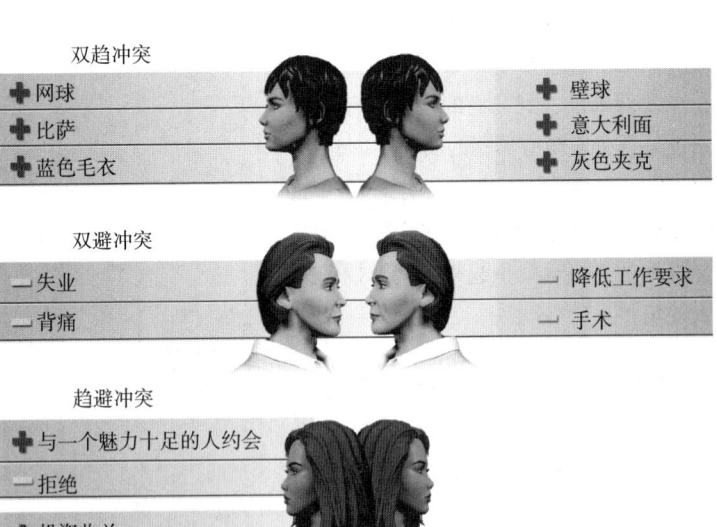

图14-3 冲突的类型

心理学家确定了冲突的三种基本类型。在双趋冲突和双避冲突中，人们会在两个目标之间犹豫不决。在趋避冲突中，虽然只有一个目标在考虑范围内，但此目标既有有利的一面，也有不利的一面。

购买两件衣服时，你会考虑到底是买那件蓝色毛衣，还是那件灰色的夹克呢？在三种冲突类型中，双趋冲突带来的压力是最小的。人们通常不会因为要选哪个特色菜而徘徊于餐厅门外。不过，对于比较重要的事情，双趋冲突有时也是很麻烦的。如果你在两个极具吸引力的专业或者两个极具魅力的男朋友之间犹豫不定，这个决策过程也是充满压力的。

双避冲突（avoidance-avoidance conflict）中，必须在两个都不具有吸引力的目标中做出一个选择。被迫在两个令人反感的选项中做出选择，正如我们所说的，进退两难。例如，你应该继续收集失业证明，还是应该降低要求去做刷车工？假设你背痛，你会选择去做让你感到害怕的手术，还是选择继续痛下去？显然，双避冲突最让人感到不快而且会带来很大压力。

趋避冲突（approach-avoidance conflict）中，必须决定是否追求一个既有吸引的方面也有不吸引的方面的目标。例如，你即将得到晋升，这意味着你的薪水会大幅提高，但你不得不因此搬到一个你不喜欢的城市去生活。趋避冲突也是很常见的，会带来相当大的压力。每当你要冒险去追求某些想要的东西时，你都发现自己会陷入趋避冲突。趋避冲突常会使人犹豫不决。也就是说，你会变得摇摆不定、优柔寡断。你决定往前走，然后又决定不那样做，接着又决定要往前走……人在这一点上都是一样的。尼尔·米勒（1944）在他开创性的研究中发现老鼠同样也会表现出犹豫不决。他给饥饿的老鼠制造趋避冲突，一会儿给老鼠喂食，一会儿摇晃跑道装置的一端。最终，这些老鼠选择徘徊于跑道的中间地段，时刻准备趋近或远离跑道装置末端的食物盒。

3. 变化

> 离婚后，我独身生活了四年。半年前，我跟一个带着两个孩子的女人结婚了，这个女人很好。让我感到有压力的是，本来我是独自生活的，突然间要学着适应四个人的生活。我有自己的习惯，并且这些习惯比较稳固。现在一切都变得很混乱。我爱我的妻子，我也很喜欢这两个孩子。她们并没有做错什么，可我还是感觉这个家和我的妻子都变了，我感到这些事情处理起来很困难。

有人指出，像婚姻状况发生变化之类的生活事件，是典型的应激类型。**生活变化**（life change）指个体生活环境发生的重大转变，个体需要重新调整以适应新的环境。托马斯·霍尔姆斯（Thomas Holmes）、理查德·瑞赫（Richard Rahe）及同事（Holmes & Rahe, 1967; Rahe & Arthur, 1978）首次指出生活变化的重要影响，论证了应激可能会使人们更容易得病。他们采访了上千名结核病人，考察他们生病前究竟发生了什么。令人感到惊奇的是，出现频率最高的并非都是负性事件。当然，其中有大量令人讨厌的消极事件，但也有不少看上去属于积极事件，比如结婚、生子、得到晋升。

为什么诸如乔迁新居这样的好事也能造成应激呢？根据霍尔姆斯和瑞赫的理论，这是因为这些事件带来了变化。他们认为人际关系的变化、工作中出现的变动、经济状况的变化等都会引起应激，尽管这些变化是人们所欣然接受的。

据此，霍尔姆斯和瑞赫（1967）编制了社会再适应评定量表（social readjustment rating scale，SRRS）以测量生活变化所带来的应激。此量表对43个重大生活事件进行赋值，这些数值代表每个变化所需要付出的调适努力程度（见表14-1）。此量表要求被试回答在一段特定的时间内（通常是过去的一年中），他们经历这43个事件的频率，然后将每个事件的得分相加，得到的总分就能反映人们经历的变化所带来的应激程度。

表 14-1 社会再适应评定量表

生活事件	分值	生活事件	分值
丧偶	100	子女离家	29
离婚	73	与岳父母或公婆关系紧张	29
夫妻分居	65	获得杰出的个人成就	28
服刑	63	配偶开始或者失去工作	26
亲人死亡	63	开始上学或休学	26
受伤或生病	53	生活条件发生变化	25
结婚	50	个人习惯发生变化	24
被解雇	47	与老板关系紧张	23
夫妻重归于好	45	工作时间或条件发生变化	20
退休	45	搬家	20
家庭成员健康状况发生改变	44	更换学校	20
怀孕	40	娱乐方式发生变化	19
性障碍	39	教会活动发生变化	19
增添新的家庭成员	39	社交活动发生变化	18
商务调整	39	抵押或贷款购买小宗物品（如汽车、电视机等）	17
经济状况发生改变	38	睡眠习惯发生变化	16
好友去世	37	改变家庭聚会次数	15

(续)

生活事件	分值	生活事件	分值
换工作	36	饮食习惯发生变化	15
与配偶争吵次数发生变化	35	度假	13
抵押或贷款进行大宗购买（如买房）	31	过圣诞节	12
抵押或贷款无法赎回	30	轻微违规	11
工作职责发生变化	29		

资料来源：Adapted from Holmes, T. H., & Rahe, R. (1967). The Social Readjustment Rating Scale. *Journal of Psychosomatic Research*, 11, 213–218. Copyright © 1967, with permission of Elsevier.

全世界已经有 10 000 多项使用 SRRS 及基于 SRRS 发展起来的类似量表进行的研究（Dohrenwend, 2006）。总体来说，这些研究都指出，SRRS 得分越高，个体对一些躯体疾病及心理问题越易感（Derogatis & Coons, 1993; Scully, Tosi, & Banning, 2000; Surtees & Wainwright, 2007）。结果引起了研究者的广泛关注。SRRS 在一些畅销报纸和杂志上多次印刷，这种公众宣传方式使得"生活变化本身就会造成压力"的结论广泛传播。

最近，有研究开始批判生活事件与健康状况关系的研究，他们指出研究所采用的方法存在问题并质疑研究结果的意义（Dohrenwend, 2006; Monroe, 2008; Wethington, 2007）。关于这一点，我们要做一些说明。许多批评指出 SRRS 并不专门测量变化，主要的问题在于 SRRS 上所列的生活变化绝大部分都是非常负面或者令人不快的事件（如丧偶、被解雇等）。这些负面事件可能会引起极大的挫败感。研究者最终发现大部分的应激都是由 SRRS 所列的负面生活事件引起的（McLean & Link, 1994; Turner & Wheaton, 1995）。因此，很明显，SRRS 测量的是一系列比较广泛的应激体验，而不是生活变化。现在，我们没有理由去相信变化本身就会造成应激，或变化将不可避免地带来应激。毫无疑问，一些生活变化可能是极具挑战性的，但有些却也是毫无伤害的。

4. 压力

晚饭时，父亲问了一些我不想谈及的问题。我知道他并不是想知道我的答案，至少不想知道我的真实想法。他告诉我，小时候，我是他的最爱因为我在他心目中很完美。我一直在努力维持父亲的这种想象，尽管事实上我并不是那样的。最近，他也意识到了这些。这使我们的关系很紧张，我们都很痛苦。

我们时常会听到人们说自己正"处于压力中"，"处于压力中"是什么意思呢？**压力**（pressure）涉及个体以特定方式做事的期望或要求。当你觉得应该快速、有效、成功地执行任务或职责时，就会感到处于压力中。例如，售货员常感到销售商品的压力。研究机构的教授通常会有发高质量论文的压力。单口相声演员在逗人大笑时也常常需要承受很大压力。想要做到符合他人的预期会带来压力，这在生活中很常见。商人应该打扮得像商人，郊区房屋的主人应该好好打理自家草坪，青少年应该遵从父母的价值观与原则……

公众也在广泛讨论压力的问题。但讽刺的是，压力的概念却没有引起研究者足够的重视。不过，Weiten（1988, 1998）已经修订了一个量表测量压力。此量表用来评估个人强加给自己的压力、工作学习中的压力、来自家庭的压力、来自同伴的压力以及来自亲密爱人的压力。研究发现，这些压力与一系列心理症状和心理障碍之间都有很强的相关。事实上，已有研究证明，相比 SRRS 及其他已发表的测量压力的量表，压力与心理健康的关系更密切（见图 14-4）。

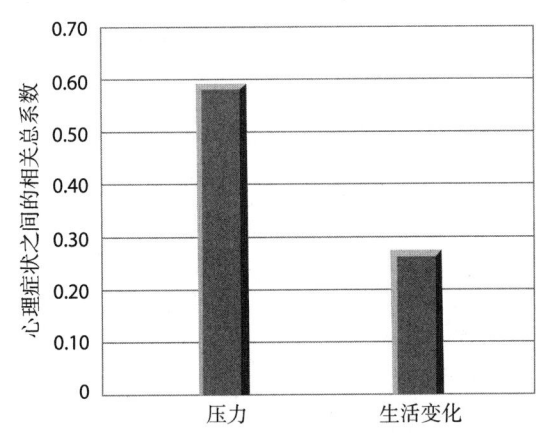

图 14-4 压力与心理症状

压力与生活变化作为应激来源的对比结果说明，比起生活变化，压力与心理健康的关系更密切。Weiten（1988b）的研究发现，压力问卷（pressure inventory, PI）与心理症状之间的相关为 0.59，相同样本得出 SRRS 与心理症状之间的相关仅为 0.28。

最近，一项对 12 000 多名护士持续 15 年的研究发现，工作压力越大，她们罹患心脏病的风险越大（Väänänen, 2010），报告工作压力太大的被试比报告工作压力处于正常水平的被试得心脏病的风险高 50% 以上。

> **真相核查**
>
> **误解**
> 压力是外部力量强加给个体的东西。
>
> **真相**
> 我们很难对压力进行量化，但很大一部分压力其实是个体强加给自己的。人们常常会以做额外的工作或接受新的挑战等方式强加给自己一些压力，他们为自己设定不可能实现的目标或从事一些自我挫败的行为，从而体验到挫败感。对不良事件进行不合理评价也会造成压力。

对应激的反应

人们对应激的反应是复杂、多维的，应激在多水平上影响了个体的反应。回顾本章开头的那个场景，你开车回家的途中遭遇堵车，想到逾期未交的论文，学费上涨，来自父母的压力……让我们看一下之前提到的一些反应：当听到交通广播而抱怨时，你体验到情绪是烦躁和愤怒；当你脉搏加速、胃里开始翻腾时，表现出的是生理反应；当咒骂那个司机时，你对他的口头攻击是一种面临应激的行为反应。因此，我们从三个水平分析个体对应激的反应：①情绪反应；②生理反应；③行为反应。图14-5展示了这三种水平的反应，概述了应激反应的过程。

情绪反应

应激时，人们通常会出现情绪反应。研究要求被试记录每天的应激及心境，结果发现这两者之间有紧密的关系（Affleck et al., 1994；van Eck, Nicolson, & Berkhof, 1998）。

1. 通常会诱发的情绪

至今未发现特定类型的应激事件与具体情绪之间存在简单的一一对应的关系。但是，研究者已经开始揭示对应激的特定认知反应（评价）与特定情绪之间的紧密联系（Smith & Lazarus, 1993）。例如，自责容易导致愧疚，无助容易导致悲伤……应激事件会诱发许多情绪，但有些情绪比其他情绪更容易被诱发。应激引起的一般反应主要有以下几种形式：①烦躁、愤怒及暴怒；②恐惧、焦虑与害怕；③沮丧、悲伤与哀伤（Lazarus, 1993）。

研究者开始重视应激与负情绪之间的关联。有研究发现，应激应对过程中也会出现正情绪（Finan, Zautra, & Wershba, 2011；Folkman, 2008），这听起来有点违反常理，而研究者的确发现，处于悲惨境地的个体会体验到各种不同的正情绪。例如，芭芭拉·弗雷德里克森（Barbara Fredrickson）等人（2003）的一项研究，考察了被试2001年早期及"9·11"恐怖袭击事件后几周内的情绪状况。正如多数美国公民，"9·11"事件后这些被试报告了许多负情绪，但同时也报告了一些正情绪。比如，人们会因为所爱的人安然无恙而心怀感激，许多人会因此感到知足，还有相当一部分人甚至对朋友和家人重申了自己对他们的爱。因此，与常识相反，在经历极端应激事件时，正情绪并没有消失。此外，在面对应激造成的困境时，这些正情绪可以帮助人们重新振作，并在其中起关键作用（Tugade & Fredrickson, 2004）。

面临压力时，正情绪怎样增强人的心理弹性呢？芭芭拉·弗雷德里克森（Barbara Fredrickson）（2001, 2005, 2006）的**正情绪的扩展和构建理论**（broaden and build theory of positive emotions）可以给出解释。首先，正情绪改变人们的思维定势，扩展注意范围，提高解决问题时的创造性及灵活性；其次，正情绪可以抵消负情绪带来的负面影响；最后，正情绪可以增强有益的社会互动，以利于建立有价值的社会支持，优化应对策略，使其他

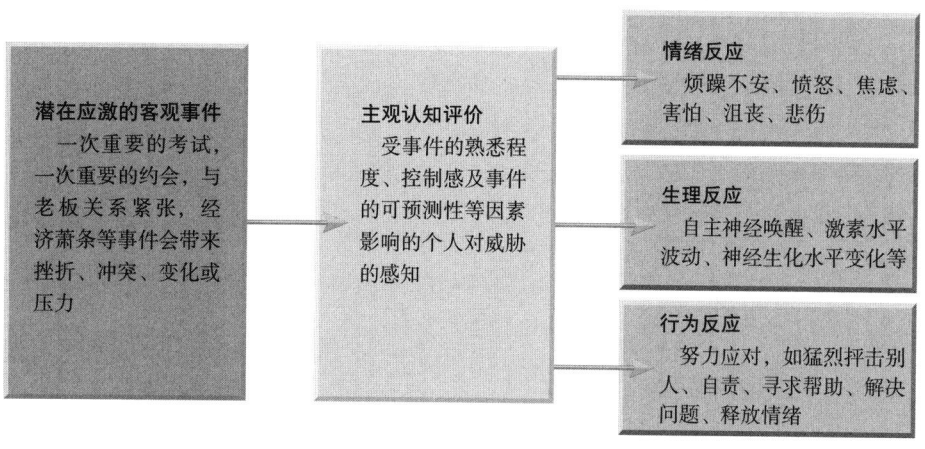

图 14-5 应激反应过程概况

潜在的应激事件，如某个重要测验，会激发关于事件威胁程度的主观评估。如果事件引起警觉，应激会触发情绪、生理、行为等多方面的反应。

个人资源可以维持更长时间。

一个非常有趣的发现是正情绪与免疫反应的增强有关（Cohen & Pressman，2006），正情绪可能也是心脏病的保护性因素（Davidson, Mostofsky, & Whang, 2010）。这些效应有利于理解最近发现的研究结果：报告正情绪的倾向与长寿有关（Ong，2010；Xu & Roberts，2010）。的确，体验到更多正情绪的个体看起来是比其他人更长寿！最近一项研究通过分析1952年主要棒球联盟中注册棒球队员的照片考察这种联系，将球员笑容灿烂程度作为体验到正情绪程度的粗略指标，结果发现这一指标与他们的寿命长短之间存在相关关系。图14-6显示，笑容灿烂程度能预测更长的寿命（Abel & Kruger，2010）。因此，正情绪的积极作用可能比之前所了解到的更加多样化、更加深远。

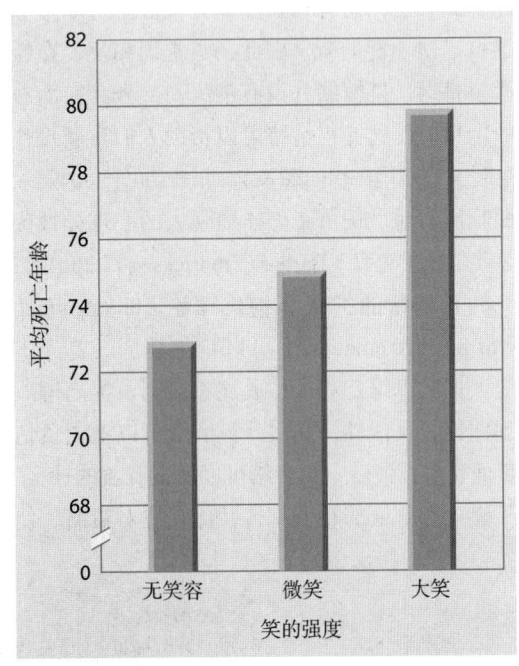

图14-6　正情绪与寿命长短

为了考察正情绪与寿命长短之间的关系，Abel 和 Kruger（2010）以棒球队员的笑容灿烂程度作为特征性情绪基调的粗略指标，将1952年所有注册棒球队员的照片分为无笑容、微笑和大笑。纵坐标显示的是球员的死亡年龄（除了46名截至2009年6月依然健在的球员）。从图中可以看出，笑容灿烂程度与寿命是相关的。

2. 情绪唤醒的影响

情绪反应是生活中很自然很正常的部分，即使令人不愉快的情绪也有重要的意义。正如生理疼痛，痛苦的情绪是在警告人们需要采取行动。不过，强烈的情绪唤醒也会对人们应对应激的过程有所干扰。例如，有研究发现，高的情绪唤醒会干扰个体的注意及记忆提取，也会损害个体的决策与判断（Janis，1993；Lupien & Maheu，2007；Mandler，1993）。

情绪唤醒可能确实会妨碍个体的应对过程，然而，情况可能也不完全是这样。"**倒 U 形假设**"（inverted-U hypothesis）预测，随着唤醒度的升高，任务表现会随之升高，到达某一点时，唤醒度继续上升则会破坏任务表现，造成任务表现变差（Anderson，1990；Mandler，1993）。这种现象被称作"倒 U 形假设"是因为将任务表现作为唤醒水平的函数时，得出的曲线近似于倒置的"U"（见图14-7）。在这些曲线图中，任务表现最高点所对应的唤醒水平就是对完成任务来说最适宜的唤醒水平。

有助于任务表现的最佳唤醒点部分取决于任务的难度。传统观点认为，随着任务难度越来越大，其最适宜唤醒水平应该越来越低。由图14-7可以看到，较高的唤醒水平在不需要复杂推理的简单任务中是适宜的（例如，开8个小时的车去帮助一个处于紧急情况的朋友）；而在复杂任务中，较低的唤醒水平可以使任务表现最好（例如，当你做一项重大决定需要权衡很多因素时）。有研究者（Hancock & Ganey，2003）也对倒 U 假设提出质疑。不过，倒 U 假设倒也提供了一个貌似可信的模型，用以解释情绪唤醒如何对应对过程产生有利或不利的影响，并且这种影响取决于任务要求是什么。

生理反应

以上所讨论的是应激通常会引起强烈的情绪反应。现在我们将学习，伴随这些情绪的发生会出现哪些重要的生理变化。

1. 战斗或逃离反应

沃尔特·坎农（1932）首次描述了战斗或逃离反应。**战斗或逃离反应**（fight-or-flight response）是一种面临应激时自主神经系统调动机体抗争或逃避威胁的生理反应。回顾一下第3章的内容，**自主神经系统**（autonomic nervous system, ANS）控制血管、平滑肌及腺体的活动。自主神经系统的**交感神经**（sympathetic division）调节战斗或逃离反应（McCarty，2007）。坎农在一项研究中测试猫遇到狗时的战斗或逃离反应。结果发现，在遇到狗的瞬间，猫的呼吸及心率都开始加速；研究还发现，在此过程中，猫的整个消化过程也有所变慢。

伴随战斗或逃离行为反应的还有生理的唤醒。从某种意义上来说，这种自动化的反应是人类进化的产物，这对动物来说无疑是一种具有适应意义的反应。在野外，来自捕食者的威胁使动物必须迅速做出战斗或逃离的反应；而在现代化社会中，战斗或逃离反应可能不会像几千年以前那么具有适应性（Nesse, Bhatnagar, & Young, 2007）。人类所面临的大部分压力并不能通过简单的战斗或逃离反应来解决。工作压力、婚姻问题及财政困难等则需要更复杂的反应去应对。

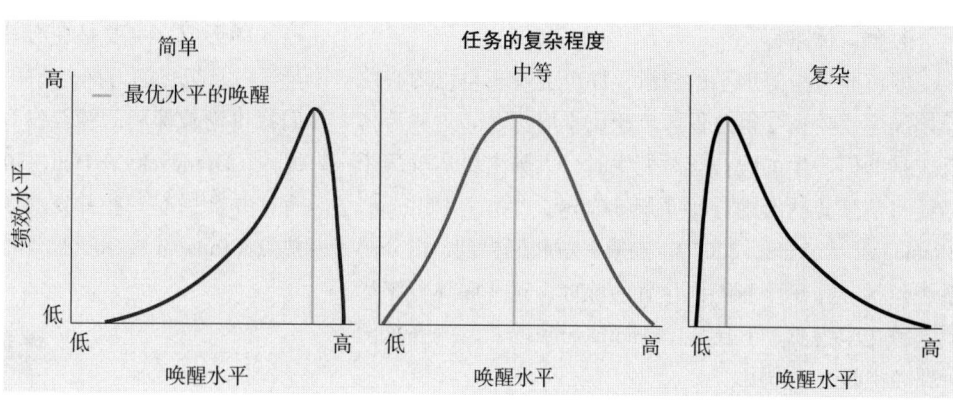

图 14-7 唤醒度与表现

情绪唤醒度与任务表现之间的关系呈倒 U 形，随着唤醒度升高，任务表现会随之升高，到达某一点时，随着唤醒继续上升，任务表现随之下降。某一水平的唤醒度是否适宜取决于任务难度。难度较大的任务中，相对较低的唤醒度比较适宜；而在难度较小的任务中，唤醒度较高才能使任务表现最好。

谢利·泰勒及其同事（Taylor, 2002, 2006; Taylor & Master, 2011）怀疑战斗或逃离模型是否存在性别差异。她们注意到在多数物种中，都是雌性在照料后代过程中投入比较多，从进化角度来讲，这种差异会使战斗或逃离反应对雌性来说不那么具有适应性。不管是战斗还是逃离，都会对后代造成危险，从而不利于动物将自己的基因传递下去。泰勒认为进化过程使雌性形成一种更加"**关爱与协助**"（tend and befriend）的反应模式。依照上述分析，面临压力时，雌性会用更多的精力照顾后代并寻求支持与帮助。这种具有颠覆性的分析需要更多的研究来加以验证。

2. 一般适应综合征

早在 20 世纪 40 年代，汉斯·塞利（Hans Selye）就确定了应激的概念（Russell, 2007）。塞利（1936, 1956, 1974）提出了颇具影响力的应激反应理论：一般适应综合征。**一般适应综合征**（general adaptive syndrome）指身体对应激反应的模型，包括三个阶段：警觉、抵抗和衰竭（见图 14-8）。在第一阶段，当机体刚刚觉察到有威胁存在时会出现警觉反应，这时生理唤醒使机体调集身体资源以应对挑战，塞利的警觉反应对于坎农的战斗或逃离反应来说是必不可少的。

塞利将应激的研究向前推进了一步，他将实验动物置于长期的应激环境中，这种应激与人类经历的慢性应激类似。随着应激的持续，机体会进入第二阶段，即抵抗阶段。在此阶段，生理变化趋于稳定以启动应对资源。这时，如果应激持续存在，超过一段较长的时间，机体就进入第三阶段——衰竭阶段。根据塞利的观点，个体应对应激的资源是有限的，如果个体不能有效应对，应对资源会被耗尽，最终个体将会感到**激素耗竭**（hormonal exhaustion）。现在我们了解到，问题的关键在于，机体对应激的长期过度反应会对很多器官产生不良影响（Sapolsky, 2007）。长期应激带来的不好的生理变化会导致汉斯·塞利所谓的"**适应综合征**"（disease of adaptation）。

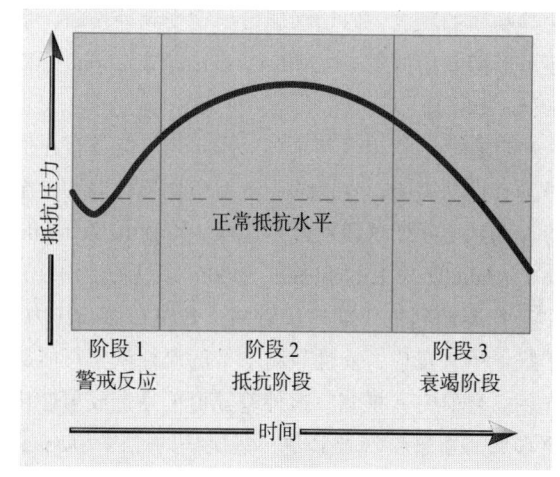

图 14-8 一般适应综合征

根据塞利的理论，应激过程的生理反应可以分为三个阶段。第一阶段，开始短暂的休克后，机体调动自身资源以应对威胁；第二阶段，抵抗威胁/压力的应激水平慢慢趋于平缓；第三阶段，应对资源耗尽，引发健康问题与衰竭。

3. 脑-体路径

即使面对中等水平的应激，你也会发现自己的心跳开始加速，呼吸变得急促，出汗比平时更多。这些身体反应是如何产生的呢？应激发生时，大脑主要通过两个路径将信号传达给内分泌系统（Clow，2001；Dallman，Bhatnagar, & Viau，2007）。在第3章我们提到，内分泌系统包括分布于全身不同位置的腺体，这些腺体分泌激素这种化学物质。**下丘脑**（hypothalamus）看起来在这两种路径中起主要作用。

第一种路径（见图14-9）要经过自主神经系统。面对应激时，下丘脑激活自主神经系统的交感神经，此过程中主要涉及的是肾上腺的激活。肾上腺的里层——**肾上腺髓质**（adrenal medulla）释放大量的儿茶酚胺（catecholamines）到血液中，当这些激素随着血流流向全身，会产生在战斗或逃离反应中表现出来的生理变化。儿茶酚胺浓度升高的最终结果是使机体采取行动（Lundberg，2007）。这时心率加快，血流量增加，更多的血液流向大脑和肌肉，呼吸急促，耗氧量增加，以使个体保持警觉。同时，瞳孔放大，视敏度提高，消化过程被抑制以保存能量。

第二种路径是大脑与内分泌系统之间更为直接的联系（见图14-9）。下丘脑将信号传达给内分泌系统的管家——**脑垂体**（pituitary），脑垂体分泌促肾上腺激素（ACTH），刺激**肾上腺皮质**（adrenal cortex）释放一组重要的激素——皮质醇（corticosteroid），皮质醇继而刺激更多的化学物质的释放，以增加能量。在受到外伤时，皮质醇还可以抑制伤口发炎（Miller, Chen, & Zhou，2007；Munck，2007）。

最近有研究指出这两个脑-体路径可能都存在性别差异。有证据表明，女性的应激反应比男性温和，至少从青春期到更年期这段时间是这样（Kajantie & Phillips，2006；Kudielka & Kirschbaum，2005）。这种性别差异只存在于青春期到更年期这段时间，表明在面临压力时，对于降低生理反应，女性较高水平的雌性激素可能起关键作用。有研究者推测，这种差异可能是造成男性比女性更多患心血管疾病及其他一些疾病的原因（Kajantie，2008）。

关于应激与大脑研究一个重要的新发现是，应激会干扰神经发育（McEwen，2009；Mirescu & Gould，2006）。回顾第3章的内容，研究者最近也发现成人大脑同样可以进行神经发育。**神经发育**（neurogenesis）指新神经元的形成，主要是在海马的一些关键区域。神经发育与学习及记忆能力提高有关（见第7章）。在第15章，我们将讨论被抑制的神经发育过程可能是导致抑郁的重要原因（Dranovsky & Hen，2006）。由于应激会阻碍神经发育，并会引起一些并发问题，目前这一课题已成为研究热点（Tanapat & Gould，2007）。

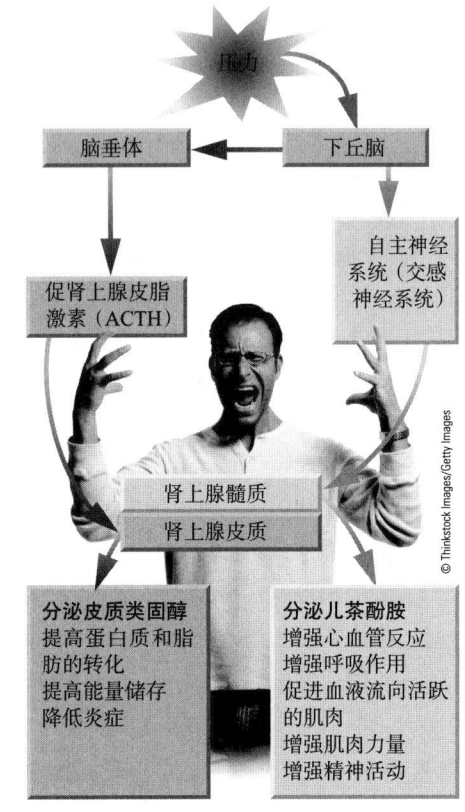

图 14-9　应激反应中的脑-体路径

面临压力时，大脑通过两个路径传递信号。首先，通过自主神经系统的路径调控儿茶酚胺的释放，以调动机体采取行动；其次，通过脑垂体和内分泌系统的路径调控皮质类固醇的释放，以增加能量并防止组织发炎。

行为反应

人们在多种水平上出现应激反应，很显然，行为是这些反应的重要方面。大多数的应激行为反应都涉及应对。**应对**（coping）指努力掌控应激、降低或忍受应激的过程。请注意，在提到应对是否健康是否适应时，此定义是中立的。一般情况下，应对通常指的是有益健康的方面。当说到某人"应对她的问题"时，往往暗示她能有效地解决自己的问题。

而事实上，应对既可能是适应的，又可能是不适应的（Folkman & Moskowitz，2004；Kleinke，2007）。例如，假设期中考试你的历史成绩可能会不及格，你可能会做出以下应对：①更加努力地学习；②向导师求助；③谴责上这门课的教授；④不再尝试，放弃努力。显然，前面两种应对反应比后面两种更具适应性。研究发现采用何种应对策略是应激是否会造成困扰的决定性因素（Carver，2007）。

人们以各种各样的方式应对应激（Folkman & Moskowitz，2004）。由于应对策略种类繁多，我们只能重点讨论几种比较常见的策略。在这一部分，我们将着重考察那些不太理想的应对方式，然后在个人应用部分讨论应激管理中比较健康的应对策略有哪些。

1. 放弃与自责

面临应激时，人们有时只是简单地退出应激情境，放弃努力。有些人通常会以宿命或顺从的方式来应对，消极接受挫折，然而，他们本可以更有效地处理这些挫折。这种现象被称为**习得性无助**（Seligman，1974，1992）。习得性无助（learned helplessness）是指当不可避免地要面对一些令人不愉快的事件时产生的消极行为。当个体相信事件超出自己的控制范围时会产生习得性无助。正如你所猜测的那样，"放弃"一般并非人们所普遍选择的一种应对方式。与此观点一致，有研究就发现习得性无助可能会导致抑郁（Isaacowitz & Seligman，2007）。

很显然，在许多情况下，"放弃"都显得很不合时宜。然而，有研究却也指出，当人们很努力地追求目标而又发现这些目标不能实现时，他们为了减少损失而不再追求此目标也是合情合理的（Wrosch & Scheier，2003）。近期有研究发现，那些能够放弃"无法实现目标"的人报告出更好的健康状况，他们的应激激素水平较低（Wrosch et al.，2007）。在竞争文化背景下，人们倾向于贬损"放弃"。因此有研究者指出，将"放弃"这种应对策略称为"**目标调整**"（goal adjustment）可能会更好。

当人们陷入压力困扰时，自责是另外一种常见的反应。许多有影响力的研究者开始关注应激反应中高度自我批判的倾向。阿尔伯特·埃利斯（Albert Ellis）（1973，1987）将这种倾向称为"灾难性思维"，并指出，这种思维方式将使应激引起的情绪反应强度增大，持续时间变长，从而引发各种问题（见本章个人应用部分）。类似地，阿伦·贝克（Aaron Beck）（1976，1987）指出消极的自我对话会导致抑郁及其他心理障碍的发生（见第16章）。虽然我们应该更好地认识自己的弱点以及为自己的失败承担一些责任，但埃利斯和贝克却指出，在面临应激时过度的自责并不是一种健康的应对方式。

2. 攻击他人

面对应激事件时，人们常常会与别人大动干戈，做出侵犯别人的行为。**攻击行为**（aggression）指任何想要伤害他人的行为，既包括身体方面的伤害也包括语言方面的伤害。多年以前，一个研究团队（Dollard et al.，1939）提出挫折-攻击假说，假说指出，攻击行为通常由挫折引起。几十年的研究也证明了挫折与攻击之间的因果关系（Berkowitz，1989），也有研究指出，挫折与攻击行为之间并不存在必然的、一一对应的关系。

经常会见到无辜的人被攻击。这类事件的发生似乎是由于人们不能通过有效途径发泄自己的愤怒。例如，当超速被交警罚单时，你抑制了自己的怒气，没有对交警破口大骂。20分钟后，你可能会对某个售货员无理取闹。在第12章我们也讨论过，很久之前西格蒙德·弗洛伊德就注意到人们会将愤怒转移到"替罪羊"身上，他将此现象称为"替代"。研究指出，当人们被激怒后，替代性攻击行为的发生概率提高（Hoobler & Brass，2006；Marcus-Newhall et al.，2000）。

弗洛伊德认为，攻击行为可以使被抑制的情绪得到宣泄，因而是具有适应意义的。他将此过程称为"宣泄"。**宣泄**（catharis）是指紧张情绪的释放。弗洛伊德学派指出宣泄愤怒的观点已被当今社会广泛接受。图书、杂志及一些自封的专家通常建议，发发脾气有利于健康。通常我们也都会认为这么做可以释放愤怒或减轻愤怒程度，但实验结果却并不支持宣泄假设。不少研究的结论恰好相反：攻击行为会带来更多的愤怒与攻击（Bushman，2002；Lohr et al.，2007）。

3. 自我放纵

压力有时会造成自控力降低或自我放纵（Tice, Bratslavsky, & Baumeister，2001）。许多人感到压力后会表现出一些过度消耗的不明智行为，比如过度饮食、过度吸烟、过度用药及过度消费等。当生活中遇到不顺心的事时，人们通过某些替代形式来获得补偿，这一点是可以理解的，毕竟自我放纵是很容易做到的，也会带来愉悦感。所以，会有一些研究将压力与食量增加（O'Connor & Connor，2011）、吸烟（McClernon & Gilbert，2007）、赌博（Wood & Griffiths，2007）及酒精、药物滥用（Grunberg，Berger，& Hamilton，2011）联系起来。

这种应对策略一个新的表现是沉迷于网络，这引起了研究者极大的兴趣。Kimberly Young（1996，1998，2009）将这种现象称为**网络成瘾**（Internet addiction），表现为上网时间过长，不能控制地想上网。离开网络，网络成瘾者会觉得焦虑、抑郁或空虚。上网时间过长已经影响到他们的正常工作、生活与学习，这才使他们开始想要减少对网络的依赖。据估计，网络成瘾的发病率为1.5%～8.2%，之所以范围较大是因为网络成瘾的筛查标准还在进一步完善中（Weinstein & Lejoyeux，2010），但这也已经能够说明网络成瘾的人不在少数。研究者对能否将这种过度上网行为称为"瘾"还在争论不休（Czincz & Hechanova，2009；Pies，2009）。但确定的是，至少对一部分网络用户来说，这种应对策略也会造成很多问题（Morahan-Martin，2007）。

4. 防御性应对

人们在应对压力时会惯用某几种防御方式（Vaillant，1994）。第12章提到，西格蒙德·弗洛伊德首次提出防御机制的概念，尽管这是精神分析流派的一个概念，也已被其他心理学流派所广泛接受（Cramer，2000）。依据弗洛伊德最初的想法，当代心理学家扩展了防御机制的概念，并增添了几种防御机制的类型。

防御机制（defensive coping）主要是保护个人免受如焦虑、愧疚等不愉快情绪伤害的无意识反应，目前已经确定了多种防御机制的类型。例如，Laughlin（1979）就区分出了49种类型。在第12章讨论弗洛伊德理论时，我们也已经描述了8种常见的防御机制。表14-2介绍了另外5种比较常用的防御机制，包括：否认、幻想、升华（合理化）、抵消与过度补偿。这些防御机制被大众媒体广泛议论，但大众对此还是会有很多误解。为了更好地理解这些概念，我们用问答的形式解释这些防御机制到底是怎样的。

表14-2 补充的几种防御机制

机制	描述	举例
否认	通过拒绝感知现实或面对现实以避免自己不愉快	吸烟者认为将吸烟与健康联系起来的研究是没有科学价值的
幻想	通过在想象中实现目标来满足受挫的欲望	一个欲望被抑制的无能的年轻人想象有一群女人选择自己为她们提供性服务

（续）

机制	描述	举例
合理化/隔离	在有害的情境下隔离自己的情绪，或者隔离不相容的态度，使它们看起来与自己无关	等待执行死刑的因犯反对上诉并冷漠地坚持要求按照法律条文执行
抵消	剔除或努力驱散不被接受的欲望或行为	一个青少年对自慰感到内疚，每次自慰后都会仪式化地以一个预设的次数触碰门把手
过度补偿	通过强调自身某些优点来掩盖内心的虚弱，或在某一领域过度投入以补偿在其他领域遭到的挫败	当感到被丈夫忽略，已经严重超重的女人会继续大吃大喝

资料来源：Adapted from Carson, R. C., Butcher, J. N., & Coleman, J. C. (1988). *Abnormal psychology and modern life*. Glenview, IL: Scott, Foresman. Reprinted by permission of Pearson Education, Inc. Upper Saddle River, NJ.

Note: See Table 12.1 for another list of defense mechanisms.

防御机制到底在防御什么？首先，防御机制使人免受压力造成的情绪上的不适，防御机制主要就是用来阻挡让人不爽的情绪或降低它们的强度。最经常被防御的情绪主要有焦虑、愤怒、愧疚及沮丧。

防御机制如何工作？通过自我欺骗。防御机制通过歪曲事实达成目的，使得现实看起来不那么具有威胁性（Aldwin，2007）。设想一下，你在学校表现不是很好，有被退学的危险。一开始，你可能会通过否认机制使被退学这个事实不进入你的意识。这种防御机制可能短时间内会使你觉得不那么焦虑。当否认一个明显的事实变得很困难时，这时你会启用幻想机制。对于即将到来的期末考试，你心存幻想，认为自己将会取得很高的分数。因此，防御机制以自私的方式歪曲事实来产生作用。

防御机制是健康的吗？这个问题很复杂。在很多情形下，答案是否定的。通常，防御性应对是不太适宜的。回避或痴心妄想对解决个人问题几乎没有什么帮助（Bolger，1990；Holahan et al.，2005）。尽管防御行为看起来是不太健康的，Shelley Taylor和Jonathon Brown（1988，1994）总结了几方面的证据指出，防御机制能带来积极效果的错觉可能有利于维持心理健康及幸福感。首先，她们发现一般人倾向于过度地自我感觉良好，而抑郁个体自我的感觉虽不是很好，却更加贴近现实。其次，一般人在处理机会事件时，会高估自己的能力；而抑郁个体较少表现出这种倾向。最后，在描绘未来图景时，一般人比抑郁个体更不切实际。许多研究都支持了上述假设，即这种正向的错觉能提高幸福感（Segerstrom & Roach, 2008; Taylor et al., 2003）。

正如你猜到的那样，上面的假设遭到很多质疑（Asendorpf & Ostendorf, 1998; Colvin, Block, & Funder, 1995）。罗伊·鲍迈斯特（Roy Baumeister, 1998）对此做出了很好的说明，他认为这种错觉应该有个合适的程度，而所有争论的焦点也都只是程度问题；对现实的过度歪曲是适应不良的，而轻微的歪曲常常都是有益的。

5. 建设性应对

目前为止我们都在讨论不太现实的应对方式。显然，人们在应对压力时也会使用一些健康的应对策略。**建设性应对**（constructive coping）指人们应对压力事件所做出的相对健康的努力。没有一种应对策略能保证必然的应对成功，应对策略的有效性会随着情境的变化而变化，即使最健康的应对反应在某些情境下也可能失效（Folkman & Moskowitz, 2004）。因此，建设性应对的概念只表示一种健康、积极的方法，并不能保证应对成功。

为什么某些应对策略是建设性的？坦白地说，在这一问题上心理学家的观点并不十分一致。不过，大量关于应激管理的文献对建设性应对的性质达成了一致看法，主要内容如下：

（1）建设性应对需要直接面对问题，这是任务相关的、行动指向的；还需要有意识层面的努力，理性地评估自己的想法，以便尝试解决问题。

（2）建设性应对要建立在对应激及应对资源合理的现实的评价基础上。轻微的自我欺骗有时是适应的，但过度的自我欺骗及不现实的消极思维则具有破坏性。

（3）建设性应对涉及学习如何组织自己的情绪反应，在某些情况下还要学习如何调整具有潜在破坏性的情绪反应。

应激对心理功能的影响

人们每天都会和许多应激做斗争。大多数应激都不会造成持久的影响，但当应激很大或堆积起来的时候，人们的心理功能就会受影响。

关于应激影响的研究主要聚焦于应激产生的不良影响，我们接下来的讨论也会往这个方向倾斜。然而需要注意的是，应激并不总是不好的；如果一直处于没有应激的环境中，你会发现自己会无聊到窒息，应激使生活充满挑战与乐趣。尽管如此，应激也会使人苦恼，有时会损害任务表现，造成倦怠或其他一些问题。

损害任务绩效

应激常常会对任务绩效造成损害。罗伊·鲍迈斯特一直在研究应激如何干扰任务绩效。鲍迈斯特（1984）的理论指出，应激使人们产生自我意识，这种提高的自我意识会损害他们的注意。他设计了一系列实验室实验证明自己的理论，通过操纵简单知觉-运动任务中的应激水平，发现处于应激中的人很容易被"卡住"（Butler & Baumeister, 1998; Wallace, Baumeister & Vohs, 2005）。对于数学问题解决与简单运动任务的研究也发现，应激会引起成绩下降（Beilock, 2008; Beilock & Gonso, 2008）。

最近有研究也指出，鲍迈斯特从注意的角度解释应激损害任务表现是一个正确的思路。Beilock（2010）指出，当人们担心自己会分散注意而耗尽自己有限的工作记忆容量时，常常会发生"被卡住"的情况。与此分析相一致，最近关于慢性应激（准备难度很大的非常重要的医学委员会考试）的研究也发现，在完成一项要求注意转换的任务时，处于慢性应激的被试任务表现遭到破坏（Liston, McEwen, & Casey, 2000）。此外，采用fMRI（功能性磁共振成像）扫描技术，研究者也精确定位出前额叶某些区域活动的减少可能是被试注意控制受损的潜在基础。幸好这些影响是比较短暂的，医学委员会考试的一个月后，被试的应激恢复到正常水平，他们的注意能力也会随之恢复。

倦怠

倦怠（burnout）是被过度使用的流行词汇，对不同的人来讲有不同的意义。一些研究者比较系统地描述了这个词，并推动了对此综合征的科学研究（Maslach, 2003; Maslach & Leiter, 2007）。倦怠指身体上与情绪上的衰竭、消极怠工，以及逐渐由工作相关的应激造成的自我效能感的降低。衰竭是倦怠的中心表现，消极怠工表现为非常消极地对待自己、工作及生活；自我效能感降低表现为工作胜任力的下降，取而代之的是无助感和无望感。

倦怠是由什么引起的呢？工作中可能会引起倦怠的因素包括：超负荷的工作量、工作中与同事有冲突、对工作职责与工作产出缺乏控制感，以及对自己的工作缺乏足够的认识（Maslach & Leiter，2005；见图14-10）。正如你所想到的那样，倦怠与缺勤率的上升、生产率的下降及健康状况容易出问题等是相关的（Maslach & Leiter，2005）。倦怠对许多职业来说都是一个潜在的问题。数十年的研究指出，倦怠的现象存在于全世界不同的文化中（Schaufei, Leiter, & Maslach, 2009）。

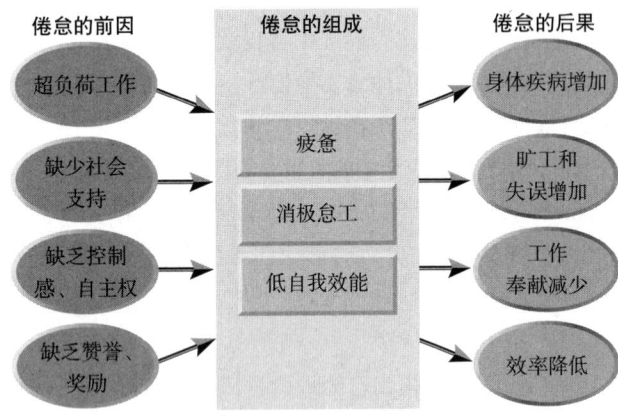

图14-10 倦怠的前因变量、成分与结果

Christina Maslach 与 Michael Leiter 发展了关于倦怠的一个较为系统的模型，模型详细列出倦怠这一综合征的前因变量、组成与结果。图中左侧一列表示的前因变量是工作环境中的一些引起倦怠的应激特征。中间一列是倦怠的三个成分：疲惫、消极怠工与低自我效能。右边一列是倦怠带来的不良后果。

资料来源：Based on Leiter & Maslach, 2001.

心理问题与心理障碍

临床方面，心理学家很久之前就开始猜测慢性应激可能会导致一些心理问题与心理障碍。20世纪60年代后期以来，应激测量工具的发展使得研究者可以在实证研究中验证这些猜想。研究发现，对于一般心理问题，应激会导致学业成绩变差（Akgun & Ciarrochi, 2003），失眠及其他睡眠障碍（Bernert et al., 2007; Kim & Dimsdale, 2007），性方面的问题（Bodenmann et al., 2006），酒精（Sayeette, 2007）与药物滥用（Grunberg, Berger, & Hamilton, 2011）。

除此日常问题之外，研究还发现应激会导致比较严重的心理障碍，包括抑郁（Monroe & Reid, 2009）、精神分裂症（Walker, Mittal, & Tessner, 2008）及焦虑障碍（Beidel & Stipelman, 2007）；特别是，应激在**创伤后应激障碍**（posttraumatic stress disorder, PTSD）的发展过程中起主要作用。PTSD指经历重大创伤性事件所引起的持久的心理障碍。我们将在第15章讨论应激与这些心理障碍之间的关系。应激只是导致心理障碍的多种因素之一，我们需要清醒地认识到应激对心理健康的重要影响。

积极作用

应激也并不总是带来不好的结果，近年来研究者也越来越多地关注应激的积极作用，包括应激带来的一些好的结果。从某种程度上来说，这种新的关注点反映了**积极心理学**（positive psychology）领域一个新的研究重点。在第1章和第10章中我们提到，有学者指出，历史上心理学对病理及苦难关注过多（Seligman & Csikszentmihalyi, 2000），积极心理学提倡研究应该更多地关注幸福感、希望、勇气、毅力、宽容及人类的其他一些力量与优点（Peterson & Seligman, 2004）。

这些力量的其中之一是应激反应中的心理弹性。**心理弹性**（resilience）是指对巨大应激与重大创伤事件的成功适应，而不会导致严重的消极后果。之前一般认为心理弹性是非常少见的，甚至是很罕见的一种力量，但乔治·博南诺（George Bonanno, 2005）及其同事（Bonanno et al., 2002, 2005）通过研究重大创伤事件的长期后果——如丧亲及经历战争或恐怖袭击发现，35%~55%的人都表现出了心理弹性（见图14-11）。虽然许多人经历创伤性事件后确实会出现持久的不良反应，但心理弹性也不应该像以往所认为的那么罕见。

研究指出，应激也可以有助于个人成长或自我提升（Calhoun & Tedeschi, 2006, 2008）。例如，有研究发现，与重大疾病做抗争的个体，绝大部分人都报告出曾经从这些不幸中获益（Tennen & Affleck, 1999）。应激事件有时会迫使人们学习新的技能，重新考虑事情的优先顺序，了解新的理念，获得新的能量。换句话说，对应激的适应过程会使个体往好的方面发展。面临应激挑战能够促进某些应对能力的提高，并降低对未来应激事件的反应强度（Bower, Moskowitz, & Epel, 2009）。由此，研究者已经开始更多地探讨应激事件促进成长的可能性。

👆 **真相核查**

误解

应激的结果总是不好的。

真相

显然，应激与许多不良后果有关。但也有研究指出应激可以起积极作用。应激可以增强心理弹性，提高应对能力，促进个人成长。近期也有研究发现，相比于应激过大或生活过于轻松，良好的心理健康状况与中等水平的应激之间存在相关。

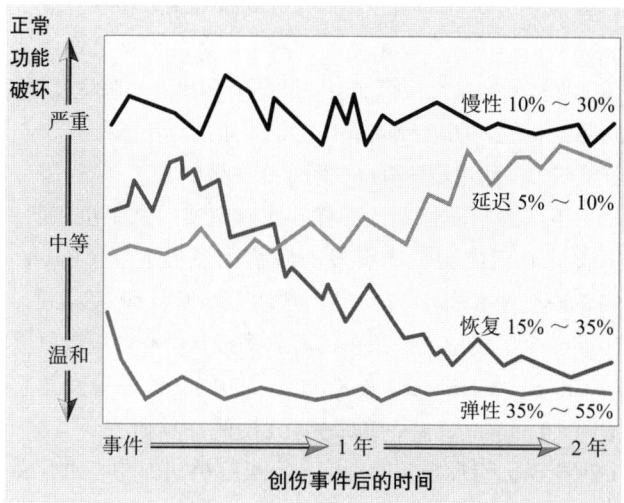

图14-11 创伤应激的反应模式

博南诺（2005）及其同事对经历诸如丧亲等重大创伤事件的人的适应状况进行追踪，总结出4种反应模式。第一种是慢性应激模式。第二种的常态功能在后期会出现严重损伤，为延迟受损模式。这两种反应模式一般在两年后都不会有明显改善。第三种为恢复模式。它们开始时的症状很严重，后来慢慢减弱，恢复常态。最后一种是有弹性的模式。它们开始时症状相对适中，而后症状很快消失。这项研究最让人惊奇的结果是，心理弹性在这4种模式中所占比例还蛮大，这说明心理弹性模式不像之前所认为的那么罕见。

资料来源：Bonanno, G. A. (2005). Resilience in the face of potential trauma. *Current Directions in Psychological Science*, 14, 145–148.

Copyright © 2005 by SAGE Publications. Reprinted by permission of SAGE Publications.

应激对身体健康的影响

应激会导致疾病的观点并不新鲜。早在20世纪30年代，就有研究表明应激会导致疾病。50年代，身心疾病的概念已被广泛接受。一般认为，**身心疾病**（psychosomatic disease）在一定程度上是由应激及其他心理因素引起的躯体疾病。传统的身心疾病包括高血压、消化性溃疡、哮喘、湿疹和荨麻疹等皮肤病，以及偏头痛及紧张性头疼（Kaplan, 1989；Rogers, Fricchione, & Reich, 1999）。请注意，这些疾病没有被视为想象的（imagined）躯体疾病。"身心疾病"一词常被误用来指称一些想象出来的躯体疾病，这实际上是完全不同的两类疾病（见第15章）。准确地说，身心疾病指那些与应激密切相关的确实存在器质性病变的疾病。

自20世纪70年代以来，身心疾病的概念就开始被误用。研究指出，应激会引发一系列疾病，这些疾病先前被认为只与身体因素有关（Dimsdale et al., 2005；Dougall & Baum, 2001）。因此，身心疾病看起来没有必要单独被划为一类。而实际上，应激在很多疾病中都至少起一部分作用。本节中，我们将探讨应激与躯体疾病间的关系。我们先从导致北美最高死亡率的心脏病开始。

人格、敌意与心脏病

每年，全美25%的死亡是由心脏病导致的。冠心病造成冠状动脉血流量减少，冠状动脉是给心脏提供血液的。在心脏病死亡率中，冠心病约占90%。动脉粥样硬化是冠心病的主要成因（Chrousos & Kaltsas, 2007）。动脉粥样硬化的特征是，冠状动脉在几年之内会逐渐变细。已知会导致动脉粥样硬化的危险因素包括：年长、吸烟、缺乏运动、高胆固醇水平及高血压（Bekkouche et al., 2011）。最近，有研究者开始关注发炎也可能导致动脉粥样硬化和高的冠心病风险（Miller & Blackwell, 2006）。发炎引起并致使动脉粥样硬化发展的证据越来越多。一些急性并发症可能会引发心脏病发作，发炎在此过程中可能是一个重要原因（Nabi et al., 2008）。

关于心理因素与心脏病发作的关系研究始于20世纪60年代和70年代。心脏病专家梅耶·弗里德曼（Meyer Friedman）和雷·罗森曼（Ray Rosenman）（1974）发现了A型人格与冠心病风险之间存在明显的联系，A型人格的个体会表现出自我强加的应激和对应激强烈的反应（Shaw & Dimsdale, 2007）。**A型人格**（type A personality）包括三种成分：①强烈的竞争倾向；②做事急躁，时间紧迫感强；③易怒，有敌意。A型人格个体是具有野心的、时间观念超强的完美主义追求者。他们通常会同时做几件事情，稍微拖延一小会儿都会使他们感到坐立难安。竞争意识强烈，会给自己设定最后期限的成就取向的工作狂。他们易被激惹，容易发怒。而**B型人格**（type B personality）的特征是相对较为轻松、耐心、随和、友善。B型人格相较于A型人格个体不那么容易着急，没有那么强烈的竞争意识，不容易发怒。

几十年的研究发现A型人格与冠心病风险之间存

在中等程度的相关。研究也往往会发现 A 型人格与心脏病发病率上升之间的关系，但这种关系并不像以往所预期的那么强烈、那么一致（Baker, Suchday, & Krantz, 2007；Myrtek, 2007）。最近，有研究指出，A 型人格中的易怒和敌意成分与冠心病风险之间存在较为密切的联系（Chida & Steptoe, 2009；Powell & Williams, 2007）。一项以 14 000 名男性女性个体为被试的研究指出，这些患者之前都没有过心脏病史，表现出易怒性格的个体心脏病发病率更高（Williams et al., 2000）。在接下来的 4.5 年，将这些患者按愤怒程度分类，低愤怒者占 37.1%，中等程度愤怒者占 55.2%，高愤怒者占 7.7%。这些患者中血压正常而高愤怒者经历的冠心病次数是低愤怒者的 3 倍（见图 14-12）。因此，愤怒或敌意是造成 A 型人格患病风险的关键成分。

情绪反应、抑郁与心脏病

关于心理因素如何引起心脏病的问题，将人格作为风险因素的研究比较多。有趣的是，近期有研究也指出，情绪反应可能也是比较关键的因素。这方面的研究结果支持以下假设：短暂的心理应激及其引发的情绪会增加心脏负担（Bekkouche, 2011；Dimsdale, 2008）。基于一些事实，心脏病专家及外行人士很久之前就已经开始怀疑强烈的情绪反应可能会导致冠心病患者心脏病发作。问题是要想证明这种关系是比较困难的。所幸的是，心脏检测方面的进步使得这一问题变得简单了。

正如大家所怀疑的那样，实验室实验结果也表明，短暂的心理应激也能引发心脏病的急性症状（Baker, Suchday, & Krantz, 2007）。总的来说，研究表明，30%～70% 的冠心病患者的心脏病症状由心理应激所引起（Kop, Gottdiener, & Krantz, 2001）。愤怒爆发尤其危险（Lampert et al., 2009）。近期的一项研究还指出，心理应激会引发短暂的炎症，而炎症被认为与心血管疾病的风险有关（Kop et al., 2008）。

另外有研究指出，抑郁是心脏病的一个风险因素（Goldston & Baillie, 2008）。抑郁障碍的特征是持续感到悲伤和绝望，是心理疾病的一种常见形式（见第 15 章）。患心脏病的人群中出现越来越多的抑郁发病率。大部分研究者将这种关系解释为，被诊断为心脏病使人变得抑郁。而最近更多的证据表明，心脏病与抑郁的关系可能恰恰相反：抑郁症患者的情绪功能失调引发了心脏病（Frasure-Smith & Lesperance, 2005）。这个问题引领我们进入本章的专题研究，考察抑郁与心脏健康之间的关系。

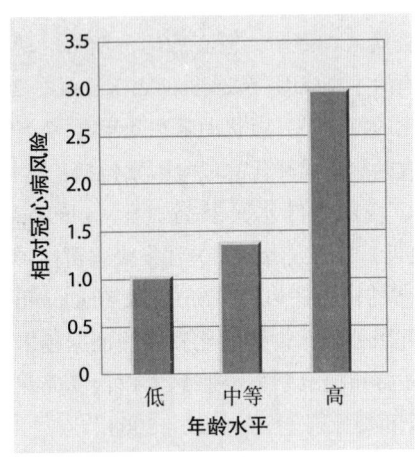

图 14-12 愤怒与冠心病风险

对大样本健康男女被试追踪 4.5 年，Williams 等人（2000）发现愤怒与冠心病事件之间存在相关关系。研究初始血压正常的个体，如果有中等水平的愤怒，冠心病发作的次数会比低愤怒者高 36%；如果愤怒水平较高，冠心病发作次数几乎是低愤怒者的 3 倍。

抑郁是心脏病的风险因素吗

20 世纪 90 年代，研究者开始怀疑抑郁可能增加心脏病的患病易感性。有几项研究已经报告了抑郁与冠心病风险之间的关系。鉴于此问题的重要性，还需要更多的研究用不同类型的样本重复前人的研究结果，以进一步得出抑郁在多大程度上增加冠心病的患病风险。关于抑郁会对健康个体还是只会对已患有心脏病个体的心脏功能造成不良影响，以往研究并未得出一致结论。因此，本研究以之前患过及未患过冠心病的个体为被试，考察抑郁对心脏病死亡率的影响。

方法

【被试】55～85 岁男性和女性被试共 2 847 名，这些被试在阿姆斯特丹参加一项正在进行的老龄化研究。被试是从荷兰 11 个市的老年人样本中随机抽取的。被试的平均年龄为 70.5 岁，女性占 52%。

【程序与测量工具】研究采用纵向实验设计（见第11章），在4年内追踪被试的健康状况和死亡率。研究开始时对被试是否患有心脏病进行了仔细的筛查。通过两步确定被试的抑郁状况。第一步，所有的被试完成一个广泛使用的包括20个项目的抑郁自陈量表。得分高于临界值的被试4周后要接受一次诊断性访谈，以评估其抑郁程度。符合抑郁障碍诊断标准（基于访谈结果）的被试被分到重症抑郁组。得分高于临界值但没有达到抑郁障碍标准的被试被分到轻度抑郁组。主要的因变量为研究结束时被试的死亡率，死亡率以被试居住的11个市的死亡证明为依据。

结果

研究开始时，发现450名被试患有心脏方面的疾病。在这些被试中，轻度抑郁的个体及重度抑郁的个体，死亡率较之没有抑郁症状的个体都有显著提高（见图14-13a）。剩下的2 397名在研究开始时没有患心脏病的被试也表现出类似的趋势（见图14-13b）。在控制了年龄、性别、体重及吸烟史等混淆变量之后，两组被试的疾病死亡风险趋势还是一样。

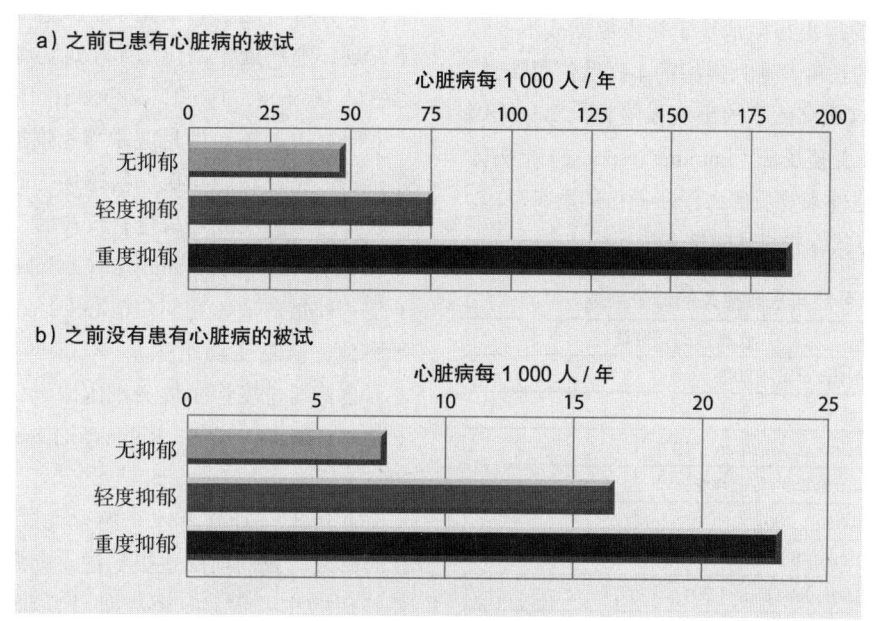

图14-13　抑郁与心脏病

数据显示的是，轻度抑郁与重度抑郁是如何增加心脏病死亡率的：a）研究开始时已患心脏病的个体；b）研究开始时未患心脏病的个体。

资料来源：Based on Pennix et al., 2001.

讨论

不论被试是否曾患过心脏方面的疾病，抑郁都与心脏病死亡率的升高有关。两组被试中，重度抑郁导致的死亡率几乎都是无抑郁个体的3倍。结果对于没有患过心脏病的被试尤其重要，由于这些被试的抑郁障碍发生于心脏病之前，我们不能说他们的心脏病导致了他们的抑郁。对这些被试来说，更可能的情况是抑郁对心脏病的发生起了某种作用。

评论

健康心理学考察各种心理因素与健康的关系，本项研究是其中一个代表（研究抑郁与健康的关系）。这些研究有利于我们更好地理解健康与疾病的影响因素。他们指出相关研究的重要性，因为实验室实验通常无法用来研究疾病的预测因素。

更新的一项研究以将近20 000名未患心脏病的个体为被试，得出了类似结果（Surtees et al., 2008）。此研究中，抑郁个体的死亡率是非抑郁个体的2.7倍。总体说来，研究发现抑郁会使个体患心脏病的概率加倍（Herbst et al., 2007；Lett et al., 2004）。

资料来源：Pennix, B. W. J. H., Beekman, A. T. F., Honig, A., Deeg, D. J. H., Schoevers, R. A., van Eijk, J. T. M., & van Tilburg, W. (2001). Depression and cardiac mortality: Results from a community-based longitudinal survey. *Archives of General Psychiatry, 58*, 221–227.

应激、疾病与免疫功能

生活应激问卷的发展使得研究者可以寻找并已找到应激与许多疾病之间的关系。例如，研究者已经发现生活应激与风湿性关节炎之间的关系（Davis et al., 2008），也有研究发现应激可能与糖尿病（Landel-Graham, Yount, & Rudnicki, 2003）、疱疹（Padgett & Sheridan, 2000）、纤维肌痛（Wood, 2007）及肠道易激惹综合征（Blanchard & Keefer, 2003）等病症的发展有关。

关于应激与躯体疾病关系的研究，只有少量有代表性的例子。表14-3所列的是与应激有关的健康问题。这种应激-疾病关系的得出很多是基于初步数据或不一致的结论。这张表格的长度及所列疾病的多样性值得注意，为什么应激会增加这么多疾病的患病风险呢？部分原因可能在于免疫系统。**免疫反应**（immune response）指机体对细菌、病毒或其他外来物质的入侵所做出的防御反应。免疫反应通过多种方式保护机体防御多种疾病。

表14-3　可能与应激相关的健康问题

健康问题	代表性的研究证据
ADIS	Stetler et al.（2005）
哮喘	Lehrer et al.（2002）
癌症	Dalton & Johansen（2005）
慢性背痛	Mitchell et al.（2009）
流感	Cohen（2005）
妊娠并发症	Dunkel-Schetter et al.（2001）
心脏病	Bekkouche et al.（2011）
糖尿病	Landel-Graham, Yount, & Rudnicki（2003）
癫痫发作	Kelly & Schramke（2000）
疱疹	Pederson, Bovbjerg, & Zachariae（2011）
高血压	Esler, Schwarz, & Alvarenga（2008）
甲状腺功能亢进	Yang, Liu, & Zang（2000）
炎症性肠病	Searle & Bennett（2001）
偏头痛	Sauro & Becker（2009）
多发性硬化	Mitsonis et al.（2006）
牙周疾病	Antoniou et al.（2005）
经前综合征	Stanton et al.（2002）
风湿性关节炎	Davis et al.（2008）
皮肤病	Arnold（2000）
中风	Harmsen et al.（1990）
溃疡	Levenstein（2002）
阴道感染	Williams & Deffenbacher（1983）

大量研究指出，实验性地诱发动物的应激会破坏动物的免疫功能（Ader, 2001; Rose, 2007）。也就是说，诸如拥挤、电击、食物限制、活动约束等应激源会从不同方面削弱动物免疫反应（Prolo & Chiappelli, 2007）。

Janice Kiecolt-Glaser及其同事的研究指出，人类的应激也会抑制其免疫活动（Kiecolt-Glaser & Glaser, 1995）。在一项研究中，研究者采集医学院学生的血样以评估他们的免疫反应（Kiecolt-Glaser, 1984）。以期末考试前一个月采集的血样作为基线，期末考试第一天采集的血样作为高应激状态的数值。被试还需要填写SRRS测量最近的应激水平。结果如何呢？研究发现，在应激巨大的期末考试周期间，学生的免疫功能是下降的，免疫功能下降与SRRS得分高之间显著相关。另一项研究中，研究者将志愿者暴露于能致感冒的病毒环境中。结果发现，那些处于高应激水平的志愿者更容易被感冒病毒感染（Cohen, Tyrell, & Smith, 1993）。

研究主要关注的是应激与免疫抑制的关系。也有研究显示，免疫功能与疾病易感性之间还存在其他重要的关联。当对感染或伤口进行反应时，免疫系统会释放**促炎细胞因子**（proinflammatory cytokines）。这些细胞因子是一种蛋白质，它们"精心安排一系列免疫活动以杀死病菌、修复受伤组织"（Kemeny, 2007）。慢性应激之下会持续过度产生促炎细胞因子，从而引发慢性发炎（Christian et al., 2009; Robles, Glaser, & Kiecolt-Glaser, 2005）。

近年来，研究者才开始全面理解这种慢性炎症潜在的后果。我们前面也提到过，炎症最近被看作是引发心脏病的主要因素。不仅如此，研究者还指出慢性发炎会导致不同种类的疾病，包括关节炎、骨质疏松、呼吸道疾病、糖尿病、阿尔茨海默症及多种类型的癌症（Feuerstein et al., 2007）。因此，免疫系统功能失调导致的慢性发炎可能是应激引发各种疾病的另一个重要潜在机制。

考量应激与疾病的关联

大量证据表明，应激与健康有关；越来越多的证据甚至一致表明应激与疾病之间存在因果关系（Cohen, Janicki-Deverts, & Miller, 2007; Pederson, Bobvjerg, & Zachariae, 2011）。但我们还需正确看待这一有趣的发现。目前绝大部分的研究是相关性的，还不能得出应激导致疾病的结论（Smith & Gallo, 2001）。应激水平升高与疾病可能都是由第三变量引起的，人格的某一方面可能会引起这两者同时变化（见图14-14）。有研究表明，神经质可能会使人更容易将事件解释为充满应激的，更容易将不愉快的感觉视为疾病的症状，这种倾向会增大应激与疾病之间的关系（Espejo，2011）。

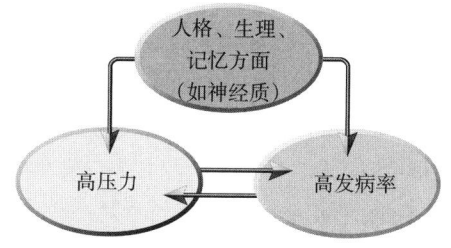

图 14-14　应激与疾病的关系

人格的一个或多个方面、生理机能或记忆都有可能是高应激与疾病频发之间关系的第三变量。例如，神经质高的个体会更多地将事件视为充满应激的，会记住更多疾病，因而提高了应激与疾病间的相关。

尽管方法论方面的问题会使应激与疾病间的关系变大，此领域的研究也一致表明，应激与疾病之间存在中等程度的相关，相关系数多在 0.20～0.30 之间（Cohen, Kessler, & Gordon，1995）。显然，应激不是必然对健康造成影响的不可抗拒的力量，这一事实应该是意料之中的，应激仅仅是复杂的生物心理社会网络中影响健康的其中一个因素。其他重要的因素还有个人的遗传、生存环境中的致病因子及毒素、营养、运动、酒精与药物使用、吸烟、医疗使用以及遵医嘱等各种情况。另外，有些人处理应激的能力比另外一些人要好，我们接下来将要讨论这个问题。

应激影响的调节因素

有些人看起来比另外一些人更能忍受和抵御应激（Holohan & Moos，1994）。原因是什么呢？因为有些调节变量会减弱应激对身体和心理健康所产生的影响。我们将讨论3个重要的调节变量——社会支持、乐观与尽责性，以此更清楚地理解人们在忍受应激方面的个体差异。

社会支持

朋友对你的健康有益！这个令人吃惊的结论来自于将社会支持作为应激的影响调节变量的研究。**社会支持**（social support）指来自个人社交网络成员的多方面的援助与情绪支持。许多研究指出，较高的社会支持与良好的免疫功能之间存在正相关关系（Uchino, Uno, & Holt-Lunstad，1999）。有些研究以大学生群体为被试发现，社会支持的反面——孤独感和**社会隔离**（social isolation）能够预测免疫功能的降低（Pressman et al.，2005）。近几十年的研究也指出，社会支持与身体健康密切相关（Taylor，2007；Uchino & Birmingham，2011）。

社会支持的积极效果足够强，以至于可以影响被试的死亡率！最近对148项研究进行的元分析指出，可靠的社会支持大体可以提高50%的存活率（Holt-Lunstad, Smith, & Layton，2010）。社会支持可以影响到死亡率是很令人吃惊的。为了正确看待这一结果，研究者比较了社会支持与其他风险因素影响死亡率的效应量。结果发现，社会支持不足带来的消极后果大于过度肥胖、不运动、酗酒及吸烟（每天15支烟以上）带来的后果。

最近有研究指出，人们偏好哪种社会支持类型存在文化差异。研究发现，亚洲人和亚裔美国人不愿意寻求别人的帮助，他们认为社会支持对他们来说不起什么作用（Kim et al.，2006；Taylor et al.，2004）。为了更好地理解这个令人不解的结果，谢利·泰勒及其同事（2007）发现亚洲人可以从社会支持中获益，但他们与美国人偏好不同的支持类型。泰勒等人（2007）区分了**外显社会支持**（explicit social support，外显的情绪安慰和他人工具性的帮助）及**内隐社会支持**（implicit social support，知道自己可以从亲近的人那里得到帮助）。研究指出，美国人通常偏好并追求外显社会支持，而亚洲人对于寻求外显的社会支持会感到不舒服，因为他们担心这会对他们的朋友或家人造成负担（Kim, Sherman, & Taylor，2008）。而当与亲密他人待在一起（并不讨论自己的问题）时，或提醒自己属于一个重要的社会组织，需要的时候可以得到组织支持时，亚洲人会从内隐社会支持中获益。

乐观与尽责性

大量研究指出，人格会影响健康；其中一个关键的人格特质是乐观。**乐观**（optimism）是一种总是预期好的结果的一般倾向。有研究发现乐观与较好的健康状况之间存在相关关系（Rasmussen, Scheier, & Greenhouse，2009）。还有研究者发现，乐观与更加有效的免疫功能有关（Segerstrom & Sephton，2010）。一项对几十岁的人进行的回顾性研究发现，乐观与长寿有关（Peterson et al.，1998）。为什么乐观有益于健康？研究指出，乐观者比悲观者在处理压力时更具适应性（Carver, Scheier, & Segerstrom，2010）。乐观者处理问题时更加行为导向、聚焦于问题，比悲观者更加愿意寻求社会支持，他们在评价应激事件时更强调事件的积极方面；而悲观者应对应激时更容易放弃，或以否认的方式应对，或进行不切实际的空想。

乐观不是唯一可能作为身体健康调节因素的人格特质。Howard Friedman 及其同事发现大五人格（见第12章）中的尽责性可能对健康有影响（Kern & Friedman, 2008；Martin, Friedman, & Schwartz, 2007）。他们的被试来源于 Lewis Terman（见第9章）首次开始进行研究的天才儿童，自1921年开始就对这些天才的数据进行严密的追踪。研究者将他们的人格测验得分与寿命做相关。数据包含被试童年期测得的6种人格特质，其中能预测长寿的特质是尽责性。为什么尽责性能延长寿命？Friedman（2007）指出其中可能有多种原因。例如，尽责性高的个体重视健康的生活环境，他们可能对应激表现出较少的反应。但关键的原因可能是尽责性高的个体有较好的生活习惯。尽责性高的个体比其他人表现出更少的不健康习惯，如酗酒、药物滥用、危险驾驶、吸烟、过度饮食及危险的性行为（Bogg & Roberts, 2004；Roberts, Walton, & Bogg, 2005）。

损害健康的行为

有些人看上去在自掘坟墓，他们的确在做一些有害健康的行为。例如，有些人尽管知道过度饮酒会损害肝脏，还是会这样做；有些人明知要冒着心脏病复发的危险，还是会将不当的食物全部吃掉。令人吃惊的是，这种彻头彻尾的自我损害（self-destructive）行为是很普遍的。本节中，我们将要讨论吸烟、运动及药物使用是如何影响健康的，我们还将探讨哪些行为会导致 AIDS。最后，我们将讨论为什么有些人会形成损害健康的生活方式。

吸烟

20世纪60年代中期以来，吸烟人数的比例已大幅下降（见图14-15）。然而，美国还是有 23% 的男性和 18% 的女性经常吸烟。另外，在许多其他地区，吸烟的现象甚至更为普遍。

数据很清楚地表明，与非吸烟者相比，吸烟者过早死亡的风险大大增加。例如，吸烟者的平均预期寿命比等组的非吸烟者要短 13～14 岁（Schmitz & Delaune, 2005）。总体风险与吸烟数量及香烟中焦油和尼古丁含量正相关。近年来雪茄消耗量急剧增长，雪茄对健康的损害几乎与香烟是一样的（Baker et al., 2000）。

为什么吸烟会增加死亡风险？吸烟会提高患多种疾病的可能性（Schmitz & Delaune, 2005；Woloshin, Schwartz, & Welch, 2002）。肺癌和心脏病是造成吸烟者死亡的最主要原因。吸烟还会增加患口腔癌、膀胱癌、肾癌、咽喉癌、食道癌及胰腺癌的风险，动脉硬化、高血压、中风及其他心血管疾病和支气管炎、肺气肿等肺部疾病的患病风险也会提高。大部分吸烟者知道这些风险与吸烟有关。有趣的是，他们会倾向于低估实际的风险（Ayanian & Cleary, 1999）；在决定要戒烟时，他们还会自己高估戒烟的能力（Weinstein, Slovic, & Gibson, 2004）。

真相核查

误解
如果你第一次戒烟失败，以后很难再成功。

真相
人们在尝试戒烟的过程中通常会经历几次失败才能最终成功，因此，如果你第一次戒烟失败了，不应该放弃——几周后或几个月后再尝试就是了。

吸烟不仅对吸烟者本身造成危害，与吸烟者长时间接触的家人及同事会遭受二手烟或环境烟害的危

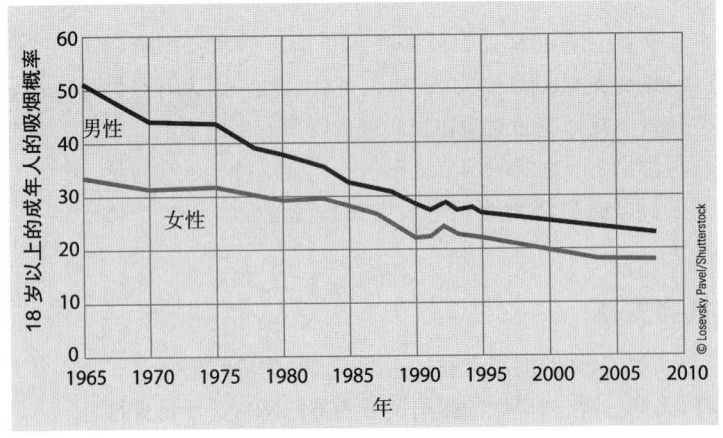

图 14-15　美国吸烟盛行情况

上图显示，自20世纪60年代中期以来，美国成年人吸烟比例在稳定下降。尽管这是一个巨大的进步，但吸烟每年还会造成相当数量的提早死亡。

资料来源：Based on data from the Centers for Disease Control and Prevention.

害。二手烟会增加很多疾病的患病风险,如肺癌(Vineis,2005)、心脏病(Venn & Britton, 2007)。年龄较小的儿童更容易受到二手烟的影响(USDHHS,2006)。

研究指出,如果戒烟,人们的健康风险将大大降低(Kenfield,2008;Williams,2002;见图14-16)。不幸的是,戒烟是很困难的。那些参加正式戒烟项目的人戒烟成功率仅略高于自己决定要戒烟的人(Swan, Hudmon, & Khroyan, 2003)。长时间的戒烟成功率只有25%左右。一些研究报告出的数据甚至更低。而美国有成千上万已戒烟的人,说明成功戒烟是有可能的。有数据表明,戒烟准备的过程是逐渐形成的,在此过程中,人们会经历多次戒烟与复吸的反复(Prochaska,1994;Prochaska et al.,2004)。

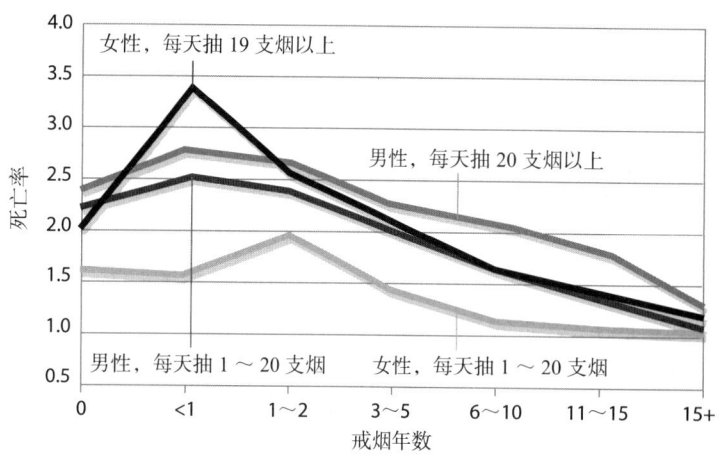

图14-16 戒烟与健康

研究指出,在人们成功戒烟之后,各种各样的健康风险也随之逐渐降低。此处数据来自1990年美国卫生总署(U.S. Surgeon General)戒烟状况的报告,数据显示的是戒烟对死亡率的总体影响。

资料来源:Based on data from U.S. Department of Health and Human Services, 1990.

缺乏运动

大量研究指出,运动量的缺乏与不健康之间存在相关。研究表明,经常运动与长寿有关。例如,近期对1 500多名男性的调查发现,运动量大的男性比运动量小的男性死亡率低70%(Kokkinos et al., 2008)。一篇元分析综合了33项研究,被试既有男性也有女性,数量超过100 000,得出了相似结论(Kodama et al., 2009)。不幸的是,美国国民运动量似乎正在下降,只有大约1/3的成年人保持足够的运动量(Carlson et al., 2010)。

为什么运动可以使人长寿?第一,适量运动可以提高心血管功能,从而降低遭遇致命心血管问题的易感性(Zoeller, 2007)。第二,运动可以间接地降低个体因肥胖引发的疾病风险,如糖尿病及呼吸困难(Corsica & Perri, 2003)。第三,近期研究表明,运动可以帮助减轻慢性发炎,慢性发炎可能会引起各种各样的疾病(Flynn, McFarlin, & Markofski, 2007)。第四,运动可以缓冲应激对身体造成的潜在不良影响(Plante, Caputo, & Chizmar, 2000)。这种缓冲效应的发生可能是由于运动量大的人比运动量小的人面临压力时有更小的生理反应(Forcier et al., 2006)。如果这些证据还不足以说服人们去做运动,近期研究又指出运动的另外一个新的出人意料的好处——运动可以促进新的脑细胞再生(Cotman, Berchtold, & Christie, 2007;Pereira et al., 2007)。本章前面也提到过,应激可能会抑制**神经发育**(neurogenesis)这一重要过程。仅仅通过简单的运动就能促进神经发育,这一发现意义重大。

酒精与药物滥用

有证据表明,适量饮酒可以预防心血管疾病(Brien et al., 2011;Ronksley et al., 2011),过量饮酒无疑会增加罹患许多疾病的风险(Johnson & Ait-Daoud, 2005)。娱乐性的药物使用是另外一种常见的有害健康的习惯。第5章讨论了药物使用的相关风险。与吸烟、不良的饮食习惯、缺乏运动量不同,当使用过量或使用不当而造成事故时,药物可以直接快速使人毙命。从长远来看,酒精与各种各样娱乐性药物的使用还会增加个体罹患传染病、呼吸道疾病、肺部疾病、心血管疾病、肝病、胃肠疾病、癌症、神经障碍、妊娠并发症等的风险(见第5章)。

行为方式与艾滋病

行为与健康之间最大的问题可能要属与AIDS有关的问题了。AIDS是**获得性免疫缺陷综合征**(acquired immune deficiency syndrome)的缩写,AIDS的表现是**免疫系统的功能逐渐被人体免疫缺陷病毒**(human immunodeficiency virus,HIV)所破坏,并最终完全丧失免疫的能力。感染HIV病毒并不一定代表得了AIDS。AIDS实际上是感染HIV之后整个过程的最后阶段,通常在感染几年之后才会表现出来(Carey & Vanable, 2003)。得了AIDS之后,个体几乎对感染因子毫无防御能力，AIDS 间接通过给其他疾病大开方便之门造成危害。AIDS 的症状变化多端，随着所患特定疾病的不同而不同（Cunningham & Selwyn, 2005）。不幸的是，这种致命疾病全世界的患病率正以令人担忧的速度增长，特别是在非洲一些地区（UNAIDS, 2009）。

1997 年以前，得了 AIDS 之后，病人的平均寿命只剩 18～24 个月。用药物治疗 AIDS 取得了长足进步，这种药物治疗方法指的是**高效抗逆转录病毒治疗法**（highly active antiretroviral therapy, HAART），可以很大程度上延长病人的寿命（Anthony & Bell, 2008; Bhaskaran et al., 2008）。但是这些药物已被仓促地投入使用，它们的长期功效还有待进一步检验。医疗专家担心公众会有这么一个印象，认为这些治疗已经将 AIDS 由致命的疾病变为可控的疾病。得出这个结论还为时尚早，因为 HIV 的菌株也是会进化的。

1. 传播

HIV 病毒通过人与人的接触传播，这里要涉及体液交换，主要是精液和血液的交换。在美国，性交和共用静脉注射（intravenous, IV）针头是造成感染的两种主要方式。在美国，性传播主要发生在男同性恋及双性恋的男性当中。而近几年异性传播也有所增加。就全世界而言，HIV 在异性中传播自始至终都是比较普遍的现象。据估计，在异性关系中，男性传播给女性的概率比女性传播给男性的概率高 8 倍（Ickovics, Thayaparan, & Ethier, 2001）。在感染者的眼泪和唾液中都能检测到 HIV 病毒，其浓度很低，也没有证据表明偶然的接触会被感染。即使多种形式的非偶然接触，如跟感染者接吻、拥抱及共同用餐，也都是安全的。

与传播有关的一个问题是，许多活跃在多个性伴侣之间的年轻的异性恋者对感染 HIV 的风险根本不予重视。他们大大低估性伴侣先前使用静脉注射器或与感染者进行无安全措施性交的可能性。许多年轻人还错误地认为携带 HIV 病毒的性伴侣会表现出某种患病的迹象。事实上，许多 HIV 携带者并不知道他们自己是 HIV 阳性。一项研究筛查了 5 000 名男性是否携带 HIV，其中 77% 检测出 HIV 阳性的人之前并不知道自己已被感染（MacKellar et al., 2005）。

2. 预防

改变自身行为是降低 AIDS 风险最直接有效的方法。但做出改变往往说起来容易做起来难。在所有群体中，一个人拥有的性伴侣数量越多，越可能感染 HIV 病毒。因此，人们可以通过减少性伴侣数量或使用避孕套阻止精液的接触来降低风险。缩短某些增加血液或精液接触的性行为过程（特别是肛交）也是非常重要的。20 世纪 80 年代和 90 年代早期，安全性行为的广泛推广取得了很大进步。然而，新生代的年轻人看起来比见证 AIDS 出现的那一代人更不注意 HIV 的感染风险（Jaffe, Valdiserri, & De Cock, 2007）。尤其令专家担忧的是，AIDS 治疗方面的进步可能会使人对待冒险的性行为更加随便。如果是这种情况，对于公共健康来说并不是好的预兆，这将不利于减缓 AIDS 的蔓延（Kalichman et al., 2007; van Kesteren, Hospers, & Kok, 2007）。

损害健康的行为是如何养成的

人们自我毁灭的行为方式让人感到很迷惑。这是如何发生的呢？原因有如下几种。第一，许多有损健康的习惯是缓慢形成的，例如，药物的使用量可能几年之内都在不知不觉地增加，或者运动量也是这样非常缓慢地减少。第二，许多不良习惯涉及的行为当时都是令人很愉悦的，比如吃美食、吸烟或性交，都是极具吸引力的。第三，与损害健康的习惯有关的风险是诸如罹患癌症等慢性疾病，这些疾病通常 10 年、20 年或 30 年之后才会爆发。人们很容易忽略遥远的将来会发生的危险。

最后一点，人有一种奇怪的倾向，会低估自己不良习惯的风险，而在看待他人行为习惯方面却更加准确（Weinstein, 2003; Weinstein & Klein, 1996）。许多人很清楚一些习惯会损害健康，但将这些信息应用到自己身上时，就会大打折扣。例如，他们认为，吸烟引发癌症或心脏病发作的情况只会出现在别人身上。

至此，我们讨论了应激及生活方式等会影响到身体健康。接下来，我们将要讨论人们是如何对身体症状、健康问题及卫生保健方面做反应的，以及这些反应有哪些重要意义。

对疾病的反应

许多人对待身体症状和疾病的态度是忽视疾病给出的警告信号，也有些人会主动应对以战胜疾病。让我们具体看一下人们如何做出求医的决定，如何与医生沟通，以及他们遵医嘱的情况。

寻求治疗

你曾经有过晕船、腹泻、喝醉酒、头痛、痉挛、胸部疼痛或鼻窦难受的经历吧？你肯定经历过，这些问题我们都会不时地遇到。而是否把这些感觉视为一种症状就存在个体差异了。当两个人体验到同样的不愉快的感觉，一个人会将之看作小事而不予理睬，另一个人则可能跑去找医生了（Martin & Leventhal，2004）。研究指出，焦虑和神经质相对较高的人容易报告出更多的疾病症状（Petrie & Pennebaker，2004）。

求医过程中最大的问题是许多人不去及时地寻求专业意见。耽误治疗是危险的，因为早期诊断早期干预的话有助于更有效地治疗疾病（Petrie & Pennebaker，2004）。不幸的是，拖延是普遍存在的现象，甚至处于心脏病发作这样的紧急情况下也是如此（Martin & Leventhal，2004）。为什么人们在危险时刻也会磨蹭呢？一个研究病人行为的权威专家Robin DiMatteo（1991）给出了一些答案。她指出，人们拖延是因为他们常常：①误解或低估自身症状的严重性；②如果医生检查没什么问题的话，他们会觉得自己很愚蠢；③担心打扰到他们的家庭医生；④不愿意扰乱之前的计划，如出去吃晚餐、看电影等；⑤在去医院急诊室之前在小事上浪费时间，如冲个淋浴、收拾个人物品或叠衣服……

与医疗人员沟通

大部分病人在离开诊室时并不理解医生所讲的话，也并不知道自己需要做什么（Johnson & Carlson，2004），这种情况令人感到遗憾。医患间良好的沟通是做出合理医疗决策、在知情的情况下做出合适的治疗选择以及病人积极贯彻治疗方案的重要条件（Buckman，2002；Haskard et al.，2008）。

有很多因素会阻碍医患间的有效沟通（DiMatteo，1997；Marteau & Weinman，2004）。经济现实使得就诊过程通常很简短，医生没有过多时间可以与病人讨论病情。一些医生过多地使用行话，高估了病人理解医疗术语的能力。病人烦躁不安、担心自己病情的话也会忘记报告自己的症状或忘记自己想问的问题。还有病人会回避掉自己真正关心的问题，因为他们害怕被诊断出更严重的疾病。许多病人不愿意挑战医生的权威，在与医生的互动过程中显得很被动。

如何才能增进与医生的沟通呢？关键是不要被动地接受医疗服务（Ferguson，1993；Kane，1991），应及时就医。提前准备好你的问题及你想知道的信息。尽量准确坦率地回答医生的问题。如果你不能理解医生所讲的某些话，不要觉得不好意思而不去问清楚。如果对医生的建议在适当性和可行性方面有什么疑问，不要害怕，要讲出来。

出于各种原因，医患之间的沟通还远不尽如人意。

遵循医嘱

许多病人并不遵从医生或其他医疗专业人员的意见。研究表明，紧急情况下制订的短期治疗方案有30%是不被遵守的，慢性病的长期治疗方案有50%是不被遵守的（Johnson & Carlson，2004）。不遵医嘱有很多形式。病人可能不去执行治疗方案，提前终止治疗方案，减少或增加治疗的力度，或治疗程序不一致（Dunbar-Jacob & Schlenk，2001）。这种不遵医嘱的现象是医疗保健系统的一个大问题。与病情加重、治疗失败及高死亡率都有关（Christensen & Johnson，2002；DiMatteo et al.，2002）。另外，这还浪费了大量的医药费，增加了医院的门诊量，造成了巨大的经济负担。DiMatteo（2004b）推测，光是在美国，每年因不遵医嘱对医疗保健系统造成的负担就达3亿美元。

为什么人们向专业的医疗保健人员寻求帮助而不遵循他们给的建议呢？医生倾向于将之归因为病人的人格特征。然而，研究指出，病人的人格特质和人口学变量与是否遵循医嘱并不相关（DiMatteo，2004b；Marteau & Weinman，2004）。病人是否遵循医嘱的一个相关因素是病人的社会支持状况。当家人、朋友或同事提醒或帮助他们执行治疗方案时，他们遵循医嘱的状况会有所改善（DiMatteoa，2004）。还有一些因素会降低病人遵循医嘱的可能性（Dunbar-Jacob & Schlenk，2001；Johnson & Carlson，2004）：

（1）通常，不遵循医嘱是因为病人没搞清楚医生的指示。受过良好训练的医生常常会忘记，那些对他们来说很浅显的术语对许多病人来说可能很晦涩难懂。

（2）另一个重要因素是这些指示的执行困难程度和令人讨厌的程度。如果这些处方是令人不愉快的，遵循医嘱的程度就会降低。处方越干扰正常生活，遵守起来会越难。

（3）如果病人对医生的态度比较消极，不遵循医嘱的情况也会增加。当病人与医生之间的互动让他们不高兴时，他们很容易忽略医生提供的建议。

针对不遵循医嘱的问题，研究者提出了多种使病人更好地遵循医嘱的方法。方法包括：简化处方，对处方进行更多的原理阐述，帮病人处理可能阻碍他们遵循医嘱的不良情绪，训练病人学会使用行为修正策略。这些方法都会促进病人遵循医嘱，但作用可能也不是很大（Christensen & Johnson，2002；Roter，1998）。

本章主题回顾

本章最重要的主题是什么呢？你可能也注意到了，关于应激与健康之间关系的讨论可以发现，应激与健康之间存在多重因果关系，人的感觉具有主观性。第1章指出，人们倾向于以单一因果关系进行简单化思考。近几年发表的研究将应激与健康联系起来，使人们觉得压力就是健康的一个原因；而事实上，压力对健康只是中等程度的影响。应激会增加患病的风险，但健康的影响因素是很复杂的。这些因素包括遗传易感性、生理反应、环境中感染因子的状况、有损健康的生活习惯、对症状的反应、求医行为、遵医嘱的情况、人格及社会支持等。换句话说，应激只是影响健康的众多因素中的一个。图14-17显示了众多生物心理社会因素共同影响健康，健康与这些因素之间的复杂关系是多重因果关系。

应激是一种见仁见智的事情。同样是升职，对有些人来说是充满应激的，而对另外一些人来说则是备受鼓舞的；对有些人来说是应激的事情对另外一些人来说则可能是挑战。关于应激，客观现实不如主观体验重要。最重要的是，应激事件产生的影响似乎取决于人们如何看待这些事件。"个人应用"中的应对和应激管理部分将进一步指出应激评价的重要性。许多应激管理策略就要求个体改变对事件的评价。

图14-17　影响健康的生物心理社会因素

相当多的变量会影响到身体健康，这些因素包括生物方面、心理方面及社会方面。各种因素对健康的影响为事物之间的多重因果关系提供了很好的证据。

个人应用

增强应对与应激管理

主要学习目标

（1）总结阿尔伯特·埃利斯关于情绪控制的理论。

（2）分析幽默、释放被压抑的情绪与原谅他人的适应意义。

（3）评述放松与增加运动量的适应意义。

判断正误：
1. 应激管理的关键在于回避或绕开它。
2. 最好抑制住对应激的情绪反应。
3. 笑谈个人遇到的问题是不成熟的。

过去 20 年中，应激管理的课程与书籍大量涌现。它们总结专家的建议，向人们忠告应该如何做才能更有效地应对应激。这些专家是如何看待上面三条陈述的呢？在本应用部分，你会发现，这三条陈述都是错误的。

应激管理的关键并不在于回避它。在当今社会，应激是生活中不可避免的一部分。正如汉斯·塞利（1973）所说的，"与大众观点相反，我们不能也不可能回避应激"。因此，大部分应激管理项目鼓励人们直面压力而不是回避。这样是要求人们掌握行为导向的、理性的、基于现实的建设性应对方法。幸运的是，研究指出，应激管理训练在降低应激所带来的潜在消极影响方面很可能是有益的（Evers et al., 2006; Storch et al., 2007）。

再评：埃利斯的理性思考

阿尔伯特·埃利斯是一个杰出的心理学家，他认为人们可以通过改变对应激事件的评价来降低应激的情绪反应。埃利斯关于应激评价的理论是**理性情绪行为疗法**（rational-emotive behavior therapy）的基础，这是一种应用广泛的心理疗法，也是一些有效应对类畅销书的基础（Ellis, 1985, 1999, 2001）。

埃利斯指出，人们以自己认为的方式感知这个世界。他指出，有障碍的情绪反应是由消极的自我对话引起的，他称这种消极的自我对话为灾难性思维。**灾难性思维**（catastrophic thinking）是指不切实际地消极评价应激，夸大问题的严重性。埃利斯指出，人们理所当然地认为应激事件引起了他们的情绪波动，然而事实上，个人挫折引起的情绪反应完全是由人们对应激事件的消极评价引起的（见图 14-18）。

埃利斯指出，不切实际地评价应激缘于人们不理性的假设。他指出，如果人们仔细审视自己的灾难性思维，就会发现那些推理是基于逻辑不通的前提，例如"我必须得到所有人的认可"或"我必须每件事都做得尽善尽美"。人们常常会无意识地持有这些错误的假设，导致灾难性思维与情绪波动。怎么样才能减少对应激不切实际的评价呢？埃利斯指出，人们必须学会：①如何识别灾难性思维；②如何反驳导致不切实际地评价应激的非理性假设。

幽默减压

许多年前，芝加哥地区遭遇了近一个世纪以来最大的一次洪水。成千上万的人目睹了两条河流决堤将他们的家园淹没。洪水退去后，返回自己的家园受害者不可避免地受到电视台的采访。相当一部分受害者看着自己的家园满目疮痍，却还能对自己的遭遇开玩笑。当情况变得很糟糕时，这样做将变得很有用。在一项关于应对方式的研究中，McCrae（1984）发现，40% 的被试会用幽默应对应激。

过去 25 年实证研究的结果表明，幽默可以调节应激的影响（Abel, 1998; Lefcourt, 2001, 2005）。幽默是如何减少应激的不良影响、增进健康的呢？可能的原因有以下几种（见图 14-19）。一种可能是幽默影响对应激事件的评价（Abel, 2002），开玩笑可以让人觉得自己的小困难或大灾难不那么具有威胁性。另一种可能是幽默使人体验到更多的正情绪（Martin, 2002），可以使人更

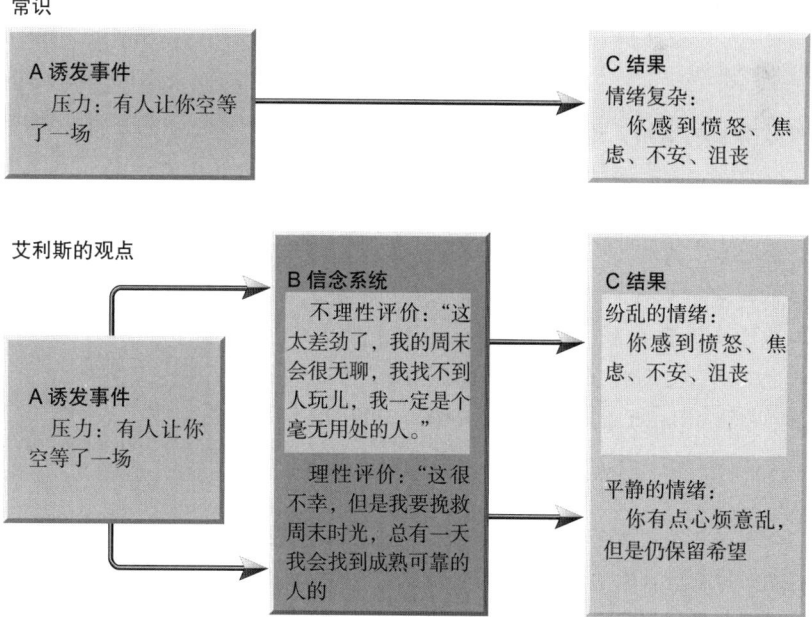

图 14-18 阿尔伯特·埃利斯情绪反应 A-B-C 模型

大多数人认为，他们负性的情绪反应是由经历的负性事件直接引起的。埃利斯却指出，事件本身并不会使人感到痛苦，人之所以感到痛苦是因为消极看待事件的方式。艾利斯认为，压力管理的关键在于改变人们对压力事件的评价。

好地从应激事件中恢复（Tugade & Fredrickson, 2004）。还有一种可能是幽默感可以增进良好的社会互动，进而提高社会支持；通过前面的学习，我们知道社会支持可以缓冲应激带来的不良影响（Martin, 2002）。最后一种解释是Lefcourt及其同事（1995）提出来的，他们认为，与幽默感低的人相比，幽默感高的人可能不会把自己看得很重，他们得益于此；正如他们所说的："如果人不把自己看得太重，不在看待自己的重要性时自我膨胀，那么小的挫败、令人尴尬的局面甚至是灾难，都不会对他们造成严重的情绪困扰。"

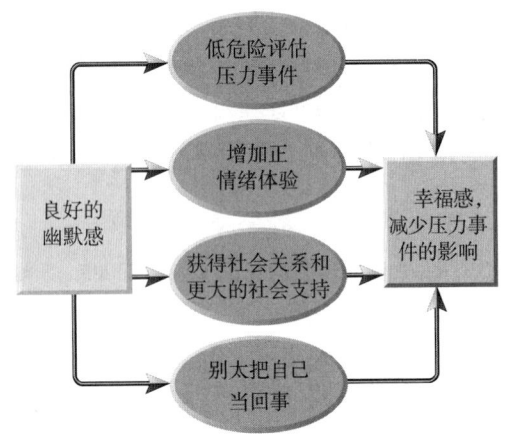

图14-19　幽默与健康之间关系的可能解释

研究表明，幽默感可以缓冲应激的负面影响，增进人的健康。图的中间部分列出了幽默与健康之间关系的4种可能的解释。正如你看到的那样，幽默可能会带来种种有益的作用。

释放抑制的情绪，原谅他人

本章主要讨论的是应激通常会引起情绪唤醒。当情绪被唤醒时，常识告诉我们，我们应该释放内心汹涌起伏的情绪。为什么？因为伴随情绪发生的生理唤醒可能会引发一些问题。例如，有研究指出，压抑情绪的人比其他人的血压会高一些（Jorgensen et al., 1996）。还有研究表明，主动抑制情绪会使血压上升，自主神经系统活动增强（Butler et al., 2003; Gross, 2001），这最终会导致人们体验到更多的负情绪，更少的正情绪（John & Gross, 2007）。

尽管不能避免压抑情绪带来的不良后果，我们还是可以通过时不时地表达自己的情绪来减少生理唤醒。越来越多的证据表明，将生活中的困难写出来或说出来有利于更好地应对压力（Lyubomirsky, Sousa, & Dickerhoof, 2006; Smyth & Pennebaker, 1999）。例如，一项以大学生为被试的研究，要求一半被试对适应大学生活过程中遇到的困难写3篇小文章，另外一半被试针对无关紧要的话题写3篇小文章。接下来的几个月中，书写自己个人生活困难的被试比其他人更健康（Pennebaker, Colder, & Sharp, 1990）。后来有研究重复了该研究结果，并指出，情绪表达与良好的免疫功能有关（Slatcher & Pennebaker, 2005; Smyth & Pennebaker, 2001）。所以，如果你能找到一个好的倾听者，可以坦率地说出心底的恐惧、担忧和疑惑，就能释放这些不良情绪。

当人们感到委屈时，常常会体验到敌意或其他负情绪；这种委屈的感觉指人们相信他人的行为是有害的、不道德的或不公平的。在这种情况下，人的自然反应要么是报复对方，要么是避免与对方的进一步接触（McCullough, 2001）。原谅他人可以消解人的这种自然倾向，将人从与对方的进一步拉扯中解脱出来。研究表明，原谅他人与更好的适应能力和更高的幸福感有关（McCullough & Witvliet, 2002; Worthington & Scherer, 2004）。原谅他人还会使心情变好，减轻疾病症状（Bono, McCullough, & Root, 2008）。例如，McCullough（2011）的一项研究指出，那些离婚的或与丈夫长期分居的女人，她们原谅前夫的程度与多种幸福感的指标之间呈正相关。

学习放松

放松是一种很好的压力管理技术，可以缓和情绪波动，降低生理唤醒水平（McGuigan & Lehrer, 2007; Smith, 2007）。Herbert Benson（1975; Benson & Klipper, 1998）对于冥想的研究，使放松的价值变得更加明显。Benson是哈佛大学医学院的一名心脏病学专家，他认为放松是冥想产生有益效果的关键。Benson指出，跟冥想有关的复杂宗教仪式和信仰与冥想的效果毫不相关。在使冥想去神秘化之后，Benson开始着手设计一种简单的非宗教形式的冥想程序，这也会起到同样的效果。他称这种程序为**放松反应**（relaxation response）。尽管还有其他许多有价值的放松训练方法，但Benson程序的简单化，使得这一程序非常有用。下面我们就一起看一下Benson的程序。通过对一系列放松技术的研究，Benson总结出4种可以提高放松有效性的因素：

（1）安静的环境。人在没有干扰的环境中最容易进入放松状态。在学会如何进入放松状态以后，也可以在拥挤的地铁上练习。但刚开始时，还是应该找一个安静的、能让人平静的地方进行练习。

（2）心理装备（mental device）。为了使注意力由外部转向内部，并将注意保持在对内部状态的关注上，你需要将注意力集中于某一特定的刺激，如不断重复同一个声音或单词。

（3）被动的态度。当注意转移到其他想法上时，重要的是不要感到沮丧，你必须清楚分心是在所难免的。每当你的思想游离于当前的注意焦点时，保持平静，重新将注意引向你的心理装备。

（4）舒服的姿势。身体的舒适对于避免潜在的分心是必不可少的。简单地坐直身体通常就可以起到很好的效果。躺下的话会很容易睡着。

图14-20呈现的是 Benson 的简单放松程序。每天练习效果更佳。

降低生理易感性

你的身体深深地卷入了对压力的反应过程。压力带来的损耗对健康是有害的。使身体处于相对良好的状态，可以预防这个潜在的问题。因此，保持至少中等强度的运动量是有益的。定期运动的潜在好处有很多。幸运的是，研究表明不是只有运动员才能从运动中获益，甚至像每天散步半小时这种中等强度的运动量，也能降低患病风险（Richardson et al., 2004；见图14-21）。坚持某种运动项目还可以改善心情，提高应对压力的能力（Hays, 1999；Plante, 1999b）。

参加某些运动对某些人来说是困难的，因为运动要耗费时间。另外，如果你身体状况不佳，一开始的尝试可能会让你望而却步。人们提到的运动量不够的原因包括没有时间、不方便以及不喜欢运动（Jackicic & Gallagher, 2002）。为了避免这些问题，你最好听从以下忠告（Greenberg, 2002；Jackicic & Gallagher, 2002；Phillips, Kiernan, & King, 2001）：

（1）选择一项你喜欢的运动。
（2）慢慢增加运动量。
（3）有规律地运动，不要过度。
（4）努力使自己保持运动。

良好的睡眠习惯也能帮助降低对压力的生理易感性。第5章我们讨论到，缺乏睡眠会损害免疫系统的功能（Motivala & Irwin, 2007），助长发炎反应（Patel et al., 2009）。也有证据表明，睡眠质量差与健康状况差有关（Benham, 2010），失眠会提高死亡率（Chien et al., 2010）。因此，健康的睡眠模式有助于管理压力。最近一项研究指出，人需要足够的睡眠，并应该使睡眠模式保持规律（Barber et al., 2010）。

关于如何更好地预防或对待疾病的问题，研究者有许多不一致的观点，我们究竟该怎么做呢？似乎媒体每天都会报告昨天的健康新闻是有误的。健康新闻的冲突只是问题的一部分。我们周围还充斥着大量健康相关的

---

1. 以舒服的姿势安静地坐下
2. 闭上眼睛
3. 从脚到头逐渐放松全身肌肉，努力保持肌肉放松
4. 通过鼻子呼吸，用心感受你的呼吸。每呼吸一次，心里默念"一"。例如，吸气……呼气……一；吸气……呼气……保持轻松自然的呼吸
5. 练习10～20分钟。你可以睁开眼睛查看时间，但不要使用闹钟。练习结束后，静静地坐上几分钟，一开始闭着眼睛，后面可以睁开眼睛。这几分钟不要站起来
6. 不要去想你是否成功进入了较高水平的放松状态。保持一种被动的态度，让放松状态按照自己的节奏到来。分心的时候，不去理会它，试着忽略它，继续数你的"一"。随着练习的深入，放松反应会变得越来越不费力。每天练习1～2次，不要饭后2小时内做练习，因为消化过程可能会干扰放松反应

图14-20 Benson 的放松程序

此处描述的是 Herbert Benson 的放松程序。Benson 指出，他的简单放松反应可以起到与冥想相似的效果。为了获得更好的效果，你应该坚持每天都练习。

资料来源：Relaxation procedure (pp. 14–15) from Benson, H., & Klipper, M. Z. (1975, 1988). *The relaxation response*. New York: Morrow. Copyright © 1975 by William Morrow & Co. Reprinted by permission of HarperCollins Publishers.

数据。数学家 John Allen Paulos（1995）指出："健康数据给我们的心理健康可能会带来不良影响。这些数据的泛滥，使我们对这些数据会完全忽略、全盘接受、毫不信任，或者只是简单地曲解这些数据。"

对健康相关的问题做出个人决策并不是件容易的事，甚至医疗人员常常也需要努力去搞清楚这些健康数据的意义（Gigerenzer et al., 2007）。理性、系统地看待这个问题是非常重要的。本节中，我们将讨论一些有助于你对健康风险数据进行批判性思考的建议，并简要概述如何才能使决策过程更加合理。

评估健康风险的统计数据

新闻报道似乎表明，几乎人们做的所有事情、接触的所有东西及吃的所有东西都会与某种类型的疾病有关。例如，媒体报道，喝咖啡与高血压有关，失眠与高死亡风险有关，摄取高脂肪的食物与心脏病有关。即使再平和的人，看到这些信息也会陷入恐慌。幸运的是，以下建议可以使你更理智地评估健康风险方面的数据。

相关关系不是因果关系。很难设计实验去研究健康风险，因此大部分将生活方式和人口学变量与疾病联系起来的研究都是相关性的。需要记住的是，存在相关关系的两个变量之间可能并不存在因果关系。所以，当你得知一个因素与某种疾病之间存在相关关系时，试着深究一下为何研究者会认为这个因素与这种疾病之间会存

在相关关系。看起来会导致疾病的因素可能跟研究者所测量的东西完全不是一回事。

统计显著与实际显著不是一回事。研究者经常会强调在健康数据中发现了"统计显著"（statistically significant）的结果。统计显著的结果是指不太可能由随机波动导致的结果（见第2章），这是个很有用的概念，有时也会产生误导作用（Matthey, 1998）。医学研究通常基于相当大的样本量，大样本量比小样本量容易得出稳定的结论。但当样本量很大时，不同组之间较弱的相关和较小的差异都会变得显著。这些小的差异可能并不具多少实际价值。例如，He 等人（1999）以14 000多个人为被试，考察盐摄取量与心血管疾病之间的关系。他们发现，对于体重正常的被试，高的盐摄取量与高血压之间相关显著。但是，结果的统计显著差异却不大，盐摄取量最低的被试中有19.1%的人患有高血压，而盐摄取量最高的被试中有21.8%的人患有高血压，这种差异根本不值得人们感到恐慌。

评估可能性的时候应该考虑到基础概率。在评估一种可能的风险因素是否与某种疾病相关时，人们常常不会去考虑这些疾病的基础概率。如果某种疾病的基础概率相对较低，以百分比报告增长率，即使很小的增长量也会显得很大。例如，He 等人（1999）的研究，盐摄取量最低的被试中2.1%的人患有糖尿病，盐摄取量最高的被试中3.8%的人患有糖尿病。基于这一很小但统计显著的差异，有人（不会是研究者）可能会说，盐摄取量高会使患糖尿病的可能增加81%[(3.8−2.1)÷2.1]。这在技术上是没什么问题的，但用于描述结果就太夸张了。在评估药物及其他医疗方法的价值时，应该考虑到基础概率。如果某一疾病的基础概率很低，以百分比的形式报告患病率下降，会夸大治疗效果。例如，Gigerenzer 等人（2007）描述了一个立普妥（Lipitor，一种降低胆固醇的药物）的广告，广告宣传立普妥可以降低48%的中风概率。数据在技术方面没什么问题，但从绝对值来看，立普妥对于预防中风的实际作用并不是很大。4年后，服用立普妥的人中有1.5%的人得了中风，服用安慰剂的人中

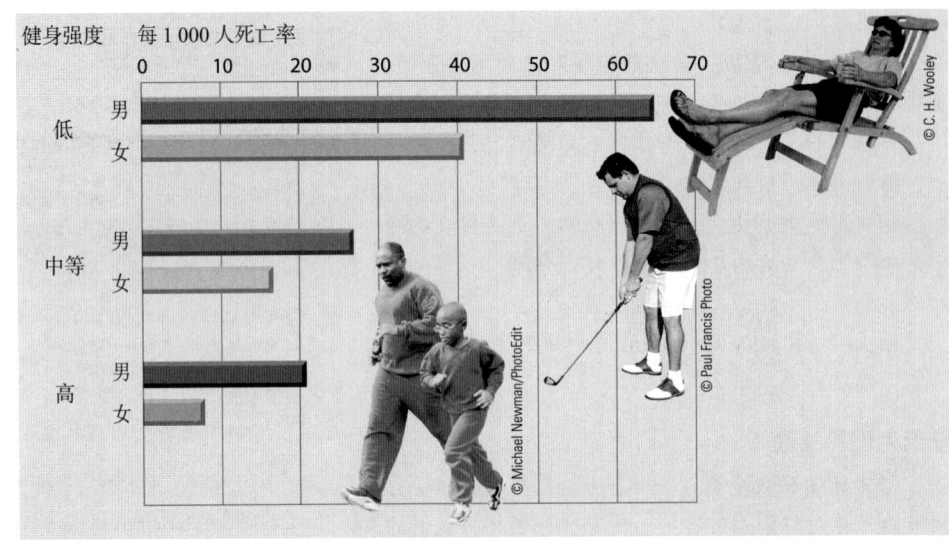

图 14-21　健身与死亡率

Blair 及其同事（1989）研究男性与女性高、中、低等强度的运动量与死亡率的关系。图中显示，运动对于两种性别的人来说，都与低的死亡率相关。

有2.8%的人得了中风。

系统考虑健康决策

健康决策是指向未来的，这意味着其中很多事情是不确定的。做这种决定通常需要权衡潜在的风险和收益。没有什么变量对健康决策来说是唯一的——不确定性、风险与收益在经济决策、政治决策以及个人决策中都起至关重要的作用。为了更好地说明这个问题，我们将数量推理的一些基本原理应用到健康决策上，以是否应该给被诊断为注意力缺陷障碍（attention deficit disorder）的小男孩开利他林（Ritalin）为例。记住，应用在这个例子中的基本原理也可以广泛应用到其他决策方面。

搜索信息以降低不确定性

搜索信息并认真核查这些信息的准确性、完整性以及是否存在相互矛盾的信息。例如，诊断结果是否正确？寻找与诊断结果相左的信息。如果一个孩子可以坐在那里读书很久，可能是未检测出的听力丧失使然，这也是为什么有些时候这个孩子会显得过度活跃。当你想到其他信息时，量化不确定的程度或其反面，即你在多大程度上确定诊断结果是正确的。如果你觉得对诊断结果感到不确定，可能正在尝试去解决错误的问题。

做出风险-收益评估

利他林的风险及作用有哪些？小孩子能从利他林获益的可能性有多大，利他林预期在多大程度上能改善孩子的状况？如果一个8岁的孩子还不会读书，在学校和家里都感到痛苦，任何可能减轻他的问题的治疗方案都值得认真

考虑。正如第一步要做的那样，将这些问题定量化。

列出替代方案

利他林的替代品有哪些？它们的功效如何？用替代品的风险是什么，会使在孩子的学习成绩更差吗？仔细分析每种替代方案的利弊。如果孩子的状况一段时间内都没有什么改善，可以尝试使用某种特殊食谱，同时辅以药物治疗。对孩子来说，与正在考虑使用的方案相比，其他不同类型的治疗方案的相对成功率是怎样的？要回答这些问题，你需要用到概率估计来做出你的决策。

从本事例中可以看出，问题的许多环节是可以定量化的（对诊断结果的确定程度、情况改善的可能性、出现不良后果的可能性等）。精确的概率值是不存在的，因为我们常常不知道实际的数据。一些定量化的数据反映的是价值判断，另外一些反映的是可能性，还有一些反映的是不确定程度。如果你觉得在决策中对不确定因素定量化需要很大的工作量，你是对的。但是，这项工作值得去做。每当要对关于健康的问题做出重大决定时，以数字进行思考的能力有助于你做出更好的决策。是的，这个论断是十分确定的。

表 14-4 本小节应用的批判性思维技巧

技巧	描述
了解相关数据的局限	批判性思考者知道，两个变量间的相关不能说明这两个变量之间存在因果关系
了解统计显著的局限	批判性思考者知道，研究使用大样本可以使较弱的相关性变得显著
在做预测和评估可能性时使用基础概率	批判性思考者清楚，在估计可能性时，需要考虑某一组或某一事件的初始比例
搜索信息以降低不确定性	批判性思考者知道，收集更多的信息可以降低不确定性，不确定性降低有利于做出更好的决定
做出风险-收益评估	批判性思考者清楚，大多数决策都是既有风险又能带来收益的，需要仔细权衡其中的利弊
列出并评估替代方案	在问题解决与决策中，批判性思考者知道制订尽可能多的替代方案的价值，并会评估这些方案的优劣

第15章
常见的心理障碍

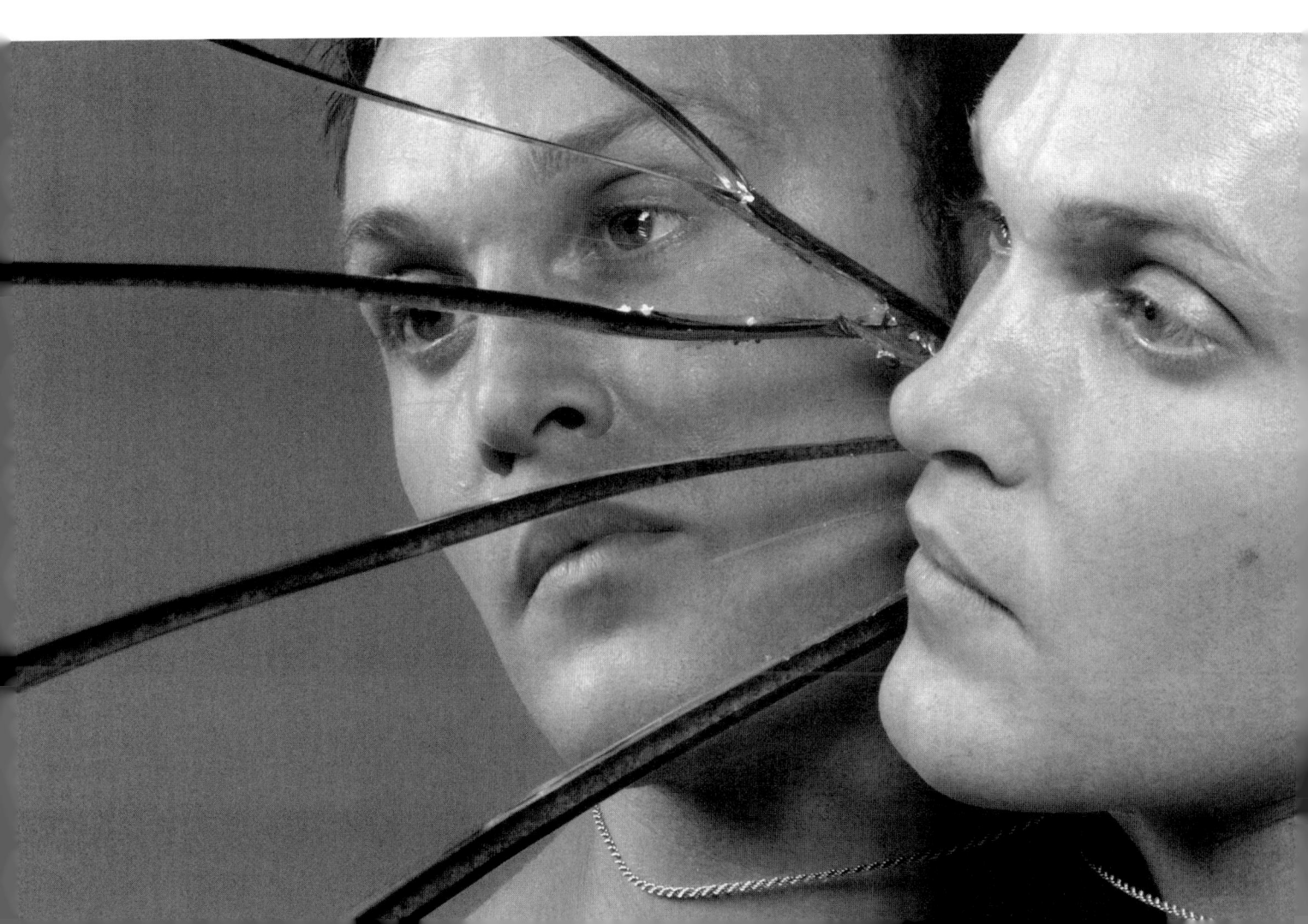

女演员杰西卡·阿尔芭（Jessica Alba）习惯于拔掉家里所有电器的插座，因为她担心电源可能会引发火灾。她还会重复检查自己是否已经锁了门。

足球明星大卫·贝克汉姆承认自己有对称性和配对方面的细密行为。除非所有事物都排成一列或是配成对，不然他就会感觉极为不舒服。例如，假如他的冰箱里有五罐可乐，他就必须扔掉一个以使剩下的能够配成双。当他进入酒店房间时，他会立即把房间里的所有小册子和书籍都整理好，来维持房间内物品的整齐。

对于阿尔芭和贝克汉姆而言，这些并不仅仅是作为名人的怪癖。它们是强迫症的症状表现。喜剧演员和脱口秀主持人霍伊·曼德尔（Howie Mandel）在他2009年的自传《做个交易：别碰我》（*Here's the Deal: Don't Touch Me*）中对此进行了描述。曼德尔从不与人握手，因为他害怕细菌，但是他自己说："这不仅仅是因为我害怕细菌。"与别人握手然后洗一次手，这其实没有什么问题。但是"你永远想着没办法弄掉手上的东西，总有东西在你手上爬，所以你必须不断洗手，这就有问题了，"曼德尔说，"当你无法收手时，这就是强迫症了。它并不是说你害怕细菌，它是指你强迫于某些想法，并且需要做些像洗手这样的事情来减缓焦虑。我总是会有侵入性的想法和惯例。"

是什么导致了此类异常行为？曼德尔是有心理疾病吗，还是只是有些奇怪的行为？判断正常和异常行为的基础是什么？这些疾病有多普遍？它们可以被治愈吗？在本章中，我们将会讨论心理障碍以及它们复杂的病因，上述问题只是我们将会在本章中涉及的问题中的一部分。

异常行为：概念

关于异常行为的错误概念非常常见。因此，在讨论各种障碍类型之前，我们需要对一些基本概念予以澄清。在这一部分，我们将会探讨：①异常行为的医学模型；②异常行为的标准；③心理障碍的分类；④此类障碍的发病率。

异常行为的医学模型

毋庸置疑，霍伊·曼德尔对于细菌的极度恐惧属于异常行为。但是将他不寻常且不理智的行为视为一种疾病，又是否具有意义？**医学模型**（medical model）认为将异常行为视为疾病是非常有帮助的。这个观点是众多指代异常行为的名词的基础，例如精神疾病、心理障碍，以及心理病理学（病理学指的是疾病的表征）。18世纪和19世纪，医学模型逐渐成为思考异常行为的主要模式。它的影响至今仍十分强劲。

医学模型的出现清晰地显示了在异常行为模型上的进步。在18世纪之前，多数关于异常行为的概念都建立在迷信的基础上。行为表现异常的人们被认为是被恶魔侵占，被撒旦迷惑，或是被上帝惩罚。对这些人所谓的"治疗"方式包括唱圣歌、仪式、驱魔等。人们的行为一旦被认为是具有威胁性的，那么他们就很可能被锁起来、囚禁、毒打，甚至被处死（见图15-1）。

医学模型的崛起大大改善了异常行为个体的境遇。作为疾病的受害者，他们被予以更多的同情和更少的敌意及恐惧。精神病人早期在收容所的生活条件是极其凄凉的，但是逐渐他们被予以更为人性化的照料。随着时间进展，无效的治疗方法最终让位于科学的病因和疗效研究。

图15-1 精神疾病在历史上的概念

在中世纪，表现奇异的人有时会被认为其与邪魔结盟。左图描绘了一些用来逼供疑似巫女与法师的残酷方法。一些心理障碍甚至被认为是由于魔鬼附体导致。而右图正好生动地描绘了一个驱魔者的形象。

资料来源：(Left) Culver Pictures, Inc. (Right) Girolamo Di Benvenuto. "St. Catherine of Siena Exorcising a Possessed Woman," c. 1505. © Denver Art Museum Collection, Gift of Samuel H. Kress Foundation Collection, 1961.171. Photography courtesy of the Denver Art Museum.

然而，近几十年来，出现了对于医学模型的众多批判，认为其已失效（Boyele，2007；Kiesler，1999）。部分批判认为其会给人带来困扰,因为对于异常行为的医学诊断会给个体贴上不好的标签(Hinshaw,2007;Overton & Medina,2008)。一旦被标以精神病人、精神分裂症或精神障碍患者的标签,就会给个体带来社会污名,而这污名是非常难以撼动的。那些具有精神障碍的人被视为是古怪、危险、无能和地位低下的(Corrigan & Larson,2008)。这些刻板印象会带来人际隔离、鄙视、偏见以及排斥。即使是在完全康复后,部分曾经被冠以精神病人的个体也难以找到生活的地方、一份工作,甚至是朋友(Thornicroft,2006)。尽管精神障碍的污名不能完全覆盖,但它也确实为那些因为问题行为已经有很多烦恼的个体带来了额外的困难(Hinshaw,2007)。

不幸的是,与心理障碍相关的污名显然根植深远,无法轻易消退。近几十年的研究不断证明多数心理障碍至少部分与基因和生理因素有关,使得心理障碍愈发接近身体疾病,而身体疾病则远没有这么多负面内涵(Pescosolido,2010;Schnittker,2008)。你或许会认为这些趋势能够减少精神疾病相关的污名,但事实并非如此。研究显示,精神障碍的污名化依旧稳定甚至还有上升趋势(Hinshaw & Stier,2008;Schnittker,2008)。

另一路批判以托马斯·萨斯(Thomas Szasz)为主(1974,1990)。他坚持认为"严格来讲,疾病或病症只能影响身体;因此,并不存在精神疾病的说法……说人的思想会'生病',就好像说玩笑会'生病',经济会'生病'一样"(1974 P.267)。他还进一步提出,异常行为通常涉及偏离社会标准,而非疾病。他主张,这种偏离是"生活中的问题"而非医学问题。根据萨斯的说法,医学模型的疾病类比法的问题在于,其将哪些行为是可以被接受的这个道德和社会问题掺杂到了医学问题里。

对于医学模型的批判具有一定的价值。认识到社会根源和医学模型的派生物是非常重要的。但是,现今的基调仍是医学模型将会持续主导对于心理障碍的思考。在对异常行为的研究和治疗中,诸如诊断、病因、预后这样的医学概念也被认为具有较高的价值。**诊断**(diagnosis)包括对于疾病的区分和鉴别。**病因**(etiology)指的是疾病外显的成因以及发展过程。**预后**(prognosis)则是对疾病可能的发展过程的预测。这些基于医学的概念得到了临床工作人员、研究者以及公众的广泛使用,使得他们在讨论异常行为时能够更有效地交流。

异常行为的标准

假如你的邻居每天都要刷洗走廊两遍,并且几乎将他所有的时间都花在重复清扫他的房间上,他正常吗?如果你的弟媳不停地寻找一个又一个的医生来治疗她身上像是想象出来的小病痛,你觉得她在心理上是正常的吗?我们该如何判断什么是正常,什么是异常?更重要的是,该由谁来做出这个判断?

上述问题其实非常复杂。从某种意义上来说,在他们表达对自己或他人心理健康状态的看法时,所有人都能做出正常与否的判断。当然,对于心理障碍的正式诊断应该是由心理健康专业人员来做出的。为了做出诊断,临床人员需要依赖于多种标准,最为重要的是以下几条:

(1)偏离。正如萨斯所指出的,人们被认为患有障碍是因为他们的行为偏离了其所处的社会能够接受的标准。这使得正常与否会一定限度上由于文化的不同而不同。然而,所有的文化都有此类标准。当人们违背这些标准和期望时,他们或许就会被标以心理疾患。例如,异装癖是一种性偏好障碍,患有此类障碍的男性需要通过穿戴女性的衣物来获得性唤起。而这类行为被认为是一种障碍是因为男性穿裙子、戴胸罩、穿丝袜是偏离我们的文化标准的。

这个男人的囤积行为明显是某种类型的偏离,但是这意味着他有心理障碍吗?精神疾病的诊断标准比常人所了解的更主观和复杂。从某种程度上说,精神健康的评判意味着价值观的取舍。

(2)适应不良的行为。在多数情况下,个体会被判定为有心理障碍是因为他们的日常适应性行为受损。这是诊断物质滥用(药物)相关障碍的关键标准。就酒精和药物本身而言,它们并不是那么不同寻常或偏离的。然而，例如，当对于可卡因的使用已经开始妨碍个体的社交或职业功能时，物质使用障碍就存在了。在这种情况下，行为的适应不良特征使得其成为障碍。

（3）个人痛苦。通常，心理障碍的诊断基于个体所报告的个人痛苦程度。这通常是被抑郁或者焦虑障碍所困扰的个体会遇到的标准。例如，抑郁患者可能会，也可能不会表现出偏离或者适应不良的行为。此类人通常只有在他们向朋友、亲戚以及心理健康专业人员描述自己的痛苦和遭遇时才会被标以障碍。

> **真相核查**
>
> **误解**
> 患心理障碍的人通常都表现出极其怪异与混乱的行为。
>
> **真相**
> 这只适用于极少数个案，通常是指相对严重的障碍。大多数心理障碍患者没有表现出奇怪的行为。从表面上看，他们多数与常人无异。

尽管在某个特定的案例中，可能需要两条或三条标准，但是大多数情况下，只要一条标准被满足，个体就可以被认为是有障碍的。或许你也已经注意到了，在某种程度上，心理障碍的诊断涉及了价值判断的过程，哪些代表正常或是异常行为（Sadler, 2005；Widiger & Sankis, 2000）。心理疾病的标准不像是身体疾病的标准那么不涉及价值判断。在评估身体疾病时，人们一般都能接受功能失调的心脏或是肾脏出现了病变，无关乎他们的个人价值观是怎样的。然而，对于精神疾病的判断反映了主流的文化价值、社会趋势、政治力量，以及科学知识（Kutchins & Kirk, 1997；Mechanic, 1999）。

诸如正常与异常、精神健康与精神疾病这样的反义词暗示着人们能够被简单地区分为两组：正常的和不正常的。事实上，要在正常与异常之间画一条清晰的分隔线是非常困难的。每个人都曾有出现偏离行为的时候，每个人都曾有出现适应不良行为的时候，每个人也都曾有体验到个人痛苦的时候。只有当人们的行为变得极其偏离、适应不良或痛苦的时候，才会判定其患有心理障碍。因此，正常与异常是一条连续谱，它是程度，而非是与不是（见图15-2）。

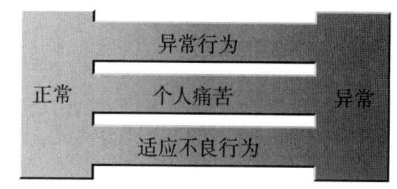

图15-2 作为一个连续体的正常和异常

在正常和异常行为之间不存在明确的分界线。行为的正常与异常在某种程度上依赖于个体行为的偏差、个人痛苦或适应障碍。

心理诊断：疾病分类

如果所有心理障碍都糅杂在一起，那么理解这些障碍就会成为一件极其困难的事情。良好的分类系统能够促进实证研究以及科学家与临床医生之间的交流（First, 2008；Zimmerman & Spitzer, 2009）。因此，研究者为建立详细的诊断分类系统付出了大量的努力（见图15-3）。现在的分类系统由美国精神病学会发布，在《精神疾病诊断与统计手册》中有详细的描述。现在的版本，第4版，又称为DSM-IV，发布于1994年，并于2000年有过部分修改。

DSM使用的是多轴诊断系统。对于个体的判断需要在五个轴上进行（见图15-3）。轴Ⅰ和轴Ⅱ用于对障碍进行诊断。其他三轴则用于记录补充信息。轴Ⅲ为患者的身体疾病（一般医学状况）。在轴Ⅳ（心理社会和环境问题）上，临床医生需要记录个体在过去一年所经历的应激类型。轴Ⅴ则需要对个体当下的适应性功能水平（社交和职业功能，视为一个整体）和前一年的最高的功能水平进行评估。图15-4展示了一个多轴评估的例子。

新一版的诊断系统的制定工作正在紧张地进行中（Andrews et al., 2009；Helzer, Kraemer et al., 2008；Regier et al., 2009）。新一版的诊断系统将会被命名为DSM-5（而非DSM-V），预期在近几年发布。临床研究者正在不断地收集数据，举办会议，以及讨论是否应该增加、剔除、重新定义或者重新命名不同的综合征。复杂性哀伤反应是否需要成为一个标准化的诊断（Lichtenthal, Cruess, & Prigerson, 2004）？诊断系统中是应该使用药物依赖还是药物成瘾（O'Brien, Volkow, & Li, 2006）？病理性赌博是应该归于冲动控制障碍还是成瘾性障碍（Petry, 2010）？夜间进食综合征（规律性地在晚上醒过来时吃东西）是否应该作为障碍（Stunkard et al., 2009）？网络成瘾是否该添入正式的障碍列表中（Pies, 2009）？接下来的数年内，临床研究领域将会充满关于此类问题的激烈争论。

轴 I 临床综合症

1. **通常首次在婴儿期、儿童期及青少年期被诊断的障碍**
   此类别包含在青春期之前出现的障碍，比如注意力缺陷障碍、孤独症和口吃。
2. **器质性心理障碍**
   这些障碍是由于疾病或化学物品导致的脑组织短暂的或持久的功能缺陷。比如谵妄、痴呆和失忆。
3. **物质滥用相关障碍**
   此类是不适当的毒品与酒精的使用。特指不正常的使用，比如酒精依赖和可卡因成瘾。
4. **精神分裂症和其他精神障碍**
   精神分裂症是由精神疾病的症状（比如，严重紊乱的行为、错觉和幻觉）以及超过6个月的行为退化来定义的。此类别还包括妄想障碍和分裂情感性障碍。
5. **心境障碍**
   主要特征是情绪困扰。这些障碍包括重度抑郁症、双相障碍、轻性抑郁和循环性情绪障碍。
6. **焦虑障碍**
   这些障碍是由焦虑的生理特征（比如心跳）和紧张、恐惧或害怕的主观感受来界定的。焦虑可能是急性的和固着的（惊恐障碍）或是持久的和弥散的（广泛性焦虑障碍）。
7. **躯体形式障碍**
   这些障碍主要表现类似于生理疾病的症状。而这些症状又不能被器质损害完全解释。此类别包含躯体化和转化障碍、疑病症。
8. **分离性障碍**
   这些障碍整体表现出突然的、短暂的记忆缺失，意识分离和主体感的缺失或转移，正如离解性失忆和离解性身份障碍一样。
9. **性和性别认同障碍**
   这种障碍有三个基本的类型：性别认同障碍（作为男性或女性身份的不认同）、性欲倒错（选择不寻常的行为来达到性唤醒）、性功能障碍紊乱（性功能的损伤）。
10. **进食障碍**
    进食障碍是以极度关心体重和不正常地控制体重为特征的、对进食行为极为干扰的一种行为障碍。比如，神经性厌食症和暴食症。

轴 II 人格障碍或精神发育迟滞

人格障碍是极端的、僵化的个性特征的长期存在模式，这些个性特征是异常的、偏差的，或者是适应不良的，且会导致功能损害或主观痛苦。精神发育迟滞指的是在18岁以前，伴随适应技能缺陷的低于一般正常水平的心理能力。

轴 III 一般健康状况

此轴纪录了生理障碍或状态。比如糖尿病、关节炎和血友病。

轴 IV 心理社会和环境问题

轴IV是为了报告可能会影响诊断、治疗心理障碍和精神障碍预诊（轴I和轴II）的心理社会和环境问题。一个心理社会或环境问题可能是负性的生活事件，一个环境困境或缺失，一个家族性的或其他的人际压力，社会支持或人际资源的不足，或个体出现困难的环境方面的其他问题。

轴 V 功能整体评估量表（GAF）

代码	症状
100	在广泛的活动中具备优越的功能
90	没有或只有少量症状，所有区域功能良好
80	短暂的症状，且能对心理社会压力源有预期的反应
70	一些轻微的症状或在社会、职场、学校里遇到的一些功能困难，但通常能很好地应对
60	中度症状，或在社会、职场、学校功能里遇到一些困难
50	严重的症状或社会、职场、学校功能的损坏
40	在现实测试中或交流中的一些损害，或在家庭关系、判断、思想或情绪方面的主要损害
30	行为表现大大受到错觉或幻觉的影响，交流或判断中的严格损伤，或者几乎各方面的功能缺失
20	存在伤害自我或他人的危害，偶尔不能保持个人卫生的最低标准，或者在交流方面的整体损伤
10	严重伤害自己或他人的持续性危险
1	

图 15-3 概观 DSM 诊断系统

由美国精神病学会发布，精神疾病诊断与统计手册是正式的分类系统，可用于诊断心理障碍。它是多轴诊断系统，意味着信息是在以上描述的五个轴上进行记录的。

资料来源：Reprinted with permission from the *Diagnostic and Statistical Manual of Mental Disorders*, 4th ed., Text Revision. Copyright © 2000 American Psychiatric Association.

一个DSM多轴评估（49岁的男性病患）
轴I 主要的抑郁障碍 （可卡因滥用）
轴II 边缘性人格障碍（临时的、排除依赖性人格障碍）
轴III 过度紧张
轴IV 心理社会压力源：近期离婚，允许探望孩子的次数很少，处于失业的风险之中。
轴V 当前功能整体评估（GAF）：46

图 15-4 多轴评估的例子

面对一个有可卡因问题的抑郁症患者，对他的多轴评估可能将会是这样的。

至今为止，最大的讨论焦点在于是否仍坚持系统的分类形式。近些年，对于 DSM 系统的大量批判集中于该诊断系统的基本原理——人们能够被有效地区分为非连续性的（没有重叠的）不同诊断类型的假设（Helzer, Wittchen et al., 2008；Widiger & Trull, 2007）。这些批判指出各类障碍在症状表现上存在大量的重叠，致使不同诊断之间的边界远比理想的模糊。他们还指出患者常符合超过一种诊断，这种情况被称为共病，即同时存在两种或更多的障碍。如此普遍的共病现象提示着障碍类型并不能真正反映出每一类障碍，而是反映同一潜在障碍的不同表现（Lilienfeld & Landfield, 2008）。

基于以上问题，部分理论学家提出现在的分类型诊断系统应该被维度型诊断系统所替代。维度型的诊断指的是个体的病理状态可以在有限的几个连续性维度上予以描述，例如他们在焦虑、抑郁、烦乱、疑病、偏执等维度上的程度（Kraemer, 2008；Widiger, Livesley, & Clark, 2009）。将心理障碍的诊断转变为维度型的实际应用逻辑非常强大。但是在测量哪些维度以及如何测量上仍需要达成一致。因此，在现在这个承上启下的时期，DSM-5 仍将保留分类型诊断的方式，但是至少应该会对某些障碍添加维度诊断（Regier et al., 2009）。

心理障碍的患病率

心理障碍有多普遍？人群中有多大比例的人正在遭受精神疾病的折磨？10%？或者25%？这个数字有没有可能高达40%或50%？

此类估测隶属于**流行病学**（epidemiology）的范畴——考察人群中精神或生理疾病分布的研究。20世纪八九十年代，精神病学的流行病学研究有了长足的进步。那时大量大规模的调查为我们提供了有关精神疾病分布的巨大而崭新的数据库（Wang et al., 2008）。在流行病学中，**患病率**（prevalence）指的是在某一段时间内，患有某种疾病的人的比例。就精神障碍而言，最令人感兴趣的数据是终生患病率的估值，指的是在生命中任一时刻患过某种疾病的人的比例。

20世纪八九十年代的研究发现心理障碍的患病率在1/3左右（Regier & Kaelber, 1995；Robins, Locke, & Regier, 1991）。后期的研究则发现约有44%的成年人会在他们人生的某一时期受困于某种心理障碍（Kessler & Zhao, 1999；Regier & Burke, 2000）。近期大规模的流行病学研究则发现患某种精神疾病的终身风险可高达51%（Kessler et al., 2005a）。显然，这些估测的数值一定程度上依赖于所抽取的样本和使用的测量方式（Wakefield, 1999b）。近些年不断显高的数据使得在该领域出现了一些争议。部分专家认为近期的数据难以置信的高，而这可能源于精神疾病的诊断过于泛化（Wakefield & Spitzer, 2002）。争议的中心就在于正常的功能性困难与真正的精神疾病（即症状完全满足疾病的诊断）之间的分隔线究竟该划在哪里（Regier, Narrow, & Rae, 2004）。

无论是保守的估计还是开放的估计，心理障碍的发病率都要比人们所以为的高许多。图 15-5 展示了整体终生患病率为 44% 的研究的结果，以及最为常见的障碍类型的患病率。正如你所见的，最常见的心理障碍类型是：①物质（酒精和药物）使用障碍；②焦虑障碍；③心境障碍。

现在，我们开始介绍具体的心理障碍类型。当然，我们无法覆盖DSM-IV中所有的障碍类型。但是，我们将会介绍几种最为常见的障碍类型，使你对异常行为的形式有一个总体的感受（关于物质滥用的讨论请见第5章）。在对每一种障碍进行介绍时，我们首先会简要描述该类障碍的症状表现或亚型，然后我们将会聚焦在该类障碍的病因学上。

焦虑障碍

每个人都会时不时体验到焦虑感。这是对许多生活困境的常见自然反应。然而，对于一些人来讲，焦虑成了一个长期的问题。这些人会体验到高水平的焦虑感以致干扰了其常规生活。**焦虑障碍**（anxiety disorders）是一类以过度的恐惧和焦虑为特征的疾病。焦虑障碍共包含五种类型：广泛性焦虑障碍、恐怖症、惊恐障碍、强迫症以及创伤后应激障碍。它们并不是互相排斥的，许多患有某类焦虑综合征的个体会在生命某个阶段受另一种焦虑综合征的折磨（Merikangas & Kalaydjian, 2009）。研究显示焦虑障碍相当常见，在人群中的比例约为19%（Dew, Bromet, & Switzer, 2000; Regier & Burke, 2000）。

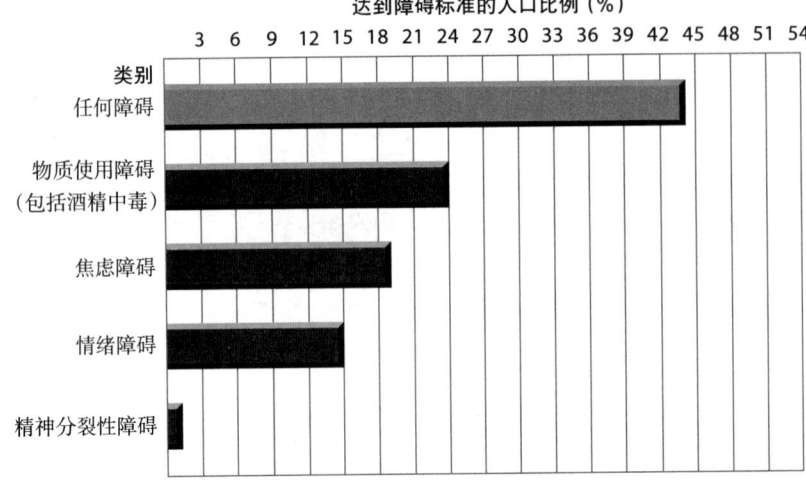

图 15-5　心理障碍的终生患病率

我们在此呈现了人一生中在任何时间患上四种心理障碍中的一种或任何一种（最上横条）的估计百分比。患病率的估计会根据研究的不同或多或少有些差异，这依赖于具体的采样和评估方法。在这里呈现的估计值是基于第一波和第二波流行病学汇集区域研究（Epidemiological Catchment Area studies）和国家共病研究（the National Comorbidity Study）的合并数据，数据由Regier和Burke（2000），以及Dew、Bromet和Switzer（2000）整理。这些研究收集评估了超过28 000名被试，提供了美国时至今日最好的有关精神疾病患病率的数据。

广泛性焦虑障碍

广泛性焦虑障碍（generalized anxiety disorder）以长期、高水平的焦虑为特征，而这种焦虑并不与任何特定威胁相联系。患有此类障碍的人们会不停地担心昨天的错误和明天的问题。他们担忧家庭里、财政上、工作中，以及个人健康大大小小的事情。他们希望自己的担忧能够有助于规避负性事件（Beigel & Stipelman, 2007）。尽管如此，他们还会担忧自己担忧的程度（Barlow et al., 2003）。他们惧怕做决定，并且会无休止地犹豫不决。他们的焦虑常常伴有躯体症状，包括颤抖、肌肉紧张、腹泻、晕眩、虚弱、盗汗以及心悸。广泛性焦虑障碍一般逐步发病，终生患病率约为5%～6%，女性较男性更为常见（Rowa & Antony, 2008）。

恐怖症

在恐怖症中，个体过度的焦虑有特别的关注点。**恐怖症**（phobic disorder）的特点是对没有实际危险的事物或情境有持续而不合理的恐惧。轻度的恐怖极为常见。个体只有在其害怕程度严重影响了日常行为时才能被称为患有恐怖症。恐怖反应常伴有焦虑的躯体症状，例如颤抖和心悸（Rapee & Barlow, 2001）。下面是一个恐怖症的例子：

> 希尔达是一位32岁的女性，她表现出极为不寻常的恐惧。她非常害怕雪。下雪时她就不能出门。她甚至无法忍受看到雪或是在天气预报中听到有关雪的消息。她的恐怖症状严重影响了她的日常行为。在治疗中发现，她的恐怖来源于11岁时的创伤性经历。在一个滑雪度假村度假时，她因为一场小雪崩而被埋在雪里。她对于这段经历毫无印象，直到在治疗中显现出来。

正如希尔达不寻常的白雪恐怖，人们可以发展出对任何事物的恐怖反应。尽管如此，部分类型的恐怖更为常见。特别常见的有恐高症（害怕高度）、雷电恐怖（害怕暴风雨）、恐水症（害怕水），以及各种动物和昆虫恐怖（McCabe & Antony, 2008；见图15-6）。受恐怖症困扰的人通常能够意识到他们的恐惧是不合理的。然而，当面对害怕的物体时，他们还是无法使自己平静。甚至想象一个恐怖的物体或情境都能够促发恐怖症患者的极度焦虑（Thorpe & Salkovskis, 1995）。

惊恐障碍和广场恐怖

惊恐障碍（panic disorder）的特征是重复发生的、突然的、无法预期的淹没性的惊恐发作。这些麻痹性的感受常伴有焦虑的躯体症状。在几次惊恐发作后，患者常变得极为忧虑，总是担心下一次发作会在什么时候。他们对于在公共场合惊恐发作的担心会加剧症状，导致他们不敢离开家。这就会制造出广场恐怖的情况，它经常与惊恐障碍伴发。

广场恐怖（agoraphobia）是对于离开家去公共场合的恐惧（它的字面意思是"害怕超市或开阔的地方"）。由于这种恐惧,一些人变成了只能在家关着的犯人,尽管部分人能够在信任的人的陪同下冒险出去(Hollander & Simeon,2008)。正如其名字所显示的,广场恐怖曾被认为是一种恐怖症。但是,近期越来越多的证据显示广场恐怖主要是惊恐障碍的并发症。在被诊断为惊恐障碍的患者中约有 2/3 为女性(Taylor,Cox,& Asmundson,2009)。惊恐障碍通常发病于青少年晚期或成年早期(McClure-Tone & Pine,2009)。

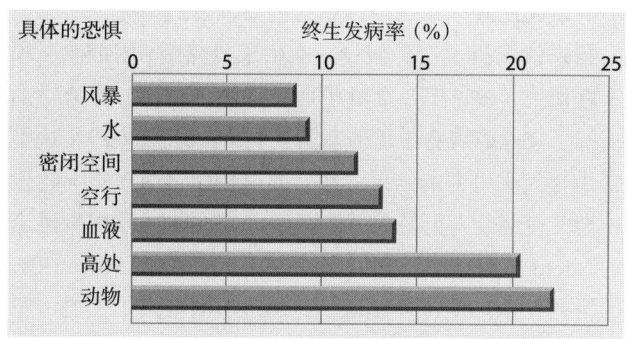

图 15-6 常见的病态性恐惧

此图呈现了在 Curtis 等人(1998)研究中的被试报告的最为常见的病态型恐惧的终生发病率。正如你所见,庞大数量的人群在与多种多样的具体的恐惧做斗争。切记,这群人中只有一部分被确诊为恐怖症,也即只有当个体的恐惧严重损害到他们的日常功能时,其才能被确诊。

强迫症

强迫观点指的是不断闯入个体意识并带来不适的想法。强迫行为指的是个体感觉到不得不做的行动。因此,**强迫症**(obsessive-compulsive disorder,OCD)以持续、无法控制的不适想法(强迫观念)以及采取无意义的仪式行为(强迫行为)为特征。接下来,我们将以曾被称为世界上最为富有的人的怪异行为为例:

著名的实业家霍华德·休斯(Howard Hughes)总是强迫于被细菌污染的可能性。这使得他发展出来许多额外的仪式来尽可能减少被污染的可能性。他可以花上几个小时的时间慢条斯理地清洗一个电话机。他曾经写了一份三页纸的备忘录来指导助手怎样精确地为他开水果罐头。接下来将会展示的是他写给为他别墅运送电影胶带的司机的指导中的很小一部分。"下车时要从车流那边下。千万千万不要走车子靠路边的那边……一次只能搬一盘带子。跨过水沟的时候必须在远离人行道终点的那端过。不能踩到草,一点都不准碰到水沟。尽量保持在人行道中间走,直到走到别墅里面。"(Barlett & Steele,

1979)。

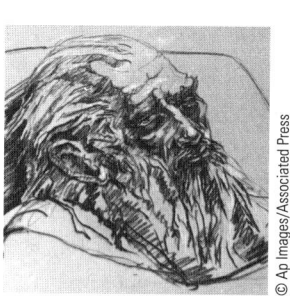

作为一名年轻人(如左图所示),霍华德·休斯是一名帅气的、潇洒的、鲁莽胆大的飞行员和电影制片人,且他看起来在角色之间转换、协调得不错,游刃有余。然而,随着时间的流逝,他的行为与环境变得越来越不协调,因为痴迷和强迫开始侵蚀他的生活。他在晚年(如图所示)将自己大多数时间耗费在黑暗的房间,常常是裸露的、蓬头垢面的、脏兮兮的,并以一种古怪的仪式来缓解其焦虑。(右图是由一名 NBC 的艺术家完成,是根据曾见过霍华德·休斯本人的目睹者的描述而绘制的。)

强迫观念的主题多为伤害他人、个人失败、自杀或性行为。受强迫观念困扰的人们会感到自己失去了对思维的控制。强迫行为常包括暂时性减轻焦虑的刻板仪式行为。常见的类型包括持续性洗手,重复清理已经非常干净的物体,以及无休止地重复检查门锁、水龙头等(Pato et al.,2008)。图 15-7 展示了在 OCD 患者中最为常见的强迫行为。特定类型的强迫观念和特定类型的强迫行为是匹配的。例如,关于污染的强迫观念常与清理的强迫行为匹配,而关于对称性的强迫观念则与排序和布置的强迫行为匹配(Hollander & Simeon,2008)。

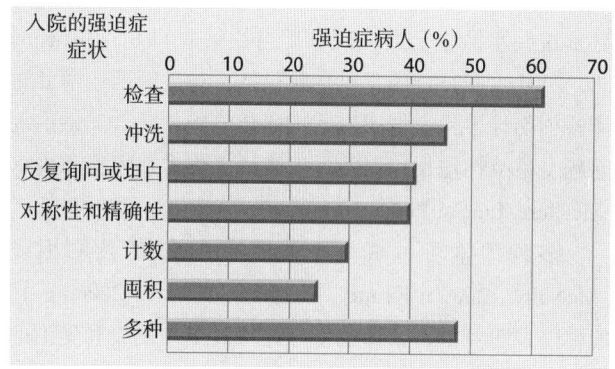

图 15-7 强迫症患者中常见的强迫行为

此处呈现了 550 名强迫症患者所报告的最为常见的强迫行为。近一半的强迫症患者报告多种强迫行为。

资料来源:Pato,M. T.,Fanous,A.,Eisen,J. L.,& Phillips,K. A. (2008). Anxiety disorders: Obsessive-compulsive disorder. In A. Tasman, J. Kay, J. A. Lieberman, M. B. First, & M. Maj (Eds.), *Psychiatry* (3rd ed.), 1443–1471. Chichester, England: Wiley-Blackwell. Copyright © 2008, John Wiley and Sons.

大多数人都会在很多时候表现出强迫行为。确实，近期的研究发现，在没有患精神障碍的人群中约有17%的人报告有显著的强迫观念或强迫行为（Fullana et al.，2009）。然而，符合诊断的强迫症的发病率为2%～3%（Zohar, Fostick, & Juven-Wetzler, 2009）。多数案例（75%）在30岁之前发病（Kessler et al., 2005a）。OCD可以成为特别严重的疾病，并常与严重的社交和职业损伤相关（Torres et al., 2006）。

创伤后应激障碍

创伤后应激障碍（posttraumatic stress disorder，PTSD）指的是由于经历一个严重的创伤性事件而带来的持续性心理紊乱。PTSD最初被界定为一种障碍是在20世纪70年代。那时正值越南战争结束，大批越战老兵因其战争经历而遭受创伤。之后研究发现，PTSD可以由多种创伤性事件造成，而不仅限于悲怆的战争经历。例如，易导致PTSD的创伤性事件包括被强奸、严重的交通事故、自然灾害，或是目击他人的死亡等。尽管人们倾向于认为这些事件并不常见，但是研究结果却显示大部分成年人都曾遭遇过一件或多件创伤性事件（Norris & Slone, 2007）。研究发现约有7%的人会在生命中某一时刻患有PTSD（Resick, Monson, & Rizvi, 2008）。女性的患病率是男性的两倍（Flood, Davidson, & Beckham, 2008）。

当今，引起巨大关注的问题就是从阿富汗和伊拉克回来的军人可能会患上PTSD（Ramchand et al., 2010；Sundin et al., 2010）。与越战老兵的经历类似，初步数据显示这些军队里已经出现了相当数量的PTSD（Hoge et al., 2007）。PTSD的常见症状包括：通过闪回或噩梦再体验创伤性事件、情感麻木、社会隔绝、社会关系出现问题、易感性增加，以及过度激活、焦虑、愤怒和内疚（McClure-Tone & Pine, 2009）。

多种因素可以成为个体罹患PTSD的预测因子（McNally, 2009；Keane, Marshall, & Taft, 2006）。正如你可以想到的，个体的易感性与其个人丧失和受到的伤害程度、创伤事件的暴露程度，以及创伤事件发生后经历的难过程度有关。易感性一个关键的预测因子是个体在创伤事件发生时反应的强烈程度（Ozer et al., 2003）。在创伤事件发生的当下或很短时间内，表现出特别强烈情绪反应的个体更容易患上PTSD。易感性最高的是那些反应强烈到出现解离性体验（事物不是真实的、时间被扭曲、自己看自己像是看电影一样的感觉）的个体。

焦虑障碍的病因

与多数心理障碍一样，焦虑障碍的产生源于多种生理和心理因素的复杂交互作用。

1. 生理因素

在测量遗传对于心理障碍的作用的研究中，研究者关注一致率。**一致率**（concordance rate）指的是双胞胎或其他亲属患有同一种疾病的百分比。若享有更多共同基因的亲属比共同基因少的亲属的共同发病率高，那么这个结果就支持了遗传假设。双生子研究（见图15-8）和家庭研究（参见第3章对于两种方法的讨论）的结果都支持了焦虑障碍有中度的基因素质（Fyer, 2009）。这些结果与气质研究的结果一致，即遗传而得的气质上的差异会使得部分人更易患上焦虑障碍。如第11章中所讨论的，Jerome Kagan及其同事（1992）发现有15%～20%的婴儿显示出遗传性气质。此类气质的特点是害羞、胆怯、谨慎，并且拥有较强的基因基础。研究发现该类气质是出现焦虑障碍的高危因素（Coles, Schofield, & Pietrefesa, 2006）。

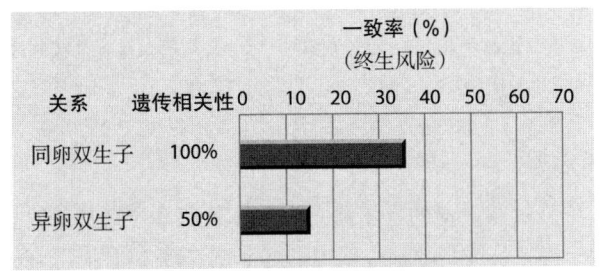

图15-8 焦虑障碍的双生子研究

同卵双生子患焦虑障碍的一致率要高于异卵双生子，异卵双生子共享有较少的基因重叠。这些结果表明焦虑症具有一定的遗传倾向。

资料来源：Data based on Noyes et al., 1987; Slater & Shields, 1969; Torgersen, 1979, 1983.

另一方面的研究显示焦虑敏感性可能造成人们对焦虑障碍更为易感（McWilliams et al., 2007；Schmidt, Zvolensky, & Maner, 2006）。根据这个理念，部分人对于焦虑的内部躯体症状极为敏感。因此，当他们体验到这些症状时，特别容易对恐惧做出过度反应。焦虑敏感性会促使焦虑滋养焦虑，导致焦虑呈螺旋式上升状态。

最近的研究则显示焦虑障碍与大脑的神经化学活动之间存在着联系。如你在第3章中所学，神经递质是将信号从一个神经元传递到另一个神经元的化学物质。降低过度焦虑反应的治疗药物（如安定）能够改变突触上

GABA 神经递质的活动。这个发现和其他一些发现都显示 GABA 相关神经回路上的紊乱在一些焦虑障碍类型中扮演着重要作用（Rowa & Antony, 2009）。同样，血清素相关神经回路的异常则作用于强迫症中（Pato et al., 2008）。因此，科学家正在尝试揭开焦虑障碍的神经化学基础。

2. 条件作用与学习

许多焦虑反应可能是通过经典条件作用习得并且通过操作条件作用得以维持（见第 6 章）。根据 Mowrer（1947）的理论，最初的中性刺激（希尔达案例中的白雪）与令人恐惧的事件（雪崩）匹配在一起，使其成为引发焦虑的条件刺激（见图 15-9a）。一旦通过经典条件作用习得了恐惧，那么个体将会开始回避引发焦虑的刺激，而回避反应则会被负强化，因为其结果是焦虑的降低。这个过程里就包含了操作条件作用（见图 15-9b）。因此，两个条件化过程分别创造并且维持了特定的焦虑反应（Levis, 1989）。与这个观点一致，研究发现相当比例的恐怖症患者能够找出作用于其焦虑障碍的创伤性条件作用经历（McCabe & Antony, 2008; Mineka & Zinbarg, 2006）。

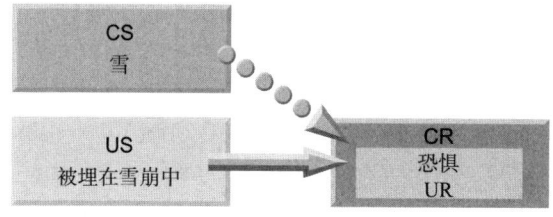

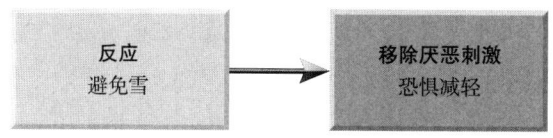

图 15-9　条件作为恐惧的解释

a）许多恐怖症似乎是通过经典条件而获得的，即当一个中性刺激与一个焦虑唤醒刺激配对呈现时。

b）一旦获得，恐怖症可能会通过操作条件而被保持。对恐惧性刺激的避让能减轻焦虑，导致负强化。

马丁·塞利格曼（Martin Seligman, 1971）的概念**准备状态**（preparedness），能够用来解释个体发展出对特定类型的物体和事件的恐怖症的趋势。他认为人们在生物上已经由于其进化历史而更容易产生某些恐惧。他的理论能够解释为什么人类对于远古的威胁刺激（如蛇、蜘蛛）比对现代的威胁刺激（如插座、烙铁）更容易形成恐怖症。如第 6 章中所提，Arne Öhman 和 Susan Mineka（2001）更新了有关准备状态的理论。他们将准备状态称为恐惧习得的进化模块。他们认为进化模块会被与进化历史上威胁生存的相关刺激自动激活。他们认为，这个模块会对压抑恐惧的有意努力产生抵触。与这个观点一致，与进化威胁相关的恐怖刺激易导致更迅速的恐惧条件化作用和更强烈的恐惧反应（Mineka & Öhman, 2002）。

对于恐怖症的条件化作用模型的批判认为其存在一些问题。例如，也有许多患有恐怖症的个体无法回忆或确认导致其恐怖症的创伤性条件化经历。相反，根据这个理念，许多经历严重创伤事件应该发展出恐怖症的个体也没有出现恐怖症（Coelho & Purkis, 2009）。此外，恐惧还可以非直接性地习得，例如通过观察其他人对于特定刺激的恐怖反应，或是吸收了恐惧诱发信息（想象父母一直给你灌输闪电有多么的危险）（Coelho & Purkis, 2009）。因此，恐怖症的发生发展可能依赖于多种学习过程的综合作用。

3. 认知因素

认知心理学家主张特定风格的思维方式使得部分个体特别易患焦虑障碍（Craske & Waters, 2005）。根据这些理论，部分个体更易受焦虑问题的困扰是因为他们容易：①将无危害性的情景错误解读为危险性的；②将注意力过度聚焦于感知到的威胁上；③选择性地回忆似乎具有威胁性的信息（Beck, 1997; McNally, 1994, 1996）。在一项有趣的认知观点研究中，焦虑和非焦虑的被试被要求阅读 32 个句子，这些句子可以被解读为威胁性的，也可以被解读为非威胁性的（Eysenck et al., 1991）。其中一个句子是"医生检查了小艾玛的成长"，这句话的意思既可以是医生检查了她的身高，也可以是肿瘤的成长。如图 15-10 所示，焦虑的被试更易将这些句子以威胁性的方式予以解读。因此，与我们的主题——人类经验是高度主观性的一致，认知观点认为部分个体更易患焦虑障碍是因为他们能够在生活的处处发现威胁（Aikens & Craske, 2001; Riskind, 2005）。

4. 应激

最后，研究也支持长期存在的怀疑，即焦虑障碍与应激相关（Beidel & Stipelman, 2007; Sandin et al., 2004）。

例如，Faravelli 和 Pallanti（1989）发现惊恐障碍的患者在发病前一个月经历了巨大的应激上升。在另一项研究中，Brown 等人（1998）也发现了应激与社交恐怖之间的联系。因此，有理由相信高水平的应激会促发焦虑障碍的发作。

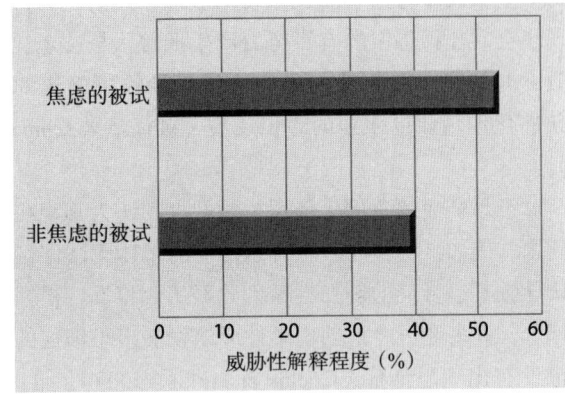

图 15-10　焦虑障碍中的认知因素

艾森克和他的同事（1991）对比了焦虑的被试和没有焦虑的被试倾向于如何解释可以被视为威胁性或非威胁性的句子。与焦虑的认知模型一致，焦虑的被试更倾向于将句子解释为威胁的语境。

解离障碍

解离障碍或许是诊断系统中最具争议性的一组障碍，在研究者和临床工作者之中引发了激烈的争论（Simeon & Loewenstein, 2009）。解离障碍是患者丧失与其部分意识或记忆的接触，并导致他们身份认同产生紊乱的一组障碍。我们将会介绍三种解离综合征：解离性遗忘，解离性漫游，以及解离性身份障碍。相对来说，所有这些障碍都比较少见，并且有关于这些障碍的患病率数据也较少（Kihlstrom, 2005a）。

解离性遗忘和漫游

解离性遗忘和漫游有较大的重叠，均以严重的记忆缺失为特征。**解离性遗忘**（dissociative amnesia）是指突然丧失重要个体信息的记忆，而这种遗忘的严重程度之大是不可能由正常的遗忘造成的。记忆丧失可以针对单个创伤性事件（例如交通事故或家里火灾），或是创伤事件前后的那段时期。遗忘常在经历灾难、事故、战争压力、躯体虐待、强奸，或是目睹亲人暴力性死亡等事件之后出现（Arrigo & Pezdek, 1997; Cardena & Gleaves, 2007）。在解离性漫游中，个体丧失了对于整个人生的记忆以及整个身份认同。这些个体忘记了自己的姓名，自己的家庭，住在哪里，以及在哪里工作。尽管个体会整个忘了自己，但是他们仍能记得与自己的身份无关的东西。例如，他们还会记得怎么开车或是怎么算算术。

解离性身份障碍

解离性身份障碍（dissociative identity disorder, DID）是指在一个人中同时存在两个或以上较为完整而又非常不同的人格。这种障碍曾被叫作多重人格障碍（multiple personality disorder），至今仍在非正式场合中使用。在解离性身份障碍中，个体行为的差异已远超出正常生活中为了适应不同的角色而做出的调整。拥有"多重人格"的个体感觉自己拥有多个身份。每个人格会有自己的名字、记忆、特质，甚至是身体习惯。尽管少见，但是这个"Jekyll 博士和 Hyde 先生"综合征常受到小说和影视作品的青睐。例如，1957 年由乔安妮·伍德沃德（Joanne Woodward）主演的经典电影《三面夏娃》（*Three Faces of Eve*）；2000 年由吉姆·凯瑞（Jim Carrey）主演的讽刺电影《一个头两个大》（*Me, Myself, and Irene*）；以及最近的系列电视剧《倒错人生》（*United States of Tara*）。在流行媒体的描绘中，该障碍常被错误地叫作精神分裂症。但是如你将会读到的，精神分裂症是完全不同的障碍。

在解离性身份障碍中，不同的人格一般都无法意识到彼此的存在（Eich et al., 1997），但是也存在对于这个观点准确性的质疑（Allen & Iacono, 2001）。次人格经常表现出与主人格非常不同的特质。例如，一个害羞抑制型的人可能发展出炽热外向的次人格。身份之间的转换经常非常突然。不同身份之间的不同可以非常怪异。不同的人格可能坚称他们在年龄、种族、性别，以及性取向上都不同（Ross, 1999）。解离性身份障碍常见于女性（Simeon & Loewenstein, 2009）。

从 20 世纪 70 年代开始，对于多重人格障碍的诊断出现了戏剧性的上升（Kihlstrom, 2001, 2005a）。直到 1970 年，总共也仅有 79 例这样的个案。然而，到 90 年代后期，共报告了约有 40 000 个案（Lilienfeld & Lynn, 2003）。部分理论家认为这些障碍曾经常被误诊——也就是说，之前它们常处于被低估的状态（Maldonado & Spiegel, 2008）。然而，其他理论家则认为部分临床工作者开始过度诊断，甚至鼓励和促进 DID 的出现（McHugh, 1995; Powell & Gee, 1999）。与这个观点一致，瑞士的一项针对所有精神病学家的研究发现 90% 的精神病学家从没有见过一例解离性身份障碍,然而有三位精神病学家则各自见过超过 20 名 DID 患者(Modestin,1992)。该研究的数据显示 6 位精神病学家(在 655 位中)诊断了瑞士 2/3 的解离性身份障碍。

解离障碍的病因

心因性遗忘和漫游常源于过度的压力。然而,为什么这种对于压力的极端反应仅出现在小部分人中而非大量经受了相似压力的人群呢,对于这点我们仍然知之甚少。部分理论学者推测特定的人格可能会使部分人更易患上解离性障碍,例如幻想倾向以及极度沉浸于个人经历。然而,能够支持这个想法的证据却非常少(Kihlstrom, Glisky, & Angiulo, 1994)。

解离性身份障碍的病因尤为不清。部分批判性理论家,如 Nicholas Spanos(1994,1996)等(Gee, Allen, & Powell, 2003; Lillienfeld et al., 1999),认为患有多重人格的个体是在有意识地扮演精神疾病患者来为其个人失败挽回面子。Spanos 也提出少数治疗师会通过隐性地鼓励其他人格的出现,帮助患者创造多重人格。根据 Spanos 所述,多重身份障碍是现代北美文化的产物。他甚至将其联系到早期基督教教义中的被恶魔占据。为了支持他的论点,他指出多重人格患者的症状表现似乎受到现代媒体的大量影响。例如,以往解离性身份障碍的典型患者多报告有 2~3 种人格。但是,自从《女巫》(*Sybil*)(Schreiber, 1973)以及其他描写多重人格患者的书籍出版后,不同人格的数量上升到将近 15 个。

心境障碍很普遍,许多事业成功的知名人士都深受其困扰,例如格温妮丝·帕特洛和欧文·威尔逊。

尽管有这些质疑,部分临床工作者坚信 DID 是真实的疾病(Cardena & Gleaves, 2007; van der Hart & Nijenhuis, 2009)。他们认为患者或治疗师都没有动机要去制造多重人格的案例,因为这样会引发质疑和敌意。他们认为多数解离性身份障碍源于儿童期严重的情感创伤(Maldonado & Spiegel, 2008)。大量患有解离性身份障碍的人报告有被家长拒绝、躯体和性虐待的童年经历(Foote et al., 2006; van der Hart & Nijenhuis, 2009)。

至今,对于解离性身份障碍病因的有力解释仍极少。这仍然是一个具有争议性的诊断(Barry-Walsh, 2005)。在一项针对美国精神病学家的调查中,仅有 1/4 的精神病学家认为 DID 是一项具有坚实科学依据的诊断(Pope et al., 1999)。与该结果一致,一项最近的研究发现自 20 世纪 90 年代中期开始,对于 DID 的科学兴趣大量下降(Pope et al., 2006)。

心境障碍

亚伯拉罕·林肯、列夫·托尔斯泰、玛丽莲·梦露、凡·高、海明威、丘吉尔、贾尼斯·乔普林、欧文·柏林、科特·柯本、弗朗西斯·福特·科波拉、特德·特纳、斯汀、比利·乔尔、金·凯瑞、米洛斯·福尔曼,以及本·斯蒂勒,这些人有什么共同点?是的,他们都非常著名,尽管是在不同时期通过不同的方式。但是,我们更为关心的是,他们都受严重心境障碍所困。**心境障碍**(mood disorder)可以使人变得非常羸弱。但患有心境障碍的人们还是能够取得巨大的成就是因为这种障碍多为阶段性的。换句话说,心境的紊乱来来去去。在紊乱间歇期,可以有一段比较长的正常期。

情感的波动是正常的。然而,部分个体却会出现极端而持续性的心境的变化。心境障碍是指由于各种形式的情绪紊乱而导致身体、知觉、社交和思维出现扰乱的一系列障碍。心境障碍中有两类基本的类型:单相和双相障碍(见图 15-11)。患有单相障碍的个体只是经历心境连续谱的一个极端。这类人只被抑郁症所困扰。而双相障碍的患者则会受困于心境连续谱的两个极端。患双相障碍的人会在抑郁和躁狂(兴奋和高涨)之间摆动。

抑郁症

正常郁闷沮丧与异常的抑郁之间的分界线是非常难以界定的(Akiskal, 2009)。最终,它需要一个主观的判断。决定性的判断依据包括抑郁的持续时间和破坏性程度。当抑郁显著损害日常适应性行为超过几周,那么就需要引起关注。

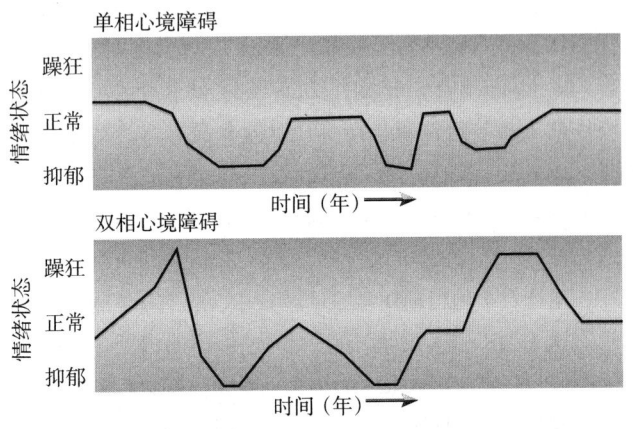

图 15-11　心境障碍的情景模式

在心境障碍中短时间的情绪干扰毫无预期地出现和消失。单相心境障碍的个体只是遭受抑郁症发作,然而双相心境障碍的个体经受着躁狂和抑郁的双重影响。双极心境障碍之间的间隔时间长度极具变化性。

在**重度抑郁障碍**(major depressive disorder)中,人们有一种持续的悲伤和绝望感,并且对以往能够带来快乐的事物丧失兴趣。负性情绪是抑郁综合征的核心。当然,许多其他症状也会出现。重度抑郁最为常见的症状以及与躁狂发作的比较如表 15-1 所示。抑郁的一个中心特征就是快感缺失(anhedonia),即体验快乐的能力降低。抑郁的人缺乏处理日常生活任务的能量或动机,其程度可以到无法起床的地步(Craighead et al., 2008)。同时,他们常放弃以往非常喜欢的事物,例如爱好、喜欢的食物,或是与朋友共度时光。食欲和睡眠模式的改变也非常常见。抑郁的人常缺乏能量。他们会慢吞吞地移动,走得极为缓慢。焦虑、易激惹,以及沉思也常见于抑郁人群。当抑郁的人们开始感到无价值感时其自尊也开始下降。抑郁使得人们开始感到无助、沮丧,以及无限的内疚。让事情变得更糟的是,受抑郁之苦的人们开始呈现出其他障碍。同时存在焦虑障碍和物质使用障碍也极为常见(Boland & Keller, 2009)。

抑郁可以起始于人生的任何时间点。然而,最多是出现在 40 岁之前(Hammen, 2003)。抑郁不仅出现在成人阶段,也会出现在儿童与青少年期(Gruenberg & Goldstein, 2003)。患有抑郁症的人中大多数(75% ~ 95%)会在其一生中经历多于一次的抑郁发作(Joska & Stein, 2008)。在一项长期研究中,从第一次抑郁发作中恢复后,约有 25% 的人会在一年内复发,42%

的人在两年内复发,60% 的人在 5 年内复发(Solomon, 2000)。抑郁发作的平均数量是 5 ~ 6 次。抑郁发作的平均持续时间约为 6 个月(Akiskal, 2009)。研究证据表明发病越早越容易出现更多次的抑郁发作,抑郁症状也更严重,并且对于社交和职业功能的损伤越大(Zisook et al., 2007)。尽管抑郁多为阶段性的,但是有些个体会遭遇慢性的重症抑郁,可能持续数年(Klein, 2010)。慢性重症抑郁对功能的损伤极大。患有慢性抑郁的人常发病较早且有较高的比例有其他共病。

表 15-1　躁狂和抑郁发作的共同特征比较

特征	躁狂发作	抑郁发作
情绪	心花怒放的、愉悦的,非常善于交际的,一遇到障碍就极不耐心的	悲观、绝望、孤僻、易怒
认知	思维奔逸,天马行空,渴望行动,冲动行为;健谈、自信,常自以为是	缓慢的思维过程,强迫性的担忧,无法做出决定,负面的自我形象、自责、内疚和生病的错觉
动力	多动,不知疲倦的,短于平常的睡眠时间,表现出增强的性欲和波动的食欲	不太活跃,疲惫的,睡眠困难,表现出降低的性欲和食欲

资料来源:Sarason, I. G., & Sarason, B. G. (1987). *Abnormal psychology: The problem of maladaptive behavior*. Upper Saddle River, NJ: Prentice-Hall. © 1987 Prentice-Hall, Inc. Reprinted by permission.

抑郁症有多普遍?对于抑郁的患病率估计在不同的研究之间差异非常大,因为如之前所提,正常郁闷与异常抑郁之间的界定是非常困难的。但是可以说,抑郁是非常常见的障碍。图 15-5 中通过大规模研究所得到的数据显示终身患病率可以达到 13% ~ 14%。

研究显示女性患抑郁症的比例是男性的两倍(Nolen-Hoeksema & Hilt, 2009)。这个性别差异可能的原因也引起了很多争论。这种差异似乎并非是由基因组成的差异带来的(Kessler et al., 2003a)。这种差异的其中一小部分可能源于女性在其生育周期的某些时间点对抑郁的易感性较高(Nolen-Hoeksema & Hilt, 2009)。显然,只有女性需要担心产后和绝经后的抑郁。苏姗·诺伦-霍克西玛(Susan Nolen-Hoeksema)(2001)提出女性更易患上抑郁症是因为她们远比男性更易成为性虐待的受害者,也在某种程度上更易遭受贫穷、性骚扰、角色制约,甚至是保持苗条和漂亮的压力。换句话说,她将女性的高患病率归因于她们经历了更多的应激和不幸。诺伦-霍克西玛还相信女性比男性更容易反复回想挫折和问题。有证据表明，仔细回想自己的困难的倾向会加剧抑郁易感性，这个内容我们将会在之后讨论。

双相障碍

双相障碍（以前被称为躁狂-抑郁障碍）的特征是同时出现一次或多次躁狂和抑郁发作。要符合双相障碍的诊断必须出现一次躁狂发作。躁狂发作期的症状基本上是抑郁发作时的反面（表15-1中有对比）。在躁狂发作期，个体的心境高涨，出现欣快。自尊高度膨胀，极为乐观，富有能量，并且挥霍无度缺乏计划。个体变得过度活跃，甚至可以几天不用睡觉。说话极快，并且不断转换话题。他们的思想以极快的速度在赛跑。判断力受损。部分躁狂发作的个体会冲动性赌博，疯狂花钱，或是在性行为上变得鲁莽。

你或许会认为躁狂发作期的欣快听上去挺吸引人的。如果是这样，其实你也不是完全错误的。在较为轻微的状态下，躁狂状态是非常有吸引力的。能量、自尊和乐观主义的增长极具诱惑性。由于能量上升，许多双相障碍患者会表现出暂时性的充满创造力和制造力（Goodwin & Jamison, 2007）。

尽管躁狂发作或许能带来一些积极的方面，但是它同时也会带来对应的负面影响，包括易激惹和抑郁（Goodwin & Jamison, 2007）。更进一步，轻度的躁狂发作常会加剧为较高水平的躁狂发作，从而导致紊乱。受损的判断力使得患者会去做一些之后极端后悔的事情。正如下面的这个个案：

罗伯特是一名牙医，某一天他一觉醒来觉得自己是当地最有天赋的牙科医生。他决定自己应该为尽可能多的人提供服务，这样才能使更多的人从他的天赋中受益。因此，他决定重新装修他那仅有两个房间的办公室，要装上20台治疗台，这样他能够同时治疗20个人。在同一天内，他制订了装修计划，给几个装修公司打了电话，要求他们竞价。当天晚些时候，他就等不及装修工出现，于是自己撸起袖子，抡起大锤，就开始敲自己办公室的墙。由于敲墙不怎么顺利，他一怒之下就把自己的牙科器具、洗手盘，还有X光仪器都砸了个稀巴烂。后来，他的妻子开始担心他的行为，就叫了她的两个成年女儿来帮忙。他的两个女儿很快就回了家，还带着自己的丈夫。在之后的谈话中，罗伯特在吹嘘自己的性技巧有多么超凡之后，就开始挑逗自己的女儿。当然，他立马就被女婿们制服了。

这些？哦，只是我患双相障碍期间的一些纪念品而已。

虽然并不少见，但是双相障碍比单相障碍的患病率低。双相障碍会影响约1%的人（Merikangas & Pato, 2009）。与抑郁症不同，双相障碍在男性和女性中的比率

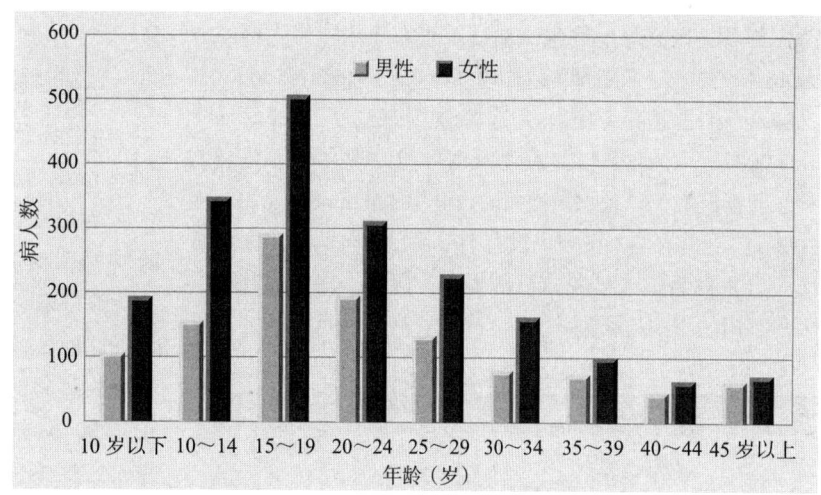

图15-12 双相心境障碍的起始发作年龄

双相障碍的起始期通常是青少年或童年早期。图中所示的数据由7项研究的结果汇合而成，数据呈现了2 968名双相障碍患者的起始发作年龄的分布。如你所见，双相障碍通常最早是在15～19岁之间发病。近几十年来模型中双相障碍的起始年龄呈现出下降的趋势。

资料来源：Goodwin, F. K., & Jamison, K. R. (2007). *Manic-depressive illness* (p. 124). New York: Oxford University Press. Copyright © 2007 Oxford University Press., Inc. Reprinted by permission.

相近（Rihmer & Angst, 2009）。如图 15-12 所示，双相障碍的发病时间与年龄相关。典型的发病时间是在青少年晚期。双相障碍的心境转换方式可以有多种。躁狂发作通常持续 4 个月（Angst, 2009）。抑郁的发作期相对会更长，而且多数双相障碍的患者最终会在抑郁状态下持续更长的时间（Bauer, 2008）。

心境障碍与自杀

与心境障碍相关的一个悲剧式的、令人心碎的问题就是自杀。自杀在美国已成为第 11 位致死原因。每年约有 30 000 人死于自杀，而官方数字还有可能低估了这个问题的范围。许多自杀都被界定为事故，无论是自杀者还是幸存者都想要去掩盖自杀的事实。并且，专家认为自杀尝试的比例可能达到自杀成功的 10 倍（Sudak, 2009）。任何人都能够实施自杀。然而，某些群体比其他人更高危（Carroll-Ghosh, Victor, & Bourgeois, 2003）。证据显示，女性自杀尝试的比例是男性的 3 倍，而男性在自杀尝试中却更容易成功实现自杀：男性完成自杀的比例是女性的 4 倍。在年龄方面，成功实施自杀的峰值是在 75 岁之后。

事后调查发现，90% 成功自杀的人都患有某种类型的心理障碍（Melvin et al., 2008）。然而，在某些案例中，心理障碍在事先是不明显的。如你所料，心境障碍患者的自杀率极高。他们约占所有成功实施自杀者的 60%（Mann & Currier, 2006）。双相障碍和抑郁都与高自杀率相关。研究显示终生成功自杀率在双相障碍人群中是 15%～20%，而在抑郁人群中是 10%～15%（Sudak, 2009），但是也有专家认为这些数据过高了（Joiner et al., 2009）。自杀率较高的现象也可能出现在精神分裂症、酒精成瘾，以及物质滥用的人群中（Mann & Currier, 2006）。不幸的是，至今仍没有十分简单安全的方式去预防有自杀意念的人结束自己的生命。但是，现在也有了一些有用的小技巧来预防自杀，如表 15-2 所示。

表 15-2　预防自杀

预防自杀小贴士
认真对待有关自杀的讨论。当人们漫不经心、模棱两可地谈论自杀时，这很容易辨别，因为这不过是茶余饭后的闲谈，我们且不用上心。然而，那些谈论自杀的高危人群，他们隐藏的自杀危险是不容我们忽视的。预防自杀的第一步是：直截了当地问这些高危人群，其有无自杀的打算及相关的详细计划
提供共情和社会支持。面对你所照顾的自杀个体，流露真情显得至关重要。人们之所以会考虑自杀，是因其认为周遭的世界是冷漠的、无情的，自己与这个世界是格格不入的。因此，你务必向有自杀企图的个体证明：你的关心是发自内心深处的。关于自杀的"言论与威胁"往往是最后呼救，因此你务必提供全心全意的帮助

（续）

预防自杀小贴士
识别和澄清关键问题。自杀的个体通常是困惑的、纠结的，他们迷失在挫折和困难的海洋中。试图帮助他们将这些难题做抽茧剥丝般的分类，将是上上之选。鼓励他们尽可能地识别关键问题，命中问题之要害。一旦将问题分离成功，情况将不再那么排山倒海，令人窒息
切莫许诺他人为其保守自杀的"秘密"。如果你切身地感到某人的确处于自杀的边缘，不要为了顾及所谓的"朋友情深"，而替他保守其将要自杀的"秘密"
在危急关头，不让"准自杀者"孤身一人。在援助到来之前，定要与"准自杀者"相依相伴。移除一切可能为自杀提供便利的枪支、毒品、尖锐物等
鼓励进行专业的心理咨询。许多心理健康专家在面对自杀危机时颇富经验。许多城市都设有预防自杀中心 24 小时热线电话。这些中心都配备了受过良好自杀干预培训的工作人员，让自杀个体寻求专业的帮助显得很重要

正如 Sudak（2005）指出：" 阻止所有自杀，或者完全地、绝对地保护一个病人，这是不可能的。"（p. 2449）。因此，如果你必须帮助某人摆脱自杀危机，在此总结的建议将会有所帮助。

资料来源：Based on American Association of Suicidology, 2007; American Foundation for Suicide Prevention, 2007; Fremouw et al., 1990; Rosenthal, 1988; Shneidman, Farberow, & Litman, 1994.

心境障碍的病因

我们对于心境障碍的病因已有了相当程度的了解，但是谜底还没有完全被解开。通往这些障碍的路径有许多，包含了心理和生理因素错综复杂的交互作用。

1. 基因易感性

双生子研究显示心境障碍涉及基因因素（Lohoff & Berrettini, 2009；Kelsoe, 2009）。同卵双生子的共同发病率约为 65%，而共同基因更少的异卵双生子的共同发病率仅为 14%（见图 15-13）。因此，证据显示遗传能够带来心境障碍的易感素质，而环境因素则可能决定了这种易感素质是否会转化成实际的障碍。基因因素对双相障碍的影响似乎大过对单相障碍的（Kieseppa et al., 2004）。基因图谱的研究者已经报告了一些研究，这些研究试图去找出导致心境障碍易感性的对应的基因（Levinson, 2009）。然而，结果仍然较为混乱和不一致。科学家们似乎还没有达到解开心境障碍基因编码的边缘，因为这可能涉及基因转录的多种细微变异（Bearden, Jasinka, & Freimer, 2009；Kendler, 2005a, 2005b）。

2. 神经化学和神经解剖因素

遗传可能导致了个体对于心境障碍的敏感性，这个过程可能是由于遗传为个体带来一种易感素质使得个体大脑中的某些特定神经化学物质发生了异常。相关研究发现心境障碍与大脑中两类关键的神经递质的异常程度有关：去甲肾上腺素和血清素（Duman，Polan，& Schatzberg，2008）。其他神经递质的紊乱可能也会有所贡献（Dunlop，Garlow，& Nemeroff，2009）。具体的致病机制仍未明，但是低水平的血清素浓度似乎是导致多种形式的抑郁的关键因素（Johnson et al.，2009）。多种药物治疗对严重的心境障碍都是有效的。多数药物都是用来影响（大脑中）与心境障碍相关的神经递质的可利用性的（Bhagwagar & Heninger，2009）。由于这个效应看起来不像是巧合，所以它支持了神经化学物质的改变导致心境紊乱的想法。在经过50年大量研究的努力之后，心境障碍的神经化学物质基础仍然比科学家想象的要神秘。

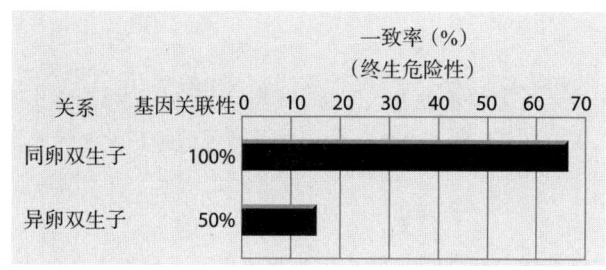

图15-13　心境障碍的双生子研究

心境障碍的一致率在同卵双生子间的比率要高于共享较少基因重叠的异卵双生子。这些结果表明，一定存在心境障碍的基因表达倾向。

资料来源：Data from Berrettini, 2006.

研究同时也发现心境障碍与大脑内某些结构的异常有着有趣的联系（Flores et al.，2004）。或许得到最多验证的是抑郁和海马体积减小之间的关系（Davidson，Pizzagalli，& Nitschke，2009；Videbech，2006）。海马在记忆巩固中扮演着重要的作用（参见第7章）。有趣的是，在抑郁被试中，海马的体积比在正常被试中小8%～10%（Videbech & Ravnkilde，2004）。关于抑郁的生理基础的一项令人着迷的理论或许能够解释这个现象。这个理论最吸引人的地方是近期的研究发现大脑结构能够在成年后继续产生新的神经元，特别是在海马的形成中。如在其他章节中提到的（参见第3、7、14章），这个过程被称为神经形成。有研究证据支持当严重生活应激事件导致神经化学反应压抑了海马体积增长时，抑郁就会发生（Jacobs，2004；Duman et al.，2008）。根据这个观点，对神经形成的抑制是抑郁产生的关键原因，而抗抑郁药的有效性就在于促进了神经形成（Duman & Monteggia，2006）。最终完整验证这个对于抑郁症生理基础的创新性新模型还需要大量研究的支持。

3. 荷尔蒙因素

近年来，研究者开始关注荷尔蒙的变化会怎样作用于抑郁的产生。如第14章所述，当面对压力时，大脑会通过两条途径传递信号。一条途径是，从下丘脑到垂体腺再到肾上腺皮质，并最终释放皮质醇类荷尔蒙（见图14-9）。这条通路通常被称为下丘脑－垂体－肾上腺轴（HPA）。研究证据支持HPA轴在面对压力时的过度反应在抑郁的发展中扮演着重要的角色（Goodwin，2009）。与这个假设一致，抑郁患者有更高的皮质醇水平，而皮质醇是HPA轴活动的关键应激荷尔蒙（Thase，2009a）。部分理论家认为这些荷尔蒙的改变最终会影响大脑，并成为抑制神经形成的扳机物（Duman et al.，2008）。

4. 认知因素

许多理论强调认知因素如何作用于抑郁症（Christensen，Carney，& Segal，2006）。我们将会在第16章讨论阿伦·贝克（Aaron Beck）最具影响力的认知理论以及他的治疗方法。在这部分，我们将关注马丁·塞利格曼的习得性无助感模型。大部分基于动物研究，塞利格曼（1974）提出抑郁的原因是习得性无助，即由于暴露在无法回避的厌恶性事件中而产生被动的"放弃"行为（例如在实验室情境中无法控制的电击）。最初，他认为习得性无助感是条件作用的产物，但最终他修订了自己的理论，并赋予其认知的观点。修订后的习得性无助理论认为抑郁的根源在于人们如何解释生活中经历的挫折和其他负性事件（Abramson，Seligman，& Teasdale，1978）。根据塞利格曼的理论（1990），拥有悲观解释风格的人特别易感于抑郁。这样的人倾向于将生活中的挫折解释为个人的错误而非情境性的因素。此外，他们还会基于这些挫折而对自己的能力做出整体且深远的结论。

与这条思路一致，苏珊·诺伦-霍克西玛（1991，2000）发现对于自己的抑郁总是反复回想的抑郁个体其抑郁持续时间比能分心的人长。那些总是反复回想的人会重复将自己的注意力集中在抑郁的感觉上。他们不断认为自己是多么悲哀、毫无生气、没有动力。过度的反复回想会通过增加负性的想法，损伤问题解决能力，减少社会支持，从而导致并且放大抑郁发作（Nolen-Hoeksema，Wisco，& Lyubomirsky，2008）。如前所述，诺伦-霍克西玛认为女性比男性更容易反复回想，而这或许就是男女抑郁症患病率差异的原因。反复回想也与更高程度的抑郁和暴饮暴食相关（Nolen-Hoeksema et al., 2008）。

总而言之，抑郁的认知模型强调负性思考过程是导致多数患者抑郁的原因。而认知理论最关键的问题在于无法区分原因和结果（Feliciano & Areán, 2007）。是负性思考导致抑郁，还是抑郁导致负性思考（见图15-14）？验证负性思考与抑郁之间的因果关系是不可能实现的，因为这就要求操纵个体的认知风格（是较难改变的）到足以引发抑郁症的程度（而这是不符合伦理的）。然而，在专题研究部分所列的研究提供了能够支持负性思考与抑郁易感性之间因果关系的研究，令人印象深刻。

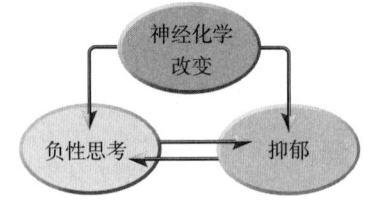

图15-14 解释负性思考与抑郁之间的相关

抑郁的认知理论假定负性思考的一致模式导致抑郁。尽管这些理论的可信度看起来较高，但抑郁可以导致负性思考，或者两者都可由第三个因素引起，如大脑中的神经化学变化。

 **负性思维引发抑郁**

这篇文章描述了在天普大学和威斯康星大学所做的一系列研究。它们被统称为"天普-威斯康星抑郁认知易感性项目"。本文报告了该项目的许多成果。然而，我们会将文墨重点放在旨在检测"负性认知方式是增强的抑郁易感性的预测变量"这一假设的研究。

方法

【被试】两个大学中，超过5 000名一年级学生进行了"负性思维"的两种测试。在两种测试中，得分都在前1/4的学生被定义为患抑郁症高风险组。那些在两种测试中得分都在最后1/4的学生被定义为患抑郁症低风险组。在这两个亚组中随机选择的被试，再次参与检测，以排除那些现阶段正处于抑郁期，或正经历着某种心理障碍的被试。曾患有抑郁症或其他心理障碍的被试没有被删除。最后的样本包括173名高危组学生和176名低危组学生。

【后续评估】采用自我报告法及结构化访谈法来评估被试的心理健康状况，开始2年，每6周一次；后3年，每16周一次。由对被试风险水平不甚了解的访谈者对被试进行评估。本报告总结了该研究头2.5年的数据。之前有或无患抑郁症的被试的结果被分开报告。

结果

之前没有抑郁症患病史学生的数据在"抑郁易感性"的高风险组和低风险组之间表现出显著的差异。在相对短暂的2.5年里，高风险组中有17%的学生出现重度抑郁，低风险组中这一比率仅占1%。高风险组的学生表现出更高频率的轻微抑郁症发作，你可以在图15-15的左边一目了然。图15-15的右边显示了曾有过抑郁症病史的学生的对比（但在该研究伊始是没有患抑郁症或其他心理障碍的）。数据表明，在2.5年随访中，高风险被试对重度抑

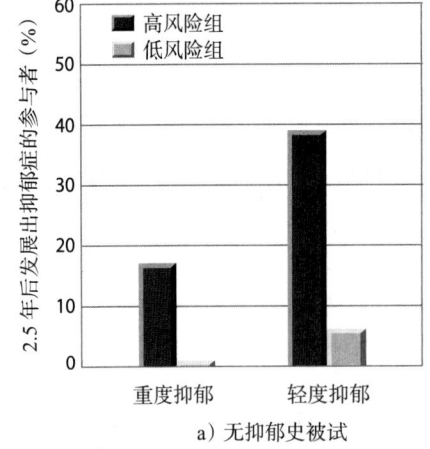
a）无抑郁史被试

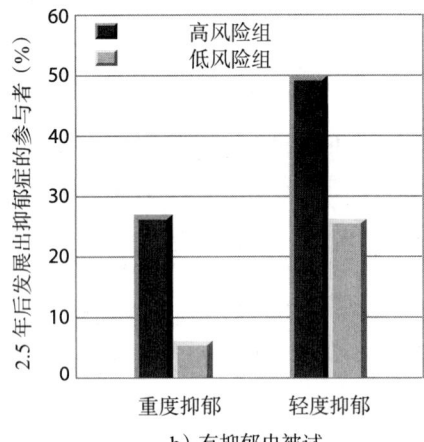
b）有抑郁史被试

图15-15 负性思考和抑郁症的预测

Alloy及其同事（1999）测试了第一学年大学生的认知方式，并将学生分类为抑郁高风险组和抑郁低风险组。这两幅图展示了在接下来的2.5年内患有重度抑郁或轻度抑郁的学生的百分比。如你所见，表现出负性思考方式的高风险组学生被证明为对抑郁具有更高的易感性。

郁或轻度抑郁保有较高的复发率。

讨论

表现出负性思维方式的高风险被试更有可能发展成为抑郁障碍。因此，作者总结道他们的结果为认知易感性提供了强而有力的支持。这一理论断言：负性的思维方式将使人更容易患上抑郁症。

评论

之前关于负性思维与抑郁间关系的研究采用回溯设计，即从已知的结果中向过去看。比如研究者可能会在一些负性思维的测量上对比抑郁组和非抑郁组。回溯研究的前提是，研究人员知道哪些人已经患有抑郁症，而哪些人则没有。回溯研究可以得出很多有用的信息，但其无法确定因果。为什么？因为如果你在负性思维与抑郁症之间发现相关，那么你无法确定是负性思维在先，从而导致了抑郁；还是抑郁在先，从而导致了负性思维。本研究使用了前瞻设计，与时俱进，及时检测关于未来结果的假设。前瞻性研究更为困难和费时，但其能提供更多因果的可能，因为此可以说明：一个事件（在此例中，负性的认知风格）在其他一个事件（抑郁的发生）之前。数据仍然是相关的，故即使其不能建立明确的因果关系，但相比于回溯研究，提供了更为强大的证据来支持变量间的因果。因此，Alloy 及其同事的研究迄今为止提供了最佳的证据来支持"负性思维导致了抑郁"的假设。

资料来源：Alloy, L. B., Abramson, L. Y., Whitehouse, W. G., Hogan, M. E., Tashman, N. A., Steinberg, D. L., Rose, D. T., & Donovan, P. (1999). Depressogenic cognitive styles: Predictive validity, information processing and personality characteristics, and developmental origins. *Behavioral Research and Therapy*, 37, 503-531.

5. 人际根源

行为流派对于抑郁的认识强调人际互动技巧的不足如何使得个体踏上抑郁障碍的道路（见图 15-16，Ingram，Scott，& Hamill，2009）。根据这个理念，抑郁倾向的个体缺乏获取重要强化物所需的社交策略，例如好朋友、好的工作，以及理想的伴侣。强化物的匮乏容易导致负性情绪和抑郁。与这个理论一致，研究者发现了社交技能不良与抑郁之间的关系（Petty, Sachs-Ericsson, & Joiner，2004）。证据也支持抑郁的个体会无意中遭受更多来自他人的拒绝，因为他们容易愤怒、悲观又不快乐（Joiner & Timmons，2009）。另一个问题是，抑郁的个体所拥有的社会支持少于正常个体。然而不幸的是，社会支持较少同时还会增加抑郁的易感性（Lakey & Cronin，2008）。研究显示缺乏社会支持可能会导致女性患抑郁的比例高于男性（Kendler, Myers, & Prescott，2005）。

6. 重大应激

心境障碍有时显得那样难以置信，特别是那些生活幸福没有压力的人也会罹患心境障碍。因此，专家曾经一度认为心境障碍与应激没有太大的关系。然而，对于个人应激的测量改变了这种看法。如今大量证据显示应激与心境障碍的出现之间存在中等强度的联系（Monroe, Slavich, & Georgiades，2009）。应激还会影响患有心境障碍的个体对治疗的反应，以及是否会复发（Monroe & Hadjiyannakis，2002）。

当然，绝大多数经历严重应激的人都不会抑郁（Monroe & Reid，2009）。应激对个体的作用不同，部分源于个体对心境障碍的易感性水平不同（Lewinsohn, Joiner, & Rohde，2001）。应激与易感性之间的相互影响关系也可能出现在许多其他障碍中，包括我们马上就要讲的内容——精神分裂症。

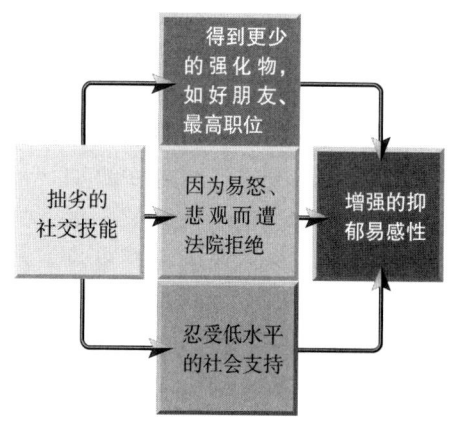

图 15-16　抑郁中的人际因素

关于抑郁病因学的行为理论强调欠佳的社交技能将通过某些机制导致障碍的发生、发展，正如图中所示。

精神分裂症

精神分裂症（schizophrenic disorders）是一组以幻觉、妄想、言语紊乱，以及适应性行为退化为特征的障碍。精神分裂症的患者也会表现出严重抑郁的部分症状。然而，精神分裂症的中心症状是思维紊乱，而心境障碍的中心症状是情绪紊乱。

精神分裂症有多普遍？患病率统计人群中约有1%的人患有精神分裂症（Lauriello, Bustillo, & Keith, 2005），尽管最近的一项元分析显示患病率可能更低一些（McGrath, 2007）。这听起来似乎患病人数不是很多。但是，仅美国，就有数百万人受到精神分裂症的困扰。更为麻烦的是，精神分裂症是一类高经济代价的疾病。因为这类疾病较为严重、对人损害较大，并且发病早，需要较长时间的住院治疗（Samnaliev & Clark, 2008）。由于这些因素，精神分裂症所带来的经济压力超过了所有类型癌症的总和（Buchanan & Carpenter, 2005）。

一般症状

精神分裂症有不同的综合征。然而它们有部分共通的症状表现，因此在介绍亚型之前我们将先讨论这些症状。下面所阐述的个案中包含了许多明显的症状（Sheehan, 1982）。

西尔维亚首次被诊断为精神分裂症是在15岁的时候。从那时起，她就不断地进出多种精神疾病康复机构。她从未能够找到任何一份工作。在发病严重期，她的个人卫生状况一塌糊涂。她几乎很少洗澡，她的穿着也从不合适，她把化妆品涂得乱七八糟，吃东西还经常溅到自己。有时，西尔维亚还会听到有声音同自己说话。她变得爱争吵，有攻击性，情绪不稳定。这些年来，她无数次与病友、精神机构工作人员甚至陌生人吵架。她的想法极端无理，这在以下摘录的对话中就可以明显看到：

"米克·贾格尔想要娶我。如果我有了米克·贾格尔，我就不需要再觊觎杰拉尔多·瑞弗拉了。米克·贾格尔是圣·尼古拉斯，精神领袖是圣诞老人。我想要组一个叫作荆棘油的福音摇滚乐队，但是杰拉尔多希望我做《目击者新闻》的音乐评论家，所以我有什么办法呢？只能听我男朋友的。泰迪·肯尼迪给我整了容。我怀了上帝的儿子。他们正在吞食这里的病人。我为史诗唱片公司工作。我是圣女贞德。我是弗洛伦斯·南丁格尔。病房和走廊之间的这扇门其实是纽约和加利福尼亚的分界线。离婚不只是一纸文书，它是种感觉。忘了邮编吧。我要撼动治疗。身体充满了电。我的线圈都是错误。"

西尔维亚的案例清晰地呈现了精神分裂症性的思维可以有多诡异，以及精神分裂症是一种多么严重且损害深远的疾病。尽管没有哪一个症状是必须存在的，但是以下这些症状都是在精神分裂症患者身上常见的（Lewis, Escalona, & Keith, 2009；Liddle, 2009）。

1. 妄想和非理性思维

认知缺陷和紊乱的思维过程是精神分裂症的核心特征（Barch, 2003；Heinrichs, 2005）。常见的有多种形式的妄想。**妄想**（delusions）是指不可动摇的错误信念，即使它们被清晰地证明有违现实。例如，一位患者的妄想内容是他自己是一只生存超过了15年的老虎（身体变形）（Kulick, Pope, & Keck, 1990）。更典型的是，患者认为自己的私人想法正在被广播给其他人知道，而且所有的想法都是违背他们的意愿被强行植入他们大脑之内的，或者他们的思维受到了一些外部力量的控制（Maher, 2001）。在夸大妄想中，人们相信自己是名人或者极其重要。西尔维亚表现出来了无穷无尽的夸大妄想，包括她认为米克·贾格尔想要娶她，她将《指环王》这本书口述给了托尔金（J. R. R. Tolkien），以及她将获得诺贝尔生理学或医学奖。

精神分裂症的另一个特征是思维破裂。思维变得嘈杂而缺乏逻辑。个体表现出"思维松散"。个体不断转换没有联系的主题。西尔维亚的那段话充分表现了思维的混乱。

真相核查

误解

精神分裂症是指个体表现出两种或更多种人格的症状

真相

从字面意思来理解，精神分裂症是指"分裂的精神"。然而，当Eugen Bleuler于1911年创建这个术语时，他指的是在精神分裂症中思维过程的碎片，而不是指"分裂的人格"。不幸的是，主流媒体的作者总是错误地将"分裂心灵"与"分裂人格"的概念等同起来。如你所知，这个症状实际上被称为"分离性身份识别障碍"或"多重人格障碍"。

---

2. 适应性行为恶化

精神分裂症常伴有工作、社交，以及个人照料功能的显著恶化。朋友会经常像这样评论"Hal就再也不像他自己了"。这种恶化在西尔维亚的案例中也有明显的呈现，她无法与他人友好相处，也无法在工作中正常行使功能。同时，也很明显的是她对于个人卫生的忽视。

3. 幻觉

精神分裂症患者身上还会出现一系列知觉的扭曲。最为常见的是听幻觉，约有75%的患者报告出现听幻觉（Combs & Mueser, 2007）。**幻觉**（hallucination）指的是在没有现实存在的外部刺激时出现的感知觉，或是对知觉输入信息的扭曲。精神分裂症患者常报告他们听到实际不存在的人或者声音对他们说话。就如西尔维亚，她听到来自保罗·麦卡特尼（Paul McCartney）的对话。这些声音常涉及辱骂，或是评论个体的行为（"你跟他握手，真是个笨蛋"）。这些声音也可以是争吵（"你不需要洗澡"），或者也可以是命令（"整理好你的房间准备迎接外星来客"）。

4. 紊乱的情感

在精神分裂症患者中，正常的情感基调可能发生多种形式的紊乱。尽管它并不能够真正代表他们潜在的情绪体验（Kring, 1999），但是部分患者表现出极少的情绪反应。这个症状被称为"情感平淡"。也有些患者表现出不合时宜的情绪反应，与其所处的环境或是正在说的话不符。例如，精神分裂症患者可能在看一部好笑的卡通片时大哭，但在听到关于一个孩子悲剧死亡的故事时却大笑。精神分裂症的患者也可能表现出情绪不稳定。这种症状在西尔维亚身上也有所体现，她就经常以古怪、难以预测的方式表现出过度的情绪反应。

亚型、病程以及结果

精神分裂症有四种亚型，其中一种指的是无法被清晰划分到前三种中的一群患者。每一种亚型的主要症状如下所述（Lewis et al., 2009; Minzenberg, Yoon, & Carter, 2008）。

1. 偏执型

顾名思义，**偏执型精神分裂症**（paranoid schizophrenia）的主要症状为被害妄想和夸大妄想。在这种常见的精神分裂症中，患者相信自己有许多敌人，他们都想要迫害自己。他们开始怀疑自己的朋友和亲戚，或者他们将被害归因到不认识的、虚幻的人身上。他们非常确信自己被监视，以及被恶意操纵。为了使被害妄想有意义，他们会发展出夸大妄想。他们相信自己是极为重要的人物，通常会将自己视为重量级发明家或是著名的宗教政治领袖。

2. 紧张型

紧张型精神分裂症（catatonic schizophrenia）的特征是惊人的运动紊乱，可以从肌肉僵硬到随意运动。部分患者会退缩到一种极端的形式，称为紧张型木僵状态。他们长期维持不动，像是被周围的环境所忽略。也有部分患者进入到紧张型兴奋的状态。他们变得过度活跃、语无伦次。部分则在这些极端之间变动。紧张型并不常见。事实上，它的发病率正在逐渐下降。

3. 瓦解型

在**瓦解型精神分裂症**（disorganized schizophrenia）中，常见到适应性行为的极为严重的恶化。主要的症状包括情感冷淡、不稳定，以及完全的社会退缩。无目的的胡言乱语和痴笑是常见的症状。妄想则集中于身体功能（"我的大脑从耳朵里流出来了"）。

4. 未分化型

明显有精神分裂症症状但却无法放置到上述三种中任何一种的患者被诊断为**未分化型精神分裂症**（undifferentiated schizophrenia），其特征是精神分裂症状的奇特混合。未分化型精神分裂症较为常见。

5. 阳性与阴性症状

许多研究者对于按上述四种类型对精神分裂症进行区分的价值所在提出了质疑（Sanislow & Carson, 2001）。批评者指出紧张型正在逐渐消失，而未分化型并不是一个亚类，而更像是"剩菜"的大杂烩。批评者还指出，在病因、预后，或是对治疗的反应上，这些亚型之间并不存在明显的差异。如果在这些方面没有差异，那么现在这种分类方法的价值就值得怀疑。

基于这些问题，Nancy Andreasen（1990）和其他研究者（Carpenter, 1992; McGlashan & Fenton, 1992）就提出了另一种分类方法。这种新的模式将精神分裂症分为两种，分别以阳性和阴性症状为主。**阴性症状**（negative symptoms）包括行为缺陷，例如情感平淡、社交退缩、冷漠、注意损伤，以及言语贫乏。**阳性症状**（positive symptoms）包括行为过度或怪异，例如幻觉、妄想、古怪的行为，以及思维奔逸。

主张这种模式的研究者希望能够发现这两类亚类在

病因、预后和治疗反应上一致的差异。在这条研究思路上，已取得了一些研究进展。例如，以阳性症状为主的亚类发病前适应功能较好，且对治疗的反应较好（Combs & Mueser，2007；Galderisi et al.，2002）。然而，患者能够根据这种模式被区分到两类具体的亚类中，这个假设似乎还站不住脚。多数患者同时表现出两种症状，区别只是哪种占优势（Andreasen，2009）。然而，公平来说，这种阳性症状和阴性症状的区分增强了我们对于精神分裂症的理解。但是，至今还没有一种分类能够取代传统的精神分裂症分类模式。

6. 病程和结果

精神分裂症常起病于青少年或成年早期。约有75%的个案在30岁前起病（Perkins, Miller-Anderson, & Lieberman，2006）。精神分裂症的患者在发病前通常都有较长一段时期表现出行为怪异以及认知和社交的缺陷。然而，多数患者在儿童期并没有表现出完全的心理障碍（Walker et al.，2004）。精神分裂症可以突然发病，但通常都是逐渐潜伏起病的。一旦清晰呈现出来，它的病程就会出现不同。通常而言，患者的病程有三种。部分患者，起病时较为轻微，成功接受治疗后能够完全康复。部分患者则能够部分康复，然后在一段时间内回归独立生活。然而，他们可能会在余下的人生里经历规律性的复发。第三类患者则会遭受长期的疾病，需要密集的住院治疗。研究对于每种患者所占比例的估计各不相同。总体而言，研究显示约有20%的精神分裂症患者能够完全康复（Perkins et al.，2006；Robinson et al.，2004）。然而，在某种程度上，低复原率反映了多数国家，包括发达国家，对于严重障碍的精神健康工作处于较差的水平（参见第16章）。例如，当对精神病患立即予以全面、协调合作、高质量的照料时，康复率可以高达50%（Hopper et al.，2007；Liberman & Kopelowicz，2005）。尽管精神分裂症常被认为是不可逆的恶化，但是确实有相当一部分患者能够实现较大程度的复原（Jablensky，2009）。因此，对于精神分裂症的看法不用像现在一样负面。

精神分裂症的病因

至少在某种程度上，你可能能够认同患有心境障碍或者焦虑障碍的个体。因为你可以想象在经历某些事件后人可能会陷入抑郁或者极端焦虑。但是，可以拿什么来解释西尔维亚的奇思妙想，认为自己是圣女贞德或者是她把《指环王》口述给了托尔金的呢？尽管这些妄想非常奇怪，但是你将会看到精神分裂症的病因与其他心理障碍的病因差异并不大。我们首先将会讨论基因易感性。

约翰·纳什

诺贝尔经济学奖获得者，奥斯卡金像奖最佳影片《美丽心灵》，便是根据其真实故事改编的。自1959年开始，他便饱尝偏执型精神分裂症的折磨。

1. 基因易感性

已有大量证据支持遗传因素在精神分裂症的发生发展中扮演着重要的角色（Glatt，2008；Kirov & Owen，2009）。例如，双生子研究显示，同卵双生子的同病率为48%，而异卵双生子的同病率仅为17%（Gottesman，1991，2001）。研究还显示精神分裂症双亲的孩子罹患精神分裂症的比例高达46%（而普通人群才约1%）。图15-17总结了精神分裂症基因基础的相关研究结果。总体来看，其结果与心境障碍相似。一些一致的研究结果提示着部分人遗传了多基因的精神分裂症易感性（Cornblatt et al.，2009）。部分理论学家提出基因因素对于精神分裂症敏感性的解释力或许可以高达80%（Pogue-Geile & Yokley，2010）。然而，基因图谱研究在识别相应的基因上的进展甚微（Gunter，2009；Walker & Tessner，2008）。

2. 神经化学因素

与心境障碍类似，精神分裂症也伴随有大脑中一种或多种神经递质活动的变化（Patel, Pinals, & Breier，2008）。多巴胺假说认为多巴胺的过度活跃是精神分裂症的神经化学基础，如图15-18所示。这个假设是有道理的，因为多数治疗精神分裂症有效的药物都是用于抑制大脑中多巴胺活动的（Javitt & Laruelle, 2006）。然而，将精神分裂症与过高的多巴胺水平联系起来的证据充斥着不一致、复杂性，以及如何解释的问题（Bobo et al., 2008）。近年来，多巴胺假设变得越发细致和复杂。研究者相信多巴胺回路确实产生了失调，但是这种失调在大脑的不同区域存在不同（Howes & Kapur, 2009）。研究者正在探索谷氨酸相关的神经回路是否在精神分裂症中扮演着重要的角色（Downar & Kapur, 2008）。

近期研究显示青少年期大麻类物质的使用会促使本身具有基因易感性的年轻人精神分裂症病发（Degenhardt & Hall, 2006；McGrath et al., 2010）。这个出乎意料的发现引发了相当大的争议，大麻是否能够以及如何作用于精神分裂症的病发（Castle, 2008；Delisi, 2008）。部分批评意见支持可能是精神分裂症导致了大麻的使用，而不是反方向。换句话说，精神病性症状的出现可能诱发年轻人通过吸食大麻来进行自我用药。然而，最近德国一项精细控制的长期研究发现并没有证据支持自我用药假说（Kuepper et al., 2011）。在控制了年龄、性别、社会地位、其他药物的使用、儿童期创伤，以及其他障碍的存在与否后，研究发现吸食大麻大约能够使得出现精神病性紊乱的风险翻番。目前的解释是大麻中最关键的化学成分（THC）可能会促使大脑特定区域多巴胺回路神经递质活动的增强（Di Forti et al., 2007；Kuepper et al., 2010）。这方面数据仍较少。需要有更多的研究去完全了解大麻和精神分裂症之间的联系。

3. 大脑结构异常

数十年来，研究已经显示精神分裂

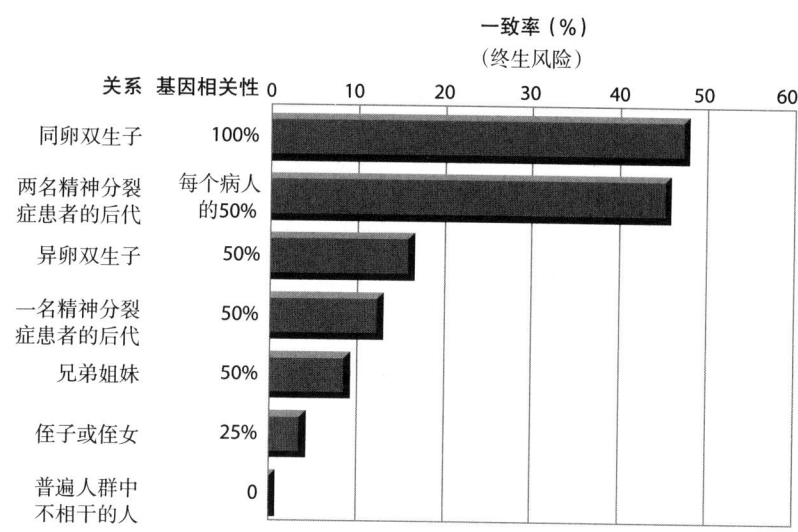

图15-17 精神分裂障碍的基因易感性

精神分裂症病人的亲人也面临着患精神分裂症的高风险。此风险在近亲中更高。尽管环境也在精神分裂症病因中起着一定的作用，但在此呈现的一致率表明一定存在疾病的基因易感性。这些一致性估计是基于在1920年和1987年之间所进行的40项研究的数据的混合。

资料来源：Data from Gottesman, 1991.

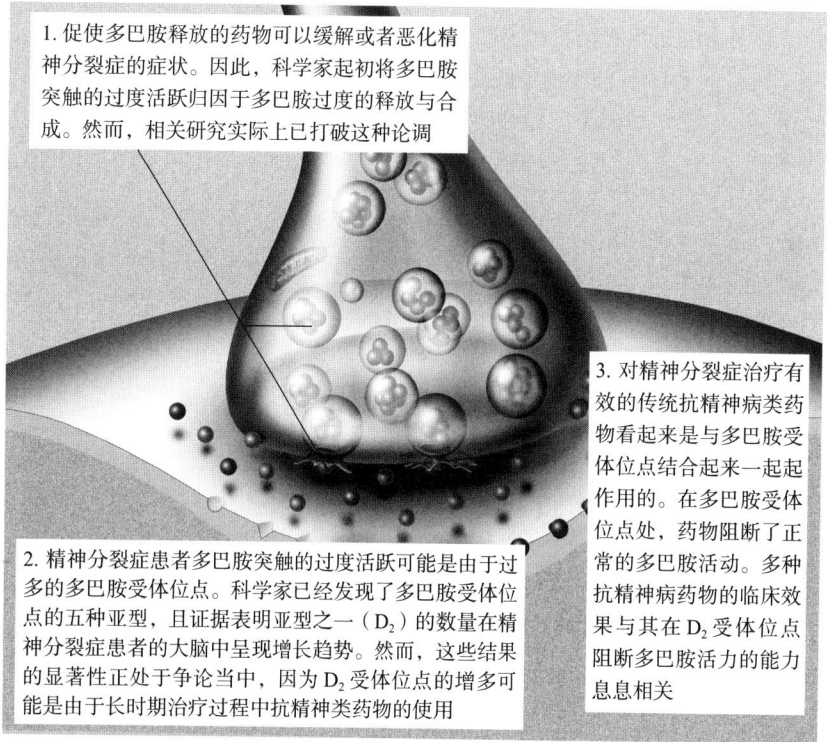

图15-18 精神分裂症的多巴胺假设

几十年的研究证明多巴胺突触的过度兴奋是精神分裂症障碍的重要成因。然而关于这种过度兴奋机制背后的证据（如图中所总结的）很复杂，也还有一些争议。最近关于精神分裂症的神经化学物质基础的假设不仅仅是多巴胺活动水平上升那么简单。例如，一种理论认为精神分裂症伴随的是在大脑的一些区域的多巴胺活动下降（前额叶皮层），以及大脑其他一些区域的活动上升或者功能异常。而其他神经递质系统的异常可能也会促发精神分裂症。

症的个体在注意、知觉以及信息加工过程中有多种形式的缺陷（Belger & Barch, 2009; Harvey, 2010）。工作（短时）记忆的损伤特别突出（Silver et al., 2003）。这些认知缺陷显示精神分裂症可能是由神经缺陷造成的。直到近十年，这个理论更多都是基于猜测而非实证研究的。然而，如今，脑成像技术的长足进展已经使研究者取得了大量有趣的数据。最为可靠的发现是，CT扫描和MRI扫描显示大脑脑室（大脑中中空的、充满液体的空腔，如图15-19所示）的扩大与精神分裂症相关（Belger & Dichter, 2006; Shenton & Kubicki, 2009）。脑室的扩大被认为反映了附近大脑区域的退化。然而，脑室扩大在精神分裂症中的作用仍在热烈争论中：这种结构的恶化（或者没有发展出来）究竟是精神分裂症的结果，还是这种疾病的原因并不清楚。

脑成像研究还发现了其他大脑结构的异常，包括大脑特定区域灰质和白质的减少（Bobo et al., 2008; Karlsgodt, Sun, & Cannon, 2010）。这种减少可能反映了突触密度的减少和髓鞘化（参见第3章）。这些结果显示精神分裂症是由大脑神经连接性的改变损伤了正常的神经通路的联系而引发的（Karlsgodt, Sun, & Cannon, 2010）。

4. 神经发育假说

近期的一些证据引发了精神分裂症神经发育假说的出现。该理论认为精神分裂症是由出生前或分娩过程中对大脑正常成熟发育过程的各种破坏造成的（Fatemi & Folsom, 2009）。根据这个假设，在母孕期的发育敏感阶段或生产时，胎儿大脑的损伤可能导致细微的神经损伤，而提升了个体在青少年期或成年早期出现精神分裂症的易感性（见图15-20）。那么早期大脑损伤的来源有哪些呢？至今为止，研究关注最多的是母孕期的病毒感染或是营养不良，以及生产过程中的产科并发症。

有关于病毒感染的证据最早来自Sarnoff Mednick及其同事（1988）的研究。他们发现，芬兰1957年经历了一场大的流感爆发，而当时处于中期妊娠的胎儿的个体之后精神分裂症的发病率有显著提高。之后相当数量的研究均发现了孕期感染流感或其他病毒与精神分裂症患病率提升之间的关系（Brown & Derkits, 2010）。另一项研究则探索了营养不良可能的影响，结果发现第二次世界大战期间，由于纳粹的食物运输封锁，荷兰在1944～1945年间经历了一场严重的饥荒，而那时正处于胎儿期的个体后期精神分裂症的患病率较高（Susser et al., 1996）。

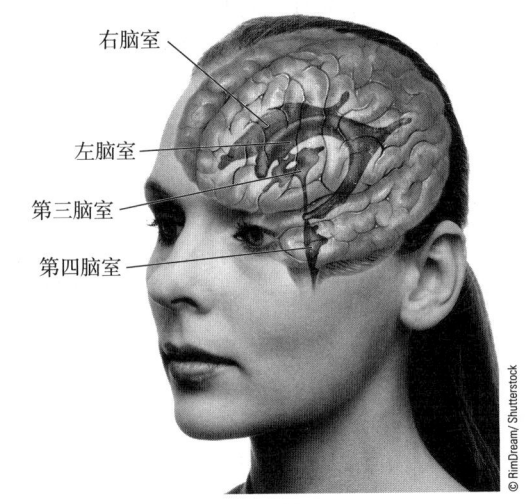

图15-19 精神分裂症与脑室

脑脊液在大脑和脊髓间循环，在大脑里充满了脑脊液的空室叫作脑室。图中显示了人类大脑里的四个脑室。最近采用CT扫描和MRI扫描的研究证明精神分裂症发生与脑室的扩大两者间存在相关。

最近的一项研究则探索了孕期发展一个新的破坏性来源：母亲严重的应激。研究发现，若母亲在怀孕期间遭受了严重的应激，那么其子女患有精神分裂症的比

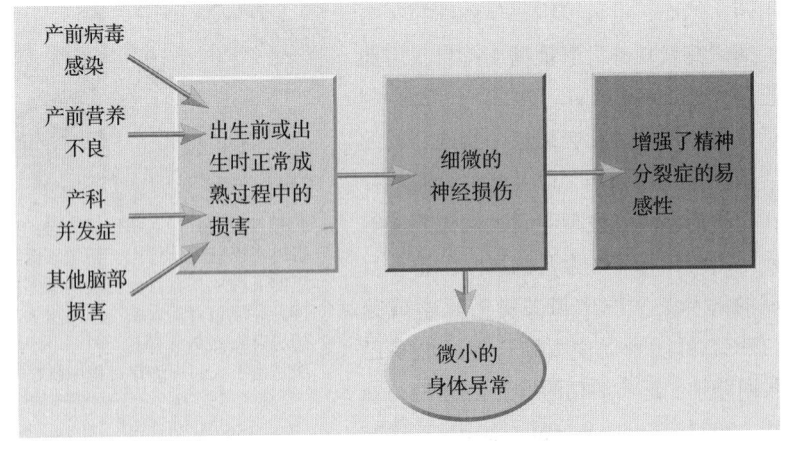

图15-20 精神分裂症的神经发展假说

近期的研究已经表明产前发育期或出生时持续的脑损伤可能破坏大脑的最佳成熟进程，形成的微小神经损伤在个体成长后期变得越发明显。此神经损伤被认为增强了精神分裂症的易感性和轻微心理异常的发生概率（轻微的头部、脸部、手部和脚部解剖缺陷）。

率就会上升（Khashan et al., 2008）。其他的研究则显示精神分裂症的患者比控制组有更多产科并发症的历史（Kelly et al., 2004; Murray & Bramon, 2005）。最后，研究还显示与孕期神经损伤一致的轻微躯体异常（轻微的头部、手、脚，以及脸部的结构损伤）在精神分裂症患者中更为常见（McNeil, Canton-Graae, & Ismail, 2000; Schiffman et al., 2002）。总体而言，这些不同的研究都支持早期神经创伤与精神分裂症易感素质之间存在联系（King, St-Hilaire, & Heidkamp, 2010）。

5. 情绪表达

情绪表达的研究主要集中于探讨家庭动力中的这个元素如何在精神分裂症病发后影响其病程（Leff & Vaughn, 1985）。**情绪表达**（expressed emotion, EE）是指患者的亲属对患者所表现出来的批判和情绪过度卷入的程度。通过对亲属之间沟通的录像的编码，研究者对其批判性评论、对患者的敌意，以及过度的情绪表达进行了评估（Hooley, 2004）。

研究显示家庭的情绪表达是精神分裂症患者病程的良好预测因子（Hooley, 2007）。在患者出院后，回到高情绪表达家庭中患者的复发率是回到低情绪表达家庭患者的三倍（见图15-21）。对于回归高情绪表达家庭的患者而言，他们所面对的部分问题在于其家庭更可能成为压力的来源，而非社会支持（Cutting & Docherty, 2000）。

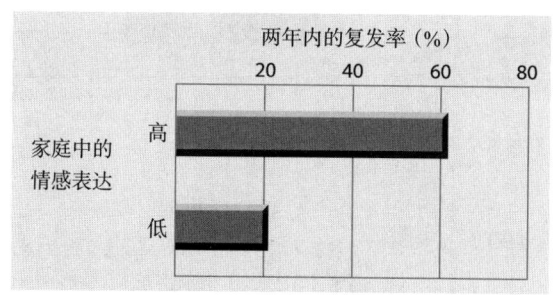

图15-21 精神分裂症中的情感表达与复发率

相对于回到家中有低情绪表达率的病患，回到家中有高情绪表达的精神分裂症病患有更高的复发率。因此，不健全的家庭动力系统可以影响精神分裂症的发病进程。

资料来源：Data adapted from Leff & Vaughn, 1981.

6. 促发性应激

多数精神分裂症相关理论均认为应激在诱发精神分裂症中扮演着重要的角色（Walker & Tessner, 2008）。根据这个理念，不同的生理和心理因素都会影响精神分裂症的易感性。高度的应激则会促发具有易感性个体的精神分裂症。研究显示高应激同时还能促发已取得康复个体疾病的复发（Walker, Mittal, & Tessner, 2008）。对待事情容易出现强烈情绪反应的个体的症状特别容易受到应激的激化（Docherty et al., 2009）。

精神分裂症是我们讨论的轴Ⅰ的最后一个主要障碍。接下来，我们将会回顾一下各类人格障碍。这些障碍被列在DSM分类系统的轴Ⅱ中。

人格障碍

我们已经多次提到要在健康和异常行为之间划一条假想的分界线是非常困难的。而这在人格障碍中更为显著。相比多数轴Ⅰ的障碍，多数人格障碍的紊乱程度更轻微。**人格障碍**（personality disorders）是以极端、僵化的人格特质而导致个体主观不适以及社交和职业功能受损为特征的一组障碍。本质上来说，患有这些障碍的个体用较为僵化的方式，将特定的人格特质发挥到了极致，致使其适应性功能受到了损伤。人格障碍通常在儿童晚期或者青少年期开始显现。

DSM-IV列出了10类人格障碍。对于每一类人格障碍患病率的估计为1%~2%（Guzzetta & de Girolamo, 2009）。人格障碍可以归为三组：焦虑-恐惧、古怪-偏离，以及戏剧化-冲动性。表15-3中简要描述了这些障碍。如果你仔细阅读这个表，就会发现不同的非适应性人格综合征。你可能还会注意到部分人格障碍本质上是轴Ⅰ严重障碍的轻微表现。例如，强迫型人格障碍是强迫症的轻微版。类似地，分裂型和精神分裂型人格障碍则是精神分裂症的轻微版。部分人格障碍在男性中更常见，而部分则在女性中更常见，具体如表格最后边列所示。

诊断问题

大量批判性声音认为人格障碍与轴Ⅰ障碍之间，以及人格障碍相互之间的重叠过多（Clark, 2007）。这一问题在Leslie Morey（1988）的研究中得以展示。Morey回顾了291名被诊断为某种人格障碍的患者，检查有多少人可以满足其他任意一种人格障碍的诊断标准。Morey发现诊断之间存在大量的重叠。例如，在符合表演型人格障碍的患者中，56%的人也符合边缘型人格障碍的诊断，54%符合自恋型人格障碍，32%符合回避型人格障碍，以及30%符合依赖型人格障碍。明显，轴Ⅱ诊断的

3类心理障碍的插图概述

轴Ⅰ类别	亚型	患病率/知名患者
焦虑障碍 爱德华·蒙特的《呐喊》表达了泰山压顶般的焦虑感受。 	**广泛性焦虑障碍**：慢性的、没有任何具体对象的高水平焦虑 **恐怖症**：持续的、对并无真实危险的物体或情境有着持续的、非理性的恐惧 **惊恐障碍**：突如其来的、出乎意料的焦虑反复发作 **强迫症**：非意愿性思维持久地、不受控制地侵入，且力促进行无意义的仪式性活动 **创伤后应激障碍**：由于重大创伤性事件导致的持久的心理困惑与干扰	19% 患病率  著名的实业家霍华德·休斯患有强迫症。
心境障碍  凡·高的画作《加谢医生的肖像》捕获了抑郁障碍中的深刻的沮丧体验。	**重度抑郁症**：表现出悲伤、无价值感或绝望的感受中的两种或多种症状的重度抑郁的发作 **双相障碍**：表现出膨胀的自尊心、妄自尊大、情绪高涨、精力无限中的一种或多种症状的躁狂发作，通常伴有重度抑郁发作	15% 患病率  演员欧文·威尔逊患有抑郁症。
精神分裂症障碍 精神分裂症病患的知觉扭曲可能是这幅由路易斯·韦恩所画的猫的怪异形象的灵感来源 	**偏执型分裂症**：迫害妄想和权贵妄想频繁的幻听 **紧张型分裂症**：从静止到过度的、无目的的活动的动力干扰 **瓦解型精神分裂症**：平淡的或不适当的情绪；杂乱无章的语言和行为 **未分化型精神分裂症**：不能放入以上三个类别中的特质症状的混合	1% 患病率  约翰·纳什，诺贝尔经济学奖获得者，奥斯卡最佳影片《美丽心灵》，便是根据其真实故事改编的。自1959年开始，他便饱受偏执型精神分裂症的折磨。

病因：生物学因素　　　　　　　　　　　　　　病因：心理学因素

基因易损性：双生子研究和其他证明表明焦虑障碍存在适度的基因易损性倾向。

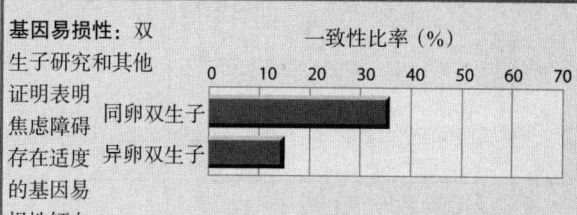
一致性比率（%）
同卵双生子
异卵双生子

焦虑易感性：对焦虑的生理症状过于敏感可能导致对焦虑感受的过度反应。故焦虑诱发焦虑。

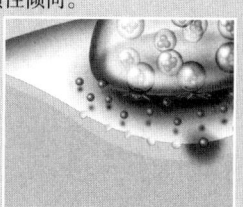

神经化学基础：释放 GABA 的神经环路受损可能导致一些障碍；5-羟色胺突触的异常与惊恐和强迫症有关联。

学习：许多焦虑反应可能是通过经典条件反射或观察学习而习得的；恐惧反应可能由操作性强化物所保持。

应激：高应激可能在焦虑障碍的引发中起着助推作用。

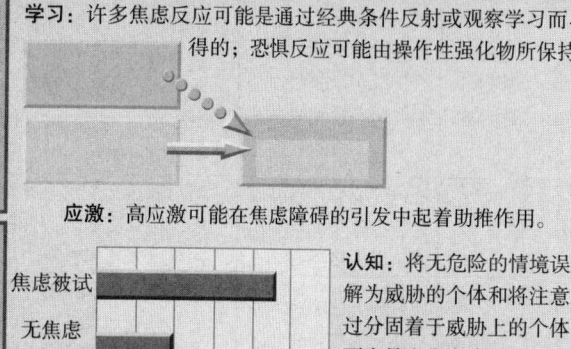
焦虑被试
无焦虑被试
内化的"威胁"解释（%）

认知：将无危险的情境误解为威胁的个体和将注意过分固着于威胁上的个体更容易患焦虑障碍。

基因易损性：双生子研究及其他证据表明心境障碍具有一定的基因易损性。

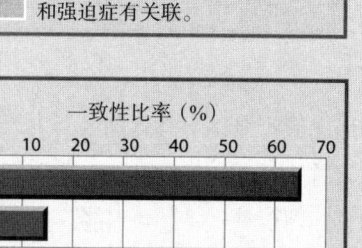
一致性比率（%）
同卵双生子
异卵双生子

抑制的神经生成：神经生成的中断可能导致海马体的减小且导致抑郁。

神经化学基础：释放去甲肾上腺素的环路的破坏可能导致一些心境障碍；5-羟色胺突触的异常也与抑郁症的发生有关。

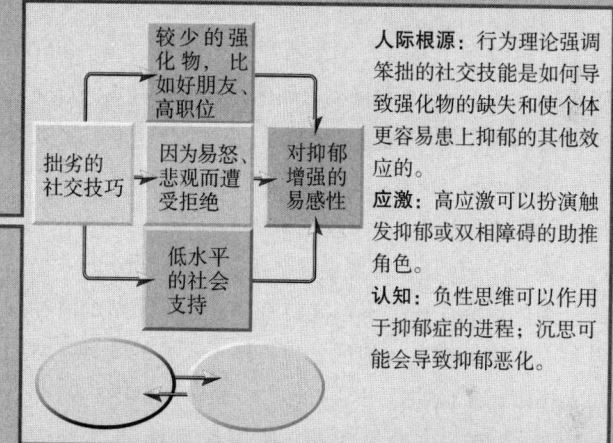
较少的强化物，比如好朋友、高职位
拙劣的社交技巧
因为易怒、悲观而遭受拒绝
对抑郁增强的易感性
低水平的社会支持

人际根源：行为理论强调笨拙的社交技能是如何导致强化物的缺失和使个体更容易患上抑郁的其他效应的。

应激：高应激可以扮演触发抑郁或双相障碍的助推角色。

认知：负性思维可以作用于抑郁症的进程；沉思可能会导致抑郁恶化。

基因易损性：双生子研究和其他证据表明了精神分裂症障碍的遗传倾向。

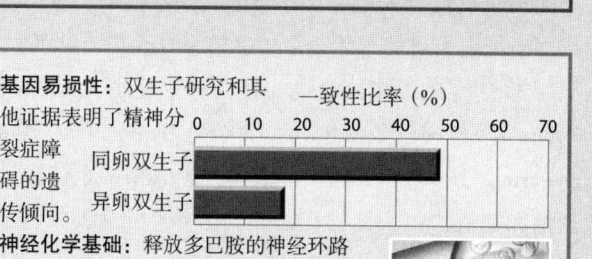
一致性比率（%）
同卵双生子
异卵双生子

神经化学基础：释放多巴胺的神经环路过份活跃是与精神分裂症有关联的；但其他神经递质系统的异常也能导致精神分裂症。

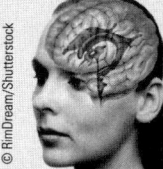

脑结构的异常：增大的脑室系统与精神分裂症有关，但它们更可能是一种影响，而非障碍的起始原因。

释放的情绪：家庭里的释放情绪是精神分裂症患者病情进程的有效预测变量。

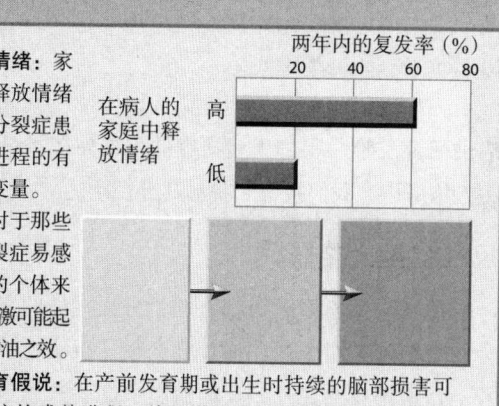
两年内的复发率（%）
在病人的家庭中释放情绪
高
低

应激：对于那些精神分裂症易感性较强的个体来说，高应激可能起着火上加油之效。

神经发育假说：在产前发育期或出生时持续的脑部损害可能破坏脑的成熟进程，从而增强日后对精神分裂症的易感性。

表 15-3 人格障碍

簇	障碍	描述	% 男性 / % 女性
焦虑 / 恐惧	回避型人格障碍	对潜在的拒绝、羞辱、耻辱过分地敏感；尽管渴望得到别人的理解与接纳，但故意表现出社交退缩	50/50
	依赖型人格障碍	过于缺乏自立、自尊；被动地允许他人做出所有决定；在别人的需求面前不断地压抑自己的需求	31/69
	强迫型人格障碍	专注于组织、规则、计划表、列表、琐碎小事；极端规矩、认真和正式；正性情感表达无能	50/50
古怪 / 偏离	精神分裂型人格障碍	对形成社交关系显得有些能力缺陷；缺乏对他人的热心与柔情	78/22
	分裂型人格障碍	表现出社交缺陷，具有怪异思维、感知和类似于精神分裂症的言语	55/45
	偏执型人格障碍	对他人表现出普遍的且没必要的怀疑；过于敏感；易忌妒	67/33
戏剧化 / 冲动性	表演型人格障碍	过于戏剧化；易于夸张情绪情感；自我中心，寻求关注	15/85
	自恋型人格障碍	雄心勃勃地妄自尊大，沉浸于成功幻想；期待特殊的待遇；缺乏人际共情	70/30
	边缘型人格障碍	自我印象、情绪和人际关系的不稳定；冲动的且不可预测	38/62
	反社会型人格障碍	循序渐近地侵犯他人的权利；不能接受社会规范，不能与他人建立情感联结，或不能维持稳定的工作行为；贪婪的、鲁莽的	82/18

资料来源：Estimated gender ratios from Millon (1981).

基本问题就在于其是分类诊断系统（Tyrer et al., 2007；Widiger, 2007）。人格障碍之间的重叠使得有效的诊断变得极为困难。对人格障碍诊断的另一质疑则来自将其作为独立的一轴。在轴 I 障碍和人格障碍之间似乎并不存在任何基础性的差异（Krueger, 2005）。

基于这些问题，许多理论学者都在质疑当下对人格障碍分类的诊断。正如本章之前所提，分类诊断的潜在假设是人们能够被有效地区分为各种不重叠的类型，然而对人格障碍来说明显不是如此（Verheul, 2005；Widiger & Trull, 2007）。对于 DSM-5 使用维度诊断的支持尤其强烈（Widiger, Livesley, & Clark, 2009；Widiger & Mullins-Sweatt, 2010）。

人格障碍诊断上的困难显然妨碍了对其病因学和预后的研究。唯一得到大量研究的人格障碍类型是反社会型人格障碍，我们接下来将对其进行阐述。

反社会型人格障碍

反社会型人格障碍拥有一个有误导性的名字。反社会的意思不是指个体回避社会交往。事实上，这些个体并不是害怕社会交往，反而他们中的多数人显得非常善于交际、友好，甚至极为吸引人。这类患者的反社会指的是他们选择拒绝被广泛接受的关于道德准则和行为的社会规范。

1. 描述

反社会人格的个体长期侵犯他人的权益。他们通常会利用自己在社交上的吸引力来培养他人对自己的喜爱或忠诚，最终为其剥削的目的所服务。反社会人格障碍患者以其冲动性、麻木、操纵他人、攻击性，以及不负责任为特征，反映了其接受社会规则方面的失败。由于他们从来没有接受过他们所违反的社会准则，因此反社会人格的人几乎不会对自己的行为感到内疚。本质上来说，他们缺乏恰当的良知。反社会人格障碍在男性中更为常见。研究显示，这是一种较为常见的障碍，男性群体中为 3% ~ 6%，女性群体中则约为 1%（Widiger & Mullins, 2003）。

大量反社会人格的个体会陷入非法活动。更严重的是，反社会人格的个体会在年龄较小时就开始犯罪生涯，犯罪频率较高，并最终成为从事多项犯罪活动的惯犯（Douglas, Vincent, & Edens, 2006；Hare, 2006；Porter & Porter, 2007）。然而，多数反社会人格的个体将其剥削性和非道德行为维持在法律的边界上。这类人甚至能在社会中获取较高的地位（Babiak & Hare, 2006；Hall & Benning, 2006）。换句话说，反社会人格的概念除了诈骗高手、毒贩、恶棍、盗贼、小偷之外，还能应用到商业大腕、政治玩家、无良律师等人物上。

反社会人格的个体呈现出多种适应不良的特质（Hare, 2006；Hare & Neumann, 2008）。他们几乎体验不到对他人的真实感受。然而，他们可能非常善于伪装感受从而达到剥削他人的目的。在性关系上，他们呈现出掠夺性并且混乱。他们不负责任且易冲动。难以忍受小小的挫折，喜欢追求即刻的满足。这些特质使得他们成为不可靠的雇员、不忠诚的伴侣、不关心孩子的父母，以及不可信任的朋友。多数反社会人格的个体都有离婚、虐待孩子、工作不稳定的历史。这幅光景直到中年才会有所改善。一项研究追踪反社会的男性直至他们50多岁，发现58%的人会有较大的改善（Black，2001）。

2. 病因

多数理论家认为生理因素在反社会人格障碍的发展中有所贡献。大量证据表明该障碍有基因的素质因素（Moffitt，2005；Waldman & Rhee，2006）。双生子研究的综述发现同卵双生子的共同发病率约为67%，而异卵双生子的共同发病率则为31%（Black，2001）。这些结果支持该障碍有较强基因易感性的假设。多数观察者发现反社会人格的个体缺乏多数人所拥有的对于违反道德标准的抑制能力。他们抑制功能的缺陷促使汉斯·艾森克（Hans Eysenck）（1982）提出理论认为，这类个体或许遗传了较为迟钝的自主性神经系统，从而导致通过经典条件作用习得抑制能力的过程更为缓慢。反社会人格唤醒过低的理念已经得到了部分证据的支持（Raine，1997）。然而，这些发现并不一致（Blackburn，2006）。该领域研究的部分问题在于"唤醒"可以通过多种不同方式进行量化。

反社会行为的相关心理因素的研究强调其在不良功能的家庭系统中不恰当的社会化过程（Farrington，2006；Sutker & Allain，2001）。非常容易想象在一个父母没有用心去培养孩子尊重、诚实、负责、无私等方面的家庭里，反社会特质会怎样发展起来。与这个想法一致，研究发现反社会人格的个体更倾向于来自规则不稳定或无效，或是经历躯体虐待和忽视的家庭（Luntz & Widom，1994；Widom，1997）。这类个体还可能出现在父母双亲或其中一个有反社会特质的家庭中（Black，2001）。这些父母会作为模范呈现出剥削性和非道德行为，而他们的孩子则会通过观察习得这些行为。

心理障碍和法律

社会使用法律强化对于恰当行为的标准。在此功能下，当今社会的法律与异常行为之间有许多联系。在这部分，我们将探讨精神失常和非自愿监管的概念。

精神失常

精神失常不是一个诊断，而是法律概念。**精神失常**（insanity）指的是一种法律状态，是指个体因其精神疾病而无法对自己的行为负责。为什么这是一项法律事务？因为犯罪行为必须是有意的。法律认为"失去自我意识"的人们是无法意识到自己正在做的事情的严重性的。精神失常的辩护被用于犯罪审判中，被告承认自己实施了犯罪行为但不是有意为之的。

> 👆 **真相核查**
>
> **误解**
>
> 患有心理障碍的人经常是暴力的、危险的。
>
> **真相**
>
> 在精神疾病和暴力倾向之间只发现了较小的相关（Elbogen & Johnson，2009；Freedman et al.，2007）。这种刻板印象的存在是因为涉及精神疾病的暴力犯罪率吸引了媒体的注意。然而，参与这些事件的个体并不代表他们正在与心理障碍做斗争。

特定精神障碍诊断与法庭精神失常判定之间并不是简单的关系。绝大多数被诊断为心理障碍的人远不会达到精神失常的程度。那些真正符合精神失常的个体通常受到了严重精神病性紊乱的困扰，例如妄想行为。

法院在判断被告是否失去心智时应用了管辖权内的许多规则（Simon & Shuman，2008）。麦那顿规则（The M'Naghten Rule）是应用最广的，它指出精神失常是指精神混乱使个体失去了判断对错的能力。可以想象得到，评估这条规则中的精神失常的定义对法官来说是很难的，更别说是被叫到法庭作目击者的心理学家和精神病专家了。

尽管被广泛宣传和讨论，但精神失常的辩护事实上比想象中应用并胜诉的数量少得多（见表15-22）。一个研究发现公众认为精神失常的辩护在诉讼中占了37%，事实上却少于1%（Silver，Cirincione，& Steadman，1994）。另一个在针对巴尔的摩超过60 000起诉讼的研究中，只有190例使用了精神失常的辩护（占0.31%），这其中只有8例成功了（Janofsky et al.，1996）。

强行就医

精神失常造成的后果往往只能在犯罪实施后才浮出水面。使更多的人受影响的是在民事诉讼中遇到强行就医的问题。**强行就医**（involuntary commitment）的被执行者会被强制送到精神机构入院治疗。这种戏剧化的行为有何根据呢？它们在每个州各不相同。总的来说，心理健康专家和法律顾问认为需要强行就医的人的某种精神疾病导致：①对自身造成极大危害（通常是自杀）；②对他人造成危险（尤其是暴力）；③无法提供自己所需的基本照料（Benedek & Grieger，2008）。在紧急情况下，心理学家和精神病学家可以授权临时就医，时间通常是 24～72 小时。而长时间的强行就医要求则是在法庭正式听证会之后执行持续 6 个月时间的入院治疗。心理健康专家在听证会上提供大量的证据，然后法庭做出最终决定（Simon，2005）。

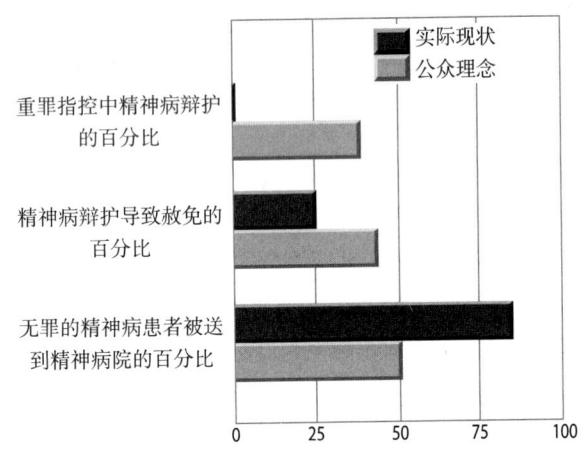

图 15-22　精神错乱的辩护：公众理念和实际现状

Silver、Cirincione 和 Steadman（1994）收集了大众关于精神错乱辩护相关认识的数据，其中包括精神错乱辩护经常使用的频率及其使用成功的概率（以在 8 个州进行的一项大规模精神辩护为依据）。因为媒体报道的高度选择性，在公众认知和真实现状间我们可以看见戏剧性的差异，因为精神错乱辩护使用得不是那么经常且比我们想象的要更难以成功。

大多数强行就医情况的发生是因为患者可能出现对他人或自己的危险性行为，因此困难是在于如何预测这种危险性（Freedman et al.，2007）。研究提示治疗师对于哪种患者可能在短期内变得暴力的预测准确率非常低，而对于长期发生暴力行为的预测也是很不准确的（Simon & Shuman，2008；Stone，1999）。这种对危险性预测的不确定性是很不幸的，拘留一个人可不是件小事，而且强行就医是通过拘留来限制住人将来可能做什么，但不能解决他们之前做过什么。这种拘留违背了美国法律准则，那就是在被证明有罪前每个人都是清白的。实际预测危险性的困难度使得强行就医变成一个复杂而棘手的议题。

Jared Lee Loughner

Jared Lee Loughner 于 2011 年 1 月枪杀了国会女议员 Gabrielle Giffords 和许多旁观者，在枪击案发生前的几个月，其表现出明显的心理功能衰退。鉴于其遭受心理障碍，许多人不懂为何他没有被进行强行就医。最令人们不能理解的是美国法律将强行就医的门槛设置得非常之高。为什么？因为对危险的预测并非总是那么精确，且因为我们的法律系统不愿禁闭那些"行为上本该如此"的人。不幸的是，我们"强行就医"的保守方法有时会产生悲剧性的结果。

文化和病理学

指导精神异常和强行就医的法律规定显然是因文化而不同的。而我们在前面也提到了对正常和异常的判断深受文化习俗和价值观的影响。考虑到这些实际情况，是不是就能够合理地推断出心理障碍是一种文化差异的现象呢？社会科学家在回答这个问题时明显分成了两个阵营。一些人对心理障碍持相对主义的观点，而另一些人持普适主义或泛文化的观点（Tanaka-Matsumi，2001）。那些持相对主义观点的理论家认为关于心理疾病的标准在不同文化中是有很大差异的，因此他们认为没有一个普遍适用的关于正常和异常的标准。根据相对主义者的观点，DSM 诊断系统反映的是民族中心的、西方的、白人的、城镇的、中产和上流阶级的文化取向，这种取向在其他的文化背景中只有有限相关性。反过来，那些持泛文化观点的人辩驳道，关于心理疾病的标准在世界上是差不多一致的，并且关于正常和异常的基本准则也是各文化中普遍适用的。对心理病理学持泛文化观点的理论家坚信西方的诊断概念在其他文化背景中也有效度和推广度。

关于文化和病理学的争论通常集中在两个问题：①在西方社会中发现的心理障碍在世界上其他地方也都有吗？②心理障碍的症状类型是跨文化一致的吗？让我们简短地看一下关于这些问题的研究证据，然后再考察心理障碍的相对主义和泛文化观点。

是不是心理障碍在世界各地都一样

大多数的研究者同意对严重的心理失调的主要分类，即精神分裂症，抑郁症和双相障碍在各个文化中都是一样的（Tsai et al., 2001）。大多数在某文化中明显被认为异常的行为在其他文化中也认为是异常的。那些有幻想、幻觉、混乱或思维破裂的人在所有社会都被认为是失调的。不过什么东西会被认为是妄想或幻觉就有文化间的差异。

文化差异在识别轻度的心理失调类型的时候更明显（Mezzich, Lewis-Fernandez, & Ruiperez, 2003）。现在还需要更多的研究，不过那些不会明显产生破坏性行为的轻度病理学障碍在许多社会中不被标识为心理障碍。因此，症状类似广泛性焦虑障碍，虽然在DSM诊断系统中有可靠的诊断内容，但在其他一些文化中认为是一般的问题和怪癖而不是一种完整的障碍。

最后研究者发现了一些文化特定的障碍，进一步证明了异常行为在世界上的差异性（Lewis-Fernandez, Guarnaccia, & Ruiz, 2009；Tseng, 2009）。**特定文化心理障碍**（culture-bound disorders）是那些仅在一部分文化群体中出现的症状。比如，恐缩症，一种强迫性地恐惧自己的阴茎会收缩到下腹里，仅在马来半岛的中国男性和几个其他的南亚地区发现的障碍。Windigo症，强烈的对人肉的渴望和担心自己会变成食人族，一种仅在阿尔贡金印第安文化中出现的障碍。直到最近，神经性厌食症这种进食障碍只在富裕的西方文化中被发现（Russell, 2009）(将在本章的个人应用中详细讨论)。

症状类型是不是文化共通的

主要的心理障碍在世界各地的表现都是一样的吗？这与障碍的内容有关。如果一个障碍由较强的生物因素造成，那它就更可能在不同文化中表现得一致（Marsella & Yamada, 2007）。因此，精神分裂症和双相障碍的病征集合在不同的社会中表现都是一样的（Draguns, 1980, 1990）。然而，即使是很严重的与生物因素相关的心理障碍，仍然可以见到症状类型的文化差异（Mezzich et al., 2003）。比如说幻想是精神分裂症在各个文化中都会表现出来的症状，但是个人报告出来的幻想是与文化影响有关的（Brislin, 1993）。在科技发达的社会，精神分裂症患者报告他们接收到的信息通过电线、人造卫星或微波炉进入他们大脑，但在科技不发达的社会，精神分裂症患者虽然经历同样的现象但是归结到巫师或恶魔。这种文化对症状类型的影响被最近一些关于现代社会新的幻想的报道证明，例如患者错误地坚信他们是电视节目里的明星（DeAngelis, 2009）。在主要障碍中，关于抑郁症的症状类型变化是最多的。例如，强烈的内疚感和自我贬低感在西方文化中是抑郁症的核心，但是这种感受在其他许多社会的抑郁症中不是那么核心。在非西方文化中，抑郁症更多通过躯体化症状表达出来，比如抱怨自己疲乏、头疼、背疼，而较少表现心理症状，如沮丧和低自尊（Tsai et al., 2001；Young, 1997）。

所以，我们能从心理障碍的相对主义和泛文化观点的有效度中总结出什么呢？两种观点都有自己的优点。正如我们在研究的其他领域所看到的那样，心理病理学从文化角度来看既有差异又有共通点。对症状的病理学原因和类型的客观研究发现了跨文化的相似性，然而研究也发现许多文化的变量影响了对不同心理障碍的认识、解释和症状诊断。

本章主题回顾

我们对异常行为及其根源的测试突出了四个主题：多因素的因果关系，遗传与环境的交互作用，心理学发展的社会历史背景和文化对心理现象的影响。

可以说，本章描述的每种障碍都有多种成因，心理障碍的发展包括了各种心理、生物和社会因素的交互作用。我们也可以看见大多数心理障碍的产生都是基因与环境的交互作用，这种交互作用在关于心境障碍和精神分裂症障碍的"**应激易感性模型**"（stress-vulnerability models）中清晰地表现出来（见图15-23）。这些障碍的易感性看上去主要依赖于遗传，然而应激很大程度上是环境带来的影响。根据应激易感性理论，心理障碍在高易感性和高应激交互作用时产生。如果一个人的应激水平低的话，即使拥有高的生物易感性也可能不会转化为心理障碍。同样，在易感性水平低时，高应激水平可能不会导致心理障碍的产生。因此，遗传的影响依赖于环境，而环境的作用依赖遗传条件。

本章同样印证了心理学是在社会历史背景中发展的。我们看到现代社会对正常和异常的概念很大程度上受到实证研究的影响，不过社会趋势、物质生活水平和实际政策也发挥了作用。最后我们对心理障碍的讨论，再一次展现了心理现象在一定程度上受到文化定势的塑造。一些关于正常和异常的标准在不同文化里是共通的，但是文化习俗也影响了心理病理学的许多方面。事实上，文化的影响将在我们接下来的个人应用中关于

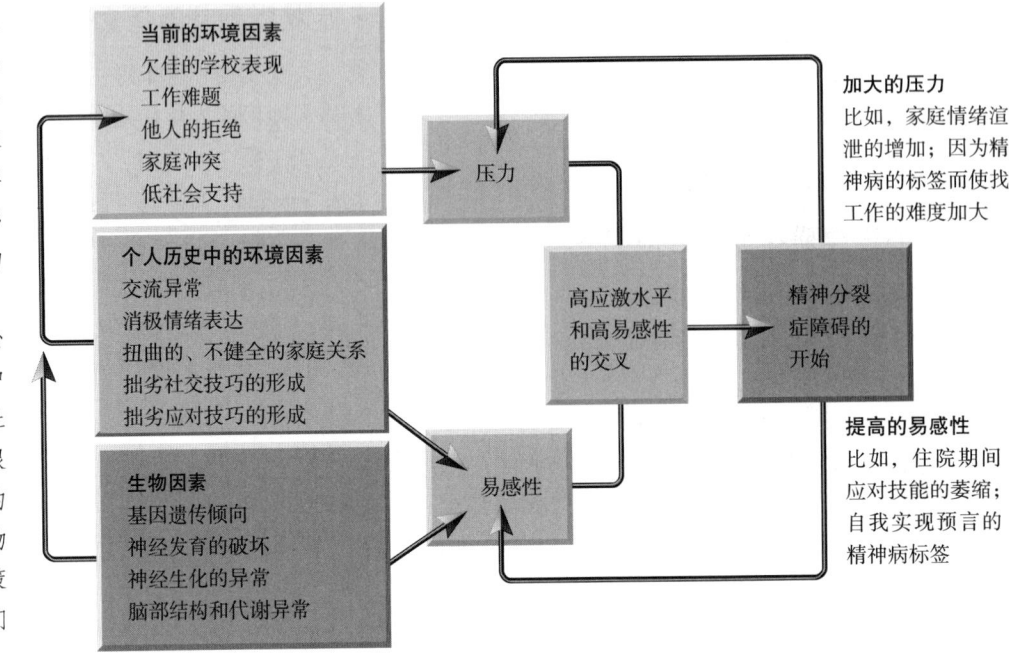

图 15-23　精神分裂症的"压力－易感性"模型

当前理论界关于精神分裂障碍病因的多因素因果是明显被推崇的。多样的生物因素和个人历史因素影响了个体对障碍的易感性，这些因素又与个体所体验到的压力交互作用。精神分裂障碍似乎是高强度压力与高易感性结合的产物。

进食障碍的部分呈现。这种障碍很大程度上可以说是一种现代的、富裕的西方文化的产物。

个人应用

了解进食障碍

用"对"或"错"回答下面的问题：

1. 尽管进食障碍是在近些年才被关注的，进食障碍还是有很长的历史而且一直是比较常见的。

2. 有神经性厌食症的人比神经性贪食症的人更会认为自己的进食行为是病态的。

3. 进食障碍在女性中的发病率是男性的两倍。

4. 暴食泻出症状在神经性贪食症患者中比神经性厌食症患者中更常见。

正如你将会在个人应用中看到的，上面所有的陈述都是错的。我们在这一章主干部分讨论的心理障碍大都已经被了解了几个世纪，它们中的大多数都能在所有文化和社会中找到这样那样的症状形式。进食障碍却并非如此。它们直到最近才被认识，并且是结合富裕的西方文化产生的（G. F. M. Russell, 1995; Szmukler & Patton, 1995）。尽管与其他障碍有如此大的差异，进食障碍与传统的病理学形式还是有很多的相似。

描述

进食障碍（eating disorder）是严重的进食行为失调，主要表现为对体重和不健康的控制体重方式的过分要求。大多数人不把进食障碍看作和其他类型的心理障碍一样严重，不过你会看到，进食障碍非常危险，容易让人生命垂危（Tompson, Roehrig, & Kinder, 2007）。没有其他一种心理障碍评估会有同等相当的死亡危险（Striegel-Moore & Bulik, 2007）。在 DSM-IV 中鉴定出了两种有部分重叠的综合征：神经性厌食症和神经性贪食症。第三种综合征叫作暴食障碍，作为一种潜在的新的障碍被列举在 DSM-IV 附录中，等待进一步的研究。我们在本章的个人应用中会着重看两种已经确立的进食障碍，不过我们也会简短地描述暴食障碍这种新的进食障碍症状。

神经性厌食症

神经性厌食症（anorexia nervosa）的主要特点包括对体重增加强烈的恐惧，失调的体重指数，拒绝维持正常体重，以及采用危险的手段来降低体重。神经性厌食症有两个子类。在限制型神经性厌食症中，患者极度地降低食物的摄入，有时干脆让自己不进食。在暴食泻出型神经性厌食症中，患者尝试通过强迫自己在饭后呕吐，滥用泻药和利尿剂以及过度运动的方式来降低体重。

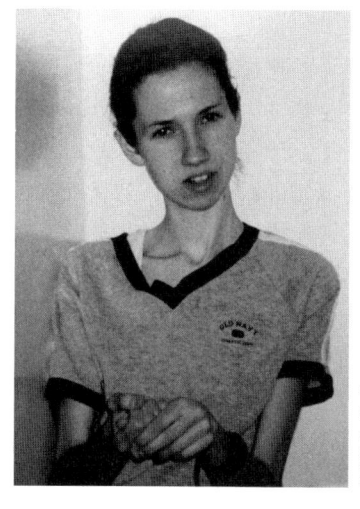

进食障碍已经成为普遍困扰西方年轻女性的一个问题，无论她们已经变得多么瘦弱，患厌食症的人都坚称她们自己太胖了。

两种子类的患者都有错误的身体意象，无论自己已经变得多么憔悴和瘦弱，她们都坚称自己太胖。她们对肥胖病态的恐惧意味着她们从不会对自己的体重感到满意。如果她们体重增加一两磅，她们就会开始恐慌。唯一能让她们感到开心的事情就是降低更多的体重，通常结果就是不断降低身体重量。接受神经性厌食症治疗的人通常都低于她们正常体重的25%～30%（Hsu，1990）。因为她们失调的身体意象，患有厌食症的人通常都不认为她们的行为是适应不良的。因此，她们很少主动寻求治疗，通常都是她们的朋友或家人因为她们的外形过度瘦弱而哄骗或者强制带她们接受治疗。

神经性厌食症最终导致灾难性的身体问题，比如可能有绝经（女性月经循环的丧失），肠胃疾病，低血压，骨密质下降（骨头密度的下降），可能导致心脏停搏和循环衰竭的新陈代谢紊乱问题（Halmi，2008；Russell，2009）。厌食症导致5%～10%的患者的死亡（Steinhausen，2002）。

神经性贪食症

神经性贪食症（bulimia nervosa）是指惯性地实施不加控制的过度进食后又采用不健康的行为进行补偿，例如自我催吐、禁食、过度使用泻药和利尿剂，以及过度运动。这种过度进食通常是秘密实施的，进食之后伴随的是强烈的内疚和对体重增加的担心。这种感受激发了采用具有潜在伤害性的方法缓解过度进食带来的后果的一系列策略。然而，呕吐让吃进去的食物有一半得到了消化吸收，利尿剂和泻药对热量吸收的作用影响很小，因此患神经性贪食症的患者通常能够维持一个正常的体重（Fairburn，Cooper，& Murphy，2009）。与神经性贪食症相关的疾病有心律失常、牙齿疾病、新陈代谢不足和肠胃问题（Halmi，2002，2008）。贪食症通常和其他心理失调共病，包括抑郁症、焦虑障碍和物质滥用（Hudson et al.，2007）。

显然，神经性贪食症和神经性厌食症有许多相似的特征，包括对变肥胖的极度恐惧，过度关心食物和严格控制体重等不适应方式，尤其是具有单一的"全或无"的思考方式。许多患者在开始发展为一种障碍之后又变成另一种，这也证明了两种障碍的紧密联系（Tozzi et al.，2005）。然而两种综合征在一些方面还是有重要的不同：首先也是最重要的，贪食症是一种对生命威胁更小的状况；其次，虽然患贪食症的人的外表比患厌食症的人看上去更"正常"，但患厌食症的人也更觉得自己的进食行为是病态的。因此他们更愿意配合治疗（Guarda et al.，2007）。无论如何，像厌食症一样，贪食症也与死亡率上升有关（Crow et al.，2009）。

暴食障碍

许多在进食上有障碍的人并不符合厌食症或者暴食症的分类，这就是为什么建议增加第三种分类。**暴食障碍**（binge-eating disorder）包括悲痛引发的过度进食，并且之后没有伴随在贪食症中可见的泻出、禁食和过度运动等行为。这种症状与贪食症很像，不过是更轻微的障碍。不过这种障碍也产生许多问题。患这种障碍的人对他们的身体感到厌恶，对过度进食的行为极度担忧。患暴食障碍的人通常都超重，他们的过度进食通常都由应激引发（Gluck，2006）。研究发现这种相对轻微的症状可能比厌食症或贪食症更普遍（Hudson et al.，2007）。从1994年发布DSM-IV以后，一直对这种症状进行的研究来看，它很有可能会在DSM-5中被认为是一种独立的障碍（Striegel-Moore & Franko，2008）。

历史和患病率

历史学家可以发现对神经性厌食症的描述在几个世纪前就有了，这种疾病并非一种全新的障碍。然而神经性厌食症直到20世纪中叶才开始流行（Vandereycken，2002）。暴食泻出型在一些文化中也有很长的历史，不过它们并非病态地控制体重。神经性贪食症则像是一种新的症状，在 20 世纪中叶开始出现，到 20 世纪 70 年代才被人们了解（Steiger & Bruce，2009；Vandereycken，2002）。

两种障碍都是现代富足的西方文化的产物，通常是食物富足，而人们对变得苗条非常钟爱。直到最近，这些障碍才出现在西方以外的文化中（Hoek，2002）。不过交流技术的进步让西方文化输出到了更多的地方，进食障碍现在开始在许多非西方文化的社会，特别是富足的亚洲国家出现（Becker & Fay，2006；Lee & Katzman，2002）。

在发展出进食障碍的可能性上有巨大的性别差异。约 90%～95% 的患进食障碍的个体是女性（Thompson & Kinder，2003）。这难以置信的差距应该是文化而非生物因素的后果（Smolak & Murnen，2001）。西方在吸引力的标准上，给女性更多要苗条的压力。除此外，女性通常比男性经历更高的关于身体吸引力的压力（Strahan et al.，2008）。大多数受进食障碍影响的是年轻的女性，典型的发病年龄，对于厌食症来说是 14～18 岁，对于贪食症来说是 15～21 岁（见图 15-24）。

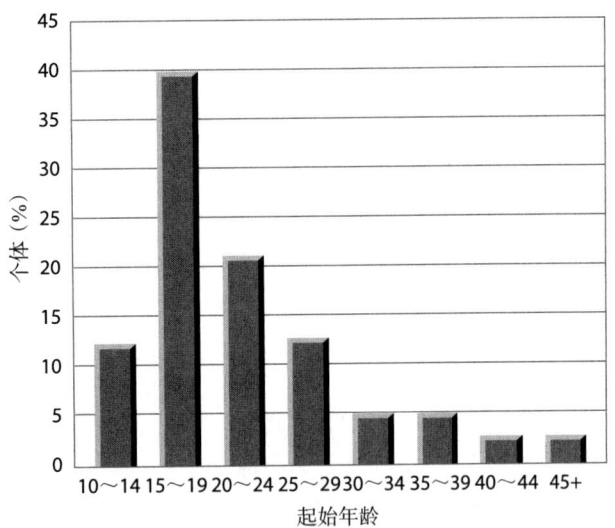

图 15-24　神经性厌食症的起始年龄

进食障碍倾向于出现在青春期，正如这些神经性厌食症数据所展示的。这张图描绘了来自明尼苏达的 166 名女性病人样本发病起始年龄的分布。正如你所见，超过一半被试的发病起始年龄未超过 20 岁，且易感性的峰值明显出现在 15～19 岁之间。

资料来源：Adapted from Lucas et al., 1991.

进食障碍在西方文化中有多常见呢？对年轻女性的研究发现大约 1% 的女性患有神经性厌食症，大约 2%～3% 的女性患神经性贪食症（Anderson & Yager，2005）。从某些方面说，这些数据仅看到问题的表面。证据表明有 20% 的女性大学生可能经历着短暂的贪食症症状（Anderson & Yager，2005）。而在最近社区调查中发现在男性中存在着比预期更多的未被诊断的进食障碍（Hudson et al.，2007）。

进食障碍的病因学

像其他类型的心理障碍一样，进食障碍是由多种交互作用的决定因素造成的。让我们来简单地看一下一些对神经性厌食症和神经性贪食症发展有作用的因素。

基因易感性

虽然证据相比其他许多心理病理学类型（如焦虑障碍、心境障碍和精神分裂症障碍）还不足够有力，或者不够完整，但一些人可能遗传了对进食障碍有易感性的基因（Thoroton，Mazzeo，& Bulik，2011）。研究表明那些有进食障碍的患者的亲属患神经性厌食症和神经性贪食症的概率上升（Bulik，2004）。双生子研究证明可能基因的预先影响是发挥了一些作用的（Steiger，Bruce，& Israel，2003）。

人格因素

特定的人格特质可能增加了患进食障碍的易感性，虽然有数不清的例外，但是神经性厌食症患者倾向于表现出强迫、严格和情绪抑制的特点，而神经性贪食症患者倾向于表现出冲动、过分敏感和低自尊的特点（Anderluh，2003；Wonderlich，2002）。最近研究也证明完美主义可能是厌食症的一个风险因素（Steiger & Bruce，2009）。

文化价值观

文化价值观对进食障碍的流行上升的贡献通常被低估（Anderson-Fye & Becker，2004；Striegel-Moore & Bulik，2007）。在西方社会，年轻女性社会化地认为她们必须要有吸引力，而为了增加吸引力，她们必须和主流媒体中的演员、时尚模特一样消瘦（Levine & Harrison，2004）。由于文化环境如此，许多年轻女性对自己的体重不满意，这种媒体宣传的理想体型对大多数女性来说是难以达成的（Thompson & Stice，2001）。不幸的是，这些女性中的一部分，因为有变瘦的压力，同时结合上基因的易感性、家族病史和其他因素，导致她们采用不健康的方式来控制体重。

在家庭中的角色

有不少理论者强调家庭动态可能会影响神经性厌食症和贪食症在年轻女性中的发展（Haworth-Hoeppner，2000）。重要的问题是一些母亲往往赞同社会中的讯息如"你永远不可能够瘦"或者她们自己示范了不健康的饮食行为（Francis & Birch，2005）。再加上媒体的压力，这种角色的示范导致许多女孩内化了"如果我更瘦就对你更有吸引力"这种想法。

认知因素

许多研究者强调失调的想法是进食障碍发生的病因（Williamson et al.，2001）。例如，厌食症患者典型的信念是，当实际上他们很瘦弱的时候他们还认为自己很胖，这证明他们的想法有多扭曲。进食障碍的患者表现出偏执的，全或无的想法和许多适应不良的信念。这些想法可能包括："我只有变瘦才能被接受""如果我不能全部掌控的话，我就会完全丧失控制""如果我长了一磅，我的体重将会继续增长"。还需要更多的研究来证明扭曲的想法是进食障碍的成因还是一种症状表现。

批判性思维应用

从可能性角度思考精神疾病

你已经读到了各种类型的心理障碍，你有没有想过这些障碍的描述好像是你或者你认识的某个人？一方面，没必要感到紧张，感觉自己和你的朋友符合病理学描述是正常情况。这通常被叫作**医学生疾病**（medical students' disease），因为初始的医学生经常错误地认为他们或他们的朋友患了他们正在学习的那种疾病。另一方面，真实地来说，很有可能你认识的人中确实有部分人患有心理障碍，因为正如你在这章主干部分学到的那样，任何人在一生中某些时刻患上某种DSM里包含的障碍的可能性估计达44%（见图15-5）。

这种估计的可能性会吓到许多人，为什么会这样呢？一个原因是当人们想到心理障碍的时候，总想到一些严重的障碍，比如双相障碍或者精神分裂症。这些障碍实际上非常少见，但一般的失调，例如焦虑障碍和抑郁障碍，是很普遍的。当谈到精神疾病的时候，人们倾向于想到穿着病号服的患者或者那些明显精神错乱的无家可归的人，而事实上他们并不能反映人群中心理障碍患者的广泛性和多元性。换句话说，他们对精神疾病的"原型"或"最佳案例"由那些少见的患有严重障碍的人构成。这样，他们低估了精神障碍的患病率。这种错误反映了代表性偏差的影响，代表性偏差是基于事件与事件原型的相似度来估计一个事件发生的可能性（见第8章）。

另一个让数据看起来特别高的原因是许多人不理解：患有至少一种障碍的概率比患有某种最常见的障碍的本身概率要高得多。例如，患有一种物质滥用障碍（最普遍的障碍类型）的可能性接近24%；但是患有一种药物滥用障碍或者一种焦虑障碍或者一种心境障碍或者一种精神分裂症障碍的可能性跳升到了44%。这些"或者"的关系代表了累积的可能性。而另一个让患病指数看起来很高的原因是人们搞不懂不同类型的患病率。44%的估计是对应终生患病率，这意味着在一个人的一生中任何时候至少曾经历过任何一种障碍的可能性。终生患病率是"或者"关系的另一个例子。这是一个考虑了在儿童期或者青少年期或者成人期或者老年期曾经患过一种心理障碍的可能性。时点患病率指的是对在某一个特定的时间点对患不同障碍的人数百分比的估计，时点患病率要低得多，因为许多心理障碍只持续几个月或几年。

大肆宣扬的精神疾病案件，如约翰·辛克利企图刺杀里根总统，导致公众过高地估计精神错乱辩护的使用频率，说明了价值性启发的影响。

那么什么是"和"的关系呢——也就是我们想要知道一个人同时符合条件A和条件B的概率。例如，用每种障碍的终生患病率估值举个例子（见图15-5）。一个人在终生患物质滥用障碍（24%患病率）和焦虑障碍（19%）和心境障碍（15%）和精神分裂症障碍（1%）的可能性是多少呢？如"和"这样的关系代表了连接的可能性。这个可能性是比24%小，在24%到44%之间，或比44%大呢？当你知道答案是比1%小得多的时候会不会觉得很惊讶呢？除非你患过频率为1%的最低的障碍（精神分裂症障碍），否则你就不可能患过所有的障碍。进一步来说，在所有患精神分裂症的人中，只有很少的一部分可能患过其他三种障碍。因此答案应该是明显低于1%（见图15-25）。如果这个问题你还没有理解透彻，那就再想想。病因学家做了大量的关于共病（同时患有两种或两种以上的障碍）的研究，因为这通常来说会给治疗提出巨大的挑战。

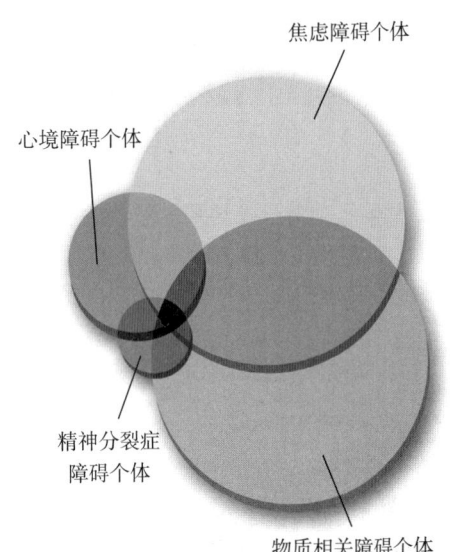

图15-25 连接的概率

此处绘出的某人患有四种障碍的概率不能高于最不常见条件本身的概率，也即精神分裂症的1%。四种障碍的交集已成为精神分裂障碍的一个亚组，且发生率低于1%。创建可以展示各种事件间关系和重叠的图能帮助我们去思考相关事件的发生概率。

下面有两个用数据可能能够作为批判性思维工具的例子。让我们试着用这种思维方式来看身体健康方面的另一个问题。这里有一个问题是特沃斯基和卡尼曼（1983）用在研究中证明许多医生犯的错误：

在不列颠哥伦比亚省的成年男性样本中进行健康调查，包含了所有的年龄和所有的职业。给出你对下面问题的最佳估值：

被调查的男性患过一次或多次心脏病的百分比是多少？ _____

被调查的男性既超过55岁又患过一次或多次心脏病的百分比是多少？ _____

在空白处填写你的最佳答案。当然你可能只有非常普通的关于心脏病发病率的想法，还是请在空白处填写。

在这个例子中实际的值并不如相对的值重要。参加特沃斯基和卡尼曼实验的超过65%的医生对第二题给出了更高的百分比值，他们的答案错在什么地方呢？第二题是问两个事件的连接可能性，但是正如我们之前讨论过的，这个数值必须是比单独一个事件发生的可能性要低。在所有被调查的曾经患过心脏病的男性中，只有一部分是比55岁年长的，因此第二个数字必须比第一个要小。正如我们在第8章看到的，这种思维的错误叫作连接偏差。连接偏差是人估计两个不熟悉的事件都发生的概率要比其中一个事件发生概率高。

为什么许多医生回答这个问题错误呢？他们易犯连接偏差的影响是因为受到代表性偏差的影响，或者叫作原型的影响。当医生想到"心脏病"的时候，他们倾向于想象出一个超过55岁的男人。因此，第二个场景是如此符合他们对心脏病患者的原型，以至于他们粗心地高估了它发生的可能性。

让我们再来看一个关于人们如何思考心理障碍的可能性的错误推理。在这章的主干部分，我们讨论了许多人倾向于刻板地认为精神疾病患者可能是暴力的。在这章的最后，我们注意到人们倾向于过度高估（在一个研究中达到37卷宗）在犯罪审讯中采用精神失常作为辩护的概率。这个例子反映了可用性偏差，也就是把一个事件发生的预估可能性建立在人们能想到的相关事件的容易程度上。因为这种可用性偏差，人们倾向于高估那些接受许多媒体报道的可能性，即使这些事件很少见，但是因为这类事件较容易从记忆中提取出来，所以会被高估。以前精神病的患者的暴力行为会得到许多媒体的关注，因为后视偏差，所以记者质疑这些权威人士为什么不能预见并阻止这样的暴力（见第12章的批判性思维应用）。因此，精神疾病的一些角度倾向于被强调。类似地，在一个谋杀审讯中辩护者声称的精神失常的辩护，通常会得到媒体比较激烈的报道。

总的来说，在考虑心理障碍时，不同类型的数据持续地影响着可能性，即使我们可能没有意识到。批判性思维要求我们对可能性原则有一个好的认识，因为在生活中是很少有完全确定的事。

表15-4 本小节中应用的批判性思维技巧

技巧	描述
理解代表性启发式的局限	批判性思考者知道关注原型可能导致不完整的概念估计
理解累积概率	批判性思考者知道几个事件中至少发生一个的概率是叠加的，并且随着事件数和时间而增加
理解连接概率	批判性思考者确认两个不确定事件同时发生的概率应该比其中任一事件单独发生的概率低
理解价值性启发的局限	批判性思考者知道在头脑中闪过的案例不能成为对一个事件发生概率的精确估计

第16章

心理障碍的治疗

当你听到心理治疗这个词的时候会想到什么？除非你真的亲自经历过治疗，否则你对治疗的想象很有可能受到你看过的电视或电影里的心理治疗片段的影响。一个不错的例子是1999年的一部名为《老大靠边闪》（*Analyze This*）的电影。喜剧明星比利·克里斯托（Billy Crystal）在其中饰演一位名叫本·索博尔（Ben Sobol）的精神病学家，罗伯特·德尼罗（Robert De Niro）饰演遭受"惊恐发作"折磨的黑帮老大保罗·维蒂（Paul Vitti）。从来没有人对维蒂说"不"。当维蒂要求索博尔医生在他的对手用他的这个弱点来对付他之前治好他时，问题变得复杂了。

比利·克里斯托饰演的索博尔医生和大多数人心目中治疗师的形象很相似，戴着眼镜，留着胡须。索博尔和许多电影中的治疗师一样，使用了"谈话疗法"。当病人讲述困扰着他们的问题时，索博尔总是听得很专注。他有时会反馈给病人一些反映他们的想法和感受的评论，或者反馈一些对问题有启发意义的见解。我们可以从电影中有趣的一幕来感受一下这个过程：没有接受过训练的维蒂试图对索博尔医生使用他的治疗技术。

维蒂：嘿，我们来看看你觉得怎样？我们来谈谈你的父亲吧。

索博尔医生：不要。

维蒂：你父亲是做什么工作的？

索博尔医生：这不重要。

维蒂：你犹豫了。

索博尔医生：我没有。

维蒂：你在犹豫。这代表你有一些感受，或者想法……

索博尔医生：你要知道，我们快没有时间了。我们就不要浪费时间讨论我的问题了。

维蒂：你父亲是一个问题？

索博尔医生：不是！

维蒂：你刚刚就是那么说的！

索博尔医生：我没有！

维蒂：你现在有点烦躁。

索博尔医生（逐渐变得烦躁）：我没有烦躁！

维蒂：不，你有。

索博尔医生：你不要这样好吗！

维蒂：你知道吗，我会做咨询了。

就如这一幕一样，这部电影从治疗的常见概念和误解中提取了不少幽默的素材。维蒂用来开玩笑的那种技术确实像一类治疗的过程。很多人和维蒂一样，把需要治疗和丢脸的软弱联系在一起。然而，治疗通常可以帮助人们做出有意义的改变，即使这种改变不会像电影结尾维蒂放弃了他的犯罪生涯那么戏剧化。此外，这部电影中喜剧式的夸张也突出了一些关于治疗的误解，包括了如下几条：

- 维蒂去看精神科医生是因为他感觉自己"正在崩溃"。事实上，治疗师可以帮助有各种各样问题的人。没有严重的心理疾病症状的人，也可以从治疗中受益。
- 索博尔医生是一个精神病学家，但大多数的治疗师并不是。虽然索博尔医生引用了弗洛伊德的话，而且电影情节围绕着释梦展开（在电影中的案例，解释的是索博尔医生的梦），大多数治疗师几乎或者根本不用弗洛伊德的技术。
- 索博尔医生依靠"谈话疗法"来得到能够帮助患者解决问题的内省。实际上，这种方式只是治疗师使用的多种技术中的一种。
- 索博尔医生通过让维蒂承认他童年期的创伤事件（父亲的死亡）是其问题的根源所在，"治愈"了维蒂。但是只有极少的疗法会产生这样单一而戏剧化的领悟，并让来访者完全改变。

在本章中，我们将会看一看实际上对心理异常和心理问题的治疗是怎样的。首先，我们会讨论一些关于治疗的一般性问题。在考虑了这些问题之后，我们将检验一些被广泛使用的治疗方法的目标、技术、效果，以及最近治疗领域的趋势和问题。在个人应用部分，我们将看一下寻找、选择治疗师和接受治疗所涉及的实际问题。然后，在批判思维应用部分，我们将讨论治疗到底在多大程度上能有助于这个问题的解决。

热门电影《老大靠边闪》从对心理治疗的常见的误解中提取了不少幽默的素材。

治疗过程的基本要素

由于创造了现代心理治疗，西格蒙德·弗洛伊德广受赞誉。讽刺的是，那个启发了弗洛伊德的里程碑式的个案，实际上是他的同事约瑟夫·布雷尔的病人。大约在1880年，布雷尔开始治疗一位名叫安娜·欧（这是她的假名，她真实的名字是Bertha Pappenheim）的年轻女性。安娜表现出了非常多的身体疾病，包括头痛、咳嗽，同时她的右手失去了知觉，无法运动。令他非常震惊的是，布雷尔发现当他鼓励安娜讨论她过去的情绪性事件时，她的身体症状消失了。

布雷尔和弗洛伊德对这个个案进行讨论，他们推测讲述过去的事件让安娜能够一点点地释放那些造成她的症状的被压抑的情绪。布雷尔发现她不喜欢治疗过程中激烈的情绪互动，因此他没有继续跟进他的发现。而弗洛伊德将布雷尔的见解用到其他病人身上。这种方法的成功使得他发展了一套系统的治疗流程，他将其命名为**精神分析**（psychoanalysis）。安娜将她的治疗称作"谈话治愈"。然而，正如你所见的，心理治疗并不总是有疗效的，许多现代治疗方法也几乎不强调谈话。

弗洛伊德的突破性工作引领了心理治疗一个世纪的发展。随着弗洛伊德的追随者们发展出他们自己的治疗体系，精神分析衍生出了许多分支。从那时起，治疗的方法变得越来越多，更为多元，也更为有效。到今天，人们可以从一系列让人眼花缭乱的治疗方法中进行选择。

治疗：有多少种

在帮助人们的工作过程中，心理健康专家会使用许多种治疗方法。这些方法包括了讨论、建议、情感支持、劝告、条件作用、放松训练、角色扮演、药物治疗、生物反馈，以及团体治疗。虽然没有人知道究竟存在多少种不同的治疗方法，但是曾有专家（Kazdin，1994）估计，人们可以进行选择的治疗方法有超过400种。幸好，我们可以整理一下这个混乱的局面。治疗方法可以分为三个主要的类别。

（1）**领悟疗法**（insight therapies）。跟随弗洛伊德精神分析理论的传统，领悟疗法是一类"**谈话治疗**"（talk therapy）。在这类疗法的治疗中，来访者会与他们的治疗师进行十分复杂的言语互动。这类互动的目的是让来访者更好地领悟自身问题的本质，并且从谈话中整理出解决问题的可能的方法。领悟疗法可以是个体形式，也可以是团体形式。广义上来说，家庭治疗和婚姻治疗都属于这个类别。

（2）**行为疗法**（behavior therapies）。行为疗法的基础是我们在第6章介绍过的关于学习的原理。不同于强调个体的领悟，行为治疗师们直接去改变有问题的反应（如恐怖症）和适应不良的行为（如药物使用）。行为治疗师们致力于改变来访者们的外显行为。对于不同类型的行为问题，他们会采用不同的治疗步骤。

（3）**生物医学疗法**（biomedical therapies）。生物医学疗法涉及对个体的生理功能的干预。最常用的方法是药物治疗和电休克疗法。最近的几十年，药物治疗成为心理障碍的主要治疗模式。如图16-1所示，一个大型的研究发现57%的心理疾病患者只接受过药物治疗，比9年前的44%有大幅提升（Olfson & Marcus，2010）。就像生物医学这个词所显示的那样，在过去一般只有具备医学学位的医生会给患者提供这类治疗（通常是精神病学家）。然而，随着心理学家开始加入争取处方权的战役，目前的情况正在发生改变（Price，2008）。这场战役的主要理念在于，许多农村和服务匮乏的地区，精神病学家

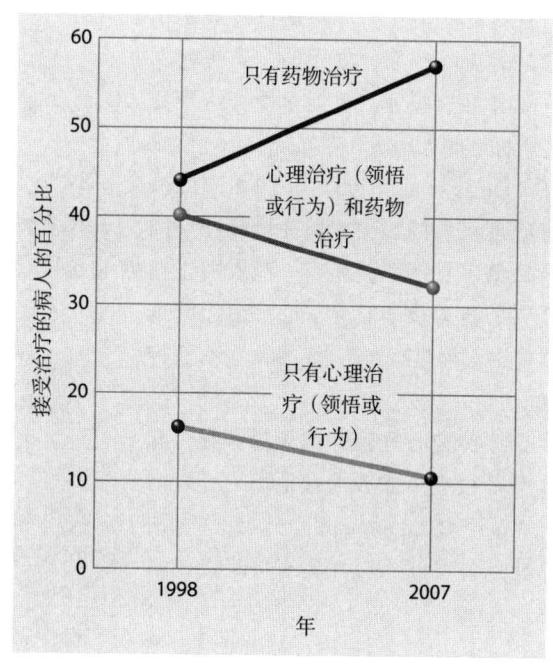

图 16-1 对药物治疗的依赖在升级

通过使用一项关注医疗模式的全国性调查数据，Olson和Marcus（2010）发现对于心理障碍门诊病人的治疗呈现出一些有意思的新趋势。将1997年和2007年的治疗方法进行比较，他们发现只接受药物治疗的患者的百分比由原来的44%上升到了57%。同期，只接受领悟治疗或行为治疗，以及在接受领悟或药物治疗的同时还采用药物治疗的患者的百分比则都在下降。

的配置并不充分（Ax et al., 2008）。迄今为止，心理医生已经在美国的两个州（新墨西哥州和路易斯安那州）获得了处方权；同时，在其他一些州，他们也已经在通往这个目标的道路上取得了许多立法上的进展（Long, 2005; Munsey, 2008）。

来访者：谁会寻求治疗

寻求心理健康治疗的人会有各种各样的问题：焦虑、抑郁、不满意的人际关系、令人苦恼的习惯、低自控、低自尊、婚姻冲突、自我怀疑、空虚感，以及个人发展停滞的感觉。在成年人群体中，最常出现的两个问题是抑郁和焦虑障碍（Olfson & Marcus, 2010）。

患有可识别的心理障碍并不是治疗中来访者的必要条件。一些人会因为日常的问题（如职业选择）或者含糊的不满情绪，去寻找专业的帮助（Strupp, 1996）。有一个惊人的发现是，在某一年中，使用心理健康服务的群体中，只有一半的人能够完全满足某一心理障碍的标准（Kessler et al., 2005）。这个发现引起了人们的担忧：有价值的治疗资源可能没有被用于适当的地方。然而，之后的一个研究发现，那些寻求心理治疗但是没有达到心理障碍标准的人确实存在显著的心理健康问题（Druss et al., 2007）。例如，许多人有心理疾病的病史，但在研究开展的时候病情正在缓解；还有一些人则正在与严重的压力抗争。寻求心理治疗的这个群体中大约只有8%的人相对没有精神问题。

个体接受心理治疗的意愿各异。有些人会等很多年才去治疗他们的心理问题（Wang, Berglund et al., 2005）。如图16-2所示，女性比男性更有可能接受心理治疗。白种人比黑人和西班牙裔人更有可能会寻求治疗。有医疗保险以及受过更多教育的人，更有可能接受治疗（Olfson & Marcus, 2010; Wang, Lane et al., 2005）。不幸的是，许多真正需要治疗的人似乎没有得到治疗。研究表明大约只有1/3需要治疗的人能够得到治疗（Kessler et al., 2005b）。

真相核查

误解

寻求心理治疗是软弱的表现，人们应该能够解决自己的问题。

真相

这个不幸的、含有偏见的信念阻碍了很多人去寻求他们需要的帮助。心理障碍可能非常严重，会使人逐渐衰弱，因此需要治疗。承认需要治疗更多体现的是一个人的勇气，而非软弱。

因为各种各样的原因，那些原本可以从治疗中受益的人没有寻求治疗。没有医疗保险以及对花费的担忧，似乎是许多人寻求所需帮助的主要障碍。而最大的障碍可能来源于接受心理健康治疗会带来的污名。遗憾的是，

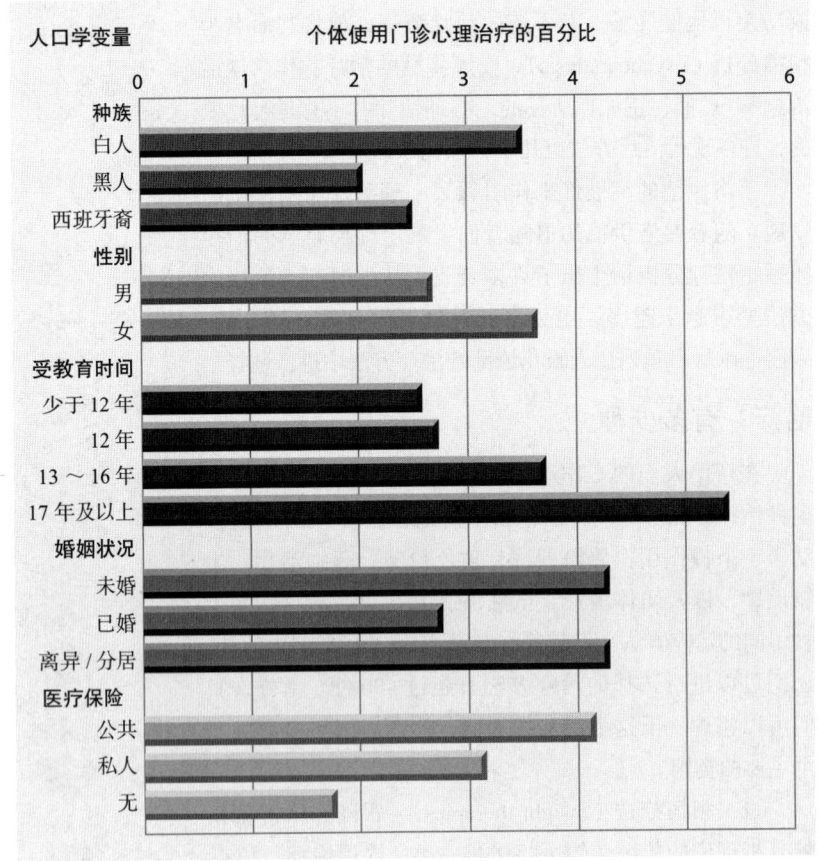

图16-2 治疗使用率

Olfson 和 Marcus（2010）分析了美国的门诊病人使用心理健康服务的情况与多个人口学变量之间的关系。婚姻状况方面，离异或单身群体的治疗使用率特别高。受教育更多的人也会更多地使用治疗。女性比男性更有可能会寻求治疗，但是少数族裔和没有医疗保险的人的使用率相对较低。

许多人将寻求治疗与承认个体的软弱等同起来。

治疗师：谁来提供专业治疗

受到个人问题困扰的人通常会从朋友、亲属和神职人员那里寻求帮助。这些支持源可能会提供非常好的建议，但是这并不等同于治疗。治疗指的是受过特殊训练的人所提供的专业工作。然而，心理治疗常常会令人困惑的问题就在于，似乎有多种"助人工作者"能够提供帮助。心理学家和精神病学家是提供心理治疗的最为主要的两种职业。然而，心理治疗正在逐渐转变成由其他类型的心理健康专家提供，如临床社工、精神科护士、咨询师，以及婚姻和家庭治疗师（见表16-1）。我们来具体看看不同的心理健康职业。

表 16-1 治疗的种类

职业	学位	获得学士学位后的教育年限	典型的角色与活动
临床心理学家	哲学或心理学博士	5～7年	心理测验，诊断，采用领悟疗法或行为治疗
咨询心理学家	哲学、心理学或教育学博士	5～7年	与临床心理学家相似，但更关注工作、职业以及适应性问题
精神病学家	医学博士	8年	诊断和治疗，采用生物医学疗法，但也采用领悟疗法
临床社会工作者	社会工作硕士、社会工作博士	2～5年	采用领悟和行为治疗，通常帮助病人回归社区
精神科护士	注册护士、文学硕士、哲学博士	0～5年	照料住院病人，采用领悟和行为治疗
咨询师	文学学士、文学硕士	0～2年	提供职业咨询，药物咨询，康复咨询
婚姻和家庭治疗师	文学硕士、哲学博士	2～5年	采用婚姻/情侣治疗，家庭治疗

1. 心理学家

两种心理学家可以提供治疗：专门从事心理障碍以及日常行为问题的诊断、治疗工作的**临床心理学家**（clinical psychologist）和**咨询心理学家**（counseling psychologist）。临床心理学家的训练强调对心理障碍的治疗。相对而言，咨询心理学家的训练方向则是针对日常适应问题的治疗。不过，在实践工作中，临床心理学家和咨询心理学家在训练、技术，以及所服务的来访者上有较大的重叠（Morgan & Cohen, 2008）。

这两种心理学家必须获得博士学位（哲学博士、心理学博士或者教育学博士）。心理学博士学位需要在获得学士学位的基础上，进行5～7年的训练。进入一个哲学博士项目的竞争十分激烈（激烈程度与进入医学院的程度等同）。心理学家在大学或独立专业学院接受大部分的训练。然后他们会在临床机构（如医院）进行一年的实习，这之后他们通常会继续接受一年或者两年的博士后训练。

在治疗的过程中，心理学家要么使用领悟疗法，要么使用行为治疗。与精神病学家相比，心理学家更有可能采用行为治疗的技术，不太可能使用精神分析。临床心理学家和咨询心理学家做心理测验，也做心理治疗。他们中的许多人还做研究。

2. 精神病学家

精神病学家（psychiatrist）是专门从事心理障碍的诊断和治疗的医生。许多精神病学家也治疗日常的行为问题。然而，与心理学家相比，精神病学家会在相对更严重的障碍（精神分裂，心境障碍）上投入更多的时间，而在日常的婚姻、家庭、工作和学校问题上投入的时间较少。

精神病学家具有医学博士学位。他们的研究生训练要求在医学院进行四年的课程学习，还要在医院进行四年的住院医生实习。无论他们未来将去医院的外科、儿科或是精神科实习，医学院对所有人的课程要求基本上都是一样的。然后，他们主要在住院医生实习期接受心理治疗的培训。与心理学家相比，精神病学家更多会使用精神分析开展治疗，而较少使用团体治疗或行为治疗。即便如此，当代的精神病学家主要依赖药物作为治疗的首要方式。确实，在最近的一项研究中，精神病学家的约14 000次出诊中，绝大部分是开处方和指导用药，仅有29%的出诊中存在其他形式的心理治疗（Mojtabai & Olfson, 2008）。而在不到10年前，这个比例约为44%。由此可见，精神科医生明显表现出对药物治疗的偏爱，而逐渐舍弃谈话治疗。

3. 其他心理健康专家

许多其他的心理健康相关职业也提供心理治疗服务，这其中的一些职业正在快速地发展。在医院或其他一些机构中，**临床社会工作者**（clinical social workers）和**精神科护士**（psychiatric nurses）通常会作为治疗小组的一部分，与心理学家或精神病学家一起工作。精神科护士通常都具有她们领域的学士或硕士学位，在对住院病人的治疗中扮演了重要的角色。临床社工一般具有硕士学位，通常工作的对象是患者及患者的家庭，帮助患者能更容易地回归社区。过去，社工和精神科护士都是在机构中工作，而现在他们越来越多以独立从业者的身份提供更多样化的治疗服务。

许多类型的**咨询师**（counselors）也能提供治疗服务。咨询师一般在学校和各种各样的人类服务机构工作（青少年中心、计划生育中心等）。咨询师通常具有硕士学位。他们通常专门从事某一类问题的咨询工作，例如职业咨询、康复咨询，以及药物咨询。和社工一样，许多咨询师取得了独立、私人从业的执照。他们能够为不同的来访者提供多样的服务。

婚姻和家庭治疗师（marriage and family therapist, MFT）通常具有硕士学位。他们的工作对象是正在经历关系问题的情侣或者功能失调的家庭。在除了两个州以外的美国其他地区，这类治疗师会持独立从业的执照（Bowers, 2007）。从20世纪80年代开始，婚姻和家庭治疗获得了长足的发展（Lebow, 2008）。

这些助人专业工作者在教育和训练背景上有明显的区别，但他们在治疗中所扮演的角色有很大的重叠。在本章中，我们会在需要的时候使用"心理学家"或"精神病学家"这两个词，其他时候我们将会使用**临床医生**（clinician）、**治疗师**（therapist），以及**提供者**（provider）来指代所有类别的心理健康专业人员，而不考虑他们的专业学位。

到目前为止，我们已经讨论了心理治疗的基本要素。我们将开始详细了解不同的治疗方法，具体包括它们的治疗目标、治疗步骤和治疗效果。我们会从一些有代表性的领悟疗法开始。

领悟疗法

关于如何开展领悟治疗存在许多理论流派。不同理论取向的治疗师采用不同的方法来取得不同的领悟。然而，这些各异的方法的共同点是，这些**领悟疗法**（insight therapies）都是通过言语互动来加强来访者的自我了解，从而进一步促成来访者人格以及行为上的健康的改变。

现有的领悟疗法可能有数百种之多。然而，约有8~10种方法似乎占据了其中最主要的份额。在这个部分，我们将探究精神分析、相关的心理动力学疗法、当事人中心疗法，以及由积极心理学运动所促生的新的治疗方法。我们还将讨论除了个体形式以外，领悟疗法如何应用于夫妻、家庭、团体或群体中。

精神分析

在安娜·欧的案例之后，西格蒙德·弗洛伊德在维也纳开展了将近50年的心理治疗工作。在经历了一段痛苦的尝试错误的时期之后，他发展出了一套治疗心理障碍和心理困扰的新颖的技术。他的精神分析理论主导了精神病学界几十年。这个主导地位在近些年逐渐消失。然而，许多精神分析的治疗方法还在继续发展，时至今日依旧保持着影响力（Gabbard, 2005; Luborsky, O'Reilly-Landry, & Arlow, 2011; Ursano, Sonnenberg, & Lazar, 2008）。

精神分析是通过诸如自由联想和移情等技术，让来访者从潜意识冲突、动机以及防御中复原的一种领悟疗法。要理解精神分析背后的逻辑，我们需要看看弗洛伊德如何考虑精神障碍的根源。弗洛伊德处理的案例大部分是以焦虑为主导的紊乱状态，如恐怖症、惊恐障碍，以及强迫症。在那个时代，这些障碍都被称为**神经症**（neuroses）。

弗洛伊德认为神经症是由来自童年早期的无意识冲突造成的。正如在第12章解释的那样，他认为这些内部的冲突包括了本我、自我、超我之间的争斗。这些争斗通常涉及性冲动和攻击性冲动。他的理论认为人们通过防御机制来避免直面这些冲突。这些冲突被藏在了潜意识中（见图16-3）。然而，他指出这些防御的方式常常会导致自我挫败的行为。而且，他强调防御只能在一定程度上减轻焦虑、内疚和其他痛苦的情绪。请牢记这个模型，接下来我们来具体看看精神分析的治疗步骤。

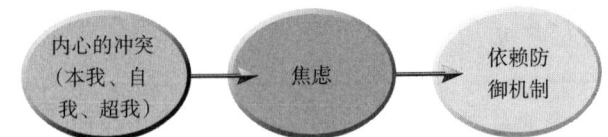

图16-3 弗洛伊德对障碍根源的观点

根据弗洛伊德观点，本我、自我和超我之间的潜意识冲突有时会导致焦虑。这样的焦虑会导致对防御机制病态的依赖。

1. 探查潜意识

根据弗洛伊德的假设，我们可以看到精神分析背后的逻辑是十分简单的。精神分析师尝试去探查来访者的潜意识深渊，去发现那些导致来访者神经症行为的尚未解决的冲突。从某种意义上说，精神分析师就像一个"心理侦探"。在探索潜意识的过程中，治疗师依赖两种技术：自由联想和释梦。

在**自由联想**（free association）的过程中，来访者会在想法和感受产生的当下，说出这些想法和感受，尽量少去审核这些想法和感受是否恰当。在自由联想的过程中，来访者要详细说明任何出现在脑海中的想法，无论想法有多琐碎、愚蠢或者令人尴尬。随着自由联想的进行，来访者逐渐可以完全倾吐所有的想法，而不受到意识限制。精神分析师会通过思考来访者的自由联想，寻找来访者的潜意识中发生了什么的线索。

释梦（dream analysis）是指治疗师解释来访者的梦的象征意义。弗洛伊德将梦视为通向潜意识的"捷径"。他认为梦是通向患者内心深处冲突、希望和冲动的最直接的方式。治疗师会鼓励并且训练来访者记住他们的梦，以便在治疗中可以描述这些梦。然后，治疗师会分析这些梦的象征性内容，并解释这些内容的含义。

为了更好地说明这些内容，我们来看一个真实的精神分析案例（Greenson, 1967）。N先生对他的婚姻不满意。他声称爱着他的妻子，但却更喜欢与妓女发生性关系。N先生说他的父母也长期承受着婚姻问题带来的困扰。他童年期关于父母关系的冲突似乎与他现在的问题有关。在N先生的一次治疗中，我们可以同时看到自由联想和释梦技术。

> N先生报告了一个梦的片段。他所能记得的是，在梦里，他正在等红灯，突然感到后面的人撞上了他……这让他想到了他很喜欢车，特别是运动款的车。他特别喜欢那些宽大而昂贵的轿车所发出的轰鸣声……
>
> 他的父亲总是暗示自己曾经是一名非常棒的运动员，但是他从来没有真正证实过这一点……N先生怀疑父亲是不是真的有性能力。他的父亲会和咖啡厅里的女服务员调情，对路过的女性进行与性有关的评论，但他似乎是在卖弄。如果他真的有性能力，他就不会采用这些手段。

N先生想法的变化符合自由联想的特点，没有明确的方向性。尽管如此，潜意识冲突的线索已经很明显。N先生的治疗师从这次治疗中提取出了什么信息呢？治疗师从梦的片段"N先生被后面的车撞"这个内容看到了性暗示。根据"宽大而昂贵的旧轿车发出的轰鸣声"治疗师同时推测，他有和父亲竞争的倾向。正如你所看到的，精神分析师需要分析来访者的梦和自由联想的内容。这是精神分析过程中一个关键的步骤。

2. 解释

解释（interpretation）是指治疗师尝试解释来访者的想法、感受、记忆和行为的内在意义。与大众的观点不同，精神分析师并不解释所有的东西。此外，他们通常并不打算用那些令人吃惊的真相来让来访者觉得迷惑。事实上，精神分析师会一寸一寸推进他们的工作，他们给出的解释应该是来访者刚好能够理解的（Samberg & Marcus，2005）。治疗师最终给N先生的解释如下：

> 在这一小时的治疗的最后，我告诉N先生，我觉得他正受困于对父亲性生活的感觉中。他似乎一直在说他的父亲在性方面不是一个很有能力的人……他回想起自己还处在青春期的时候，曾发现父亲的枕头下面有一包安全套。他当时想："父亲一定是要去找妓女了。"我打断他，并指出他父亲枕头下的安全套更有可能显示了他的父亲和母亲在使用这些安全套。因为他的母亲和父亲是睡在同一张床上的。然而，N先生更愿意相信他所期望的幻想：母亲不想和父亲过性生活，并且父亲性能力不太强。N先生沉默了，这次治疗也结束了。

可能你已经猜到，治疗师认为N先生的问题是来源于恋母情结（即俄狄浦斯情结）。根据治疗师的分析，N先生对他的母亲有未解决的性感觉，对父亲则有敌对的感觉。这些源于童年期的潜意识冲突，正在扭曲他成年后的亲密关系。

3. 阻抗

你觉得N先生会怎么回应治疗师的意见——他在与父亲竞争来自于母亲的性关注？很明显，大多数的来访者很难接受这样一种解释。弗洛伊德完全预期到了来访者会对治疗工作表现出一些阻抗。**阻抗**（resistance）是指主要为潜意识的，阻碍治疗进程的防御性活动。阻抗被认为是精神分析过程中不可避免的一个部分（Samberg & Marcus，2005）。为什么来访者要抵抗这个对他们有帮助的过程呢？因为他们不想面对被他们埋在潜意识里的、痛苦而令人不安的冲突。尽管他们正在寻求帮助，但仍不太愿意面对自己真实的问题。

阻抗可以通过多种形式呈现。来访者可能会迟到，也可能会假装自己在自由联想，或是对治疗师表现出敌意。例如，N先生的治疗师注意到在上面提到的那次治疗之后，"第二天，他（N先生）一开始就告诉我，他对我非常的愤怒……"精神分析师会采用各种各样的策略来处理来访者的阻抗。通常，一个关键的部分是处理移情，接下来我们就将进行讨论。

4. 移情

当来访者在与治疗师的互动中开始无意识地模仿他们生活中的典型的人际关系时，**移情**（transference）就发生了。来访者可能在和治疗师互动时，将治疗师当作过分保护孩子的母亲、总是拒绝的兄弟，或者被动的配偶。在某种意义上，来访者把对重要的人的冲突的感受转移到了治疗师身上。例如，在N先生的治疗中，他把与父亲竞争的敌意部分转移到了精神分析师身上。

精神分析师通常会鼓励移情的发生。因为，当移情发生时，来访者可以在治疗的情景下，重演关键的人际关系。这样的重演可以帮助引出来访者被压抑的感觉和冲突，让来访者有机会修通它们。由于治疗师对移情的处理过程往往会引起来访者困惑和高度紧张的情绪，因此这个过程是复杂而艰难的。

接受精神分析并不容易。这是个漫长而痛苦的自我检验的过程，通常需要3～5年的不断努力。这是因为患者需要时间来逐步解决他们的问题，并真诚地接受那些被揭露的令人不安的真相（Williams，2005）。最终，如果阻抗和移情能被有效地处理，那么治疗师的干预会让来访者获得深刻的领悟。例如，N先生最后承认："那老家伙可能是对的，这确实会让我去认为母亲是喜欢我的，我可以击败我的父亲。所以，我想知道这些会不会与我和妻子糟糕的性生活有关。"根据弗洛伊德的理论，一旦来访者承认了他们的潜意识冲突，他们就可以解决这些冲突并抛弃那些神经症性的防御。

> **真相核查**
>
> **误解**
> 治疗的时候，你会躺在沙发上讲述你的过去。
>
> **真相**
> 只有精神分析师（并且不是他们中的全部）会希望他们的来访者躺在沙发上讨论过去。正如你在本章中看到的，有许多方法可以治疗心理障碍，而且大多数疗法都不需要来访者躺在沙发上透露他们的感受。

5. 现代心理动力学疗法

弗洛伊德所使用的传统的精神分析，虽然仍有人在用，但已经不再被广泛使用了（Kay & Kay，2008）。弗洛伊德的精神分析的方法适用于许多年前他在维也纳所见的某一类来访者。随着他的跟随者逐渐发展扩散到欧洲和美洲，许多人发现精神分析必须要去适应不同的文化、不同的时代，以及不同类型的病人（Karasu，2005）。因此，这些年发展出了许多弗洛伊德传统精神分析治疗的变式。这些精神分析的后裔，依旧强调对潜意识的探索，并被总称为心理动力学疗法（Psychodynamic Therapies）。

部分修正，例如卡尔·荣格（1917）和阿尔弗雷德·阿德勒（1927），对精神分析的根本理论进行了彻底的修改。其他的一些变化形式，如梅兰妮·克莱恩（Melanie Klein）和科胡特（Heinz Kohut），在保留原始理论中心思想的同时对理论进行了大量的修改。还有一些变化形式（Alexander，1954；Stekel，1950），只是让精神分析的治疗技术更符合现代的需求，更合理。

因此我们现在拥有了丰富多样的心理动力学的治疗方法（Magnavita，2008）。最近对这些疗法的回顾显示：解释、阻抗以及移情依旧对治疗效果起着关键的作用（Høglend et al.，2008；Luborsky & Barrett，2006）。现代心理动力学疗法其他的一些主要特征包括：①关注情绪体验；②探索患者为了避免痛苦的想法和感受做出的努力；③识别在患者生活中反复出现的模式；④讨论过去的经历，特别是童年早期的事件；⑤分析人际关系；⑥关注治疗关系本身；⑦探索梦或者其他方面的幻想（Shedler，2010；见图16-4）。近期研究显示，精神动力学疗法对一系列障碍的治疗都是有帮助的（Gibbons, Crits-Christoph, & Hearon，2008；Leichsenring & Rabung，2008；Shedler，2010）。

当事人中心疗法

你可能曾经听说有人去参加"寻找自己"或者"去触摸真实的感觉"的治疗。这些当前流行的短语，起源于"发掘人类潜能运动"。这个运动的发起部分源于卡尔·罗杰斯（1951，1986）所做的工作。罗杰斯使用人本主义的观点，在20世纪40年代和50年代之间建立了当事人中心疗法。

当事人中心疗法（client-centered therapy）是领悟疗法的一种，强调为来访者提供支持性的情绪氛围，并且主要由来访者决定他们自己的治疗节奏和方向。你可能想知道，为什么是由受到问题困扰且没有受过训练的来访者来决定治疗的节奏和方向。罗杰斯（1961）提供了令人信服的理由：

> 只有来访者才真正知道什么最痛苦，该朝哪里走，什么问题最关键，哪些经历被深深地掩埋了。这些都让我意识到，我并不需要通过引导治疗来证明自己的聪明才智和学识，因此最好的方式是依靠来访者来决定治疗的方向。

对于神经质焦虑的主要成因，罗杰斯的理论与弗洛伊德理论有相当程度的不同。正如在第12章中讨论的，罗杰斯所持的观点是，个体的大部分痛苦源自个体的**自我概念**（self-concept）与现实的不一致（见图16-5）。根据他的理论，这种不一致会让人们感觉受到了来自现实反馈的威胁，即其他人给出的与自己有关的反馈的威胁。例如，如果你有偏差地认为自己是一个勤勉、可靠的人，当你的朋友或者同事的反馈与之相反时，你可能就会觉得受到了威胁。根据罗杰斯的理论，对此类反馈的焦虑常常会导致对防御机制的依赖，对现实的扭曲，以及对个人成长的抑制。过分的不一致，被认为源于来访者过度依赖他人的认可和接纳。

根据罗杰斯的理论，当事人中心疗法治疗师希望来访者领悟的内容，与精神分析师所追求的被压抑的冲突完全不同。当事人中心疗法的治疗师帮助来访者认识到，来访者不需要时常担心要去取悦他人和赢得他人的接纳。

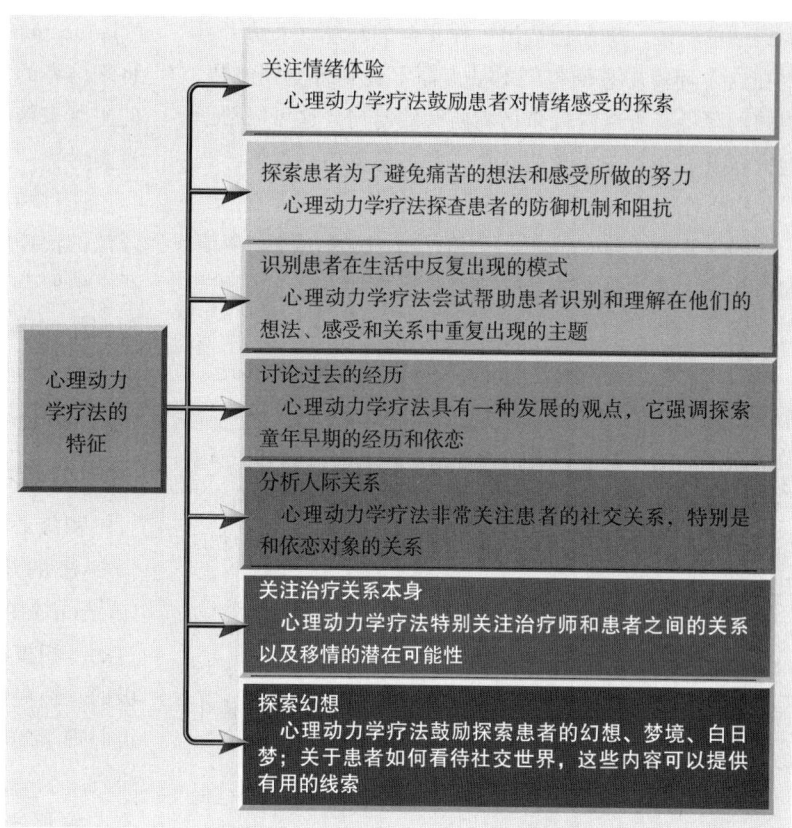

图 16-4　心理动力学疗法的核心特征

在一篇关于心理动力学疗法的疗效的文章中，Jonathan Shedler（2010）列出了现代心理动力学的技术和步骤的不同方面。以上的这7个特征呈现了当代心理动力学疗法的核心内容。

治疗师鼓励来访者尊重自己的感觉和价值。他们帮助来访者重建与现实更相符的自我概念。最终，他们帮助来访者实现自我接纳和个人成长。

1. 治疗氛围

根据罗杰斯的理论，治疗过程不如治疗的情感氛围重要。他认为最为关键的是治疗师要能提供温暖、支持

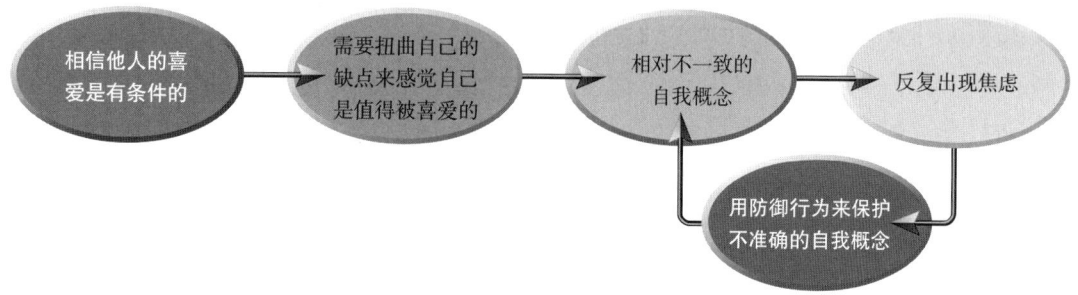

图 16-5　罗杰斯对障碍根源的观点

罗杰斯的理论假定焦虑和自我挫败（self-defeating）的行为来源于不一致的自我概念。这种不一致导致个体经常焦虑，并引发防御行为，还进一步造成更多的不一致。

和接纳的氛围，进而创造出一种安全的环境。来访者可以在这个环境中直面他们的缺点而不会觉得受到威胁。威胁的降低，可以降低来访者防御的倾向，这可以帮助他们敞开心扉。为了营造这样一种情感支持的氛围，当事人中心疗法的治疗师需要提供三种条件：

（1）**真诚**（genuineness）。治疗师一定要对来访者真诚，坦诚而自然地与来访者交流。治疗师不应该虚假或者防御。

（2）**无条件积极关注**（unconditional positive regard）。治疗师必须表现出对来访者这个人本身完全的、不带评价的接纳。治疗师应该无条件地给予来访者温暖和关怀。当然，这不代表治疗师要赞同来访者说的或做的所有事。治疗师可以在尊重来访者自身价值的同时，不赞成他的某个特定行为。

（3）**共情**（empathy）。最后，治疗师需要给来访者提供准确的共情。也就是说治疗师需要从来访者的角度理解来访者的世界。更进一步，治疗师需要能够在交流中清楚地将这种理解传达给来访者。

罗杰斯坚定地认为治疗中的支持性的情感氛围是促成来访者积极改变的关键动力。当然，治疗过程的其他方面也是非常重要的。

当事人中心疗法的治疗师，强调在治疗中为来访者提供支持性的情感氛围。他们也致力于澄清患者所表达的感受，而不是解释这些感受。

2. 治疗过程

当事人中心疗法的治疗中，来访者和治疗师以平等的身份合作。治疗师在治疗中几乎不引导来访者，并将解释和建议也降到最少（Raskin, Rogers, & Witty, 2011）。那么除了创造一个支持的环境，治疗师还要做什么呢？治疗师首先要做的是给来访者反馈，帮助来访者厘清自己的感受。治疗师的关键任务是**澄清**（clarification）。当事人中心疗法的治疗师就像一面镜子，将来访者的情况更清晰地反射回去。他们通过强调模糊的主题来帮助来访者在散乱无章的谈话中意识到自己的真实感受。

通过和来访者一起去澄清他们的感受，当事人中心疗法的治疗师希望能使来访者获得更深刻的领悟。特别是，他们会帮助来访者更好地理解他们的人际关系，让他们能够坦然接受真实的自我。很明显这些目标都很宏大。当事人中心疗法和精神分析的相似之处在于，两者都希望来访者的大部分人格能够得到重建。

积极心理学激发的疗法

积极心理学运动的发展已经开始促生一些新的领悟疗法的出现（Dukworth, Steen, & Seligman, 2005；Peterson & Park, 2009）。就像在第1章和第10章提到过的，积极心理学通过理论和研究来更好地理解人类积极的、适应性的、创造性的，以及令人满意的方面。积极心理学的倡导者认为在心理学领域，过去过度关注了病理、弱点、痛苦（以及如何改善这样的状况），而没有关注那些健康和有复原力的方面（Seligman, 2003；Seligman & Csikszentmihalyi, 2000）。他们认为，应该有更多的研究去关注满足、幸福、人性的力量，以及积极的情绪。

这样的哲学取向启发了新的干预方法。比如，乔瓦尼·法瓦及其同事发展了**幸福疗法**（well-being therapy）（Fava, 1999；Ruini & Fava, 2004）。这种疗法力图增强来访者的自我接纳、人生目标、自主性，以及个人的成长。这种疗法在心境障碍和焦虑障碍的治疗中有较好的应用（Fava et al., 2005；Fava & Tomba, 2009）。

另一种是马丁·塞利格曼和他的同事所发展的**积极心理学疗法**（positive psychotherapy）。到目前为止，积极心理学疗法主要被用在抑郁症的治疗中。这种疗法试图帮助来访者认识到自己的长处、体会自己拥有的幸福，享受积极的体验，原谅那些曾经伤害自己的人，以及发现生命的意义。初步的研究显示积极心理学疗法对抑郁症的治疗具有一定疗效。例如，有一个研究将积极心理学疗法和一般的疗法（治疗师在通常情况下开展的治疗），以及药物治疗的疗效进行比较。如图16-6所示，在研究的最后，研究者比较了这三组被试抑郁的平均得分情况（Seligman et al., 2006）。就如你看到的，积极心理学疗法组的抑郁得分最低。这种由积极心理学运动启发的新颖的治疗方法还处于发展初期，但这些初步发现显示了这种疗法可能的光明未来。它未来会如何发展，很令人期待。

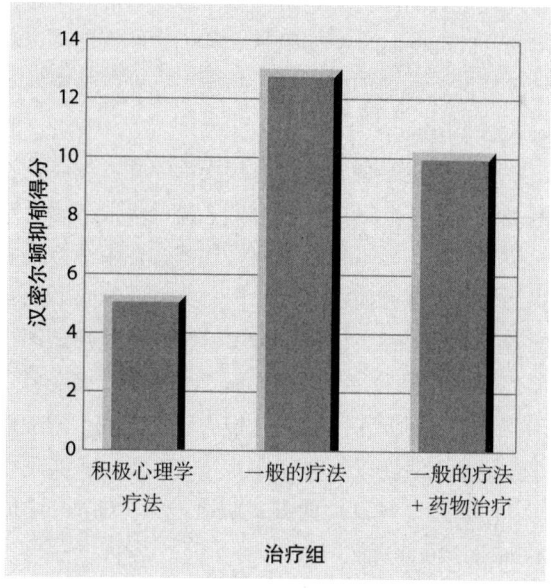

图 16-6　积极心理学疗法对抑郁症的治疗

一项关于积极心理学疗效的研究，将积极心理学疗法和一般的疗法（治疗师在通常情况下开展的治疗），以及同时使用了药物的一般的疗法进行比较。在 12 周治疗结束的时候，采用被广泛使用的**汉密尔顿抑郁量表**（Hamilton rating scale for depression）测量来访者抑郁的症状。每组抑郁得分的均值如图所示，接受积极心理学疗法的一组抑郁得分的均值低于其他两组。这个结果显示积极心理学疗法是一种有效治疗抑郁症的疗法。

资料来源：Adapted from Seligman, M.E.P., Rashid, T., & Parks, A. C. (2006). Positive psychotherapy. *American Psychologist*, 61, 774–788, Figure 2, p. 784. Copyright © 2006 by the American Psychological Association.

团体治疗

团体治疗可以追溯到 20 世纪的早期，但直到第二次世界大战以及二战后的 50 年代，团体治疗才成长起来（Rosenbaum, Lakin, & Roback, 1992）。在这段时期，对心理治疗服务的需求迅速增长，推动了治疗师们对团体技术的使用（Burlingame & Baldwin, 2011）。**团体治疗**（group therapy）是指在同一个治疗小组内同时对多个来访者开展心理治疗。大多数的领悟疗法都能被运用到团体治疗中。由于心理健康服务所需的高昂费用，团体治疗在未来可能会有更多发展（Burlingame & McClendon, 2011）。团体治疗可以以各种各样的形式开展。然而，我们对团体治疗过程的讨论会仅局限在一般性概述的程度，并且使用针对门诊病人的团体治疗过程（参见 Cox, Vinogradov, & Yalom, 2008; Spitz, 2009; Stone, 2008）。

1. 参与者的任务

一个典型的治疗小组一般由 4～12 个人组成，有 6～8 个参与者是比较理想的情况（Cox et al., 2008）。治疗师通常会对参与者进行筛选，排除那些可能会对治疗产生不利影响的个体。部分治疗师认为选择合适的参与者对团体治疗疗效十分关键（Schlapobersky & Pines, 2009）。对于一个治疗小组是否要同质这个问题仍存在一些争议。同质性是指治疗小组由年龄相似、同性别，以及有相同心理问题的参与者组成。现实团体在某种程度上是异质的。

在团体治疗中，参与者本质上充当了其他人的治疗师（Stone, 2008）。小组成员分别描述他们的问题，交换观点，分享经历，以及讨论应对的策略。最为重要的是，他们互相给予接纳和情感支持。在这种支持性的氛围下，小组成员努力揭下那些掩盖着他们的不安全感的**社交面具**（social masks）。一旦他们的问题暴露出来，成员们将一起来修正它们。随着成员越来越看重他人的观点，他们会努力展现有益的转变来赢得小组的赞赏。

治疗师在团体治疗中负责选择参与者，为团体设定目标，开启治疗和维持治疗进程，保护来访者，避免他们受到伤害（Cox et al., 2008）。在团体治疗中，治疗师通常扮演了一个关键的幕后角色，不引人注意，主要专注于促进团体的凝聚力（虽然在不同性质的团体中，采取的策略会有差异）。治疗师会为参与者示范如何给予支持，并且努力在小组中促成一种健康的氛围。治疗师会保持一种特别的状态，与个体治疗相比，团体治疗中的治疗师和来访者的地位通常更平等。团体中的**领导者**（leader）会向小组成员表达情绪，和他们分享感受，应对来自成员的挑战（Burlingame & McClendon, 2008）。

2. 团体治疗的优势

团体治疗很明显可以节约时间和金钱。这对于人员配备不足的精神病院以及其他相关机构十分关键（Cox et al., 2008）。私人从业的咨询师对团体治疗的收费通常比个体治疗的少。显然，这让更多人能够负担得起团体治疗的费用。然而，团体治疗不仅仅只是个体治疗的一个便宜的替代品。对于许多患者和问题，团体治疗与个体治疗一样有效（Knauss, 2005；Stone, 2008）。此外，团体治疗也有其独特的优势。例如，在团体治疗中，参与

当小组成员有相似的问题时,如酗酒、暴食,或者在童年期经历过性虐待,团体治疗被证明特别有用。许多原本用于个体治疗的领悟疗法(如当事人中心疗法)经过调整后已经被用到团体治疗中。

者常常会发现他们的痛苦并不独特,许多其他人有和他们相似甚至更严重的问题。这样的发现会让他们放心。团体治疗的另一个优点是,它给参与者提供了一个安全的环境,让他们有机会练习他们的社交技巧。还有一个优点是,团体治疗提供的社会支持对某些类型的问题和来访者特别有效。

夫妻和家庭治疗

婚姻和家庭治疗与团体治疗一样,在第二次世界大战之后开始盛行。这种疗法是根据治疗的对象来命名的。**夫妻和家庭治疗**(couples and family therapy)涉及对有承诺的亲密关系中的伴侣双方的治疗,治疗主要关注关系的问题。夫妻治疗不局限于已婚夫妇,包括同性恋情侣在内的同居的情侣也可以接受此类治疗。**家庭治疗**(family therapy)将一个家庭单位视为一个整体进行治疗,主要关注家庭动力和家庭交流。家庭治疗通常从对儿童或青少年的个体治疗中产生。当儿童的问题来源于家庭环境时,治疗师可能会意识到个体治疗很难起效,因为孩子总会回到那个环境中。这时咨询师就会提议进行家庭治疗。

与其他领悟疗法一样,不同学派对于如何开展夫妻和家庭治疗有不同的看法(Goldenberg, Goldenberg, & Pelavin, 2011)。一些学派的观点延续了那些比较有影响力的个体治疗理论,包括精神动力学、人本主义和行为治疗。另一些学派则基于新的理论模型,即家庭是一个复杂的系统,并明确地拒绝了个体治疗的模型。尽管不同的夫妻和家庭治疗使用的术语,以及对关系和家庭功能失调的理论模型不同,但它们都拥有共同的目标。首先,它们试图理解产生痛苦的固化互动模式。在这个过程中,它们将个体视作家庭生态系统中的一部分,并且假定人们的行为是由他们在系统中扮演的角色决定的(Lebow, 2008)。其次,他们试图帮助夫妻和家庭成员们改善他们的交流,并逐步形成更健康的互动模式。

哪些问题会使得伴侣来接受治疗呢?如经常吵架但是没有解决问题,对权力不平衡的怨恨,感到对方的情感回避,发现或者揭露婚外情,性生活方面的困扰,受到关系瓦解的威胁,担心关系问题会影响自己的孩子(Spitz & Spitz, 2009)。婚姻治疗师试图帮助伴侣们认清他们在关系中的需要和期望,接受各自对于问题形成的贡献,改善他们的交流方式,增加伴侣们的角色的灵活性以及对双方差异的容忍度,实现权力平等,并学会以建设性的方式解决冲突(Glick, Ritvo, & Melnick, 2008)。

什么时候需要进行家庭治疗呢?当孩子的心理问题很可能来源于家庭的问题时;当家庭遭遇了严重的应激事件时,如严重的疾病或重大的转变;当重组家庭存在相互适应问题时;当兄弟姐妹之间的冲突失控时;当某人试图阻止另外一个家庭成员进行个体治疗时(Spitz & Spitz, 2009; Bloch & Harari, 2009)。家庭治疗帮助家庭成员认识到他们的互动模式如何造成了家庭的痛苦,帮助他们实现更有效的交流,反思固化的角色和联盟,全力对付家庭系统中的权力问题,更好地理解儿童的心理问题(Ritvo, Glick, & Berman, 2008)。

领悟疗法有多有效

无论领悟疗法治疗是在个体还是团体中开展的,来访者通常都需要投入大量的时间、努力和金钱。这些治疗值得这样的投入吗?让我们看看检验它们有效性的证据。

评价任何一种治疗方法是否有效,都是一个复杂的挑战(Crits-Christoph & Gibbons, 2009; Kendall, Holmbeck, & Verduin, 2004)。一方面是因为,心理障碍(像许多身体疾病那样)有时会自己产生自己消失。**自然康复**(spontaneous remission)是指在没有正式干预的情况下康复。因此,如果来访者在治疗后康复,我们不能自动地认为康复是因为接受了那种治疗(见批判性思维应用)。

评价领悟疗法的有效性尤其困难(Aveline, Strauss,

& Stiles，2005）。假设你要去接受领悟治疗，你会如何评价治疗的疗效？通过你自己的感觉？通过观察你的行为？询问你的治疗师？咨询你的朋友和家人？你会看哪些方面？不同的领悟治疗学派追求完全不同的目标。并且来访者对他们自己的进步更倾向于给予赞许的评价，因为他们想证明他们付出的努力、他们的痛苦、他们的花费以及他们的时间是有价值的。即使是专业的治疗师给出的评价也可能是非常主观的（Luborsky et al.，1999）。此外，参加治疗的人的问题不同，严重程度也不同。所有这些因素为评价治疗的有效性带来了巨大的困难。

尽管存在这些问题，已经有数以千计的效果研究评价了领悟疗法的疗效。这些研究检验了各种各样的临床问题并且采用不同的方法来评价疗效。这些方法包括心理测验的得分，由家庭成员、治疗师和来访者来评定。这些研究一致地显示了领悟治疗比不给予治疗或者给予安慰剂治疗都好，并且疗效持久（Lambert，2011；Lambert & Archer，2006；Torres & Saunders，2009）。将领悟疗法和药物治疗直接比较时，它们通常会显示出相同的疗效（Arkowitz & Lilienfeld，2007；Pinquart, Duberstein, & Lyness，2006）。这些研究通常会发现，治疗在早期的效果最好（最初13～18周的治疗），进一步的治疗改善随着时间逐渐递减（Lambert, Bergin, & Garfield，2004）。总的来看，大约50%的来访者在接受了20次以内的治疗后就表现出具有临床意义的康复，其他20%的来访者则大约需要45次治疗才能达到这样的效果（Lambert & Ogles，2004；见图16-7）。当然，这些粗略的概括掩盖了结果的差异性，但大体上的趋势是令人鼓舞的。

行为治疗

行为治疗与领悟疗法不同，行为疗法并不致力于帮助来访者实现重大的领悟。为什么不呢？因为行为治疗师认为领悟不是促发有益改变的必要因素。例如，一个受到冲动的赌博行为困扰的来访者，行为治疗师不关心他的赌博的行为是否源于无意识冲突或父母的拒绝。来访者需要的是摆脱赌博这种适应不良的行为。因此，治疗师要做的就是设计一个方案来去除这种冲动性赌博行为。

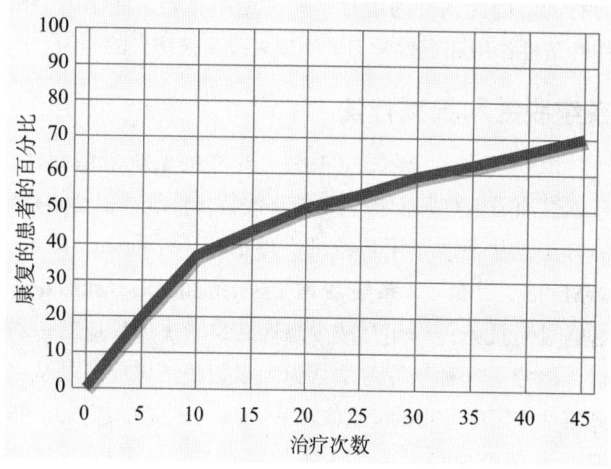

图16-7 康复是治疗次数的函数

基于一个超过6 000名患者的全国样本，Lambert、Hansen和Finch（2000）总结出了康复和治疗持续时间的关系。这些数据显示大约一半的患者在20次治疗之后康复了。这样的康复效果具有临床意义。在45次治疗之后，大约70%的患者康复了。

资料来源：Adapted from Lambert, M. J., Hansen, N. B., & Finch, A. E. (2001). Patient-focused research: Using patient outcome data to enhance treatment effects. *Journal of Consulting and Clinical Psychology, 69*, 159–172. Copyright © 2001 by the American Psychological Association. Used by permission of the authors.

领悟疗法和行为治疗的关键差异在于：领悟疗法的治疗师将病理症状视为潜在问题的表征，而行为治疗师认为这些外在症状本身就是问题。因此，**行为治疗**（behavior therapies）就是运用**学习原理**（learning principles）直接地改变来访者的适应不良行为。

行为主义从20世纪20年代开始成为心理学领域中一个很有影响力的学派。尽管如此，直到20世纪50年代，行为主义者才开始关注临床问题。当时，行为治疗由三个相互独立的研究团队开始发展：美国的斯金纳及其同事（Skinner, Solomon, & Lindsley, 1953），英国的汉斯·艾森克（1959）及其同事，以及南非的约瑟夫·沃尔普（Joseph Wolpe）（1958）及其同事（Wilson, 2011）。从那时起，人们对这种关注行为的心理治疗方法的兴趣呈现爆炸式增长。

行为治疗有一些特定的假设（Stanley & Beidel, 2009）。首先，行为治疗假定行为是学习的产物。无论来访者的行为多么病态或是具有自我挫败性，行为治疗师坚信这都是过去学习和条件作用的结果。其次，它假定那些已经习得了的行为可以被消除。用于解释适应不良行为如何被习得的学习原理也可以被用于摆脱适应不良的行为。因此，行为治疗师通过运用经典条件作用、操作性条件作用和观察学习的原理来改变来访者的行为。

系统脱敏和暴露疗法

由约瑟夫·沃尔普（1958）建立的系统脱敏疗法，开创性地为治疗师们提供了能有效替代传统"谈话治疗"的方法，从而改革了传统的心理治疗（Fishman, Rego, & Muller, 2011）。**系统脱敏**（systematic desensitization）是通过对抗条件作用，减少恐怖症患者焦虑反应的一种行为治疗。这种治疗方法认为大多数的焦虑反应是从经典条件作用中习得的（就像在第15章中讨论的那样）。根据这个理论模型，一个无害的刺激（如一座桥），可能与一个能够唤起恐惧感的事件（如击到桥上的闪电）配对，从而使得桥变成了会引发焦虑的条件刺激。系统脱敏的目标是减弱条件刺激和焦虑的条件反应之间的联结（见图16-8）。

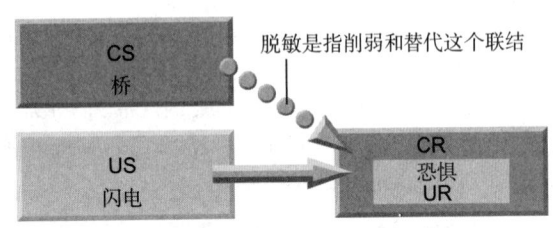

图16-8 系统脱敏潜在的逻辑

行为主义者认为许多恐惧的反应是从经典条件作用中习得的，如图中所示的情况。系统脱敏作用于恐惧反应和恐惧刺激之间的条件联结。

系统脱敏包含三个步骤。第一步，治疗师帮助来访者建立一组焦虑层级。焦虑层级是唤起焦虑的刺激的列表，这些刺激与某个焦虑源（如飞行、学业测试，或蛇）有关。来访者将这些刺激按照唤起最少的焦虑到唤起最多的焦虑的顺序排列。第二步，来访者进行深度肌肉放松训练。治疗的第二步可以在治疗的初期，也就是治疗师和来访者还在建立焦虑层级的时候就开始。第三步，来访者需要逐步通过这组焦虑层级，学会在想象这些刺激时保持放松。从唤起最少的焦虑的那个刺激开始，来访者要在放松的同时尽可能生动地想象刺激出现的场景。如果来访者体验到强烈的焦虑，他会停止想象那个场景，转而专注于让自己放松下来。来访者会不断重复这个过程，直到他能几乎不焦虑地想象这个场景。一旦攻克了某一个场景，来访者会继续练习焦虑层级中的下一个刺激场景。在多次治疗之后，来访者能逐步通过多个层级，抛弃那些恼人的焦虑反应。

系统脱敏减少恐惧反应的疗效已经得到了很好的证明（Spiegler & Guevremont, 2010）。这就是说，直接暴露于唤起焦虑的情景中的干预方法，已经成为行为治疗师治疗恐怖症和其他焦虑障碍的选择（Rachman, 2009）。在**暴露疗法**（exposure therapies）中，来访者要直接面对他们恐惧的情景，这样他们才能学习到那些情景实际上是无害的。暴露的程度经过控制，通常从不太恐怖的刺激逐渐递增到较为恐怖的刺激。暴露于真实生活中焦虑诱发刺激被证明是无害的，这样个体的焦虑反应就会降低。最近几十年，有一些治疗师报告也可以使用电脑在视觉上呈现特别真实的恐怖刺激（Meyerbröker & Emmelkamp, 2010；Reger et al., 2011）。暴露疗法可以用于各种各样的焦虑障碍的治疗，包括强迫症、创伤后应激障碍、惊恐障碍。

有效的暴露治疗甚至在一次治疗中就可以完成！Lars-Göran Öst（1997）发明了对恐怖症的**一次式治疗**（one-session treatment）。这种治疗进行三个小时的集中干预，在过程中来访者不断暴露于强度逐级递增的某种害怕的刺激物或场景。例如恐惧蜘蛛的个体会被要求一步一步地接近小蜘蛛。一旦蜘蛛在某个位置所引起的焦虑的感觉平息下来，这个个体会继续靠近蜘蛛然后再一次等待焦虑的感觉消退。当来访者能够忍受与小蜘蛛保持比较近的距离时，治疗师可能会将蜘蛛放的更近或者换一只更大或者更可怕的蜘蛛给来访者。一次式治疗被证明对各种各样的恐怖症都是有效的，包括对蛇、蜘蛛、猫、狗、黑暗、雷、高和电梯的恐怖症（Ollendick et al., 2009; Öst, 1997; Öst et al., 2001）。

系统脱敏是一种治疗恐怖症的行为治疗。早期对治疗有效性的研究，通常选取的是恐惧蛇的被试，因为相对而言比较容易找到有蛇恐怖症的人。这项研究显示系统脱敏治疗通常是一种有效的治疗方法。

厌恶疗法

厌恶疗法显然是最具争议的一种行为治疗。除非到了没有其他办法的境地，否则是不会使用这种方法的。心理学家通常都认为，它是当其他疗法都无效时迫不得已的治疗手段。厌恶疗法的让人讨厌之处在于，来访者需要忍受绝对会令人不适的刺激，如电刺激或者药物引发的恶心的感觉。

在**厌恶疗法**（aversion therapy）中，一个厌恶的刺激会与引发不良行为的刺激配对。例如，酗酒者在治疗过程中，将催吐的药物与他们最喜欢的酒配在一起（Landabaso et al., 1999）。通过将药物和酒配对，治疗师希望能够产生一种对酒的条件性厌恶（见图16-9）。

厌恶疗法利用了经典条件作用产生的自动化反应。此外，虽然采用厌恶疗法治疗的酗酒者知道他们在治疗之外的其他时间不会服用催吐的药物。但是，他们原来对酒的反射性的反应可能会改变，因此会对酒产生恶心和厌恶的反应（还记得第6章中，条件味觉厌恶所具有的强大作用吗？）。显然，这样的反应会让来访者能更轻松地抵抗对酒的欲望。

厌恶治疗不是一种被广泛使用的治疗技术。使用的时候，它通常只作为一个大的干预计划中的一个成分出现。厌恶疗法可以治疗一些令人苦恼的行为，包括药物和酒精滥用、性变态、赌博、偷窃、口吃、吸烟及过度进食（Bordnick et al., 2004; Emmelkamp, 1994; Grossman & Ruiz, 2004; Maletzky, 2002）。

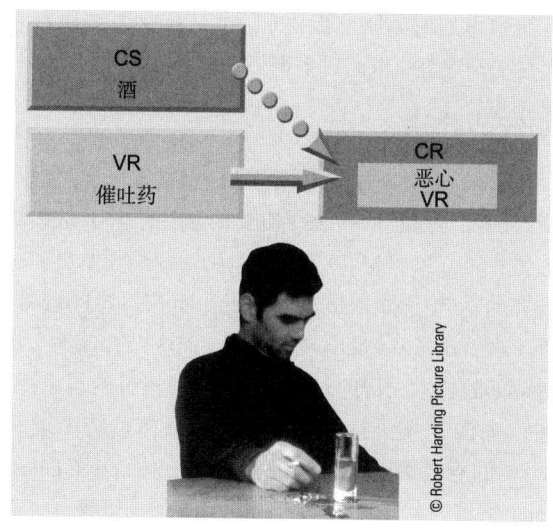

图 16-9 厌恶疗法

厌恶疗法利用经典条件作用，让来访者对引发问题行为的刺激产生厌恶。例如在对酗酒问题的治疗中，酒将被和引发恶心感觉的药物配对，从而让来访者产生对酒的厌恶。

社交技能训练

许多心理问题来源于人际困难。行为治疗师指出，人不是天生具有社会适应性——他们实际上是通过学习掌握了社交技巧。不幸的是，有些人没有学会如何表现得友善，如何进行交谈，如何恰当地表达愤怒等。社交技能不足可能会造成焦虑、自卑感，以及各种各样的障碍。根据这些发现，治疗师开始使用社交技能训练来帮助改善来访者的社交能力。这种治疗方法对社交焦虑（Bögels & Voncken, 2008）、自闭症（Cappadocia & Weiss, 2010）、注意缺陷障碍（Monastra, 2008），以及精神分裂（Kurtz & Mueser, 2008）治疗有较好的助益。

社交技能训练（social skills training）是一种用于改善来访者人际技能的行为治疗。它强调模仿、行为演练和塑造的作用。这种治疗可以在个体或团体中开展。社交技能训练基于操作性条件作用和观察学习的原理。模仿，是指来访者被鼓励去观察社交技能较好的朋友和同事，通过观察学习如何给出恰当的回应（目光接触、积极倾听等）。行为演练是指，来访者在结构化的角色扮演练习中，尝试实践社交技巧。治疗师提供矫正这些技巧的反馈，并通过赞许来强化来访者的进步。当然，来访者最终要在现实世界中尝试使用他们学到的新技能。通常治疗师会给来访者布置家庭作业，也就是治疗外的练习任务。塑造（shaping）被用于训练来访者逐步去应付越来越复杂棘手的社交情景。例如，一个缺乏自信的来访者一开始学习如何给朋友提要求，之后，这个来访者才被要求在工作中勇敢地面对上司。

认知行为疗法

在第 15 章中，我们学习到认知因素在许多焦虑和心境障碍的发展过程中扮演了重要的角色。由于这些研究的重要发现，20 世纪 70 年代，行为治疗师开始更多关注来访者的认知活动（Hollon & Digiuseppe，2011）。**认知行为疗法**（cognitive-behavioral treatment）结合谈话干预和行为矫正的技术，帮助来访者改变适应不良的思维模式。一些疗法源于领悟疗法的传统，如阿尔伯特·埃利斯（1973）的**合理情绪行为疗法**（rational-emotive behavior therapy），以及阿伦·贝克的认知疗法；而其他一些疗法则源于行为治疗的传统，如唐纳德·梅肯鲍姆（1997）与迈克尔·马奥尼（1974）的治疗体系。在这里我们将把贝克的认知疗法（Newman & Beck，2009）作为认知行为疗法的一个例子（关于 Ellis 的想法的讨论见第 14 章）。

认知疗法（cognitive therapy）采用特定的策略来矫正那些引起各种障碍的习惯性思维错误。近几年，认知疗法对多种障碍的治疗都取得了富有成效的结果（Beck & Weishaar，2011；Hollon，Stewart，& Strunk，2006）。然而，这种疗法最初是被设计来治疗抑郁症的。根据认知疗法师的观点，抑郁症由思维上的"错误"产生（见图 16-10）。他们认为有抑郁倾向的人们趋向于：①将他们经历的挫折归咎于自身的不足，而不考虑其他可能的解释；②有选择地关注负性事件，而不关注积极的事件；③对未来的设想过于悲观；④根据一些不重要的事件，对自我价值给出负面的评价。例如，你在一次课堂小测试中得到一个很低的分数，你可能责怪自己太笨，忽略了有位同学认为这次测试不公平的评论，悲观地预测自己可能会挂科，并且下结论，自己不是读大学的料。

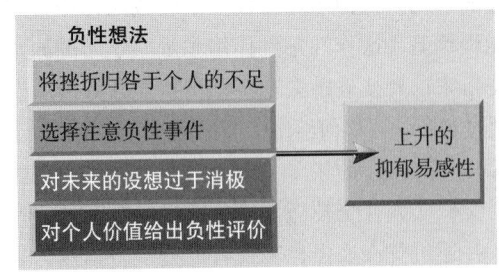

图 16-10　贝克对于障碍的原因的观点

尽管阿伦·贝克的理论逐渐被扩展来解释其他的障碍，但它最初关注的是抑郁的病因。根据贝克的理论，抑郁是由图中所示的几类负性想法产生的。

认知疗法的目标是改变来访者的负性思维和适应不良的信念（Kellogg & Young，2008）。一开始，来访者会学习去发现他们的自动化负性思维。也就是人们在分析问题时，倾向于做出的自我挫败的陈述。例如，"我确实不够聪明""没有人真正喜欢我"，或者"这都是我的错"。接着，训练来访者对他们的自动化思维进行现实检验。治疗师会帮助来访者意识到他们的负性想法是多么不切实际。

认知疗法会采用多种行为技术，如模仿、系统监控来访者的行为，以及行为演练（Beck & Weishaar，2011）。认知疗法师通常会给来访者布置改变他们的外显行为的"家庭作业"。来访者可能会被要求在治疗之外的时间，关注他们自己的外显反应。例如，一位接受认知疗法的羞涩、缺乏安全感的年轻男性，被要求去酒吧和三位女性分别进行超过 5 分钟的谈话（Rush，1984）。他被要求记录自己在每次对话之前和之后的想法。这次作业可以引发这位年轻男性的适应不良的思维模式。为这位男性和他的治疗师提供了他们在接下来的治疗中需要解决的问题。

行为治疗有多有效

与领悟治疗师相比，行为治疗师一直以来都更强调测量治疗的效果。所以，有充足的证据可以用来证明行为治疗的疗效（Jacob & Pelham，2005；Stanly & Beidel，2009）。当然，行为治疗对某些问题（如，模糊的不满的感觉）的疗效尚未被研究过。此外，对行为治疗的疗效进行整体评价会使人产生误解。行为治疗包含多种适用于不同目标的特定方案。例如，系统脱敏用于治疗恐怖症，而厌恶疗法则用于治疗性变态。我们想让大家注意的是，有充足的证据证明大多数被广泛使用的行为治疗是有效的（Zinbarg & Griffith，2008）。行为治疗对恐怖症、强迫症、性功能障碍、精神分裂、药物相关的问题、进食障碍、活动过度、自闭症，以及精神发育迟滞的治疗都有帮助（Emmaelkamp，2004；Hollon & Dimidjian，2009；Wilson，2011）。

生物医学疗法

20 世纪 50 年代，一名法国的外科医生在寻找减少患者对手术应激的自动反应的药物时发现，氯丙嗪（chlorpromazine）可以产生轻微的镇静作用。根据这个情况，Delay 和 Deniker（1952）决定让住院的精神分裂病人使用氯丙嗪。他们想看这种药是否能发挥镇静的作用。他们的实验非常成功，氯丙嗪成为第一种有效的抗精神病性药物（Bentall, 2009）。这次成功发动了精神病学的一场革命。成百上千的注定要在精神病院终了余生的严重心理失常患者，受益于抗精神病药物的治疗效果，逐渐被一个个送回了家。目前包括药物治疗在内的生物医学疗法已经处在了精神病治疗实践工作的核心位置。

生物医学疗法（biomedical therapies）是一种为了减少与心理障碍有关的症状的生理学干预。这些疗法假定，心理障碍是由或者部分是由生物机能失常引起的。就如我们在前面的章节讨论的，这个假定显然对许多障碍，特别是那些严重的障碍很有意义。我们将会讨论两种标准的生物医学治疗方法，药物治疗和电休克疗法。我们还会介绍一些仍在实验中的治疗方法，包括脑刺激。

药物治疗

心理药物疗法（psychopharmacotherapy）采用药物来治疗心理障碍。我们将用药物治疗这个简单的形式来指代这种疗法。治疗心理问题的药物主要有四类：①抗焦虑药；②抗精神病药；③抗抑郁药；④心境稳定剂。

1. 抗焦虑药物

许多人通过服药来缓解焦虑。他们所使用的药物是**抗焦虑药物**（antianxiety drugs）。它们可以缓解紧张、恐惧、神经过敏。这类药物中最普及的是安定（Valuim）和赞安诺（Xanax）。它们分别是地西泮（diazepam）和阿普唑仑（alprazolam）的商品名（药物公司在销售药物时使用的名字）。

安定和赞安诺和其他属于苯二氮（benzodiazepine）类的药物通常被称为镇静剂。这些药物会立即产生效果。它们在缓解焦虑情绪方面相当有效（Dubovsky, 2009）。然而，由于它们的效果是以小时数衡量的，所以影响较为短暂。虽然抗焦虑药物通常是给患焦虑障碍病人的处方药，但是它们也可能被用于成千上万受到长期神经紧张折磨的人们。

所有的用于治疗心理问题的药物都有潜在的令人困扰的副作用。这些副作用会在部分患者身上显现，而其他患者则不会。抗焦虑药物也不例外。安定和赞安诺最常见的副作用有困倦、头晕、口干、恶心、便秘、抑郁以及意识模糊。这其中的一些副作用会让一些患者产生严重的问题。同时也存在药物滥用、药物依赖和用药过量的可能性。然而，这些副作用有可能在媒体报道时被夸大了（Martinez, Marangell & Martinez, 2008）。另外一个缺点是，服用抗焦虑药物有一段时间的患者，当他们停止药物治疗时通常会出现戒断症状（Edwards et al., 2008）。

2. 抗精神病药物

抗精神病药物主要用在对精神分裂症的治疗中。这些药物也用在严重心境障碍的患者身上，即那些开始妄想的患者。此类药物中较为经典的药物的商品名（和通用名）有：氯丙嗪（chlorpromazine）、硫利达嗪（thioridazine）、氟哌啶醇（haloperidol）。**抗精神病药物**（antipsychotic drugs）主要用来逐步减轻精神病症状，包括运动过度、精神错乱、幻觉以及妄想。传统的抗精神病药物似乎会降低某一亚型的多巴胺的突触活动。然而神经化学效应和临床效应之间的确切关系还不清楚（Miyamoto et al., 2008）。

研究显示，抗精神病药物可以不同程度地减少70%患者的精神病症状（Kane, Stroup, & Marder, 2009）。当抗精神病药物是有效的时，它们的效果会逐渐显现出来，参见图16-11。患者通常在1～3周内对药物产生反应。在图中，我们还可以看到许多不同的轨迹（Emsley, Rabinowitz, & Medori, 2006）。进一步的改善可能会在几个月之后出现。许多精神分裂症患者被一直予以抗精神病药物，是因为这些药可以有效减少精神分裂症再次发作的可能性（van Kammen, Hurford, & Marder, 2009）。

抗精神病药物为严重的精神障碍的治疗做出了不容置疑的巨大贡献。但这些药物并非没有问题。这些药物有许多讨厌的副作用（Dolder, 2008; Muench & Hamer, 2010）。常见的有困倦、便秘、口渴。这些药物还会造成类帕金森氏症，如肌肉震颤、肌肉僵直、运动协调受损。离开医院以后，由于厌恶这些副作用，许多精神分裂症患者就自行停止服药。不幸的是，在停止服用抗精神病药物后，大约70%的人的病症会在一年内复发（van Kammen, 2009）。最近的一个研究发现即使只是在很短的一段时间没有按照疗程用药，也会增加复发的风险（Subotnik et al., 2011）。除了这些较轻的副作用，抗精神病药还可能会引起一类严重且长期的问题，即迟发性运动障碍。长期接受传统的抗精神病药物治疗的患者中，20%～30%会出现这类综合征（Kane et al., 2009）。迟发性运动障碍（tardive dyskinesia）是一种神经系统障碍（neurological disorder），主要表现是嘴唇、舌头、面部、手或脚无意识地扭动和抽搐样运动。一旦这些衰弱症状出现，就无法被治疗。然而，在停止使用抗精神病药物后，这些症状有时会自动缓解。

精神病学家现在主要依赖一类新型的抗精神病药，被称为非典型或第二代抗精神病药物，如氯氮平（clozapine）、奥氮平（olanzapine）、喹硫平（quetiapine）（Marder, Hurford, & van Kammen, 2009）。这些药物的疗效与第一代抗精神病药物相似，但是它们与之前的药物相比有一些优点（Meltzer & Bobo, 2009），例如可以帮助到那些产生耐药性的，对传统的抗精神病药物没有反应的患者。而且第二代抗精神病药物产生的副作用更少，造成迟发性运动障碍的风险也更小。当然，像所有特效药一样，它们也会带来一定危险。这类药物似乎会增加病人糖尿病和心血管问题的易感性。

3. 抗抑郁药物

抗抑郁药物（antidepressant drugs）能逐步改善心境，并且帮助人们从抑郁中走出来。最近10到15年，人们对抗抑郁药物的依赖急剧增长，抗抑郁药已经成为美国处方最频繁的药物（Olfson & Marcus, 2009）。在1987年之前，主要存在两类抗抑郁药：三环类抗抑郁药（如盐酸阿米替林），MAO抑制剂（如苯乙肼）。这两类药以不同的方式影响神经化学活动（见图16-12），适用于不同的患者。总的来看，它们可以帮助大约2/3的抑郁症患者（Gitlin, 2009）。三环类药物引起的副作用和并发症比MAO抑制剂少（Potter et al., 2006）。

现在精神病学家更倾向于一类新的抗抑郁药，选择性5-羟色胺再摄取抑制剂（SSRI）。这类药物可以减缓突触部位5-羟色胺的再摄取过程，从而加强5-羟色胺的活动。这类药物包括百忧解（氟西汀）、帕罗西汀、左洛复（舍曲林）。这些药物对抑郁症的治疗效果与三环类药物相似（Boland & Keller, 2008），不过前者产生的令人不适或危险的副作用较少（Mathew, Hoffman, & Charney, 2009; Ravindran & Stein, 2009）。然而，SSRI类药物对双向障碍患者的间歇性抑郁的疗效还不太明确（Berman et al., 2009）。

就像抗精神病药物一样，多种抗抑郁药的效果要在

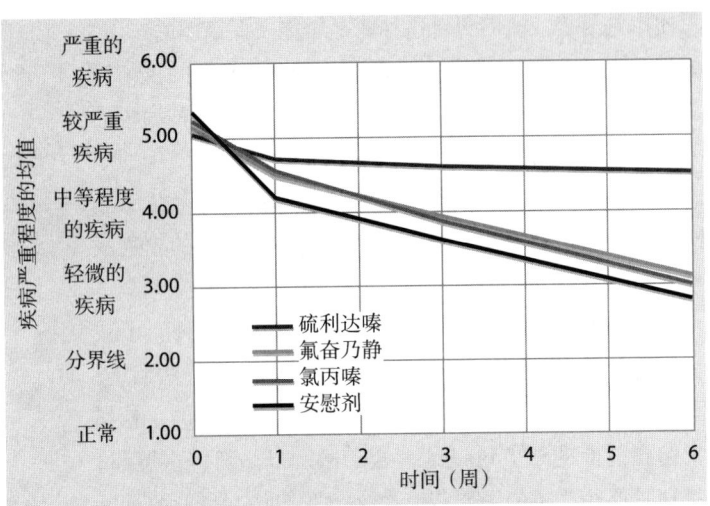

图16-11　抗精神病药物的时程

如图中所示，抗精神病药物在几周的时间内，逐渐减少精神病的症状。然而，接受安慰剂治疗的患者症状并没有明显的改善。

资料来源：Cole, J. O., Goldberg, S. C., & Davis, J. M. (1966). Drugs in the treatment of psychosis. In P. Solomon (Ed.), *Psychiatric drugs*. New York: Grune & Stratton. From data in the NIMH-PSC Collaborative Study I. Reprinted by permission of J. M. Davis.

几周内才会逐渐显现出来。不过大约60%的患者会在最初的两周出现状况改善（Gitlin, 2009）。最近的一项分析仔细研究了严重抑郁患者的药物治疗情况，他们首次发现严重抑郁症患者从抗抑郁药物治疗中的获益最多（Fournier et al., 2010）。这个分析关注了6个研究。这些研究都精确地测量了患者最初的抑郁水平，并且包含了各种严重程度的抑郁症患者（许多药物研究排除了症状轻微的患者）。最令人惊讶的一个发现是，抗抑郁药物对症状轻微到中等的抑郁症患者的疗效一般。

最近几年关注的一个重点是，许多研究证明了SSRI类药物可能会增加自杀的风险，特别是在青少年和年轻成人群体中（Healy & Whitaker, 2003; Holden, 2004）。收集关于这个问题的确切数据比想象中的要困难得多。部分是因为，被给予SSRI药物处方的此类障碍的患者本身的自杀率就很高（Berman, 2009）。一些研究的数据显示，由于SSRI类药物的广泛使用，自杀率有轻微的下降（Baldessarini et al., 2007; Isacsson et al., 2009），然而其他的一些研究并没有发现SSRI类药物的使用和自杀率之间的联系（Lapiere, 2003; Simon et al., 2006）。

然而总的来看，数据显示抗抑郁类药物和安慰剂相比，前者会导致略高的，约2%~4%的自杀率（Bridge

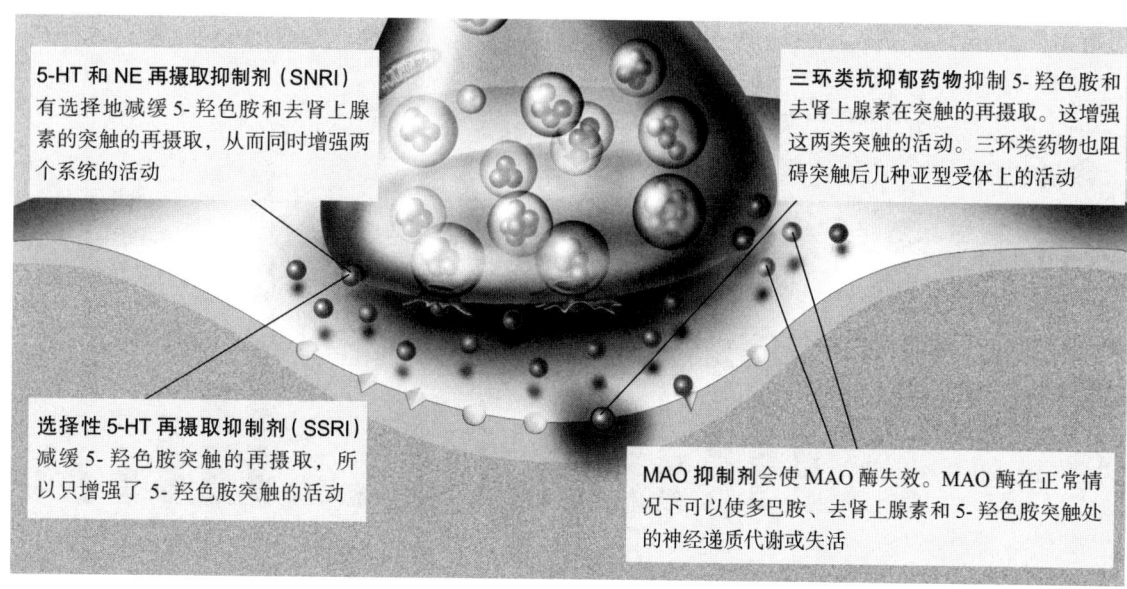

图 16-12　抗抑郁药的作用机制

四种抗抑郁药尽管相似,但对神经递质活动的作用不同。三环类抗抑郁药物和 MAO 抑制剂在多种突触上产生作用。这也可能解释了为什么它们的副作用更多。而最新发展的 SSRI 和 SNRI 类药物则集中作用于特定的突触上。

et al.,2007;Dubicka,Hadley,& Robert,2006;Hammad,Laughren,& Racoosin,2006)。此类自杀风险主要存在于刚开始接受抗抑郁药治疗的部分儿童和青少年群体中,特别是最初的九天(Jick,Kaye,& Jick,2004)。因此,内科医生和患者的家人需要仔细地监控刚开始服用 SSRI 类药物的患者。

美国食品药品管理局(FDA)发布的监管警告,使得对青少年予以 SSRI 类药物的处方数量有所下降(Nemeroff et al.,2007)。这一减少的趋势让人们担心,在那些没有接受治疗的个体身上可能出现自杀增长的现象(Dudley et al.,2008)。这个担心可能是合理的。无论接受的是 SSRI 还是心理治疗,在接受抑郁症治疗前的一个月,患者的自杀风险明显达到了最大值(见图 16-13;Simon & Savarino,2007)。之所以出现了这样的模式,可能是因为抑郁症带来的不断升级的痛苦促使人们去寻求治疗。但这也显示了采用药物或者心理治疗可以降低自杀风险。总的来看,这是一个很复杂的问题。专家们可以达成一致意见的一点是,开始服用 SSRI 的青少年需要接受严格的监管。

最新型的抗抑郁药物同时能够抑制 5-羟色胺和去肾上腺素的突触再摄取,被称为 5-HT 和 NE 再摄取抑制剂(serotonin-noradrenaline reuptake inhibitor,SNRI)。这类药物可以产生比 SSRI 类药物略强的抗抑郁效果(Thase & Denko,2008)。然而,由于它对两类神经递质系统产生作用,因此可能导致更多副作用(Thase & Sloan,2006)。

4. 心境稳定剂

心境稳定剂(mood stabilizers)被用于控制双相心境障碍患者的心境波动。多年来,锂是这一类药物中唯一有效的。锂被证明可以预防患双相障碍的患者在未来躁狂和抑郁发作的可能性(Post & Altshuler,2009),也可以让双相障碍的患者从当前的躁狂或抑郁发作中解脱出来(Keck & McElroy,2006)。不过,为达到上述目的,抗精神病药物和抗抑郁药物更常被用到。从负面的情况来看,如果没有很好控制这类药物的使用的话,锂盐确实有危险的副作用(Jefferson & Greist,2009)。由于高浓度的锂会让人中毒,甚至致死,锂在患者血液中的水平一定需要被严格地监控。锂治疗的其他主要问题则与肾脏和甲状腺的并发症有关。

最近几年,出现了许多锂盐的替代品。最流行的是被称为 2-丙基戊酸钠(valproate)的抗惊厥药剂。这种药物和锂盐治疗相比,已经被更广泛地运用到了双相障碍的治疗中(Thase & Denko,2008)。2-丙基戊酸钠对治疗当下的躁狂发作和预防未来的情感障碍的效果与锂盐的效果大致相同,且副作用更少(Muzina,Kemp,Calabrese,2008)。在一些案例中,可以同时使用 2-丙基戊酸钠和锂盐进行治疗(Post & Altshuler,2009)。

5. 药物治疗有多有效

药物治疗可以为多种类型的患者带来明显的治疗效果。最让人印象深刻的是，它们可以对许多通常难以治疗的严重障碍起作用。尽管如此，药物治疗仍具有争议性。批评者提出了许多问题（Bentall，2009；Breggin，2008；Healy，2004；Kirsch，2010；Whitaker，2002）。第一，批评者们认为药物治疗并没有宣传说的那么有效。这些批评者提出药物治疗通常只会产生表面、短期的疗效。例如安定并没有解决抑郁的问题，它只是让患者暂时从令人不适的症状中缓解。此外，如果药物疗程中

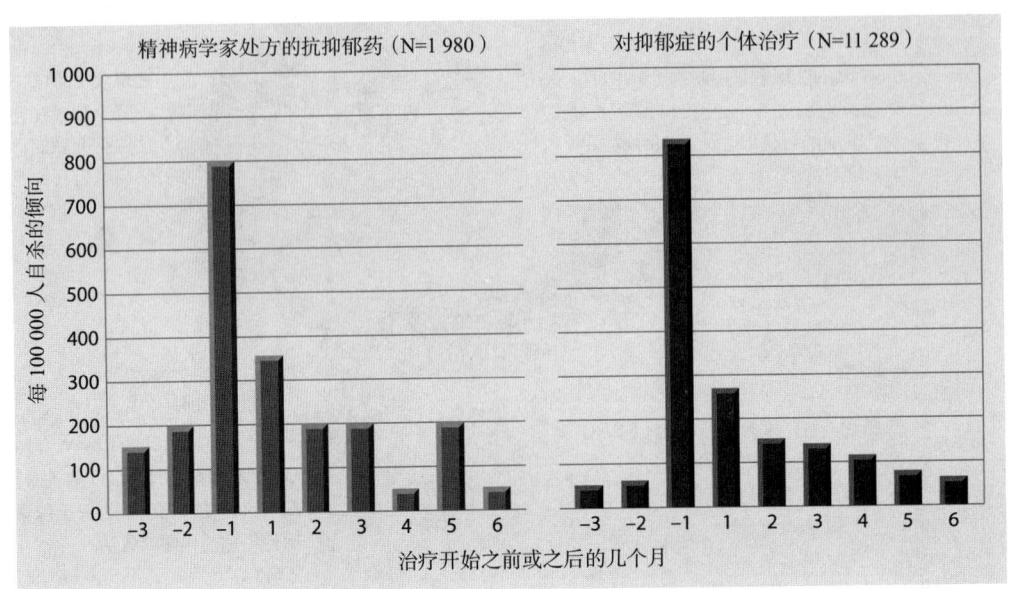

图 16-13　企图自杀的可能性与初次治疗的关系

检查了成千上万名患者的医学档案，Simon 和 Savarino（2007）了解到，首次进行抑郁症治疗之前和之后的几个月患者企图自杀的可能性。他们比较了接受抗抑郁药物治疗和接受某种领悟或行为治疗的患者。对于 25 岁以下的患者，两组的数据都显示，治疗开始前一个月的自杀风险最高，治疗开始后一个月的自杀风险第二高。这些结果显示自杀率提高不是只在开始使用抗抑郁药物后出现，治疗（无论是药物治疗还是心理治疗）可以降低自杀的风险。

资料来源：Adapted from Simon, G. E., & Savarino, J. (2007). Suicide attempts among patients starting depression treatments with medications or psychotherapy. *American Journal of Psychiatry, 164*, 1029–1034 (Figure 2, p. 1032). Copyright © 2007 by the American Psychiatric Association. Adapted by permission from the American Psychiatric Association.

断的话，复发的概率很高。第二，批评者们指责许多药物处方过量，许多病人用药过量。不少内科医生在没有充分考虑更复杂和困难的治疗方法的情况下，就给病人处方。与这个批评一致，一项近期的研究发现，尽管医生并不太了解精神病药物之间的相互作用，越来越多的医生开始给病人开两种甚至三种药（Mojtabai & Olfson，2010）。第三，一些批评者指出精神病学家低估了药物治疗的破坏性副作用。批评者们认为这些副作用通常比要治疗的病症要严重，如迟发性运动障碍、锂中毒、以及对抗惊厥药物成瘾。这些批评者认为，这些药物治疗的效果不值得患者去承担副作用的风险。

批评者还坚持认为精神病性药物的负面影响并没有被完全地鉴别出来，因为制药工业对与药物检测有关的研究实体影响过大（Angell，2004；Healy，2004；Insel，2010；Weber，2006）。如今，大多数调查药物的疗效与风险、撰写治疗指南的研究者都可以从制药工业中获得丰厚的经济收益（Bentall，2009；Lurie et al.，2006；Pachter et al.，2007）。这些研究受药物公司的资助，研究者们通常还会得到大量的咨询费。不幸的是，这些经济关系似乎降低了科学研究必需的客观性。那些接受药物公司资助的研究，与接受非营利性资助的研究相比，更不可能报告出不利于药物公司的结果 (Bekelman, Li, & Gross, 2003; Perlis et al., 2005; Rennie & Luft, 2000)。与这个发现一致，当某种抗精神病药物和其他药物在临床研究中进行相互比较时，赞助公司的药物在 90% 的研究中都优于其他的药物（Heres et al.，2006）。

制药工业所资助的药物研究时间太短，以至于难以探测新药的长期风险（Vandenbroucke & Psaty，2008）。此外，当出现不利的结果时，这些数据通常也不会被发表（Antonuccio, Danton, & McClanahan, 2003; Rising, Bacchetti, & Bero, 2008; Turner et al., 2008）。研究设计也会倾向去扩大被检测药物的积极作用，减少药物的

负面作用（Carpenter，2002；Chopra，2003；Moncrieff，2001）。目前的药物研究广泛存在的利益问题引发了人们的严重担忧。这非常需要研究者、大学和政府予以关注。

> **真相核查**
>
> **误解**
> 　　大多数心理障碍是长期的、不可治愈的。
>
> **真相**
> 　　确实有些精神病患者的治疗是无效的。然而他们的数量远远少于那些病情自然或通过治疗好转的患者。大多数被诊断患精神病的人们，最终状况得以改善并过着正常、有产出的生活。即使最严重的心理障碍都可以被成功治愈。

电休克疗法

20世纪30年代，一位名叫Ladislas von Meduna的精神病学家推测癫痫和精神分裂症不会在同个身体内共存。基于这个后来被证明并不准确的报告，von Meduna推论，使患精神分裂症的病人产生类癫痫的抽搐可能会有治疗效果。最早有一种药物被用来引发这种抽搐。然而，到了1983年，两位意大利精神病学家（Cerletti & Bini，1938）的发现显示，采用电休克产生的抽搐更安全。因此，现代的电休克疗法诞生了。

电休克疗法（electroconvulsive therapy，ECT）是一种使用电击来引发皮层癫痫以及抽搐的生物医学疗法。在电休克治疗中，电极被贴在大脑颞叶相应的头部区域。患者会接受轻微的麻醉，并且服用能够降低并发症可能性的各种药物。接着，患者大脑的右侧或者双侧会接受到大约1秒的电流。目前的治疗比较推荐给大脑右半球的单侧刺激（Sackeim，2009）。电流会引起短暂（大约30秒）的惊厥性癫痫发作。患者一般会在1～2小时内清醒。他们会表现出困惑、迷失方向，以及恶心。这些状况会在几个小时内消失。人们通常会在2～7周的时间内，接受每周三次的治疗（Fink，2009）。

在有效的药物治疗出现之前，ECT的使用在20世纪四五十年代达到了顶峰。ECT长期受到争议，并且到20世纪六七十年代ECT的使用开始变少。现在只有大约8%的精神病学家还在使用ECT（Hermann et al.，1998）。但它并不能被视为一种罕见的治疗方式。一些批评者认为，ECT被过度使用了，因为ECT可以为精神病学家提供丰厚的收入，同时与领悟疗法相比所需的时间较少（Frank，1990）。然而ECT的提倡者们则认为，由于公众对ECT的效果和风险存在误解，因此ECT并没有被充分使用（McDonald et al.，2004）。ECT可以用于治疗许多障碍，近几十年来主要被推荐用在对抑郁的治疗中。

1. ECT的疗效

对ECT疗效的证据可以有多种解释。支持者认为它对重性抑郁有非常好的效果（Fink，2009；Prudic，2009）。此外他们强调，使用抗抑郁药物治疗没有效果的患者，接受ECT治疗后状况得到改善（Nobler & Sackeim，2006）。反对者认为，现有的研究是有瑕疵的，难以让人信服。他们认为ECT的效果可能就和安慰剂的效果差不多（Rose et al.，2003）。总的来看，似乎有充足有利的证据支持在对那些对药物治疗没有反应的严重心境障碍的患者使用ECT进行治疗时采用保守的做法（Carney & Geddes，2003；Metzger，1999）。不幸的是，ECT治疗后的复发率非常高，64%的患者在6个月内复发，复发的中位时间只有8.6个星期（Prudic et al.，2004）。不过，可以通过让接受ECT的患者服用抗抑郁症药的方式来降低复发率（Sackeim et al.，2001，2009）。

2. 与ECT有关的风险

虽然ECT的支持者承认记忆损失、注意损伤，以及其他认知损害是ECT常见的短期副作用（Rowny & Lisanby，2008；Sackeim et al.，2007），但是ECT的支持者们强调这些损伤是轻微的，并且会在一个或两个月内消失（Glass，2001）。美国精神医学学会（American Psychiatric Association）的一个特别小组的结论是没有客观的证据证明ECT会造成大脑结构损伤，或对学习和记忆信息的能力产生长期的负面影响。与此相反，ECT的批评者们认为ECT引起的损伤通常很严重，而且有时损伤是持久的（Breggin，1991；Rose et al.，2003）。不过，他们的证据似乎大多没有实证基础。考虑到ECT的风险和对疗效的疑虑，未来的一段时间ECT的使用可能还将是具有争议的。

新的脑刺激技术

科学家们一直在寻找疗效比ECT和药物治疗更好，而副作用比它们更少的治疗心理障碍的新方法。对包括脑刺激在内的一些新的治疗方法的探索产生了一些很令

五种主要治疗方法的图解

疗法 / 创始人 — 障碍的原因

精神分析

由弗洛伊德在19世纪90年代到20世纪30年代之间创立

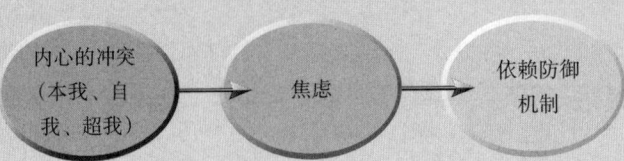

早期发展固着造成的无意识冲突引起了焦虑。焦虑导致了防御性行为。被压抑的冲突主要集中于性和攻击

当事人中心疗法
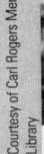 
罗杰斯在20世纪四五十年代之间在芝加哥大学创立

过度依赖他人的接纳造成的不一致,导致了焦虑和防御性行为,阻碍了个体成长

行为治疗

南美洲的约瑟夫·沃尔普在1958年对系统脱敏疗法的描述是最早发起的行为治疗

不适应的行为是由后天习得的。例如,经典条件作用制造了许多恐惧症,而操作性条件作用维持了这些恐惧症

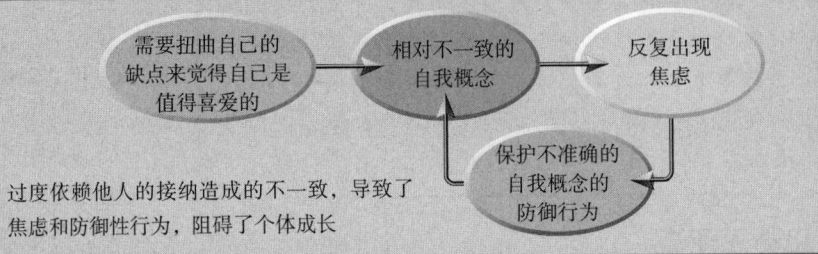

认知行为疗法

阿伦·贝克在20世纪六七十年代在芝加哥大学创立了这种方法

对与自我相关的事件的弥漫的负性思维引起了抑郁、焦虑和其他形式的病症

- 将挫折归咎于个人的不足
- 选择注意负性事件
- 对未来的设想过于消极
- 对个人价值给出负性评价

→ 上升的抑郁易感性

生物医学疗法
许多研究者做出了贡献;药物治疗的突破出现在1950年,贡献来自澳大利亚的John Cade,法国的Henri Laborit,以及法国的Jean Delay和Pierre Deniker

许多障碍是由于基因的倾向性和生理功能障碍导致的,如神经递质活动异常
例如,精神分裂症似乎和多巴胺突触的过度活动有关

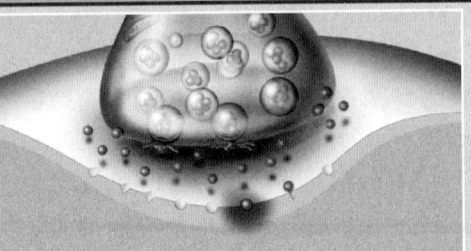

障碍的原因		治疗技术	
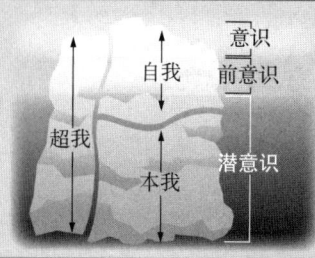	对潜意识冲突和动机的领悟；冲突解决；人格重建	自由联想、释梦、解释、移情	
增加自我概念和体验的一致性；接受真实的自我；自我决定以及个体成长	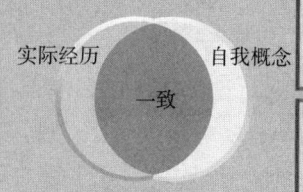		真诚、共情、无条件积极关注，澄清，将真实情况反映给来访者
消除适应不良的症状；习得更具适应性的反应		经典和操作性条件作用，系统脱敏，厌恶条件作用，社交技能训练，强化，塑造，惩罚，消退，生物反馈	
减少负性想法；用更实际的想法替代	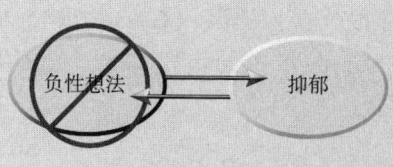	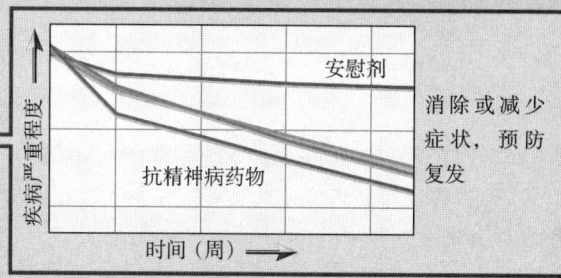	思维阻止，记录自动化思维，反驳负性想法，布置家庭作业
		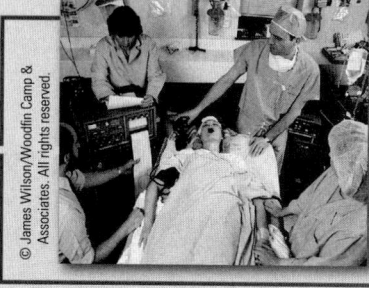 	抗焦虑药、抗抑郁药、抗精神病药、心境稳定剂、电休克疗法

Unless otherwise indicated, all illustrations this page © Cengage Learning 2013

人期待的结果。不过这些结果还处在实验的阶段。

一种新方法是在第3章讨论过的研究脑功能的一种方法，经颅磁刺激。**经颅磁刺激**（transcranial magnetic stimulation，TMS）是一种允许科学家在短时间内增强或降低特定脑区活动的一种技术。安装在一个小桨上的电磁线圈被放在头部的特定位置上，来增强或减弱特定脑皮层的活动（Nahas et al.，2007）。神经科学家主要开展了用TMS治疗抑郁症的实验。到目前为止，对左右前额叶皮层的治疗有希望减少抑郁的症状（Janicak et al.，2010；O'Reardon et al.，2007）。TMS一般来说可以被较好地耐受，副作用很小。但是还需要进行更多的研究来证实TMS的治疗效果。

另一种新途径是深部脑刺激。在**深部脑刺激**（deep brain stimulation，DBS）中，一个细小的电极会通过手术植入脑中，与一个已植入的脉冲发生器相连，这样不同的电流可以被传送到与电极相连的脑组织（见图16-14）。DBS已被证明对帕金森氏病、迟发性运动障碍，以及与癫痫有关的运动障碍有作用（C. Halpern et al.，2007；Wider et al.，2008）。研究者们正在探索DBS是否对抑郁症或强迫症有治疗效果（Denys et al.，2010；Sartorius et al.，2010）。当然，由于这种方法需要入侵式的脑手术，所以它不会成为精神障碍最先选择的治疗方法。不过，科学家们还是期望这种方法可以治疗那些用传统治疗方法无效的病人（Kuehn，2007）。

当前治疗的趋势和问题

就像我们在对领悟、行为和药物治疗的讨论中所看到的，最近几十年精神卫生保健发生了许多改变。在这一部分，我们会讨论两种趋势，而它们将不再拘于某一种疗法。我们将特别关注混合多种疗法的治疗趋势，以及针对西方社会持续增加的文化多样性去改善疗效的努力。

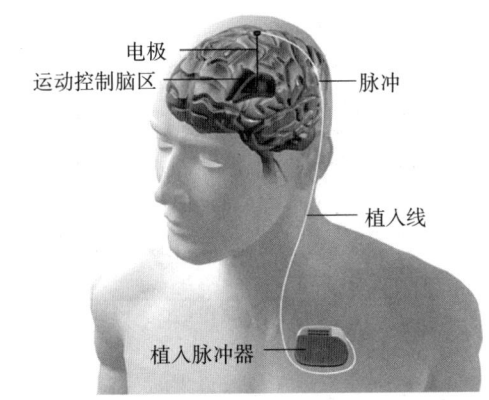

图16-14　深部脑刺激

深部脑刺激需要通过外科手术把一个细小的电极（大约跟人的头发那么粗）植入脑部的深层区域，电极跟一个植入人体胸部的脉冲器相连，电极的位置和当前的类型与相应的处理有关，图中展示的电极植入了大脑的运动区域，用来治疗帕金森症导致的颤抖。研究者正在试验别的电极植入位置，希望可以治疗抑郁症和强迫症。

资料来源：Adapted from George, M. S. (2003). Stimulating the brain. *Scientific American, 289*(3), 70. © Bryan Christie.

整合多种方法开展治疗

在本章中我们回顾了多种治疗方法。然而，并没有规定要求来访者只能接受一种治疗。临床医生通常会在治疗中使用几种治疗技术。例如，一个抑郁症患者可能会接受认知疗法、社交技能训练以及抗抑郁药物治疗。当由一个团队来提供治疗时，更有可能提供多种治疗方法。研究显示了混合治疗的优势（Glass，2004；Riba & Miller，2003；Szigethy & Friedman，2009）。这是本章的专题研究的主题。

专题研究：结合领悟疗法和药物治疗

由于身体健康问题、长期残疾，以及随着年龄增大而提高的死亡率，抑郁在年长的人们身上很常见。老年人的抑郁也特别容易复发。成功治愈抑郁之后，年长的患者与年轻的患者相比，抑郁的复发会更快、更频繁。这个研究的目的是检验领悟疗法和抗抑郁药物治疗的结合是不是可以减少抑郁在老年人身上的复发率。

方法

【被试】被试是107名老年患者，他们被诊断为反复发作的单相抑郁。研究开始时，被试的平均年龄是67.6岁。所有被试的最近一次抑郁发作都获得了较为成功的治疗，并且稳定的状态保持了四个月。

【治疗】在研究中使用的药物是去甲替林（nortriptyline），一种对老年人群更有效且耐受的三环类抗抑郁药。领悟疗法使用的是**人际心理治疗**（interpersonal psychotherapy）。这种疗法强调抑郁的社会根源，关注社会关系的改善如何能够抵抗抑郁（Klerman & Weissman, 1993）。来访者要学习社会孤立和令人不满的人际关系如何引起抑郁，以及亲密和支持性的互动可以如何减低抑郁的易感性。

【设计】被试被随机分配到四种维持治疗中的一种：①一个月一次的人际心理治疗和药物治疗；②只接受药物治疗；③一个月一次的人际心理治疗和安慰剂药物治疗；④只接受安慰剂药物治疗。采用双盲策略，所以提供人际治疗的临床医生不知道哪些被试接受了真实的药物治疗，哪些接受了安慰剂药物治疗。患者会保持治疗三年，或直至又一次的抑郁发作。

结果

四种治疗条件的复发率见图16-15。结合人际心理治疗和药物治疗的一组的复发率明显低于只接受药物治疗，或只接受人际心理治疗的组（结合安慰剂药物治疗）。结合治疗的预防效果，对70岁以上的患者以及研究的第一年最好，而大多数的复发会出现在研究的第一年。

讨论

作者得出结论"持续的药物与心理治疗的结合似乎是反复发作抑郁的老年患者保持康复状态的最好的长期治疗策略"。然而他们承认还需要更多的研究来支持这一结论，他们还推荐未来的研究关注逐渐被广泛使用的新型抗抑郁药物（SSRI类药物）。

评论

我们选取了这个研究是因为这个例子说明了如何开展一个控制良好的实验来评价治疗干预的效力。它同时强调了结合治疗手段的意义。这种结合多种方法治疗心理障碍的趋势非常值得赞赏，而这个研究发表在极富声望的《美国医学会杂志》（*Journal of the American Medical Association*）上，也显示了疗效研究的重要价值。

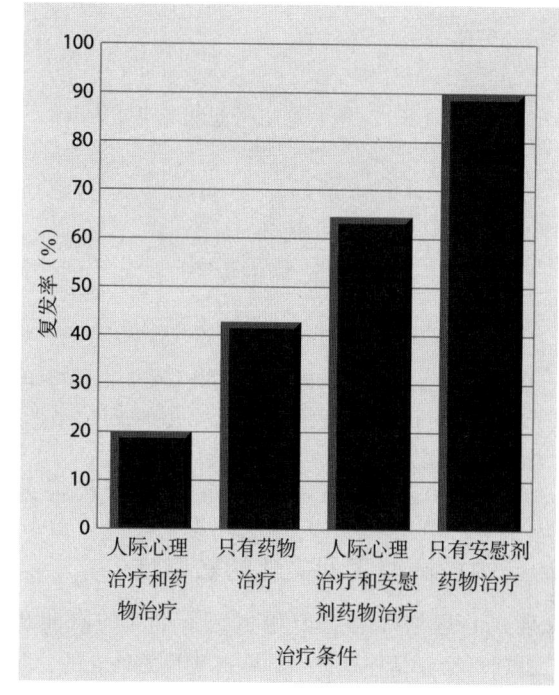

图16-15 研究中的复发率

Reynolds及其同事（1990）在一批患有抑郁症且倾向于复发的老年患者的样本中，比较了：①一个月的人际心理治疗和药物治疗；②只接受药物治疗；③一个月的人际心理治疗和安慰剂药物治疗；④只接受安慰剂药物治疗的预防效果。他们追踪了三年，发现结合心理疗法和药物治疗的方法复发率最低，因此证明了它既优于单纯的领悟治疗，也优于单纯的药物治疗。

资料来源：Reynolds, C. F., III, Frank, E., Perel, J. M., Imber, S. D., Cornes, C., Miller, M. D., Mazumdar, S., Houck, P. R., Dew, M. A., Stack, J. A., Pollock, B. G., & Kupfer, D. J. (1999). Nortriptyline and interpersonal psychotherapy as maintenance therapies for recurrent major depression: A randomized controlled trial in patients older than 50 years. *Journal of the American Medical Association, 28*, 39–45.

多方法治疗的效果可能解释了心理治疗领域为什么逐渐出现了一种显著的趋势，即从原来的忠于单一学派逐渐趋向于整合各类治疗方法（Castonguay et al., 2003; D. A. Smith, 1999）。大部分临床医生过去通常只依赖某种理论体系，而拒绝其他所有理论。这样一个分裂的时代可能即将终止。一项关于心理学家理论取向的调查发现（见图16-16），36%的回答者描述他们自己在治疗中是折中的（Norcross, Hedges, & Castle, 2002）。

治疗实践中的折中主义是指从两种或更多的治疗系统中得出结论，而不仅着眼于一个系统。治疗师可以有不同的折中途径（Feixas & Botella, 2004; Goin, 2005; Norcross & Beutler, 2011）。两种常见的途径是理论整合与技术折中。在理论整合部分，两种或更多的理论系统会被结合或混合在一起，各取所长。Paul Wachtel（1977, 1991）混合精神分析和行为治疗的努力是一个很明显的例子。技术折中包括从多种来源借鉴想法、见解和技术，同时根据来访者的需要修剪某种干预策略。技术折中的提倡者，如Arnold和Lazarus（1992, 1995, 2008），认为治疗师应该问他们自己:"对于这个来访者,这个问题,这种情景,什么样的治疗方法是最好的?"然后据此来调整他们的策略。

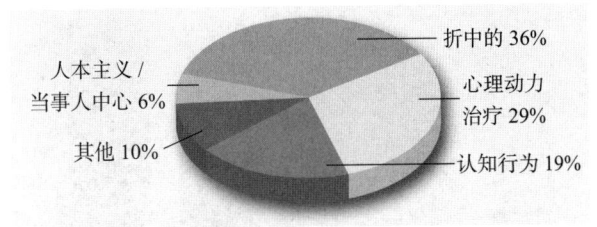

图 16-16　治疗师的主要治疗方法

对 531 名美国心理学会心理治疗分会的心理学家的调查数据,显示了折中的治疗技术的普遍性。结果显示,使用最广泛的疗法是折中式的、心理动力治疗和认知行为治疗。

资料来源:Based on data from Norcross, Hedges, & Castle, 2002.

在治疗中提高对多元文化的敏感性

现代心理治疗起源于19世纪下半叶的欧洲和美国。心理治疗就是在这样一种将自我视为独立的、能思考、理性的、能够自我提升的文化环境中被孕育出来的(Cushman, 1992)。心理障碍被认为有生理的原因,与躯体疾病一样;同时也被认为可以被经过科学研究检验的药物治愈。但现代个体化、医疗化的心理治疗机构所反映的西方文化价值观,并不是普遍的(Sue & Sue, 1999)。在许多非个体主义的社会中,心理障碍被认为是超自然力量(附体、巫术、愤怒的上帝等)造成的。受害者寻求牧师、萨满和民间治疗师,而不是医生的帮助(Wittkower & Warnes, 1984)。因此,将西方的心理治疗推广到东方文化下的努力只取得了部分成功。确实,现代心理治疗的高度文化局限的起源引发了一些问题,即心理治疗如何运用到西方文化中的少数族群中(Miranda et al., 2005)。

最近几年,关于文化因素如何影响心理治疗的过程和结果的研究迅速增长。这个增长部分出于改善对美国社会少数族群的心理健康服务的需要(Lee & Ramirez, 2000;Worthington, SothMcNet, & Moreno, 2007)。研究显示,美国的少数族群总体来看没有充分使用治疗服务(Bender et al., 2007;Folsom et al., 2007;Sue et al., 2009)。为什么?许多的阻碍造成了这个问题(Snowden & Yamada, 2005;U.S. Department of Health and Human Services, 1999;Zane et al., 2004)。一个主要的原因是许多少数族群的成员曾有过与美国的官僚机构打交道的挫败经历。因此他们不相信大型的、令人生畏的机构,如医院和社区心理健康中心。另外一个问题是,大多数医院和心理健康中的人员不足,在提供服务的地方往往没有配备掌握少数族群语言的治疗师。

还有一个问题是大多数治疗师,只接受过如何治疗美国中产阶级的白人来访者的训练。因此,他们不熟悉不同民族群体的文化背景和特点。这种文化的隔阂通常会导致误解,欠考虑的治疗方案,以及不那么和谐的关系。与这个观点一致,最近的研究发现精神病学家与美国的黑人患者相处的时间比白人患者的少(Olfson, Cherry, & Lewis-Fernandez, 2009)。对超过 3 500 名美国黑人参与者的研究发现,他们中仅有 27% 的心理健康问诊得到了"最低程度的充分治疗"(Neighbors et al., 2007)。最近一项针对超过 15 000 个受到抑郁折磨的患者的研究发现,墨西哥裔美国人和非裔美国人接受治疗的可能性显著小于美国白人,见图 16-17(González et al., 2010)。

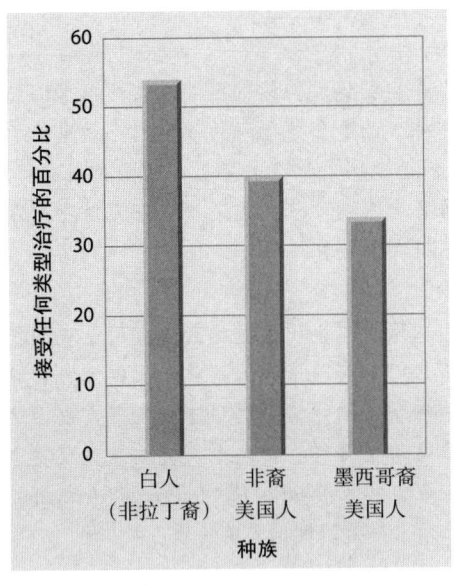

图 16-17　种族和抑郁症治疗

在一个有 16 000 人的全国代表性样本中,González 及其同事(2010)找出了患抑郁症的被试,并确定了他们接受的治疗的类型。当分析这些数据和种族的关系时,他们发现少数族群接受治疗的可能性比白人少。图中显示了每一类患者接受治疗的百分比。

怎样才能改善少数族群的心理健康服务呢?这个领域的研究者提供了很多建议(Hong, Garcia, & Soriano, 2000;Miranda et al., 2005;Pederson, 1994;Yamamoto et al., 1993)。首先想到的可能的方案是训练更多的少数族裔治疗师。几个研究显示,少数族裔更有可能去那些与他们有相同的文化背景的职员比例较高的心理健康机构（Snowden & Hu, 1996；Sue, Zane, & Young, 1994）。其次个体治疗师们正在努力地与他们的少数族裔来访者建立有力的治疗联盟（一种强力的支持性连接）。无论种族如何划分，强治疗联盟和更好的治疗结果有关，研究显示治疗联盟对少数族裔来访者尤其关键（Bender et al., 2007; Comas-Diaz, 2006）。最后，大多数当局强烈要求调查如何修改现有的治疗方法来适应某种文化群体的看法、价值观、规范和传统（Hwang, 2006）。研究检验了那些适应文化的干预手段。结果发现，修剪治疗步骤倾向于产生积极的效果（Griner & Smith, 2006; Sue et al., 2009）。当这种修剪针对的是某个单一的文化群体，而非几个或多个文化混杂的群体时，积极的效果更明显。

转型期的机构治疗

传统上，大多数心理疾病的治疗是在正式的机构里进行的，主要是精神病院。精神病医院是专门为心理障碍患者提供住院治疗的医疗机构。在美国，国家资助的精神病院网络在多萝西娅·迪克斯和其他改革者（见图16-18）的努力下，从19世纪40年开始逐渐建立。在这些改革之前，那些贫穷的精神病患者被关在监狱和救济院里，或者被遗弃到农村游荡。如今的精神病医院还在提供心理健康服务。然而，从第二次世界大战以后，对心理疾病的机构治疗经历了一系列的重要转变——到现在还没有尘埃落定。让我们来看看最近几十年机构治疗的发展。

图 16-18　多萝西娅·迪克斯与美国精神病医院的出现

19世纪，多萝西娅·迪克斯不知疲倦地为建立精神病医院募集资金。这些医院中的大多数，如纽约州精神病院，是非常大的医疗机构。虽然，公共精神病医院改善了对精神病患者的照料，但是这些医院仍有各种各样的不足，并最终促发了去机构化运动。

资料来源：Culver Pictures, Inc.; (inset) Detail of painting in Harrisburg State Hospital, photo by Ken Smith/LLR Collection.

对精神病院不抱幻想

到20世纪50年代，公立精神病院明显没有较好地实现它们的目标（Mechanic, 1980; Menninger, 2005）。专家们开始意识到住院治疗常常造成疾病的发展而不是治愈治疗，是什么造成了这个出乎意料的负性效果呢？部分的问题是这些机构通常没有足够的资金支持（Hogan & Morrison, 2008）。缺乏充足的资金意味着这些机构会过度拥挤，人员不足。医务人员训练不足，且工作过量，这让他们给患者提供即使最简单的看护都很难。尽管有很好的疗法，这令人泄气的环境毫无疑问地让大多数的公共精神病医院减少治疗投入（Scull, 1990）。让问题更严重的是，国家资助的医院需要服务一大片地理区域，但这些医院很少被建在主要的人口密集的地区。因此，大多数的患者被从社区中拔除并与其社会支持网络相隔绝。

对公共精神病医院系统希望的破灭，激发了开始于20世纪60年代的社区精神健康运动（Duckworth & Borus, 1999; Huey, Ford et al., 2009）。社区精神健康运动强调：①当地的，基于社区的照顾；②减少对住院治疗的依赖；③预防心理障碍。社区精神健康中心通过提供分散的、易得的服务来补充精神病医院的工作。然而，它们也有资金支持上的问题（Dixon & Goldman, 2004）。

去机构化

精神病医院还在为受慢性精神疾病折磨的人提供治疗，但是它们在照顾病人方面的作用已经减弱。从20世纪60年代开始，在美国和其他西方国家出现了去机构化的政策（Fakhoury & Priebe, 2002）。**去机构化**（deinstitutionalization），指的是精神病患者的治疗从住院机构转到那些强调门诊治疗的以社区为基础的机构。这个转变得以发生，主要是因为以下两个方面的发展：①出现了能有效治疗严重障碍的药物；②着眼于为当地居民提供服务的社区心理健康中心和疗养院的发展（Goff & Gudeman, 1999）。

大批病人迅速离开了精神病医院。各州以及国家精神病医院的住院人口从20世纪50年代中期接近550 000人的最高点降到了2000年的70 000人（见图16-19）。这个趋势并不意味着精神病的住院治疗已经成为过去。还有许多人在医院接受治疗。然而，这些人逐渐转移到了当地的综合性医院接受短期治疗，而非在远方的精神病医院接受长期治疗（Hogan & Morrison, 2008）。基于去机构化的基本观点，这些当地的组织努力地帮助患者保持稳定的状态，并帮助他们尽快返回社区。

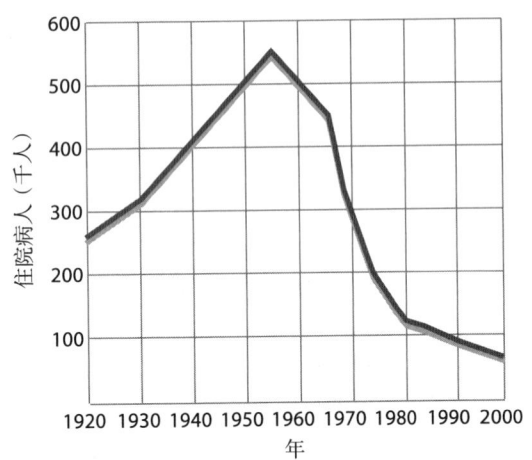

图16-19　各州、国家精神病院的住院人数减少

由于去机构化运动和有效的抗精神病药物的发展，各州以及国家精神病医院的住院人口从20世纪50年代开始急剧下降。

资料来源：Data from the National Institute of Mental Health © Cengage Learning 2013.

去机构化有用吗？我们得到一些不一致的观点。积极的一面是，许多人可以避免混乱且不必要的住院治疗。大量证据显示替代住院治疗的方式可以和住院治疗同样有效，且花费更少（McGrew et al., 1999；Reinharz, Lesage, & Contandriopoulos, 2000）。此外，对离院病人的追踪研究发现，大多数人更喜欢以社区为基础的治疗所提供的更多自由（Leff, 2006）。

尽管如此，还是出现了部分未预期到的问题（Elpers, 2000；Munk-Jorgensen, 1999；Talbott, 2004）。许多遭受心理障碍折磨的患者离开医院后无处可去。他们没有家人、朋友，也无家可归。他们中的许多人没有工作技能，也很难靠自己生活。这些人本应该被过渡疗养所、福利工厂以及其他一些中间护理机构所收纳。然而不幸的是，许多社区永远也不可能获得资助去建立这些计划中的机构（Hogan & Morrison, 2008；Lamb, 1998）。因此，去机构化留下了两个主要的问题：第一，人口流动过于频繁，人们频繁地进出精神病机构；第二，由于这些机构中患者的大量流出，相当大比例的无家可归的人都是精神疾病的患者。

精神疾病、人员频繁流动以及无家可归的人

大多数频繁进出心理健康系统的人经受着长期的、需住院治疗的严重障碍的折磨（通常是精神分裂症或双相障碍）（Haywood et al., 1995）。一旦他们的状态在经过药物治疗稳定下来后，他们就没有资格继续接受昂贵的住院治疗。因此，他们被送回了社区，而社区通常很难提供充分的门诊治疗。这导致了患者的情况恶化，不用多久，他们又需要被送回医院。而这样的循环可能又会持续下去。大约2/3的住院治疗是以前病人的再入院治疗。大约40%～50%的病人在康复后的一年之内被送回了医院（Bridge & Barbe, 2004）。

因为持续增加的无家可归的人口数量，去机构化运动受到了指责。许多研究一致发现无家可归人群患精神疾病的比例偏高。总的来说，证据显示，大约1/3的无家可归的人遭受着严重精神疾病（精神分裂症和心境障碍）的折磨，另外1/3或更多的则受困于酒精、药物问题，他们中的许多人或许能够符合多种诊断，精神疾病在无家可归的人群中的患病率可能还会上升（Bassuk et al., 1998；Folsom et al., 2005；North et al, 2004）。本质上，庇护所已经成为美国的心理健康护理系统中一个实际的成分（Callicutt, 2006）。

不幸的是，我们的社会没有为相当大的一部分精神

疾病患者提供充足的照顾（Appelbaum，2002；Elpers，2000；Gittelman，2005；Torrey，1996）。这不是新问题，对精神疾病的关注不足一直是一个常态。许多社会都在纠结该如何处理精神疾病，以及如何负担治疗费用的问题（Duckworth & Borus，1999）。我们的社会也是如此。不幸的是，最近几年情况还在恶化，而非好转。虽然最近几年的医疗支出在稳定地增长，但是给心理健康服务的资助却在迅速减少（Geller，2009）。从20世纪90年代后期开始，综合性医院内精神病护理的床位的数量陡然下降（Liptzin, Gottlieb, & Summergrad，2007）。目前一些州的精神病治疗的病床短缺，造成了治疗等待、过度拥挤，以及住院治疗时间缩短（Geller，2009）。

本章主题回顾

在我们对心理治疗的讨论中，一个重要的主题是理论多样性的价值，另一个主题是文化的重要性。前者尤其明显，而后者仅短暂地出现过。让我们首先讨论一下后一个主题。本章描述的治疗方法是现代、白人、中产阶级、西方文化的产物。一些用于这个群体的治疗方法被证明在其他群体中也是有用的。然而在包括少数族群在内的不同的文化下的群体中使用这些疗法时，许多疗法并不适用或者会产生反作用。因此，我们再一次见识到了文化因素对心理过程的影响，西方心理学不能假定其理论和实践具有普适性。

至于理论多样性，我们可以通过一个反问句来说明它的价值：假设心理学和精神病学界的所有人只接受弗洛伊德对于心理障碍的本质和相应治疗的理论，你可以想象现代的心理治疗会变成什么样吗？如果没有理论的多样性，心理治疗可能还停留在那些黑暗的时期。精神分析可以是一种有用的治疗方法，但是如果只有这一种方法，那这个状态就很悲惨。不少治疗方法来源于精神分析理论和其他理论观点的对抗关系，而许多人从这些疗法中收益。人们有各种原因引起的各种问题。不同的问题，有不同的治疗目标。幸运的是，人们可以从各式各样的治疗方法中进行选择。本章的图解总结并比较了本章讨论过的一些治疗方法。这个总结图显示了每种治疗方法有它们自己对人类问题的本质的看法，以及它们对理想的治疗方法的理解。

当然，多样性会带来困惑。现代心理治疗如此多的治疗方法，让许多人不知该如何选择。因此，在本章的个人应用部分，我们将整理关于选择治疗的一些问题。

个人应用

寻找治疗师

用"对"或"错"判断下面的陈述。
1. 心理治疗是一门艺术也是一门科学。
2. 心理治疗可能会对来访者造成伤害。
3. 心理治疗不一定要很贵。
4. 治疗师的专业学位的类型相对不那么重要。

所有这些陈述都是对的。其中的某一条是否出乎你的意料？如果是的话，很多人也和你一样，对如何选择治疗师知之甚少。

选择一位合适的治疗师是一项复杂的任务。你应该找一位心理学家还是精神病学家？你该选择个体治疗还是团体治疗？你应该选一位当事人中心疗法的治疗师，还是一位行为治疗师？这个情况的不幸之处在于，寻找治疗师的人通常被他们的个人问题所困扰。他们最不想要的就是去面对另一个复杂的问题。

尽管如此，寻找一位好治疗师的重要性不能被低估。有时治疗会产生有害而非有帮助的结果。我们已经讨论过药物治疗和ECT有时会造成伤害。然而问题不仅来自这些干预方法。和治疗师谈论你的问题听起来是无害的。但是，研究指出领悟疗法也会出差错（Lambert & Ogles，2004；Lilienfeld，2007）。虽然有很多有才能的治疗师，但心理治疗和其他行业一样，也存在一些能力不足的从业者。因此，就像你会找一名好的律师或修理工一样，你应该找一位技能过关的治疗师。

在这个部分我们会查看一些当你需要为自己、朋友或家庭成员寻找咨询师时，有用的信息（Beutler, Bongar, & Shurkin，2001；Ehrenberg & Ehrenberg，1994；Pittman，1994）。

在哪可以找到治疗机构

许多机构都提供心理治疗。与通常的想法不同，大多数治疗师不在私人诊所工作。许多治疗师在机构内工作，如社区心理健康中心、医院和人类服务机构。表16-2中列出了治疗服务的主要来源。治疗机构的具体形式在不同的社区有所不同。为了找出你的社区提供的服务，你最好咨询一下你的朋友、当地的电话簿，以及当地的社区心理健康中心。

表 16-2　治疗服务的主要来源

来源	评价
私人从业者	在黄页中相应的职业分类（如心理学家或精神病学家）中可以找到私人从业的治疗师。私人从业者的收费较高，不过他们更有可能是经验丰富的治疗师
社区心理健康中心	社区心理健康中心的带薪工作人员包括了心理学家、精神病学家以及社工。中心会提供各种类型的服务，而且在周末和晚间也有人在岗以应对那些紧急事件
医院	多种医院会提供治疗服务。有专门照顾心理障碍患者的公立和私立医院。许多综合医院有精神病病房，心理学家和精神病学家不会经常在职或在岗。虽然医院主要关注住院病人，但也提供门诊服务
人类服务机构	许多社会服务机构雇用咨询师来提供短期的咨询。在你的社区，你可以找到处理家庭问题、青少年问题、药物问题等的机构
学校和工作场所	大多数高中和大学都配备了咨询中心。学生可以在那里获得帮助。类似地，大型的公司会为员工提供内部咨询

治疗师的专业或性别重要吗

治疗师受训的专业可能是心理学、精神病学、社工、咨询、精神科护士，或婚姻和家庭治疗师。研究者们没有发现专业背景和治疗效果之间任何可靠的联系（Beutler et al., 2004）。这可能是因为，所有这些专业都有许多优秀的治疗师。因此，在选择治疗师时，他们的专业学位并不是你需要特别考虑的。

治疗师的性别是否重要依赖于你的看法（Nadelson, Notman, & McCarthy, 2005）。如果你认为治疗师的性别重要的话，它就是重要的。治疗关系必须是相互信任且亲密的。对同性或异性的治疗师的不适感会阻碍治疗的进程。所以，如果需要的话你可以自由选择男性或女性治疗师。这个问题对那些可能受到性别歧视困扰的女性来访者尤为重要（Kaplan, 1985）。如果那些持有女权/男女平等主义观点的治疗师，可以让女性觉得舒适的话，那么她们完全有理由去寻找这样的治疗师。

㊀ 南非心理学家、临床行为疗法的先驱。——译者注

治疗总是很贵

心理治疗不一定很贵。私人从业的咨询师收费最高，每小时约75～140美元。这些费用看起来很高，不过也与相似职业的收费一致，如牙医和律师。社区心理健康中心和社会服务机构通常有税收的支持。因此，它们的收费比大多数私人从业的治疗师低。许多机构还根据来访者的收入，按比例设置治疗的费用。因此，许多社区都提供了并不昂贵的治疗机会。此外，大多数的健康保险方案和HMO（一种相对廉价的医疗保险）都提供了一些心理治疗服务。

治疗师的治疗理论重要吗

你可能会基于逻辑预测不同的治疗流派的效果不同。然而，大多数的研究没有发现这样的结果。在回顾了许多疗效研究之后，Jerome Frank（1961）以及Lester Luborsky及其同事（1975）都引用了《爱丽丝漫游奇境记》中多多鸟在评判一次比赛的结果时说的话："所有人都赢了，所有人都有奖励。"在大多数研究中，各种治疗方法带来的改善十分接近（Lambert & Bergin, 2004；Luborsky et al., 2002；Wampold, 2001；见图16-20）。

然而，这些发现或许具有一些误导性，因为对于总体效果的估计是平均了不同类型的病人和问题之后的结果。大多数专家认为，对于某种问题，某些治疗方法会比其他的方法有效（Beutler, 2002；Crits-Christoph, 1997；Norcross, 1995）。例如，Martin Seligman（1995）主张惊恐障碍对认知疗法的反应最好，某种恐怖症最适合系统脱敏疗法的治疗，强迫症最好采用行为或药物治疗。因此，对于某类问题，治疗师的治疗方法可能会影响治疗结果。

同样需要指出的是，不同疗法的总体效果大致相同并不意味着所有的治疗师的治疗是一样的。毫无疑问，一些治疗师会比其他治疗师有效。治疗师的治疗效果更多依赖于个体治疗师的个人技能而非治疗的理论取向（Beutler et al., 2004）。在不同的治疗流派中都可以发现优秀的、糟糕的和中等的治疗师。事实上，不同个体治疗师技能的巨大差异，很可能是我们很难找到不同疗法的疗效差异的一个主要原因。

关键的是，有效的治疗需要技巧和创造力。阿诺德·拉扎勒斯㊀（Arnold Lazarus）发明了折中多种疗法的**多模式治疗**（multimodal therapy）。他强调，治疗师要"站在科学和艺术之间"。治疗是科学的，是因为治疗采

用的干预手段是以大量理论和研究为基础的（Forsyth & Strong, 1986）。不过，每一个来访者都是一个独特的个体。治疗师需要创造力来设计能帮助这个来访者的治疗计划（Goodheart，2006）。

从可能的治疗师那里你需要寻找什么

一些来访者不好意思向可能的治疗师询问关于他们接受的训练、采用的治疗方法、收费等问题。然而，这些问题都很合理。大多数治疗师非常乐于回答这些问题。通常，你可以通过电话问一些初步的问题。如果治疗是有希望的，那么你可能会预约一次面谈（你可能需要为这次面谈付费）。在这次面谈中，治疗师会收集更多的信息，根据他受的训练和采用的治疗方法来决定帮助你的可能性。同时，你也同样需要判断是否相信这个治疗师可以帮你解决问题。

你需要寻找什么？第一，寻找温暖和真诚的关心。尝试判断一下你是不是能和治疗师以坦诚、不防御的方式谈话。第二，寻找共情和理解。这个治疗师可以理解你的观点吗？第三，寻找自信。自我确定的治疗师会给你传递一种自信的感觉，而不会通过用一些行话来吓唬你，或者吹嘘他们可以为你做什么。当治疗师做到了以上这些，你应该会喜欢你的治疗师，否则，就会很难建立治疗所需的紧密关系。

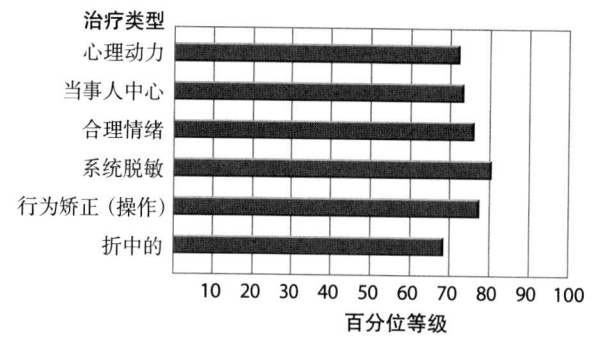

图 16-20　估计不同疗法的有效性

Smith 和 Glass（1977）回顾了 400 多个研究，并比较其中接受了某一类治疗的来访者与有类似问题但没有接受治疗的来访者。横条表示百分位等级（对结果的测量），由接受某一类治疗的来访者平均值估算出。百分位等级越高，治疗越有效。正如你看到的，各种疗法的总体疗效非常接近。

资料来源：Adapted from Smith, M. L., & Glass, G. V.（1977）. Meta-analysis of psychotherapy outcome series. *American Psychologist, 32*, 752-760. Copyright © 1977 by the American Psychological Association. Adapted by permission of the authors.

批判性思维应用

从危机到健康——是治疗的作用吗

事情通常是像这样发生的。问题变得特别糟糕。触发它的可能是学习或工作的巨大压力，和男朋友或女朋友激烈的争吵，或者孩子任性的行为失去了控制。在某个时刻，你意识到比较明智的做法是寻求专业人员的帮助。但是你该去哪儿呢？如果你和大多数人一样，那么你在积极地寻找专业帮助之前会很犹豫。人们退缩是因为治疗带来的污名，因为寻找治疗师的任务的艰巨性，也因为他们希望心理障碍会自己消失（确实这种现象会时常发生）。但人们终于决定去寻求心理健康治疗，往往是因为他们感觉自己的功能已经到了最低点，并且已经没有其他选择。危机激发了动机，他们开始进入治疗，并寻找希望。治疗会让他们觉得好点吗？

可能会令你惊讶的是，即使专业的治疗本身是完全无效，答案也通常是"是"。无论治疗是否有效，人们都可能从治疗中好转的主要原因有两个：一个原因是安慰剂的效力。当人们接受了假治疗（例如给患者糖丸而非药丸），但期望使他们体验到改变，那么**安慰剂效应**（placebo effect）就发生了。来访者们在参与治疗时，通常会期望治疗有积极的效果。就如我们在这本书中一直强调的，人们有强烈的倾向去看到他们期望看到的东西。由于这个因素的存在，药效研究一般都会包括一个安慰剂条件组，其中被试接受的是假的药物治疗（见第 2 章）。研究者常常惊讶于安慰剂带来的状况改善（Fisher & Greenberg, 1997; Walsh et al., 2002）。安慰剂效应可能会很强。因此，当需要提高某种疗法的效果时，可以考虑使用安慰剂。

另外一个起作用的因素是这个应用的主要关注点。它是我们之前没有讨论过的一种有趣的统计现象，**向均数回归**（regression toward the mean）。当人们的某个特质得分特别高或低时，第二次测量这些特质的新分数会向靠近均数的方向变化，即发生了向均数回归。回归的效果在两个方向上都起作用。在第二次的测量中，高分向着均数掉落，而低分则朝着均数上升。例如，我们想评价一种用于提高 SAT 成绩的为期一天的训练项目的效力。我们推测，训练最有可能帮助那些在之前的测验中表现不好的学生。因此，我们选取了一个在上一次的 SAT 测验中的得分排在最低的 20% 的中学生组成的样本。由于向均数回归的作用，这些学生中的大部分会在下次 SAT 考试中取得更好的成绩。因此，我们的训练项目，即使没有效，看起来也是有效的。而如果我们想看看，这个训练项目能不能提高那些得分较高的学生的成绩，向均数回归的效应会与我们的努力相对抗。如果我们招募了在上一次 SAT 测试中排名前 20% 的学生作为样本，那么在第二次的测试中他们的成绩会倾向于降低。这将会抵消训练项目所带来的提升成绩的效果。向均数回归背后的过程是一个复杂的概率问题，不过一个简单的原则可以大概解释这些过程：当你接近底部时，除了往上，你不能朝其他方向运动；当你位于顶部时，除了向下，你不能向其他方向运动。

心理问题和障碍的专业治疗是如何受到这些因素的影响呢？人生的起落每个人都会遭遇。然而大部分步入心理治疗机构的人往往正经历着严重的危机，处于他们人生的低谷之中。如果你测量那些进入治疗的人群的心理健康状况，他们的得分会比较低。如果你在几个月之后，再次测量他们的心理健康状况，由于向均数回归的原因，无论他们有没有接受治疗，大多数人的分数会变高。这不是一个虚无的推测。对没有接受治疗的被试的研究显示，那些第一次测量的心理健康得分较低的被试，第二次测量的得分朝着均数回归（Flett, Vredenburg, & Krames, 1995; Hsu, 1995）。

由于大多数人即使不接受治疗也会好转，是不是就意味着没有可靠的证据可以支持心理治疗作用了呢？回归效应与安慰剂效应的确让评估各种疗法的疗效的研究者们头疼。然而，我们可以避免这些问题。控制组、随机设计、安慰剂组，以及数据调整可以被用来控制回归和安慰剂效应，以及其他威胁实验效度的因素。

知道向均数回归在各种情景中会如何发生，是一种重要的批判思维技能。我们来看看其他一些例子。想象有一个年轻的杰出棒球运动员在第一个赛季表现得十分精彩，并被称为"年度最佳新秀"。你会如何预测这个运动员下一年的表现呢？在预测之前，考虑一下向均数回归。从统计上推测，我们的"年度最佳新秀"明年的表现也会优于平均水平，但是不会有他第一年的表现那么好。如果你是一个运动迷，那么你意识到这就是所谓的"二年级生症候群"。许多体育栏目有关"二年级生症候群"的内容，总是在批评运动员的人格或动机（"他变懒了""他变得自大了""金钱和名誉让他冲昏了头脑"等）。考虑一下向均数回归就可以解释这个结果，而不需要诋毁运动员的人格或动机。当然，有时年度最佳新人在他的第二年会表现得更好。因此，我们的棒球运动员的例子可以用来强调一个很重要的内容。向均数回归不是不可避免的。它是一种预测了什么更常发生的、统计上的趋势。然而，它只是一个概率，也就是说将这个原则用在群体（某一年的新人的前十强）的预测上会比个体更可靠。

安慰剂效应和向均数回归是让评估各种治疗方法的疗效变得困难的两个主要的因素。

让我们回到治疗的内容上，考虑回归和安慰剂效应的显著作用。这些年以来，许多江湖郎中和信仰治疗师推销、贩卖了无数没有意义的治疗心理问题和身体疾病的方法。在许多案例中，那些接受了虚假治疗的患者表示对治疗的满意，赞扬甚至感激。例如，你可能听说某人真诚地赞美某种你非常确定是没有用的草药疗法或者通灵咨询。如果是的话，你可能被他们漂亮的疗效证据所困惑。那么对于为什么人们会真诚地相信他们从那些随意而虚假的治疗中受益这个现象，你现在有了两个非常合理的解释：安慰剂效应和回归效应。那些为没有价值的治疗作证的人，可能体验到了自身状况真实的改善。然而，这可能是安慰剂效用和向均数回归的结果。回归和安慰剂效应，让你更应该对传闻的证据时刻保持谨慎。并且它们解释了为什么江湖郎中可以如此成功，以及为什么不可靠的无效的治疗会拥有真诚的支持者。

表 16-3 本小节中应用的批判性思维技巧

技能	描述
识别出现安慰剂效应的情景	批判性思考者理解，如果人们期待一种治疗会产生某种效果，即使这种治疗是虚假或无效的，他们可能仍会体验到这种效果
识别会出现向均数回归的场景	批判性思考者理解，当人们因为分数过高或过低而被挑选出来，那么他们接下来的分数会朝着均数的方向变化
识别传闻证据的局限	批判性思考者对传闻持谨慎的态度。传闻一般是用于支持某人观点的个人的故事。传闻证据通常没有代表性，不准确且不可靠

概念检测

第1章 心理学发展简史

 **理解主要理论的意义：冯特，詹姆斯和弗洛伊德**

检查你对本章回顾的一些主要理论意义的理解。指出下面引用的每种陈述可能是由谁做出的，可从以下几位中选择：(a) 冯特；(b) 詹姆斯；(c) 弗洛伊德。答案见网站：www.hzbook.com。

1. "他有眼睛可以看，有耳朵可以听，这让他确信没有哪个凡人能守住自己的秘密。如果嘴巴保持沉默，还可以用指尖交谈；从每个毛孔流露出来的秘密背叛了他。从而，要使深藏于精神世界的隐蔽之处被意识到，是很有可能做到的。"

2. "我给大家展示的这本书是为了勾画出科学的一个新领域……这个新学科有着解剖学和生理学的基础……在对心理问题的实际治疗中，必须把现有的各种观点转变为追溯到疾病最初的根源上去。"

3. "那么，意识本身看上去并不是被分割成部分的。像'链'或'列'这样的词不能恰当地描述它……它不是连接起来的，它是流动的。用'河'或'流'这样的比喻描述最能体现它的本质。"

 **理解主要理论的意义：华生、斯金纳和罗杰斯**

检查你对本章介绍的一些主要理论的理解，指出下面引用的每种陈述可能是由谁做出的，可从以下几位中选择：(a) 华生；(b) 斯金纳；(c) 罗杰斯。答案见网站。

1. "传统观点认为，人是自由的……因而他能为自己的行为负责，为自己不端的行为接受公正的惩罚。然而当科学研究揭示了环境和行为之间存在不为人所知的控制关系时，那么这种观点，以及与之相关的实践，都应该被重新审视。"

2. "我并不是对人类本性抱有乐天的看法……然而在我的经历中，最使我振奋和鼓舞的是对病人的治疗工作，以及发现一种积极向上的强大力量存在于他们，也存在于我们每个人内心最深处。"

3. "我们的结论是，我们并没有关于品性可以遗传的真实证据。我十分肯定的是，对一个无论生自骗子、杀人犯、小偷或妓女的健全婴儿，只要仔细抚养，最终都能取得我想要的结果。"

 **请指出主要理论家和研究者的贡献**

检查你对本章所介绍重要理论家和研究者主要观点的掌握程度。请将左侧人名与右侧描述的贡献配对。请将代表你所选项的字母填入左边空白处。答案见网站。

主要理论家和研究者	核心观点及贡献
____1. 华生	a. 这位理论家是行为主义的创始人。他提出心理学家应该全部摒弃对意识的研究。
____2. 弗洛伊德	b. 此人著有《动物心理》(1908)一书，是第一位获得心理学博士学位的女性。
____3. 冯特	c. 这位有影响的美国研究者发现机体倾向于重复导致积极后果的反应，并声称自由意志只是个错觉。

(续)

主要理论家和研究者	核心观点及贡献
____4. 詹姆斯	d. 被广泛认为是心理学的创始人，于1879年建立了第一个用于研究的心理学实验室。
____5. Margaret Floy Washburn	e. 这位理论家关注潜意识和性，引起了很大争议。他还创立了精神分析理论。
____6. 斯金纳	f. 这位哈佛学者是机能主义的主要倡导者，认为心理学应该研究意识的功能而非结构。
____7. 罗杰斯	g. 这位人本主义的提倡者以乐观的角度看待人类本性，是精神分析和行为主义理论的主要批评者。

第2章　研究方法

概念检测 2-1　识别自变量和因变量

通过区分下列研究中的自变量（IV）和因变量（DV）来检验你对实验方法的理解。注意一个研究中有两个自变量而另一个中有两个因变量。你将会在网站中找到答案。

1. 一个研究者对心率和血压如何受观看一个暴力电影片段或一个非暴力片段的影响感兴趣。
   IV _____　　DV _____

2. 一个组织心理学家开发出一套新的训练项目来提高某大型零售连锁店中员工对顾客的礼貌。她实施了一个实验来看这个训练项目是否会导致顾客投诉次数的减少。
   IV _____　　DV _____

3. 一个研究者想了解刺激复杂性和刺激对比度是如何影响婴儿对刺激的注意的。他操纵了刺激的复杂性和刺激的对比度并测量了婴儿注视各种刺激的时间。
   IV _____　　DV _____

4. 一个社会心理学家调查团体大小对个体在面对团体压力时的服从所产生的影响。
   IV _____　　DV _____

概念检测 2-2　匹配研究方法和问题

通过找出哪种方法最适宜于调查下列关于行为过程的问题来检验你对不同研究方法作用和优势的理解。从以下方法中选择：(a) 实验；(b) 自然观察；(c) 个案研究；(d) 调查。在每个问题左边标出你的选择（用字母）。你将会在网站中找到答案。

_____1. 人们对裁减核武器的态度与他们的社会阶层或者教育程度有关吗？
_____2. 患有焦虑症的人有类似的早期童年经历吗？
_____3. 狒狒群落会划定地盘吗？也就是说，它们会标记一个区域作为自己的领域然后保护它不被其他狒狒入侵吗？
_____4. 食物相关线索的存在（比如，广告中看上去可口的甜点）会增加人们的食物摄入量吗？

概念检测 2-3　理解相关

通过解释题目1中相关的意义和猜测题目2中相关的方向（正的或负的）来检验你对相关的理解。你将会在网站中找到答案。

1. 研究者发现，年轻人的自尊和他们的学业成就（通过在校成绩来测量）之间存在高度正相关。在基于该相关的任何可以接受的结论前打勾。

　　　　a. 低分引起低自尊。
　　　　b. 自尊和学业成就之间存在关联。
　　　　c. 高自尊引起高学业成就。
　　　　d. 高能力引起高自尊和高学业成就。
　　　　e. 在自尊上得分较低的年轻人倾向于得到较低的成绩，并且在自尊上得分较高的人倾向于得到较高的成绩。

2. 标出你预期下面的相关是正相关还是负相关。

　　　　a. 年龄和视敏度之间的相关（在成年人中）。
　　　　b. 受教育年数和收入之间的相关。
　　　　c. 一个人的害羞程度和他拥有的朋友数之间的相关。

概念检测 2-4　检测研究中的缺陷

通过寻找下列研究中方法上的错误来检验你对如何实施稳妥的研究的理解。你将在网站中找到答案。

研究 1. 一个研究者宣布他将开展一个实验来研究感觉剥夺对知觉－运动协调的不利影响。首先报名参加研究的 40 名学生被安排到实验组，然后接下来的 40 名参加的人作为控制组。研究者监督研究实施过程中的各个方面。实验组被试在一个感觉剥夺密室中待两个小时，在密室的感觉刺激是极少的。控制组被试在一个等候室中待两个小时，等候室里有杂志和电视。然后所有被试在一个跟踪转子（pursuit-rotor）任务中完成十个试次，每次一分钟。这个任务要求他们把指针保持在一个很小的旋转的目标上。因变量是他们在跟踪转子任务中的平均成绩。

研究 2. 一个研究者想要了解在年龄和种族偏见之间是否存在关系。她设计了一个调查，其中回答者要对他们对六个不同种族群体的偏见进行评级。她把这项调查分发给超过 500 个不同年龄的人。这些人是在市内低收入社区的一个购物中心找到的。

检查每个研究中明显的缺陷

方法上的错误	研究 1	研究 2
取样偏差	_____	_____
安慰剂效应	_____	_____
自我报告的歪曲	_____	_____
变量的混淆	_____	_____
实验者偏差	_____	_____

概念检测 2-5　区分主要的理论家和研究者贡献

通过匹配左列的人物和右列描述的合适的贡献来检验你对本章中重要的理论家和研究者主要观点的记忆。在左空里填上你所选择的字母。你将会在网站中找到答案。

主要的理论家和研究者	主要观点和贡献
_____1. Neal Miller	a. 这个人开展了一个有影响的研究，证明了实验者偏差可以导致研究者无意中影响被试的行为。

主要的理论家和研究者	主要观点和贡献
2. 罗伯特·罗森塔尔	b. 这个研究者做了一个经典的实验,有关焦虑是否会增加和他人待在一起的意愿。
3.Stanley Schachter	c. 这个人是对心理学中动物研究价值的著名的维护者。

第4章 感觉系统和知觉

理解视网膜中的感觉过程

通过完成以下练习来测试一下你对视网膜中感觉感受器的理解程度。答案见网站。

视觉感受器是视网膜上的视杆细胞和视锥细胞。两者之间有很多重要的不同点,在下列图表中进行了系统的比较。请完成图表中缺失的信息。

维度	视杆细胞	视锥细胞
物理形状	细长的	
在视网膜上的数量		5 百万～6.4 百万
作为主要感受器的视网膜区域	外周	
对颜色视觉的关键性		
对外周视觉的关键性	不	
对暗光的感受性	强	
暗适应的速度	快	

认出图形深度线索

画家常常在平坦的画布上利用图形深度线索来创造出深度知觉。图4-32所描述和示例的6种图形深度线索,大部分都能在凡·高那色彩斑斓的作品《圣雷米院馆》(1889)中找到。尝试在画中找到深度线索来测试一下你对深度知觉的理解。

在下面的列表中,查对凡·高所用的深度线索。答案见网站。你还可以在章末的个人应用中学到更多关于画家怎样利用视知觉原理的资料。

1. 插入
2. 平面高度
3. 质地梯度
4. 相对大小
5. 光和影
6. 线条透视

概念检测 4-3　比较视觉和听觉

通过比较视觉和听觉感官的感觉及知觉的主要因素来检测你对这些感觉的理解。比较的维度在下面第 1 栏中列出。第 2 栏列出了视感觉的答案。在第 3 栏中填入听感觉的答案。答案可以在网站中找到。

维度	视觉	听觉
1. 刺激	光波	
2. 刺激的成分和相关的知觉	波长 / 色调	
	振幅 / 亮度	
	纯度 / 饱和度	
3. 感受器	视杆细胞和视锥细胞	
4. 感受器的位置	视网膜	
5. 大脑中的主要加工位置	枕叶	
	视皮层	

概念检测 4-4　主要的理论家和研究者的贡献

通过匹配左侧人物和右侧描述的恰当贡献来检验你对本章中出现的重要理论家和研究者主要观点的回忆。在左边的空中填上你选择的字母。

主要的理论家和研究者

_____ 1. Linda Bartoshuk

_____ 2. Herman von Helmholtz

_____ 3. 大卫·休伯尔和托斯坦·维厄瑟尔

_____ 4. Ronal Meizack and Wall

_____ 5. Max Wertheimer

主要观点和贡献

a. 这个 19 世纪的理论家发展了色觉的三原色理论和音调知觉的位置理论。

b. 20 世纪 60 年代，这些理论家发展了疼痛的阀门控制理论，这种理论认为输入的疼痛信号可以被神经机制阻隔。

c. 这个人已经对味觉系统实施了大量有影响力的研究，包括比较超级味觉者和味盲者的开创性工作。

d. 格式塔心理学的倡导者，第一个描述 φ 现象的人，他断言在知觉中总体往往大于部分之和。

e. 这个研究团队由于发现了枕叶中三种类型的特异性视觉细胞而获得了诺贝尔奖，这些细胞被称为特征觉察器。

第 5 章　意识的状态

概念检测 5-1　比较 REM 与 NREM 睡眠

这张表可以让你对 REM 和 NREM 睡眠有一个系统的比较，不过这也可能让你失去了设计便于自己理解的表格的机会。用一个词或词组完成下面的表格，突出 REM 和 NREM 不同的各自具体特征。你可以在网站中找到答案。

特征	REM 睡眠	NREM 睡眠
1. 脑电活动类型		

特征	REM 睡眠	NREM 睡眠
2. 眼动		
3. 做梦		
4. 深度（觉醒难度）		
5. 占总体睡眠的百分比（成人）		
6. 在儿童时期百分比的增加或减少		
7. 睡眠周期中的时间（早期或晚期占优势）		

将脑电波与不同的意识状态匹配

前面的章节中我们已经强调过脑电波和不同的意识状态之间有紧密联系。检查一下你对这种联系的理解，请标示出在下列几种情形下可能占优势的脑电波（α，β，θ，Δ）。答案在网站中。

	1. 你在玩电子游戏。
	2. 你在深度冥想中。
	3. 你刚刚睡着。
	4. 你在梦游中走过草坪。
	5. 你正在做噩梦。

明白几种主要滥用药物的特征

从我们对主要精神药物的讨论中，发现很明显不同药物的摄取方式、药物用途、期待结果和短期副作用有很多的重叠。但是，每种药物都有一两种特点。检验你对这些药物特点的理解，将每种药物与下列的特征匹配：（a）麻醉剂/鸦片剂；（b）镇静剂；（c）兴奋剂；（d）致幻剂；（e）大麻；（f）酒精。你能在网站中找到答案。

	1. 增加警觉、活力和愉悦，减少疲劳
	2. 没意识到药物使用可能有深刻的、"神秘的"体验
	3. 作为安眠药使用，因为它会降低中枢神经系统（CNS）的活性
	4. 导致 40% 的交通事故死亡
	5. 取自鸦片，用于镇痛
	6. 健康风险包括呼吸道疾病、肺病和肺癌

辨认主要理论家、研究者及其贡献

检查你对本章涉及的理论家的主要观点的回忆，将下面左边的人物与右边的贡献及主要观点进行匹配。将你选择的字母填在左边的空白处。你能在网站中找到答案。

主要理论家、研究者	主要观点及贡献
1. Rosalind Cartwright	（a）根据这位理论家的观点，梦的基本目的是愿望满足。他还区分了梦的显意和梦的隐意。
2. William Dement	（b）根据这位理论家的激活-整合模型，梦只是REM睡眠期产生β波的神经激活的副作用。

主要理论家、研究者	主要观点及贡献
3. 西格蒙德·弗洛伊德	(c) 这位理论家强调意识的内容总是在改变。他称这种连续的思想流为意识流。
4. 欧内斯特·希尔加德	(d) 根据这位理论家的认知、问题解决观点，梦提供了靠逻辑解决白天未解决的问题的机会。
5. J. 艾伦·霍布森	(e) 这个人发现了 REM 睡眠。他还声称长期的睡眠剥夺是现代社会一个严重的问题。
6. 威廉·詹姆斯	(f) 这个理论家用解离的概念解释许多催眠的效应。

第 6 章 条件反射与学习

区分经典条件作用和操作性条件作用

检查你对经典条件反射和操作性条件反射之间的不同理解，判断下列列举出的各个不同实例。在左边的空白处，如果例子中包含的是经典条件反射那么就填 C，如果包含的是操作性条件反射就填 O，如果同时包含了两个那么就填 B。答案在网站中可见。

____1. 每当美登里带她的狗出去散步时，她就会穿同样一件旧的蓝色防风衣。后来她注意到她的狗只要在她穿这件衣服的时候就会变得很兴奋。

____2. The Creatures 是一个很成功的摇滚乐队，他们有三张很火的专辑，他们开始在美国进行巡演时，以会有很多新的没有发表过的歌曲为特色，但他们的粉丝在听新歌时通常都是安静沉默的，同样的粉丝却会在乐队表演他们以前发表过的音乐时变得很激动兴奋。逐渐地，乐队就减少了每次的新歌表演，而是表演更多的老歌。

____3. 当辛迪和梅尔一开始恋爱时，他们经常会听 the Creatures 的一首热门歌曲，尽管好几年过去了，但每当他们听到这首歌都会感到一种浪漫温暖的感觉。

____4. 拉尔夫已经在同一家工厂做了快 20 年的技师。他的新领班对他的工作从来都不满意，一直批评他。在好几周的严厉批评之后他在去工作的时候产生了很严重的焦虑。他开始更经常感到不舒服并且试图逃离这种焦虑。

第 7 章 记忆的关键过程

比较记忆存储器

检查你对三种记忆存储器的理解。请在下表中填空。答案请见网站。

特征	感觉记忆	短时记忆	长时记忆
主要编码形式	输入的副本	____	主要是语义的
储存容量	有限的	____	____
储存时间	____	10～20 秒	____

概念检测 7-2 弄清遗忘

检查你对人们为何遗忘的理解。指出下列情节中造成遗忘的可能因素。选项包括：(a) 动机性遗忘（压抑）；(b) 消退；(c) 无效编码；(d) 前摄干扰；(e) 倒摄干扰；(f) 提取失败。答案请见网站。

____ 1. Ellen 无法记得韦伯斯特–阿什伯顿条约的签署原因，因为那节讨论此条约的历史课上她在做白日梦。

____ 2. Rufus 讨厌他在墨西哥卷饼天堂的工作，他总是忘记自己应该在什么时间上班。

____ 3. Ray 在运输部门的新助理名叫杰森·汀布莱克。Ray 总叫他贾斯汀，把他和贾斯汀·汀布莱克弄混。

____ 4. Tania 在周日早上学习了历史，周日傍晚学习了社会学。现在到了周一，而她正在和历史考试搏斗，因为她总是把著名的历史学家和有影响力的社会学家弄混。

概念检测 7-3 认识各种类型的记忆

检查你对本章所讨论的各种类型的记忆的理解。将以下定义和选项配对：
(a) 感觉记忆；(b) 短时记忆；(c) 长时记忆；(d) 陈述性记忆；(e) 非陈述性记忆；(f) 情节记忆；(g) 语义记忆。答案请见网站。

____ 1. 对事实性信息的记忆。

____ 2. 一个容量无限的存储器，它可以将保持很长一段时间。

____ 3. 将信息以其最初的感觉形式保持一小段时间，通常只有几分之一秒。

____ 4. 按时间编排的，或者标有临时日期的与个人经历相关的回忆。

____ 5. 用于储存动作、技能、操作和条件反射的记忆库。

____ 6. 当信息被习得时未和时间相连的一般知识。

____ 7. 一个容量有限的存储器，它能将未经复述的信息维持 10-20 秒。

概念检测 7-4 识别主要理论家和研究者的贡献

检查你对本章所提到的重要理论家和研究者的主要思想的回忆。将左边所列的人物跟右边描述的恰当的贡献连起来。请在左边的空格里填入你的选择对应的字母。答案请见网站。

主要理论家和研究者

____ 1. Richard Atkinson and Richard Shiffrin

____ 2. Alan Baddeley

____ 3. Fergus Craik and Robert Lockhart

____ 4. Hermann Ebbinghaus

____ 5. Marcia Johnson

____ 6. Eric Kandel

重要观点和贡献

a. 这位 19 世纪的学者发明了无意义音节，并且展示了遗忘的发生非常迅速。

b. 这位短时记忆的专家因一篇题为"The Magical Number Seven, Plus or Minus Two"（神奇的数字七，加减二）的论文而闻名。

c. 这些研究者发明了一个具有影响力的记忆的信息加工模型，此模型描述了记忆的三个存储器：感觉记忆、短时记忆和长时记忆。

d. 据这名理论家所言，陈述性记忆应该进一步被细分为情节记忆和语义记忆。

e. 该研究者发明了包含四个部分的工作记忆模型。

f. 这些研究者提出了加工水平理论，该理论认为深水平的加工可形成更持久的记忆。

____7. Elizabeth Loftus
____8. George Miller
____9. Endel Tulving

g. 该研究者描述了错误信息效应，并对被压抑的记忆开展了深入研究。

h. 该研究者描述了来源监控过程以及来源监控错误的重要性。

i. 该研究者所研究的是海兔，他因为发现了突触传递的变化会导致记忆的形成而获得了诺贝尔奖。

第 8 章　认知和语言

概念检测 8-1　追踪语言发展

检测你对儿童语言技能发展的理解程度。请将下面一些关于儿童可能出现的发展顺序进行正确排序（答案见网站）。

____1. 指着一头奶牛说"小狗狗"。
____2. 那些狗跑开了。(The dogs runned away.)
____3. 小狗跑。
____4. 那些狗跑开了。(The dogs ran away.)
____5. 指着一只狗说："小狗。"
____6. 汤姆觉得他满脑袋糨糊。

概念检测 8-2　问题解决

通过回答以下问题，检查你对问题解决的理解。请解决如下问题。

蜡烛问题（candle problem）。请用如图所示物体——蜡烛，火柴盒，绳子和大头针——把蜡烛立在墙上以便蜡烛可以当作灯来用。在思考这个问题一段时间后，请看后面的答案。你知道答案后，请回答以下问题。答案见网站。

1. 如果你没想到火柴盒可以从容器变成一个平台，那么说明_____。
2. 当思考这个问题时，如果你想到"如何才能创建一个附着在墙上的平台？"那么你运用了_____启发式。
3. 如果你突然想到火柴盒可以当作一个平台使用，那么这种现象是_____的例子。
4. 如果你曾预感到这个问题与图 8-6 的吊绳问题有相似之处（相似之处是一件物品有新用法），那么你这种预感说明你运用了_____启发式。
5. 根据 Greeno 的问题分类，蜡烛问题是一个_____问题。

概念检测 8-3　识别决策中的启发式

通过识别以下例子中的启发式来检查你对决策启发式的理解。以下每则逸事演示了一种问题解决启发式。在左侧空白处写下相关启发式。答案参见网站。

____1. Marsha 还不能决定大学选什么专业。她根据她的兴趣（喜爱度）、挑战性（难度）和该领域有多大机会找到工作（受雇度）这三个因素来评估所有大学专业。她将剔除任何在任意三个因素中评分为"差"的专业。

___2. 当她考虑主修历史时，她突然想到"唉，我知道有 4 个历史毕业生还在找工作呢"，并由此得出历史学毕业生找到一份工作的机会非常低。

___3. 她发现每个专业都至少在一个因素上获得"差"评，因此她不得不排除所有专业。因为这是不可接受的，所以她决定换个策略。Marsha 最后决定关注仅有一个"差评"的 5 个专业。她用一个 4 点量表给这些专业的 3 个因素评分，然后合并这些评分并选择总分最高专业作为她的第一候选专业。

确定主要理论家和研究者的贡献

我们将通过将位列左边的人名与右边的贡献进行恰当匹配来检测你对本章重要理论家和研究者思想的掌握程度。在左边的空格中填写正确字母。答案见网站。

主要理论家和研究者
___ 1. 乔姆斯基
___ 2. 吉戈伦尔
___ 3. 卡尼曼和特沃斯基
___ 4. 史蒂芬·平克
___ 5. 司马贺
___ 6. 斯金纳

主要思想和贡献

a. 这些心理学家开展了关于风险决策启发式（如可得性启发式和代表性启发式）的开创性研究。

b. 这位曾获得诺贝尔奖的认知心理学先驱提出了有限理性理论。

c. 这位理论家认为人类对语言的特殊天赋是进化的产物。

d. 这位先天论者提出人类天生具有语言习得机制。

e. 这位著名的行为主义学者认为语言发展依赖于学习和条件反射。

f. 这位进化倾向的理论家相信人类推理很大程度上依赖于快速节俭启发式。

第 9 章　人类智力

识别测验的基本概念

回答以下问题，查验你对心理测验基本概念的理解。从下面的概念中选择你的答案。答案见网站。

测验常模　　　效标效度
重测信度　　　结构效度
分半信度　　　内容效度

1. 应 HiTechnoland 计算机连锁商店的请求，Chariz 教授发展出一个测量销售计算机的能力适性的测验。200 个 HiTechnoLand 商店销售职位的应聘者被要求参加此测验，测验进行两次，间隔几个星期。在对应聘者的两次施测的分数之间发现 +0.82 的相关。因此，此测验显示出具有合理的_____。

2. 所有的 200 个应聘者被雇用了并开始销售计算机。6 个月以后 Charlz 教授对这些新工作者在能力倾向测验中的得分，与每个人在 6 个月的工作中销售的计算机的总美元价值进行相关。这个相关结果为 −0.21。此结果说明这个测验可能缺乏_____。

3. 回到大学中，Chariz 教授正在教授一门关于人格理论的课程。他决定使用跟上年同样的期中考试试题，尽管测验包含一些关于本学年课程和参考资料都没有涉及的理论的问题。我们有理由怀疑 Chariz 教授的期中考试的_____。

理解遗传 – 环境问题上的相关性证据

通过表明你将如何解释下面每一"块"证据的意思，检测你对相关性结果是如何与先天后天问题形成关系的理解。在圆括号中的数字是所描述关系被观察到的平均IQ相关性，这些关系曾在图9-13中展示。在左边的空格中，如果结果表明智力受遗传塑造，则输入字母 H；如果结果表明智力受环境塑造，输入字母 E；如果结果表明智力受遗传和环境共同（或任一个）影响，输入字母 B。答案可以在网站中找到。

_____ 1. 被分开抚养的同卵双生子（0.72）比被一起抚养的异卵双生子（0.60）更相似。

_____ 2. 被一起抚养的同卵双生子（0.86）比被分开抚养的同卵双生子（0.72）更相似。

_____ 3. 被一起抚养的兄弟姐妹（0.47）比被分开抚养的兄弟姐妹（0.24）更相似。

_____ 4. 生父母与他们抚养的孩子（0.42）比被分开抚养的没有关系的两个人更相似（如果随机抽样则不会有相关性）。

_____ 5. 被收养的儿童显示出对他们生父母的相似性（0.24），也显示出对养父母的相似性（0.24）。

识别重要理论家和研究者的贡献

通过把列在左边的人与在右边的对贡献的描述匹配起来，检测你对本章提及的重要理论家和研究者的首要观点的回忆。在左边空格中填入你选择的字母。你可以在网站中找到答案。

重要理论家和研究者　　　　**主要观点和贡献**

_____ 1. 阿尔弗雷德·比奈　　　　a. 在对家族中的卓越和成功的研究的基础上，这个理论家总结出智力是遗传的。他还发明了"相关"的概念并创造了"nature versus nurture"（先天之于后天）这个短语。

_____ 2. 弗朗西斯·高尔顿　　　　b. 这个人的理论对智力采用了认知的观点。他认为人类智力有着3个主要方面：分析性智力、创造性智力和实践性智力。

_____ 3. 霍华德·加德纳　　　　c. 这个心理学家发展了斯坦福－比奈智力量表，这个量表首次使用智力商数的术语描述儿童的智力分数。

_____ 4. 阿瑟·詹森　　　　d. 这个法国心理学家修订了第一个成功的智力测验，这个测验把儿童的智力分数用心理年龄的形式表示。

_____ 5. 桑德拉·斯卡尔　　　　e. 这个理论家争论智力的遗传性是大约80%，而平均智力的文化差异主要是遗传的产物。

_____ 6. 查尔斯·斯皮尔曼　　　　f. 这个人发展了第一个有影响力的专为成人设计的智力测验。他还抛弃了智力商数而使用了一个以常模分布为基础的计分方案。

_____ 7. 罗伯特·斯腾伯格　　　　g. 这个理论家认为，人类身上存在8类智力。

_____ 8. 路易斯·推孟　　　　h. 这个人使用反应范围这个概念来解释遗传和环境的相互作用。

_____ 9. 大卫·韦克斯勒　　　　i. 这个理论家总结出所有的认知能力共享着一个重要的核心因素。他用 g 表示这个因素，以示一般（general）心理能力之意。

第 10 章 情绪与动机理论

概念检测 10-1　理解调节饥饿的因素

检查你对影响饥饿的诸多因素的效果的理解。指出在下面描述的情境中饥饿和饮食会增加还是减少。记下你的选择，I 表示增加，D 表示减少，a 表示信息不足难以判断。答案见网站。

____ 1. Jameer 的胃刚刚分泌了饥饿素。
____ 2. Marlene 血液里的葡萄糖水平下降了。
____ 3. Norman 刚吃过饭，但室友带回了他最爱吃的比萨，闻起来棒极了。
____ 4. 别人提供给你一份相貌奇特且具有异国风情的他国食物，告诉你那个文化群体中的人都喜欢吃。
____ 5. Darius 正在吃自助餐，各种食物都有。
____ 6. 别人请你在一家新饭店吃饭，那么豪华的盛宴让你惊呆了。

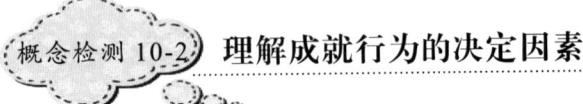

概念检测 10-2　理解成就行为的决定因素

根据约翰·阿特金森，在特定情境中，一个人对成功的追求依赖于很多因素。通过辨别下面的例子属于成功决定因素的哪一种来检验你对成功因素的理解：(a) 成就的需求；(b) 理解成功的可能；(c) 成功的激励价值。答案见网站。

____ 1. Belinda 正在紧张地等待冲刺他高中生涯中最后一次运动会的最后 200 米决赛，"我一定要赢得这次赛跑，这是我生命中最重要的一次比赛"。
____ 2. Corey 想到接下来这一学期的轻松时光就咧嘴笑了，"这门课简直小菜一碟。我听说教授基本给每位学生的都是 A 或 B"。
____ 3. Diana 一如既往地顽强。这学期他已经在每门功课的测试中都得了最高分，但依然在熬夜复习期末考试，"我知道我得了很多 A，但是我想成为 Dr. McClelland 最棒的学生"。

概念检测 10-3　理解情绪理论

通过用学过的理论与下面的表述搭配来检验你对情绪理论的理解。让我们借用詹姆斯的古典案例：假如你在丛林里忽然遇到一头熊。第一个表述是对恐惧的常识性解释。剩下的每个理论本质上都代表一种理论，指出它们分别是何种理论。正确答案见网站。

1. 你发抖因为你害怕。
常识性解释
2. 你感到害怕因为你发抖了。
_____
3. 你害怕，因为情境线索（熊）表明你为何害怕。
_____
4. 你害怕，因为熊引发了一种先天的基本情绪。
_____

概念检测 10-4　确认主要理论家和研究者们的贡献。

回忆这一章节的重要理论家和研究者的主要观点，把右边的贡献与左边列出的人物正确搭配。将你的选项填在左边的空格里。答案见网站。

主要理论家和研究者

___ 1. 戴维·巴斯
___ 2. 沃尔特·坎农
___ 3. Paul Ekman 和 Wallace Friesen
___ 4. 威廉·詹姆斯
___ 5. 约瑟夫·勒杜
___ 6. William Masters 和 Virginia Johnson
___ 7. 戴维·麦克利兰
___ 8. 斯坎特·沙赫特

主要观点及贡献

a. 研究表明杏仁核在获取条件性恐惧时的重要作用。
b. 这个研究团队在人类性反应的生理基础方面做出了开创性工作。
c. 这个研究者因他在成就动机的本质和决定因素方面的工作而出名。
d. 这个进化心理学家的研究表明世界上的女性比男性更看重伴侣的地位和财富潜能，而男性则对女性的年轻和美貌更感兴趣。
e. 这个研究团队提出被试可以通过表情识别6种基本情绪，情绪的表情是超越文化的。
f. 这个人提出了肥胖的外部假设和情绪的两因素理论。
g. 这个人描述了体内平衡，开展了对饥饿的早期研究，并认为情绪源自皮层下的结构。
h. 这位传奇学者提出了一个情绪理论，他认为情绪有意识的主观体验是对自主唤起的知觉。

第11章　发展心理学：终生发展的视角

概念检测 11-1　理解孕期发展的阶段

填写下面表格中的空白处，以检查你对于孕期发展阶段的理解。第一列包含对三个阶段各自的一个主要事件的描述，第二列需要写下阶段名称，第三列需要写下用于该阶段发展的机体组织的术语，第四列需要写下该阶段覆盖的时间段（用周或者月的形式）。答案见网站。

	阶段	组织术语	时间段
1. 子宫着床			
2. 肌肉和骨头开始形成			
3. 纤维组织和身体系统开始形成			

概念检测 11-2　识别皮亚杰阶段

指出下面每一个例子阐明的认知发展阶段，检测你对于皮亚杰理论的理解。对于每一种情况在左边的空格中填上对应阶段的字母，答案见网站。

A. 感觉运动阶段　　B. 前准备阶段　　C. 具体操作阶段　　D. 正式操作阶段

1. 看到玻璃靠着一边，萨米说："看，玻璃累了，它在打瞌睡。"

2. 玛丽亚被告知一个农场主有9头牛和6匹马,老师问:"农场主的牛多还是动物多?"玛丽亚说:"动物多。"
3. 爱丽丝在起居室玩小红球,球滚到了沙发底下。她盯了一会儿球消失的地方,然后把注意力转到了面前的玩具车上。

概念检测 11-3 分析道德推论

分析下面道德困境的假设反应,检查你对于科尔伯格道德发展理论的理解。

美国中西部的生物学家做了一系列的研究证明,类似虫子、草履虫的简单组织可以通过条件反射学习。她想到也许她可以训练受精卵,为流产伤害适应性的人体组织提供有力证据。这个可能性让她兴奋,因为她是忠实的反对流产者。然而不牺牲潜在生命的情况下无法继续必需研究。她非常希望做这个实验,但显然对于人类卵细胞的牺牲从根本上违背了她对人类生命的信仰。

她应该怎么做?为什么?

在每个反应左边的空格上指出道德推断的水平,从下列选项选择(答案见网站):

A. 前习俗水平　　　B. 习俗水平　　　C. 后习俗水平

1. 她应该做这个研究,尽管杀人是错误的,但通过这个研究可以实现更大的福利。
2. 她不应该做这个实验,因为大家会认为她是伪君子并谴责她。
3. 她应该做这个实验,因为结果她可能会变得富有且有名。

概念检测 11-4 定义主要理论和研究者的贡献

搭配左边的人和右边描述的合适的贡献,检查你对于本章讲到的重要理论和研究者的主要主张的记忆。将你的选择字母填进左边的空格里,答案在网站中。

1. 玛丽·爱因斯沃斯　　　a. 这个心理学家系统地阐述了道德的六阶段理论
2. 约翰·鲍尔比　　　　　b. 这位瑞士学者创造了认知发展开辟性的理论,描述了感觉活动阶段、前准备阶段、具体操作阶段和正式操作阶段。
3. 艾里克·艾里克森　　　c. 这个人扩展了弗洛伊德的理论,描述了围绕着冲突展开的成长的八个阶段。
4. 哈里·哈洛　　　　　　d. 这位研究者发现依恋有三种:安全型、焦虑–矛盾型和回避型
5. 劳伦斯·科尔伯格　　　e. 这位俄罗斯学者设计出认知发展的社会文化理论,强调社会交流如何驱动发展。
6. 让·皮亚杰　　　　　　f. 这位依恋理论家主张婴儿通过自己的生理基础发出行为来影响成人对他的反应。
7. 维果茨基　　　　　　　g. 这个人对猴子的个体研究摧毁了依恋的行为主义解释。

第12章　人格理论

概念检测 12-2 认识人格理论的主要概念

检查你对心理动力学、行为主义和人本主义的理解,辨认以下理论各自是属于谁的范畴。答案详见网站。

1. 13岁的萨拉看了一部电视剧，讲的是女主角通过表现的无助和故意输球来控制她的男朋友。这个女性不断地表达她的口号："永远不要让他们（男人）知道你可以照顾好自己。"萨拉慢慢在她周围的男生中变得被动和低竞争性。

   概念：_____

2. 尤兰达有一个稳定、愉快以及报酬合理的工作——在一个州立大学中担任英语老师。当她说要辞职并且尝试写小说时，她的朋友都惊呆了。她试着解释说："我需要一个新的挑战，一座新的山峰去攀登。我已经压抑住我的写作天赋很多年了，现在我需要去释放它。我必须去尝试，不然我就会不快乐。"

   概念：_____

3. 弗拉基米尔，一个四岁的男孩，对他父亲在情感上有一些疏远和漠视。每当他和父亲待在一起时，就会开始抱怨。相反，他经常依偎在母亲的怀里睡觉，并通过良好的行为表现去取悦他母亲。

   概念：_____

概念检测 12-3　理解主要理论的意义：谁说了这些话

检查你对我们所讨论过的人格理论含义的理解。指出下面引用的陈述可能是由谁做出的，可以从以下几位中选择。答案见网站。

阿尔弗雷德·阿德勒
阿尔伯特·班杜拉
汉斯·艾森克
西格蒙德·弗洛伊德
亚伯拉罕·马斯洛
沃尔特·米歇尔

1. "如果你故意不去做你本可以做到的事情，那我警告你，你的余生将会处于极度的不快乐中。"
2. "我认为人格最主要和最基础的部分是这样的：个体间的差异很大程度是由基因决定的。"
3. "人们一般不会坦白过多的性事件……他们会穿一件很厚的大衣，编造一堆谎言，就好像在性欲的世界里天气很糟糕。"

概念检测 12-4　辨认主要理论和研究者的贡献

检查在本章中你关于主要理论和研究者的回忆，把列在左边的人名和列在右边的主要贡献匹配起来。把字母填到人名前的空处，答案详见网站。

____ 1. 阿尔弗雷德·阿德勒　　a. 这个人本主义理论家因为他的需求层级和在自我实现上的工作而享有盛名。

____ 2. 阿尔伯特·班杜拉　　b. 这个人本主义家把他的方法称为个体中心理论。他认为不一致的自我概念会导致焦虑和防御行为。

____ 3. 汉斯·艾森克　　c. 这个有影响力的行为主义学家以操作条件作用，尤其是强化的过程，来解释人格发展。

____ 4. 西格蒙德·弗洛伊德　　d. 这个理论家强调了意识冲突、焦虑、防御机制和心理性欲发展的重要性。

____ 5. 卡尔·荣格　　e. 这个行为主义学家引发了在决定行为时，人自身和情景哪个更重要的强烈争论。

____ 6. 亚伯拉罕·马斯洛　　f. 这个理论家把人格结构看作一个特质层级，并且认为人格很大程度上受遗传影响。

____ 7. 沃尔特·米歇尔　　g. 这个理论家和弗洛伊德发生了冲突，并认为人类动机的最重要的动机来源于对优越的追求。

____ 8. 卡尔·罗杰斯　　h. 这个心理动力学理论家因为集体无意识和原型而出名。

____ 9. 斯金纳　　i. 这个理论家的社会认知理论强调了观察学习和自我效能感。

第13章 社会心理学

 分析归因

分析运动队成功的可能解释，检查你对归因过程的掌握。想象你们学校的女子田径队获得了区域冠军，赢得了全国锦标赛的资格。在校园里，你听到人们对于这支队伍的成功有着不同的归因。把下面所列出的归因放到维纳归因模型里的相对位置上（在格子里写上对应的字母）。答案见网站。

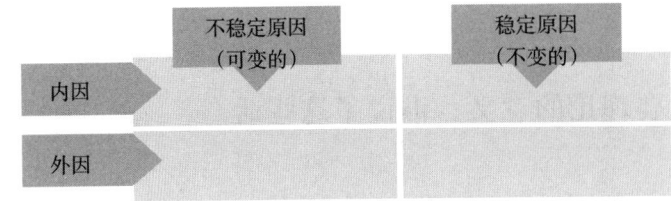

a. 他们只是因为"中央州"队伍里面最好的两个运动员因伤退赛了才赢的——运气真好！
b. 他们赢是因为队里有一些全国最具天赋的运动员。
c. 在这个区域谁都能赢，这里的比赛水平比全国其他地方低很多。
d. 他们赢是因为他们非常努力，经常练习。而且去年以微弱差距落败以后，他们对区域锦标赛也很重视。

 辨识社会认知偏差

识别以下在人际知觉和归因中不同类型的常见错误。想象你是西北大学学院委员会里一个没有投票权的学生成员，大学要聘请一个新的政治科学教授。在委员会的讨论中，你听到了以下偏差类型的例子：a. 错误相关效应；b. 刻板印象；c. 基本归因错误；d. 防御性归因。看看以下这些语句符合哪一种社会认知偏差。答案见网站。

1. "我绝对不会考虑这个家伙，他面试迟到了30分钟！连工作面试都不能准时到达的人要不就是不负责任的，要不就是毫无组织能力的。我才不在乎他说什么航空公司搞乱了他的预约呢！"
2. "我对那个年轻的女申请人印象很深刻，我想要聘请她。但每次我们在人文学院聘请了年轻的女老师，第二年她就会怀孕。"委员会主席听完这个教授的话后，说："你老是这样说，所以我特地去查了一下之前的情况。人文学院之前聘请的14个女老师里，只有一个在一年内怀孕了。"
3. "我想排除的第一个人就是那个过去十年都在做律师的人。尽管他有很出色的政治科学背景，我就是不相信律师。他们都含糊其辞，渴望权力，控制欲强。他会在系里造成不和的。"
4. "我想我们好像忘记了那两位因为学院的财政危机而在西部理工学院失去教职的候选人了。我知道这听起来很残忍，但他们会把西部理工学院那种对财政不负责任的风气带到这里来的。还好，我们是绝对不会让这种事情在这里发生的。我觉得，如果这些人当初真的没有预料到这场危机的到来，那他们真的是很迟钝啊。"

 了解态度与说服

分析以下虚拟的政治策略，看看你对态度的潜在成分与说服要素的理解如何。想象你在为一场政治竞选工作，在决策阶段你被邀请进入候选人的核心团队，为接下来的竞选站点做准备。在会议期间，你听到了很多策略。请指出下面每种策略里，投票人态度的哪一部分（认知、情感或者行为）是改变的目标，并指出所涉及的是说服的哪一种要素（来源、信息，还是接收

者因素）。答案见网站。

1."你需要说服这帮人你关于养老院的调整方案是完整合理的。做什么都好，不要承认我们一直都在低调处理的那两个不足之处。我不在乎你是否被问到这个问题。你只要绕过这个问题、一直强调这个项目的优点就好了。"

2."你最近笑得不够多，尤其是在电视台拍摄的时候。记住，如果你看起来不讨喜，即使你有全世界最好的想法，也不可能被选上的。顺便说一句，我找了一些接受媒体拍照的机会，这应该可以帮我们创造一个诚实和热情的形象。"

3."这帮人已经支持你了。你不用在任何问题上改变他们的看法。只要按平时一样说服他们为竞选做出贡献就好。我希望他们能排着队来捐钱给我们。"

概念检测 13-4 辨认主要的理论家和研究者的贡献

把左边的人物与右边的贡献进行配对，看看你对本章所提到的重要理论家和研究者的主要观点的掌握程度。答案见网站。

重要理论家和研究者	主要思想和贡献
1. 所罗门·阿希	a. 第一个发现人们如何进行内归因和外归因的人。
2. 贝尔谢德和哈特菲尔德	b. 这位理论家认为，趋同思维是指一个紧密结合的团体内，在决策时强调全体成员的一致性。
3. 里昂·费斯廷格	c. 这个人进行了有关从众的经典研究，发现人们比想象中更容易从众。
4. 弗里茨·海德	d. 进行了有关爱的本质的开创性研究，区分了激情之爱与友伴之爱。
5. 欧文·詹尼斯	e. 这位研究者进行了关于服从的传奇研究，也引起了巨大的争议。
6. 斯坦利·米尔格拉姆	f. 这位研究者因为斯坦福监狱实验而闻名，阐释了社会规则和情景因素的巨大影响。
7. 菲利普·津巴多	g. 这位理论家认为，态度改变经常是因为认知失调而产生的。

第14章　健康心理学

概念检测 14-1 识别冲突的类型

判断下面的例子是什么冲突类型，检查你是否理解了这三种基本类型。答案见网站。

事例	冲突类型
1. 约翰不知道是该降低身份去刷车还是接受失业救助金。	A. 双趋冲突
2. 经过精挑细选，德西蕾想申请那个法学院，但又担心被拒。	B. 双避冲突
3. 瓦内萨想买辆新车，俏皮的小跑车和经典的小轿车她都很喜欢，不知道要选哪一款。	C. 趋避冲突

概念检测 14-2 识别应激的来源

根据以下题目检查你是否理解了应激的四种主要来源。记住，应激的这四种基本类型之间并不是相互排斥的，其中会有一些重叠，一种特定的应激体验可能有变化成分也有压力成分。答案见网站。

行为样组	应激类型
1. 约会时间到了，可玛丽面前还有很多人在排队。	a. 挫折
2. 塔米卡下定决心今年所有功课都要拿到 A，否则她不会对自己感到满意。	b. 冲突

3. 约瑟刚从商学院毕业，还找了份不错的工作。
4. 莫里斯刚被解雇了，需要重新找一份工作。

c. 变化
d. 压力

应激中的脑－体路径

检查自己是否掌握了应激反应时大脑给内分泌系统传递信号的两种主要途径。区分以下8个术语，将之归为两类，并排序。答案见网站。

促肾上腺激素（ACTH）
肾上腺皮质（adrenal cortex）
肾上腺髓质（adrenal medulla）
儿茶酚胺（catecholamines）

皮质醇（corticosteroids）
下丘脑（hypothalamus）
脑垂体（pituitary）
自主神经交感束（sympathetic division of the ANS）

路径 1
_____
_____
_____
_____

路径 2
_____
_____
_____
_____

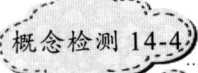

指出以下研究者的主要贡献：

检查自己是否记住了本章提到的重要研究者所提出的主要观点。将你的答案填到左侧横线上，答案见网站。

重要的研究者
____ 1. Robin Dimatteo
____ 2. 阿尔伯特·埃利斯
____ 3. 芭芭拉·弗雷德里克森
____ 4. 梅耶·弗里德曼和雷·罗斯曼
____ 5. 托马斯·霍尔姆斯和理查·瑞赫
____ 6. 理查德·拉扎勒斯
____ 7. 汉斯·塞利

主要观点与贡献
a. 该研究者提出了应激一词，并描述了一般适应障碍。
b. 该研究者指出日常琐事也是应激的一种重要形式。
c. 该研究团队编制社会再适应量表，并将生活变化作为应激的一种形式进行研究。
d. 该研究团队描述了A型人格的特征，并探讨了A型人格在罹患心脏病过程中所起的作用。
e. 该研究者提出的扩展－构建理论，可以很好地解释面临压力时，正情绪是如何提高心理弹性的。
f. 据此研究者，灾难性思维的产生、发展以及对应激的持续反应都是不健康的。
g. 该研究者通过对病人行为的分析指出，为什么有些病人不能恰当地寻求医疗帮助。

第 15 章 异常行为

践行异常行为的判断标准

通过鉴别以下每个例子的标准来检测你对异常行为诊断标准的理解，并在所提供的表格中进行核对标记。谨记：某一特定的行为可能不单只有一个标准。答案见网站。

行为例子

1. 阿兰因为过量饮酒导致其在工作中的表现大大折扣。同事们曾建议他为自己的问题寻求相关帮助，但他认为同事们虚张声势了。"我只是在享受那片刻的欢愉"，Alan如是说。

2. 莫妮卡已经离开大学且感到孤独、悲伤和沮丧。她的学业成绩非常棒，且与宿舍的其他成员相处和谐，但在其内心深处，总有挥之不去的悲伤、绝望。

3. 波利斯认为他是拿破仑再生。他坚信自己命中注定要引领美国军队参与一场伟大的战争，以此从外星人手中收复加利福尼亚。

4. 每当娜塔莎离开家时，她就会焦虑和惊恐。她的问题逐渐恶化，故经常在工作上缺勤，以致其被单位解雇。她已经9个月足不出户了，这个问题对其的困扰已是根深蒂固。

每个例子满足的标准：

	适应不良的行为	偏离	个人痛苦
1. 阿兰	_____	_____	_____
2. 莫妮卡	_____	_____	_____
3. 波利斯	_____	_____	_____
4. 娜塔莎	_____	_____	_____

概念检测 15-2 区分焦虑障碍

通过对下列陈述的案例做出初步诊断，以此来检测你对焦虑和躯体化形式障碍本质的理解。阅读每个案例的总结且在空白处写下你的初步诊断。答案见网站。

1. 马尔科每天严格地遵循着一个确切的时间表。他会花两个小时的时间来完成洗澡和梳理等一系列仪式。且他经常在每一间教室里都坐同一个位置。如果他不把自己的公寓整理得井然有序，他是无法学习的。尽管他尽力克制，他经常想着要退学。他的成绩和社会生活都因为这严格的循例而备受折磨。

　　初步诊断：_____

2. 简对暴风雨有着强烈的恐惧。闪电和雷鸣吓坏了她。当她在家里时，如果暴风雨出现，她将中止她正在从事的一切活动，并火速跑到地下室。当雷暴来袭而她在外面时，她将陷入极度恐慌之中。

　　初步诊断：_____

3. 纳森履行完为期6个月的军事任务后，最近从阿富汗返回，在阿富汗他目睹了其好朋友死于战场。他不停地重温恶梦，看见朋友的死亡。他倾诉自己常有慢性的焦虑、愤怒和情感麻木等感觉。

　　初步诊断：_____

概念检测 15-3 区分精神分裂症和心境障碍

通过对以下描述的个案做出初步诊断，检测你对精神分裂症和心境障碍本质的理解。阅读每个个案总结且在空格处填上你的初步诊断。答案见网站。

1. 马克斯已经四天没有睡觉了。他决定在几个月后的同学聚会前写下"伟大的美国小说"。他向愿意倾听的人极富雄辩地解释其小说，他的速度太快，以至于没人能插上一句嘴。尽管目前只完成了10～20页，他觉得自己充满能量且对自己的小说极具信心。上周，他花了5 000美元买了电脑设备和软件，他认为这能帮助他完成小说的写作。

　　初步诊断：_____

2. 爱德华多坚称自己发明了原子弹,尽管他出生在原子弹被发明之后。他说他发明它是为了处罚同性恋者、纳粹分子和身材矮小的人。他实在是害怕身材矮小的人。他确信电视上的所有矮小的人都正在谈论他。他认为矮人正在合谋使他变得看起来像一个共产党人。爱德华多经常与人们争论且情绪极度不稳定。他衣着相当邋遢,但他认为无所谓,因为他是国务卿。

初步诊断:_____

3. 尽管遭受失眠的困扰,但玛格丽特已经几周都没法离开床了。她不想吃东西,且没有任何力气。她觉得沮丧、气馁、无生气、冷漠。朋友想尽办法试图清洁她,但她告诉朋友们,不要浪费其时间在"渣滓"上。

初步诊断:_____

 **概念检测 15-4　识别主要理论家和研究者的贡献**

通过将左边列出的人名与右边所描述的贡献进行匹配,检测你对本章所提及的重要理论家和研究者的主要观点的记忆。在左边的空格处填上你所选择的字母。你将会在网站中找到正确答案。

主要的理论家和研究者

( ) 1. Nancy Andreasen

( ) 2. 苏姗·诺伦-霍克西玛

( ) 3. 马丁·塞利格曼

( ) 4. 托马斯·萨斯

重要观点及相应贡献

a. 这名专家在抑郁症患病率的性别差异上强调幽闭地胡思乱想可能加深或恶化抑郁发作。

b. 根据这个被广泛引用的社会评论家,医学模型已失去了其效用且心理障碍也不能再被视为疾病。

c. 这个精神病学专家在区分积极症状和消极症状中起到了先锋作用。

d. 这名理论家确立了抑郁的习得性无助模型,也确立了"准备"的概念来解释为何一些恐怖症相对于其他恐怖症更为常见。

第 16 章　心理障碍的治疗

 **概念检测 16-1　理解治疗师对障碍的概念**

检查你对课本中提到的三种领悟疗法的理解,你需要将每一种治疗方法与来访者心理障碍典型的起源进行恰当地配对。答案见网站。

障碍的原因

____ 1. 问题来源于没有注意到自己的优点、幸福和积极体验。

____ 2. 问题来源于童年期遗留下来的潜意识冲突。

____ 3. 问题来源于不正确的自我概念以及过分关注取悦他人。

治疗

a. 精神分析

b. 当事人中心疗法

c. 积极心理学疗法

概念检测 16-2　理解治疗师的目标

检查你对治疗师目标的理解情况。你需要匹配不同的疗法和恰当的描述。答案见网站。

治疗的主要目标

1. 消除适应不良的行为或症状

疗法

a. 精神分析

2. 接受真实的自己，个人成长   b. 当事人中心疗法
3. 从潜意识冲突中康复，人格重建   c. 认知疗法
4. 寻找并消除负性想法   d. 行为疗法

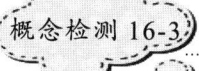

概念检测 16-3　理解生物医学治疗

检查你对生物医学治疗的理解。你需要匹配不同的疗法和主要的作用。答案见网站。

治疗
1. 抗焦虑药物
2. 抗精神病药物
3. 抗抑郁药物
4. 心境稳定剂
5. 电休克疗法

主要作用
a. 减少精神病症状
b. 终结严重的抑郁
c. 抑制紧张、神经过敏和害怕
d. 预防双相障碍未来的躁狂或抑郁发作

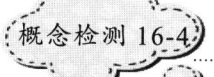

概念检测 16-4　鉴别主要的理论家和研究者的贡献

检查一下你能否回忆起这一章中重要的理论家和研究者的主要想法。你需要将列在左侧的人物与他的贡献相匹配。答案见网站。

主要的理论家和研究者
1. 阿伦·贝克
2. Dorothea Dix
3. 西格蒙德·弗洛伊德
4. 卡尔·罗杰斯
5. 约瑟夫·沃尔普

主要的想法和贡献
a. 这个人设计了当事人中心疗法。这种疗法强调治疗氛围的重要性。
b. 这个人发明了精神分析。精神分析是一种以自由联想、阻抗和移情为中心的领悟疗法。
c. 这位理论家发明了认知疗法。根据他的理论，抑郁是由弥漫的负性想法造成的。
d. 这位 19 世纪的改革者，因不知疲倦地为建立精神病医院努力而著名。
e. 这位行为治疗师因发展了系统脱敏疗法而著名，这种疗法被用于治疗恐怖症。

附录A

心理学与统计

经验主义依赖观察，精确的观察依赖测量，而测量需要数字。因此，科学家惯常通过分析数值型数据以获得结论。本书引用了3 000多篇实证研究，其中除了一些最简单的，几乎全部研究都需要统计分析。**统计**（statistics）是利用数学运算来整理、总结和解释数值型数据。在第2章里我们简短地论述了统计，但在这里，我们将深入讨论它。

为了说明统计的作用，首先让我们想象一个情境：我们想要检验一个假设，例如在你们心理学课上产生的一个争论。这个假设是看了大量电视节目的大学生不如那些偶尔才看电视的大学生聪明。这样的假设很有趣，你们班决定做一个关于这个假设的相关研究，收集调查问卷和心理测验的数据。你们班上的同学都同意做一个关于他们观看电视习惯的简短调查。因为学校里的每个学生都得参加SAT测验，你们决定用SAT测验中的子测验——分析阅读的分数作为一个学生的聪明程度的指标。班上所有的学生都同意学校的档案室将他们的SAT测验成绩提供给班主任，班主任将成绩单中每个学生的名字替换成被试编号（此举是为了保护学生的隐私权）。接下来，让我们看看如何利用统计方法来分析我们这个探索性研究（一个规模小、初步的调查）中收集的数据。

数据制图

收集好数据之后，接下来是整理数据，以得到一个能够快速概览的数值型结果。我们假设班上总共有20名学生。他们被要求估计自己每天花多少个小时在看电视上，下面是结果：

3	2	0	3	1
3	4	0	5	1
2	3	4	5	2
4	5	3	4	6

我们现在用来整理数据的一个较简单的方法是做**频数分布**（frequency distribution）——对分数的有序排列，表明每个分数或者每组分数的出现频数。图 A-1a 展示了我们关于观看电视时间的频数分布表格。左边那列有序地（从多到少）列出了可能的分数（估计观看电视的时间），右边那列列出了每个分数下的被试个数。图形能够提供更好的数据观看效果。一个方法是将数据做成**直方图**（histogram），直方图是用柱形来表示频数分布中的数据。图 A-1b 就是用直方图画的关于观看电视时间的频数分布。

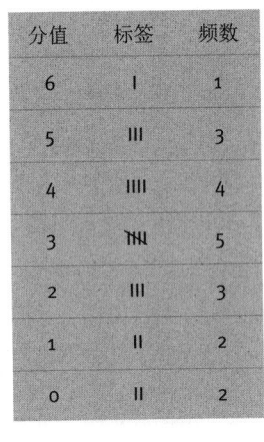
a) 频数分布

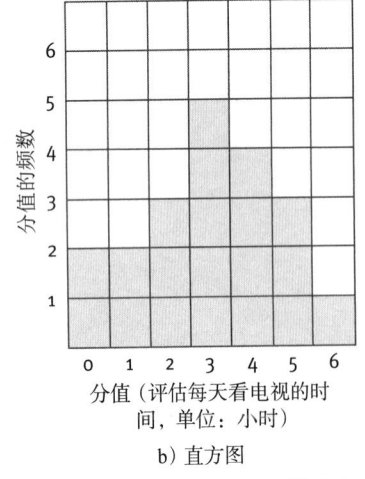
b) 直方图

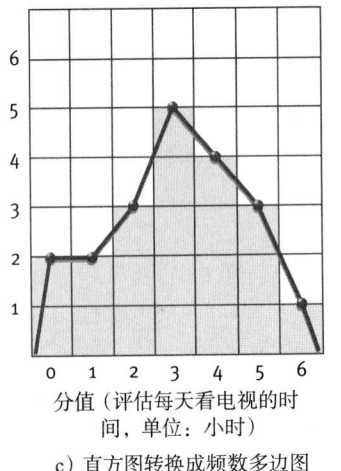
c) 直方图转换成频数多边图

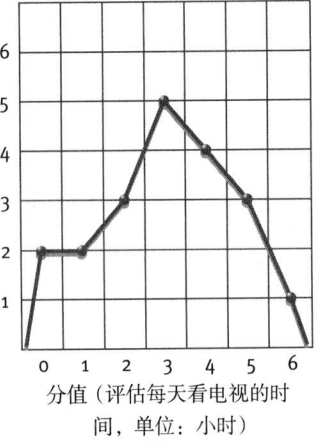
d) 频数多边图

图 A-1　数据制图

a) 是，我们的原始分数被制作成频数分布。b) 是，同一批数据被描绘成直方图。c) 是，在直方图的基础上做出频数多边图。d) 是，最终单独的频数多边图。

另一个广泛用来描绘数据的图表方式是**频数多边图**（frequency polygon），即一种用线形表示数据频数的图。图 A-1c 和图 A-1d 展示了对观看电视时间的数据的描述从直方图转换成了频数多边图。不论在柱状图还是在线形图里，横轴都陈列了可能的分数值，而纵轴都用来表示每个分数值的出现次数。这种坐标轴的方式普遍运用于频数多边图中，虽然有时候直方图中横纵坐标会互换（纵轴罗列可能的分数值，条形柱变成水平方向，横轴表示各个分数值的频数）。

尽管图表能够帮助我们理解刚采集来的没有规律的分数，但是描述性统计（descriptive statistics）(用来整理和总结数据的方式）能够提供更多额外的帮助和优势。接下来，让我们看看三种集中趋势测量能够告诉我们关于数据的什么信息。

集中趋势测量

在检查一系列数据的时候，常规的方法是思考："在这个分布里，典型的、具有代表性的值是什么？"例如，在电视这个例子里，我们就可能比较样本中的观看电视时间的平均数和全国评估的估计值，这样的比较可以让我们确定被试是否能够代表全国总体。三种集中趋势测量（中位数、均值和众数）告诉我们关于数据集的典型分值。正如在第 2 章里解释的，中位数指的是落在数据分布的中心的那个值，均数指的是所有分数的算术平均数，众数指的是最常出现的那个值。

在图 A-2 中，针对观看电视的数据，我们计算出了三种集中趋势测量的值。正如你所看到的，在这个数据集中，均值、中位数和众数的值是一样的，都是 3。虽然第 2 章中的例子强调了均值、中位数和众数可以产生不同的集中趋势测量值，但是这三者的值一样的情况是相当普遍的，如当前观看电视的例子。三种集中趋势测量的值不一致的情况出现的原因一般是数据中集中存在一些极端值，它们使均值远离分布的中心，如图 A-3 所示。图 A-3 中的曲线是将基于大量被试数据做出来的频数多边图平滑化后的结果。当分布是对称的时候，三种集中趋势测量落在同一个值上，但当分布为偏态或者不平衡的时候，三种集中趋势测量的值各不相同。

图 A-3b 展示了一个**负偏态分布**（negatively skewed distribution），在这种分布中，大部分的分值堆积在数轴的高分端（负偏态指的是曲线尾巴所指的方向）。图 A-3c 展示了一个**正偏态分布**（positively skewed distribution），在这种分布中，大部分的分值堆积在数轴的低分端。无论正负偏态分布，其中都有一些极端值在数轴的某端拉扯着均值和中位数远离众数，相较于均值，中位数被拉离众数的程度较小。在偏态分布情况下，均值是误导性的，不具备对数据分布的代表性，而中位数通常是最好的集中趋势指标。

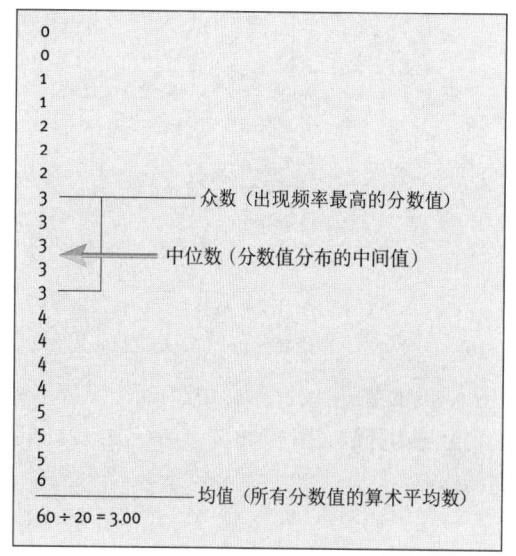

图 A-2　集中趋势测量

虽然均值、中位数和众数可以产生不同的集中趋势测量值，但它们都是集中汇聚的，就像我们关于观看电视时间的例子一样。

无论如何，我们观看电视时间的数据的集中趋势测量是可靠的，因为测量值相近且都合理地靠近关于年轻成人观看电视时间的总体估计值。因为我们当前的样本量很小，所以集中趋势测量值与总体常模的相近也不能证明我们的样本足够代表总体。尽管这样，至少没有明显的理由说明我们的样本是非总体代表性的。

变异性测量

当然，我们样本中的被试报告的观看电视的习惯不是全都一样的。事实上，所有的数据集的特征之一是变异性。**变异性**（variability）指的是分数值变化或远离均值的程度。举个例子，一个水平中等、发挥不稳定的高尔夫球手的得分分布必将是高变异性的，而对于一个水平相当但发挥稳定的高尔夫球手来说，他的得分分布的变异性相对较小。

标准差（standard deviation）是衡量一组数据的变异性程度的指标，它反映了分布中分数值的分散程度。图 A-4 以图形的方式描述了这个概念：两个高尔夫球得分的分布有相同的均值，但是上面这个分布的变异性较小，因为分值都聚集在中心（这是发挥稳定的球手的得分分

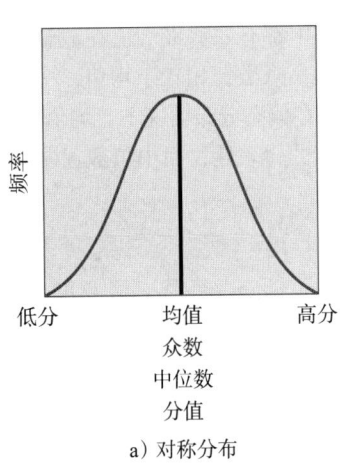
a) 对称分布

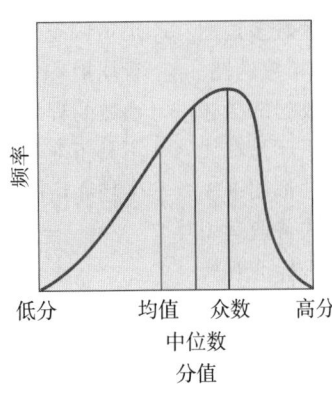
b) 负偏态分布

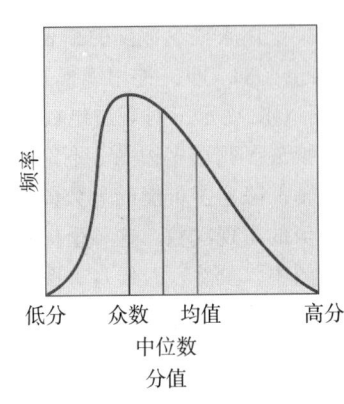
c) 正偏态分布

图 A-3　偏态分布的集中趋势测量

在 a) 的对称分布中，三种集中趋势测量的值汇聚在一点。但是，在 b) 的负偏态分布或者 c) 的正偏态分布中，均值、中位数和众数的值各不相同。一般偏态分布情况下，中位数是最好的集中趋势指标。

布）。图 A-4b 的变异性程度大，因为这个发挥不稳定的球手的得分更为分散。图 A-4b 分布的标准差大于图 A-4a 中分布的标准差。

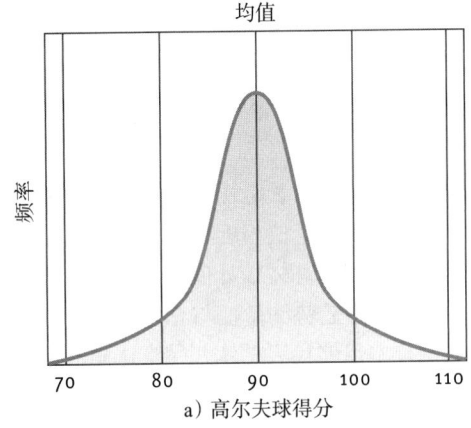

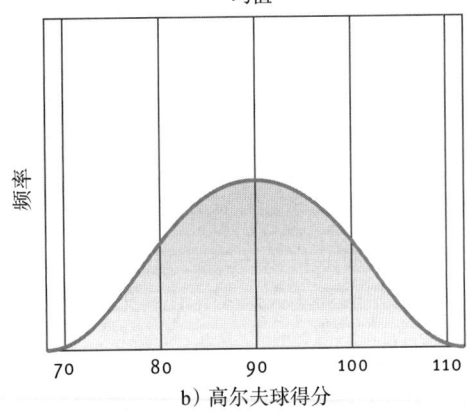

图 A-4　标准差和数据分散

虽然两个高尔夫球得分的分布有相同的均值，但是它们的标准差不同。在 a) 中，分布的分值集中，且变异性小于 b) 中的分布。

计算标准差的公式显示在图 A-5 里，d 代表每个分值与均值的差，$\sum$ 代表总和。图 A-5 还展示了如何一步一步地运用公式来计算我们的观看电视时间数据的标准差，结果显示，这个样本数据的标准差是 1.64。标准差有各种各样的用途。其中一个用途将在下一节中提到。

观看电视时间 (X)	离均差 (d)	离差平方 (d^2)
0	−3	9
0	−3	9
1	−2	4
1	−2	4
2	−1	1
2	−1	1
2	−1	1
3	0	0
3	0	0
3	0	0
3	0	0
3	0	0
4	+1	1
4	+1	1
4	+1	1
4	+1	1
5	+2	4
5	+2	4
5	+2	4
6	+3	9
$N = 20$		
$\sum X = 60$		$\sum d^2 = 54$

$$均值 = \frac{\sum X}{N} = \frac{60}{20} = 3.0$$

$$标准差 = \sqrt{\frac{\sum d^2}{N}} = \sqrt{\frac{54}{20}}$$

$$= \sqrt{2.70} = 1.64$$

图 A-5　标准差的计算步骤

①将全部分数相加（$\sum X$），然后将总和除以分数的个数（N），得到均值（在这个例子里均值是 3.0）。②通过将每个分数减去均值来计算每个分数的离均差（结果显示在第二列）。③将每个离均差平方，然后相加得到 $\sum d^2$，结果显示在第三列。④将分数的个数 N 和 $\sum d^2$ 的值带入标准差的公式，计算得到结果。

正态分布

我们的研究假设是较聪明的学生比那些较不聪明的学生看电视的时间少。为了检验这个假设，我们将观看电视时间和 SAT 成绩做相关。但为了有效地利用 SAT 成绩，我们需要知道 SAT 成绩的均值，这可以让我们了解它的正态分布。

正态分布（normal distribution）是一种对称的、钟形曲线，它描绘了许多人类特性在总体中的分布模式。大量的物理特性（如身高、鼻长和跑步速度）和心理特质（如智力、空间推理能力和内省性）的分布方式极其接近这种钟形曲线。当一种特质是正态分布时，大部分的分值落在分布的中心（均值）附近，分数的个数随着远离中心（无论是哪个方向）而逐渐减少。正态分布并不是自然规律。它是一个数学函数，或者是理论曲线，被人为地操纵着接近自然的方式。

正态分布是大多数心理测验的计分系统的基本原理，这些测验包括 SAT。正如我们在第 9 章讨论过的，心理测验是相对测量，它们用来评估人与人之间在某些特质上的得分差异。正态分布为我们提供了一个精确的方法来测量人与人的差异。正态分布下的分数分布方式是固定的，标准差是测量的单位，如图 A-6 所示。分布中大约 68% 的分数的值落在均值加减一个标准差的区域，95% 的分数的值落在均值加减两个标准差的区域。在这样一个分布固定的方式下，如果你知道一个正态分布的特质的均值和标准差，那么你就能够说出这个特质的任何一个分数值是在分布中的什么位置。

你可能尚未意识到它，但是你可能已经做过许多基于正态分布计分系统的测试了。例如，SAT 测验中，原始分（在每个子测验中答对的题数的总和）被转换成标准分，标准分能够指示你在这种特质测量的正态分布中处于什么位置。标准分系统中，均值被设置成 500，标准差

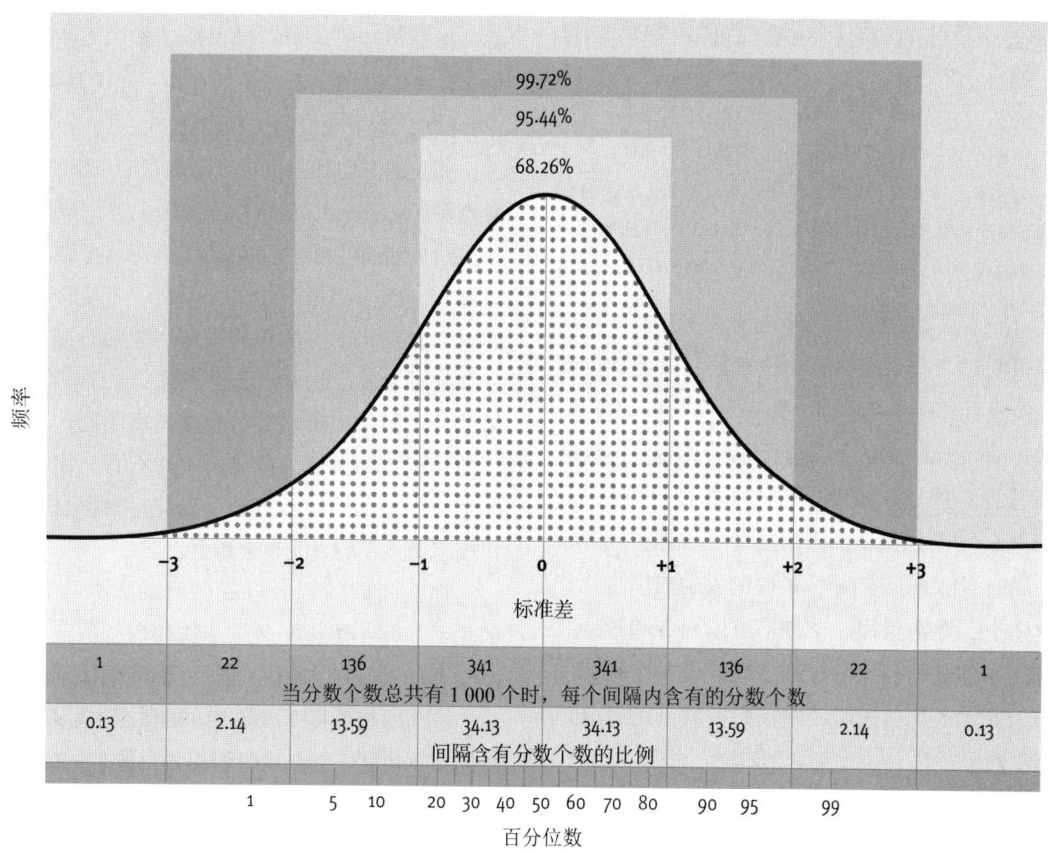

图 A-6　正态分布

许多特质的分布形态都可以由这个钟形曲线表示（每个点代表一个案例）。水平轴表示一个分数高于或低于均值的程度（由正负标准差测量）。纵轴表示每个分数的案例个数。在正态分布里，大多数的案例都落在分布的中心附近，也就是说 68.26% 的案例都落在均值加减一个标准差的区域里。案例的个数随着远离中心（无论是哪个方向）而逐渐减少，仅有 13.59% 的案例落在分布中高于或低于均值的第一个和第二个标准差之间，甚至更少的案例（2.14%）落在分布中高于或低于均值的第二个和第三个标准差之间。

被设置成 100，如图 A-7 所示。因此，400 分的 SAT 批判性阅读成绩意味着低于均值一个标准差，而如果得到 600 分则说明高于均值一个标准差。所以 SAT 成绩能够告诉你这个成绩是高于或低于均值多少标准差。这个系统也给 IQ 量表和多种其他类型的心理测验提供了度量依据（见第 9 章）。

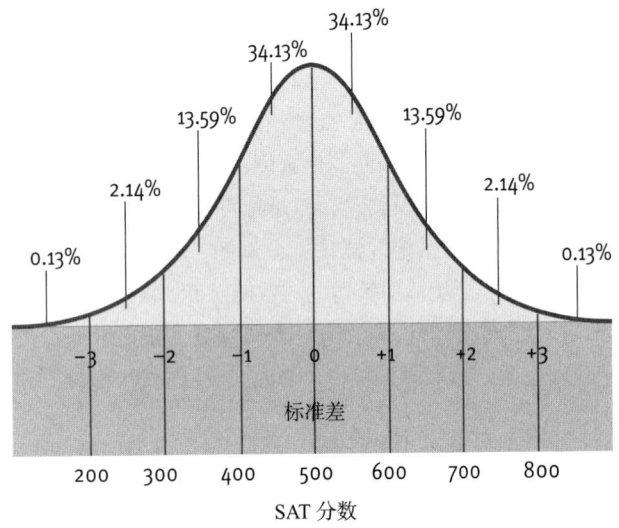

图 A-7　正态分布和 SAT 分数

正态分布是许多标准化测验的计分系统基础。例如，SAT 分数的均值设置为 500，标准差为 100。因此，一个 SAT 成绩能够告诉你它高于或低于均值多少个标准差。例如，700 分的 SAT 成绩意味着你的分数高于均值两个标准差。

那些提供受试者在正态分布中位置信息的测验分数大都可以转换成百分位等级，即一种更容易解释的分数。**百分位等级**（percentile score）表示低于以及等于你成绩的人数的百分比。例如，如果你的成绩的百分位是 60，那么就意味着 60% 参加测试的人的成绩是和你相同或者低于你的，同时意味着只有剩下 40% 的人的成绩是比你的高。事实上，存在这样一个表格可以允许和帮助我们将正态分布中的任何位置的标准差转换成一个精确的百分位等级。图 A-6 就给出了一些正态曲线下的百分位等级对应的位置。

当然，不是所有的分布都是正态的。如我们在图 A-3 中看到的，一些分布是偏态的，或正偏或负偏。举个例子，想想当一次班级测验非常简单或者非常难的时候会发生什么。如果测验非常简单，测验成绩将会聚集在高分段，正如图 A-3b 所示。如果测验非常难，那么成绩将会聚集在低分段，正如图 A-3c 所示。

相关测量

为了判定观看电视时间和 SAT 成绩之间是否有关系，我们必须计算**相关系数**（correlation coefficient），即两个变量的关联程度的数字指标。正如在第 2 章里讨论的，正相关意味着两个变量 X 和 Y 往相同的方向共变，也就是在变量 X 中高分的个体在变量 Y 中也高分，相反在变量 X 中低分的个体在变量 Y 中也低分。负相关表示两个变量共变时的方向是相反的，也就是在变量 X 中高分的个体，其变量 Y 的分数低，相反变量 X 中分数低的个体，其变量 Y 的分数高。在我们的研究中，我们假设当观看电视的时间增加时，SAT 成绩将下降，换种说法就是，我们期望观看电视时间和 SAT 成绩间存在负相关。

相关系数的大小表明了两个变量之间关联的强度。这个系数可以从 0 到 ±1.00 变换，通常用字母 r 来表示（例如，$r = 0.45$）。接近 0 的系数告诉我们两个变量之间没有关系。相关系数为 +1.00 或 −1.00 说明两个变量之间有一个完美的、一对一的对应关系。当处理真实数据的时候，难得发现完美相关的存在。相关系数越接近 +1.00 或 −1.00，两个变量的关联越强。

相关的方向和强度可以用散点图来描绘（见图 A-8）。**散点图**（scatter diagram）是将每个被试成对的 X 和 Y 分数描绘成坐标上单独一点的图。图 A-8 展示了一系列散点图，上面一半是正相关，下面一半是负相关。最左边的两幅分别是完美的正相关和完美的负相关。当相关是完美的时，散点图中的这些数据点全都落在一条直线上。但是，正相关和负相关的直线斜度不同，因为这些线描绘的是相反的关联。图 A-8 中往右看，你可以看到当相关系数变小的时候散点图的变化。数据点分散得离那条代表完美关系的直线越来越远。

那么我们的观看电视时间的数据和 SAT 成绩之间的关系如何？图 A-9 展示了这些数据的散点图。根据刚刚学到的关于散点图的知识，你能估计观看电视时间和 SAT 成绩的相关程度。图 A-9 的散点图看起来很像图 A-8 里的右下角那幅，这说明相关系数在 −0.02 附近。

图 A-10 中的公式用来计算运用最广泛的相关估计——皮尔逊积差相关。其中采用的是我们的观看电视时间的数据和 SAT 成绩作为例子来计算相关分数。数据计算得到相关系数为 $r = -0.24$。这个相关系数反映了观看电视时间和 SAT 成绩之间存在一个微弱的、相反的关联。在我们的参与者中，随着观看电视时间的增加，SAT

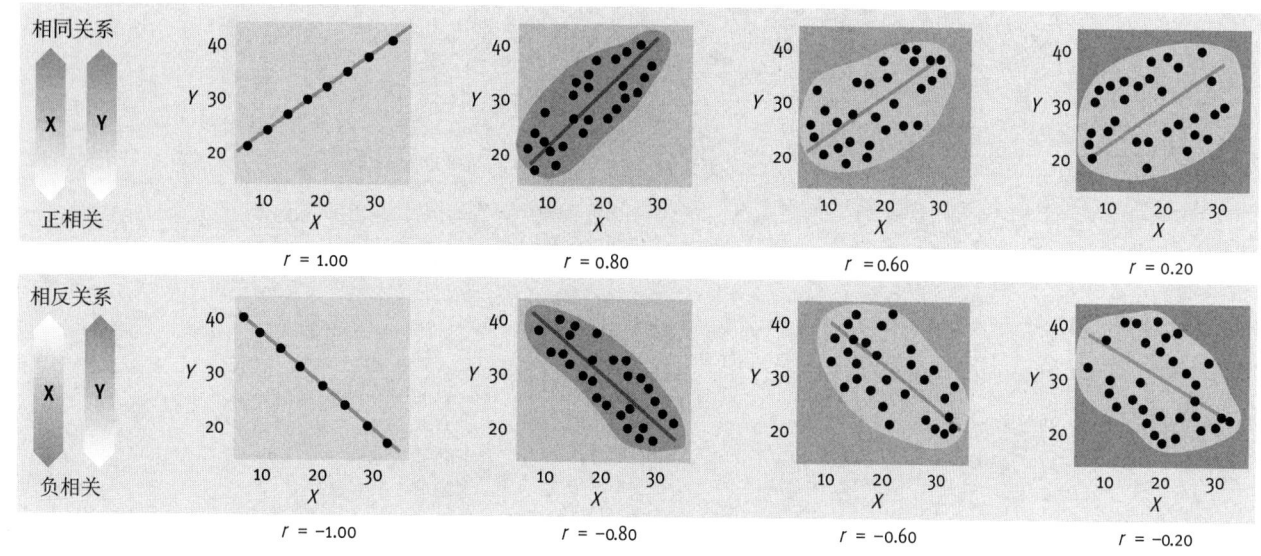

图 A-8 正相关和负相关的散点图

散点图描绘了成对的 X 和 Y 分数形成的点。正相关（上面一行）和负相关（下面一行）中的点形成的趋势线的斜度方向相反。越往右，你会发现相关逐渐减弱，同时各数据点越来越分散。

成绩下降，但是这种趋势不是非常强。我们可以通过检查它的预测力来更好地了解这个相关的强度。

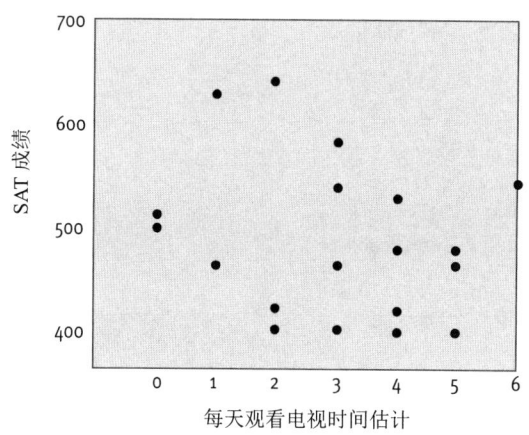

图 A-9 观看电视时间和 SAT 成绩的相关散点图

我们假设的观看电视时间和 SAT 成绩的数据被标绘在这幅散点图中。将它和图 A-8 中的散点图比较，然后看看你是否能够估计观看电视时间和 SAT 成绩之间的相关（答案见正文）。

相关和预测

当相关的大小上升（即更接近 −1.00 或 +1.00）时，我们基于一个变量的知识来预测另一个变量的能力会稳步上升。相关大小和可预测性之间的关系可以被精确地量化。我们所需要做的就是将相关系数做平方（将相关系数乘以自己）然后得到**确定系数**（coefficient of determination），即可由另一个变量预测的一个变量的变异的比例。因此，相关为 0.70 的确定系数是 0.49（0.70 × 0.70 = 0.49），说明变量 X 可以解释变量 Y 49% 的变异。图 A-11 展示了确定系数是如何随着相关系数的增大而增大的。

不幸的是，相关为 0.24 并不能给我们带来大的预测力。我们仅能预测变量 Y 变化的 6% 多一点。所以，如果我们尝试用观看电视时间的长短来预测 SAT 成绩，我们的预测将不会很精确。虽然一个小的相关没多大的实际预测效用，但它仍具有理论价值。仅仅知道两个变量有关系可以带来理论上的意义。但是，我们还没解决问题：我们观测到的相关是否足够强大到支持我们关于观看电视时间和 SAT 成绩有关系的假设？为了做出这个判断，我们必须转向推论统计和假设检验。

假设检验

推论统计比描述统计的程度更深一层。**推论统计**（inferential statistics）被用来解释数据和得出结论。研究员通过推论统计来决定数据是否支持假设。

在第 2 章里，我们已经介绍推论统计可以被用来评估实验结果；同样的过程可以应用于相关数据。在我们当前的研究中，我们假设观看电视时间和 SAT 成绩存在负相关。不出所料，我们找到了这个负相关。但是，我们不得不提出一个批判的问题：这个观测到的相关是否

被试编号	观看电视时间 (X)	X^2	SAT 成绩 (Y)	Y^2	XY
1	0	0	500	250 000	0
2	0	0	515	265 225	0
3	1	1	450	202 500	450
4	1	1	650	422 500	650
5	2	4	400	160 000	800
6	2	4	675	455 625	1 350
7	2	4	425	180 625	850
8	3	9	400	160 000	1 200
9	3	9	450	202 500	1 350
10	3	9	500	250 000	1 500
11	3	9	550	302 500	1 650
12	3	9	600	360 000	1 800
13	4	16	400	160 000	1 600
14	4	16	425	180 625	1 700
15	4	16	475	225 625	1 900
16	4	16	525	275 625	2 100
17	5	25	400	160 000	2 000
18	5	25	450	202 500	2 250
19	5	25	475	225 625	2 375
20	6	36	550	302 500	3 300
$N = 20$	$\Sigma X = 60$	$\Sigma X^2 = 234$	$\Sigma Y = 9\ 815$	$\Sigma Y^2 = 4\ 943\ 975$	$\Sigma XY = 28\ 825$

皮尔逊积差相关系数公式

$$r = \frac{(N)\Sigma XY - (\Sigma X)(\Sigma Y)}{\sqrt{[(N)\Sigma X^2 - (\Sigma X)^2][(N)\Sigma Y^2 - (\Sigma Y)^2]}}$$

$$= \frac{(20)(28\ 825) - (60)(9\ 815)}{\sqrt{[(20)(234) - (60)^2][(20)(4\ 943\ 975) - (9\ 815)^2]}}$$

$$= \frac{-12\ 400}{\sqrt{[1\ 080][2\ 545\ 275]}}$$

$$= -0.237$$

图 A-10　计算相关系数

算式需要计算的皮尔森积差相关系数显示在此。公式看起来很吓人,但是仅需将每列的数值相加求和。

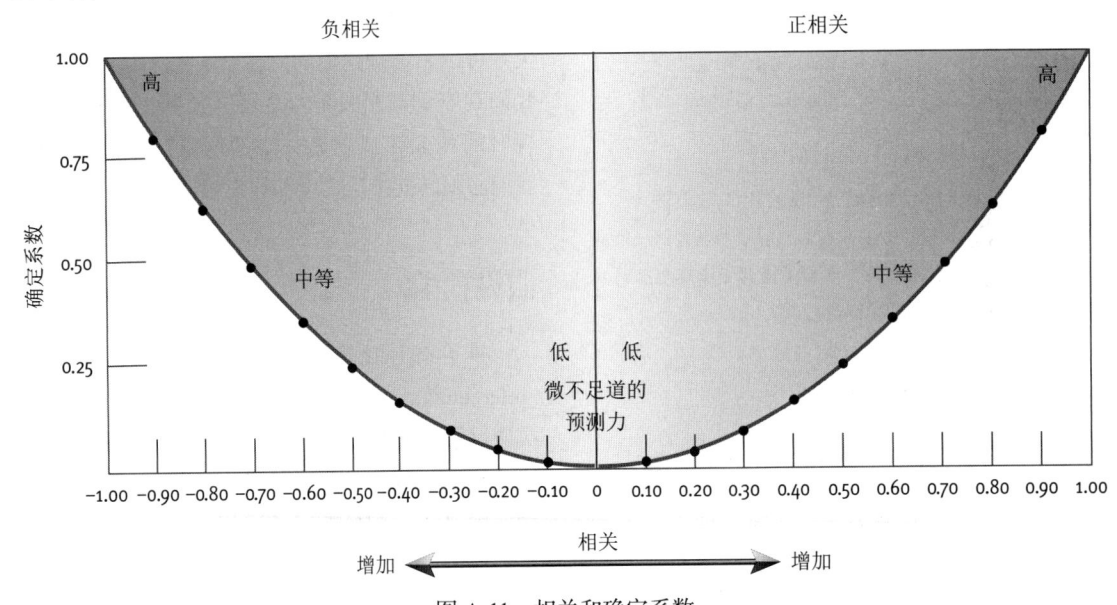

图 A-11　相关和确定系数

确定系数是相关的预测力的一个指标。正如你所见,无论正性还是负性,强相关总会伴随着高预测力。

大到足以支持我们的假设,或者这个大小的相关仅仅只是偶然造成的?

每当我们做一个研究,我们都必须问这样一个相同的问题。为什么?因为我们只用一个样本在分析。在研究中,我们仅观察一个有限的样本(在当前研究中,即20个参与者),然后得出一个关于相当大的总体(一般大学生)的结论。总有这样一个可能:如果我们从总体中抽取的是另外一组不同的样本,结论可能也不一样。也许我们的结果只适用于样本,而不能推广到总体中。如果我们能够收集整个总体的数据,我们将不必面临这种问题,但是我们是依靠一组样本的,这使运用推论统计来精确地估计结果是由抽样偶然因素造成的可能性变得不可避免。因此,推论统计是将结论从样本推广到总体的关键步骤(见图A-12)。

虽然它看起来是倒退的,在假设检验中我们正式地检验零假设。运用到相关数据里,**零假设**(null hypothesis)是指观察变量间没有真的关系的假定。在我们的研究中,零假设就是观看电视时间和SAT成绩之间没有真实的关系。我们想确定我们的结果是否允许我们拒绝零假设,然后得出结论,即我们的研究假设(变量之间存在相关关系)是被支持的。为什么我们直接检验零假设而不是研究假设呢?因为我们的概率计算依赖于与零假设关联的假定。具体来说,如果零假设的确为真,我们基于该假设计算观察得到的结果的概率。这个概率的计算取决于许多因素。其中一个关键因素是数据变异性的大小,这也是标准差是一个重要统计数值的原因。

统计显著性

当拒绝了零假设时,我们可以说我们发现了统计显著的结果。统计显著性存在于当观察发现是由偶然引发的概率非常低的时候,通常低于100次出现5次的概率。这意味着当零假设是真的时候,我们将研究实施100次,每次都从总体中抽取新样本,我们会得到如所观察到的结果只有5次。如果我们的计算结果允许我们拒绝零假设,我们可以总结出我们的结果支持我们的研究假设。因此,统计显著的结果通常是那些支持研究假设的结果。

由于偶然因素造成的研究结果低于100次出现5次的要求是统计显著性的最小要求。当这个要求被满足时,我们说结果在0.05水平上显著。如果研究员计算得到由于抽样偶然因素造成的研究的可能性低于100个中出现一次,那么结果在0.01水平上显著。如果低于1 000个中出现一次是由于抽样误差导致的发现,那么结果在0.001水平上显著。因此,你可以在科学文章上看到几种水平的显著性被引用。

因为我们只处理了与概率有关的事情,所以总存在我们接受或者拒绝

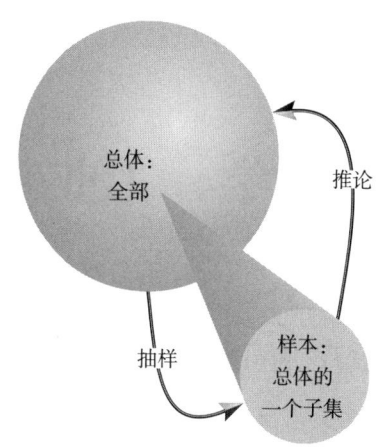

图A-12 总体和样本的关系

在研究中,我们经常对广阔的总体感兴趣,但是我们只能观察到总体中一小部分的样本。观察完样本之后,我们基于样本对总体做出推测。只要样本能够合理地代表总体,这个推论的过程就能运作良好。

零假设的决定是错误的可能。各种显著水平表明错误地拒绝零假设的概率(也是不正确地接受研究假设的概率)。在显著性0.05水平上,100个中有5个偶然机会是我们做出错误的关于结果支持研究假设的结论,在显著性0.01水平上,错误结论出现的可能性是1/100。虽然研究员支持这类错误出现的概率很低,但这概率从未是0。这也是关于同一个问题的研究能够得到相矛盾的发现的原因之一。这个差异可能是由不能避免的抽样的偶然变异引起的。

当我们评估观看电视时间和学生SAT成绩之间的关系时,我们发现了什么?计算结果显示,给出数据的样本大小和变异性后,由于偶然机会观测到-0.24的相关的概率高于20%。这不是一个高概率,但它不足以低到拒绝零假设。因此,我们的发现没有强到足以让我们得到支持我们假设的结论。

统计与经验论

总的来说,基于实证研究的结论是概率的问题,而且总存在着结论是错误的可能。但是,实证研究法的两个主要优势在于精确性和对错误的不容忍性。科学家可以提供关于他们的结论是错误的可能性的精确估计,而且因为他们不能容忍错误,他们将概率控制得极低。正是他们对统计的依赖使他们实现了这些目标。

附录B

心理学：工业/组织

作者：Kathy A.Hanisch（艾奥瓦州立大学）

你申请了一份工作，提交你的简历，并完成一系列测试。你被一个可能是你未来的管理者面试，然后参观了一下公司。现在你发现你正坐在刚刚为你提供职位的人对面，他们说这个组织是一个工作的好地方。为了佐证，他们告诉你说，在过去5年中，没有人辞职并且很少员工会缺勤。他们还告诉你公司有着很灵活的政策，你想工作多少小时都可以，你想在任何时候休假都可以。如果你决定成为这个公司的员工的话，你就能获得现金以及公司的钥匙。

你尝试保持镇定。你听到很多关于这家公司有趣的事但你并不真的相信。最后，对方询问你看重些什么，并表明他们愿意给你想要的一切。现在你真的目瞪口呆了，想知道这是什么意思，但还安静地坐着，听他们谈论其他事务。这是不是太好了以至于不可能是真的？这不是理想中才有的情境吗？

在20世纪70年代，几乎完全相同的一幕在一个奥克兰设备经销商所拥有并管理的公司中上演。他的名字是亚瑟·弗里德曼（Arthur Friedman），他决定改变他的经营方式。正如《华盛顿邮报》（Koughan，1975）所报道的那样，弗里德曼在一次员工会议上宣布由雇员决定自己的工作时间，获得他们认为自己值得的酬劳，在任何他们希望的时间休假，并帮助他们在急需花钱时得到小额现金。新雇员也能设定他们自己的工资。正如你所想象的，雇员不确定如何接受这则消息。据说当弗里德曼在会议上首次宣布这项计划时，全场鸦雀无声（Koughan，1975）。

当被问到他为什么改变公司制度时，弗里德曼回答道，"我总是认为如果你给人们他们想要的东西，你就能得到你想要的。你必须愿意有所失，愿意承担风险。最后我决定是时候把我平时所鼓吹的政策付诸实践了"（Koughan，1975）。

最后的结果是，弗里德曼的试验成功了，公司获得盈利。弗里德曼看都不看就签下协会的合同（员工不需要他负责的这个协会）。员工从不辞职，也不偷公司的财物，甚至很少缺勤。SAS的净利润上升，公司大获成功。员工们意识到要保证公司正常运转，他们自己的要求和行为就必须保证是合理的（Koughan，1975）。

最近一个获得雇员高度评价的公司是SAS，这是一个总部位于北卡罗来纳州的商业分析软件和服务公司。在2010年和2011年，《财富》杂志将此公司评为最适宜工作公司第一名。SAS里的员工获得90%医疗保险的报销，不受限制的病假，每年有450万美元（仍为公司每年节约500万美元）预算的现场医疗中心提供免费医疗保健，公司支付人寿保险、父亲的带薪陪产假、儿童保健和自助餐厅的补贴金、免费健身中心和游泳池以及儿童夏令营（Kaplan，2010）。除此之外，SAS的雇员能获得3周带薪假期，在公司工作10年以后就能有4周带薪假期。这家公司还有台球厅、桑拿室、美甲师、发廊，并

SAS提供了许多员工福利，包括35小时工作周、三周的带薪年假、免费的卫生门诊、托儿所补贴、免费游泳池和健身设施以及无限制的病假天数，除此之外还有许多其他福利。你愿意到SAS工作吗？

提供很多按摩服务。员工的额外福利有：公司野餐和其他家庭活动（是雇员和他们的家人都想参加的）、特别日子的小吃（水果、甜甜圈、巧克力的日子）。SAS 奖励创新和冒险，同时对雇员个人和专业上的提升给予帮助支持。在 Jim Goodnight 的带领下，自 1998 年《财富》杂志开始对公司排名以后，SAS 一直跻身前 100 名，也因此而被誉为《财富》杂志的"全明星"。

Friedman 的公司和 SAS 对他们管理雇员的方式、这样的方式会对雇员的态度以及行为产生什么样的影响非常感兴趣。研究人们工作行为的心理学家被称为工业和组织心理学家。**工业与组织心理学**（industrial and organizational psychology，I/O Psychology）是心理学的一个分支，它关注人们在工作环境下的行为。工作是心理学研究的一个重要途径，因为它关系到美国经济的健康情况和人们的自我价值感和幸福感。工业与组织心理学家在重要的领域帮助组织发展，如激励雇员、缓解工作压力、雇用最好的员工、评估工作表现、设计和评估培训项目、促进沟通交流、设计高效的工作系统、帮助改变组织文化、研究如何选出最优秀的领导和如何把雇员分配到工作组中、解决安全问题等。这篇附录会向你介绍工业与组织心理学这个领域。

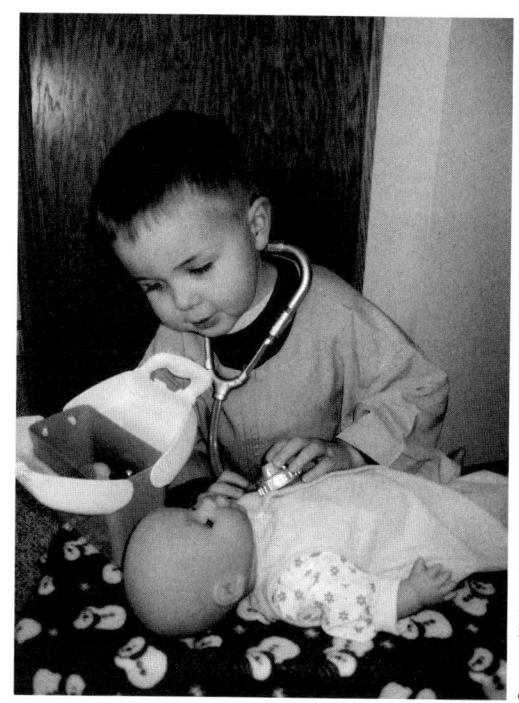

医生来了！工作的天然性和重要性的社会化在生命早期阶段就开始了。

工作在人们生活中的角色

当你还是个小孩的时候，你就开始了解工作了。当妈妈把你带到日托班的时候你可能会问妈妈去哪里，或者问爸爸为什么早上 8 点前离开家并且下午 5 点以后才回来。你可能通过打扮成宇航员、消防队员、老师、厨师或者建筑工人来"扮演"各种不同的工作。随着你日渐长大，关于工作的其他信息可能来源于你的朋友、祖父祖母、邻居、学校和媒体。在高中，更多的教育和一份兼职可能给你更多关于工作意义的细节。当你在为大学学位奋斗的时候，你可能通过班级、实习、志愿者或者其他工作经验接收到更多的工作信息，包括你所选领域的岗位空缺信息。

对于大多数人来说，工作是生活中一个重要的部分。当我们遇到人们的时候，我们经常问他们是"做"什么的，翻译过来就是："你的工作是什么？你在哪里工作？"很多人认同他们的工作，是因为他们花了大量的时间在工作上。工作给人们提供了很多他们需要和重视的东西。有偿工作给人们对食物、庇护所、安全（健康保险、退休金）的基本需求提供了必要的金钱保障。任何"剩余"的钱作为自由决定的基金，你可以选择用于晚餐和一场电影、一个 iPad、居住的好地方，或者用以支持慈善机构、参加体育或艺术表演、存起来供孩子上大学使用等。工资为人们提供了一种生活标准，这个标准取决于他们的收入和他们支配金钱的选择。除此以外，工作能提供更多的东西：社交的来源、独立性、成就感、满足感、早上起床的动力、快乐、认同感、赞誉和声望。

每一年的工作评价报告都会评估工作，并决定大部分员工在这些工作里最好和最差的总体表现。评分中考虑的 5 个因素是：工作环境、体力需求、前景、收入、压力（Strieber, 2011）。图 B-1 列出了 2011 年基于这 5 个因素选出的 10 个最好的工作和 10 个最差的工作。最差工作和最好的相比工作环境更糟糕，体力要求更苛刻，前景更灰暗，收入更低，压力更大。这 5 个因素对大部分员工来说是很重要的，但其重要性的顺序可能因人而异。你可能更看重一个工作的光明前景因为觉得未来就业的前景比工作的收入重要，而你的朋友可能更重视一个积极的工作环境。重视的是什么或工作里追求的是什么因人而异，因而评价是针对大部分雇员的而非每个人的。

2011年度最好工作	2011年度最差工作
软件工程师	码头工人
数学家	铁匠
精算师	伐木工人
统计学家	屋顶工人
计算机系统分析员	出租车司机
气象学家	急救医务人员
生物学家	焊接工
历史学家	画家
耳科专家	抄表员
牙科保健师	建筑工人

图 B-1 2011年度最好工作和最差工作

职业评价研究人员根据工作环境、身体需求、前景、收入和压力五个方面对200个工作岗位进行评价，确定出了最佳和最坏的就业机会。这个研究的目标是确定每个职业如何满足大多数工人的。这五个因素虽然等级顺序因为个人的不同而有所差异，但都在一定程度上体现了几乎所有员工的价值。

资料来源：http://www.careercast.com/jobs-rated/10-best-jobs-2011; http://www.careercast.com/jobs-rated/10-worst-jobs-2011.

了解你想从工作中获得什么和一个工作能提供什么是很重要的，因为这些因素会对你人生的幸福感和成就有很大的影响。从一个雇主的角度来看，确定他们的员工想从工作和组织中获得什么是很有用的，因为满意的雇员很可能比不满意的雇员更勤奋工作，从而达到组织的目标。监督者的一部分职责是确定员工重视的是什么，因为这些价值可以用来激励员工在工作中有更好的表现。

无论你从事什么类型的工作，在很长的时间里，你非常可能会在某种工作中度过你每天大部分清醒着的时间。很多人周末也工作。因为工作对于你是谁和你做什么是很关键的，研究心理学规律和一些工业与组织心理学家检验过的话题能给你提供一些可能对你未来职业生涯有用的信息。在关注如何获得并保持一份工作之前，让我们先简单地探索一下工业与组织心理学的子领域和一些涉及这个领域的可能的职业道路。

子领域和工业与组织心理学的其他方面

工业与组织心理学由三个专业领域构成，包括其中两个从它名字里定义出来的领域：工业（I）心理学和组织（O）心理学。第三个领域被称为人因学或者工程心理学。**工业心理学**（industrial psychology，也被称为人事心理学）处理如何为正确的职位选择合适人选，如何评估他们的工作表现，如何培训他们，如何付报酬给他们。这是三个子领域中历史最久远的一个。这个子领域还包括工作分析、工作评估、测试检验、雇员挑选（包括面试）、雇员培训、法律事务（包括组织里的雇用歧视）、表现评估。**组织心理学**（organizational psychology）关注雇员如何从情感方面和社会方面融入工作环境。一些领域包括工作满意、工作压力、工作动力、领导、组织文化、团队合作和组织发展。人因心理学也是一个重要的专业领域，尽管它并没有体现在"工业与组织心理学"这个名字里。**人因（或人体工程学）心理学**（human factors or human engineering psychology）通过经常关注个体，来研究如何设计或改变工作、系统和系统特征，以和个人的能力和限度最有效地相适应。这个领域应用的例子包括改进机器使之对于身体更简单操作，改进机器的控制部位从而减少事故的发生数量，修改画面从而令使用者能更快地识别呈现出的信息，通过提升工作所需的技巧种类来使工作更加有趣。所有的三个领域（工业心理学、组织心理学、人因心理学）在商业和产业世界的问题或事务里相互关联。

大部分的工业与组织心理学家通常在学士学位之后还需要2～5年的学习才能获得研究生学位。工业与组织心理学家主要进入这4个领域工作：工业、学术界、咨询公司、政府。在工业和学术界工作的心理学家占有更大的比率。图B-2给这四个领域列出了典型的专门给工业与组织心理学家设置的招聘公告，这是从最近的招聘广告中提取出来的。

工业与组织心理学会（SIOP）是给工业与组织心理学家的首要专业组织。它拥有接近6 000名会员，包括来自学术界、工业、咨询岗位和政府的人。SIOP的网站（www.siop.org）是关于毕业学校、工作和近期工业与组织心理学文章信息的重要来源。

在美国，职业信息网（Occupational Information Network, O*NET）的建立是最近工业与组织心理学上很大的一个进步。O*NET是一个基于广泛研究项目（Peterson et al., 1999）的一套综合的、详尽的和灵活的工作描述，通过网站 www.onetonline.org 也能获得相关信息。O*NET能被用来寻找职位的细节（例如，任务、知识、技能、工作活动、薪金和就业前景）或者选择喜欢的工作活动或兴趣，或者定位相应的职位。对于想要知道他们感兴趣职位的细节以及各种职位的薪金和未来前景的人来说，这是个非常有用的起点。这对需要通过参考同类型组织的工作描述来发展自身的雇主来说，也是很有用的。尽管存在关于它覆盖范围和信息方面的顾虑，但随着O*NET不断更新信息，它仍被看作职位信息上的一个巨大成就（Sackett & Laczo，2003）。2008～2018年工业与组织心理学家预计使用O*NET的增长率将达到20%或更多，这比平均速度快很多。

雇员选择

对于任何商业公司来说，其中一个最重要的任务是选择有天赋、积极性高的并且会努力工作从而帮助组织实现目标的员工。正如你将在这部分看到的，选择雇员是一个复杂的任务，并且一定要敏锐和公正以待。

雇用过程

在20世纪早期，当某人需要一份工作时，他会在公司外闲逛，并且等待看公司是否需要员工。很多时候，为公司工作的人还会将潜在的工作机会告诉他们的朋友或亲戚，并鼓励他们去申请这份工作。这往往意味着所雇用的人和在这里工作的人类似（如都是男性白人）。工业与组织心理学家第一次参与挑选雇员的过程是第一次世界大战时美国政府需要帮助来挑选和安排官员士兵（Aamodt，2010）。他们使用心智能力测试来决定谁会成为官员或被分配到步兵团。现在很多雇主使用的雇用员工的过程非常详细，通常包括五个部分：工作分析、测试、法律事务、人才招募和挑选决定。

工作分析

工作分析（job analysis）是一种把工作分成其组成部分的方法。工业与组织心理学家设计出有效的策略，用于决定任意工作的三个基本方面：①对工作来说，最重要的任务和行为是什么？②从事这项工作需要什么知识技能、能力或其他特点？③工作是在什么条件（例如压力、安全、温度）下进行？工作分析能以多种方式进行，一位分析师可能采访现任的雇员、让雇员完成问卷、观察工

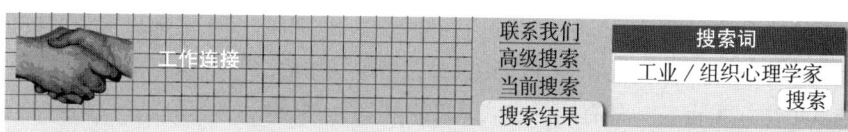

图 B-2　针对工业/组织心理学家的招聘广告

以上是针对拥有工业/组织心理学学位的人的精缩版招聘广告，所有职位中除学术职位要求博士学历外，其他职位的学历要求均因工作经验而不同。

作中的人或者和主题专家探讨这份工作（Gael，1988）。

工业与组织心理学家继续研究有效的职位分析技术。当前的研究表明员工导向方法是雇员挑选中的最佳方法，因为他们关注的是员工而非任务（Aamodt，2010）。一个员工导向的方法是 Critical Incidence Technique（CIT）。这种方法使用关键事件或行为来区别从事这项工作的人好的和不好的行为（Flanagan，1954）。例如对于冰箱维修员，好的行为可能是上门维修之后用电话跟进情况，询问冰箱是否正常工作。

工作分析的信息用于很多类型的人事功能，包括雇员挑选、表现评价、培训、人力资源计划。在雇用过程中，工作分析用于填写工作岗位描述；来决定使用什么测试来评估职位申请者的知识和技能，并帮助达到影响挑选过程的法律要求。

测试和其他雇员挑选的步骤

雇员挑选的下一步是评估职位候选者是否具备空缺职位所需的特质。雇主使用各种各样挑选员工的工具，

包括个人和小组面试，标准化的能力和知识的纸笔测验，相关人格特质测量，比如尽职性和正直性测验。除此之外，工作样本也是一种有用的方式，即申请者会按照相关要求模拟工作。引用调查、网络搜寻、犯罪背景调查和药物测试也能基于某个职位帮助确认具有最佳潜质的雇员。适当发展谨慎使用的挑选步骤对于组织的成功选择至关重要。

心理学测试长期以来在雇员挑选的实践中都扮演着重要的角色。正如第9章提到，一个**心理学测试**（psychology test）是对一个人行为样本的标准化测试。雇主可以从商业测试出版商处购买测试或者根据他们的需要编写特定的测试。如在第9章讨论的，使用测试之前，组织需要评估测试的信度和效度。**信度**（reliability）是指测试（或其他测量技术）的一致性。信度高的测试能在多次测试中得到相似的结果。**效度**（validity）是指测试所测量的内容是它想要测量的内容的能力。当用于挑选雇员的目时，关于效度的证据非常关键。当组织购买一套商业测试来使用时，信度和效度的信息一般由测试的出版商提供。

一旦找到或者发展出一套合适的测验，下一步便是将其运用于职位候选人身上，并决定他们中的哪一个在这个职位上有最大的可能获得成功。证明心理测试在雇用过程中的用处，需要收集数据以证明测试分数和工作表现的关系。在一个简单的情境中，职位者申请者的测试得分和他们工作表现的评分或者是被雇用后一段时间（例如，6个月、1年）的评估进行比较。这些比较可以用于计算相关系数，从而表明测试分数和工作表现之间的关系强度。理想的关系是很强的正相关，表明随着测试分数的提高，工作表现评分也会提高，或者说随着测试分数下降，工作表现评分也会下降。图B-3阐明了这种关系的类型。

在雇主的挑选过程中，人格测试似乎非常常见。很多组织使用的一种人格测试是正直性测试。**正直性测试**（integrity tests）是用于测量与诚实和信任有关的态度及经历的标准化测试。雇主想要用这些测试来帮助他们挑选出可依赖的、诚实的和值得信任的应聘者。研究表明正直性测试是可靠的，并且它对于盗窃的可能性、缺勤或者很糟糕的表现（Aamodt, 2010）以及赔偿要求的减少（Sturman & Sherwyn, 2007）有适当的预测力。

尽管标准化的心理测验和人格测试经常用于人事选择，但是最常用的手段还是面试。几乎所有的组织在他们的选择过程中都会使用某种类型的面试（Salgado, Viswesvaran, & Ones, 2003）。广义上来说，面试有两种类型：非结构化面试和结构化面试（见图 B-4）。非结构化面试是非正式的；不同的职位候选者被问到不同的问题，并没有得分值。尽管很多雇主非常依赖于这种类型的面试，但是研究表明，这种方式是非常主观化的。而且在挑选雇员的过程中，它不能提供非常可靠或者有用的信息（Aamodt, 2010）。结构化面试更类似于标准化测试。受过训练的面试官向所有人问相同的问题，这些问题的设置是基于工作上获得成功的必要特质（基于工作分析）。它清晰的指导方针可用来判断所给答案的妥善性，并且对申请者打出的分数反映了所测量特质之间的关系。结构化面试能够被构建成可信的和有效的（McDaniel et al., 1994）。除此之外，它们有望能提供非心理测验（例如口头表达能力、沟通能力、倾听技巧和动机这些特质）所提供的有用信息。

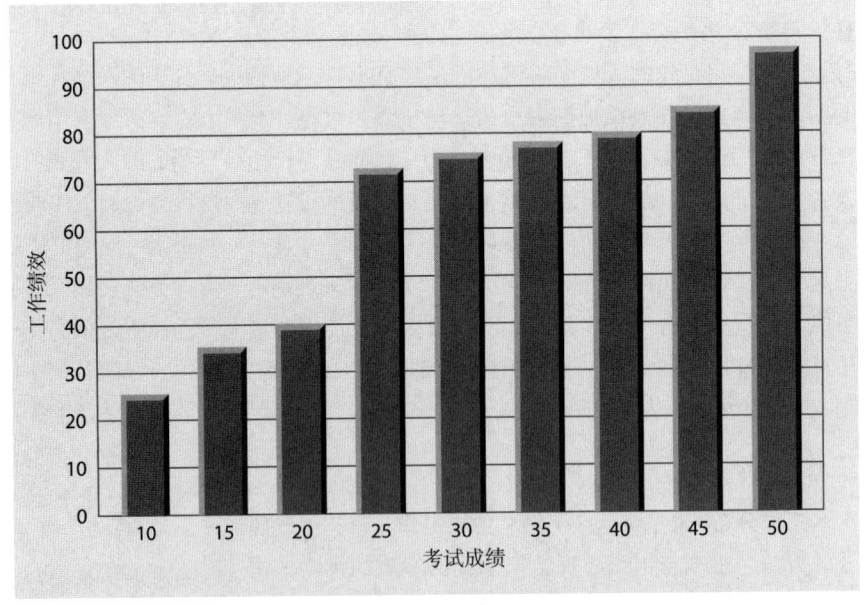

图 B-3　考试成绩与工作绩效关系的假设例子

当一个标准化的测试是用来选择最有前途的求职者时，期望的结果是：测试的分数越高，求职者在工作中的表现就越好。这种关系并不是完美的，但是当雇主看到考试成绩和随后的业绩评价之间的关系时，调查结果应类似于图中所示的假设数据，在这里考试成绩和工作绩效之间有很强的正相关关系。

典型的非结构访谈问题

1. 你的缺点是什么？
2. 我为什么雇用你？
3. 你为什么想在这里工作？
4. 你的目标是什么？
5. 你之前为什么辞职？
6. 你什么时候对自己的工作最满意？
7. 你可以为我们做哪些其他候选人做不到的事情？
8. 列举三个你的前老板对你的褒奖。
9. 你期望的薪水是多少？
10. 如果你是一种动物，你希望自己是哪一种？

资料来源：Monster.com

结构化面试问题

1. 告诉我你应对一个棘手客户的所有细节。
2. 举一个你在没有主管的情况下做出决定的例子。
3. 举例说明你在就业中如何积极主动地展示自己。
4. 举例说明你的一次团队工作经历。
5. 详述一个你需要创造性地解决问题的经历。

资料来源：Adapted from The Job Centre, Niagara College Canada, 2005, http://jobs.niagarac.on.ca/

图 B-4　结构访谈与非结构式访谈

这个例子给出了结构访谈与非结构访谈使用的典型问题，由此可以看到两者的差异。

资料来源：Monster.com. Adapted from The Job Centre, Niagara College Canada, 2005, http://www.niagaracollege.ca/jobcentre/.

法律事务

关于雇用，特别是招聘员工，最重要的法律之一是 Title VII of the Civil Rights Act of 1964（Equal Employment Opportunity Commission，2002）。Title VII "禁止起源于种族、肤色、宗教、性别和国家的歧视" 在一些地区被称作"大五"。我们假设基于大五的保护能确保所有申请者有同等被录用的机会。除国家安全事务前提的规定外，雇主需要年资制度和合法职业资格（BFOQ）。如果对于商业运转是合理且必需的话，BFOQ 允许组织在保护范围内有所偏重地雇用员工。例如，在雇用男性泳装模特时，女性会被区别对待，反之亦然。对于宣传和销售泳衣来说，公司雇用穿男性泳衣的男模特和穿女性泳衣的女模特是合理的也是必要的。因此在这个例子中，性别是一个 BFOQ 因素。但是在教堂中从事文秘工作（非教堂也非宗教性工作）的秘书必须要有和雇用的教堂一样的信仰就是不合理、不必要的，在这个案例中宗教不能作为 BFOQ 因素。

由于诉讼的花费非常高，从经济代价和组织声誉来看，雇主遵守法律地保护人们免受歧视显得非常重要。被定义为歧视的情形不仅基于在《人权法案》中涉及的大五，还基于年龄（Age Discrimination in Employment Act）和残疾（Americans with Disabilities Act），以及其他联邦的和其他州的禁止歧视的运动。美国的劳动法意在保护并向每个个体提供同等的机会。

在公平雇用的实践、法律和在雇用设置中如何定义歧视上，不同的国家有不同的做法。美国有一些基于群体特征的反歧视运动。在美国被认为属于歧视行为，但在其他国家却可能

如果广告中每个模特的泳装性别是相反的会怎样？性别在这种情况下是一个职业合格证。

是被允许的。2010 年，一个其他国家的职位广告说明了这一点。广告是为了招聘一个类似于法律执行者的职位。这条广告是这样写的："必须为年轻漂亮的女性。只有 23 岁以下貌美的女性才能申请为执法人员。具体来说，这个职位的候选人一定是年龄在 18～23 岁、身高超过 172 厘米、有魅力并且脾气好的女性。合同会在她们 26 岁时终止。"（Molland，2010）。

若在美国，这个广告和它的职位要求是不合法的。它特指应聘者必须是女性，这点在 Title VII 禁止基于性别的歧视下是违法的。它也特指应聘者年龄范围要在 18～23 岁，结束聘用年龄为 26 岁，这点在美国大部分

州是不合法的。当一个人达到40岁以后，美国联邦法律禁止年龄歧视（Age Discrimination in Employment Act）。男性和年龄超过23岁甚至26岁的人很可能也能胜任这份工作。

非歧视雇用实践尝试保证公正地对待每一位求职者。在美国，拥有一定雇员（通常15名）的组织需要遵守劳动法。同等工作机会的法律使得美国拥有一个更平等的竞争环境。

招聘

招聘（recruitment）是组织用于确定岗位潜在雇员的过程。根据工作的不同，组织可能从公司内部挖掘或从组织外部招聘这样的人才。公开信息可能在公司的网站或者该特定类型工作的网站上宣传。除此之外，像monster.com、hotjob.com和careerbuilder.com这样的网站会将潜在的雇员和雇主在不同的工作或地理位置上联系起来。其他招聘信息来源包括报纸、广播和电视广告、行业杂志、专业出版物和雇员推荐。

研究表明通过内部来源（例如雇员推荐）招聘的员工相比通过外部来源（例如广告、雇佣中介和招募）招聘的员工工作时间更长，工作表现也更好（Zottoli & Wanous, 2000）。研究表明，通过内部来源招聘的员工相比通过外部来源的员工能获得关于这份工作更准确的信息（一个实际工作的预知）（Conrad & Ashworth, 1986; McManus & Baratta, 1992）。研究还表明在组织中被认为成功的员工比不成功的员工在这里待的时间通常更长（Aamodt & Rupert, 1990）。

在一个对美国前50名的中小型企业的调查中，发现92%的组织使用雇员推荐（Pomeroy, 2005）。Buck Consultants（2011）最近的一项研究表明，2010年有59%的雇主在使用雇员推荐奖励，在2011年这个数字上升到66%。因为雇员推荐的有效性，公司给举荐成功的雇员提供奖励。这些奖励包括现金、假期和抽奖（例如奖品是电视机）或者一年免费的佣人服务（Stewart et al., 1990）。一般来说，被推荐的员工需要在公司工作一定的时间，这样推荐者才能得到奖励（stewart et al., 1990）。SAS Canada对于成功推荐新员工的雇员提供高达8 000美元的奖金（Yerema & Leung, 2010）。

在应聘者提交简历或申请表以后，组织里的某个人（例如人事部经理或者某位监察者）将会决定哪些应聘者可以被进一步考虑。在这个过程，他可能会打给应聘者以前的雇主或其他介绍证明文件里的人进行电话询问，并调查此人的犯罪背景以免陷入法律纠纷，同时也是为了保证能聘用更合适的人员。背景调查能帮助组织避免在雇用过程中付出巨大的代价。比如，一个组织在不知情的情况下雇用了一名刚出狱并在另一个州假释（不能离开这个州）的人。直到公司发现自己违反假释的条例，也才发现新员工是由于在之前的公司里偷窃而被抓进监狱。这种类型的雇用错误常常能通过对申请者的背景调查而得以避免。

网络调查应聘者的背景变得更加普遍，这是由于技术的进步和雇主能够在雇用之前对他们进行了解。雇主会在一些社交网站上（例如LinkedIn、Myspace和Facebook）调查应聘者。在这些网站，招聘者和公司曾发现他们看重的候选者会报告在吸毒、滥交和酗酒，并有一些暗示性照片（Haefner, 2009）。这种言行失检的申请者被雇主标记为"红旗"。公司通常认为这些应聘者缺乏好的判断力并将他们移出这个筛选过程（Finder, 2006）。应聘者认为只有他们好友能看到的信息正在通过各种方式被公开，并且在本人不知道的情况下，让未来的雇主和亲戚看到这样的信息。除此之外，一些经理会使用社交网络来评估求职者的专业性，从而决定求职者是否适合他们的组织文化（Hargis, 2008）。

看到这张照片，你还会雇用这个求职者吗？雇主正日益通过社交网络来收集未来雇员的信息。在这种现实的情况下，学生们可能会有选择地在网上发布个人信息。

做出雇用决定

选择雇员时，雇主在寻求雇员和组织的良好匹配。他们想让雇员的良好工作表现和个人的知识、技能、能力、人格和动机相匹配。他们尝试通过前面讨论到的不同工具来完成这个目标。

研究者假定了两个决定员工工作表现的因素："能做"和"愿意做"因素（Schmitt et al., 2003）。能做因素是指如果雇员在工作中发挥自己最好的水平时能做的事情。愿意做因素是指雇员愿意为组织付出的时间和努力。人格特质（如尽责性、成就需要、正直性）被归为重要的愿意做的因素（Schmitt et al., 2003）。一个人能做的和愿意做的因素可能会随着他从一个组织换到另一个组织而变化。一旦一个人被正式聘用，被组织接受和社会化的这个重要过程随之开始。

使员工社会化：文化、工作团队、领导和表现评估

当你第一天开始工作时，为了在工作岗位上获得成功，你需要学习很多东西。**组织社会化**（organizational socialization）是指新成员被组织文化接纳的过程（Jablin, 1982）。组织社会化包括人们通过使用来自管理、同事、观察、公司手册或备忘录、组织网站的信息来了解公司如何运作。

电子化交流是用来帮助员工社会化的重要途径（Flanagin & Waldeck, 2004）。员工通过电子邮件、公司网站、交流群和博客进行沟通交流和收集信息。求职者在提交申请之前可能也利用这些信息来了解组织。对于想要评估他们、开放职位和组织三者间是否合适的求职者来说，商业咨询网站也是一种好的方式。

上级和同事也是社会化信息的重要来源。**导师制**（mentoring）是一种将新员工和长期员工（导师）安排在一起从而帮助新员工在组织里成长和发展的培训形式。导师的责任是通过给予建议或提供资源来帮助新雇员适应工作。导师可能会给他们提供组织如何运作的信息和职位提升的机遇。好的导师能帮助新员工在职位上获得成功，并学习组织里正式的和非正式的规则（Aamodt, 2010）。

研究表明导师和新员工都从这段关系中受益。比如，在对医疗保健行业雇员的研究中发现，有导师引导的员工比没有导师引导的员工有更高的工资、更大的晋升率和更积极的职业成功（Allen, Lentz, & Day, 2006）。有导师引导的雇员更能体验到有效率的社会化、更好的报酬、提升职位、职位满意度、工作满意度、工作参与度和组织贡献度。

"我不知道它是如何开始的，我只知道它是我们企业文化的一部分。"

组织文化和风气

组织文化（organizational culture）是指组织中人们共有的前提、信念、价值观和习惯。这些认知随后会影响组织风气，组织风气是由员工对工作环境特定方面的共同感知组成的。因为文化和风气通常一致运作，我们的讨论将会把这些元素共同当作文化（Ostroff, Kinicki & Tamkins, 2003）。组织文化非常重要，因为它让雇员知道组织对他们的期望是什么，这将影响他们的思考和行动。文化通常由组织的建立者构造，但是也可能在历史长河中被其他有影响力的领导者和组织的兴衰所改变。

有很多组织成功改变他们文化的案例。还记得附录开头提到的亚瑟·弗里德曼吗？他允许员工设定自己的工资和决定他们的工作时长；他还要求员工加入公会。在弗里德曼做出这些改变后，员工停止了抱怨。组织文化出现了改变，人们有了更高的道德感，生产力得到提升，员工有了更长的工作任期。在一个员工能独自做出决策影响组织底线的文化里，没有人想要辞去这份工作。发现一种适合你工作类型的组织文化很有可能会影响你的士气、表现和在组织的任期。

工作团队

社会心理学家研究团体超过75年（见第13章）。研究集中在例如个人与团体问题解决的关系（Hill, 1982; Paulus, 2000）和参与决策过程对组员满意度和表现的影

响（Likert，1967；Sagie，1997）。因为近几年以来团队的出现频率增多，工业组织心理学家开始重点研究组织中的团队；工作是基于团队的结构进行组织的而不是基于个人（Lawler, Mohrman, & Ledford, 1995）。

工作团队（work teams），或**工作团体**（work groups），可以被定义为两个或以上的雇员，他们有共同的目标，从事相互依靠、社交上互相作用的任务，并在特定的要求和规则下工作（Kozlowski & Bell, 2003）。正如组织能拥有它自己的文化，工作团队也有自己的子文化。这些子文化可能鼓励或不鼓励某种和工作相关的行为和态度。这些子文化之后将形成新团体或团队成员的社会化基础。

虚拟工作团队在工作中变得越来越常见，因为组织希望能使更多在项目上具有特定天赋的员工参与其中，这也是商业全球化的结果。虚拟工作团队能让成员在家、在外旅游或者因其他原因离开传统意义的办公室的情况下继续工作（Wiesenfeld & Raghuram, & Garud, 2001）。虚拟工作团队通常使用某种电子技术进行会面。例如，他们可能通过电子邮件或者电话会议进行交流。虚拟工作团队的优点是，能为团体提供一种更有效、更经济的合作方式。如果个人能在家中办公，他们往往会降低对办公室空间的要求，并且虚拟团队能给雇员更多的弹性来处理私人问题和很长的通勤时间。

尽管大部分组织会给新员工提供正式的社会化方式，工作团队的动态和规范仍可能会对员工社会化产生大量非正式的影响（Anderson & Thomas, 1996）。当然，正式和非正式的社会化过程的结果有所不同。工作团队可能任命领导，也可能进行自我管理。当团队失败时，失败往往和领导联系起来。团队领导人可能太过独裁，行使过多的权力或影响。结果是，团队没有意识到成功需要民主和控制（Stewart & Manz, 1995）。自我管理团队倾向于表现出更好的生产力，工作质量得到提升，雇员的生活质量得到提高，缺勤率下降以及人员流动率下降（Cohen & Ledford, 1994）。

发展一个工作团队意味着成功地将新雇员整合到队伍中，以及帮助个人完成进出队伍的交接工作，这取决于每个团队的工作。团队领导人对于工作队伍的新成员工作的成功起了关键作用。建立并保持一个成员能在里面表现优秀的状态的团队，对于团队领导人来说也是非常重要的。

领导

前美国总统怀特 D. 艾森豪威尔（Dwight D. Eisenhower 曾说过："领导是一门让他人出于自愿而完成你想做的事的艺术。"如他所说，**领导**（leadership）包括影响和激励人们去追求组织的目标。在工业组织心理学里，领导受到很多研究的关注。很多理论随之出现，大部分对于理解怎样做好一个领导和如何提高个人的领导水平有帮助。

人格在很多领导理论中扮演着重要的角色。当然它也是决定一个领导是否成功的重要因素。Kirkpatrick 和 Locke（1991）的综述表明，驱力、诚实和正直、自信、认知能力和知识都和成为一名成功的领导者相关。认知能力和社交技巧差的领导，优柔寡断、低自信自尊的、不诚实的和缺乏野心的领导者相对不容易获得成功。（Kaplan, Drath, & Kofodimos, 1991）

亚瑟·弗里德曼的正直很可能使得他成为一名成功的领导者。他决定给予雇员他们想要的东西，给他们做出重大决策的能力，这些决策可能成就一个组织，也可能毁掉一个组织。在他的这个案例中，他创造了一个自我管理的团体，并且这个团体不需要来自工会或者其他机构的外界帮助。结果是，弗里德曼验证了转换领导理论（Bass, 1990）。**转换领导**（transformational leadership）

因为技术的进步，虚拟工作团队成员通过使用电话会议和电子邮件互动以完成他们的工作，这种情况在过去的10年里变得越来越普遍。

是以高道德标准、启发式鼓励、激发智力和关注个体为特点的，这些显然都存在于弗里德曼的领导风格中。

SAS 的 CEO 吉姆·古德奈特（Jim Goodnight）认为你应该"对待你的雇员就像对待有所成就的人一样，他们将会有所成就"（sas.com/jobs/corporate/index.html）。他的哲学很有成效，因为即使在过去几年的经济动荡下，SAS 也在持续增长并保持盈利。其他表明成功的现象包括公司在 2010 年和 2011 年被《福布斯》杂志评为第一；2009 年，相比软件行业 22% 的人员流失率，SAS 只有 2% 的雇员流失率；平均每个员工每年的病假为两天。对古德奈特来说，工作和个人生活的平衡非常重要，所以他的雇员每周工作时间为 35 个小时，这 35 个小时里有很多是能由员工自己设置的时间。他的公司尝试解决生活中很多不方便的问题，例如剪发、日托班和药物及健康中心。SAS 现场提供这些服务，是为了让雇员能在 7 个小时的工作时间中集中精力高效工作。

吉姆·古德奈特，SAS 研究所的创始人和首席执行官，自 1976 以来，已被证明是一个有 12 000 名员工、享受着他那著名的家庭友好文化的领导者。

作为一个领导，古德奈特赞同放任管理的方式所带来的优势——他会突然出现在部门中，来看看事情怎么样了（Maney, 2004）。他会出手帮助一个没有良好运转的部门或单位，或者成为由基层个人所组成团队中的一员从而想出新的或创新的、能促进公司繁荣的主意。作为 CEO，古德奈特考虑将 SAS 变成一个上市公司，聘请咨询人士来帮忙，然后征询 SAS 雇员意见。2002 年，87% 的雇员投票选择不公开上市，因为这可能会对组织文化带来损害，部分因为一旦 SAS 成为上市公司的话，几乎肯定会出现一些解雇和重组（Maney, 2004）。在所有其他影响因素中，这一投票结果使得古德奈特做出决定：他放弃将公司上市的打算，即使这能使他变得非常富有。

绩效评估

绩效评估通常是由直属上司对雇员表现进行评价或总结。尽管经理通常关注员工的年度表现评估，表现评价和引导应当成为组织每天的常态。雇主给予员工表现的反馈，无论好坏。组织领导者能通过通常一年一次的正式总结系统地评估员工的表现，给他们设定目标和期望，并且直接传达关于组织文化的信息（Fletcher, 2004）。

绩效评估的重要性体现在：①保证雇员从他们成为正式员工起就知道雇主的期望；②有效的管理提升和晋升程序；③确定需要完善的地方以及奖励做得好的工作；④以公正合适的方式对待低产的雇员，可能包括终止雇用；⑤在晋升和辞退人员两方面协助工作计划的制订，这取决于特定组织的经济状况。

绩效评估的形式在新员工刚进来时就应该提供，因为这会为雇员的成功提供指引，同时也帮助雇主进行绩效管理。雇用时提供评估表格能确保新雇员了解一份满意的工作表现的期待和要求是怎样的，这样在正式工作后无论从员工还是从管理者的角度都不会对表现的期待感到惊讶。这种类型的绩效回顾系统在恰当之处帮助塑造了组织文化。例如，当一个员工的表现是基于管理者制定的客观标准来评判的话，之后将呈现出更为合作的组织文化。而当对员工表现的评判是和其他员工相比而得出的话，可能会产生更具竞争性的组织文化。

年度表现回顾通常用表格的形式完成，这个表格是由组织编制的或是从咨询顾问处获得的。这个表格通常由员工的直属上司完成，尽管有一些组织让上司和员工都完成表格，并比较他们的评分。在表格完成后，雇员和上司通常会进行几分钟到一个小时的会谈，地点在一些不被干扰和打断的中立地点（例如会议室）。

绩效评估为组织挑选员工提供了一个有效的测试。如果一个组织的人才挑选系统有效的话，更多的雇员会成功，并有着让人满意的表现回顾。一旦聘用那些能完成必要工作而且在组织中很高效的人以后（也就是说，他们有能力做好工作），员工的态度就成了了解一个人信息最重要的部分（Hanisch，1995）。态度非常重要，因为它影响了员工的工作行为。

绩效考核为组织的各种重要功能服务。

培训和人因

雇主希望他们给那些职位挑选的申请者都会成为可靠的并且态度很好的优秀员工。然而，有时候雇员和职位之间糟糕的匹配意味着员工、工作或者工作的某个特定方面需要做出一些改变。尝试使雇员更好地适应职位和工作需要涉及培训，而改变职位从而更好地适应雇员是人因学的问题（International Ergonomics Association，2000）。对于组织来说，两个方面都很重要，而且两种类型的改变都能帮助组织最大化雇员的绩效。

培训的前提是它将引导学习，反过来学习则能促进工作表现的提升。进行培训前要处理的重要问题包括：①培训项目的目的是什么？②谁需要培训并且出于什么目的？③培训项目的内容应该是什么？培训项目的目标很有可能来自培训部门、人力资源部门或是注意到一个或多个员工出现问题的监督者。无论对于组织来说特定的目标是什么，最高管理层的支持对于培训的成功至关重要。如果一个有效的绩效评估系统在组织中恰当地建立起来，决定谁需要培训这个问题就相对简单了。精确和有效的绩效评估过程能为管理者提供谁需要额外培训的宝贵信息。

所有的组织都对它们的雇员进行某种类型的培训，从介绍会到如何使用新软件或新机器的课程都有。很多类型的培训都是可行的，包括工作时间内和工作时间外的项目。工作时间内的培训包括轮岗、导师制（之前讨论过的）和学徒实习机会。而工作时间外的培训是有代表性的课程或录音展示。只要在正确的条件下，这些方法都是有效的，所以培训得根据需要这些培训并能从中获益最大的员工的具体情况度身定做。关于培训的重要问题包括设置具体明确可实现的目标，并鼓励雇员参加培训、将其转化到他们的工作上（Aamodt，2010）。很重要的一点是，要对培训项目进行评估，目的是确定它在改变行为或提高绩效上是否有效、带来的结果是否值得这样的付出。

如前面提到，人因心理学研究工作、系统和系统特征的形式，把其设计成能最有效地和员工的能力及限制相适应的样子。换句话说，改变系统（例如工作、工作环境、职位本身）时考虑到人的因素。因此从心理学的、情绪的或生理学的角度来看，雇员和系统间的相互作用会更好。人因工作的一个重要的子领域是人类工程学，它关注人身体的能力和限制。例如，如果电脑程序员使用的桌椅因为座位高度不能调节而导致她后背有问题，她可以获得能调节高度的新椅子。如果一个接待员因为他的工作缺乏多样性而没有积极性，可以丰富或改变他的工作内容，从而他能在工作中运用更多的技能。有时候，重新设计一个职位或者设备的内容是提升工作表现和提高员工态度的关键。人因关注的是改变系统，从而与该系统的使用者更匹配。如果问题是和雇员在组织里的行为或态度相关的，这很可能是关键问题所在。

人因心理学在各种装备设计中起着重要作用，范围涉及消费品和工业机器。

工作态度和行为

影响人们是否会被激励去完成一份好工作的最重要因素之一是他们工作时的态度。关于工作态度的因果关系已经被人们广泛研究（Hanisch，1995）。工作态度的一些决定性因素包括工作安全问题、工作类型（是有趣的还是无聊的）、报酬和晋升问题。在工作中，工作态度可能影响很多重要的结果，比如员工是否自愿投身于项目或帮助同事；雇员是否经常迟到或缺勤；他们是否考虑辞职或者提前退休。

工作态度

工作态度包括对组织的承诺和对职位各方面诸如工作本身、薪酬和福利、监督、同事、晋升机会、工作条件和工作安全的满意。总体来说，关于工作的任务和条件、工作环境中的人、你从工作中获得的奖励，你会觉得满意或者不满意。雇员满意度是重要的，因为研究表明它和雇员的工作行为相关（Hanisch，1995）。工作满意度和组织承诺是研究工作态度时最常见的两方面。

工作满意度（job satisfaction）包括和工作相关的积极和消极情绪。换句话说，职位满意反映了雇员喜欢或不喜欢他们工作的程度。组织能通过一些形式来使雇员感到满意，包括灵活的工作时间、专业提升的机会、工作的趣味性（Hackman & Oldhan，1976）、自主、工作安全、一位好的上司、好的福利、有竞争力的报酬和晋升机会（Cranny，Smith，& Stone，1992）。能让一位员工满意的东西不一定能让另一位员工也满意。对于一些人来说，有趣的工作是最重要的。其他人可能更重视和他们喜欢的人成为同事。也有人觉得他们的报酬和收益才是最重要的。正如在雇用过程中那样，你想要的东西和组织能给你提供的东西的良好匹配，能为双方带来更成功的结果。

一些组织通过定期的问卷调查了解他们员工的情绪状态。这些问卷通常要求员工就工作满意度基本因素的满意水平进行评分。一个测量工作满意度的例子是：职位描述性指数（job descriptive index，JDI），可以在图B-5中看到。研究结果支持JDI的信度和效度，使得它成为对组织、咨询顾问和研究者有用的工具。除此之外，这个工具最近可以提供提升工作项目或研究的免费下载版本（bgsu.edu/departments/psych/io/jdi/）。组织评估雇员的态度因为它们相信（并且研究结果也支持）工作满意度和雇员的重要行为（如缺勤和人员流动率）存在关联（Hanisch，1995）。

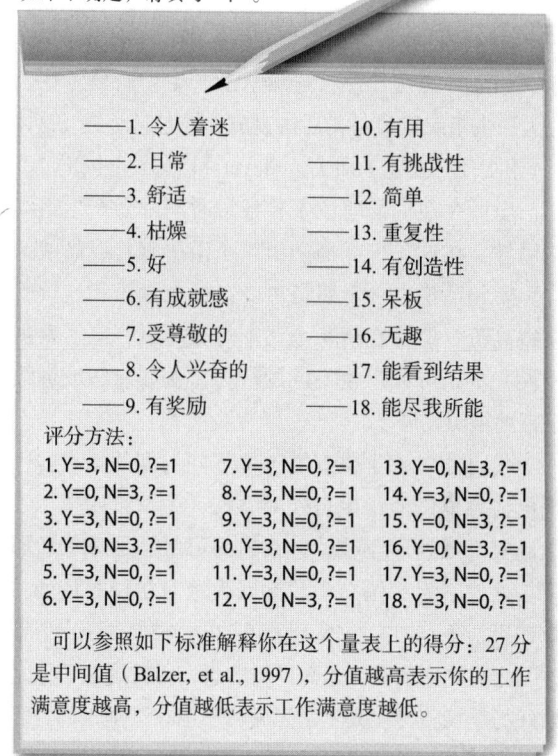

图 B-5　目前工作量表

通常用职位描述性指数（JDI）来评估员工的工作态度和工作满意度，创造者是Smith、Kendall和Hulin（1969）。测量工作满意度的五个方面，经过多年研究，已经在原来基础上做出了改进（Balzer et al., 1997; Hanisch, 1992）。有五个分量表分别测量对工作本身、领导、同事、目前的薪酬和晋升机会的满意度。图中所示是最常使用的一个量表，用于评估工作满意度。

一个调查发现，雇员在工作时听音乐会报告更高的满意度。参与Harris Interactive 在2006年进行的Spherion Workplace Snapshot调查中，大约1/3的人报告他们在工作时听过iPod、MP3播放器或其他私人音乐播放设备（Spherion，2006）。超过3/4的参与者报告听音乐能提高他们的工作满意度和工作生产力。Oldham及其同事（1995）发现，工作内容简单、常规和单调的员工认为，听音乐使得他们放松，并减少被他人打扰的次数（也就是说，同事不想打扰戴着耳机的人），这会比不听音乐的人有更高的生产力和更积极的态度。尽管在更复杂的工作上没有发现同样的结果，但若音乐不会打扰到同事、安全或工作表现的话，让员工在工作时听音乐将成为一个流行趋势。拥有快乐的员工会给组织的成功带来帮助。

雇员对组织的承诺和员工保留率相关。Meyer和Allen（1991）提到，有三种类型的组织承诺：情感承诺、标准承诺和连续承诺。情感承诺由雇员对组织的情绪依恋组成，这使得雇员想继续留在组织中；标准承诺是基于对组织的义务与责任感；连续承诺产生于雇员留在公司是因为失去组织成员身份后的高成本，包括金钱（退休金福利）和社会（友谊）损失。Meyer和Herscovitch（2001）提到，雇员在他们的职位工作任意时间都会产生组织的承诺属性，在这三种类型的组织承诺中有着或高或低的得分。换句话说，一名雇员可能在标准承诺和连续承诺上获得高分，但是在情感承诺上得分更低一些。根据这一属性，员工可能产生不同的行为，例如离职或继续留下来帮助组织发展。

学生可能对大学也有着这些不同类型的承诺。一位表现出情感承诺的学生可能对学校产生情绪的依恋，因为她确实喜欢这所学校，包括她的班级、足球队和那座小镇。这位学生想留在学校是因为她对学校的依恋。标准承诺可能发生在一位父母都在这所学校学习的学生身上，因此感受到他有义务做同样的事，无论这对于他是不是最好的学校。待在大学是因为朋友也在这里，而且已经在这里完成两年的大学生涯，这是连续承诺的典型表现。

组织承诺的关键因素是工作满意。对工作感到满意的人相比没么满意的人更容易为组织奉献自身（Mueller et al., 1994）。其他组织承诺的决定因素包括对上司的信任和人力资源的实践对雇员的支持（Arthur, 1994）。Friedman和Goodnight的雇员的组织承诺非常高，这以非常低的员工流失率为证明。

工作行为

雇主希望他们的雇员能做出使得他们在工作中获得成功的行为，因为雇员的成功能帮助组织完成它的目标，包括盈利和实现它的任务。雇员控制着他们工作中的两方面——他们的时间和成就（Naylor, Pritchard, & Ilgen, 1980）。雇员准时到达工作地点之后一直工作到下班时间，而不是迟到、缺勤或早退，这对于绩效和生产力是重要的。积极的行为通常帮助组织实现他们的目标，而消极的行为使得他们更难去实现这些目标。

组织公民行为（organizational citizenship behaviors, OCB）经常用来描述行为的额外角色，因为它们不是职位的特定要求，也不经常在绩效回顾中进行评价。这些行为超过了组织正式的期待（Smith, Organ, & Near, 1983）。例如、熬夜完成项目、指导新员工、自愿工作和帮助同事。人们参与组织公民行为，部分原因是工作满意度、组织承诺、高的工作自主性、积极的组织文化、高亲和性（作为一个人格维度；Witt et al., 2002）、和高尽责性（Borman et al., 2001）。然而，通常参与OCB的男性被看作积极上进的，而参与OCB的女性则被认为是做自己的本职工作（Heilman & Chen, 2005; Kidder & Parks, 2001），这个差异可能会导致绩效评估时的性别差异。OCB对组织和员工及员工之间每天的相互联系产生积极的结果。

与OCB相反，一些不高兴的员工会给组织带来问题，因为他们会出现研究者所说的组织回避行为（Hanisch, Hulin, & Roznowski, 1998）和怠工行为（Sackett & DeVore, 2003）。组织回避包括雇员用来避免他们的工作（工作回避）或职位（职位回避）的行为（Hanisch, 1995; Hanisch & Hulin, 1990, 1991）。工作回避的例子包括缺勤、早退、迟到、错过会议、上网、阅读招聘广告和未经允许私自使用工作仪器。职位回避的例子有辞职、在组织内换到另一部门和退休。

尽管在某些方面和回避行为类似，怠工行为被定义为"组织成员的任何蓄意行为，这种行为是被组织视为和其合法利益相悖的"（Sackett & DeVore, 2003）。怠工行为的一个例子可能是故意违反安全步骤使得雇员和组织处于危险的境地。其他怠工行为的例子包括偷窃、损坏财产、缺勤多、吸毒和不适当的身体行为，比如攻击同事。

态度和行为的关联

公民组织行为和职位满意度及组织承诺呈正相关。换句话说，有更好的工作态度并且对组织承诺高的雇员更可能做出积极的事来帮助组织（LePine, Erez, & Johnson, 2002）。研究表明这些表现出组织公民行为的雇员更少出现怠工行为（Dalal, 2006）。研究者发现职位满意度和特定的回避或怠工行为（如缺勤）存在较强的联系（Hackett, 1989），和职位回避存在更强的联系（Hanisch & Hulin, 1990）。

怠工行为有时是高工作压力导致的结果。在这种情况下，怠工行为通常代表应对机制功能失调（Lennings, 1997）。例如，一位因为要做很多工作而感到压力很大的员工可能通过缺席工作或故意破坏工作器材的方式来回应，这些方式能有效地使他们不用工作，从而（至少暂时地）减少工作压力。

多年的研究表明员工的态度和他们的工作行为相关。当未预料的情况出现，在不需考虑上司、同事或工作团队的想法时，员工必须选择如何表现。这往往能提供关于员工最真实和具启迪意义的信息。Smith（1977）沿着这个方向做了一个有趣的研究，在这个研究中他利用恶劣天气来研究职位态度和职位行为的关系。

史密斯比较的这两个工作团体，一个是在发生严重暴风雪的芝加哥，另一个是在天气良好的纽约。所有的员工都为同一组织工作，并且早在几个月之前他们就完成了一份组织范围内的调查以进行工作态度评估。研究两地的团体并没有提供典型的比较，研究者可检测工作态度和恶劣天气下出勤率之间的关系。研究通过比较确定了哪些雇员会选择在芝加哥暴风雪后的第一天去上班。

在芝加哥样本中，是否在暴风雪后的第一天上班取决于个人的判断；相关结果表明，那些有着更为积极工作态度的一组，相比没那么积极态度的组，做出更大的努力去上班。有趣的是，工作态度和出勤的关系在纽约组中并不显著，在纽约，那里没有和天气相关的挑战问题（见图B-6）。

理想情况下，雇主每年都会评价他们雇员的工作态度。通过这个数据来评估他们的工作环境和福利，雇主可以在有需要的地方进行改进，从而确保他们的雇员对工作满意并有所承诺。亚瑟·弗里德曼对工作环境进行改进，结果带来他的员工们的高满意度和高承诺。为了去除必须开车到诊所的麻烦事，SAS为雇员创建并运营一个免费的医疗诊所，只有在雇员没有提前告知自己不能在预约时间来看病的情况下收取费用（Kaplan, 2010）。这些类型的福利能影响他们的态度以及随后的行为。新员工需要学习如何找到自己满意的工作和福利，从而带来个人对组织的承诺感。员工的满意度和承诺度可促进OCB并减少回避和怠工行为。正确的雇员态度和行为将使得雇员获得成功并使组织运作良好。

工作满意度测量	芝加哥	纽约
	（恶劣的暴风雨）	（正常天气）
监管	0.54*	0.12
工作量	0.36*	0.01
工作类型	0.37*	0.06
经济奖励	0.46*	0.11
职业发展	0.60*	0.14
企业认同	0.42*	0.02

*统计水平上显著

图B-6 一个关于工作态度和工作行为关系的例子

当芝加哥的暴风雨导致员工们难以上班的时候，史密斯（Smith, 1977）把握了这个有趣的机会去探究工作满意度和工作行为之间的联系。图中的数据表示了不同方面的工作满意度和暴风雨后的工作出勤率之间的相关。纽约当天的天气良好，史密斯调查了相似的工作人员作为相应的控制组。从图中数据可以看到，对工作满意的员工们更可能冒着风雨去上班。这显示了工作态度的重要性。

领域整合

工业组织心理学家从雇员和雇主的角度努力解决关于工作领域的问题。除此之外，工业组织心理学的三个子领域高度相关。工业组织心理学家往往需要精于一个以上的子领域，因为在面对很多组织的问题或担忧时，来自两个或多个子领域的信息对于有效地处理问题是必要的。例如，我曾经被任命为一家大型公共事业公司的项目咨询师，因为公司短时间内发生几起"几乎失踪"的事故。换句话说，员工由于工作事故几乎严重受伤或死亡。为了解决这个问题，我和他们的安全培训主管见面，对场上设备的使用（人因问题）、为保证安全环境给员工的安全培训的类型（工业心理学问题）有了清晰的了解。我也向人事经理就违反安全守则这件事讨论这些员工是如何被挑选并安排到不同岗位上的（工业心理学问题）。最后，我给员工进行了一次关于态度的调查，以更好地了解雇员对工作的态度、组织里安全风气的情况和特别关注退缩、怠工、安全方面的行为问题（组织心理学问题）。上述任何一个、两个或三个问题的结合都可能引起安全问题。我的调查结果表明，总体上看，员工的安全态度、培训以及工作态度上都出现了问题。我研究的一个具体发现是，即使管理制度鼓励员工去采取安全行为的措施，但他们同时被告知要工作得更快，并且非常强调他们被动（尽管在不知道的情况下）安排更快的工作。这也表明，工业组织心理学家需要很多领域的整合和了解才能更好地发现组织问题所在，也才能帮助找到更合适的解决方法。

总结

贯穿这整个附录的主题是，人们的个性特点和他们工作要有合适的匹配，这一点对于雇员和雇主来说都很重要。一个好的匹配能帮助你享受你的工作并获得成功，同时确保组织在考虑到绩效和开销两方面后最终结果上能获得成功。第一种类型的匹配很重要，是你的知识、技能、能力、个性与你申请的职位需求相匹配。你不想因为这个岗位没有用到你的技能而感到无聊，或者因为岗位需要你不具有的能力而感到紧张过度。正如对于组织来说能聘请到合适的雇员非常重要一样，你找到合适的雇主和合适的岗位从而能施展自己的才能也很重要。另外一个关键的匹配是雇主的组织风气和你喜欢的组织文化间匹配（友好的还是冷漠的，支持型的还是竞争型的）。再次重申，那些运营组织的人渴望有一个好的匹配，以便你能成为一名生产力高的雇员。当组织文化契合你的个性时，你对组织的满意度和承诺度也会更高。最后，这些匹配很重要的原因在于，一个组织一定要盈利的话，就需要愿意奉献的和能起作用的员工。愉快、高产的员工更可能给其他员工和公司运营者或公司所有者带来有利润的事业。在过去几十年中，工业组织心理学家在促进雇员和雇主间建立成熟利益关系的匹配过程中扮演着关键的角色，并且他们也将继续在未来的匹配过程中扮演这一重要的角色。

附录C

心理学与可持续性

作者：Susan M. Koger（威拉米特大学），Britan A. Scott（圣汤玛斯大学），Laurie Hollis-Walker（约克大学）

环境污染、森林砍伐、物种灭绝和气候变化之间有什么共同点呢？你可能会立刻反应说："它们都是环境问题。"但是，这是环境出了问题吗？其实，这些问题背后都有一个共同的原因：人类非适应性的行为。最近150年间，我们人类的行为都没有考虑环境的可持续发展，而这些行为积聚起来的后果也已经严重得再也无法忽略了。人类燃烧化石燃料，污染了空气、改变了气候；将废物排入水体和土壤；过度消耗资源（无论是不可再生的，像石油，还是可再生的，像木材和海鲜）；开发作为千万种其他物种栖息地的土地。如果你停下来想想，就会发现"环境问题"其实是心理性的。它们的原因都是破坏性的人类行为，以及导致这些行为的想法、态度、情感、价值观和决策。因此，心理学家开始越来越多地运用他们对人类行为的专业思考来理解和解决这些破坏性的行为模式（Clayton & Myers, 2009；Koger & Scott, 2007；Koger & Winter, 2010）。你会看到，心理学的视野对可持续发展的世界的实现来讲是非常重要的。**可持续发展的世界**（sustainable world）是指考虑社会经济以及生态因素后，人类活动和需求与其他物种以及未来的时代保持平衡的世界（Schmuck & Schultz, 2002）。

最早关于环境问题的心理学研究出现在20世纪70年代，当时公众越来越担心杀虫剂、其他有毒化学品、空气与水污染以及核废料所带来的消极影响。这个研究主要是由环境心理学家（environmental psychologists）来完成的。环境心理学家是专门研究个体如何被物理环境影响以及与之相互作用的研究者。需要注意的是，这里所说的"环境"并非仅指自然环境。只有很少一部分的环境心理学家研究与自然相关的话题，比如人们对自然环境的知觉（Kaplan & Kaplan, 1989），在自然环境中的注意-恢复效应（Berman, Jonides, & Kaplan, 2008），对于自然和仿自然环境的益处的比较（Kahn, 2011；Kjellgren, & Buhrkall, 2010）。环境心理学家更倾向于研究人造环境对行为的影响，比如噪声、拥挤和城市设计等。

20世纪90年代，同时考虑到环境问题和心理学视角的人将自己称为生态心理学家，并开始推广这样的观点：工业化、城市化的生活侵蚀了人与自然的联结感，使得他们无法获得完善的发展，并造成心理困扰（Adams, 2006；Fisher, 2002；Metzner, 1999；Roszak, 1992；Roszak, Gomes, & Kanner, 1995）。这一观点获得了一些临床心理学家的认同，他们在临床实践中融入了生态心理治疗的内容，希望在治疗中培养正念（mindfulness）和场所感（sense of place），使得人们以更为环境友好的方式生活（Buzzell & Chalquist, 2009；Clinebell, 1996；Conn, 1995；White & Heerwagen, 1998）。还有一些生态心理学家则认为在荒野和自然环境中的经历能帮助个人成长和自我发展（Greenway, 1995；Harper, 1995；Hoffman, Iversen, & Ortiz, 2010；McDonald, Wearing, & Pointing, 2009；Williams & Harvey, 2001）。然而，验证生态心理学观点有效性的实证研究还相对较少。因此，很多主流心理学家一直以怀疑的态度看待生态心理学。但这样的情况也在逐渐改变。例如，最近几年一些研究者就研制出了测量工具，对与自然的联结进行了操作化定义（见第2章）（Clayton, 2003；Dutcher et al., 2007；Mayer & Frantz, 2004；Nisbet, Zelenski, & Murphy, 2009；Schultz, 2000；St. John & MacDonald, 2007）。如果我们可以测量与自然的联结，就可以确定它是否像生态心理学家所预测的那样和心理健康有关、是否能预测亲环境态度和有利于可持续发展的行为。验证生态心理学观点的研究越来越多；2009年，此领域第一本同行评审的研究期刊《生态心理学》（*Ecopsychology*）也正式登场。

过去的几年里，自然取向环境心理学家、生态心理学家以及众多属于其他传统心理学分支，但研究环境相关行为（如节约能源、资源回收和物质消耗）的研究者的研究成果正在逐步统合。**保护心理学家**（conservation psychologist）研究人类和自然其他部分的相互关系，尤其关注于运用心理学理论和研究来增强对自然资源的保护

(Saunders，2003）。你会发现，这一定义认为人类是自然的一部分。像生态心理学家一样，保护心理学家相信当前很多危机都是由人类对自己与自然之间关系的误解所导致的，他们会误以为自己与自然是分离的，甚至是凌驾于自然之上的。

人类正在对我们所有生命赖以生存的生态系统造成负面影响。在接下来的部分，我们会简单地回顾一下关于这些影响到底如何造成的研究成果。然后我们会阐述一下哪些心理学分支可以帮助我们理解甚至希望是能解决人类思考和行为的问题。(注意：关于这一主题更为全面的讨论可见 Koger & Winter，2010。)

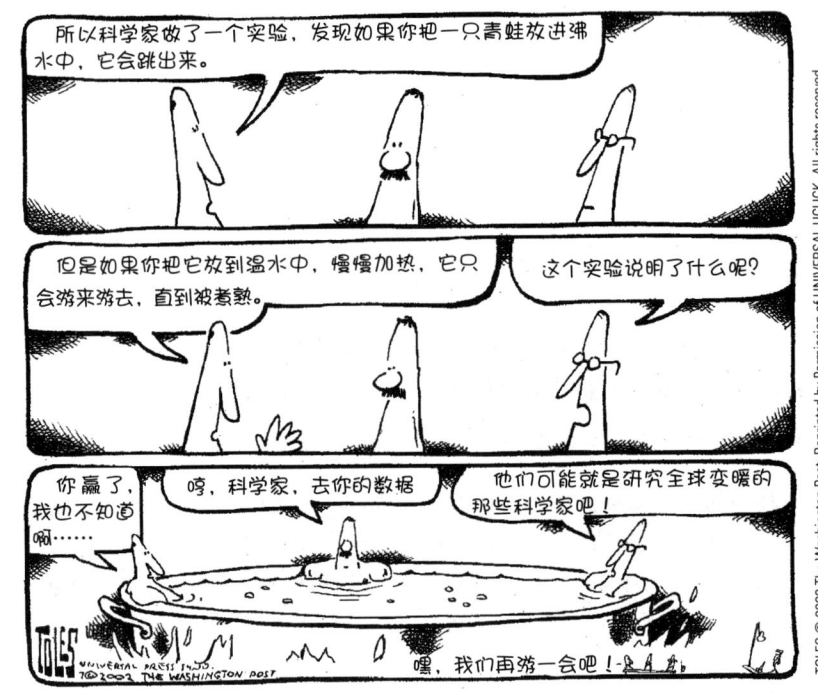

日益严重的环境危机

除非你一直住在不能接触媒体的洞穴里，不然你至少会知道一些正在拷问人性的环境问题。事实上，你可能甚至会对"黑暗又悲观"的关于冰川融化、海平面上升、空气和水体中的有毒化学品、人口过多、森林减少和物种灭绝的环境报告感到厌烦。这些报告看起来都令人沮丧、压抑甚至是恐惧。或者你还会觉得这些看上去与你个人没有太大的关系，而且自己也没有足够的力量去做出改变。因此很多人会"屏蔽"这些坏消息，将注意力集中在家庭责任、工作或学业、支付账单或者享受和朋友一起的时光上。这些反应都是可以理解的，也符合进化视角。目前人类的认知和知觉系统是在一个对安全的威胁都是突然而戏剧化的环境中进化而来的，我们的祖先不需要关注那些需要花很多年来控制的逐步恶化的问题和威胁（Ornstein & Ehrlich，2000）。

也因为如此，人类难以应对逐渐发展却是潜在灾难的情况，尤其是当结果可能出现在离我们很遥远的地方的时候。这些特点会让人低估危险；或者是相对"那些不良后果出现在此时此地、更为明确并与我们相关的危机"而言，这些危险不会那么得到我们的重视（Gattig & Hendrickx，2007，p.22；Leiserowitz，2007）。因此，人类非常倾向于在到问题规模变大和显而易见的时候才会采取行动，而非未雨绸缪。不幸的是，到那时可能已经太晚了。

尽管人类大脑存在这种"硬连接"，但是人类还是能够产生剧烈且迅速的文化改革，正如农业化、工业化以及技术革命的步调所显示的（Ehrlich & Ehrlich，2008；Ornstein & Ehrlich，2000）。比如说，你能想象一个本科生，在图书馆搜寻阅读大量印刷出版物目录和装订好的纸质期刊后，用打字机完成自己的论文吗？现在，用除了高速计算机以外的任何工具来进行研究和论文写作，都是很低效和麻烦的。理论上来讲，人类这种适应快速行为变化的能力可以帮助我们逆转当今的生态趋势，只要他们能足够关注并一起加入这样的行动（Smith，Positano et al.，2009）。

我们以全球变暖问题作为例子。如果你曾经看过阿尔戈尔的电影《难以忽视的真相》（David & Guggenheim，2006），你就会了解到这个严重的问题。二氧化碳、甲烷、一氧化二氮和水蒸气困住了大气里的热量。自然生成的温室效应能使地球气温保持稳定，并维持适应生命存活的气候。在自然环境下这些气体的水平会在一定范围内动态变化，但你可能也听说过，工业化使温室气体的浓度水平达到了前所未有的高度（见图C-1）。同时，我们的森林（将二氧化碳转化为氧气的地球之肺）正在由于木材采伐、城市化和开辟耕地而急速萎缩。结果二氧化碳的大气含量就达到了"650 000年以来的最高水平"（Gardner & Prugh，2008，p.3），并且与地球变暖模式明显相关（见图C-2）。虽然我们不能直接从这样的相关研

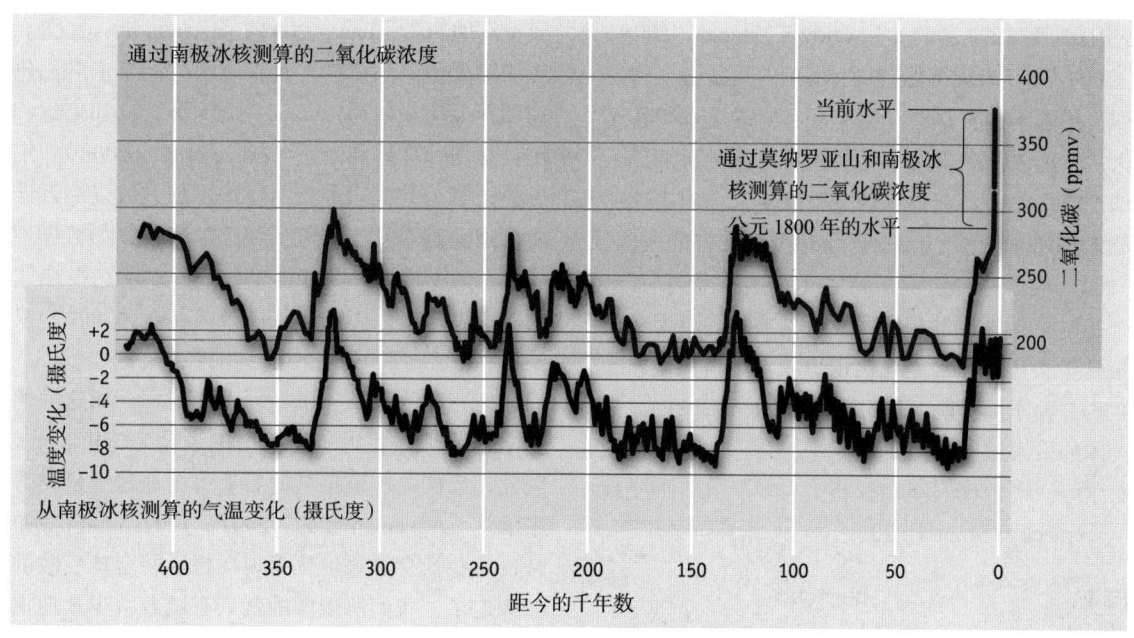

图 C-1 大气中二氧化碳浓度和气温的长期变化趋势

科学家在南极进行了冰核取样来研究二氧化碳（CO_2）这一主要温室效应气体的波动情况。在过去的 40 万年，气温变化和二氧化碳水平都有很强烈的相关。而从 1800 年工业革命开始，二氧化碳浓度就开始有了前所未有的戏剧化上升，从 280ppmv（parts per million by volume，百万分之一体积）上升到现在的 376pppmv，上升了 77ppmv，到达了 40 万年来的最高浓度水平（Woods Hole Research Center, 2009）。因此，这完全不像是自然范围内的变化。

究中得出因果推论，但"全球变暖正在发生以及它是由人类活动造成的，已经成为科学共识"（Associated Press, 2010）。这样的趋势告诉我们气温与相关的气候变化及二氧化碳水平是呈正相关的，而且如果当前的工业与社会情况不发生强烈的变化，很多温室气体，包括二氧化碳和甲烷，仍然会继续增加。

联合国政府间气候变化专业委员会（IPCC）的最近一份报告显示，到 2100 年的时候，地球温度会上升 11 华氏度（NASA, 2007），而最近一次的冰川期只比现在冷 9 华氏度。因此，在 21 世纪确实可能产生冰川期量级的温度变化。基于"平均空气与海洋温度的增加，冰雪融化范围的扩大和海平面的上升"（IPCC, 2007, P.33；Flavin & Engelman, 2009）这些证据，变暖趋势已经相当明显了。1995～2006 年这 11 年都位列自 1850 年记录全球气温以来最暖的 12 年的名单中。

气候变化会通过洪涝、干旱、山火、害虫增加以及自然系统的破碎直接和间接地影响生态系统。由于气候变化，有将近 20%～30% 的动植物面临灭绝的危险。这严重威胁了生物多样性，这是健康的生态系统必

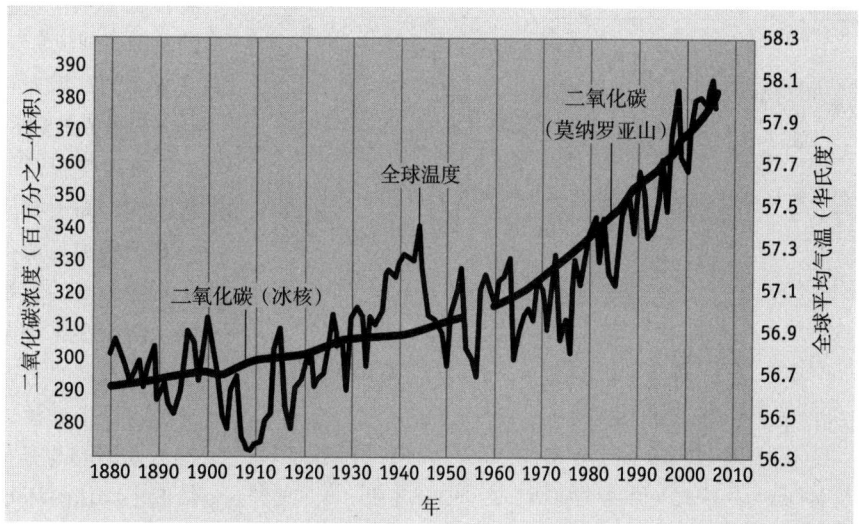

图 C-2 1800 年以来全球平均气温和二氧化碳浓度变化趋势

日益上升的全球气温也是气候变化的明显证据。而且这一气温变化也和 1880 年工业革命后逐渐增加的大气二氧化碳浓度水平相关。1958 年后的二氧化碳测量取样自夏威夷莫纳罗亚火山气象台，之前的数据则取样自南极冰核。

不可少的因素（IPCC，2007；Lovejoy & Hannah，2005；Wilson，2007）。气象灾害像台风、海啸等可能会变得越来越强烈，尽管不能直接将任何一次特定的风暴归咎于气候变化，但是2005年的卡特里娜飓风带来的破坏比人们的预期严重得多。沿海地区的危险会更大，因为这些地区面临着海平面上升、大陆侵蚀和洪涝灾害的风险。IPCC在2007年的时候预测，到了2100年，海平面会上升20.1英寸。但国际北极检测及评估项目在更为新近的一份报告里指出，冰川融化比预想中发生得更快，到2100年的时候海平面可能上升5英尺（Ritter，2011）。这意味着美国的沿海城市，比如迈阿密、新奥尔良、坦帕、维珍尼亚滩等，到2100年的时候将失去多于10%的土地（Weiss, Overpeck & Strauss, 2011）。

健康后果	已知的气候影响
热应激	• 过高和过低的温度都会增加心肺疾病的死亡率 • 与高温相关的疾病和死亡率在高温热浪来袭时会增加
空气污染相关致病和致死	• 天气影响空气污染浓度 • 天气影响气源性致敏源的分布、季节性和产生
气候灾害对健康的影响	• 洪涝、滑坡和风暴造成的直接影响（死亡和受伤）以及非直接影响（传染病，长期心理疾病） • 干旱造成疾病与营养不良的风险增加
蚊媒疾病，虱媒疾病（如疟疾、登革热）	• 高温缩短带菌病原体的生长时间，增加潜在人类传播风险 • 某些带菌体在特定的气候下（温度、湿度）才能保持足以传播疾病的数量
营养不良	• 气候变化可能会减少食物供给（粮食产量、鱼类资源）和影响食物存放
水源性和食源性疾病	• 病菌存活率与温度有关 • 通过水传染的疾病最可能出现在水供给和环境卫生情况较差的社区 • 干旱的增加会影响水供给 • 极端降雨会使致病微生物进入水供给系统

图 C-3　与气候相关的健康后果

很多健康问题都与天气和气候变化息息相关。这个列表总结了一些常见的气候变化对健康的影响。

资料来源：Based on Kovats, R. S., Campbell-Lendrum, D., & Matthies, F. (2005). Climate change and human health: Estimating avoidable deaths and disease. *Risk Analysis*, 25, p. 1411. Copyright © 2005, John Wiley and Sons.

这样的风险会带来明显的全球性的精神健康影响。丧失、破坏、取代以及对未来的担忧，这些经历都会导致持续的应激（Few，2007；Fritze et al.，2008）。因此，应激障碍的患病率和严重程度很可能会上升，包括急性和创伤后应激障碍以及相关的问题，比如焦虑、物质滥用、悲伤、抑郁和自杀（Fritze et al.，2008）。气候变化也会造成公共健康开支明显地增加。数以百万计的人可能会遭受甚至死于与气候相关的问题，如营养不良、疾病（包括肠道、心肺和传染疾病）以及在极端气候中受伤等（Blashki, McMichael, & Karoly, 2007；疾病预防及控制中心，2009；IPCC，2007；见表C-1）。人口稠密的地区、岛屿以及贫困社区尤为脆弱，而这样的地区实际上却是地球将近一半人口的家园（Gelbspan，2001）。因此，最严酷和最持久的后果将由地球上最弱势的群体来承受（Agyeman et al.，2007；Fritze et al.，2008）。而且，有些社会学家也认为现在想逆转全球变暖的趋势已经太迟了，我们所能做的就只有试着减少预期损失以及适应（或者说是忍受）全球变暖带来的后果（Thompson，2010）。

环境问题的心理学基础

读完以上的部分，你是否觉得很绝望、焦虑、愤怒或者失去信心了呢？你是否认为自己已经知道所以仅仅是匆匆浏览了这些内容？你发现自己逐渐变得无望、愤怒还是恐惧？你觉得内疚、防御还是怀疑呢？你觉得不需要关心这些问题吗？还是说，你很疑惑这些到底跟你有什么关系？我们所面临的环境现实被称为"我们时代的关键心理现实"（Macy，1995，p.241）。心理反应是非常重要的，因为它们决定了我们对这些问题到底有多了解，以及人们到底有多大的意愿和能力去处理这些问题。

在改变自己的行为之前，人必须先意识到行为需要被改变，知道如何去改变，并且认为为了改变这些行为而花费精力是值得的。换言之，认识、效能感和动机都是行为改变的重要因素。我们可以借用一个临床心理学的上瘾模型来理解这一问题（其实很多人都对不利于环境持续发展的消费模式上瘾了）。改变的阶段模型描述了个体打破上瘾模式的五个阶段（见图C-3）。所有的改变都需要耐心与坚持，因为很多人都会复发（比如又重新捡起了以往的坏习惯）。事实上，很多人在经历个人危机（俗话说的触底）之前甚至都不会开始寻求转变（Beddoe et al.，2009），而危机也是这样，直到影响很明显、与个人更加相关，才会引起改变的欲望。气候变化也是如此（Weber，2006）。

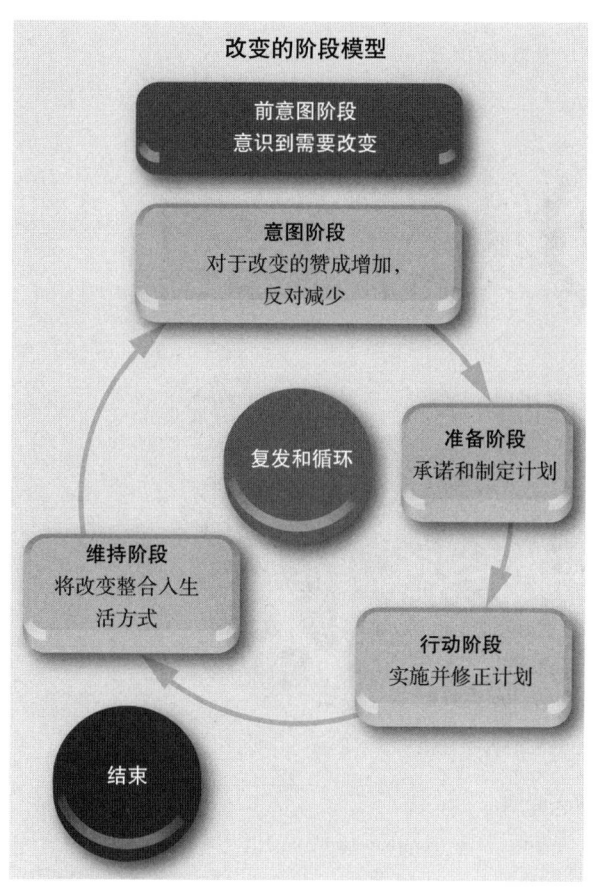

图 C-4　改变的阶段模型

根据该模型，需要放弃某种习惯性行为的行为改变非常困难，通常需要经历一系列的阶段。在前意图阶段，习惯化的个体往往对改变没有兴趣，甚至否认问题的存在。一旦个体开始考虑这个问题，就进入了意图阶段，开始分析改变的风险和获益。准备阶段涉及对于改变做签承诺并制定计划，而行动阶段则是采取具体的步骤真正实施计划来克服个体的习惯。当个体达到维持阶段时，新的行为已经成为常态。各个阶段之间的前行和后退（复发和循环）在这个动态过程中是非常普遍的。

资料来源：DiClemente, C. C. (2003). *Addiction and change: How addictions develop and addicted people recover.* New York: Guilford, p. 30. Copyright 2003 Reproduced with permission of Guilford Publications, Inc. via Copyright Clearance Center.

但是，你觉得环境危机与你个人有关吗？作为个人，环境破坏对我们有什么影响呢？如果你没有孩子，你会觉得你没有直接使人口增长；你也没有产生工业废料或者砍伐森林。那么，每个人对于消耗地球用以支撑人类生存的承载能力到底都做了些什么呢？最明显的答案莫过于个人对自然资源的滥用和误用。

人类对地球的影响可以用生态足迹来进行估计。生态足迹是测量与自然（栖息地）的吸收和补充速度相比，个人（或者群体）资源的消耗和废物产生的速度（见图 C-4）。生活在美国的人足迹是最大的，比地球上其他地区的人消耗的资源与产生的废物都要多很多。不幸的是，人类的生态足迹与地球的承载能力之间的鸿沟正变得越来越大，必须引起警觉（见图 C-5）。"如果地球上每个人的生态足迹都和北美或者西欧人一样大，全球的生态足迹加起来将超过地球生态承载力的 3～5 倍"（Kitzes et al., 2008, p.468）。换言之，如果每个人都像美国人一样生活，我们就还需要三个或者更多的地球供给才能保证这种生活方式。

生活在美国的人目前是地球资源最大的使用者和浪费者。只有占地球总人口不到 5% 的人生活在美国，但他们的商用石油消费却占到了全世界的将近 25%：每天 18 711 000 桶，其中 72% 用作运输（U. S. Energy Information Administration, 2010b）。第二位是中国，但中国的人口数量是美国的 4 倍，使用的石油总量却只有美国的一半（每天 8 300 000 桶；U. S. Energy Information Administration, 2010a）。美国人的平均石油用量比发展中国家的平均用量高出不止 30 倍（World Resources Institute, 2001）。这种"石油上瘾"会造成危险而不稳定的国际政治气候。中东国家拥有超过全球 60% 的石油资源（Kunstler, 2005），吸引了外国政权的武装干涉和控制（Klare, 2001；Winter & Cava, 2006）。为了争夺包括石油在内的资源，战争将会变得越来越频繁。

可是，这些在能源上的巨大花费却有很大一部分都是被浪费了的（Miller, 2007）。由于选择低能源效率的汽车、家电以及家庭取暖系统，北美的人在他们的能源消费上至少浪费了 43%，而这些都是可以通过选择高能效产品而大幅削减的。能源专家 Amory Lovins 表示"如果美国希望增加石油存量与金钱储备、提升国家安全，有两种很简单的方法：别再开高能耗的车以及别再活得像个能源筛子一样"（Miller, 2007, p.385）。

生活在美国的人也同样在滥用着水资源。工业生产、除虫除草、家具清洁甚至人和宠物的美容都在产生着有毒化学品。这些有毒化学品污染着我们的地下水、湖泊、河流和海洋。随着人口的增长，干旱地区的需水量变得越来越大，消耗着水库和含水层。目前，至少 1/4 的地下水在抽取之后都无法得到及时补充。例如，与 1990 年相比，拉斯维加斯的人口数量增加了一倍。这座城市 90% 的用水来自科罗拉多河，而这条河流正经历着有史以来最严重的干旱（Hutchinson, 2007）。目前，超过 10 亿的

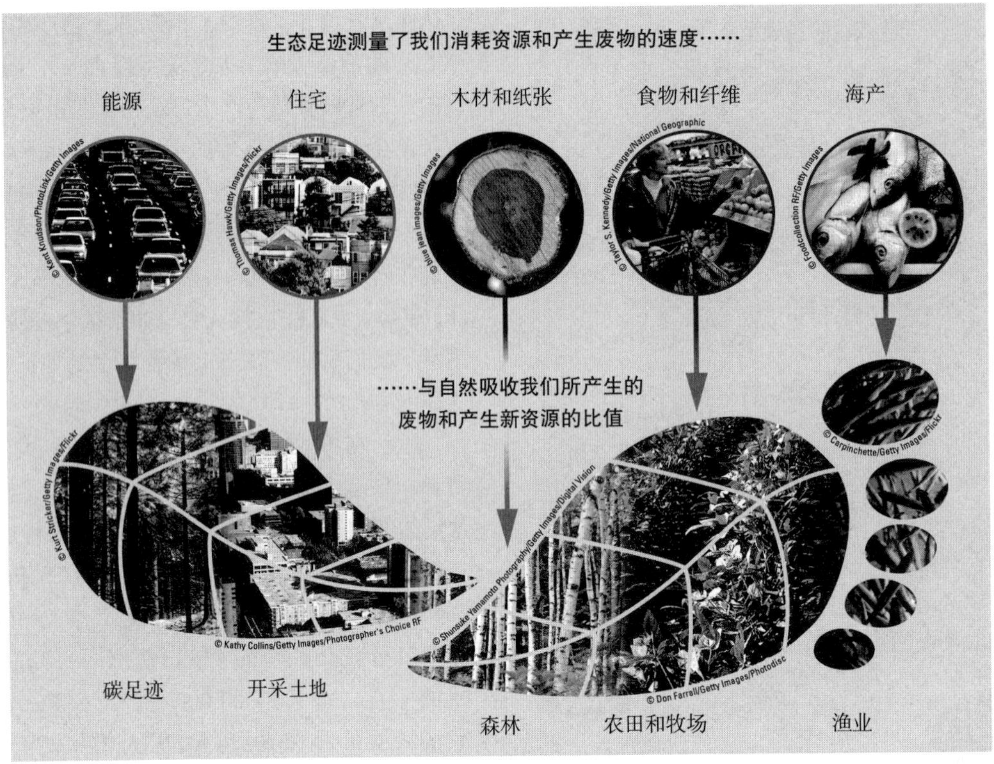

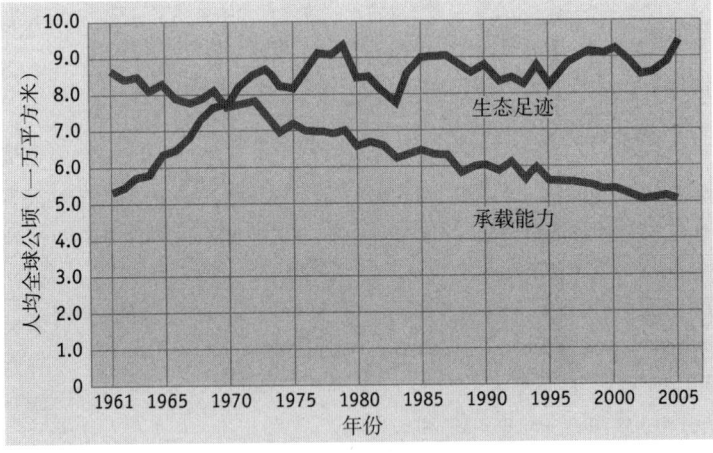

图 C-5 生态足迹概念的图示

生态足迹是用于评估个体、群体、国家、或整个世界的人口对星球带来的影响（www.footprintnetwork.org）。

人无法获得安全的饮用水，发展中国家的一半人口甚至都不能享有下水道设施，但发达国家的人却在冲厕所上污染和浪费了无数的水。

美国人巨大的生态足迹主要是由对能源和水资源的浪费造成的。但饮食也是另一大来源。牲畜养殖产生的温室气体比交通运输产生的还要多（Food and Agriculture Organization of the United Nations，2006）。据估计，仅仅是生产一个汉堡，就需要使用600加仑的水（Kreith，1991）。最近，日本研究者估计，生产2.2磅的牛肉与一辆欧洲汽车行驶155英里所产生的二氧化碳是一样的（Bittman，2008）。因此只要美国人减少20%的肉食消费，节约的能源和减少的温室气体就相当于把美国所有轿车换成了油电混合的节能汽车（Walsh，2008）。随着世界其他地区富裕水平的提升和全球人口的快速增长，到2030年的时候世界肉食消费将上升53%（World Resources Institute，2010）。

很多人吃的食物都是反季节或者不是在本地生产的。这意味着这些食物需要经过长时间的运

图 C-6 美国总生态足迹变化趋势

此图说明从20世纪60年代起，美国的生态足迹是如何急剧增长的，以及它与持续下降的栖息地承载能力的关系。承载能力，或者称为生态承载能力，是基于生态系统管理和农业实践（如废料适用和灌溉）、生态系统退化和气候而变化的。总体上来讲，生态承载能力会随着人口压力、气候变化和城市化引起的土地退化、资源耗竭而下降。你也可以看到，现在的趋势并不乐观。

资料来源：http://www.footprintnetwork.org/en/index.php/GFN/page/trends/us/. Global Footprint Network 2008 National Footprint Accounts. Reprinted with permission.

输才能到达市场。在美国，食物从生产地到餐桌，"走过"超过1 500英里是很正常的。现在很流行的方便食品也普遍经过重度能源加工、用不可回收的材料包装。而且，在美国，每年都有大概3 400万吨的食物被浪费（U.S. Environmental Protection Agency, 2011），这占到了可食用食物供给的39%（Stokstad, 2009）。这些食物很多最终都被填埋，然后腐烂产生大量甲烷——一种比二氧化碳的效应强20倍的温室气体（U.S. EPA, 2011）。

并非只有对能源、水和食物的消费方式才是不利于可持续发展的。事实上，对于日用消费品的过度消费是使地球承载能力耗竭的最大原因。很多人都有富贵病，"对过度消费和物质主义上瘾了"（Miller, 2007, p.19; de Graaf, Wann, & Naylor, 2005）。消费上瘾的人把购物当作一种应对策略，就像过度进食、使用酒精和毒品以及上网一样（见第14章）。早在20年前，北美消费者每人每天就直接或间接地消费超过100磅的原材料了（Durning, 1992）。远远多于发展中国家，甚至比其他发达国家的消费者也要多。其中牵涉的消费品衣服、电子产品、汽车、家具会在很多第三世界国家（生产地）产生长远的污染，但这些却是美国消费者无法看到的。一条由化纤做成、在美国售卖的裤子，可能是在墨西哥炼制石油，然后运往新加坡制造合成材料，最后在印度尼西亚的血汗工厂进行缝制的。美国的消费文化传播迅速，在电影、电视、广告和观光旅游的影响下，其他发展中国家的消费者也希望过上这样的"美好生活"，于是纷纷效仿媒体中传达的奢侈浪费的生活方式。

对方便食品和日用消费品的巨大消耗产生了数量骇人听闻的固体废物。每个生活在北美的人每天都会产生超过 4.5 磅垃圾（Miller，2007），一年加起来是他们自己体重的 10 倍。每小时，都会有 250 万个没有得到回收的塑料瓶被丢弃，都会有 250 亿个泡沫聚乙丙烯咖啡杯被丢到垃圾堆里。电子废料数量呈指数式增长。每一年，美国人都会丢掉大概 1.3 亿台手机和 1 亿台电脑、显示屏和电视，但只有 10% 会被回收利用（Miller，2007）。但即使是对家庭垃圾进行细致的回收也无法解决固体废物的问题。商业和工业活动产生的固体废品占 98.5%。当我们购买了低效率生产、过度包装、不可回收或无法生物降解以及需要长期运输的商品（大多数日用消费品都是如此，包括一些误导性地标示着"生态友好"的商品）的时候，其实就相当于资助了这样的浪费行为。

而且，还有很好的理由能让我们相信过度消费并不会带来好处。实证研究表明，决定人们快乐程度的并不是他们拥有的东西数量，而是他们的社会关系质量、工作创造性带来的满足感、人格以及生活展望（见第 10 章）。事实上，对物质的消费竞赛反而会降低这些要素产生的幸福感。因此，试图通过过度消费去满足心理需求，不仅会危害我们的栖息地，也会影响我们的心理健康（Kasser & Kanner，2004）。你可能听说过 3R：reduce、reuse、recycle（即减少使用、重复利用、循环使用）。但要有效解决环境问题，还必须拒绝（refuse）购买不需要的商品以及选择生产过程有利于可持续发展的商品（Miller，2007）（见图 C-6）。

图 C-7　减少过度消费的创新成果

这张"不购物卡"是由俄勒冈州立大学推广服务研制的，旨在帮助人们更慎重地考虑自己的消费决策。

心理学有很多相关的研究成果能够帮助我们理解和解决导致现在生态退化的问题。当然我们不能天真地说每一个学科都能为如此复杂的、受到多种因素交互影响的当今生态情况提供解决办法，但还是急需跨学科合作来解决生态问题（Smith，Positano et al.，2009）。但心理学对于理解环境破坏的根源、维持这些行为的心理因素很有帮助，也能为我们到底如何开始解决环境相关行为问题带来启示。我们将在以下的部分进行详细阐释。

人格理论的启示

在第 12 章我们曾经提到，弗洛伊德之所以如此有名，部分是因为他的理论引发了强有力的批评和反对。但是，他所强调的无意识冲突和自我焦虑，他所描述的人会为了躲避情感不适而使用无意识防御系统，都是和环境问题息息相关的。了解到地球的生态系统可能面临崩溃应该会引发强烈的不适感，包括绝望、迷惑、哀伤和愤怒等。有一张车尾贴也写道：不愤怒则不在意。情感防御可以解释为什么人们可以"知道"环境问题，但仍然不去改变自己的相关行为。

在他们关于人格与自我防御策略的理论里，弗洛伊德和她的女儿安娜提出了一些防御机制。我们认为这些防御机制对理解人类的对生态非友好的行为非常有用（A. Freud，1936；见第 12 章）。比如我们最常用的防御机制之一——合理化，即使人们知道汽车对空气污染和气候变化有明显的影响，他们还是会说"我一定要开车的，因为公交车的时间安排太不方便"。认同会让我们受到同伴和文化的影响去买东西，比如名人效应。当采取否认机制的时候，人们会说产生焦虑的刺激并不存在。例如，由工业资助的保守派智库就一直致力于培养公众对气候变化的科学证据的否认，而且还十分有效（Jacques，Dunlap，& Freeman，2008）。对于环境问题的否认包括轻视它们的严重性、认为自己与之不相干、认为自己没责任（Opotow & Weiss，2000）。最后，还有投射——人们会从别人身上感知到问题，却不会发现自己也有这个问题。本附录的其中一位作者就曾经在高峰期抱怨大家都选择这时出门结果一起堵在路上，这时她 3 岁的女儿提醒她："但是妈妈，你现在也堵在路上了啊！"

很多研究者都会去探索与亲环境价值观相关的人格特质，比如说对非人类的动物的共情和关怀。Broida 及其同事（1993）就曾对超过1 000名大学生施测迈尔斯-布里格斯类型指标（MBTI），发现与其他类型相比，被归类为直觉型和情感型的被试更关心生态环境，也更反对动物实验。Mathews和Herzog（1997）对大学生施测16种人格因素问卷（16PF），发现两个人格因素——敏感性和想象性与对待动物的态度呈正相关。Furnham、McManus和Scotton（2004）在超过800名大学生里测量了共情、大五人格特质，以及对于动物实验的态度。他们发现宜人性、开放性和共情都能显著地负向预测对动物实验的态度。开放性与对动物的喜爱以及对动物也有感受的确信程度呈正相关。类似地，无论是农民还是农业学生，在宜人性和尽责性维度上得分较高的人都倾向支持动物福利（Austin et al., 2005）。在凯尔西气质类型测试中属于理想者类型人格的个体，与其他类型相比会报告更高程度的对宠物的依恋（Bagley & Gonsman, 2005）。最近，研究者也发现开放性与对环境的关心（Hirsh, 2010）和亲环境行为（Markowitz, et al., 未发表）呈正相关。

社会心理学的启示

尽管很多针对"人"的研究都是由人格心理学家完成的，但社会心理学家对自我概念和社会身份仍然非常感兴趣。如何定义自己与他人和社会环境的关系，对人们的行为有很大的影响。在生态心理学理论的启发下，最近一些社会心理学家开始关注生态联结自我（ecologically connected self）这一概念。理论上，一个人越将自己定义为自然的一部分、越有这样的体验，他就越会对与环境相关的信息以及人类对环境的影响感兴趣，也会表现出对其他生物更多的共情和关怀（Bragg, 1996）。很多研究都支持了这一观点（Clayton, 2003；Mayer & Frantz, 2004；Schultz, 2000, 2001）。此外，生态联结自我的发展也会产生适宜环境的行为，而不会让人认为这是自我牺牲和舍己为人。在自然中的经历，尤其是童年期的经历，可以培养个体与自然和其他物种之间的积极关系。而这样的关系对于亲环境行为、相关的态度和个人价值观都是有预测作用的（Chawla, 1988；Horwitz, 1996；Kals & Ittner, 2003；Myers, 2007）。

欣赏自然和其他物种自身价值的人（持有生物中心价值观的人）更容易参与亲环境行为，比如为了保护其他物种、自然景观和自然资源而与之共享资源或采取其他行动。与此相反，持有强调个人财富和境况的利己主义和物质主义价值观的人，会更少表现出环境友好行为（Schultz et al., 2005）。但物质主义价值观却在近几十年迅速激增。一项持续了40年的研究收集了1966～2007年大学新生价值观变化，发现他们对物质主义价值观的重视持续增长，现在已经超越了其他价值观，如寻找个人意义、助人于危难、成为自己领域的权威以及养育家庭（Myers, 2010）（见图C-7）。此外，人们很少直接与未被污染和未退化前的自然有所接触，这也会降低他们对环境问题的个人责任感，甚至不会觉得那跟自己有关系（Kahn, 2007；Pyle, 2002）。即使是有着亲环境价值观的人，也经常会觉得在某些特定情境下很难（或者说很不方便、代价高昂，或者很尴尬）去做出与他们价值观一致的行为（Kollmus & Agyman, 2002；Staats, 2003）。关于这一点，实验心理学之父库尔特·勒温（Kurt Lewin）有阐释过：行为是个人与情境共同作用的结果（见第12章和第13章）。

与自然的脱离加上利己主义或物质主义会导致社

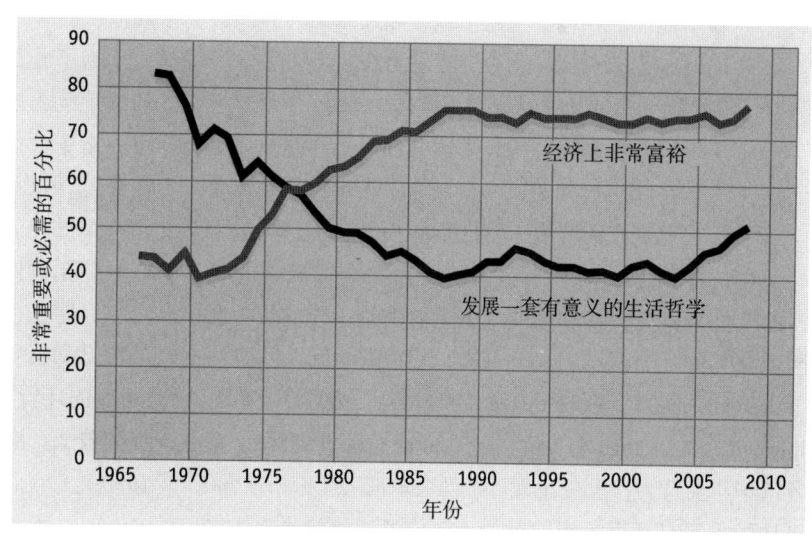

图C-8 物质主义在大学生中逐步增加

一项关于大一学生的态度与价值观调查显示，物质主义价值观在持续增加。认为"在经济上变得非常富裕"很重要的大学生与20世纪60年代相比几乎增长了一倍。

资料来源：From Myers, D. G.(2010). *Social psychology*. New York: McGraw-Hill, p. 581. Copyright © 2010 The McGraw-Hill Companies, Inc. Data from surveys of more than 200 000 entering U.S. collegians per year, based on The American Freshman surveys, UCLA, 1966 to 2007.

会两难困境：个人或群体的利益与个体行为短期或长期的后果产生了矛盾。人们会在当下出于私利行动，但最终却会因此伤害到总体更大的利益。一个很明显的例子就是很多人会依赖于轿车的方便而不选择公共交通工具（Joireman, Van Lange, &Van Vugt, 2004），也因此制造了更多空气污染物和促使气候变化的气体，也造成了交通问题。社会两难困境在很多方面都会加速环境退化（Gardner & Stern, 2002；Osbaldiston & Sheldon, 2002；Vlek & Steg, 2007）：

- 第一，在公共困境（commons dilemmas）中（Hardin, 1968），个体会拿取多于公平配额的共享资源。我们对水的滥用就是一个典型的例子（Van Vugt, 2001）。
- 第二，在公共资源困境（public goods dilemmas）中，个体不会向公共资源贡献公平适当的份额。例如，对提高税收资助社区公车或火车服务的法案投反对票。
- 第三，在危机困境中，在公共危机中，出于私利的行为事实上会增加个体本来面临的危险。例如，居民将有毒化学品（比如涂料稀释剂和清洁用品）倒进下水道，或者在自家的草坪上使用了农药（害虫或杂草喷雾），这些化学品最终会污染整个社区的水、空气和土地，导致一系列的健康问题，比如头痛、恶心、注意力缺陷障碍和学习障碍等，还可能造成某些癌症。
- 第四，在生态困境中，个体会因为私利而破坏更大的系统。比如说，一个人为了兴建物业而填充了自己拥有的湿地，因此影响了候鸟的迁移。

在这些例子里，对于个人的奖励比群体面临的延迟的代价来得更直接和强烈。更重要的是，环境的社会困境与其他社会两难困境不一样，它拥有时间上的维度（Joireman, 2005；Osbaldiston & Sheldon, 2002）。例如，Joirman、Van Lange 和 Van Vugt（2004）就研究了消费者汽车相关行为，发现比起"亲社会取向"，"未来取向"更加能预测对环境负责的行为。而前者却能预测个体在社会困境中的无私行为。

在第 13 章，你曾看到过旁观者效应和责任分散。这是从关于人们在紧急情况时是否会对他人伸出援手的研究中得出的两个概念（Darley & Latané, 1968）。最近，心理学家将这个帮助行为的模型应用到了气候变化上，发现人们会回应肉眼可见、与身体或心理相关并且不含糊的危机，但这些危机的特质都是气候变化所没有的（Frantz & Mayer, 2009；Ornstein & Ehrlich, 2000）。然而，当个体相信目标无法达成他们个人会受到不好的影响、当他们认同自己作为群体的一员以及感到需要对这个目标负责（Dawes, 1980；Gardner & Stern, 2002；Van Vugt, 2002），或是当他们感到共同行为的长期受益对于他们个人和群体来讲非常相关的时候，个体也会放弃直接、个人的强化物，来达到长期的群体目标，并且也会跟其他人一起去合作完成共同目标（比如降低全球排放量）(Milinski et al., 2008；Ostrom et al., 2007)。此外，有一些创新的项目开始利用人类自私的倾向，将"绿色行为"变得能让个人获益（Chance & Heward, 2010）。

很多环境破坏的行为都源自社会规范，即关于某个特定场景下适宜和典型行为的非正式和不成文的"规定"。规定会通过社会压力导致服从（见第 13 章）。一些研究者将社会规范分为指令性规范（一般是否应该做）和描述性规范（一般别人怎么做）（Cialdini, Reno & Kallgren, 1990）。在环境性责任行为上，指令性规范和描述性规范经常会不一致；很多人会支持环境责任性行为，但却不会真的参与进去。Cialdini（2003）认为环保活动经常强调人们各种破坏行为，这可能会产生反效果。因为这样会无意中让他们关注到了反环境行为的描述性规范。

为了测试这两种规范的重要性，研究者进行了一系列关于乱丢垃圾的田野研究。我们的社会有反对乱丢垃圾的指令性规范，但在一些场景中，乱丢垃圾却是描述性规范，这就会产生一些有趣的交互作用了。比如说，在一个已经满地垃圾的环境里，被试在看到同伴丢垃圾以后会更倾向于乱丢垃圾。但在一个干净的环境中，与没有目睹乱丢垃圾行为的被试相比，看到同伴扔垃圾后的被试却会更少乱扔垃圾，因为同伴的行为描述性规范（干净的环境表示这里的人没有乱扔垃圾）之间的对比会提醒被试：指令性规范是反对乱扔垃圾的（Cialdini et al., 1990）。

行为心理学的启示

行为心理学家的理论和技术对于我们直接改变环境破坏行为有很大的启示。你应该还记得，我们在第 6 章里提到过，著名的行为主义心理学家斯金纳（B. F. Skinner）认为人们行为的后果会影响他们的后续行为：

强化会加强反应倾向，惩罚会减弱反应倾向。在他学术生涯的后期，斯金纳对环境问题尤其感兴趣。在一篇对美国心理学会的演讲稿里，他批评了环境活动家的做法——他们通过唤起人们的内疚、恐惧和羞耻，而不是通过帮助人们去认识可持续发展生活方式带来的潜在强化结果，来刺激对绿色行为的参与（Skinner，1987）。的确，相比有利于可持续发展的行为，人们好像更容易被环境破坏行为带来的强化物所鼓励。比如说，你能想起强化物是社会地位和方便的环境不友好行为吗？比如说开车？很多人会根据"酷不酷"而非燃料节约来选择汽车。而且开车也显然比自行车和公共交通更便于外出。

改变强化相倚（reinforcement contingencies），比如说给乘坐公交车的人奖励可以换取旅程和电影通票的代币（Everett，Hayward，& Meyers，1974），借助他们对网购和社交网络的热情来奖励"绿色驾驶"的消费者（Pritchard，2010），赞扬降低了能源消费总额的人（Abrahamse et al.，2006；Lehman & Geller，2004），这些都是鼓励亲环境行为的有效技巧。虽然金钱上的刺激，比如说打折，可以有效地促进高能源效率建筑的建设以及设备购买，但是社会强化物（比如说社会规则所传达的信息）也许会更加有效。很多研究和项目都显示，社会参与对于亲环境行为的鼓励和培养是非常有效的，比如说基于社区的风能建设项目（Nevin，2010），与朋友和邻居共同合作去调查和购买太阳能电池板（Oleson，2010）。

另一种改变策略是使用辨别性（先行）刺激去影响行为（见第6章）。提示和社会模范都是利用前设去影响环境相关行为的典型策略。提示会触发特定的行为。一个典型的例子是将铝回收桶放置在罐装饮料消费地的显眼处（Lehman & Geller，2004）。另一个例子是将在点灯开关上放置提醒离开关灯的标志牌。研究表明，提示越明显，效果越强烈。一个写着"请全体师生在下午5点后关灯"的标志会比写着"节约电力"的标志更加有效。有礼貌的提示也会比要求性的提示更有效（"请"字确实会改变很多）。提示离行为发生的地点越近，效果也会越好（在开关旁的标志效果会比在房间另一端的标志更好）。因此，礼貌、显眼以及有针对性的提示可以改变行为（Geller，Winett，& Everett，1982；Lehman & Geller，2004）。

尽管环保团体经常会通过提供整体信息来宣传环保，但没什么证据可以证明仅仅是教育就可以改变人们的行为（Abrahamse et al.，2005；Gardner & Stern，2002；Lehman & Geller，2004）。另一方面，比起简单地描述环境友好的行为，对于这种行为的观察性学习和建立模范能更有效地改变人们的做法（Bandura，1977；也可见第6章）。比如说，在一个经典研究里，被试观看了一个录像，录像里的人降低了恒温器的温度、穿了更暖的衣服并改用了更厚的毛毯。这些看录像的人降低了自己28%的能源使用（Winett et al.，1982）。本附录的其中一位作者在与朋友散步的过程中也经常能体验到模范的作用：当她在散步的时候弯腰捡起地上的垃圾，她的朋友也会这样做。建立模范对于解决一些很重要的环境问题非常有效，比如人口过多和过度消费（Bandura，2002）。

好的意向不一定会引起好的行为。很多人都支持对环境负责任的行为，比如不乱扔垃圾。但是在不同的情景下，他们的实际行为就会变得很不一样。社会心理学可以解释这种态度与行为之间的差异。

认知心理学的启示

人类的认知和知觉加工机制对于行为的组织、建构非常重要。这些机制是由漫长的进化塑造而成的，之后还被个人经历进一步修改，能够非常有效地运作。否则，人类这个物种也不能存活至今。但人类的知觉和认知系统进化定型时期的环境与目前我们面临的环境非常不同。因此，人们还是更倾向于关注肉眼可见的危险（烟囱里冒出的烟），而非难以察觉以及缓慢恶化的危险，比如气候变化、杀虫剂和其他化学品对水体以及食物的污染（Ornstein & Ehrlich，2000）。哈佛大学的心理学家 Daniel Gilbert（2006）表示"环保人士对于全球变暖如此迅速而感到绝望。但事实上，它发展得还不够快"。人类对其反应最快的危险是"PAINful 的，即个人的（Personal）、突然的（Abrupt）、非道德的（Immoral）以及正在发生的（happening Now）"（Gilbert, 2008；Grantz & Mayer, 2009）。

因此，从认知心理学的角度来看，认知偏差会促使人们维持环境破坏行为。比如说，非专业人员与专业人员评价风险的方式不一样，使得公众对于本地的、直接的危险会更关心，比如有害垃圾和辐射污染。但专家就会更关注全球性、长期性的问题，比如人口增长和气候变化（Slimak & Dietz, 2006）。因此，虽然科学家已经详细地描述了气候变化明确显著又极具破坏性的危险，公众仍然保持着一种"等等看"的态度，好像不明白彻底直接地降低排放量从而稳定气候到底有多重要（Sterman, 2008），即使他们有报告对于这可能影响人类健康的担忧（Gardner & Stern, 2002）。

一些认知偏差会让人忽略自己的行为和处境而感觉良好。这些认知偏差和人们对环境风险以及自己行为后果的认知有关。比较性乐观就是一种启发式，会致使个体相信面对危险时他们比起其他人而言风险更少，这其中就包括了空气和水污染、核事故这些环境威胁——虽然客观上来讲，面对这些危险没有任何理由可以相信个体面临的风险会有所不同（Pahl et al., 2005）。错误一致性也是一种认知偏差，会致使人们认为很多人都做着跟自己一样不好的事情，从而保持积极的自尊。例如，1999年，一场热带风暴过后普林斯顿大学经历了一次用水短缺，校方因此颁布了一个临时的淋浴禁令。研究者借此在禁令期间和之后开展了一项为期5天的田野调查（Benoit & Norton, 2003）。研究者发现违抗了淋浴禁令的学生会高估这种不负责任行为的发生率。此外，淋浴了的人会被其他人视作不愿意牺牲小我，而不去淋浴的人则被视为更关心大局。但是，自我报告的数据却显示这两组被试的态度差异比任何一组感知到的差异都要小（例如，两个组都会在意更大群体的福利）。错误极化是指在争论中，对对方观点的态度认知比他们的实际态度更极端的情况。以上所说的这些倾向都会扭曲人们关于自己行为对比其他人行为的认知，从而使他们能保持安全感（比较性乐观）、自尊（错误一致性）以及认为自己比反对者更合理（错误极化）。

尽管心理捷径是自动使用的，但当个体动力充足又没有因为其他注意需求而认知过载的时候，仍然是有可能战胜这样的倾向的。人类是懒散的思考者，会很容易遵从这些偏差，但他们仍然能谨慎地、有逻辑地努力思考。问题是"冷静理性的"判断是否始终能比情绪驱动的判断优先（Slovic et al., 1994）。人们对于使用杀虫剂的危险和益处的判断不仅仅基于知识，也基于他们对危险和益处的感受（Alhakami & Slovic, 1994）。这种情感（基于情绪的）启发式也会影响对核能危险性和益处的判断。比如，给被试阅读一篇强调这种能源的危险性（如"废料高度放射性，含有致死性元素钚"）的文章后，被试不仅会提高对核能的危险评估（这在逻辑上可以理解），还会降低对核能益处的估计，尽管之前阅读的文章里没有任何关于益处的内容。研究者认为对于益处估计的变化是因为在阅读完描述危险的文章后，被试对核能的负性感受总体提升了（Finucane et al., 2000）。总之，启发式有时候会使人们产生偏差，引导他们反环境，但有时候又会引导他们亲环境。关键是要每个人都提升自己对于潜在思维错误的警觉，这样才能更好地做出有关环境的决策。

发展心理学的启示

作为一门学科，心理学产生于20世纪城市化－工业化的背景。可能是因为这样，发展心理学家历来都忽视了自然对于人类认知、情绪和社会发展的重要影响。直到20世纪90年代，才有一些发展心理学家开始关注儿童与其他动物的关系、对生命和生态系统的理解、对于环境问题的道德推理、在自然环境中的经历（或缺少这样的经历）的影响这些话题。

发展心理学家大多忽视了对儿童与动物的关系的研究，尽管动物在儿童的生命中是非常基本的一个角色：它们是儿童活生生的或想象中的陪伴者，是驯养或野生的样本，是动物园里充满吸引力的对象，是残忍行为的对象，是书本和电视上的角色，是儿童想象扮演的角色。最近，一些发展心理学家建议，为了更好地理解儿童的知觉系统、爱、共情、游戏模式、恐惧以及自我感知的发展，研究者需要将研究扩展至更多对儿童有重要影响的对象，包括非人类的动物，或许甚至是应该首先研究动物（Melson, 2001, 2003；Myers, 2007）。

与动物在一起的经历能教会孩子有生命和没生命的东西的区别。但你应该也曾经在第6章看到过，后天习得的经验与先天倾向之间会产生交互影响。大脑中某些由基因决定的部分使得人类对于某些特定的概念更容易掌握。例如，民间生物学（folkbiology）所指的就是人们如何直觉地知觉、分类和思考生命体的情况。关于民间生物学的研究发现，儿童认为生物现象中最独一无二的是"生命力"，而且他们能明确区分有生命和没有生命的东西，也能区分人类、动物和植物（Hatano & Inagaki, 1999；Inagaki & Hatano, 2004）。民间生物学知识的习得是一个儿童对世界的看法逐渐被更复杂的成人化理解所替代的过程，研究者也开始关注这一过程到底是连续还是不连续的发展过程（Coley, Solomon, & Shafto, 2002），以及这样的习得过程是否具有跨文化一致性（Waxman, 2005）。关于儿童民间心理学的研究不仅可以拓展对他们认知发展的理解，也可以帮助心理学家更好地理解：以人类为中心的思考与对生态的忽略到底为什么以及怎样影响成人不利于环境持续发展的行为。

儿童能在分类上区分人类、非人类的动物、植物以及非生物，但他们是否能在道德上区分这些呢？研究发现是可以的。在很多跨文化研究中，儿童对于污染以及对自然系统的伤害（包括其他物种）都表现出道德上的反对。他们的担忧体现了以人类为中心的价值观（伤害到人类），也体现了生物中心价值观（Kahn, 2003）。按照生物中心的观点，自然系统自身具有独特的价值与权利，应该与人类受到同等的尊重。如果看到自己与其他自然物种（比如树木）之间的相似性，可以"激起人们对这些客体的共情感受，从而认为它们应该受到出于道德考量的对待"（Gebhard, Nevers, & Billmann-Mahecha, 2003, p.92）。

童年期在自然中度过的经历可以影响人们是否将自己视作自然的一部分，是否感到与自然的联系以及是否能理解保护自然是让他们得以继续存活和幸福生活的关键（Gebhard et al., 2003；Horton, 2004；Kals & Ittner, 2003；Searles, 1969）。环保活动家、志愿者和生态学家经常会将自己对环境保护的热诚归因于早期与自然有关的个人经历、热爱自然的家庭成员的模范作用，或者对于最爱的自然地区被破坏时所感到的痛苦（Bragg, 1996；Chawla, 1998；Guiney & Oberhauser, 2009；Horwitz, 1996）。儿童发展专家也越来越相信儿童需要户外经历才能更好地发展自己的情感、身体、心理以及社会能力（Kahn & Kellert, 2002），这一理论也引起了大众媒体的关注，相关的书籍《森林里的最后一个孩子：别让孩子患上自然缺陷障碍》（*Saving Our Children from Nature Deficit Disorder*）（Louv, 2005）也得到了出版。尽管实证数据还比较少，但一些理论家认为孩子需要在远离人类的干扰和控制的区域玩耍和活动的机会（Kellert, 2002；Mergen, 2003；Pyle, 1993）。独立的冒险和探索能培养儿童的征服感、自立能力以及自信（Derr, 2006）。像成人一样，孩子也会喜欢自然环境，也会报告自然可以为他们带来修复自己的感觉，并且帮助他们从压力中得到舒缓（Korpela, 2002；Simmons, 1994）。自然环境中的堡垒、洞穴等场所，是很多孩子最爱的嬉戏地点，在很大程度上是因为它们是孩子能控制的区域（Sobel, 2002）。

如果缺失了在自然中的经历，儿童的心理健康也会受到影响。比起生活在城市地区的儿童，生活在乡村社区、更"接近自然"的儿童心理困扰会更少，包括较少的焦虑、抑郁以及品行障碍（如欺凌等）（Wells & Evans, 2003）。自然经历可以降低创伤、关于自我价值的童年期抑郁感受的负性影响。研究也表明注意力缺陷多动障碍症状可以因为"绿色活动"（露营、钓鱼、踢足球或者简单的公园散步）有所缓解（Faber Taylor & Kuo, 2009；

童年期和动物一起的经历可以影响人们对自然的态度，更不必说他们对保护濒危物种的重要性的感觉了。

Faber Tayler, Kuo & Sullivan, 2001）。即使只是在户外绿色环境中度过的被动时间（比如放松或看书），也与ADHD症状呈负相关（Faber Taylor et al., 2001；Kuo & Faber Taylor, 2004）。虽然方法论上的问题使我们无法做出因果推论（Canu & Gordon, 2005；Kuo & Faber Taylor, 2005），但这些研究都能为ADHD未来的研究方向以及治疗设计提供一些启示。

但是，现在很多孩子只能接触到退化了和被污染了的自然，使得他们对自然的认同变得更为艰难（Kahn, 2007；Kais & Ittner, 2003；Pyle, 2002）。而且，现在美国的儿童每周参与户外活动的平均时间少于30分钟（Hofferth & Curtin, 2005；Hofferth & Sandberg, 2001）。在室内的时间更多，意味着待在电视机前或者接触其他媒体来源（比如电脑或游戏）的时间就更多了；儿童现在平均每天都要在电子媒体上花费6～9个小时（Roberts, Foehr & Rideout, 2005；Strasburger, 2007）。在科技产品（比如电视机或者电子游戏）上花费如此多的时间，会导致孩子与兄弟姐妹或者父母互动的时间减少，也会让他们做作业的时间减少（降低了18%），并且更少参与创造性的游戏（Vandewater, Bickham, & Lee, 2006），比如户外游戏。这些趋势都会剥夺孩子在户外度过的时间，不利于他们发展对自然的理解。因为有些研究者认为，对自然的爱以及对保护自然的关心，只有通过定期、持续地接触自然以及户外游戏才能获得（Chawla, 1988；Pyle, 2002；Wilson, 1993）。大部分时间都在室内的儿童会更少地参与亲环境行动。

对于环保问题而言，更重要的也许是：儿童与媒体接触的时间持续增加，意味着他们越来越多地接触到了商业营销。每个儿童平均每年都会在电视上收看超过4万条广告（Linn, 2004）。现在的广告商会通过电视、互联网、电脑游戏、电话、MP3播放器、DVD、书本以及学校广告来传达他们的营销信息（Linn, 2008）。这种童年的商业化除了会对儿童的发展产生消极影响以外，还构成了极具破坏性消费文化的基础，从而加速了资源的耗竭以及环境的退化（Kasser, 2002；Linn, 2008）。

健康与临床心理学的启示

你在第14章也看到过应激的生理基础，以及与之相关的行为和健康问题。原来，不健康的生态环境也是人类的重要应激源。城市噪声、交通问题、拥挤、污染还有居住地被有毒工业及工业遗址影响，都与应激增加及其相关症状（如焦虑、抑郁、愤怒和攻击等）有关（Bell et al., 2001；Hartig et al., 2003；Kuo & Sulivan, 2001；Lima, 2004；Lundberg, 1998），还与自我报告的紧张、易怒、分心、人际行为受损以及任务表现受损有关（Evans & Cohen, 1987；Weil & Rosen, 1997）。

灾难性环境事件（比如丧失爱人、损伤财产、流离失所和担心未来）会造成创伤后应激障碍（见第15章），还有相关的问题（比如哀伤、抑郁、自杀意图、焦虑以及药物滥用）（Fritze et al., 2008）。例如，在2005年的卡特里娜飓风之后，大约有25万名生还者需要接受精神健康服务的治疗，处理他们的抑郁、焦虑以及创伤后应激障碍。而且飓风还毁坏了路易斯安那州的精神健康办公室，那是一个在灾难之前只能容纳4万名病人的系统（Siegel, 2007）。

数量庞大的工业与家用化学品的制造、使用和丢弃会导致或刺激癌症、先天缺陷、不育、免疫系统失调、神经损伤以及发展障碍（包括学习与注意损伤和自闭症）的发生，这些疾病本身都是明显的应激源（Colborn, Dumanoski, & Myers, 1996；Grandjean & Landrigan, 2006；Koger, Schettler, & Weiss, 2005；U. S. E. P. A., 2008）。超过85 000种化学品现在已经被环境保护机构登记在案，包括了杀虫剂（本身就是用于杀灭害虫、杂草和啮齿动物的）、阻燃剂、多种家用化学品（涂料稀释剂以及其他溶剂，清洁剂、漂白水），还有工业化学品。此外，塑料、电子产品以及化妆品的一些成分都是对人类或者其他动物有害的。儿童在整个发展阶段都很容易受到环境毒素的影响（Moore, 2009；Rice & Barone, 2000；Stein et al., 2002）。

滥用这些化学品导致的最终结果就是人类的身体、精神、情感和社会水平都会退化，同时地球的生态也会退化。因此，健康心理学与环境都提醒着我们：人类与生物圈的其他部分都是有着固有联系的，即我们的健康与地球的健康直接相关。好消息是，如果个体认为某一特定状况及其结果对个人幸福和健康有害，他们就会更愿意积极地解决问题，以及采取特定行动来降低这一风险（Homburg & Stolberg, 2006）。纽约大学的环境健康诊所就利用这样的问题中心应对倾向设计了一个独特的项目。与其他大学的健康诊所类似，"没耐性者"（倦于无休止地等待立法行动）会到环境健康诊所预约讨论环境健康问题，比如有毒化学品和污染。谈话之后他们会被开出一份"行动处方"——收到关于行动的指示，比如参与本地数据收集的行动或是旨在改善环境健康的项目。这个项目的目标是将人们对环境问题的焦虑和担忧转化为具体的、可测量的以及有意义的行动（Schaffer, 2008）。

比起充满楼房和汽车的城市环境，人们更喜欢健康自然的环境［包括水（湖泊、河流或海洋）、植物、树木以及阳光］(Kaplan, 2001; Kaplan & Kaplan, 1989; van den Berg, Hartig & Staats, 2007）。此外，在自然环境中散步，或者仅仅只是看看树和植物，就能减轻应激症状了（Kaplan, 1993; Kaplan & Kaplan, 1989; van den Berg, Koole & van der Wulp, 2003）。因为这些活动可以激活副交感神经系统（见第3章与第10章），使人体能从交感神经系统（战斗或逃跑）激活带来的血压和心率升高中恢复过来（Hartig et al., 2003; Laumann, Garling & Stormark, 2003）。同样地，像园艺、打理室内植物、与非人类动物（宠物狗等）交流等活动都可以降低应激（Frumkin, 2001）。在自然环境下度过一段时间，也可以使人从长期工作和专注中恢复过来。你应该也曾经体会过长期备考期中和期末考试带来的耗竭感。只要在自然环境中待上20分钟，就能减轻这种注意疲劳（Berman et al., 2008; Berto, 2005; Hartig & Staats, 2006; Kaplan, 1995）。在自然中度过的时间也被证明与总体的情绪健康（Hinds & Sarks, 2009）和精神健康（Walsh, 2011）有关。

自然拥有修复性的功能，因此也经常被运用在门诊病人和自然浸入式治疗中（Chalquist, 2009）。例如，Jordan 和 Marshall（2010）就指出，在治疗的时候，弗洛伊德会带来访者到外面进行分析性散步。原野治疗项目还有其他一些治疗会在自然中进行，希望利用自然作为背景来使用传统的认知行为或者其他治疗技术，或者是将原野技巧和互动整合为治疗的一部分。原野治疗一般

近年来，心理学家进行了一些关于自然环境（如上面这两幅图）与人造城市环境（如下面两幅图）对人的影响的研究。这些研究发现，自然环境可以降低个体的应激反应。

会包括至少持续一个月的旅行，也有其他治疗流程会让治疗师和来访者在自然中待上一段时间，从一个小时到完全浸入式居住几天到一年不等，甚至更长。来访者有幼儿园儿童（Berger & Lahad, 2010），有行为与情绪问题的青少年（Norton, 2010; Romi & Kohan, 2004），依恋受到挑战的成人（Bettmann & Jasperson, 2008），家庭成员（Swank & Daire, 2010）、受虐待妇女（Cole, Erdman & Rothblum, 1994; McBride & Korell, 2005），以及乳腺癌患者。由于原野治疗项目在方法、质量、实践者认证上缺少一致性，并且缺乏伦理监管，因此在1997年的时候，一些治疗师联合起来创建了户外行为健康产业理事会。这个组织的成员以及其他对基于自然咨询感兴趣的研究者开始提供一些证据支持基于自然疗法的有效性。它可以提高年轻人的自我觉知、情绪健康、心理弹性以及社会功能（Breunig et al., 2010; Cook, 2008; Harper et al., 2007; Russell, 2003）。接受此治疗的家庭也经历了关系以及沟通技巧的改善（Swank & Daire, 2010）。

但是，在认识自然的修复性功能的时候，保持谨慎仍然是非常重要的，因为这样也很可能会导致过度开发。仅仅因为自然对人类有益而保护自然资源，仍然是狭隘的以人类为中心的观点。Greenway（1995）曾经说过："或许我们最明显的康复证据是不再要求原野能治愈我们。我们一定要学着顺其自然。必须能治愈我们的原野，就成了一件商品。那时我们看着原野，就只会像看着一笔无穷的财富一样。"

结论：积极心理学

积极心理学的拥护者对能够提升生活质量与意义、改善与他人的关系以及能带来积极帮助的赋权的人类经验都非常感兴趣（Breckler, 2007; Peterson & Seligman, 2004），换言之，就是快乐或"好的"生活，或许是道德地活着（Adams, 2006; Pfaffenberger, 2007; Ryff & Singer, 2008）。财富并不能买来幸福。要生活得好，人类必须与其他人有具有意义的联系（Csikszentmihalyi, 1999）。保护心理学家从深层生态哲学（Naess, 1985）中吸收了很多观点，将这一哲学的态度扩充为包括了所有的生命形式，也发展出了生态联结自我这一概念。一个人最大的潜力，似乎确实只能通过参与有利于大局的行动而获得实现（Bandura, 2006; Csikszentmihalyi, 1993;

Rifkin, 2009; Rogers, 1995），那就是，创造一个能持续支持所有物种的社会。

我们个人能做些什么

我只是一个人，却总还是一个人。
我并非无所不能，但我仍能有所作为。
也正因为我非无所不能，
所以我从不拒绝力所能及的事。
——爱德华·埃弗雷特·希尔（Edward Everett Hale）（1822—1909）的格言，出处未知

关于如何更好地对环境负责，现在有很多很好的指导手册可供参考（无论是网络版还是纸质版）。你可以设计一个行为塑造项目（见第6章的个人应用部分），来改变一些与环境相关的行为。

以下6个方面的人类活动对环境的不利影响是最大的（Gardner & Stern, 2008; Miller, 2007）：农业，交通运输，家庭能源使用，水资源使用，总体资源消费与浪费以及有毒化学品的生产、使用与丢弃。我们建议你去想想这些问题，然后根据以下步骤开始慢慢地做到爱护地球。如果你觉得自己不能全部做到，那就请选择其中一些，慢慢开始一种更有利于可持续发展的生活方式，然后每个月再增加一条。

农业

- 每周一天不吃肉，然后增加到两天，一直递增。借此降低肉食消费。
- 每年选择一个月只购买本地生产的食物，然后试着逐渐增加这一频率。
- 买有机食品，或者试着自己种植。

交通运输

- 尽量步行、骑自行车、拼车或者选择公共交通工具。
- 可能的话，在家工作，或者在公司和学校附近居住。
- 当你一定要开车的时候，请记住以下这些方法可以显著提升能源效率：
    - 降低速度
    - 避免突然加速和停止（这也会降低对你制动器的损耗）
    - 不使用的时候，关闭引擎而不要让它空转
    - 保持轮胎气量充足
    - 定时调整发动机
    - 关闭空调
- 记录你一周的驾驶总路程，然后试着降低10%；达成以后再试着降低15%或者更多。
- 如果要买新车，请买一辆小型、节能（高于35mpg）的车。

家庭能源使用

- 冬天的时候把暖气降低几度；避免使用空调（或者将恒温器调高几度）。
- 不使用的时候关掉电脑、打印机以及其他设备。
- 把你的灯泡换成节能灯泡。
- 检查渗漏，为电线加上绝缘保护，使用节能的灯具、家电以及制冷/制热系统。

水资源使用

- 刷牙的时候务必关掉水龙头，洗澡擦香皂、洗头或者剃须的时候也试着关掉水龙头。
- 快速淋浴而不要浸浴。
- 可能的话，多次使用杯子和碟子，而不要每次用完立刻清洗。
- 满载时才使用洗碗机和洗衣机。
- 如果可以的话，安装节水的淋浴器和厕所。
- 遵守冲厕规则："黄色别管，棕色才冲"（尿液是无菌的）。

资源消费

- 降低资源消费，最重要的两个方法是拒绝和再利用（见图C-6的"不购物"卡）。拒绝和再利用能节约金钱，也能降低你对环境的影响。回收利用时很重要的，但它仍然需要投入很多能源，并且需要生产和使用越来越多的东西。请列一张你拒绝购买或者可以再利用的物品清单，然后试着每月逐渐扩张这张清单。
- 拒绝：每次要买什么的时候，请问一下你自己是否真的需要它，如果真的需要，能否借用或者租用。如果一定要买，问问自己买的是不是最生态友好的一种。请注意，很多产品都会误导性地标上"生态友好"或者"纯天然"。
- 再利用：重新检视一下自己的生活方式，看看哪些东西是可以再利用的，比如说咖啡杯、帆布或者其他材料的购物袋，打包的时候使用自己的容器。
- 只要有可能，就购买二手的东西。使用完、不再需要后将它转赠给别人、捐给慈善组织或者转卖，而不要只是扔掉。
- 垃圾邮件会造成惊人的浪费，使用数量庞大的自然资源，还会加速气候变化。所以请让发邮的机构知道你不想接受新闻通讯、购物目录和广告。如果无法拒绝，就记得要回收利用。

有毒化学品

- 农药是用来灭虫（杀虫剂）、草（除草剂）、啮齿类动物等的。他们对人类同样有毒，会造成癌症、发展残障以及其他障碍。所以不要在你的家里、草坪或者花园使用任何农药，同时也要告诉别人使用农药对人类健康和神经功能的影响，以及对生物多样性造成的损害。
- 避免使用化学清洁剂。小苏打和醋是很多清洁产品很好的替代品。醋同时也是很好的除草剂。
- 很多的塑料、化妆品以及个人护理产品都含有能破坏正常激素功能的化学品（例如邻苯二甲酸酯、双酚A或者BPA）。不要买瓶装水，不要用微波炉或者其他方式加热在塑料容器里的食物，用含有更少成分的产品，也少用些类似产品，不要相信"皮肤科医师测试""天然"或者"有机"。一定要阅读清楚成分标签，避免购买含有香精、染料和防腐剂或者其他你都不会读的成分的商品。
- 降低塑料使用：可以自己带能多次使用的容器，购买散装产品，购买使用最少包装的产品，或者购买包装可回收或用回收材料制造的商品。
- 处理好家用有毒品。很多东西（油漆、农药、电池甚至节能灯）都含有有毒成分。把这些东西拿到本地的家用危险废品回收站进行处理。

心理学教材

《工程心理学与人的作业（原书第4版）》

作者：[美] 克里斯托弗 D. 威肯斯 等　译者：张侃 孙向红 等

本书是当今西方使用广、影响大的一本工程心理学教科书，由美国知名专家所著，主要讲述工程设计、使用过程中人机交互的心理因素，意在从心理的角度关注并改善人类作业的绩效

《工业与组织心理学（原书第7版》

作者：[美] 保罗·E.斯佩克特　译者：孟慧 等

全球名校学生喜爱的心理学教材，企业管理者、人力资源从业者必读。华东师范大学孟慧教授领衔翻译。理论与实践结合，对招聘、培训、绩效评估等有较大指导意义

《神经科学原理（英文版·原书第5版）》

作者：[美] 埃里克 R. 坎德尔 等编著

诺贝尔奖获得者坎德尔领衔主编，多位神经科学泰斗级人物共同编著；国际上最权威神经科学教科书，被称为"神经科学圣经"，全面更新至第5版

《认知心理学：理论、研究和应用（原书第8版）》

作者：[美] 玛格丽特·马特林　译者：李永娜

简洁明了，通俗易懂；畅销30余年、注重科学思维和实验方法的经典认知心理学教材；认知心理学领域杰出教授马特林撰写

《认知心理学：认知科学与你的生活(原书第5版)》

作者：[美] 凯瑟琳·加洛蒂　译者：吴国宏 等

美国著名认知心理学家加洛蒂代表作；涵盖了有关人类思维的基本问题；与日常生活结合紧密的教材；全面展现认知心理学对我们现实生活的重大意义

心理学教材

《发展心理学：探索人生发展的轨迹（原书第3版）》
作者：[美] 罗伯特 S. 费尔德曼　译者：苏彦捷 等

哥伦比亚大学、明尼苏达大学等美国500所大学正在使用，美国畅销的心理与行为科学研究方法教材，出版30余年，已更新至第11版，学生与教师的研究指导手册

《儿童发展心理学：费尔德曼带你开启孩子的成长之旅（原书第8版）》
作者：[美] 罗伯特·S. 费尔德曼　译者：苏彦捷 等

全面、综合介绍了儿童和青少年的发展。北京大学心理与认知科学学院苏彦捷教授领衔翻译；享誉国际的发展心理学大师费尔德曼代表；作哈佛大学等数百所美国高校采用的经典教材；畅销多年、数次再版，全球超过250万学生使用

《发展心理学：桑特洛克带你游历人的一生（原书第5版）》
作者：[美] 约翰·W.桑特洛克　译者：倪萍萍 翟舒怡 李瑗媛 等

全美畅销发展心理学教材，作者30余年发展心理学授课精华，南加利福尼亚大学、密歇根大学安娜堡分校等美国高校采用的经典教材

《教育心理学：主动学习版（原书第13版）》
作者：[美]安妮塔·伍尔福克　译者：伍新春 董琼 程亚华

国际著名教育心理学家、美国心理学会（APA）教育心理学分会前主席安妮塔·伍尔福克代表作；北京师范大学心理学部伍新春教授领衔翻译

《教育心理学：激发自主学习的兴趣（原书第2版）》
作者：[美]莉萨·博林 谢里尔·西塞罗 德温 马拉·里斯-韦伯
译者：连榕 缪佩君 陈坚 林荣茂 等

第一部模块化的教育心理学教材；国内外广受好评的教育心理学教科书；集实用性、创新性、前沿性于一体。本书针对儿童早期、小学、初中、高中各年龄阶段的学生，分模块讲解各种教育策略的应用。根据各阶段学生的典型特征，各部分均设置了相关的生动案例，使读者可以有效地将理论和实践结合起来

更多>>>　《斯滕伯格教育心理学（原书第2版）》 作者：[美] 罗伯特J.斯滕伯格 温迪 M.威廉姆斯 译者：姚梅林 张厚粲 等

心理学教材

《社会心理学(原书第14版)》

作者:[美]尼拉 R. 布兰斯科姆 罗伯特 A. 巴隆 著 译者:邹智敏 翟晴 等

版次最高的社会心理学教材之一!权威经典,生动有趣,前沿趋势,实用全面!非心理学专业读者的第一本社会心理学读物!顶级社会心理学家为普通读者经营的心理学百货商店!著名心理学家菲利普·津巴多热烈推荐!最时尚的思潮与久经考验的古老真理天衣无缝地结合在一起

《变态心理学(原书第3版)》

作者:[美]德博拉 C. 贝德尔 辛西娅 M. 布利克 梅琳达 A. 斯坦利 译者:袁立壮

哥伦比亚大学等100多所美国大学采用教材
根据DSM-5标准全新改版
生动活泼,通俗易懂,案例丰富
国内广受欢迎的外版变态心理学教材

《心理学导论(原书第9版)》

作者:[美]韦恩·韦登 译者:高定国 等

中山大学心理学系系主任高定国教授领衔翻译
中国著名心理学家、《普通心理学》主编彭聃龄教授推荐
美国心理学会颁发的卓越教学奖得主韦登教授撰写
心理学导论类优秀教材之一

《人格心理学:全面、科学的人性思考(原书第10版)》

作者:[美]杜安·舒尔茨 西德尼·艾伦·舒尔茨 译者:张登浩 李森

美国200多所高校使用教材;大量研究主题与不同理论流派相融合;发现什么使我们成为现在这个样子;探索什么决定了我们看待世界的方式;华中师范大学心理学院教授、博士生导师郭永玉倾力推荐

《人格心理学:经典理论和当代研究(原书第6版)》

作者:[美]霍华德·S. 弗里德曼 米利亚姆·W. 舒斯塔克 译者:王芳 等

全球名校学生喜爱的心理学教材,著名心理学家许燕推荐,北师大心理学部王芳教授团队翻译。阐述人格心理学8大理论取向和科学研究,启发读者对于人性的批判性思考

更多>>>
《心理学入门:日常生活中的心理学(原书第2版)》 作者:[美]桑德拉·切卡莱丽 诺兰·怀特 译者:张智勇 等
《心理学史(原书第2版)》 作者:[美]埃里克·希雷 译者:郑世彦 刘思诗 柴丹 张潇涵
《变态心理学:布彻带你探索日常生活中的变态行为(原书第2版)》 作者:[美]詹姆斯·布彻 等 译者:王建平 等